Detlev Kirst

Costa Rica

Willst Du wissen, was Schönheit ist,
so gehe hinaus in die Natur, dort findest Du sie.

Albrecht Dürer

Impressum

Detlev Kirst
REISE KNOW-HOW Costa Rica

erschienen im
REISE KNOW-HOW Verlag Peter Rump GmbH,
Bielefeld, Osnabrücker Str. 79, 33649 Bielefeld

© REISE KNOW-HOW Verlag Peter Rump GmbH
1995, 1997, 1999, 2000, 2002, 2003,
2005, 2007, 2009, 2011, 2014
**12., neu bearbeitete und
komplett aktualisierte Auflage 2016**

Alle Rechte vorbehalten.

Gestaltung:
Umschlag: G. Pawlak, P. Rump (Layout);
 S. Lutterbeck (Realisierung)
Inhalt: G. Pawlak (Layout);
 S. Lutterbeck (Realisierung)
Fotonachweis: der Autor (dk);
 Wolf-Dieter Pfistner (wdp); Isabelle Hehr (ih)
Titelfoto: www.fotolia.com © William Berry
 (Motiv: Rio Celeste Wasserfall)
Karten: B. Spachmüller; Th. Buri

Lektorat (Aktualisierung): Svenja Lutterbeck

Druck und Bindung: D3 Druckhaus GmbH, Hainburg

ISBN 978-3-8317-2705-6
Printed in Germany

Dieses Buch ist erhältlich in jeder Buchhandlung
Deutschlands, der Schweiz, Österreichs, Belgiens
und der Niederlande. Bitte informieren Sie Ihren
Buchhändler über folgende Bezugsadressen:

Deutschland
 Prolit GmbH, Postfach 9, D-35461 Fernwald (Annerod)
 sowie alle Barsortimente
Schweiz
 AVA Verlagsauslieferung AG
 Postfach 27, CH-8910 Affoltern
Österreich
 Mohr Morawa Buchvertrieb GmbH
 Sulzengasse 2, A-1230 Wien
Niederlande, Belgien
 Willems Adventure, www.willemsadventure.nl

Wer im Buchhandel trotzdem kein Glück hat,
bekommt unsere Bücher auch über unseren
Büchershop im Internet: www.reise-know-how.de

Wir freuen uns über Kritik, Kommentare
und Verbesserungsvorschläge, gern auch
per E-Mail an info@reise-know-how.de.

Alle Informationen in diesem Buch sind vom
Autor mit größter Sorgfalt gesammelt und
vom Lektorat des Verlages gewissenhaft
bearbeitet und überprüft worden.

Da inhaltliche und sachliche Fehler nicht
ausgeschlossen werden können, erklärt der
Verlag, dass alle Angaben im Sinne der
Produkthaftung ohne Garantie erfolgen
und dass Verlag wie Autor keinerlei
Verantwortung und Haftung für inhaltliche
und sachliche Fehler übernehmen.

Die Nennung von Firmen und ihren Produkten und ihre Reihenfolge sind als Beispiel
ohne Wertung gegenüber anderen anzusehen. Qualitäts- und Quantitätsangaben sind
rein subjektive Einschätzungen des Autors
und dienen keinesfalls der Bewerbung von
Firmen oder Produkten.

Detlev Kirst

COSTA RICA

Vorwort

Sie haben sich entschieden, nach Costa Rica zu reisen? **Eine gute Wahl!** Zwar ist der zunehmende Einfluss nordamerikanischer Urlauber nicht zu leugnen, aber da sich diese meist in superteuren Luxushotels aufhalten oder sich beim Surfen oder „Sportfischen" vergnügen, bekommt der europäische Individualreisende davon nicht allzu viel zu spüren.

Warum also **nach Costa Rica?** In erster Linie wegen der Natur! Natürlich gibt es auch schöne Strände, aber die zahlreichen privaten und staatlichen Naturparks mit ihrer artenreichen Tier- und Pflanzenwelt sind die größte Sehenswürdigkeit des kleinen Landes zwischen Pazifik und Karibik. Die Infrastruktur ist hervorragend, in den meisten Parks kann man auf eigene Faust wandern, obwohl man mit einem ortskundigen Führer meist mehr sieht. In Costa Rica liegen verschiedenste Landschaftstypen dicht beieinander: Die Vielfalt reicht von Korallenriffen bis zu Lava speienden Vulkanen, von Vogelparadiesen im Sumpfland bis zu fast 4000 m hohen Bergen. Aber Costa Rica ist auch ein El Dorado für Aktiv-Urlauber: Wandern, Reiten, Radfahren, Kajak, Rafting, Canopy, Surfen – die Liste ist beliebig erweiterbar. Danach noch einen aktiven Vulkan besichtigen und dann ab zum Strand – was will man mehr? Reisen in Costa Rica ist zwar nicht billig, aber dafür recht unproblematisch. Ob mit Bussen, Mietwagen oder per Fahrrad – es gibt viele Möglichkeiten, das Land zu erkunden. Dass Costa Rica ein modernes und politisch überaus stabiles Land ist, macht das Reisen noch angenehmer,

Auf der Reise zu Hause
www.reise-know-how.de

- Ergänzungen nach Redaktionsschluss
- kostenlose Zusatzinformationen und Downloads
- das komplette Verlagsprogramm
- aktuelle Erscheinungstermine
- Newsletter abonnieren

Bequem einkaufen im Verlagsshop

Oder Freund auf Facebook werden

und wer einige Sicherheitshinweise beachtet, kann auch recht beruhigt reisen. Überall wird man netten Leuten begegnen, die gerne weiterhelfen. Auch mit wenig Spanischkenntnissen lernt man schnell Menschen kennen, deren positive Lebensart überaus gewinnend ist.

Nächste Frage: **Wohin in Costa Rica?** Da fallen zunächst einmal Begriffe wie Playa Jacó, Manuel Antonio, Monteverde und Tamarindo. Aber Vorsicht: In diesen überlaufenen Touristen-Hochburgen wird der Ruhe suchende Naturliebhaber nicht fündig! Da muss man sich schon ein wenig abseits der touristischen Hauptrouten begeben und ein wenig „Entdecker"-Mentalität aufbringen – und genau dafür soll dieser Reiseführer eine Hilfe sein. Wer genau liest, wird schnell merken, wo die ruhigen und lohnenswerten Plätzchen sind, die (noch) nicht jeder kennt. Abgelegene Urwald-Lodges versprechen Naturabenteuer pur, auf den Wanderwegen in vielen Nationalparks ist man fast allein unterwegs, einsame Buchten warten nach wie vor auf ihre Entdecker. Zwar ist die Anfahrt manchmal schwierig, aber die Mühen werden belohnt!

Wer sich schwer tut, aus der Vielzahl der Möglichkeiten eine passende Auswahl zu treffen, der kann sich auch gerne an mich wenden, denn mit meiner kleinen **Spezialagentur** habe ich mich auf die Wünsche von Individualreisenden nach Costa Rica spezialisiert (Infos unter www.traveldesign.de).

Die vorliegende 12. Auflage ist das Ergebnis monatelanger Recherchen, sowohl vor Ort als auch im Internet und per Telefon. Hunderte von Leserbriefen galt es auszuwerten, Tausende von Preisen, Öffnungs- und Abfahrtszeiten mussten aktualisiert werden, wobei ich auf die Hilfe zahlreicher Partner vor Ort zurückgreifen durfte. Aber da sich das Karussell unaufhörlich weiterdreht, sind die Daten und Fakten von heute schon morgen nicht mehr aktuell. Hotels schließen oder werden verkauft, Restaurants wechseln den Koch, Busfirmen ändern den Fahrplan, Museen die Öffnungszeiten – und der Leser wundert sich. Daher rufen wir alle Leser zur Mitarbeit auf: Schreiben Sie uns, was es Neues gibt in Costa Rica!

Dieses Buch soll helfen, sich in Costa Rica zurechtzufinden und die schönsten Ecken des Landes zu entdecken. Ich habe es mir zum Ziel gemacht, die für Individualreisende so wichtigen Informationen so praxisgerecht wie möglich zu gestalten.

Also dann: **Viel Spaß beim Reisen** im Land der Tukane, Faultiere und Brüllaffen!

Detlev Kirst

 Der Schmetterling ...

... zeigt an, wo man besonders gut Natur erleben kann oder Angebote im Bereich des nachhaltigen Tourismus findet.

MEIN TIPP:

... steht für spezielle Empfehlungen der Autoren: abseits der Hauptpfade, persönlicher Geschmack.

Nicht verpassen!

Die Highlights der Region erkennt man an der **gelben Hinterlegung.**

Inhalt

Vorwort	4
Karten	8
Hinweise zur Benutzung	9
Exkurse	10
Abkürzungen	10
Die Regionen im Überblick	12

1 Vor der Reise — 15

Reiseempfehlungen	16
Reisezeit	29
Reisedauer	30
Informationsstellen	30
Als Frau allein unterwegs	30
Mit Kindern reisen	31
Gays & Lesbians	31
Bus oder Mietwagen?	32
Urlaub mit dem Fahrrad	32
Mit dem Zelt unterwegs	34
Pauschalurlaub in Costa Rica	34
Hin- und Rückreise	35
Diplomatische Vertretungen	40
Zahlungsmittel und Reisekosten	40
Gesundheitsvorsorge	42
Versicherungen	43
Ausrüstung	44

2 San José — 47

Stadtgeschichte	49
Orientierung	54
Sehenswertes	55
Museen	63
Unterkunft	68
Restaurants	75
Cafés	79
Nachtleben	79
Unterhaltung	80
Infos von A bis Z	81
Verkehrsverbindungen	84
Ausflüge	92

3 Valle Central — 95

Die Umgebung von San José	97
Heredia	102
Die Umgebung von Heredia	108
Alajuela	113
Die Umgebung von Alajuela	119
San Ramón und Umgebung	131
Atenas und Umgebung	133
Cartago	136
Die Umgebung von Cartago	141
Turrialba und Umgebung	153

4 Karibische Küstenebene — 163

Von San José nach Pto. Limón	168
Die nördliche Karibikküste	181
Die südliche Karibikküste	191

5 Der Norden — 217

Region Sarapiquí	219
Über Ciudad Quesada nach Los Chiles	231
Die Region Arenal	242

6 Der Nordwesten — 265

Cordillera de Tilarán	267
Die Interamericana bis Liberia	293
Liberia	303
Nördlich von Liberia	309

Inhalt

7 Halbinsel Nicoya — 325

Playas del Coco und Umgebung	330
Playa Tamarindo und Umgebung	340
Santa Cruz und Umgebung	353
Nicoya und seine Strände	358
Östlich von Nicoya	374
Der Südosten der Halbinsel	379

8 Zentrale Pazifikküste — 393

Puntarenas	395
Von Puntarenas nach Jacó	401
Von Jacó nach Quepos	412
Quepos und Manuel Antonio	414
Südlich von Quepos	427

9 Der Süden — 443

Von San José nach San Isidro	448
Die Umgebung von San Isidro	454
Von San Isidro nach Palmar Norte	459
Abstecher nach San Vito	461
Palmar Norte	467
Die Halbinsel Osa	468
Golfito und seine Strände	484
Zur Grenze mit Panama	495
Isla del Coco	497

10 Praktische Infos A–Z — 501

Ankunft	502
Auskunftsstellen	502
Botschaften und Konsulate	503
Camping	503
Drogen	504
Einkaufen	504
Elektrizität	506
Essen und Trinken	506
Feste und Feiertage	510
Fotografieren	510
Geld und Währung	511
Medizinische Versorgung	515
Maße und Gewichte	516
Öffnungszeiten	516
Ökologisch reisen	516
Orientierung	518
Post	518
Reiseveranstalter	519
Sicherheit	520
Sport und Erholung	523
Sprache	528
Telefon, Fax, E-Mail	530
Trinkgelder	533
Unterhaltung	534
Unterkunft	535
Verkehrsmittel	538
Zeitungen	545
Zeitunterschied	545

11 Land und Leute — 547

Geografie	548
Klima	552
Die Tierwelt Costa Ricas	556
Die Pflanzenwelt Costa Ricas	586

Hinweis

Die **Internet- und E-Mail-Adressen** in diesem Buch können — bedingt durch den Zeilenumbruch — so getrennt werden, dass ein Trennstrich erscheint, der nicht zur Adresse gehören muss!

Karten

Costa Rica	**Umschlag vorn**
Die Regionen im Überblick	**12**

Thematische Karten

Nationalparks und Schutzgebiete	602
Niederschlagszonen	552
Provinzen	629

Ortspläne

Alajuela	114
Cahuita	196/197
Cañas	294
Ciudad Quesada/San Carlos	233
Fortuna	244
Heredia	104
Liberia	304
Los Chiles	237
Montezuma	385
Nicoya	360
Nuevo Arenal	259
Playas del Coco	332
Playa Jacó	410
Playa Sámara	366
Playa Tamarindo	348
Puerto Jiménez	476
Puerto Limón	179
Puerto Viejo	204
Puntarenas	398
Quepos	416
San Isidro	453
San José Großraum	50
San José Spaziergang	56
San José West	70
San José Zentrum	Umschlag hinten
San Vito	464
Santa Cruz	353
Santa Elena	272
Tilarán	262
Turrialba	152
Uvita	436

Regionalkarten, Nationalparks (NP)

Alajuela, Umgebung	120
Arenal-See	252
Barra Honda, NP	375
Braulio Carillo, NP	168
Braulio Carillo, Umgebung	224
Cabo Blanco, Naturreservat	387
Cahuita, NP	200
Carara, NP	404
Cartago und Orosi-Tal	144
Corcovado, NP	480
Golfito und Umgebung	485
Guayabo, Nationalmonument	156
Heredia, Umgebung	109
Karibische Küstenebene	**166**
La Amistad/Talamanca, Reservat	462
Manuel Antonio, NP	424
Manuel Antonio, Region	421
Monteverde, Region	274
Monteverde, Reservat	280
Nicoya-Halbinsel	**328**
Norden Costa Ricas	**220**
Nordwesten Costa Ricas	**268**
Palo Verde, Lomas Barbudal, NP	300
Playas del Coco und Umgebung	336
Playas de Nosara	364
Rincón de la Vieja, NP	310
Rincón de la Vieja, NP, Umgebung	310
Santa Elena, Reservat	286
Santa Rosa/Guanacaste, NP	316
Süden Costa Ricas	**446**
Tapantí, NP	147
Tortuguero	188
Valle Central	**96**
Zentrale Pazifikküste	**396**

Fett hervorgehoben sind die Übersichtskarten zu den Regionalkapiteln.

Nationalparks und Naturschutzgebiete	600
Geschichte	608
Politik und Staat	629
Wirtschaft	631
Bevölkerung	634
Kultur	638

12 Anhang 643

Reise-Gesundheitsinformation	644
Literaturempfehlungen	647
Sprachhilfe Spanisch	648
Glossar	651
Pflanzennamen	653
Tiernamen	656
Entfernungstabelle	670
Register	670
Der Autor	684

Hinweise zur Benutzung

Der vorliegende Reiseführer ist nach praktischen Gesichtspunkten aufgebaut. Zunächst erhält man im Kapitel **„Vor der Reise"** wichtige Hinweise zur Reisevorbereitung – von einer Übersicht der Regionen über Tipps zu Billigflügen bis zur Ausrüstungs-Checkliste.

Danach folgen die **Ortsbeschreibungen im Rahmen von acht Hauptkapiteln,** wobei vom Zentrum des Landes ein großer Kreis entgegen dem Uhrzeigersinn beschrieben wird: zunächst San José, wo die meisten Besucher ankommen, und das Valle Central, von dort an die Karibikküste, weiter in den Norden des Landes, danach in den Nordwesten und über die Halbinsel Nicoya und der zentralen Pazifikküste nach Süden.

Die einzelnen **Regionalkapitel** sind nach reisetechnischen Gesichtspunkten aufgebaut. Die meisten beginnen in San José und beschreiben eine nachvollziehbare Reiseroute; eine Ausnahme bilden die Kapitel Halbinsel Nicoya (ab Liberia) und Zentrale Pazifikküste (ab Puntarenas). Bei den einzelnen Orten folgen nach einer allgemeinen Ortsbeschreibung und ein wenig Geschichte die einzelnen Sehenswürdigkeiten, danach Tipps für Unterkünfte und Restaurants, Infos von A bis Z und die Verkehrsverbindungen zur Weiterreise. Bei Nationalparks und privaten Schutzgebieten sind diese Informationen vor der Beschreibung des Gebietes genannt.

Im Text findet man zudem Exkurse, kleine Artikel zu einem bestimmten Thema, die interessantes Hintergrundwissen vermitteln.

Jedem Kapitel vorangestellt ist eine **Übersichtskarte** der Region mit den Seitenzahlen zu den wichtigsten Orten. Zusätzlich sollen **Regionalkarten und Stadtpläne** die Orientierung erleichtern. Entfernungen sind auf den Stadtplänen zwar nicht angegeben, aber man kann sich daran orientieren, dass die Breite eines Häuserblocks ca. 100 m beträgt.

Das zehnte Kapitel, **„Praktische Infos A–Z",** enthält all die wichtigen Tipps, Informationen und Adressen, die das Reisen im Land erleichtern.

Das anschließende Kapitel **„Land und Leute"** gibt allgemeine Informationen über Geografie, Pflanzen und Tiere sowie Geschichte, Politik, Wirtschaft, Kultur und Bevölkerung.

Im **Anhang** befinden sich u.a. die Reise-Gesundheitsinformation, Literaturhinweise, ein Sprachführer, Listen der Tier- und Pflanzennamen und eine Entfernungstabelle. Ein ausführliches Register erleichtert den Zugriff auf gesuchte Stichworte.

Preise sind wegen der großen Kursschwankungen in US-Dollar ($) und jeweils für Einzelzimmer/Doppelzimmer/Dreibettzimmer bzw. Frühstück/Mittag-/Abendessen angegeben. Außerdem werden Informationen zur Zahlung mit Kreditkarte genannt. Besonders empfehlenswerte Unterkünfte sind als blau hinterlegter Tipp gekennzeichnet.

Exkurse

Vor der Reise
Die Highlights – kritisch betrachtet 22

San José
Das Nationaltheater –
der Stolz aller Ticos 58
Die Technik der „verlorenen Form" 64
Jade, das grüne Gold 66

Valle Central
Kaffee – ein sensibles Pflänzchen 112
Die bunten Ochsenkarren 128
Schlangen, Spinnen und Skorpione 158

Karibische Küstenebene
Per Seilbahn durch den Urwald 172
Die Grüne Meeresschildkröte 184
Der Fluch der Bananen 192

Der Norden
Vulkan Arenal 256
Arenal-Stausee 256
Windsurfen am Arenal-See 257

Der Nordwesten
Der Göttervogel Quetzal 282
Der ewige Wald der Kinder 288

Land und Leute
Was sind „die Tropen"? 588
Umweltschutz in Costa Rica 606
Das Geheimnis der Steinkugeln 610
Die Ticos – ein Volk für sich 636

Abkürzungen

AC	Klimaanlage (Air Condition)
AE	Abendessen
Apt.	Apartment
Av.	Straße von Ost nach West (Avenida)
Av.C.	Straße im Zentrum (Avenida Central)
B&B	Privatunterkunft mit Frühstück (bed & breakfast)
C.	Colón (Währung) oder Straße von Nord nach Süd (Calle)
bc	Gemeinschaftsbad (baño común)
bp	Privatbad im Zimmer (baño privado)
Cab.	einfache Zimmer mit Dusche/WC (Cabinas)
C.C.	Straße im Zentrum (Calle Central)
Cd.	Stadt (Ciudad)
Du.	Dusche
DV	Deckenventilator
DZ/EZ	Doppel-/Einzelzimmer
HP/VP	Halb-/Vollpension
KK	Kreditkarte wird akzeptiert
KK (VISA)	nur VISA wird akzeptiert
(+6 %)	+6 % Aufschlag
KS	Kühlschrank
KW	Kaltwasser
MB	Meerblick
ME	Mittagessen
NP	Nationalpark
NS	Nebensaison
R.C.	Autovermietung (Rent a Car)
Rest.	Restaurant
Std.-Zi.	Standardzimmer
ÜF	Übernachtung/Frühstück
Vent.	Ventilator
WW	Warmwasser
Zi.	Zimmer

■ **Zimmerpreise** (z.B.: 40/50/60 $) =
Einzel-/Doppel-/Dreibettzimmer inkl. Tax.

Grundsätzlich sollte man beachten, dass sich Preise, Busabfahrtszeiten oder Telefonnummern schnell ändern, ständig werden neue Hotels und Restaurants eröffnet – das Tourismus-Karussell in Costa Rica dreht sich immer schneller.

Dieser Reiseführer will das Reisen im Land erleichtern und unnötigen Ärger vermeiden; selbstständiges Reisen kann er aber nicht ersetzen. Auch Fehler können leider, trotz sorgfältiger Recherche, nicht vermieden werden. Es ist daher empfehlenswert, sich vor Ort auf den neuesten Stand zu bringen. Auskünfte erhält man bei den entsprechenden Informationsstellen oder in dem man bei dem Hotel oder der Busgesellschaft anruft, auch wenn die Spanischkenntnisse bescheiden sind.

Danke!

Für ihre tatkräftige Unterstützung danke ich ganz besonders meinen Mitarbeitern *Laura Heindl* und *Angela Kirst* für ihre Unterstützung bei der Recherche und Textarbeit sowie bei *Wolf-Dieter Pfistner* und *Isabelle Hehr* für die Bereitstellung von Bildern.

Weiterhin möchte ich mich bedanken für die wertvolle Mitarbeit vor Ort bei *Franz Nietzen* (San José), *Amanda Urcuyo Rivas* (Ciudad Colón), *Fernand Jubel* (La Garita), *Heike Rintchen* (Alajuela), *Cornelia Neck* und *Andreas Veit* (Orosi), *Barbara Hartung* (Tortuguero), *Rolf Blancke* (Pto. Viejo), *Gerhard Fladerer* (Nuevo Arenal), *Walter Faisthuber* (Sta. Elena), *Agi Sutter* (La Cruz), *Rebecca Lindner* (Filadelfia), *Oliver Bloemeke* (Playas del Coco), *Thomas Roesch* (Playa Tamarindo), *Amadeo Amacker* (Nosara), *Brigitte Bittel* (Sámara), *Pia Pfau* (Mal País), *Anja Mengler* (Quepos) und *Georg Kiechle* (Uvita).

Ein besonderer Dank gilt auch allen Lesern, die mich mit ihren zahlreichen Briefen immer auf dem aktuellen Stand halten. Weiter so!

⌄ Farbenfrohe Bemalung eines Busses

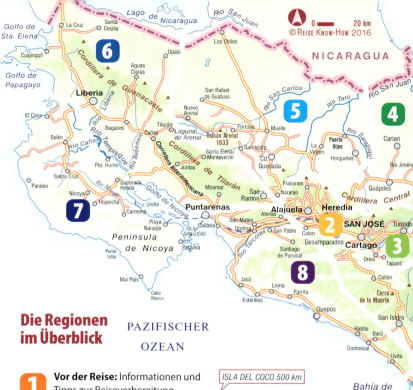

Die Regionen im Überblick

PAZIFISCHER OZEAN

1 **Vor der Reise:** Informationen und Tipps zur Reisevorbereitung.

2 San José | 47

Eine Schönheit ist sie wahrlich nicht, die Hauptstadt der Ticos, aber wichtiger Ausgangs- und Umsteigepunkt für Fahrten ins Hinterland. Sehenswert sind die Museen, das Nationaltheater und der Zentralmarkt.

3 Valle Central | 95

Das Zentraltal auf rund 1000 m Höhe liegt eingebettet zwischen der Vulkankordillere und der Cordillera de Talamanca im Süden. Lohnenswert Ziele sind die Vulkane im Norden, das liebliche Orosi-Tal und die Wildwasserflüsse im Osten.

ISLA DEL COCO 500 km

4 Karibik | 163

Die karibische Küstenregion ist eine Welt für sich, geprägt von Reggae und Rastas. Da es derzeit keine Flugverbindungen dorthin gibt, ist die Zahl der Besucher niedriger als an der Pazifikküste, sodass es zwar schöne Strände, aber keine großen Hotelanlagen gibt.

5 Norden | 217

Den flachen Norden prägen weite Ananas- und Obstplantagen, aber es gibt auch zahlreiche ausgedehnte Regenwaldgebiete. Der berühmte Vulkan Arenal ist immer

mit ihren Nebelwäldern sind ein lohnenswertes Reiseziel für naturbegeisterte Reisende. Auch die Nationalparks Palo Verde und Santa Rosa bieten erstklassige Möglichkeiten zur Naturbeobachtung.

Halbinsel Nicoya | 325

Die Halbinsel Nicoya begeistert mit ihren schönen Stränden, allerdings wurden vor allem im nördlichen Bereich viele hässliche Hotelbunker aus dem Boden gestampft, die vor allem nordamerikanische Pauschaltouristen ansprechen. Lohnenswerter sind die Strände weiter südlich, wo man auch einige schöne Naturreservate findet.

Zentrale Pazifikküste | 393

Der nördliche Teil der zentralen Pazifikküste zwischen Puntarenas und Quepos ist überlaufen und abschnittsweise stark verbaut. Südlich davon findet man aber noch einsame Strände, Naturparks und schön gelegene Hotels mit Meerblick.

Süden | 443

Der Süden des Landes ist ein El Dorado für Naturfreunde: die Bergregion am Cerro de la Muerte und am Cerro Chirripó ebenso wie das Mündungsgebiet des Río Sierpe, die artenreiche Halbinsel Osa und der Golfo Dulce. Wer die teilweise mühevolle Anreise in Kauf nimmt, wird belohnt mit „pura natura"!

eine Reise wert, auch wenn er derzeit keine Lava spuckt.

Nordwesten | 265

Die vulkanische Cordillera de Guanacaste mit den Nationalparks Rincón de la Vieja und Tenorio und die Cordillera de Tilarán

Hinweis
Zu den Regionen siehe auch das Kapitel „Reiseempfehlungen" auf S. 16.

- Ausrüstung | 44
- Bus oder Mietwagen? | 32
- Diplomatische Vertretungen | 40
- Fahrrad, Urlaub mit dem | 32
- Frau allein unterwegs | 30
- Gays & Lesbians | 31
- Gesundheitsvorsorge | 42
- Hin- und Rückreise | 35
- Informationsstellen | 30
- Kinder reisen | 31
- Pauschalurlaub | 34
- Reisedauer | 30
- Reiseempfehlungen | 16
- Reisekosten | 40
- Reisezeit | 29
- Versicherungen | 43
- Zahlungsmittel | 40
- Zelt unterwegs, mit dem | 34

1 Vor der Reise

Der Río Pacuare durchschneidet den Regenwald

Reiseempfehlungen

Neben den **Stränden** an Atlantik und Pazifik sind es vor allem die zahlreichen **Nationalparks** und Naturreservate, die für Besucher von Interesse sind. Der aktive **Vulkan Arenal** und der nicht nur bei Windsurfern beliebte **Arenal-See** sind weitere Anziehungspunkte. Die Städte haben meist wenig zu bieten und dienen dem Reisenden eher als Standpunkt bzw. Umsteigestation.

Die Regionen des Landes im Überblick

Valle Central

Trotz der Eröffnung des Flughafens bei Liberia kommen nach wie vor die meisten Reisenden im Valle Central an, dem **zentralen Hochtal.** Hier, wo etwa die Hälfte der Bevölkerung lebt, lohnt es sich nicht nur wegen des angenehmen gemäßigten Klimas für einige Tage zu verweilen.

In Costa Rica führen alle Wege nach San José, sodass es sich empfiehlt, in der Hauptstadt oder Umgebung (Alajuela, Heredia, Escazú etc.) eine Art **Basislager** zu errichten, wo man nicht benötigtes Gepäck deponiert. Von hier kann man in alle Richtungen reisen und ist meist nicht allzu weit vom Zentrum entfernt.

Die **Stadt San José** ist zwar nicht besonders attraktiv, hat aber doch drei Museen, deren Besuch sich unbedingt lohnt: das Nationalmuseum (guter Überblick über präkolumbische Kulturen und Geschichte), das Jademuseum (mit schöner Keramik) und das Goldmuseum. Als Alternative zum Übernachten bieten sich auch die ruhigeren Nachbarstädtchen Alajuela, Heredia und Escazú an.

Die beiden Nationalparks **Vulkan Poás** und **Vulkan Irazú** gehören zu den beliebtesten des Landes, und mindestens einen davon sollte man unbedingt besuchen: Beide Vulkane gelten als aktiv und haben einen sehr fotogenen Kratersee.

Im Osten des Valle Central lohnt das beschauliche **Orosi-Tal** einen Besuch. Die alte Kirche des Ortes Orosi zählt neben der **Basilika von Cartago** zu den sehenswertesten Kirchen des Landes.

Die Karibikküste

Eine Welt für sich ist die **Karibikseite** des Landes. Ein anderer Menschenschlag, eine andere Sprache, eine lokal geprägte Küche und ein karibisch-lockeres Lebensgefühl prägen diese Region.

An der Hauptstraße nach Limón liegt der **Nationalpark Braulio Carillo,** an dem viele Touristen einfach vorbeifahren. Eine kleine Wanderung durch den Regenwald ist ein guter Einstieg in die vielfältige Flora und Fauna des Landes. Am Nordostrand des Nationalparks befindet sich die „Regenwald-Seilbahn".

Im Süden der wenig attraktiven Hafenstadt Puerto Limón locken zahlreiche palmenbestandene Sandstrände die Besucher. Die beiden wichtigsten Touristenorte sind **Cahuita** mit einem schönen Nationalpark am Meer und **Puerto Viejo** weiter südlich. Ein Geheimtipp sind beide schon längst nicht mehr, aber dennoch durchaus einen Besuch wert. Eine Reise zur südlichen Karibikküste endet in einer Sackgasse, d.h. man muss über den gleichen Weg wieder zurück – außer man reist nach Panama (mit Mietwagen nicht möglich) und über Paso Canoas im Süden wieder nach Costa Rica ein.

Nördlich von Limón durchzieht ein System von natürlichen Kanälen das Hinterland der Küste, die hier weitgehend unter Naturschutz steht und nicht zum Baden geeignet ist. Eine Bootsfahrt durch den **Nationalpark Tortuguero** ist fast schon ein Muss – am besten bucht man bereits in San José. Das weiter nördlich liegende **Wildtierreservat Barra del Colorado** ähnelt Tortuguero, ist aber bisher vorwiegend für Sportfischer erschlossen. Denkbar ist auch die An- bzw. Rückreise mit dem Flugzeug. Eine aufwendigere Variante ist die Bootsfahrt von Tortuguero nach Pto. Viejo de Sarapiquí, es gibt keine reguläre Verbindung, und man muss sich ein Boot chartern.

Der Norden

Der Norden des Landes ist in erster Linie durch die Regionen Sarapiquí und Arenal wichtig. Die Landschaft ist nur am Rande der Berge attraktiv, ansonsten eher flach und langweilig, Zuckerrohr und Zitrusfrüchte beherrschen das Bild.

Wer von der karibischen Seite kommt und nicht ins Valle Central zurückkreisen möchte, kann über Pto. Viejo de Sarapiquí nach Fortuna bzw. Los Chiles fahren. Eine mögliche Variante wäre auch der Schlenker von Los Chiles über den Nicaragua-See (nur für abgehärtete *traveller*) und wieder im Nordwesten zurück nach Costa Rica.

Die Stadt **Puerto Viejo de Sarapiquí** ist ein wichtiger Ausgangspunkt für Exkursionen in den Regenwald und auf dem gleichnamigen Fluss. Viele Angebote in dieser Region sind zwar interessant, aber nicht billig (z.B. *Rara Avis, Selva Verde*); der Besuch der biologischen Station La Selva ist nur im Rahmen einer geführten Tour möglich. Wer lieber auf eigene Faust den Regenwald erkunden möchte, kann dies im Reservat Tirimbina tun.

Ciudad Quesada (auch San Carlos genannt) ist die größte Stadt im Norden und als Verkehrsknotenpunkt wichtig. Im äußersten Norden, nahe der Grenze zu Nicaragua, liegt das **Reservat Caño Negro,** ein echtes Vogelparadies. Wichtigster Ausgangspunkt für Bootstouren dorthin ist die Stadt Los Chiles. Ausflüge nach Caño Negro werden auch ab San José und Fortuna angeboten.

Zu einem echten (und dabei sympathischen) Touristenzentrum hat sich in letzter Zeit der Ort **Fortuna** zu Füßen des **Vulkans Arenal** entwickelt. Auch wenn der Vulkan seine „aktive" Seite vom Ort abwendet (was für viele eher beruhigend sein mag), so kann man doch bei einem nächtlichen Ausflug mit etwas Glück den einzigen voll aktiven Vulkan des Landes in Aktion sehen – ein unvergessliches Erlebnis. Westlich von Fortuna liegt der **Arenal-See,** ein künstlicher Stausee von rund 75 km^2 Fläche (in etwa vergleichbar mit dem Chiemsee). Der größte See Costa Ricas gilt wegen seiner beständigen Winde v.a. am Westufer als eines der weltweit besten Reviere zum **Windsurfen.** Entlang der Nordküste gibt es eine ganze Reihe von Unterkünften, wo man sich in angenehmem Klima erholen kann.

Von Fortuna aus (das man von San José am besten über Cd. Quesada erreicht) kann man um den Arenal-See herum nach Tilarán fahren. Von dort hat man die Wahl, direkt nach Monteverde oder nach Cañas weiterzureisen. Unterwegs lohnen die Arenal Hanging Bridges einen Besuch.

Der Nordwesten

Der Nordwesten, das ist vor allem die trockene Provinz Guanacaste, die Heimat der *sabañeros,* der Cowboys des Landes. Eine Vielzahl von sehenswerten Naturparks und die Nähe zu den Stränden der Halbinsel Nicoya machen diese Region für Touristen attraktiv.

Auf dem Weg nach Liberia kann man einen Abstecher in die Region von **Monteverde** einplanen. Hier, im kühlen Bergland um den Ort Santa Elena, gibt es zwei Naturreservate, die wohl zu den interessantesten des Landes gehören.

Etwas abseits der *Interamericana* liegt im Mündungsgebiet des Río Tempisque der **Nationalpark Palo Verde,** in dem eine Vielzahl von Vögeln brütet. Einen Bootsausflug sollte man schon vorher in San José, Fortuna, Cañas oder Liberia buchen.

Die wichtigste Stadt des Nordwestens heißt **Liberia,** sie ist ein guter Ausgangspunkt für Ausflüge in die Umgebung, z.B. zum nahe gelegenen **Nationalpark Rincón de la Vieja** mit zahlreichen Wandermöglichkeiten zu dampfenden Fumarolen, blubbernden Schlammlöchern und anderen vulkanischen Erscheinungsformen.

Weiter nördlich befindet sich der **Nationalpark Santa Rosa,** auf einer Halbinsel gelegen, die weit ins Meer ragt. Neben einigen schönen Stränden ist hier vor allem die Trockenwald-Vegetation bedeutend.

Die Halbinsel Nicoya

Die beliebtesten und vielleicht schönsten Strände des Landes findet man auf der Halbinsel Nicoya. Neben einigen touristischen „Rummelplätzen" wie Tamarindo gibt es immer noch viele ruhigere Or-

te an den zahlreichen Sandstränden des Pazifik.

Die **Strände** der Nicoya-Halbinsel erreicht man auf drei verschiedenen Wegen: den nördlichen Teil über Liberia, den Mittelteil über die neue Tempisque-Brücke und den Süden mit der Paquera-Fähre ab Puntarenas. Eine Rundfahrt bietet sich an, allerdings gibt es zwischen Nicoya und dem Süden keine Busverbindung (nur bis Playa Naranjo).

Auch wenn der Strand von **Playa de Coco** nicht unbedingt überzeugt, so kann man hier den Fischer zuschauen, die, ungerührt vom starken Tourismus der Region, ihrer Tätigkeit nachgehen. Außerdem gibt es in der Nachbarschaft einige schöne Strände (Hermosa, Ocotal), die man aber möglichst am Wochenende meiden sollte: Coco ist der Hausstrand von Liberia und entsprechend beliebt und auch ein Treffpunkt für den Tauchsport.

Costa Rica ist reich an schönen Stränden

◹ Überall im Land kann man sich ein Pferd mieten und so die Natur erleben

Weiter südlich schließt sich der Nobelort **Playa Flamingo** mit seinen Luxushotels an. Wer jedoch nicht über überschüssige Geldmittel verfügt und es lieber etwas beschaulicher mag, der ist in **Playa Brasilito** besser aufgehoben.

Einer der größten Badeorte auf Nicoya ist **Playa Tamarindo** mit einer Vielzahl von Hotels und Restaurants (fast) jeder Preisklasse und einem schönen Sandstrand. Weiter südlich liegt **Playa Junquillal,** das man besser über Santa Cruz erreicht. Der Ort ist weit weniger belebt, dafür ist das Meer hier etwas rauer.

Von der Stadt Nicoya kommt man zu den verschiedenen Stränden in der Nähe des kleinen Ortes **Nosara,** der selbst nicht am Meer liegt. Die Unterkünfte verteilen sich meist im durchaus attraktiven Hinterland und die Strände sind somit verhältnismäßig ruhig.

Ganz anders in dem aufstrebenden Strandort **Sámara,** der an einer fast perfekten Sandbucht liegt und für jeden Geldbeutel ein Angebot bereithält. Die Strände weiter südlich sind oft nur schwer erreichbar und haben fast keine touristische Infrastruktur.

Östlich von Nicoya liegt der **Nationalpark Barra Honda,** der in erster Linie wegen seiner Höhlen besucht wird.

Der Süden der Halbinsel ist am besten mit einer Fähre ab Puntarenas zu erreichen. **Playa Montezuma** hat sich zu einer Art „alternativem" Strandort entwickelt und zieht vor allem jüngere Besucher aus aller Welt an.

Nicht weit entfernt liegen das **Naturreservat Cabo Blanco** an der äußersten Südspitze der Halbinsel und die aufstrebende Touristenregion Mal País und Playa Sta. Teresa.

Zentrale Pazifikküste

Die zentrale Pazifikküste bietet neben zahlreichen Stränden, die auch bei Einheimischen sehr beliebt sind, einige sehenswerte Naturparks. Je weiter südlich man vordringt, umso einsamer werden die Strände. Wegen der Strömung ist Baden jedoch nicht immer unbedenklich, Surfer hingegen finden hier ideale Bedingungen.

Puntarenas, die wichtigste Hafenstadt an der Pazifikseite, ist Ausgangspunkt für Bootsausflüge im Golf von Nicoya und über mehrere Fähren mit dem Süden der Halbinsel Nicoya verbunden. Zum Baden sollte man allerdings weiter nach Süden reisen, die Strände bei Puntarenas sind nicht empfehlenswert.

Die zentrale Pazifikküste ist **hervorragend mit dem Valle Central verbunden.** Wer nicht auf dem gleichen Weg zurückreisen möchte, nutzt die Busverbindung zwischen Quepos und San Isidro. Diese Route empfiehlt sich auch mit Mietwagen.

Direkt an der „Einflugschneise" zu den beliebten Badeorten Jacó und Manuel Antonio liegt der viel besuchte **Nationalpark Carara.** Er zählt zu den lohnenswertesten Naturparks, nicht nur wegen der dort lebenden roten Aras; die beste Besuchszeit ist morgens oder nachmittags.

Seine Nähe zum dicht besiedelten Valle Central macht **Playa Jacó** zu einem äußerst beliebten Badeort, auch wenn man dort so etwas wie Atmosphäre vergeblich sucht und der Ort derzeit einer Großbaustelle gleicht. Südlich von Jacó liegt die vor allem von Surfern frequentierte **Playa Hermosa,** ein weiter Sandstrand mit starkem Wellengang.

Quepos hat zwar selbst keine Badestrände, ist aber Ausgangspunkt für die berühmten Strände des **Nationalparks Manuel Antonio.** An der Straße zum Nationalpark findet sich ein Angebot an Hotels, wie es seinesgleichen sucht und das eine entsprechend hohe Bettenkapazität schafft – zu teils horrenden Preisen. Aber der Park ist nicht nur wegen seiner schönen Sandstrände einen Besuch wert. Neben anderen Tieren, die sich leider schon viel zu sehr an den Menschen gewöhnt haben, ist hier eines der letzten Rückzugsgebiete des scheuen Totenkopfäffchens.

Vor Jahren noch unbekannt, hat sich **Playa Matapalo** in letzter Zeit zu einem netten Badeort mit einem bescheidenen Angebot an Unterkünften entwickelt. Der richtige Platz für alle, die dem Rummel weiter nördlich entfliehen wollen. Der nächste wichtige Ort am Meer mit zahlreichen Übernachtungsmöglichkeiten heißt **Dominical.** Er ist vor allem für Surfer interessant! Hier zweigt auch eine Straße nach San Isidro im Landesinneren ab. Weiter südlich wird es ruhiger, auch wenn die relativ neue Teerstraße eine rege Bautätigkeit ausgelöst hat. Der **Meeresnationalpark Ballena** ist ein guter Ort, um Wale zu beobachten, es können Boote gemietet werden.

Der Süden

Der Süden ist **wohl die vielfältigste Region des Landes:** die hohen Berge der unzugänglichen Talamanca-Kordillere, die Naturschönheiten der Osa-Halbinsel und die Strände am Golfo Dulce – Gründe mehr als genug für eine Reise in den Süden Costa Ricas.

Die Highlights – kritisch betrachtet

Ob Tortuguero, Monteverde, Manuel Antonio, der Vulkan Poás oder der Arenal – fast alle Besucher Costa Ricas waren dort, denn diese Punkte stehen bei fast allen Reisenden auf dem Programm, egal, ob sie individuell oder im Rahmen einer organisierten Rundreise unterwegs sind. Natürlich sind diese Orte nicht ohne Grund so beliebt, aber dennoch lohnt sich auch hier ein kritischer Blick auf die **„Top Ten"**, die zehn beliebtesten und meistbesuchten Sehenswürdigkeiten und Orte des Landes, um falschen Vorstellungen und Enttäuschungen vorzubeugen.

Der Vulkan Poás

Jedes Jahr blicken über 250.000 staunende Besucher in den Krater des nach wie vor aktiven Vulkans Poás. Doch viele sehen nur Nebel, und vom Krater keine Spur! Der Vulkan ist zweifellos eine Top-Attraktion, aber eben nur bei gutem Wetter. Mein Tipp: Sind die Berge von Wolken eingehüllt, verschieben Sie den Besuch lieber auf einen anderen Zeitpunkt, sind die Gipfel allerdings frei (auch von San José aus zu sehen): nichts wie hin!

008cr dk

Der Grund für die Beliebtheit des meistbesuchten Nationalparks des Landes ist seine bequeme Erreichbarkeit und seine Nähe zu den Zentren des Hochlandes. Mit Menschenmassen muss daher (vor allem am Wochenende) gerechnet werden. Aber die beiden kurzen Wanderwege im Park nutzen nur wenige Besucher, die meisten tummeln sich auf dem geteerten Weg zwischen Besucherzentrum und Krater.

Der Vulkan Irazú

Im Prinzip gilt für einen der meistbesuchten Nationalparks des Landes (120.000 Besucher pro Jahr) das gleiche wie für den Poás: **gutes Wetter** nutzen und nach Möglichkeit die **Wochenenden meiden.** Leider gibt es auf dem Irazú keine Wandermöglichkeiten, aber ein Ausflug lohnt sich auf alle Fälle, wie gesagt: gutes Wetter vorausgesetzt.

Die Ochsenkarren von Sarchí

Sarchí gilt als das Zentrum für Kunsthandwerk in Costa Rica, und zweifellos werden in den Artesanía-Läden des Ortes auch künstlerisch anspruchsvolle Dinge verkauft – aber eben wohl eher als Zugabe. Ansonsten findet sich dort jede Menge übeteuerter **Kitsch**, dem Geschmack der überwiegend nordamerikanischen Kundschaft angepasst. Lohnenswert ist der **Besuch einer Fabrik,** in der die Ochsenkarren gefertigt und bemalt werden, den Besuch der Shops hingegen kann man sich getrost sparen.

◁ Im Nationalpark Tortuguero

Die Regenwald-Seilbahn

Ursprünglich als ökologisch verträgliches Projekt zum Kennenlernen der ansonsten für den Normalbürger unzugänglichen Baumkronenregion gedacht, verkommt der von *Donald Perry* entwickelte Rainforest Aerial Tram zunehmend zum **Touristen-Nepp.** Täglich werden Unmengen von Pauschaltouristen (u.a. von den Kreuzfahrtschiffen) zum Teleférico gekarrt, wo wegen der großen Nachfrage allmählich das Angebot an qualifizierten Führern knapp wird. **Lange Wartezeiten, überteuerte Preise** (auch im Restaurant) und die geringe Chance, Tiere zu sehen, machen viele Besucher unzufrieden. Zudem kann man sich bei einem plötzlichen Regenschauer auch ganz schön nasse Füße holen.

Eine weitere Seilbahn wurde inzwischen in Jacó eröffnet.

Weitaus günstigere **Alternativen** sind die Hängebrückensysteme in Monteverde (siehe umseitig) und am Arenal-See, wo man über mehrere Hängebrücken ebenfalls bequem in die Baumkronenregion vordringen kann. Für aktive und etwas abenteuerlustige Reisende bietet sich zudem die Möglichkeit, an verschiedenen Stellen des Landes (u.a. Monteverde und Rincón de la Vieja) an einer **Canopy-Tour** teilzunehmen, wobei man sich mit Seilen hoch in den Bäumen von Plattform zu Plattform bewegt.

Die Kanäle von Tortuguero

Eine der größten noch weitgehend unberührten Naturregionen Mittelamerikas liegt im Nordosten des Landes an der Atlantikküste: Zwischen dem Río Parismina und dem Río San Juan erstreckt sich ein Feuchtgebiet mit zahlreichen Kanälen, das einer **Vielzahl von Tier- und Pflanzenarten** idealen Lebensraum bietet.

Ein Besuch dieser „Kanäle von Tortuguero" gehört sicherlich zu den **Highlights** einer Reise nach Costa Rica. Allerdings sollte man wissen, dass die **Niederschlagsmengen** hier weltrekordverdächtig sind und es in den zahlreichen „einsamen Dschungel-Lodges" manchmal zugeht wie auf dem **Jahrmarkt**. Die Bootsausflüge der verschiedenen Lodges führen meist in die gleichen Seitenkanäle, wo man dann in den Abgasen der anderen Boote die Stille (?) des Regenwaldes genießen (?) kann. Am besten, man versucht, diesen Ausflügen auszuweichen und organisiert **auf eigene Faust** eine Exkursion mit einem qualifizierten Führer (siehe Kapitel Tortuguero). Ein weiterer Tipp ist das nördlich gelegene **Reservat Barra del Colorado,** wohin sich außer Sportfischern nur selten ein Tourist verirrt. Leider gibt es dort keine Angebote für „normale" Touristen.

Alternativen? Weitaus billiger und problemlos zu organisieren sind Bootsausflüge auf dem Río Frío bei Los Chiles (= Reservat **Caño Negro**) auf dem Río Tempisque/Bebedero (= Nationalpark **Palo Verde**) und auf dem Río Coto (**Golfito),** wo man eine ähnliche Tier- und Pflanzenwelt zu sehen bekommt wie in Tortuguero.

Der Vulkan Arenal

Der Vulkan Arenal im Norden des Landes ist einer der aktivsten Vulkane der Erde, und so nimmt es nicht Wunder, dass sich der kleine Ort **La Fortuna** zu seinen Füßen in den letzten Jahren zu einem der meistbesuchten Touristenorte des Landes entwickelt hat.

Sicherlich ist La Fortuna ein guter Ausgangspunkt für Exkursionen in die Gegend, doch sollte man wissen, dass die **aktive Seite des Vulkans** von hier aus nicht zu sehen ist. Hierzu muss man sich in Richtung Are-nalsee begeben, die Aktivitäten bekommt man dann ab dem Hotel Los Lagos zu sehen. Wer also vom Hotel aus einen nächtlichen Vulkanausbruch erleben möchte, muss schon ein wenig tiefer in die Tasche greifen, um sich in einem Hotel in entsprechender Lage einzuquartieren (siehe Kapitel „Von Fortuna zum Vulkan Arenal").

Ferner bleibt zu erwähnen, dass sich auch der Arenal viel zu oft bedeckt hält – so mancher Reisende muss sich dann mit dem Vulkan begnügen, wie er auf den Hochglanz-Postkarten abgebildet ist.

Die Region Monteverde

Vor allem während der Hochsaison kann es vorkommen, dass in den zahlreichen Hotels und Pensionen von Santa Elena und Monteverde kein Zimmer mehr frei ist, und das, obwohl die Anfahrt alles andere als bequem ist. Das private Reservat Monteverde genießt nun mal vor allem in den USA einen sehr **hohen Bekanntheitsgrad,** und so strömen immer mehr Besucher in diese Nebelwaldregion.

Der Besuch von einem der inzwischen drei Reservate ist ein **großartiges Erlebnis,** und der bereits erwähnte **Sky Walk** sowie die Konkurrenz **Selvatura** sind weitere Gründe, hierher zu reisen. Wer allerdings den sagenhaften **Göttervogel Quetzal** mit eigenen Augen sehen möchte, hat im Bereich der Talamanca-Berge am **Cerro de la Muerte** die besseren Chancen (siehe Kapitel „Von San José nach San Isidro")! Ansonsten bleibt der Tipp, in Monteverde möglichst **früh aufzustehen,** denn erstens schließt das Reservat Monteverde seine Pforten, wenn 120 Besucher drin sind, und zweitens lassen sich die Tiere, wenn überhaupt, dann am ehesten in den frühen Morgenstunden blicken.

Playa Tamarindo

Gab es vor 15 Jahren hier noch einen einsamen Strand mit so gut wie keinen Unterkunftsmöglichkeiten, so entwickelt sich Playa Tamarindo inzwischen immer mehr zum populärsten Strand auf der Nicoya-Halbinsel, vor allem bei Nordamerikanern, und auch zur größten Baustelle des Landes (zusammen mit Jacó). Die Folge sind immer **höhere Preise, nachlassende Qualität** und **viele Menschen!** Sicherlich ist ein Sonnenuntergang über dem Pazifik ein bleibendes Erlebnis, aber zum Baden eignet sich der teilweise felsige Strandabschnitt nur bedingt. Also in erster Linie eine Destination **für Urlauber, die „action" lieben** und sich von meist überhöhten Preisen nicht abschrecken lassen.

Montezuma

Was für Tamarindo recht ist, ist für Montezuma nur billig: die **Preise,** die hier v.a. während der Hochsaison für Kost und Logis verlangt werden, entbehren jedem Realitätsbezug. Doch solange immer mehr Besucher den „Geheimtipp" Montezuma für sich „entdecken" wollen, wird erbarmungslos weiter an der Preisschraube gedreht. Also besser **weiterreisen** zu den Unterkünften an dem schönen Küstenabschnitt zwischen Montezuma und dem Reservat Cabo Blanco, oder sich in einem der Hotels einmieten, die **oberhalb der Stadt** über dem Meer trohnen und von dort den herrlichen Ausblick genießen.

Allerdings: Um den Sonnenuntergang über dem Meer zu erleben, muss man schon nach Mal País fahren …

Manuel Antonio

Dieser Name steht für viele als Synonym für **herrliche Strände** und eine traumhafte Küstenlandschaft. Ich denke dabei eher an unverschämt **teure Hotels** (vielfach in schöner Lage) und an einen kleinen, bis zum Rande der Erträglichkeit **überfüllten Nationalpark** (mit schönen Stränden). Besonders während der Hochsaison geht es an den Stränden zu wie in Rimini und Caorle – die rund 115.000 Besucher pro Jahr drängen sich in den Monaten Dezember bis März und im Juli. Auch die Tiere des Parks haben gelernt, von diesem Besucheransturm zu profitieren: Besonders die vorwitzigen und oft auch aggressiven Kapuzineraffen betteln nach Essbarem oder besorgen sich dieses aus unbeaufsichtigt zurückgelassenen Taschen. Dem Begriff „Naturschutz" kommt bei all dem wohl eher eine untergeordnete Rolle zu, der Park ist vielmehr so etwas wie ein Freiluftzoo.

Dennoch gibt es gute Gründe, diesen Park zu besuchen, denn nicht viele Besucher finden an den Stränden vorbei auf die **Wanderwege,** an denen man mit etwas Glück sogar den seltenen Totenkopfäffchen begegnen kann. **Günstiger übernachten und essen** als in den Hotels an der Straße zum Park kann man in der Stadt Quepos, von dort verkehren regelmäßig Shuttle-Busse nach Manuel Antonio.

Und noch ein **Tipp:** Unter allen Umständen sollte man die Zeit zwischen Weihnachten und Neujahr sowie die Osterwoche meiden, wenn Tausende von Ticos hierher strömen und die Hotels ganz besondere „Spezialtarife" anbieten!

Im Süden sind San Isidro und Palmar Sur wichtige Umsteigeorte. Eine denkbare **Rundreise** mit öffentlichen Verkehrsmitteln führt über San Vito nach Cd. Neily und weiter nach Golfito/Playa Zancudo. Von Golfito mit dem Schiff nach Pto. Jiménez und von dort über Palmar Norte zurück nach San Isidro.

Bereits die Anfahrt von San José über den **Cerro de la Muerte** ist ein Erlebnis: Bis auf rund 3300 m schraubt sich die Straße in die Region des ewigen Nebels – manchmal scheint auch die Sonne. Am Km 80 zweigt die Straße ab nach San Gerardo de Dota, idealer Standort zur Erkundung der Nebelwald-Region.

San Isidro, ein lebhaftes landwirtschaftliches Zentrum, ist Ausgangspunkt für den Besuch des **Nationalparks Chirripó** mit seiner eigentümlich-schönen Berglandschaft. Für die Besteigung des höchsten Berges ist eine rechtzeitige Anmeldung in San Isidro erforderlich, in der Hochsaison kann die Wartezeit bis zu vier Wochen betragen!

Die *Interamericana* führt weiter über Palmar Norte und Cd. Neily zur Grenze nach Panama. Abseits dieser Hauptstraße liegen die eigentlichen Attraktionen der Region: Ein interessanter Abstecher führt nach **San Vito,** einem Städtchen in einem hübschen Tal zu Füßen des riesigen und noch weitgehend unerschlossenen **Nationalparks La Amistad.** Nahebei liegt der **Jardín Wilson,** der wohl schönste botanische Garten des Landes.

Von Palmar Norte am mächtigen Río Térraba führt eine Abzweigung nach **Sierpe,** von wo aus man über den gleichnamigen Fluss das offene Meer erreichen kann. An der **Bahía Drake** gibt es schön gelegene Unterkünfte, allerdings auch hier nicht billig.

Weiter südlich zweigt die einzige Straße ab zur **Osa-Halbinsel.** Im Hauptort **Pto. Jiménez,** wo es auch eine Schiffsverbindung über den Golfo Dulce nach Golfito gibt, organisiert man einen Besuch des **Nationalparks Corcovado,** einem Eldorado für engagierte Wanderer. Die mehrtägige Durchquerung dieses einmaligen Parks kann man – bei ausreichender Vorbereitung – durchaus auch auf eigene Faust realisieren.

Vor allem die schöne Lage an einer tief eingeschnittenen Bucht macht das Städtchen **Golfito** zu einem beliebten Touristenort, auch wenn die Stadt selbst nicht besonders attraktiv ist. Viele reisen deshalb schon bald weiter zu den südlich liegenden Stränden: **Playa Zancudo** hat zahlreiche Unterkunftsmöglichkeiten und ist zum Baden besser geeignet, **Playa Pavones** weiter südlich wird wegen seiner Wellen eher von Surfern bevorzugt.

Über 500 km südöstlich des Festlandes liegt mitten im Pazifik die legendäre Schatzinsel **Isla del Coco,** 1978 zum Nationalpark erklärt. Da die Insel unbewohnt ist und es auch keine Landepiste gibt, ist die einzige Möglichkeit, dorthin zu gelangen, ein Schiff.

Empfehlenswerte Unterkünfte abseits vom Rummel

Viele kommen nach Costa Rica und suchen Ruhe, Natur, Erholung. Und wo suchen sie? In Tamarindo, Puerto Viejo, Monteverde und Manuel Antonio, wie alle anderen auch! Aber es gibt sie, die stillen Plätze mitten in der Natur, man

Reiseempfehlungen

muss sie nur suchen. Um die Suche ein wenig zu erleichtern, hier eine (unvollständige) Auflistung einiger Unterkünfte unterschiedlichster Preisklasse, denen alle eines gemeinsam ist: Sie liegen ruhig, abseits der größeren Orte, meist in landschaftlich besonders schöner Umgebung. **Manchmal** sind sie allerdings **nur schwer zu erreichen,** oft nur mit Mietwagen, manchmal gar nur mit Allrad oder Pferden. Genauere Informationen über Lage, Ausstattung etc. sind in den Beschreibungen im Reiseteil zu finden. Dort sind diese Unterkünfte (und weitere empfehlenswerte) als **MEIN TIPP:** gekennzeichnet. Man findet sie, indem man nach dem Ort im Register oder Inhaltsverzeichnis sucht.

Preisangabe (Hauptsaison) in US-$, EZ/DZ = Einzelzimmer/Doppelzimmer. Weitere Kürzel: ÜF = Übernachtung mit Frühstück; p.P./VP = pro Person inkl. Vollpension.

Valle Central
- **Villa Arboleda**
Sta. Ana (ÜF 72/89/110 $)
- **Quinta Don Fernando**
La Garita (ÜF ab 55/70/85 $)
- **Tacacori Ecolodge**
Alajuela/Tambor (DZ/ÜF 120 $)
- **Poás Lodge**
Poasito – Vulkan Poás (DZ/ÜF ab 85 $)
- **Poás Volcano Lodge**
Poasito – Varablanca (ÜF ab 113/164 $)
- **Finca Los Alpes**
Umgebung San Ramón (DZ/Ü 110 $)
- **Apartamentos Atenas**
Umgebung Atenas (45/50 $)
- **Las Mariposas B&B**
Umgebung Atenas (DZ ab 45 $)
- **Orosi Lodge**
Orosi (Ü 66/66 $)
- **Casa Turire**
Turrialba – La Suiza (DZ/ÜF ab 185 $)
- **Turrialtico Lodge**
Turrialba – Siquirres (ÜF ab DZ/ÜF ab 64 $)

Karibik
- **Casa Río Blanco Ecolodge**
Umgebung Guápiles (ÜF 53/77 $)
- **Selva Bananito Lodge**
Limón – Cahuita (ab 100 $ p.P. im DZ/VP)
- **Suizo Loco Lodge**
Cahuita (DZ ab 115 $/ÜF)
- **Cabinas Río Cocles**
Pto. Viejo – Manzanillo (DZ ab 40 $/Ü)
- **El Tucán Jungle Lodge**
Pto. Viejo – Manzanillo (40/50 $/Ü)
- **Tree House Lodge**
Pto. Viejo – Manzanillo (Haus ab 200 $)

Norden
- **La Laguna del Lagarto Lodge**
Boca Tapada (ab 55/75 $/ÜF)
- **Maquenque Ecolodge**
Boca Tapada (ÜF 106/131 $)
- **Pedacito de Cielo**
Boca Tapada (ÜF 74/85 $)
- **Hotel Termales del Bosque**
Cd. Quesada – Aguas Zarcas (ÜF 79/112 $)
- **Bio Termales Hot Springs**
Cd. Quesada – Aguas Zarcas (DZ ab 75 $)
- **Hotel La Garza**
Cd. Quesada – Muelle (DZ/ÜF 107 $)
- **Caño Negro Natural Lodge**
Caño Negro (ÜF 125/125 $)
- **Ceiba Tree Lodge**
Fortuna – Nuevo Arenal (DZ/ÜF 67/89 $)
- **Cabinas Arelago**
Nuevo Arenal – Tilarán (DZ/Ü 33 $)

Nordwesten
- **Finca El Mirador,** Miramar (DZ/ÜF ab 50 $)
- **Cabinas El Sol**
Río Lagarto – Sta. Elena (DZ ab 125 $)

Reiseempfehlungen

- **Pueblo Antiguo Lodge**
Las Juntas (52/66/73 $/Ü)
- **Rinconcito Lodge**
NP Rincón de la Vieja (ab 46/63 $)
- **Finca Cañas Castilla**
La Cruz – P. Blancas (45/56/68 $/Ü)

Halbinsel Nicoya
- **Hotel Cantarana**
Playa Grande (ÜF 107/130 $)
- **Guacamaya Lodge**
Playa Junquillal (ab 79/85 $)
- **Hotel Luna Azul**
Playa Ostional (ÜF 192/192 $)
- **Lagarta Lodge**
Playa Pelada – Nosara (Ü ab 85/90 $)
- **Flying Crocodile Lodge**
Sámara – Nosara (ÜF ab 49/55 $)
- **Pacific Guesthouse**
Playa Coyote (DZ/Ü ab 60 $)

- **Albergue Cerro Escondido**
bei Jicaral (DZ/VP 70 $ p.P.)
- **Fidelito Ranch & Lodge**
Nähe Tambor (70/70/85 $/Ü)
- **Finca Los Caballos Nature Lodge**
Cóbano – Montezuma (ÜF ab 97/97 $)

Zentrale Pazifikküste
- **Cerro Lodge**
Playa Tárcoles (ÜF ab 70/90 $)
- **Hotel Pelícano**
Playa Esterillos Este (80/95/110 ÜF)
- **Auberge Beso del Viento B&B**
Playa Palo Seco (DZ/ÜF ab 89 $)
- **Finca Paraíso Verde**
Londres (ÜF 50/65/75 $)

☐ Im Meeresnationalpark Ballena

- **Dos Palmas B&B**
Playa Matapalo (DZ/ÜF 75 $)
- **Cabinas Punta Dominical**
Playa Dominicalito (DZ ca. 96 $)
- **Cacatua Lodge**
Uvita (DZ/Ü 75 $)
- **Finca Bavaria**
Uvita (DZ ab 75/87 $)
- **El Mono Feliz**
Ojochal (DZ/Ü ab 50 $)
- **Río Tico Safari Lodge**
bei Ojochal (DZ/ÜF ab 62 $)

Süden
- **El Toucanet Lodge**
Copey de Dota (ÜF ab 69/84 $)
- **Dantica Lodge**
San Gerardo de Dota (DZ/ÜF ab 198 $)
- **Bosque del Tolomuco**
Cerro de la Muerte – San Isidro (DZ ab 65 $)
- **Talari Mountain Lodge**
San Isidro – Chirripó (ÜF 59/84 $)
- **Talamanca Lodge**
San Gerardo de Rivas (DZ ab 89 $)
- **Casa Botania B&B**
San Vito (ÜF 62/74 $)
- **Veragua River House**
Umgebung Sierpe (DZ/ÜF 68 $)
- **Finca Maresia Lodge**
Drake Bay (ab 30/40 $/ÜF)
- **Cabinas Las Caletas Lodge**
Drake Bay (ab 75 $ p.P. inkl. VP)
- **Punta Marenco Lodge**
Drake Bay (DZ ca. 65 $ p.P./VP)
- **Suital Lodge**
Golfo Dulce (Ü 51/71 $)
- **Finca Exotica**
Carate (VP ab 80 $ p.P./DZ)
- **La Leona Eco Lodge Tent Camp**
Carate (DZ ab 89 $ p.P./HP)
- **Esquinas Rainforest Lodge**
Umgebung Golfito (DZ 147 $ p.P./VP)

Reisezeit

Überall steht zu lesen, dass die **Trockenzeit von Dezember bis April** die beste Reisezeit für Costa Rica sei. Tatsache ist, dass dann statistisch gesehen die geringste Niederschlagsmenge fällt – doch ist es deswegen die „beste Reisezeit"? Mit Sicherheit ist es die beliebteste und teuerste Reisezeit: Vor allem um Weihnachten und Ostern wird es eng. Strände und Nationalparks sind ebenso überfüllt wie die Hotels, Mietwagen kosten das Doppelte, die Temperaturen steigen manchmal ins Unerträgliche, die Natur macht vor allem im Nordwesten einen vertrockneten und leblosen Eindruck. In letzter Zeit hat sich eine Art **Zwischensaison im Juli** herausgebildet, und die ersten Hotels verlangen schon Hochsaison-Tarife: Der Niederschlag geht in dieser Zeit etwas zurück, bevor im September/Oktober der Jahreshöchststand erreicht wird. Auch an der Karibikküste regnet es dann relativ wenig, von August bis Oktober ist meist schönes Wetter – die perfekte Reisezeit für diese Region (vgl. Klimatabelle im Kap. „Land und Leute"). Der **November** ist ein guter und bei Europäern sehr beliebter Monat: Die Regenzeit ist (fast) vorbei, und der große Besucheransturm beginnt erst gegen Mitte Dezember.

Wer sich an gelegentlichen Regenschauern nicht stört, kann **außerhalb der Hochsaison** erheblich billiger reisen: Die meisten Hotels reduzieren ihre Preise um 20–30 %. Außerdem zeigt sich die Natur in den Regenmonaten von ihrer grünen Seite, und eine Wolken-Stimmung nach einem Gewitter ist für den

Fotografen allemal interessanter als ein wolkenloser Himmel über trockener Graslandschaft.

Reisedauer

Lassen Sie sich von der verhältnismäßig geringen Fläche des Landes nicht täuschen: Wegen der außergewöhnlichen Vielfalt an Naturräumen gibt es eine Menge zu sehen, und viele Unternehmungen benötigen mehrere Tage. Außerdem bietet das Land auch zahlreiche schöne Strände zur Entspannung. Das absolute **Minimum von zwei Wochen** sei also nur für Zeitgenossen mit einem begrenzten Terminkalender empfohlen. Wer mehr Zeit hat – umso besser.

Alles zu sehen ist nicht möglich. Besser ist es, eine Auswahl zu treffen, um nicht von Ort zu Ort zu hetzen, um möglichst viel „abzuhaken". Verständlicherweise können hier auch nur **grobe Richtlinien** gegeben werden, um die individuelle Planung zu erleichtern.

■ **Valle Central:** 3–4 Tage sollte man sich Zeit nehmen, besser eine Woche.
■ **Karibik:** Je nach Dauer des Strandaufenthaltes sollte man mindestens 5–6 Tage rechnen (inkl. Tortuguero).
■ **Norden:** Region Sarapiquí 3–4 Tage, Fortuna 3–4 Tage, Arenal-See 2–3 Tage.
■ **Nordwesten:** Am besten pro Nationalpark 1–2 Tage einplanen, in Monteverde kann man in 2–3 Tagen eine Menge sehen.
■ **Halbinsel Nicoya:** Wer nur wenig Wert legt auf einen Badeaufenthalt, wird hier nicht allzu lange verweilen, obwohl es auch schöne Landschaften gibt. Ansonsten 4 Tage bis 2 Wochen zum Baden.
■ **Zentrale Pazifikküste:** Naturfreunde können die Parks in 3–4 Tagen besuchen, Badefans bleiben entsprechend länger.
■ **Der Süden:** Die zeitaufwendigste Region. Chirripó 4 Tage (inkl. An- und Abreise), Bahía Drake 3–4 Tage (ab Sierpe), Corcovado 4 Tage (ab Pto. Jiménez), Isla del Coco mind. 1 Woche.

Informationsstellen

Das staatliche costaricanische **Fremdenverkehrsbüro I.C.T.** unterhält keine Informationsstelle in Deutschland, Österreich oder der Schweiz. Englisch- und deutschsprachige Infos bietet das I.C.T. online unter www.visitcostarica.com. Außerdem gibt es Informationen bei der jeweiligen Botschaft.

Als Frau allein unterwegs

Auch wenn der *machismo* in ganz Lateinamerika allgegenwärtig ist, brauchen alleinreisende Frauen in Costa Rica nicht mit größeren Problemen zu rechnen. Um „Verwechslungen" zu vermeiden, sollten Frauen bestimmte Stadtteile (vor allem in San José) bei Nacht nicht alleine besuchen und in Discos o.Ä. zurückhaltend sein, denn eine Frau ohne Mann ist für Ticos eine Frau, die einen Mann sucht. Wichtig ist auch eine relativ **dezente Kleidung.** Unerwünschte Anmache wird am besten ignoriert, im Falle eines zudringlicheren Verehrers hilft ein freundliches, aber deutliches „Nein". Auch ein „Ehering" oder der Hinweis auf den mitreisenden Freund/Ehemann wirken oft Wunder.

Mit Kindern reisen

Wenn es ein Land in Mittelamerika gibt, das man auch mit Kindern bereisen kann, dann ist es Costa Rica. Die hygienischen Verhältnisse und die Gesundheitsversorgung sind relativ gut, in den Geschäften gibt es ein zufriedenstellendes Angebot an Windeln und Kindernahrung (ausländische Produkte sind teuer), und – ganz wichtig – die Entfernungen sind nicht allzu groß. Natürlich sollte man zuerst bedenken, ob es auch für das Kind ein Reise-Erlebnis wird: Der Transatlantik-Flug, die Klima- und Zeitumstellung sind für Erwachsene anstrengend und für Babys und Kleinkinder auch kein Vergnügen.

Aber sobald der Nachwuchs laufen kann, steht einer gemeinsamen Reise eigentlich nichts mehr im Wege; vorausgesetzt, man stimmt seinen Reiseplan mit den Bedürfnissen der Kinder ab. Die meisten Ticos haben Kinder sehr gerne, und nur in wenigen Luxus-Hotels sind Kinder nicht erwünscht. Die meisten Strände sind flach (und somit kinderfreundlich), und die Tiere in den Nationalparks sind nicht nur für die Erwachsenen ein Erlebnis. Der Autor ist selbst monatelang mit seiner damals 1½-jährigen Tochter problemlos durch das Land gereist. Noch ein Tipp: Wer mit einem Mietwagen reist, sollte rechtzeitig einen Kindersitz (Vorschrift!) reservieren.

Gays & Lesbians

Costa Rica ist ein **liberales Land** und daher auch ein **beliebtes Reiseziel für Schwule und Lesben.** Vor allem in Manuel Antonio gibt es eine große Auswahl an Gay- und „Gay-friendly"-Hotels. Mehrere Veranstalter bieten spezielle Reisen an, u.a. Gaytours (www.gaytourscr.com). Weitere Infos im Internet, z.B. unter www.gaycostarica.com.

Bus oder Mietwagen?

Busse

Schon vor Antritt der Reise sollte man sich Gedanken machen, welche Verkehrsmittel man in Costa Rica benutzen möchte. Grundsätzlich erreicht man mit Bussen **recht günstig** fast alle Regionen des Landes. Allerdings ist die Sicherheitssituation teilweise mehr als bedenklich (**Diebstähle** sind an der Tagesordnung!), und auch die Fahrweise der Buslenker ist manchmal nichts für schwache Nerven. Wo keine Busse verkehren, kann man es auch mit Trampen versuchen, vorausgesetzt, man bringt die nötige Zeit mit. Einige Fährverbindungen und Inlandsflüge ergänzen das öffentliche Verkehrsnetz.

Eine gute Alternative zu öffentlichen Bussen sind **Privattransfers,** wie sie z.B. von Interbus angeboten werden. Mit modernen Kleinbussen werden täglich bestimmte Routen befahren, die Gäste vom Hotel abgeholt und am Zielort bis zum Hotel gebracht. Nähere Infos siehe Kap. „San José/Verkehrsverbindungen".

Mietwagen

Wer seine begrenzte Zeit optimal nutzen will, sollte es sich überlegen, einen Mietwagen zu nehmen, um so **völlig ungebunden** jede Region des Landes zu erreichen. Während der Trockenzeit (Dezember bis April) kann man zwar theoretisch auf ein Allrad-Fahrzeug verzichten (wenn man sehr zurückhaltend fährt), grundsätzlich aber ist man mit einem „4x4" besser bedient. Die **Preise** für Leihfahrzeuge sind nicht unbedingt günstig, je nach Reisezeit sollte man pro Woche für einen kleinen Allradwagen zwischen 350 und 400 $ inkl. Versicherung und unbegrenzter Kilometerzahl rechnen. Ein Liter Normalbenzin kostet rund 1,15 $. Nicht nur in der Hochsaison (Dezember bis April) ist es unbedingt ratsam, sich einen Mietwagen schon ab Deutschland zu reservieren, denn die Preise sind dann meist günstiger, und die Gefahr, vor Ort an ein „schwarzes Schaf" zu geraten, kann so vermieden werden. Weitere Informationen siehe unter „Verkehrsmittel" im Kap. „Praktische Infos A–Z".

Urlaub mit dem Fahrrad

Bei Weitem ökologischer, aber auch erheblich anstrengender ist die Fortbewegung mit dem Fahrrad: Durch die oft großen Höhenunterschiede und das feuchtheiße Klima kann eine Tour mit dem Fahrrad leicht zu einer **„Tor-Tour"** werden; andererseits ist es ein großartiges Erlebnis, sich auf diese Weise gemächlich von Ort zu Ort zu bewegen und leichter in Kontakt mit Einheimischen zu kommen. Allerdings ist eine Radreise durch das schwülwarme Costa Rica **nichts für konditionsschwache Radler!** Aufgrund der Wärme und der anstrengenden Topografie sollte man mit Geschwindigkeiten von durch-

Urlaub mit dem Fahrrad

schnittlich 15 km/h und Tagesstrecken von 60–70 km kalkulieren. Durch das kurze Tageslicht (ca. 5.30/6 bis 17/17.30 Uhr) ist der Aktionsradius zusätzlich begrenzt. Die geteerten Straßen sind trotz der zahlreichen Schlaglöcher überwiegend gut zu befahren (eine sehr schöne Strecke ist die Tour um den Arenal-See und durch das Orosi-Tal).

Eine gute **Reisezeit** ist das Ende der Regenzeit (Ende Oktober/November): Zwar regnet es fast regelmäßig am späten Nachmittag, doch sind die Temperaturen im Hochland mit ca. 26 °C und an der Küste mit etwa 31 °C noch erträglich und ab Mittag ist es fast immer bewölkt. Danach wird es zwar trockener, aber auch zunehmend heißer mit Temperaturen bis zu 40 °C (im Schatten, aber wann hat man den schon …). Ebenfalls geeignet ist der „kleine Sommer" im Juli, wenn die Niederschläge geringer sind als in der restlichen Regenzeit (vgl. Klimatabelle im Kapitel „Klima").

Die Versorgung mit **Zubehörgeschäften** und **Reparaturwerkstätten** ist zufriedenstellend, wenn auch nicht lückenlos. Den Drahtesel sollte man am besten von zu Hause mitbringen, da es erst wenige Orte gibt, in denen Fahrräder verliehen werden (u.a. Fortuna). Empfehlenswert sind stabile 26-Zoll-Räder (Mountainbikes), möglichst funktionell und robust und ohne großen Schnickschnack. Ersatzteile für Marken der mittleren Preisklasse sind vor Ort erhältlich, Werkzeug und eine Ersatzkette sollte man auf alle Fälle mitführen. Das Reisegepäck sollte auf 10–15 kg reduziert werden, dabei auf guten Regenschutz aber nicht verzichten. Genaues **Kartenmaterial** erhält man in den großen Büchereien in San José. Die **Verpflegung** unterwegs ist problemlos, Unterkunft sowieso, und auch Hunde stellen kein Problem dar und sind meist scheu. Autofahrer sind in der Regel radfahrerfreundlich (ausgenommen LKWs!), ein Rückspiegel ist aber dennoch empfehlenswert. **Die Panamericana sollte man meiden,** abseits der Hauptstraßen herrscht wenig Verkehr. Größere Entfernungen kann man auch mit Bussen zurücklegen, die i.d.R. gegen Gebühr Fahrräder im Kofferraum mitnehmen.

Wichtig ist es, das Rad für den **Transport im Flugzeug** gut zu verpacken, am besten mit Schaumstoff gepolstert in einem stabilen Karton. Da die Fluglinien bei Beschädigung nur etwa 25 € pro kg erstatten, sollte man vor der Abreise das Rad bei einem Gutachter schätzen lassen und eine Fahrradversicherung abschließen. Eine andere Möglichkeit ist es, das Rad erst **vor Ort zu kaufen** und nach der Reise über ein Inserat in einer der Tageszeitungen wieder zu verkaufen.

Transportkosten: s. „Hin- und Rückreise"; **Radverleih:** s. Kap. „Praktische Infos A–Z/Sport und Erholung".

Dieses Kapitel entstand mit freundlicher Unterstützung von **Andreas Bugdoll**, www.bikedoll.de.

Buchtipps

■ **Fahrrad Weltführer,** *Thomas Schröder, Helmut Hermann,* REISE KNOW-HOW Verlag. Alle Informationen zur Vorbereitung und Planung einer Radreise mit Strecken- und Routeninfos.

■ **Radreisen Basishandbuch,** *Sven Bremer,* REISE KNOW-HOW Verlag, Bielefeld. Grundsätzliche Informationen zu Ausrüstung, Wahl und Transport des Fahrrads, Pannenhilfe etc.

Mit dem Zelt unterwegs

Camping ist eine **preisgünstige Alternative zu den oft teuren Hotels.** Immer mehr Campingplätze sind in den letzten Jahren entstanden, vor allem in den Küstenorten, wenn man auch noch nicht von einem flächendeckenden Angebot sprechen kann. Dem gegenüber stehen ein Mehr an Gepäck und deutliche Komforteinschränkungen, denn die sanitären Einrichtungen der Campingplätze lassen oft zu wünschen übrig. Außerdem besteht ein erhöhtes Sicherheitsrisiko, da es oft keine Möglichkeit gibt, sein Gepäck sicher zu deponieren (nicht im Auto!). Daher ist es besser, sich an Hotels zu wenden, die Camping erlauben, denn dort kann man in der Regel sein Gepäck sicher einlagern.

Die **Zeltausrüstung** sollte man von zu Hause mitbringen, Zubehör wie Gaskocher, Kühlbox etc. gibt es in San José. Siehe hierzu auch „Camping" im Kap. „Praktische Infos A–Z".

Pauschalurlaub in Costa Rica

Mehr als zwei Dutzend deutsche Reiseveranstalter haben das Land im Programm. Wer auf Nummer Sicher gehen möchte, kann auf diese Weise seinen Urlaub schon ab Deutschland planen. Wer die angebotenen Hotels mit den Infos in diesem Handbuch vergleicht, kann sich Überraschungen ersparen. Zwei Wochen „Badeurlaub" in Puntarenas oder Playa Jacó beispielsweise sind blanker Unsinn, werden aber angeboten und auch verkauft. Kombinieren Sie Ihren Badeaufenthalt mit einer Rundreise, die überall angeboten wird, denn nur zum Baden ist Costa Rica zu schade. Billiger und individueller können Sie diese Rundreise aber auch selbst organisieren.

Bei Pauschalreiseveranstaltern gibt es außerdem **erhebliche Preisunterschiede** für dieselben Destinationen in derselben Hotelklasse. Die maximalen Preisunterschiede können zwischen 13 und 26 % liegen, das macht einen Preisunterschied von bis zu 700 €. Hier gilt es die Preise sehr gründlich zu vergleichen, was nicht einfach ist. Auch bei den Kinderpreisen sollte man Acht geben, manche Anbieter unterscheiden kleine Kinder (2 bis 6 Jahre) und große Kinder (7 bis 11, 12, 13, 14 oder gar 15 Jahre), andere gar nicht.

Viele **Internetanbieter** bieten Restplätze für Pauschalreisen von den gängigen Veranstaltern an, allerdings oft nicht preiswerter, sondern lediglich „Last Minute". Insbesondere wenn man den Katalogpreis nicht kennt, hat man schnell ein angebliches Schnäppchen gebucht, das dann doch nicht preiswerter als im Katalog ist.

Wenn man bedenkt, wie viel Zeit die Sucherei im Internet in Anspruch nimmt, ist es allerdings häufig günstiger, sich an ein **Reisebüro in der Nähe** zu wenden, welches aus der Flut der Angebote die gewünschte Reise innerhalb eines Preislimits heraussucht.

Hin- und Rückreise

Mit dem Flugzeug

Die einfachste (und günstigste) Möglichkeit, von Europa nach Costa Rica zu reisen, ist per Flugzeug. Für alle, die mit einem mulmigen Gefühl in den Flieger steigen, zunächst eine Buchempfehlung, die helfen mag, Angst und Unsicherheit zu bekämpfen:

Buchtipp
- **Fliegen ohne Angst,** *Frank Littek,* Reise Know-How Verlag, Bielefeld. Entspannungstechniken, Infos zur Flugzeugtechnik, Verhalten an Bord, sichere Airlines etc.

Flugverbindungen

Flugverbindungen **aus Deutschland, Österreich und der Schweiz** nach Costa Rica bestehen von Frankfurt, München, Berlin, Hamburg, Stuttgart, Düsseldorf, Zürich, Genf und Wien. Ohne Zwischenlandung in den USA bedient Iberia die Strecke Madrid – San José täglich nonstop (mit Zubringerflügen von vielen Flughäfen in Deutschland, Österreich und der Schweiz). Daneben gibt es Umsteigeverbindungen über europäische und amerikanische Großstädte; Nachteile sind hierbei die längere Flugdauer und die langwierigen und nervtötenden Sicherheitskontrollen beim Transit in den USA.

Die **Flugzeit** von Frankfurt nach San José beträgt etwa 13 Stunden.

- **Air Canada,** www.aircanada.ca
2x pro Woche von Frankfurt und München via Toronto (Übernachtung).
- **Condor,** www.condor.com
2–3x pro Woche von Frankfurt mit Zwischenlandung in Santo Domingo/Dominikanische Republik.
- **Continental Airlines,** www.united.com
Tgl. von Berlin, Frankfurt, Hamburg und Zürich via New York.
- **Delta Air Lines,** www.delta.com
Tgl. von Frankfurt, München, Stuttgart, Zürich via Amsterdam und Atlanta.
- **Iberia,** www.iberia.de
Tgl. von Berlin, Düsseldorf, Frankfurt, München, Genf, Zürich und Wien via Madrid, weiter nonstop.
- **US Airways,** www.usair.com
Von Frankfurt und München via Philadelphia, Newark und Charlotte (Übernachtung).

Flugpreise

Je nach Fluggesellschaft, Jahreszeit und Aufenthaltsdauer in Costa Rica ist ein Hin- und Rückflug von Mitteleuropa **ab 800 €** zu haben (inkl. Steuern, Gebühren und Entgelte). Am höchsten sind die Flugpreise in der Hauptsaison im Winter von Mitte Dezember bis Anfang Januar und können dann je nach Zeitpunkt der Buchung über 1200 € betragen.

Preiswerter sind **Jugend- und Studententickets** (je nach Airline für alle jungen Leute bis 29 Jahre und Studenten bis 34 Jahre). Außerhalb der Hauptsaison gibt es einen Hin- und Rückflug von Frankfurt nach San José ab etwa 700 €.

In Deutschland gibt es **von Frankfurt** aus die häufigsten Verbindungen nach San José. Tickets für Flüge von und nach anderen deutschen Flughäfen sind oft teurer. Da kann es für Deutsche attraktiver sein, mit einem Rail-and-Fly-Ticket per Bahn nach Frankfurt zu reisen (entweder bereits im Flugpreis enthalten oder nur 30 bis 60 € extra).

Man kann in Deutschland auch einen preiswerten **Zubringerflug** der gleichen Airline von einem kleineren Flughafen buchen. Außerdem gibt es **Fly & Drive-Angebote,** wobei eine Fahrt zum und vom Flughafen mit einem Mietwagen im Ticketpreis inbegriffen ist.

Indirekt sparen kann man auch als **Vielflieger,** indem man Mitglied bei einem Vielflieger-Programm wird. Delta Air Lines gehört zum Verbund www.skyteam.com, während Air Canada, Continental Airlines und US Airways dem Verbund www.star-alliance.com angehören. Die Mitgliedschaft ist kostenlos, und mit den gesammelten Meilen von Flügen bei Fluggesellschaften innerhalb eines Verbundes reichen die gesammelten Flugmeilen dann vielleicht schon für einen Freiflug bei einer der Partnergesellschaften beim nächsten Flugurlaub. Bei Einlösung eines Gratisfluges ist langfristige Vorausplanung nötig.

Buchung

Bei der Buchung von Linienflügen gilt: Vergünstigte Spezialtarife und befristeten Sonderangebote kann man nur bei wenigen Fluggesellschaften in ihren Büros oder direkt auf ihren Websites buchen; diese Angebote sind jedoch immer bei Spezialreisebüros wie u.a. *Jet Travel* in Hennef (www.jet-travel.de) erhältlich, die uns die hier genannten Informationen zur Anreise per Flugzeug zur Verfügung gestellt haben.

Abendstimmung am Vulkan Poás

Hin- und Rückreise

Last Minute

Wer sich erst im letzten Augenblick für eine Reise nach Costa Rica entscheidet oder gern pokert, kann Ausschau nach Last-Minute-Flügen halten, die von einigen Airlines mit deutlicher Ermäßigung **ab etwa 14 Tage vor Abflug** angeboten werden, wenn noch Plätze zu füllen sind. Diese Last-Minute-Flüge lassen sich nur bei Spezialisten buchen:

- **L'Tur,** www.ltur.com
- **Lastminute.com,** www.lastminute.de
- **5 vor Flug,** www.5vorflug.de
- **Restplatzbörse,** www.restplatzboerse.at

Kleines „Flug-Know-how"

Check-in

Nicht vergessen: Ohne einen gültigen **Reisepass** (gilt auch für Kinder!) kommt man nicht an Bord eines Flugzeuges nach Costa Rica.

Bei den meisten internationalen Flügen muss man zwei bis drei Stunden vor Abflug am Schalter der Airline eingecheckt haben. Viele Airlines neigen zum Überbuchen, d.h., sie buchen mehr Passagiere, als Sitze im Flugzeug vorhanden sind, und wer zuletzt kommt, hat dann ggf. das Nachsehen.

Wenn ein vorheriges Reservieren der Sitzplätze nicht möglich war, hat man die Chance, einen Wunsch bezüglich des Sitzplatzes zu äußern.

Das Gepäck

In der Economy Class darf man in der Regel nur Gepäck **bis zu 20/23 kg** bei US-Flügen kg pro Person einchecken (steht auf dem Flugticket) und zusätzlich ein Handgepäck von 7 kg in die Kabine mitnehmen, welches eine bestimmte Größe von 55 x 40 x 23 cm nicht überschreiten darf. In der Business Class sind es meist 30 kg pro Person und zwei Handgepäckstücke, die insgesamt nicht mehr als 12 kg wiegen dürfen. Man sollte sich beim Kauf des Tickets über die Bestimmungen informieren.

Aus Sicherheitsgründen dürfen Taschenmesser, Nagelfeilen, Nagelscheren, sonstige Scheren und Ähnliches nicht mehr im Handgepäck untergebracht werden. Diese sollte man unbedingt im aufzugebenden Gepäck verstauen, sonst werden diese Gegenstände bei der Sicherheitskontrolle einfach weggeworfen. Darüber hinaus gilt, dass Feuerwerke, leicht entzündliche Gase (in Sprühdosen, Campinggas), entflammbare Stoffe (in Benzinfeuerzeugen, Feuerzeugfüllung) etc. nichts im Passagiergepäck zu suchen haben.

Flüssigkeiten oder vergleichbare Gegenstände in ähnlicher Konsistenz (z.B. Getränke, Gels, Sprays, Shampoos, Cremes, Zahnpasta, Suppen) dürfen nur in der Höchstmenge von je 0,1 Liter als Handgepäck mit ins Flugzeug genommen werden. Die Flüssigkeiten müssen in einem durchsichtigen, wiederverschließbaren Plastikbeutel transportiert werden, der maximal einen Liter Fassungsvermögen hat.

Rückbestätigung

Bei den meisten Airlines ist heutzutage die **Bestätigung des Rückfluges** nicht mehr notwendig. Allerdings empfehlen alle Airlines, sich dennoch telefonisch zu erkundigen, ob sich an der Flugzeit nichts geändert hat, denn kurzfristige Änderungen der genauen Abflugzeit kommen beim zunehmenden Luftverkehr heute immer häufiger vor.

Wenn die Airline allerdings eine Rückbestätigung *(reconfirmation)* bis **72 oder 48 Stunden vor dem Rückflug** verlangt, sollte man auf keinen Fall versäumen, die Airline kurz anzurufen, sonst kann es passieren, dass die Buchung im Computer der Airline gestrichen wird; der Flugtermin ist dahin. Das Ticket verfällt aber nicht dadurch, es sei denn, die Gültigkeitsdauer wird überschritten, aber unter Umständen ist in der Hochsaison nicht sofort ein Platz auf einem anderen Flieger frei.

Die Rufnummer kann man von Mitarbeitern der Airline bei der Ankunft, im Hotel, dem Telefonbuch oder auf der Website der Airline erfahren.

Der Rückflug

Die **Flughafensteuer** für internationale Flüge beträgt in San José 29 $ und kann auch zum Tageskurs in Colones bezahlt werden.

Wer seinen **Aufenthalt über 90 Tage** hinaus verlängert hat, muss eine höhere Steuer bezahlen (zusätzlich etwa 500 Colones pro Monat). Je ein Schalter befindet sich in der Abflughalle links und rechts. Als Beleg wird eine Marke auf die Touristenkarte geklebt.

Landeswährung kann an der Bank oder bei mobilen Geldwechslern mit geringem Verlust in Dollars zurückgetauscht werden.

Mit dem Schiff

Die einzige Alternative zum Flugzeug ist die **Überfahrt mit einem Frachtschiff**. Da dies aber nicht nur länger dauert, sondern auch deutlich teurer ist, kommt es wohl nur für überzeugte Nicht-Flieger

Hin- und Rückreise

und solche in Frage, für die eine Schiffsreise über den Atlantik für sich ein Erlebnis darstellt. Eine Kombination Schiff/Flug ist möglich.

■ **Hamburg – Moín:** Leider hat die Horn-Linie die Verbindung zwischen Hamburg und Moín bei Pto. Limón an der Karibikküste Costa Ricas eingestellt bzw. nehmen keine Fahrgäste mehr mit. Aber es gibt dennoch manchmal Frachtschiffe nach Costa Rica. Auskünfte bei: Internaves Frachtschiffreisen, Büttenstr. 2, 76530 Baden-Baden, Tel. 07221/393837, www.internaves.com.

Über Land

Eine reizvolle Alternative für alle, die über ausreichend Zeit verfügen, ist die An- oder Ausreise über eines der beiden Nachbarländer. Vom Süden her gibt es zwei Grenzübergänge mit **Panama:** der Hauptübergang an der Interamericana bei Paso Canoas und ein selten benutzter bei Sixaola an der Karibikküste (siehe hierzu auch im Reiseteil bei Paso Canoas bzw. Sixaola).

Der nördliche Nachbar ist **Nicaragua,** der wichtigste Grenzübergang liegt im Nordwesten Costa Ricas bei Peñas Blancas an der Interamericana. Inzwischen ist auch eine Einreise über Los Chiles möglich: zweimal pro Woche (Mo/Do 15 Uhr) per Schiff von Granada über den Nicaragua-See nach San Carlos in Nicaragua, und weiter mit einem Boot nach Los Chiles in Costa Rica (siehe auch im Reiseteil bei Peñas Blancas bzw. Los Chiles). Die Einreise nach Nicaragua ist inzwischen auch ohne Visum problemlos möglich. Erkundigen Sie sich dennoch vorher bei der **Botschaft von Nicaragua:**

■ **Deutschland/Schweiz:** Joachim-Karnatz-Allee 45, 10557 Berlin, Tel. 030/2064380, embajada.berlin@embanic.de, www.nicaraguaportal.de/diplomatische-vertretungen/botschaften/embanic-de.html, Mo–Fr 9–13 Uhr.
■ **Österreich:** Edendorferstr. 10-3-12, 3. Stock, Büro 12, 1010 Wien, Tel. 01/4031838, embanic-viena@chello.at, Mo–Fr 9–13 Uhr.

◁ Wegelagerer an der Straße – Nasenbären stoppen Touristenbus

Denkbar ist z.B. ein Flug nach Mexico City, Cancun oder Guatemala City, von wo es täglich (13 Uhr) eine Busverbindung mit Tica-Bus nach Costa Rica gibt; Zwischenübernachtung in San Salvador und Managua. Eine Anreise über Land von Kolumbien nach Panama ist nur zu Fuß und mit dem Kanu möglich, also äußerst schwierig und zeitaufwendig.

Einreisebestimmungen

Deutsche, Schweizer und Österreicher benötigen für einen Aufenthalt bis 90 Tage einen **Reisepass,** der sechs Monate über das Einreisedatum hinaus gültig ist. Auch deutsche Kinder benötigen ein eigenes Dokument. Will man länger bleiben, kann man sich vor Ort (*Migraciones* in San José) eine Genehmigung dafür ausstellen lassen. Eine andere Möglichkeit ist die Ausreise in ein Nachbarland und die Wiedereinreise nach Costa Rica (erneut 90 Tage).

Diplomatische Vertretungen

Botschaften Costa Ricas

■ **Deutschland:** Botschaft der Republik Costa Rica, Dessauer Str. 28–29, 10963 Berlin, Tel. 030/26398990, www.botschaft-costarica.de. Die Botschaft ist die offizielle Auskunftsstelle, bei der man u.a. eine Landkarte und viele andere touristische Informationen, aber auch eine DVD anfordern kann. Es muss aber entsprechend ausreichendes Rückporto (je nach Gewicht) beigelegt werden.

■ **Österreich:** Botschaft, Wagramer Str. 23/1/1/2–3, 1220 Wien, Tel. 01/2633824, embajadaaustria_costa.rica@chello.at, www.embassy-finder.com/de/costa-rica_in_vienna_austria.
■ **Schweiz:** Botschaft, Marktgasse 51, 3011 Bern, Tel. 031/3727887, costa.rica@bluewin.ch, www.eda.admin.ch.

Heimatbotschaften in Costa Rica

Die Adressen der Vertretungen in Costa Rica finden sich unter „Botschaften und Konsulate" im Kapitel „Praktische Infos A–Z".

Zahlungsmittel und Reisekosten

Reisekosten

Costa Rica ist im Vergleich zu den anderen mittelamerikanischen Ländern ein **relativ teures Reiseland.** Lediglich öffentliche Busse und Essen in einfachen

> **Hinweis**
>
> Da sich **Einreisebedingungen** kurzfristig ändern können, raten wir, sich kurz vor der Abreise beim Auswärtigen Amt (www.auswaertiges-amt.de bzw. www.bmeia.gv.at oder www.dfae.admin.ch oder der jeweiligen Botschaft über den aktuellen Stand der Einreisebestimmungen zu informieren.

Zahlungsmittel und Reisekosten

Restaurants sind günstig; ausländische Produkte hingegen sowie die meisten Hotels, Restaurants, Ausflüge etc. erreichen oft mitteleuropäisches Preisniveau. Im Durchschnitt sollte man für Kost und Logis etwa 20 bis 30 $ pro Person und Tag rechnen, hinzu kommen Kosten für Transport und Sonstiges, wie beispielsweise die teuren Eintritte in die Nationalparks. Doch auch für den Low Budget Traveller ist es möglich, halbwegs sparsam zu reisen, sofern die Ansprüche nicht allzu hoch sind (20 $/Tag sind möglich).

Auch in Costa Rica kann man ab und zu **Rabatte** bei bestimmten Unterkünften, Tourveranstaltern etc. erhalten, wenn man im Besitz eines Ausweises für Studenten (ISIC) ist (siehe Stichpunkt „Discounts" unter www.isic.de). Den Ausweis muss man allerdings schon zu Hause bei STA Travel oder beim Studentenwerk u.Ä. erworben haben (12 €/D, 10 €/A, 20 SFr/CH). Man muss Immatrikulationsbescheinigung bzw. Schülerausweis, Personalausweis und Passbild vorlegen.

Verfügt man über einen gültigen internationalen Jugendherbergsausweis aus dem Heimatland, schläft man auch in der Jugendherberge in San José wie auch in zahlreichen weiteren Hotels im ganzen Land zum günstigeren Tarif.

Schecks, Karten und Bargeld

Empfehlenswert ist es, **US-Dollar-Bargeld** in kleineren Mengen mitzunehmen. Die amerikanische Währung wird fast überall akzeptiert, wohingegen der Euro nur in Banken gewechselt wird. Andere europäische Währungen sind weitgehend unbekannt und können nur in wenigen Banken und Wechselstuben zu einem schlechten Kurs umgetauscht werden.

Reiseschecks können nur in Banken und Wechselstuben (z.T. hohe Gebühr!) eingelöst werden. Hotels lehnen meist ab, da die Schecks erst nach etwa einem Monat gutgeschrieben werden. Manche Banken tauschen aus Sicherheitsgründen Reiseschecks nur maximal bis 100 $ pro Tag …

Kreditkarten (v.a. VISA, oft auch MasterCard, American Express) werden von den meisten größeren Hotels und Restaurants, den Autovermietern und Reiseveranstaltern akzeptiert, manchmal werden jedoch, v.a. in den Hotels,

---

Preisbeispiele

■ **Übernachtung** in sehr einfachem Hotel: ab 10 $ p.P. (Schlafsaal), Mittelklasse: DZ 50–70 $
■ **Essen** in einfachem Restaurant: Tagesmenü ab ca. 6 $
■ **Abendessen** 10–15 $, Coca Cola: ca. 1 $, Bier: ca. 1,50–2 $
■ **Busfahrt:** z.B. San José – Pto. Limón (168 km): ca. 5 $
■ **Taxifahrt:** Innenstadt San José 4–6 $, San José – Flughafen ca. 25–30 $
■ **Mietwagen:** ab ca. 50 €/Tag inkl. Vers.
■ **Benzin:** etwa 1,58 $/Liter
■ **Eintritt Nationalpark:** 10–16 $

Gebühren bis zu 16 % erhoben! In abgelegenen Urwaldlodges werden meist keine Kreditkarten akzeptiert. Wer ein Auto mieten möchte, benötigt unbedingt eine Kreditkarte! Viele Tankstellen akzeptieren Kreditkarten (ohne Aufschlag). Von Barabhebungen per Kreditkarte ist abzuraten, weil dabei oft hohe Gebühren anfallen. Für das bargeldlose Zahlen berechnet der Kartenaussteller meist nur eine Gebühr für den Auslandseinsatz von 1–2 %. Es gibt aber auch Kreditkarten, mit denen man kostenfrei Geld abheben kann!

Kein Problem ist es, mit einer **Maestro-/EC-Karte** Bargeld abzuheben. Ob bzw. welche Kosten für die Barabhebung anfallen, ist abhängig von der kartenausstellenden Bank und von der Bank, bei der die Abhebung erfolgt. Man sollte sich daher vor der Reise bei seiner Hausbank informieren, mit welcher Bank sie vor Ort zusammenarbeitet. Voraussetzung für die Barabhebung mit EC-Karte ist, dass die Karte das „MAESTRO"-Zeichen trägt. Geldautomaten mit diesem Zeichen gibt es in immer mehr Städten, u.a. in San José, Alajuela, Cartago, Liberia, Playa Tamarindo und Quepos. Karten mit V-Pay-Logo funktionieren nicht in Costa Rica.

Es ist wegen des schlechten Kurses nicht notwendig, schon in Europa **Colones,** die einheimische Währung, zu besorgen. Nehmen Sie für den Ankunftstag einige kleinere Dollar-Scheine mit, damit Sie die Taxifahrt und die erste Übernachtung bezahlen können. (Siehe auch Stichpunkt „Geld und Währung" im Kapitel „Praktische Infos A–Z".)

Gesundheitsvorsorge

An dieser Stelle sei auf die **Reise-Gesundheitsinformationen im Anhang** hingewiesen.

Impfungen

Bei der Einreise aus Europa sind **keine Impfungen vorgeschrieben.** Bei der Einreise aus Choleragebieten kann eine Impfung verlangt werden. Empfohlen werden Impfungen gegen Hepatitis A und B (sofern keine Immunität besteht, vorher Test beim Gesundheitsamt durchführen lassen), Tetanus und Diphterie. Bei höherem Risiko (z.B. Trekkingtouren) können auch Impfungen gegen Tollwut und Typhus sinnvoll sein.

Malaria

Als Gebiete mit **geringem Malariarisiko** gelten die Gebiete unter 500 m Höhe der Provinzen Alajuela, Guanacaste, Limón und Puntarenas. Die übrigen Landesteile und auch die Städte dieser Regionen gelten als malariafrei. Deshalb gilt als wichtigste Maßnahme der **Schutz vor Mückenstichen:** Bei Aufenthalt im Freien abends und nachts körperbedeckende, helle Kleidung tragen und die freien Stellen mit einem Mückenschutzmittel *(repelente)* einreiben; im Raum ein Moskitonetz verwenden. Im Falle einer **Erkrankung** wird die Sofortbehandlung mit Chloroquin empfohlen (keine Selbstdiagnose!). Bei längerem Aufenthalt in gefährdeten Gebieten (Dschungeltouren) kann eine **Prophylaxe** mit Chloroquin sinnvoll sein, die eine Woche vor Betreten des Gebietes beginnen sollte und vier Wochen nach seinem Verlassen fortgesetzt werden muss. **Auskünfte** erteilen Apotheken oder Tropeninstitute.

Dengue

Immer mehr Fälle dieser tropischen Krankheit – die bei Nichtbehandlung tödlich enden kann – werden in Costa Rica registriert. Der einzige Schutz ist die Abwehr von Mücken, die den Erreger dieses Fiebers übertragen (ähnlich wie bei Malaria), denn es gibt noch keine wirksame Prophylaxe. Daher gilt: Wer sich wirksam gegen Mückenstiche schützt, hat automatisch auch Schutz vor Malaria!

Medikamente

Wichtige Medikamente sollte man sich in Europa besorgen; auf alle Fälle mitnehmen: ein kleines Notfall-Set (Pflaster, Verbandspäckchen, Wunddesinfektion), Präparate gegen Durchfall, Verstopfung, Erkältung und Sonnenbrand.

Bei längerem Aufenthalt

Bei Aufenthalt von mehr als drei Monaten Dauer wird ein Gesundheitszeugnis verlangt. Nach der Ankunft kann man auf AIDS getestet werden.

Versicherungen

Egal, welche Versicherungen man abschließt, hier ein Tipp: Immer sollte man die **Notfallnummern** notieren und mit der **Policenummer** gut aufheben! Bei Eintreten eines Notfalles sollte die Versicherungsgesellschaft sofort telefonisch verständigt werden!

Der Abschluss einer **Jahresversicherung** ist in der Regel kostengünstiger als mehrere Einzelversicherungen. Günstiger ist auch die **Versicherung als Familie** statt als Einzelpersonen. Hier sollte man nur die Definition von „Familie" genau prüfen.

Auslandskrankenversicherung

Die Kosten für eine Behandlung in Costa Rica werden von den gesetzlichen Krankenversicherungen in Europa nicht übernommen, daher ist der Abschluss einer privaten Auslandskrankenversicherung **unverzichtbar.** Bei Abschluss der Versicherung sollte darauf geachtet werden, dass ein Vollschutz ohne Summenbeschränkung besteht, im Falle einer schweren Krankheit oder eines Unfalls sollte auch der Rücktransport übernommen werden. Diese Zusatzversicherung bietet sich auch über einen Automobilclub an, insbesondere wenn man bereits Mitglied ist. Diese Versicherung bietet den Vorteil billiger Rückholleistungen (Helikopter, Flugzeug) in extremen Notfällen.

Wichtig ist auch, dass im Krankheitsfall der Versicherungsschutz über die vorher festgelegte Zeit hinaus automatisch verlängert wird, wenn die Rückreise nicht möglich ist.

Schweizer sollten bei ihrer Krankenversicherungsgesellschaft nachfragen, ob die Auslandsdeckung auch für Costa Rica inbegriffen ist. Sofern man keine Auslandsdeckung hat, kann man sich kostenlos bei Soliswiss (www.soliswiss.ch) über mögliche Krankenversicherer informieren.

Zur **Erstattung der Kosten** benötigt man ausführliche Quittungen (mit Datum, Namen, Bericht über Art und Umfang der Behandlung, Kosten der Behandlung und Medikamente).

Andere Versicherungen

Ob es sich lohnt, weitere Versicherungen abzuschließen wie eine Reiserücktritts-, Reisegepäck-, Reisehaftpflicht- oder Reiseunfallversicherung, ist **individuell abzuklären**. Gerade diese Versicherungen enthalten viele Ausschlussklauseln.

Die **Reiserücktrittsversicherung** für 35–80 € lohnt sich nur für teure Reisen und für den Fall, dass man vor der Abreise einen schweren Unfall hat, schwer erkrankt, schwanger wird, gekündigt wird oder nach Arbeitslosigkeit einen neuen Arbeitsplatz bekommt, die Wohnung abgebrannt ist u.Ä. Nicht gelten hingegen: Terroranschlag, Streik, Naturkatastrophe etc.

Ausrüstung

Koffer oder Rucksack?

Es ist sinnvoll, ein größeres und ein kleineres Gepäckstück mitzuführen, damit man einen Teil des Gepäcks im Hotel in San José oder Umgebung lassen kann, während man in anderen Landesteilen unterwegs ist. Wer mit öffentlichen Verkehrsmitteln reist, ist mit einem Rucksack gut bedient, auch wenn sich *mochileros* nicht immer und überall ungeteilter Beliebtheit erfreuen. Wer plant, mit einem Mietwagen zu reisen, kann hingegen getrost einen abschließbaren (Hartschalen-)Koffer mitnehmen. Nicht vergessen, ein zusätzlicher Koffergurt hält den Koffer beim Flug sicher zusammen!

Kleidung

Neben **leichter, atmungsaktiver Kleidung** und kurzen wie langen Hosen sollte man für kühle Abende im Hochland auch einen Pullover und/oder eine Jacke mitnehmen. Ein Regenschutz sollte nicht fehlen – auch in der „Trockenzeit" kann es, vor allem an der Karibikküste, regnen! Neben bequemen Schuhen sind für Wanderungen in den Nationalparks leichte Wanderschuhe empfehlenswert; Gummistiefel kann man meist vor Ort ausleihen.

Foto und Video

Die Regel lautet: Möglichst alles von zu Hause mitnehmen. Das Angebot an Fotobedarf ist in Costa Rica beschränkt und verhältnismäßig teuer. Am ehesten bekommt man Fotoartikel in San José (siehe dort). Nicht vergessen sollte man **Ersatzbatterien** für Kamera, Akku und Blitz.

Karten

Eine einfache Straßenkarte erhält man kostenlos beim ICT in San José (siehe „Praktische Infos A–Z/Auskunftsstellen"). Alle weiteren Karten kann man im Fachbuchhandel und bei Online-Buchhandlungen kaufen. Eine gute Karte ist die im world mapping project bei Reise Know-How erschienene **Karte „Costa Rica/Panama"** im Maßstab 1:550.000. Sie besteht aus reiß- und wasserfestem Papier, ist GPS-tauglich, enthält einen Ortsindex und ist mit Höhenlinien sowie farbigen Höhenschichten versehen.

Bücher

Für alle diejenigen, die des Spanischen nicht oder nur wenig mächtig sind, empfiehlt sich der **Kauderwelsch-Sprachführer** Band 113 „Spanisch für Costa Rica – Wort für Wort" von *Regine Rauin*, erschienen im REISE KNOW-HOW Verlag. Begleitendes Tonmaterial (AudioCD oder mp3-Download) zur richtigen Aussprache ist separat erhältlich.

Auch ein kleines **Wörterbuch** kann hilfreich sein.

Deutschsprachige Literatur ist vor Ort so gut wie gar nicht zu bekommen; englischsprachige Bücher gibt es in San José.

Sonstiges

Wer plant, den Nationalpark Chirripó zu besuchen, sollte unbedingt einen guten **Schlafsack** mitnehmen. Ansonsten leistet ein leichter Leinenschlafsack (oder Bettbezug) in Hotels der untersten Preisklasse gute Dienste. **Tauch- und Surfausrüstungen** leiht man vor Ort, evtl. lohnt sich die Mitnahme einer **Schnorchelausrüstung**.

Checkliste

- Reisepass, Führerschein, Flugtickets
- Kopien der o.g. Dokumente (getrennt aufbewahren)
- Reiseschecks, Bargeld, Kreditkarte
- Fotoausrüstung
- Fernglas (ein Muss für Naturfreunde)
- Taschenlampe und Batterien
- Taschenmesser
- Wasserflasche
- Strom-Adapter
- Literatur, Wörterbuch
- Wanderschuhe, Gummistiefel
- Regenschutz, evtl. Regenschirm
- Badeschlappen
- Damen: Sport-BH, Tampons
- Medikamente (s. „Gesundheitsvorsorge")
- Verhütungsmittel
- Sonnenbrille, Sonnencreme,
- Kopfbedeckung
- Mückenschutzmittel, juckreizstillende Creme
- Moskitonetz
- Lärmschutz (Ohrenstöpsel)
- evtl. (Leinen-)Schlafsack
- evtl. Zeltausrüstung
- evtl. Sportgeräte (Taucherbrille, Schnorchel)

- Ausflüge | 92
- Cafés | 79
- Infos von A bis Z | 81
- Museen | 63
- Nachtleben | 79
- Orientierung | 54
- Restaurants | 75
- Sehenswertes | 55
- Stadtgeschichte | 49
- Unterhaltung | 80
- Unterkunft | 68
- Verkehrsverbindungen | 84

2 San José

Eine Schönheit ist sie wahrlich nicht, die Hauptstadt der Ticos, aber dennoch wichtig als Ausgangs- und Umsteigepunkt für Fahrten ins Hinterland. Sehenswert sind die Museen der Stadt, das Nationaltheater und der Zentralmarkt.

◁ Kathedrale im Herzen der Innenstadt

NICHT VERPASSEN!

- **Mercado Central:** der Hauptmarkt im Herzen der Stadt – Obst, Gemüse und andere Lebensmittel sowie Einblicke in den Alltag der Ticos | 55
- **Nationaltheater:** das schönste Gebäude des Landes | 58
- **Nationalmuseum:** es verschafft einen guten Überblick über die Geschichte des Landes von der frühen Besiedlung bis in die Gegenwart | 63
- **Goldmuseum:** das Museum unter der Plaza de la Cultura lockt mit einer schön präsentierten Sammlung vorspanischer Gold-Artefakte | 65
- **Jademuseum:** es beherbergt eine sehenswerte Sammlung von präkolumbischen Steinmetz- und Keramikarbeiten | 66

Diese Tipps sind gelb hinterlegt.

◿ Plaza de la Cultura

Stadtgeschichte

DAS HERZ DES LANDES

An San José kommt keiner vorbei, denn das ganze Land ist zentralistisch auf diese Stadt ausgerichtet. Von hier aus wird Costa Rica politisch verwaltet, hier schlägt das wirtschaftliche Herz des Landes. In San José gibt es mehrere Universitäten und die wichtigsten Krankenhäuser des Landes. Praktisch alle Busgesellschaften haben hier ihren Sitz, sogar die legendäre Traumstraße Panamericana führt durch San José. Tausende von Pkws, Bussen und Lkws pumpt die Stadt stündlich durch ihre Verkehrsadern, entsprechend dick ist die Luft im Zentrum.

Doch man ist durchaus bemüht, das Bild der Stadt zu verschönern: Zahlreiche Parks werden hergerichtet, Gebäude renoviert, ganze Stadtviertel (z.B. Amón) putzen sich heraus. Doch die blühende Stadt, die San José wohl um die Wende vom 19. zum 20. Jahrhundert gewesen sein muss, wird dadurch nicht wieder auferstehen, zu groß sind die Probleme, zu viele Menschen drängen sich hier auf engstem Raum.

Stadtgeschichte

Die Gründung

Trotz ihrer heutigen Größe und Bedeutung ist San José eine relativ junge Stadt. Sie geht zurück auf eine Kirchengründung im Valle de Asserí, die der Stadtrat von León im Jahre **1736** anordnete. Aber ein blühender Ort war dennoch nicht entstanden, im Jahre 1751 zählte man erst elf ziegelgedeckte Häuser und 15 mit Strohdächern, und es gab weder Straßen noch eine Plaza. Niemand wollte in **Villa**

Großraum San José

San José um 1900: die Calle Central
(mit freundlicher Genehmigung des I.C.T.)

Nueva de la Boca del Monte leben, wie die Stadt zunächst hieß, denn es gab kein Wasser, und selbst als dies schließlich doch gefunden wurde, resultierte daraus kaum ein Zuwachs. Um die Situation zu ändern, erließ der damalige Bürgermeister von Cartago unter Androhung von harten Strafen den Befehl, dass alle Anwohner des Asserí-Tals in den Ort umzusiedeln hätten.

Zentrum des Kaffeeanbaus

Die eigentliche Geburtsstunde der Stadt schlug aber erst mit dem Anbau von Kaffee zu **Beginn des 19. Jahrhunderts.** Es stellte sich nämlich heraus, dass die Böden in diesem Tal hierfür hervorragend geeignet waren, und die Folge war ein schneller Zuwachs der Bevölkerung: Innerhalb von 15 Jahren hatte sich diese nahezu verdoppelt und betrug **1824** bereits 15.472 Einwohner.

Hauptstadt

Im Jahre zuvor hatte sich San José, wie die Stadt inzwischen nach dem örtlichen Schutzheiligen genannt wurde, im **Bürgerkrieg** um die politische Zukunft des Landes auf die Seite von Alajuela (Republikaner) geschlagen und gegen den Verbund von Cartago und Heredia gekämpft, die sich nach der Unabhängigkeit von Spanien dem neuen Kaiserreich Mexiko anschließen wollten. Nachdem der Kampf gegen die Anhänger dieser Idee entschieden war, beschloss der Kongress die Verlegung der Hauptstadt von Cartago nach San José.

1837 verbündeten sich im *Guerra de la Liga* die drei anderen Städte Alajuela, Cartago und Heredia gegen San José und wollten die Regierung unter Braulio Carrillo stürzen, was aber misslang und somit die Vormachtstellung von San José nur weiter festigte. Von da ab war die **rasche Entwicklung** nicht mehr aufzuhalten: Straßen wurden gepflastert, Kerosinlampen installiert und die elektrische Straßenbeleuchtung eingeführt – als dritte Stadt der Welt.

Ende des 19. Jahrhunderts, im Jahre **1890,** zählte die Bevölkerung bereits über 39.000 Einwohner (bei einer Gesamtbevölkerung von 243.000), damit war San José schon damals mit Abstand die größte Stadt des Landes. Repräsentative Gebäude wie das Nationaltheater entstanden in dieser Zeit, die vor allem den Kaffeebaronen großen Reichtum bescherte – Bananen waren damals noch von untergeordneter Bedeutung.

San José heute

■ **Einwohner:** City ca. 100.000, Kanton ca. 340.000, Großraum ca. 1,5 Mio.
■ **Höhe:** 1160 m ü.M.
■ **Temperatur:** um 20 °C, geringe jahreszeitliche Schwankungen; warm: April–Juni; kühl: Dez.–Feb.; regenreichste Monate: Juni, Sept., Okt.

In den **1940er Jahren** zählte man bereits etwa 70.000 Einwohner, und **nach dem 2. Weltkrieg** begann die Stadt unkontrolliert zu wachsen und sich in alle Richtungen auszubreiten – ein Trend, der sich bis heute fortsetzt. Dabei wurden immer mehr Vororte geschluckt, und viele der alten Gebäude fielen diesem rasanten Wachstum zum Opfer. Stattdessen entstanden Betonhochhäu-

◩ San José heute

ser, Zeugen eines bedingungslosen Fortschrittsglaubens auf Kosten städtebaulicher Harmonie.

Orientierung

Vom **Flughafen** kommend, erreicht man San José über die **Autopista General Cañas,** eine der wenigen vierspurigen Straßen des Landes. Am **Sabana-Park,** dem größten Stadtpark, biegt man links ein in den **Paseo Colón,** eine breite Zufahrtsstraße, an der sich zahlreiche Autovermieter und Autohändler sowie einige Nobelrestaurants niedergelassen haben. Nach dem **Krankenhauskomplex** San Juan de Dios wechselt man in die **Avenida Segunda** (Av.2), die das Zentrum in zwei Hälften teilt. Die Kathedrale, die beiden großen Theaterhäuser, das Nationalmuseum und weitere wichtige Gebäude reihen sich an dieser Hauptverkehrsstraße auf.

Etwas geruhsamer geht es in der nördlich parallel verlaufenden **Avenida Central** zu, die zwischen Calle 6 und Calle 9 zu einer Fußgängerzone umgestaltet wurde und die Haupteinkaufsstraße der Stadt ist. Sie mündet in den immer belebten **Plaza de la Cultura,** praktisch im Zentrum der Stadt. Die nächste Parallelstraße im Norden ist die **Avenida 1** (Av.1), an der sich zahlreiche Restaurants befinden (siehe auch Stichwort „Orientierung" im Kapitel „Praktische Infos A–Z").

Den Zentralmarkt gibt es seit 1880

Fahrbeschränkungen Innenstadt

Um den Straßenverkehr und auch die Abgasbelastung zu vermindern, ist das Stadtzentrum bis zum Ring von 6–19 Uhr für folgende Fahrzeuge gesperrt (Mietwagen sind von dieser Regelung ausgenommen):

- **Montag:** Autos mit Endnummer 1 und 2
- **Dienstag:** Endnummer 3 und 4
- **Mittwoch:** Endnummer 5 und 6
- **Donnerstag:** Endnummer 7 und 8
- **Freitag:** Endnummer 9 und 0
- **Samstag/Sonntag:** keine Einschränkung

Sehenswertes

Auch wenn die Stadt kaum über herausragende Sehenswürdigkeiten verfügt – mindestens eines der drei wichtigen **Museen** sollte man gesehen haben: Das Nationalmuseum gibt einen guten Überblick über präkolumbische Kunst, Kolonialzeit und die Entwicklung nach der Unabhängigkeit, im Jademuseum gibt es neben einer Vielzahl von Jadeexponaten auch schöne Keramiken und Steinmetzarbeiten zu sehen, und das Goldmuseum hält eine außergewöhnliche Sammlung präkolumbischer Goldarbeiten bereit. Nähere Beschreibungen sowie Öffnungszeiten siehe Stichpunkt „Museen".

Zu den wichtigen **Gebäuden** der Stadt zählt neben der innen eher schmucklosen Kathedrale mit Sicherheit das Nationaltheater und das Theater Melico Salazar, auch die Hauptpost ist architektonisch sehenswert. Eine Vielzahl interessanter Stadthäuser der Wende vom 19. zum 20. Jahrhundert findet man im Stadtviertel Amón.

Einen Besuch lohnen außerdem die **Stadtparks,** die vielfach in neuem Glanz erstrahlen: der Parque Central, früher Zentrum der kolonialen Stadt, der Parque Morazán und der sich östlich anschließende Parque España, der angenehme Parque Nacional und der riesige Parque La Sabana im Westen sind gute Orte, um sich von der Hektik der Stadt ein wenig zu erholen.

Ein Spaziergang durch die Hauptstadt – vom Mercado Central zum Nationalmuseum

Die eingeklammerten Zahlen bei den Sehenswürdigkeiten beziehen sich auf deren Markierung im **Plan auf S. 56.**

San José ist nicht gerade eine Schönheit, aber dennoch gibt es einiges zu sehen und zu entdecken in dieser Stadt, und am besten tut man dies zu Fuß. Der beschriebene Spaziergang führt vom Zentralmarkt im Westen des Zentrums an einigen sehenswerten Gebäuden vorbei zum Nationalmuseum im Westen und dauert 2–3 Stunden (Besichtigungszeiten der Museen nicht eingeschlossen). Ein guter Tag ist der Sonntag (vor allem morgens), wenn die meisten Geschäfte geschlossen sind und auch der Verkehr weniger hektisch verläuft, allerdings sind dann der Zentralmarkt, die Post und das Nationaltheater geschlossen.

Der **Mercado Central (1)** („Zentralmarkt") ist der größte und wichtigste von drei überdachten Märkten im Osten des Zentrums. Ein Besuch dieses bereits 1880 gegründeten Marktes gibt einen guten Einblick in das Leben der *Josefinos*, wie sich die Einwohner der Stadt

San José, Spaziergang

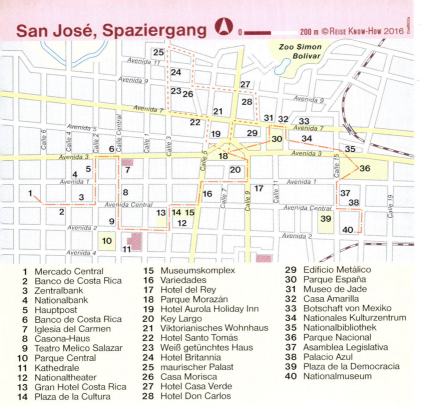

1. Mercado Central
2. Banco de Costa Rica
3. Zentralbank
4. Nationalbank
5. Hauptpost
6. Banco de Costa Rica
7. Iglesia del Carmen
8. Casona-Haus
9. Teatro Melico Salazar
10. Parque Central
11. Kathedrale
12. Nationaltheater
13. Gran Hotel Costa Rica
14. Plaza de la Cultura
15. Museumskomplex
16. Variedades
17. Hotel del Rey
18. Parque Morazán
19. Hotel Aurola Holiday Inn
20. Key Largo
21. Viktorianisches Wohnhaus
22. Hotel Santo Tomás
23. Weiß getünchtes Haus
24. Hotel Britannia
25. maurischer Palast
26. Casa Morisca
27. Hotel Casa Verde
28. Hotel Don Carlos
29. Edificio Metálico
30. Parque España
31. Museo de Jade
32. Casa Amarilla
33. Botschaft von Mexiko
34. Nationales Kulturzentrum
35. Nationalbibliothek
36. Parque Nacional
37. Asamblea Legislativa
38. Palacio Azul
39. Plaza de la Democracia
40. Nationalmuseum

nennen, und ist auf alle Fälle lohnenswert: Ob Obst, Gemüse, Fisch, Fleisch, Blumen, Kleidung, Leder- oder Haushaltswaren – hier wird auf engstem Raum einfach alles angeboten. Im Zentrum befinden sich außerdem einige *Sodas* (einfache Restaurants), in denen sich die Einheimischen verköstigen. Verkauft wird aber nicht nur im Markt selbst, sondern auch in der Gebäudereihe nördlich vom Markt und natürlich überall auf der Straße.

■ Achten Sie auf **Taschendiebe.**
■ Der Markt ist von 6.30 bis 18.30 Uhr geöffnet, sonntags geschlossen.

Vom Haupteingang an der Südwestseite führt die Avenida Central (Av.C.) ostwärts zum **Bankenviertel:** Rechts erhebt sich die **Banco de Costa Rica (2),** wegen der schwarzen Fassade im Volksmund auch *Banco Negro* genannt, links liegt, von einem kleinen Park umgeben, die **Zentralbank (3),** dahinter die Hauptverwaltung der **Nationalbank (4).** Überraschend wenig Verkehr herrscht auf dieser Straße, und östlich des kleinen Parks zwischen Calle 4 und Calle 2, in dem regelmäßig Geldwechsler ihre (illegalen) Dienste anbieten, wird sie sogar zu einer Fußgängerzone mit zahlreichen Geschäften und Läden aller Art.

☐ Großraum S. 50, Stadtplan Umschlag hinten **Sehenswertes** 57

Das Gebäude der **Hauptpost (5)** *(Correos)*, eine Straße weiter nördlich gelegen, wurde 1914 von englischen Architekten erbaut und zählt mit seiner grünlichen Fassade zu den eindrucksvollsten Gebäuden der Stadt. Im Obergeschoss befindet sich ein kleines Postmuseum (siehe Stichpunkt „Museen"). Vor der Post versprechen Losverkäufer das große Glück, auf dem kleinen Platz gegenüber werden Blumen angeboten.

■ Die **Post** ist Mo–Fr 7.30–18 Uhr und Sa 7.30–12 Uhr geöffnet.

Geht man auf der Av.3 ostwärts, so trifft man bereits an der nächsten Straßenkreuzung auf zwei weitere interessante Gebäude: links die **Banco de Costa Rica (6)** mit einer auffälligen Spitzkuppel, diagonal gegenüber die **Iglesia del Carmen (7)**, eine eher unscheinbare Kirche mit einer eigenwilligen Fassade. 150 Meter weiter südlich befindet sich auf der gleichen Straßenseite das vom Verfall bedrohte **Casona-Haus (8)**, in dem heute ein Kunsthandwerksgeschäft untergebracht ist.

Das **Teatro Melico Salazar (9)** liegt etwas weiter südlich an der stark befahrenen Avenida Segunda (Av.2). Benannt wurde das in den 1920er Jahren erbaute Haus nach dem auch in Europa erfolgreichen costaricanischen Operntenor *Manuel Salazar Zuñiga* (1887–1950). Hier finden neben anderen Aufführungen auch regelmäßig Konzerte des nationalen Symphonieorchesters statt.

Der gegenüberliegende **Parque Central (10)** („Zentralpark") wurde während der Kolonialzeit als Hauptplatz der Stadt angelegt. Inzwischen hat sich das Zentrum 300 m ostwärts verlagert. Der mehr oder weniger dekorative Pavillon auf der Platzmitte ist ein Geschenk des Nachbarlandes Nicaragua unter dem früheren Diktator *Somoza*. Auf der Bühne finden sonntags (gegen 10 Uhr) gelegentlich Platzkonzerte statt, im Untergeschoss befindet sich eine Kunstgalerie. Daneben konzentriert sich die größte Ansammlung von Telefonzellen im ganzen Land.

Die **Kathedrale (11)** an der Ostseite des Platzes mit ihrem von mächtigen Säulen geprägten klassizistischen Eingangsbereich und einer blauen Kuppel wurde im Jahre 1871 fertig gestellt, nachdem ein früheres Gebäude 1821 durch ein Erdbeben zerstört worden war. Innen präsentiert sich das umfangreich renovierte Kirchengebäude eher schlicht, mit viel Holz und sehenswerten Glasfenstern. Seitlich an der Av.2 schließt sich die schöne Kapelle **Capilla de Santísimo Sacramento** an, an der Südseite liegt der Palast des Erzbischofs aus dem späten 18. Jahrhundert.

Zwei Straßen weiter ostwärts liegt auf der gegenüberliegenden Seite der Av.2 das eindrucksvolle Gebäude des **Nationaltheaters (12)** (siehe Exkurs „Das Nationaltheater – der Stolz aller Ticos"). Schräg gegenüber des Eingangs erhebt sich das altehrwürdige **Gran Hotel Costa Rica (13)**, das älteste noch bestehende Hotel des Landes und 1930, als es erbaut wurde, das höchste Gebäude der Stadt. Das Terrassencafé ist ein beliebter Treffpunkt.

Die **Plaza de la Cultura (14)** ist das eigentliche Zentrum der Stadt. Eher schmucklos und unscheinbar, von zahlreichen Fastfood-Restaurants umgeben, ist sie der Treffpunkt schlechthin für Ticos wie Touristen.

San José

2

Das Nationaltheater – der Stolz aller Ticos

Das Teatro Nacional gilt als das schönste Gebäude der Stadt, vielleicht sogar des ganzen Landes. Den Anstoß zu seinem Bau gab eine Tournee der berühmten Opernsängerin *Adelina Patti* im Jahre 1890, die nicht in Costa Rica auftreten konnte, weil kein geeigneter Rahmen zur Verfügung stand. (Das alte Theater an dieser Stelle war kurz zuvor einem Erdbeben zum Opfer gefallen.) Darüber waren vor allem die Vertreter der Oberschicht so gekränkt, dass sich schließlich die Kaffeebarone darauf einigten, alle Kaffee-Exporte freiwillig mit einer Art Sondersteuer zu belegen und damit den Bau des neuen Theaters zu finanzieren. Als Vorbild für den Bau diente die 1875 fertig gestellte Pariser Oper, und man ließ Architekten, Künstler und edle Baumaterialien aus Europa kommen, um künftig einen standesgemäßen Rahmen für kulturelle Veranstaltungen zu haben. Feierlich **eingeweiht** wurde das Theater nach rund siebenjähriger Bauzeit **am 19.10.1897** mit einer Aufführung der Pariser Oper.

Nach dem Erdbeben von 1991 musste das 1965 zum **Nationalmonument** erklärte Gebäude vorübergehend für zwei Jahre geschlossen werden.

Die **klassizistische Fassade** wird von drei weiblichen Figuren gekrönt; sie stehen für Musik (links), Ruhm (Mitte) und Tanz (rechts). Die Marmor-Originale wurden übrigens wegen der hohen Luftverschmutzung durch Duplikate ersetzt.

Die **Eingangshalle** ist im barocken Stil gehalten und üppig mit Marmor und Gold ausgestattet. Links befindet sich ein stilvolles Café mit einem sehenswerten Deckengemälde.

Sehenswertes

Vor Betreten des Theatersaales lohnt sich ein Blick zur **Decke**: Das Gemälde des italienischen Künstlers *J. Villa*, entstanden 1897 in Mailand, wurde auf der 5-Colones-Banknote verewigt. Örtliche Reiseleiter weisen immer wieder auf einige gravierende Fehler in diesem Werk hin, unter anderem die Tatsache, dass Kaffee bekanntlich nicht an der Küste wächst und die Pflückerinnen normalerweise weder so glücklich noch so gut gekleidet sind, wie dies auf dem Bild zu sehen ist. Aber der Titel des Werkes lautet Alegoría, und wie sonst hätte der Künstler die beiden wichtigsten Wirtschaftsgüter des Landes – Kaffee und Bananen – auf einem Bild darstellen können? Dass das Gemälde aber dennoch von einem „unwissenden" Europäer gefertigt wurde, sieht man an einer anderen Kleinigkeit: Die Bananen in der Bildmitte scheinen von oben nach unten gewachsen zu sein …

Der halbrunde **Zuschauerraum** bietet auf drei Stockwerken 1040 Besuchern Platz und verfügt über eine gute Akustik. Der Boden kann mechanisch angehoben werden, sodass er mit der Bühne auf ein Niveau kommt und der Raum so als Ballsaal genutzt werden kann. Ebenfalls von spanischen und italienischen Künstlern stammt die Innendekoration: Das Deckenfresko ist ein Werk von *Roberto Fontana* und trägt den Titel „Allegorien der schönen Künste".

■ **Besichtigung:** Mo–Sa 9–16 Uhr, Eintritt: 7 $, Kinder unter 12 J. frei, geführte Touren (ohne Mehrpreis) um 9, 10, 11, 13, 14 und 15 Uhr, Tel. 2010.1111 www.teatronacional.go.cr. Fotografieren ist zwar erlaubt, Blitz und Stativ dürfen jedoch nicht benutzt werden.

Unter dem Platz (Eingang C.5) befindet sich die **Touristen-Information** des ICT und auf mehreren Etagen der **Museumskomplex (15)** der Banco Central mit dem sehenswerten Goldmuseum und einem numismatischen Museum (siehe Stichpunkt „Museen").

Folgt man der Calle 5 in nördlicher Richtung, fällt rechts eine Fassade mit dem Schriftzug **Variedades (16)** auf: Dieses Gebäude, vor rund 100 Jahren als Filmtheater erbaut, dient noch bis heute als Kino.

Im Umfeld der ebenfalls stark befahrenen Av.1 liegen zahlreiche Restaurants und Bars. An der Ecke zur C.9 fällt die rosarote Fassade des **Hotel del Rey (17)** ins Auge. Für den Bau des innen modernen Hotels wurde die Originalfassade renoviert und nach Norden im gleichen Stil ergänzt – ein gelungenes Beispiel für Denkmalschutz, auch wenn sich über die Farbgebung streiten lässt.

Ein Stück weiter nördlich schließt sich der **Parque Morazán (18)** an, der ebenfalls vor nicht allzu langer Zeit renoviert wurde, mit dem weithin sichtbaren Glaspalast des **Hotels Aurola Holiday Inn (19)** im Norden. Auch hier steht im Zentrum ein Musikpavillon aus Spannbeton, in dem des Öfteren sonntags Platzkonzerte stattfinden.

Ein interessantes Gebäude befindet sich an der Südseite des Parks, Ecke Calle 7: In einem ehemaligen Wohnhaus im neoklassizistischen Stil befindet sich heute die Bar **Key Largo (20)**. Auffällig sind der Metallfirst und die schöne Deckengestaltung im Inneren.

◁ Die klassizistische Fassade des Nationaltheaters

Abstecher in das Stadtviertel Amón

Wer möchte, kann vom Parque Morazán den „Hauptweg" verlassen zu einem Abstecher in das Barrio Amón mit seinen schönen Stadthäusern, die um die Wende vom 19. zum 20. Jahrhundert entstanden. Der Rundgang endet am Parque España und schließt dort wieder an den beschriebenen Spaziergang an.

Das Viertel mit seiner architektonischen Stilvielfalt war **früher ein gehobenes Wohngebiet** in ruhiger Lage abseits des Stadtzentrums: Mehrere Präsidenten, Kaffeepflanzer, Bankiers, Doktoren und Rechtsanwälte, aber auch Schriftsteller und Maler hatten hier ihre Residenz. In den letzten Jahrzehnten war es dann zusehends heruntergekommen, zahlreiche Bars und Nachtclubs siedelten sich an, Hunderte von Bussen lärmten und verpesteten die Luft. Heute ist man ernsthaft bemüht, das **alte Stadtbild wiederherzustellen,** und so werden immer wieder neue Hotels in renovierten historischen Gebäuden eröffnet. Geplant ist auch ein Fußgängerweg durch das Viertel, der über den Parque Nacional bis zum Nationalmuseum führen soll.

Vom Parque Morazán gelangt man nach Nordwesten, am Hotel Aurola vorbei, zur Av.7. Das **viktorianische Wohnhaus (21)** an der gegenüberliegenden Ecke wurde 1895 im Auftrag von *Dr. Lara-Iraeta* erbaut, die Bauelemente hatte man extra aus Belgien hierher gebracht. Das Gebäude ist seit 1965 Sitz der Alianza Cultural Franco-Costarricense.

Geht man die Av.7 nach Westen, trifft man linker Hand auf ein Gebäude, das heute das **Hotel Santo Tomás (22)** beherbergt. Es wurde 1910 von einer Kaffeepflanzerfamilie erbaut und ist innen reich mit dunklem Holz ausgestattet.

An der Ecke C.3/Av.9 befindet sich rechts ein gepflegtes, **weiß getünchtes Haus (23),** das Anfang des 20. Jahrhunderts von Nachfahren des Präsidenten *Cleto González* erbaut wurde. Später bewohnte es *Virginia Aguilar,* die Nichte des Präsidenten.

Ebenfalls in der C.3 kommt man etwas weiter nördlich zum **Hotel Britannia (24).** Das architektonisch interessante Gebäude, von einer Veranda im spanischen Stil umgeben, entstand 1910 im Auftrag des spanischen Kaffeehändlers *Don Cipriano Herrero de Peral.* Dieses Hotel der gehobenen Preisklasse ist zwar vorübergehend geschlossen, das markante Gebäude ist aber allemal einen Besuch wert.

Weitere 100 m nach Norden steht auf der linken Seite ein **„maurischer Palast" (25)** mit schönen Glasarbeiten, der leider einen verwahrlosten Eindruck macht. Angeregt von der Alhambra in Granada entwarf der Spanier *Antonio Herrero* 1939 dieses Gebäude für seinen Sohn und ließ für den Bau alle Materialien aus Spanien importieren. Später lebte hier die Familie des Erzbischofs *Monseñor Rodríguez,* nach dessen Tod 1986 wurde es verlassen und ist seither unbewohnt.

Wieder in östlicher Richtung gelangt man über die Av.13 in die C.3/bis, wo an der Kreuzung mit der Av.7 ein weißes Gebäude im maurischen Stil auffällt: Die **Casa Morisca (26)** stammt vom Anfang des 20. Jahrhunderts und wird bis heute als Wohnhaus genutzt.

200 m nach Osten steht an der Ecke Av.9/C.7 ein grünes Holzhaus, das ehe-

> Obststand in der City

malige **Hotel Casa Verde (27)**. Das viktorianische Herrenhaus wurde 1910 als Domizil von *Don Carlos Saborio Iglesias,* einer wichtigen Figur in der Geschichte des Landes, erbaut. Etwa 200 m nördlich befindet sich der **Zoo.**

An der Ecke zur nächsten Straße steht das ehemalige Privathaus des Präsidenten *Tomás Guardia.* Bereits seit 1965 ist hier das **Hotel Don Carlos (28)** untergebracht, dessen Gründer *Carlos Balser* ein Experte für präkolumbische Kunst war. Einige Skulpturen seiner Privatsammlung sind zu sehen.

Weiter auf der Hauptroute

Die Ostseite des Parque Morazán, auch als Parque Chino bekannt, wird im Norden von einem auffälligen Gebäude beherrscht, das völlig aus Metall besteht: Das **Edificio Metálico (29)** wurde 1890 als Studentenwohnheim vom französischen Architekten *Victor Baltard* erbaut, der auch die berühmten alten Markthallen in Paris plante. Genaugenommen wurde es in Europa erbaut: Die vorgefertigten Teile kamen per Schiff aus Belgien und wurden hier zusammengefügt. Im Laufe der Zeit diente es mehreren Schulen als Gebäude, wie auch die Inschrift *Escuela Graduados* erkennen lässt.

Unmittelbar östlich davon schließt sich der **Parque España (30)** an, ein geeigneter Platz, um sich ein wenig auszuruhen und den Vögeln zu lauschen, die im Astwerk der hohen Bäume leben. Sonntags findet hier auch gelegentlich ein Kunstmarkt statt. An der Südwestecke steht ein Standbild des spanischen Konquistador *Juan Vázquez de Coronado,* an der gegenüberliegenden Ecke ein kleiner maurischer Brunnen mit blauen Kacheln *(azulejos),* auf denen die wichtigen Kirchen des Landes abgebildet sind.

An der Nordseite ragt das hässliche Betonhochhaus der staatlichen Versicherungsgesellschaft INS in den Himmel. Zum Glück war der Präsident der INS, *Fidel Tristan,* ein begeisterter Sammler präkolumbischer Kunst, sodass heute dem Besucher im 11. Stock eines der wichtigsten Museen des Landes offensteht, das **Museo de Jade (31).** Neben einer beeindruckenden Jadesammlung sind hier auch viel gut erhaltene Keramik und Steinmetzarbeiten zu sehen

(siehe „Museen"). Zudem hat man von dort oben einen ausgezeichneten Blick über die Stadt.

Rechts neben dem INS-Hochhaus fällt ein außergewöhnlich schönes, gelb getünchtes Kolonialhaus ins Auge, die **Casa Amarilla (32)**. Ursprünglich Sitz des Mittelamerikanischen Gerichtshofes, dient es der Regierung heute u.a. für Empfänge und ist der Öffentlichkeit nicht zugänglich. Im Garten steht ein Stück der Berliner Mauer.

Etwas weiter östlich ist die **Botschaft von Mexiko (33)** *(Legación de México)* ebenfalls in einem sehenswerten Gebäude im Kolonialstil untergebracht.

Das **Nationale Kulturzentrum (34)** *(Centro Nacional de la Cultura)* an der Ostseite des Parque España wurde 1994 auf dem Gelände der früheren staatlichen Likörfabrik eröffnet, wo seit 1851 Rum, Guaro und andere alkoholische Getränke hergestellt wurden. Es beherbergt neben den Büros des Ministeriums für Kultur, Jugend und Sport auch Ausstellungs- und Veranstaltungsräume, u.a. das **Museum für zeitgenössische Kunst** (siehe „Museen"), sowie mehrere Theater. Am gegenüberliegenden Ausgang ist die alte Sonnenuhr bemerkenswert.

In dem sich östlich anschließenden modernen Gebäudekomplex ist die **Nationalbibliothek (35)** untergebracht (Tel. 2221.2479, geöffnet Mo–Fr 8–16 Uhr).

Zahlreiche verschiedene Baum- und Vogelarten sind im etwas erhöht über der Stadt gelegenen **Parque Nacional (36)** vertreten, dem größten Park der Innenstadt. In der Mitte des Parks steht ein Monument zum Gedenken an die Schlachten von Sta. Rosa und Rivas, das in den Werkstätten von *Auguste Rodin* in Paris in Bronze gegossen, per Schiff nach Costa Rica transportiert und hier dann 1885 eingeweiht wurde. Im Nordosten des Parks steht eine Büste des Nationalhelden *Miguel Hilgado* (1753–1811).

Das weiße Gebäude südlich des „Nationalparks" aus dem Jahr 1939, ursprünglich als Präsidentenpalast geplant, ist heute Sitz der **Asamblea Legislativa (37)** („Gesetzgebende Versammlung"), also des nationalen Parlaments.

Direkt dahinter in östlicher Richtung befindet sich der **Palacio Azul (38)** („Blauer Palast"). Das schöne Stadtgebäude diente früher als US-Botschaft und gehört heute zum Parlament. Über die Calle 17, eine schöne Fußgängerallee, führt der Rundgang weiter.

Auf der 1989 eingeweihten **Plaza de la Democracia (39)** finden öfters Freiluftveranstaltungen statt. In der näheren Umgebung finden sich sechs kleinere Theater und ein Kunsthandwerksmarkt.

Im Osten wird der „Platz der Demokratie" überragt von einem festungsartigen Bau, in dem schon seit 1888 das sehenswerte **Nationalmuseum (40)** untergebracht ist (siehe „Museen"). Der Haupteingang ist auf der Rückseite, aber es gibt auch einen Zugang von Westen. Vom Innenhof des **Cuartel Buenavista**, das 1870 vom deutschen Naturforscher *Alexander v. Frantzius* erbaut wurde und der Armee von 1910 bis zu ihrer Abschaffung im Jahr 1948 als Hauptquartier diente, bietet sich ein schöner Blick über die Stadt.

Weitere Sehenswürdigkeiten

Zoologischer Garten Simon Bolívar

Der bereits 1916 gegründete Nationale Zoologische Garten machte zuletzt einen etwas verwahrlosten Eindruck und soll nun geschlossen und in einen Botanischen Garten umgebaut werden.

Spirogyra-Schmetterlingsgarten

Der kleinste der vier Schmetterlingsgärten im Valle Central ist vom Stadtzentrum aus zu Fuß oder per Bus zu erreichen. Etwa 30 Arten Schmetterlinge kann man hier beobachten, wie sie um die jeweiligen Futterpflanzen herumflattern. Die Tiere sind vor allem bei Sonnenschein aktiv

■ Av. C. de Guadalupe, im Norden der Stadt nahe Centro Comercial El Pueblo, Bus Calle Blancos ab C.3/Av.5, Tel. 2222.2937, www.butterflygardencr.com. Tgl. 8–16 Uhr, Eintritt: Erw. 7 $, Stud. 7 $, Kinder (5–10 J.) 5 $.

Parque La Merced

Offiziell heißt der östlich des Krankenhauskomplexes San Juan de Dios gelegene Park Braulio Carrillo, aber da nebenan die Kirche La Merced steht, ist er weiterhin allgemein als Merced-Park bekannt. Er wurde im Jahre 1993 nach jahrelangen Renovierungsarbeiten wieder eröffnet. Neben der Kirche, die wegen ihrer goldenen Altaraufsätze und der schönen Holzdecke durchaus einen Blick ins Innere lohnt, steht ein Standbild des Astronomen *Kopernikus*.

Parque La Sabana

Der „Central Park" von San José erstreckt sich vom westlichen Ende des Paseo Colón über mehr als 1 km bis zum Nobel-Stadtviertel Rohrmoser. An der Stelle, wo sich früher die Landepiste des alten Flughafens befand, liegt heute das wichtigste Erholungsgebiet der Stadt mit vielen Bäumen, Sportplätzen und einem künstlichen See. Besonders am Wochenende kommen viele Erholungssuchende hierher: Überall sieht man Jogger und Spaziergänger, immer wieder finden sich spontan Mannschaften zusammen für Volleyball, Fußball und andere Sportarten, inzwischen gibt es sogar ein Canopy. Berittene Polizeieinheiten sorgen dafür, dass alles in geregelten Bahnen verläuft. (Über die Sicherheit bei Nacht liegen dem Autor keine Informationen vor!)

An der Ostseite befindet sich im ehemaligen Flughafengebäude das **Museum für Costaricanische Kunst** (siehe „Museen"), davor der Plaza V. Centenario, eingeweiht 1991 vom spanischen König *Juan Carlos*. Etwas weiter südlich liegen eine Sporthalle und dahinter ein **Sportstadion** sowie ein Schwimmbecken mit olympischen Ausmaßen, auf der Westseite des Parks das Nationalstadion.

Museen

Nationalmuseum (Museo Nacional)

Das bereits seit 1888 bestehende Nationalmuseum gibt einen guten Überblick über die Kultur und Geschichte Costa Ricas, sowohl über die präkolumbische Zeit als auch über die Kolonialepoche und die Entwicklung nach der Unabhängigkeit von Spanien. Gezeigt wird ein repräsentativer Ausschnitt, sodass eine Besichtigung selten länger als zwei Stunden dauert. Der Haupteingang befindet sich an der Ostseite des Gebäudes, der hier beschriebene Rundgang führt von dort entgegen dem Uhrzeigersinn durch das Museum.

Archäologische Abteilung

Anhand eines lebensgroßen **Modells** wird das Leben der ersten Menschen veranschaulicht, die vor etwa 12.000 Jahren die mittelamerikanische Landbrücke erreichten und hier als Jäger und Sammler lebten. Die drei **archäologischen Regionen** des Landes (vgl. „Frühgeschichte" im Kapitel „Land und Leute") sind auf einer Landkarte dargestellt: Gran Nicoya im Nordwesten (Chorotegas), die Zentralregion (Huetares) und die Diquís-Region im Süden (Bruncas).

Die zahlreichen **Keramiken,** die meist als Grabbeigaben gefunden wurden, sind vorwiegend dem Volk der Chorotega zuzuschreiben, das aus dem mesoamerikanischen Kulturraum von Norden zuwanderte und ein verhältnismäßig hohes Kulturniveau erreichte.

Die Huetares im zentralen und karibischen Raum zeichneten sich vor allem durch ihre hohe **Steinmetzkunst** aus: dekorative Grabplatten und kunstvoll gearbeitete Kult-Metates aus vulkanischem Gestein, deren Form auf die traditionellen Mais-Reibsteine zurückgeht und die wohl als Opferaltar oder Häuptlingsthron dienten.

Bis heute ungeklärt ist das Geheimnis der mysteriösen **Steinkugeln,** die man im Süden des Landes gefunden hat und die man dem Volk der Bruncas zuschreibt: Die fast exakt runden Kugeln aus Granit, die einen Durchmesser bis zu 2,40 m erreichen, fand man auch auf der Isla del Caño, wo dieses Gestein gar nicht vorkommt (vgl. Exkurs „Das Geheimnis der Steinkugeln").

An einer Nachbildung eines **Grabfundes** sieht man, dass neben Keramik (als Speisebehälter) auch Edelsteine und Schmuck gefunden wurden, die den Verstorbenen auf dem Weg ins Jenseits begleiten sollten.

Interessant sind auch die Modelle der verschiedenen **Hausbauformen.** Wände und Dächer der zum Teil riesigen Gemeinschaftshäuser (bei den Bruncas lebten bis zu 100 Personen unter einem Dach!) bestanden meist aus Holz, nur die Fundamente waren aus Stein. Dies ist der Grund, dass heute nur sehr wenige

Die Technik der „verlorenen Form"

Bei diesem Verfahren wurde zunächst ein Abbild des gewünschten Schmuckes in Wachs modelliert und mit dünnen Wachsfäden versehen. Das Modell wurde dann mit Holzkohle überpudert und mit einer Form aus Ton umgeben. Beim Brennen schmolz das Wachs und floss über die dünnen Kanäle der Wachsfäden ab. In den so entstandenen Hohlraum goss man flüssiges Gold ein, die Gussform wurde nach dem Erkalten zerschlagen und das Goldmodell durch Feilen, Glätten und Polieren fertig gestellt.

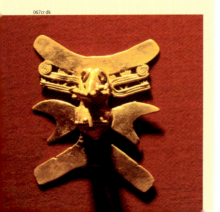

Überreste von präkolumbischen Siedlungen in Costa Rica erhalten sind.

In einer weiteren Vitrine sind **Tiere** dargestellt, die für diese Völker eine starke Symbolik hatten, sowie deren Pendants aus Keramik (z.B. Königsgeier, Kröte, Jaguar, Krokodil).

Goldsaal

In zwei kleinen Räumen sind zahlreiche **Goldarbeiten der Bruncas** zu sehen, die aus dem nördlichen Andenraum zugewandert waren, wo auch andere Chibcha-Völker eine hohe Stufe der Goldverarbeitung erreichten. Wurde das Gold zunächst nur gehämmert und getrieben, konnte man mit der Technik der „verlorenen Form" auch kompliziertere Formen herstellen. Mit einer Kupfer-Gold-Legierung gelang es, den Schmelzpunkt unter 1000 °C zu senken. Ein immer wiederkehrendes Motiv sind neben dem Frosch (Fruchtbarkeit) und dem Krokodil (Erdgottheit) die *veraguas*, wahrscheinlich symbolhafte Darstellungen des Königsgeiers, der als Vermittler zur Über-Welt galt. In einer weiteren Vitrine sind Goldarbeiten aus Südamerika ausgestellt, die man in Costa Rica fand – ein Beweis für den regen Handel mit anderen Völkern.

Sala Colonial

Ein spartanisch eingerichteter Wohnraum des kolonialen Costa Rica zeigt deutlich, dass das Land unter den Spaniern bis zum Kaffeeanbau ein Dasein „am Rande der Geschichte" gefristet hat.

Historische Abteilung

Anhand zahlreicher Dokumente, Fotos und anderer Ausstellungsstücke soll hier dem Besucher ein Überblick über die Geschichte von *Kolumbus* bis heute vermittelt werden. Das reicht von historischen Landkarten und einem Portrait des Gründers der ersten Hauptstadt Cartago über Zeugnisse der Missionstätigkeit bis zum Spaten, mit dem der erste Stich für die Karibik-Eisenbahnlinie getätigt wurde.

Wie **San José** zu seiner Blütezeit Anfang des 20. Jahrhunderts ausgesehen hat, ist auf einigen Schwarz-Weiß-Fotos festgehalten. Zeitungsausschnitte belegen wichtige Ereignisse des Jahrhunderts, u.a. die Wirtschaftskrise der 1930er Jahre und den Bürgerkrieg 1948 zwischen den Anhängern von *Calderón* und *Figueres*.

Eine Galerie der **Präsidenten** Costa Ricas beschließt den Rundgang; der bekannteste von ihnen – *Oscar Arías Sánchez* – erhielt 1987 den Friedensnobelpreis, dessen Original-Urkunde ebenfalls ausgestellt ist.

■ C.17/Av.C.-2, Tel. 2257.1433, www.museo costarica.go.cr. Geöffnet Di–Sa 8.30–16.30 Uhr, So 9–16.30 Uhr, Eintritt: ca. 8 $, Stud. ca. 4 $, Fotografieren ohne Blitz und Stativ erlaubt.

Goldmuseum (Museo de Oro)

Im unterirdischen Museumskomplex der Banco Central versteckt sich **eine der größten Goldsammlungen Amerikas**. Um diese zu sehen, muss man zunächst eine Sicherheitskontrolle passieren wie am Flughafen und sämtliches Gepäck (inkl. Kamera) abgeben.

Nach einer kurzen ethnologischen Einführung in die Lebensweise der frühen Bewohner dieser Region folgt eine eindrucksvolle Sammlung von **Kult-**

Jade, das grüne Gold

Schon bei den frühen mesoamerikanischen Kulturvölkern war Jade ein gefragtes Material, aus dem man **Schmuck und religiöse Kult-Objekte** fertigte. Jade-Künstler waren bei den Olmeken und Maya bedeutende und geachtete Persönlichkeiten, die oft mit ihren Werkzeugen und einigen ihrer Arbeiten beerdigt wurden.

Auf der Suche nach der begehrten blauen Jade, die man hier vermutete, kamen bereits etwa 800 v. Chr. die **Olmeken** und mit ihnen die erste Jade ins Land. Aber sie wurden enttäuscht, und auch Archäologen, die auf der Halbinsel Santa Elena, dem geologisch ältesten Teil des Landes, nach Jade forschten, waren erfolglos.

Die Tatsache, dass in einem Land, in dem niemals Jade gefunden wurde, die Bearbeitung dieses harten Gesteins dennoch eine Blüte erlebte, ist mit dem regen **Handel** zu erklären, der vor allem in Richtung Guatemala bestand, wo die reichsten Jadevorkommen Zentralamerikas liegen.

Waren die frühen Stücke noch etwas grob gearbeitet, so wurden mit **immer ausgereifteren Techniken** auch mehr und mehr Details plastisch herausgearbeitet. Ihren Höhepunkt erreichte die Kunst der Jadebearbeitung in Costa Rica um das 5. Jh., aber noch bis hinein ins frühe 16. Jh. wurden aus Jade und Nephrit, einem sehr ähnlichen Gestein, in einem komplizierten Bearbeitungsprozess Amulette, Halsketten und auch Büstenhalter für die Damen des gehobenen Standes gefertigt. Häufig findet man auch Tiermotive, deren mythologische Kraft dem Schamanen zu Hilfe kam.

und Schmuckgegenständen aus Gold: Zu den über 2000 schön präsentierten Exponaten gehört neben Masken und Tierfiguren auch der größte Gold-Nugget der Welt (leider nicht öffentlich zugänglich). Auf zahlreichen Schautafeln werden unter anderem die symbolischen Bedeutungen der verschiedenen Tiere und die unterschiedlichen Techniken der Goldverarbeitung erklärt, die das Volk der Bruncas im Süden des Landes benutzte. Die wertvolle Sammlung stellt einen Teil der Rücklagen für die Landeswährung dar.

Im gleichen Komplex befindet sich auch ein **Numismatisches Museum** und eine wechselnde **Ausstellung moderner Kunst.**

■ Plaza de la Cultura (UG), Tel. 2243.4202, www.museosdelbancocentral.org. Geöffnet tgl. 9.15–17 Uhr, Eintritt: 11 $, Stud. 7 $, Kinder unter 12 J. frei. Fotografieren ohne Blitz erlaubt.

Jademuseum (Museo de Jade)

Die archäologische Sammlung der staatlichen Versicherungsgesellschaft INS wurde unter ihrem früheren Präsidenten *Marco Fidel Tristan* zusammengetragen und ist seit 1977 der Öffentlichkeit zugänglich. Sie umfasst neben der wahrscheinlich größten Jadesammlung Amerikas auch zahlreiche steinerne Kult-Metates und außergewöhnlich gut erhaltene Exemplare präkolumbischer Keramik, die in Form von Menschen, Tieren und Früchten gearbeitet sind – bei einigen ist die Fruchtbarkeitssymbolik offensichtlich. Die Ausstellung ist **eine der bedeutendsten Sammlungen präkolumbischer Kunst** Zentralamerikas!

☐ Großraum S. 50, Stadtpläne Umschlag hinten, S. 70 **Museen** 67

■ Av.7/C.9–11 (INS-Hochhaus, Erdgeschoss), Tel. 2287.6034, http://portal.ins-cr.com/portal.ins-cr.com/Social/MuseoJade/, geöffnet Mo–Fr (außer Feiertage) 8.30–15.30 Uhr, Sa 9–13 Uhr, Eintritt: 8 $, Kinder unter 12 Jahren frei.

Museum Costaricanischer Kunst (Museo de Arte Costarricense)

Im früheren Flughafengebäude am Sabana-Stadtpark befindet sich seit 1978 das wichtigste Kunstmuseum des Landes. Vor allem **Gemälde und Plastiken** costaricanischer Künstler des 20. Jahrhunderts werden hier gezeigt. Besonders herausragend sind die Gemälde von *Max Jiménez,* der als der erste Vertreter der modernen Malerei in Costa Rica gilt, und die Skulpturen von *Hernán González,* die in den 1960er Jahren entstanden. Monatlich wechselnde Ausstellungen ergänzen das Angebot des Museums, für dessen Besichtigung man etwa ein bis zwei Stunden benötigt. Im oberen Stockwerk befindet sich der Salón Diplomático, ein ehemaliger Warteraum der 1. Klasse. Die Wände sind aus goldbemaltem Stuck mit Darstellungen aus dem Leben während der Conquista.

■ C.42/P.C. (Ostseite Sabana-Park), Tel. 2256.1281, www.musarco.go.cr. Geöffnet Di–So 9–16 Uhr, Eintritt frei.

Museum für zeitgenössische Kunst (Museo de Arte y Diseño Contemporáneo)

Das Museum, das früher im Untergeschoss der Nationalbibliothek untergebracht war, befindet sich seit 1994 in den Räumen der früheren staatlichen Likörfabrik. In wechselnden Ausstellungen werden Gemälde, Skulpturen, Fotos, Videos und andere **Werke zeitgenössischer Künstler aus aller Welt** gezeigt.

■ Im Nationalen Kulturzentrum, Eingang C.15/Av.3, Tel. 2257.7202, www.madc.ac.cr. Geöffnet Mo–Sa 9.30–17 Uhr, Eintritt: 3 $, Stud. 1 $, Kinder und Rentner frei, Mo Eintritt frei.

Naturwissenschaftliches Museum La Salle (Museo de Ciencias Naturales)

Das 1960 eröffnete Naturkundemuseum, das sich seit 1971 an dieser Stelle befindet, hat ein Problem: Es fehlt Platz für die **über 32.000 Ausstellungsstücke,** und so sind die Verhältnisse etwas beengt. Aber ein Anbau ist in Arbeit, damit man die zahlreichen Exponate, Tiere, Fossilien und Mineralien aus aller Welt für die steigende Zahl von Besuchern besser präsentieren kann.

Am auffälligsten sind die **Säugetiere,** darunter auch viele im Land vorkommende Arten wie Ameisenbären, Tapire und Affen und die rund 1200 Vogelarten, die hier ausgestellt werden. Ferner gibt es Reptilien, Fische und über 12.500 Insekten, vor allem Schmetterlinge.

Einer der Höhepunkte des Museums ist die über 13.500 Exponate umfassende **Muschelsammlung.**

■ Im M.A.G.-Gebäude (Südost-Ecke Sabana-Park), Tel. 2353.5360, www.museo.lasalle.edu.co, geöffnet Mo–Fr 9–17 Uhr, Sa 9–13 Uhr, letzter So im Monat 10–16 Uhr, Eintritt: 4200 C. (ca. 9 $), Kinder 2900 C, letzter So im Monat Kinder unter 3, Erwachsene über 60 J. sowie Behinderte frei. Anfahrt: Bus Sabana – Estadio ab Av.2 (neben Kathedrale).

Insektenmuseum (Museo de Insectos)

Die auch als *Museo de Entomología* bekannte wissenschaftliche Sammlung der Universidad de Costa Rica besteht seit 1962 und umfasst neben zahlreichen Schmetterlingen auch Käfer, Bienen, Libellen und andere Insekten. Mit 1 Mio. Exponaten gilt sie als **eine der größten Insektensammlungen der Welt.**

■ San Pedro, UCR (Facultad de Agronomía), Tel. 2511.5318, www.miucr.ucr.ac.cr. Geöffnet Mo–Fr 13–16.45 Uhr, Eintritt: 1000 C. (ca. 2 $), Anfahrt: Bus ab Av.2/C.5–7.

Weitere Museen

Kindermuseum (Museo de los Niños)
Ein Museum speziell für Schulkinder, die hier viel über Kultur, Geschichte, Wissenschaft und Technologie des Landes erfahren. Im gleichen Gebäude befindet sich auch die **Nationalgalerie** mit einer Ausstellung zeitgenössischer Kunst.

■ Im ehemaligen Zentralgefängnis, Nordende der C.4, Tel. 2258.4929, www.museocr.org. Geöffnet Di–Fr 9–17 Uhr, Sa/So 9.30–17 Uhr, Eintritt: 2200 C. (ca. 2 $), Kinder 2000 C.

Numismatisches Museum (Museo de Numismática)
Diese Sammlung befindet sich im Museumskomplex der Banco Central unter der Plaza de la Cultura; u.a. ist auch die erste Münze Costa Ricas ausgestellt, der halbe Gold-Escudo von 1825.

■ Öffnungszeiten wie das Goldmuseum.

Postmuseum (Museo Postal, Telegráfico y Filatélico)
Eine kleine Ausstellung von Briefmarken und historischen Gerätschaften im Gebäude der Hauptpost.

■ C.2/Av.1–3, 1. Stock, Tel. 2223.6918, geöffnet Mo–Fr 8–17 Uhr, Eintritt: 150 C. (ca. 0,30 $).

Unterkunft

Hotels und Pensionen

An San José kommt man nicht vorbei (außer man weicht nach Alajuela oder Heredia aus), und obwohl es weit über 100 Hotels und Pensionen aller Preisklassen gibt, ist es gar nicht so leicht, die richtige Unterkunft zu finden.

Die **Hotels im Zentrum** sind meist laut und oft übertreuert, es ist daher ratsam, eine Unterkunft zu wählen, die in akzeptabler Distanz zum Zentrum eine ruhige Nacht garantiert. Vor allem die Unterkünfte in der Nähe der Busbahnhöfe, an der Av.2 sowie südlich davon sind oft sehr unruhig und alleinreisenden **Frauen nicht unbedingt anzuraten.**

Angenehm sind die Hotels in den Stadtvierteln Amón und Otoya nördlich vom Zentrum (siehe Karte hintere Umschlagklappe) und die **Umgebung** des Paseo Colón. Wer nicht unbedingt in direkter Zentrumsnähe wohnen muss, kann auch in die Außenbezirke oder auch nach San Pedro, Escazú oder Sta. Ana ausweichen (siehe Kapitel „Valle Central"). Die Unterkünfte außerhalb des Zentrums sind je nach ihrer Lage mit „West" (Umgebung Paseo Colón/Sabana Norte) oder „Ost" (Barrio La California/Los Yoses) gekennzeichnet.

Billighotels und Hostels (DZ bis 28 $)
In der untersten Preisklasse gibt es insbesondere im Osten des Zentrums (eine Gegend, die v.a. nachts

unsicher ist) eine Unzahl von Hotels. Bei vielen sind jedoch die Zimmer dermaßen schmuddelig und primitiv, dass man sie mit gutem Gewissen nicht empfehlen kann. Viele dienen außerdem als Absteige (= Stundenhotel!). Nachfolgend eine Auswahl akzeptabler Hotels der untersten Preisklasse und einige Backpacker-Hostels mit Schlafraum.

■ **Hostel Galileo** (West: A.2/C.40 südl. Ecke, Tel. 2248.2094, www.hostelgalileo.com): gutes Backpacker-Hostel, nette kolumbianische Wirtsleute, sauber, Gem.küche, Fernsehraum, Internet frei; 3 Schlafräume: 9–12 $ p.P., 5 Zi., bc (WW): DZ 26–30 $, Apartment: 1–2 Pers.: 25 $, Zusatzpers. 11 $.

■ **Hotel Musoc** (C.16/Av.1–3, Tel. 2222.9437): direkt am Coca-Cola-Bahnhof, 44 ordentl. Zi., kompl. renoviert, sauber und gepflegt, gutes Preis-Leistungsverhältnis, Schlafraum bc ca. 10 $ p.P; bp DZ ca. 20 $.

■ **Hotel Cocorí** (C.16/Av.3–5, Tel. 2233.0081): Nähe Coca-Cola, 25 einf., ordentl. Zi., bp: ca. 16/21/30 $.

■ **Tranquilo Backpackers** (C.7/Av.9–11, Nähe Zoo, Tel. 2640.0546, www.tranquilobackpackers. com): Wäscheservice, TV-Zi., Gem.-Küche, Internet (gratis); 4 saubere Mehrbettzi.: 13 $ p.P. (ÜF); 11 zweckmäßige Zi. mit bc (WW): ca. 25/36 $ (ÜF).

■ **Hotel Príncipe** (Av.6/C.C.-2, Tel. 2222.7983): 35 Zi., bp, 4 Stockwerke (kein Aufzug): 22/22 $.

■ **Hostel 1110** (Süd 500 m östl. der Clinica Biblica, Tel. 2221.9412, www.hostel1110.com): altes Kolonialhaus mit schönem Innenhof, Gratis-Internet; Schlafraum: ca. 12 $ p.P. (ÜF), DZ/bc: ca. 30 $ (ÜF), DZ/bp: ab ca. 36 $ (ÜF).

■ **Gaudy's Backpacker Hostel** (West: Av.5/C.36–38, Tel. 2248.0086, www.backpacker.co.cr): ordentliches Hostel mit Kochgelegenheit, Internet, Schlafraum: ca. 12 $ p.P. (ÜF); DZ, bc: ab ca. 30 $(ÜF); DZ, bp (WW): ca. 35 $ (ÜF).

■ **Hostel Casa del Parque** (Ost: Calle 19/Parque Nacional, Tel. 2233.3437, www.hostelcasadelparque.com): neues Hostel im Barrio California mit Innenhof; 10 Schlafräume (keine Stockbetten): ca. 12 $ p.P., sowie 4 Privatzimmer, bc: DZ ca. 34 $, 1 Zimmer mit Bad: DZ ca. 44 $ – Lesertipp!

■ **Botella de Leche Hostel** (West: Av./C.24–28, Tel. 2653.2061): nettes Hostal, Gem.küche, TV-Raum, Gratis-Internet; Schlafraum: 12 $ p.P., Privatzi., bp (WW): ca. 36/36 $.

■ **Nuevo Hotel Central** (Av.3/C.6–8, Tel. 2222.3509): 5 Stockwerke (Aufzug), 45 einf. Zi., WW, TV, bp: ca. 18/24/30 $.

■ **Costa Rica Backpackers** (Av.6/C.21–23, Tel. 2221.6191, www.costaricabackpackers.com): Gratis-Parkplatz und Internet (8 PC), Garten mit Pool, günstiges Rest. (2–6 $), Gem.küche, TV-Zimmer; 17 Schlafräume (4 Betten): ca. 13 $ p.P., 14 Privat-Zi., bc: DZ ca. 32 $, keine KK.

■ **Hostal Toruma** (Ost: Barrio La California, Av.C./C.29–31, Tel. 2234.8186, www.hosteltoruma.com): einzige echte Jugendherberge des Landes in denkmalgeschütztem Gebäude, Gratis-Internet, Gem.-küche, Safe, Gepäckverwahrung; 15 einf., ordentl. Gem.-schlafräume für 2–6 Pers.; 4 Zi. mit abschließbaren „Schlafboxen", bc (sauber); 14 $ p.P.; DZ, bc: 20 $; bp: 40/55/69 $.

■ **Pangea Hostel** (Av. 7/C.3–3bis, Tel. 2221.1992, www.hostelpangea.com): im Barrio Amón mit Pool, Bar und Rest., Küchenbenutzung, Wäscheservice, TV-Zi., Flughafen-Abholservice, 20 PC mit Internet-Zugang und Telefon (gratis für Gäste), Gratis-Kaffee, Schlafraum ca. 14 $ p.P., Zi. (z.T. dunkel) bp: DZ ca. 34 $, bp: DZ ca. 45 $; keine KK.

Einfache Hotels/untere Mittelklasse (DZ 30 bis 45 $)

In der nächsthöheren Preisklasse gibt es bereits einige recht ordentliche Unterkünfte.

■ **Hotel San Agustín** (C.6/Av.C2, Tel. 2258.5152): Rest., Bar; 29 ordentl., große Zi., bp, Safe (nach vorne laut): ca. 22/30/37 $.

■ **Costa Rica Guesthouse** (Av.6/C.21–23, Tel. 2222.7034, www.costa-rica-guesthouse.com): gayfriendy, Gratis-Internet; gute Zi., bc: 15 $ p.P. (ÜF), bp: 19 $ p.P. (ÜF).

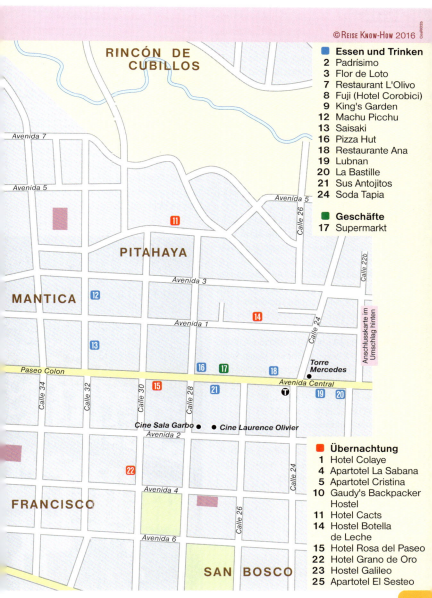

Mein Tipp: Casa Leon (C.13/Av.6, Tel. 2221.1651, www. hotelcasaleon.com): nette Pension in zentraler, dennoch ruhiger Lage, schweizer. Ltg.; Schlafraum: 25/30 $ p.P.; 5 ordentl. Zi. mit Bad: 30/35/45 $, 3 Komfort-Zi.: 35/39/49 $, Deluxe-Zi.: 38/43/53 $.

■ **Hotel de la Cuesta B&B** (Av.1/C.11–15, Tel. 2256.7946, www.pensiondelacuesta.com): nette Pension in buntem Haus, Wifi, Wäscheser.; 13 einf. Zi., bc: 27/33/48 $ (ÜF). 3 Zi., bp: 37/43/53 $ (ÜF).

■ **Casa Ridgway** (C.15/Av.6–8, Tel. 2233.6168, www.casaridgwayhostel.com): ruhige Lage, angenehme Atmosphäre, sauber, Gem.küche, Waschgelegenheit, 4 Schlafräume: 17 $ p.P. (ÜF); 5 Zi. mit bc: 24/38/48 $ (ÜF).

■ **Casa Hilda** (Av.11/C.3–3b, Tel. 2221.0037, c1hilda@racsa.co.cr): Privathaus im Barrio Amón, familiäre Atmosphäre, freundlich; 5 ordentl. Zi., bp, Safe, recht ruhig: ca. 28/41/52 $; KK.

■ **Ara Macao Inn B&B** (Ost: Barrio La California, C.25, 50 m südl. Pizza Hut, Tel. 2233.2494, www.aramacaohotel.com): Innenhof, Küchenbenutzung, Wäscheservice gratis, Safe; 12 ordentl. Zi., Kabel-TV, Safe, z.T. mit Küche: ca. 30/45/60 $; KK.

■ **Hotel Casa 69** (Ost: Barrio California, C.69 bis, Tel. 2256.8879, www.casa69.com): kleines Boutique-Hotel in historischem Gebäude mit Innenhof, ca. 10 Min. zu Fuß zum Zentrum; 17 individuell eingerichtete Zi. mit TV, KS: DZ ab 45 $ (ÜF).

■ **Kap's Place** (C.19 Nr. 1142/Av.11–13, Tel. 2221.1169, www.kapsplace.com): kl. Gästehaus, etwas abseits in ruhigem Wohnviertel, Küchenbenutzung, Terrasse; 21 Zi., bc: 35/45/55 $; mit bp, Kabel-TV ab 50/60/70 $; 1 Apt. mit Küche, 2 Badezi. 90/100/110 $ (ÜF); Kinder bis 10 J. frei; KK.

Gehobene Mittelklasse (DZ 51 bis 78 $)
In der gehobenen Mittelklasse schließt der Übernachtungspreis bei fast allen Hotels ein Frühstück ein, alle Zimmer haben ein Bad.

■ **Hemingway Inn** (Av.9/C.9, Tel. 2221.1804, www.hemingwayinn.com): historisches Gebäude mit Innenhof, Whirlpool, Küchenbenutzung; 17 ordentl. Zi., Kabel-TV, Safe, z.T. Vent., laut (Straße): Economy-rooms: ca. 35/50/60 $ (ÜF), Standard-Zimmer: ca. 51/62/74 $ (ÜF), Deluxe-Zimmer: ca. 60/75/85 $ (ÜF), Barzahlungspreise; KK (+12 %).

■ **Hotel Aranjuez** (C.19/Av.11–13, Tel. 2256.1825, www.hotelaranjuez.com): etwas abseits in ruhigem Wohnviertel gelegen, 2 Holzhäuser mit

> Das Teatro Melíco Salazar im Zentrum der Hauptstadt

Garten, Parkplatz; 36 Zi. mit Kabel-TV, Safe: bp ab 43/53/62 $ (ÜF)), keine KK. Das Hotel ist häufig überbucht!

■ **Hotel Vesuvio** (Av.11/C 13–15, Tel. 2221.7586, www.hotelvesuvio.com): angenehm, ruhige Lage, hilfsbereit, Rest., Parkplatz; 20 ordentl. Zi. mit Kabel-TV, Safe, hellhörig: 48/55/65 $ (ÜF) Kinder unter 12 J. frei.; KK (+6 %).

■ **Hotel Mesón del Angel** (C.20/Av.3–3b, Nähe Coca Cola, Tel. 2223.3405`: angenehm, mit Innenhof, 35 ordentl. Zi. mit Kabel-TV, bp, WW, Safe: ca. 49/59/69 $ (ÜF); KK.

■ **Hotel Rincón de San José** (Av.9/C.15, Tel. 2221.9702, www.hotelrincondesanjose.com): holl. Ltg., Gratis-Internet, Rest. (nicht teuer); 28 angenehme Zi. mit TV, teilw. Straßenlärm: DZ ab 60 $ (ÜF), Kinder unter 6 J. frei, bis 12 J. 15 $; KK (+6,5 %).

■ **Hotel Castillo** (Av.9/C.9–11, Tel. 2260.3027, www.hotelcastillo.biz): Hotel in historischem Gebäude mit Rest./Bar (Sonny's Place, Mo. Ruhetag), Standard-Zi. 57/63/68 $ (ÜF), Deluxe-Zi. 80/86/92 $ (ÜF, mit Küche +5 $), Suite 103/109/114 $ (ÜF), Kinder unter 12 J. frei, KK (+15 %).

■ **Hotel Doña Inés** (C.11/Av.2–6, Tel. 2222.7443): ehem. Wohnhaus, Rest.-Service, ital. Ltg.; 20 Zi. mit Vent., TV: ca. 50/65/80 $ (ÜF); KK (+6 %), Kinder bis 8 J. frei.

■ **Hotel Inca Real** (Av.11/C.3–5, Tel. 2223.8883, www.hotelincareal.com): Frühstücksrest., eher nüchtern; 33 Zi. um Innenhof, Kabel-TV: 55/65/75 $ (ÜF).

Unterkunft

MEIN TIPP: Hotel Posada del Museo (Av.2/C.17, Tel. 2258.1027, www.hotelposadadelmuseo.com): altes Holzhaus (1928) im Kolonialstil mit Charakter an der Fußgängerzone, geschmackvolle Einrichtung, Café/Rest., Internet, Wäscheservice; individuelle Zi. mit Kabel-TV ab 57/68/84 $ (ÜF), Suite ab 88 $ (ÜF).

■ **Hotel 1492** (Ost: Av.1/C.31–33, Tel. 2225.3752, www.hotel1492.com): Nettes Hotel in Privathaus, 10 Zi. mit Kabel-TV, Safe: 57/68/79 $ (ÜF), KK.

■ **Hotel Colonial** (C.11/Av.2–6, Tel. 2223.0109, www.hotelcolonialcr.com): nettes Stadthotel mit Innenhof, kl. Pool, behindertengerecht, gute Zi. mit Kabel-TV: ca. 60/70 $ (ÜF), Suite ca. 100 $ (ÜF).

■ **Hotel Cacts** (West: Av.3 bis/C.28–30, Tel. 2221. 6546 oder 2221.2928, www.hotelcacts.com): gut geführtes Hotel, ruhige Lage, Frühstücksrest., Parkplatz, Terrasse mit Ausblick, Pool, Internet gratis, Flughafentransfer (ca. 20 $ bis 5 Pers.); 9 ordentl. Zi. mit bp (WW), DV, TV, z.T. dunkel: 66/72/108 $ (ÜF); 12 bessere Zi., bp, DV, TV (alle Nichtraucher): 72/80/118 $ (ÜF); keine KK.

■ **Hotel Kekoldi** (Av. 9/C.5–7, Tel. 2248.0804, www.kekoldi.com): symp. Hotel in renoviertem Art-Déco-Gebäude mit Garten, Gepäckraum; 10 helle Zi., Kabel-TV, Safe, gr. Betten: 67/78/90 $ (ÜF), größere Zimmer: 90 $ (ÜF), KK .

Komfortklasse (DZ ab 80 $)

Die Hotels der gehobenen Preisklasse verfügen über jeden Komfort – und kosten entsprechend.

■ **Hotel Don Carlos** (C.9/Av.7–9, Tel. 2221.6707, www.doncarloshotel.com): schönes Haus mit Rest., Bar, Garten, Pool, Parkpl.; 33 Zi. mit Kabel-TV, Safe: 70/80/90 $; Komfortzi.: ab 80/90/100 $ (ÜF); KK.

■ **Hotel Dunn Inn** (Av.11/C.5, Tel. 2222.3232, www.hoteldunninn.com): Rest., Parkplatz, 26 angenehme Zi., Kabel-TV, individuell ausgestattet, z.T. mit KS; Standard: DZ ab 81 $, Deluxe: ab 94 $ (ÜF), Suite: ab 137 $ (ÜF); KK.

■ **Hotel Le Bergerac** (Ost: Los Yoses, C.35 Süd, Tel. 2234.7850, www.bergerachotel.com): angenehmes kleines Hotel mit Innenhof, gutes Restaurant (L'Ile de France, gehobene Preisklasse, nur Abendessen), Parkplatz, frz. Leitung; 26 gr., ruhige Zi. mit Kabel-TV, Tel., Safe: 87/87/97 $ (ÜF), Komfortzi. mit kl. Privatgarten: ab 107/117/142 $ (ÜF); KK.

■ **Hotel Colaye** (West: Sabana Sur, C. Morenos, Tel. 2231.2324): Business-Hotel mit Pool, Wifi; 60 Zi. und Apartments mit Minibar, TV: ca. 88/88/105 $ (ÜF), KK.

MEIN TIPP: Hotel Luz de Luna (Ost: C.33/Av.3–5, Tel. 2225.4919, in D: 0861/165906, www.luzdelunahotelboutique.com): nettes kleines Hotel im Barrio Escalante in ehem. Wohnhaus, Rest., 12 nett dekorierte Zimmer: 69/89/109 $ (ÜF), Suite: 99/110 $ (ÜF).

■ **Hotel Rosa del Paseo** (West: P. Colón/C.28–30, Tel. 2257.3225, www.rosadelpaseo.com): ehem. Wohnhaus (erbaut 1890) mit Innenhof, sehr geschmackvolle Einrichtung; 13 stilvoll eingerichtete Zi. mit Kabel-TV, Vent., Safe: ab 85/96/113 $ (ÜF); 3 Suiten mit AC: 102/113/136 $ (ÜF), Mastersuite: DZ 158 $ (ÜF); KK (+7 %).

■ **Gran Hotel Costa Rica** (Av.2/C. 3, Tel. 2221. 4000, www.grandhotelcostarica.com): altehrwürdiges Hotel im Zentrum, gegenüber des Teatro Nacional, mit Rest., Gartencafé (24 Std.) und Casino; 102 renovierte Zimmer (teilw. zum Innenhof) ab ca. 85/96 $; 5 Suiten ab ca. 187/209 $.

MEIN TIPP: Hotel Fleur de Lys (C.13/Av.2–6, Tel. 2223. 1206, in D: 0861/165906, www.hotelfleurdelys.com): viktorianisches Herrenhaus (Ende 19. Jh.), zentrale, dennoch recht ruhige Lage, Rest. (nur abends), nette Bar, Gratis-Parkplatz; 31 angenehme Zi. und Suiten, Kabel-TV: ab 88/96 $ (ÜF), Suite: DZ ab 136 $ (ÜF), Kinder unter 13 J. frei; KK.

■ **Best Western Downtown San José** (Av.7/C.6–8, Tel. 4031.0055, www.bestwesterncostarica.com): gutes Stadthotel, etwas abseits, beheizter Pool, Cafeteria, Parkplatz; 69 angenehme Zi., AC, Kabel-TV, Gratis-Inlandsgespr. und -Transfer vom Flughafen: ab ca. 89/101/101 $ (ÜF), Kinder bis 12 J. frei, KK.

■ **Hotel Santo Tomás** (Av.7/C.3–5, Tel. 2255. 0448, www.hotelsantotomas.com): historisches

Gebäude (erbaut 1910), beheizter Pool, Rest., Bar; 20 Nichtraucher-Zi. mit DV, Kabel-TV, Internet-Zugang: ca. 101/101 $ (ÜF); Komfort-Zi.: ab ca. 123/123 $ (ÜF); KK.

■ **Hotel Grano de Oro** (West: C.30/Av.2–4, Tel. 2255.3322, www.hotelgranodeoro.com): Komforthotel in hölzernem Wohnhaus (Anf. 20. Jh.), Rest. (Frühstück ca. 9–11 $, Mittagessen ca. 46 $, Abendessen ca. 54 $), Aussichtsbar, Sonnenterr. mit Whirlpool, angenehme Atmosphäre; 40 geschmackvolle Zi. (Nichtraucher) mit Safe, Kabel-TV, DV, Mini-Bar: DZ ab ca. 170 $, Suite: DZ ab ca. 289 $; KK.

Apartotels

Wer länger in der Region San José verweilt oder wer mit Kindern reist und selbst kochen möchte, für den kann diese Mischung aus Hotel und Mietapartments die richtige Alternative zu den normalen Hotels sein. Die Apartments verfügen über 1 bis 3 Zimmer, Bad, Küche und meist einen kleinen Wohnraum. Die genannten Preise für Belegung mit 1/2/3 Personen gelten für eine Nacht, auch wenn Einzelübernachtungen oft nicht gerne gesehen werden. Alle Apartotels bieten auch günstigere Wochen- und Monatstarife an.

■ **Apartotel El Sesteo** (West: Sabana Sur, 200 m südl. McDonald's, Tel. 2296.1805, in D: 0861/165 906, www.sesteo.com: Garten mit Pool, überdachter Parkplatz; 16 Zi. mit Kabel-TV: ca. 68/68/86 $ (ÜF); 20 Apt. mit Küche: ca. 75/75/92 $ (ÜF); gr. Apt. mit 2 Schlafzi., 2 Bäder: 129 $ (1–4 Pers., ÜF); Kinder bis 10 J. frei; KK.

■ **Apartotel La Sabana** (West: Sabana Norte, Tel. 2220.2422, www.apartotel-lasabana.com): modernes Hotel, Pool, Sauna, Parkplatz, gutes Frühstück; gr. Zi., bp, AC (1–2 Pers.): ab 78 $, Apt. mit Küche, Kabel-TV, Tel.; 1–2 Pers. ab 85 $, 3–4 Pers. ab 119 $ (ÜF); KK.

■ **Apartotel Cristina** (West: Sabana Norte, 300 m nördlich des ICE, Tel. 2220.0453, www.apartotel cristina.com): Hotel mit Pool, Parkgarage, Münzwaschmaschinen; 48 angeneh. Apt. mit Küche, Kabel-TV, AC: 1–2 Pers. ab ca. 89 $, 3 Pers. ab ca. 111 $ (ÜF), ab 1 Woche: ab ca. 85/91/111 $/Tag; KK.

Weitere Apartotels gibt es in Santo Domingo, Escazú, Heredia und Alajuela (siehe dort).

Private Apartments

Weit günstiger als Apartotels sind privat vermietete Zimmer und Wohnungen, für die in Kleinanzeigen geworben wird (*Costa Rica Today, Costa Rica Times* etc.). Die Preise für ein einfaches Apartment in der Umgebung von San José liegen bei ca. 100 $/Woche und 300–400 $/Monat. Einzelübernachtungen sind meist nicht möglich, wer aber z.B. eine Woche dort gewohnt hat und nach einer Reise durch das Land wieder zurückkommt, wird sicherlich auch für die letzte Nacht vor dem Rückflug ein Bett bekommen.

Restaurants

Die Hauptstadt verfügt über ein schier unüberschaubares Angebot an Restaurants und Lokalen aller Preisklassen, sodass jeder auf seine Kosten kommen müsste: Neben ungezählten **Sodas** (einfache Lokale mit typischer Küche) gibt es eine stattliche Zahl europäischer und asiatischer **Spezialitätenrestaurants.** Einige Cafés runden das Angebot ab.

Die hier genannten Restaurants befinden sich alle im **Zentrum** (vor allem östlich der Plaza de la Cultura) und im **Westen der Innenstadt** (Paseo Colón, Sabana Norte). Andere Restaurants (v.a. der gehobenen Preisklasse) gibt es in den Vororten **San Pedro** (östlich) und **Escazú** (westlich) – vgl. Kap. „Valle Central/Die Umgebung von San José". Alle angegebenen Preise sind inkl. Steuer und Bedienung. Viele Restaurants sind sonntags geschlossen.

Preiswert essen

Praktisch **an jeder Ecke** findet man ein *Soda*, wo vor allem die Einheimischen zu günstigen Preisen ein *Casado* („Mittagsmahl") zu sich nehmen. Das Interieur ist meist einfach, Tischdecken sind die Ausnahme.

■ **Repostería Spoon** (Av.C./C.5–7): Sandwiches, kl. Gerichte und Torten, So geschl.
■ **King's** (Av.1./C.2–4): einf., ordentl. asiatische Küche, sehr günstig.

Viele der sonst etwas teureren Lokale bieten auch einen günstigen Mittagstisch an, zu Preisen ab 4 $.

Einheimische Küche

Die Auswahl an Restaurants mit costaricanischer Küche ist beschränkt (abgesehen von den unzähligen Sodas), die besseren Lokale liegen außerhalb, z.B. in der Umgebung von Alajuela (Richtung Poás und Richtung Atenas).

■ **Nuestra Tierra** (Av.2/C.15, Tel. 2258.6500): einf. Lokal mit günstigen einheimischen Gerichten, Mittagstisch, täglich 24 Std. geöffnet! Fleischgerichte und Casado ab 10 $, Spezialitäten ab 26 $; KK möglich (außer Amex).

Internationale Küche

■ **Café Mundo** (Av.9/C.15, Tel. 2222.6190): nettes Café, Rest., Bar, angenehme Atmosphäre, Salate, Pizza, Pasta, Fischgerichte etc., aber teuer, abends beliebter Treffpunkt, Mo–Mi 11–22, Do 11–22.30, Fr 11–23.30, Sa 17–23.30 Uhr, So. geschlossen; KK.
■ **KALÚ** (C.7/Av.11, Tel. 2221.2081, www.kalu.co.cr): nettes Café/Restaurant im Barrio Amón mit Dachterrasse, modernes Ambiente, Mo–Di 12–19 Uhr, Mi–Fr 12–22 Uhr, Sa 8–22 Uhr, So. Ruhetag.

■ **Restaurant Olio** (Barrio Escalante, Calle 33, 200 m norte de Bagelmens, Tel. 2281.0541): nettes Lokal am Bahngleis, gute mediterrane und internat. Küche, nicht zu teuer, auch nett für ein Artesanal Bier, Mo–Fr 12–23 Uhr, Sa 18–24 Uhr, So Ruhetag; KK möglich.
■ **Restaurant Lukas** (im Centro El Pueblo, Tel. 2233.8145): sehr gute Meeresfrüchte- und Fleischgerichte, nicht billig (Hauptgerichte ab 10 $), täglich 11.30–23 Uhr; KK.
■ **Restaurant Mariscar** (Av.C./C.7–9, Tel. 2256.8980): preiswerte Meeresfrüchte auf der Speisekarte, Mo–Do 12–22 Uhr, Fr–Sa 12–23 Uhr, So 12–22 Uhr; KK möglich.

Mexikanische Küche

■ **Padrísimo** (westl. des Sabana-Parks, 150 m südl. des Canal 7, Tel. 2220.0808): gr. Auswahl, mexikan. (Fleisch-)Gerichte; tgl. 11–22.30 Uhr, ab 8–20 $; KK.

Südamerikanische Küche

■ **La Esquina de Buenos Aires** (C.11/Av.4, Tel. 2233.1909): gemütliches kl. Lokal im Zentrum, nettes Ambiente mit Tangomusik, Steaks, Pasta und Salate, gehobene Preisklasse, kein Ruhetag, Mo–Do 11.30–15, 18–22.30, Fr 11.30–23, Sa 12.30–23, So 12–22 Uhr; KK.
■ **Restaurant Machu Picchu** (West: C.32/Av.1–3, Tel. 2283.3679, www.restaurantemachupicchu.com): nettes Lokal, empfehlenswert, peruanische Küche ab 7 $, Spezialität: Fisch und Meeresfrüchte ab 15 $, Steak ab 12 $, peruanische Cocktails ab 8 $, Mo–Sa 11.30–22 Uhr, So 11–18 Uhr, bewachter Parkplatz; KK.
■ **Restaurante Valicha Perú Costa Rica** (Av2/C25 gegenüber INTACO, Tel. 2221-8753): sehr gutes peruanisches Essen, nicht zu teuer, ab 6–23 $, Mo–Do 11.30–21, Fr–Sa 11.30–22, So 11–19 Uhr.

Restaurants

◼ **Rest. Alma de Amón** (Av9/C5, Tel. 2222.3232): lateinamerikanisches Essen, ab 10 $, tgl. 6–23 Uhr, So 6–10.30 Uhr nur für Frühstück geöffnet; KK.

Italienische Küche im Zentrum

◼ **El Balcón de Europa** (C.9/Av.C.-1, Tel. 2221.4841): ältestes Rest. in San José (seit 1909), nettes Lokal mit hist. Fotos, Pasta um 10 $, Fleischgerichte um 18 $, keine Pizza, Di–So 11–23 Uhr, Mo Ruhetag.
◼ **Restaurant Alpino** (Av.8/C.17, Tel. 2222.4950, www.elalpino.com): Pasta, Pizza um 8 $, Fleisch- und Fischgerichte um 13 $, Mo–Fr 11.30–22 Uhr, Sa 18–22 Uhr, So 12–16 und 18–21 Uhr; KK.

Italienische Küche im Westen

◼ **Restaurant Ana** (P. Colón/C.24–26, Tel. 2222.6153): traditionsreiches Haus (seit 1950), Pasta und Fischgerichte, tgl. 11–22.30 Uhr, Pizza ab 8 $, Pasta ab 8 $, Fleischgerichte ab 10 $, Fisch ab 11 $; KK.
◼ **L'Olivo** (Sabana Norte, 300 m nördlich des ICE-Hochhauses neben Apartotel Cristina, Tel. 2232.9440): angenehmes Lokal, gute Küche, Gerichte um 10–30 $; Mo–Sa 12–15 und 18.30–22.30 Uhr, So Ruhetag; KK.
◼ **Restaurant Il Gato Pardo** (Av11/C3, Tel. 4055.5530), ein sehr nettes Ambiente, Pizza ab 11 $, tgl. 7–22 Uhr.

Französische/schweizerische Küche

◼ **Arte & Gusto** (C.3b/Av.9, Tel. 2257.0153): nettes Lokal im Barrio Amón, gute franz. Küche, nicht zu teuer: Hauptgericht ab 11 $, Mo–Fr 11–21 Uhr.
◼ **Cyrano's Restaurant** (Los Yoses, C. 35 im Hotel Le Bergerac, Tel. 2234.7850): gute Küche, Gerichte ab 10 $, 6.30–10, 11.30–22 Uhr; KK.
◼ **El Mirador** (Hotel Aurola Holiday Inn, 17. Stock, Tel. 2523.1000): elegantes Rest., schöner Blick über die Stadt, gehobene Preisklasse, Mo–Sa 5.30–22 Uhr; KK.
◼ **La Bastille** (West: P. Colón/C.22, Tel. 2255.4994): franz. und schweiz. Küche, gehobene Preisklasse, Mo–Fr 11.45–14 und 18–22 Uhr, Sa 18–22 Uhr, So Ruhetag; KK.
◼ **Restaurant Zermatt** (C.23/Av.11, Tel. 2222.0604): gutes Mittagsmenü (7,50 $); Fondue, Raclette und mehr zu gehobenen Preisen, Mo–Sa 12–14 und 18.30–22.30 Uhr; KK.

Asiatische Küche im Zentrum

◼ **Lung Mun** (Av.1/C.5–7, Tel. 2222.9256): sehr einf. Lokal, gr. Auswahl an chinesischen und internationalen Gerichten ab 6 $, tgl. 11–22.30 Uhr, So bis 21 Uhr; KK.
◼ **Don Wang** (C.11/Av.6–8, Tel. 2223.5925, www.donwangrestaurant.com): ordentl. Lokal, Hauptgerichte ab 8 $, Mo–Do 11–15.30, 17.30–22 Uhr, Fr 11–15.30, 17.30–23 Uhr, Sa 11–23 Uhr, So 11–22 Uhr; KK.
◼ **Tin-Jo** (C.11/Av.6–8, Tel. 2221.7605, www.tinjo.com): leckere asiatische Gerichte (chinesisch, thailändisch, indisch etc.), gilt als eines der besten asiatischen Rest. in Costa Rica, dennoch bezahlbar; Mo–Do 11.30–14.30 und 18–22 Uhr; Fr 11.30–14.30 und 18–23 Uhr; Sa 12–15.30 und 18–22 Uhr; So 12–21 Uhr; KK.

Asiatische Küche außerhalb des Zentrums

◼ **Lubnan** (West: P. Colón/C.22–24, Tel. 2257.6071): liban. Spezialitäten, Hauptgerichte ab 8 $, Di–Sa 11–15 und 18–24 Uhr; So 11–17 Uhr, Mo geschlossen; KK.
◼ **Saisaki** (West: Av.1/C.32, Tel. 2223.7097): sehr gute japanische, philippinische und koreanische Speisen in gepflegter Atmosphäre, große Sushi-Karte, tgl. 11–22 Uhr; KK.

Restaurants

- **King's Garden** (Sabana Norte, CC Yaohan, Tel. 2255.3838): chin. Gerichte um 9 $, 11–22 Uhr; KK.
- **Flor de Loto** (Sabana Norte, Nähe ICE, Tel. 2232.4652): chin. Gerichte um 6–8 $, Mo–Fr 11–15 und 18–23 Uhr, Sa 11–23 Uhr, So 11.30–21.30 Uhr.
- **Fuji** (im Hotel Corobici, Tel. 2232.8122): japan. Sushi-Bar, gehobene Preisklasse, Hauptgericht ab 16 $, Mo–Sa 12–15, 18–22.30 Uhr, So 12–22; KK.
- **Sakura** (Tel. 2209.9800, im Hotel Wyndham Herradura, www.wyndhamherradura.com/dining): japan. Rest., Sushi, Sashimi und Teppanyaki in gediegener Atmosphäre, gut und teuer, tgl. 12–15 und 18–23 Uhr; KK.

Vegetarische Küche

- **Shakti** (C.13/Av.8, Tel. 2222.4475): makrobiot. Küche und Produkte, Mo–Fr 7.30–19 Uhr, Sa 8–18 Uhr, So geschl.; Tagesgerichte ab 6 $.

Nach Mitternacht

Rund um die Uhr geöffnet sind
- **Café-Restaurant 1930** (siehe „Cafés").
- **Nueva Esmeralda** (Av.2/C.9): Treffpunkt der Mariachi-Kapellen.
- **Restaurant Magnolia** im Club Colonial (Av.1/C.9–11, Tel. 2258.2807): tgl. 24 Std. geöffnet. Mittagsmenü um 6 $.
- **Soda Chelles** (Av.C./C.9, Tel. 2221.1369)
- **Soda Tapia** (C.42/Av.2–4, Tel. 2222.6734)

Light Show – die Avenida 1 bei Nacht

☐ Großraum S. 50, Stadtp äne Umschlag hinten, S. 70   **Cafés, Nachtleben**

Cafés

■ **Café-Restaurant 1930** (im Gran Hotel de Costa Rica): beliebter Treffpunkt, Frühstücksbuffet, leckere Gerichte, tgl. 10–23 Uhr.
■ **Café del Teatro Nacional** (im Nationaltheater, Tel. 2221.1329): stilvoll, Kaffee, Kuchen, Salate, kl. Snacks, etwas teurer, Mo–Sa 9–16 Uhr, bei Vorstellungen bis 20 Uhr.
■ **Café de la Posada** (Av.2/C.17, Tel. 2221.7600, neben Hotel Posada del Museo): Frühstück ab 6 $, Tagesgericht mit Nachspeise 16 $, außerdem Salate, Pasteten, Omeletts, mtl. gibt es wechselnde Ausstellungen, Mo–Sa 7–18 Uhr, So geschlossen.
■ **News Café** (Av.C./C.7, Tel. 2010.0000, ext. 227): nettes Café im Hotel Presidente, guter Treffpunkt, nicht ganz billig, tgl. 6–22 Uhr.

■ **Frische Brot- und Backwaren** gibt es in den Filialen der **Panadería Musmanni.**

Nachtleben

Ein guter Platz für Nachtschwärmer ist das **Centro El Pueblo** im Norden des Zentrums: Neben zahlreichen Restaurants (u.a. Lukas, s.o.) gibt es hier jede Menge Bars (z.B. Flubber's Bar, Manhattan Bar, Splash Bar, Tarrico), Kneipen (z.B. Instinto Reggae-Bar, Sa Live-Musik) sowie Discos (Coco Loco, Ebony 56). Gute Kneipen gibt es auch in San Pedro und in Esczú (s. Kapitel „Valle Central").

Kneipen mit (Live-)Musik

■ **Cuartel de la Boca del Monte** (Av.1/C.23, Tel. 2221.0327, www.cuartelbocadelmonte.com): beliebte Kneipe mit Rest., Mo, Mi und Sa Live-Bands, tgl. 11–14.30 und 18–2 Uhr; KK.
■ **Restaurant Calle 21–23** (Av.1/C23, Tel. 2221.0327) Jugendliche Kneipe, 18–3 Uhr; KK.
■ **Area City** (Av.C.2/C.21): nette kleine Bar mit Rockmusik.
■ **Bar El Río** (Av.C./C.37, Tel. 2225.8371).
■ **Fiesta Latina** (Centro El Pueblo, Tel. 2222.8782): Salsa, Merengue, Cumbia.
■ Die wichtigsten **Treffpunkte für Mariachi-Kapellen** sind die **México Bar** (C.16/Av.13) und **Sus Antojitos** (P. Colón/C.26–28).
■ Eine nette kl. Bar mit gelegentlicher Live-Musik befindet sich im **Hotel Fleur de Lys.**

Bars

Die Bars südlich des Parque Morazán sind meist von eher zweifelhaftem Ruf (Rotlicht-Viertel!). Einheimische bevorzugen die Region südlich des Parque

Central und in den einfachen Bars. Viele Bars haben eine **Happy Hour,** meist von 18 bis 19 Uhr.

■ **Coconut** (C.11/Av.10–12, Tel. 2221.8368): Restaurante-Bar.
■ **Blue Marlin Bar** (Av.1/C.9, im Hotel del Rey): Anmach-Schuppen im amerikanischen Stil, mit US-Sport-TV.
■ **Key Largo** (C.7/Parque Morazán, Tel. 2233.4879): schönes Gebäude, schöne Mädchen ... tgl. bis 5 Uhr.

Nachtclubs

Striptease und „Tanz"-Shows bieten u.a.:
■ **Alcasar** (C.C./Av.7, Tel. 2223.1250): So geschl.
■ **Josephine's** (Av.9/C.2–4, Tel. 2257.2269): So geschl.
■ **La Bella Mansión** (Av.9/C.2).
■ **Hollywood** (Sabana Sur).

Discos

■ **Disco Salsa 54** (C.3/Av.1–3, Tel. 2233.3814): Música Latina, Publikum: 30+.
■ **La Avispa** (C.1/Av.8–10, Tel. 2223.5343): eine der populärsten Gay-Discos.
■ **Club Vertigo** (Centro Colón, Tel. 2257.8424, www.vertigocr.com): internationale DJs.
■ **Coco Loco** (Centro El Pueblo): Reggaeton, Latin-Music, gelegentl. Live-Bands, nur Fr–So.
■ **Ebony 56** (Centro El Pueblo): Rock und Música Latina, Mi–So 19–4 Uhr.
■ **Dynasty** (Centro Com. del Sur): Funk, Soul und Reggae.
■ **Club Oh** (C.2/Av.14–16): vormals Dejá Vu, Gay-Treff, Techno-Pop, junges Publikum.
■ **Las Tunas** (Sabana Norte, gegenüber Estadio Nacional, Tel. 2231.1802): tgl. ab 18 Uhr.

Unterhaltung

Casinos

Wer sein Glück bei Roulette oder Black Jack versuchen will, kann dies u.a. in den Hotels Balmoral, Morazán, Amstel Amón, Hotel del Rey, Royal Garden, Gran Hotel de Costa Rica, Corobici, Irazú und San José Palacio sowie im Club Colonial (Av.1/C.9–11) tun. Die meisten Casinos sind rund um die Uhr geöffnet, es besteht kein Anzug-Zwang.

Kinos

Die meisten Filme in dem mehr als einem Dutzend Kinos in San José sind amerikanische Produktionen, die im Original mit spanischen Untertiteln gezeigt werden. Der Eintritt liegt bei ca. 800 C., Vorführungen sind meist um 16, 19 und 21 Uhr. Anspruchsvolle Filme zeigen u.a.:

■ **Cine Laurence Olivier**
(Av.2/C.26–28, Tel. 2223.1960).
■ **Cine Sala Garbo**
(Av.2/C.28, Tel. 2222.1034).

Theater

Die beiden bedeutendsten Theater der Stadt liegen nur 200 m voneinander entfernt an der Av.2.
 Außerdem gibt es viele kleinere Theater, meist in der Umgebung des Nationalmuseums, Eintritt: 3–4 $.

■ **Teatro Nacional** (Tel. 2221.1329 und 2221.5341, www.teatronacional.go.cr); Spielzeit ist nur von April bis Dezember.
■ **Teatro Popular Mélico Salazár** (Tel. 2233.5424, www.teatromelico.go.cr).

Folklore

■ **Folk-Show,** von Fr bis So, im *Pueblo Antiguo* im La Uruca, Tel. 2242.9200.

Rollschuhsalons

■ **Salon de Patines El Music,** San Pedro, 100 m östlich der Mall San Pedro, Tel. 2224.6821, Mo–Fr 19–22 Uhr, Sa 13.30–22 Uhr, So 10–22 Uhr.

Infos von A bis Z

Apotheken

Im Stadtbereich gibt es ke nen Mangel an Apotheken *(farmacia)*. **Rund um die Uhr geöffnet** sind:

■ **Farmacia Clínica Bíbl ca**
(Av.14/C.C.-1, Tel. 2522.1000-2222).
■ **Farmacia Clínica Católica**
(Barrio Guadalupe, Tel. 2283.6616).
■ **Farmacia del Este** (San Pedro, gegenüber Banco Popular, Tel. 2253.5121).

Autovermietung

Diese Autovermieter-Liste nennt große Anbieter in San José und Alajuela/Flughafen (ohne Anspruch auf Vollständigkeit).

■ **Adobe****: Tel. 2542.4800, in D: 0861/165906, www.adobecar.com.
■ **Alamo (ADA)***: Tel. 2242.7733, www.alamocostarica.com.
■ **Avis***: Tel. 2293.2222, www.avis.co.cr.
■ **Budget***: Tel. 2436.2000, www.budget.co.cr.
■ **Dollar***: Tel. 2443.2950, www.dollarcostarica.com.
■ **Economy***: Tel. 2299.2000, www.economyrentacar.com/costa-rica.
■ **Hola:** Tel. 800.Hola.800, www.hola.net.
■ **Mapache:** Tel. 2586.6363, in D: 0861/165906, www.mapache.com.
■ **National***: Tel. 2242.7878, www.natcar.com.
■ **Poás***: Tel. 2442.6178, www.carentals.com.
■ **Solid:** Tel. 2442.5261, www.rentacarcostarica.com.
■ **Toyota***: Tel. 2258.5797, www.carrental-toyota-costarica.com.

* Büro im Flughafen (im Ankunftsterminal)
** Büro in Flughafennähe (vom Hotel Holiday Inn Express ca. 300 m in Richtung Heredia links.)

Anmerkung: Der Autor dieses Reiseführers vermittelt Mietwagen zu günstigen Konditionen und mit umfangreichem Versicherungsschutz (siehe Anzeige im Anhang oder www.traveldesign.de).

Buchläden

■ **7th Street Books** (C.7/Av.C.-1, Tel. 2256.8251): engl. Literatur (auch gebraucht) und große Auswahl an Reiseführern, Bildbände, Naturführer etc., Coffee-Shop, tgl. 9–18 Uhr.
■ **Lehmann** (Av.C./C.3): Bücher, Schreibwaren, Bürobedarf, Landkarten.
■ **Universal** (Av.C./C.C.-1): Bücher im OG.
■ **Mora Books** (Av.1/C.3–5, im Centro Comercial Omni, über Pizza Hut): günstige gebrauchte Bücher und Reiseführer (Englisch, Spanisch, Deutsch), An- und Verkauf, geöffnet Mo–Sa ca. 11–19 Uhr.
■ **Librería International** (Av.C./C.1–3): große Auswahl, Bildbände, Reiseführer, englischsprach. Literatur; Filialen in San Pedro, Barrio Dent, 300 m westl. Taco Bell sowie Einkaufszentrum Multiplaza in Escazú, Tel. 2201.8320).

Campingartikel

■ **Armería Polini** (C.2/Av.C-2, Tel. 2221.1189): Campingbedarf, Zelte, Ferngläser.
■ **Kaufhaus Universal** (Av.C./C.C.-1): Zelte, Campingbedarf, Ferngläser.
■ **Ferretería Elmar:** Pasaje Jimenez (C.4–6/Av.1–3).
■ **Ferretería Almacenes Unidos:** Av.3/C.6–8, Tel. 2255.4444.

Einreisebehörde

■ **Migraciónes,** an der Autobahn zum Flughafen gegenüber Hospital México, Mo–Fr 8–15 Uhr, Tel. 2220.0355.

Erste Hilfe

■ **Notruf** 128.
■ **Rotes Kreuz:** Tel. 2233.7033.

Fahrradzubehör

■ **Ciclo Boutique** (Av.5/C.6, Tel. 2221.0685): großes Fahrradgeschäft mit viel Zubehör und Reparaturwerkstatt, Mo–Fr 8–18 Uhr, Sa 8–16.30 Uhr.
■ **Ciclo 2000** (Av.8/C.7–9, Tel. 2221.0571): Mo–Fr 9.30–18 Uhr, Sa 10–16 Uhr.
■ **El Mundo del Ciclismo** (C.26/P. Colón, Tel. 2233.7070).
■ **Ciclo Central Caso** (C.4/Av.6, Tel. 2223.6620).

Foto

■ **Filmentwicklung** bei *Fuji* (Av.1/C.C.-1, Tel. 2222.2222), im Universal-Kaufhaus (Av.C., Mo–Fr 8–18.30 Uhr, Sa 8–17 Uhr), *IFSA* (Av.C./Pl. Cultura sowie Av.5/C.C.-2, Tel. 2233.0176 und P. Colón/C.34–36) und *Agfa* (Av.5/C.C.-2).
■ **Quick Photo Konica** (Av.C./C.3, neben Librería Lehmann).
■ **Kameras und Zubehör:** *DIMA* (Av.C./Pl. Cultura, Tel. 2222.3969) und *Canon* (Av.3/C., Tel. 2233.0176).
■ **Kamerareparatur:** *Canon* (s.o.) sowie *Tecfot Minolta* (Av.7/C.5, Tel. 2221.1438).
■ **Ferngläser:** u.a. im Universal-Kaufhaus (s.o.) und in der Armería Polini (siehe Camping).

Geldwechsel

■ **Banken:** *Banco Banex* (Av.1/C.C.), *Banco de Costa Rica* (Av.1/C.7), *Banco Nacional* (Av.7/C.1–3); im Westen: *Banco de Costa Rica* (P. Colón/C.40, Wechselstube in der C.4/Av.C.-2), *Banco Nacional* (P. Colón/C.42, Wechselstube in der Av.C./C.4) und *Banco BAC San José* (etliche Filialen), *Coopmex Bank* (Tel. 2295.7300) mit Geldautomat (Maestro u. VISA) östl. vom Hotel Rosa de Paseo, P. Colon, jeweils bis 20 Uhr offen.
■ **Wechselstuben:** *Financiera de Londres* (C.C./Av.C.-1, 3. Stock), Mo–Fr 8.15–16 Uhr, Tel. 2258.3003; wechselt Euros, hohe Gebühren für TC!
■ Am **Wochenende** kann man bei den größeren Hotels wechseln (schlechterer Kurs).
■ Täglich rund um die Uhr bei **Soda Palace** (C.2/Av.2) zu akzeptablem Kurs (auch TC).
■ **Geldanweisung:** *Western Union* (C.9/Av.2–4, neben Tica-Bus), Tel. 2283.6336.

Goethe-Institut

■ **Goethe-Zentrum** (Tel. 2290.0958, www.centrogoethe.com): in der Humboldt-Schule (Pavas) sowie im Colegio Combi (San Pedro); Deutschkurse, gelegentlich kulturelle Veranstaltungen.

Internet

Es gibt **in der ganzen Stadt zahlreiche Internet-Cafés,** die Stunde online kostet um 500 C.

Kunsthandwerk

- **Galería Casa Amon** (Av.11/C.3–3b): heimische Kunst und Kunsthandwerk.
- **Markt** an der Plaza de la Democracia (Av.C.2/C.11–13).
- **Chietón Morén** (Calle 1/Av. 10–12): Ausstellung und Verkauf von Kunsthandwerk, der Erlös geht direkt an die Produzenten (fair trade).
- **Casa 927** (Calle 3/Avenida 11, gegenüber Hotel Britannia): vielseitige Kunstausstellung mit Werkstatt und Café, Direktverkauf der Künstler.
- **Mercado Nacional de Artesanía** (C.11/Av.2–6), **Mercanapi** (Av.1/C.11), **Souvenir La Casona** (C.C./Av.C.-1), **Centro El Pueblo.**

Motorradverleih

- **Wild Rider Motocycles,** Paseo Colón/C.30–32 (im Hotel Ritmo del Caribe), Tel. 2258.4604, www.wild-rider.com: Motocross-Maschinen (250–650 ccm), deutschsprachig.
- **Costarica Moto,** Orosi, Tel. 2533.1442, in D: 0861/165906, www.costarica-moto.com: Motocross-Maschinen (125–660 ccm), deutschsprachig.

Nationalparkverwaltung

- **Info-Telefon:** Tel. 192, tgl. 7–19 Uhr (Spanisch und Englisch).

> Die Schule an der Plaza España ist komplett aus Metall erbaut

- **Bibliothek:** hinter Hospital Calderón Guardia, Tel. 2221.2436, geöffnet Mo–Fr 8–16 Uhr.
- **Fundación de Parques Nacionales,** Barrio Aranjuéz (von der Kirche Santa Teresita 300 m nördl. und 125 m östl., gegenüber der chinesischen Botschaft), Tel. 2257.2239, Mo–Fr 8–17 Uhr.

Parkplätze

Überall in der Innenstadt gibt es bewachte Parkplätze, ca. 500 C./Std.

Polizei

- **Notruf: 911** (Polizei, Feuerwehr, Rotes Kreuz).
- **Anzeige** (Diebstahl etc.) bei *Organismo Investigación Judicial* (Av.6/C.17–19, Tel. 2222.1365).
- **Verkehrspolizei** *(Policía de Transito):* Tel. 2222.9330 und 2222.9245.

Post

■**Hauptpost** (C.2/Av.1–3, Tel. 2223.9766, www.correos.go.cr): Mo–Fr 8–17 Uhr; Briefeinwurf Haupteingang links, nach Europa.
■**Postlagernde Sendungen** *(Lista de Correos,* linker Eingang Hauptpost): Mo–Fr 8–16 Uhr.
■**Filiale** in der C.9/Av.10–12.
■**Briefkasten** und ein **Frankierautomat:** am Gran Hotel de Costa Rica (außen).

Reisebüros

Die meisten Reisebüros des Landes konzentrieren sich auf das Zentrum der Hauptstadt. Vor allem **nordwestlich des Parque Morazán** sind zahlreiche Reisebüros und Fluggesellschaften vertreten. Eine Liste wichtiger Reiseveranstalter und der Fluglinien findet sich im Info-Teil.

Sprachschulen

Eine Liste von Sprachschulen in San José und Umgebung findet sich im Info-Teil.

Supermärkte

■**La Gran Vía** (Av.C./C.3): Mo–Do 8–19.30 Uhr, Fr/Sa bis 20 Uhr, So 8–13 Uhr.
■**Auto Mercado** (C./Av.3): Mo–Sa 8–20 Uhr.
■**Mas x Menos** (Av.C./C.11–15 und P. Colón/C.26): Mo–Sa 8–24 Uhr, So 8–21.30 Uhr.
■**24 Std. geöffnet** sind die Verkaufsläden der Shell- und Texaco-Tankstellen, Peripherie-Schnellstr.

Tauchen

■**Tauchkurse und Ausrüstung** (Verleih und Verkauf) bietet Mundo Acuático in San Pedro (50 m nördlich des Mas x Menos), Tel. 2224.9729, www.mundoacuaticocr.com.

Telefon/Fax

■**ICE** (Av.2/C.C.-1): tgl. 7–21 Uhr.
■**Radiográfica Costarricense (RACSA)** (Av.5/C.1, Tel. 2287.0087): tgl. 7.30–21 Uhr.
■Günstige Gespräche nach Europa auch in vielen **Internet-Cafés.**

Tourist-Info

■**I.C.T.** (Plaza de la Cultura, Av.4/C.5–7, Untergeschoss, Tel. 2222.1090); Mo–Sa 9–17 Uhr, kostenlose Landkarte und Liste mit Bus-Abfahrtszeiten.

Wäscherei

■**Self service** (Av.4/C.5, 2. Stock): 4000 C./Masch.
■**La Margerita** (P. Colón/C.34–36 sowie C.3/Av.7 und Av.10/C.8 –10).
■**Sixaola** (Av.2/C.7–9, Tel. 2221.2111).
■**Lava-Más** (Selbstbedienung) (Los Yoses, C.45/Av.8–10, Tel. 2225.1645).

Verkehrsverbindungen

Taxis

Taxifahren in San José ist relativ preiswert: Eine Fahrt im Stadtbereich kostet zwischen 1000 und 3000 C. Achten Sie darauf, dass der Taxameter (María) eingeschaltet wird: Der **Grundtarif** liegt bei ca. 700 C. Für eine **Fahrt zum Flughafen** sollte man ab Stadtzentrum etwa 25–30 $ veranschlagen (Airporttaxi: Tel. 2221.6865). Taxis können überall angehalten werden, zu Stoßzeiten kann es allerdings schwierig sein, ein unbesetztes Taxi zu finden.

Achtung: Flughafentaxis nehmen auch Kreditkarten. Es kommt vor, dass der Taxifahrer den Betrag in Colones angibt, aber der Reisende unterschreibt für US-Dollar! Besser bar bezahlen!

■ **Standplätze** befinden sich u.a. am Parque Central, vor dem Hotel Aurola Holiday Inn und in der Av.2 vor dem Gran Hotel de Costa Rica.
■ **Rufnummern** einiger Taxigesellschaften: 2221.0466 (Coopealfaro), 2227.9300 (Coopeguaria), 2254.3211 (Coopeirazú), 2235.9966 (Coopetaxi), 2254.6667 (Coopeuno), 2221.6865 (Taxis Unidos am internationalen Flughafen).

Stadtbusse

Ebenfalls günstig sind die Stadtbusse: Haltestelle suchen *(parada)*, Schlange stehen *(hacer cola)* und Kleingeld bereithalten *(monedas)*.

■ Auf der Linie **Innenstadt – Paseo Colón** verkehren mehrere Linien, der Fahrpreis ist niedrig: Sabana – Cementerio (ab Av.3/C.C.-2 zum Paseo Colón); Sabana – Estadio (ab Paseo Colón bis Av.2/C.1); Cementerio – Sabana (Paseo Colón bis Av.2/C.5).
■ **Busse in die nähere Umgebung:** San Pedro: ab Av.2/C.5–6; Sto. Domingo de Heredia: C.2/Av.7–9; Escazú: C16/Av.C.-1 (von 5.30–20 Uhr alle 15 Min., danach alle 20 Min.).

Überlandbusse

Die angegebenen **Zeiten und Preise** sind ohne Gewähr. Die aktuellen Abfahrtszeiten sind unter den angegebenen Telefonnummern der Busgesellschaften erfragbar. Eine Liste mit den Busabfahrtszeiten gibt es auch beim Büro der ICT an der Plaza de la Cultura sowie im Internet unter www.visitcostarica.com/ict/paginas/LEYES/pdf/ItinerarioBuses_gr.pdf. Am Gründonnerstag fahren die Busse nur den halben Tag, Karfreitag ist der Busverkehr im ganzen Land eingestellt. Auch während der Weihnachtstage ist der Verkehr eingeschränkt.

Neben den öffentlichen Busverbindungen sind auch die Routen von **Interbus** verzeichnet. Die Kleinbusse fahren täglich ab San José zu mehreren Zielorten (Abholung vom Hotel). Sie sind schneller, sicherer und bequemer, dafür aber auch deutlich teurer als „normale" Busse (Preise in $). Angefahren werden von San José folgende Orte: Cahuita/Pto. Viejo, Fortuna, Monteverde, Liberia, Rincón de la Vieja, Playas del Coco, Playa Tamarindo, Sámara, Nosara, Playa Jacó und Quepos/Manuel Antonio. Gefahren wird ab 2 Personen.

■ Weitere **Informationen** zu Interbus: Tel. 2283.5573, www.interbusonline.com.
■ Weitere **Shuttlebus-Anbieter** sind Gray Line (Fantasy Bus, Tel. 2220.2126, www.graylinecostarica.com), Costa Rica Shuttle (Tel. 2289.4292, www.costaricashuttle.com) und Easy Ride (Tel. 2524.0889, www.easyridecr.com).
■ **Aufbau:** Reiseziel, Transportgesellschaft, Telefon, Abfahrtsort, Fahrzeiten; Entfernung, Fahrtdauer, z.T. Preise. Beim **Abfahrtsort** ist mit ⊕ die Nummer angegeben, unter der die **Haltestelle auf der hinteren Umschlagklappe** zu finden ist.

Valle Central
■ **Alajuela/Flughafen:** *TUASA* (Tel. 2222.5325), Av.2/C.12–14 (⊕ 19) und *SWT* (Tel. 2441.1181), Av.4/C.12–14 (⊕ 19): 4.15–23 Uhr alle 10 Min., danach alle 30 Min.; 19 km, 35 Min.
■ **Asserí:** Av.6/C.C.2 (⊕ 29): tagsüber alle 15 Min.
■ **Atenas:** Av.1–3/C.16 (Tel. 2446.5767), Coca-Cola-Bhf. (⊕ 4): 5.40–22 Uhr alle 30 Min., 41 km, 1,15 Std.
■ **Cartago:** *Lumaca* (Tel. 2537.2320), Av.10/C.5 (⊕ 36), tgl. von 5.15–0 Uhr alle 5 Min., 22 km, 45 Min.; oder Bus nach Turrialba.

- **Ciudad Colón:** *Comcrasuli* (Tel. 2249.2706), C.20/Av.3–5 (🚌 6a): 5.10–22.30 Uhr alle 30 Min.
- **Coronado:** C.3/Av.5–7 (🚌 35): 5–22 Uhr alle 20 Min.
- **Escazú:** San Rafael ab Av.1/C.18 (🚌 3); San Antonio ab Av.6/C.12–14, tagsüber alle 20 Min.
- **Grecia:** *Transportes Grecia* (Tel. 2258.2004), C.20/Av.5 (🚌 10a): 5.40–22.20 Uhr etwa alle 30 Min., 1 Std.
- **Heredia:** *Microbuses Rapidos Heredia* (Tel. 2222.8986), ab C.1/Av.7–9 (🚌 28) und ab C.4/Av.5–7 (26): Mo–Sa 5–23 Uhr alle 10 Min, 15 km, 30 Min.
- **Moravia:** Av.3/C.3–5 (🚌 34): 5–22 Uhr alle 15 Min.
- **Naranjo:** Coca-Cola-Bhf. (🚌 4): 5.25–22.15 Uhr, tgl. alle 15–30 Min., 1,15 Std.
- **Orosi:** ab Cartago (siehe dort).
- **Pavas** (Inlandsflughafen der Nature Air): Av.1/C.16–18 (🚌 3): tgl. außer Sa regelmäßig.
- **San Antonio Belén** (Ojo de Agua): Av.1/C.20–22 (🚌 1): 6–22 Uhr alle 15 Min.
- **San Ramón:** *Empresarios Unidos* (Tel. 2445.7225), C.16/Av.10–12 (🚌 22a): direkt tgl. 5.50–22.30 Uhr alle 45 Min., 2 Std.
- **Sarchí:** *TUAN* (Tel. 2258.2004), C.18/Av.5–7 (🚌 11a), Mo–Fr 12.15 Uhr, 17.30, 18.05, Sa 12 Uhr, 70 km, 1½ Std., 670 C. (= ca. 1,30 $); sowie *Transporte Unidos* (Tel. 2494.2139), C.8/Av.C.-1 (🚌 18a), tgl. 6–22.20 Uhr, 1 Std.
- **Sta. Ana:** *La Tapachula* (Tel. 2228.7620 oder 2289.8007) ab Terminal Coca Cola (🚌 4), ca. 5–22 Uhr etwa alle 10 Min., 30 Min.
- **Turrialba:** *TRANSTUSA* (Tel. 2591.4145 oder 2222.4464), C.13/Av.6 (🚌 39): Mo–Fr 5–21 Uhr, Sa 4.30–21 Uhr, So 5–19.30 Uhr alle Std. über Cartago, direkt: Mo–Fr von 8–20 Uhr, Sa 7–20 Uhr, So 8–19 Uhr, jede Std., Preis 1170 C. (= 2,34 $); 65 km, 2½ Std.
- **Vulkan Irazú:** *Buses Metropoli* (2530.1064), Av.2/C.1–3 (🚌 33, vor Gran Hotel de Costa Rica): tgl. 8 Uhr (Rückfahrt 12.30 Uhr); 54 km, 2 Std., Reservierung empfohlen.
- **Vulkan Poás:** Bus nach Alajuela (s.o.) und dort umsteigen.
- **Zarcero:** *Transp. Zarcero* (Tel. 2451.4080), ab Coca-Cola-Bhf. (🚌 4): tgl. 5–19.30 Uhr alle 30 Min. sowie mit *Transp. San Carlos* (Tel. 2255.4300) ab C.12/Av.7–9 (🚌 13): tgl. 9.15, 12.20, 16.20, 17.20 Uhr (Bus nach Cd. Quesada); 75 km, 1½ Std.

Karibik

Alle Busse fahren am **Terminal Caribe** im Norden der Stadt ab: C.C./Av.13 (🚌 27a):

- **Cariari** (Tortuguero): *Emp. Guapileños* (Tel. 2222.0610, 2221.7990, 2710.7780 od. 2767.7612), tgl.

> Warten auf den Linienbus

6.30, 9, 10.30, 13, 15, 16.30, 18, 19 und 20.30 Uhr, 85 km, 2 Std.

■ **Guápiles** (Braulio Carrillo): *Emp. Guapileños* (s.o.) (Tel. 2222.0610 od. 2758.0618): tgl. 5.30–19 Uhr (Sa/So bis 21 Uhr) jede Std.; 75 km, 1½ Std.; sowie mit Bus nach Siquirres; bis Braulio Carrillo auch Bus nach Pto. Viejo Sarapiquí.

■ **Manzanillo:** *Mepe* (s.o.) (Tel. 2257.8129, 2758. 1572), tgl. 12 Uhr, 4½ Std., Preis: 5065 C. (= 10 $).

■ **Pto. Limón:** *Transp. Caribeños* (Tel. 2221.2596 od. 2221.7990): tgl. 5–19 Uhr (Fr/So bis 20 Uhr) alle Std. sowie klimatisierter Direktbus (6–19 Uhr, alle Std.); 162 km, 2½ Std., Preis: 2645 C. (= 5,30 $); Interbus: tgl. 7.50 Uhr, Preis: 40 $.

■ **Pto. Viejo de Talamanca:** *Mepe* (s.o.) (Tel. 2257.8129 od. 2758.1572), tgl. 6, 10, 14 und 16 Uhr; 215 km, 4½ Std., Preis: 4545 C. (= ca. 9 $); Alternative: mit klimatisiertem Bus nach Pto. Limón, von dort weiter nach Pto. Viejo; Interbus: tgl. 7.50 Uhr, Preis: 40 $.

■ **Siquirres:** *Transp. Caribeños* (s.o.) (Tel. 2222. 0610 od. 2221.7990 od. 2768.9484): tgl. 6.30, 8 und 14 Uhr (Colectivo), 9.30, 11–13 Uhr und 15–18 Uhr stündlich (direkt); 105 km, 1½ Std., Preis: 2645 C. (= 5,50 $).

■ **Sixaola:** *Mepe* (s.o.) (Tel. 2257.8129): tgl. 6, 10, 14 und 16 Uhr; 240 km, 6 Std., Preis: 3000 C. (= ca. 6 $).

Alternative: mit klimatisiertem Bus nach Pto. Limón, von dort weiter nach Cahuita/Sixaola, oder (moderner) Bus nach Changuinola/Panama.

Norden

■ **Cd. Quesada** (San Carlos): *Auto Transp. San Carlos* (Tel. 2255.4300), C.12/Av.7–9 (✆ 13): tgl. 7.30–17.30 Uhr alle 40 Min.; 110 km, 2½ Std., Preis: 1760 C. (= 2,50 $); sowie mit Bus nach Fortuna.

■ **Fortuna:** *Transp. San Carlos* (s.o.) (Tel. 2255.0567 od. 2255.4318 od. 2255.4300) Av.7–9/C.12: tgl. 6.15, 8.40 und 11.30 Uhr; 130 km, 4 Std., Preis: 1760 C. (= 2,50 $); Alternative: Bus nach Cd. Quesada, von dort 5.15–21.30 Uhr alle 30 Min./1 Std. nach Fortuna; *Interbus:* tgl. 8 und 14.30 Uhr, 40 $ (Tel. 2460.3480).

■ **Horquetas:** *Transp. Caribeños* (Tel. 2222.0610 od. 2766.6740) Av.15/C.C., ab Terminal Caribe (✆ 27a), tgl. 6.30, 7.30, 10, 11.30, 13.30, 14.30, 16.30 und 18 Uhr, 1,15 Std.

■ **Los Chiles:** *Transp. San Carlos* (s.o.) (Tel. 2460.5032 od. 2255.4318 od. 2255.0567), tgl. 5.30 und 15 Uhr; 215 km, 5 Std., Preis: 2260 C. (= 4,40 $); Alternative: Bus nach Cd. Quesada, von dort 8-mal tgl. nach Los Chiles.

■ **Pital:** *Transp. San Carlos* (s.o.) (Tel. 2460.5032 od. 2255.4300) Av.7–9/C.12, tgl. 7.40, 12.45, 14 und 19.30 Uhr, 4 Std., Preis: 1760 C. (= 3,50 $); sowie ab Cd. Quesada (5.30–22 Uhr alle 30 Min.).

■ **Pto. Viejo Sarapiquí:** *Transp. Atlantico Norte* (s.o.) (Tel. 2222.0610 od. 2257.6859 od. 2766.6740) Av15/C.Central über Horquetas (schneller): tgl. 6.30, 7.30, 10, 11.30, 13.30–18.30 Uhr alle Std., 97 km, 2 Std.

■ **San Miguel/La Virgen:** Bus nach Pto. Viejo 6.30, 13 und 17.30 Uhr, über Zurqui 1975 C. (ca. 4 $).

■ **Tilarán:** *Transp. Tilarán* (Tel. 2695.5611, 2256.0105), C.20/Av.3 (✆ 2): tgl. 7.30, 9.30, 12.45, 15.45, 18.30 Uhr; 190 km, 4 Std., Preis: 3320 C. (= 6,50 $).

■ **Upala:** *Compañia Transnorte* (Tel. 2221.0610 od. 2673.0612), Calle 12 Ave 7/9, tgl. 4.30, 5.15, 19.30 (über Cañas) und 15.45 Uhr (über San Carlos), 5 Std., Preis: 3735 C. (= 7,50 $).

Nordwesten

■ **Cañas:** *La Cañera* (Tel. 2258.5792 od. 2669.5255 od. 2695.5154), C.14/Av.1–3 (✆ 7): Mo–Sa 11.40, 12.20, So 13.30, 15.30 und 17 Uhr, sowie Busse nach Upala, Liberia und La Cruz; 185 km, 3½ Std.; *Interbus:* tgl. 7.45 Uhr, Preis: 40 $.

■ **Liberia:** *Pulmitan* (Tel. 2222.1650 od. 2666.0458/3781), C.24/Av.5–7 (✆ 10a): tgl. 6–20 Uhr alle Std.; 217 km, 4½ Std., Preis: 2915 C. (= 5,80 $); *Interbus:* tgl. 7.30 und 14.30 Uhr, Preis: 40 $.

■ **Miramar:** *Auto Transp. Miramar* (Tel. 2248.0045), C.12/Av.7–9 (✆ 13), Mo–Sa 7, 12.20, 16.15 und 17.40 Uhr, So 8, 12.20, 16.16 und 17.40 Uhr, 105 km, 2½ Std., Preis: 1880 C. (= 3,70 $).

■ **Monteverde/Sta. Elena:** *Transp. Tilarán* (Tel. 2222.3854), C.12/Av.7–9 (✆ 12): tgl. 6.30 und 14.30 Uhr; 167 km, 5 Std., Preis: 2350 C. (= ca. 4 $); Alternative: Bus nach Puntarenas, weiter 8.30, 13.30 und 14.15 Uhr nach Sta. Elena; *Interbus:* tgl. 8 und 14.30 Uhr, Preis: 40 $.

Halbinsel Nicoya

■ **Bejuco/Playa Coyote:** *Empr. Arsa* (Tel. 2257.1835 od. 2650.0179), C.12/Av. 7–9, tgl. 6 und 15.30 Uhr über Jicaral, 340 km, ca. 4 Std., Preis: 4215 C. (= 8,40 $).

■ **Mal País:** *Transp. Rodríguez* (Tel. 2642.0219 od. 2221.7479), Terminal Coca Cola (✆ 4), tgl. 6 und 14 Uhr, 5,15 Std.; sowie *Montezuma Expeditions* (s.u.).

■ **Montezuma:** (Tel. 2221.7479) Terminal Coca Cola, tgl. 6 und 14 Uhr; alternativ: Bus nach Puntarenas, von dort Fähre n. Paquera mit Anschlussbus. *Interbus:* tgl. 9 Uhr, Preis: 40 $. Die private Buslinie *Montezuma Expeditions* (neuwertige Minibusse, Abholung vom Hotel) fährt tgl. um 5.30 und 13.30 Uhr (HS), 7.30 Uhr (NS) nach Montezuma, Mal País und Playa Sta. Teresa; Fahrpreis: 45 $, Reservierung: Tel. 2642. 0919, www.montezumaexpeditions.com.

■ **Nicoya:** *Tracopa-Alfaro* (Tel. 2222.2666 od. 2685.5032), C.14/Av.5 (✆ 10): tgl. 5.30, 7.30, 10, 13, 15 und 17 Uhr (über Tempisque-Brücke); 5 Std.; sowie 3.30–19 Uhr alle 30 Min. (über Liberia), 5½ Std., Preis: 3315 C. (= 6,60 $); Alternative: Bus nach Liberia, von dort stündl. nach Nicoya.

■ **Nosara:** *Tracopa* (Tel. 2222.2666): tgl. 5.30 Uhr, 361 km, 6 Std., Preis: 4075 C. (= 8,20 $); Alternative: Bus nach Nicoya, von dort 4.45 (Mo–Sa) und tgl. 4.45, 10, 12.30, 15 und 17.30 Uhr (So 10, 12.30, 15 und 17.30 Uhr) Bus nach Nosara; *Interbus:* tgl. 8 Uhr, Preis: 40 $.

■ **Playa Brasilito/Flamingo/Potrero:** *Tralapa* (Tel. 2221.7202 od. 2680.0391 od. 2654.4203), C.20/Av.1–3 (🅱 2): tgl. 8, 10.30 und 15 Uhr; 320 km, 6 Std., Preis: 5265 C. (= 10,50 $). Alternative: Bus nach Liberia, von dort 7x tgl. nach Brasilito/Flamingo; *Interbus:* tgl. 7.30 und 14.30 Uhr, Preis: 40 $.

■ **Playas del Coco:** *Pulmitan* (Tel. 2222.1650/3818), C.24/Av.5–7 (🅱 10a): tgl. 8, 14 und 16 Uhr; 250 km, 5 Std., Preis: 3465 C. (= ca. 7 $); Alternative: Bus nach Liberia, von dort 6x tgl.; *Interbus:* tgl. 7.30 Uhr, Preis: 40 $.

■ **Playa Hermosa/Pl. Panamá:** *Tralapa* (Tel. 2221.7202 oder 2680.0392 od. 2654.4203): tgl. 5 und 15.30 Uhr; 285 km, 6 Std., Preis: 4565 C. (= ca. 9 $); Alternative: Bus nach Liberia, von dort 7x tgl.; *Interbus:* tgl. 7.30 Uhr, Preis: 40 $.

■ **Playa Junquillal:** *Tralapa:* tgl. 14 Uhr; 298 km, 6 Std., Preis: 4865 C. (= 9,70 $); oder 9x tgl. Bus nach Sta. Cruz, von dort tgl. 5, 10, 14.30 und 17.30 Uhr nach Playa Junquillal.

■ **Sámara:** *Tracopa* (Tel 2222.2666 oder 2255.0775): tgl. 12 und 17 Uhr; 331 km, 5 Std., Preis: 3800 C. (= 7,60 $); Alternative: Bus nach Nicoya, von dort 13x tgl. nach Sámara; *Interbus:* tgl. 8 Uhr, Preis: 40 $.

■ **Playa Tamarindo:** *Tracopa:* (Tel. 2222.2666 od. 2255.0775), C.14/Av.5 tgl 11.30 Uhr (über Liberia), 15.30 Uhr (über Tempisque); 285 km, 5½ Std., Preis: 2740 C. (= 5,20 $); sowie Bus nach Liberia, von dort 9x tgl., oder Bus nach Sta. Cruz, von dort 6x tgl.; *Interbus:* tgl. 7.30 und 14.30 Uhr, Preis: 40 $.

■ **Playa Tambor:** Bus/Fähre s.o. bei Montezuma.

■ **Sta. Cruz:** *Tralapa* (Tel. 2221.7202 oder 2680.0392 oder 2654.4203): tg .7.15, 9, 10.30, 12, 14, 16 und 18 Uhr (über Tempisque-Brücke, 4–5 Std.), sowie 10, 12, 14 und 18 Uhr (über Liberia, 274 km, 5 Std.); *Tracopa* (Tel. 2222.2666 od. 2255.0775): tgl. 7.15, 9, 10.30, 12, 14, 16 und 18 Uhr (über Tempisque-Brücke), Preis: 4600 C. (= 9,20 $); Alternative: Bus nach Liberia, von dort alle 45 Min. nach Sta. Cruz.

Zentrale Pazifikküste

■ **Matapalo/Dominical/Uvita:** *Transp. Morales* (Tel. 2221.4214), Coca-Cola-Busbhf. (🅱 4): tgl. 6 und 15 Uhr, 240 km, 7 Std. (Uvita), Preis (Uvita): ca. 4000 C. (= ca. 8 $).

■ **Playa Jacó:** *Transp. Jacó* (Tel. 2223.1109), Coca-Cola-Bhf. (🅱 4): tgl. 6, 7, 9, 11, 13, 15, 17, 19 Uhr; sonst mit Quepos-Bus; 119 km, 2½ Std., Preis: ca. 3000 C. (= ca. 6 $); *Interbus:* tgl. 8 und 14.30 Uhr, Preis: 30 $.

■ **Puntarenas:** *Emp. Unidos Puntarenas* (Tel. 2222.8231), C.16/Av.12 (🅱 22a): tgl. 6–19 Uhr jede Std.; 110 km, 2½ Std.; *Interbus:* tgl. 8 Uhr, Preis: 30 $.

■ **Quepos/Manuel Antonio:** *Tracopa* (Tel. 2221.4214, 2777.0263), Av.18–20/C.5 (🅱 31): tgl. 6, 9 (Mo–Sa), 12, 14.30 (Mo–Sa), 18 und 19.30 Uhr (direkt, 200 km, 3¾ Std.), Preis: ca. 4000 C. (= ca. 8 $); sowie 7, 10, 14, 15, 16 und 17 Uhr (Mo–Fr) nur bis Quepos (indirekt = 4½ Std.) und 5.30 und 12 Uhr (über Puriscal, 5 Std.); 110 km, Preis: ca. 3000 C. (= ca. 6 $); *Interbus:* tgl. 8 und 14.30 Uhr, Preis: 40 $.

■ **Uvita:** siehe Dominical.

Süden

■ **Cd. Neily:** *Tracopa-Alfaro* (Tel. 2221.4214), Av.18–20/C.5 (🅱 10), tgl. 5, 13, 16.30 und 18.30 Uhr, 300 km, 8 Std., Preis: ca. 5000 C. (= ca. 10 $).

■ **Golfito:** *Tracopa* (Tel. 2221.4214) Av.18–20/C.5, tgl. 7, 15.30 und Fr 22.15 Uhr; 339 km, 8 Std., Preis: ca. 5000 C. (= ca. 10 $).

■ **Palmar Norte:** *Tracopa* (Tel. 2221.4214 oder 2248.3839 oder 2223.7685): tgl. 5, 7, 8.30, 10, 13, 14.30, 15.30 und 16.30 Uhr; 258 km, 6 Std., Preis: ca. 4000 C. (= ca. 8 $).

■ **Paso Canoas** (Grenze Panama): *Tracopa* (Tel. 2221.4214 od. 2771.0468): tgl. 5, 7.40, 10.15, 13, 15, 16.30, 18.30 und Fr 22 Uhr; 349 km, 6 Std., Preis: ca. 5500 C. (= ca. 11 $); sowie 5, 7.30, 11, 13, 16.30 und 18 Uhr (indirekt, 6½ Std.)

■ **Pto. Jiménez:** *Transp. Blanco* (Tel. 2735.5189 oder 2257.4121), Av.9–11/C.14 (Ⓑ 12): tgl. 8, 12 Uhr; 378 km, ca. 8 Std., Preis: ca. 4000 C. (= ca. 8 $).
■ **San Isidro:** *MUSOC* (Tel. 2222.2422 od. 2771.0414), C.C./Av.22–24 (Ⓑ 30a): tgl. 5.30–17.30 Uhr stündlich, sowie *Tracopa:* tgl. 5–18.30 Uhr alle Std.; 136 km, 3 Std., Preis: ca. 3000 C. (= ca. 6 $).
■ **San Vito:** *Tracopa* (Tel. 2221.4214 oder 2771.0468) Av.18–20/C.5: tgl. 6, 8.15, 12 und 16 Uhr; 271 km, 7½ Std., Preis: ca. 4500 C. (= ca. 9 $).

Internationale Busverbindungen

■ **Changuinola** (Panama, Karibikseite): *Transp. Bocatoreños* (Tel. 2227.9523), C.14–16/Av.5 (Ⓑ 9): tgl. 9 Uhr; 225 km, 6 Std., Fahrpreis 14 $.
■ **David** (Panama): *Tracopa* (Tel. 2221.4214), C.5/Av.18–20 (Ⓑ 10): tgl. 7.30 und 12 Uhr; 400 km, 9 Std., Preis: 14 $; oder mit Bus nach Panama-City (voller Fahrpreis!)
■ **Panama-City:** *Panaline* (Tel. 2256.8721, www.expresopanama.com), C.16/Av.3–5 (Ⓑ 9): tgl. 13 Uhr, Preis: 70 $; sowie *Tica-Bus* (Tel. 2221.8954 und 2221.0006, www.ticabus.com), vom Torre Mercedes (Paseo Colón) 200 m nördl. und 100 m östl., gegenüber Funeraria del Magisterio Nacional (Ⓑ 6a), tgl. 12 und 23 Uhr (servicio ejecutivo, 58 $); 900 km, 18 Std., Preis: 42 $; Alternative: Bus nach David, von dort Verbindung nach Panama-City.
■ **Managua** (Nicaragua): *Tica-Bus* (s.o.): tgl. 3 Uhr (servicio ejecutivo, 7 Std., 40 $), 6, 7.30 und 12.30 Uhr (servicio económico, 8 Std., 28 $); *Transnica* (Tel. 2223.4242, www.transnica.com), C.22/Av.3–5 (Ⓑ 10a): tgl. 4, 5, 9 (servicio económico, 27 $) und 12 Uhr (servicio ejecutivo, 53 $); *Central Line* (Tel. 2221.9115), C.12/Av.7–9 (Ⓑ 13), Mo–Sa 4.30, Do 8 und So 10 Uhr, Fahrpreis 53 $; 450 km, 8–11 Std.

▷ Kunstflug: Der Tower des ehemaligen Flughafens beherbergt jetzt die Kunstschätze des Landes

■ **Tegucigalpa** (Honduras): *Tica-Bus* (s.o.): tgl. 6, 7.30 und 12.30 Uhr; 900 km, ca. 48 Std., Preis: 49 $ (Übernachtung in Managua auf eigene Kosten).
■ **San Salvador** (El Salvador) (Tel. 2221.0006): *Tica-Bus* (s.o.): tgl. 6, 7.30 u. 12.30 Uhr; Preis: 59 $ (económico), 80 $ (ejecutivo); (Übernachtung in Managua auf eigene Kosten): *King Quality* (s.o.) (Tel. 2258.8834) Av.3 u. 5/C.12: tgl. 3 Uhr, ca. 19 Std.
■ **Guatemala-City:** *Tica-Bus* (s.o.) (Tel. 2221.0006) Av.26/C.3: tgl. 6, 7.30 und 12 Uhr; ca. 60 Std.; Preis: 78 $ (Übernachtung in Managua und El Salvador auf eigene Kosten).

Achtung: Bei Fahrten nach und durch Nicaragua sind vorher unbedingt die Einreisebestimmungen zu checken!

Zugverbindung

Es gibt nur eine Regionalbahn nach Heredia, die Zugverbindung an die Pazifikküste wurde eingestellt.

Flugzeug

Inlandsflüge
Es gibt zwei Anbieter für Inlandsflüge in Costa Rica:

■ Die staatliche Inlands-Fluggesellschaft **SANSA** (Tel. 2290.4400, www.flysansa.com, Büro: C.24/Av.C.-1) fliegt vom Flughafen Juán Santamaría bei Alajuela (separates Terminal).
■ **Nature Air** (Tel. 2299.6000, www.natureair.com) fliegt vom Flughafen Tobias Bolaños bei Pavas, 6 km westlich von San José.

Preise: einfacher Flug zzgl. Steuern & Treibstoffzuschlag (ca. 111 $), bei *Nature Air* Preise variabel (je nach Verfügbarkeit), daher keine Angaben; Weihnachten/Neujahr ca. 10 $ Aufschlag, kurzfristige Änderungen möglich.

Verkehrsverbindungen

■ **Arenal (Fortuna):** *Nature Air:* tgl. (HS) 12.20 Uhr, Flugzeit: 20 Min., Preis: 63 $.
■ **Drake Bay:** *SANSA:* tgl. 8, 10, 12.26 Uhr, Flugzeit: 48 Min., Preis: 132 $ (hin und zurück); *Nature Air:* 9.25 Uhr, Flugzeit: 40 Min., Preis: 124 $.
■ **Golfito:** *SANSA:* tgl. 5.35, 10.15, und 15.44 Uhr, Flugzeit: 1 Std., Preis: 140 $ (hin und zurück); *Nature Air:* 6.45 und 13.30 Uhr, Flugzeit: 1,15 Std., Preis: 123 $.
■ **Liberia:** *SANSA:* tgl. 6, 12.53 und 16.14 Uhr, Flugzeit: 45 Min., Preis: 124 $ (hin und zurück); *Nature Air:* tgl. 6.45 und 14 Uhr, Flugzeit: 50 Min., Preis: 63 $ (einfach).
■ **Nosara:** *Nature Air:* 8.35 und 14.05 Uhr; 55 Min., Preis: 61 $ (einfach).
■ **Palmar Sur:** *SANSA:* 9.25 Uhr, Flugzeit: 55 Min., Preis: 75 $.

■ **Pto. Jiménez:** *SANSA:* tgl. 6, 8.01, 8.21, 10.15, 12.30 und 16.15 Uhr, Flugzeit: ca.1 Std., Preis: 182 $ (hin und zurück); *Nature Air:* tgl. 5.50, 8.40, 11.40 Uhr (direkt), Flugzeit: 55 Min., Preis: 124 $.
■ **Pta. Islita:** *Nature Air:* tgl. 11.45 Uhr, Flugzeit: 45 Min., Preis: 74 $.
■ **Quepos:** *Nature Air:* tgl. 11.05 und 13.30 Uhr, Flugzeit: 25 Min., Preis: 48 $.
■ **Tamarindo:** *SANSA:* tgl. 5.58, 12.53 und 16.14 Uhr, Flugzeit: ca. 55 Min., Preis: 140 $; *Nature Air:* tgl. 11 und 14 Uhr, Flugzeit: 1,25 Std., Preis: 128 $.
■ **Tambor:** *SANSA:* tgl. 7.58, 10.07, 10.48, 14.23, 16 und 16.37 Uhr, Flugzeit: 35 Min., Preis: 53 $; *Nature Air:* tgl. 8.35, 11.45 und 14.05 Uhr, Flugzeit: 30 Min., Preis: 46 $.
■ **Tortuguero:** *SANSA:* Mo, Do, Fr, 6 Uhr, Flugzeit: 45 Min.; *Nature Air:* tgl. 5.50 Uhr, Flugzeit: 55 Min.

Flüge ins benachbarte Ausland
- **Panama-City:** *COPA* (Tel. 2223.2672, www.copaair.com); *Taca* (Tel. 2242.1178, www.taca.com); *Air Panama* (Tel. 2222.0433, www.flyairpanama.com).
- **Bocas del Toro** (Panama): *Nature Air* (Tel. 2299.6000, www.natureair.com) und *Air Panama*.
- **Managua** (Nicaragua): *COPA*; *Taca*.
- **Granada** (Nicaragua): *Nature Air*.
- Weitere **internationale Fluglinien** siehe Kapitel „Praktische Infos A–Z/Verkehrsmittel".

Laguna Boto im Nationalpark Volcán Poás

Ausflüge

Asserí

Über den südöstlichen Vorort Desamparadaos windet sich eine Straße rund 15 km bergauf nach Asserí (1300 m). An der Straße nach Tabarca (1800 m) befinden sich Lokale mit Ausblick auf San José und die Vulkane der Zentralkordillere (z.B. Mirador Ram Luna, El Páramo Tico, Restaurant La Tranca).

- **Busverbindung** ab Av.6/C.C.-2
- Wer mit dem **Mietwagen** unterwegs ist, kann auch über Tabarca nach San Ignacio de Acosta

(1100 m) weiterfahren und über Tabarcia und Ciudad Colón nach San José zurückkehren.

InBio Parque

Eine gute Einführung zum Thema Artenvielfalt am Beispiel Costa Rica. Nähere Infos siehe im Kapitel „Valle Central/Umgebung von Heredia".

Waterfall Gardens

An der Straße von Heredia in den Norden liegt **oberhalb des Wasserfalls Cascada La Paz** diese touristische Einrichtung: Neben einem schön angelegten tropischen Garten (u.a. Orchideen), einer Kolibri-Fütterstelle und dem angeblich größten Schmetterlingsgehege der Welt gibt es einige gut befestigte Wanderwege entlang eines Urwaldflusses, der hier über mehrere Wasserfälle hinabstürzt. Weitere Infos im Kapitel „Der Norden".

Parque de Diversiones

Über die Autobahn zum Flughafen erreicht man 2 km westlich des *Hospital México* diesen **größten Vergnügungspark des Landes.**

■ **Geöffnet:** Fr/Sa/So 9–19 Uhr (in der Saison auch in der Woche); **Bus:** ab San José: Av.2/C.8, alle 15–30 Min. (während der Öffnungszeiten); **Eintritt frei** (Parkplatz 5 $); Tel. 2242.9200, www.parquediversiones.com.

Vulkane Poás/Barva/Irazú

Nähere Informationen zu den drei **Vulkanen** im Valle Central – mindestens einen sollte man besucht haben – findet man im Kapitel „Valle Central" unter Alajuela (Poás), Heredia (Barva) und Cartago (Irazú).

Butterfly Farm

Nähere Infos zu diesem Schmetterlingsgarten **bei La Guácima** siehe im Kapitel „Valle Central/Die Umgebung von Alajuela".

Alajuela | 113
Alajuela, Umgebung | 119
Atenas und Umgebung | 133
Cartago | 136
Cartago, Umgebung | 141
Heredia | 102
Heredia, Umgebung | 108
San José, Umgebung | 97
San Ramón und Umgebung | 131
Turrialba und Umgebung | 153

3 Valle Central

Das Zentraltal auf rund 1000 m Höhe liegt eingebettet zwischen der Vulkankordillere und der Cordillera de Talamanca im Süden. Die Städte sind wenig attraktiv, eine Erkundung lohnen die Vulkane im Norden, das liebliche Orosi-Tal und die Wildwasserflüsse im Osten.

◁ Der Hauptkrater des Vulkans Poás

Valle Central

ÜBERBLICK

➡ **Nationalpark Vulkan Poás:** tiefer Einblick in den Krater eines aktiven Vulkans – gutes Wetter vorausgesetzt | 123

➡ **Vulkan Irazú:** mit über 3400 m der höchste Vulkan des Landes – mit dem Auto kann man bis zum Gipfel fahren | 141

➡ **Orosi-Tal:** das liebliche Tal mit seinen Kaffeeplantagen lässt sich auf einer Rundfahrt um den Chachí-Stausee erkunden | 144

➡ **Turrialba:** die Wildwasser-Flüsse in der Umgebung von Turrialba locken Rafting- und Kajak-Fans aus alles Welt | 153

Diese Tipps sind gelb hinterlegt.

NICHT VERPASSEN!

Das zentrale Hochland ist das geografische, politische und wirtschaftliche Zentrum des Landes. Eingebettet zwischen der Cordillera Central im Norden und den nördlichen Ausläufern der Cordillera de Talamanca im Südosten erstreckt sich das Valle Central von San Ramón über Alajuela und San José bis östlich von Cartago.

In den vier größten und wichtigsten Städten des Landes und einer Vielzahl kleinerer Gemeinden lebt über die Hälfte der Bevölkerung Costa Ricas, denn nirgends sonst ist das Klima so angenehm und der Boden so fruchtbar wie hier. Das erkannten schon die ersten

Die Umgebung von San José

interessant ist, denn auch im Hochland gibt es einige Nationalparks – allen voran die immer noch tätigen Vulkane Poás und Irazú sowie die Vielfalt des Nationalparks Braulio Carrillo und die dichten Wälder des Nationalparks Tapantí. Natürlich findet man hier auch die wichtigsten Kirchen und Denkmäler des Landes, wie z.B. das Nationaltheater in San José oder die Basilika in Cartago. Also Grund genug, einige Tage zu verweilen, bevor man weiterreist.

Die Umgebung von San José

San Pedro

Kein Vorort von San José, sondern eine eigenständige Gemeinde ist San Pedro im Osten der Hauptstadt, auch wenn die beiden ungleichen Schwestern schon längst zusammengewachsen sind. Die Grenze zum Stadtviertel Los Yoses, das eigentlich zu San Pedro gehört, liegt etwa bei dem Fuente de la Hispanidad, einem Brunnen, der von einer mächtigen Brücke überspannt wird.

Im **Zentrum** von San Pedro, der Hauptstadt des kleinen Kantons Montes de Oca, befindet sich ein kleiner **Park** mit einem costaricanischen Monopterus und einer hellgrauen Kirche an seiner Ostseite. Nördlich davon breitet sich der Campus der Universidad de Costa Rica (UCR) aus, der für sich schon eine kleine Stadt bildet, die *Ciudad Universitaria*. Mit über 30.000 Studenten ist sie die größte **Universität** des Landes.

Spanier, die sich von der Mitte des 16. Jh. an ansiedelten und die Urbevölkerung verdrängten.

Der richtige wirtschaftliche Aufschwung kam erst im 18. Jh. durch die steigende Nachfrage nach **Kaffee** in Europa, der hier auf den vulkanischen Böden hervorragend gedeiht und auch heute noch das wichtigste Exportprodukt des Hochlandes ist. Ferner konzentriert sich hier die noch bescheidene Industrie des Landes und auch fast der gesamte Dienstleistungsbereich ist hier beheimatet.

Die meisten Touristen kommen am internationalen Flughafen bei Alajuela an, und so ist San José mit seinen lohnenswerten Museen Ausgangspunkt für Ausflüge in die Umgebung. Auch hier ist es zunächst die **Natur,** die für Besucher

Unterkunft

■ **Madeleine's B&B** (Sabanilla, Residencial Malaga, Tel. 2283.0158): deutschsprachig, Garage, TV-Zimmer, Küchenbenutzung, Flughafen-Abholung: 25 $ (bis 3 Pers.); 2 ruhige Zimmer, sauber, bp (WW): 25/35/40 $ (ÜF), sowie 2 Apartments mit Küche: 550 $/Monat, keine KK.
■ **Hotel Ave del Paraíso** (350 m nördl. Fuente de la Hispanidad, Tel. 2225.8515, www.hotelavedelparaiso.com): Gratis-Parkplatz, Internet (gratis); 30 ordentliche Zi., bp, Kabel-TV, KS: ab 68/79/96 $ (ÜF); Superior-Zi.: 90/102/107 $ (ÜF); KK.
■ **Hotel Milvia** (Abzw. Muñoz y Nanne Nord, Tel. 2225.4543, www.novanet.co.cr/milvia): schönes Haus in ruhiger Lage; 9 gr. Zi., TV, Tel., Mini-Bar, stilvoll möbliert; 69/80/87 (ÜF); KK.
■ **Bell's Home Hospitality** (Tel. 2225.4752, www.homestay-thebells.com): Vermittlung von Privatunterkünften in der Region 35/60 $ (ÜF).

Restaurants

Im **Centro Comercial Calle Real,** 100 m östl. der Banco Popular, befinden sich zahlreiche Restaurants, u.a.:
■ **Marbella Restaurant** (Tel. 2224.9452): spanische Spezialitäten (Tapas ab 12 $) sowie internationale Küche; Fisch und Meeresfrüchte ab 16 $, Fleisch ab 20 $; Di–Sa 11.30–15 und 18.30–22.30 Uhr, So 11.30–17 Uhr, Mo Ruhetag.
■ **Restaurant Japonés Ichiban** (Tel. 2253.8012): Sushi ab 6 $, Hauptgericht 8–40 $; So–Do 12–20 Uhr, Fr–Sa 12–23 Uhr.
■ Zu den besseren chinesischen Restaurants zählt das **Nueva China** (100 m östl. der Banco Popular, Tel. 2224.4478).
■ **Le Chandelier** (Ortsteil Los Yoses, im Umfeld des ICE-Gebäudes, 100 m östl. und 100 m südl., Tel. 2225.3980): eines der vornehmsten Restaurants des Landes, französische Küche ab 25 $; Mo–Fr 11.30–14.30 und 18.30–22 Uhr; Sa 18.30–22 Uhr, So geschlossen.

Abends

Das Viertel hinter der Kirche in Richtung Uni-Campus beherbergt zahlreiche Restaurants, Bars und Kneipen, die v.a. am Wochenende gut besucht sind.

■ Ein Tipp ist die bei Studenten beliebte und lebhafte **Bar Opium** im Centro Comercial San Pedro.
■ Etwas teurer und schicker ist das **Cocodrilo,** wo auch Essen serviert wird.
■ **La Maga** (Fuente de la Hispanidad, bei der Mall San Pedro): Künstlercafé mit kl. Gerichten und Cocktails zu normalen Preisen, gelegentlich Livemusik (Eintritt).
■ **Jazz Café** (neben Banco Popular): mit Live-Musik und tgl. wechselndem Programm.

◁ Schön, aber giftig: Lanzenotter

Moravia/Coronado

Nordöstlich der Hauptstadt kommt man über das Stadtviertel Guadeloupe auf die Zufahrtsstraße nach **San Vincente de Moravia** (1230 m). *Moravia*, wie der Ort kurz genannt wird, wird auch von Touristen besucht, die sich hier mit Lederwaren und anderen Souvenirs versorgen.

Nach 2 km erreicht man **San Isidro de Coronado.** Die neugotische Kirche im Ortszentrum zählt zu den schönsten Gotteshäusern des Landes.

Beide Orte wurden wegen des angenehmen Klimas nach und nach beliebte Wohnviertel der *Josefinos*. Oberhalb von Coronado liegt das Nebelwald-Reservat Los Juncos.

Unterkunft

■ **La Boruca** (nördl. von San Gerónimo de Moravia, Tel. 2229.3541, www.laboruca.com): kleines persönliches Hotel, gute Lage, Internet; 4 Zimmer: ca. 57/64/73 $ (ÜF) – Lesertipp!

Busverbindung

■ **San José:** Von ca. 5 bis 22 Uhr alle 20 Min.

Instituto Clodomiro Picado

Dieses **Forschungsinstitut** der UCR in Coronado befasst sich ausschließlich mit den **Giftschlangen des Landes.** Besucher können sich hier anhand von Schautafeln und Fotos ein Bild vom Aussehen von Giftschlangen machen. Außerdem werden **Seren** hergestellt und verkauft (Vorbestellung).

Dieses Institut ist kein Zoo oder Museum, sondern eine wissenschaftliche Einrichtung. Schlangen bekommt man als Besucher nicht zu sehen, die Vorführung der Giftabnahme wurde eingestellt. Weitere Infos unter: www.icp.ucr.ac.cr.

Los Juncos Cloud Forest Reserve

Neues **Nebelwald-Reservat** mit einer Fläche von 8,5 ha, geöffnet tgl. 8–16 Uhr, Eintritt: 10 $, mit Guide (ca. 2 Std.) 20 $, Anmeldung erforderlich; Tagestour ab San José: 69 $ inkl. Transfers, Frühstück und Mittagessen.

■ **Info:** Tel. 2229.4192.

Sto. Domingo de Heredia

Nur etwa 7 km nördlich von San José, auf halbem Weg nach Heredia liegt auf einer Höhe von 1170 m die angenehm ruhige Ortschaft Santo Domingo de Heredia. Die Hauptstadt des gleichnamigen Kantons (ca. 30.000 Ew.) verfügt über zwei schneeweiße **Kirchen:** die **Iglesia de El Rosario** aus dem 19. Jahrhundert und **La Basílica,** die in den 1930er Jahren entstand. Nach San José und Heredia bestehen Busverbindungen.

Unterkunft

■ **Hotel Bougainvillea** (Ortsteil Santo Tomas, Tel. 2244.1414, www.bougainvillea.co.cr): Zufahrt ausgeschildert, Hotel mit Rest.; Gartenanlage, Pool, Tennisplatz, kostenloser Shuttle-Service nach San

José, Internetcafé; 81 ordentl. Zi., bp, Kabel-TV, Tel., Balkon: ab 156/156/176 $; 4 Suiten; KK.

Escazú

Über eine Schnellstraße, die südlich des Sabana-Parks beginnt, erreicht man nach rund 6 km in östlicher Richtung diesen ruhigen Ort an den Hängen der Cerros de Escazú. Aufgeteilt in mehrere verstreut liegende Ortsteile, ist Escazú ein **beliebter Wohnort** nahe der Hauptstadt. An der Zufahrt im Ortsteil San Rafael (1040 m) befinden sich Einkaufszentren und Fastfood-Restaurants, weiter nördlich ist dann das eher verschlafene Ortszentrum (1100 m). Von den Hotels und Restaurants nördlich des Zentrums, vor allem in San Antonio (1250 m), hat man einen wunderbaren Blick über San José und das Valle Central.

Unterkunft

Mit Ausnahme eines Luxushotels finden sich hier vor allem Unterkünfte der mittleren Preisklasse mit B&B, z.T. in schöner und ruhiger Lage. Viele sind aber mit öffentlichen Verkehrsmitteln nicht oder

nur schwer erreichbar. Billigunterkünfte sind nicht vertreten.

Am Ortseingang rechts liegt **im Barrio Trejos Montealegre:**
■ **Apartotel María Alexandra** (Tel. 2228.1507, www.mariaalexandra.com): Pool, Sauna, Rest., Harley-Verleih; 14 Apt. mit Küche, AC, Kabel-TV, Tel.; EZ/DZ ab 102 $; KK.

Hinter der Abzw. nach Sta. Ana geradeaus Richtung Ortsmitte liegt links im **Ortsteil San Rafael:**
■ **Casa de las Tías** (Tel. 2289.5517, www.hotels.co.cr/casatias.html): schönes Holzhaus mit Garten; 4 angenehme Zi., bp, Vent. sowie 1 Junior-Suite: ab 102/113/124 $ (ÜF); KK (−7 %).

Am Ortsrand von Escazú, 400 m vom *cementerio* entfernt, liegt:
■ **Costa Verde Inn B&B** (Tel. 2228.4080, 2289.9509, www.costaverdeinn.com): schönes Landhaus, Garten, Pool, Tennisplatz; 11 große Zi., Kabel-TV: 68/74/79 $ (ÜF); 6 Apt. mit Internet, kl. Küche: 90/96/102 $ (ÜF); KK.

Oberhalb des Ortszentrums am Hang im Ortsteil San Antonio mit schönem Blick (ausgeschildert) liegen ein Luxushotel und ein einfacheres Hotel. Dieses lässt sich ab San José auch mit dem Bus San Antonio Escazú/Filtros (ab ₡.16/Av. C.-1) erreichen.
■ **Tara Resort Hotel** (Tel. 2228.6992, www.crica.com/hotels/tara.html): Luxushotel in schöner Lage mit Rest., Pool; 5 Luxuszi. und 9 Suiten; ab 147 $ (ÜF), Suite ab 181 $ (ÜF).
■ **Pico Blanco Inn** (Tel. 2228.1908, www.picoblancoinn.com): Hotel mit Aussichtsrest., Bar, Pool, Flughafen-Transfer (20 $); 18 ordentl. Zi., bp, kl. Balkon, alle mit Blick über San José: 68/68 $; 6 Suiten: ab 79/79 $; KK (+7 %).

Restaurants

■ **Shishis** (700 m nach der o.g. Abzw., Tel. 2228.1173): internat. Küche, Meeresfrüchte & Fleisch ab 20 $; Mo–Do 16–2 Uhr, Fr–So 11–2 Uhr, KK.
■ **Pizzería Sale e Pepe** (San Rafael, Centro Comercial El Valle, Tel. 2289.5750): Pizza ab 8 $; Mo–Fr 12–15 und 18–23 Uhr, Sa, So 12–24 Uhr.
■ **Le Monastère** (1 km südöstlich des Multicentro Paco, Tel. 2228.8515): tolle Aussicht, gediegen, franz.-internat. Küche, gehobene Preisklasse: Gerichte ab 26 $; Mo–Mi 8–22.30 Uhr, Do–Sa 18–23 Uhr, So Ruhetag.
■ **Los Anonos** (San Rafael, Tel. 2228.0180): rustikales Steakhaus, guter Service, gr. Portionen, teuer: ab 30 $; tgl. 12–15 und 18–22 Uhr, Fr/Sa bis 22.30 Uhr, So bis 21 Uhr, Mo Ruhetag.
■ **Ristorante Tutti Li** (Gastronomiezentrum Plaza Itzkatzú, schräg gegenüber „Multiplaza" an der Autobahn von San José nach Santa Ana, Tel. 2588.2405): sehr guter Italiener, hervorragende Pasta, leckere Pizza, Salate und mehr, mittlere/gehobene Preisklasse; Mo–So 11–15 und 18–22 Uhr.

Busverbindung

■ **San José:** tagsüber alle 20 Min.

Sta. Ana

Ca. 5 km westlich von Escazú liegt das nette Städtchen Sta. Ana, nur rd. 10 km vom internationalen Flughafen entfernt. In der Umgebung gibt es einige sehr empfehlenswerte Unterkünfte.

◁ Fahnenschwenken am Nationalfeiertag

Unterkunft & Restaurants

Mein Tipp: Villa Arboleda (Sta. Ana, mobil: 8825.1688, Tel. 2282.2786, in D: 0861/165906, www.villa-arboleda.com): Privathaus in ruhiger Lage am Waldrand in gepflegtem Villenviertel, herrlicher Blick über Valle Central, Flughafentransfer (ab 2 Nächten gratis), GPS-Vermietung, Ch-Ltg.; 2 schöne Zi. mit Privateingang, Terrasse: 72/89/110 $ (ÜF).

Posada Nena (vormals Casa Alegre, Av. 5, Tel. 2282.1173, www.posadanena.com): familiäres Hotel, Gratis-Internet, GPS-Vermietung, dt. Ltg; 8 nette Zi., WiFi, TV, Tresor, Minibar, Tel. (nationale & intern. Gespräche gratis!): ab 60/72/85 $.

Hotel Villa Los Candiles (Tel. 2282.8280, www.hotelvillaloscandiles.com): neues Boutique-Hotel mit Pool; 10 gute Zi. m. Küche, Kabel-TV, Safe, WiFi, Balkon: DZ ab 136 $ (ÜF).

Rest. Ceviche del Rey (Tel. 2203.5109): peruanisches Lokal im Zentrum von Sta. Ana, spezialisiert auf Fisch & Meeresfrüchte, Gerichte ab 12 $, Pisco Sour, KK; Mo-Sa 11.30–22 Uhr, So bis 19 Uhr.

Hotel Posada Canal Grande (Piedades de Santa Ana, Tel. 2282.4089, www.hotelcanalgrande.com): nettes Hotel mit Rest., Pool, ital. Leitung; 12 Zi., Kabel-TV, Safe: 66/88/99 $ (ÜF); KK (+6 %).

Mein Tipp: Albergue El Marañón (La Trinidad, zw. Piedades und Cd. Colón, Tel. 2249.1271, www.cultourica.com): schöne Lage am Hang mit Garten, Blick über das Valle Central, ökologische Bauweise, Sprachschule mit Kinderbetreuung, Rest. El Aguacate *(Nouvelle Cuisine Costarricense)*, Touren (1- bis 3-wöchige Rundreisen), Seminarraum (bis 60 Pers.), Spa-Bereich, Flughafenabholung (25 $), cr./dt. Ltg.; 14 freundl. Zi.: 48/65/81 $ (ÜF); 3 voll ausgest. Apt. (2 Pers.) und 2 Familien-Suites (bis 4 Pers.): 90 $.

Busverbindung

San José: ca. 5–22 Uhr etwa alle 30 Min. zum Coca-Cola-Busbahnhof.

Heredia

- **Einwohner:** ca. 22.000, mit Vororten (Kanton) ca. 125.000
- **Lage:** 1150 m ü.M., 11 km nordwestl. von San José
- **Temperatur:** 22 °C (Jahresdurchschnitt)

Die Hauptstadt der kleinsten Provinz des Landes ist eine recht **gemütliche Kleinstadt**, etwa 11 km nordwestlich von San José. Stolz ist man hier auf die erfolgreiche Fußballmannschaft, die bei einem Heimspiel ein großes Stadion und viele treue Fans zur Verfügung hat. Im Osten des Zentrums befindet sich die *Universidad Nacional*, eine der großen staatlichen Hochschulen des Landes.

Trotz der bescheidenen Auswahl an Unterkünften ist Heredia eine gute Alternative zur hektischen Hauptstadt und ein **guter Standort** für verschiedene Ausflüge in die Umgebung. Im Gegensatz zur Nachbarstadt Alajuela ist das Leben in Heredia noch etwas beschaulicher und auch der Verkehr ist nicht ganz so hektisch. Nach San José besteht regelmäßige Busverbindung, die Fahrzeit beträgt etwa 20 Minuten. Seit 2009 fährt auch wieder eine Eisenbahn zwischen Heredia und San José zur Bahnstation „Estacion Atlantico". Preis: 350 Col., Fahrplan siehe www.horariodetren.com/cr/heredia.pdf.

> Für den Überblick: „El Fortín" in Heredia

Stadtgeschichte

Als die Spanier in der zweiten Hälfte des 16. Jahrhunderts das Zentraltal erreichten, lebten nur wenige Indianer verstreut im Valle de Barva. Bald ließen sich auch die ersten Spanier in dieser wasserreichen Gegend nieder und gründeten mehrere Fincas. Bis zum Ende des 17. Jh. war die Zahl der hier lebenden Spanier so angewachsen, dass diese um Erlaubnis baten, den Gottesdienst in der nahe gelegenen Kirche von Barva zu besuchen. Dies wurde zwar abgelehnt, aber dafür der **Bau einer Pfarrkirche** erlaubt, die 1706 in der Gegend von Alvirilla entstand und der *Inmaculada Concepción* (unbefleckte Empfängnis) geweiht wurde. **Wegen Wassermangels** wurde diese im Jahre 1714 nach Cubujiquí **verlegt,** dem heutigen Heredia.

Daraufhin begann um die Kirche ein **kleiner Ort** zu wachsen, der fünf Jahre später aus acht strohgedeckten Häusern und einem ziegelgedeckten Schuppen bestand. Nachdem **1734** in dem Ort eine Pfarrei gegründet wurde, wuchs dieser weiter an, **1751** gab es bereits vier Straßen in Ost-West-Richtung und fünf Straßen von Nord nach Süd. Man zählte

🟥 Übernachtung
1. Hotel Valladolid
4. Hotel Heredia
6. Apartotel Vargas
7. Hotel Ceos
14. Hotel América
18. Hotel Las Flores
19. Hotel Hojarascas

🟦 Essen und Trinken
2. Ristorante/Pizzeria L'Antica Roma
8. Bar/Restaurant El Rancho de Fofo
9. Bulevar-Relax
10. Restaurant El Príncipe
11. Café Scarlett
15. Cafeteria Espigas
17. Restaurant Sabroso
23. Café Spoon

🟩 Geschäfte/Sonstiges
5. Wäscherei
13. Supermarkt
21. Supermarkt
23. Centro Comercial Plaza Heredia
24. Paseo de las Flores

🟥 Busse
3. Bus n. Alajuela
12. Bus n. Monte La Cruz
16. Bus n. San Pedro de Barva
20. Bus n. San José de la Montaña
22. Bus n. San José

---

24 Adobehäuser mit Strohdächern und 69 gemauerte Häuser, was auf eine Bevölkerung von rund 500 Einwohnern schließen lässt.

Am 1. Juni 1763 wurde der aufstrebenden Kleinstadt vom Generalkapitän von Guatemala der Titel *Villa de la Inmaculada Concepción de Cubujiquí de Heredia* verliehen. Der Zusatz *de Heredia* bezog sich auf den spanischen Militärkommandanten *Gonzalo Fernández de Heredia,* der das Dekret zur Gründung des Ortes unterschrieb. Da dieser **Name** auch den Spaniern etwas lang erschien, nannte man die Stadt seit Ende des 18. Jh. einfach *Villa Vieja* (Alte Stadt), schließlich war sie die älteste spanische Siedlung im westlichen Zentraltal. Erst später bürgerte sich dann der Name ein, unter dem wir die Stadt heutzutage kennen.

Im Jahre 1797 wurde mit dem Bau der noch heute stehenden Pfarrkirche *Templo de la Inmaculada Concepción* begonnen, der rund zehn Jahre dauern sollte. Nach der Unabhängigkeit folgte die Zeit des **Bürgerkriegs** (1823), der für Heredia ebenso mit einer Niederlage endete wie der **Aufstand** gegen die Regierung *Braulio Carrillo* in San José im Jahr 1835. Doch der Wohlstand, der im 20. Jh. auch Heredia erreichte, gründete sich nicht auf militärische Erfolge, sondern auf die in Europa zunehmende Popularität von **Kaffee,** der bis heute an den Hängen um die Stadt angebaut wird.

Heredia – Mitte des 19. Jh. zählte man noch keine 3000 Einwohner – wurde **1851** von einem **schweren Erdbeben** heimgesucht, bei dem auch die Fassade der Kirche zerstört wurde.

1872 verkehrte die erste **Eisenbahn** zwischen Alajuela, Heredia und San José, und 1876 begann man mit dem Bau des Fortín. Nach und nach erhielt der Ort einen **städtischen Charakter,** der mit dem Bau der zentralen Markthalle im Jahr 1889 und der Elektrifizierung (1897) noch unterstrichen wurde.

Hatte sich die **Bevölkerungszahl** in der ersten Hälfte des 20. Jh. von etwa 6500 auf rund 12.000 Einwohner kaum verdoppelt, so stieg sie in den folgenden Jahren stärker an und überschritt bereits Mitte der 1960er Jahre die 20.000-Marke. Mit der Niederlassung der **Universidad Nacional** im Jahre 1973 kamen bis heute rund 10.000 Studenten hinzu, was natürlich das Leben der Stadt entscheidend mitprägt.

Sehenswertes

Praktisch alle wichtigen Sehenswürdigkeiten der Stadt reihen sich um den **Parque Central,** einen gepflegten Platz im Zentrum der Stadt, der von zahlreichen Mangobäumen und kubanischen Königspalmen überragt wird. An seiner Ostseite steht – wie könnte es anders sein – die massive **Pfarrkirche,** mit deren Bau bereits 1797 begonnen wurde – sie zählt damit zu den ältesten Kolonialkirchen des Landes. Die Fassade wurde während des Erdbebens von 1851 zerstört und später wieder aufgebaut. Von außen erstrahlt die Kirche heute in neuem Glanz, und auch innen ist sie gut in Schuss und schön in Grau und Gold ausgestaltet.

An der Nordostecke des Parks schließt sich das **Casa de la Cultura** an, ein schönes Wohnhaus im Kolonialstil aus dem 19. Jh., in dem auch *Alfredo González Flores* lebte (Präsident der Republik von 1914 bis 1917). Im Inneren befindet sich eine Gemäldeausstellung, gelegentlich finden hier auch kulturelle Veranstaltungen statt. Nebenan fällt hinter einem kleinen Platz ein runder Backsteinturm ins Auge, der allgemein als **El Fortín** bekannt ist. Im Inneren des 1876 erbauten Wachturmes führt eine Wendeltreppe aufs Dach, von wo aus sich ein schöner Blick auf die Stadt und das Umland bietet. Der Turm war zwischenzeitlich wegen Renovierung nicht zugänglich. Den Schlüssel bekommt man bei der Gemeindeverwaltung, die im Gebäude nebenan untergebracht ist (1. Tür rechts, ca. Mo–Fr 7–16 Uhr). Links neben dem Rathaus *(Palacio Municipal)* steht das Anfang des 20. Jh. erbaute **Postamt** mit seiner schönen Fassade. Samstagvormittags findet am Ende der Av. 14 ein großer Obst- und Gemüsemarkt statt *(Feria del Agricultor)*.

Im Osten der Stadt befindet sich die UNA *(Universidad Nacional Autónoma)*. Im Umfeld gibt es einige nette Kneipen und Lokale.

Unterkunft

■ **Hotel Las Flores** (Av.12/C.12–14, Tel. 2261.8147, www.hotel-lasflores.com): kleines familiengeführtes Hotel, Parkplatz; 29 einf. Zi., bp, TV: 17/32/42 $.
■ **Hotel Ceos** (C.4/Av.1, Tel. 2262.2628): Hotel in altem Stadthaus, 10 einf. Zi., TV: ca. 27/36/46 $.
■ **Hotel Heredia** (C.6/Av.3–5, Tel. 2260.9292): ruhige Lage; 12 einf. Zi. (bis 4 Pers.), renoviert, Kabel-TV, bp (WW), z.T. Etagenbetten: ca. 24/36/46 $.
■ **Apartotel Vargas** (ca. 1 km nordwestlich des Zentrums, Tel. 2237.8526): Parkplatz; 9 ordentl. Apt. mit Küche, TV: ca. 57/57/80 $.
■ **Hotel América** (C.C./Av.2–4, Tel. 2260.9292, www.hotelamericacr.com): modernes Drei-Sterne-Hotel, zentrale Lage, Rest., Parkplatz, Wäscheservice; 44 gute, aber hellhörige Zi., teilw. zum Innenhof (dunkel), z.T. TV: 45/56/79 $ (ÜF); KK.
■ **Hotel Valladolid** (C.7/Av.7, Tel. 2260.2905): Luxushotel in Hochhaus mit Bar, Whirlpool, Sauna; 11 angenehme Zi., AC, TV, kl. Küche, KS, Mikrowelle, Safe: 75/87/99 $ (ÜF); 1 Suite: 110 $ (ÜF); KK.
■ **Hotel Hojarascas** (Av.8, C.4–6, Tel. 2261.3649, www.hotelhojarascas.com): modernes Gebäude, etwas nüchtern, ruhig, familiär, Internet/WLan; ordentl. Zi. mit TV: 65/90/120 $ (ÜF), Apt. mit 2 Zi., Küche: 159 $ (bis 4 Pers.).

☐ Übersichtskarten S. 96, 109, Stadtplan Heredia S. 104 **Heredia**

Valle Central

Außerhalb
■ **Hotel Chalet Tirol** (9 km nordöstl. von San Rafael, Tel. 2267.6222, www.hotelchaleteltirol.com): ruhige Lage an den Hängen des Vulkan Barva, Nebelwald, Rest.; 10 Chalets (Holz-Bungalows) ab 101/101/124 $ (ÜF) und 13 Luxuszi. mit Kamin: ab ca. 118/118/141 $ (ÜF); Kir der 6–12 J. 25 $; KK.
■ **Finca Rosa Blanca Country Inn** (Nähe von Santa Barbara, Tel. 2269.9392, www.fincarosablanca.com): kl. Luxushotel, schöne Lage, Blick auf Valle Central, gr. Pool, Rest. Der Luxus hat seinen Preis: 11 Junior-Suites: EZ/DZ ca. 345 $ (ÜF), sowie 2 Villen und eine Master-Suite mit herrl. Rundblick; KK.
■ **Weitere Unterkünfte** im Umland von Heredia siehe im folgenden Kapitel.

Restaurants & Kneipen

■ **Café Scarlett** (Av.2/C.3, Tel. 2260.1921): netter Platz für einen Kaffee oder Imbiss, Frühstück, Tagesmenü (ab 5 $), Salatteller, karibische Küche, Mo–Fr 8–18.30 Uhr, Sa 10–18 Uhr, So Ruhetag.
■ **Cafetería Espigas** (Av.2/C.2–4, Tel. 2237.3275): nettes Café im Stadtzentrum, tgl. 7.30–21 Uhr.
■ **Café Spoon** (im Centro Comercial Plaza Heredia): frischer Kuchen, tgl. 9–21 Uhr.
■ **Ristorante/Pizzería L'Antica Roma** (C.7/Av.7, Tel. 2262.9073): gepflegtes Speiselokal, italienische Küche sowie Hühnchen vom Holzgrill, umfangreiche Pizza- und Pastakarte ab 8 $, Fleisch ab 14 $, tgl. von 12–23 Uhr
■ **Restaurant El Príncipe** (C.5/Av.C.-2, Tel. 2238.1894): gute Küche, tgl. von 11–23 Uhr, große Auswahl und Portionen, gehobene Preisklasse, aber empfehlenswert: Meeresfrüchte ab 12 $, Reis ab 5 $, Fleischgerichte ab 12 $.
■ **Bar/Restaurant El Rancho de Fofo** (Av./C.7–9, Tel. 2237.7715): nettes Lokal mit einheimischer Küche, beliebter Treffpunkt, relativ günstig: Bocas ab 5 $, tgl. 10–01 Uhr.
■ **Bulevar-Relax** (Av.C./C.5–7, Tel. 2237.1832, bulevarrelaxsa@yahoo.com): der Treffpunkt in Heredia, Bocas ab 4 $, Hauptgericht ab 7 $, Cocktails ab 4 $, Fassbier, Mo–Sa 7–1 Uhr, So 7–23 Uhr.
■ **Außerdem gibt es zahlreiche chinesische Restaurants,** die allerdings alle nicht sehr einladend wirken, z.B.: **Restaurant Sabroso** (A.6/C.6–8, Tel. 2260.5025): Chop Suey, Reisgerichte ab 4 $, Fleisch und Fisch ab 6 $, tgl. 11–23.30 Uhr.

Infos von A bis Z

■ **Discos:** *Miraflores Disco Club* (Av.2/C.2–4, im OG des Café Espigas); Tanzsalon *Típico Latino* (an der Straße nach San José, Tel. 2237.1121, Fr–Mo); *Champs Elysees* (Centro Comercial Plaza Heredia).
■ **Internet:** Zahlreiche Internet-Cafés im Zentrum (1 Std. = 200–250 C.); Internet-Café im Centro Comercial Plaza Heredia (1. Stock): nur 150 C./Std.
■ **Einkaufen:** Einkaufszentrum *Paseo de las Flores* (Richtung San Jose ggb. der Universität Latina, Mo–Sa 10.30–21, So 11–20 Uhr: 305 Geschäfte, Rest., Bars u. Kino). *Supermas* (Av.4/C.C.-1), *Más x Menos* (Av.6/C.6–8): Mo–Sa 8–24, So 8–21 Uhr; *Hypermas* (Ortsausgang Richtung Alajuela): tgl. 8–24 Uhr; *Centro Comercial Plaza Heredia* (C.9/Av.6)
■ **Erste Hilfe:** Rotes Kreuz (C.C./Av.1–3, Tel. 2263.3836 und 2262.6955); das *Hospital San Vicente* befindet sich im Süden der Stadt; Ärztin: *Paulina Rodriguez Hernandez* (C.1–3/Av.2, Tel. 2384.6419).
■ **Fahrradzubehör:** *Ciclo Olman Ramirez* (150 m nördlich von Pizza Hut, Tel. 2260.0975: Mo–Sa 9–18 Uhr.
■ **Friseur:** *Salon Capri* (Tel. 2260.9785, an der Ecke östl. des Justizgebäudes), angeblich der beste in der Stadt.
■ **Geldwechsel:** *Banco Nacional* (Av.6/C.6): Mo–Fr 8.30–15.45 Uhr, Sa 9–13 Uhr, mit Bancomat (MC/VISA); *Banco de Costa Rica* (C.10/Av.C., geg. Palacio de los Deportes), Mo–Fr 8–15 Uhr, Sa 12–18 Uhr; *Banco Cuscatlan* (C.4–6/Av.2), mit Bancomat (Maestro/MC/VISA); *Banco Popular* (im Centro Comercial 1. Stock): Mo–Fr 8.30–19 Uhr, Sa 8.30–13.30 Uhr, Bancomat (nur VISA); *Banco Interfin* (Av.4/C.C.-2):

Mo–Fr 8–16 Uhr, Sa 9–13 Uhr, mit Bancomat (Maestro/MC/VISA); Bancomat (MC/VISA) in der Av.6/C.6.
- **Post:** Av.C./C.2, Mo–Fr 8–17.30 Uhr, Sa 7–11 Uhr.
- **Reisebüro:** *AL Costa Rica Tours* (Tel. 2263.4169), www.alcostarica.com): empfehlenswerte deutschsprachige Agentur für Trekkingtouren, Mountainbike und mehr; *Viajes Colón* (C.3/Av.C, Tel. 2260.8989).
- **Sprachschule:** *Intercultura* (Tel. 2260.8480, www.interculturacostarica.com).
- **Taxi:** Tel. 2262.6262, 2237.6162, 2237.3863; Standplätze: Av.2/Parque Central und C.2/Av.6–8 (Westseite Mercado Central).
- **Wäscherei:** *Lavandería Sol y Mar* (C.8/Av.1), Mo–Fr 8.15–18 Uhr, Sa 8.15–15 Uhr.

Busverbindungen

- **San José:** alle Busse ab Av.6/C.4–6, u.a. *Busetas Heredianas* (ca. 5–23 Uhr alle 10 Min. bis Av.4/C.5–7); *TUASA* über Autobahn bis C.4/Av.5–7, Fahrzeit 30 Min.
- **Alajuela:** *TUASA,* tagsüber regelmäßig 300 m nördlich vom Zentralpark sowie an der Universidad Nacional de Heredia.
- **San Pedro de Barva:** 5–23 Uhr ca. alle 15 Min. C.4/Av.2–4.
- **San José de la Montaña/Sacramento:** Mo–Sa 6.25, 11.45 und 15.55 Uhr, So/feiertags 6.30, 11 und 16 Uhr ab C.4/Av.6–8.
- **Monte La Cruz:** alle 30 Min. ab Av.4/C.C.-1.

Die Umgebung von Heredia

InBio Parque

Diese Attraktion im Raum Heredia ist ein Zentrum zur Veranschaulichung der **Artenvielfalt** am Beispiel Costa Rica. Nach einem einführenden audiovisuellen Vortrag erhält man im Rahmen einer Führung (spanisch oder englisch) in zwei Ausstellungsräumen interessante Informationen zu den Themen Artenvielfalt und Nationalparks. Danach führen Wanderwege (gesamt: 2 km) durch die verschiedenen Naturräume des Landes; ein Schmetterlingsgarten ist im Bau.

- **Geöffnet:** Fr 9–15 Uhr (letzter Einlass 15 Uhr), Sa/So 9–16 Uhr (letzter Einlass 16 Uhr), geführte Touren Fr–So 9, 11 und 14 Uhr.
- **Eintritt:** 25 $ (inkl. Tour), Stud. 19 $, Kinder (3–12 Jahre) 15 $.
- **Infos:** Tel. 2507.8107, http://inbioparque.com.

Museo de Cultura Popular

An der Straße, die nördlich aus Heredia Richtung Barva führt, weist nach 2 km rechts ein Schild zu dem Museum, das einen Einblick ins einfache Leben der Menschen zu Beginn des 20. Jh. vermittelt. In dem **alten Wohnhaus** sind Möbel, Einrichtungsgegenstände und andere Relikte ausgestellt. Nebenan kann man in einem Restaurant landestypische Gerichte probieren.

Museum und Restaurant sind in der Hochsaison von Mo–Fr 8–16 Uhr und So 10–16 Uhr **geöffnet** (Sa geschlosssen), **Eintritt** Museum: ca. 3 $, Tel. 2260.1619.

Monte La Cruz

Dieses beliebte Ausflugsziel befindet sich etwa 10 km nördlich von Heredia. Am Ende der Straße, die auch zum Hotel Chalet Tirol führt, kommt man nach 100 m zum **Wasserfall** Monte La Cruz am Río Segundo.

Von Heredia zum Vulkan Barva

Das Städtchen **Barva de Heredia** liegt nur 3 km nördlich von Heredia auf einer

Höhe von 1176 m. 1613 durch eine Kirchengründung entstanden, ist der Ort heute Hauptstadt des gleichnamigen Kantons (24.000 Ew.). Ein Erdbeben zerstörte 1888 die frühere Pfarrkirche, die danach erbaute Kirche steht heute, von Palmen umgeben, als Blickfang im Zentrum. Zur Weiterfahrt gibt es zwei Möglichkeiten: entweder direkt nach San José de la Montaña oder mit einem Umweg über San Pedro de Barva und Birrí.

Etwa 100 m nördlich des Dorfplatzes von Barva de Heredia gabelt sich die Straße: Rechts führt sie nach San José de la Montaña und von dort über Sacramento zum **Vulkan Barva**, links über Birrí nach Vara Blanca und weiter zum Vulkan Poás (s. dort) oder nach San Miguel und Puerto Viejo im Norden (s. Kapitel „Der Norden").

Im kleinen Ort **Birrí** (7,5 km nach der Abzweigung) führt rechts eine schmale Teerstraße bergauf. Nach etwa 4 km liegen links die Cabañas las Ardillas. Von Birrí in Richtung Roble zweigt nach ca. 500 m links die Zufahrt ab zum Hotel La Catalina (1 km).

Unterkunft
■ **Las Ardillas Resort** (Tel. 2266.1003, www.lasardillascostarica.com): Rest./Bar, Spa-Bereich, Whirlpool; 19 rustikale Holzhäuser, kl. Küche u. Kamin (max. 8 Pers.): DZ 80 $ (ÜF); KK.
■ **La Catalina Hotel and Suites** (Tel. 2269.7445, www.lacatalinasuites.com): schönes Haus mit Garten und Pool, guter Zi.standard: DZ 85 $ (ÜF), Suite: 90 $ (ÜF).

San José de la Montaña, ein lang gestrecktes Bergdorf, liegt auf einer Höhe von 1500 bis 1800 m.

Die Straße nach **Sacramento** führt nach rechts bergauf, etwa 1,5 km vor dem kleinen Ort endet die Teerstraße. Die kleine Ortschaft liegt auf ca. 2100 m Höhe und besteht nur aus einigen Häusern (einzige Unterkunftsmöglichkeit: das Rest. Sacramento vermietet ein Haus mit drei Zimmern und Küche, nicht sehr sauber und kalt, aber tolle Aussicht). Von hier zum Vulkan Barva geht es nur noch zu Fuß oder mit dem Pferd weiter, mit Allrad ist es zwar möglich, aber nicht empfehlenswert!

Busverbindung
■ Mo–Sa 5–24 Uhr nach Heredia.

Nationalpark Braulio Carrillo/Vulkan Barva

- **Geöffnet:** Hochsaison tgl. 8–16 Uhr
- **Eintritt:** 12 $
- **Unterkunft:** Camping, Reservierung unter Tel. 2233.4160
- **Infos:** Tel. 2290.1973 oder 2261.0257

Der längst erloschene Vulkan Barva ist Teil des Nationalparks Braulio Carrillo, der im Kapitel „Karibische Küstenebene" unter „Von San José nach Limón" ausführlich beschrieben wird. Zu Füßen des 2906 m hohen Gipfels liegt die **Laguna Barva,** ein **Kratersee** mit einem Durchmesser von 70 m, etwas weiter die **Laguna Danta** mit einem Durchmesser von 500 m. Im Gegensatz zu seinen berühmten Nachbarn Poás und Irazú blieb der Barva bisher von Touristen-Invasionen verschont. Die Anreise ist zwar nicht ganz so einfach, aber dafür kann man ungestört in herrlicher Natur wandern.

Laguna Barva im NP Braulio Carrillo

Kaffee – ein sensibles Pflänzchen

Der Kaffeestrauch, der im Wildwuchs eine Höhe bis zu 15 m erreichen kann, gehört zur botanischen Familie der **Krappgewächse** *(Rubiaceae)*. Von den rund 60 in den Tropen der alten und neuen Welt verbreiteten Arten stammen alle, die vom Menschen angebaut werden, aus Afrika. Die mit über 70 % häufigste Art ist dabei der **Coffea arabica,** einen Anteil von fast 25 % hat die Art *Coffea canephora,* auch als Robusta-Kaffee bekannt.

Die **Kaffeepflanze** benötigt für optimales Wachstum eine Höhe von etwa 800 bis maximal 1700 m, fruchtbare Böden und regelmäßigen Niederschlag in der richtigen Dosierung. Nach drei bis vier Jahren Aufzucht im Samenbeet tragen die jungen Pflanzen erstmals Blüten und Früchte. Die Reifezeit der Steinfrüchte (auch **Kaffeekirschen** genannt) beträgt 8–10 Monate, die vollreifen Früchte haben dann eine rote Farbe. Die Kirsche hat eine harte Fruchtschale und saftiges Fruchtfleisch, das zwei Samen umschließt – die eigentlichen Kaffeebohnen. Diese sind nochmals von einer feinen Silberhaut umgeben.

Nach der Ernte (die Haupterntezeit ist in Costa Rica in den Monaten Dezember und Januar), die bis heute von Hand gemacht wird, müssen zunächst die Bohnen mittels eines Entpulpers vom Fruchtfleisch getrennt und danach getrocknet werden, damit anschließend auch mühsam die Silberhaut entfernt werden kann. Danach werden die grünen Bohnen, die fast unbegrenzt haltbar sind, nach Größe und Gewicht sortiert, in Säcke abgefüllt und auf Schiffen nach Nordamerika und Europa transportiert.

Erst vor Ort, in den großen **Kaffeeröstereien** in Hamburg und Bremen beispielsweise, werden die Bohnen in 400 bis 600 Grad heißer Luft geröstet, wobei die Bohnen selbst auf über 200 Grad erhitzt werden. Dabei verlieren sie Feuchtigkeit und dehnen sich aus, der charakteristische Geruch verbreitet sich aber erst nach dem Mahlen.

Kaffee ist als Getränk wesentlich jünger als beispielsweise Tee, sein **Anbau** begann erst zwischen 1000 und 1300 n. Chr. an der Küste des Roten Meeres. Von dort gelangte er über die Türkei im 17. Jh. nach Europa. Zu einem Massengetränk avancierte Kaffee dann im 19. Jh. – heute zählt er zu den weltweit beliebtesten Getränken überhaupt.

Wanderungen

Zum Eingang des Nationalparks
Ab Sacramento ca. 5 km bergauf über einen nur mit Allrad befahrbaren Fahrweg; ab Sacramento ca. 1 Std. Gehzeit.

Zur Laguna Barva
(ab NP-Eingang ca. 1½ Std. hin und zurück): Von der Rangerstation führt ein breiter Weg leicht bergauf. Nach ca. 30 Min. Gehzeit kommt man zu einer Abzweigung: Geradeaus geht es zur Laguna Copey, rechts zur Laguna Barva. Kurz vorher überdachter **Rastplatz** mit Tischen und einer Feuerstelle.

Rechts führt ein kurzer, schöner Weg durch einen märchenhaften **Nebelwald** nach einigen Minuten zu einer weiteren Abzweigung: Links geht es bergab zur **Laguna** (5 Min.), deren Wasser recht kalt ist und nur an heißen Tagen zum Baden einlädt; rechts führt ein schmaler, z.T. schlammiger Weg bergauf zu einem **Aussichtspunkt** mit Blick auf die tiefer liegende Laguna (10 Min.).

Zur Laguna Copey
(ab NP-Eingang 2½–3 Std. hin und zurück): Für diese **anspruchsvollere Wanderung** ist festes Schuhwerk oder Gummistiefel unabdingbar. Von der o.g. Abzweigung geht es zunächst auf einem schmaleren Weg überwiegend leicht bergab, an riesigen *sombrillas del pobre* vorbei, deren Blattdurchmesser bis über 2 m betragen. Der zweite Teil des Weges führt steiler bergab und ist teilweise wegen des schlammigen Untergrundes recht anstrengend. Nach etwa 45 Min. erreicht man die kleine **Laguna**; für den Rückweg zur Rangerstation sollte man mind. 1½ Std. veranschlagen.

Alajuela

- **Einwohner:** ca. 48.000 (Stadt), 260.000 (Kanton)
- **Lage:** 950 m, 20 km nordwestl. von San José
- **Durchschnittstemperatur:** 22–24 °C
- **Niederschlag:** 1500–2100 mm/Jahr

Alajuela, Hauptstadt der drittgrößten Provinz und **drittgrößte Stadt des Landes,** macht im Vergleich zu San José zwar einen **kleinstädtischen Eindruck,** doch auch hier ist Hektik zu spüren, denn Alajuela ist eine wichtige Handels- und Industriestadt.

Wem San José zu laut und dreckig ist, für den ist Alajuela eine **Alternative als Standort für das Zentraltal.** Die Nähe zum Nationalpark Poás und anderen Sehenswürdigkeiten, günstige Hotels und Restaurants, regelmäßige Busverbindungen nach San José rund um die Uhr sowie die Nähe zum internationalen Flughafen (3 km) sind weitere Pluspunkte. Sogar das Wetter ist hier im Allgemeinen milder als in der Hauptstadt.

Stadtgeschichte

Die **Herkunft des Namens** Alajuela ist bis heute nicht restlos geklärt. Eine populäre Version besagt, dass der Fluss Río Itiquis früher den Beinamen Río *La Abuela* („Großmutter") hatte, was dann zu *Alajuela* wurde. Sicher ist, dass es hier **Anfang des 18. Jh.** eine Siedlung namens *La Lajuela* gab, deren Aufschwung mit dem Bau einer Kirche für die umliegenden Dörfer im Jahr 1782 begann. Damals hatte Villahermosa, wie der Ort auch genannt wurde, zusammen mit vier

Alajuela

Nachbargemeinden gerade einmal 267 Einwohner.

Rund um die Kirche entstand in den folgenden Jahrzehnten eine kleine Stadt, die im Jahr **1823** unter *Gregorio José Ramírez* zusammen mit den Bewohnern des damals noch unbedeutenden San José gegen die Monarchisten zu kämpfen hatte, die nach der Unabhängigkeit von Spanien den Zusammenschluss mit dem neu gegründeten Königreich Mexiko anstrebten. Am 5. April 1823 kam es zur Entscheidungsschlacht in Ochomongo, die die Republikaner für sich entschieden. Zum ersten Mal war in Costa Rica Blut geflossen bei einer Auseinandersetzung unter Brüdern.

Durch **mehrere Erdbeben** wurden in den Jahren 1851 bis 1889 viele der alten Gebäude zerstört, sodass man heute den kolonialen Charakter der Stadt fast nur noch am schachbrettartigen Straßenbild ablesen kann.

Sehenswertes

Normalerweise erreicht man Alajuela von Süden her über die Calle Segunda, die am Zentralpark vorbei und geradeaus weiterführt zum Vulkan Poás. Diese **Hauptstraße** durchschneidet die Stadt von Süd nach Nord: Westlich liegen die Hauptgeschäftsstraßen, der Zentralmarkt und die Busbahnhöfe, im Osten die ruhigeren Wohnviertel.

Genau in der Mitte der Stadt befindet sich – nach spanischem Vorbild – der

Alajuela

■ Übernachtung
- 3 Pension Alajue a
- 4 Hotel 1915
- 6 Charlie's Place
- 7 Hostal Trotamundos
- 8 Hotel Pacandé B&B
- 9 Hotel Eskalima
- 12 Hotel Los Volcanes
- 15 Hotel Catedral Casa Cornejo
- 16 Hotel Mi Tierra
- 17 Hotel Casa Tago
- 20 Hotel Santamaria

■ Essen und Trinken
- 1 Japan Tico
- 2 Cevichería Junior
- 5 Cafe Puntalitos de Manuela
- 11 Coffee Dreams
- 13 Rest. Jalapeños
- 18 Rest. Como en Casa
- 19 Rest./Pizzeria La Fabbrica
- 21 El Balcón
- 22 Trigo Miel
- 24 Restaurant Dennis
- 25 Soda La Amistad

■ Geschäfte
- 10 Costa Rica Souvenir
- 14 Goodlight Books
- 19 Centro Comercial Plaza Real
- 23 Mall Internacional

Zentralpark *(Parque Central)* mit zahlreichen Palmen und schattenspendenden Mangobäumen – ein beliebter Treffpunkt für Jung und Alt, vor allem sonntags, wenn regelmäßig Platzkonzerte stattfinden.

An der Ostseite des Parks erhebt sich stolz die strahlend weiße **Kathedrale** mit der charakteristischen roten Wellblech-Kuppel. Das imposante Kirchengebäude vom Beginn des 20. Jh. musste wegen des schweren Erdbebens vom 22.12.1990 renoviert werden.

Nördlich des Parks wurde 1980 in einem früheren Kasernengebäude das **Museo Juan Santamaría** eingerichtet (Eingang Av. 1, am Park, Di–So 10–17.30 Uhr, Mo geschl., Eintritt frei, Tel. 2441. 4775, www.museojuansantamaria.go.cr).

Das kleine Museum zeigt Gemälde, Fotos, Waffen etc., die meist mit dem Befreiungskampf gegen die Truppen von *William Walker* im Jahre 1856 in Verbindung stehen. Der aus Alajuela stammende junge Soldat *Juan Santamaría* hatte am 11. April 1856 in der Schlacht von Rivas sein Leben geopfert, um das Lager der Feinde in Brand zu setzen und damit den Kampf zugunsten des jungen Staates Costa Rica zu entscheiden. Noch heute munkelt man, dass er dabei betrunken gewesen sei, was aber seiner Rolle als Nationalheld keinen Abbruch tut.

100 m südlich des Zentralparks hat man im **Parque Juan Santamaría** dem wohl bedeutendsten Sohn der Stadt ein Denkmal gesetzt: Mit der Fackel in der einen und dem Gewehr in der anderen Hand begegnet er entschlossen der größten Bedrohung für die Freiheit der jungen costaricanischen Nation.

Freitags ab 13 Uhr (Einlass bis ca. 20 Uhr) und samstags von 5.30 bis ca. 14.30 Uhr findet an der Plaza Feria ca. 1 km

Siedlung bei Alajuela

westlich vom Zentralpark ein sehenswerter **Wochenmarkt** statt, auf dem neben Obst, Gemüse, Fleisch und anderen Lebensmitteln auch Kleidung und Souvenirs angeboten werden.

Unterkunft

Im Zentrum
■ **Hostal Trotamundos** (Tel. 2430.5832, www.hosteltrotamundos.com): Gem.küche, Gratis-Transport zum Flughafen; Schlafraum: 12 $ p.P; DZ/bc: 26 $, DZ/bp: 30 $.
■ **Charlie's Place** (Av.5/C.C.-2, Tel. 2440.6853, www.charlysplacehotel.com): 12 ordentl., aber hellhörige Zi.; bc (sauber): ab 25/30 $, bp: ab 35/40 $.
■ **Pension Alajuela** (Av.9/C.C.-2, Tel. 2443.1717): kl. Bar, kanadische Leitung; 12 Zi., einf.; bc: 30/30/35 $; bp, Kabel-TV, WiFi: ab 35/35/45 $ (ÜF), KK.
■ **Hotel Santamaria** (Parque Juan Santamaría, Tel. 2442.8388, www.santamariacr.com): Hotel in zentraler Lage, freundl. Zimmer, Kabel-TV, bp: 35/40/45 $ (ÜF); KK (+13 %)
■ **Hotel Casa Tago** (Av.2/C.3–5, Tel. 2431.3121, www.hotelcasatago.com): Unterkunft im Zentrum, Kabel-TV, Internet; einf. Zi. mit DV: 45/45/55 (ÜF), mit AC: 55/55/65 $ (ÜF), KK.
■ **Hotel Mi Tierra** (Av.2/C.3–5, Tel. 2441.1974, www.hotelmitierra.net): Kajakschule/-touren, Wäscheservice, freundlich; 2 kl. Zi., bc (WW): 39/42/49 $ (ÜF); 5 Zi. bp: 42/49/59 $ (ÜF); KK (+7 %).
■ **Hotel Los Volcanes** (Av.3/C.C.-2, Tel. 2441.0525, www.hotellosvolcanes.com): nettes Hotel in historischem Gebäude (1920), Gratis-Transfer zum Flughafen, Restaurant, Touren, bc: 35/46/60 $ (ÜF); bp: ab 46/60/74 $ (ÜF), KK.
■ **Hotel Pacandé B&B** (Av.5/C.2–4, Tel. 2443. 8481, www.hotelpacande.com): familiär, Internet; 3 saubere Zi. mit Stockbetten, DZ 35/50/55 $ (ÜF); 3 Zi., bp (WW): 50/65/80 $, Superior: 60/75/85 $, (ÜF), KK.
■ **Hotel Catedral Casa Cornejo** (Av.1/C.1, Tel. 2443.9180, www.hotelcatedralcasacornejo.com): neues Hotel im Zentrum, Rest., Parkplatz gratis, zur Straße laut: gute Zi. ab 50 $ (ÜF).
■ **Hotel Eskalima** (Av.3/C.10–12, Tel. 2440.2342, www.hoteleskalima.com): Parkplatz, Flughafentransfer, Wäscheservice; 11 Zi. mit AC, Kabel-TV: DZ 55 $ (ÜF), mit AC 62 $, Junior-Suite ab 80 $ (ÜF), Suite 130 $ (ÜF); KK.
■ **Hotel 1915** (C.2/Av.5–7, Tel. 2441.7163, www.1915hotel.com): 16 Zi., Kabel-TV, Parkplatz, DV: DZ 65–120 $ (ÜF), KK (+13 %).

In der Umgebung
MEIN TIPP: Hotel Coconut House (1,5 km westl. vom Zentralpark im Stadtteil La Trinidad, Bus bis Parque La Loma, Tel. 2441.1249, www.coconuthouse.info): Parkplatz gratis, Frühstücksbüffet, Wäscheservice, gute Landesinfos, dt. Leitung; geräumige, helle Zimmer, Safe, bc: 30/40 $ (ÜF); bp: 43/49/69 $ (ÜF); Anfahrtsbeschreibung für Taxifahrer: del Super La Trinidad 100 sur y 350 oeste.
MEIN TIPP: Pension Berna Tica (ca. 9 km westl. von Alajuela an der Straße nach Grecia, 4 km hinter dem Dorf Cacao, ausgeschildert, Tel. 2434.2060, www.bernatica.com): ruhige Lage, schweiz. Ltg., Pool, Rest.service; 8 ordentliche helle Zi. mit Terrasse, bp (WW): 39/52/69 $; Frühstück 6 $.
■ **Casa del Suizo B&B** (ca. 2,5 km außerhalb, Tel. 2443.3561, www.casasuizo.urlaubcostarica.de): Privathaus unter schweizer. Ltg., Flughafenabholung 8 $, Rest.service (AE 10 $), Touren; 5 Gästezi. mit Bad: bc: 25/40; bp: 28/45/60 $ (ÜF), Kinder (5–10 Jahre): 10 $; Anfahrtsbeschreibung für Taxifahrer: Residencial Cataluna, frente a la torre de agua.
■ **Paraíso Tropical Inn** (C.2/Av.15, nach Fábrica Pto. Rojo links, Tel. 2441.4882): angenehm ruhige Lage am nördl. Stadtrand, gr. Garten; 7 ordentl. Zi., bp, sauber: ab 40/45/53$.
■ **Vida Tropical B&B** (100 m östl., 300 m nördl. vom Hospital San Rafael, Tel. 2443.9576, www.vidatropical.com): kleiner Garten, Küchenbenutzung; bc: 35/50/ 65 $; bp: 45/65/80 (ÜF).
■ **Hotel Vista Linda Montaña** (Tel. 2430.2029, www.vistalindamontana.jimdo.com): bei Tuetal

Norte (1,1 km östl. der kath. Kirche), schöne Lage am Hang; Rest.service, 8 ordentl. Zi.: 49/59/74 $ (ÜF), sowie 1 Apartment (100 m²); KK (+10 %).

■ **Hotel La Rosa de América** (im Barrio San José, Anfahrt: Richtung Grecia, an der Kirche Barrio San José links Richtung Zoo Ave, Tel. 2433.2741, www.larosadeamerica.com): gepflegte Anlage mit Pool, US-Leitung; 12 ordentl. Zi. mit TV, DV, bp (WW): ab 75/87/83 $ (ÜF); KK.

■ **Hotel Villa San Ignacio** (ca. 4 km westl., Tel. 2433.6316, www.villasanignacio.com): Das ehemalige Hotel Orquideas Inn erstrahlt nach dem Umbau in neuem Glanz. Rest., Pool, 12 komfortable Zi. mit AC: DZ 96 $ (ÜF).

Weitere Hotels in der Umgebung von Alajuela siehe „Von Alajuela zum Vulkan Poás".

In Flughafennähe

Wer sich in unmittelbarer Nähe des Flughafens einquartiert, darf sich über Fluglärm nicht wundern. Die meisten Hotels bieten einen Gratis-Flughafentransfer an.

■ **Hotel Il Millenium** (600 m östl. des Hotel Holiday Inn Express rechts, Tel. 2430.5050, www.bbmilleniumcr.com): Parkplatz gratis, 12 ordentl. Zi.: 61/67/79 $ (ÜF), KK.

■ **Hotel Dos Palmas** (in Río Segundo an der Straße nach Heredia, Tel. 2430.4258, www.dospalmascr.com): holländische Ltg., Pool, Gratis-Transfer vom oder zum Flughafen; ordentl. Studios mit Küche, Kabel-TV: 62/75/90 $ (ÜF), Kinder (3–12 J.): 10 $; Filiale in La Garita.

■ **Hotel Brilla Sol** (im Ortsteil El Roble, etwa 4 km vom Flughafen entfernt, Tel. 2442.5129, www.hotelbrillasol.com): einfache Anlage mit Pool, Rest.; zweckmäßige, eher kleine Zi., bp (WW), TV: TV: 66/75/85 $ (ÜF).

■ **Robledal B&B** (El Roble, Tel. 2438.3937, www.hotelrobledal.com): Wäsche- und Restaurantservice, Internet, Touren; Zi. mit Bad (WW), TV: 79/89 $, KK (+4 %).

■ **Hotel Mango** (200 m östl. des Hotel Holiday Inn Express links, Tel. 2443.1200, www.mangocr.com): amerik. Standard, Rest., Pool, AC, TV, nicht besonders: DZ 87/97/107 $ (ÜF); KK.

MEIN TIPP: Trapp Family Country Inn (Tel. 2431.0776, www.trappfam.com): gr. Pool, gute Zi. mit Balkon, Kabel-TV: DZ 122/122/150 $ (ÜF); KK.

■ Weit über 100 $ kostet das DZ regulär in den beiden „echten" Flughafenhotels: **Hotel Holiday Inn Express** (www.ihg.com/holidayinnexpress) und **Hotel Hampton Inn & Suites** (www.hamptoninn3.hilton.com).

Westlich des Flughafens (Panamericana Richtung San Ramón):

■ **Hotel Villa Dolce** (im Ortsteil Coyol, 6 km Richtung San Ramón, Tel. 2433.8932, www.villadolce.com): Bungalows in schönem Garten, Pool, Gratis-Flughafentransfer; Zimmer mit AC, TV: 49/59/89 $ (ÜF), sowie Apartments (bis 4 Pers.): 79/89/99 $, KK (+4 %)

■ **Hotel Aeropuerto** (4 km westl. rechts, Tel. 2433.7333, www.hotelaeropuerto-cr.com): Hotel mit Rest., Pool, Gratis-Flughafentransfer; Zi. mit AC, TV: 80/95/115 $ (ÜF). KK.

In La Garita (an der Straße nach Atenas):

MEIN TIPP: Quinta Don Fernando (Einfahrt 200 m südlich der Weinfabrik *VICOSA* in La Garita, bei Rancho Montisel rechts, Tel. 2487.7370, in D: 0861/165906, www.quinta-don-fernando.de): freundl. Gästepension, dt. Leitung, gepfl. Anlage mit Pool, ruhige Lage, Abendessen auf Bestellung; 2 Zi. im Haupthaus 55/70/85 $ (ÜF), 2 separate Gästehäuser im Garten: 65/80/95 $ (ÜF), keine KK.

An der Schnellstraße vom Flughafen nach San José

reihen sich zahlreiche Luxushotels, die sich auf Geschäftsreisende und Kongresse spezialisiert haben, z.B.:

■ **Hotel Country Inn & Suites** (neben Hotel Cariari, Tel. 2239.2289, www.countryinns.com): gepflegte Hotelanlage mit Pool, gutes Rest., Airport-

Shuttle; 90 gute Zi. mit AC, Kabel-TV, Safe, EZ/DZ ab 96 $.
■ **Best Western Irazú** (an der Puente Juan Pablo II, Tel. 2290.9300, www.bestwesterncostarica. com): gr. Hotel mit Pool, Casino, kostenloser Airport-Shuttle; 207 ordentl. Zi. mit AC, Kabel-TV, Safe: DZ ab 145 $ (ÜF); KK.

Restaurants

■ **El Balcón** (C.C./Av.C.-1), Tel. 2441.4390. Fisch und Meeresfrüchte, gut und günstig.
■ **Cafe Puntalitos de Manuela** (im hinteren Teil des Museo Juan Santamaría, Tel. 8855.8659): freundliche Besitzerin, authentisch und gutes Mittagessen und feiner Kuchen, Di–So 10 – 17 Uhr.
■ **Japon Tico** (Av. 9, diagonal von der Escuela Guatemala, Tel.: 2430.1429): gutes und günstiges Sushi, tgl. 11.30–22 Uhr.
■ **Coffee Dreams** (C.1/Av.3–1, Tel. 2430.3970): leckere Kuchen, landestypische Gerichte, sehr freundlich. Mo–Sa 8–20 Uhr.
■ **Restaurant Jalapeños** (C.1/Av.3–5, Tel. 2430. 4027): Tex-Mex-Essen sowie vegetarische Gerichte. Mo–Sa 11.30–21 Uhr, So 11.30–20 Uhr.
■ **Como en Casa** (Centro Comercial Plaza Real, Tel. 2441.7607): kl. gemütliches Restaurant, sehr gutes Essen, aber gehobene Preisklasse, spezialisiert auf Fleischgerichte vom Grill.
■ **Restaurante Pizzeria La Fabbrica** (Centro Comercial Plaza Real, Tel. 2441.6059): gute italienische Pizzas; Mo–So 12–22.30 Uhr.
■ **Cevichería Junior** (C.2/Av.7, Tel. 2430.7315): günstige Fischgerichte ab 5 $.
■ **Soda La Amistad** (Av.C./C. 14–18, Tel. 2431. 1416): freundl. Besitzer, gutes einfaches Essen ab 6 $.
■ **Restaurant Dennis** (1. Kreuzung Richtung San José, Tel. 2431.5050): 24 Std. geöffnet.
■ Die **chinesischen Restaurants** sind nicht empfehlenswert. Ein Besuch wird nicht selten mit Durchfall „belohnt".
■ **Trigo Miel** (Av.2/C.C-2): gute Konditorei.

Außerhalb

■ **C-Vichito y Mas** (vom Pricesmart Alajuela 4 Blocks nach Westen + 1 Block nach Süden, Tel. 2442.9157): hervorragende Fisch-und Fleischgerichte vom Grill, gehobene Preise, 17 bis ca. 21.30 Uhr, Wochenende ab 12 Uhr, Mi. geschl.
■ **Rosti Pollos** (am Flughafen, beim Hotel Hampton Inn): nett eingerichtetes Lokal, auf Huhngerichte spezialisiert.
■ **Delicias de mi Tierra** (Tel. 2433.8536): an der Straße Richtung Zoo Ave, ca. 200 m nach San José de Alajuela rechts; nettes Lokal mit einheimischer Küche, Casados um 5 $, Fleischgerichte und mehr, tgl. 7–19 Uhr.
■ **Delicias del Maiz** (an der Straße Richtung Zoo Ave): landestypische Küche, beliebtes Restaurant.

Infos von A bis Z

■ **Autovermietung:** an der Straße zum Flughafen: *Dollar R.C.* (Tel. 2440.2950); zahlreiche weitere Vermieter am Flughafen (siehe Liste der Autovermieter im Kapitel „San José").
■ **Bücher:** *Goodlight Books* (Av.3/C.3–5, Tel. 2430. 4083): günstige gebrauchte Bücher/Reiseführer; *Libreria Internacional* (in der Mall Internacional).
■ **Casino:** *La Fiesta* (1. Kreuzung Richtung San José, Tel. 2431.1457).
■ **Einkaufen:** *Mall Internacional* (an der Straße zum Flughafen): zahlreiche Shops, Souvenirs, Supermarkt, tgl. 10–21 Uhr.
■ **Erste Hilfe:** Rotes Kreuz (C.3/Av.C.-1, Tel. 2441. 3939); 24-Std.-Apotheke und Arzt: *Clinica San Miguel* (250 m westl. des Museo Juan Santamaría, Tel. 2442.5958), *Clinica Norza* (C.4/Av.10, Tel. 2441. 9378); *Hospital San Rafael* (www.hospitalsanrafael. sa.cr).
■ **Souvenirs:** *Costa Rica Souvenir* (von der Heladeria Pop's 50 m nach Norden, Tel. 2431.5215): Mo–Sa 9–17.45 Uhr.
■ **Geldwechsel:** in zahlreichen Banken, u.a. *Banco Nacional Zentalpark*, Mo–Fr 8.30–15.45 Uhr, und

Banco de Costa Rica, Mo–Fr 9–16 Uhr; schneller geht es in den Privatbanken wie Scotia Bank (Av.C./CC/C.1, Maestro-Bancomat) oder *Banco Mutual* (C.1/Ac.C.-1, Maestro) und *Banco Credomatic* (BAC 375 sur de la Cruz Roja, cortiguo al Parque Arroyo).

■ **Kino:** in der Mall Internacional.

■ **Post:** Av.5/C.1, Tel. 2443.2653, Mo–Fr 7.30–17 Uhr.

■ **Reisebüros:** *Agencia de Viajes Faytur* (Av.3/C.2–4, Tel. 2443.4171, www.faytur.com), *Agencia de Viajes Colón* (C.1/Av.3–1, Tel. 2442.1616).

■ **Sprachschule:** *Intensa*, (Av. 6, Tel.: 2442.3843), www.intensa.com.

■ **Supermarkt:** *Maxi Pali* (1 km westlich vom Zentralpark), Mo–So 8–20 Uhr; *Mega Super* (in der Urb. La Trinidad an der Straße nach Barrio San José).

■ **Taxi:** *Cootaxa* (Tel. 2442.3030), Standplätze am Parque Central (Westseite), Parque Palmares (Ost) und vor der Kirche La Agonia. Fahrpreise zum Flughafen: ca. 5–6 $., zum Vulkan Poás inkl. 1 Std. Wartezeit: ca. 70 $ (je nach Verhandlungsgeschick, die Taxifahrer verlangen zunächst 80–100 $ oder mehr!).

■ **Theater** (Av.2/C2): Das Theater ist nach umfangreicher Renovierung wieder geöffnet.

Busverbindungen

Die Überlandbusse von San José in den Nordwesten, zur Halbinsel Nicoya, nach Fortuna, Monteverde, Tilarán und an die zentrale Pazifikküste und Nica Bus nach Managua halten an der Straße von Alajuela zum Flughafen schräg gegenüber einer Shell-Tankstelle, besser bekannt als *Toyota/Radial* (obwohl es dort keine Toyota-Vertretung mehr gibt!).

■ **Flughafen/San José:** Fahrtzeit ca. 35 Min.; *TUASA* (Tel. 2442.5900, C.12–14/Av.2), 4–22 Uhr alle 10 Min.; *SWA* (Tel. 2441.1181, Av.2/C.10–12), 4.15–23 Uhr alle 10 Min., danach stündlich.

■ **Heredia:** tagsüber alle 10 Min., 5–23 Uhr ab dem TUASA-Busbahnhof (C.6/Av.4).

■ **Laguna de Fraijanes:** *Coopetransasi* (Tel. 2449.5141), 6–22.30 Uhr (stündlich); ab C.6/Av.2, Fahrzeit 50 Min, 17 km.

■ **Vulkan Poás:** tgl. 9 Uhr *Coopetransasi* (Tel. 2449.5141) (C.6/Av.2), Rückfahrt 14.30 Uhr; Abfahrt von einem größeren Terminal: C.8, Av.Central/Av.2.

■ **San Pedro de Poás:** alle 20 Min. ab C.10/Av.C.-2, von dort Taxi zum Vulkan (ca. 15 $ einfach), Tel. 2448.4900.

■ **Grecia/Sarchí/Narajno:** *TUAN* (Tel. 2494.4214), tgl. 5.40–22.20 Uhr alle 30 Min. ab C.10/Av.C.-1 (unterhalb des Busbahnhofs TUASA), Fahrzeit Grecia 1 Std., Sarchí 75 Min.

■ **Dulce Nombre** (Zoo Ave): etwa alle 20 Min. ab C.10/Av.C.-2.

■ **Atenas** (Zoo Ave): *Coopetransateneas* (C.16/Av.1–3): tgl. 5.40–22 Uhr alle 30 Min., 41 km, 1,15 Std.

■ **Sabanilla** (Café Doka Tour): alle 30 Min. ab C.6/Av.2.

■ **Los Chorros** (Wasserfälle): Bus nach Grecia oder Sarchí bis Tacares de Grecia.

Die Umgebung von Alajuela

Zoo Ave

■ **Geöffnet:** tgl. 9–17 Uhr
■ **Eintritt:** 20 $, Stud. 13 $, Kinder (2–9 J.): 4 $
■ **Info:** Tel. 2433.8989, www.rescateanimalzooave.org
■ **Anreise Pkw:** ab San José über Autobahn Richtung Puntarenas, Ausfahrt Atenas rechts; ab Alajuela über Barrio San José; **Bus** ab Alajuela Richtung Atenas oder La Garita; **Taxi** ab Alajuela inkl. 1 Std. Wartezeit ca. 5 $

Die Umgebung von Alajuela

Der Zoo Ave ist ein **Privatzoo** unter US-amerikanischer Leitung ohne staatliche finanzielle Unterstützung. Gezeigt werden vor allem **Vögel**, u.a. Papageien, Tukane, Adler und Geier. Insgesamt leben hier über 100 Arten, die vorwiegend in Costa Rica beheimatet sind. Außer den Vögeln gibt es hier drei der vier heimischen Affenarten, Nasenbären, Wildschweine, Pumas und einige Reptilien. An den Zoo angegliedert ist eine **Zuchtstation** für die bedrohten roten **Aras**. Es

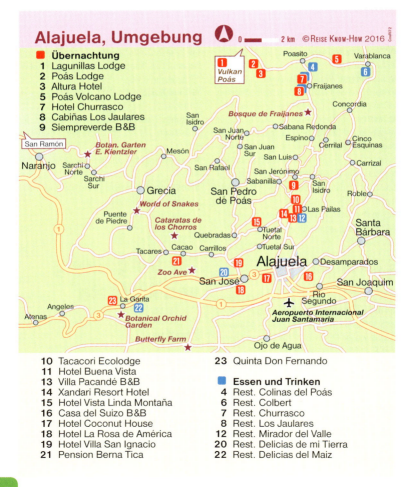

10 Tacacori Ecolodge
11 Hotel Buena Vista
13 Villa Pacandé B&B
14 Xandari Resort Hotel
15 Hotel Vista Linda Montaña
16 Casa del Suizo B&B
17 Hotel Coconut House
18 Hotel La Rosa de América
19 Hotel Villa San Ignacio
21 Pension Berna Tica
23 Quinta Don Fernando

Essen und Trinken
4 Rest. Colinas del Poás
6 Rest. Colbert
7 Rest. Churrasco
8 Rest. Los Jaulares
12 Rest. Mirador del Valle
20 Rest. Delicias de mi Tierra
22 Rest. Delicias del Maiz

□ Übersichtskarte S. 96 **Die Umgebung von Alajuela** 121

wird versucht, den Bestand durch Zucht und Auswildern in ihren angestammten Gebieten zu erhalten. Im Moment werden jährlich etwa 15 Tiere in den Gebieten von Golfito und in Nicoya ausgesetzt (Infos: www.zooavecostarica.org). In einem ca. 15 Minuten dauernden Film kann man sich zusätzlich über die Projekte informieren. Der gesamte Zoo umfasst eine Fläche von ca. 14 Hektar. Ob sich jedoch der teure Eintritt (20 $) lohnt, ist Ansichtssache!

Botanical Orchid Garden

- **Geöffnet:** Di–So 8.30–16.30 Uhr
- **Eintritt:** 12 $, Kinder 6 $
- **Info:** Tel. 2487.8095, www.orchidgardencr.com
- **Anfahrt:** Straße Richtung Atenas, 800 m nach dem Rest. Fiesta del Maíz

An der Straße nach Atenas hat in La Garita ein empfehlenswerter Orchideengarten eröffnet. In großen Volieren gibt es auch Aras zu sehen. Die etwa 4 ha große Anlage ist sehr gepflegt und informativ. Die geführte Tour kann man in etwa 1½ bis 2 Stunden bewältigen.

Von Alajuela zum Vulkan Poás (37 km)

Nördlich von Alajuela führt eine kurvige Straße durch **ausgedehnte Kaffeeplantagen** bergauf. Immer wieder hat man einen herrlichen Ausblick auf das Zentraltal. 3,2 km nach dem Stadtzentrum führt links eine Straße zu den Villas Xandari (auf „X"-Symbol achten). Kurz darauf führt links die Zufahrt zur Villa Pacandé. Nach etwa 5 km erreicht man das Dorf **Las Pailas** mit dem Hotel Buena Vista. Kurz zuvor zweigt links die Zufahrt zum Restaurant Mirador del Valle ab. Etwa 10 km nach Alajuela geht links die Zufahrt ab zum Siempreverde B&B. Im Dorf San Isidro gibt es kurz vor der Kirche einen Abzweig nach links zur „**Doka Kaffeetour**" (Schilder DOKA). Eine ca. 45-minütige Führung zeigt einen Einblick in die Produktion des costaricanischen Kaffees (Reservierung: Tel. 2449.5152, www.dokaestate.com). Nach weiteren 15 km liegt linker Hand auf 1650 m Höhe der 20 ha große Erholungspark **Bosque de Fraijanes** mit der kleinen künstlichen Laguna de Fraijanes, Picknicktischen, Sportplätzen, Pferdeverleih und Campinggelegenheit (www.bosquedefraijanescr.com, tgl. 8–18 Uhr). In der Umgebung finden sich mehrere einheimische Restaurants.

Etwa 23 km nach Alajuela gabelt sich die Straße: Links geht es nach San Pedro de Poás und zum Hotel Campos Verdes Lodge sowie zu den neuen Apartamentos Volcán Poás, rechts bergauf zum Vulkan Poás. Direkt an der Abzweigung befindet sich das **Restaurant/Cabinas Los Jaulares.**

Auf der weiteren Fahrt sieht man überall mit schwarzen Netzen überdeckte Plantagen: **Blumen, Lederfarne** und andere **Zierpflanzen** werden hier für den Export nach USA und Europa gezüchtet. Diese relativ neue Form landwirtschaftlicher Produktion gewinnt in Costa Rica zunehmend an Bedeutung. Die Erdbeerfelder hingegen decken mehr den eigenen Bedarf, nicht selten werden auch frische Erdbeeren am Straßenrand günstig angeboten.

Die Umgebung von Alajuela

Kurz vor der Abzweigung zum Vulkan Poás zweigt rechts eine Straße zu der Anlage Colinas del Poás ab. Hier ist eine **Canopy-Tour** mit 14 Kabeln und 24 Plattformen (maximale Seillänge ca. 600 Meter) in Betrieb. Bei schönem Wetter bietet die Anlage eine Traumsicht auf das Valle Central und den Vulkan Barva. Touren tgl. 9, 11 und 14 Uhr, Preis: 50 $, Reservierung: Tel. 2482.1212, www.colinasdelpoas.com. Die angegliederte Forellenfischerei ist wohl mehr für die Einheimischen gedacht.

In **Poasito,** der letzten Ortschaft vor dem Vulkan (Tankstelle), zweigt rechts eine Teerstraße (Restaurant Churrasco) nach Varablanca ab. Kurz vor Varablanca (5 km nach Poasito) führt links ein Weg zur **Poás Volcano Lodge B&B.** Die Strecke von Varablanca in Richtung San Miguel ist seit dem Erdbenen 2009 in miserablem Zustand und im Kapitel „Der Norden" beschrieben.

Von Poasito sind es noch 10 km bis zum **Eingang des Nationalparks,** und wer über kein eigenes Fahrzeug verfügt und den einzigen Bus von Alajuela zum Poás verpasst hat, dem bleibt nichts anderes übrig, als zu Fuß zu gehen (ein wunderschöner, aber leider auch anstrengender Spaziergang) oder es mit Trampen zu versuchen. 4 km oberhalb von Poasito liegen mit schönem Blick auf das Zentraltal die **Cabinas Quetzal.** Bald darauf biegt links die Zufahrt ab (1 km) zur **Lagunillas Lodge.**

Kurz vor dem Eingang zum Nationalpark zweigt links ein Schotterweg ab zur nicht empfehlenswerten La Providencia Mountain Lodge.

Unterkunft & Restaurants

■ **Xandari Resort Hotel** (Tel. 2443.2020, www.xandari.com): exklusive Anlage inmitten einer großzügigen Gartenanlage mit Pool, Rest.; 22 luxuriöse Villen mit Ausblick, von einem amerikanischen Star-Architekten geplant, ab 299/322/395 $ (ÜF); NS: ab 220/242/299 $ (ÜF), KK.

Tacacori Ecolodge (500 m oberhalb vom Xandari Hotel, Tel. 2430.5846, in D: 0861/165906, www.tacacori.com): schöne Anlage in ruhiger Lage, gepflegter Garten, frz. Ltg.; 4 sehr geschmackvoll mit Naturmaterialien eingerichtete Bungalows mit Safe, kl. KS, Terrasse: DZ 120 $ (ÜF).

■ **Villa Pacandé B&B** (Tel. 2441.6795, www.villapacande.com): kl. Privatpension, 9 Zi. m. Kabel-TV: ab 40/40/50 (ÜF), KK.

■ **Restaurant Mirador del Valle** (Tel. 2441.7318): herrliche Aussicht auf das Zentraltal, tgl. 12–22 Uhr.

■ **Hotel Buena Vista** (Las Pailas, Tel. 2442.8595, in D: 0861/165906 www.hotelbuenavistacr.com): angenehmes Hotel mit Rest., Pool, US-Leitung, kostenlosem Flughafen-Transfer (5–23 Uhr); 25 schöne komfortable Zi. mit TV, Tel., z.T. vom Balkon Blick ins Valle Central oder zu den Vulkanen Poás und Barva: ab 157/157/180 $, Luxury-Villas: DZ 236 $ (ÜF); KK.

■ **Siempreverde B&B** (Tel. 2449.5562, www.siempreverdebandb.com): großer Garten, Blick ins Zentraltal, Bonsai-Zucht; Holzhaus mit 7 Zi., davon 5 bp: 45/90/135 $ (ÜF), KK.

■ **Restaurant/Cabinas Los Jaulares** (Tel. 2482.2155, jaulares@gmail.com): typ. Küche, gut; 4 rustikale Holzhäuser am Waldrand (max. 2 Pers.), bp (WW); 1 gr. Haus (bis 6 Pers.): 15 $ p.P.; KK (+6 %).

■ **Hotel/Restaurant Churrasco** (Tel. 2482.2135, www.elchurrascocr.com): gutes Steakrestaurant, nette rustikale Zimmer: DZ ab 55 $, KK.

■ **Restaurant Colinas del Poás** (Tel. 2430.4113, www.colinasdelpoas.com): Restaurant bei der Canopy-Tour, Mo–Sa 9–16 Uhr, So 11–17 Uhr, So Buffett 30 $ p.P.

Mein Tipp: Poás Volcano Lodge (Tel. 2482.2194, www.poasvolcanolodge.com): Das Haupthaus der 200 ha gr. Hacienda liegt eingebettet zwischen den Vulkanen Poás und Barva auf 1900 m; Wanderwege, Mountainbike-Verleih, Rest., gemütliches Kaminzimmer; 12 gute, renovierte Zi.: ab 113/164/186 $ (ÜF); sowie 5 Suiten, z.T. mit Bergblick und Hot Tub: ab 198/220 $; KK.

■ **Restaurant Colbert** (Tel. 2482.2776): nettes Restaurant in Varablanca mit sehr guter französischer Küche, vernünftige Preise – empfehlenswert! Geöffnet 12–20 Uhr, Mi, Do geschl.

■ **Altura Hotel** (Ri. Vulkan Poás, 3,5 km nach Poasito Zufahrt links, Tel. 2482.1124, www.alturahotelcr.com): neues Luxushotel auf 2200 m Höhe, Rest.; sehr komfortable Zi. und Suiten ab 125 $ (ÜF).

Mein Tipp: Poás Lodge (3,8 km nach Poasito Richtung Vulkan Poás, Tel. 2482.1091, www.poaslodge.com): kl. Lodge in schöner Lage, 4 km von Nat.park, Rest., Bar, US-Ltg.; 4 gute Zimmer mit tollem Ausblick, Heizung: DZ 85–95 $ (ÜF) – Lesertipp.

■ **Lagunillas Lodge** (an der Straße zum Vulkan Poás links, Zufahrt nur mit 4WD, Tel. 8835.2899, www.lagunillaslodge.com): einf. Unterkunft mit Rest. im Farmhaus (35/35 $), Pferdeverleih, familiär, schöner Ausblick, Vogelparadies; cabaña (sauber): 2 Pers. 55 $, 5 Pers. 85$; KK.

Nationalpark Vulkan Poás

■ **Geöffnet:** tgl. 8–15.30 Uhr; max. 1800 Besucher gleichzeitig im Park
■ **Eintritt:** 15 $
■ **Infos:** Tel. 2482.2165 oder 2256.2611, www.infocostarica.com/places/poas.html
■ **Fläche:** 5600 ha
■ **Höhe:** ca. 2000 m bis max. 2708 m
■ **Tipp:** Die **beste Zeit** für den Nationalpark ist morgens vor 9 Uhr, wenn wenige Besucher im Park sind. Dann ist auch die Chance groß, den Krater wolkenfrei zu erleben. Meiden Sie nach Möglichkeit die **Wochenenden**, da dann neben den Touristengruppen auch viele Einheimische den Park frequentieren. Lassen Sie keine Wertsachen im Auto und nehmen Sie auf alle Fälle eine warme Jacke und einen Regenschutz mit.

■ **Anreise: Pkw:** ab Alajuela über Fraijanes (wie beschrieben) oder San Pedro de Poás, ca. 37 km; ab San José über Heredia, Barva und Varablanca; **Bus:** tgl. 8 Uhr ab San José über Alajuela, zurück 14 Uhr, sonst 2-mal täglich bis Poasito (10 km vor dem Nationalparkeingang) oder bis San Pedro de Poás; **Taxi:** ab Alajuela inkl. 1 Std. Wartezeit ca. 30 $

Geologie

Der **Stratovulkan** Poás ist einer der vier aktiven Vulkane des Landes und zählt zu den wichtigsten Natursehenswürdigkeiten in Costa Rica – mit rund 260.000 Besuchern pro Jahr ist er der meistbesuchte Nationalpark des Landes. Auch wenn er zurzeit nur wenig aktiv ist (Fumarolen etc.), blickt er auf eine lange Geschichte starker Eruptionen zurück, die man seit dem Ausbruch 1834 wissenschaftlich registriert. Am 25. Januar 1910 ereignete sich der wahrscheinlich größte **Ausbruch** mit einer Aschensäule, die bis zu 8 km in den Himmel ragte. 1952–54 war die bisher letzte eruptive Phase, als neben weiß glühendem Gesteinsmaterial und Lava auch große Aschewolken ausgestoßen wurden, die große Teile des Zentraltals mit Vulkanasche bedeckten. Seit Januar 1981 kommt es wieder verstärkt zu Gasaustritten, was besonders der umliegenden Pflanzenwelt zu schaffen macht.

Flora und Fauna

Im Bereich des Nationalparks unterscheidet man **vier Vegetationstypen:**

Niederer Höhenwald (*arrayanes*, z.B. am Weg zum Hauptkrater): Zwergwuchs, Sträucher und Bäume nicht über 3 m. Charakteristische Pflanzen: *sombrilla de pobre (Gunnera insignis),* Stechginster und Vaccinium poasanum, eine Pflanze aus der Familie der Ericaceae, die den Heidelbeeren verwandt ist und nur hier vorkommt.

Kraterbereich: ohne Pflanzenbewuchs oder nur wenige z.T. verkrüppelte Pflanzen, die sich den extremen Lebensverhältnissen angepasst haben.

Krüppelwald: undurchdringlich, gekrümmte Bäume.

Nebelwald (z.B. am Lehrpfad): sehr feucht und dunkel, Bäume bis 20 m Höhe (vor allem Eichen, Zedern, Weiße Zypressen), zahlreiche epiphytisch wachsende Pflanzen wie Moose, Farne, Bromelien und Orchideen.

Säugetiere sind wegen der Höhenlage eher selten. Im Gebiet des Nationalparks leben Koyoten, Opposums, Kaninchen, Stinktiere und einige Raubkatzen. **Vögel** hingegen sind sehr zahlreich, bisher hat man im Park 79 Arten gezählt. Neben verschiedenen Kolibri-Arten lebt hier <auch der sagenumwobene Quetzal, der Schwarzbauchguan, und der Laucharassari (Grüner Tukan).

Rundgang

Vom Parkplatz führt ein etwa 600 m langer geteerter Weg zum Kraterrand. Zu Beginn des Weges befindet sich ein erst kürzlich renoviertes **Info-Zentrum** mit Auditorium, Cafetería, WC und einem Ausstellungsraum, in dem der Besucher einiges über den Vulkan erfährt. An einem Modell des Nationalparks kann man sich einen guten Überblick verschaffen.

Am **Weg zum Kraterrand** sind großblättrige Pflanzen nicht zu übersehen, die ein wenig an Rhabarber erinnern: s*ombrilla de pobre* – „Sonnenschirm der Armen" – nennen die Einheimischen diese Pflanze *(Gunnera insignis).* Tatsächlich werden sie von ihnen auch gerne als Sonnen- bzw. Regenschirm genutzt, auch wenn das in den Grenzen des Nationalparks verboten ist.

Von der Aussichtsplattform am Kraterrand auf 2574 m Höhe hat man bei klarem Wetter einen überwältigenden Blick in den **Hauptkrater,** der bei den Eruptionen in den Jahren 1952–54 entstand. Mit einem Durchmesser von über 1,3 km und einer Tiefe von rund 300 m braucht er den Vergleich mit anderen großen Vulkanen nicht zu scheuen. Am Boden des Kraters befindet sich ein **Kratersee** mit einem Durchmesser von 350 m, der seit der Eruption im Februar 2006 grau und oft mit Dampf überzogen ist. Die Wassertemperatur schwankt zwischen 40 ° und 80 °C; die schwefelhaltigen Dämpfe der Fumarolen im Uferbereich können sogar bis zu 870 °C heiß werden.

Achtung: Es ist verboten, in den Krater hinunterzusteigen.

> Blick von Norden auf den Vulkan Poás

Die Umgebung von Alajuela

Valle Central

Kurz vor dem Kraterrand zweigt rechts ein ca. 1 km langer geteerter Weg zur Laguna Botos ab (angenehm, leichte Steigung). Zunächst führt der Weg durch halbhohen Buschwald. Im weiteren Verlauf fällt auf, dass die Bäume hier merklich höher sind, da die Vegetation nicht vom Ausbruch in den Jahren 1952–54 in Mitleidenschaft gezogen wurde. Von einem Aussichtspunkt hat man einen schönen Blick in den **alten Krater,** der seit 7500 Jahren nicht mehr aktiv ist und inzwischen völlig erkaltet ist. Der **Kratersee Laguna Botos,** mit einem Durchmesser von 400 m und einer Tiefe von 14 m, fließt über den Río Angel und den Río Sarapiquí zum karibischen Meer.

Für den Rückweg zum Parkplatz empfiehlt sich der **Lehrpfad** durch den Nebelwald (leichter Anstieg). Erwarten Sie bitte keinen Natur-Lehrpfad, die Erklärungen auf den Schautafeln haben eher poetischen Charakter. Es ist aber eine gute Möglichkeit, Regenwald auf einer Höhe von etwa 2500 m hautnah zu erleben. Überall sieht man Bromelien und andere Epiphyten, die sich in den Astgabeln großer Bäume eingenistet haben – ohne diese zu schädigen.

Über Grecia nach Sarchí

Den Ausflug zum Vulkan Poás kann man gut mit einem Besuch der Stadt Sarchí verbinden, der Heimat der bunt bemalten Ochsenkarren.

Von Poasito führt die Straße nach San Pedro de Poás (1150 m), von wo man direkt nach Grecia fahren kann. Etwa 8 km weiter bergab trifft man in **Carrillos de Poás** auf die Straße von Alajuela. Im nächsten Ort **Tacares** zweigt nach der Kirche rechts die Zufahrt ab zu den **Cataratas de los Chorros,** einem kleinen Naturreservat mit Wanderwegen, schönen Wasserfällen mit Bademöglichkeiten und Campingtischen. Leider ist es hier des Öfteren zu Übergriffen gekommen, daher nicht empfehlenswert.

Weiter westwärts gelangt man an Kaffee- und Zuckerrohrplantagen vorbei in den Ort **Grecia,** ein wohlhabendes landwirtschaftliches Zentrum auf 1000 m Höhe. Das auffälligste Gebäude in Grecia ist mit Sicherheit die rotbraune Kirche, die im Jahre 1892 aus Metall erbaut wurde. Das Baumaterial erbat man aus Europa, nachdem ein Erdbeben im Jahre 1888 die frühere Kirche aus Mauerwerk zerstört hatte.

Im Ortsteil Santa Gertrudis Sur gibt es eine alte Zuckermühle, genannt **Los Trapiches,** die tgl. von 9–15 Uhr besichtigt werden kann (Tel. 2441.6656).

Unterkunft

■ **B&B Grecia** (150 m südl. des Parque Central, Tel. 2444.5326): sauberes kleines Stadthotel im Zentrum von Grecia, kanadische Leitung; 3 Zimmer bc: ab 35/45 $ (ÜF). KK.

■ **B&B Garden Grecia** (nördl. von Grecia im Ortsteil Santa Gertrudis, Tel. 8321.4745, www.bandbgardengrecia.com): nettes kleines Hotel im Grünen, Rest.service; 5 nette Zimmer und 1 Suite: DZ ab 55 $ (ÜF), KK.

■ **La Terraza Guesthouse B&B** (im Ortsteil San Roque Abajo, Tel. 2444.5778, www.laterrazab-b.com): gehobenes Gästehaus unter US-Ltg., schöner Garten; große Nichtraucher-Zi. mit Bad: DZ ab ca. 95 $ (ÜF), Apartment: 135 $, KK – Lesertipp!

Busverbindung

■ **San José:** tgl. 12.15, 17.30, 18.05 Uhr, So 12 Uhr

Sarchí

„Wiege des nationalen Kunsthandwerks" nennt sich der schön gelegene Ort etwa 7 km westlich von Grecia selbstbewusst, und das Geschäft mit in- und ausländischen Touristen hat sich für die Einwohner von Sarchí de Valverde Vega, wie der offizielle Ortsname lautet, zu einer wichtigen Einkommensquelle entwickelt.

An der Zufahrtsstraße reiht sich im Ortsteil **Sarchí Sur** ein Souvenirladen an den anderen, in denen vorwiegend **Schnitzarbeiten** angeboten werden – leider auch viel Kitsch, der obendrein auch noch vielfach aus Edelhölzern gefertigt wurde. Daneben gibt es auch eine ganze Reihe von Möbelgeschäften, deren Kundschaft vorwiegend aus San José und Umgebung kommt.

Berühmt wurde der Ort aber durch die bunten **Ochsenkarren** *(carretas),* die noch heute in mehreren Fabriken gefertigt und bemalt werden. Die älteste und bekannteste Ochsenkarren-Fabrik ist die von *Joaquín Chaverri,* dessen Enkel *Carlos Chaverri* die Familientradition fortführt.

Eine weitere Fabrik, die man besichtigen kann, ist die der Cooperativa de Artesanos im Ortsteil Sarchí Norte, der Hauptstadt des Kantons Valverde Vega. Meiden Sie Sarchís riesige Geschäfte, und erleben Sie in der Manufaktur Eloy Álfaro, wie noch Ochsenkarren für den heimischen Bedarf gefertigt werden. Außerdem stellt man *carretas* im Miniformat und andere Mitbringsel her – handbemalt und zu günstigen Preisen. Im Nebengebäude entstehen Tische und Holzschatullen (rund 150 m nördl. des Gebäudes von Mutual Alajuela, Tel. 2454.4131, Mo–Fr 8–16 Uhr).

Im Zentrum von Sarchí befindet sich auch die **Kirche** im Zuckerbäcker-Stil, die zwar weder alt noch architektonisch bedeutsam, aber dennoch bemerkenswert ist. Im Centro Cultural gibt es ein **Regionalmuseum,** Öffnungszeiten auf Anfrage.

In **Sarchí Norte,** in der Finca Coopersa, hat sich eine neue **Schmetterlingsfarm** angesiedelt (Tel. 8741.0929, mariposassarchi@gmail.com, Eintritt: Erwachsene 6 $, Kinder 3 $).

Obwohl der Besuch von Sarchí zum Standardprogramm aller Tourveranstalter gehört, handelt es sich doch ausschließlich um Tagestouristen – spätestens nach 17 Uhr könnte man meinen, man sei in einem „normalen" Ort in Costa Rica.

Eine selten befahrene und dabei landschaftlich sehr **lohnende Fahrtstrecke** in den Norden des Landes führt von Sarchí (Abzweigung gegenüber Chaverrí-Fabrik) bergauf in Richtung Toro Amarillo (fragen; Schilder: „Planta Hydroeléctrica Toro I +II"!) und weiter zu dem Wasserfall **Catarata del Toro** (siehe Kapitel „Der Norden" unter „Region Sarapiquí"). Bis auf einen kurzen Abschnitt hinter Toro Amarillo ist die Strecke durchgehend geteert und bietet herrliche Ausblicke ins Zentraltal und auf die Abhänge des Vulkan Poás. Dennoch ist es ratsam, sich nach dem aktuellen Straßenzustand zu erkundigen!

Unterkunft & Restaurants

■ **Hotel Jucahuje/Villa Sarchí** (1 km nordöstl. der Shell-Tankstelle in Sarchí, Tel. 2454.5000, http://jucahuje.com): Rest.service, 7 Zi. mit Bad (WW), TV: 40/40/45 $; keine KK.
■ **Restaurant Super Mariscos** (Ortszentrum, neben Banco Nacional, Tel. 2454.4330): Meeresfrüchte & Fleisch ab 10 $, tgl. außer Mo 11–22 Uhr.
■ **Restaurant Lolo** (Sarchí Sur, Tel. 2454.1633): internat. und landestypische Gerichte ab 12 $, tgl. 9.30–16.30 Uhr.

Außerhalb

■ **Hotel Paraíso Río Verde** (San Pedro de Sarchí, Tel. 2454.3003): schön gelegen in einer Kaffeeplantage mit freiem Blick auf die umliegenden Vulkane, familiäre Atmosphäre, dt. Leitung, Pool, Garten, Flughafentransfer; 8 einf., saubere Zi., bp: 25/30 $; bessere Zi.: ab 40/40 $; 2 Bungalows bis 4 Pers.: DZ 60 $; Frühstück: 8 $, keine KK.

Busverbindungen

■ **San José:** via Grecia oder Alajuela.
■ **Alajuela:** tgl. 6–22 Uhr (alle 30 Min.), Fahrtzeit 1 Std.

Die bunten Ochsenkarren

Die bemalten Ochsenkarren sind in Costa Rica **fast so etwas wie ein nationales Symbol.** Der Gebrauch der – zunächst unbemalten – Fuhrwerke geht auf das 17. Jahrhundert zurück. Die eigentliche Erfolgsgeschichte der **carretas** begann aber erst viel später, als Mitte des 19. Jahrhunderts mit der Nachfrage nach Kaffee auch der Bedarf an Ochsenkarren wuchs. Bald entstanden die ersten speziellen Ochsenkarren-Fabriken, und gegen Ende des 19. Jahrhunderts, als nach Fertigstellung der Eisenbahnstrecke zum Karibikhafen Limón der Kaffee auf die Bahn verladen wurde, waren die Ochsenkarren bereits überall verbreitet.

Bunt wurden die Gefährte aber erst zu Beginn des 20. Jahrhunderts, und zunächst auch nur die Räder: **Fructuoso Chaverri** war der erste, der im Jahre 1903 in der Werkstatt seines Vaters damit begann, die Räder eines Karrens mit einen weißblauen Stern auf rotem Hintergrund zu bemalen – den Nationalfarben Costa Ricas.

Damals hatte man zur **Herstellung der Räder** massive Holzscheiben aus den Stämmen von Zedern und anderen Baumriesen herausgeschnitten. Als es dann immer schwieriger wurde, Baumstämme entsprechender Größe zu besorgen, ging man dazu über, Räder aus 16 Holzkeilen zusammenzusetzen, die verleimt und mit einem Eisenring umspannt wurden. Um 1915 begann man, auch die Karren selbst zu bemalen, zunächst mit Blumen, in den 1920er Jahren dann auch mit Hintergrundfarben, wobei Orange nach einiger Zeit als Standardfarbe überall durchgesetzt hatte.

Immer fantasievoller wurden die **Motive und Farbkombinationen,** und längst war die Fertigung der Ochsenkarren nicht mehr dem Zentraltal allein vorbehalten und gab es Wettbewerbe um den schönsten Karren. Der letzte dieser Wettbewerbe im Jahre 1940 wurde im Nationaltheater in San José abgehalten. Doch nicht nur die Bemalung war entscheidend, sondern auch der richtige „Klang". Ein Karren, der bei der Fahrt nicht das typische Quietschgeräusch abgab, galt als mindere Qualität und schlecht gebaut.

Als dann Mitte der 1960er Jahre die Nachfrage zurückging, zeichnete sich nach und nach ein neues Käuferpotenzial ab: Immer mehr Touristen verspürten den dringenden Wunsch, sich einen dieser bunten Kunst-Stücke in den Vorgarten oder gar ins Wohnzimmer zu stellen. Also begann man, auch **verkleinerte Versionen** zu produzieren. Heute gibt es sie in allen Größen und Formen zu kaufen. Längst werden auch Milchkannen und andere Gegenstände bemalt.

Heute sind die Gefährte auf den Straßen des Landes **selten geworden,** nur manchmal sieht man noch auf der Nicoya-Halbinsel oder in anderen abgelegenen Regionen einen schmucklosen Karren, die Holzräder oft durch Gummireifen ersetzt. Die traditionellen bunten Exemplare sind inzwischen sowieso schon viel zu teuer, um damit Kaffeesäcke zu transportieren: Ein bemalter Ochsenkarren kostet um die 1000 $, kleine Souvenir-Karren für die Haus-Bar werden ab etwa 150 $ verkauft.

Wer Mitte März durch Costa Rica reist, sollte sich den großen Ochsenkarren-Umzug in Escazú nicht entgehen lassen (siehe Festtagskalender).

◁ Die bunten Ochsenkarren werden immer seltener

Botanischer Garten Else Kientzler

■ **Geöffnet:** tgl. 8–16 Uhr
■ **Eintritt:** 12 $, Studenten und Kinder (bis 12 Jahre): 6 $
■ **Info:** Tel. 2454.2070, www.elsegarden.com
■ **Anfahrt:** Sarchí Norte, 800 m nördlich des Fußballstadiums: Finca La Evita

In Sarchí Norte gibt es diesen sehenswerten Botanischen Garten mit etwa **2000 tropischen Pflanzen** aus aller Welt (Orchideenausstellung). Die 7 ha große Sammlung kann man auf mehreren Wanderwegen (Gesamtlänge über 2 km, davon fast 40 % rollstuhlgerecht) erkunden. Geführte Touren (28 $/Std.) nach Terminvereinbarung. Es gibt einen Coffee-Shop mit Buchladen und schöne Picknickplätze.

Von Sarchí nach San Ramón

Nur etwa 5 km westlich von Sarchí liegt auf einer Höhe von 1043 m **Naranjo,** die Hauptstadt des gleichnamigen Bezirks, die 1835 gegründet wurde. Die Böden der Umgebung eignen sich hervorragend für den Anbau von Kaffee, aber auch Tabak, Mais und Zuckerrohr werden in der Gegend angebaut. Etwa 8 km südwestlich der Stadt liegt der **Mirador Espíritu Santo,** ein eindrucksvoller Aussichtspunkt mit einem 360°-Rundumblick.

Hinter Naranjo schraubt sich die Straße in z.T. abenteuerlich engen Kurven bergauf, nach 8 km befindet man sich im Ort **San Juanillo** bereits auf einer Höhe von 1500 Metern. Kurz danach liegt an der Straße das **Restaurant El Mirador,** ein weiterer schöner Aussichtspunkt. 4,3 km weiter zweigt links die Straße nach San Ramón ab, geradeaus geht es über Zarcero nach Cd. Quesada (s. Kapitel „Der Norden/Von San José nach Cd. Quesada").

Zarcero

17 km hinter Naranjo erreicht man Zarcero, die Hauptstadt des Bezirks Alfaro Ruiz, die nach dem Erbauer der ersten Straßenverbindung nach Norden benannt wurde. Die Stadt liegt auf kühlen 1735 Metern Höhe und lohnt einen Halt. Es gibt zwei Banken, mehrere Restaurants und einen **außergewöhnlichen Park** vor der Kirche: Ein „doppelter Bogengang" aus Zypressen führt zum Haupteingang, daneben stehen Dutzende von Figuren, die ebenfalls aus Hecken herausgearbeitet wurden. Schöpfer dieser lebenden Skulpturen ist der Stadtgärtner *Evangelista Blanco,* der vor über 35 Jahren mit der Verschönerung des Parks begann. Die Themen seiner Kunstwerke stehen meist im Zusammenhang mit dem Land: Da ist der Stierkämpfer mit dem Bullen, der Ochsenkarren mit Ochsen und einem Bauern, der Pfau – aber auch Fantasiegebilde wie ein Affe auf dem Motorrad oder ein Elefant mit skurrilen Lampenaugen sind hier zu finden. Zwar dauert es fünf Jahre, bis eine solche „Skulptur" fertig gestellt ist, doch inzwischen ist im Park kein Platz mehr vorhanden für weitere Kunstwerke. Über Mangel an Arbeit kann sich der Künstler dennoch nicht beklagen, denn die lebendigen Schöpfungen bedürfen ständiger Pflege.

Unterkunft

- **Hotel Don Beto** (links neben Kirche, Tel. 2463.3137): ordentliches Hotel, je 4 Zi. mit bc: 25 $ und bp: 35/45 $.
- **Chayote Lodge** (zwischen Naranjo und Zarcero in Llano Bonito, Tel. 4001.6923, www.chayotelodge.com): neue Luxuslodge mir Rest. auf 1500 m Höhe; 12 große, luxuriöse Bungalows ab ca. 200 $.
- **Rancho Amalia** (13 km nach Naranjo, 4,7 km vor Zarcero Abzw. re., Tel. 2463.2401, www.ranchoamalia.com): spezialisiert auf Pferdetouren, nette rustikale Berghütten mit Kamin, Küche, TV: DZ 87 $, DB 100 $.

Erste Hilfe

- **Rotes Kreuz:** Tel. 2463.3131
- **Polizei:** Tel. 2463.3231

Busverbindungen

- **San José:** Abfahrt Nordwestende des Parks; 5–19.30 Uhr alle 30 Min. (Fahrzeit 1½ Std.).
- **Cd. Quesada:** ca. alle 30 Min.
- **San Ramón:** ca. 7, 9.40, 10.45, 12, 15.40, 17 und 18.45 Uhr.

Etwa 4 km nördlich von Zarcero führt beim Ort **Laguna** (1850 m) rechts eine ungeteerte Straße in den Ort **Palmira,** in dessen Nähe die **Catarata de Palmira,** ein **Wasserfall** des Río Tapezco, rund 40 m in die Tiefe stürzt. Nach der Ortschaft **Zapote** (ebenfalls auf einer Höhe von 1850 m) geht die geteerte Straße in ungezählten Kurven wieder bergab, bis sie nach etwa 30 km die Stadt Quesada auf 650 m Höhe erreicht (siehe Kapitel „Der Norden").

San Ramón und Umgebung

San Ramón

Rund 66 km nordwestlich von San José liegt am Westrand des Valle Central, auf einer Höhe von 1057 m, die Stadt San Ramón. Anfang des 19. Jh. ließen sich hier Bauern aus der Provinzstadt Palmares nieder. Zu dieser Zeit wurden politische Feinde und Kleinkriminelle wie Tabakschmuggler von der Regierung ins „Exil" geschickt, und nicht wenige landeten an diesem Ort. Offiziell gegründet wurde die Stadt dann 1844, und 1856 wurde sie zur Hauptstadt des neu gebildeten Bezirks erklärt.

Heute lebt die rund 15.000 Einwohner zählende Stadt überwiegend vom Anbau von **Kaffee und Zuckerrohr**, es gibt auch eine Regionaluniversität sowie eine auffällige Kirche, eine Stahlkonstruktion aus dem 20. Jahrhundert.

Einen Besuch lohnt auch das **Museo José Figueres Ferrer** im Geburtshaus des legendären Präsidenten (Di/Mi 9–17 Uhr, Do–Sa 9–20 Uhr, Tel. 2447.2178, www.centrojosefigueres.org).

Nicht nur in Kuba, auch in Costa Rica hat Zigarrenfertigung Tradition. Besonders sehenswert sind daher auch die **Tabakmanufakturen** in und um San Ramón: Die Manufaktur *Hidalgo* befindet sich im Stadtzentrum (75 m südlich der Kathedrale an der Straße nach Fortuna) in einem schönen alten Holzhaus voller Antiquitäten: *La Casa de Los Hidalgo*, Tel. 2445.5463. Mo–Sa 9–17.30 Uhr.

Unterkunft & Restaurants

- **Gran Hotel** (von der Kathedrale 100 m nach Süden, 350 m nach Osten, Tel. 2445.6363): Rest.service; 25 einf. Zi., ok, bc ab 11 $, bp: 17/20 $; KK.
- **Hotel La Posada** (Tel. 2445.7359, www.posadahotel.net): 400 m nördl. der Kathedrale (vom Hospital 100 m südl., 50 m östl.); Privathaus mit gesichertem Parkplatz, 27 ordentl. Zi, bp, Teppich, Kabel-TV: DZ ab 60 $ (Ü); KK (+16 %!).
- **Café Delicias** (100 m westl. der Post Ri. Uni, Tel. 2447.4637): schönes Ambiente, sehr gute Kuchen, tgl. 8–19 Uhr.
- **Aroma's Café** (50 m nördl. der Post): nettes Café, Kuchen etc., tgl. 10–19 Uhr.

Außerhalb
- **Angel Valley Farm B&B** (Los Angeles Sur, 4 km Richtung Fortuna, Tel. 2456.4084, www.angelvalleybnb.com): renoviertes Farmhaus mit Pferden (Reiten für Gäste gratis!), US-Ltg.; 12 freundl. Zi. mit Bad: 65/75 $ (ÜF).
- **Mein Tipp:** **Finca Los Alpes,** s.u. „Privatres. Los Alpes".
- **Villablanca Hotel,** s.u. „Privatreservat Los Angeles Cloud Forest".

Busverbindungen

- **San José:** 5.50–22.30 Uhr, etwa alle 45 Min. (Fahrzeit 2 Std.).
- **Puntarenas:** tgl. 4–15 Uhr jede Stunde, danach 16.15, 17.30, 19.30, 21 Uhr, ca. 5 $.

Umgebung von San Ramón

7 km südlich von San Ramón erreicht man auf geteerter Straße den Ort San Rafael, in dessen Nähe sich der **Aussichtspunkt Mirador Berlín** befindet. Von hier hat man einen schönen Blick zum Valle Central und zur Pazifikküste.

Nördlich von San Ramón führt eine kurvige Asphaltstraße durch die Berge nach **Fortuna**. Oft ist es neblig, doch bei gutem Wetter hat man bei **San Lorenzo** einen tollen Blick in die nördliche Tiefebene. Über diese landschaftlich reizvolle Strecke erreicht man auch das Privatreservat Los Angeles Cloud Forest und das Reservat Alberto Manuel Brenes.

Privatreservat Los Alpes

- **Fläche:** 200 ha
- **Höhe:** 1400–1500 m
- **Eintritt:** nur für Gäste der Lodge
- **Unterkunft:** *Finca Los Alpes,* stilvolle Lodge im Landhaus-Stil (170 m²), voll eingerichtete Küche, Terrasse mit MB, Kapazität: 8 Pers. (offene Bauweise): 110/110/135 $, jede weitere Person 30 $, frühzeitige Voranmeldung unbedingt erforderlich! Verpflegung nach Absprache möglich in der HS (Nov.–April).
- **Lage:** 16 km westl. von San Ramón bei Bureal de Piedades Sur
- **Info:** Tel. 2447.8269 und 8524.5968 (Nov.–April, sonst Nummer in D), Buchung in D: 0861/165906, www.los-alpes.com

Dieses Regenwald-Reservat wird von deutschen Umweltschützern als Nonprofit-Unternehmen betrieben. In dem zur Cordillera de Tilarán gehörigen Schutzgebiet, das aus **Primär- und Sekundärwald** besteht, leben zahlreiche **Raubkatzen** und über 250 **Vogelarten,** darunter der **Quetzal,** der in unmittelbarer Nähe brütet.

Ein 5 km langes Netz wenig begangener **Wanderwege** und ein Badesee stehen den Besuchern zur Verfügung.

Privatreservat Los Angeles Cloud Forest

- **Fläche:** 810 ha, **Höhe:** 850–1190 m
- **Eintritt:** ca. 15 $, 26 $ (geführte Tour, ca. 2 Std.)
- **Unterkunft:** *Villablanca Cloud Forest Hotel* (Tel. 2461.0300, www.villablanca-costarica.com): Pool, Rest.; 35 luxuriöse „casitas" (Häuschen) mit Kamin, DZ ab 237 $ (ÜF).
- **Anfahrt:** Von San Ramón über San Juan und Angeles Norte, ausgeschildert (Villablanca)

Das Reservat liegt am südöstlichen Ende der Cordillera de Tilarán und hat eine ähnliche Flora und Fauna wie die Region Monteverde, aber weniger Besucher: Wer dem Rummel in Monteverde entgehen möchte, findet hier eine Alternative – allerdings liegt das Reservat rund 500 m tiefer, einen echten Nebelwald gibt es hier nicht. Doch auch hier sind die Bäume überzogen von Bromelien, Orchideen und anderen Epiphyten, umschwirrt von Kolibris. Mit etwas Glück kann man auch Papageien, Glockenvögel und Trogone sehen (ein Quetzal wurde bisher noch nicht gesichtet). Schwieriger ist es, eines der Säugetiere zu Gesicht zu bekommen, die hier leben (u.a. Raub-katzen, Pakas, Tayras, Gürteltiere, Waschbären, Brüllaffen und Kapuzineraffen sowie Eichhörnchen).

Es gibt zwei kürzere **Wanderwege** (1,5 und 3 km) und einen längeren (7 km, 6–9 Std.), die man allein oder mit einem (englischsprachigen) Guide begehen kann.

Reservat Alberto Manuel Brenes

- **Fläche:** 7800 ha
- **Niederschlag:** 5500 mm/Jahr
- **Lage:** Cordillera de Tilarán, nordwestlich von San Ramón
- **Gegründet:** 10.8.1993 (als Forstreservat Juni 1975)
- Keine **Öffnungszeiten**, kein **Eintritt**
- **Anfahrt:** Entweder von San Ramón nach Norden über Los Angeles auf ungeteerter Straße nach Colonia Palmereña oder über Miramar auf ebenfalls ungeteerter Straße nach Zapotal

Tief eingeschnittene Flusstäler und dichte Feuchtwälder prägen das Reservat, das auf älteren Landkarten noch als *Reserva Forestal San Ramón* zu finden ist. Dieses große, praktisch unberührte Bergwaldgebiet erhält Niederschläge sowohl von der Atlantik- als auch von der Pazifikseite und zählt zu den regenreichsten Regionen des Landes. Entsprechend groß seine hydrologische Bedeutung: Hier entspringen u.a. die Flüsse Río Palmital, Río Jamaical und Río San Lorencito.

In den niedrigen Hanglagen findet man tropischen **Feuchtwald,** in den höheren Lagen prämontanen **Regenwald.** Dichte Vegetation herrscht auf über 70 % der Fläche. Zu den häufigsten Baumarten gehören Eiche, Süßzeder, Bitterzeder und Wilder Avocado sowie zahllose Palmenarten. Außerdem ist das Gebiet reich an Bromelien, Orchideen, Moosen, Farnen und Pilzen.

Die **Tierwelt** ist sehr artenreich, u.a. leben hier Pumas und andere Raubkatzen, Tapire, zahlreiche Vogelarten (u.a. der Quetzal und der Schwarzbauchguan) sowie mehrere Arten Amphibien. Die in dieser Region endemische Goldkröte gilt allerdings inzwischen als ausgestorben.

Atenas und Umgebung

Die Hauptzufahrt von San José an die Strände der zentralen Pazifikküste führt über die Autobahn an Sta. Ana und Orotina vorbei nach **Caldera** (geringe Mautgebühr). Die Fahrtzeit von San José nach Puntarenas beträgt knapp 1½ Stunden. LKWs und Busse dürfen diese Strecke (noch) nicht benutzen und fahren weiterhin über San Ramón. Die alte Straße verläuft **über La Garita, Atenas und Orotina nach Süden.** Vor dem Bau der direkten Straßenverbindung von San Ramón nach Puntarenas war dies die einzige Straßenverbindung in die Provinzhauptstadt. Da diese Strecke landschaftlich ausgesprochen attraktiv ist und nur wenig vom Schwerlastverkehr frequentiert wird, ist sie auch eine Alternative auf der Fahrt nach Puntarenas und weiter nach Norden.

Atenas

Das angenehm frische Klima von Atenas auf rund 700 m ü.M. soll laut einer Studie der NASA das beste der Welt sein. Auf alle Fälle gedeihen hier **Kaffee und andere Nutzpflanzen,** die für viele der ca. 16.000 Einwohner (mit umliegenden

Dörfern) als Lebensgrundlage dienen. Für Touristen ist der Ort eine willkommene Gelegenheit für einen Zwischenstopp auf dem Weg an die Pazifikküste und außerdem auch eine gute Alternative zu San José als **zentrale Ausgangsbasis** für Ausflüge in alle Landesteile.

Unterkunft & Restaurants

■ **Rest. Ataño** (150 m östl. der Banco Nacinal, Tel. 2446.8534): einfaches, aber ansprechendes Ambiente, landestyp. und internat. Küche, Gerichte ab 8 $; tgl. außer So. 11–22 Uhr.
■ **Hotel Colinas del Sol** (im Ortsteil Barrio Boqueron oberhalb von Atenas, Tel. 2446.4244, www.hotelcolinasdel sol.com): schöne Anlage auf einem Hügel, Garten mit Pool, deutschsprachig; 8 schöne Zi. mit kl. Küche: ab 60/60 $; KK.
■ **El Cafetal Inn B&B** (außerhalb im Ortsteil St. Eulalia, 4,7 km in Richtung Grecia, Tel. 2446.5785, www.cafetal.com): Privathaus in schöner Lage in Kaffeeplantage, Rest.service, gr. Pool; 11 ordentl. Zi., bp (WW), Balkon: 55/65/75 $ (ÜF); 1 kl. Haus und 3 Bungalows m. Küche: 110–150 $ (bis 4 Pers.); KK (+16.39 %).
■ **Restaurant La Finca** (100 m nördl. des Mercado): Pizza, Pasta, gute Fischgerichte, nettes Ambiente, guter Service, tgl. außer Mo 12–22 Uhr.

Außerhalb

■ **El Paraíso Verde** (Ortsteil Barrio Fatima, bei der Ampel in Atenas rechts Ri. Palmares, 2 km auf der Calle Mimi, Tel. 2446.7142, www.paraiso-verde.net): schöne Lage, Pool, schweizer. Ltg.; 3 Bungalows mit Küche und Ausblick: 55/60/65 $; keine KK.
■ **Apartamentos Rio Grande** (im Ortsteil Río Grande, ca. 5 km ab Atenas, Tel. 2446.0882): nette Anlage mit Pool, dt. Ltg.; 3 Bungalows mit Küche ab 55 $ (DZ).
■ **Rancho Montecito** (Balsilla de Mora, Tel. mobil: 8855.4863, www.ranchomontecitocr. com): Gästefarm, ca. 15 Min. außerhalb, dt.-kanadische Ltg, Pferdetouren, Mitarbeit auf dem Hof willkommen, ideal für Gruppen.
Mein Tipp: Casa Heckmann (5 km von Atenas in der Urb. Los Guanacastes, Tel. 2446.1140, in D: 08961/165906, www.vacation-in-costa-rica.de): schöne Gartenanlage mit Pool, Bungalow mit kl. Küche, TV: DZ 70 $, Haus mit 2 Schlafzi. (bis 5 Pers.): DZ 100 $, 4 Pers. 140 $.

Die Entfernungsangaben beziehen sich auf die 2. Ampel in Atenas in Richtung Orotina/Jacó:
■ **Vista Atenas B&B** (2,9 km links, 900 m, Tel. 2446.4272, www.vistaatenas.com): Privathaus in erhöhter Lage, belg. Ltg., Pool; 6 ordentl. Zi. u. 2 Cab., bp (WW): 65/65/75 $ (ÜF), 1 Haus mit Küche: 95 $.
Mein Tipp: Las Mariposas B&B (2,9 km links, Tel. 2446. 8603, www.lasmariposasatenas.de): schönes Privathaus abseits der Hauptstraße im Barrio Vista Atenas, gepflegte Gartenanlage, solarbeheizter Pool, AE auf Bestellung, Hydro-Therapie, Abholung vom Flughafen (ab 3 Nächten gratis), dt.-schw.-Ltg.; 1 nettes Gästezi., bp: DZ 45 $; 1 Gästehaus für 2 Pers. mit Kochnische: 55 $, sowie ca. 100 m entfernt ein Gästehaus (110 m^2) mit Blick auf Poás und Barva, Küche, Terrasse: 120 $ (bis 4 Pers.); ab 3 Nächten 10 % Rabatt, keine KK.
Mein Tipp: Apartamentos Atenas (3,3 km rechts, Tel. 2446.5792, www.apartamentosatenas.com): gepflegte Anlage mit Garten, schöner Pool, dt. Ltg.; 5 angenehme Bungalows (bis 4 Pers.) mit Küche, bp (WW), Moskitonetze: 45/50/60 $.
■ **Villas de la Colina B&B** (4,9 km rechts, 2 km, im Barrio Mercedes, Tel. 2446.5015, http://villasdelacolinacr.com): Pool, exponierte Lage; 6 nette Holzhäuser mit Küche, DV, WW, Veranda mit schönem Blick, Hängematte: ca. 68/68/ 80 $ (ÜF).

Verkehrsverbindungen

■ **Anfahrt:** von San José auf der Autobahn in Richtung San Ramón, beschilderte Ausfahrt.

Atenas und Umgebung

■ **Busse** verkehren tagsüber regelmäßig in Richtung Jacó, Alajuela und San José (stündl. 4.30–20.30 Uhr).

Von Atenas nach Orotina (20 km)

Von Atenas führt eine kurvige Bergstrecke nach Süden, die immer wieder eindrucksvolle Blicke eröffnet, u.a. auf die Bergwelt der Cordillera de Talamanca. Durch ausgedehnte Mango-Plantagen kommt man nach **San Mateo**. Achtung: Geradeaus führt die Straße nach Esparza; Richtung **Orotina** links durch den Park!

Stärkung unterwegs

Von San José über Puriscal nach Quepos (133 km)

Valle Central

Eine alternative Fahrtstrecke von San José an die zentrale Pazifikküste führt über Santa Ana zunächst nach Cd. Colón und weiter über Santiago de Puriscal nach Süden, wo die Straße dann nahe Parrita auf die Küstenstraße trifft. Diese Variante nimmt deutlich mehr Zeit in Anspruch als die Autobahn oder die geteerte Hauptstraße über Atenas, aber für Reisende mit Muße ist es eine gute Möglichkeit, das Land **abseits der Hauptrouten** kennenzulernen (übrigens auch für Mountainbiker!). Von San José kann man die Autobahn nehmen, die südlich des Parque Sabana beginnt, oder über Escazú nach Santa Ana und weiter in Richtung Cd. Colón fahren.

Etwa 8 km südlich von Cd. Colón zweigt die Zufahrtsstraße nach San

Ignacio de Acosta ab, die weiterführt nach Tabarcia und Frailes/San Cristóbal (hinter Palmichal liegt die Nacientes Palmichal Lodge, s.u.). Nach weiteren 8 km erreicht man die quirlige Stadt **Santiago de Puriscal,** in deren Ortsmitte sich mächtige Araukarien erheben.

Unterkunft

■ **Pension Santiago** (gegenüber der Kathedrale an der Plaza, kein Tel.): einf. Zi., bc: DZ ca. 15 $.
■ **Posada Nacientes Palmichal Lodge** (Palmichal de Acosta, Tel. 2418.4328, www.nacientespalmichal.com): rustikale Lodge auf 1325 m Höhe mit Rest., 8 einf. Zi., bp: ca. 47/80/115 $ inkl. VP.

Knapp 19 km hinter Puriscal verwandelt sich die löchrige Teerstraße Nr. 239 in eine zunächst recht ordentliche Piste, die in der Trockenzeit auch ohne Allrad befahren werden kann, die sich über zahlreiche Kurven durch die Bergwelt windet. Rund 35 km südlich von Puriscal zweigt am „Cruce Santa Rosa" links die Zufahrt zum Dorf Mastatal ab (7 km), von wo aus man nach 3 km zum Eingang des **Nationalparks La Cangreja** kommt. Namensgeber des bislang nur selten besuchten Parks, der auf einer Fläche von 2240 ha auch zahlreiche endemische Pflanzenarten beherbergt, ist der 1305 m hohe Cerro La Cangreja. Auf einem 1,8 km langen Rundweg werden auch geführte Touren angeboten (Eintritt: 10 $). Etwa 62 km ab Puriscal kommt endlich der Pazifik in Sicht. Weiter geht es durch **Teakholz- und Ölpalmenplantagen,** bis man schließlich nach weiteren 5 km die geteerte Küstenstraße erreicht. Von hier sind es noch 6 km nach Parrita und 31 km nach Quepos.

Cartago

■ **Einwohner:** ca. 150.000, Kanton ca. 450.000
■ **Lage:** 1432 m ü.M. (Bahnhof), 22 km östl. von San José
■ **Klima:** Jahresdurchschnitt 20–24 °C

Obwohl die **ehemalige Hauptstadt** der spanischen Provinz die erste dauerhafte Stadtgründung der Spanier war, sind praktisch keine alten Gebäude erhalten. Der Grund sind die zahlreichen Erdbeben, die Cartago immer wieder heimsuchten. Heute präsentiert sich die Hauptstadt der gleichnamigen Provinz,

22 km östlich von San José zu Füßen des noch aktiven Vulkans Irazú gelegen, als **geschäftige Kleinstadt** mit Universität (UCA) und als religiöses Zentrum Costa Ricas. Die Basilika gilt als die wichtigste Kirche des Landes und lohnt einen Besuch. Außerdem ist die Stadt Ausgangspunkt für Ausflüge zum Irazú-Vulkan und ins Orosi-Tal.

die dem Apostel Jakobus (*Santiago*) geweiht wurde, entstand im Jahre 1574. Obwohl der Standort anfangs mehrmals verlegt werden musste und zahlreiche Erdbeben die Stadt immer wieder in Trümmer legten, war sie doch während der gesamten Kolonialzeit, also rund 260 Jahre lang, **Hauptstadt** des Landes.

Stadtgeschichte

Gegründet wurde Cartago bereits **1563** vom spanischen Gouverneur *Juan Vásquez de Coronado*, eine erste Pfarrkirche,

Cartagos Hauptattraktion: Basilica de Nuestra Señora de Los Angeles

Nachdem sich das Vizekönigreich Guatemala, dem ja auch Costa Rica angehörte, 1821 von Spanien loslöste, wurde die Unabhängigkeitserklärung am 29. Oktober 1821 an der Stelle des heutigen Palacio Municipal unterzeichnet. Im Jahre 1823 musste Cartago zusammen mit Heredia **im Bürgerkrieg eine Niederlage** hinnehmen; in der Folge wurde San José zur neuen Hauptstadt erklärt.

Bei **schweren Erdbeben** 1841 und 1910 wurde die Stadt völlig zerstört, u.a. auch das Gebäude des *Corte Centroamericana* (Zentralamerikanisches Gericht), das hier tagte. 1948 war Cartago dann abermals Hauptschauplatz eines **Bürgerkrieges.**

Sehenswertes

Die Hauptsehenswürdigkeit der Stadt ist mit Sicherheit die **Basilica de Nuestra Señora de Los Angeles** im Osten der Stadt, die der Schutzpatronin Costa Ricas, der *Negrita,* geweiht ist. An dieser Stelle, damals noch außerhalb der Stadt, hatte das Indianermädchen *Juana Pereira* im Jahre 1635 eine steinerne Marienfigur gefunden. Nach der Überlieferung kehrte die Figur zweimal auf wundersame Weise an den gleichen Platz zurück, was als ein Zeichen Gottes gewertet wurde, hier eine Kirche zu erbauen.

Heute ist die 1926 an diesem Platz erbaute Basilika die **wichtigste Pilgerstät-**

te des Landes. Vor allem am 2. August, dem Jahrestag der Erscheinung, kommen Pilger aus allen Landesteilen und auch aus Panama und Nicaragua zu dieser Weihestätte, viele demütig auf Knien rutschend. In einer Prozession wird das Bildnis der dunkelhäutigen Jungfrau durch die Straßen der Stadt getragen.

Im **Inneren** des schön mit Holz gestalteten Gotteshauses befindet sich links neben dem goldenen Hauptaltar, der von einem Schrein mit einer kleinen Statue der *Negrita* dominiert wird, eine Seitenkapelle. Unter der Kirche (Eingang von hinten) findet man eine sehenswerte **Sammlung von Bitt- und Dankesgaben** an die schwarze Madonna. In großen Mengen sind u.a. silberne Arme und Beine zu sehen, die als Dank für wundersam geheilte Krankheiten hier abgelegt wurden. Hier befindet sich auch eine Art Gruft mit dem Original-Felsen, an dem die Marienstatue gefunden wurde und an den sie wieder zurückkehrte.

Neben der Kirche werden Heiligenbilder, Kreuze und andere Devotionalien verkauft, und wer möchte, kann hier auch „heiliges" Wasser erstehen, das man von einer Quelle hinter der Kirche gewinnt und dem man eine hohe Heilkraft zuspricht.

Im Zentrum der Stadt an der Ostseite des Parque Central liegt die **Ruine der Pfarrkirche,** die erstmals 1774 errichtet wurde. Mehrmals von Erdbeben zerstört und wieder aufgebaut, fiel sie dann endgültig dem Erdbeben 1910 zum Opfer. Der Garten im Inneren der Ruinen ist wegen Einsturzgefahr der Mauern nicht zugänglich.

Nördlich des Parque steht das mächtige Gebäude des **Palacio Municipal** („Gemeindepalast"), das in den 1950er Jahren unter der Regierung von Präsident Figueres erbaut wurde. Eine Tafel an seiner Ostseite erinnert an die Unabhängigkeitserklärung, die an dieser Stelle unterschrieben wurde.

Einen Besuch lohnt auch der **Mercado Central** zwei Häuserblocks nördlich des Parque Central, wo neben Obst, Gemüse, Fleisch und Fisch auch alle anderen Dinge des täglichen Bedarfs verkauft werden. In diesem Stadtteil befinden sich auch die meisten Geschäfte und Läden, wohingegen im Süden und Osten einige schöne Wohnhäuser aus Holz stehen.

Unterkunft

Die Auswahl an Unterkünften ist sehr begrenzt. Besser ist es, auf die Umgebung, z.B. ins Orosi-Tal, auszuweichen.

■ **Hotel Casa Aura B&B** (C.1/Av.6–8, gegenüber ICE, Tel. 2591.8161, www.casaaura.com): neuere Unterkunft im Zentrum, 4 ordentl. Zi., bp, z.T. Kabel-TV: 40/60 $ (ÜF), KK.

■ **Los Angeles Lodge B&B** (Av.4/C.14–16, Tel. 2591.4169): 5 angenehme Zi., bp (WW), sauber, Holzwände, Aufenthalts- u. Frühstücksraum, Blick auf Basilika und Park: 35/50/55 $ (ÜF); KK.

■ **Casa Mora** (von der Nordwestecke der Basilika 75 m nördl., Tel. 2551.0324, www.casamoracr.com): Privathaus mit 6 netten Zimmern: 52/70 $ (ÜF), bessere Zimmer: 64/82 $ (ÜF).

■ Weitere Unterkünfte an der Straße zum Vulkan Irazú (siehe nächstes Kapitel).

Restaurants

■ **Cartago Grill y Café** (Av.1/C.8–10): gute Fleischgerichte ab 10 $, Mo–Do 11–21 Uhr, Fr/Sa bis 22 Uhr, So 13–19 Uhr.

■ **Rest. La Puerta del Sol** (Av.4/C.14–16, Tel. 2551.0615): nettes, sauberes Restaurant, landestyp. Gerichte ab 9 $; Mo–Fr 8.30–22 Uhr, Sa bis 23 Uhr, So bis 21 Uhr.
■ **Rest. Excelente** (Av.2/C.19–21, Tel. 2591.1638): chin. Lokal.
■ **Café Cappuccino del Este** (1,5 km Richtung Paraíso, nach der Tankstelle Los Angeles rechts, Tel. 2551.9698): nettes Café, guter Kuchen und Gebäck, günstiges Tagesgericht, tgl. 10–22 Uhr.
■ **Rest. Casa Vieja** (4 km Richtung Paraíso, Tel. 2591.1165): nettes Lokal mit kleiner, aber feiner Auswahl an Fleisch- und Fischgerichten ab 11 $; tgl. außer Mo 11–16 Uhr, Fr/Sa bis 23 Uhr, So bis 17 Uhr.
■ **Rest. Basho** Av.14/C.7, Centro Comercial Plaza Iztaru, Tel. 2553.3636): ausgezeichnete jap. Küche, Hauptgerichte ab 10 $, Sushi ab 6 $, tgl. 11.30–22 Uhr.
■ **La Hidalguia** (1 km östl. des Walmart Cartago, Caballo Blanco, carretera a Paraíso, Tel. 2551.0748): nationale und internationale Küche, sehr gute Steaks; Di–So, 11–21 Uhr.

Infos von A bis Z

■ **Einkaufen:** Shopping Malls *Paseo Metropoli* am Ortsende Ri. San José mit Restaurants und Kino, *Mall Paraíso* mit Kino (ca. 3,5 km Ri. Paraíso), Supermärkte *Más x Menos* (im Metrocentro Centro Commercial) und *Hipermas* (Straße nach Paraíso).
■ **Erste Hilfe:** Rotes Kreuz (Av.5/C.1–3, Tel. 2551.0421); Krankenhaus (Av.5/C.1–3, Tel. 2550.1999), Notruf: 911.
■ **Geldwechsel:** *Banco de Costa Rica,* Mo–Fr 9–16.30 Uhr; *Banco Nacional,* Mo–Fr 8.30–15.45 Uhr; *Banco Crédito Agrícola,* Mo–Fr 8.30–14.30 Uhr; Bankautomat (Maestro): Av.2/C.2 (Ecke Parque Central) sowie an der Tankstelle „Los Angeles" (1,5 km Richtung Paraíso, nur KK).
■ **Polizei:** Av.1/C8–10 (Gericht), Tel. 2591.6889.
■ **Post:** Av.2/C.15–17, Mo–Fr 8.30–17 Uhr.

■ **Taxi:** Tel. 2551.5151, Standplätze: C.1/Parque Central und C.3/Av.4–6 (Mercado Central).

Busverbindungen

■ **San José:** *Lumaca,* tagsüber 4.05–23 (Fr/Sa bis 24 Uhr) Uhr alle 5 Min., Fahrtzeit ca. 45 Min.
■ **Vulkan Irazú:** *SACSA* (Tel. 2536.7003), tgl. 8.45 Uhr ab Av.3/C.4, der Bus kommt aus San José (Rückfahrt 12.30 Uhr).
■ **Paraíso** (Lankester Garden): *Coopecar* (Tel. 2574.6127), 4.30–22 Uhr, ab C.6/Av.1–3.
■ **Orosi:** *Autotransportes Mata* (Tel. 2533.1916), Mo–Fr 5.15–21.30 Uhr, Sa 5.30–22.25 Uhr, So 6.30–22 Uhr etwa alle 15–30 Min. ab C.6/Av.1–3, Fahrzeit 45 Min.
■ **Tapantí:** 6 Uhr bis Purisil (5 km vor NP-Eingang), sonst bis Río Macho (9 km vor Eingang) oder bis Orosi und dann mit dem Taxi.
■ **Ujarrás/Cachí:** 5.30–22 Uhr ca. alle 45 Min. ab C.6/Av.1–2.
■ **Turrialba:** *Transtusa* (Tel. 2591.4145): Mo–Do 5.45, 16,17.15, 18,30 Uhr, Fr 5.45, 16, 17.15, 18 und 19 Uhr, Sa 6.15, 11, 12.30. 13.30, 15 und 17.45 Uhr, So 6.15 und 15 Uhr, alle Std. ab Av.3/C.8–10, Fahrzeit ca. 1 Std. 15 Min., Preis: ca. 1 $.

Die Umgebung von Cartago

Von Cartago zum Vulkan Irazú

Auch wenn es von Cartago zum Irazú-Vulkan nur 32 km sind: Der **Höhenunterschied** beträgt rund **2000 m!** Also: möglichst früh starten und unbedingt eine Jacke mitnehmen. Der Zustand der kurvigen Straße ist überraschend gut, doch es kommt häufig vor, dass man im Nebel fährt, der sich jedoch oft in der Gipfelregion wieder lichtet. Es gibt keine Regel: Manchmal liegt das Tal im Nebel, und die Berge sind frei, an anderen Tagen ist es genau umgekehrt, und das Wetter wechselt schnell.

Eine ausgeschilderte Straße führt hinter der Basilika von Cartago bergauf in Richtung Vulkan Irazú, vorbei an grasenden Rindern und zahlreichen Feldern – besonders Kartoffeln, Zwiebeln und anderes Gemüse gedeihen gut auf den vulkanischen Böden. Nach 11 km zweigt links eine Straße nach **Tierra Blanca** ab, wo man im recht einfachen **Restaurant Paguitos** günstig essen und übernachten kann (DZ 35 $).

14 km nach Cartago erreicht man **Potrero Cerrado,** die letzte Ortschaft mit regelmäßiger Busverbindung. 1,5 km später liegt links ein *mirador* („Aussichtspunkt") des ICT, von dem man einen schönen Blick über Cartago und die dahinter liegenden Berge hat.

Im Dorf **San Juan de Chicuá,** etwa 20 km nach Cartago, liegt links das nicht empfehlenswerte Hotel/Restaurant Irazú. Eine weitaus bessere Alternative bietet sich 1½ km weiter: **Bar/Restaurant Linda Vista.**

Im weiteren Verlauf der Fahrt ändert sich die Vegetation zusehends: Verkrüppelte Bäume, Disteln, Baumfarne und Bromelien deuten an, dass man sich bereits in einer **Höhe über 3000 m** befindet. Nach etwa 32 km erreicht man die Grenze des Nationalparks.

Unterkunft & Restaurants

- **El Sitio Bar & Grill** (ca. 1 km nach Cartago): gute Küche ab ca. 10 $, Di–Do 17–24 Uhr, Fr/Sa 11–1 Uhr.
- **Hotel Las Brumas/Rest. Mi Tierra** (ca. 2 km nach Cartago rechts, Tel. 2553.3535, www.hotellasbrumas.com): neues Hotel in schöner Lage, Zi. mit Panoramablick, z.T. Terrasse: 52/78/93 $ (ÜF), KK; Restaurant: Mo–Do 6.30–21 Uhr, Fr/Sa 10–22 Uhr.
- **Restaurant 1910** (ca. 6 km nach Cartago links, Tel. 2536.6063): nettes Lokal mit Fotos zum Erdbeben 1910, landestyp. Küche, aber nicht billig, Mo–Do 11.30–21 Uhr, Fr/Sa bis 22 Uhr, So bis 18.30 Uhr.
- **Grandpa's Hotel** (nebenan, Tel. 2536.7418, www.grandpashotel.com): Cafeteria, Garten; 9 ordentl. Zi.: 44/69/92 $ (ÜF).
- **Bar/Restaurant Linda Vista:** urige Kneipe auf 3100 m Höhe mit schönem Ausblick. Das Lokal ist voller Visitenkarten, Geldscheinen und Ausweisen, die an allen Wänden kleben.

Nationalpark Vulkan Irazú

- **Fläche:** 2309 ha
- **Höhe:** ca. 2700 m bis max. 3432 m
- **Niederschlag:** 2158 mm/Jahr (vor allem Mai bis Nov.)
- **Gegründet:** 30.7.1955 (ältester Nationalpark)

■ **Geöffnet:** tgl. 8–16 Uhr
(letzter Einlass um 15.30 Uhr)
■ **Eintritt:** 15 $, max. 150 Fahrzeuge gleichzeitig
■ **Info:** Tel. 2551.9398,
www.cartagovirtual.com/turismo/PNV_Irazu.php
■ **Tipp:** Den Besuch des Parks nach Möglichkeit auf einen Wochentag legen. Am Wochenende ist er ziemlich überlaufen. Früh starten!
■ **Anreise: Pkw** 32 km ab Cartago; **Bus** ab San José: Sa/So 8 Uhr ab Gran Hotel Costa Rica; ab Cartago: gleicher Bus, gegen 8 Uhr ab Av. 2/C. 2–4, Rückfahrt 12.30 Uhr; **Taxi** ab Cartago ca. 20 $ inkl. 1 Std. Wartezeit.

Geologie

Der erste Nationalpark war über 15 Jahre lang der einzige des Landes. Er wurde rund um den 3432 m hohen Vulkan Irazú angelegt, die höchste Erhebung der Cordillera Central und auch der höchste der aktiven Vulkane des Landes (zuletzt 1994). Der **Stratovulkan** hat zwölf Nebengipfel und ist mit einer Fläche von 500 km² der größte Vulkan Costa Ricas. Das Gebiet ist von großer hydrologischer Bedeutung: Zahlreiche Flüsse entspringen hier, die die großen Flüsse des Landes speisen, u.a. den Río Chirripó, Reventazón, Sarapiquí und den Río Grande de Tárcoles.

Der **Ursprung des Namens** geht zurück auf eine Indianer-Siedlung an den Hängen des Vulkans, die man *Iztarú* nannte, was so viel bedeutet wie „zitternder und donnernder Berg". Tatsächlich weist der Vulkan eine lange Geschichte von **Eruptionen** auf. Die letzte starke eruptive Phase begann 1963 während eines Besuchs von Präsident *John F. Kennedy* und dauerte etwa zwei Jahre. Seither wirft der Irazú regelmäßig Asche und Schlacke aus, oft begleitet von Erderschütterungen und unterirdischem Grollen; gelegentlich sieht man auch Rauchwolken aufsteigen.

Der fast runde, steile **Hauptkrater** *(cráter principal)* hat einen Durchmesser von über einem Kilometer und eine Tiefe von rund 300 m. An seinem Boden hatte sich ein grün-gelblicher Kratersee gebildet. Dieser ist 2010 ausgetrocknet, wahrscheinlich wurden durch Erdbeben Spalten gebildet, durch die das Wasser abfloss. Nebenan liegt der ebenfalls runde, 100 m tiefe **Krater Diego de la Haya,** dessen Durchmesser über 600 m beträgt. In ihm bildet sich bei Regen gelegentlich ebenfalls ein kleiner See. Südöstlich und nordöstlich des Hauptkraters befinden sich außerdem **zwei kleinere Krater.**

Flora und Fauna

Wie auch beim Vulkan Poás hat sich hier im Umfeld der Krater die Vegetation völlig verändert und den **extremen Lebensbedingungen** angepasst: Der spärliche und verkümmerte Bewuchs besteht vorwiegend aus Myrten *(Vaccinium consanguineum)*, einem Strauch mit ledrigen Blättern.

Oberhalb von 3300 m findet man **andine Vegetation** vor *(páramo pluvial subalpino)*. Diese Vegetationsform trifft man sonst nur in den höchsten Regionen der Talamaca-Kordillere (z.B. Cerro Chirripó) an.

In den etwas **niedrigeren Regionen** des Parks gibt es Sekundärwälder und Reste von Primärwald. Die häufigsten Baumarten sind Miconien *(Miconia sp.)*, Schwarzeiche, Balsamfeige und *sombrilla de pobre (Gunnera insignis)*.

Die Tierwelt ist wegen der extremen Bedingungen recht artenarm; an **Säugetieren** leben hier u.a. Bergkaninchen, Koyoten, Gürteltiere, Stachelschweine, Langschwanz-Wiesel, Rothörnchen und die Tigerkatze.

Zahlreicher sind die **Vögel** vertreten: u.a. Kolibris, der *Junco volcanero* (eine Scharrammer der Gattung Junco), der Eichelspecht, die kleine Brauneule, der *Jilguero* (eine Trugdrossel-Art), die Schlichtdrossel und der Rote Kleiber.

Besichtigung

Hinter der Kasse gabelt sich die Zufahrtsstraße. Geradeaus führt eine geteerte Straße bis **zum Gipfel Cerro Alto Grande** (3432 m). Von hier bietet sich bei entsprechendem Wetter ein toller Blick über das Gebiet des Nationalparks, an klaren Tagen sind sogar beide Ozeane zu sehen. Meist ist es windig und kalt, eine Jacke sollte man also dabeihaben.

Rechts endet die Straße an einem Parkplatz mit überdachten Picknickplätzen. In einem Souvenirshop gibt es warme und kalte Snacks und Getränke. Von hier führt ein **kurzer Spaziergang zu den beiden Kratern:** Zunächst kommt man zum Cráter Diego de la Haya, danach zum überwältigenden Hauptkrater, eines der beliebtesten Fotomotive Costa Ricas. Ein Holzzaun markiert das zugängliche Gebiet, der Bereich dahinter ist gesperrt.

Botanischer Garten Lankester

- **Fläche:** 10,7 ha
- **Höhe:** 1400 m
- **Klima:** Durchschnittstemperatur: 18–24 °C, Niederschlag: 1000–1300 mm/Jahr (vor allem Sept./Okt.)
- **Beste Besuchszeit:** Februar bis Mai (Orchideenblüte)
- **Geöffnet:** tgl. 8.30–17.30 Uhr (letzter Einlass 16.30 Uhr!)
- **Eintritt:** 7,50 $, Studenten 5 $
- **Info:** Tel. 2511.3247, www.jbl.ucr.ac.cr
- **Anfahrt: Pkw** ca. 4 km hinter Cartago Richtung Paraíso: links Rest. Casa Vieja, rechts Abzw. (ausgeschildert); Achtung: **Diebstahlgefahr** am „bewachten" Parkplatz! **Bus** von Cartago nach Paraíso; **Taxi** ab Cartago ca. 1500 C. (inkl. 1 Std. Wartezeit).

Der Botanische Garten Carlos H. Lankester, der zur Universität von Costa Rica (UCR) gehört, ist ein Muss für Freunde von **Orchideen und anderen tropischen Pflanzen.** Gegründet in den 1950er Jahren vom englischen Naturforscher *Charles Lankester,* wurde er später von der American Orchid Society und der Stanley Smith Foundation of England übernommen und 1973 an die UCR übergeben.

Bei einem **Rundgang** durch die Anlage, der etwa ein bis zwei Stunden in Anspruch nimmt, bekommt man im Freien und in Gewächshäusern unzählige Orchideen unterschiedlichster Farbe und Form zu sehen. Insgesamt werden hier über 800 in- und ausländische Orchideenarten gezüchtet, darunter auch die wunderschöne Nationalblume Costa Ricas, die *guaria morada (Guarianthe skin-*

nerii). Man erfährt, woran man Orchideen erkennt und dass die meisten Arten epiphytisch wachsen, d.h. an Bäumen und anderen Wirtspflanzen, die aber durch sie nicht geschädigt werden. Man kann auch ein junges Orchideenpflänzchen kaufen und zu Hause die Aufzucht versuchen.

Außer Orchideen sind noch **zahlreiche weitere Pflanzenarten** zu sehen, u.a. Helikonien, Bromelien, Farne und verschiedene Palmen- und Bambusarten; sogar einen Kaktusgarten gibt es. Mehrere gut angelegte Wege führen durch einen prämontanen Feuchtwald mit 81 Baumarten. Neben vielen eingeführten Arten wachsen hier auch einige in der Region endemische Arten wie Kirschmyrte *(Eugenia cartagensis)*, guava maría *(Inga montaniana)* und yos *(Sapium oligoneurum)*.

Von Cartago ins Orosi-Tal

Südlich der Stadt Paraíso erstreckt sich auf einer Höhe von rund 1000 m das schöne Tal des Río Grande de Orosi, der zusammen mit dem Río Aguacaliente den **Cachí-Stausee** speist. Neben der kleinen Ortschaft Orosi mit der ältesten Kirche des Landes lohnt vor allem der Nationalpark Tapantí am Oberlauf des Flusses einen Besuch.

Hinweis: Wer aus Süden kommend vom Cerro de la Muerte in Richtung Cartago unterwegs ist, sollte nicht die Hauptstraße verlassen und versuchen, über Tejar de el Guarco/Muñeco ins Orosital fahren. Also nicht Cartago umfahren oder abkürzen; die Hauptstraße über Paraíso ist der direkteste und beste Weg!

Paraíso, das „Tor zum Orosi-Tal" auf 1325 m Höhe, ist die Hauptstadt des gleichnamigen Kantons (ca. 35.000 Ew.), zu dem auch die Regionen Orosi und Cachí gehören. Gegründet wurde der Ort 5 km östlich von Cartago von Einwohnern der Stadt Ujarrás, die durch eine Überschwemmung im Jahre 1732 zerstört wurde. Busse fahren tgl. von 4.30–22.30 Uhr alle 30 Min. nach Cartago.

Etwa 8 km nach Paraíso liegt rechts der **Mirador Orosi**, ein Aussichtspunkt der ICT mit schönem Blick auf das Orosi-Tal und den Cachí-Stausee. Die großzügige Anlage mit einer Vielzahl überdachter Picknickplätze ist täglich von 6 bis 16.30 Uhr geöffnet (Eintritt frei). Gegenüber des Miradors gibt es eine neue **Canopy-Tour** speziell für Familien: Xplore Orosi, 35 $ p.P. Etwa 200 Meter vorher liegt links das **Museo Costarricense de Café Arte:** tgl. geöffnet, keine festen Zeiten, Eintritt 4 $ (Tel. 8926. 2856, www.cafegrafia.com).

Die Straße schlängelt sich nun bergab in das Orosi-Tal mit ausgedehnten Kaffeeplantagen. Hinter der Brücke über den Río Navarro zweigt rechts die Zufahrt ab (ca. 2,5 km) zum:

■ **Hotel Río Perlas** (Tel. 2533.3341, www.rioperlasspaandresort.com): übertevertes 5-Sterne-Resort mit Thermalpool und Schwimmbad, Restaurant; 64 komfortable Zi.: ab 114/124/164 $; 15 Suiten: ab 128/139/174 $ (ÜF); KK.

Orosi

Nachdem man den Río Navarro überquert hat, erreicht man nach rund 8 km hinter Paraíso den auf 1050 m Höhe liegenden Ort Orosi, der vor allem wegen seiner Kirche von Bedeutung ist. Die **Klosterkirche** von Orosi gilt als die älteste noch erhaltene Kolonialkirche Costa Ricas. Nachdem der Franziskanerorden hier 1753 das Kloster Parroquía San José de Orosi gegründet hatte, begann man mit dem Bau von Kirche und Klostergebäude, die 1766 fertig gestellt wurden. Nur 80 Jahre später mussten die Missionare den Ort wieder verlassen – erst 1947 kehrten die Franziskaner aus Spanien zurück.

Neben der Kirche befindet sich ein **Museum religiöser Kunst** (Museo de Arte Religioso) mit Kultobjekten aus dem 18. und 19. Jh., u.a. Gewänder, silberne Kerzenhalter, Christusfiguren, Mobiliar und Messbücher. Das Museum ist Mo–So 8–12 und 13–17 Uhr geöffnet, Tel. 2533.3051, Eintritt: 1 $.

Unterkunft

■ **Albergue Montaña Linda** (200 m nach der Kirche rechts, Tel. 2533.3640, www.montanalinda.com): Privathaus mit Küchenbenutzung, günstige Sprachkurse (ab 195 $ inkl. 5 Übernachtungen und HP); Schlafraum: 8 $ p.P., einf. Zi. mit bc: 15/22/30 $, Camping 3 $ p.P.

MEIN TIPP: **Orosi Lodge** (neben Thermo-Mineralbad Orosi, Tel. 2533.3578, in D: 0861/165906, www.orosilodge.com): empfehlensw. Lodge in schöner Lage mit Blick zum Vulkan Irazú, Cafeteria (tolles Frühstück für 8 $), Art Gallery, Verleih von Mountainbikes und Pferden, geführte Touren, Internet, sehr hilfsbereit, dt. Ltg.; 6 geschmackvoll eingerichtete Zi., bp (WW), DV, Küchenzeile mit KS, Kaffeemaschine: 66/66/78 $; sowie ein Chalet mit 3 Schlafzi., Küche, Dachterrasse + 1 Apartm. für 4 Pers. mit Küche, Wohnzi.: 95/95/110 $ (Ü); KK.

■ **Tetey Lodge** (am Ortsende/Straße Ri. Tapantí rechts, Tel. 2533.1335, www.teteylodge.com): neueres kleines Hotel, guter Zimmerstandard, teilweise Straßenlärm; 10 nette Zi. mit Bad, TV: 53/

73/92 $ (ÜF), NS: 45/63/81 $ (ÜF), mit Küche: 62/85/107 $ (ÜF), NS: 53/73/93 $ (ÜF); KK.
● **Hotel Tapanti Media** (kurz nach Ortsende Ri. Tapanti rechts, Tel. 2533.9090, tapantimedia@gmail.com): in einer Kaffeeplantage, gutes Frühstück, 11 einfache Zimmer: 50/67/82 $ (ÜF); KK.

Restaurants

● **Pizzeria Luz de Luna** (neben dem Supermarkt Super Anita an der Hauptstraße): gute Pizza (6 $).
● **Rest. Coto** (am Sportplatz, Tel. 2533.3032): große Auswahl, „gut-bürgerlich", tgl. 9–22 Uhr.
● **Soda Luz** (100 m nördlich der Polizeistation): einfache Soda, gut & günstig, tgl. 7–15 Uhr.
● **Casa del Sabor** (gegenüber Tankstelle): landestypische Küche, sehr gutes Preis-LeistungsVerhältnis.
● **Orosi Lodge Coffee Shop** (neben dem Thermo-Mineralbad): Kaffeespezialitäten, gutes Frühstück, leckere Kuchen, Sandwiches.
● **Rest./Bar El Mirador** (im Hotel Tapanti Media): nettes Lokal, nationale und internationale Küche, gute Pizza & Steaks, tgl. 7–21 Uhr.

Infos von A bis Z

● **Apotheke:** *Farmacia La Candelaria* (im Centro Comercial hinter Rest. Coto, Tel. 2533.1919): Mo–Sa 11–19 Uhr, So geschlossen.
● **Bäckerei:** *Panadería Suiza*, 100 m südl. der Banco Nacional, Tel. mobil: 8706.6777: Vollkornbrot, Kuchen, Sandwiches, Marmeladen. Auch Vermietung von Apartment mit Küche.
● **Geldwechsel:** *Banco Nacional* mit Geldautomat neben Supermarkt Super Anita (Mo–Fr 8.30–15.45 Uhr).
● **Kaffee-Tour** bei der *Finca Cristina* (bei Paraíso, Tel. 2574.6426, www.cafecristina.com): biologischer Anbau, 1½-Std.-Tour (12 $ p.P.), nur mit tel. Voranmeldung, Infos auch c/o Orosi Lodge.
● **Finca-Tour:** *Agroturismo Finca Sermide* (Ajenjal, Ujarras, Tel. 2574.2027, www.fincasermide.com): landwirtsch. Betrieb mit Biogasanlagen, Tour 1½ Std.: 10 $ p.P., nur mit tel. Voranmeldung, Infos auch c/o Orosi Lodge (s.o.).
● **Motorradverleih und Touren:** *Costarica Moto* (100 m südl. der Banco Nacional, Tel. 8332.7777, www.costarica-moto.com): schweiz. Leitung, Motocross-Maschinen (Yamaha 125–660 ccm), auch Fahrradvermietung.
● **Tankstelle:** Ortsausgang, tgl. 4–23 Uhr, KK.

Busverbindung

● **Nach Cartago** (über Paraíso): Mo–Fr 5.15–21.30 Uhr (alle 15–30 Min.), Sa 5.30–22.25 (alle 15–30 Min.), So 6.30–22 Uhr (alle 15–30 Min.), Fahrzeit: 45 Min.

Thermalbäder

Südlich des Ortes gibt es zwei **Thermalbäder:**
● **Termo-Mineralbad Orosi** am Ortsende rechts neben Orosi Lodge, geöffnet tgl. 7.30–16 Uhr, drei Becken, Wassertemperatur 35 °C, Rest., Eintritt 1800 C. (ca. 3,50 $), Dienstag Ruhetag.
● **Balneario Los Patios**, 2 km hinter Orosi links, Di–So 8–16 Uhr, Mo geschl.; das Wasser tritt mit ca. 50 °C aus der Erde, Warmwasserbecken mit 37 °C, weiteres Becken mit „nur" 21 °C, Rest., Eintritt 2000 C. (ca. 4 $).

Von Orosi zum NP Tapantí

Knapp 3 km nach Orosi gabelt sich die Straße: Links führt sie über eine Brücke zum Hotel Río Palomo und weiter zum Cachí-Stausee, geradeaus kommt man zum Tapantí-Nationalpark. Kurz nach der Abzweigung endet am **Wasserkraft-**

werk Río Macho nicht nur die öffentliche Busverbindung, sondern auch die bis dahin gute Teerstraße. Die folgenden **8 km bis Tapantí** führen durch ein Kaffeeanbaugebiet. Etwa 5 km hinter Orosi zweigt rechts die Zufahrt ab zum Nebelwaldreservat Monte Sky.

Nebelwaldreservat Monte Sky

- **Fläche:** ca. 250 ha
- **Öffnungszeiten:** tgl. 7–16 Uhr
- **Eintritt:** 8 $
- **Infos:** Tel. 2228.0010

Dieses Privatreservat verfügt über **zahlreiche Wanderwege** durch Nebelwald (z.T. Primärwald) mit schönen Aussichtspunkten und Wasserfällen und einem Selbsterkundungspfad. Auch Vogelfreunde kommen auf ihre Kosten: 345 Vogelarten wurden bereits identifiziert.

Unterkunft

- **Kiri Mountain Lodge** (ca. 1,5 km vor dem Nationalparkeingang Abzw. links, Tel. 2533.2272 oder 8394.6286): sehr ruhig am Rande des Regenwaldes gelegen, Rest. (7–20 Uhr geöffnet; Casado, Forellen aus eigener Züchtung), Wanderwege; 6 gute Zi. (max 4 Pers.), bp (WV): 35/45/55 $ (ÜF); keine KK.

Nationalpark Tapantí

- **Fläche:** 6080 ha
- **Höhe:** 1220–2560 m
- **Niederschlag:** Mai–Okt. über 6500 mm
- **Gegründet:** 23.3.1992
- **Geöffnet:** tgl. 8–16 Uhr
- **Eintritt:** 10 $

- **Info:** Tel. 2551.2970 und Tel. 2200.0090, www.cartagovirtual.com/turismo/PN_Tapanti.php
- **Übernachtung:** siehe oben
- **Anreise: Pkw** von San José über Cartago, Paraíso und Orosi (24 km ab Cartago); **Bus** ab Cartago nach Orosi, Río Macho; **Taxi** ab Orosi.

Der Nationalpark Tapantí Macizo de la Muerte, wie er vollständig heißt, nimmt den oberen Teil des Flusstals des Río Grande de Orosi ein, dem wichtigsten Quellfluss des Río Reventazón, und ist größtenteils vom **Forstreservat Río Macho** umgeben. Mit jährlichen Niederschlägen von über 6500 mm zählt das Gebiet zu den regenreichsten des Landes und ist von großer Bedeutung für die Wasserversorgung auch der Hauptstadt San José.

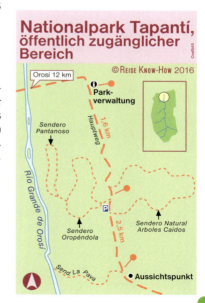

Flora und Fauna

Im Gegensatz zu den vulkanischen Gebieten gibt es hier eine große Vielfalt vor allem in der **Pflanzenwelt.** Im hier vorkommenden prämontanen und niederen montanen Regenwald sind die häufigsten Baumarten Eichen, *burío (Heliocarpus appendiculatus),* Wilder Avocado, Erle *(Alnus acuminata), canilla de mula* (*Licania arborea*) und *papayillo (Didymopanax pittieri).* Außerdem gibt es eine Vielzahl von Bromelien, Orchideen, Moosen und Farnen sowie den „Regenschirm der Armen" *(Gunnera insignis).*

Zu den etwa 45 hier heimischen **Säugetierarten** zählen u.a. vom Aussterben bedrohte Tierarten wie der Tapir und Raubkatzen wie Ozelot, Wieselkatze und Tigerkatze. Außerdem leben hier Bergziegen, Wickelbären, Wasch- und Nasenbären, Pakas und Agutis sowie Brüll- und Kapuzineraffen.

Bisher hat man rund 260 **Vogelarten** gesichtet, darunter Quetzal, Kolibris, Sperber, Falken, Truthennen, Tauben,

jilguero (Trugdrossel), Keilschwanzsittiche, Amazonen, Berghühner, Tangaren und Stirnvögel.

Wanderwege

Im öffentlich zugänglichen Teil des Parks gibt es mehrere angelegte Wege, die wegen des hohen Niederschlages matschig sein können. Die Chance, hier größere Tiere zu sehen, ist aber gering, die Wassertemperatur des Río Orosi meist kühl. Zurzeit werden zwei neue Wege fertig gestellt, geführte Nachttouren sind geplant.

Sendero Oropéndola
Ca. 1,5 km nach dem Eingang rechts; Rundweg, Gehzeit ca. 30 Min. Unterwegs zweigt ein weiterer Rundweg ab, **Sendero Pantanoso:** Gehzeit ca. 20 Min., Zugang zum Fluss (Bademöglichkeit) und überdachten Picknickplatz.

Sendero Arboles Caidos
Auf der gegenüberliegenden Seite der Hauptstraße; Rundweg mit einigen Steigungen, möglicherweise matschig, Gehzeit etwa 1½ Std.

Sendero La Pava
Schöner Weg, etwa 3,5 km (ab Eingang) rechts, ca. 30 Min. bergab zum Fluss.

Sendero La Catarata
Zweigt vom Sendero La Pava ab und führt über eine kleine Hängebrücke über den Fluss zu einem schönen Wasserfall (Bademöglichkeit).

Sendero al Mirador
Am Ende des öffentlich zugänglichen Teils des Nationalparks (ca. 4 km ab Eingang) führt ein 100 m langer, steiler Weg zu einem schönen Aussichtspunkt mit Blick ins Tal und auf einen Wasserfall, bei schönem Wetter sogar bis zum Irazú.

Tapantí in den Strahlen der untergehenden Sonne

Rund um den Cachí-Stausee

Die Fahrt über Paraíso nach Orosi wurde bereits im vorigen Kapitel beschrieben. Etwa 2 km nach der Ortschaft Orosi zweigt links eine Straße ab, die zunächst auf einer abenteuerlich anmutenden Hängebrücke über den Río Orosi führt.

Bald hat man von der (durchweg geteerten) Straße aus einen schönen Blick auf den 559 ha großen Cachí-Stausee, der im Jahre 1966 aufgestaut wurde. Eine Stichstraße führt kurz hinter dem Ort Cachí links zum Restaurant La Casona del Cafetal mit schönem Blick über den Stausee. In Cachi kann man die **Galerie** des einheimischen Künstlers *Martin Calderón* besuchen; sie liegt nach der Ortseinfahrt an der zweiten Straße rechts (Tel. 8896.5812).

Etwas weiter liegt rechter Hand vor einer Brücke **La Casa del Soñador,** das *Haus des Träumers,* die Wirkungsstätte des im Jahr 1995 verstorbenen Schnitzers und Bildhauers *Macedonio Quesada,* ein liebenswertes Sammelsurium teilweise recht bizarrer Holzskulpturen. Die Söhne des Meisters führen die Arbeit ihres Vaters fort; die Ausstellung ist im Prinzip jederzeit zugänglich.

11 km nach der Brücke kann man auf der rechts abzweigenden Straße einen

Abstecher nach Turrialba machen. Unterwegs hat man bei schönem Wetter einen fantastischen Blick auf das tief eingeschnittene Tal des wilden Río Reventazón sowie zurück auf den See und die dahinter liegenden Vulkane. Die geteerte Straße endet nach 16 km im Ort **Tucurrique.** Von hier führt eine steinige Piste über Atirro zur Hauptstraße nach Turrialba (ca. 10 km).

Bleibt man jedoch auf der **Hauptstrecke,** überquert man kurz nach der Abzweigung nach Turrialba die 96 m hohe **Staumauer,** 1966 erbaut. Unterhalb des Wasserkraftwerks ergießt sich der Río Reventazón in Richtung Atlantik.

◁ Der Cachí-Stausee

Unterkunft & Restaurants

■ **Hotel/Restaurant La Casona del Cafetal** (Tel. 2577.1414, www.lacasonadelcafetal.com): Nettes Rest. direkt am Cachí-Stausee; sehr schöne Zimmer und Suiten: DZ 150–250 $.

■ **Restaurant La Milpa** (gegenüber der Einfahrt zum Casona del Cafetal, Tel. 2577.1006): traditionelle Küche, Sa/So Kunsthandwerksmarkt, Fr–So 11–18 Uhr.

■ **Hotel Quelitales** (5 km östl. von Cachí, Tel. 2577.2222, www.hotelquelitales.com): neues Hotel im Valle de Cachí, sehr freundlich/hilfsbereit, die letzten 500 m steile Naturstraße; 3 modern und stilvoll eingerichtete Bungalows mit Outdoor-Dusche und Terrasse: ca. 100/135/160 $ (ÜF), KK – Lesertipp.

■ **Restaurante Casa José** (am Hotel Quelitales, s.o.): gute einheimische Gerichte und vegetarisches Essen, abends bei Kerzenlicht.

■ **Piedras Albas de Cachí** (Straße Richtung Peñas Blancas, Tel. 2577.1462): Pferdetouren, Anfahrt: Allrad erforderlich, 2 Zi. (4 Betten) à 60–100 $.

■ **Café Chumi** (kurz vor der Staumauer am Lago Cachí, Tel. 2577.2323): sehr gute und preisgünstige Soda, freundlich, Di–So, 7–18 Uhr.

Ujarrás

Nach weiteren 3,5 km durch fruchtbares Ackerland führt eine Abzweigung links nach Ujarrás. Der frühere Hauptort der Region wurde nach mehreren **Erdbeben und Überschwemmungen** im Jahre 1833 von seinen Bewohnern verlassen, die daraufhin 6 km weiter den Ort Paraíso gründeten.

Die Umgebung von Cartago

Hält man sich an der Abzweigung rechts, kommt man zunächst zum **Balneario Ujarrás**, einem kleinen Freibad mit einem Schwimmbecken (geöffnet Sa/So 9–16 Uhr, in der Hochsaison täglich) und gegenüber zur **Kirchenruine von Ujarrás** (geöffnet tgl. 7–16 Uhr). Hier wurde bereits in den Jahren 1561–69 eine kleine Holzkirche erbaut, die als erste Kirche in Costa Rica überhaupt gilt. Ein zweiter Kirchenbau aus dem Jahre 1638 im Adobe-Stil wurde von einem Erdbeben zerstört. Als im Jahre 1666 die Piraten Mansfield und Morgan einen Überfall auf den Ort Ujarrás planten, geschah das Wunder: Die Jungfrau selbst erschien und schlug die Piraten in die Flucht. Daraufhin begann man 1681 mit dem Bau einer Steinkirche, die 1693 geweiht wurde. Zum Gedenken an die Rettung des Ortes weihte man sie *Nuestra Señora de la Limpia Concepción del Rescate de Ujarrás* (Unsere Dame der unbefleckten Empfängnis der Befreiung von Ujarrás). Die 1833 verlassene Kirche ist heute nur noch eine Ruine und steht unter Denkmalschutz. In jüngster Zeit steigt der Seespiegel immer mehr, das Wasser nähert sich den Ruinen und droht, diese zu zerstören.

An der neuen Straße von Ujarras nach Paraíso befindet sich das kleine, interessante **Museo Histórico Leone de Ujarras**, in dem man mehr über die bewegte Vergangenheit der Region in den Zeiten der spanischen Conquistadores und Piraten erfahren kann: Mo–So 8–16 Uhr.

Turrialba und Umgebung

- **Einwohner:** ca. 30.000, Bezirk ca. 70.000
- **Lage:** 646 m ü.M., 64 km östlich von San José
- **Klima:** Tagestemperatur 20–26 °C

Die geschäftige Stadt Turrialba liegt am Ostende des Valle Central, ungefähr auf halber Strecke zwischen Cartago und Siquirres am Río Turrialba, einem wichtigen Nebenfluss des Río Reventazón. Die Hauptstadt des gleichnamigen, über 1600 km² großen Kantons, der zur Provinz Cartago gehört, ist ein wichtiges **Landwirtschaftszentrum,** denn auf den guten vulkanischen Böden im Umland gedeiht allerlei Obst und Gemüse. Mag die Stadt selbst auch nicht sonderlich attraktiv sein, wird sie doch immer beliebter als Ausgangspunkt nicht nur zum Nationalmonument Guayabo, der einzigen bedeutenden archäologischen Stätte des Landes, sondern vor allem auch für **Kajak- und Schlauchboot-Touren** auf den nahe gelegenen Flüssen Río Reventazón und Río Pacuare.

Stadtgeschichte

Der Ort wurde erst sehr spät von den Spaniern besiedelt und war zunächst von Indianern bewohnt. Über die **Bedeutung des Namens** gibt es verschiedene Vermutungen: In der lokalen Indianersprache heißt *turire* Feuer und *aba* Fluss, wahrscheinlicher ist aber, dass die Silben *turris* („Turm") und *alba* („weiß") sich auf den nahe gelegenen Vulkan Turrialba beziehen.

1564 wurde der Kazike von Turrialba erstmals erwähnt, und **1569** sollen hier bereits 1800 Menschen gelebt haben. Bei einer Volkszählung im Jahre **1700** bestand das Dorf nur noch aus 50 indianischen Einwohnern: Seuchen und Wanderungsbewegungen hatten die Bevölkerung dezimiert.

Europäische Siedler ließen sich erst im 18. und 19. Jahrhundert hier nieder, vorwiegend um auf den fruchtbaren Böden Ackerbau zu betreiben. Den größten Aufschwung erlebte die Stadt dann mit der Fertigstellung der **Eisenbahnlinie** im Jahre 1890 – rund ein Jahrhundert sollte Turrialba eine wichtige Haltestelle auf der Strecke San José – Limón sein.

Unterkunft

- **Hotel Interamericano** (Av.1, hinter dem Bahngleis, Tel. 2556.0142, www.hotelinteramericano.com): Internet, freundl. Besitzerin; 22 Zi., einf., aber ok, gute Betten, sauber; bc (sauber, WW): 12/22/33 $; bp (WW): 25/30/50 $; Frühstück 4 $; KK; guter Billig-Tipp.
- **Hotel Turrialba** (Av.2/C.2–4, Tel. 2556.6654): 11 recht ordentliche Zi., bp (WW), DV, Kabel-TV, teilweise dunkel: 23/40 $; KK.
- **Hotel Wagelia Turrialba** (Av.4/C.2–4, Tel. 2556.1566, www.hotelwageliaturrialba.com): älteres Hotel im Zentrum mit Rest., Bar; 18 ordentl. Zi., bp (WW), z.T. AC: 71/88/100 $ (ÜF).
- **Turrialba B & B** (C.1/Av.6, Tel. 2556.6651, www.turribb.com): neuere Unterkunft im Zentrum, Gratis-Internet; 11 gute Zi., DV, bp: ab 85/100/115 $ (ÜF).

Außerhalb

- **Hotel Wagelia Dominica (**ca. 1,5 km nördl. Richtung Pacayas, Tel. 2556.1029, www.hotelwageliadominica.com): älteres Hotel, Rest., Pool, Blick

auf Kaffeeplantagen und Vulkan; 22 einf. Zi., bp, Vent.: DZ ab 65 $ (ÜF).
● **Hotel Wagelia Espino Blanco Lodge** (ca. 8 km nördlich von Turrialba und 65 km von San José, Tel. 2556.0616, www.wageliaespinoblancolodge.com): Lodge in Hanglage, Rest., Wanderwege, Vogelbeobachtung; 10 rustikale Zi., bp: DZ ab 59 $ (ÜF).
● Zu weiteren Unterkünften siehe in den folgenden Kapiteln.

Restaurants

● **Café Azul:** nettes kleines Café, das um die Ecke von der *Banco Crédito Agricola de Cartago* liegt.
● **Bar/Rest. Wagelia** (Av.4/C.2–4, im Hotel Wagelia Turrialba): schöne Sitzgelegenheiten auf Veranda, Fleisch u. Fisch um 8 $; KK.
● **Rest. La Feria** (50 m westl. vom Hotel Wagelia Turrialba): gutes Essen zu vernünftigen Preisen.
● **Rest. La Garza** (Av.6/C.C.): Standard-Speisekarte, nichts Besonderes, aber günstig; ein guter Platz, um ein Bier zu trinken.
● Wer Pizza mag, kann die **Pizzeria Mama Mia** (C.1/Parque Central) und die **Soda/Pizzeria Popos** (!) nebenan versuchen.
● Chinesische Küche gibt es in den **Restaurants Nueva Hong Kong** (Av.4/C.1) und **Hong Kong** (C.1/Av. C.-2).
● **Rest. Don Porfis:** das beste Essen der Stadt gibt es ca. 5 km außerhalb an der Straße nach Sta. Cruz; etwas teurer, aber immer noch günstig.

Infos von A bis Z

● **Erste Hilfe:** Rotes Kreuz (C.2/Av.4–6, Tel. 2551.0421), Krankenhaus (an der Hauptstraße nach Paraíso und Cartago).
● **Geldwechsel:** *Banco Nacional* (Av.C., Mo–Fr 8.30–15.45 Uhr) und *Banco de Costa Rica* (Av.C., Mo–Fr 9–15 Uhr).
● **Internet:** Zahlreiche Internet-Cafés, u.a. über der Pizzeria Mama Mia und westl. der Kirche (im 2. Stock).
● **River-Rafting:** zahlreiche Anbieter, u.a. *Explornatura* (Tel. 2556.0111 in D: 0861/165906, www.explornatura.com): Río Pejibaye: 70 $, Río Pacuaré: 85 $, 2 Tage inkl. Übernachtung 260 $ p.P./VP; *Rainforest World* (Tel. 2556.0014, www.rforestw.com); *Ticos River Adventures* (Tel. 2556.1231, www.ticoriver.com) und *Río Loco's Tropical Tours* (Tel. 2556.3500, www.whiteh2o.com).
● **Sprachschule:** *Spanish By the River Escuela Español,* Tel. 2556.7380, www.spanishatlocations.com.
● **Tourist-Info:** c/o Hotel Interamericano.
● **Post:** C.C./Av.8, Mo–Fr 8–17.30 Uhr, Sa 7.30–12 Uhr.
● **Taxi:** Standplatz: C.C./Av.C.-2, Tel. 2574.4442, 2551.5757.

Busverbindungen

Der **neue zentrale Busbahnhof** liegt am westl. Ortseingang. Von dort starten alle Busse mit Ausnahme der Busse nach Sta. Rosa (Abfahrt: Calle 2).

● **Cartago/San José:** *Lumaca* (Tel. 2537.2320), Mo–Sa 5–21 Uhr, So 5–19.30 Uhr (stündl.), Fahrzeit ca. 2½ Std., Preis ca. 1 $.
● **Siquirres:** *Transp. Caribeños* (Tel. 2556.4233), Mo–Do 6–18.15 Uhr (alle 2 Std.), Fr–So 6–19 Uhr (jede Std.), Fahrzeit ca. 1½ Std.
● **Guayabo:** *Transportes Rivera* (Tel. 2556.0362), Mo–Sa 6.20, 11.15, 15.10 und 17.30 Uhr (Rückfahrt: 7.05, 12.20, 16.10 und 18.30 Uhr), So 9 und 15 Uhr, zurück 9 und 15 Uhr), Fahrzeit: 1 Std.

> Fast undurchdringlich

☐ Übersichtskarte S. 96, Karte Guayabo S. 156 **Turrialba und Umgebung** 155

Nationalmonument Guayabo

■ **Fläche:** 218 ha (davon 137 ha Waldgebiet)
■ **Höhe:** 1100 m
■ **Niederschlag:** 3500–4000 mm/Jahr
■ **Gegründet:** 13.10.1973
■ **Geöffnet:** tgl. 8–15.30 Uhr
■ **Eintritt:** 5 $, Kinder 1 $
■ **Info:** Tel. 559.1220, http://areasyparques.com/areasprotegidas/monumento-nacional-guayabo
■ **Unterkünfte:** Camping (2 $ p.P.), südlich **La Calzada Lodge** (Tel. 2559.9437): Rest.; 4 einf. Zi., bc: 9/15 $, **Jardin de Mariposas** (Tel. 2559.0560): DZ 35 $ (ÜF).
■ **Anreise** mit dem **Pkw:** von Turrialba über Sta. Rosa (ausgeschildert, nach 13 km Abzw. rechts, 10 km Piste) oder über Pacayas nach Sta. Cruz, Abzw. links: 8,5 km ungeteert; in beiden Fällen ist das letzte Stück in schlechtem Zustand. **Bus:** ab Turrialba bis Sta. Teresita und 4 km zu Fuß, zurück um 13.30 und 16.30 Uhr.
■ **Tipp:** Essen und Getränke mitbringen!

Guayabo ist die **wichtigste und größte archäologische Stätte** des Landes, lohnt aber auch wegen des Naturerlebnisses einen Besuch. Ab etwa 500 v. Chr. besiedelt, hatte diese **frühe Kultstätte** ihre Blütezeit von 800 bis 1400 n. Chr. Man vermutet, dass in einer Reihe von Dörfern im Umfeld etwa 1500 bis 2000 Menschen lebten. Auf einer Fläche von 15–20 ha entstanden hier künstliche Erdhügel *(montículos)*, Steinmauern, gepflasterte Straßen, Brücken, Wasserauffangbecken, Aquädukte, Bewässerungskanäle und Gräber, von denen bis heute erst ein Teil freigelegt wurde.

1884 fand man erstmals ausgeraubte Gräber, wissenschaftliche Ausgrabungen begannen jedoch erst 1954 unter Leitung des Archäologen *Carlos Humberto Aguilar Piedra*. Für archäologisch Interessierte ist ein Besuch eine gute Ergänzung zum Nationalmuseum in San José, wo u.a. Steintische und Keramikscherben aus Guayabo zu sehen sind.

Valle Central

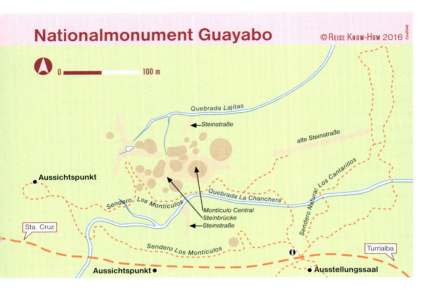

Flora und Fauna

Guayabo ist nicht nur wegen seiner archäologischen Bedeutung einen Besuch wert, sondern auch wegen seiner Natur. Mehrere kurze Wanderwege führen durch die **üppige Vegetation** der für die Region typischen Feuchtwälder. Die häufigsten Baumarten sind die Mexikanische Ulme, die Bitterzeder, Magnolien, Schweinsgummibaum, Feigenbaum *(Ficus costaricana)* und *quizarrá (Phoebe valeriana)*, die von zahlreichen Epiphyten wie Bromelien und Orchideen bedeckt sind.

Rundgang

Vom Eingang führt nach links ein etwa 1,2 km langer, leicht begehbarer Rundweg zu den Ausgrabungen (Sendero Los Montículos). An der ersten Weggabelung zweigt nach rechts ein **direkter Weg** zu der archäologischen Stätte ab.

Nach links kommt man zu einem Monolithen, der in Form eines Jaguars und eines Krokodils bearbeitet wurde. Daneben erkennt man Reste von Gräbern, deren Alter auf über 1000 Jahre geschätzt wird. Leider wurden die Grabbeigaben (vor allem Keramik) schon vor 1960 geplündert. Die nächste Abzweigung führt links zu einem Aussichtspunkt *(mirador)*, von wo aus man einen guten Überblick über die Anlage hat.

Nach rechts kommt man kurz darauf zu den eigentlichen **Ausgrabungen** (Gehzeit: ca. 10 Min. ab Eingang). Auf der linken Seite erkennt man gut erhaltene Reste eines Aquäduktes und eines Wassertanks, daneben die wohl älteste Brücke des Landes. Wegen der großen Niederschlagsmenge war es für die Bewohner dieses Flusstals nicht das Problem, Wasser zu bekommen, sondern sie mussten sich im Gegenteil Gedanken machen, wie sie sich vor zu viel Wasser schützen konnten.

Weiter rechts fallen mehrere **Erdhügel mit Steinmauern** ins Auge, wobei der zentrale und größte Hügel wohl dem Häuptling oder Schamanen vorbehalten war. Man nimmt an, dass auf diesen Hügeln runde Häuser aus Holzpfählen errichtet wurden, die mit Palmblättern gedeckt waren. Von den ehemals 45 **Petroglyphen,** die man hier fand, sind heute noch zwei zu sehen: Auf einigen sind Tiere dargestellt (Vögel, Raubkatzen), andere weisen Steinstrukturen scheinbar ohne Sinn auf.

Auf einer **Schautafel** kann man anhand einer Zeichnung erahnen, wie es hier wohl einmal ausgesehen hat, als Guayabo eine wichtige Kult- und Wohnstätte war. Derzeit wird eine alte Steinstraße renoviert, die mindestens 9 km lang und bis zu 10 m breit war. Aber es gibt noch viel zu tun, und mit Sicherheit wird man in den nächsten Jahren noch interessante Ausgrabungen machen.

Ein weiterer, etwa 1 km langer Rundwanderweg (Sendero Natural los Cantarillos) führt zum Río Lajas. Gegenüber des Eingangs gibt es ein **großes Modell** der Anlage.

Über die „Panoramaroute" von Turrialba nach Cartago (42 km)

Eine landschaftlich überaus reizvolle Fahrtstrecke führt von Turrialba **an den Hängen der Vulkane** Turrialba und Irazú entlang nach Cartago: 3 km nördlich von Turrialba durchquert man das Dorf Sta. Rosa und kommt nach weiteren 10 km zu einer der Zufahrten zum Nationalmonument Guayabo. 3,5 km weiter zweigt an der Bar La Cañada die Piste ab, die bis zur **Volcan Turrialba Lodge** und weiter zum Kraterrand des Vulkans Turrialba (ca. 17 km, die Straße zum Vulkan ist derzeit gesperrt) hinaufführt. Die nur selten befahrene Straße führt nun weiter durch landschaftlich genutztes Gebiet, bis sie nach 29 km das Städtchen Pacayas erreicht. 11 km weiter verzweigt sich die Straße: Nach rechts geht es bergauf zum Vulkan Irazú (26 km), nach links kommt man nach Cartago (2 km). Nach San José hält man sich an der Abfahrt nach Cartago geradeaus und erreicht etwa 4 km nach der Abzweigung die Autobahn.

Nationalpark Vulkan Turrialba

- **Fläche:** ca. 1577 ha
- **Höhe:** max. 3340 m
- **Info:** Tel. 2556.9507, www.cartagovirtual.com/turismo/PNV_Turrialba.php
- **Geöffnet:** tgl. 7–17 Uhr, Eintritt 12 $ (derzeit wegen hoher Aktivität geschlossen)
- **Anfahrt:** von Turrialba Richtung Pacayas, nach 17 km an der Bar La Cañada rechts, ca. 17 km Piste zum Gipfel (Allrad erforderlich)

Weithin sichtbar ist dieser östlichste Ausläufer und mit 3330 m **zweithöchste Gipfel der Cordillera Central.** Das Gebiet um den Vulkan, der noch im 19. Jh. sehr aktiv war, wurde zwar inzwischen zum Nationalpark erklärt, aber bisher

Schlangen, Spinnen und Skorpione

Weltweit gibt es rund 2500 Schlangenarten, von denen etwa 10 % giftig sind. Zu den **17 Giftschlangen,** die in Costa Rica vorkommen, zählen die Buschmeister, die echte Korallenschlange, die Klapperschlange und verschiedene Vipern-Arten. Ungiftig sind z.B. die Abgottschlange *(Boa constrictor)*, die tropische Rattenschlange und die falsche Korallenschlange.

Im Falle eines Bisses sollte nicht an der Wunde gesaugt oder geschnitten werden. Das Gift verlangsamt die Blutgerinnung und jede weitere Wunde verschlimmert den Zustand. Das Opfer muss so schnell wie möglich in ärztliche Behandlung. Für den Transport sollte man das betroffene Körperteil oberhalb der Wunde abbinden, der Blutfluss muss aber alle 20–30 Minuten für ca. 60 Sekunden gelockert werden, sonst kann der betreffende Körperteil absterben.

Als **Gegenmittel** werden Seren aus dem Gift der Schlangen hergestellt. Durch Druck auf die seitlich am Kopf befindlichen Giftdrüsen wird ein Tropfen Gift gewonnen, der durch Gefriertrocknung konserviert und dann weiterverarbeitet wird.

In Costa Rica existieren **zwei Seren für alle heimischen Giftschlangen: Suero Anticoral** gegen Bisse der Korallenschlange und das **Suero Antiofidico Polivalente Liofizado** für alle übrigen Schlangenarten. Gekühlt sind die Seren bis zu zwei Jahre haltbar.

Skorpionstiche und Spinnenbisse können zwar schmerzhaft sein, sind aber in der Regel nicht tödlich. Sie verursachen eine Lähmung, die nur für Kleinkinder und ältere Menschen sowie für Allergiker gefährlich werden kann, deren Immunsystem geschwächt ist.

Maßnahmen zur Vorbeugung

- Wadenhohe, feste Schuhe tragen (Boots);
- nicht in Baumlöcher od. Steinhöhlen greifen;
- fest auftreten, denn Schlangen sind zwar taub, reagieren aber auf Erschütterungen;
- Kleider und Schuhe vor dem Anziehen ausschütteln;
- Schlafsack u. Bettzeug gründlich inspizieren;
- niemals barfuß laufen!

Weitere Informationen zu Schlangen und den damit verbundenen Gefahren erteilt der österreichische Schlangenexperte *Robert Meidinger,* der die Schlangenausstellung „World of Snakes" bei Sarchí leitet (siehe dort).

kommen nur wenige Besucher in diese Gegend, und es bleibt zu hoffen, dass die Tier- und Pflanzenwelt von einem Massenansturm wie bei den Nachbarvulkanen Poás und Irazú verschont bleibt. Lohnenswert ist sicherlich ein Aufstieg zum Gipfel, eine Straße führt vom Ort La Cruz nördlich in Richtung Vulkan. Einfacher ist es, mit einem Pferd in die Gipfelregion vorzudringen.

Der Nationalpark ist derzeit geschlossen, da es seit einiger Zeit regelmäßige Ausbrüche gibt.

Unterkunft

■ **Guayabo Lodge** (in Sta. Cruz, an der Straße von Turrialba nach Pacayas, Tel. 2538.8492, www.guayabolodge.com): schöne Lage auf 1500 m Höhe, Restaurant, 22 nette Zi.: 88/106/123 $ (ÜF).

■ **Hacienda La Central** (Tel. 2591.1001, mobil: 8862.5203, danzaconubes2010@hotmail.com): im Ort La Central, Rest., Parkplatz; 7 Zi., bc: 20 $ p.P.; Anfahrt: von Pastora R . Vulkan Turrialba (11 km, davon 9,5 km Asphalt).

■ **Volcán Turrialba Lodge** (Tel./Büro 2273.4335, www.volcanturrialbalodge.co.cr): nette Berg-Lodge zwischen den Vulkanen Irazú und Turrialba, Rest.service, Pferde, Fahrradverleih; 14 Zi., bp (WW): ab 94/118/136 $ (ÜF); KK. Anfahrt: über La Central (s.o.) +ca. 1 km. Allrad empfohlen.

In Coliblanco, 7 km hinter Pacayas in Richtung Vulkan Turrialba, befindet sich der **Paraiso de Volcanes Adventure Park** (Tel. 2534.0272, www.adventureparaisodevolcanes.com): Im Angebot sind u.a. eine Canopy-Tour (35 $), ein Klettergarten (25 $), Paragliding (15 Min./50 $), Rafting (65 $), Reiten (20 $/Std.) und Canyoning (25 $).

Von Turrialba nach Siquirres (ca. 45 km)

Früher war die Carretera 10 von Turrialba nach Siquirres die einzige Verbindung vom Zentraltal in die karibische Küstenebene. Nach dem Bau der Braulio-Carrillo-Schnellstraße verlor sie jedoch schnell an Bedeutung und ist daher eine gute Alternative, zumal landschaftlich sehr schön. Der größte Teil der Strecke wurde inzwischen neu geteert.

Nach 4 km liegt links die Zufahrt zum **C.A.T.I.E.** Dieses Forschungs- und Ausbildungszentrum für tropische Landwirtschaft *(Centro Agronómico de Investigación y Enseñanza)* liegt inmitten eines über 800 ha großen Gebietes, in dem die unterschiedlichsten Tropenpflanzen auf ihre landwirtschaftliche Nutzbarkeit untersucht werden. Die Bibliothek über tropische Landwirtschaft gilt als die größte der Welt. Für Besucher gibt es einen **Botanischen Garten:** geöffnet tgl. 7–16 Uhr (letzter Einlass), Eintritt: 10 $, Tel. 2556.2700.

Etwa 1 km nach dem C.A.T.I.E. zweigt rechts die Straße nach Florencia ab, über die man das **Hotel Villa Florencia** erreicht. Hinter der **Brücke über den Río Reventazón** (Wildwassertouren siehe unter „Sport" im Kapitel „Praktische Informationen A–Z") gabelt sich die Straße: links geht es weiter in Richtung Siquirres, geradeaus ins Tal des Río Tuis nach La Suiza. An dieser Straße zweigt rechts die Zufahrt (ca. 6 km über Atirro) zum **Casa Turire** und zur **Rancho Naturalista** ab (bei Tuis 1,7 km Richtung Platanillo, links, 1,5 km).

Einige Kilometer auf der Hauptstrecke Richtung Siquirres weiter steigt die

Turrialba und Umgebung

Straße zu einem kleinen Pass an. Oben liegt an exponierter Stelle mit tollem Blick auf Turrialba und Umgebung (8 km ab Turrialba) das **Hotel/Restaurant Turrialtico.**

Etwa 2 km weiter zweigt rechter Hand die Zufahrt zur **Cerro Alto Mountain Lodge** ab. Bis Siquirres sind es noch etwa 37 km wenig befahrener Straße mit zahlreichen schönen Ausblicken. Kurz vor der Ortschaft Boveda zweigt rechts die Zufahrt zur luxuriösen **Hacienda Tayutic** ab.

Parque Viborana

500 m weiter führt links eine Abzweigung zum Parque Viborana. Diese **Schlangenfarm** ist nicht nur eine Ausstellung von 26 einheimischen Schlangenarten – hier bekommt der Besucher auch ausführliche Erklärungen über diese faszinierenden Tiere. Neben Bildungs- und Forschungsarbeiten werden auch Schlangen gezüchtet, zum Verkauf oder um sie wieder in die freie Natur auszusetzen. Innerhalb von 2 Jahren wurden beispielsweise über 200 Boas, die hier aufgezogen wurden, in Nationalparks angesiedelt.

■ **Geöffnet** tgl. 9–17 Uhr (Reservierung erbeten), **Eintritt** ab 10 $ (inkl. Führung), Tel. 2538.1510, viboranamay@hotmail.com.

Südlich von Turrialba kommt man über Pejibaye zum 1518 ha großen und bislang nur selten besuchten **Naturreservat Refugio de Vida Silvestre La Marta,** das an die Nationalparks Tapantí und La Amistad grenzt. Es gibt Wanderwege, einfache Unterkunft und Campingmöglichkeit. Infos: Tel. 2542.0300, www.lamarta.org.

Unterkunft & Restaurants
■ **Rest. Angostura** (Tel. 2556.5757): Lokal in Eslabon de Turrialba mit Blick auf den Stausee, Spezialität: Fisch & Meeresfrüchte.
■ **Hotel Villa Florencia** (Tel. 2557.3536, www.villaflorencia.com): ruhig gelegenes Hotel mit Garten, Pool, Rest.; 11 freundl. Zi. und Suiten: DZ ab 150 $ (ÜF).
Mein Tipp: Casa Turire (Tel. 2531.1111, in D: 0861/165906, www.hotelcasaturire.com): gediegenes Lu-

▷ Typische Siedlung im Valle Central

◁ Epiphytenbewuchs

xushotel am Stausee La Angostura mit sehr gutem Rest., Pool, Pferde- und Fahrradverleih; 12 geschmackvoll und individuell eingerichtete Zi., bp, DV, TV, Balkon: ab 185 $ (ÜF); 4 Suiten: DZ ab 288 $ (ÜF); KK.

■ **Finca Pura Vida** (bei La Suiza, Tel. 2531.2587, nur span., in D: 0160/99531224, http://finca-costa-rica.de): dt. Ltg.; 2 Ferienhäuser in ruhiger Lage mit Küche; kl. Haus (bis 2 Pers.): 32 $, gr. Haus (bis 4 Pers.): 48 $.

■ **Rancho Naturalista** (Tel. 2554.8100, www.ranchonaturalista.net): gehobene Lodge für Birdwatcher, DZ 180 $ p.P. im EZ inkl. VP (NS: 140 $ p.P.).

■ **Turrialtico Lodge** (Tel. 2538.1111, www.turrialtico.com): großes Holzhaus in schöner Lage (herrlicher Ausblick), Rest. mit Fisch- und Fleischgerichten ab 6 $, Ausflüge zum Vulkan Turrialba, Guayabo und Rafting-Touren; 18 ordentl. Zi., bp (WW), z.T. Balkon mit Aussicht: ab 64/64/87 $ (ÜF); KK.

■ **Hacienda Tayutic** (Tel. 2538.1717): luxuriöses Boutique-Hotel in schöner Lage; DZ ab 275 $ (ÜF).

An der Straße nach Siquirres zweigt bei Tres Equis rechts ein Zufahrtsweg ab zum **Río Pacuare**. Hier beginnen die vielleicht **schönsten Rafting-Touren** in Costa Rica. Ein besonderes Erlebnis ist auch eine Zwischenübernachtung am Fluss in einer Urwald-Lodge, die nur per Schlauchboot erreichbar ist:

MEIN TIPP: **Pacuare Lodge** (Río Pacuare, Tel. 2225.3939, in D: 0861/165906, www.pacuarelodge.com): schön gelegene Lodge am Wildwasserfluss Río Pacuare; komfortable Holzbungalows mit palmgedeckten Dach; nur in Verbindung mit einer River-Rafting-Tour buchbar: Paket 2 Tage/1 Nacht ab ca. 500 $ p.P. im DZ inkl. VP.

■ **Ríos Tropicales Lodge** (Straße Richtung Turrialba, Tel. 2233.6455, www.riostropicales.com): nur in Verbindung mit einer River-Rafting-Tour buchbar: Paket 2 Tage/1 Nacht: ca. 300 $ p.P. im DZ inkl. VP.

Nördliche Karibikküste | 181
Südliche Karibikküste | 191
Von San José nach Pto. Limón | 168

4 Karibische Küstenebene

Die karibische Küstenregion ist eine Welt für sich, geprägt von Reggae und Rastas. Da es derzeit keine Flugverbindungen dorthin gibt, ist die Zahl der Besucher niedriger als an der Pazifikküste, sodass es zwar schöne Strände, aber keine großen Hotelanlagen gibt.

◁ Strand südlich von Puerto Viejo

NICHT VERPASSEN!

- **Nationalpark Tortuguero:**
  auf einer Bootsfahrt durch die geheimnisvollen Kanäle im Nationalpark lassen sich viele Tiere gut beobachten | 183
- **Nationalpark Cahuita:**
  eine Wanderung im Nationalpark bietet immer neue Ausblicke aufs Meer und das vorgelagerte Korallenriff | 200
- **Die Strände südlich von Puerto Viejo:**
  sie gehören zu den schönsten des Landes, man muss sich aber vor den Strömungen in Acht nehmen | 209

Diese Tipps sind gelb hinterlegt.

◹ Kinder an der Karibikküste

ÜBERBLICK

Als am 18. Oktober 1502 Christoph Kolumbus auf seiner vierten Reise wegen eines Schadens an einem seiner Schiffe auf der Isla Uvita vor der heutigen Stadt Pto. Limón an Land ging, glaubte er, in Asien zu sein. Dabei war er der erste Weiße, der seinen Fuß auf ein Land setzte, das später Costa Rica heißen sollte. Da aber die Eroberung dieses Landes durch die Spanier von Norden her über die Pazifikküste erfolgte, setzte eine Besiedlung durch die Weißen auf der atlantischen Seite erst sehr spät ein.

Bis zur Mitte des 19. Jh. lebten fast ausschließlich Indianer an der karibischen Küste, bis man im Hochland beschloss, eine **Eisenbahn** zu einem Hafen zu bauen, von dem aus der Kaffee direkt nach Europa verschifft werden konnte. Das war die Geburtsstunde von Pto. Limón und der Anfang der Erschließung der Karibikregion. Zum Bau der Eisenbahnlinie wurden Arbeiter aus China und Jamaica verpflichtet, die dann später auf den Bananenplantagen der neu gegründeten United Fruit Company arbeiteten. Seither dreht sich hier alles um die **Banane,** auch heute noch Wirtschaftsfaktor Nr. 1 in dieser Region. Viehzucht und Fischerei sind von eher untergeordneter Bedeutung; in steigendem Maße wird auch der Tourismus wichtig.

Die Karibikküste Costa Ricas ist eine **Welt für sich:** Hier gibt es einen anderen Menschenschlag, eine regionale, karibisch geprägte Küche und sogar eine eigene Sprache, das Patois. Die schönen Strände mit Kokospalmen im Süden und das verzweigte Kanalsystem mit seiner reichen Tierwelt im Norden sind handfeste Argumente für einen Besuch dieser Region. Aber Achtung: Das Klima ist **niederschlagsreich und heiß!** Nur im Februar/März und September ist es hier relativ trocken.

Karibische Küstenebene

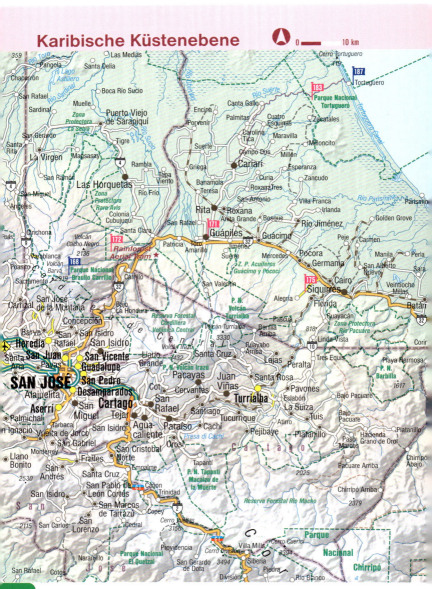

Karibische Küstenebene

Von San José nach Pto. Limón (168 km)

Die Eröffnung der Straße Braulio Carrillo 1989 war ein wichtiger Schritt zur Integration der Karibikregion und verkürzte die Autofahrt von San José nach Limón um mehrere Stunden. Durch unerschlossenes Gebiet, das teilweise zum Nationalpark Braulio Carrillo erklärt wurde, vorbei an Privatreservaten und Forschungsprojekten, führt die Straße mitten durch die Cordillera Central und die karibische Küstenebene über Guápiles und Siquirres nach Puerto Limón.

1 Sektor Zurqui, Verwaltung
2 Besucherzentrum Sektor Quebrada Gonzalez, Nationalpark-Posten

■ Rund 12 km nach San José führt am **Rest. Las Orquideas** links die Zufahrtsstraße nach San Isidro de Heredia (4 km).

■ Etwa 14 km nach San José liegt kurz nach einer Tankstelle (vor der Mautstation) rechter Hand das **Hotel Villa Zurquí** (Tel. 2268.8856, www.hotelvillazurqui.com): Bar, Rest., Pferde, ruhige Lage; 35 ordentl. Zi. in netten Häuschen: 65/65/80 $ (ÜF); Haus mit Kamin: 75/75/90 $ (ÜF); KK.

3 km nach der Mautstation (ca. 1 $) erreicht man die Passhöhe und damit die Grenze zum Nationalpark Braulio Carrillo. Die Straße durchquert den Park auf einer Länge von 23 km und bietet dabei immer neue Ausblicke.

Nationalpark Braulio Carrillo

■ **Fläche:** 45.899 ha
■ **Höhe:** ca. 36 m bis max. 2906 m
■ **Niederschlag:** 4500 mm/Jahr
■ **Gegründet:** 5.4.1978
■ **Geöffnet:** tgl. 8–16 Uhr, Mo geschl.
■ **Eintritt:** 12 $
■ **Info:** Tel. 2268.1038
■ **Übernachtung:** Campingmöglichkeit im Sektor Barva (s. Heredia)
■ **Anreise** mit dem **PKW:** ab San José nach Norden Richtung Limón (20 km), **Bus:** nach Guápiles oder Pto. Viejo Sarapiquí

Der Park mit seinen enormen Ausmaßen ist **eine der topografisch vielfältigsten Zonen des Landes:** Seine Ausläufer reichen von der feuchtheißen Ebene der Karibikabdachung bis zur Gipfelregion mehrerer erloschener Vulkane, unter ihnen der Vulkan Barva (2919 m), der Cerro Cacho Negro (2136 m) und der Cerro Hondura (2047 m). Bedingt durch den Nordost-Passat, ist die **Niederschlagsmenge** extrem hoch, die Folgen sind ein üppiges Wachstum und eine Vielzahl von Flüssen und Wasserfällen.

Doch nicht nur tiefe Flusstäler, sondern auch eine der wichtigsten Verbindungsstraßen des Landes zerschneiden den viertgrößten Nationalpark Costa Ricas. Benannt wurde er nach dem dritten Staatschef des Landes, *Braulio Carrillo Colina,* der von 1835 bis 1842 regierte. Er hatte erstmals den Plan, hier eine **Straßenverbindung** vom Hochland an die atlantische Küste zu bauen. Doch es sollte noch bis zum Jahre 1978 dauern, bis die Straße tatsächlich eröffnet werden konnte. Im gleichen Jahr erklärte man das Gebiet um die neue Straße zum Nationalpark, um neue Siedlungen und Rodungen entlang der Trasse zu verhindern. Dennoch bedeutet die Straße, die den Park von Nordost nach Südwest auf einer Länge von 23 km durchschneidet, eine **permanente Bedrohung** speziell für die Tierwelt: Immer wieder werden Tiere von Fahrzeugen getötet, angestammte Reviere werden durchschnitten, Lärm und Abgase drängen die Tiere in abgelegene Teile.

Flora und Fauna

Man schätzt, dass auf der größtenteils mit Primärwald bedeckten Fläche des Nationalparks etwa 6000 Pflanzenarten vorkommen, das entspricht rund der Hälfte aller in Costa Rica heimischen Arten. Der Grund ist eine **Vielzahl verschiedener Vegetationszonen,** die von der jeweiligen Höhenlage und Niederschlagsmenge geprägt werden.

Dabei weisen die **tiefer liegenden Gebiete** die größere Artenvielfalt auf, hier gedeihen u.a. Baumfarne, Heliconien, Palmen, Bromelien und der *sombrilla de pobre.* Auch die Bäume erreichen in diesem Bereich größere Höhen. Häufig kommen hier u.a. vor: Butternussbaum, Mahagoni, Eiche und Kapokbaum. In Gefahr zu verschwinden sind *nazareno,* Kalebassenbaum, *palmito dulce* und Erdpalme.

Charakterpflanzen im **höchsten Bereich** des Nationalparks (z.B. Vulkan Barva) sind die Eskallonie, Magnolien und die weiße Eiche.

135 Arten von **Säugetieren** und 347 **Vogelarten** wurden bisher gezählt.

Frösche und Kröten findet man häufig um Bajo de Hondura; die Kröte *bufo holdridgei* ist im Park endemisch, sie lebt in der Umgebung des Barva und bei Bajos del Tigre.

Rund 70 **Schlangenarten** leben im Park, u.a. der Buschmeister, die größte Giftschlange Amerikas.

Wanderungen

Sektor Zurquí
Hinter der Mautstelle, 500 m vor dem Tunnel rechts, befindet sich ein Nationalpark-Posten, an dem der etwa 250 m lange **Wanderweg Sendero Los Jilgueros** beginnt.

Sektor Quebrada González
2 km, nachdem der Río Sucio überquert wurde, befindet sich rechts ein weiterer Nationalpark-Posten (Infos, WC, Eintritt, Gummistiefel zu vermieten). Hier gibt es drei Wanderwege, leider herrscht hier hoher Verkehrslärm:

Sendero Las Palmas: Rundweg, 1,6 km durch tropischen Regenwald, Weg uneben, oft matschig, über Steine und Wurzeln, dennoch tolles Erlebnis. Dieser Weg ist ein guter Einstieg, um den tropischen Regenwald kennenzulernen. Wegen des dichten Bewuchses ist die Chance jedoch gering, größere Tiere zu sehen. Mit Sicherheit sieht man aber Vögel, schöne Blüten und eifrige Blattschneiderameisen, vielleicht sogar Affen.

Sendero El Ceibo: andere Straßenseite, Rundweg, ca. 1 km, relativ flach, nicht so matschig wie o.g. Weg, Aussichtspunkt zum Río Sucio.

Sendero Botorrama: andere Straßenseite (ca. 1,5 km Richtung Brücke), schöner **Rundweg** (ca. 1,3 km), flach. Eine Verbindung mit Sendero El Ceibo ist geplant.

Zu Wandermöglichkeiten im **Sektor Barva** siehe Kapitel „Valle Central" unter „Heredia".

Weitere Wandermöglichkeiten gibt es in den **Sektoren Ceibo** und **Magsasay**. Diese sind aber zeitweise geschlossen, deshalb besser vorher bei der Verwaltung in San José erkundigen.

Vom Nationalpark Braulio Carrillo nach Guápiles

Kurz vor dem Sektor Quebrada überquert man eine Brücke, von der aus man ein besonderes Schauspiel beobachten kann: den Zusammenfluss des **Río Sucio** („schmutziger Fluss"), der von Sedimenten aus den Bergen braun gefärbt ist, mit dem „sauberen" **Río Hondura**.

Achtung: Fahrzeug nicht unbeaufsichtigt lassen – Diebstahlgefahr!

3 km nach der Brücke über den Río Sucio liegt rechts der kleine Schmetterlingsgarten **Mariposario Los Heliconios** mit einem Schmetterlingsmuseum (Eintritt: ca. 6 $). Mit dazu gehört auch ein etwa 120 ha großes Privatreservat mit Wanderwegen.

5 km hinter der Brücke liegt rechts ein Parkplatz, von dem Shuttle-Busse zur **Rainforest Aerial Tram** (s. Exkurs „Per Seilbahn durch den Urwald") fahren, knapp 5 km später zweigt links die **Zufahrtsstraße nach Horquetas und Pto. Viejo Sarapiquí** ab, die inzwischen durchgehend geteert ist (siehe Kapitel „Der Norden"). Direkt an der Abzweigung liegt das **Restaurant Robertos Rancho Fogon de Lola** mit guter landestypischer Küche (Tel. 2711.0151).

3,1 km nach dem Abzweig (9,8 km vor Guápiles) führt links ein Weg (1,7 km) zum **Hotel Huetar**. 6,5 km nach der Abzweigung führt kurz vor der Brücke über den Río Blanco rechts ein beschilderter Weg (steinige Piste) nach 1,1 km zum **Casa Río Blanco B&B**. Etwa 500 m vor dieser Brücke passiert man das **Restaurant La Ponderosa**, nach der Brücke links liegt das **Restaurant Río Blanco**. 1,3 km nach der Brücke führt rechts eine Zufahrt zum **Río Danta** (Restaurant und Canopy-Tour).

Unterkunft & Restaurant

■ **Casa Río Blanco Ecolodge** (Tel. 2710.4124, www.casarioblanco.com): ruhig gelegenes Wohnhaus mit Garten, Rest.service (AE 15 $), Wanderwege (kl. Privatreservat), holl. Ltg.; 2 ordentl. Zi. und 4 kl. rustikal-gemütlicher Holz-Bungalows: 53/77/

Von San José nach Pto. Limón

93 $ (ÜF); für Hausgäste Rabatt beim Besuch des Teleférico.
■ **Restaurant Rancho La Ponderosa** (Tel. 2711.0158): Steak-House, vorw. Fleischgerichte um 14–20 $, tgl. außer Mo 10–22 Uhr.

Guápiles

■ **Einwohner:** 40.000
■ **Lage:** 262 m ü.M., 65 km nordöstl. von San José
■ **Niederschlag:** 2100 mm/Jahr

Rund 13 km nach der Abzweigung nach Pto. Viejo führt an einer Tankstelle links die Zufahrtsstraße nach Guápiles, Hauptstadt des 2350 km² großen Bezirks Pococi, der bis hinauf nach Barra del Colorado an der Grenze zu Nicaragua reicht. Ein feuchtheißes Klima bestimmt das Leben in dieser Stadt, die Ende des 19. Jahrhunderts mit dem Bau der Eisenbahn entstand. Bis heute sind **Bananen,** die in der Umgebung in großen Plantagen angebaut werden, der wichtigste Wirtschaftszweig der Region, auch wenn diese nicht mehr mit der Eisenbahn, sondern mit modernen Container-Lkw abtransportiert werden.

Unterkunft & Restaurants

■ **Hotel Wilson** (gegenüber Banco Nacional, Tel. 2710.2217): Rest. (Casado ab 1200 C.); 24 Zi., sehr einf., aber akzeptabel; bp, TV, AC: 16/18/20 $.
■ **Cabinas Irdama** (gegenüber Cabinas Lily, Tel. 2710.7034): Rest. (Casado); 22 Zi. mit Vent., TV, einf. und ordentl., bp: 32/36/43 $.
■ **Cabinas Heliconia** (vor *Mas x Menos* rechts +100 m, Tel. 2710.6298, vianney2@ice.co.cr): TV, Minibar, Vent.: 28/32/41 $, AC: 32/36 $.
■ **Cabinas Lily** (etwas außerhalb, östlich des Zentrums, vor *Mas x Menos* rechts, Tel. 2710.7802, cabinaslily@hotmail.com): Rest.; 25 einf. Zi. mit Vent., TV, bp: 22/31/49 $, mit AC: 32/41/59 $.
■ **Restaurante Pizzeria Garden** (300 m westl. Banco Popular im Klinikviertel, Tel. 2710.0512): gepflegtes Ambiente, Pizza, Pasta, Huhn u.a. ab 8 $, tgl. 7–22 Uhr.

▽ Zebrafalter

Per Seilbahn durch den Urwald

Seit 1994 ist die **Rainforest Aerial Tram (Teleférico del Bosque Lluvioso)** in Betrieb, gegründet von dem amerikanischen Wissenschaftler *Donald Perry,* der mit seinen Forschungen im Reservat Rara Avis international Beachtung fand.

Um es gleich vorweg zu sagen: Wer sich von einer (nicht eben billigen) Fahrt mit der Urwald-Seilbahn einen aufregenden Einblick in die reiche Tierwelt der Tropen verspricht, wird enttäuscht sein. Außer einigen Vögeln (Kolibris, Trogone, kleine Tukane, Tangare) und Insekten (vor allem Schmetterlinge) bekommt man kaum Tiere zu Gesicht, obwohl auch schon Ameisenbären, Nasenbären und Faultiere gesichtet wurden (Tipp: Möglichst früh kommen!). Doch wo sonst kann man sich **leise schwebend** über den Urwaldboden erheben und die überaus vielfältige Flora des tropischen Regenwaldes studieren? Immerhin leben rund 50 % aller Pflanzen- und Tierarten in der Baumkronenregion, die man normalerweise nicht zu sehen bekommt.

22 halboffene Kabinen, in denen jeweils fünf Passagiere und ein Guide Platz finden, bewegen sich mit gemächlichen 2 km/h fast lautlos durch den Urwald. Zunächst führt die Fahrt nur wenig über dem Urwaldboden, auf der Rückfahrt dann in Höhen bis zu 45 m durch das 454 ha große Privatreservat auf etwa 500 m Höhe, das etwa zur Hälfte aus Primärwald besteht. Die einfache Fahrzeit zum 1,3 km entfernten Wendepunkt beträgt 30–45 Min. – wer möchte, kann dort die Fahrt für einen kleinen Rundgang unterbrechen. Für weitere Erkundungen stehen drei Wanderwege zwischen 700 m und 1,5 km Länge zur Verfügung, außerdem ein Serpentarium und ein Butterflies & Frogs Garden. In der Cafeteria gibt es neben überteuerten Souvenirs Sandwiches, Kuchen und Mittagessen.

■ **Geöffnet:** tgl. 7–16 Uhr
■ **Eintritt:** 60 $, Kinder und Studenten mit Ausweis 50 %; inkl. Transfer ab San José: 77 $; KK
■ **Auskunft:** Info-Büro in San José, 7/C. 5–7, Tel. 2257.5961, www.rainforestadventure.com
■ **Buchtipp:** *Donald R. Perry:* Leben im Dach des Dschungels (leichter erhältlich ist die engl. Version: *Life above the jungle floor*)
■ **Anfahrt:** PKW (5,1 km nach Río Sucio rechts) oder Bus nach Guápiles
■ **Unterkunft:** Rainforest Lodge: 150 $ p.P./VP inkl. Eintritt

Eine weitere Seilbahn gibt es bei Jacó (s. Kap. „Von Puntarenas bis Jacó").

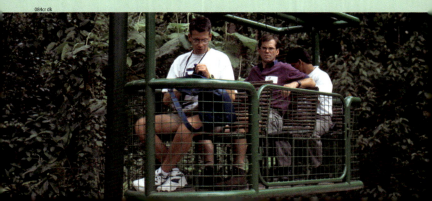

Von San José nach Pto. Limón

■ **Restaurante Sun Ken** (ca. 200 m östl. Banco Popular, Tel. 2710.2432): chinesische Küche ab 6 $, tgl. 10.30–22 Uhr.

Außerhalb

■ **Hotel Talamanca Pococí** (an der Hauptstraße, östl. der Hauptzufahrt nach Guápiles, Tel. 2710.3030): nüchternes Hotel mit Pool, 43 recht ordentl. Zi. mit AC: 39/60/85 $ (ÜF).

■ **Hotel & Country Club Suerre** (Tel. 2713.3000, www.suerre.com): 1 km hinter Guápiles Abzw. links, 1,7 km: großes Freizeithotel mit gr. Pool und Rest., v.a. am Wochenende beliebt bei Ticos, Tennis (nur für Hotelgäste); 98 Zi. mit AC usw.: ab 90/124/147 $, Junior-Suite 170 $, Suite ab 282 $, Frühstück 12,30 $; KK.

■ **Hotel Los Ríos** (Tel. 2716.6965, www.hotellosrios.com): neues Hotel mit Pool und Rest., ca. 12 km Richtung Siquirres links an der Hauptstraße; 20 gute Zimmer mit AC: 53/64/79 $ (ÜF).

Busverbindungen

■ **San José:** 5–20 Uhr jede Std.
■ **Siquirres:** 6.10–19 Uhr ca. alle Std., 12 Busse über den Tag verteilt.
■ **Limón:** Mo–Sa 4.50–19.10 und So 5.30–19.10 Uhr jede Std., direkt (*directo*, reserv. Sitzplätze).
■ **Pto. Viejo de Sarapiquí:** *Transp. Guapileños* (Tel. 2710.7780): 5.30, 8, 9, 10.30, 12, 14.30, 16, 17 und 18.30 Uhr.

Cariari/La Pavona

In Guápiles zweigt an der Tankstelle Santa Clara (südlich des Zentrums, an der Hauptstraße nach Limón) links die Zufahrt ab nach Cariari. Hier gibt es einfache Übernachtungsmöglichkeiten, beispielsweise im **Hotel El Trópico** (700 m nördl. des Ortszentrums links, Tel. 2767.7186, www.hoteleltropico.com, DZ ab 30 $). Von Cariari führt eine 28 km lange Straße (bis Cuatro Esquinas geteert, dann 14 km Schotterstraße) nach La Pavona bzw. 1 km weiter zum Río Suerte, wo das „öffentliche" **Boot nach Tortuguero** ablegt (ca. 7.30, 10.30, 13 und 16 Uhr, der Bus fährt jeweils 1 Std. früher in Cariari ab, Preis: ca. 3 $, große Gepäckstücke + 2 $, Bus 2 $). Die Strecke, die „demnächst" komplett asphaltiert werden soll, führt von Cariari über Campo 2, Campo 5, Cuatro Esquinas und Palacio nach La Pavona. Der Pavonabus kommt sowohl an die San José-Haltestelle wie auch an die lokale Haltestelle (die ist mittlerweile neu umgebaut), es ist geschickter am San Jose Busbahnhof einzusteigen, dort bekommt man noch einen Sitzplatz, während am lokalen Busbahnhof der Bus oft extrem überfüllt wird. Mittlerweile fährt nur noch der Veranstalter *Coopetraca*.

Privatreservat La Suerte

■ **Eintritt:** ca. 8 $
■ **Unterkunft:** 4-Bett-Zi. oder Privatzi., bp (WW): ca. 30 $ p.P/VP; ca. 35 $ p.P/VP inkl. Tour
■ **Anfahrt:** über Cariari nach Primavera
■ **Info:** www.maderasrfc.org/locations#lasuerte

Dieses Privatreservat umfasst ca. 350 ha **Tieflandregenwald** (überwiegend Primärwald) mit vielen Wanderwegen. Neben rund 300 Vogel- und über 100 Reptilien- und Amphibienarten wurden hier auch drei Affenarten, Tapire und Jaguare gesichtet. Das Reservat und die angeschlossene Forschungsstation für tropische Biologie am Ufer des Río Suerte wurde 2002 für Touristen geöffnet.

Von Guápiles nach Siquirres

Auf den 36 Straßenkilometern bis Siquirres sieht man neben der traditionellen **Weidewirtschaft** auch immer mehr Anbauflächen für „nicht-traditionelle" **Exportprodukte** wie Zierpflanzen und Guanábana-Früchte, die am Straßenrand verkauft werden. Hierzu zählen auch die wohlschmeckenden Macadamia-Nüsse, die ursprünglich in Australien heimisch sind und seit ca. 20 Jahren auch in Costa Rica angebaut werden.

Vor Guácimo kann man einen Abstecher zur **Heliconienfarm Costa Flores** machen. 21 km nach Guápiles liegt rechts das **Hotel/Restaurant Río Palmas.** Nach der Brücke über den mächtigen Río Reventazón erreicht man schon bald die Stadt Siquirres.

Heliconienfarm Costa Flores

- **Geöffnet:** Mo–Fr 7–16 Uhr
- **Eintritt:** 19,50 $, ermäßigt 15 $
- **Info:** Tel. 2716.6430
(tel. Voranmeldung empfohlen)
- **Anfahrt:** in Guácimo beschildert

Auf einer Fläche von rund 120 ha werden hier **Heliconien** angebaut und als Zierpflanzen in alle Welt exportiert. Hohe Niederschlagsmengen und tropischheiße Sonne sind ideale Wachstumsbedingungen für diese Pflanzen mit den leuchtend bunten (Schein-)Blüten, die früher den Bananengewächsen zugeordnet wurden, inzwischen aber eine eigene Familie bilden.

Auf einer etwa 1- bis 2-stündigen **Tour** wird in spanischer und englischer

Sprache der „agrarische" Prozess erklärt, außerdem stehen mehrere **befestigte Wege** zur Verfügung. Übrigens: Da die meisten Helikonien-Arten von **Kolibris** bestäubt werden, ist ein Besuch nicht nur für Pflanzenfreunde lohnend.

Siquirres

- **Einwohner:** 32.000, ca. 58.000 (Kanton)
- **Lage:** 62 m ü.M., 57 km vor Pto. Limón
- **Niederschlag:** 2100 mm/Jahr

Siquirres, die Hauptstadt des gleichnamigen Kantons, ist die wichtigste Stadt zwischen San José und Pto. Limón. Hier trifft auch die alte Verbindungsstraße von Turrialba auf die neuere Straße nach Limón. Die Entstehung der Stadt in der Nähe des Río Reventazón geht ebenfalls auf den Eisenbahnbau zurück, und von je her lebt hier ein relativ hoher schwarzer Bevölkerungsanteil.

Unterkunft & Restaurants

In der Stadt selbst gibt es nur sehr einfache und wenig einladende Unterkünfte (beispielsweise Hotel Alcema im Bahnhofsviertel). Auch an der Hauptstraße ist die Auswahl bescheiden:

- **Centro Turístico Pacuaré** (600 m nach der Hauptzufahrt nach Siquirres rechts, Tel. 2768.8111, www.centroturisticopacuare.com): Durchgangshotel an der Hauptstraße nach Limón mit Rest., gr. Pool; 60 ordentl. Zi., bp, Vent.: DZ 45 $; 7 Zi. mit AC: DZ ab 55 $.
- **Cabinas/Restaurant Don Quito** (3,3 km nach Siquirres links, Tel. 2765 8076): angenehmes, sauberes Rest.; 9 einf. Zi. (Straßenlärm!), bp, Vent. und TV: EZ/DZ 30 $, mit AC 50 $.

Infos von A bis Z

- **Apotheke:** Apotheke und mehrere Arztpraxen an der Ostseite des Stadtparks.
- **Erste Hilfe:** Krankenstation (Tel. 2768.8038).
- **Geldwechsel:** *Banco de Costa Rica* (gegenüber Busbahnhof): Mo–Fr 9–15 Uhr; *Banco Nacional* (100 m westl. des Bahnhofs neben einer Tankstelle): Mo–Fr 8.30–15 Uhr.
- **Taxi:** an der Hauptstr., nach Caño Blanco (Bootsanleger nach Tortuguero): ca. 25 $.

Busverbindungen

- Der Busbahnhof liegt 200 m südlich des Bahnhofs an der Hauptzufahrtsstraße.
- **San José:** 5.30–18 Uhr, Sa/So bis 19 Uhr, stdl.
- **Limón:** Mo–Sa 5–19 Uhr, So 6, 8–19 Uhr etwa jede Std.
- **Guápiles:** 5–19.15 Uhr etwa alle 30 Min.
- **Turrialba:** Mo 6–18.15 Uhr stündl., Di–Do 6–18.15 Uhr alle 2 Std., Fr–So 6–19 Uhr stündl.
- **Caño Blanco** (Bootsanleger nach Tortuguero): Mo–Fr 6, 14 und 17 Uhr, Sa/So 9, 14 und 17 Uhr (*Transp. Aguilar,* Tel. 2768.7482), Fahrzeit: 1 ½ Std.

Amphibian Research Center

- **Anfahrt:** von Siquirres ca. 8 km Richtung Turrialba links (50 m nach RECOPE-Bushaltestelle)
- **Eintritt:** ca. 50 $ (2–4 Pers.), Anmeldung erforderlich!
- **Info:** mobil: 8889.0655, www.cramphibian.com

◁ Baum der Reisenden
(Ravenala madagascariensis)

Im privaten „Amphibien-Forschungszentrum" unter US-Leitung finden sich nach eigenen Angaben mit rund 50 Spezies auf 35 ha Fläche mehr Amphibienarten als irgendwo sonst im Land. Es gibt eine einfache Unterkunft.

◱ Die Hauptstraße von Siquirres

Von Siquirres nach Pto. Limón

Bis zur Hafenstadt Pto. Limón sind es noch etwa 57 km durch die **karibische Küstenebene,** vorbei an Kakao-, Palmen- und ausgedehnten Bananenplantagen. Zunächst überquert man den Río Pacuare und später auch den Río Chirripó auf einer über 400 m langen Brücke – zwei der größten Flüsse auf der atlantischen Seite. Unterwegs werden am Straßenrand immer wieder Guanábana-Früchte verkauft, die hier angebaut werden. Etwa 5,5 km nach der Hauptzufahrt nach Siquirres zweigt rechts die Piste ab

Von San José nach Pto. Limón

Dieser Nationalpark hatte früher den Status eines biologischen Reservates und ist nur schwer zu erreichen – mit seiner Lage an den atlantischen Hängen der Cordillera de Talamanca. Mit seinen **ausgedehnten Waldbeständen** bildet er ein überaus wichtiges Rückzugsgebiet für zahlreiche Tier- und Pflanzenarten. Zahlreiche Flüsse durchziehen das Gebiet und bilden tiefe Schluchten. Innerhalb des Schutzgebietes leben einige **Cabécar-Indianer** – noch weitgehend im Einklang mit der Natur.

Veragua Rainforest Park

Relativ neuer **Regenwald-„Fun-Park"** mit einer Seilbahn, Privatreservat mit Wanderwegen, Schmetterlingsgarten, Canopy-Tour etc.

■ **Geöffnet:** Di–So 8–15 Uhr, **Eintritt:** 66 $ (inkl. Seilbahn), Kinder 55 $, **Infos:** Tel. 2296.5056, www.veraguarainforest.com.

zum **Nationalpark Barbilla** (16 km, Allrad erforderlich). 47 km nach Siquirres (12 km vor Pto. Limón) geht es rechts zum **Veragua Rainforest Park.** Von hier sind es noch 7 km bis ins Zentrum von Limón, vorher zweigt rechts die Straße nach **Cahuita** und **Pto. Viejo** ab.

Nationalpark Barbilla

■ **Fläche:** 12.830 ha
■ **Klima:** ganzjähriger Niederschlag, Temperaturen 18–28 °C
■ **Anfahrt:** 5,5 km nach der Zufahrt nach Siquirres Abzw. rechts, 16 km (Allrad erforderlich)
■ **Eintritt:** 5 $

Puerto Limón

■ **Einwohner:** ca. 90.000, Kanton ca. 72.000
■ **Lage:** 168 km östlich von San José
■ **Temperatur:** 29 °C
■ **Niederschlag:** 3500 mm/Jahr
■ **Tipp:** Wer einen Mietwagen fährt, sollte ihn über Nacht nicht an der Straße stehen lassen; einen bewachten Parkplatz hat z.B. das Hotel Acón

Pto. Limón (meist nur *Limón* genannt), die zweitgrößte Stadt Costa Ricas, gilt als die **wichtigste Hafenstadt des Landes.** Sie ist Hauptstadt der gleichnamigen Provinz, die sich entlang der gesamten Atlantikküste erstreckt, und **Zentrum**

Stadtgeschichte

Mitte des 19. Jahrhunderts beschloss man in San José den Bau einer **Hafenstadt** an der Karibikseite zum **Abtransport des Kaffees,** der bisher umständlich über die Pazifikseite erfolgte. Nach eingehender Prüfung entschied man sich schließlich für die Halbinsel gegenüber der Isla Uvita, an der 1502 *Christoph Kolumbus* als erster Weißer gelandet war. Der Grundstein wurde 1867 gelegt, und da an dieser Stelle ein Limonenbaum stand, taufte man den Ort einfach *Puerto Limón*.

Bald darauf kamen durch den **Eisenbahnbau** viele Arbeiter in die Region, vor allem Schwarze aus Jamaica und Chinesen, die sich anschließend niederließen. Von San José ignoriert, führten sie lange Zeit ein Leben abseits der restlichen Gesellschaft des Landes, und es sollte noch bis 1948 dauern, dass ihnen als Folge des Bürgerkrieges die gleichen staatsbürgerlichen Rechte zuteil wurden wie den übrigen Ticos und Ticas.

Ein schwerer Schlag im wahrsten Sinn des Wortes war für die Bewohner der Region das **Erdbeben** am 22.4.1991, das eine Stärke von 7,4 auf der Richter-Skala erreichte. Dabei hob sich das der Küste vorgelagerte Korallenriff über 1,50 m aus dem Meer und machte damit den **Hafen für Ozeanriesen unzugänglich.** Daraufhin errichtete man die neue Hafenanlage in Moín etwa 7 km westlich an der gleichnamigen Bucht, in der heute bis zu vier Containerschiffe gleichzeitig beladen werden (meist mit Bananen).

der karibischen Region. Das Leben der Stadt ist geprägt von einem bunten Völkergemisch mit Menschen europäischer, asiatischer und afrikanischer Herkunft.

Für Touristen gibt es kaum Gründe, sich länger in der **wenig attraktiven Stadt** aufzuhalten; normalerweise dient sie nur als Umsteigestation auf dem Weg nach Tortuguero oder Cahuita/Pto. Viejo.

Für einige Tage im Oktober allerdings wird Limón zum Ziel von bis zu 200.000 in- und ausländischen Besuchern: dann nämlich, wenn der berühmte **Karneval von Limón** mit Umzügen und Straßenfesten gefeiert wird. Anlass ist der Jahrestag der Landung von *Christopher Kolumbus* am 12. Oktober, der *Día de la Raza*; die Feiern dauern vier bis fünf Tage und schließen das dem 12.10. nächstgelegene Wochenende mit ein.

Typischer Bewohner der Karibikküste

Sehenswertes

Die meisten Besucher, die auf der Durchreise nach Tortuguero oder den südlichen Stränden in Limón landen, sind von der Stadt enttäuscht: Statt einer gepflegten Kleinstadt mit einer weißen Kirche am Parque Central präsentiert sich Puerto Limón als karibische Hafenstadt, deren Bewohner andere Sorgen haben, als ihre Stadt (für Touristen) in Ordnung zu halten: **Prostitution und Kriminalität** sind Folgen der **hohen Arbeitslosigkeit,** und überall trifft man auf Betrunkene.

Im Zentrum füllt ein lebendiger Markt den Platz – die Kirchen der Stadt stehen abseits. Die vielleicht größte Sehenswürdigkeit der Stadt ist der **Parque Vargas,** eine Art urbaner Urwald mit *laurel de la india* und Palmen, deren Stämme vollständig von Kletterpflanzen bedeckt sind. Hier lebt auch mindestens ein Faultier, das man mit etwas Geduld in den Baumkronen entdecken kann. Östlich des Parks kann man von einer Aussichtsplattform am Meer die Folgen des Erdbebens und die nahe gelegene **Isla Uvita** sehen, die 1985 zum Nationalmonument erklärt wurde; wer möchte, kann sich auch von einem Fischerboot hinbringen lassen.

Wer Zeit hat, sollte einfach einen **Spaziergang** durch die Stadt machen, wo man immer wieder schöne **alte Holzhäuser** mit Balkonen im karibischen Stil sehen kann, die z.T. noch aus der „Gründerzeit" stammen.

Im historischen Gebäude an der Südwestecke der Plaza, in dem sich heute die Hauptpost befindet, wurde im Obergeschoss ein Museum (Museo Etnohistórico) eingerichtet. Neben einer kleinen Keramiksammlung sind hier wechselnde

Ausstellungen zur Stadtgeschichte mit historischen Fotos etc. untergebracht. Geöffnet Mo–Fr 9–12 und 13–16 Uhr.

Lohnenswert ist auch ein **Bootsausflug** auf die vorgelagerte Isla Colón (ca. 2 $ p.P., von Touristen werden zunächst 10 $ verlangt!).

Unterkunft

In Limón gibt es viele einfache Unterkünfte, die für abgehärtete Traveller in Frage kommen, aber auch einige ordentliche Hotels. Die besten Hotels der Stadt liegen **außerhalb** am Meer (siehe „Nördliche Karibikküste"). In der Karnevalswoche sind die Zimmerpreise höher, aber dann ist es sowieso fast unmöglich, ein Zimmer zu bekommen.

■ Einfache Zimmer für anspruchslose Reisende bieten: **Hotel Oriental** (C.4/Av.3–4, Tel. 2758.0117, bp 9/14 $), **Hotel King** (Av.2/C.4–5, Tel. 2758.1033, auch bp: DZ 9 $), **Hotel Fung** (Av.2/C.4–5, Tel. 2758.3309, bp: 15/19 $), **Hotel Palace** (C.2/Av.2–3, auch bp).

■ Einfache Zi. mit Bad ab ca. 15 $ gibt es im **Hotel Continental** (Av.5/C.2–3, Tel. 2798.0532) und gegenüber im **Hotel Internacional** (Tel. 2758.0434).

■ **Hotel Miami** (Av.2/C.4–5, Tel. 2758.1978, hmia milimon@yahoo.com): 35 Zi., bp, TV, einf., aber sauber: 27/35/40 $; mit AC: 39/52/58 $.

■ **Hotel Acón** (Av.3/C.2–3, Tel. 2758.1010, hotel acon@racsa.co.cr): älteres Hotel, 39 ordentl. Zi., bp und AC: 49/74/98 $; KK.

■ **Park Hotel** (Av.3/C.1, Tel. 2798.0555): bestes Hotel im Zentrum, Rest.; 32 ordentl. Zi. m. AC, TV, bp (WW): 56/79/90 $ (ÜF), KK.

Restaurants

Mit den Restaurants ist es wie mit den Hotels: es gibt viele billige Lokale, aber wenige bessere. Es ist ebenso eine **Vielzahl chinesischer Lokale** vorhanden.

■ **Restaurant El Faro** (oberhalb der Oberschule): das beste Rest. der Stadt, schöner Blick über Stadt und Hafen.

■ Das Restaurant **im Hotel Acón** (Av.3/C.2–3) ist recht ordentlich.

■ **Restaurant Antillita** (C.6/Av.4–5): typisch kreolische Küche, *Rice and Beans,* Fleischgerichte.

■ **Weitere Restaurants** an der Straße nach Moín (siehe nächstes Kapitel).

Infos von A bis Z

■ **Erste Hilfe:** Rotes Kreuz (C.3/Av.1–2, Tel. 2758.0125), Krankenhaus (nördl. der Stadt an der Straße nach Moín rechts, Tel. 2758.2222).

■ **Geldwechsel:** *Banco Nacional* (Av.2/C.3, B.1), Mo–Fr 8.30–15.45 Uhr; *Banco de Costa Rica* (Av.2/C.1, B.2), Mo–Fr 9–14 Uhr; Bancomat: *Scotiabank* (C–2/Av.3) und *Banco de San José* (Av.3/C.2–3).

■ **Polizei:** Tel. 2758.0365, Posten gegenüber Rest. Mares; O.I.J. (Kriminalpolizei): Tel. 2799.1437.

■ **Post:** Av.2/C.4, Mo–Fr 7.30–17.30 Uhr.

■ **Supermarkt:** *Rayo Azul* (C.3/Av.3), geöffnet Mo–Sa 8–20 Uhr, So 8–18 Uhr sowie *Caribeña Centro* (Av.2/C.3–4), auch So Vormittag geöffnet.

■ **Taxi:** Tel. 2758.1601; Standplatz Av.3/C.4–5.

Busverbindungen

Alle Busse fahren vom **Busbahnhof** C.8, Av.1/2, auch die Transp.-Mepe-Busse nach Cahuita und Pto. Viejo. An der in der Karte mit „10" bezeichneten Stelle stand 2013 noch ein Haltestellenschild; es halten dort aber keine Busse mehr.

■ **San José:** *Caribeños* (Tel. 2222.0610) und *Coopelimón* ab Av.2/C.8; „Normal": 6.15–19 Uhr stündl., So auch 20 Uhr.

■ **Sixaola:** *Transp. Mepe* (Tel. 2758.1572), Av.4/C.3–4; tgl. 5–18 Uhr alle Std., Fahrzeit: 3 Std.
■ **Manzanillo:** *Transp. Mepe* (s.o.), tgl. 5.30, 6, 10.30, 15 und 18 Uhr, Fahrzeit: 2 ½ Std.
■ **Cahuita/Pto. Viejo de Talamanca:** *Transp. Mepe* (s.o.), tgl. 5–18 Uhr alle Std., Fahrzeit: 1½ Std. (Pto. Viejo)
■ **Moín:** am Estadio Juan Gobán, tgl. Mo–Sa 5.30–18.30 Uhr stdl. und So 5.30, 6.30, 7.30–17.30 Uhr 2-stdl., 18 Uhr.
■ **Siquirres/Guápiles:** Mo–Sa 5–19 Uhr und So 6, 8–19 Uhr.

Flugverbindungen

Einige Kilometer südlich des Ortes befindet sich ein kleiner Flughafen mit einer asphaltierten Landebahn.

■ **Nature Air:** tgl. 6.30 und 16.35 Uhr nach San José (direkt).

Die nördliche Karibikküste

Von Limón nach Moín

Auch die Küste nördlich von Limón wurde durch das **Erdbeben** von 1991 schwer in Mitleidenschaft gezogen, durch die Anhebung des Korallenriffs aus dem Meer gibt es heute hier praktisch **keine Badestrände** mehr. Die Hotels an diesem Abschnitt sind dann weniger für ausländische Touristen interessant, aber vor allem am Wochenende kommen viele Ticos aus dem Hochland hierher. Nach etwa 7 km kommt man nach Moín, kurz darauf mündet die Straße in die Hauptstrecke Limón – San José.

Unterkunft & Restaurants

■ **Cabinas Oasis del Caribe** (3,4 km links, Tel. 2795.0024): Rest., Pool; 20 Zi. m. Vent.: 26/34/42 $, mit AC: 33/44/50 $.
■ **Hotel Playa Bonita** (4,2 km rechts, Tel. 2795.2930, www.hotelplayabonita.com): Rest. Cocorí mit MB, Bar; 48 Zi., bp (WW), AC: ab 53/79/103 $ (ÜF, inkl. 8,50 $ Rest.-Guthaben); KK.
■ **Hotel Maribú Caribe** (3,5 km rechts, Tel. 2795.4010, Büro: Tel. 2253.1838, www.maribu-caribe.com): ältere Anlage mit MB, Rest., Bar, Pool; 17 Häuser mit insgesamt 56 ordentl. Zi., AC: 78/89/101 $ (ÜF); KK.
■ **Reina's Bar & Restaurant,** Playa Bonita (am Strand): Steaks und regionaltyp. Gerichte.

4,6 km nach Limón führt eine Abzweigung rechts zur **Playa Bonita:** Der „hübsche Strand" ist ein kleiner, wenig aufregender Sandstrand mit einfachen Restaurants. Kurz danach liegt rechts der kleine Fischerhafen **Portete.** Nach weiteren 6,5 km kommt man zu einem **Aussichtspunkt** mit Blick auf den Hafen von Moín und die Küste nach Norden.

Moín

Moín wäre nur ein kleines, unbedeutendes Dorf, wäre da nicht der **Containerhafen,** in dem vier riesige Containerschiffe gleichzeitig abgefertigt werden können – mehr als in irgendeinem anderen Hafen des Landes. Auch für Touristen hat der Ort Bedeutung: Hier beginnt das weitverzweigte **Kanalsystem der nördlichen Karibikküste,** und so ist

Moín Ausgangspunkt für Bootsausflüge in den Nationalpark Tortuguero.

Unterkunft & Restaurant

■ **Cabinas Mar y Luna** (nach Aussichtspunkt links, Tel. 2795.1132): Rest., 15 Zi., AC, Typ Motel: DZ 40/80/120 $.
■ Nach der Brücke kommt man nach einigen Kilometern zu den **Cabinas Tortuga Relax** (Tel. 2795.1533, pali0280@yahoo.com): schöne Lage direkt am Kanal, Motorboote (nach Tortuguero: 35 $ p.P.); 7 einf. Zi. mit Bad: DZ 40 $, Familienzi. (für 6 Pers.): ca 100 $.

Verkehrsverbindungen

■ Mit **Taxi** oder **Bus** ab Limón.
■ Mit **PKW** aus San José ca. 5 km vor Limón Abzw. links.

Im Boot nach Tortuguero

Eine Fahrt durch die natürlichen **Kanäle** ist ein großartiges Erlebnis, das nicht erst im Tortuguero-Nationalpark beginnt. Schon vorher kann man zahlreiche Reiher und andere Wasservögel sehen, manchmal bekommt man auch Affen, Leguane, Tukane und vielleicht sogar ein Krokodil zu Gesicht. Je nach der Niederschlagsmenge der letzten Tage kann es vorkommen, dass die Boote wegen niedrigem Wasserstand auf Grund laufen – keine Sorge, die Bootsführer kennen das Problem und wissen sich zu „befreien".

Nach dem Erdbeben 1991 wurde der **reguläre Fährverkehr ab Moín eingestellt,** da die Fährschiffe danach die Kanäle nicht mehr befahren konnten. Sie müssen also eine **Tour buchen** oder ein **Boot mieten.** Die Fahrzeit durch die Kanäle nach Tortuguero/Dorf beträgt etwa 3-4 Std., Fahrtstrecke ca. 77 km – eine Tagestour ist daher nicht empfehlenswert. Eine denkbare Kombination wäre auch die Anreise per Boot und die Rückreise nach San José mit dem Flugzeug. Da die Bootsfahrt an sich ein Erlebnis darstellt, ist Hin- und Rückreise per Flugzeug nicht empfehlenswert.

Touren nach Tortuguero inkl. Übernachtung bieten praktisch alle Reiseveranstalter an, meist ab San José.

Bei den **Ausflugspaketen** der Lodges ist der Transfer ab/bis San José inklusive. Zunächst geht es mit einem Bus über Guápiles nach Siquirres und dann weiter zu einem der Bootsanleger (beispielsweise Caño Blanco, Matina u.a.).

Wer **individuell** anreist, hat zwei Möglichkeiten: mit öffentlichem Bus nach Pto. Limón und per Taxi nach Moín und per Bus nach Cariari und von dort weiter nach La Gueest/Casa Verde (neue Bushaltestelle) oder nach La Pavona (alte Bushaltestelle). Diese Alternative ist schneller und bzgl. der Bootsfahrt kürzer, aber landschaftlich vergleichsweise unattraktiv (siehe weiter oben). Eine gute Idee ist daher die Anreise über Moín und die Rückfahrt über Cariari (oder umgekehrt); siehe „Guápiles".

Tipp: Regenschutz mitnehmen und überflüssiges Gepäck vermeiden!

Tourveranstalter

■ **Tinamon Tours** (Tel. 8842.6561, www.tinamontours.de): die deutsche Biologin Barbara Hartung lebt seit 1995 in Tortuguero und bietet individuelle Touren an zu Fuß und per Kanu.

■ **Jungle Tom Safari** (Tel. 2221.7878, www.jungletomsafaris.com): Transfers (45 $) und Mehrtagestouren (ab 120 $) von San José nach Tortuguero.
■ Attraktive Ausflugspakete bietet der deutsche Spezialveranstalter **Traveldesign** (Tel. in D: 0861/165906, www.traveldesign.de).
■ Wer sich **vor Ort ein Boot mieten** möchte, sollte früh in Moín sein (7 Uhr), um mit anderen Reisewilligen gemeinsam ein Boot zu chartern; meist fahren die Boote jedoch erst gegen 10 Uhr ab. In der Nebensaison fahren Boote nur auf Reservierung, zahlreiche Bootsbesitzer bieten zweitägige Touren an, Preis 70–80 $ p.P. hin und zurück. Ein gechartertes Boot kostet mindestens 350 $. Wenn man Glück hat, bekommt man Platz auf einem Boot, das bereits andere Tourister befördert. Hier muss man etwa mit 40 $ (einfache Fahrt) bzw. 80 $ (hin und zurück) rechnen. Anfragen z.B. an *Sébastian Torres* (Tel. 8828.4787).

Parismina

Nach ca. 47 km Bootsfahrt erreicht man die Ortschaft Parismina an der Mündung des Río Reventazón, der hier Río Parismina heißt. Parismina ist neben Barra del Colorado der wichtigste Stützpunkt für **Sportfischerei** an der Karibikküste. Es gibt auch eine örtliche Naturschutzgruppe: *Asociación Salvemos las Tortugas de Parismina* (Tel. 2538.8084, www.costaricaturtles.com).

Einige Kilometer nördlich liegt der Südeingang des Tortuguero-Nationalparks (Jalova).

Unterkunft

■ **Cabinas Iguana Verde** (im Zentrum, Tel. 2798.0828, www.parismina.com): Rest., Touren; 3 einf. Zi., WW: 14 $, mit AC: 20 $.

■ Ansonsten gibt es nur extrem **teure Lodges für „Sportfischer":** Río Parismina Lodge (www.riop.com), Caribbean Tarpon Lodge (www.caribbeantarponlodge.com) und die Jungle Tarpon Lodge (www.jungletarpon.com).

Nationalpark Tortuguero

■ **Fläche:** 18.947 ha (Land), 52.265 ha (Meer)
■ **Höhe:** Meeresniveau bis 334 m
■ **Niederschlag:** 5000 bis 6000 mm/Jahr
■ **Geöffnet:** tgl. 5–16 Uhr
■ **Eintritt:** 15 $
■ **Info:** Tel. 2710.2929, www.costarica-nationalparks.com/tortugueronational park.html
■ **Übernachtung:** im Dorf Tortuguero, Campingmöglichkeit bei der Hauptverwaltung (nicht empfehlenswert: Regen, Schlangen)
■ **Anreise:** nur per Boot von Süden (Eingang Jolova) oder von Norden (Nationalparkverwaltung im Dorf Tortuguero)

Der Nationalpark wurde zum Schutz der Eiablageplätze von Meeresschildkröten, von denen sich auch der Name ableitet (*tortuga* = „Schildkröte"), gegründet. Dieser 36 km lange Küstenabschnitt gilt als **wichtigste Brutstelle der Grünen Meeresschildkröte in der ganzen Karibik,** aber auch die riesige Leder- und die Karettschildkröte gehen hier an Land.

Ein natürliches System von schiffbaren **Kanälen und Lagunen** mit einer einzigartigen Flora und Fauna durchzieht den Park von Südost nach Nordwest. Dieser Naturraum gilt als eines der Gebiete mit der größten Biodiversität, aber auch als eine der regenreichsten Regionen des Landes: Kurze, teilweise heftige Wolkenbrüche sind keine Seltenheit, gelegentlich können auch Unwetter auftreten, die bis zu 14 Tage dauern.

Die Grüne Meeresschildkröte

Die Strände von Tortuguero sind die wichtigste Brutstelle der Grünen Meeresschildkröte (Suppenschildkröte) in der gesamten Karibik; Zehntausende von Tieren kommen während der Brutzeit von Juli bis Oktober hierher, um ihre Eier in den Sand zu vergraben.

Die **tortuga verde,** wie sie in Costa Rica heißt, erreicht eine Größe bis 1,05 m (Panzerlänge) und ein Gewicht von 100–150 kg. Wirken die Tiere an Land recht unbeholfen, so sind sie dank ihrer Vorderflossen gute Schwimmer.

Seefahrer und Piraten erkannten schon früh diese ideale **Nahrungsquelle,** denn die Tiere konnten wochenlang an Bord überleben und waren so unverzichtbare Eiweißreserven für die Seeleute. Später begann man mit dem systematischen Abschlachten dieser wehrlosen Tiere: Zu Hunderten drehte man sie einfach auf den Rücken, um sie dann später einzusammeln.

Als Grundlage für die berühmte **Schildkrötensuppe** verwendete man das Fleisch und eine grünliche, gallertartige Masse, die sich unter dem Panzer der Tiere befindet (daher der deutsche Name Suppenschildkröte und der englische „Grüne Schildkröte"). Aus dem **Schildpatt** des Panzers (v.a von der echten Karettschildkröte, *Eretmochelys imbricata*) wurden Schmuck und Brillengestelle hergestellt. Die Haut verarbeitete man zu Taschen und Schuhen, und die Eier gelten – roh gegessen – bis heute fälschlicherweise als potenzfördernd.

Die Folge des massenhaften Abschlachtens: Sechs von weltweit sieben Arten sind vom Aussterben bedroht! Auch wenn die Tiere heute unter strengem **Artenschutz** stehen, gestaltet sich die Kontrolle schwierig; die Nationalparks haben viel zu wenige Patrouillen, um die langen Strände zu schützen. 1954 wurde die *Carribean Conservation Corporation* zum Schutz der Grünen Meeresschildkröte in Tortuguero gegründet.

Die **Paarungszeit** ist von Juli bis Ende Oktober, und vor allem Ende August kommen die Weibchen zum **Eierlegen** an die Sandstrände. Nach Einbruch der Nacht gehen sie an Land und graben mit den Hinterflossen eine etwa 60 cm tiefe Mulde, in die sie 100 oder mehr golfballgroße, weichschalige Eier legen. Danach wird das Gelege zugedeckt, das Tier kehrt ins Meer zurück und überlässt den Nachwuchs seinem Schicksal. Dieser Vorgang wiederholt sich mehrmals, in Abständen von zwei Wochen kommen die Weibchen bis zu sechs Mal (im Extremfall bis zu zehn Mal) zurück, um erneut Eier abzulegen. Die Weibchen kommen nicht jedes Jahr, in der Regel pausieren sie mindestens ein Jahr.

Nach etwa zwei Monaten sind die **Eier ausgebrütet,** vorausgesetzt, Nesträuber wie Waschbären, Nasenbären, Hunde und Menschen lassen es überhaupt so weit kommen. Die nur wenige Gramm schweren Tierchen graben sich durch die Sandschicht und streben instinktiv Richtung Meer – ein gefährliches Unterfangen, bei dem Hunderte von ihnen Vögeln, Krebsen und anderen Räubern zum Opfer fallen.

Doch auch **im Meer** sind sie noch nicht sicher: Haie und andere Raubfische freuen sich über das leichte Fressen. Man rechnet, dass von ca. 1000 bis 10.000 Tieren nur eines die Geschlechtsreife (nach 25 bis 30 Jahren) erreicht. Die Tiere ernähren sich von Seegras und legen enorme Distanzen in den Weiten der Meere zurück. Man schätzt, dass sie ein Alter von 70 bis 85 Jahren erreichen.

Wenn die Tiere **geschlechtsreif** sind, kehren sie an den Ort ihrer Geburt zurück, um sich zu paaren und am gleichen Strand die Eier abzulegen, an dem sie selbst geschlüpft sind. Man hat Zehntausende brütende Weibchen markiert und festgestellt, dass sie immer an den gleichen Strand zurückkehren.

Flora und Fauna

Man unterscheidet elf Naturräume, u.a. Hügelwald, Sumpfwald und Küstenvegetation. Die häufigsten **Baumarten** sind Blutsbaum *(Pterocarpus officinales)*, Gavilan *(Pentaclethra macroloba, Mimose)*, Wasserkastanie *(Pachira aquatica)*, Cativo *(Prioria copaifera)*, Waldmandelbaum *(Dipteryx panamensis)* und Sandbüchsenbaum *(Hura crepitans)* sowie die Yollila-Palme *(Raphia taedigrada)*, die ganze Wälder bildet. An den Uferbereichen der Kanäle schwimmen Wasserhyazinthen mit ihren violetten Kerzenblüten.

An **Säugetieren** kann man u.a. verschiedene Affenarten, Fischotter und Fledermäuse beobachten, z.B. die Hasenmaul-Fledermaus, die sich vorwiegend von Fischen ernährt, die sie im Flug aus dem Wasser greift.

Insgesamt 309 Arten von **Vögeln** sind bislang gesichtet worden, darunter der vom Aussterben bedrohte Grüne Ara, dessen Hauptnahrung der Waldmandelbaum ist.

An Amphibien zählt man bisher 39 Arten, u.a. den Glasfrosch, dessen innere Organe durch die transparente Haut sichtbar sind, Pfeilgiftfrösche und den Ochsenfrosch. Neben zehn Arten von Schildkröten kommen als weitere **Reptilien** Krokodile, Kaimane, Basilisken und Schlangen (46 Arten) vor.

Bootstouren

Eine Bootsfahrt auf den Kanälen ist immer wieder ein beeindruckendes Erlebnis, bei dem man mit etwas Glück und einem wachsamen Auge auch die verschiedensten Tierarten zu sehen bekommt. Auch eingefleischte Individualisten sind gut beraten, wenn sie an einer **organisierten Tour** teilnehmen, denn erstens ist dies billiger, als selbst ein Boot zu chartern, und zweitens bekommt man auf diese Weise mit Hilfe der Bootsführer und Guides weit mehr Tiere zu Gesicht, als wenn man auf eigene Faust losfährt.

Eine gute Kennerin der Region und eine empfehlenswerte Führerin ist die **deutsche Biologin Barbara Hartung,** die Touren per Kanu, zu den Schildkröten und geführte Wanderungen (5 $/ Std.) sowie Pakete (3 Tage/2 Nächte) anbietet. Kontakt: Tel. 8842.6561, www.tinamontours.de.

Direkt am Anleger der Taxiboote ist das Informationszentrum der **Asociación de Guias** zu finden, ein Zusammenschluss der Guides des Dorfes, die auch vom ICT unterstützt werden; dort kann man Touren direkt buchen.

Weitere empfehlenswerte Guides, die englisch sprechen: *Castor* (Tel. 8870. 8634), *Bony, Ernesto* (Tel. 2709.8070) und *Roberto Menocal* (Tel. 2709.8011), der auch Touren mit dem Elektroboot anbietet (2 Std.: ca. 15 $). Bootstouren im Nationalpark dürfen inzwischen nur noch zu folgenden Zeiten beginnen: 6–6.30 Uhr, 8.30–9 Uhr, 11–11.30 Uhr und 14.30–15 Uhr.

Tipp: Jacke oder Pullover und unbedingt Regenschutz mitnehmen.

Wanderwege

■ Am **Eingang Jalova** (Anfahrt von Süden/Parismina) gibt es zwei kurze Wanderwege, die sich durchaus lohnen; beide einfach, u.U. matschig. Der nördliche

Weg führt teilweise am Kanal entlang (max. 100 Besucher gleichzeitig).

■ Bei der Nationalparkverwaltung am **Südende des Dorfes Tortuguero** führt ein kurzer Weg durch den Wald an den Strand *(Sendero Jaguar)* und verläuft dann ca. 3 km parallel zur Küste.

■ Zum **Cerro Tortuguero:** Manche Veranstalter bieten eine Exkursion auf den 119 m hohen Hügel an. Der Weg beginnt etwa 500 m nördlich der Tortuga Lodge und ist anstrengend und oft sehr matschig, dafür hat man von oben einen schönen Blick über die ganze Ebene, die Kanäle und das Meer. Der Weg ist v.a. nach Regenfällen oft in einem sehr schlechten Zustand, die Ausrutschgefahr ist hoch. Es gibt jedoch auch einen schönen Weg um den Cerro herum. Eintritt: 2 $. Derzeit ist der Cerro offiziel geschlossen, es wird ein neuer Weg gebaut.

Tipp: Vor 9 Uhr oder nachmittags losgehen. Unbedingt an Mückenschutz denken!

■ **Spaziergang am Strand:** Man kann beliebig am Strand spazieren gehen, mit Baden sollte man sich der starken Strömungen jedoch zurückhalten. Für den Bereich des Nationalparks braucht man ein Nationalparkticket, kein Einlass nach 16 Uhr. Der Strand ist in der Schildkrötensaison von 18 Uhr bis 6 Uhr morgens gesperrt.

Kanal im Nationalpark Tortuguero

Schildkrötenbeobachtung

Wer in den Monaten Juli bis Oktober die Grüne Meeresschildkröte bei der Eiablage beobachten möchte, sollte **zurückhaltend vorgehen**. Die Beobachtung ist nur mit Führer gestattet (25 $ p.P., max. 10 Pers. pro Gruppe). Taschenlampe, Kamera und Rauchen sind verboten, man sollte unbedingt dunkle Kleidung tragen. Führungen von 20–22 und 22–24 Uhr von Anfang Juli bis Ende Oktober. Die Uhrzeit ist nicht wählbar, sondern wird ausgelost.

Ab September können mit etwas Glück die kleinen Schildkröten auf ihrem Weg ins Meer beobachtet werden, am besten in den frühen Morgenstunden oder am späten Nachmittag. **Es ist nicht erlaubt, sie anzufassen!** Manche Guides bieten Touren an und graben dabei die Schildkröten aus, was nicht erlaubt ist und meist den Tod der kleinen Tiere bedeutet (auch wenn Ameisen im Nest sind). Manche Führer senden eine Person voraus, die das Nest ausgräbt; die kleinen Schildkröten kommen dann „zufällig" genau dann den Strand herunter, wenn die Gruppe vorbeigeht. Die „Schildkrötenschlüpftouren" sind von Seiten des Nationalparks legal, jede Manipulierung des Nestes ist jedoch untersagt, die Tour muss angemeldet werden. Nicht legal sind Touren im Meer zur Beobachtung der Schildkrötenpaarung. Bitte die kleinen Schildkröten nur ohne Blitzlicht fotografieren! Falls Sie jemanden sehen, der Nester ausgräbt oder kleine Schildkröten anfasst, bitte fotografieren und Bild am Nationalparkbüro vorzeigen.

Gelegentlich kann man auch außerhalb der Sommermonate Schildkröten beobachten. Die **Lederschildkröte** etwa geht von März bis Juni zur Eiablage an Land. In den letzten Jahren wurden einige Tiere mit **Satellitensendern** versehen. Im Internet kann man ihre Wanderungen verfolgen: www.conserveturtles.org.

Tipp: Wer Schildkröten beobachten möchte, sollte daran denken, dass diese nur nachts an Land gehen. Manche Hotels sind durch die Kanäle vom Meer getrennt, und man muss ein Boot organisieren, um ans Meer zu gelangen. Man kann aber auch morgens bei Sonnenaufgang einen Strandspaziergang im Nationalpark unternehmen und dabei manchmal kleine Schildkröten beim Schlüpfen erleben. Ende September und im Oktober hat man gute Chancen, die Kleinen und Großen nachts bei der Schildkrötentour beobachten zu können.

Tortuguero

Am Nordrand des Nationalparks liegt das kleine Dorf Tortuguero auf einer Art Landzunge zwischen der Laguna de Tortuguero und dem Meer. Ursprünglich ein Holzfäller- und Fischerdorf, richtet es sich heute immer mehr auf Tourismus ein: Die ersten Souvenirgeschäfte finden sich schon an der „Hauptstraße" des Ortes, in dem es keine Autos gibt. Am Nordende der Landzunge befindet sich eine Landebahn, südlich des Dorfes beginnt der gleichnamige Nationalpark.

Die Strände sind zum Baden nicht besonders geeignet: Es gibt gefährliche Strömungen und gelegentlich auch Haie!

Es gibt eine **Website**, die von der Dorfgemeinschaft betrieben wird: www.tortuguerovillage.com.

Nördlich des Dorfes liegt eine **Forschungsstation** der *Sea Turtle Conservancy*, eine Einrichtung zum Schutz der Meeresschildkröten (Tel. 2709.8125, San José: 2297.5510, www.conserveturtles.org). Daran angeschlossen ist ein kleines **Museum** (geöffnet tgl. 10–12 und 14–17 Uhr, Eintritt 2 $). Für Studenten aus aller Welt werden „Volunteer-Programme" durchgeführt. Auf Anfrage gibt es Übernachtungsmöglichkeiten im einem Gemeinschaftsschlafraum (24 Pers.).

Übernachtung
1 Turtle Beach Lodge
2 Tortuga Lodge
3 Laguna Lodge
4 Manatus Hotel
5 La Baula Lodge
6 Pachira Lodge
7 Mawamba Lodge
8 Ilan-Ilan Lodge
9 Evergreen Lodge
10 Caribbean Paradise Eco-Lodge

Unterkünfte im Ort

Im Ort selbst gibt es nur einfache Unterkünfte (Reihenfolge von Nord nach Süd).

■ **Cabinas Meriscar** (Nähe Fußballplatz, Tel. 2709.8202): nette einf. Zi., bc: 7 $ p.P., bp 9 $ p.P. – Lesertipp!

■ **Cabinas El Muellecito** (Tel. 2709.8104): 5 schöne Zi., bp (KW), Umgebung ungepflegt, Vent: 25 $.

Mein Tipp: **La Casona** (am Fußballplatz, Tel. 2709.8092, lacasonadetortuguero@yahoo.com): 3 nette Zi., bp (WW): 20/25/30 $.

■ **Arakari Garden Hostel & Suites** (am Fußballplatz, Tel. 2767.2246, www.aracarigarden.com): neues Hostel unter dt. Ltg., Gem.küche, Wäscherei, Mehrbettzimmer: 10 $ pP, 7 ordentl. Zi., bp: 20/25/36 Superior DZ 30 $.

■ **Cabinas La Princesa** (Tel. 2709.8131): Rest., 8 gr. Zi., kostenloses Internet, bp (WW), Vent.: 15/30 $.

■ **Cabinas Tortuguero** (Tel. 2709.8114, www.cabinas-tortuguero.com): schöner Garten, Rest. für Gäste (vorbestellen, gute Küche, v.a. am Wochenende laut (Bar); 8 Zi, sehr sauber, bp (WW), 20/30/35 $.

■ **Cabinas Miss Miriam 1** (am Fußballplatz, Tel. 2709.8002, www.tortuguerovillage.com/missmiriam): Rest.; 6 schöne saubere Zi., bp (WW): 15 $ p.P.

■ **Cabinas Miss Miriam 2** (am Strand, Tel. 2709.8107, www.tortuguerovillage.com/missmiriam2): Rest.; 8 gr. Zi., sauber, bp (WW): 15/25 $ (Ü) +5 $ p.P. Frühstück (auf Wunsch).

■ **Hostel El Icaco** (am Strand, Tel. 2709.8044): Gem.küche, 10 einf. Zi., bp (WW): 25/40 $ (ÜF).

Mein Tipp: **Casa Marbella B&B** (am Kanal neben der Bäckerei, Tel. 8833.0827, http://casamarbella.tripod.com): 8 sehr hübsche Zi., bp (WW), Vent.: ab 35/40/50 $ (ÜF); Zimmer zum Fluss: + 5 $, Superior-Zi:. ab 50/55/65 $ (ÜF).

Mein Tipp: **Cabinas Miss Junie** (Tel. 2709.8102, www.iguanaverdetours.com): 11 ordentl. Zi., bp (WW), Vent.: DZ ab 50/55 $ (ÜF), bessere Zi. im OG: 65/75/95 $ (ÜF).

Unterkünfte außerhalb

Außerhalb des Ortes liegen die besseren Lodges, die allerdings oft nur mit dem Boot erreichbar sind. Meist sind sie nur mit einem **Komplett-Paket** buchbar (inkl. Transport ab San José, Bootsfahrt, Übernachtung im DZ mit VP, Exkursionen), günstiger wird es, vor Ort zu fragen: sind Zi. frei, gibt es auch einen Preis.

Zwischen Lagune und Meer
MEIN TIPP: **Mawamba Lodge** (Tel. 2709.8181, Tel. Büro: 2293.8181, in D: 0861/165906, www.mawamba.com): Rest., Bar, Pool; Schmetterlings- und Froschgarten, Wanderwege; 54 gute Zi. sowie 4 komfortable, frei stehende Superior-Bungalows: Paket 3 Tg./2 N.: 345/321/264 $ p.P.; 2 Tg./1 N.: ab 279/230/207 $ p.P.; KK.

■ **Laguna Lodge** (Tel. 2709.8082, Tel. Büro: 2272.4943, www.lagunatortuguero.com): unpersönliches Gruppenhotel; 110 Zi., DV: 2 Tg./1 N.: 278/236/228 $ p.P.; 3 Tg./2 N.: 339/299/255 $ p.P.

Auf der westlichen Seite der Lagune
■ **Ilan-Ilan Lodge** (Tel. Büro: 2296.7378, www.ilan-ilanlodge.com): ältere Lodge, Rest., Bar; 24 Zi. mit Du/WC, Vent.: 2 Tg./1 N.: 163 $ p.P. im DZ; 3 Tg./2 N.: 225 $ p.P. im DZ; KK.

■ **Pachira Lodge** (Tel. 2223.1682, Büro: 2256.7080, www.pachiralodge.com): angenehme Lodge mit Bar, Rest., gepflegte Anlage, Pool; 20 Holzhäuser mit je 4 komfortablen Zi., bp (WW), DV; sowie 32 neue Bungalows nebenan (**Hotel Anhinga,** gl. Preis): 2 Tg./1 N.: 279/229/219 $ p.P.; 3 Tg./2 N.: 339/319/259 $ p.P.

■ **Tortuga Lodge** (Tel. 2521.6099, Büro: 2257.0766, www.tortugalodge.com): überteuerte Luxus-Lodge, Rest., Bar, 27 Zi., Vent., 3 Tg./2 N.: 588 $ inkl. Hin- und Rückflug; KK.

■ **La Baula Lodge** (1 km nördl., Tel. 2709.8041, Büro: 2231.1404, www.labaulalodge.com): Bar, Rest., Pool; 44 Zi., Vent.; 50/70/80 $ (ÜF), VP 30 $ p.P.; KK.

■ **Manatus Hotel** (Tel. 2709.8197, Büro: 2239.4854, in D: 0861/165906, www.manatuscostarica.com): gehobene Lodge mit Pool, komfortable Zi., AC, Kabel-TV, Solarium(!). 2 Tg./1 N.: 317/283/260 $ p.P.; 3 Tg./2 N.: 450/402/363 $ p.P.; keine Kinder unter 11 Jahren; KK – die luxuriöseste Unterkunft in Tortuguero!

Richtung Barra del Colorado
■ **Evergreen Lodge** (c/o Pachira Lodge, www.evergreentortuguero.com): schöne Anlage, Rest., Bar, kl. Pool; 30 separate Holzhäuser, Preise wie Pachira Lodge.

■ **Caribbean Paradise Eco-Lodge** (Tel. 2290.0374, www.tortuguerocr.com): ältere Lodge (vormals Samoa Lodge) in ruhiger Lage; Paket 3 Tage/2 Nächte ab/bis Pavona: 151 $ p.P. im DZ.

MEIN TIPP: **Turtle Beach Lodge** (Tel. 2248.0707, in D: 0861/165906, www.turtlebeachlodge.com): am Meer, ca. 25 Min. Bootsfahrt von Tortuguero entfernt (Zufahrt über Caño Palma), schöne Gartenanlage mit Pool, Wanderwege, Internet-Service, Bar mit TV, US-Leitung; 56 Zi., 2 Tg./1 N.: 278/239/220 $ p.P.; Paket 3 Tg./2 N.: 369/326/265 $ p.P.

Restaurants & Kneipen (im Zentrum von Nord nach Süd)

■ **Restaurant La Casona** (am Fußballplatz): Fisch, einheimische Gerichte, sehr gut.

■ **Restaurant Miriam** (am Fußballplatz und am Meer): karib. Küche, Fisch, Garnelen – sehr lecker.

■ **Restaurant Miss Junie:** einheimische Küche, 10–12 $.

■ **Restaurant Princesa** (am Strand): gute Küche, guter Service, Preis okay, Lesertipp!

■ **Restaurant Tutti** (an der Hauptstraße): nette Terrasse, einheimische Küche.

■ **Restaurant Buddhacafé** (an der Hauptstraße): Pizza, Fisch, Crêpes, gute Cocktails.

■ **Einfache Lokale** mit landestypischen Gerichten ca. 6–8 $: *Restaurant El Muellecito, Restaurant El Ca-*

ribeño sowie *Soda Maria* (beide an der Hauptstraße Richtung Nationalpark).

■ **Taylors Place** (Nähe Hotel Meriscar): sehr nettes Gartenrestaurant, frische Fruchtsäfte und einheimische Gerichte ohne Reis und Bohnen. Tipp: Steak in Tamarindensoße.

Infos von A bis Z

■ **Canopy:** 6 Plattformen, 4 Brücken, längstes Seil 100 m, Dauer: ca. 1 Std. 15 Min.; buchbar über Pachira Lodge (s.o.).
■ **Discos:** *La Culebra,* tgl. geöffnet, aber nur am Wochenende gut besucht, Eintritt frei; *La Taverna,* gegenüber Cabinas Tortuguero, Karaoke-Bar und Disco, nett zum abends Sitzen.
■ **Einkaufen:** 6 Supermärkte, z.B. *Super Morpho* (teilweise teuer!), am günstigsten: *Las Tortugas* (gegenüber der Bäckerei).
■ **Geldwechsel:** Geld wechseln die Supermärkte, auch Bargeld auf Kreditkarte gegen Prozente.
■ **Internet:** Hotels und das Buddacafé bieten kostenloses WLAN an.
■ **Informationsbüros & Touren:** *Bony Scott* und *Ernesto Tours* (alle an der Hauptstraße), *Asociación de guias* (direkt am Bootsanleger, Tel. 2767.0836).
■ **Polizei:** neben Buddhacafé, Tel. 2767.1593 (öffentlicher Fernsprecher).
■ **Post:** derzeit nicht vorhanden.

Verkehrsverbindungen

Die meisten Besucher Tortugueros haben die Rückfahrt gleich mitgebucht, wenn nicht, gibt es zwei Möglichkeiten, den Ort zu verlassen:
■ **Boot:** reguläre Verbindung nach Cariari über La Pavona um 5.30, 11 und 15 Uhr, ca. 3 $; außerdem nach Moín (ab 35 $ p.P., meist nur Jan.–März und Aug.–Sept.).
■ **Flug:** *SANSA* (Büro gg. der kath. Kirche, Tel. 2683.0137), tgl. 6.53 Uhr, Flugzeit 40 Min.; *Nature Air* (Tickets im Souvenirshop *Paraíso Tropical*), tgl. 6.55 Uhr nach San José/Pavas, Flugzeit 30 Min.

Nationales Tierschutzgebiet Barra del Colorado

■ **Fläche:** 98.000 ha
■ **Höhe:** Meeresniveau bis 229 m
■ **Niederschlag:** 5000–6000 mm/Jahr
■ **Kein Eintritt,** kein Posten

Das Schutzgebiet wird im Norden begrenzt vom Río San Juan, der den Nicaragua-See mit dem karibischen Meer verbindet und gleichzeitig die Grenze zu Nicaragua bildet. Sein größter Seitenarm, der Río Colorado, der sich seinerseits teilt und den Caño Bravo bildet, mündet weiter südlich am Ort Barra del Colorado ins Meer. Zusammen mit dem Nationalpark Tortuguero und einem „biologischen Korridor" als Verbindungsglied bildet dieses *Refugio* die **zweitgrößte Schutzzone des Landes.** Ein Zusammenschluss der Schutzzonen ist geplant, und zusammen mit weiten Gebieten in Nicaragua soll ein riesiger International-Park entstehen.

Meist sind es amerikanische Sportfischer, die in den Kanälen und auf dem Meer auf Jagd gehen. Naturfreunde sind daher in Tortuguero besser aufgehoben.

Flora und Fauna

Die Tier- und Pflanzenwelt stimmt im wesentlichen mit Tortuguero überein. Besonders auffällig sind die über 240 Vogelarten, vor allem zahlreiche Reiher und andere Wasservögel kann man hier beobachten (z.B. Jabiru-Storch und Schlangenhalsvogel).

Barra del Colorado

Das Dorf im Zentrum des gleichnamigen Naturschutzgebietes wird durch den Río Colorado, einen Seitenarm des Río San Juan, in zwei Hälften geteilt: Während die eigentliche Siedlung nördlich der Mündung liegt, hat sich im Süden, wo sich auch die Landebahn befindet, ein weiterer Ortsteil gebildet. Barra del Colorado ist ein Zentrum der **Sportfischerei** in Costa Rica, was sich auch im Hotelangebot niederschlägt.

Unterkunft

Praktisch alle Lodges bieten spezielle Pakete *(packages)* für Sportfischer an, die neben Anreise und VP auch meist Bootsausflüge (zum Fischen) und die entsprechende Ausrüstung beinhalten. „Normale" (Natur-)Touristen sind nicht vorgesehen.

Südlich des Río Colorado
■ **Tarponland Lodge** (an der Landebahn, Tel. 2289.2402, San José 2336.2244, www.tarponparadise.com).
■ **Río Colorado Lodge** (Tel. 2232.4063, www.riocoloradolodge.com): schöne Lage.

Nördlich des Río Colorado
■ **Tropical Tarpon Lodge:** 5 einf. Zi., direkt neben dem Dorf.
■ Weiter nördlich liegen die übertreuerten Fischer-Lodges **Casa Mar** und **Silver King Lodge** (www.silverkinglodge.com).

> Waschbär auf Beutesuche

Verkehrsverbindungen

■ **Boot:** Es gibt keine reguläre Fährverbindung, aber Boote können gemietet werden. Eventuell gibt es ein Cargoboot Richtung Pto. Viejo Sarapiquí.
■ **Flug:** Die Landepiste befindet sich in der südlichen Ortshälfte. *SANSA* (Tel. 2710.7711): tgl. 6.35 Uhr nach San José/Intern. Flughafen; *Nature Air* (Tel. 2220.3054): tgl. 6.35 Uhr nach San José.

Die südliche Karibikküste

Von Limón nach Cahuita (43 km)

Da es nördlich von Limón keine attraktiven Bade- oder Surfstrände gibt, konzentriert sich der **Badetourismus** an den Stränden der südlichen Karibikküste, speziell in den Orten Cahuita und Pto. Viejo. Die Frage, an welcher Küste die Strände schöner sind, ist schwer zu beantworten und letztlich Geschmackssache – ein Abstecher lohnt sich immer.

Die Fahrt von Limón nach Süden führt meist in Sichtweite des karibischen Meeres vorbei an Kokos- und Bananenplantagen. Dabei überquert man mehre-

Der Fluch der Bananen

Bananen sind extrem schnell wachsende Pflanzen: Nach nur 7 bis 9 Monaten hat sich der Setzling zu einer ausgewachsenen Staude entwickelt, die bereits eine Blüte austreibt. Nach weiteren drei Monaten sind die Früchte reif, und die Pflanze stirbt ab. Doch ein neuer Trieb hat sich bereits am Scheinstamm gebildet, der seinerseits in einem Jahr Früchte tragen wird. Die Bananenfrüchte wachsen zu mehreren nebeneinander (manos) von unten nach oben, die einzelnen Früchte, die grün geerntet werden, bezeichnet man als Finger.

Um europäischen und nordamerikanischen **Wunsch-Normen** zu entsprechen, wurden immer größere Früchte gezüchtet, deren Gewicht inzwischen so groß ist, dass die Stauden abgestützt bzw. mit Seilen verzurrt werden müssen. Die Bananenbündel werden mit Plastiktüten umhüllt, um sie vor Vögeln und anderen Schädlingen zu schützen. Über die Entwässerungskanäle geraten diese Folien immer wieder in die Flüsse und ins Meer, wo sie Meeresschildkröten, die sie mit Quallen verwechseln, zu fressen versuchen und daran qualvoll verenden.

Da **Monokulturen** anfällig sind für Krankheiten aller Art, werden Unmengen von **Pestiziden** verspritzt, die in die Böden und ins Grundwasser gelangen. Um den Ertrag möglichst hoch zu halten, wird die Fruchtbarkeit der Böden mit Kunstdünger erhöht. Dennoch sind diese nach etwa 8–10 Jahren ausgelaugt und müssen mehrere Jahre brachliegen, bevor sie erneut bebaut werden können. So werden neue Flächen benötigt – allein in den letzten 10 Jahren wurden dafür in Costa Rica etwa 30.000 ha Regenwald gerodet.

Internationale Organisationen erheben immer wieder schwere Vorwürfe gegen die Umwelt-Praktiken der **Bananenkonzerne**, die u.a. durch Experimente mit organischen Pestiziden versuchen, ihr angeschlagenes Image wieder zu verbessern.

Doch nicht nur Tiere und Pflanzen leiden unter dem großflächigen Anbau von Bananen, auch die rund 200.000 Arbeiter in der Atlantik-Region klagen über **gesundheitliche Folgen:** Die Arbeit auf den Plantagen bei schwüler Hitze ist knochenhart. Die schweren Bündel (ein Bündel wiegt zwischen 35–50 kg) werden von Hand bis zur nächsten „Seilbahn" geschleppt und von dort zur Verpackungsanlage gezogen. Durch den oft nicht sachgemäßen Umgang mit gefährlichen Chemikalien, die in Europa oft schon lange verboten sind, steigt die Zahl unfruchtbarer Männer und Frauen, die man bis heute auf etwa 8000 schätzt. Klagen gegen die Bananenmultis wegen Sterilität als Folge der Arbeit auf den Plantagen wurden zunächst abgewiesen und schließlich mit einer einmaligen Entschädigung von 7500 $ abgetan.

Auch wer nicht direkt mit den Giftstoffen arbeitet, bekommt seine „Ration" ab: Durch die Sprühflugzeuge, die großflächig die Plantagen einnebeln und damit natürlich auch die dazwischenliegenden Wohnsiedlungen der Arbeiter. Nachweislich liegen die Krebsrate und die Säuglingssterblichkeit in dieser Region weit über dem Landesdurchschnitt – Fälle von Hautkrebs sind um ein Vielfaches häufiger als anderswo.

Und wofür das alles? Mit einem **Tageslohn** von rund 20 $ kann man sich auch in Costa Rica nur mit Mühe über Wasser halten – Akkordarbeit und 6-Tage-Woche vorausgesetzt. Oft stellt die Firma eine Wohnung und bezahlt Strom und Wasser, auch Schulen werden gebaut. Man kann nicht behaupten, dass die Menschen glücklich sind mit ihrer Arbeit – aber dennoch: Besser diese als gar keine Arbeit, denn die Auswahl an Arbeitsplätzen ist gering.

re Flüsse. Je nach Niederschlägen ist die Straße zeitweise in einem verheerenden Zustand und voller Schlaglöcher.

Zunächst am Flughafen vorbei, erreicht man nach 11,4 km den Ort **Westfalia**. Die Hauptstraße zweigt hier nach links ab. Nach weiteren 5,7 km zweigt rechts die Zufahrt ab in den Ort **Bananito Sur** (5 km). Hier beginnt die Anfahrt nach Selva Bananito (nur mit Allrad).

Privatreservat Selva Bananito

- **Fläche:** 850 ha (Primärwald)
- **Höhe:** ca. 120–450 m
- **Info:** Conselvatur, San José (siehe Selva Bananito Lodge weiter unten)
- **Eintritt (nur für Hausgäste)/Unterkunft:** s. u. (nur Voranmeldung)
- **Anfahrt:** über Bananito Sur, ab dort Allrad erforderlich

Dieses Privatreservat unter deutscher Leitung erstreckt sich am Ostabhang der Cordillera de Talamanca und grenzt an den Parque Internacional La Amistad – damit ist es Teil des größten Naturschutzgebiets Mittelamerikas. Die Quellregion des Río Bananito, der das Trinkwasser für Pto. Limón liefert, ist ein **feuchtes Habitat** mit vielen Flüssen und Wasserfällen. Neben zahlreichen Vogelarten leben im Dickicht des Regenwaldes Tapire, Pakas, Gürteltiere, Waschbären, Stinktiere, Opossums, Faultiere und Pekaris, sogar Ozelots und Jaguarundis wurden gesichtet.

Für die Besucher der Lodge (wegen der langen Anfahrt macht ein Tagesbesuch nur wenig Sinn) stehen mehrere (unbefestigte) Wanderwege zur Verfügung – eine ortskundige Begleitung ist erforderlich. Weitere **Aktivitäten** sind Reitausflüge, Touren mit dem Mountainbike, Tree-Climbing und landwirtschaftliche Erkundungstouren auf der dazugehörigen Finca.

Übrigens: Rund 10 % der Einnahmen werden für eine Stiftung verwendet, um damit legale wie illegale Abholzung in dieser Gegend zu überwachen und zu limitieren.

Unterkunft

Selva Bananito Lodge (Tel. 2386.1005, Büro: 2253.8118; in D: 0861/165906, www.selvabananito.com): schön gelegene Urwald-Lodge unter dt. Ltg. mit gr. Privatreservat, zahlreiche Tourangebote (Wasserfall-Tour, Tree-Climbing, Pferde, Mountain-Bikes etc.), gutes Rest. mit schönem Ausblick, landestyp. Küche; 11 gepflegte Holzbungalows mit Veranda (Hängematten), schön gekacheltes Bad, wenig Strom (Solaranlage):130/100/93 $ p.P./VP, Komfort-Bungalow: 170/120/105 $ pP/VP; Paket 3 Tg. /2 N. ab/bis San José (inkl. VP + 3 Touren): ab 475/ 430/400 $ p.P.; keine KK.

- 31 km nach Limón liegt links das **Sloth Sanctuary** (Tel. 2750.0775, www.slothsanctuary.com, Mo geschlossen, Touren 8–14 Uhr): Die Faultierstation kümmert sich um verwaiste Faultiere, die wieder aufgepeppelt und später freigelassen werden. „Buttercup Tour": 30 $, Kinder 5–11 J. 15 $; „Breakfast Tour" mit Kanufahrt, Frühstück, Buttercup Tour, Besuch der Babystation oder „Lunch Tour" mit Mittagessen: 150 $ p.P.; im Privathaus am Fluss kann man auch Zimmer mieten: 7 gute, gr. Zi. DZ ab 100 $; es gibt auch ein kl. Privatreservat (60 ha, Eintritt für Hausgäste frei).

Nach 34 km überquert man auf einer großen **Eisenbrücke** den Río Estrella. Hier befand sich 1991 das Epizentrum des Erdbebens. Nach der Brücke liegt rechts eine **Bananenfabrik,** die man auch besichtigen kann. Kurz darauf zweigt in **Penshurt** (Tankstelle) nach rechts die Straße zum Valle de la Estrella ab, an deren Ende das **Reservat Hitoy Cerere** liegt. Kurz nach Penshurt folgt ein Kontrollposten der Polizei (Reisepass!), nach weiteren 9 km ist **Cahuita** erreicht.

Biologisches Reservat Hitoy Cerere

- **Fläche:** 9155 ha
- **Höhe:** ca. 200 m bis max. 1025 m
- **Niederschlag:** über 3000 mm/Jahr
- **Gegründet:** 4.4.1978
- **Geöffnet:** tgl. 8–16 Uhr
- **Info:** Tel. 2758.3996
- **Eintritt:** 5 $, Touristen sind laut Auskunft eines Rangers vor Ort nicht erwünscht
- **Unterkunft:** 3 Zi. mit Stockbetten für Forscher, auf Anfrage auch für Besucher
- **Anfahrt:** mit Allrad ab Penshurt bis Eingang (ca. 26 km); Busverbindung: Valle Estrella bis Finca 12 (6 km bis Eingang)

Eines der bisher am wenigsten besuchten Naturreservate des Landes erschließt eine der abgelegensten Regionen Costa Ricas. Es gehört zum Biosphären-Reservat Talamanca. Durch die **hohe Niederschlagsmenge** haben sich unzählige Flüsse und Wasserfälle gebildet, und die Bäume sind von Epiphyten übersät. Auch der Name, der sich von den beiden Flüssen Río Hitoy und Río Cerere herleitet, deutet auf diesen Wasserreichtum hin: *hitoy* bedeutet in der lokalen Indianersprache „wollig" (die Steine im Fluss sind von Algen und Moosen bedeckt), *cerere* bedeutet „klares Wasser".

Flora und Fauna

Die immergrünen **Wälder** sind sehr dicht und weisen eine große biologische Komplexität auf. Die Mehrzahl der Bäume sind über 30 m hoch, einige erreichen sogar über 50 m: Kapokbaum, Andiroba, *gavilán*, Gummiapfel (Kalabaum), Sandbüchsenbaum, *guayabón*, *pilón*, Weißgummibaum, Milchbaum. Oft sind diese mit Moosen überzogen, an den Zweigen hängen Orchideen und andere Epiphyten.

Tiere sind zwar zahlreich, aber schwer zu sehen, da viele in den Baumkronen leben oder nachtaktiv sind. An **Säugetieren** leben hier u.a. das Dreizehen-Faultier, der tagsüber wie ein Tennisball eingerollte Zwergameisenbär, Brüll- und Kapuzineraffen, verschiedene Raubkatzen, der Fischotter, der Tapir, das Tayra und das Halsbandpekari.

Zu den 115 **Vogelarten,** die bisher registriert wurden, zählen Kolibris, Massena-Trogon, Cayenne-Fuchskuckuck, Grüner Eisvogel und Regenbogentukan.

Cahuita

- **Einwohner:** ca. 3000
- **Lage:** 43 km südöstl. von Limón am Meer
- **Niederschlag:** ca. 2500 mm/Jahr
- **Tipp:** Wegen der Diebstahlsgefahr keine Wertsachen an die Strände mitnehmen!
- **Info:** www.cahuita.cr

Cahuita ist eines der Zentren des Tourismus in Costa Rica, vorwiegend für **Individualtouristen,** es gibt nur zwei Hotels mit Gruppenkapazität. Der Durchgangsverkehr geht einige Kilometer am Ort vorbei. Früher vorwiegend Treffpunkt der Alternativ-Szene, hat sich der Besucherstrom (und der Drogenhandel) weitgehend ins nahe Puerto Viejo verlagert. Doch Cahuita, das sich sein karibisches *easy going* bewahrt hat, ist nach wie vor einen Besuch wert, vor allem wegen seiner schönen Strände und des gleichnamigen Nationalparks.

Unterkunft

Im nördlichen Ortsteil

Sofern nicht anders vermerkt, sind alle Unterkünfte mit Bad und Ventilator ausgestattet.

Mein Tipp: Cabinas Iguana (Tel. 2755.0005, www.cabinas-iguana.com): nette Anlage, ruhige Lage, schöner Garten und Pool, Wäscheservice, schweiz. Ltg.; 3 saubere Cab. mit Moskitonetz, bc: DZ 25 $; 5 nette Häuschen (bis 4 Pers.) mit Küche: ab 45/45/55 $; KK.

■ **Jardín Rocalla** (Tel. 2755.0291): schöner Garten, kinderfreundlih, dt. Ltg.; 2 gemütl. Holzhäuser (bis 4 Pers.) mit Kochnische: DZ 30 $, 4 Pers. 40 $.

■ **Casas y Cabañas Los Tucanes** (Tel. 2755.0159, www.cabinaslostucanes.com): 2 Häuser mit Küche und je 2 Zi. 40–90 $.

■ **Hotel Jaguar** (Tel. 2755.0238): größeres Hotel mit Bar/Rest., Pool, renoviert; 30 renovierte Zi.; Economy-Zi.: 28/37/49 $; Std. Zi. mit Vent.: 39/52/66 $; Suite mit DV, kl. KS 49/62/87 $.

■ **Cabinas Piscina Natural** (Tel. 2755.0146): schöne Lage direkt am Meer, Gem.küche; 5 renovierte Zi., WW: 34/40/51 $.

■ **Cabinas Nirvana** (Tel. 2755.0110, cabinasnirvana@gmail.com): 10 ordentl. Zi. mit Bad (WW), Moskitonetz und Hängematte: 40/40 $, mit AC: 70 $, mit Küche +10 $, Frühstück: 6 $.

■ **Centro Turístico Brigitte** (Tel. 2755.0053, www.brigittecahuita.com): Rest. (Frühstück 5 $), Reittouren, Radverleih, Wäscherei, schweizer. Ltg.; nette kl. Zi.: EZ 15-35 $, DZ 40 $, gr. Zi. mit Küche: DBZ 50 $.

■ **Jimmy's Jardín Tropical** (Tel. 2755.0033, www.jardintropical.ch): 2 Bungalows DZ 30 $ sowie Haus mit Küche (bis 4 Pers.): DZ 45 $; KK.

Mein Tipp: Bungalows Blu Spirit (Tel. 2755.0122): ruhige Lage, großer Garten am Meer; 4 einfache, aber nette Bungalows (bis 4 Pers.), ital. Ltg.: 40/50/60 $.

■ **Cabinas Algebra** (Tel. 2755.0057, www.cabinasalgebra.com): ruhige Lage, günst. Rest., familienfreundlich, dt. Ltg.: 1 nettes kl. Holzhaus mit Küche (bis 3 Pers.): 55 $; gr. Haus (bis 6 Pers.) 70 $, Cabina, Küche, bp: EZ 22/35/45 $.

Mein Tipp: Playa Negra Guesthouse (Tel. 2755.0127, www.playanegra.cr): gepflegte Anlage mit Garten und Pool, kanad. Ltg., 4 gute Zimmer ab 72/72/89 $, 3 Häuser 85–160 $, DZ 112–163 $, kein Frühstück.

■ **Cabinas Caribe Luna** (Tel. 2755.0131, www.caribeluna.com): Haus in Strandnähe mit Grünanlage; kl. Haushälfte (1 Zi. m. Terrasse, WW): 50/50/60 $ (ÜF); gr. Haushälfte (2 Zi., Küche, Terrasse, WW): 75/75/90 $ (ÜF); Suite: DZ 100 $ (ÜF).

■ **Bungalows Malú** (Tel. 2755.0114, www.cahuita.cr/bungalows-malu): Rest. (Mo Ruhetag), Bar, schöner Garten, Pool, ital. Ltg., 4 ordentl. Bungalows (bis 4 Pers.) mit AC, KS: ab 67/77/85 $; Bungalow m. Küche (bis 4 Pers.): 105/115/120 $; KK.

■ **Cabinas Hibiscus** (Tel. 2755.0021, www.hotels.co.cr/hibiscus.html): schöne Anlage am Meer, Pool, schweizer. Ltg.; 3 angenehme Zi.: 55/55/75 $, 2 Häuser mit Küche: 150/180 $ (9/10 Pers.), Frühstück 5 $; KK.

■ **Hotel La Diosa** (Tel. 2755.0055, www.hotelladiosa.com): am Meer (kl. Strand!), Garten, Pool, Massagen etc.; gr. Zi.: ab 60/70/85 $, mit AC: 65/75/90 $ (ÜF), Suite mit AC u. Jacuzzi: 85/95/100 $.

■ **Hotel Magellan Inn** (Tel. 2755.0035, www.magellaninn.com): nettes kl. Hotel mit Garten und Pool, nette Bar, Rest., kanad. Leitung; 6 gepflegte Zi. mit WW, Vent., Teppich: DZ: ab 74 $ (ÜF); mit AC: ab 85 $ (ÜF); KK.

■ **El Encanto B&B** (Tel. 2755.0113, www.elencantobedandbreakfast.com): kl. Pension nördl. des

Cahuita-Nord

nicht maßstabsgetreu
© REISE KNOW-HOW 2016

■ Übernachtung
1 Suizo Loco Lodge
2 Magellan Inn
3 Cabinas Algebra
5 Hotel La Diosa
7 Cabinas Hibiscus
8 Cabinas Piscina Natural
9 Bungalows Malú
10 Hotel Jaguar
13 Cabinas Nirvana
14 Cabinas Iguana
15 Jimmy's Jardin Tropical
16 Centro Turistico Brigitte
18 Playa Negra Guesthouse
19 Atlantida Lodge
20 Jardin Rocalla
21 Casa y Cabañas Los Tucanes
23 Bungalows Blu Spirit
24 El Encanto B&B
25 Cabinas Caribe Luna

■ Essen und Trinken
4 Restaurant Bananas
11 Chao's Paradise
17 Reggae Bar/Restaurant
22 Sobre Las Olas

■ Sonstiges
6 Javier Tours

Zentrums an der Playa Negra, schöner Garten mit kl. Pool; 3 angenehme, schön dekorierte Zi., DV: 90/102/124 $ (ÜF); 1 Apt. mit kl. Wohnzi., kl. Küche, Balkon: 124 $ (ÜF), NS: 100 $; 1 Haus m. Küche, 3 Schlafzi. (bis 6 Pers.): DZ 226 $ (ÜF); KK.

■ **Atlantida Lodge** (Tel. 2755.0115): schöne Anlage in trop. Garten mit gr. Pool, Rest., Bar; 30 renov.bedürftige Zi., bp (WW): 94/114/134 $, Kinder bis 12 J. frei; KK.

Mein Tipp: **Suizo Loco Lodge** (Tel. 2755.0349, in D: 0861/165906, www.suizolocolodge.com): schöne Hotelanlage in Strandnähe mit gr. Poolbereich, Whirlpool und Poolbar, gutes Rest., Bar, Touren, Wäscheservice, schweiz. Ltg.; 12 angenehme Zi. mit TV, Minibar, Safe: 85/115/165 $ (ÜF); Honeymoon-Suite mit Whirlpool und Suite (2 Zi., rollstuhlgerecht): DZ 140 $ (ÜF); Kinder bis 5 Jahre: 10 $, 6–14 Jahre: 30 $; KK.

Im südlichen Ortsteil

Es gibt eine schier unüberschaubare Vielzahl von einfachen Unterkünften *(Cabinas)*, allesamt mit Bad (nicht immer Heißwasser) und die meisten mit Ventilator.

■ Wer möglichst günstig übernachten will (DZ/bc um 12 $), sollte es bei **Cabinas Rhode Island** (Tel. 2755.0264) versuchen.

■ DZ mit Bad um 20 $ bieten: **Hotel Surfside** (Tel. 2755.0246, Küchenbenützung), **Cabinas Palmer** (Tel. 2755.0435, cabinaspalmer@gmail.com, 30 recht ordentl. Zi., KK) und **Cabinas Sol y Mar** (Tel. 2755.0237 und 2755.0418).

■ **Cabinas Atlantic Surf** (Tel. 2755.0116, http://cabinasatlanticsurf.com), 5 Zi. mit Vent., Hängematten: ca. 20/25 $.

■ **Cabinas Surfside** (am Meer, c/o Hotel Surfside): renoviert, DZ 25 $.

■ **Secret Garden** (Tel. 2755. 0581): Parkplatz, kanad. Leitung, Gartenküche; 5 saubere Zi., bp (WW): ca. 10/25–30/35 $, Familienzi. (bis 5 Pers.) 45 $; keine KK.

■ **Cabinas Arrecife** (Tel. 2755.0081, www.cabinasarrecife.com): schöne u. ruhige Lage, kl. Rest. mit MB; 11 ordentl. Zi., WW: 25/30/40 $; KK.

■ **Cabinas Brisas del Mar** (Tel. 2755.0011), einfache Zi.: 26/30 $.

■ **Cabinas Smith** (Tel. 2755.0068): bp, AC, KS, Gem.küche: 25/31/36 $.

Cahuita-Süd

Cabinas Calipso (Tel 2755.0192): Gem.-küche, 10 Zi. m. Vent, KS, TV, bp: DZ 26 $, mit AC 35 $.

Spencer Seaside Lodge (Tel. 2755.0210); 19 Zi., im oberen Stock: 15/30/45 $.

Cabinas Jenny (Tel. 2755.0256, www.cabinas jenny.com), 6 Zi. mit W/N am Meer, bessere Zi. mit MB und Balkon: ab 31/31/37 $, Suite: DZ 68 $.

Cabinas Sunshine (Tel. 2755.0368, 2371.0049, cahuitasunshinecabins@costarricense.cr): Parkplatz, 8 Zi., bp (WW), DV, Veranda: AC, TV: ab 30/34/57 $; mit Küche 30 $.

Cabinas Safari (Tel. 2755.0405): zentrale Lage, 7 Zi. mit Vent.: ca. 25/40/50 $.

Hotel Vaz (Tel. 2755.0218, hotelvaz@gmail.com): 22 renovierte Zi. mit AC: 30/45/60 $; 2 neuere Zi. mit AC, Minibar und Sat-TV: 66–77 $ (1–4 Pers.), Parkplatz; KK.

Karibik Lodge (Tel. 2755.1004, in D: 0421/86608, www.karibiklodge-cahuita-costarica.com): neue Lodge unter dt. Ltg., schöner Garten, Pool; Apartments mit Küche, Wohnzi.: DZ 48 $, 270 $/Woche; Frühstück 8 $.

MEIN TIPP: Bungalows Aché (Tel. 2755.0119, www.bungalowsache.com): ruhige und doch relativ zentrale Lage am Rand des NP, schweiz. Ltg.; 3 nette Bungalows (einer davon behindertengerecht) für 2–4 Pers., bp (WW), Moskitonetz, Vent.,

Übernachtung
 2 Cabinas Arrecife
 3 Cabinas Brisas del Mar
 4 Cabinas Jenny
 5 Spencer Seaside Lodge
 6 Cabinas Palmer
 7 Cabinas Safari
12 Hotel/Cabinas Surfside
13 Cabinas Smith
21 La Casa de las Flores
22 Hotel Vaz
27 Cabinas Calipso
28 Cabinas Sol y Mar
30 Hotel Cahuita Nationalpark
31 Hotel Kelly Creek
33 Cabinas Rhode Island
34 Cabinas Atlantic Surf
35 Cabinas Sunshine
36 Secret Garden
37 Ciudad Perdida Ecolodge
38 Siatami Lodge
39 Bungalows Aché
40 Alby Lodge

Essen und Trinken
 1 Restaurant Miss Edith
 8 Carribbean Flavor
 9 Café del Parquecito
10 Restaurant La Fé
16 Palenque Luisa
17 Restaurant Coral Reef
19 Cocos Bar
20 Restaurant Tranquilo
24 Restaurante Relax
25 Restaurant Tipico Cahuita
26 Restaurant La Casa de la Langosta
28 Restaurant Sol y Mar
29 Restaurant/Bar Cahuita N.P.
31 Restaurant Kelly Creek
32 Restaurant Vista del Mar

Geschäfte/Sonstiges
11 Einkaufen
14 Willie's Tours (Internet)
15 Cahuita Tours
18 Touristica Cahuita
23 Supermarkt

KS und Kaffeemaschine, Veranda mit Hängematte: DZ 50–55 $ pro Bungalow; keine KK.

■ **Hotel Kelly Creek** (am Eingang zum Nationalpark, Tel. 2755.0007, www.hotelkellycreek.com): Holzhaus, gutes Rest., span. Ltg.; 5 schöne, sehr gr. Zi. mit Veranda, DV, WW: DZ 60 $; KK (nur VISA und MC).

■ **Alby Lodge** (Tel. 2755.0031, www.albylodge.com): gr. Garten, ruhige Lage und doch zentral, Gemeinschaftsküche mit Veranda, dt.-öster. Leitung; 4 kleine Holzhäuschen (bis 4 Pers.), bp (WW), Veranda, Hängematte, Moskitonetz, Vent.: 60/60/65 $, Kinder bis 12 Jahre frei; keine KK.

■ **Hotel Cahuita Nationalpark** (Tel. 2755.0244, www.cahuita.cr/national-park-hotel): Rest., 18 renovierte Zi., teilw. mit MB; 5 Zi. mit AC und TV: DZ 60 $; Suite mit 2 Schlafzi., Küche und MB: 150 $; KK.

■ **La Casa de las Flores** (Tel. 2755.0326, www.casadelasfloreshotel.com): neues Hotel im Zentrum, 9 gute Zi. mit AC: 50/80/95 $ (ÜF).

■ **Siatami Lodge** (Tel. 2755.0374, San José: Tel. 2221.9029): schöner Garten, span. Ltg.; 10 große, voll ausgestattete Villas mit Küche: ab 72/83/95 $ (ÜF).

■ **Ciudad Perdida Ecolodge** (Tel. 2755.0303, www.ciudadperdidaecolodge.com): nette Anlage im karib. Stil, angenehme Zimmer in Holzhäusern: 95/95/118 $ (ÜF), Haus mit Küche 190 $.

■ **Hotel Cahuita Inn** (Tel. 2755.0179), 50/70/80 $; Frühstück 5 $.

Restaurants, Bars & Discos

Die Auflistung der Restaurants erfolgt vom Nationalparkeingang nach Norden.

■ **Restaurant Kelly Creek** (Tel. 2755.0007, www.hotelkellycreek.com): gemütlich, mit MB, hervorragende span. Küche (Paella!), à la carte und wechselndes Menü um ca. 10 $.

■ **Restaurant/Bar Cahuita Nationalpark** (Tel. 2755.0244): direkt am Strand, Speisen ab 7 $, tgl. 11–21 Uhr, karib. Essen, KK.

■ **Restaurant Vista del Mar:** u.a. günstige chin. Gerichte, Casado, gr. Portionen; KK (+7 %).

■ **Restaurant Sol y Mar** (Tel. 2755.0418): nur Frühstück ab 3 $, reichhaltig, 7.30–12 Uhr; KK.

■ **Restaurant Tipico Cahuita** (Tel. 2755.0364): einf. Lokal, Fleisch und Fisch ab 7 $, 9–21 Uhr, KK.

■ **Restaurant La Casa de la Langosta** (Tel. 2755.1148): guter Fisch und Meeresfrüchte ab 13 $, Pasta ab 11 $, Casado 6 $, nettes Ambiente, tgl. 11–22 Uhr; KK.

■ **Cocos Bar** (Tel. 2755.0437): immer noch der Treff in „Cahuita Downtown", Bocas ab 5 $, Gerichte ab 7 $, gelegentlich Live-Musik, Fr Calypso Night, frische Fruchtcocktails, ab 12 Uhr bis open end! 11–22 Uhr Essen; KK.

■ **Restaurant Coral Reef** (Tel. 2755.0133, neben Cocos Bar): umfangreiche Speisekarte, einheim. und internat. Gerichte ab 10 $, 12–21 Uhr, KK.

■ **Restaurant Tranquilo** (hinter der Cocos Bar): schweiz. Ltg., gr. Auswahl an ital. und karibischen Spezialitäten: Frühstück, Ceviche, Carpaccio, Bocas, Sandwich, Casado, hausgemachte Pasta, Fisch, Fleisch und Meeresfrüchte, geöffnet 10 bis 1 Uhr, Mo Ruhetag.

■ **Carribbean Flavor** (Tel. 2755.0017): Snacks, Frühstück, lokale Küche, Fruchtcocktails; tgl. 6–21 Uhr, KK.

■ **Café del Parquecito** (Tel. 2755.0279): nettes kl. Lokal am Park, Frühstück, Crêpes, Salate, Casado, Fisch; So–Fr 6–22, Sa 18–22 Uhr.

■ **Restaurant La Fé:** typisch karib. Spezialitäten, Casado, vegetarische Gerichte, Fisch und Fleisch, tgl. 7–23 Uhr.

■ **Palenque Luisa:** sehr gute karibisch-kreolische Küche, Fleischgerichte, Fisch, So Ruhetag.

■ **Restaurant Miss Edith** (Tel. 2755.0248): einf. Lokal, vegetarische und karibische Küche, guter Fisch, Lobster, gr. Auswahl, oft lange Wartezeit und mäßiger Service.

■ **Sobre Las Olas** (Tel. 2755.0109): tolle Lage direkt am Meer, typ. karibische Küche, leckerer Fisch, Pasta, vegetarische Gerichte, Preise: ab 15 $, 12–21.30 Uhr, Di. Ruhetag.

◻ Übersichtskarte S. 166, Stadtplan Cahuita S. 196/197   **Die südliche Karibikküste**

■ **Reggae Bar/Restaurant:** guter Platz, um nach dem Baden ein paar Getränke zu genießen.
■ **Chao's Paradise** (Tel. 2755.0284, Playa Negra, neben Reggae Bar): trad. karibische Küche, leckere Fisch- und Fleischgerichte ab 11 $, tgl. 14–22 Uhr.
■ **Restaurant Bananas** (in den Cabinas Algebra, Tel. 2755.0057): Frühstück u. Abendessen (karib. Küche, ab 10 $) auf gemütlicher Veranda; tgl. 8–20.30 Uhr; cool!
■ An der Hauptstraße, 300 m südl. der Hauptzufahrt nach Cahuita, liegt das empfehlenswerte **Restaurant Relax** (Tel. 2755.0322): gute ital. und internat. Küche, Pasta, gutes Pfeffersteak, Fondue (auf Vorbestellung), der Chef spricht deutsch; tgl. außer Di 17–22, So ab 12 Uhr.

Infos von A bis Z

■ **Apotheke:** in Pto. Limón oder Pto. Viejo, Medikamente erhältlich im Supermarkt; Apotheke im neuen *Centro Comercial*.
■ **Büchertausch:** *Mister Big J.* (s.u.) sowie bei *Cabinas Iguana* (viele deutschsprachige Bücher).
■ **Einkaufen:** Supermarkt neben Hotel Vaz, tgl. 6.30–20 Uhr, sowie neben Rest. La Fé, tgl. 6–22 Uhr.
■ **Erste Hilfe:** *Clínica* am Ortseingang oder in der Ortschaft Hone Creek (24 Std.).
■ **Fahrradverleih:** *Cabinas Iguana*, *Centro Brigitte* und bei den Tourbüros.
■ **Geldwechsel:** *BCR*-Filiale im Ort, außerdem bei den Supermärkten und den Tourveranstaltern.
■ **Information:** in den Tourbüros sowie bei *Brigitte* (s. bei Pferdetouren) und bei den Hotels (z.B. *Willie's Tours*).
■ **Internet:** *Willie's Tours* (gegenüber Bushaltestelle, Mo–Sa 8–12 und 14–20 Uhr, So 16–20 Uhr, 30 Min./500 C.), *Jungle Internet Café* (über Coral Reef): 8–23 Uhr, 30 Min./1000 C., *Centro Brigitte* (Black Beach).
■ **Massagen:** *Renate* (Tel. 2755.0304 und 8888. 7478): bietet verschiedene Massagen (ab 45 $/Std.) sowie Reiki und Yoga an.

■ **Pferdetouren:** c/o *Centro Tur. Brigitte* (Haus zw. Reggae Bar und Cabinas Mambo): 3 Std. mit Guide: 55 $, 5–6 Std. 75 $; *Mister Big J.*: 3 Std. 40 $.
■ **Polizei:** 3 Straßen nordwestl. vom Zentrum.
■ **Post:** neben der Polizei, Mo–Fr 8–12 Uhr und 13.30–17.30 Uhr.
■ **Schnorchelausrüstung:** *The Snorkeling House* (Tel. 2755.0248, www.cahuitasnorkelinghouse.com); *Cabinas Arrecife* und *Cahuita Tours*.
■ **Tankstelle:** Die nächste Tankstelle befindet sich in Hone Creek, ca. 2 km südlich sowie in Penshurt, ca. 9 km in Richtung Limón.
■ **Taxi:** *Alejandro* (Tel. 8875.3209) und *Renate* (siehe „Massagen").
■ **Tauchausrüstung:** bei Cabinas Arrecife und Cahuita Tours.
■ **Tourbüros:** *Willie's Tours* (Büro gegenüber der Bushaltestelle, Tel. 2755.0267, www.willies-costa rica-tours.com), div. Touren: Schnorcheln (25 $), Canopy (70 $), Tortuguero (Tagestour: 115 $), Bri-Bri-Indianerreservat (55 $), Ausflüge nach Panama (Tagestour: 160 $). *Cahuita Tours* (Tel. 2755.0101, www.cahuitatours.com, tgl. 8–18.30 Uhr): Ausflüge mit Jeep, Bus und Boot, Bergtouren, Reiten, Schnorcheln, Canopy u.a. Außerdem bieten *Turistica Cahuita* und *Mister Big J.* (Tel. 2755.0318) Touren an und vermieten Schnorchelbedarf. *Javier Tours* (Tel. 2755.0320, mobil: 2308.6361): empfehlenswerter einheimischer Führer *(Ernie)*, spricht engl., schöne Dschungeltour zum Wasserfall, Schnorcheln (25 $), Delfintour u.a.
■ **Wäscherei:** gegenüber vom Supermarkt *Vaz* bei *Mister Big J.*, im *Casa Brigitte*, neben *El Encanto* im nördlichen Ortsteil (preiswert!) sowie südlich von *Cabinas Smith* (1 Korb waschen und trocknen: 6 $).

Busverbindungen

■ Die **Abfahrtsstelle** liegt hinter dem Centro Comercial. Alle Fahrten werden durchgeführt von *Transportes Mepe* (Tel. 2758.1572).

- **San José** (direkt): 7.30, 9.30, 11.30 und 16.30 Uhr, Bus kommt aus Sixaola; Alternative: Bus nach Limón und umsteigen; sowie mit Interbus (ab/bis Hotel): tgl. 7 und 14.30 Uhr über Siquirres (Anschluss nach Fortuna), Fahrzeit: 4 Std., 40 $.
- **Pto. Limón:** täglich 6.30–20 Uhr ca. stdl.
- **Pto. Viejo:** täglich ca. 6–19 Uhr stdl.
- **Manzanillo:** täglich ca. 7, 11.30, 16, 19 Uhr.
- **Sixaola** (Grenze Panama): täglich 6–19 Uhr stdl.

Nationalpark Cahuita

- **Fläche:** 1068 ha (Land), 22.400 ha (Meer)
- **Niederschlag:** 3000 mm/Jahr
- **Gegründet:** 7. Sept. 1970
- **Geöffnet:** tgl. 8–17 Uhr
- **Eintritt:** 5 $, vom Eingang Cahuita nur Spende erwünscht (ca. 1 $)
- **Info:** Tel. 755.0401, Puerto Vargas: Tel. 755.0302

Der zweitälteste Nationalpark des Landes wurde zum Schutz des einzigen voll entwickelten **Korallenriffs** auf der karibischen Seite gegründet. Das ca. 600 ha große Riff hat durch das Erdbeben im Jahr 1991 schwerste Schäden erlitten und sich um etwa 1 m angehoben. Ein weiteres ernstes Umweltproblem stellt die aus der Landwirtschaft stammende Verschmutzung der Gewässer dar, die die empfindlichen Korallen außerdem nachhaltig schädigt.

Dennoch besuchen immer mehr Erholungssuchende und Naturfreunde die Halbinsel um Punta Cahuita – türkisblaues Meer und 15 km weiße **Strände** mit Kokospalmen sind nun einmal Argumente, die für sich sprechen.

Flora und Fauna im Meeresbereich

Das **Saumriff** besteht aus einem „Randriff" mit Außenkamm und einer Art innerer Lagune, geformt aus abgestorbenen Korallen und von Sand bedeckt; obenauf sitzen lebende Korallen. In der geschützten Riffinnenseite hat sich eine **Seegraswiese** gebildet, d.h. untermeerische Flächen des Schildkröten-Grases *(Thalassia testudinum)*. Bis heute wurden im Riff 35 Korallenarten, 140 Arten Weichtiere, 44 Arten Krustentiere, 128 Algenarten und 123 Fischarten gezählt. Die häufigsten **Korallenarten** sind Elchhorn- *(Acropora palmata)* und Hirnkoralle *(Diploria strigosa)*, ferner Korallen der Arten *Poritis poritis, Montastrea cavernosa* (groß) und *Poritis divaricata*. Ebenfalls häufig findet man Seeigel und Seefächer *(Gorgonia flabellum)*.

Das Riff ist ein idealer Lebensraum für **Fische.** Einer der schönsten ist der *pez angel reina (queen angelfish)*, aber auch der französische Engelrochen *(pez angel francés)*, die *isabelita (rock beauty)* und der Blaue Papageienfisch *(pez loro azul)* haben brillante Regenbogen-Farben. Weniger harmlos sind die Barracudas, Streifenrochen, Muränen und drei Arten Haie.

Flora und Fauna an Land

Hier findet man vier Vegetationszonen. Am Cahuita Point ist meist **Sumpfgebiet.** Häufige Baumarten sind *cativo (Prioria copaifera),* Flügelfruchtbaum und *fruta dorada (Virola sebifera).* Im **Mischwald,** der nicht überflutet wird, herrschen *jorco* und Schweinsgummibaum vor. Die **Küstenvegetation** wird geprägt von Kokospalmen und dem Meermandelbaum. Häufig sind die roten Kerzenblüten der *caña agria,* die nur in Salzwassernähe gedeiht.

Häufige **Säugetiere** sind Brüll- und Kapuzineraffen sowie Faultiere. Auch der Krabben fressende Waschbär, Nasenbären und Fischotter finden hier Lebensraum. Im Sumpfgebiet finden sich verschiedene Eisvogelarten, Ibisse und verschiedene Reiherarten. Auch Tukane sind häufig zu sehen.

Wanderung

Ein traumhaft schöner Weg führt um die Halbinsel am Meer entlang vom Ort Cahuita bis zum Eingang Puerto Vargas; Länge 7 km, Gehzeit 2–3 Std. Der Weg ist leicht und eben und verläuft **immer in Meeresnähe,** dennoch ist er meist schattig. Nach Regen gibt es einige matschige Abschnitte, unterwegs muss zweimal ein Fluss durchquert werden (normalerweise max. knietief). Rascheln in den Bäumen könnte auf Affen hinweisen; schwerer zu entdecken sind Faultiere und andere Säuger, dafür sieht man jede Menge Schmetterlinge, Eidechsen, (kleine) Spinnen und Vögel. An beiden Enden des Weges gibt es Picknicktische und -bänke, Camping ist nicht möglich.

Tipp: Den Bus nach Manzanillo oder Sixaola bis zum Eingang Pto. Vargas nehmen (ca. 4 km). Nach etwa 2 km entlang dem Fahrweg kommt man zum beschriebenen Wanderweg, der im Dorf Cahuita endet.

Warnung: Schwimmen ist im Bereich Pto. Vargas wegen der **Meeresströmung** nicht ungefährlich.

Tiger-Ameive (Ameive festiva)

Von Cahuita nach Puerto Viejo (16 km)

Die Strecke von Cahuita nach Pto. Viejo ist inzwischen durchgehend geteert. Nach 3,5 km zweigt links die Zufahrt zum Nationalparkeingang Pto. Vargas ab (siehe unter „Nationalpark Cahuita").

■ **Centro Turistico Boca Chica** (Tel. 2755.0197): nettes Lokal am „Hintereingang" des Nationalparks.

Cacao Trails

■ **Lage:** ca. 3 km vor Hone Creek links, zwischen Straße und Meer
■ **Geöffnet:** tgl. 8–16 Uhr
■ **Eintritt:** 20 $, mit Führung (2 Std.): ab 25 $
■ **Info:** Tel. 2756.8186, www.cacaotrails.com

Wer genug hat vom „Abhängen" am Strand, kann hier einen abwechslungsreichen Tag verbringen: Bei einer Tour durch den Park wandert man durch eine alten Kakaoplantage, lernt medizinische Heilpflanzen kennen, besucht einen botanischen Garten, eine kleine organische Farm, ein Schlangenhaus, kann Vögel beobachten und kommt an Teichen vorbei, in denen Krokodile leben. Außerdem gibt es ein Kakaomuseum und eine „Schokoladenfabrik", in der bei geführten Touren auch produziert wird. Eine weitere Tour führt mit dem Kanu zum

Die südliche Karibikküste

mit Blick über das Meer, Privatreservat (120 ha), vegetarisches Rest., Meditationskurse, Yoga (15 $); Gästehaus mit 5 kl. Zi., bc: ca. 98/85 $ p.P. (inkl. VP); 10 stilvolle Bungalows, bp: ab ca. 1815/135 $ p.P. (inkl. VP); KK.

Nach 11 km **teilt sich die Straße:** Nach rechts führt die Teerstraße nach Bribrí und weiter nach Sixaola, geradeaus sind es etwa 5 km Teerstraße bis Pto. Viejo.

■ Nach 900 m führt rechts eine Zufahrt zur **Iguana Farm:** kl. Leguan-Aufzuchtprojekt der Kekoldi-Indianergemeinde, Eintritt: ca. 1 $, tgl. 8–17 Uhr.
■ **Chimuri Jungle Lodge** (3,4 km rechts, Tel. 2750.0506, www.greencoast.com/chimurilodge): rustikale Urwald-Lodge am Rande eines Indianerreservates, Privatreservat (20 ha) mit Wanderwegen, Touren, deutschsprachig; 4 einf. Holzhäuser, Bad separat: DZ 30 $, VBZ 46 $, Schlafraum: 10 $ p.P.
■ **Cabinas Juanita's Place** (3,6 km links, Tel. 2750.0842): 500 m zum Strand, Frühstücksservice; 3 Zi. (bis 3 Pers.), bp (KW): 40 $.
■ 4 km nach der Gabelung, an der Pulpería La Violeta, führt ein Abzweig links nach 400 m zum **Magic Moon Beach House** (Tel. 2750.0212, www.magicmooncr.com): deutschsprachig; Holzhaus mit 3 Schlafzi., Küche: 149/149/169 $.
■ 200 m weiter liegt das **La Perla Negra Beach Resort** (Tel. 2750.0111, http://blackpearlcr.com): schöne Lage am Meer, Rest., Bar, Pool, Tennisplatz; 24 recht ordentl. Zi. mit viel Holz, WW, Ventilator, z.T. MB: DZ ab 80 $ (ÜF); sowie 6 Häuser, 2 Etagen, 2 Schlafzi., Küche, AC: DZ ab 149 $; KK.

Kurz darauf erreicht die Straße das karibische Meer: Da die Flüsse kohlehaltige Gesteinspartikel aus den Bergen anschwemmen, ist der **Strand** hier schwarz („Black Beach"), was das Badevergnügen aber nicht einschränkt.

Meer und dann am Strand entlang in den angrenzenden südlichen Teil des Cahuita-Nationalparks, der ansonsten nicht zugänglich ist. Nach der Tour laden das Restaurant und der Pool zum Verweilen ein.

■ 10,5 km nach Cahuita, bei Hone Creek, führt rechts eine Abzw. zur **Rancho Tranquilo** (Tel. 2756.8170, www.rancho-tranquilo.com): Infos zu biologischem Bananenanbau, schweiz. Ltg.; ab 60 $ (bis 4 Pers.), 3 ordentl. Häuser (bis 10 Pers.) in ruhiger Umgebung, bp, KS und Kochgelegenheit, Vent., Hängematte: ab 80–150 $/Tag (bis 5 Pers.); empfehlenswert, wenn man seine Ruhe haben möchte.
■ Kurz darauf zweigt rechts die Zufahrt ab (1,2 km) zur **Samasati Lodge & Nature Retreat** (Tel. 2756.8015, www.samasati.com): herrliche Lage

△ Unterwegs im Nationalpark Cahuita

■ 4,4 km nach der Abzw. rechts kommt man zu den **Cabinas Playa Negra** (Tel. 2750.0063, cabinasplayanegra@costarricense.cr): 4 einf. Zi., bp (WW), Vent.: 40/40/50 $ (bis 6 Pers.); 1 Haus mit Küche etc. (bis 7 Pers.) 100 $.

■ 4,7 km nach der Abzw. rechts führt ein Weg zur **El Pizote Lodge** (Tel. 2750.0227): schöne Anlage mit parkähnl. Garten, ruhig, 2 Pools, Rest. (7–19.30 Uhr, teuer), Bar; gr. Holzhaus mit 8 ordentl. Zi. mit Vent.: 63/63/79 $; 6 schöne Bungalows (bis 4 Pers.) mit Veranda: 79/79/ 93 $; 4 Luxuszi. mit AC und Küche: 109/109/126 $ und 2 Holzhäuser (max 8 Pers.): 198 $; KK.

■ Kurz vor Pto. Viejo liegt rechts das **Hotel Kaya's Place** (Tel. 2750.0690, www.kayasplace.com): größere Lodge mit Rest., Bar, Radverleih, Wäscheservice; Budget-Zi. mit bc: 22/31/40 $; Zi. mit bp: 28/40/51 $ bis 68/79/90 $; Suite mit Küche: 96 $ (1–5 Pers.); KK (Zuschlag).

Botanischer Garten

4,4 km nach dem Abzweig rechts führt ein Weg (ca. 500 m) zum Botanischen Garten mit einer sehenswerten Sammlung von **Nutz- und Zierpflanzen** auf allen Teilen der Tropen und einem Wanderweg im Regenwald. Geöffnet nur Fr–Mo 10–16 Uhr (sonst mit tel. Anmeldung unter Tel. 2750.0046), Eintritt: 8 $, inkl. geführter Tour (engl./span., 2 Std.): 10 $, eine deutschsprachige Broschüre ist erhältlich.

Puerto Viejo

Übernachtung
7 Cabinas Maritza
11 Camping
15 El Pizote Lodge
16 Hotel Kaya's Place
17 Hotel Los Sueños
20 Cab. Grant
24 Hotel Puerto Viejo
26 Coco Loco Lodge
27 Hostel Pagalú
28 Cab. Guarana
29 Hotel Pura Vida
30 Cab. Jacaranda
31 Cabinas Casa Verde
32 Cab. Dolce Vita
33 Lizard King Hotel
34 Exotica Lodge
36 Coconut Grove
40 Casa de Rolando
41 Cab. Popular
42 Cab. Tropical

Essen und Trinken
1 Johnny's Place (Disco)
2 Panaderia Elisabeth
4 Pan Pay
7 Bar Maritza
8 Veronica's Place
10 Bar Stanford
12 Restaurant Amimodo
13 Pizzeria Marcos
14 Bar & Sportsbar The Point
18 Rest. Chili Rojo
21 Soda Isma
22 Café Viejo
23 Bread & Chocolate
25 Rest. + Bar Tamara
35 Lotus Garden
37 Malbec Steak, Rest. Miss Elena Brown

Geschäfte/Sonstiges
3 Bäckerei
6 Bike Shop
9 ATEC
19 Terra Aventuras
42 Bushmaster Expeditions

Wassersport
5 Tauchschule

Puerto Viejo de Talamanca

Viele, denen Cahuita zu „touristisch" war, sind nach Pto. Viejo (nicht zu verwechseln mit Puerto Viejo de Sarapiquí) gekommen – mit der Folge, dass der kleine Ort rund 16 km südöstlich von Cahuita inzwischen stärker von Touristen heimgesucht wird wie sein nördlicher Nachbar. Vor allem **Surfer** kommen in der Saison (Nov.–April), um die Wellen zu bezwingen. Die legendäre *Salsa Brava* auf der Seite des Restaurants Stanford gilt unter Kennern als anspruchsvoll. Aber auch weiter südlich der Küste sind die Wellen nicht ohne. Zum Baden sollte man die Strände außerhalb der Ortsgrenze wählen. Korallen bieten gute Schnorchelgelegenheit. Für die Fischer des Ortes hat sich das Leben in den letzten Jahren massiv verändert, und manche versuchen, sich auf die neue Einnahmequelle einzustellen. Pto. Viejo im Internet: www.puertoviejo.net.

In **Playa Chiquita** ca. 6 km südlich findet jedes Jahr im Februar/März das Musikfestival „Caribe Sur" statt. Es dauert vier Wochen und widmet sich jeweils einer bestimmten Musikrichtung. Infos unter Tel. 2750.0408.

Unterkunft

Im Ort gibt es viele Billigunterkünfte, bessere Hotels findet man an der Straße in Richtung Manzanillo. Alle Unterkünfte – sofern nicht anders vermerkt – mit Bad und Ventilator. Reservierungen über ATEC: Tel. 2750.0191, atecmail@gmail.com. Hotelauswahl im Internet: www.greencoast.com, www.costaricaguide.info/hotel/caribe/puertoviejo.html, www.costaricaguide.info/puertoviejo.html.

■**Hotel Puerto Viejo** (Tel. 2750.0620, www.hotelpuertoviejocr.com): altes Holzhaus mit JH-Charakter, Rest., Campingplatz mit Gem.küche; 69 sehr einf. Zi., bc (WW): 10 $ p.P.; bp (WW): 15 $ p.P.
■**Cabinas Maritza** (Tel. 2750.0003): altes Haus, freundlich; 12 ordentl., z.T. ältere Zi. mit KS; bc (WW): 10/20 $; bp (WW), AC, TV: 30/40/50 $; KK.
■**Cabinas Dolce Vita** (Tel. 2750.0207): 3 Zi., bc: 15/20/27 $, sowie 4 gepflegte Zi., bp: 23/30/36 $, keine KK.
■**Hostel Pagalù** (neben *MegaSuper,* Tel. 2750.1930, www.pagalu.com): nettes Hostel, schweiz. Ltg., WiFi, Gem.küche, Schlafraum bc/WW: 12 $ p.P., DZ/bc: 28 $; DZ/bp: 33 $ – Lesertipp.
■**Coconut Grove** (Tel. 2750.0093): Wäscheservice, Parkplatz, dt. Leitung; 6 Zi., WW: bc: 20/25/35 $; bp: 30/35/45 $.
■**Cabinas Grant** (Tel. 2750.0292): Rest., 12 ordentl. Zi.; 25/25/30 $.
■**Casa de Rolando** (Tel. 2750.0339, www.lacasaderolando.com): schöner Garten, dt.sprachig; 4 Zi. mit Bad u. Terrasse: 20/30/36 $; sowie 2 Apt. m. Küche: 30/30/36 $ – Lesertipp!
Mein Tipp: **Hotel Pura Vida** (Tel. 2750.0002, www.hotel-puravida.com): renoviert, Küchenbenutzung, dt. Leitung; 10 ordentl. Zi., bc: 30/35/45 $; bp 40/45/60 $, Frühstück: 7 $ p.P.; KK.
■**Hotel Los Sueños** (Tel. 2750.0369, www.hotellossuenos.com): mit Garten und MB, Radverleih, schweiz. Ltg.; 4 ordentl. Zi., bc (je 2 Zi., WW), Terrasse: 28/36/45 $; KK (+7 %).
■**Cabinas Popular** (Tel. 2750.0087): 10 Zi., bp, einf. aber ordentl.; 20 $ p.P.
■**Cabinas Guarana** (Tel. 2750.0244, www.hotelguarana.com): ruhige Lage, Garten, Gem.küche; freundlich dekorierte Zi., bp (WW), Hängematte: 35/43/55 $.
Mein Tipp: **Cabinas Jacaranda** (Tel. 2750.0069, www.cabinasjacaranda.net): schöner Garten, Küchenbenutzung, Parkplatz; 14 nette, individuelle Zi., Moskitonetz, bp (WW): 30/45/50 $; KK.
Mein Tipp: **Cabinas Tropical** (Tel. 2750.2064, www.cabinastropical.com): ruhige Lage, schöner

Garten mit Hängematten, Parkplatz, Besitzer (dt. Biologe) organisiert Touren (s.u.); 9 angenehme, saubere Zi., bp (WW), KS, teilw. TV: 36/44/58 $.
- **Exotica Lodge** (Tel. 2750.0542, www.exotica lodge.com): 8 ordentl. Zi., bp (WW), Balkon: 43/51/62 $, mit AC: 52/63/75, + 5 $, mit Küche; KK (+16 %).
- **Mein Tipp: Cabinas Casa Verde** (Tel. 2750.0015, www.cabinascasaverde.com): gute Unterkunft, Froschgarten, Cafeteria, Pool, Geldwechsel, schweiz. Ltg.; 8 helle, angenehme Zi., sauber, bc (WW): ab 46/52/62 $; 5 Zi., bp (WW): 62/76/98 $; KK (Aufschlag).
- **Coco Loco Lodge** (Tel. 2750.0281, www.coco locolodge.de): ruhige Lage, schöner Garten, öster. Ltg.; 8 nette Holzhäuschen mit Palmdach und Veranda, Hängematte, Moskitonetz, WW: DZ ab 69 $; Bungalow ab 75 $; Haus mit Küche: 87 $; KK.
- **Lizard King Hotel** (Tel. 2750.0614, www.lizard kingresort.com): mex. Rest., Pool; 10 Zi. bp (WW): DZ ab 100 $ (ÜF).
- **Weitere Unterkünfte** im nächsten Kapitel („Südlich von Pto. Viejo").

Restaurants, Bars & Discos

Der Ort bietet eine große Auswahl:
- **Bread & Chocolate:** American Style Café, selbst gebackenes Brot und Kuchen, gutes Frühstück und Sandwich.
- **Pan Pay** (neben Johnny's Place): Tipp zum Frühstücken, gute Croissants, Baguettes, Snacks.
- **Panaderia Elisabeth:** Frühstück, 6–19.30 Uhr.
- **Soda Isma:** klein und gemütlich, gute Fischgerichte und frische Fruchtsäfte.

- **Restaurant/Bar Tamara:** ordentl. einheim. Küche, im OG nette Bar (gute Info-Börse).
- **Veronica's Place** (Tel. 2750.0530): nettes Ambiente, gute exotische Küche (Jamaika/Indien/Mexiko), v.a. vegetarisch, Gerichte ab 13 $, gelegentlich Live-Musik, So–Do 10–20 Uhr, Fr 10–17 Uhr, Sa geschlossen; empfehlenswert.
- **Malbec Steak** (Tel. 8347.2227): Fleischgerichte und Steaks ab 17 $, tgl. 17.30–22 Uhr, Do Ruhetag.
- **Café Viejo:** gute Pizza, selbst gemachte Nudelgerichte ab 8 $, Fisch und Fleisch ab 15 $, tgl. außer Di 18–24 Uhr, Lounge & Bar; KK (+13 %).
- **Bar/Disco Johnny's Place:** beliebter Treffpunkt am Meer, Disco, tgl. bis in die Morgenstunden.

Die Küste bei Puerto Viejo

- **Pizzeria Marcos** (Playa Negra, an der Einfahrt zum bot. Garten): gute, relativ preisgünstige Pizza aus dem Holzfeuer ab 9 $.
- **Bar & Sportsbar The Point** (Playa Negra, ca. 1 km vor Pto. Viejo): beliebte Kneipe am Strand, gute Küche, 10–22 Uhr.
- **Bar Stanford:** Fr/Sa Disco/Bar.
- **Restaurant Lidia's Place** (Tel. 2750.0598): gutes Huhn für 7 $, tgl. 9–21 Uhr.
- **Lotus Garden** (Tel. 2750.0232, www.lotusgardencr.com): gute chin., thail. und japan. Küche, gute Cocktails – Lesertipp! Kommentar: „Essen teuer, aber toll".
- **Restaurant Chili Rojo:** gute, asiatisch angehauchte Küche, günstig, freundl. Bedienung – Lesertipp!
- **Restaurant Amimodo:** nettes Lokal am Meer, Pasta, Fleisch- und Fischgerichte ab 12 $, hausgemachte Spezialitäten, z.B. Haifischschinken, Lobster-Ravioli etc.; KK.
- **Bar Maritza:** Fr Reggae, Sa und So Live-Musik (So Calypso).
- **Restaurant Miss Elena Brown** (unweit des Zentrums an der Straße nach Manzanillo): gute lokale Küche, guter Fisch (Snapper).
- Zahlreiche einf. **Sodas** mit einheimischer Küche ab 3 $.
- **Weitere Restaurants** an der Straße in Richtung Manzanillo.

Infos von A bis Z

- **Apotheke:** *Farmacia Puerto Viejo; Farmacia Amiga* im Centro Comercial neben der Bank, Mo–Fr 9–12 und 13–18.45 Uhr; manche Medikamente sind auch im Supermarkt erhältlich.
- **Einkaufen/Supermärkte:** *Megasuper* (Ortsmitte Nähe Fußballplatz), *Old Harbour Supermercado* (Ortsmitte, Hauptstraße Nähe Banco CR), *Supermercado Diamante* (gegenüber Bar Stanford).
- **Erste Hilfe:** Allgemeinärzte neben neben *Banco de CR* (Mo–Fr und Sa Vormittag), Zahnarzt hinter

Cabinas Maritza (Tel. 2750.0820), das nächste Krankenhaus befindet sich in Bribri (5 km).

■ **Geldwechsel:** *Banco de Costa Rica* und *Banco Nacional* am Ortseingang, Mo–Fr 9–16 Uhr; Geldwechsel (auch Euro, Kurs okay) im Hotel Los Almendros (neben Hotel Maritza).

■ **Information:** *ATEC,* Tel. 2750.0191, 2750.0398, www.ateccr.org, Mo–Sa 8–20 Uhr, So 11–19 Uhr.

■ **Internet:** c/o ATEC oder im Hotel Puerto Viejo.

■ **Kunsthandel:** *Lulu Berlu Galerie* ggb. Cabinas Guarana, Ausstellung einheimischer Künstler.

■ **Massage:** *Therapeutic Massage Kathia,* Tel. 8897.4722, sowie *Denise* aus Deutschland (Tel. 2750.0879, 1 Std./50 $)

■ **Pferdeverleih:** *Horseshoe Stable,* www.horsebackridingincostarica.com.

■ **Post:** Mo–Fr 8–12 und 13–17.30 Uhr.

■ **Radverleih:** Gallo-Radverleih und -Reparatur (gegenüber Bar Stanford).

■ **Tankstelle:** neue, moderne Tankstelle 5 km vor Puerto Viejo (Hone Creek).

■ **Tauchschule:** *Reef Runners Divers* (neben Johnny's Place am Meer, Tel. 2750.0480, www.reefrunnerdivers.com): Tauchtour (2 Flaschen): 100 $; *Punta Uva Dive Center* (ca. 8 km südl., Tel. 2759.9191, www.puntauvadivecenter.com): 2 Tauchgänge für 95 $, Delfintour & Schnorcheln: 75 $.

■ **Taxi:** *Jireh* (Tel. 2750.2073).

■ **Wäsche-Service:** gegenüber Cabinas Casa Verde sowie in zahlreichen Unterkünften.

Tourveranstalter

■ **Bushmaster Expeditions:** Der deutsche Biologe und wissenschaftl. Buchautor *Rolf Blancke* lebt in Costa Rica und bietet kompetente Regenwaldtouren sowie ornitholog. und bot. Exkursionen in die Umgebung an, z.B. in das Reservat Gandoca-Manzanillo. Infos c/o Cabinas Tropical.

■ **Gyula Tours:** Der Deutsche *Gyula Penzes* bietet ebenfalls qualifizierte Touren in der Umgebung an mit Schwerpunkt Naturbeobachtung, z.B. Gandoca Manzanillo (ca. 5–7 Std./40 $), Volio-Wasserfall (4–5 Std./30 $); gyulatours@gmx.net, Tel. 2750.0601, in D: 0861/165906.

■ **ATEC** (s.o.): Touren zu Indianerreservaten, nach Cahuita, Gandoca Manzanillo und Tortuguero.

■ **Exploradores Outdoors** (neben Amimodo Pizzeria): Rafting für 99 $ mit drop off in Puerto Viejo, San José oder Arenal, Kayaktouren für 89 $.

■ **Terra Aventuras** (Tel. 2750.0750, www.terraventuras.com): Touren mit klimatisierten Kleinbussen, z.B. Dschungeltour, Indianerreservat (70 $), Schnorcheltour (51 $), Rafting etc.; KK (Barzahlungs-Rabatt).

■ **Caribbean Tours Puerto Viejo** (neben der Bushaltestelle, Tel. 2750.2046, www.tourspuertoviejo.com).

■ Ein Erlebnis ist eine 4-Tages-Tour ins **Privatreservat La Danta Salvaje,** die der (deutschsprachige) Amerikaner *David Vaughan* anbietet. Im Preis von 250 $ p.P. sind die Anfahrt (das 410 ha große Reservat grenzt östlich an den Nationalpark Braulio Carrillo), 3 Übernachtungen in einer rustikalen Urwald-Lodge und Vollpension eingeschlossen. Vor Ort stehen rund 15 km „Wanderwege" zur Verfügung, die z.T. auf Tapirpfaden entlangführen. Um die Belastung durch Menschen gering zu halten, wird nur etwa alle 3 Wochen eine Tour durchgeführt. David wohnt etwa 400 m südlich vom Rest. Amomodo, neben *Cabinas La Ruka*, Tel. 2750.0012, ladantasalvaje@gmail.com, Infos im Internet: www.ladantasalvaje.com.

Busverbindungen

■ **San José** (direkt): *Transp. Mepe* (Tel. 2758.1572), tgl. 9, 11 und 16 Uhr, sonst über Limón; Fahrzeit 4½ Std.; *Interbus* (ab/bis Hotel): tgl. 7.30 und 14.30 Uhr über Siquirres (Anschluss nach Fortuna), Fahrzeit: 4½ Std., 47 $.

▷ Postkartenidylle bei Manzanillo

Die südliche Karibikküste

- **Limón:** tgl. 7.30, 9.30, 10.30, 11.30, 13.30, 14.30, 15.30, 16.30, 17.30 und 19.30 Uhr.
- **Cahuita:** nach Limón oder San José.
- **Manzanillo:** ca. 6.45, 7.45, 9.45, 11.45, 13.45 16.45, 18.45 und 19.45 Uhr.
- **Sixaola** (Grenze Panama): tgl. ca. 6.30–19 Uhr alle Std.

Südlich von Pto. Viejo

Von Pto. Viejo nach Manzanillo sind es noch 13 km Teerstraße; nur viermal täglich fährt ein Bus. Obwohl an der Strecke immer mehr Hotels entstehen, gibt es noch ruhige Plätze zur Erholung. Die **palmenbestandenen Strände** sind noch nicht überlaufen und an manchen Stellen zum Surfen geeignet. Hier eine Auswahl an Restaurants und Unterkünften; die Entfernungsangaben beziehen sich auf das südliche Ortsende von Pto. Viejo; alle Zimmer mit Privatbad (wenn nicht anders angegeben).

- **Jaguar Rescue Center** (ca. 4 km südlich von Pto. Viejo, Tel. 2750.0710, www.jaguarrescue.com): Aufzuchtstation für verwaiste Wildtiere, macht aber eher den Eindruck eines kommerziellen Streichelzoos; geöffnet: tgl. außer So, Touren (ca. 1½ Std.) um 9.30 und 11.30 Uhr, Eintritt 18 $, Kinder unter 10 J. frei.

Unterkunft & Restaurants

Ca. 200 m südlich zweigt rechts die Zufahrt ab zu folgenden Unterkünften:
- **Vista Verde** (Tel. 2750.0014, 250 m südl. Bar Stanford): dt. Ltg., trop. Garten, Gem.küche, Grillplatz; 5 Zi. bc: ab 20 $ (DZ), 1 Zi. bp: 45 $ (DZ) – Lesertipp!
- **Mein Tipp:** **Bungalows Calalú** (Tel. 2750.0042, www.bungalowscalalu.com): Schmetterlingsfarm, schöner Garten, Pool, frz. Ltg.; 5 große Holz-Bungalows: 35/45/55 $; mit Küche: 60/70/80 $; KK (+15 %).
- **Mein Tipp:** **Cabinas Monte Sol** (Tel. 2750.0098, www.montesol.net): ruhige Lage, Touren (z.B. Gandoca-Manzanillo, Bri-Bri-Reservat), Internet (2 $/Std.), dt. Ltg.; 8 freundl. Zi., Moskitonetz, bc: 32/

32/42 $, bp: 42/42/52 $; Bungalow m. Küche: 54/54/64 $; „Junglehouse" mit Küche: DZ 330 $/ Woche, Frühstück 6 $; KK (+10 %).

Zurück an der Hauptstraße Richtung Manzanillo:
■ **Cabinas Kiré** (400 m, Tel. 2750.0448, www.cabinaskire.weebly.com): 3 Zi. (bis 4 Pers.) mit Küche: 25/35/43 $, keine KK.
■ **Hotel Escape Caribeño** (400 m rechts, Tel. 2750.0103, www.escapecaribeno.com): schöner Garten, direkter Strandzugang, ital. Ltg., Frühstück: 5–9 $; 14 ordentl. Häuschen (bis 7 Pers.) m. KS, WW, AC; im Garten: 79/85/96 $, mit MB: 102/107/119; KK.
■ **Rocking J's** (500 m links, Tel. 2750.0657, www.rockingjs.com): Backpacker-Unterkunft, günstiges mexikan. Rest. (El Charito), Hängematte: 7 $, Zeltübernachtung: 7 $ p.P., Schlafraum: 11 $ p.P., Zi.: ab 26 $, Suite: ab 70 $, Baumhaus: (nur Bett, kein Bad): 26 $.
■ **Luna Tica** (700 m rechts, Tel. 2750.0635, www.cabinaslunatica.com): dt. Ltg., 4 Apt. mit Küche: 30/50 $.
■ **Apartamentos Agapi** (ca. 1 km links, Tel. 2750.0446, www.agapisite.com): direkter Strandzugang, dt.-sprachig; 5 Zi.: DZ 96–111 $ (ÜF); 6 Apt. mit Küche: DZ 153–251 $ (ÜF); 2 Suiten: DZ ab 153 $ (ÜF).
■ **Cabinas El Tesoro** (1,3 km rechts, Tel. 2750.0128, www.cabinaseltesoro.com): Rest., Bar, Pool, Fahrradverleih, Surfshop, Geldwechsel, Küchenbenutzung, ital. Ltg.; 3 Häuser im Garten mit je 4 Zi., schönes Ambiente, Vent., TV: ab 34/34/45 $, mit AC ab 62 $, Strand Suite: 116 $ (bis 4 P.).
■ **La Isla Inn** (1,6 km rechts, Tel. 2750.0109, www.laislainn.com): schöne Anlage am Meer, 2 rustikale Holzhäuser, Bar, dt. Ltg.; 3 ordentl. Zi., DV, MB: 57/68/90 $; 7 Zi. mit AC: 74/96/119 $; 1 Apt. mit Küche, AC (bis 4 Pers.): 102/102/130 $; KK.
Mein Tipp: **Cariblue Hotel** (1,8 km rechts, Tel. 2750.0035, in D: 0861.165906, www.cariblue.com): nette, größere Anlage mit Garten, Rest., Pool, ital. Leitung; gemütliche Zimmer und Bungalows mit Veranda, z.T. AC: ab 141 $ (ÜF); KK.

Mein Tipp: **Azánia Bungalows** (1,9 km rechts, Tel. 2750.0540, in D: 0861/165906, www.azania-costa rica.com): nette Anlage in Strandnähe mit Rest., Bar, Pool; 8 schöne palmgedeckte Bungalows (bis 4 Pers.), KS, Terrasse: 96/107/136 $ (ÜF).
■ **La Costa de Papito** (2,2 km rechts, Tel. 2750.0704, www.lacostade papito.com): schöner Garten, Rest., Bar, Massagen, Radverleih, Internet, US-Ltg.; 13 nette Holzhäuser (bis 6 Pers.), bp (WW), Veranda, Hängematte: 103 $ (1–3 Pers., ÜF); KK (+13%).
Mein Tipp: **Cabinas Río Cocles** (2,2 km links, Tel. 2750.0847, in D: 0861/165906, www.riocokles.com): schöne Anlage mit Garten am Meer, dt. Ltg., 4 ordentl. Zi., DV: DZ 40 $, mit Kühlschrank: 50 $; 1 geräumiger Bungalow mit Veranda, Safe: 70/90/110 $; 1 Apt. im OG mit 2 Schlafzi. (bis 4 Pers.): 90/110/130 $; reichhalt. Frühstück: 13,50 $; keine KK.

Ab der Brücke über den Río Cocles beginnt der „Ortsteil" **Cocles** und nominell bereits das Tierschutzgebiet Gandoca Manzanillo. Die schönen **Strände** dieser Region (Playa Cocles, Playa Chiquita und Playa Uva) sind zumindest während der Woche wenig frequentiert. Beim Schwimmen sollte man wegen der teilweise gefährlichen Strömungen vorsichtig sein, zum Surfen gibt es gute Wellen.

Unterkunft & Restaurants
Mein Tipp: **El Tucán Jungle Lodge** (ca. 3 km/50 m nach der Brücke rechts + 800 m, Tel. 2750.0026, www.eltucanjunglelodge.com): nette Unterkunft mitten im Urwald, dt. Ltg.; 2 Holzbungalows mit je 2 gemütl. Zi., DV, gr. Terrasse: 40/50/60 $ (ÜF).
■ **Hotel Yaré** (3,3 km rechts, Tel. 2750.0420, www.hotelyare.com): nette Anlage mit Garten, Rest., 22 recht einf. Zi.: 25/41/51 $ (ÜF); Apt. mit Küche (bis 4 Pers.): 35/58/69 $ (ÜF); KK.
■ **Restaurant La Pecora Negra** (3,4 km rechts, Tel. 2750.0490): gutes ital. Rest., aber nicht gerade billig, Di–So 18–22 Uhr.

Die südliche Karibikküste

● **Le Caméléon Boutique Hotel** (3,5 km rechts, Tel. 2750.0501, www.lecameleonhotel.com): Luxushotel mit schönem Beach-Club, edle Zimmer, ganz in weiß (wer's mag …).

● **Caribe Town Resort** (5,5 km rechts, Tel. 2750.2034, www.caribetown.com): Pool, Bar, Bungalow; 5 Häuser, Vent.: DZ ab 90 $, AC: +12 $; gr. Suite, 2 Schlafzi., Terrasse, AC: DZ ab 110 $.

● **Cabinas Olé Caribe** (3,6 km rechts, 200 m, Tel. 2750.0455): ruhige Lage, einfach, aber nett; 5 Zi. mit Vent., KS: ca. 24 $ p.P. (ÜF); sowie 3 Zi. mit kleiner Küche, AC, TV: ca. 30 $ p.P. (ÜF).

● **Hotel Villas del Caribe** (4,1 km links, Tel. 2750.0202, Büro: 2233.2200, www.villasdelcaribe.com): direkt am Meer (bis 6 Pers.), Rest., alle Zi. MB; 8 Std.zi.: ab 85/85/105 $ (ÜF), 8 Jr. Villas mit kl. Küche: 125/125/145 $ (ÜF); 4 Villas auf 2 Etagen mit Küche, Balkon: 175/175/195 $ (ÜF).

● **Aguas Claras Cottages** (4,5 km links, Tel. 2750.0131, www.aguasclaras-cr.com): gepflegte Gartenanlage, Rest. anbei (Miss Holly's Kitchen, kein AE); 5 freistehende Holzhäuser im karib. Stil (bis 8 Pers.) mit gr. Küche, Wohnzi., bp, Vent., Balkon; DZ 80 $; Haus mit 2 Schlafzi. ab 147 $; 3 Schlafzi. 249 $.

● **Cabinas Yemanya** (4,6 km links, Tel. 2750.0110, www.cabinasyemanya.com): 4 sehr rustikale Häuser im Grünen mit je 2 Schlafzi., Küche, WW: 40–85 $ (bis 5 Pers.).

● **Casa Merlin Lodge** (ca. 5 km rechts, Tel. 2750.0581, www.casa-merlin.com): Rest., 6 nette Zi. mit DV, AC, TV, KS: DZ 79 $.

● **Kashá Hotel** (5,2 km rechts, Tel. 2750.0205): ruhige Lage, Rest.; 14 nette Zi., bp (WW), Vent., teilw. mit AC, Balkon, Hängematte: kl. Bungalows (1 Bett): ca. 90/110 $ (ÜF), große Bungalows: ca. 90/90/120 $ (ÜF).

● **Namuwoki Lodge** (5,5 km Abzw. rechts, Tel. 2750.0278 oder 2750.0727, www.namuwoki.com): neue Anlage mit Pool, Rest., Fahrradverleih, Wäscheservice; 9 komfortable Bungalows (bis 8 Pers.): 137/137/167 $ (ÜF), KK.

● **El Nido Resort** (5,6 km links, Tel. 8915.2462, www.puertoviejocabinas.com): neuere Anlage mit Pool; 1 komf. Zi.: DZ 170 $ (ÜF), außerdem 4 große Bungalows mit AC, Küche: 181 $ (ÜF).

● **Tierra de Sueños** (5,7 km rechts, Tel. 2750.0378, www.tierradesuenoslodge.com): US-Ltg., 5 nette Holzbungalows (bis 2 Pers.): 150/150/175 $ (ÜF), sowie ein großer Bungalow (bis 4 Pers.) auf 2 Stockwerken mit Küche; KK (+5 %).

● **Playa Chiquita Lodge** (5,7 km links, Tel. 2750.0062, www.playachiquitalodge.com): ruhige Lage, mit Garten, 200 m zum Strand, Rest. (7/7/12 $), Internet, dt. Leitung; 12 ordentl. Zi. (bis 4 Pers.), Veranda: DZ 95 $ (ÜF); Haus mit 2 Schlafzi., Küche; KK.

● **Kukula Lodge** (5,7 km rechts, Tel. 2750.0653, www.lakukulalodge.com): nette Anlage mit Pool, Rest. (AE 25 $), 8 Zi.: ca. 130/130/147 $ (ÜF), Bungalow: 294 $ (bis 5 Pers.), Suite mit 3 Schlafzi.: DZ 283 $ (mind. 3 Nächte).

● **Shawandha Lodge** (5,8 km rechts, Tel. 2750.0018): gepflegte Anlage mit Rest., Garten, frz. Leitung; 13 komfortable Holz-Bungalows im Wald mit Bad, Terrasse, Hängematte, schön, aber teuer: ca. 142/142/170 $ (ÜF); KK.

● **Mein Tipp:** **Tree House Lodge** (6,2 km links, Tel. 2750.0706, in D: 0861/165906, www.costaricatreehouse.com): weitläufige Anlage am Meer, 4 individuell gestaltete Luxus-Bungalows (davon ein Baumhaus) ab 200 $ (ÜF/nur 1. Nacht).

● **Restaurant Selvin's** (6,9 km links): gute karibische Küche, nur Fr–So geöffnet.

● **Pachamama Lodge** (ca. 8 km rechts, Tel. 2759.9196, www.pachamamacaribe.com): frz. Ltg., 5 Bungalows mit Küche: ab 90 $ (ÜF).

● **Korrigan Lodge** (8,1 km rechts, Tel. 2759.9103, www.korriganlodge.com): kleine Anlage, US-Ltg.; 4 nette Bungalows: 110/120/140 $ (ÜF).

● **Restaurant Arrecife** (ca. 8,2 km Zufahrt links, Tel. 2759.9200, www.arrecife-puntauva.com): einfaches Lokal am Meer, schöner Strand, sehr einfache Zimmer.

● **El Colibri Lodge** (ca. 9 km links, Tel. 2759.9036, www.elcolibrilodge.com): kleines Gästehaus, 4 Zi.: DZ 75 $ (ÜF).

Almonds & Corals Lodge (ca. 10,5 km links; Tel. 2759.9056, Büro: 2271.3000, www.almondsandcorals.com): im Urwald, ca. 500 m zum Meer, Rest.; luxuriös ausgestattete Zi. und Suiten: DZ 195 $ (ÜF); Suite: ab 245 $ (ÜF), KK.

Congo Bongo (ca. 12 km links; Tel. 2759.9016, www.congo-bongo.com): 7 schöne Häuser mit Küche, 1–3 Schlafzi.: ab 165–195 $.

Cabinas Yamann (hinter *Rinconcito Alegre,* Tel. 2759.9121, www.cabinasyamann.com): neuere Anlage in der Ortsmitte, schweizer. Ltg., Gem.küche, gratis Wäscherei; nette Bungalows mit DV, KS: 70/70/80 $, mind. 2 Nächte.

Cabinas Something Different (neben *Pangea*, Tel. 2759.9014): 15 saubere Zi., TV: 50 $ (bis 3 Pers.), 5 nett eingerichtete Zi. mit AC: 60 $ (1–4 Pers.), Haus: 80 $ (bis 6 Pers.), keine KK – Lesertipp!

Manzanillo

13 km nach Pto. Viejo endet die Straße in dem kleinen Fischerdorf, das bisher vom Tourismus noch kaum erfasst wurde. Es liegt mitten im **Reservat Gandoca-Manzanillo.** Man kann schöne Spaziergänge am Meer unternehmen.

Unterkunft & Restaurants

Cabinas Las Veraneras (Ortseingang rechts, Tel. 2759.9050): Rest. (nur HS), Wäscheservice, ca. 200 m zum Meer; 13 einf. Zi.: 20/30/35 $; mit AC, TV: 35/40/45 $, 1 Familien-Zi. mit Küche, TV für 5 Pers.: 70 $.

Cabinas Manzanillo (am Ortseingang rechts, Tel. 2759.9033, www.manzanillo-caribe.com): 8 Zi., Vent., TV: ca. 25/35/40 $; KK (+7 %).

Cabinas Bucus (Ortseingang Zufahrt re., Tel. 2759.9143, www.costa–rica-manzanillo. com): dt. Ltg., Haus mit 4 Zi.: ab 30/40/50 $.

Restaurant Soda Arte (neben Touristenpolizei): Frühstück, frische Säfte, einfache aber gute Karte. Di und Mi geschlossen.

Restaurant/Cabinas Maxi (Ortsmitte, Tel. 2759.9042): Rest. mäßig; 5 einf. Zi.: DZ 45 $, mit AC 50 $; KK (+16 %).

Soda El Rinconcito Alegre (schräg gegenüber Aquamor, Tel. 2759.9104): gut und sehr günstig, prima Frühstück +AE – Lesertipp!

Infos von A bis Z

Ausflüge: *Aquamor* (s.u.) bietet Bootstouren zur Delfinbeobachtung (Wahrscheinlichkeit 95 %): ca. 3 Std., 40 $ p.P. (2 Pers.), 35 $ p.P. (ab 3 Pers.). In Manzanillo ist auch die *Talamanca Dolphin Foundation* zu Hause (Tel. 2759.0612).

Einen ganz besonderen Ausflug zu einem **Baumhaus** kann man bei *Peter Garcar* (Tel. 8628.2663, www.natureobservatorio.com) buchen: die Halbtagestour kostet 55 $, die Tagestour inkl. ME 75 $. Man kann dort auch übernachten, das kostet aber stolze 160 $ p.P. inkl. AE und Frühstück.

Touren: *MANT* (Ortseingang links, gelbes Haus, guiasmant@yahoo.com): einheim. Guides bieten Touren an: Schnorcheltour (ca. 20 $), Wandertour (ca. 35 $), Delfintour (ca. 40 $), sehr sachkundige Touren ins Reservat Gandoca Manzanillo bietet der Deutsche *Gyula* an (siehe Pto. Viejo).

Wassersport: *Aquamor* (Tel. 2759.9012, www.greencoast.com/aquamor2): Sea-Kajaks (5 $/Std.), Schnorchelausrüstung; Tauchbasis in Pto. Uva (siehe Pto. Viejo).

Busverbindungen

tgl. 7 Uhr nach **San José** (*Transp. Mepe,* Tel. 2758.1572).

tgl. 5, 7, 8.30, 10.30, 12.45 und 17.15 Uhr **über Pto. Viejo nach Limón.**

Nationales Tierschutzgebiet Gandoca-Manzanillo

(Refugio de Vida Silvestre)

- **Fläche:** 9449 ha
- **Höhe:** Meeresniveau
- **Gegründet:** 29.10.1985
- **kein Eintritt,** aber geplant, nur Posten im Sektor Gandoca
- **Übernachtung:** Campingmöglichkeit beim Gandoca-Posten
- **Anfahrt:** über Pto. Viejo nach Manzanillo oder über Bribrí Richtung Sixaola, in Daytona Abzw. links nach Gandoca

Die letzten 9 km Küste vor der Grenze zu Panama wurden, zusammen mit einem guten Stück Hinterland, zum Schutzgebiet erklärt, um die einzige natürliche **Mangroven-Muschelbank** der Korallenriff-Zone zu schützen. Das Schutzgebiet beginnt beim Río Cocles, umfasst die Ortschaften Manzanillo und Gandoca und reicht bis zur Grenze nach Panama. Zahlreiche Arten von Meeresbewohnern leben in diesem **Korallenriff,** in einem kleinen See gibt es sogar Süßwasserfische. Hier kommen auch Meeresschildkröten an die Strände zur Eiablage. Die riesigen Lederschildköten sind v.a. im April anzutreffen. Zum Schutzgebiet gehören auch einige Flecken wertvollen **Primärwaldes** (trop. Feuchtwald), einem der wenigen Überbleibsel der früher hier heimischen Küstenwälder, mit einer großen Vielfalt an Pflanzen- und Tierarten (u.a. Tapire und etwa 350 Vogelarten).

Zur Grenze mit Panama

Im äußersten Südosten des Landes gibt es praktisch **keinen Tourismus,** nur wenige Besucher verirren sich in diese Gegend, meist auf dem Weg ins Nachbarland Panama. Ursprünglich Indianergebiet, gibt es auch heute noch an den Hängen der Talamanca-Kordillere mehrere **Indianerreservate.** Der einst hier wuchernde Regenwald wurde für ausgedehnte **Bananenplantagen** gerodet, und so sind die Bananenfirmen auch hier der wichtigste Arbeitgeber.

8,5 km nach der Abzweigung nach Pto. Viejo erreicht man den Ort **Bribrí,** der als „Hauptstadt" des über 3000 km² großen Kantons Talamanca fungiert. Hier gibt es eine Filiale der Banco Nacional und einige Taxis. Im Ort werden Wandertouren angeboten zu einem schönen Wasserfall.

- **Cabinas/Restaurant El Mango** (Tel. 2751.0115): am Ortseingang rechts, 12 schlichte Zi., bp, Vent.: 18/24/30 $, mit AC: 36/36 $.

Am Ortseingang links zweigt eine geteerte **Straße** ab, die **nach Sixaola** führt (33 km). Die Fahrt geht durch ausgedehnte Bananenplantagen, vorbei an den tristen Siedlungen der Arbeiter. 13 km hinter Bribrí befindet sich die **einzige Tankstelle der Umgebung.**

In **Daytona** führt ein Abzweig links nach Gandoca im Tierschutzgebiet Gandoca-Manzanillo (Zelten möglich).

Sixaola

Sixaola ist eine **hässliche Grenzsiedlung,** die nichts touristisch Interessantes

Abstecher zu den Koralleninseln von Bocas del Toro

Längst kein Geheimtipp mehr ist der Abstecher über die Grenze nach Panama zur Inselwelt von Bocas del Toro: **Traumhafte Korallenriffs, schöne Strände und günstige Unterkunftsmöglichkeiten** sind handfeste Argumente für diesen Ausflug der inzwischen auch von Reisebüros in Pto. Viejo angeboten wird, problemlos auch selbst organisiert werden kann: Vom Grenzort Sixaola verkehren Busse über Changuinola nach Almirante, wo man per Wassertaxi (ca. 5 $) über eine Salzwasserlagune nach Bocas del Toro auf der Isla Colón gelangt. Von dort aus werden Bootsausflüge zu herrlichen Schnorchel- und Tauchrevieren angeboten. Noch schöner ist es auf der Nachbarinsel Isla Bastimentos, wo man z.B. im Corral Key in glasklarem Wasser schnorcheln kann.

Unterkünfte
■ **Hotel Hipocampo** (Anfang der Hauptstraße, Tel. 00507-757.9472): einf., ordentl. Unterkunft, Zi. mit bp und AC: ab ca. 35/45/55 $.
■ **Hotel Swan's Cay** (hinter dem Hauptplatz, Tel. 00507-2757.9090, www.swanscayhotel.com): bestes Hotel am Ort, mit Rest. und Pool, Zi. mit AC, TV: ab ca. 65/80/100 $; KK.
■ **Hotel Laguna** (an der Hauptstr., Tel. 00507-2757.9091, www.thehotellagunabocas.com): zentrale Lage, mäßiges Rest., Pool; ordentl./rustikale Zi. mit AC: ca. 85/85/115 $; KK.
■ Außerdem zahlreiche einfache Unterkünfte im ganzen Ort.

zu bieten hat – wer sich nicht auf dem Weg von oder nach Panama befindet, kann sich den Abstecher hierher getrost sparen. Am Ortsanfang gibt es einen Kontrollposten der Polizei.

Unterkunft
■ Einfache Zimmer mit Bad (DZ um 10 $) bieten: **Hotel Imperio** (links neben Kontrollposten), **Nuevo Hotel Siquirreño** (1,3 km nach Polizeikontrolle, links neben Fahrradwerkstatt) und **Cabinas Sanchez** (gegenüber Hotel Siquirreño auf der anderen Seite der Bahngleise, vorbei an Bar Latico).

Busverbindungen
■ **San José** (direkt): *Transp. Mepe* (Tel. 2758.1572), tgl. 6, 8, 10 und 15 Uhr, Fahrzeit ca. 6 Std.; sonst über Limón; **Limón:** tgl. 5–18 Uhr alle Std.

▷ Brücke über den Río Sixaola, die Grenze zu Panama

Abstecher nach Panama

Eine große Stahlbrücke über den **Río Sixaola** bildet die Grenze zum Nachbarstaat Panama. Wer genügend Zeit und Unternehmungsgeist mitbringt, kann eine Rundreise durch den Nordwesten Panamas machen. Zunächst geht es mit dem Bus über Changuinola bis Almirante, von dort per Bus nach David (ca. 3½ Std., Fahrpreis: ca. 7 $) und weiter nach Paso Canoas (ca. 1 Std., Fahrpreis: ca. 1,50 $), wo man wieder in den Süden Costa Ricas einreisen kann (weitere Infos im Kapitel „Der Süden").

Achtung: Wer einen Abstecher nach Panama plant, muss unbedingt sein **Flugticket mitnehmen,** da ihm u.U. die Wiedereinreise ohne Nachweis der Rückreise verweigert wird! Außerdem muss man mind. **500 $ in bar** mitführen, eine Kreditkarte reicht nicht mehr aus! Die neue **Ausreisegebühr** in Höhe von 7 $ muss man an einem Automaten mit Kreditkarte kaufen oder vorab in einer Filiale der Bancredito (www.bancredito.cr.com). Es gibt täglich eine direkte Busverbindung von San José nach Changuinola. Die Grenze ist täglich von 8–17 Uhr geöffnet (mittags geschlossen).

Arenal, Region | 242
Sarapiquí, Region | 219
Über Ciudad Quesada
  nach Los Chiles | 231

5 Der Norden

Der flache Norden wird geprägt von großen Ananas- und Obstplantagen, aber es gibt auch zahlreiche ausgedehnte Regenwaldgebiete. Der berühmte Vulkan Arenal ist immer noch eine Reise wert, auch wenn er derzeit keine Lava spuckt.

◁ Der Vulkan Arenal – nach wie vor aktiv

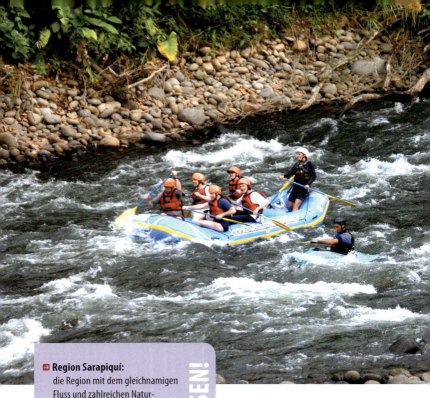

NICHT VERPASSEN!

- **Region Sarapiquí:** die Region mit dem gleichnamigen Fluss und zahlreichen Naturreservaten lohnt einen Zwischenstopp | 219
- **Río San Carlos:** abseits der Hauptrouten finden sich hier mehrere empfehlenswerte Urwald-Lodges | 232
- **Caño Negro:** das Naturschutzgebiet erkundet man am besten per Boot oder Kanu | 238
- **Vulkan Arenal:** die Region um den Vulkan bietet Naturreservate, Hängebrücken, Wasserfälle und viel mehr | 255
- **Arenal-See:** der See ist eine landschaftliche Perle und lädt zum Verweilen ein | 256

Diese Tipps sind gelb hinterlegt.

Rafting auf dem Río Sarapiquí

ÜBERBLICK

Tropischen Regenwald und Wildwasserflüsse, einen der aktivsten Vulkane der Welt, den größten (Stau-)See des Landes, weite Ebenen und ein außergewöhnliches Vogelreservat – der Norden Costa Ricas hat mehr zu bieten, als man auf den ersten Blick annimmt. Im Süden durch die Cordillera de Tilarán und die Cordillera Central vom restlichen Teil des Landes abgetrennt und im Norden an Nicaragua grenzend, ist diese Region geprägt von weiten Ebenen, die bislang noch dünn besiedelt sind.

Größte Stadt und regionales Versorgungszentrum ist Ciudad Quesada (San Carlos) mit rund 30.000 Ew., auf 650 m Höhe in unmittelbarer Nähe der Berge gelegen. Weiter nördlich gibt es nur noch kleine Ortschaften und verstreute Siedlungen, die meist erst im 20. Jahrhundert entstanden sind. Wirtschaftliche Grundlage ist neben Viehzucht der Anbau von Zuckerrohr und Zitrusfrüchten und – vor allem im Bereich des Arenal-Sees – der Tourismus.

Das **Klima** ist in der Nähe der Berge niederschlagsreich, im Norden recht heiß und in der Region Arenal gemäßigt, aber oft auch windig.

Region Sarapiquí

Dieses Kapitel umfasst in etwa den **nördlichen Teil der Provinzen Heredia und Alajuela.** Es wird die Region Sarapiquí, also der Bereich um den nördlichen Teil des Nationalparks Braulio Carrillo behandelt, danach die Route über Cd. Quesada nach Los Chiles im äußersten Norden und abschließend die Umgebung des Arenal-Sees.

Der Norden

Landesübersicht Umschlag vorn **Der Norden**

Von San José nach Pto. Viejo de Sarapiquí

Es gibt **zwei Möglichkeiten,** von der Hauptstadt nach Pto. Viejo de Sarapiquí zu gelangen. Die schnellere und daher von den meisten Bussen benutzte Strecke führt über die Schnellstraße Braulio Carrillo (siehe „Karibische Küstenebene/ Von San José nach Limón") und Horquetas nach Pto. Viejo – sie ist komplett geteert. Die landschaftlich schönere Strecke über Heredia und San Miguel ist seit dem Erbeben von 2009 stark beschädigt, die Durchfahrt ist möglich, aber mühsam (Allrad empfohlen).

Von San José geht es über Sto. Domingo oder auf der Autobahn Richtung Flughafen bis zur Puente Juan Pablo II. und von dort über **Heredia** nach **Barva** (nicht beschildert). Nach der Ortsmitte Barva, an der nächsten Abzweigung links, führt die Ruta 9 über **Birrí** nach **Carrizal,** wo sie schließlich mit der Straße aus Alajuela zusammentrifft.

Auf kurviger, bergiger Straße geht es an **Kaffeeplantagen** vorbei, bis die Straße kurz nach dem Kilometer 27 ihren höchsten Punkt erreicht (über 2000 m). Bald darauf kommt man in den lang gezogenen Ort **Vara Blanca,** einem Zentrum für Viehwirtschaft. Weiter geradeaus zweigt eine schlechte Straße zur **Poás Volcano Lodge** und zum **Vulkan Poás** ab (siehe „Valle Central/Von Alajuela zum Vulkan Poás"). An der Kreuzung liegt das **Restaurant Vara Blanca** (Tel. 2260.2366), eine rustikale Kneipe mit landestypischer Küche. 500 m östlich der Tankstelle folgt das **Restaurant Mi Casita** (Tel. 2482.2629, auch einfache Zimmer werden vermietet).

Es folgt eine landschaftlich äußerst reizvolle Strecke, die durch das **Tal des Río Sarapiquí** bergab führt, mit Blick auf die waldbedeckten Hänge des Nationalparks Braulio Carrillo im Osten und mit zahlreichen rot blühenden Korallenbäumen am Straßenrand. Etwa 5 km nach Varablanca liegen links die La Paz Waterfall Gardens.

La Paz Waterfall Gardens

Diese vor allem bei Nordamerikanern beliebte Anlage umfasst neben zahlreichen Tropenpflanzen einen **Schmetterlingsgarten**, eine **Frosch-Ausstellung**, ein **Serpentarium** und natürlich Aussichtspunkte zu den Wasserfällen. Das Ganze wirkt sehr künstlich und auf den Geschmack des zahlungskräftigen Publikums aus den USA zugeschnitten. Eintritt: stolze 40 $ (54 $ inkl. ME), Kinder bis 12 Jahre: 24 $; geöffnet tgl. 8–17 Uhr (letzter Einlass: 15 Uhr); Info: Tel. 2482.2720, www.waterfallgardens.com; Unterkunft: **Peace Lodge,** geschmackvoll und teuer (DZ ab 395 $).

Kurz nach den Waterfall Gardens führt die Straße über den Río La Paz, einen der Quellflüsse des Río Sarapiquí, der am Poás-Massiv entspringt. Direkt hinter der Brücke stürzt der **Wasserfall Cascada La Paz** recht malerisch über einen steilen Abhang. Kurz darauf erreicht man den Ort **La Cinchona,** der von Nordamerikanern gegründet wurde, um hier Chinarindenbäume *(cinchona)* zur Gewinnung von Chinin anzubauen, das fiebersenkend wirkt und als Malariamittel Verwendung findet.

Nach dem Ort **Isla** zweigt links die Zufahrt ab zum **Wasserfall Catarata del Angel**. Nach rechts führt ein holpriger Weg (Allrad empfehlenswert) in den Ort **Colonia Virgen del Socorro**. Hier ist ein guter Standort zur Vogelbeobachtung. Vor dem Ort Cariblanco wurde ein Mautposten eingerichtet – die Bezahlung ist freiwillig und dient der Instandhaltung der Straße. Kurz darauf führt eine Abzweigung links zur **Laguna Hule**, einem hübschen Kratersee (Schild „Refugio de Vida Silvestre", 6,4 km bis Aussichtspunkt, Allrad erforderlich). Dort gibt es die einfache Unterkunft Mirador Bosque Alegre.

25 km hinter Vara Blanca verlässt man die Berge und erreicht **San Miguel** (510 m). Geradeaus führt die Straße über La Virgen (12 km, s.u.) nach Puerto Viejo, links geht es nach Aguas Zarcas.

Durch den NP Braulio Carrillo nach Horquetas

Auf der Hauptstrecke durch den NP Braulio Carrillo zweigt ca. 13 km vor Guápiles links eine gute Teerstraße ab (Straße Nr. 4), die über **Horquetas** (16 km) nach Puerto Viejo de Sarapiquí (32 km) führt. Horquetas ist Ausgangspunkt für den Transfer nach Rara Avis. Im nahe gelegenen Ort **Tigre** verkaufen Frauen der Kooperative MUSA medizinische Kräuter und pflanzliche Produkte wie Shampoo aus eigenem Anbau; eine Besichtigung der Pflanzungen ist möglich. Etwa 2,6 km vor der Abzweigung bei Pto. Viejo zweigt links an einer Bushaltestelle die Zufahrt zur Biologischen Forschungsstation La Selva ab.

Unterkunft

Mein Tipp: **Hacienda La Isla** (3 km nach der Abzweigung Zufahrt rechts, Tel. 2764.2576, in D: 0861/165906, www.haciendalaisla.com): Boutique-Hotel in schöner Lage, gutes Rest., Pool, Wanderwege, gepflegter Garten. 14 schön dekorierte Zimmer; DZ: 126 $ (ÜF); 2 Suiten: 165 $ (ÜF).

■ **Sun Sun Lodge** (13 km rechts, Tel. 2764.7249, www.sunsunlodge.com): einf. Zi. (40/70 $/ÜF), Straßenlärm; gutes peruan. Rest., Gerichte um 12–16 $.

■ **Sueño Azul Resort** (Tel. 2764.1000, www.suenoazulresort.com): schöne Anlage am Río San Rafael, ca. 1 km außerhalb von Horquetas (Ortsende über Hängebrücke), leider zu groß und unpersönlich; schöne Lage, Pool, Yoga-Studio, Spa-Bereich, Rest., Privatreservat (ca. 300 ha) mit Wanderwegen; 65 ansprechende Zi., bp (WW), DV, Terrasse: 110/120/140 $, mit AC: +22 $, Junior Suite mit Jacuzzi, AC: 190 $.

Mein Tipp: **Heliconia Island** (22 km nach der Abzw. Zufahrt rechts, Tel. 2764.5220, www.heliconiaisland.com): Lodge unter holländ. Ltg. auf einer Flussinsel, schöner Garten (Eintritt 10 $), Rest.service; 2 Zi., DV: 80/98 $ (ÜF), 2 Zi., AC: DZ 90 $ (ÜF), sowie 1 Apartment mit Küche: 115 $ (ÜF).

In Horquetas gibt es einen neuen **Froschgarten**: Frog's Heaven, Tel. 8891.8589, www.frogsheaven.com.

Privatreservat Rara Avis

■ **Fläche:** 1280 ha
■ **Höhe:** ca. 700 m
■ **Tagestemp.:** um 25 °C
■ **Eintritt:** nur inkl. Übernachtung; Anmeldung unbedingt erforderlich!
■ **Unterkünfte: Waterfall Lodge** (Tel. 2710.8032): Holzhaus, Veranda; 8 ordentl. Zi., bp (WW), Balkon m. Hängematte, kein Strom: 95/91 $; **River Edge Cabins:** frei stehende Holzhäuschen am Fluss

Rund um den Nationalpark Braulio Carrillo

■ Übernachtung
1. Hacienda La Isla
2. Sun Sun Lodge
3. Waterfall Lodge (Rara Avis)
4. Sueño Azul Resort
5. Heliconia Island
6. Gavilán Sarapiquí River Lodge
7. Chilamate Rainforest Eco Retreat
8. Selva Verde Lodge
9. La Quinta de Sarapiquí Country Inn
10. Sarapiquís Rainforest Lodge, Tirimbina Lodge
11. Pozo Azul

mit je 2 Zi. und Bad: ca. 95 $ p.P.; **Casitas:** einf. Zi. mit Bad (KW): 79/74 $ p.P. Ausflüge und Vollpension, Kinder (4–15 J.) 50 %; KK
- **Anreise:** von San José oder Pto. Viejo nach Horquetas (Parkmöglichkeit) von dort Transfer per Traktor (ca. 4–5 Std.)
- **Info:** Tel. 2764.1111, www.rara-avis.com

Das Privatreservat Rara Avis machte weltweit Schlagzeilen durch die Forschungsarbeit des Amerikaners *Donald Perry,* der mit Hilfe eines aufwendigen **Seilbahnsystems** das Leben in der bisher weitgehend unerforschten Baumkronenregion des tropischen Regenwalds untersuchte. Um es gleich vorweg zu sagen: Diese Seilbahn existiert nicht mehr.

Was einen Besuch von Rara Avis dennoch lohnt, ist die **schöne Natur** – nahezu unberührter Regenwald mit zahlreichen Flüssen und Wasserfällen, der über mehrere Wanderwege zugänglich ist. In kleinen Gruppen macht man **Exkursionen** in den tropischen Urwald, begleitet von jungen Biologie-Studenten, die (in englisch) die Besonderheiten der lokalen Flora und Fauna erklären. Rund 330 **Vogelarten** leben hier *(Rara Avis* = „seltener Vogel"), u.a. Glockenvögel, Papageien, Tukane und Tangaren. Die Säugetiere sind ebenfalls artenreich vertreten, da das Reservat direkt an den riesigen Nationalpark Braulio Carrillo grenzt.

Biologische Station La Selva

- **Fläche:** 1538 ha (ca. 90 % Primärwald)
- **Höhe:** 35–150 m
- **Niederschlag:** 4100 mm/Jahr (Feb./März nur je 200 mm)
- **Lage:** am Nordrand des Nationalparks Braulio Carrillo
- **Eintritt:** Tagestour mit Guide 50 $ p.P. (3 Std.: 32 $), max. 65 Besucher/Tag (Anmeldung empfehlenswert)
- **Übernachtung:** einfache Gästezimmer mit bp, 98/93 $ p.P. (3. Person 70 $), Kinder (5–12 J.) 39 $, Haus 280 $ (4 Pers.); Preise inkl. VP und einer geführten Tour
- **Anfahrt:** 2,6 km südöstl. von Pto. Viejo Abzw. rechts (Bushaltestelle mit OET-Beschriftung), dann noch 2 km
- **Infos und Reservierung:** OTS, Tel. 2542.0607 (Mo–Fr 8–17 Uhr), www.ots.ac.cr

Die Station *La Selva* („Regenwald") wird geführt von der *Organisación para Estudios Tropicales* (OET), einem Konsortium aus US-amerikanischen, puertoricanischen und costaricanischen Universitäten zur **Erforschung der ökologischen Zusammenhänge im tropischen Regenwald.** Seit der Gründung 1968 entstanden hier über 1000 wissenschaftliche Arbeiten, Artikel und Bücher. Neben dem Besucherzentrum befindet sich eine Bibliothek und mehrere Forschungs- und Experimentierstationen.

La Selva ist in erster Linie eine wissenschaftliche Station, Besucher sind aber willkommen. Flora und Fauna sind sehr artenreich, sodass man 1986 den benachbarten Nationalpark Braulio Carrillo nach Norden erweiterte, um so eine zusammenhängende Schutzzone zu schaffen. Rund 800 **Baumarten,** u.a. 32 Palmenarten, sowie unzählige Orchideen, Bromelien und andere Epiphyten findet man hier. Zu den über 100 **Säugetierarten** zählen Brüll-, Klammer- und Kapuzineraffen, Pekaris, Agutis, Nasenbären und Fledermäuse. Zudem gibt es rund 500 **Vogelarten,** Schlangen (Buschmeister), Amphibien (Pfeilgiftfrösche), bunte Schmetterlinge und andere Insekten –

ideale Bedingungen für Forscher und naturliebende Besucher.

25 **Wanderwege** mit einer Gesamtlänge von über 50 km führen durch das Gebiet am Río Frío, und man hat die Wahl, ob man allein mit einem kleinen Handbuch, das man vor Ort erwerben kann, oder mit einem Führer das Gebiet durchstreift, der einen in die komplexen Zusammenhänge des tropischen Regenwaldes einführt. Es gibt einige Unterkünfte mit Privatbad und Veranda.

Puerto Viejo de Sarapiquí

- **Einwohner:** 7000
- **Höhe:** 37 m ü.M.
- **Tagestemperaturen:** 24–30 °C

Puerto Viejo – nicht zu verwechseln mit dem gleichnamigen Ort an der Karibikküste – liegt am Zusammenfluss von Río Pto. Viejo und Río Sarapiquí, der etwa 40 km weiter nördlich in den Río San Juan mündet. Bevor Eisenbahn und Straßen das Hochland mit der Karibikküste verbanden, war der Ort ein wichtiger Hafen (*puerto viejo* = „alter Hafen"), von dem aus Frachtboote zum Río San Juan und über Barra del Colorado bis nach Limón verkehrten. Heutzutage hingegen vermittelt die Hauptstadt des rund 2350 km² großen Bezirkes Sarapiquí eher einen **geruhsamen Eindruck,** der Schiffsverkehr ist praktisch ohne Bedeutung, die Menschen leben von Viehzucht und dem Anbau von Bananen. Zunehmend kommen auch Touristen in den Ort, um von hier aus die Naturreservate der Umgebung (Selva Verde, La Selva, Rara Avis etc.) zu besuchen oder auf dem Wasserweg nach Barra del Colorado zu reisen.

Eine **Bootsfahrt auf dem Río Sarapiquí** ist zwar kein Ersatz für einen Besuch der Tortuguero-Kanäle, man kann aber auch hier zahlreiche Tiere sehen, u.a. Affen, Faultiere, Leguane, Krokodile, Schildkröten und zahlreiche Vögel.

Orientierung

Noch vor dem eigentlichen Ort befindet sich an der Abzweigung nach Horquetas eine **Polizeikontrolle.** Von hier führt die geteerte Hauptstraße an allen Unterkünften vorbei, zweigt nach knapp 1 km rechts ab und führt zum Bootsanleger am Río Sarapiquí (1,3 km ab Abzweigung). Alle hier genannten Entfernungsangaben beziehen sich auf diese Abzweigung am Ortseingang.

Unterkunft

Inzwischen gibt es eine Reihe einfacher Unterkünfte und ein besseres Hotel im Ort. Weitere Unterkunftsmöglichkeiten bestehen in den Lodges Richtung La Virgen und Horquetas.

■ **Cabinas Laura** (´ km links, Tel. 2766.6316): ungepflegter Innenhof; 12 Zi., bp, Vent., TV, einf., sauber: 12/15/20 $.
■ **Hotel Mi Lindo Sarapiquí** (650 m rechts, OG, Tel. 2766.6281): Rest., Internet; 11 ordentl. Zi., bp, Vent.: ca. 24/36/48 $.
■ **Hotel El Bambú** (700 m links im Ortszentrum, Tel. 2766.6005, www.elbambu.com): das (relativ) beste Hotel am Ort, Rest. (9/12/15 $), Bar, Pool; 15 ordentl. Zi., bp (WW), DV, TV, AC, z.T. zur Straße: 81/88/102 $; 25 bessere neue Zi. mit Balkon und Blick ins Grüne: 93/105/119 $, KK.

Außerhalb
■ **Gavilán Sarapiquí River Lodge** (1,2 km nach der Abzw. Richtung Horquetas links plus 1 km, Tel. 2766.6743, Büro: 2234.9507, www.gavilanlodge.com): schöne Anlage in gepfl. Garten, ruhig, 100 m zum Río Sarapiquí, Privatreservat, Bootstouren, Rest. (11/17/17 $); 20 sehr einfache Zi., bp (WW), Vent., Veranda, harte Betten, zu teuer: 50/60/75 $, Superior Rooms: 80/85/113 $; KK.
■ **Biologische Station La Selva:** 2,6 km südöstl. in Richtung Horquetas (s.o.)
MEIN TIPP: **Cabinas Trinidad** am Zusammenfluss des Río Sarapiquí und Río San Juan (Zufahrt per Boot, ca. 3–4 Std.), nähere Auskunft c/o *Posada Andrea Cristina* (s.u.): ruhige und schöne Lage am Fluss, Möglichkeit zur Weiterfahrt nach Barra del Colorado und Tortuguero, Rest.service (ca. 5 $ pro Mahlzeit); 6 einf. Hütten, bp: ca. 10 $ p.P.
MEIN TIPP: **Posada Andrea Cristina** (ca. 1,5 km in Ri. La Virgen rechts, Tel. 2766.6265, www.andreacristina.com): kl. Anlage mit schönem Garten, der Besitzer organisiert Natur-Touren; 4 einf., ordentl. Zi., bp, Vent., Küche, Veranda: 85/76 $ (ÜF); keine KK.
■ **Hotel Ara Ambigua** (ca. 2,5 km in Ri. La Virgen am Friedhof rechts, danach ca. 500 m, Tel. 2766.7101, www.hotelaraambigua.com): ruhige Lage, Rest., Pool; 40 ordentl. Zi. mit DV, TV: 117/117/137 $ (ÜF); KK.

Restaurants

■ **Ara Ambigua** (s.o.): gute regionale Küche, tgl. 10–22 Uhr.
■ **Restaurant El Surco** (im Hotel Bambú): recht ordentlich, aber etwas kühl und unpersönlich; Casado 6 $, Fleischgerichte etc., tägl. 6–22 Uhr.

◁ Grüner Leguan

Region Sarapiquí

- **Rest. Mi Lindo Sarapiquí** (650 m rechts): Standard-Karte, nicht teuer, tgl. 10–22 Uhr.
- **Restaurant Real Sarapiquí** (Ende Hauptstraße links im OG): einf. Tico-Lokal, tgl. 10–24 Uhr.
- **La Abuelita Típica** (100 m Richtung Horquetas links): einfaches rustikales Lokal, landestypische Gerichte.
- Es gibt auch zahlreiche günstige **Sodas,** z.B. Soda Betania.

Infos von A bis Z

- **Apotheke:** 850 m links.
- **Erste Hilfe:** Rotes Kreuz (500 m rechts, Tel. 2766.6212).
- **Einkaufen:** Supermercado La Vina (hinter Fußballplatz); an der Abzw. Richtung Horquetas: *Super La Perla* und *Pali* (Mo–Sa 9–19 Uhr, So 9–13 Uhr). Souvenirs siehe unter „Tourist- Info", Filmentwicklung: *Fuji* (am Fußballplatz).
- **Geldwechsel:** *BCR* (100 m links), Mo–Fr 9–16 Uhr, Bancomat (VISA); *Banco Popular* (750 m rechts): Mo–Fr 8.45–15 Uhr, Sa 8.45–12 Uhr, Bancomat (VISA); *Banco Nacional* (950 m links), Mo–Fr 8.30–15.45 Uhr, Bancomat (MC).
- **Polizei:** 950 m rechts, Notruf 911, Kriminalpolizei (bei Diebstahl, Überfall): OIJ, Tel. 26455992.
- **Post:** 950 m rechts, Mo–Fr 7–12 und 13–17 Uhr.
- **Tankstelle:** 300 m Ri. Horquetas sowie im Ort.
- **Taxi:** Standplatz am Fußballplatz (850 m rechts), Tel. 2766.5448; Fahrpreis nach La Selva ca. 5 $, nach Horquetas: ca. 16 $.
- **Tourist-Info:** *Souvenir Río Sarapiquí,* 900 m links (ggü. *Banco Nacional*), Tel. 2766.6727: Andenkenladen, vermittelt Rafting- und Bootstouren, Businfos.
- **Tour-Veranstalter:** *Aventuras del Sarapiquí* (Büro ca. 7 km Richtung La Virgen links, Tel. 2766.6768, www.sarapiqui.com): Rafting (ca. 53 $), Kanutouren (65 $), Canopy (53 $), Reiten (30 $); *Aguas Bravas* (ca. 15 km Ri. La Virgen links, Tel. 2292.2072, www.costaricaraftingvacation.com): Rafting (85 $), Canopy (45 $), Reiten (50 $).

Bootstouren

- Bootstouren nach **Barra del Colorado/Tortuguero** ca. 300 $ hin und zurück (mind. 4 Pers.). **Infos** bei Posada Andrea Cristina oder im Souvenir Río Sarapiquí. Eine preisgünstige Alternative ist die Anreise per Bus über Guápiles nach Cariari und von dort weiter per Boot nach Tortuguero (siehe Kapitel „Karibik").
- Es verkehren auch Boote nach **Arbolitos** und **Trinidad,** tgl. ca. 12 Uhr, Preis: ca. 20 $.

Busverbindungen

Abfahrtsstelle am Sportplatz im Ortszentrum; Verbindungen nach:
- **San José:** direkt (über Horquetas) 5, 5.30, 7, 8, 11, 13.30, 15, 17.30 Uhr; über La Virgen: 5, 7.30, 11.30, 16.30 Uhr, Fahrzeit ca. 2 Std., Preis: 1710 C. (3,40 $).
- **Horquetas:** Bus nach Río Frío oder nach Guápiles, Preis: 320 C. (0,64 $).
- **Guápiles:** *Transp. Guapileños* (Tel. 2766.6740): tgl. 5.30, 6.45, 7, 9.40, 10.30, 12, 14.30, 15.45, 16.45 und 17 Uhr, Preis: 830 C. (1,70 $), Fahrzeit: 2 Std.
- **Cd. Quesada/San Carlos:** 4.40, 5.30, 8.30, 10.30, 12.15, 14.30, 16, 18 u. 19 Uhr, Preis: 1300 C. (2,60 $).
- **La Virgen:** tagsüber etwa stündlich.
- **Fortuna:** über Cd. Quesada/San Carlos.

Von Pto. Viejo de Sarapiquí nach La Virgen (20 km)

Ca. 5 km nach Pto. Viejo zweigt in der Ortschaft **Chilamate** links die Zufahrt zum Chilamate Rainforest Eco Retreat ab. 600 m weiter liegt links die Selva Verde Lodge. Etwa 15 km nach Pto. Viejo

(5 km vor La Virgen) zweigt bei der Pulpería Las Brisas rechts ein schlechter Weg (1,3 km) zur La Quinta de Sarapiquí Lodge ab. Kurz vor La Virgen liegen links die Sarapiquí Rainforest Lodge, das Reservat Tirimbina und eine Schlangenfarm.

Unterkunft

■ **Selva Verde Lodge** (Tel. 2761.1800, www.selvaverde.com): gr. Urwald-Lodge am Río Sarapiquí mit Privatreservat (ca. 200 ha, Tagesbesuch 15 $), Schmetterlingsgarten (5 $), Hiking-Tour (2–4 Std.: 22 $), Pferde (2–3 Std.: 30 $), Bootstour (30 $), Rafting (55 $), Canopy (55 $), Rest. (-/16/17 $), US-Ltg., vorwiegend von US-Amerikanern besucht; 12 Lodges mit 45 Zi. (max. 2 Pers.), bp, DV, Safe, guter Zi.-Standard, teilw. mit AC: ab 116/134/158 $ (ÜF) (NS: 99/117/141 $ p.P.); Kinder bis 5 Jahre frei, Kinder 6–11 J. 24 $ inkl. VF; KK.

🦋 **Chilamate Rainforest Eco Retreat** (Tel. 2766.6949, www.chilamaterainforest.com): Familienprojekt unter irisch-kanad. Ltg., kl. Reservat (20 ha) mit Wanderwegen, einfache Cabinas sowie 1 Jungle House (bis 5 Pers.): 88/106/128 $ (ÜF).

■ **La Quinta de Sarapiquí Country Inn** (Tel. 2761.1052, www.hotelaquintasarapiqui.com): schöne Anlage, ruhige Lage am Río Sardinal, Rest. (teuer: 10/13/15 $), Pool, großer Gartenbereich mit Schmetterlingsgehege, Museum, Touren mit Mini-Bus oder Boot, viele Reisegruppen; 28 schöne Zi. (bis 4 Pers.), bp (WW), AC, Terrasse: 125/125/142 $; KK.

■ **Sarapiquís Rainforest Lodge** (1,2 km vor La Virgen links, Tel. 2761.1004, www.sarapiquis.com): am Río Sarapiquí, Wanderwege (Tirimbina Rainforest Center), Rest. (-/16/ 18 $), Archäolog. Museum, Pferdetouren; 32 Zi., DV und 8 Zi. mit AC: 120/120/ 145 $; Kinder (4–16 J.): 15 $; KK.

■ **Tirimbina Lodge** (Tel. 2761.0333, www.tirimbina.org): direkt am Eingang zum Reservat (freier Eintritt für Hausgäste!), Rest. (15/15 $); 3 einf. Zi. mit Stockbetten: 79/89/111 $ (ÜF), 18 Zi. mit AC: 93/110/135 $ (ÜF).

Reserva Biológica Tirimbina (Tirimbina Rainforest Center)

Privatreservat auf ehemaliger Finca mit Sekundär- und Primärwald auf rund 300 ha Fläche, 9 km Wanderwege, angeblich die längste Hängebrücke von Costa Rica (262 m), 110 m *Canopy Walkway*.

■ **Öffnungszeiten:** tgl. 7–17 Uhr, Eintritt: 17 $ (inkl. Guide, 8, 10, 13.30, 15 Uhr: 28 $, *night hike* um 19 Uhr: 25 $), Kinder (6–13 J.) 19 $.
■ **Info:** Tel. 2761.0055, www.tirimbina.org.
■ **Unterkunft:** Tirimbina Lodge (s.o.)

Schlangenfarm Snake Garden

Etwa 1 km vor La Virgen liegt links diese kleine Schlangenfarm, in der rund **50 Reptilien- und Amphibienarten** (vorwiegend aus Costa Rica) ausgestellt werden, leider in sehr kleinen Terrarien und wenig artgerecht.

■ **Öffnungszeiten:** tgl. 9–17 Uhr, Eintritt: 8 $, Stud. und Kinder (4–12 J.): 6 $.
■ **Info:** Tel. 2761.1059.

La Virgen

20 km hinter Pto. Viejo (12 km vor San Miguel) erreicht man die kleine Ortschaft La Virgen, die auf einer Höhe von 187 m **am Río Sarapiquí** liegt. Hier gibt es einige einfache Unterkünfte und Sodas, Läden, ein Fahrradgeschäft und eine Tankstelle – und man kann von hier aus Touren mit dem Schlauchboot oder Kajak unternehmen.

Region Sarapiquí

Unterkunft & Restaurants

Die nachfolgenden Unterkünfte sind nach ihrer Lage von Süd nach Nord gelistet:

- **Cabinas Claribel** (am Ortsanfang rechts, Tel. 2761.1190): bp, Vent., einf., sauber: DZ 20 $.
- **Rest. Mar y Tierra** (Ortsanfang rechts gegenüber Fußballplatz, Tel. 2761.1603): einf. Lokal, Casado, Fischgerichte, tgl. 7–22 Uhr.
- **Cabinas/Restaurant Tía Rosita** (nach Ortsmitte links, Tel. 2761.1032): einf. Rest., 4 gr. Häuschen, bp: ca. 10/15/20 $.
- **Hostal Rancho Leona** (nach Ortsmitte links, Tel. 2761.1019): gr. Holzhaus, direkt an der Straße; 5 einf. Gemeinschaftszi., Typ Jugendherberge, bc: ab 12 $ p.P., für Kajakfahrer gratis (haben Vorrang).
- **Cabinas Jenny** (am Ortsende links, Tel. 2755.0256, www.cabinasjenny.com): 4 einfache Zi. in schöner Lage am Fluss: DZ ab 31 $.
- **Cabinas del Río** (Ortsende links, Tel. 2761.0138, www.cabinasdelrio.wix.com/hoteles): ruhige Lage, Rest., 7 kl. spitzgieblige Holzhäuschen mit Bad (KW), Vent.: DZ ca. 12 $; mit AC: 20 $ – für den Preis sehr gut!
- **Finca Pedro y el Lobo** (Tel. 2761.1406, in D: 04176/940563, www.fincapedro.com): 3 km außerhalb von La Virgen, Kajak-, Abenteuer- und Motorradtouren, dt. Ltg.; Camping: ca. 10 $ (ÜF) p.P., 3 Gemeinschaftszi.: ca. 20 $ (ÜF) p.P.; Häuschen mit 2 Zi., bp: ca. 25 $ (ÜF) $ p.P
- **Hacienda Pozo Azul** (Tel. 2438.2616, www.pozoazul.com): Rafting-, Canopy- und Reittouren, Rest. (AE 16 $), Übern. in Zeltcamp (2 km außerhalb im Wald), 30 Zelte mitten im Urwald mit Veranda und Bad: 80/92/116 $ (ÜF).

Busverbindungen

- **San José:** direkt 5.30, 8 und 11.30 Uhr. Preis: 2500 C. (ca. 5 $).
- **Pto. Viejo:** regelmäßige Verbindung (tagsüber etwa alle Std.). Preis: 450 C. (ca. 1 $).

Infos von A bis Z

- **Einkaufen:** Supermarkt im Ortszentrum.
- **Erste Hilfe:** Rotes Kreuz in San Miguel (Tel. 2476.0220).
- **Geldwechsel:** *Banco Nacional* im Ortszentrum (mit Bancomat).
- **Kajak- und Raftingtouren:** *Sarapiquí Outdoor Center* (Tel. 2761.1123), 2 Std.: 50 $, auch Ausrüstungsverleih und Camping (5 $ p.P.).
- **Tourist-Info:** Auskünfte bei *Sarapiquí Outdoor Center* (s.o.).

Von La Virgen nach Aguas Zarcas (34 km)

Etwa 12 km nach La Virgen zweigt im Ort **San Miguel** (Bank, Supermarkt) rechts im spitzen Winkel die Straße nach Aguas Zarcas ab, über die man Cd. Quesada, Los Chiles, Fortuna, Arenal etc. erreicht. Die Straße ist geteert, und in gutem Zustand. Im Nachbarort Río Cuarto geht es rechts zur **Laguna Kooper,** einem runden Kratersee mit Bademöglichkeit. Einige Kilometer nach Río Cuarto führt links eine beschilderte Zufahrt über die Ortschaft Bajos del Toro (Cabinas) zum Nationalpark Juan Castro Blanco (s. in diesem Kapitel „Über Cd. Quesada nach Los Chiles") und zu dem Wasserfall **Catarata del Toro** (13,7 km), angeblich der höchste Wasserfall des Landes (Eintritt: 10 $, Wanderwege).

Wer ins Valle Central weiterfahren möchte: Nach 27 km gelangt man über die durchgehend asphaltierte Straße nach **Sarchí**. In der kleinen Ortschaft Bajos del Toro liegt die **Bosque de Paz Lodge** (Tel. 2234.6676, www.bosquedepaz.com): Privatreservat, Rest., 12 nette Zi. mit Balkon: 132 $ p.P. im DZ inkl. VP. Nach der Ortschaft führt rechts eine Teerstraße nach Zarcero (siehe Kapitel „Valle Central").

Von **Aguas Zarcas** sind es noch 4 km zum Zoo La Marina und 16 km bis Ciudad Quesada.

Nach 1,2 km Richtung Ciudad Quesada liegt links das

■**Hotel/Restaurant Río Mary** (Tel. 2474.4080): Casado ab 6 $, Fisch- und Fleischgerichte ab 7 $; 18 ordentl. Zi., TV, bp: 30 $ p.P; KK.

Von Aguas Zarcas nach Boca Tapada (43 km)

Am östlichen Ortseingang von Aguas Zarcas geht rechts die Teerstraße ab, die nach ca. 4 km links in Richtung Fortuna/Arenal abzweigt (kl. braunes Schild mit Vulkan-Symbol) und geradeaus nach Pital führt (9 km). In **Pital** endet die Teerstraße, und es beginnt eine steinige und mühsame Piste nach **Boca Tapada** am Río San Carlos, nahe der Grenze zu Nicaragua (Bus ab Pital: tgl. 9.30 und 16.30 Uhr). Hier, am „Ende der Welt", liegen jeweils ca. 7 km außerhalb (nördlich) drei empfehlenswerte Unterkünfte:

Unterkünfte
Mein Tipp: **La Laguna del Lagarto Lodge** (Tel. 2460.7404, Büro San José: 2289.8163, www.lagarto-lodge-costa-rica.com): preisgünstige Urwald-Lodge, privates Regenwaldreservat (ca. 500 ha), dt. Leitung, Rest.service (7/9/16 $), Schmetterlingsgarten, Ausflüge: Bootstour (3–4 Std.: 30 $ p.P.), Kanu (gratis); 18 einf. Zi. (3 Häuser), Vent., bp: 55/75/85 $, NS: 45/60/65 $; KK (nur VISA, +5 %).

Maquenque Ecolodge (Tel. Fortuna: 2479.8200, in D.: Tel. 0861/165906, www.maquenqueecolodge.com): Urwald-Lodge auf der Westseite des Flusses mit Privatreservat, schöner, sehr großer Garten, gutes Rest. (-/17/21 $), Bootstouren; 14 freistehende, sehr ansprechende Bungalows mit Blick in die Natur: 106/131/156 $ (ÜF) sowie 4 neue Baumhäuser: 149/197/234 $.

Mein Tipp: **Pedacito de Cielo** (Tel. 2200.4782, mobil: 8308.9595, www.pedacitodecielo.com): freundliche Privatpension in schöner Lage, erhöht über dem Río San Carlos, Rest. (9/11/14 $), Reservat (300 ha) in der Nähe, Bootstour (25 $); Holzhaus mit 4 einf. Zimmern, 4 gemütliche, rustikale Holzbungalows mit Flussblick sowie 4 neuere, große Bungalows: 74/85/96 $ (ÜF), KK.

Über Cd. Quesada nach Los Chiles

Von San José nach Cd. Quesada (94 km)

Die Hauptzufahrt nach Cd. Quesada (und damit auch Los Chiles und Fortuna) führt von San José in Richtung Nordwesten über die Autobahn, am Flughafen vorbei bis zur Ausfahrt nach Naranjo. Wer möchte, kann auch schon in Alajuela die Autobahn verlassen und auf der im Kapitel „Valle Central" unter „Die Umgebung von Alajuela" beschriebenen Route über Grecia und Sarchí nach Naranjo fahren.

Eine weitere Möglichkeit, nach Fortuna zu gelangen (weniger Verkehr!), ist die Route von San Ramón über Los Angeles und La Tigra.

Nationalpark Juan Castro Blanco

- **Fläche:** 14.258 ha
- **Höhe:** 800 m bis 2267 m (Volcán Porvenir)
- **Lage:** südöstlich von Cd. Quesada, im Nordwesten der Cordillera Central
- **Gegründet:** 22.4.1992
- **Geöffnet:** 8–16 Uhr
- **Eintritt:** 10 $
- **Anfahrt:** über Sarchí oder Zarcero nach Bajos del Toro (Wasserfälle, Nationalparkposten) oder von Cd. Quesada: 5 km Ri. Zarcero im Ort Sucre links + 7 km

Dieser erst 1992 gegründete und selten besuchte Nationalpark, am nordwestlichen Ende der Cordillera Central gelegen, ist **von großer hydrologischer Bedeutung** für den ganzen Norden und liefert Trinkwasser u.a. für Cd. Quesada. Im Gebiet des Nationalparks entspringen u.a. die Flüsse Río Platanar, Río Toro, Río Aguas Zarcas, Río Tres Amigos und Río La Vieja. Der Vulkan Platanar (2183 m), der nordwestlichste Ausläufer der Zentralkordillere, ist als aktiv einzustufen, während die beiden anderen Vulkane Cerro Viejo (2060 m) und Cerro Pelón bereits erloschen sind.

Flora und Fauna

Etwa 60 % der Fläche sind von Primärwald bedeckt, der mit einzelnen Flecken von Sekundärwald vermischt ist. Vom prämontanen Feuchtwald bis zum Bergregenwald unterscheidet man, je nach Höhenlage, fünf **verschiedene Vegetationsstufen.** Die Vegetation ist sehr vielfältig. In den höher gelegenen Regionen ist die Vegetation verkümmert und von Epiphyten und Lianen bedeckt, charakteristisch für ein kaltes, windiges und feuchtes Klima.

Die **Tierwelt** ist ebenfalls sehr artenreich. An Säugetieren findet man hier u.a. den Spießhirsch, zwei Arten von Affen, Gürteltier, Paka, Tapir und verschiedene Arten Raubkatzen. Besonders auffällige Vögel sind der Quetzal, der Tuberkelhokko, der Schwarzbauch- und der Braunflügelguan.

Ciudad Quesada/San Carlos

- **Einwohner:** ca. 30.000 (mit Vororten)
- **Höhe:** 650 m
- **Durchschnittstemperaturen:** 22–24 °C
- **Niederschlag:** 4450 mm/Jahr

Ciudad Quesada (oder San Carlos, wie die Stadt oft genannt wird) ist ein wichtiges **landwirtschaftliches Regionalzentrum** (Viehzucht, Zuckerrohr) und die einzige richtige Stadt im Norden. Sie ist Hauptstadt des Bezirks San Carlos (daher der Name), des mit über 3350 km² und rund 100.000 Einwohnern größten der 81 Bezirke des Landes. In der Nähe der Stadt entspringt der **Río San Carlos,** der an der Grenze zu Nicaragua in den Río San Juan mündet. Auch wenn die Stadt selbst für Touristen wenig attraktiv ist, so ist sie doch ein **wichtiger Verkehrsknotenpunkt** und Ausgangspunkt für einen Besuch des Nationalparks Juan Castro Blanco.

☐ Übersichtskarte S. 220

Unterkunft

■ Zahlreiche **Billighotels** liegen an C.2 und Av.1, alle mit einf. Zi. (bc), meist dunkel, für anspruchslose Reisende, u.a. **Hotel Los Fernandos** und **Hotel Plaza** (Tel. 2460.0654).

■ **Hotel Cristal** (Tel. 2460.0541, www.hotelkristal.amawebs.com): Zi. mit bc: 10/13/16 $, sowie mit Bad (WW), Vent., TV: 14/20/28 $.

■ **Hotel del Norte** (C.1/Av.1–3, Tel. 2460.1758): 20 einf., ordentl. Zi., Vent. bp (WW), TV: 18/20/30 $.

■ **Hotel Don Goyo** (C.2/Av.4, Tel. 2460.1780): gute, relativ ruhige Lage, Rest.; 20 ordentl., helle Zi., bp (WW), Vent., z.T. Ausblick: ca. 20/30 $.

■ **Hotel La Central** (Parque Central, Westseite, Tel. 2460.0301): modernes Betongebäude mit Casino; 48 zweckmäßige Zi., bp (WW), Vent., TV, z.T. Balkon: 34/46/66 $; KK.

Außerhalb

■ **Hotel La Mirada** (4 km nördl., Tel. 2460.2222): schöne Aussicht; 13 ordentl. Zi., bp (WW), Vent.: DZ 24 $; beliebt bei einheimischen Paaren.

■ **Hotel Termales del Bosque** (8 km östl. in Ri. Aguas Zarcas links, Tel. 2460.4740, www.termalesdelbosque.com): schöne Badegelegenheit am Fluss mit Thermalwasser (ca. 40 °C, tgl. 9–21 Uhr, Eintritt 12 $, Kinder 6 $, Hausgäste frei), Spa-Bereich, Rest., Pferde (10 $/Std.), Wanderwege; 51 renovierte Zi., Terrasse, TV, AC: 79/112/145 $ (ÜF); Bungalows: DZ 150 $ (ÜF), Kinder (4–11 J.) 25 $; KK.

■ **El Túcano Resort & Thermal Spa** (9 km östl. in Ri. Aguas Zarcas, Tel. 2296.7074, www.eltucanoresort.com): große Hotelanlage mit Rest., Pool, Heilbad mit mediz. Anwendungen (Thermalquellen, sehr gepflegt), Tennisplätze, Sauna; 87 schöne Zi., TV, Safe: 130/164/198 $ (ÜF).

Restaurants

■ **Rest. Don Goyo** (C.2/Av.4): recht ordentlich, tgl. 10.30–21.30 Uhr.

Ciudad Quesada/San Carlos

© REISE KNOW-HOW 2016

■ **Übernachtung**
1 Hotel Los Fernandos
2 Hotel Cristal
3 Hotel Plaza
4 Hotel del Norte
7 Hotel La Central
10 Hotel Don Goyo

■ **Essen und Trinken**
6 Restaurant Coca Loca
8 Restaurant Los Geranios
10 Restaurant Don Goyo
11 Disco La Yunta

■ **Geschäfte**
5 Supermarkt
9 Supermarkt

Über Cd. Quesada nach Los Chiles

- **Restaurant Los Geranios** (C.2/Av.4, Tel. 2460.1516): nettes, großes Lokal & Bar (im EG), günstig: Fleischgerichte ab 7 $, tgl. 11–2 Uhr.
- **Restaurant/Steak House Coca Loca** (Parque Central, Westseite, Tel. 2460.3208): Fleisch 11–21 $; tgl. 11–23 Uhr, KK.
- Einfache **Sodas und Imbisslokale** gibt es an der Nordseite des Parque Central.

Infos von A bis Z

- **Disco:** *La Yunta Bar-Disco* (Av.4/C.C.-2).
- **Einkaufen:** Zwei Supermärkte (Av.C./C.C. und Av. 4/C1), tgl. bis 22 Uhr.
- **Erste Hilfe:** Rotes Kreuz (Tel. 2460.0101), Hospital (Tel. 2460.0533).
- **Fahrradzubehör:** *Ciclo Rafael Abarca* (C.2/Av.3).
- **Geldwechsel:** *Banco de Costa Rica* (Parque Central, Südseite): Mo–Fr 9–15 Uhr, in der Filiale C.C./Av.1 Mo–Fr 11.30–18.30 Uhr, Sa 9–15 Uhr, Bancomat (VISA); *Banco Nacional* (Av.C./C.C.-1): Mo–Fr 8.30–15.45 Uhr, Bancomat (MC, VISA); *Grupo Mutual* (C.2/Av.1-3): Mo–Fr 8–18 Uhr, Sa 8–15 Uhr, Bancomat (Maestro, MC, VISA).
- **Mietwagen:** *ADOBE*, 300 m südl. der Kirche, Tel. 2460.0650, tgl. 8–17 Uhr.

Busverbindungen

- Der **Busbahnhof** befindet sich außerhalb, etwa 1 km in Richtung Fortuna.
- **San José** (*Auto Transp. San Carlos*, Tel. 2255.4300): 4.30–18.15 Uhr (direkt, alle 40 Min.), 5–19.10 Uhr stdl., Fahrzeit 2½–3 Std.
- **Nuevo Arenal/Tilarán:** 5.30, 6.30, 10.45 und 16 Uhr, Fahrzeit 2½ bzw. 3½ Std.
- **Fortuna:** 4.30, 5, 5.10, 6, 6.30, 7.15, 8, 11.30, 12.15, 15.15, 15.30, 16.45, 17.30, 19 Uhr, Fahrzeit 1 Std.
- **Pto. Viejo Sarapiquí** (Tel. 2460.0638): 4.40, 6, 10, 12, 15, 16.30, 17.30 und 18.30 Uhr.
- **Los Chiles:** 5–18 Uhr ca. alle Std., Fahrzeit ca. 2½ Std.
- **San Rafael/Upala:** tgl. 4.15, 5.30, 7.30, 12.50, Fahrzeit ca. 3 Std.
- **Peñas Blancas** (Grenze Nicaragua): *Transp. Upala* (Tel. 2669.1111), tgl. 13.30 Uhr über La Cruz, Fahrzeit: 6 Std.

Umgebung von Cd. Quesada

In Richtung Aguas Zarcas fahrend, erreicht man nach 9 km das **Hotel El Túcano**; kurz davor führt eine beschilderte Abzweigung zu den **Termales de Bosque**, einem kleinen Privatreservat mit schöner Badegelegenheit am Thermalfluss (Eintritt 12 $, s.o.). Etwa 9 km nach Cd. Quesada, links gegenüber einer Tankstelle, liegt das La Marina Wildlife Rescue Center. Nördlich kommt man über die Orte La Palmera und Correa zu den Thermalbädern **Bio Thermales**.

Etwa 4 km weiter erreicht man den Ort **Aguas Zarcas**, von wo man nach San Miguel und Puerto Viejo weiterfahren kann (s. in diesem Kapitel: „Von San José nach Pto. Viejo").

La Marina Wildlife Rescue Center

- **Geöffnet:** tgl. 8–16 Uhr
- **Eintritt:** 10 $, Kinder: 8 $
- **Info:** Tel. 2474.2202, www.zoocostarica.com

Kein Zoo im üblichen Sinne, eher ein **Heim für verletzte Wildtiere** aus den Nationalparks sowie für ausgesetzte

> Zuckerrohr auf dem Weg zur Rohrzuckerfabrik

Haustiere und solche, die als illegale Handelsobjekte missbraucht wurden, ist diese in privater Initiative entstandene Einrichtung. Außerdem werden hier seltene, vom Aussterben bedrohte Arten gezüchtet. Hier hat man besser als anderswo im Land die Gelegenheit, einheimische Tiere kennenzulernen, auch solche, die man in freier Natur nicht oder nur selten zu sehen bekommt. Neben Vögeln wie Adlern, Tukanen und Aras bekommt man auf einem Rundweg Raubkatzen, Reptilien, Affen, Tapire, Wildschweine, Waschbären, Rehe, Koyoten, Nasenbären und viele Tiere mehr zu sehen. Auch zahlreiche Pflanzen sind zu sehen und mit Namen beschildert.

Trotz der knappen Finanzen der Besitzer, die keine staatliche Unterstützung erhalten und auch über den Eintritt nur einen kleinen Teil der Kosten decken können, ist man bemüht, den Tieren einen halbwegs artgerechten Platz zu schaffen. Dies ist in einigen Fällen auch gelungen (Tapir, Affen, Krokodile), aber es gibt noch viel zu tun.

MEIN TIPP: **Bio Thermales Hot Springs** (mobil: 8397.8259, www.biothermales.com): sehr gepflegte Anlage, 9 Thermalbecken (31–38° C, Tageseintritt: 6 $, Kinder 2 $), Wanderwege, Rest.service, dt./US Ltg.; 2 nette Casitas mit Küche: DZ ab 75 $ inkl. Eintritt Thermalbad, Bungalow mit AC, 2 Schlafzi., Küche: 120 $, „tree house" (Haus auf Metallgestell, ca. 7 m hoch), kl. Küche, kein AC, bis 4 Pers.: 105 $.

Von Cd. Quesada nach Los Chiles (95 km)

Die Hauptroute sowohl nach Fortuna und zum Arenal-See als auch nach Los

Über Cd. Quesada nach Los Chiles

Chiles führt nördlich aus der Stadt Cd. Quesada und teilt sich etwa 8 km weiter im Ort **Florencia:** Geradeaus geht es über Tanque nach Fortuna (siehe dort), rechts zweigt eine Straße ab nach Muelle und weiter an die Grenze zu Nicaragua.

Die **Region nördlich von Florencia** liegt bereits in der weiten Ebene des Nordens und ist geprägt vom Anbau und der Verarbeitung von **Zuckerrohr.** Das Klima ist hier bereits schwül-heiß, statt der schwarz-weiß gescheckten Holstein-Rinder beherrschen die (im doppelten Wortsinn zähen) Zebu-Rinder das Bild.

5,5 km nach Florencia in Richtung Muelle liegt rechts die **La Quinta Lodge,** nach 7,2 km führt in Platanar links eine Abzweigung zum **Hotel La Garza.**

Etwa 13 km nach Florencia erreicht man die **Kreuzung von Muelle** (mit Tankstelle). Geradeaus führt eine Teerstraße nach Los Chiles (ca. 74 km), rechts geht es über Aguas Zarcas nach San Miguel und links nach San Rafael und Upala und über Tanque nach Fortuna. An dieser Straße liegt auch das **Luxushotel Tilajari Country Club.**

1,8 km nach der Kreuzung in Richtung Los Chiles lohnt sich im Ort **Muelle** ein Stopp: Von der Brücke kann man **Leguane** beobachten und bequem fotografieren.

Die Straße führt nun fast schnurgerade vorbei an Zuckerrohrplantagen, die im weiteren Verlauf immer mehr von ausgedehnten Orangenplantagen der Tico Fruit abgelöst werden. Etwa 66 km nach der Kreuzung zweigt links die leicht zu übersehende Zufahrt nach **Caño Negro** (18,5 km Piste) ab.

Unterkunft & Restaurants

■ **La Quinta Lodge** (Tel. 2475.5260): Pool, Rest., freundlich; 5 ordentl. Zi. im Haupthaus, bp (WW), Vent.: ab 10/15/20 $; 2 gr. Zi. mit Etagenbetten (bis 12 Pers.) sowie 1 Apt. mit Küche, Kinderzi., 2 Bädern (bis 6 Pers.): 80 $.

■ **Hotel La Garza** (ca. 15 km nördl. bei Platanar, Tel. 2475.5222): ruhig gelegene Vieh-Hacienda am Fluss mit 300 ha Primärwald, Rest., Bar, Pool, Pferde (2–3 Std.: 40 $), Ausflüge; 12 schöne Zi. in 6 rustikalen Bungalows, AC, DV, Balkon, sehr gepflegt; 107/107/124 $ (ÜF); NS: 96/96/113 $ (ÜF); Kinder (6–12 J.): 8 $; KK.

■ **Tilajari Resort Hotel** (Tel. 2462.1212, www.tilajari.com): ruhige Lage am Fluss, Bar, Rest. (-/20/20 $), Tennisplatz, Pool, Sauna, Disco, Pferde, Schmetterlingsgarten; 76 gute Zi., AC: ab 113/124/136 $ (ÜF), NS: 90/102/119 $ (ÜF); Kinder 5–10 Jahre 12 $; KK.

Los Chiles

Rund 200 km nordwestlich von San José, an der **Grenze zu Nicaragua,** liegt dieses verschlafene Nest mit etwa 8500 Einwohnern, und wäre es nicht Ausgangspunkt für **Bootstouren** auf dem Río Frio und nach Nicaragua, würde sich wohl kaum jemals ein Tourist hierher verirren. Die meisten Besucher kommen als Tagesausflügler aus San José und Fortuna und steigen von hier nur ins Boot, doch inzwischen gibt es auch einige akzeptable Unterkünfte im Ort, sodass man eine Tour auch auf eigene Faust unternehmen kann.

Wer beabsichtigt, über Los Chiles per Boot **nach Nicaragua weiterzureisen,** sollte sich vorher bei der nicaraguanischen Botschaft in San José nach den Einreisebestimmungen erkundigen. Derzeit ist eine Ausreise nach Nicaragua

Über Cd. Quesada nach Los Chiles

über Los Chiles möglich. Inzwischen ist auch eine neue Brücke eröffnet worden über den Río San Juan, sodass man jetzt auch über Land nach Nicaragua reisen kann.

Unterkunft

■ Sehr einfache Zimmer (bc ab 4 $ p.P., bp: DZ 8 $) bieten die **Hotels Central** (Tel. 2471.1096) und **Carolina** (Tel. 2471.1151, bc: 14 $ p.P.; bp, AC, TV: DZ 22 $).
■ **Cabinas Jabiru** (Tel. 2471.1496): 12 ordentl., einf. Zi., bp (WW), DZ 20 $, mit AC: 24 $.
■ **Rancho Tulipán** (Tel. 2471.1414, sergioca7@hotmail.com): Bar/Rest., Internet; 10 ordentl. Zi., bp (WW), AC: 30/44/60 $.
■ **Weitere Unterkünfte** im Ort Caño Negro (s.u.).
■ Über **San Carlos (Nicaragua)** gelangt man mit einem öffentlichen Boot (ca. 2½ Std.) oder mit einem Boot der Lodge (ca. 1½ Std.) zur direkt am Río San Juan gelegenen **Sabalos Lodge** (Tel. 2278.1405, www.sabaloslodge.com); DZ: 35–75 $, je nach Ausstattung und Komfort.

Restaurants

■ Beschränkte Auswahl an Restaurants; einf. Gerichte gibt es im **Restaurant El Parque.** Ein guter Platz zum Frühstücken (ab 7.30 Uhr) ist die **Cafetería Los Petates.**

Infos von A bis Z

■ **Apotheke:** gegenüber *Migración*.
■ **Ein-/Ausreise:** *Migración,* Nähe Bootsanleger (Tel. 2471.1061).
■ **Erste Hilfe:** Rotes Kreuz (Fußballplatz Westseite, Tel. 2471.1037).

- **Geldwechsel:** *Banco Nacional* (nördl. Kirche).
- **Polizei:** am Ortseingang, Tel. 2471.1103.
- **Post:** neben Busbahnhof.
- **Supermarkt:** gegenüber Tourist-Info.
- **Tankstelle:** ca. 2 km südlich.

Busverbindungen

- **San José** (*Transp. San Carlos*, Tel. 2460.5032): tgl. 5 und 15 Uhr, Fahrzeit ca. 5 Std.; oder über Cd. Quesada.
- **Cd. Quesada:** 5–17.30 Uhr ca. alle Std.
- **Caño Negro:** Mo–Fr 5 und 14 Uhr, Sa/So 5 Uhr.

Bootsverbindungen

- **Caño Negro:** Bootstouren auf dem Río Frio dauern etwa 3–4 Std. und schließen meist einen Führer und ein Picknick mit Getränken ein: Wer sich einer **Gruppe** anschließt, muss mit etwa 50 $ p.P. rechnen, eine **eigene Tour** kostet ca. 200 $ (bei 5 Pers.), Buchung in Fortuna (u.a. *Canoa Aventura* und *Aventuras Arenal*).
- **San Carlos (Nicaragua):** tgl. ca. 12 Uhr, ca. 10 $ (Infos im *Hotel Rancho Tulipán*).

Naturschutzgebiet Caño Negro

- **Fläche:** 9969 ha
- **Höhe:** 30 m ü.M.
- **Niederschlag:** 3500 mm/Jahr
- **Temperaturdurchschnitt:** 26 °C
- **Lage:** südl. des Nicaragua-Sees
- **Geöffnet:** 8–16 Uhr, Eintritt: 10 $.
- **Anreise:** mit Booten ab Los Chiles oder San Rafael Guatuso, zum Ort Caño Negro ungeteerte Straße ab Los Chiles, Feb.–April mit Pferd ab Los Chiles
- **Tipp: Mückenschutzmittel** benutzen!

Das Naturschutzgebiet liegt etwa 20 km südlich des Nicaragua-Sees und umfasst weite **Feucht- und Sumpfgebiete,** die einen rund 500 ha großen **Süßwassersee** umschließen. Ähnlich dem Neusiedler See ist dieser See nur etwa 3 m tief und verschwindet während der Trockenzeit (Feb.–Mai) fast völlig.

Caño Negro ist mit seiner großen Vielfalt an Pflanzen und Tieren eines der bedeutendsten Feuchtgebiete Mittelamerikas und dient als **Zwischenstation für viele Zugvögel,** vor allem in den Monaten März und April. In den Grenzen des Schutzgebietes gibt es Pflanzen und Tiere, die in anderen Teilen des Landes nicht vorkommen. Der Name leitet sich vom Schilfrohr *(caño),* das am Rande des Sees steht, ab.

Flora und Fauna

Es gibt fünf **Vegetationsräume:** Die Ufervegetation wird vorwiegend von Gräsern und kleinen Bäumen gebildet. Eine große Baumvielfalt prägt den regelmäßig überschwemmten Primärwald (u.a. die Tamarinde). Klammeraffen, Puma, Jaguar, Ozelot, Tapir und Faultiere sind die hier lebenden **Säugetiere.**

Über 300 **Vogelarten** hat man bisher registriert. Zu den häufigsten Wasservögeln zählen Schlangenhalsvogel, Rosa Löffler, Silberreiher, Weißer Ibis, Gelbstirnjassana (Wasserhuhn), Amerika-Nimmersatt, Pfeifgans und der mächtige Jabiru. Ebenfalls in Caño Negro lebt die größte Kolonie von Biguascharben, einer Kormoran-Art.

Los Chiles: Ausflugsboote zur Regenzeit

Caño Negro

Die kleine Ortschaft Caño Negro ist der ideale Ausgangspunkt für Bootstouren im gleichnamigen Schutzgebiet. **Anfahrt:** Etwa 66 km nach der Kreuzung bei Muelle links plus 18,5 km Piste; eine in der Trockenzeit problemlos zu befahrende Piste führt weiter nach Colonia Puntarenas an der Straße von San Rafael de Guatuso nach Upala.

Unterkunft

■ **Cabinas Martín Pescador** (Tel. 2471.1116): 4 einf. Zi., bp (WW), Vent.: DZ ca. 35 $, mit AC ca. 50 $.
■ **Hotel de Campo Caño Negro** (Tel. 2471.1012, www.hoteldecampo.com): gr. Garten, Rest., Bootstouren; 7 Bungalows mit je 2 Zi.: 90/107/128 $; KK.
■ **Caño Negro Natural Lodge** (Tel. 2471.1000, in D: 0861/165906, www.canonegrolodge.com): gepflegte, weitläufige Anlage mit Garten und Pool, Rest., Bar, Reittouren, Bootsausflüge (44 $ p.P./ 3 Std.); 22 komfortable Zi., AC, Safe, Veranda: 125/ 125/138 $ (ÜF), Kinder (3–12 J.): 15 $; KK.

Von Cd. Quesada nach Upala (ca. 115 km)

Etwa 8 km nördlich von Cd. Quesada zweigt im Ort Florencia die Straße nach Fortuna ab, die nach 9 km in den Ort **Jabillos** führt. Wer seit seiner Kindheit davon träumt, wieder mal in einem Baumhaus zu schlafen, kann diesen Traum hier verwirklichen (s.u.). Auch wenn die Straße von El Tanque bis San Rafael de Guatuso geteert ist, so befindet sie sich doch vor allem auf dem letzten Stück in einem schlechten Zustand (Schlaglöcher). In **Jicarito** gibt es eine Möglichkeit, einen Abstecher zu den Venado-Höhlen zu machen. Zwischen Jicarito und San Rafael de Guatuso durchquert man ein Reservat der **Guatuso-Indianer,** in dem etwa 400 Mitglieder eines Indianerstamms leben, die eine eigene Sprache (Maleku) sprechen.

Unterkunft

■ **Tree House Hotel** (Tel. 2475.6507, www.treehouseshotelcostarica.com): US-Ltg., 3 kl. „Baumhäuser" aus Holz, 2 Etagen, Bad, AC: DZ 112 $ (ÜF), sowie 5 größere (bis 5 Pers.): ab 124 $ (ÜF) – das Naturerlebnis wird leider durch Straßenlärm getrübt.

Venado-Höhlen

■ **Geöffnet:** tgl. 8–15 Uhr, in der Regenzeit nur vormittags
■ **Eintritt:** 22 $; mit Verpflegung: 29 $; eine Tour dauert etwa 2 Std., u.U. Wartezeit
■ **Info:** Tel. 8344.2246, www.cavernasdelvenadocr.com
■ **Anfahrt:** Von Fortuna über Tanque Ri. San Rafael. Nach etwa 21 km in Jicarrito Abzw. links nach Venado (kurvige, aber schöne Strecke). Nach 8 km endet in Venado die Teerstraße, ab dort 2,6 km.
■ **Hinweis:** Die Höhle ist teilweise eng, eine Besichtigung nur für Schlanke möglich. Mundschutz muss getragen werden!

Erst 1942 entdeckte man zufällig dieses Höhlensystem, von dem erst rund 2 km und Verzweigungen erforscht sind. 600 m sind zugänglich. Die Höhlen sind **in Privatbesitz,** eine Besichtigung ist nur mit einem (spanischsprachigen) Führer möglich. Da man meist durch einen Fluss geht und es in der Höhle absolut dunkel ist, sind Gummistiefel und eine Taschenlampe unverzichtbar. Ein bisschen Abenteuergeist sollte man außerdem mitbringen, da es teilweise sehr eng und niedrig ist, an manchen Stellen muss man sogar kriechen. Zu sehen gibt es interessante Formationen von Stalagmiten und Stalaktiten, mit etwas Glück sieht man auch Fledermäuse und (kleine) Spinnen. Am Eingang gibt es ein Soda und eine Duschmöglichkeit.

San Rafael de Guatuso

Etwa auf halber Strecke zwischen Tanque und Upala liegt **am Río Frío** die Hauptstadt des erst 1970 gegründeten Bezirks Guatuso. Es gibt einige einfache Unterkünfte, eine Tankstelle sowie mehrere Läden und zwei Banken.

Eine steinige Piste führt zum Arenal-See (20,5 km): Eine Fahrt ohne Allrad ist nicht empfehlenswert.

Unterkunft

■ Einf. Zi. findet man u.a. bei **Cabinas El Gordo** (Tel. 2464.0009) und **Albergue Tío Henry** (Tel. 2464.0211).

Von San Rafael nach Upala

Nördlich von San Rafael de Guatuso lohnt ein Abstecher zum **Río Celeste** im Tenorio Nationalpark: Nach der Brücke über den Río Frio am nördlichen Ortsende von Guatuso zweigt links eine recht gute Piste ab, die nach gut 16 km in die Ortschaft Celeste führt. Von hier geht es

> Im Schein der Taschenlampe: unterwegs in den Venado-Höhlen

geradeaus weiter bergauf, nach 4 km erreicht man das Hotel Catarata Rio Celeste (vormals Soda Tenideros), 1 km weiter das Río Celeste Hideaway Hotel. Am Hotel Catarata Rio Celeste bezahlt man den NP-Eintritt (10 $), hier beginnt auch der Wanderweg zum **Wasserfall.**

Der Besitzer *Pedro Alvarado Duran* und sein Sohn stehen als Guides für die Wanderung in den **Nationalpark Tenorio** zur Verfügung (4-stündige Tour: ca. 25 $ p.P.), der Weg ist aber gut gekennzeichnet, sodass man auch ohne Führer gehen kann.

■ **Hotel Catarata Río Celeste** (Tel. 8876.4382, www.cataratarioceleste.com): landestyp. Rest.; 4 ältere und 6 neue, bessere Zi.: 47/70/80 $ (ÜF).

■ **Río Celeste Hideaway Boutique Hotel** (Tel. 2206.4000, www.riocelestehideaway.com): Komforthotel auf der Nordseite des Nationalparks Tenorio, Rest., Poolbereich; 26 geschmackvoll eingerichtete Casitas: 230/230/312 $ (ÜF).

Etwa 26 km nach San Rafael erreicht man die Ortschaft **Colonia Puntarenas,** in der rechts eine Piste abzweigt nach Caño Negro (siehe voriges Kapitel): ca. 25 km, Allrad erforderlich.

Rund 40 km nach San Rafael erreicht man über eine löchrige Teerstraße Upala. Von hier kann man weiterreisen nach Sta. Cecilia und La Cruz im äußersten Nordwesten oder über Bijagua zur Interamericana zwischen Cañas und Bagaces (s.u.).

Upala

Diese Provinzhauptstadt, die von Siedlern aus Nicaragua gegründet wurde (zur Grenze sind es nur ca. 8 km), ist ein wenig attraktives Landwirtschaftszentrum (Viehzucht, Milchwirtschaft, Reisanbau) **am Río Zapote,** dementsprechend mit feuchtheißem Klima. Außer einer Tankstelle und einer Bank gibt es hier auch eine Landepiste, auf der aber nur selten eine Propellermaschine landet. Von hier führt eine gute Teerstraße nach Bijagua (24 km) zu Füßen des Vulkans Tenorio (siehe Kap. „Nordwesten").

Unterkunft

■ Einfache Zimmer bieten u.a.: **Hotel Rosita** (Tel. 2470.0198), bc: 10 $ p.P.; bp: DZ 16 $, **Cabinas Buena Vista** (Tel. 2470.0186), bp: ab 20/20/24 $ und **Hotel Upala** (am Parque Central, Tel. 2470.0169), ab 16/23/29 $.
■ **Hotel Los Cuernos** (100 m vor der Abzweigung nach Cañas, Tel. 2470.1950): vielleicht beste Unterkunft am Ort, DZ 39 $.

Erste Hilfe

■ **Rotes Kreuz** (Tel. 2470.0080), **Hospital** (Tel. 2470.0181).

Busverbindungen

■ **San José** (*Transp. Upala,* Tel. 2470.0743): tgl. 10.15, 15 und 17.10 Uhr (über Cañas) sowie 9 Uhr (über Cd. Quesada), Fahrzeit: 5 Std.

> Blick von Fortuna auf den Vulkan Arenal

Die Region Arenal

Von San Ramón nach Fortuna (76 km)

Die landschaftlich reizvollste Fahrtstrecke vom Valle Central nach Fortuna führt über San Ramón und La Tigra. Hier ist in der Regel nur wenig Verkehr, denn die Busse und LKW fahren meist über Ciudad Quesada. Etwa 15 km nach San Ramón liegt links das **Naturreservat Nectandra** (Eintritt nur mit Tour: 60 $, Di-So 7–17 Uhr, Tel. 2445.4642, www.nectandra.org). 2 km weiter liegt links der Schmetterlingsgarten **Mariposario El Cocora** mit Wanderwegen und Orchideen (Mo-Sa 9–17 Uhr, So 12–17 Uhr, Eintritt 5 $, mobil: 8394.0121). 3,5 km weiter werden **Canopy-Touren** angeboten (tgl. 8–15 Uhr, Preis: ca. 50 $, Tel. 2282.8700, www.sanluiscanopytour.com). Etwa 41 km nach San Ramón führt links eine Zufahrt (1 km) zu den Thermalbädern **Termales del Valle** (tgl. 8–18 Uhr, Eintritt: 7 $, Tel. 2475.1948, www.termalesdelvalle.co.cr). 6,5 km danach kommt man in die Ortschaft **La Tigra.** Von hier sind es noch 28,5 km bis Fortuna.

■ Etwa 10 km nach La Tigra biegt links die holprige Zufahrtstraße ab (2,8 km) zum komplett renovierten **Chachagua Rainforest Hotel** (Tel. 2468.1011, www.chachaguarainforesthotel.com): große Anlage mit Regenwald-Reservat, Pool, Rest. etc.; guter Zimmerstandard: DZ ab 160 $ (ÜF), Bungalows ab 259 $.

Fortuna

- **Einwohner:** ca. 5000
- **Höhe:** 253 m ü.M.

Fortuna de San Carlos, wie der kleine Ort vollständig heißt, ist ein aufstrebendes Touristenzentrum **zu Füßen des Vulkans Arenal.** Wegen der zahlreichen Unterkünfte und Restaurants, der recht guten Verkehrsverbindung und seiner touristischen Infrastruktur (Reisebüros, Pferdeverleih etc.) bietet sich der angenehme Ort als Ausgangspunkt für Ausflüge in die attraktive Umgebung an – allem voran zum Vulkan Arenal. Was den einen beruhigen mag, ist für den anderen eher enttäuschend: Fortuna liegt auf der „ruhigen" Seite des Vulkans – dessen regelmäßige Aktivitäten kann man nur von der westlichen Seite aus beobachten (s. in diesem Kapitel „Von Fortuna zum Arenal" und „Vom Vulkan Arenal nach Nuevo Arenal"). Zum Ort Fortuna hin präsentiert er sich von seiner grünen Seite und gibt vor allem bei Sonnenuntergang eine eindrucksvolle Kulisse ab – wenn er sich nicht gerade hinter einem Wolkenmantel versteckt.

Unterkunft

Nachfolgend eine Auswahl ohne Anspruch auf Vollständigkeit.

- Einf. Unterkunft um 6–8 $ p.P. findet man bei **Cabinas El Buho** sowie in vielen **Privathäusern.**
- **Gringo Pete's Hostel** (Tel. 2479.8521, gringopetes2003@yahoo.com): freundliche Billigunterkunft, Gem.küche, kleiner Garten: 5 $ p.P. im Schlafsaal; DZ/bc: 12 $, DZ/bp: 14 $ – Lesertipp!

Fortuna

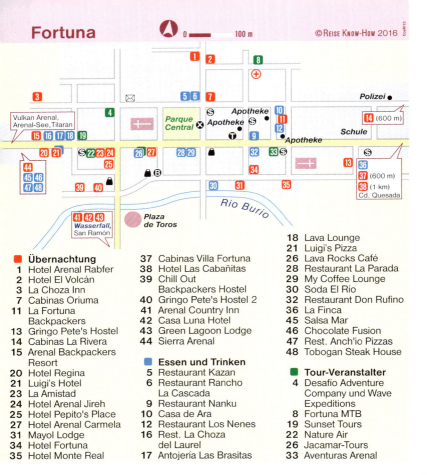

🟥 Übernachtung
1. Hotel Arenal Rabfer
2. Hotel El Volcán
3. La Choza Inn
7. Cabinas Oriuma
11. La Fortuna Backpackers
13. Gringo Pete's Hostel
14. Cabinas La Rivera
15. Arenal Backpackers Resort
20. Hotel Regina
21. Luigi's Hotel
23. La Amistad
24. Hotel Arenal Jireh
25. Hotel Pepito's Place
27. Hotel Arenal Carmela
31. Mayol Lodge
34. Hotel Fortuna
35. Hotel Monte Real
37. Cabinas Villa Fortuna
38. Hotel Las Cabañitas
39. Chill Out Backpackers Hostel
40. Gringo Pete's Hostel 2
41. Arenal Country Inn
42. Casa Luna Hotel
43. Green Lagoon Lodge
44. Sierra Arenal

🟦 Essen und Trinken
5. Restaurant Kazan
6. Restaurant Rancho La Cascada
9. Restaurant Nanku
10. Casa de Ara
12. Restaurant Los Nenes
16. Rest. La Choza del Laurel
17. Antojería Las Brasitas
18. Lava Lounge
21. Luigi's Pizza
26. Lava Rocks Café
28. Restaurant La Parada
29. My Coffee Lounge
30. Soda El Río
32. Restaurant Don Rufino
36. La Finca
45. Salsa Mar
46. Chocolate Fusion
47. Rest. Anch'io Pizzas
48. Tobogan Steak House

🟩 Tour-Veranstalter
4. Desafio Adventure Company und Wave Expeditions
8. Fortuna MTB
19. Sunset Tours
22. Nature Air
26. Jacamar-Tours
33. Aventuras Arenal

Mein Tipp: Gringo Pete's Hostel 2 (Tel. s.o.): neueres Hostel, Schlafraum: 6 $ p.P.; 9 DZ/bc: 14 $.

🟥 **La Fortuna Backpackers** (Tel. 2479.9129, www.hostelbackpackerslafortuna.com): neues Hostel im Zentrum, Gem.küche, Wäscheservice (5 $), Besitzer deutschsprachig; 3 Schlafräume (4–7 Betten): 12 $ p.P.

🟥 **Chill Out Backpackers Hostel** (Tel. 6070.0210, http://chilloutbackpackers.wix.com/chilloutbackpackers): nette Unterkunft mit Garten, Gem.küche, kanad. Ltg.; 9 einf., nette Zi., bc: EZ/DZ 25 $ (ÜF), Schlafraum: 12 $ p.P..

🟥 **Hotel El Volcán** (Tel. 2479.9843): ruhige Lage, gutes Preis-Leistungsverhältnis; 1 Schlafraum mit 7 Betten, AC: 14 $ p.P.; 7 Zi. mit AC, TV: 37/42/54 $, Frühstück 4 $, KK.

🟥 **Cabinas La Rivera** (Tel. 2479.9048, www.costarricense.cr/pagina/cabinaslarivera): etwas abgelegen, ruhig, Pool; 8 Zi. (bis 5 Pers.), bp, AC: 20/30/40 $ (ÜF).

🟥 **Cabinas La Amistad** (Tel. 2479.9390, www.hotellaamistad.com): 13 einf. kl. Zi., AC: 25/30/45 $; KK.

🟥 **Arenal Backpackers Resort** (Tel. 2479.7000, www.arenalbackpackers.com): schöne Anlage mit

Vulkanblick, Pool, Internet, guter Billig-Tipp: 4 ordentl. Schlafräume mit je 8 Betten: 17 $ p.P., DZ mit Bad, AC: 63/63/85 $, Camping: 28 $ p.P.
- **Cabinas Oriuma** (Tel. 2479.9111, oriuma@ice.co.cr): 18 gepflegte Zi. (2 behindertengerecht), TV: 20/35/55 $, mit AC: 35/50/60 $.
- **Mayol Lodge** (Tel. 2479.9110, www.mayollodge.com): kl. Pool, 16 ordentl. Zi., bp (WW), DV, im OG mit Vulkanblick: 35/35/45 $; größere Zi. mit KS, Kabel-TV: 45/45/55 $; KK.
- **La Choza Inn** (Tel. 2479.9361, www.lachozainnhostel.com): ruhige Lage; 16 Zi., bp (WW): 10 $ (ÜF), Komfort-Zi.: 45/45/58 $ (ÜF), Kinder unter 12 J. frei; KK (+7 %).
- **Luigi's Hotel** (Tel. 2479.9898, www.luigishotel.com): Hotel mit Rest., Pool, Fitnessraum, Casino, ital. Ltg.; 21 Zi. mit Vulkanblick, AC, Teppich, TV, Safe, KS, gute Betten: 48/48/56 $ (ÜF); KK.
- **Hotel Pepito's Place** (Tel. 2479.9238, www.pepitoplace.com): Parkplatz; 8 ordentl. Zi. mit KS, Safe, AC: 35/50/65 $ (ÜF).
- **Hotel Regina** (Tel. 2479.7373, www.hotelarenalregina.com): direkt an der Straße, Internet, Wäscherei; 7, z.T. behindertengerechte Zi., WW, Safe, TV, AC: 34/55/63 $.
- **Hotel Arenal Jireh** (Tel. 2479.9004, www.hotelarenaljireh.com): Pool; 12 einf. Zi. mit AC, TV, WW, Balkon mit Vulkanblick: 55/55/75 $ (ÜF).
- **MEIN TIPP: Cabinas Villa Fortuna** (600 m vor Fortuna, Tel. 2479.9139, www.hotelvillafortunacr.com): schöner Garten mit Pool; 12 gute Zi. (bis 4 Pers.), AC, TV, KS, sehr sauber: 60/60/75 $; KK.
- **Hotel Arenal Carmela** (Tel. 2479.9010): mit Parkplatz; Schlafraum: 12 $ p.P., 25 ordentl. Zi. zum Innenhof, AC, Kabel-TV, kl. KS, Safe: 52/65/75 $ (ÜF); KK.
- **Hotel Arenal Rabfer** (Tel. 2479.9187, www.arenalrabfer.com) mit Pool, Internet; 19 Zi. mit AC, TV, Balkon: 75/87/100 $ (ÜF).
- **Hotel Fortuna** (Tel. 2479.9197, www.lafortunahotel.com): komplett neu, 5 Stockwerke, nettes Rest., Internet; 44 neue Zi.: 85/96/108 $ (ÜF), 15 % Rabatt bei Internet-Reservierung; KK.
- **MEIN TIPP: Hotel Monte Real** (Tel. 2479.9357, www.monterealhotel.com): ruhige Lage, gr. Garten, Pool; 11 Komfortzi. (1 Zi. behindertengerecht), z.T. mit Vulkanblick, AC, TV, KS, teilw. Safe: 97/97/105 $, 1 Jr. Suite: 109 $; KK.
- **Green Lagoon Lodge** (gegenüber der Catarata Fortuna, Tel. 2479.7700, www.greenlagoon.net): schöne Lage, Rest., Pool; 16 Zi. mit AC: 104 $ (ÜF), Preis inkl. Tour.
- **Hotel Las Cabañitas** (Tel. 2479.9400, www.hotelcabanitas.com): Rest. (6/12/12 $), Pool; 30 Holzhäuser, AC, kl. Veranda, ordentlich, aber teuer: 95/110/135 $ (ÜF), NS: 85/100/125 $ (ÜF); 6 neuere Luxuszi. mit Minibar und TV: ab 120/135/160 $ (ÜF); Kinder unter 8 J. frei; KK.
- **MEIN TIPP: Casa Luna Hotel** (an der Straße zum Wasserfall, Tel. 2479.7368, in D: 0861/165906, www.casalunahotel.com): nettes Hotel, unter ökologischen Gesichtspunkten erbaut, Pool, Rest., Spa; 36 komfortable Zi. mit AC, Kabel-TV, KS: 135/145/167 $ (ÜF), Kinder 3–9 J.: 12 $; KK.
- **Arenal Country Inn** (ca. 500 m südl. Ri. Wasserfall, Tel. 2479.9669, www.arenalcountryinn.com): Bungalowanlage auf ehem. Hacienda zu Füßen des Arenal, Pool, 20 gepflegte Bungalows mit AC: 147/147/170 $ (ÜF).

An der Straße zum Vulkan

Die nachfolgenden Entfernungsangaben beziehen sich auf die Entfernung von Fortuna (Ortsende) in Richtung Arenal-See.

- **Cabinas Sierra Arenal** (500 m rechts, Tel. 2479.9751): Vulkanblick; 20 Zi. mit DV: 40/60/65 $ (ÜF).
- **Villas Vista Arenal** (800 m rechts, Tel. 2479.9808, www.hotelvillasvistaarenal.com): Rest., Pool, 14 nette kl. Holzhäuser z.T. mit Vulkanblick, AC: 65/65/80 $ (ÜF); KK.
- **Hotel Rey Arenal** (1,5 km rechts, Tel. 2479.9931): 10 Bungalows mit AC, Vulkanblick: DZ 50 $.
- **MEIN TIPP: Arenal Oasis Ecolodge** (1,9 km Abzw. links +500 m, Tel. 2479.9526, www.arenaloasis.com): familiäre Atmosphäre, ruhige Lage, gepfleg-

ter Garten, Terrarien; 2 rustikal-gemütliche Häuser und 1 Holzhaus mit Küche (bis 4 Pers.): 78/78/94 $ (ÜF); keine KK.
Mein Tipp: Cerro Chato Ecolodge (1,9 km Abzw. links +800 m, Tel. 2479.9494): ruhige Lage, Vulkanblick, kl. Pool, familiär, einf. Zi.standard; 2 Zi. im Haus; 9 Zi., bp, DV: ab 55/55/69 $ (ÜF); KK (+10 %); Camping möglich (3 $/Zelt), Besitzer organisiert Touren, Transfer für Gäste nach Fortuna.
■ **Catarata Ecolodge** (hinter Cerro Chato Ecolodge, Tel. 2479.9522, www.cataratalodge.com): schöne Lage (Vulkanblick), Rest., Schmetterlingsgarten; 10 renovierte Zi., bp: 71/77/92 $ (ÜF); KK.
Mein Tipp: Hotel Vista del Cerro (ca. 2 km rechts, Tel. 2479.7029, www.hotelvistadelcerro.com): neues Hotel mit Pool, Soda und Einkaufsmöglichkeiten anbei; 10 ordentl. Zi. mit Vulkanblick: 45/60/80 $.
■ **Hotel Arenal Rossi** (2 km links, Tel. 2479.9023, www.hotelarenalrossi.com): Rest. (Steakhaus); 24 Zi. mit AC: 45/53/68 $; Frühst. 7 $.
■ **Villas Vilma** (2,2 km rechts, Tel. 2479.9215): schöner Garten mit Vulkanblick, 5 Häuser mit je 2 ordentl. Zi., AC, TV, z.T. KS: 60/60/70 $; KK.
■ **Hotel La Pradera del Arenal** (2,5 km rechts, Tel. 2479.9597, www.lapraderadelarenal.com): Rest., Pool, Touren; 15 Zi. mit DV, Kabel-TV, AC, Terrasse: 85/85/110 $ (ÜF); 8 Luxuszi. mit AC: 105/105/130 $; KK.
Mein Tipp: Hotel de Montaña Lomas del Volcán (2,5 km Zufahrt links, Tel. 2479.9000, in D: 0861/165906, www.lomasdelvolcan.com): ruhige Lage mit Vulkanblick, Rest., Pool; 47 komfort. Holzbungalows mit Veranda: 130/150/175 $ (ÜF); KK.
■ **El Silencio del Campo** (ca. 4 km rechts, Tel. 2479.7055, www.hotelsilenciodelcampo.com): mit Restaurant und Pool; komfortable Bungalows: 156/156/179 $ (ÜF).
■ **Hotel Sueño Dorado** (ca. 4,2 km rechts, Tel. 2479.7222, www.hotelsuenodorado.com): mit Pool und Thermalbad, Vulkanblick; 10 einf. Zi. mit AC, TV: 95/95/115 $ (ÜF).
■ **Weitere Unterkünfte** an der Straße zum Vulkan s.u. „Von Fortuna zum Arenal" in diesem Kapitel.

Restaurants & Bars

■ **Restaurant Don Rufino** (Tel. 2479.9997, www.donrufino.com): sehr gute Küche, aber nicht billig: Pasta ab 15 $, Fisch ab 20 $, Fleischgerichte ab 20 $, günstigere Bocas (an der Bar!); KK.
■ **Restaurant Los Nenes** (Tel. 2479.9192, www.restaurantenenes.com): landestypische Küche, bekannt ist der Ceviche; Reis, Pasta ab 10 $, Fleisch ab 11 $, Fisch ab 15 $; tgl. 10.30–23 Uhr; KK.
■ **Restaurant Kazan:** Lokal an der Plaza, abends Barbetrieb, Gerichte um 8–16 $.
■ **Lava Rocks Café** (Tel. 2479.8039): beliebtes Lokal m. Tourist-Info, ordentl. Küche; ab 6 $, 11–1 Uhr; KK.
■ **Restaurant La Parada** (Tel. 2479.9547, www.restaurantelaparada.com): tgl. 6–24 Uhr, costaricanische Gerichte, Frühstück, ab 5 $; KK.
■ **Restaurant La Finca** (2 km östl. Ri. Tanque, Tel. 2479.8003): nettes rustikales Lokal, gute einheimische Küche: Casado 6,50 $, Hauptgerichte 8–14 $, tgl. außer Mo Abend.
■ **Restaurant Nanku** (Tel. 2479.0707, www.restaurantenanku.com), 11–22 Uhr, alle Gerichte, jeden Donnerstag Live-Musik ab 21.30–0 Uhr, ab 6 $; KK; empfehlenswert.
■ Einfach und günstig isst man in den zahlreichen **Sodas**, z.B. *Soda La Parada* (vis-a-vis von der Bushaltestelle, gute Küche, 24 Std. geöffnet), *Soda El Río* oder *Soda Casa de Ara* (tgl. 6–19 Uhr, Tagesgericht 4 $, reichhaltiges Frühstück, Tel. 2479.7267).
■ **Chocolate Fusion** (Tel. 2479.7554): Kuchen, Frühstück, nette Cafetería, ab 7 $, tgl. 7–19 Uhr (Dienstag geschlossen); KK.
■ **Restaurant Rancho La Cascada** (Tel. 2479.8790): tgl. 11–22 Uhr, ab 8 $; KK.
■ **My Coffee Lounge** (Tel. 2479.8749): nettes Lokal, tgl. 7–21 Uhr, ab 7 $; KK.

An der Straße zum Vulkan

■ **Lava Lounge** (Tel. 2479.7365, www.lavaloungecostarica.com): gutes Essen ab 9 $, freundl. Bedienung – Lesertipp!

Die Region Arenal

- **Restaurant La Choza del Laurel** (Tel. 2479.7063, www.lachozadellaurel.com): nettes Freiluftrest. mit guter, typisch costaricanischer Küche ab 7 $, Frühstück ab 6.30 Uhr, tgl. 11–22 Uhr; KK, nur Visa und MC.
- **Antojería Las Brasitas** (Tel. 2479.9819): mexikan. Spezialitäten, reichhaltige Portionen, 11–23 Uhr, Mo–Fr 11–22, Sa 11–23, So 11–22 Uhr; KK.
- **Luigi's Pizza** (im Hotel Luigi's): gut und teuer, ungemütlich: Pizza und Pasta.
- **Rest. Anch'io Pizzas** (Tel. 2479.7024): Pizzas, Pasta, tgl. 12–22 Uhr (Di geschlossen), ab 9 $; KK.
- **Salsa Mar** (200 m Ri. Vulkan links, Tel. 2479.9879): Fischgerichte, sopa de mariscos, Meeresfrüchte; So–Do 10–22 Uhr, Fr–Sa 10–23 Uhr.
- **Tobogan Steak House** (300 m Ri. Vulkan links, Tel. 2479.8420): gute Fleischgerichte, nicht billig.
- **Pizzería Vagabondo** (2,2 km Ri. Vulkan links): nettes Lokal mit guter (original ital.) Pizza & Pasta, nicht billig; dahinter: Bar Vagabondo.
- **Restaurant La Pradera** (2,5 km Ri. Vulkan rechts): gute Fleischgerichte und landestyp. Küche.

Infos von A bis Z

- **Apotheker Medi-Center** (Tel. 2479.9690): Mo–Sa 8–22 Uhr, So 10–18 Uhr; KK.
- **Autovermietung:** *Mapache* (neben Villas Vista Arenal, Tel. 2586.6395), *ADOBE* (neben Mayol Lodge, Tel. 2479.0202, tgl. 8–17 Uhr); *Alamo* (neben Restaurant Lava Lounge, Tel. 2479.9090); *Poas* (schräg gegenüber vom Büro der Canopy-Tour, Tel. 2479.8027).
- **Camping:** Campingplatz „Pura Vida" an der Schotterstraße zum Wasserfall, ca. 100 m nach der Hauptstraße. Neu und relativ gepflegt; außerdem bei der Cerro Chato Lodge (s.u.).
- **Clinik Medi-Center** (Tel. 2479.8990): Mo–Sa 8–22 Uhr, So 10–18 Uhr; KK.
- **Disco:** *Volcan Look:* 4,9 km Ri. Vulkan links, Tel. 2479.9616, Mi–Sa 19–1 Uhr.
- **Erste Hilfe:** Krankenhaus; Allgemeinarzt *Dr. Liliana Cordero-Rodriguez* (25 m südl. von der Banco de Costa Rica); Zahnarzt: *Clinica Dental* (hinter Banco de Costa Rica, Tel. 2479.9696, 2479.8384) oder „perfect smile" (an der Hauptstraße bei der Tankstelle, 2479.8551); Arzt: *Dr. Sergio Arias* (spricht gut englisch, Tel. 2479.9420)
- **Geldwechsel:** *Banco Nacional* (Park Ostseite): Mo–Fr 8.30–15.45 Uhr, Bancomat (VISA, MC), *Banco de Costa Rica* (am östl. Ortseingang): Mo–Fr 9–14 Uhr, Sa 10–12.15 Uhr, Bancomat (VISA); *Banco Popular* (links neben der Tankstelle): Mo–Fr 8.45–16.30 Uhr, Sa 8.30–11.30 Uhr, Bancomat (VISA); *Banco de San José* (50 m nördl. der Tankstelle): Bancomat (VISA, MC, AE, DC); *Banco Coosique* (neben Hotel Fortuna).
- **Markt:** Am Freitag findet von 10–15 Uhr an der Plaza de Toros ein Gemüsemarkt statt.
- **Pferdeverleih:** u.a. bei *Cabinas La Rivera*, *Cabinas Las Palmas*, *Hotel Arenal Rossi* und *Desafío Adventure Company* (Tel. 2479.9464, www.desafiocostarica.com, Tour nach Monteverde).
- **Post** (nördl. der Kirche): Mo–Fr 8–17.30 Uhr, Sa 7.30–12 Uhr.
- **Radverleih:** *Fortuna MTB* (50 m nördl. der Clinica, Tel. 2479.7150, www.bikearenal.com): gute Mountainbikes (halber Tag: 12 $, ganzer Tag 18 $), auch geführte Touren (ab 56 $).
- **Supermarkt:** u.a. *Super Christian 2* (gegenüber der Tankstelle), Mo–Sa 7–22 Uhr, So 8–20 Uhr, und *Super Cristian 1* (an der Brücke): tgl. 6.30–21.30 Uhr.
- **Taxi:** Standplatz Park (Ostseite), Tel. 2479.8522.
- **Tourist-Info:** bisher keine offizielle Info-Stelle des ICT, überall vermeintliche Auskunftsbüros, die aber alle nur Ausflüge verkaufen wollen. Wer Infos braucht, wendet sich am besten an *Sunset Tours* oder *Canoa Aventura* (s.u.).
- **Wäsche-Service:** *Lavanderia La Fortuna* (an der Straße zum Vulkan, gegenüber Pizzería Luigi's, Tel. 2479.9737, Mo–Sa 8–21 Uhr), sowie *Coin Laundry* (Tel. 8341.2028), Nordseite von der Schule Fortuna, tgl. 8–21 Uhr, ab 3 $ pro Kilo.

Tourveranstalter

■ **Aventuras Arenal** (Tel. 2479.9133, www.aventurasarenal.com): gute Touren nach Caño Negro (75 $) und Palo Verde mit eigenen Booten, Pferdetour zum Wasserfall (73 $), Mountainbike-Tour (83 $); KK.

■ **Canoa Aventura** (Büro ca. 1,5 km Ri. Vulkan links gegenüber Friedhof, Tel. 2479.8200, in D: 0861/165906, www.canoa-aventura.com): empfehlenswerte Kanu- und Floatingtouren (s.u.), Bootstour Caño Negro (65 $), Safari Float (59 $), Rafting (69 $) und Touren zum Vulkan Arenal sowie Wandertouren (z.B. El Silencio, Cerro Chato).

■ **Desafío Adventure Company** (Tel. 2479.0020, www.desafiocostarica.com): River-Rafting (ab 69 $), Pferdetouren, Caño Negro, Canopy-Tour.

■ **Wave Expeditions** (Tel. 2479.7262, www.waveexpeditions.com): Rafting (ab 70 $), Kajak etc.

■ **Jacamar-Tours** (Lava Rocks Café, Tel. 2479.9767, www.arenaltours.com): Floating-Trip (59 $), Vulkan-Tour (64 $), Venado-Höhlen (85 $), Caño Negro (96 $) u.v.m.

■ **Sunset Tours** (an der Hauptstraße gegenüber Alamo R.C., Tel. 2479.9800, www.sunsettour.net): Tour-Veranstalter und Reisebüro, tgl. Tagestour Caño Negro (ab 77 $), Vulkan Arenal (ab 55 $), Ausritt zum Wasserfall (ab 77 $) u.v.m.

■ **Pure Trek Adventures** (Tel. 2479.1313, www.puretrekcostarica.com): 2x tgl. (7 u. 12 Uhr) Canyoning-Tour (5 Std.): 101 $, teuer, aber gut.

■ **Fortuna Mountain Bike** (Tel. 2479.7704, www.bikearenal.com): Radverleih und Touren, leicht bis anspruchsvoll, Halbtages-, Tages- u. Mehrtagestouren ab 85 $.

■ **Volcano Lake Adventures** (Tel. 6070.0210, 8743.9338, www.volcanolakeadventures.com): Bootstouren auf dem Arenal-See, tgl. 12 Uhr (ca. 3 Std.): 240 $ inkl. Transfer, AE, Getränke.

Achtung: Viele Touren werden auf der Straße angeboten, meist zu überhöhten Preisen und mit falschen Informationen!

Busverbindungen

Abfahrtsstelle am Supermarkt (Mega Super) südl. des Parque.

■ **San José** (*Transp. San Carlos,* Tel. 2460.5032): 12.45 und 14.45 Uhr, Fahrzeit 4 Std., sonst über San Ramón (guter Anschluss!) oder Cd. Quesada; sowie mit *Interbus* (s.u.).

■ **San Ramón:** 5.30, 9, 13 und 16 Uhr, Fahrzeit ca. 2½ Std.

■ **Cd. Quesada** (*Transpisa,* Tel. 8379.3153): 4.30, 5, 5.10, 6, 6.30, 7.15, 8, 11.30, 12.15, 15.15, 15.30, 16.45, 17.30 und 19 Uhr, Fahrzeit 1–1½ Std.

■ **Arenal-See/Tilarán:** tgl. 7 und 12.30 Uhr (Bus aus Cd. Quesada), Fahrzeit ca. 3½ Std.

■ **Sta. Elena/Monteverde:** mit *Interbus* (s.u.), oder „Taxi/Boot/Taxi": mit Minibus zum Staudamm, per Boot über den See, weiter mit Minibus; 2 Veranstalter: *Flora y Fauna Monteverde* (Tel. 2479.9955): Abf. 7.30 und 14.30 Uhr, Preis: 28 $ p.P., Fahrzeit ca. 3 Std.; *Aventuras El Lago* (Tel. Monteverde 2645.7140, www.hosteltrail.com/aventurasellago): tgl. 8.30 und 14.30 Uhr, Preis: ca. 25 $, Fahrzeit ca. 3 Std.; Buchung auch über Hotels u. Agenturen.

■ **Tortuguero:** c/o *Pura Vida,* Büro am Parque (Südseite), Tel. 2479.9045: tgl. 7.30 Uhr (ab 2 Pers.), Ankunft ca. 14 Uhr, 40 $ inkl. Boot.

■ **Montezuma:** Die private Buslinie *Montezuma Expeditions* (neuwertige Minibusse, ab Hotel) fährt tgl. um 8 Uhr nach Montezuma, Mal País und Playa Sta. Teresa (Fahrpreis: 50 $) sowie um 13.30 Uhr nach San José (40 $), Reservierung: Tel. 2642.0919, www.montezumaexpeditions.com.

■ Die private Busfirma **Interbus** fährt nach San José, Cahuita und Pto. Viejo de Talamanca, nach Liberia, Monteverde, Sámara, Playa Tamarindo und über Jacó nach Manuel Antonio; Buchung: Tel. 2283.5573, www.interbusonline.com.

> Cascada La Fortuna

Flugverbindungen

■ **Nature Air** fliegt tgl. 1.45 Uhr nach San José (ca. 52 $) und weiter nach Quepos (ca. 61 $) sowie 11.45 Uhr über Liberia (ca. 61 $) nach Tamarindo (ca. 61 $).

Aktivitäten und Ausflüge

■ **Cascada La Fortuna:** Dieser schöne **Wasserfall** liegt etwa 5 km südwestlich des Ortes, also in einer angenehmen Entfernung für einen Spaziergang (etwa 3 Std. hin und zurück). Wer möchte, kann sich hier aber auch ein Rad mieten (sehr anstrengend!) oder den Ausflug mit dem Pferd machen (4 Std./25–30 $), das letzte Stück muss man aber auf alle Fälle zu Fuß gehen (ca. 15 Min., steil, oft rutschig; hier wird gutes Schuhwerk benötigt). Ein Taxi kostet ca. 5 $ (einfache Fahrt). An den Fällen gibt es eine herrliche Badegelegenheit. Geöffnet tgl. 8–17 Uhr, der Eintritt ist mit 10 $ zwar recht teuer, kommt jedoch sozialen Projekten zugute.

■ **Vulkan Arenal:** Der Vulkan ist zwar nach wie vor aktiv, spuckt aber seit etwa zwei Jahren keine Lava mehr. Es ist daher momentan nicht möglich, glühende Lavaströme bei Nacht zu sehen. Dennoch ist der Vulkan ein lohnendes Ausflugsziel, man sollte sich aber nicht außerhalb der Wanderwege in die Reservate (siehe nächstes Kapitel) begeben, da nach wie vor giftige Gase austreten.

■ **Thermalquellen:** Mehrere Möglichkeiten stehen zur Auswahl (siehe Abschnitt „Thermalbäder").

■ **Venado-Höhlen:** In nur etwa 45 Min. kann man die Höhlen erreichen. Tour: ca. 40 $ (inkl. Eintritt und Ausrüstung, s.o. im Kapitel „Von Cd. Quesada nach Upala"), Veranstalter: *Expediciones Arenal* und *Jacamar Tours* (s.o.). Alte Kleidung und Taschenlampe mitnehmen.

■ **Caño Negro:** Ein lohnenswerter Tagesausflug ins Tierparadies, ab 60 $ p.P. inkl. Transport & Mittagessen (nähere Infos unter „A–Z/Tourveranstalter" und im Kapitel „Nach Los Chiles").

■ **River-Rafting:** *Desafío Adventure Company* (s.o.) bieten Schlauchboot-Touren auf dem Río Toro (Kl. III–IV): 85 $ inkl. Anfahrt und Mittagessen; 2½ Std. auf dem Wasser. *Canoa Aventura* (s.u.) bietet eine Rafting-Tour auf dem Río Balsa (Kl. II–III) für 69 $ inkl. Essen sowie eine gemütliche Floating-Tour im Schlauchboot an (ab 47 $). In den Monaten Feb./März wegen niedrigem Wasserstand weniger zu empfehlen.

■ **Kanutouren:** *Canoa Aventura* (siehe Tour-Veranstalter oben) bieten Touren in Zweierkanus auf dem Río Peñas Blancas (Halbtagestour ab 59 $) sowie im Reservat Caño Negro an (Tagestour inkl. ME ab 131 $). Zweitagestour/Kombination Kanufahren und Wanderung im Regenwald: 311 $.

■ **Canopy-Tour:** *Arenal Canopy Tour* (Tel. 2479.9769, www.canopy.co.cr) bietet 4x tgl. eine Kombination mit Pferden und den Ziplines: 77 $, Kinder 48 $ (nur Canopy: 45 $, Kinder: 37 $); Sky Trek (www.skyadventures.travel): am Vulkan Arenal (s. nächstes Kapitel).

■ **Helikopterflug:** nicht gerade ökologisch korrekt, aber sehr eindrucksvoll ist ein Heli-Rundflug. Preise (bei 3 Fluggästen): 10 Min./65 $, 15 Min./100 $, 25 Min./170 $ p.P.; Info: *Aerotour,* Tel. 2232.1248, www.aerotourcr.com.

■ **Ecocentro Danaus** (ca. 2,5 km Richtung El Tanque, Abzw. links, weitere 600 m): mit Schmetterlingsfarm und botanischem Garten sowie einige Frösche und Schlangen: tgl. 7.30–17 Uhr, Eintritt: 13 $ (mit Guide: 18 $), Info: Tel. 2479.7019, www.ecocentrodanaus.com.

■ **Arenal Natura Ecological Park** (6,7 km Abzw. re., Tel. 2479.1616, www.arenalnatura.com): große Sammlung von Amphibien, Schlangen etc., aber teuer: 1½-stündige Tour: 29 $ (stdl. 8–16 Uhr), Nachttour.

■ **Erlebnispark Los Lagos:** Zu Füßen des Vulkans kann man hier wählen zwischen einem großen Kaltwasser-Pool mit einer 60 m langen Rutsche und 7 kleinen Thermalbecken. Außerdem gibt es eine kleine Krokodilfarm, einen Froschgarten und ein Schmetterlingsgehege. Es werden auch Touren mit Pferden und eine Canopy-Tour (45 $) angeboten. Geöffnet: tgl. 10–22 Uhr, Eintritt: 10 $, Kinder 5–9 J.: 5 $, Info: Tel. 2479.1000; Anfahrt: 5,5 km Ri. Vulkan links.

■ **Reittour nach Monteverde:** Ein sehr anstrengendes und doch unvergessliches Erlebnis (vor allem für die Pferde, falls Sie es überleben): auf dem Pferderücken nach Monteverde auf 1500 m Höhe. Diese rund 5½-stündige Tour wird von vielen Veranstaltern angeboten, der Preis liegt etwa bei 60 $ p.P. inkl. Anfahrt und Packpferd. Anbieter u.a.: *Aventuras El Lago* (Tel. Monteverde 2645.6637); *Desafío Adventure Company* (s.o.): 85 $.

Hinweis: Wenn überhaupt, nur in der Trockenzeit und mit einem renommierten Veranstalter buchen, da die Wege häufig steil und rutschig sind und z.T. viel zu dünne und immer wieder lahme Pferde mit schlecht oder gar nicht beschlagenen Hufen eingesetzt werden. Als Retour-Trip nicht empfehlenswert (für Pferd und Reiter zu anstrengend!).

■ **Weitere Attraktionen** (u.a. Nationalpark Arenal, Sky Tram und Arenal Hanging Bridges) siehe im nächsten Kapitel.

Von Fortuna zum Arenal

An der Straße, die in Richtung Vulkan aus dem Ort führt, liegen zahlreiche Unterkunftsmöglichkeiten. Nach ca. 5,5 km erreicht man die Zufahrt zum **Freibad Los Laureles** (800 m); gegenüber liegt das Privatreservat Los Lagos. Zuvor kann man in den **Thermalquellen Baldi Termae** im warmen Wasser des Río Tabacón ein Bad nehmen. Ab hier hat man einen Blick auf die aktive Seite des Vulkans. Einige Kilometer weiter gelangt man zum **Balneario Tabacón Resort** (siehe Warnhinweis!).

Rund 13 km nach Fortuna führt links die Zufahrt zum **Privatreservat El Silencio**. Nach weiteren 1,5 km (ca. 2,5 km ab Tabacón) zweigt links eine holprige Piste ab, die zum See und zu einem Parkplatz in Nähe des Vulkans führt (nach ca. 1 km Abzweigung links).

Über den gleichen Zufahrtsweg erreicht man weitere Unterkünfte, u.a. die Arenal Observatory Lodge und die Linda Vista del Norte Lodge.

Thermalbäder

■ **EcoTermales Fortuna** (4,7 km rechts gegenüber Disco +600 m Piste): 7 naturbelassene Warmwasserbecken im Wald, gepflegt und ruhig, kl. Rest. Badezeiten: 10–13, 13–17 und 17–21 Uhr, Eintritt: 32 $, Kinder ab 5 J.: 22 $, Reservierung empfohlen: Tel. 2479.8787, www.ecotermalesfortuna.cr.
■ **Baldi Termae** (ca. 4,8 km links): große, unpersönliche Anlage, viele Gruppen! Übertreuert (31 $) und nicht empfehlenswert!
■ **Kalambu Hot Springs** (ca. 4,8 km rechts, Tel. 2479.0170, www.kalambu.com): großes Spaßbad mit Rutsche, v.a. für Kinder. Eintritt 32 $, Kinder 16 $, ab 17 Uhr: 20 $, Kinder 10 $, tgl. 9–22 Uhr.
■ **Termales Titokú** (direkt neben Baldi, www.hotelarenalkioro.com): kleine Anlage mit 8 Becken (bis 40 Grad), sehr gepflegt; Eintritt ca. 25 $, tgl. 8–20 Uhr. Tipp: nach 18 Uhr ist meist weniger los.
■ **Paradise Hot Springs** (nach Titokú links, Tel. 2479.1380, www.paradisehotspringscr.com): neue Anlage mit Vulkanblick, Restaurant: Eintritt 23 $, mit Abendessen 35 $.
■ **Termalitas del Arenal** (ca. 5,5 km rechts gegenüber Los Lagos, Tel. 8740.4000): einfaches Thermalbad, beliebt bei Einheimischen, relativ günstig: Eintritt 7,50 $, tgl. 9–22 Uhr.
■ **Termales Los Laureles** (5,5 km Zufahrt rechts, danach weitere 800 m, Tel. 2479.1431, www.termalesloslaureles.com): Freibad mit Picknicktischen, mehreren Pools (Kaltwasser) sowie einem kleinen Thermalbereich, beliebt bei Einheimischen; Eintritt 10 $, Kinder 4 $, tgl. 9–22 Uhr.
■ **Los Lagos** (5,5 km links, Tel. 2479.1000): Eintritt: 15 $, Kinder 5–9 J.: 10 $, tgl. 10–22 Uhr (siehe oben).
■ **The Springs Resort** (etwa 8 km. Abzw. rechts, danach weitere 2 km, Tel. 2401.3313, www.thespringscostarica.com): Luxushotel mit großem Thermalbad-Bereich, geöffnet tgl. 8–22 Uhr, Tagesticket: 60 $ (2 Tage gültig).
■ **Balneario Tabacón** (ca. 13 km links): nicht empfehlenswert, **Lebensgefahr** (siehe Warnhinweis unten)!

Warnung!

Aus gegebenem Anlass muss vor einem Besuch des (ohnehin maßlos übertreuerten) **Thermalbades Tabacón** und des dazugehörigen Hotels dringend gewarnt werden – es besteht Lebensgefahr! Ein etablierter costaricanischer Reiseveranstalter schreibt: „Vor einigen Jahren starben ein Guide und zwei amerikanische Touristen auf einer Wanderung am Fuße des Arenals in einer pyroklastischen Lawine. Dies war unter anderem der ausschlaggebende Impuls zur Ausarbeitung einer Studie über die Gefahrenzonen rund um den Arenal. Das *Observatorio Vulcanológico Nacional* und das *Comité de Emergencias* gaben danach eine Karte heraus, welche die Gefahrenzonen rund um den Vulkan in vier Kategorien teilt. R1 ist die höchste Gefahrenstufe, wo jegliche neue Aktivität untersagt ist und wo vermutlich irgendwann einmal eine **pyroklastische Lawine** (500 Grad heiß und 90 km/h schnell) runterkommen wird. In Zone R2–4 sind Aktivitäten erlaubt, aber es darf nicht gebaut werden. Der Nationalpark z.B. liegt auf der Grenze zwischen R2 und R3. Das Tabacón-Thermalbad liegt voll in der höchsten Gefahrenstufe R1, und das Hotel liegt genau auf der Grenze zu R1."

■ 1,7 km hinter Tabacón kann man linker Hand der Straße kostenlos im warmen Flusswasser baden, aber die Stelle ist meist verdreckt und daher nicht empfehlenswert!

Privatreservat El Silencio

Dieses Privatreservat liegt ideal auf der aktiven Seite des Vulkans und bietet von einem sicheren Aussichtspunkt einen herrlichen Blick zum Vulkan Arenal (Sonnenuntergang!), ein Wanderweg führt z.T. durch Regenwald, gute Möglichkeiten zur Vogelbeobachtung.

■ **Eintritt:** 8 $, **geöffnet** tgl. 7–19 Uhr, Tel. 2479.9900.

Privatreservat Arenal 1968

Dieses Reservat bietet **zwei Wanderwege** mit Blick zum Vulkan, die miteinander verbunden werden können. Der kürzere Weg (2,5 km) führt bergauf zu ei-

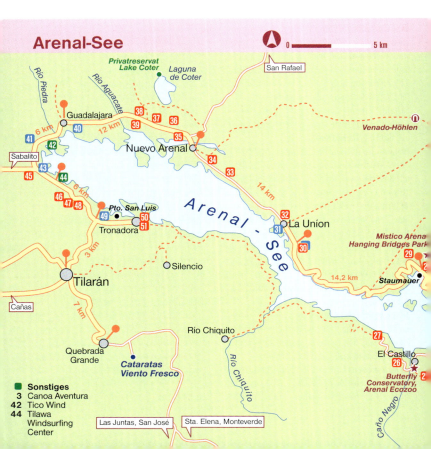

Die Region Arenal

nem erkalteten Lavastrom aus dem Jahr 1968, der längere (5,5 km) durch einen Wald, in dem häufig Brüllaffen gesichtet werden. Bereits 100 m nach dem Eingang kommt man zu einem Aussichtspunkt.

■ **Anfahrt:** an der Polize station links, vor dem Nationalpark Zufahrt links.
■ **Geöffnet:** tgl. 8–16.30 Uhr, Eintritt: 10 $, Tel. 2462.1212.

Unterkunft & Restaurants

An der Strecke zum Arenal, **zwischen Fortuna und Tabacón,** gibt es eine ganze Reihe von Unterkünften. Die nachfolgenden liegen bereits im Bereich der **aktiven Zone des Vulkans,** d.h. man kann bei entsprechendem Wetter vom Zimmer aus das nächtliche Schauspiel eines Vulkanausbruchs beobachten (wofür aber **gesalzene Preise** verlangt werden!). Nachfolgend eine Auswahl; Entfernungsangaben ab Ortsende La Fortuna.

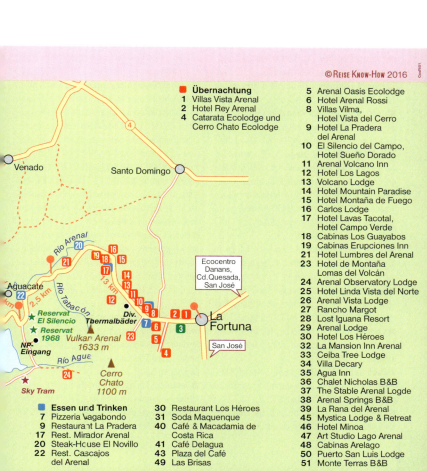

© REISE KNOW-HOW 2016

Übernachtung
1 Villas Vista Arenal
2 Hotel Rey Arenal
4 Catarata Ecolodge und Cerro Chato Ecolodge
5 Arenal Oasis Ecolodge
6 Hotel Arenal Rossi
8 Villas Vilma, Hotel Vista del Cerro
9 Hotel La Pradera del Arenal
10 El Silencio del Campo, Hotel Sueño Dorado
11 Arenal Volcano Inn
12 Hotel Los Lagos
13 Volcano Lodge
14 Hotel Mountain Paradise
15 Hotel Montaña de Fuego
16 Carlos Lodge
17 Hotel Lavas Tacotal, Hotel Campo Verde
18 Cabinas Los Guayabos
19 Cabinas Erupciones Inn
21 Hotel Lumbres del Arenal
23 Hotel de Montaña Lomas del Volcán
24 Arenal Observatory Lodge
25 Hotel Linda Vista del Norte
26 Arenal Vista Lodge
27 Rancho Margot
28 Lost Iguana Resort
29 Arenal Lodge
30 Hotel Los Héroes
32 La Mansion Inn Arenal
33 Ceiba Tree Lodge
34 Villa Decary
35 Agua Inn
36 Chalet Nicholas B&B
37 The Stable Arenal Logde
38 Arenal Springs B&B
39 La Rana del Arenal
45 Mystica Lodge & Retreat
46 Hotel Minoa
47 Art Studio Lago Arenal
48 Cabinas Arelago
50 Puerto San Luis Lodge
51 Monte Terras B&B

Essen und Trinken
7 Pizzeria Vagabondo
9 Restaurant La Pradera
17 Rest. Mirador Arenal
20 Steak-House El Novillo
22 Rest. Cascajos del Arenal
30 Restaurant Los Héroes
31 Soda Maquenque
40 Café & Macadamia de Costa Rica
41 Café Delagua
43 Plaza del Café
49 Las Brisas

● **Hotel Los Lagos** (5,5 km links, Tel. 2479.1000, www.hotelloslagos.com): gr. Hotelanlage mit Rest., Pool etc.: 87 komfortable Zi. mit AC, Vulkanblick: DZ ab 155 $ (ÜF); KK.
● **Arenal Volcano Inn** (6,3 km rechts, Tel. 2479.1122, www.arenalvolcanoinn.com): Anlage mit Vulkanblick, schöner Poolbereich; 25 gute Bungalows: ab 128/128/146 $ (ÜF).
● **Volcano Lodge** (6,7 km rechts, Tel. 2479.1717, www.volcanolodge.com): Gruppenhotel mit Rest., Pool, Jacuzzi, Internet; 40 gute Zi., AC, Vulkanblick: 205 $ (ÜF); KK.
Mein Tipp: **Hotel Mountain Paradise** (6,7 km Abzw. re., Tel. 2479.1414, in D: 0861/165906, www.hotelmountainparadise.com): schöne Hotelanlage mit Vulkanblick, Rest., schöner Poolbereich, Spa, Gratis-Shuttlebus; 40 sehr komfortable Zi. und Suiten mit Vulkanblick: DZ ab 170 $ (ÜF), NS: ab 127 $ (ÜF).
● **Restaurant Mirador Arenal** (8,5 km links, Tel. 2479.1926): Steakhouse mit Vulkanblick, teuer: Fleisch- und Fischgerichte ab 28 $, tgl. 12–22 Uhr.
● **Hotel Montaña de Fuego** (8,5 km rechts, Tel. 2479.1220, www.montanadefuego.com): gr. Anlage mit Blick zum Vulkan, Rest., Pool, Spa, Privatreservat mit Wanderwegen; 22 nette Holzbungalows, Veranda (z.T. kein Vulkanblick), übertreuert: DZ 132 $ (ÜF), 28 Luxus-Bungalows: DZ ab 174 $ (ÜF) und Suiten: DZ 204 $ (ÜF); KK.
● **Hotel Lavas Tacotal** (8,7 km links, Tel. 2479.1200): Vulkanblick, Rest., Pool; 43 gr., ordentl. Zi. mit AC, TV: 105/105/128 $ (ÜF).
● **Hotel Campo Verde** (8,8 km rechts, Tel. 2479.1080, www.hotelcampoverde.com): 10 Bungalows mit Vulkanblick, AC, TV, KS: 75/90/110 $ (ÜF).
● **Carlos Lodge** (9,1 km rechts, Tel. 2479.1923): 12 einf. Holzbungalows mit Vulkanblick, relativ groß, AC, TV: 70/75/90 $.
● **Cabinas Los Guayabos** (9,6 km links, Tel. 2479.1444, www.hotellosguayabos.com): 9 saubere Zi. mit Vulkanblick, TV, AC: 65/65/75 $ (ÜF).
● **Cabinas Erupciones Inn** (9,8 km links, Tel. 8585.9878, www.erupcionesinn.com): kleine, familiär geführte Anlage mit Vulkanblick; 3 nette Zi., DV und TV: 80/80/90 $ (ÜF); 2 größere Zi. mit AC und TV: 95/95/100 $ (ÜF).
● **Steak House El Novillo** (11,4 km rechts, Tel. 2479.1910): einf. Lokal mit Vulkanblick, gute Fleischgerichte um 14 $; Steaks um 18 $.
● **Hotel Lumbres del Arenal** (11,5 km rechts, Tel. 2479.1911): ruhige Lage mit Vulkanblick, Pool; 6 Bungalows mit je 2 Doppelbetten, TV, KS, DV, sauber: 80/80/95 $ (ÜF) – Lesertipp!
● **Rest. Cascajos del Arenal** (12,9 km rechts, Tel. 2479.9674): schöner Blick zum Vulkan, Casado, Reisgerichte und anderes mehr, nicht ganz billig.

Über die **Piste,** die 2,5 km hinter Tabacón links **zum See und zum Nationalpark** führt, erreicht man folgende Hotels:
● **Arenal Observatory Lodge** (Tel. 2479.1070, www.arenalobservatorylodge.com): Farm (350 ha) inkl. 120 ha Wald mit Wanderwegen, teures Restaurant (-/22/31 $), geführte Wanderungen, Pferde, unpersönliche Atmosphäre, übertreuert; 5 einf. „Casona"-Zi. ohne Blick mit bc: 79/79/100 $; 8-Std.-Zi. ohne Blick, bp: 139/139/153 $ (ÜF); 23 bessere Zi. mit Vulkanblick: ab 149/168/178 $ (ÜF); KK. Anfahrt: 4,5 km bis Fluss und weiter 4 km bergauf, in der Trockenzeit ohne Allrad möglich. Der teure Preis ist die Anfahrt nicht wert!
● **Hotel Linda Vista del Norte** (8,2 km nach der Abzweigung links, Tel. 2479.1551, www.hotellindavista.com): schöner Blick zum Vulkan und Arenal-See, Rest., Pool; 10 Standard-Zi.: 90/90/113 $ (ÜF); 7 Jr. Suites mit AC: 130/130/153 $ (ÜF).

8,7 km nach der Abweigung erreicht man den kleinen Ort **Castillo.** Hier gibt es einige einfachere Unterkünfte (u.a. Nido del Colibri B&B, Cabinas Los Tucanos), einen Schlangenzoo und einen Schmetterlingsgarten (s.u.).
● **Cabinitas El Castillo Dorado** (im Ort, an der Abzweigung links bergauf, Tel. 2479.1146, www.castillodelarenal.com): Rest., einf. Zi., aber toller Ausblick zum See und Vulkan: ab 64 $.

■**Arenal Vista Lodge** (1,8 km nach El Castillo links, Tel. 2479.1802, www.arenalvistalodge.com): Rest., Pool; 25 Zi. mit Ausblick zum Vulkan: 92/104/116 $ (ÜF).

🦋 4,4 km nach El Castillo endet die regulär befahrbare Piste. Hier liegt die **Rancho Margot** (mobil: 8302.7318, www.ranchomargot.org), ein bemerkenswertes Projekt: Die komplette Energie wird selbst gewonnen, fast alle Lebensmittel aus eigenem Anbau – eine echte Ökolodge! Schöner Gartenbereich, Heißwasserpool, Rest.; 20 einf. Zi. mit je 2 Stockbetten, bc: 75 $ p.P. (VP), sowie 17 komfortable Bungalows, bp: 150 $ p.P. (VP), Preise inkl. Yogakurs, Fincatour etc.

Nationalpark Vulkan Arenal

■**Fläche:** 12.010 ha
■**Höhe:** ca. 400–1633 m
■**Eintritt:** 15 $
■**Geöffnet:** tgl. 8–16 Uhr
■**Info:** Tel. 2460.1412 oder 2460.0055
■**Anfahrt:** ca. 14 km nach Fortuna Abzw. links, dann noch 2 km Piste

Dieser erst 1991 gegründete und 1995 erweiterte Nationalpark umfasst neben dem Vulkan und dessen Umfeld auch den nur schwer zugänglichen Nordsektor der Sierra de Tilarán mit ein. Im Gebiet des Nationalparks leben u.a. Jaguar, Tapir, Paka, Faultier, Nasenbär und Rotwild. An Vögeln trifft man unter anderen den Quetzal an. Häufige Baumarten sind u.a. der Bergguavebaum, Lorbeerbaum, Rosenholz (Lecythis costaricensis), Breiapfelbaum und Balsabaum.

Wanderwege

Vom Eingang führt ein etwa 2 km langer Fahrweg zu einem *Mirador* („Aussichtspunkt") zu Füßen des Arenal. Von hier kann man sich allerdings nicht weiter dem Vulkan nähern. Ein Wanderweg beginnt an einem Parkplatz auf halbem Weg: Über den Sendero Natural **Las Coladas** (2 km) erreicht man einen noch jungen Lavafluss (1992). Von hier kann man den **Sendero El Ceibo** gehen, einen schönen Rundweg, der wieder auf den o.g. Weg trifft.

Außerhalb des Nationalparks, an der Zufahrt zur Observatory Lodge, kann man den teilweise recht steilen, aber dafür nur selten besuchten **Sendero Los Tucanes** gehen (Eintritt: 6 $).

Sky Tram & Sky Trek

Über die Zufahrt zum Nationalpark erreicht man etwa 8 km nach der Hauptstraße (3 km vor dem Ort Castillo) die Seilbahn „**Sky Tram**". Etwa 30 Min. dauert die Fahrt in den offenen Stahlkabinen mit schönen Ausblicken zum Vulkan Arenal und auf den See – ob diese Tour allerdings 55 $ wert ist, sei dahingestellt. Als Alternative für den Rückweg bietet sich eine „**Sky Trek**" genannte **Canopy-Tour** an (8 Kabel bis 750 m Länge).

■**Kosten:** Sky Tram: 55 $ (inkl. Guide + Wanderung), Stud. 44 $, Kinder 28 $; Sky Trek: 66 $ (inkl. Auffahrt mit Tram), Stud. 52 $, Kinder (Mindestalter 8 Jahre) 42 $, Schmetterlingsgarten: 10 $, Transfer ab Fortuna: 8 $ (hin und zurück); **Zeiten:** tgl. 7.30–15.30 Uhr etwa stdl., Sky Trek etwa stdl.; **Info:** Tel. 2479.4100, www.skytrek.com.

Vulkan Arenal

Bis zu seiner Erstbesteigung im Jahr 1937 glaubte man nicht einmal an einen vulkanischen Ursprung des etwa 1640 m hohen Berges, der damals noch völlig überwachsen war. Doch die erste **große Eruption** im 20. Jahrhundert, am 29. Juli 1968, machte allen klar: Der Arenal ist da! Der Druck, der sich über 450 Jahre aufgebaut hatte, löste sich in einer gewaltigen Explosion, mehrere Quadratkilometer wurden mit Lava, Felsen und Asche bedeckt, das Umfeld des Vulkans verwandelte sich in wenigen Minuten in eine Mondlandschaft, die man noch heute beobachten kann. Dabei wurden auch die Ortschaften Pueblo Nuevo und Tabacón völlig zerstört; 80 Menschen kamen ums Leben.

Bis 2011 blieb der Arenal **einer der aktivsten Vulkane der Welt** (nur fünf oder sechs sind fortwährend aktiv), regelmäßig floss Lava zu Tal, und immer wieder warf er glühende Gesteinsbrocken, deren Durchmesser bis zu 7,50 m betrug, bis zu 300 m hoch in den Himmel. Auch wenn der Vulkan derzeit keine Lava auswirft, ist er keineswegs „inaktiv": Bei gutem Wetter kann man tagsüber „Blumenkohl"-Wolken vom Krater aufsteigen sehen, begleitet von einem weithin hörbaren Grollen. Und niemand weiß, wie lange sich der Vulkan ruhig hält – vielleicht Jahrhunderte, vielleicht nur noch wenige Tage?

Seit rund 30 Jahren beobachten Seismologen des *Smithonian Institute* und der *Universidad de Costa Rica (UCR)* den Vulkan und registrieren jede Aktivität. Von 1987 an hatten sie ihre Beobachtungsstation an der *Arenal Observatory Lodge*, die heute Touristen vorbehalten ist. Von der Lodge kann man eine schöne, aber anstrengende Wanderung auf den **Cerro Chato** (1100 m) unternehmen, der ebenfalls vulkanischen Ursprungs ist und einen Krater mit einem See besitzt. Doch er ist nicht aktiv und völlig überwachsen – genau wie der Arenal vor 1968 ...

Arenal-Stausee

Als die staatliche Energiebehörde ICE 1973 mit dem Bau eines Staudamms am Río Arenal begann, gab es in der natürlichen Senke zwischen der Cordillera de Tilarán im Nordwesten und der Cordillera de Guanacaste im Südosten bereits einen kleinen See. Mit der Flutung 1978 wuchs dieser jedoch um das Dreifache auf 80 km² an und ist heute der **größte See und die wichtigste Energiequelle des Landes,** die Strom bis nach Nicaragua und Honduras liefert. Auch die trockene Provinz Guanacaste profitiert vom Arenal-See, der eigentlich nach Nordosten zur Karibik abfließt: Über ein aufwendiges System von Stollen und Kanälen werden Reisfelder östlich des Río Tempisque bewässert. Auf der anderen Seite wurden natürlich große Flächen von Naturräumen zerstört.

Inzwischen hat auch der **Tourismus** die Region entdeckt: Immer mehr Hotels und Unterkünfte entstehen am Nordufer zwischen dem Vulkan Arenal und Tilarán, das milde Klima auf 538 m Höhe und zahlreiche **Wassersportmöglichkeiten** wie Bootfahren, Fischen und Windsurfen werben für den an Süßwasserfischen reichen See. Das Westufer sei während der Hochsaison (Dez.–April) aber nur erfahrenen Windsurfern empfohlen, denn vor allem nachmittags bläst ein starker Nordostwind, der Geschwindigkeiten bis zu 120 km/h erreichen kann.

▷ Erkaltete Lava am Vulkan Arenal

Windsurfen am Arenal-See

Die Westseite des Arenal-Sees zählt zu den besten Windsurf-Revieren der Welt. Vor allem in den Monaten November bis April ist der Wind sehr beständig. Allerdings ist dies nicht der richtige Ort für Anfänger: Der Arenal-See ist Starkwind-Revier! Wer keine eigene Ausrüstung mitführt, kann sich diese leihen:

■ **Tico Wind** (geöffnet Dez.–April): 14,2 km nach Nuevo Arenal links schmaler Weg zum See (1,2 km). Surfbretter mit Segel: ½ Tag 61 $, 1 Tag 90 $, Privatunterricht: 74 $/Std, Surfanzüge (Angebot begrenzt). Infos: Tel. 2692.2002, www.ticowind.com.
■ **Tilawa Windsurfing Center** (gehört zum Hotel Tilawa, s.o.): 18,2 km nach Nuevo Arenal links Weg zum See (600 m). Surfbrett mit Segel: ½ Tag 45 $, 1 Tag 45 $, Hotelgäste 10 $ Rabatt; Kurs: 100 $ (½ Tag), 150 $ (1 Tag); Infos: Tel. 2695.5050, www.costa-rica-windsurf.com.

Die Region Arenal

Arenal Ecozoo

Dieser **kleine Zoo** befindet sich im oberen Ortsteil von Castillo. In einem tropischen Garten kann man Schlangen, Schildkröten, Frösche und Echsen bewundern, außerdem gibt es einen Schmetterlingsgarten.

■ **Geöffnet:** tgl. 8–19 Uhr, **Eintritt:** 12 $, **Info:** Tel. 2479.1059, www.arenalecozoo.com.

Butterfly Conservatory

Oberhalb des Arenal Ecozoo gibt es einen weiteren Schmetterlingsgarten mit der angeblich größten Zucht des Landes, Wanderwegen, einem Insektenmuseum und einem Froschgehege.

■ **Geöffnet:** tgl. 8–16 Uhr, **Eintritt:** 13 $, **Info:** Tel. 2479.1149, www.butterflyconservatory.org.

Vom Vulkan Arenal nach Nuevo Arenal (ca. 30 km)

Etwa 16 km hinter Fortuna (3,5 km nach der Polizeistation) überquert man die 962 m lange und etwa 60 m hohe Staumauer des Arenal-Sees. Direkt nach der Staumauer zweigt rechts die Zufahrt ab zum **Lost Iguana Resort** und zu den **Arenal Hanging Bridges.** Kurz nach der Staumauer führt eine Abzweigung rechts nach 2,5 km (ohne Allrad) zur **Arenal Lodge.**

Es folgt eine schöne **Fahrt durch tropischen Regenwald,** der noch nicht vom Menschen zerstört wurde. Die Straße ist

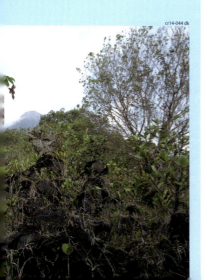
cr14-044 dk

bis Nuevo Arenal geteert (ca. 28 km ab Staumauer). Es lohnt sich dennoch, langsam zu fahren und gelegentlich anzuhalten, denn es gibt jede Menge zu sehen: Zahlreiche Affenarten leben hier, Papageien und andere Vögel schwirren umher. Oft finden sich am Straßenrand auch neugierige **Nasenbären** ein, die versuchen, von den entzückten Autofahrern etwas Essbares zu ergattern (bitte nicht füttern!).

14 km nach der Staumauer liegt, bereits in der Provinz Guanacaste, rechter Hand das **Hotel/Restaurant Los Héroes** mit einer Schmalspureisenbahn nach schweizerischem Vorbild. Etwa auf halber Strecke nach Nuevo Arenal passiert man etwa 16 km nach der Staumauer das **Hotel La Mansion Inn Arenal**. Hier zweigt rechts eine Piste ab nach Venado. Etwa 5 km vor Nuevo Arenal führt rechts ein gut befestigter Weg bergauf zur empfehlenswerten und herrlich schön gelegenen **Ceiba Tree Lodge**.

Mistico Arenal Hanging Bridges Park

- **Geöffnet:** tgl. 7.30–16 Uhr
- **Eintritt:** 24 $, Senioren (ab 60 Jahre): 19 $, Kinder 11–18 Jahre: 14 $, Kinder bis 10 J. frei
- **Anfahrt:** direkt nach dem Staudamm rechts +2,5 km
- **Info:** Tel. 2479.8282, www.misticopark.com

Dieses **Hängebrücken-System** liegt inmitten eines 250 ha großen Privatreservates, das überwiegend aus Primärwald besteht. Auf einem 3,1 km langen Rundgang (Dauer: 1½–2 Std.) überquert man zahlreiche Brücken, einen Tunnel und sechs Hängebrücken bis 92 m Länge, die sich in bis zu 60 m Höhe über den Boden erstrecken. An zahlreichen Stellen bietet sich ein herrlicher Blick zum Vulkan Arenal. Nachtwanderungen werden angeboten.

Unterkunft & Restaurants

- **Lost Iguana Resort** (Tel. 2267.6148, www.lostiguanaresort.com): gepflegte Anlage in tropischem Umfeld, schöner Pool-Bereich, Rest., Bar, US-Ltg.; komfortable Zi. und Suiten mit Vulkanblick, AC, Safe: DZ ab 277 $.
- **Arenal Lodge** (Tel. 2479.1881, www.arenallodge.com): ältere Lodge in schöner Lage mit tollem Blick auf Vulkan und See, Rest., Bar, Whirlpool; überteuerte Zi.; 6 Standard-Zi. ohne Blick: ab 99 $ p.P.; 26 Junior-Suites und Chalets (größer, mit Balkon, Vulkanblick): ab 124 $ p.P.; KK.
- **Hotel/Restaurant Los Héroes** (14 km rechts, Tel. 2692.8012, www.hotellosheroes.com): Hotel im schweizer. Stil mit Rest. (schweizer. Spezialitäten u.a.), Pool, Pferde, Schmalspureisenbahn; Panorama-Drehrestaurant, Zufahrt mit Bergbahn (!); 10 nette Zi., Kabel-TV: DZ ab 95 $ (ÜF); mit Balkon (Seeblick): DZ ab 110 $ (ÜF); 2 Apt. mit kl. Küche: ab 150 $ (ÜF); keine KK.
- **Soda Maquenque** (16 km links): einfache Soda, schöner Seeblick, Casado 7 $.
- **La Mansion Inn Arenal** (16 km links, Tel. 2692.8018, www.lamansionarenal.com): Luxus-Bungalowanlage mit schönem Blick über den Arenal-See, Pool, Rest., Pferde; 22 individuell ausgestattete Bungalows: DZ 250 $ bis (kein Druckfehler) 900 $ (ÜF); KK.
- **Ceiba Tree Lodge** (22 km rechts, Tel. 2692.8050, mobil: 8313.1475, in D: 0861/165906, www.ceibatree-lodge.com): tolle Lage mit Seeblick, gemütliche Terrasse, Rest.service (3-Gang-Menü: 19 $), Wäscheservice, Touren, dt. Ltg.; 5 nette Zi.: 67/89/113 $ (ÜF), Kinder (5–12 J.): 18 $ (ÜF), sowie 2 neue Komfortzimmer mit Privatterrasse: 97/119/141 $ – ideal zum Ausspannen und Erholen!

Die Region Arenal

Der Norden

■ **Villa Decary** (25,5 km rechts, Tel. 2694.4330, www.villadecary.com): gepflegtes Hotel, US-Ltg.; 5 schöne Zi. mit Seeblick, DV, Veranda: 109 $ (ÜF), sowie 3 Casitas mit Küche DZ ab 142 $.
■ **Restaurant Gingerbread** (25,8 km rechts): gutes Essen, aber viel zu teuer und daher nicht empfehlenswert!

Nuevo Arenal

Als die Bevölkerung von Arenal 1973–78 wegen des neuen Stausees umgesiedelt wurde, schlug die Geburtsstunde von „Neu-Arenal". Der größte Ort zwischen Fortuna und Tilarán, etwas abseits vom See gelegen, war touristisch zunächst unbedeutend, hat sich aber dann zu einem **wichtigen Standort** am Arenal-See entwickelt. Kurz hinter dem Ort zweigt eine sehr schlechte **Piste nach San Rafael de Guatuso** ab, die nur mit Allrad befahren werden sollte.

Unterkunft

■ **Cabinas Catalina** (Tel. 8819.6793): 6 saubere, kl. Zi., bp: DZ 24 $.
■ **Cabinas Canfinera** (Tel. 2694.4726): 6 ordentl. Zi, bp: DZ 20 $.
■ **Cabinas Jireh** (Tel. 2694.4129): 1 gr. Zi., bp und 1 Apt. bis 6 Pers.: DZ 30 $, Zus.pers. 10 $; 3 Zi.: DZ 24 $, Zus.pers. 10 $.

Restaurants

■ **Moya's Place:** nettes Lokal mit angenehmer Atmosphäre, aber nicht billig: gute Pizza ab 11 $, Pasta ab 10 $, Wraps, Salate ab 8 $; tgl. 11.30–21 Uhr.
■ **Deutsche Bäckerei** (*Panadería Alemana):* Brotzeit (u.a. Weißwurst oder Leberkäse mit Weißbier!), Mittagessen (z.B. Bratwurst mit Sauerkraut, Gulasch, Sauer- und Schweinebraten), Kaffee und Kuchen, tgl. 7.30–17 Uhr.
■ **Gustitos Criollos:** einfaches Lokal mit Terrasse, preiswerte Gerichte (Huhn, Burger etc).
■ **Restaurant Tinajas:** (Tel. 2694.4667): ca. 2 km außerhalb, schöne Lage mit Seeblick (Sonnenuntergang!); Sandwich, Burger, Salate; Pasta ab 5 $, Fisch & Fleischgerichte ab 14 $, tgl. 10–21 Uhr.
■ Etwa 6 km Richtung Tilarán kann man im **Hotel La Rana de Arenal** essen.

Infos von A bis Z

■ **Autoverleih:** c/o *La Rana de Arenal* (6 km westl., Tel. 2694.4031), Jeep ab 55 $/Tag.

■ **Essen und Trinken**
3 Moya's Place
7 Deutsche Bäckerei
8 Österreichische Bäckerei

■ **Übernachtung**
1 Cabinas Jireh
2 Cabinas Catalina
6 Cabinas Canfinera
9 Camping

■ **Busse**
4 Bus n. Tilarán
5 Bus n. Fortuna

Die Region Arenal

- **Bäckerei:** *Panaderia Alemana,* 300 m südl. der Tankstelle, Brot & Backwaren vom deutschen Bäcker; österr. Bäckerei nebenan; *Musmanni* gegenüber Supermarkt.
- **Bootstouren:** c/o Deutsche Bäckerei.
- **Camping:** ein herrliches Plätzchen zum Campieren (kostenlos!) ist der Gemeindegrund am See.
- **Einkaufen:** Supermarkt *Super Compro* (tgl. 8–21 Uhr) und *Supermas;* Souvenirs unterhalb der Deutschen Bäckerei.
- **Erste Hilfe:** Krankenhaus, Tel. 2694.9163.
- **Geldwechsel:** *Banco Nacional,* Mo–Fr 8.30–15.45 Uhr, und BCR, 9–16 Uhr.
- **Internet:** neben ehem. Sunset Grill (1 $/Std.) und am Fußballplatz.
- **Kajaktouren/-verleih:** Infos c/o *Moya's Place.*
- **Post:** Mo–Fr 8–12 und 13–17 Uhr.

Busverbindungen

- **Abfahrt** neben der Tankstelle bzw. Haltestelle an der Hauptstraße.
- **Fortuna/Cd. Quesada:** tgl. 8 und 13.30 Uhr.
- **Tilarán:** tgl. 9, 9.40, 12.30, 16, 17.30 und 19 Uhr sowie Mo–Fr 5.45 Uhr, Mo–Fr 7 Uhr.
- **San Rafael/Upala:** Guatuso-Bus, ca. 13 Uhr.
- **Liberia:** über Tilarán/Cañas.

Von Nuevo Arenal nach Tilarán (27 km)

An der Straße um das **Nordwestufer des Arenal-Sees** reihen sich zahlreiche Unterkünfte unterschiedlicher Preiskategorien. 4,5 km hinter Nuevo Arenal kann man zum **Privatreservat Lake Coter** abbiegen. Etwa 14 bzw. 18 km hinter Nuevo Arenal, an der Westseite des Sees, gibt es bei *Tico Wind* und beim *Tilawa Windsurfing Center* die Möglichkeit, die Ausrüstung zum **Windsurfen** zu leihen. Das Gebiet gehört zu den besten Starkwind-Revieren der Welt und ist nur etwas für Könner.

Etwa 15 km nach Nuevo Arenal führt rechts eine geteerte Straße nach **Sabalito** und **Tierras Morenas,** wo es einen Schmetterlingsgarten und einfache Unterkünfte gibt. Vor dem Ortseingang zweigt rechts eine Piste ab, die vorbei an den Windrädern zur Straße Cañas – Upala führt. Nähere Informationen zur Region unter: www.sabalito.com.

24,4 km hinter Nuevo Arenal (3 km vor Tilarán) zweigt links eine Straße nach **Tronadora** ab, an der sich weitere Unterkünfte befinden. 4,3 km nach der Abzweigung endet im Ort Tronadora die Teerstraße. Eine Weiterfahrt am Südufer des Arenal-Sees ist – wenn überhaupt – nur mit Allrad-Fahrzeug möglich, da mehrere Flüsse zu durchqueren sind.

Privatreservat Lake Coter

- **Fläche:** 520 ha (inkl. 200 ha Primärwald)
- **Höhe:** ca. 600–800 m
- **Unterkunft:** Eco-Lodge Lake Coter (derzeit geschlossen)
- **Info:** Tel. Büro: 2289.6060
- **Anfahrt:** 4,5 km nach Nuevo Arenal Abzw. rechts, dann nochmal 3 km Piste

Das Privatreservat grenzt im Westen an ein Forstreservat und hängt so mit der Schutzzone Guanacaste zusammen. Es liegt am schönem See Lago Coter (10 ha) und umfasst 14 km angelegte Wanderwege. Den Besuchern der erhöht über dem Arenal-See gelegenen Eco-Lodge werden geführte Wandertouren im Privatreservat angeboten (20 $/2–3 Std.);

weitere Aktivitäten sind Reiten (38 $/2–3 Std.), Massagen und Therapien. Da die Lodge derzeit geschlossen ist, werden auch keine Touren angeboten.

Unterkunft & Restaurants

An der Straße nach Tilarán
(Entfernungsangaben ab Nuevo Arenal)

■ **Agua Inn** (2,2 km Zufahrt links, Tel. 2694.4218, www.aguainnspa.com): großes Haus in schöner Lage am Fluss, Naturpool, Gem.-küche, US-Ltg.; 5 nette Zi.: DZ 80 $ (ÜF); 1 Apt. mit Küche: 120 $ (Buchung erst ab 3 Nächter).

■ **Chalet Nicholas B&B** (2,8 km rechts, Tel. 2694.4041, www.chaletnichclas.com): älteres Privathaus mit schönem Garten (Orchideen), Wanderwege, US-Ltg., nur Nichtraucher; 3 Zi.: DZ 87 $ (ÜF); keine KK.

■ **Lucky Bug B&B** (Tel. 2694.4515, www.luckybugcr.net): nette kleine Anlage mit Rest.; 4 geschmackvoll eingerichtete Zi.: DZ 101 $ (ÜF).

■ **The Stable Arenal Lodge** (3,5 km rechts, Tel. 2694.4434): Rest. (landestyp. Küche), Pferdetouren (35–42 $), Reitschule, Privatreservat mit 2 km Wanderwegen; 5 ordentl. Zi. mit Bad: DZ ca. 35 $ (ÜF); KK.

■ **La Rana de Arenal** (5,7 km links, Tel. 2694.4031): nettes Rest. mit Seeblick, Tennisplatz, dt. Ltg.; 6 Zi., Terrasse, z.T. Seeblick; DZ ab 45 $ (ÜF); KK (+2 %).

■ **Arenal Springs B&B** (6,2 km rechts, Tel. 2694.4466): Luxusunterkunft mit Seeblick, Pool, US-Ltg.; 3 „Villas" mit Küche (2–4 Pers.): ca. 100–125 $; 2 gr. Häuser (bis 8 Pers.): ca. 325/425 $; KK.

■ **Café & Macadamia de Costa Rica** (11 km links, Tel. 2692.2000): schöne Lage mit Blick auf den See, aber teuer: Frühstück (8 $ ohne Kaffee), Salate, Sandwiches: 11 $, Mittagessen ab 13 $, Souvenirs, Kaffeeverkauf, Macadamia-Nüsse; tgl. 7.30–17 Uhr.

■ **Café Delagua** (13 km rechts, Tel. 2692.1324): nettes Café an der Straße, Büchertausch, Casado 8 $, tgl. 8–18 Uhr.

■ **Plaza del Café** (15,2 km links): Frühstück ab 5 $, Reisegerichte ab 6 $, Salate, Pasta ab 7 $, Pizza ab 8 $, Hauptgerichte ab 10 $.

■ **Mystica Lodge & Retreat** (15,2 km, Abzw. rechts, 600 m, Tel. 2692.1001, www.mysticacostarica.com): gepflegte Anlage am Hang mit Blick auf See und Vulkan, Pizzeria mit Holzofen, Yoga und Meditation, ital. Ltg.; 6 schöne Zi., Veranda, teuer: 108/136/153 $ (ÜF); Villa: DZ 187 $, Haus (2 Schlafzi.) 311 $; KK.

■ **Hotel Minoa** (20,4 km Abzw. rechts, 500 m, Tel. 2695.5050): Rest., Pub mit Mini-Brauerei, Pool, Tennisplatz, Massage; 25 ordentl. Zi.: ab 101 $ p.P. (DZ/VP); KK.

■ **Art Studio Lago Arenal** (ca. 1 km nach dem Hotel Minoa Zufahrt rechts, Tel. 2695.8624): tolle Kunst, schöner Blick über den See und auf den Vulkan, Kaffee und Kuchen.

MEIN TIPP: **Cabinas Arelago** (22,5 km rechts, Tel. 2695.8573, www.cabinas-arelago-costarica.com): Rest.service (gutes Frühstück 4 $), freundlich, hilfsbereit, schweiz. Ltg., sehr gutes Preis-Leistungsverhältnis; 5 nette Bungalows, bp (WW), einer davon mit Seeblick (nah an der Straße): 33/33/44 $ – Lesertipp!

An der Straße nach Tronadora

■ **Rest. Las Brisas** (am Ortseingang von San Luis): mit Seeblick, gut und günstig.

■ **Puerto San Luis Lodge** (1,6 km nach der Abzw. links, 500 m, Tel. 2695.5750, www.hotelpuertosanluiscr.com): Rest., Pool und Bootstouren; 20 renovierte Zi. in 3 Gebäuden mit TV, KS: ab 175 $ (ÜF); KK.

■ **Monte Terras B&B** (in Tronadora am Park links +500 m, Tel. 2693.1349, www.monteterras.com): Privathaus mit Seeblick, holl. Ltg., Rest.service, Massagen; 2 Gästezimmer, bc, sowie 4 Zi., inkl. Frühstück bp: 60/80/95 $.

Tilarán

Übernachtung, Essen und Trinken
1 Cabinas El Sueño
2 Hotel Tilarán
3 Cabinas/Rest. Mary
4 Hotel Naralit
5 Hotel Guadalupe
6 Rest. Las Leñitas

Tilarán

Die kleine und ruhige Stadt mit ihren 9000 Einwohnern liegt etwa 4 km vom Arenal-See entfernt auf 560 m Höhe. Tilarán ist das **Verwaltungszentrum** für die Region Arenal, Bischofssitz und Hauptstadt des gleichnamigen Bezirks, der bereits zur Provinz Guanacaste gehört. In der Sprache der Indianer bedeutet der Name „Stadt mit viel Wasser" oder „Ort des vielen Regens". Zunächst betrieb man in der Gegend Holzwirtschaft, danach Ackerbau (u.a. Zuckerrohr) und zunehmend Viehwirtschaft, die heute neben Tourismus der wichtigste Wirtschaftsfaktor ist.

Am letzten Wochenende im April steht die Stadt Kopf: Es gibt einen großen **Viehmarkt mit Rodeo** und anderen Vergnügungen.

Auch wenn der Ort selbst touristisch wenig attraktiv ist, so ist er doch eine **wichtige Umsteigestation**: nach Westen über Cañas (21 km) nach Guanacaste und an die Strände der Nicoya-Halbinsel, nach Süden in die Region Monteverde und nach Osten zum Arenal-See.

Die **Straße nach Sta. Elena/Monteverde** (39 km) ist zwar nicht gerade gut, aber bei Trockenheit manchmal auch ohne Allrad befahrbar (Fahrzeit 2 Std.): bis Quebrada Grande geteert (6,7 km), am Ortseingang Abzweig links, nach 21,7 km im Ort Dos de Tilarán links abzweigen, auf Schilder achten. Etwa 2 km nach Quebrada Grande geht es rechts zu den Cataratas Viento Fresco.

Cataratas Viento Fresco

- **Geöffnet:** tgl. 7.30–17 Uhr
- **Eintritt:** 15 $, Studenten: 12 $, Kinder (6–12 J.): 10 $, Pferdetour: 55 $ (inkl. Mittagessen)
- **Anfahrt:** 2 km nach Quebrada Grande rechts +ca. 1,5 km
- **Info:** Tel. 2695.3434, www.vientofresco.net

Auf dem Gelände einer einheimischen Familie finden sich **fünf Wasserfälle** mit einer Höhe bis zu 95 m. Auf einer Wanderung oder einer Pferdetour kann man sie bestaunen und sich bei einem Bad erfrischen. Mit dazu gehört auch ein Restaurant mit landestypischer Küche.

Unterkunft

Im Ort gibt es eine kleine, aber ausreichende Auswahl an Unterkünften, alle mit Warmwasser; das nächste bessere Hotel ist das Tilawa am See.

- **Hotel Tilarán** (Tel. 2695.5043): 32 Zi., einf./ok, sauber: bc ca. 10 $ p.P.; bp, Kabel-TV: ca. 14/24/32 $; Billig-Tipp.

Cabinas Mary (Tel. 2695.5479): Rest., US-Ltg.; 18 ordentliche Zi.: bc 12 $ p.P.; bp: 26/30/36 $; KK (VISA).
Hotel Naralit (Tel. 2695.5393, www.hotelnaralit.com): 25 Zi., bp, AC, TV ca. 29/38/50 $; KK.
Hotel Guadalupe (Tel. 2695.5943, www.hotelguadalupe.co.cr): im 1. Stock; 37 ordentl. Zi., bp, Kabel-TV: 38/58/80 $ (ÜF); KK.
Cabinas El Sueño (Tel. 2695.5347): im 1. Stock, 17 ordentl. Zi.; bp, TV, Vent.; ab 21/33/35 $; KK.
Hotel Cielo Azul Resort (Tel. 2695.4000, www.hotelcieloazulresort.com): ca. 500 m Ri. See rechts, beheizter Pool; recht einfache Zi.: 50/75/100 $ (ÜF).

Restaurants

Restaurant Las Leñitas (100 m nördl. der Kirche): nettes kleines Lokal.
Restaurant Mary in Cabinas Mary, Tel. 2695.3281): ordentl. Lokal, Fleisch- u. Fischgerichte ab 6 $, tgl. ab 11 Uhr.
Soda La Catedral: gutes Frühstück, günstig.

Infos von A bis Z

Apotheke: neben Restaurant Mary.
Erste Hilfe: Rotes Kreuz (Tel. 2695.5235); Krankenhaus (200 m westl. Parque).
Geldwechsel: *Banco de Costa Rica* und *Banco Nacional* (Bancomat), beide Mo–Fr 8–15 Uhr.
Post: Mo–Fr 8–17.30 Uhr.
Radbedarf: *Ciclo Tila* (Westseite Parque, Tel. 2695.6540).
Taxi: Standplatz Park, Westseite, Tel. 2695.5324, Fahrpreis nach Sta. Elena ca. 50 $.

Busverbindungen

Der **Busbahnhof** liegt neben dem Markt an der Nordwestecke des Parks, **Tickets** im nebenstehenden Büro.
San José: Mo–Sa 5, 7, 9.30, 14 und 17 Uhr, 4 Std.; sonst über Cañas oder Puntarenas.
Sta. Elena (Monteverde): 7 u. 12.30 Uhr, 2½ Std.
Cañas: tgl. 5, 6, 7, 8, 9, 10, 11.30, 13, 15.30 und 17 Uhr, 30 Min.; sowie San-José-Bus.
Liberia: über Cañas.
Nuevo Arenal: 10, 14.30 und 16.30 Uhr sowie Mo–Sa 4.45 Uhr und Mo–Fr 5.45 Uhr sowie Bus nach Fortuna/Cd. Quesada.
Fortuna: tgl. 7 und 12.30 Uhr, 3½ Std., Bus nach Cd. Quesada (3 Std.)
Cd. Quesada/San Carlos: 7 und 12.30 Uhr, Fahrzeit 4 Std.
Puntarenas: 6, 13 Uhr, 2 Std.; sonst über Cañas.

> Cataratas Viento Fresco

Cordillera de Tilarán | 267
Interamericana, bis Liberia | 293
Liberia | 303
Liberia, nördlich von | 309

6 Der Nord-westen

Die vulkanische Cordillera de Guanacaste mit den Nationalparks Rincón de la Vieja und Tenorio und die Cordillera de Tilarán mit ihren Nebelwäldern sind ein lohnenswertes Reiseziel für naturbegeisterte Reisende. Auch die Nationalparks Palo Verde und Santa Rosa bieten erstklassige Möglichkeiten zur Naturbeobachtung.

◁ Wasserfall im Nationalpark Tenorio

NICHT VERPASSEN!

- **Monteverde:** die Region bietet Naturbeobachtungen im Nebelwald, man ist allerdings niemals alleine unterwegs ... | 272
- **Nationalpark Tenorio:** nach wie vor ein Geheimtipp ist dieser Nationalpark mit dem türkisblauen Río Celeste und einem gewaltigen Wasserfall | 298
- **Nationalpark Rincón de la Vieja:** landschaftlich vielfältig mit zahlreichen Wanderwegen unterschiedlicher Schwierigkeit | 309
- **Nationalpark Santa Rosa:** nur selten finden Besucher den Weg ins Innere des Nationalparks – zu Unrecht, denn es gibt hier viel zu entdecken | 315

Diese Tipps sind gelb hinterlegt.

In der Provinz Guanacaste ist die Rinderzucht ein wichtiger Erwerbszweig

ÜBERBLICK

Der Nordwesten: Das ist trockenes Grasland, sind riesige Rinderherden und viele sehenswerte Naturparks. Doch bevor man nach Guanacaste, dem Land der costaricanischen Cowboys, kommt, sollte man auf alle Fälle einen Abstecher in die feuchten Waldgebiete der Cordillera de Tilarán mit ihrer überreichen Tier- und Pflanzenwelt machen. Gute Ausgangspunkte hierfür sind die Umgebung der Stadt San Ramón und die Region Monteverde.

Die nördlich gelegene Provinz Guanacaste lebt vorwiegend von **Viehzucht und Landwirtschaft.** Wie ein roter Faden zieht sich die Interamericana durch die Provinz, bis hinauf zur Grenze nach Nicaragua. In der Umgebung der angenehmen Provinzhauptstadt Liberia liegen mehrere **Nationalparks,** in denen Trockenwälder und immergrüne Primärwälder im Umfeld von aktiven Vulkanen, aber auch die Nistplätze von Meeresschildkröten und Seevögeln geschützt werden.

Cordillera de Tilarán

Von San Ramón nach Monteverde

Die **Interamericana** von San Ramón nach Westen in Richtung Puntarenas führt über zahlreiche Kurven bergab, wegen des Schwerlastverkehrs kommt man oft nur langsam voran. Im Ort **Esparza** gibt es einige Straßenrestau-

Cordillera de Tilarán

rants und zahlreiche Obststände, viele Busse halten hier für eine Essenspause. Etwa 5 km nach Esparza verzweigt sich die Straße: Geradeaus geht es nach **Puntarenas**, links über Caldera an die **zentrale Pazifikküste**, und rechts führt die Interamericana nach **Nordwesten** in Richtung Cañas.

5,1 km nach der Abzweigung Puntarenas führt an einer Delta-Tankstelle rechts eine Straße nach **Miramar** und weiter über Palmital nach Zapotal. In Miramar (Höhe: 350 m, Durchschnittliche Temperatur: 27 °C, Niederschlag: 3000 mm) gibt es einige einfache Restaurants und Unterkünfte, hier eine Auswahl:

■ **Restaurant Veta de Oro** (am Ortseingang der Hauptstraße rechts, Tel. 2639.8513), gute Fischgerichte, nicht teuer.
■ **Soda Kattia** (gegenüber Fußballplatz, Tel. 2639.9055, 16 $ p.P.), **El Recuerdo de Papá** (100 m östl. des *Almacén Pochet*, Tel. 2639.9256: 15/15/20 $ p.P.), **Cabinas Conde** (neben der Post, Tel. 2639.8254: 7 Zi. mit Vent., 17/29/42 $ p.P.), **Cabinas Dormi Bene** (5,8 km nach Tankstelle Abzw. li. +400 m) und **Cabinas Mora** (6,3 km nach Tankstelle 5,8 km rechts, Tel. 2639.9597 oder 8824.7395: 6 Zi., 20/32/41 $, Parkplatz).

Über die gleiche Zufahrt gelangt man (oberhalb von Miramar) nach 12 bzw. 14,5 km (Teerstraße) zu folgenden Unterkünften (beide links):
MEIN TIPP: **Finca El Mirador** (Tel. 2639.8774, www.finca-mirador.com): ca. 640 m Höhe, schöne Aussicht auf den Golf von Nicoya, Garten, Pool, Grillplatz; 2 nette Bungalows mit Küche und 1 Zi.: 75/75/87 $(ÜF) sowie ein Holzbungalow: 50/50/62 $ (ÜF), Kinder unter 8 J. frei; keine KK.
■ **Hotel Vista Golfo de Nicoya** (Tel. 2639.8303, www.finca-daniel.de): schöne Lage auf 700 m Höhe mit herrlichem Blick, dt. Ltg., Rest. (Frühst. 5 $, Menü 6–10 $), Quellwasser-Pool, 2 Canopy-Touren (13 Kabel: 60 $, 25 Kabel über 11 Wasserfälle: 99 $), Finca (27 ha), Wander- und Pferdetouren (45–89 $; 2-tägiger Ausflug ins Reservat Manuel Brenes mit Übernachtung in rustikalen Cabañas: 119 $ p.P.); 4 einf./ordentl. Zi.: 87/87/98 $ (ÜF); 7 Zi. mit Aussicht: 106/106/106 $ (ÜF); neue „Comfort family rooms" (bis 8 Pers.): 151 $ (1–3 Pers.); KK.

Tipp: In der Nähe von **Zapotal** (Zufahrt mit Allrad!) liegen zwei kleine, nur selten besuchte **Biologische Nebelwald-Reservate**, La Mancuerna und La Orquidia, sowie das rund 7800 ha umfassende Biologische Reservat Manuel A. Brenes. Nähere Infos in den o.g. Hotels.

■ **Colinas Verdes Zapotal Lodge** (in der Nähe von Zapotal, Tel. 2639.8516, www.colinasverdescr.com): Wanderwege im Nebelwald, (Eintritt 4 $, Tour 10 $), Restaurant, 5 rustikale Cabañas (max. 4 Pers.) mit bc/WW: 60/60/77 $ (ÜF).

Gegenüber der Abzweigung nach Miramar führt eine Piste zum **Sanctuario de Lapas El Manantial:** die Auffangstation für illegal gehaltene Aras und andere Tiere kann man nach vorheriger Anmeldung zwischen 7.30 und 16.30 Uhr besuchen, die Kosten für eine einstündige Tour betragen 17 $, Info: Tel. 2661.5419, mobil: 8302.5522, www.santuariolapas.com.

Nördlich der Abzweigung nach Miramar (an der Interamericana) zweigt links eine beschilderte („Costa de Pajaros") Zufahrt nach **Punta Morales** (ca. 15 km) und in das Dorf **Abangaritos** ab. Etwa 3 km weiter liegt die:

▷ Stolze Reiter: Sabaneros in Las Juntas

Cordillera de Tilarán

■ **Ensenada Lodge** (Tel. 2661.4090, Büro: 2289.6655, www.laensenada.net): einf. Lodge in Meeresnähe inmitten einer gr. Hacienda, Rest. (landestyp. Küche, 10/15/20 $), Pool, Pferde- oder Traktortour 28 $, Bootstouren, Massagen (35 $), Wanderwege im Naturreservat La Ensenada (ca. 400 ha); 22 Zi., bp (WW), Hängematte, z.T. MB: 60/75/95 $.

Über diese Zufahrt erreicht man auch die Ortschaft Costa de Pajaros, wo täglich um 7.50 und 14.50 Uhr die **Fähre zur Isla Chira** ablegt (siehe Kapitel „Halbinsel Nicoya").

Zufahrt nach Monteverde

Es gibt mehrere Straßen, die von der Interamericana **nach Sta. Elena** hinaufführen, alle sind nicht asphaltiert und in schlechtem Zustand, die Anfahrt mit einem Allradfahrzeug wird daher empfohlen. Über den aktuellen Zustand der Straßen informieren die Hotels und Buchungsbüros.

■ Die direkteste Route (von San José) führt ca. 20 km nach dem Abzweig nach Puntarenas rechts (am Rest. Cuenca) über Rancho Grande/Sardinal und **Guacimal** (Cabinas). Der erste Teil (16 km) bis Guacimal wurde geteert, der Rest der Strecke (ca. 19 km) ist in schlechtem Zustand, kann jedoch auch ohne Allrad befahren werden, der weitere Ausbau ist geplant. Fahrtzeit: ca. 1½ Std. Empfohlen für Reisende aus dem Zentraltal und dem Süden.

■ Die frühere Hauptstrecke zweigt kurz vor der Brücke über den **Río Lagarto** rechts ab (aus Ri. San José kommend) und ist durchgehend Piste. Fahrtzeit: 1½–2 Std. In Guácimal trifft diese Strecke mit der o.g. Zufahrt aus Sardinal zusammen.

■ Eine weitere Strecke führt 13 km weiter nördlich über den Ort **Las Juntas** nach Santa Elena und ist bis 8 km nach Las Juntas geteert. Achtung: nach dem Hauptplatz Las Juntas mit der kleinen Lokomotive die zweite Straße links abbiegen (die Hinweistafel ist unter einem Baum versteckt!). Von der Interamericana bis nach Santa Elena sind es etwa 35 km, davon etwa 20 km Piste, für die grundsätzlich Allrad empfohlen wird. Fahrtzeit: je nach Fahrzeug und Jahreszeit 1½–2 Std. Empfohlen für Reisende aus Richtung Liberia und aus Nicoya.

Santa Elena

Übernachtung
1. Cabinas Don Taco
2. Cabinas Mar-Inn
3. Sunset Hotel
4. Swiss Hotel Miramontes
6. Los Cipreses B&B
7. Rustic Lodge
8. Hotel Claro de Luna
9. Hotel El Atardecer
10. Cabinas Eddy Hostel
13. Camino Verde Hostel
17. Pensión Sta. Elena
18. Pensión El Colibrí
19. Arco Iris Lodge
24. Hostel El Tucán
25. Oasis Hotel
27. Pensión El Sueño
31. Cabinas Tina's Casitas
32. Cabinas Los Laureles
33. Cabinas El Sol
34. Hotel Las Orquideas
35. Casa Tranquilo Hostel
36. Hotel Paz y Flora Vegetariano

Essen und Trinken
5. Restaurant Marilidi
11. Tree House Restaurant
12. Restaurant Amy's
15. Bäckerei Jimenez, Restaurant Mar y Tierra, Restaurant Tico Rico
15. Restaurant Kukis
16. Restaurant Taco Taco
20. Morpho's Restaurant
21. Beer House
22. Choco Café Don Juan
23. Restaurant Sabor Tico
26. Restaurant Ajo y Perejil de Bosque
28. Café Beso Espresso
29. Restaurant Toro Tinto
30. The Green Restaurant

■ Die Zufahrt aus Tilarán ist im vorigen Kapitel unter „Tilarán" beschrieben. Empfohlen für Reisende aus Fortuna/Arenalsee.

Sta. Elena und Monteverde

■ **Einwohner:** ca. 6000 (Sta. Elena, Cerro Plano und Monteverde)
■ **Höhe:** 1330–1530 m
■ **Niederschlag:** 2500 mm/Jahr (vor allem Mai–Nov.)
■ **Temperatur:** 13–24 °C (durchschnittl. Tagestemp.)

Der kleine Ort **Sta. Elena** ist Ausgangspunkt für Exkursionen in das weltberühmte Monteverde-Reservat und das weniger bekannte Reservat Sta. Elena. **Monteverde** ist die Bezeichnung für die ganze Region, an der Straße zum Reservat Monteverde liegen die „Ortsteile" Cerro Plano und Monteverde.

Obwohl es tagsüber oft recht heiß ist, kann es auch im Sommer **abends empfindlich kühl** werden, manchmal weht sogar ein starker Wind, der die Mitnahme einer Jacke empfehlenswert macht. Camping ist daher nur bedingt zu empfehlen.

Das Gebiet wurde erstmals in den 1940er Jahren von fünf costaricanischen Familien besiedelt, die den Ort Sta. Elena nannten. 1951 kam dann eine Gruppe **Quäker** aus den USA hierher, die mit der Produktion von Käse und anderen Milchprodukten begannen und die Region *Monteverde* („Grüner Berg") nannten. Die Anhänger der im 17. Jh. in England gegründeten Society of Friends, die 1947 den Friedensnobelpreis erhielt, wurden in den USA mit Haftstrafen belegt, weil sie als Pazifisten den Dienst an der Waffe verweigerten. Daraufhin entschlossen sie sich, einen neuen Lebensraum zu suchen, und Costa Rica, das erst wenige Jahre zuvor die Armee abgeschafft hatte, bot sich hierfür geradezu an und nahm die neun Familien auf. Von den ursprünglich 41 Quäkern leben heute nur noch wenige Mitglieder in der Region, doch der Monteverde-Käse, mit deren Produktion sie schon vor über 40 Jahren begannen, gilt heute als der beste Käse Zentralamerikas und schafft zahlreiche Arbeitsplätze in der Region.

Durch die zunehmende Popularität des ursprünglich als Wasserschutzgebiet gegründeten Reservats Monteverde kamen peu à peu **Touristen** in die Region, und nicht wenige Quäker fühlten sich dadurch in ihrer Ruhe und Abgeschiedenheit gestört.

Inzwischen hat der Besucherstrom einen wahren **Boom** ausgelöst: Immer mehr Hotels und Billigunterkünfte öffnen ihre Pforten, neue Attraktionen werden aus dem Boden gestampft, selbst ernannte „Tourist offices" bieten ihre oft zweifelhaften Dienste an, und wenn ein Bus ankommt, werden die Neuankömmlinge von „Schleppern" umringt, die versuchen, die erschöpften Reisenden in ein Hotel zu zerren, das ihnen entsprechende Provision bezahlt – schöne neue Welt des Tourismus!

Unterkunft

In Sta. Elena

In Sta. Elena gibt es eine ganze Reihe einfacher und billiger Unterkünfte, meist Privatzimmer, während die besseren Hotels an der Straße nach Monteverde liegen. Wegen der kühlen Temperaturen verfügen alle Unterkünfte über Warmwasser-Duschen, die billigeren Pensionen haben allerdings oft nur elektrische Durchlauferhitzer.

■ **Camping:** bei der **Pensión Sta. Elena** (4 $ p.P.), am **Swiss Hotel Miramontes** (5 $ p.P.) und beim **Hotel La Colina** (3 km in Richtung Monteverde-Reservat).

■ **Casa Tranquilo Hostel** (Tel. 2645.6782, www.casatranquilohostel.com): engl.-span. Ltg., Internet gratis, Gem.-küche, Terrasse mit Ausblick; Schlafraum 3 Pers. bc: 10 $ p.P. (ÜF), Schlafraum 2 Pers. bc: 11 $ p.P. (ÜF), 4 schöne, saubere Zi., bp (WW): ab 20 $ (ÜF) – Lesertipp!

■ **Pensión Sta. Elena** (Tel. 2645.5051, www.pensionsantaelena.com): Backpacker-Unterkunft, Internet; 5 Schlafräume: 12 $ p.P., und einfache Zimmer, bc: ab ca. 16 $ p.P., bp: ab ca. 19 $ p.P.

■ **Cabinas Tina's Casitas** (Tel. 2645.6849, www.tinascasitas.de): Wintergarten mit MB, Gem.küche, Wäscheservice; 6 saubere Zi., bc (WW): 20/24/36 $; 2 gr. Zi., bp (WW): 25/32/42 $.

■ **Camino Verde Hostel** (Tel. 2645.5641, www.hotelcaminoverde.com): Hostel mit Gem.küche; ordentl. Zi.; bc: 29/40/51 $; bp: 38/51/62 $; KK, Geldwechsel auch in Euro, Transfer nach Nicaragua ca. 25 $.

■ **Cabinas Eddy Hostel** (Tel. 2645.6635, www.cabinas-eddy.com): nette Privatunterkunft, Gem.küche, Internet gratis; 3 ordentl. Zi, bc: DZ 28/35 $, sowie 11 Zi. mit Bad (bis 5 Pers.): DZ 28/35/53 $, bessere DZ, bp: 37/45/63 $ – Lesertipp!

MEIN TIPP: **Arco Iris Lodge** (Tel. 2645.5067, www.arcoirislodge.com): angenehm ruhige und dennoch zentrale Lage, dt. Ltg., nach ökologischen Gesichtspunkten geführt, Pferdetouren; 10 schöne Cab. (bis 6 Pers.), bp (WW): Budget ab 32/42/52 $; Standard ab 67/88/98 $; F 7,50 $; KK.

■ **Oasis Hotel** (Tel. 2645.5170): neue Budgetunterkunft, Internet, Gem.küche, gutes Preis-Leistungsverhältnis: 10 Zi., bp, WW: 28/50/58 $.

■ **Hotel El Atardecer** (ca. 500 m südwestl., Tel. 2645.5685, hotelatardecermonteverde@hotmail.com, www.atardecerhotel.com): Rest. mit guter

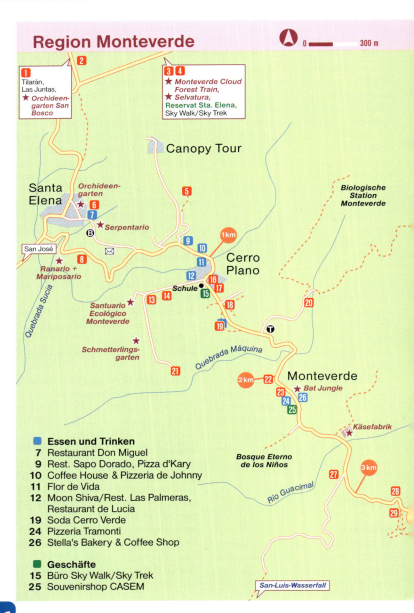

Cordillera de Tilarán

© REISE KNOW-HOW 2016

Übernachtung
1. Ecoverde Lodge
2. Swiss Hotel Miramontes
3. Vista Verde Lodge
4. Albergue Estación Biológica San Gerardo
5. Cloud Forest Lodge
6. Hotel Finca Valverde
8. Hotel Poco a Poco
13. Hotel de Lucia Inn
14. Nidia Lodge
16. Hotel Heliconia
17. Hotel El Establo
18. Cabañas Los Pinos
19. Hotel de la Montaña Monteverde
20. Hotel Belmar
21. Monteverde Inn
22. Tree Top House
23. Hotel El Bosque
27. Hotel La Colina
28. Cabinas Mariposa
29. Hotel Fonda Vela
30. Hotel Villa Verde
31. Trapp Family Lodge
32. Hospedaje Reserva Biológica Monteverde

landestyp. Küche, familiäre Atmosphäre; 19 Zi., bp: 44/69/90 $ (ÜF).

■ **Tree House Hotel** (Tel. 2645.5751, www.monteverdeinfo.com/tree-house-hotel): 3-stöck. Gebäude im Zentrum; 8 Zi. (bis 10 Pers.) im OG, TV, Safe, Vent.: ab 50 $.

■ **Sunset Hotel** (Tel. 2645.5048, www.sunsethotelmonteverde.com): außerhalb in schöner Lage mit Blick auf den Golf von Nicoya, dt. Ltg., Bar, Rest. (für Hausgäste), Infos am Ortseingang; 7 ältere Zi. (bis 4 Pers.), bp, Terrasse: 45/55/70 $ (ÜF); keine KK.

■ **Cabinas Don Taco** (Tel. 2645.5263, www.cabinasdontaco.com): 20 einf., ordentl. Cab., bp, sehr sauber, schöner Blick: 58/68/78 $ (ÜF).

■ **Swiss Hotel Miramontes** (Tel. 2645.5152, www.swisshotelmiramontes.com): Garten mit über 1000 Orchideen; 4 ordentl. Zi., bp: 45/57/68 $ (ÜF); zwei 2-Zi.-Chalets, Terrasse: 90/90/102 $ (ÜF); KK.

■ **Cabinas Mar-Inn** (Tel. 2645.5279, www.monteverdemarinn.com): sauber, ruhige Lage; 7 Zi., bp: ca. 45/62/68 $ (ÜF).

■ **Pensión El Sueño** (Tel. 2645.5021, www.hotelelsuenocr.com): gutes Essen, freundlich, 15 Zi., bp: 30/40/50 $ (ÜF).

■ **Rustic Lodge** (Tel. 2645.6256, www.monteverderusticlodge.com): Familienbetrieb, sehr freundlich, 9 Zi., 70/70/85 $ (ÜF).

■ **Los Cipreses B&B** (Tel. 2645.5455, www.cipreseshotel.com): Familienbetrieb; 35 Zi., sauber: 85/85/105 $ (ÜF).

Außerhalb

■ **Cabinas Los Laureles** (in Los Llanos, 1,5 km Ri. Guácimal, Tel. 2645.5417): 4 saubere Zi. mit Kochgelegenheit: 45/50/ 50 $ (ÜF).

■ **Hotel Las Orquideas** (am Ortseingang von Sta. Elena an der Hauptstraße, Tel. 2645.5509, www.orquideasmonteverde.com): Aussichtsplattform, freundl.; saubere Zi., z.T. mit Ausblick: 55/75/90 $, ÜF – Lesertipp!

■ **Hotel Claro de Luna** (Tel. 2645.5269, www.clarodelunahotel.com): am Ortseingang, 5-Std.-Zi.: 65/75/93 $; 4 Deluxe-Zi.: 75/97/111 $ (ÜF); KK.

Cordillera de Tilarán

■ **Cabinas El Sol** (in La Lindora, ca. 5 km Ri. Guácimal, Tel. 2645.5838, www.elsolnuestro.com): ruhige und schöne Lage, gepflegte Anlage mit Pool, Garten, Rest.service (ca. 8/12,50/15 $), Pferdetouren (15 $/Std.), Sauna (5 $), Massagen, deutschspr.; 2 nette Holz-Bungalows bis 4 Pers. mit Ausblick, bp (WW), Küche: DZ ca. 125/125/140 $.

■ **Ecoverde Lodge** (an der Straße nach Tilarán, Tel. 2645.7437, www.ecoverdelodge.com): dt.sprachig, ruhige Lage, Rest. (typ. Küche), Wanderwege, Pferde; 5 Zi., bc (WW): 15/25 $; sowie 4 Zi., bp (WW): ca. 35/45/50 $ (ÜF).

■ **Vista Verde Lodge** (ca. 2 km Ri. Reservat Sta. Elena +ca. 3 km, Tel. 2222.3620, 2645.5259 oder 8380.1517, www.monteverdeinfo.com/monteverde-hotel/vista-verde-lodge.htm): ruhige Lage mit Blick zum Arenal, Privatreservat (100 ha), freundl. Besitzer; rustikale Zi. mit Ausblick, nur während der Trockenzeit geöffnet: ca. 63/77/91 $ (ÜF), Jr. Suite: 63/82/95 $ (ÜF), Kinder (4–9 J.): 12 $ – Lesertipp!

■ **Albergue Estación Biológica San Gerardo** (kurz vor Reservat Sta. Elena Abzweig links 3 km, Tel. 2645.5003, www.acmcr.org/estacion_biologica_sangerardo.htm): Forschungsstation auf 1200 m mit Aussicht auf den Vulkan Arenal, 5 km Wanderwege; Schlafsaal (12 Pers.), bc; 6 Zi., bp: DZ ca. 50 $ p.P. inkl. VP.

An der Straße nach Monteverde, einer gut 5 km langen, relativ schlechten Strecke, gibt es neben einigen einfachen Pensionen auch eine ganze Reihe besserer Hotels (WW, z.T. überteuert), deren Zimmer teilweise über einen schönen Blick auf den Golf von Nicoya verfügen. Die Entfernungsangaben sind ab Sta. Elena gerechnet:

■ **Hotel Finca Valverde** (100 m links, Tel. 2645.5157, www.monteverde.co.cr): ruhige Lage, Rest.; 22 ordentl. Zi., Terrasse: ab 98/104/133 $ (ÜF), Kinder bis 5 J. frei, ab 6 Jahre: 13 $; KK.

■ **Hotel Poco a Poco** (Abzw. Ortseingang rechts, Tel. 2645.6000, www.hotelpocoapoco.com): kl. Hotel mit Rest., Pool; 29 nette Zi., TV, teuer: 151/151/185 $ (ÜF); KK.

■ **Cloud Forest Lodge** (650 m Abzw. links, 1,5 km, Tel. 2645.5058, www.cloudforestlodge.com): ruhige Lage, schöner Ausblick, etwas abseits in Seitental, Rest. (9/19/19 $), Privatreservat (30 ha) mit Wanderwegen (5 km), Canopy-Tour, Pferde; 10 Holzhäuser mit je 2 guten Zi., rustikal, aber ordentl.: 102/113/124 $ (ÜF); KK.

■ **Hotel de Lucía Inn** (1,1 km Abzw. rechts, Tel. 2645.5337, www.monteverdeinfo.com/hotel/de-lucia-inn): 18 schöne Zi., bp (WW), Balkon: 97/97/113 $; KK.

■ **Nidia Lodge** (1,1 km Abzw. rechts, Tel. 2645.5236): Rest.; 17 Zi.: ca. 51/68 $, Deluxe: ca. 68/85/97 $; KK.

■ **Monteverde Inn** (1,1 km Abzw. rechts, 900 m, Tel. 2645.5156): ältere Pension mit Rest., freundl. und hilfsbereit; 13 einf. Zi., bp: 30/45/63 $ p.P. (ÜF).

■ **Hotel Heliconia** (1,1 km links, Tel. 2645.5109, www.hotelheliconia.com): großes Hotel, Rest.service (19/19 $); 19 ordentl. Std.-Zi.: 98/104/133 $; 26 Junior Suites: 143/149/175 $, 4 Familiensuites: 158/170/198 $; KK.

■ **Hotel El Establo** (1,2 km links, Tel. 2645.5110, www.hotelelestablo.com): unpersönliche Luxushotel-Anlage mit Wellness-Bereich und Pool, Privatreservat; komfortable Zi. und Suiten ab 216/216/270 $; KK.

Mein Tipp: **Cabañas Los Pinos** (1,3 km links, Tel. 2645.5252, www.lospinos.net): gr. Anlage, Std. DZ: 85/85 $, priv. Häuser für 2–6 Pers., Haus m. Küche, 3 Schlafräume, 3 Bäder: 160–200 $, Haus für 3 Pers. m. Küche, TV: 125 $ – ideal für Familien und läng. Aufenthalte.

■ **Hotel de la Montaña Monteverde** (1,4 km rechts, Tel. 2645.5046, www.monteverdemountainhotel.com): Rest. (ME 17 $, AE 26 $), Sauna, Jacuzzi; Betongebäude, 2 Etagen: 42 ordentl. Zi., z.T. Ausblick: 78/90/95 $ (ÜF); KK.

■ **Hotel Belmar** (1,7 km Abzw. links, 500 m, Tel. 2645.5201, www.hotelbelmar.net): 2 gr. Holzhäuser im Chalet-Stil, gr. Garten, Rest., Bar; 34 angenehme Zi., bp u. Ausblick im Haupthaus: 214/214 $ (ÜF); Chalet-Zi.: 225/225 $ (ÜF); KK (+3 %).

Cordillera de Tilarán

- **Tree Top House** (ca. 2,2 km, Tel. 2645.6894): Haus auf 4 Ebenen, dt. Ltg.; 3 nett dekorierte Apart. (54–75 m²), z.T mit Küche: 95–105 $ (bis 4 Pers.).
- **Hotel El Bosque** (2,3 km Abzw. rechts, Tel. 2645.5158, www.bosquelodgecr.com): schöner Garten, Rest., 29 Zi., bp: 62/73/85 $; KK.
- **Hotel La Colina** (3,1 km rechts, Tel. 2645.5009, www.lacolinalodge.com): kl. Hotel, nettes Rest., US-Ltg.; gr. Holzhaus mit 4 einf. kl. Zi., bc: DZ 25 $ (ÜF); 7 Zi., bp: DZ 35 $ (ÜF), Camping: 8 $ p.P.
- **Cabinas Mariposa** (3,6 km links, Tel. 2645.5013, www.mariposabb.com): kl. Privatpension, freundlich; 6 einf. Zi., bp. 90/90/102 $ (ÜF).
- **Hotel Fonda Vela** (3,7 km rechts, Tel. 2645.5125, www.fondavela.com): schöne Anlage mit Bar, Rest./ 40 ordentl., helle Zi., bp, TV, Tel., Minibar, teilweise Ausblick: 119/136/153 $, Junior Suite: 158/181/198 $; KK.
- **Hotel Villa Verde** (3,9 km links, Tel. 2645.5025, www.monteverdeinfc.com/villa-verde): Rest.; 16 angenehme Zi., bp ab 70 $ (ÜF), 5 Villas mit Kamin ca. 106/106/125 $ (ÜF); KK (+10 $).
- **Trapp Family Lodge** (ca. 4,3 km rechts, Tel. 2645.5858, in D: 0861/165906, www.trapphotel monteverde.com): nette Lodge direkt am Eingang zum Reservat, Rest. (6/15/17 $); 26 große Zi. mit gutem Standard: 124/124/153 $; 7 schöne „Mountain Suites" mit KS und Badewanne: 141/141/170 $; KK.
- **Hospedaje Reserva Biológica Monteverde** (Eingang Reservat Monteverde, Tel. 2645.5122, www.reservamonteverde.com/hospedaje.html): renoviert; 7 Schlafräume (je 6–10 Pers.) mit bc: 81 $ p.P., Kinder: 44 $; inkl. Eintritt; KK.

Restaurants

Die Auswahl an Lokalen **im Zentrum Sta. Elenas** ist gering, es gibt aber einige Möglichkeiten, einfache typische Gerichte zu bekommen.

- **Restaurant Tree House** (Tel. 2645.5751): nettes Restaurant, um einen Baum herum gebaut, gute internat. Küche, aber teuer: Pasta, Pizza und lokale Gerichte ab 15 $, mexikan. Essen ab 12,50 $, Cocktails, Kaffeespezialitäten, tgl. 11–22 Uhr.
- **Morpho's Restaurant** (im OG, Tel. 2645.5607): nettes Lokal, gutes Essen (landestyp., Burger, Sandwiches, Tagesteller ab 11 $), tgl. 11–21.15 Uhr.
- **Restaurant Mar y Tierra** (Tel. 2645.6111): im OG über Bäckerei, wenig Charme, Gerichte ab 9 $, internat. Küche, tgl. 11–22 Uhr.
- **Restaurant El Marquéz** (Tel. 2645.5918): Reisgerichte, Pizza und Pasta ab 9 $, Fleischgerichte ab 15 Uhr; Mo–Sa 11–22 Uhr und So 17–22 Uhr.
- **Restaurant Maravilla** (gegenüber Bushaltestelle, Tel. 2645.56623): gute, günstige reg. Gerichte ab 7$, tgl. 7–21 Uhr, freundlich – Lesertipp!
- **Restaurant Sabor Tico** (am Sportplatz): landestyp. Essen, sehr lecker und günstig – Lesertipp!
- **Günstige einheim. Küche** bieten: **Restaurant Marilidi** (gegenüber Fußballplatz), **Restaurant El Tucán** (in *Cabinas El Tucán*) und **Restaurant Kiosko** (neben der Kirche).

An der Straße nach Monteverde liegen zahlreiche Restaurants (Entfernungen ab Sta. Elena):
- **Restaurant Don Miguel** (100 m links): Frühstück, einheimische Küche.
- **Restaurant Sapo Dorado** (750 m Abzw. links): angenehmes Lokal, nicht ganz billig.
- **Coffee House & Pizza D'Kary** (800 m links, Tel. 2645.6774): Pizza, Pasta ab 10 $, tgl. 12–21 Uhr.
- **Pizzeria de Johnny** (900 m rechts, Tel. 2645.5066): Pizza ab 11 $, Pasta ab 16 $, Fleischgerichte ab 21 $; gehob. Ambiente, tgl. 11.30–22 Uhr; KK.
- **Flor de Vida** (950 m rechts): veg. Rest.
- **Moon Shiva** (1 km rechts): orientalisches Essen, am Wochenende Live-Musik.
- **Restaurant Las Palmeras** (1 km rechts, Tel. 2645.5450): Pasta, Fleisch, tgl. 11–22 Uhr.
- **Restaurante de Lucia** (1,1 km Abzw. rechts, Tel. 2645.5337, 2645.6659, www.deluciamonteverde.com): sehr gute Fleisch- und Fischgerichte ab 17 $, mex. Vorspeisen, vegetarische Gerichte; tgl. 12–21 Uhr.

Cordillera de Tilarán

■ **Soda Cerro Verde** (1,7 km links vor Tankstelle): nettes Rest. mit landestyp. Küche, normale Preise.
■ **Pizzeria Tramonti** (2,3 km rechts, Tel. 2645.6120): Pizza und Pasta ab 8 $, Fisch- und Fleischgerichte ab 12 $, geöffnet tgl. 11.30–21.30 Uhr.
■ **Stella's Bakery & Coffee Shop** (2,4 km links): Kuchen etc. in Selbstbedienung, guter Platz zum Frühstücken (ab 6 Uhr), Garten.

Infos von A bis Z

■ **Auskunft:** Info-Büro neben Kirche (Tel. 2479.8811): 8–20 Uhr; im Internet: www.monteverdeinfo.com.
■ **Discos:** *Taberna Valverde Bar & Disco* (100 m Ri. Monteverde links, Tel. 2645.5157): tgl. 18–1 Uhr; *Bar Disco Unicornios* (am Fußballplatz): Karaoke.
■ **Einkaufen:** in Sta. Elena *Supermercado Super Compro,* tgl. 6–20 Uhr, So 8–14 Uhr; großes Einkaufszentrum auf dem Weg nach Cerroplano: *Megasuper* und einige Läden, Busstation und Ticket Office. Ein guter Tipp ist die *Bäckerei Jimenez* im Ortszentrum.
■ **Erste Hilfe:** *Clínica de Monteverde* (hinter dem Fußballplatz, Tel. 2645.5076), Mo–Fr 6–16 Uhr, kein Service am Sa und So! Im Notfall: Rotes Kreuz (Tel. 2645.6128, Notruf 128). Ärztin: *Dr. Ileana Floravanti* (Tel. 2645.6264, im Notfall: 2296.2626), Praxis neben Post, Sprechzeiten: Mo–Fr 6–20 Uhr, englischsprachig; Apotheke (südlich neben *Morpho's Restaurant* und im Kaufhaus VITOSI im Zentrum von Sta. Elena, englisch- und deutschsprachig). In Cerroplano, gegenüber vom Hotel Heliconia, ist eine ärztliche Notfallstation, die rund um die Uhr und auch Sa/So tel. erreichbar ist. Betreuung durch einen Arzt der Clinica (Tel. 2645.7778).
■ **Friseur:** bei *Cabinas Edy,* ca. 3–4 $.
■ **Geldwechsel:** *Banco Nacional* in Sta. Elena, Mo–Fr 8.30–15.45 Uhr und Sa 8–13 Uhr; Geldautomat gegenüber *El Establo* (MC, VISA) und neben *Coopemex* (neben *Consejo Municipal;* MC, VISA); *Hotel Camino Verde* und im *Supermercado La Esperanza.* Derzeit (noch) kein Bancomat für Maestro-Karten. *Banco de Costa Rica* neben *Banco Nacional,* in Cerroplano neben der Einfahrt zum *Hotel Sapo Dorado,* Geldautomat; *Banco Popular* unterhalb des Orchideengartens Santa Elena, Geldautomat.
■ **Internet:** *Internetcafé Tranquilo* (südl. Ortseingang, Tel. 2645.6782), neben der Polizei (jeweils ca. 3 $/Std.) sowie im Ortszentrum neben Bäckerei *Jimenez* (2 $/Std.) und im *Hotel Camino Verde.*
■ **Kunsthandwerk:** *Mercado de Artesanía CASEM* (2,4 km rechts, Tel. 2645.5190, www.monteverdeinfo.com/casem), Mo–Sa 8–17 Uhr und So 10–16 Uhr. 75 % des Verkaufspreises geht an die Hersteller, neben kunsthandwerklichen Artikeln aus der Region ist auch Kaffee aus Monteverde im Angebot. Hier kann man auch gut und günstig zu Mittag essen.
■ **Pferdetouren:** alle Preise inkl. Guide: *Sabine's Smiling Horses* (Tel. 2645.6894 oder 8385.2424, www.horseback-riding-tour.com): tierfreundl. Reittouren, deutschsprachig, 2½ Std.: 38 $, Tour mit Wasserfällen: 3 Std./45 $; *Caballeriza El Rodeo* (Tel. 2645.6306, 100 m nach Sabine): 30 $/1½ Std., Sonnenuntergangstour: 2 Std./35 $, San-Luis-Wasserfall: 6–7 Std./70 $, Nachttour: 3 Std./50 $, empfehlenswert; *Caballeriza Hipolito* (Tel. 2645.5656): auf einer Finca in La Lindora, 4 km vor Santa Elena, Tour 3 Std./25 $, San-Luis-Wasserfall: 5 Std./60 $; *Leonel Quesada* (Tel. 2645.5354, am Mirador): 1 Std./12 $, Tour 2 Std./20 $; außerdem: *La Estrella* (Sta. Elena, ggü. Pensión Sta. Elena, Tel. 2645.5075); bei *Cabañas Los Pinos* (1,3 km links); *MEG's Riding Stable* (2,3 km links ggü. Hotel El Bosque, Tel. 2645.5560); *Hotel Fonda Vela* (3,6 km rechts).
■ **Polizei:** im früheren *Hotel Sunkiss* (Tel. 2645.7074) oder Notfall 9111.
■ **Post:** Tel. 2645.5952, Mo–Fr 8–16 Uhr.
■ **Sprachschule:** *CPI* (1,6 km links), Tel. 2645.5441, www.cpi-edu.com.
■ **Tankstelle:** 1,7 km Ri. Monteverde; Tankstelle in Los Llanos, an der Hauptstraße Richtung Guacimal/Sardinal/Lagarto, 1½ km vom Zentrum Santa

Elena. Tankstellen in Tilarán, Las Juntas oder an der Interamericana.
- **Taxi:** Allradtaxis ab Ortszentrum (Tel. 2645.6969, 2645.6262), Fahrpreis zum Reservat Monteverde: 9 $, zum Reservat Sta. Elena: 10 $.
- **Wäscherei:** *Laundromat Chunches* (gegenüber der Pension Sta. Elena, Tel. 2645.5147), *Lavanderia La Amistad* (vor Johnny's Pizzeria, Tel. 2645.5504): Mo–Sa 6–20 Uhr; Wäscheservice auch in den meisten Pensionen.

Busverbindungen

Die Verbindung mit öffentlichen Bussen ist beschränkt, nach San José gibt es nur zwei Verbindungen pro Tag. Es ist daher ratsam, sich frühzeitig Tickets zu besorgen (Büro gegenüber Hotel Camino Verde).

- **Abfahrtsstelle** am neuen Einkaufszentrum *Centro Comercio de Monteverde*, dort befindet sich auch das Ticket Office (Tel. 2645.7447 oder 8765.6774).
- **Infos** bei *Auto Transportes Tilarán* (Tel. 2645.5159 und 2222.3854).
- **San José:** tgl. 6.30 und 14.30 Uhr; Fahrzeit ca. 5 Std., Preis: ca. 5 $; sonst über Puntarenas; *Interbus* (s.u.).
- **Fortuna:** *Interbus* (s.u.); „Taxi/Boot/Taxi" (Kleinbus zum Río Chiquito, Boot über den Arenalsee zur Staumauer, Kleinbus nach Fortuna): tgl. 13.30 Uhr, 30 $ p.P., Veranstalter u.a.: Desafio (Tel. 2645.5874, www.monteverdetours.com); Infos und Buchungen im Hotel Camino Verde sowie bei allen Hotels.
- **Puntarenas:** tgl. 4.20, 6 und 15 Uhr (über Las Juntas), Fahrzeit ca. 3 Std., Preis: ca. 2,50 $ (Trans-Monteverde, Tel. 2645.5159).
- **Tilarán:** tgl. 4 und 12.30 Uhr, Abfahrt bei der Banco Nacional, Fahrzeit ca. 2½ Std., Preis: ca. 2 $.
- **Las Juntas:** tgl. 4.30 und 15 Uhr, Fahrzeit ca. 2 Std., Preis: ca. 2 $.
- **Liberia:** keine Direktverbindung, mit dem Bus nach San José oder Puntarenas bis zur Interamericana fahren, dort auf Anschluss warten, oder mit *Interbus* (s.u.).
- Die private Busfirma **Interbus** fährt mit Kleinbussen (Abholung am Hotel) tgl. 8.30 und 13.30 Uhr nach San José (4½ Std., 36 $, nachm. 40 $) sowie 13.30 Uhr nach Fortuna (4 Std., 30 $); 9.30 Uhr nach Playas del Coco, Playa Hermosa und Playa Tamarindo (4–5 Std., 50 $), 8.30 Uhr über Puntarenas nach Montezuma (3½ bzw. 5 Std., 50 $), 8.30 Uhr über Jacó nach Manuel Antonio (3½ bzw. 4 Std., 50 $). Weitere Infos: www.interbusonline.com.
- Privater **Shuttlebus** zum Reservat Sta. Elena und Reservat Monteverde (siehe dort)

Weiterreise: Pferdetour

Eine denkbare Alternative für die (mit öffentlichen Bussen sehr umständliche) Weiterreise nach Fortuna/Vulkan Arenal ist eine Tagestour mit Pferd, wie sie ab San Gerardo angeboten wird. Diese anstrengende „Expedition" dauert ca. 5 Std. und sollte aus Rücksicht auf die Pferde nur in der Trockenzeit oder besser gar nicht (!) unternommen werden.

Kosten: ca. 80 $ p.P. (inkl. Bootsfahrt und Taxi nach Fortuna), Packpferd 30 $; Auskunft und Buchung bei den Reitställen (s.o. „Pferdetouren").

Privatreservat Monteverde

(Reserva Biológica Bosque Nuboso Monteverde)

- **Fläche:** ca. 3600 ha
- **Höhe:** ca. 900 m–1680 m
- **Durchschnittstemperatur:** 16–18 °C
- **Niederschlag:** 2460 mm/Jahr
- **Geöffnet:** tgl. 7–16 Uhr (max. 120 Pers.)
- **Eintritt:** 17 $; Kinder, Schüler u. Stud. 9 $; Guide-Service: span. und engl., 17 $ p.P./2½ Std., Gummistiefel- und Fernglas-Verleih, Laden, Snack-Bar, Restaurant

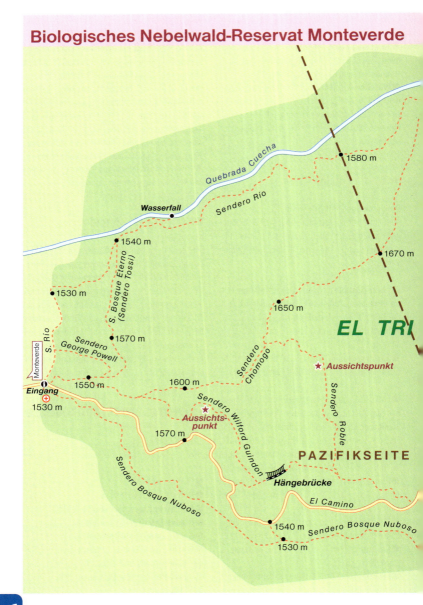

Cordillera de Tilarán

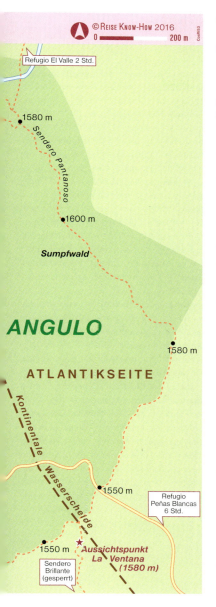

- **Unterkunft:** Hospedaje am Eingang, einfache Schutzhütten im Reservat (Anmeldung!)
- **Anfahrt:** Shuttlebus ab *Banco Nacional:* Mo–Sa 6, 7.30, 9.30, 11.30 und 13 Uhr (zurück 6.40, 8, 10.40, 12 und 13.50 Uhr), Preis: 0,80 $, Info: Tel. 2645.5159
- **Info:** Tel. 2645.5122, 2645.5564
- **Hinweis:** Während der Hochsaison (Dez.–April) ist es ratsam, sich früh zum Reservat zu begeben, da sich Warteschlangen bilden: Die **Besucherzahl** ist auf 120 begrenzt.

Von den zahlreichen privaten Naturreservaten des Landes ist dieses wohl mit Abstand **das bekannteste und meistbesuchte** (rund 30.000 Besucher im Jahr). Vor allem Amerikaner, aber auch viele Europäer kommen hierher, um einmal im Nebelwald zu wandern und mit etwas Glück sogar den sagenhaften Quetzal zu sehen, der wohl zu den schönsten Vogelarten der Welt zählt.

1972 gründeten die beiden amerikanischen Wissenschaftler *George* und *Harriet Powell* zusammen mit dem Quäker *Wilford Guindon* hier auf einer Fläche von 328 ha ein Tierschutzgebiet, das später vom Centro Científico Tropical übernommen wurde, einem 1962 gegründeten Privatverband von Wissenschaftlern zur Erhaltung und Erforschung des tropischen Regenwaldes. 1975 wurde dieses Gebiet mit dem 554 ha großen Wasserschutzgebiet der Gemeinde zusammengeschlossen, das Mitte der 1960er Jahre von der Quäkergemeinschaft als *Bosque Eterno* gegründet wurde. Mit Hilfe der *Monteverde Conservation League* konnten weitere Flächen hinzugefügt werden, sodass das Reservat heute rund 3600 ha zählt, umgeben von weiteren Schutzgebieten (Forstreservate, Reservat Sta. Elena etc).

Der Göttervogel Quetzal

Schon bei den Mayas und Azteken wurde der Quetzal, die bekannteste und farbenprächtigste Art aus der Famlie der Trogone, als Göttervogel verehrt. Seine Federn waren Symbol höchster Macht und schmückten die Federkrone des Aztekenherrschers **Montezuma**, deren Original sich heute in Wien befindet. Der Quetzal ist der **Nationalvogel Guatemalas,** wo sogar die Landeswährung nach ihm benannt ist.

Der legendäre Vogel lebt ausschließlich in den Gebirgswäldern Mittelamerikas, **sein Verbreitungsgebiet reicht vom südlichen Mexiko bis nach Panama.** In Südamerika gibt es eine ähnliche Art, den Pfauentrogon. Durch die schonungslose Verfolgung durch den Menschen, der es auf seine langen, wunderschönen Schwanzfedern abgesehen hat, die bis über 1 m lang werden können, und die voranschreitende Vernichtung seines Lebensraumes ist der Quetzal heute nur noch selten anzutreffen. Nur in schwer zugänglichen Gebirgswäldern bis in fast 3000 m Höhe und in Schutzgebieten hat er einige Rückzugsgebiete gefunden.

Das **Federkleid** des Quetzal ist überwiegend schillernd grün, die Bauchpartie ist rot, der Schnabel gelb. Er ernährt sich bevorzugt von den Samenkörnern des Wilden Avocado *(Nectandra sanguinea)*, einer Baumart, die in Costa Rica als *ira rosa* oder *aguacatillo* bekannt ist. Wie alle Trogone brütet der Quetzal in Baumhöhlen, die er zwischen 4 und 20 m Höhe in morschen Baumstämmen anlegt. Die **Brutzeit** fällt auf die Trockenmonate (März, April, in Costa Rica wurden zwei Bruten pro Jahr beobachtet), besonders eindrucksvoll ist dann der Balzflug des Männchens. Die übrige Zeit verbringen die Tiere oft in kleinen Gruppen in tieferen Lagen (ca. 1000 bis 1400 m Höhe). Das Weibchen legt meist zwei hellblaue Eier, die etwa 35 x 30 mm groß sind und abwechselnd bebrütet werden (Weibchen nachts und mittags, Männchen vormittags und nachmittags).

Die Jungen schlüpfen nach 17 bis 18 Tagen; sie sind zunächst nackt und blind. Die Augen öffnen sich erst nach einer Woche, nach zwei Wochen sind die **Küken** bis auf den Kopf mit Federn bedeckt. In den ersten Tagen werden sie fast ausschließlich mit Insekten gefüttert, später bekommen sie auch Früchte, kleine Frösche und Eidechsen. Erwachsene Tiere dagegen ernähren sich überwiegend von Früchten. Die Jungen bleiben bis zu einem Monat im Nest, und selbst nachdem sie flugfähig sind, bleiben sie noch längere Zeit bei den Eltern. Die schöne Färbung der Federn entwickelt sich nur langsam, die Schwanzfedern der Männchen erreichen erst nach etwa drei Jahren ihre volle Länge.

Die besten Chancen, in Costa Rica einen Quetzal zu sehen, hat man in den Nebelwäldern am Cerro de la Muerte, südlich von Cartago, und in der Cordillera de Tilarán, speziell in den Reservaten Monteverde und Sta. Elena. Vor allem braucht man Geduld und ein gutes Auge, denn die Tiere sind gut getarnt und sitzen oft lange Zeit regungslos auf einem Ast. Hat man andererseits eines der seltenen Tiere erspäht, kann man es dafür um so länger bewundern!

Das Reservat liegt genau auf der kontinentalen Wasserscheide, wird also klimatisch von der atlantischen (= karibischen) wie der pazifischen Seite beeinflusst. Die Folge sind **drastische Klima-Umschwünge** innerhalb kurzer Zeit und eine relativ **hohe Niederschlagsmenge.** Viele Flüsse entspringen hier und bilden Wasserfälle, die meisten sind Nebenflüsse des Río Peñas Blancas, der zum karibischen Meer entwässert. Auf der pazifischen Seite fällt während der Trockenzeit (Dez.–April) wenig Niederschlag, während die Karibikseite unter permanentem Einfluss des Nordost-Passats steht.

Flora und Fauna

Im tropischen Nebelwald von Monteverde leben etwa **2500 Pflanzenarten** an unterschiedlichsten Standorten: Während an exponierten Stellen, die Wind und Wetter ausgesetzt sind, die Pflanzen verkümmert sind und Zwergenwuchs aufweisen, erreichen die Bäume in geschützten Wäldern enorme Höhen und sind behangen mit Orchideen, Bromelien, Kletterpflanzen, Farnen und Moosen. In Gebieten mit schlechtem Wasserablauf bilden sich Sumpfwälder. Auf einem Rundgang sieht man bis zu 12 m hohe Baumfarne und zahlreiche Blütenpflanzen, die oft von **Kolibris** bestäubt werden.

Über 100 Arten **Säugetiere** wurden bisher beobachtet beispielsweise Jaguar, Puma, Ozelot, Brüll- und Kapuzineraffe, Tapir, Makibär, Opossum, Halsbandpekari und Faultiere. Diese Tiere leben allerdings vorwiegend in abgelegenen und unzugänglichen Teilen des Reservats.

Von den über 400 **Vogelarten** ist der **Quetzal** wohl die bekannteste. Vor allem von März bis Mai (Brutzeit April und Mai) sichtbar, wandert er während der Regenzeit in tiefere Lagen. Daneben gibt es andere Trogons, Baumhühner, den Glockenvogel und zahlreiche Kolibris.

Unter den über 120 Arten von Reptilien und Amphibien ist die **Goldkröte** *(Sapo Dorado)* bemerkenswert. Diese erst 1964 entdeckte Art ist ende-

> Mehr als nur ein Vogel: der Quetzal

Cordillera de Tilarán

misch für die Region, wurde aber seit 1988 nicht mehr gesichtet, das Tier gilt inzwischen als ausgestorben.

Wanderwege

Nur ein kleiner Teil des riesigen Reservates wird regelmäßig von Touristen besucht. Auf diesem etwa 2 x 2,5 km großen Areal, bekannt als **El Triangulo** („Das Dreieck"), wurden einige schöne Wanderwege angelegt, die mit Holzscheiben ausgelegt sind. Jeder Besucher erhält am Eingang eine Karte, auf der die Wanderwege eingezeichnet sind. Empfehlenswert ist ein Rundweg über die Wanderwege Bosque Nuboso, Pantanoso und Río (ca. 6 km). Neueren Datums ist eine Hängebrücke mit etwa 100 m Länge.

Außerdem gibt es die Möglichkeit, mehrtägige Wanderungen zu unternehmen und in einfachen Schutzhütten zu übernachten.

Sendero Bosque Nuboso

1,9 km, Gehzeit 45–60 Min., leicht/mittel, schattig, Lehrpfad (engl. Broschüre am Eingang, 300 C.), schmaler Weg, gut befestigt mit Holzscheiben, gegen Ende leichte Steigung. Zu sehen sind Würgefeigen, Baumfarne, Blütenpflanzen und eventuell der Quetzal.

Sendero Brillante

Am Ende des o.g. Weges nach rechts erreicht man nach 300 m einen schönen Aussichtspunkt *(La Ventana)*. Der Weg ist über diesen Punkt hinaus gesperrt.

El Camino

2 km, leicht, Gehzeit 30–45 Min., breiter Weg, stellenweise matschig, nur teilw. schattig. Man sieht Schmetterlinge und Vögel, mit etwas Glück auch Affen, Pekaris und den Schwarzbauchguan.

Sendero Pantanoso

1,4 km, schöner Weg, z.T. durch dichten Wald und Sumpfgebiet, mit Holzstegen gut befestigt: Magnolien, Pflanzen mit Stelzwurzeln und die Steineibe, die einzige Nadelholzart im Reservat.

Sendero Chomogo

1,8 km mit Steigungen, daher anstrengend, gutes Schuhwerk (Gummistiefel) ist empfehlenswert. Zu sehen sind Eiche, Bambus, Heliconien, Orchideen, Kolibris, Pekaris, manchmal Tapirspuren. Es gibt einen neuen Verbindungsweg zum El Camino mit einer Hängebrücke.

Sendero Río

2,5 km, lohnenswert, vom Eingang zunächst durch Sekundärwald, Abzweig zu einem Wasserfall, danach leichte Steigung. Zu sehen sind Pochote- sowie Lauraceae-Bäume, deren Früchte die Nahrung für den Quetzal sind.

Sendero Georg Powell

Kleiner Rundweg (ca. 400 m) für Besucher ohne Zeit: Trogone und andere Vogelarten.

Sendero Bosque Eterno (Tossi)

900 m, bildet zusammen mit einem Teil des Sendero Río einen kleinen Rundweg (ca. 1,7 km inkl. Wasserfall): Zu sehen sind Laucharassis (Grüner Tukan), Schwarzbauchguane sowie evtl. Pekaris und Affen.

Außerdem besteht die Möglichkeit, in den **tiefer liegenden Teil des Reservats**

□ Übersichtskarte S. 268, Karten S. 280, 286

zu wandern: In Verlängerung des *El Camino* führt ein Weg in das Tal des Río Peñas Blancas (ca. 5–5 Std. ab Eingang). Übernachten kann man in einfachen Schutzhütten, einen Schlafsack und Verpflegung sollte man dabeihaben. Wer über gute Kondition verfügt, kann auch eine Tageswanderung machen: Am Ende des Sendero Pantanoso führt der Sendero El Valle zu einem schönen Wasserfall und trifft bei La Lecna auf den o.g. Weg im Tal des Río Peñas Blancas. Nähere Auskünfte und Anmeldung am Eingang.

Nebelwaldreservat Santa Elena

■ **Fläche:** 319 ha (davon 80 % Primärwald)
■ **Geöffnet:** tgl. 7–16 Uhr
■ **Eintritt:** 14 $, Stud./Kinder (8–14 J.): 7 $, Ki. (bis 8 J.) frei, Guide: 15 $ p.F. (ca. 3 Std.): 7.30, 11.30 Uhr
■ **Info:** Tel. 2645.5390 oder 2645.7107, www.reservasantaelena.org
■ **Anfahrt:** Von Sta. Elena Richtung Tilarán, nach ca. 1 km Abzw. rechts, nach 2 km Abzw. rechts (schlechte Strecke); Shuttlebus ab Sta. Elena (Abholung am Hotel), Reservierung erforderlich (Tel. 2645.5159); tgl. 6.30 10.30 und 12.30 Uhr (Rückfahrt 11, 13 und 16 Uhr), Preis: ca. 2 $ p.P.
■ **Sonstiges:** Gummistiefel-Verleih, Ausstellungsraum, einfache Cafeteria

Inspiriert durch den Erfolg des Monteverde-Reservates eröffnete Anfang der 1990er Jahre dieses Reservat, das etwas höher liegt und kleiner ist als Monteverde. Auch wenn dieses Nebelwaldreservat immer bekannter wird, kommen bislang weit weniger Besucher als in den „großen Bruder"; es stellt somit eine gute Alternative dar, zumal man nur von hier einen Blick zum Vulkan Arenal hat (entsprechendes Wetter vorausgesetzt).

Das Land, auf dem sich das Reservat befindet, ist im **Besitz des Staates,** geleitet von einer **Stiftung** *(Centro Ecológico Bosque Nuboso de Monteverde),* die u.a. getragen wird von der landwirtschaftlichen Schule von Sta. Elena, deren Elternvertretung und der Gemeinde von Puntarenas. Die Ziele der Stiftung: Erhalt des Nebelwaldes, Förderung der ökologischen Bildung an lokalen Schulen, Schaffung eines Forschungsortes für Studenten. Mit Eintrittsgeldern und Spenden soll weiteres Land hinzugekauft werden.

△ Spaziergang durch den Nebelwald

Flora und Fauna

Die Tier- und Pflanzenwelt stimmt im Wesentlichen überein mit der im Reservat Monteverde – mit der Ausnahme von Klammeraffen, die man hier antreffen kann. Durch die niedrigeren Besucherzahlen hat man eine größere Chance, Vögel zu beobachten – auch der Quetzal lebt im Reservat.

Wanderwege

Auf einem Areal von etwa 1,4 x 1,6 km gibt es **vier angelegte Wanderwege** (zwischen 1,4 und 4,8 km lang, zusammen über 9 km). Am Eingang erhält jeder Besucher eine Karte, auf der die Wege eingezeichnet sind. Alle Wege sind schattig, nach Regen sind Gummistiefel unbedingt zu empfehlen.

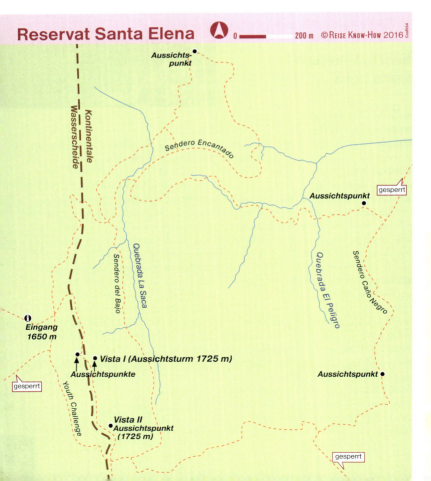

Youth Challenge
Rundweg (1,4 km), leicht/mittel, Höhenunterschied ca. 100 m, Gehzeit 30–45 Min. Dieser schöne Rundweg zu beiden Seiten der kontinentalen Wasserscheide führt durch Sekundär- und Primärwald. Es gibt zwei Aussichtspunkte, vor allem von Vista II hat man bei gutem Wetter einen schönen Blick zum Arenal.

Sendero del Bajo
1,8 km, leicht/mittel, teilweise Steigungen, meist mit Holzscheiben befestigt. Der Weg führt durch Sekundärwald (seit 1977 bzw. 1981) und durch dichten Primärwald entlang eines kleinen Flusses. Man sieht z.T. riesige Baumfarne, mit etwas Glück kann man einen Quetzal entdecken.

Sendero Caño Negro
Großer Rundweg (3,8 km, ges. 5,3 km von/bis Info-Zentrum), ca. 1½–2 Std., nicht so gut angelegt wie Sendero del Bajo, mehrere Steigungen (anstrengend!), schattig, mehrere Aussichtspunkte zum Arenal-Vulkan (Gummistiefel empfehlenswert).

Sendero Encantado
Rundweg 2,8 km, mittel/anstrengend, leichte Steigungen. Dieser Weg ist gut begehbar. Hier sieht man die höchsten Bäume, an einem Aussichtspunkt kann man zum Vulkan Arenal schauen. Auf dem nur gering frequentierten Weg wurde mehrmals ein Puma gesichtet.

Brücken und Canopy

Sky Walk/Sky Trek

Der einfache Weg in die Baumkronenregion: per Drahtseil von Plattform zu Plattform. Diese Top-Attraktion im Raum Monteverde ist eine gute Alternative zur überteuerten Seilbahn bei Guápiles, obwohl sich inzwischen auch hier

Sky Walk

Der ewige Wald der Kinder

1987 sammelte eine **Gruppe von schwedischen Kindern,** die über den weltweiten Verlust von tropischem Regenwald besorgt waren, Gelder zum Kauf und Schutz von Forstgebieten bei Monteverde, die sie an die *Asociación Conservacionista de Monteverde* schickten, einer 1986 gegründeten, gemeinnützigen Organisation, mit dem Ziel, den bedrohten Regenwald der Region Monteverde zu bewahren. Bald folgten Kinder aus England, den USA, Deutschland und Japan ihrem Beispiel, und der Traum des internationalen Kinder-Regenwaldes wurde Wirklichkeit.

1992 konnte man die Forstgebiete zu einem 13.285 ha großen Reservat zusammenschließen, welches das Reservat Monteverde umfasst: Der **Bosque Eterno de los Niños** war geboren. Das Gebiet reicht von 700 m bis 1507 m Höhe, der jährliche Niederschlag liegt bei etwa 3000 mm. Zahlreiche Flüsse durchfließen den „Kinderwald", u.a der Río Peñas Blancas, Río La Esperanza, Río Aguas Gatas, Río La Tigra und Río Caño Negro.

1994 wurde im Sektor San Gerardo eine **biologische Station für Wissenschaftler und Studenten** mit Unterkunftsmöglichkeiten, Forschungsräumen und Waldwegen eröffnet.

■ **Informationen:** *Asociación Conservacionista de Monteverde,* 1,7 km Richtung Monteverde links (vor Tankstelle), Tel. 2645.5003, www.acmcr.org.

die Besucher zu manchen Zeiten drängen. Auf einem 2 km langen Rundweg durch ein Privatreservat (228 ha) überquert man 6 **Hängebrücken,** die bis zu 42 m über dem Urwaldboden schweben (Die neueste Brücke ist 250 m lang). So bekommt man einen guten Eindruck über das Leben in der Baumkronenregion des tropischen Regenwaldes. Außerdem wird eine **Canopy-Tour** (Sky Trek) angeboten mit Stahlgerüsten anstatt Baumplattformen, die mit elf Stahlseilen von 190 bis 700 m Länge verbunden sind. Eine Plattform mit einem 360°-Rundblick, eine 90 m lange Hängebrücke und ein 2,3 km langer Wanderweg ergänzen das Angebot.

■ **Geöffnet:** tgl. 7–16 Uhr
■ **Eintritt:** Sky Walk Tour tgl. 7.30, 9.30, 11.30 und 13.30 (2–2½ Std.): 25 $, Studenten 24 $, Kinder bis 12 Jahre 19 $. Sky-Trek- und Sky-Tram-Touren tgl. 7.30, 9.30, 11.30 und 13.30 Uhr (2½ Std.): 60 $, Studenten 48 $, Kinder 38 $
■ **Info:** Tel. 2645.5238, 2645.5796, www.skytrek.com
■ **Anfahrt:** Richtung Reservat Santa Elena, der Eingang liegt etwa 3 km vorher an der Straße (ausgeschildert)

Selvatura

Ebenfalls mit einer **Canopy-Tour** lockt man hier an der Straße zum Reservat Sta. Elena mit 15 Kabeln und 19 Plattformen. Außerdem gibt es einen Schmetterlingsgarten, ein Herpetarium (Reptilien und Amphibien) und ein **Hängebrücken-System:** gepflegte Anlage mit Rundweg 3 km über acht Hängebrücken bis 170 m Länge – eine interessante Alternative zum „Sky Walk".

Cordillera de Tilarán

- **Geöffnet:** tgl. ab 7 Uhr. Touren tgl. 8, 10.30, 12.30 und 14.30 Uhr (2½ Std.)
- **Eintritt:** 30 $, Studenten 20 $, Kinder 15 $; Canopy Tour 51 $, Studenten 45 $, Kinder 34 $, Kombi Hängebrücken & Canopy 70 $; Schmetterlingsgarten 15 $, Kolibrigalerie 5 $, Herpetarium 15 $, „Nature history walk" (Führung) 45 $
- **Info:** Tel. 2645.5929, www.selvatura.com
- **Anfahrt:** ca. 500 Meter vor dem Eingang zum Reservat Santa Elena

Aventura-Canopy und Hanging Bridges

An der Straße nach Las Nubes/Tilarán liegt diese Canopy-Attraktion mit 16 Kabeln und Wanderwegen. Außerdem gibt es die Aventura Hanging Bridges, ein System mit acht Brücken bis zu 250 m Länge.

- **Geöffnet:** Hanging Bridges: 8–15 Uhr, Führungen 8, 11, 13 und 15 Uhr; Canopy-Touren: 8, 11, 13 und 15 Uhr, Dauer 2 Std.
- **Eintritt:** Hanging Bridges: ca. 30 $ mit Führer, Canopy: ca. 45 $
- **Info:** Tel. 2645.6959 od 2645.6388, www.monteverdeadventure.com

Original Canopy Tour

Das erste Canopy-System in Monteverde (und eines der ersten überhaupt) ist heute nur noch eines von vielen – 15 Kabel, 13 Plattformen, ein „Rappel".

- **Touren:** tgl. 7.30, 10.30 und 14.30 Uhr (2–2½ Std.)
- **Eintritt:** 45 $, Stud. 35 $, Kinder (5–12 J.) 25 $
- **Info:** Tel. 2645.5243, in San José: 2291.4465, www.canopytour.com

Pflanzen und Tiere

Orchideengarten
(Proyecto de Investigación Orquídeas de Monteverde)

Dieses **Orchideen-Forschungsprojekt**, das inzwischen in den Ort Sta. Elena verlegt wurde, zeigt über 425 Arten, darunter auch die kleinste Orchideenart der Welt.

- **Geöffnet:** tgl. 8–16 Uhr
- **Eintritt:** 10 $, Stud. 7 $, Kinder bis 12 J. frei
- **Info:** Tel. 2645.5308, www.monteverdeorchidgarden.com
- **Lage:** im Ortszentrum von Sta. Elena

Orchideengarten San Bosco

Dieser Orchideengarten liegt an der Straße nach Las Nubes/Tilarán (2,5 km): ruhige Lage, als Spazierweg angelegt. Zu besichtigen gibt es 500 Orchideenarten und einen Bromeliengarten.

- **Geöffnet:** tgl. 7–16 Uhr
- **Eintritt:** mit Führung: 8 $, Stud. und Kinder 5 $
- **Info:** Tel. 2645.6410 oder 8387.9142

Serpentario

Diese kleine, aber feine Sammlung von einheimischen **Schlangen** und anderen Reptilien und Fröschen wurde von den Betreibern des Reservates Sta. Elena eingerichtet. Zu sehen sind u.a. Korallenschlangen, Lanzenottern und eine *Boa constrictor*.

- **Geöffnet:** tgl. 8–20 Uhr
- **Eintritt:** 8 $, Studenten 6 $, Kinder 5 $

- **Info:** Tel. 2645.6002
- **Anfahrt:** 150 m Ri. Monteverde links (nach Restaurant Finca Valverde)

Ranario/Mariposario

Ein schön angelegtes Terrarium mit **Fröschen,** Kröten etc. südlich von Santa Elena, inzwischen auch mit Schmetterlingen. Im Angebot ist auch eine kleine **Canopy-Tour** (für Einsteiger) mit 9 Kabeln, 2 Rappel und einem Tarzan-Swing: 35 $ p.P., keine Ermäßigung für Studenten oder Kinder. Touren: 9, 11, 13 und 15 Uhr.

- **Geöffnet:** tgl. 9–20.30 Uhr
- **Eintritt:** 12 $, Stud. 10 $
- **Info:** Tel. 2645.6320

Santuario Ecológico Monteverde

Eine Garantie, wild lebende Tiere zu sehen, gibt es auch hier in der früheren Öko-Farm nicht – aber doch eine hohe Wahrscheinlichkeit. Wer mit offenen Augen auf einem der **vier angelegten Wege** wandert, entdeckt mit etwas Glück Kapuzineraffen, Faultiere, Nasenbären, Agutis, Stachelschweine und andere Säugetiere. Mit Sicherheit sieht man zahlreiche Vögel, u.a. leben hier Tukane, Glockenvögel und Motmots.

Am Eingang erhält man eine Karte, auf der die einzelnen Wege verzeichnet sind, die etwa je zur Hälfte durch Primär- und Sekundärwald und teilweise auch durch Kaffee- und Bananenpflanzungen führen. Die Gehzeit beträgt je nach Weg zwischen 30 Min. und 1½ Std.; geführte Wanderungen.

- **Geöffnet:** tgl. 7–17.30 Uhr
- **Eintritt:** 12 $ (Stud. 10 $), mit Guide 27 $
- **Nachttour:** 17.30–19.30 Uhr, 25 $
- **Info:** Tel. 8824.8017 od. 2645.5869
- **Anfahrt:** Abzw. rechts 1 km Ri. Monteverde

Paseo de Stella – Bat Jungle

Obwohl es in Costa Rica über 100 **Fledermausarten** gibt, bekommt man die scheuen und meist nachtaktiven Flattertiere nur selten zu Gesicht. Nach einer Erklärung an Schautafeln hat man hier die Gelegenheit, die Tiere im Rahmen einer guten Führung „live" zu sehen (die Tiere sind nur vorübergehende Gäste und werden nach einer Zeit wieder ausgewildert). Anschließend kann man sich einen Film mit schönen Aufnahmen aus dem Leben der Fledermäuse ansehen. Empfehlenswert!

- **Geöffnet:** tägl. 9.30–20.30 Uhr
- **Eintritt:** 8 $, Studenten 6 $, inkl. Führung (ca. 1½ Std.)
- **Info:** Tel. 2645.6566, http://sites.google.com/site/rwcarlson
- **Anfahrt:** gegenüber des Hotel El Bosque (2,3 km Ri. Monteverde-Reservat Abzw. rechts)

Kolibri-Galerie
(Hummingbird Gallery)

Diese Ausstellung außergewöhnlicher Natur-Fotografien der Briten *Michael* und *Patricia Fodgen* ist sehenswert. Abzüge stehen als Postkarten und in größerem Format zum Verkauf.

Nebenan findet tgl. um 9.30 und 16.30 Uhr eine englischsprachige **Diashow** über die Natur der Region statt

(Eintritt ca. 500 C.). Vor der Galerie sind mehrere Futterschalen mit Zuckerwasser aufgehängt, um so eine Vielzahl von Kolibris anzulocken (eine gute Möglichkeit, Fotos zu machen), allerdings für die Umwelt nachweislich negativ, da die Tiere so weniger Blüten bestäuben.

- **Geöffnet:** tgl. 7–16 Uhr
- **Anfahrt:** kurz vor Reservat Monteverde links

Selvatura Butterfly Garden

Der **größte Schmetterlingspark in Zentralamerika** befindet sich im Selvatura-Komplex (s.o.): eine beheizte (!) Riesen-Tennishalle mit vielen Wegen und einer Plattform, wo man alles übersehen kann.

- **Eintritt:** 15 $
- **Info:** www.selvatura.com

Schmetterlingsgarten
(Jardín de Mariposas)

Im Gegensatz zu anderen ähnlichen Einrichtungen dient der Schmetterlings-Garten von Monteverde ausschließlich **Bildungszwecken,** es werden keine Schmetterlingspuppen exportiert. Rund 550 Spezies gibt es, immerhin fast die Hälfte aller in Costa Rica vorkommenden Arten.

Die beste Zeit für einen Besuch ist **gegen Mittag** (ca. 10–14 Uhr), dann kann man Hunderte von aktiven Tieren beobachten. Eine etwa einstündige Tour mit engagierten Erklärungen in Spanisch oder Englisch (eine deutschsprachige Broschüre ist in Vorbereitung) führt durch mehrere Freifluggehege, die jeweils einen anderen Lebensraum repräsentieren. Etwas veraltet, aber gute Führungen.

- **Geöffnet:** tgl. 9.30–16 Uhr
- **Eintritt:** 15 $ (inkl. Tour), Studenten 13 $, Kinder 10 $
- **Info:** Tel. 2645.5512
- **Anfahrt:** 1,1 km Richtung Monteverde, Abzw. rechts, dann 700 m (ausgeschildert)

Jewels of the Rainforest

Diese inzwischen berühmte **Insektensammlung** von *Richard Whitten* ist nach längerer Odyssee inzwischen in Monteverde gelandet und hat neben dem Hauptgebäude von Selvatura eine neue Heimat gefunden. Auf einer Fläche von 240 m² sind Schmetterlinge, Käfer, Skorpione, Spinnen etc. aus der ganzen Welt ausgestellt und schön präsentiert. Führung ca. 1 Std. inkl. Videoshow.

Andere Attraktionen

Käsefabrik
(Fábrica de Quesos)

In den 1950er Jahren von Quäkern als kleiner Betrieb gegründet, hat sich die Käserei heute zu einer modernen Fabrik mit über 350 Angestellten und einer Tagesproduktion von über 900 kg Käse entwickelt. Inzwischen wurden aus hygienischen Gründen Besichtigungstouren durch die Fabrik eingestellt, hinter dicken Glasscheiben kann man aber einen kleinen Einblick in das Geschehen bekommen. Außerdem gibt es in dem dazugehörigen **Laden** eine große Auswahl an frischem Käse, der als der beste in ganz Mittelamerika gilt. Den unverschämt hohen Eintrittspreis ist das Ganze aber nicht wert!

- **Führung:** tgl. 9 und 14 Uhr, ca. 1½ Std.
- **Eintritt:** ca. 10 $ (inkl. Diashow u. Degustation)
- **Info:** Tel. 2589.5858
- **Anfahrt:** 2,8 km Ri. Monteverde, links

Monteverde Cloud Forest Train

Zug durch den Nebelwald von Monteverde mit Aussicht auf den Vulkan Arenal und den Arenalsee.

- **Info:** Tel. 2645.5700. Abfahrt: tgl. 8, 10, 13 und 15 Uhr zu jeder Stunde, Dauer: 2 Std., Preis: 40 $, Kinder bis 12 Jahre 35 $

Don Juan Coffee Tour

Wissenswertes zum Thema „Kaffee" mit Besichtigung einer Plantage, Trocknerei und Rösterei. Auf einem etwa 1½-stündigen Rundgang über eine kleine Kaffeeplantage mit zweisprachigen Guias wird alles rund um Kaffee und Schokolade erklärt, vom Produktionsprozess bis hin zur Röstmaschine. Nach der Tour gibt es einen guten Kaffee und ein kleines Päckchen Kaffee zum Mitnehmen – nach Ansicht eines Lesers aber überteuert.

- **Touren:** tgl. 8, 10, 13 und 15 Uhr nach Anmeldung
- **Preis:** 30 $ (inkl. Verkostung und Bocas), Kinder: 12 $, bis 12 J. frei
- **Info:** Tel. 2645.7100 oder 2645.6858, www.donjuancoffeetour.com
- **Anfahrt:** 2,5 km nach St. Elena Ri. Tilarán

Wanderwege

Nicht nur die beiden Reservate bieten Möglichkeiten, die außergewöhnliche Natur dieser Region zu erleben. Mehrere weitere Wanderwege erschließen das Gebiet, nähere Informationen beim ICT-Büro in Sta. Elena:

- **Sendero Bajo del Tigre:** 2,5 km Richtung Monteverde, Abzweigung rechts, geöffnet tgl. 8–16 Uhr, Eintritt 400 C., der Wanderweg führt durch einen Teil des *Bosque Eterno de los Niños* und wird von der Monteverde Conservation League verwaltet, zusammen 3 km auf etwa 1200 m Höhe, Rundweg ca. 2 Std., Eintritt ca. 10 $, Infos: Tel. 2645.5003. Twilight-Walk von 17.30 bis 19.30 Uhr, Eintritt: 20 $, Tel. 2645.5923, www.acmcr.org/bajo_tigre.htm.
- **Privatreservat Curi Cancha:** an der Käsefabrik Abzweig links, 200 ha, Führung tgl. 5 und 14 Uhr (max. 12 Besucher gleichzeitig), Dauer: 3–4 Std., Preis: 34 $ mit Guide, Studenten: 30 $, Infos: Tel. 2645.5010.
- **Vom Reservat Monteverde zum Reservat Sta. Elena:** ca. 3 Std. (Guide empfehlenswert).
- **Nachtwanderung** im Monteverde-Reservat: ca. 22 $ inkl. Guide u. Eintritt. Ein guter Guide für die Nachttour ist *Juan Carlos* (Tel. 2645.6772, 8915.2753).

▷ Krokodil am Río Bebedero

Die Interamericana bis Liberia

Von Monteverde nach Cañas

Die Fahrtstrecke von San Ramón bis zur Abzweigung nach Monteverde wurde im vorigen Kapitel beschrieben. Von Sta. Elena bzw. Monteverde gibt es zwei Fahrtstrecken zur Interamericana. Wer die Strecke über Las Juntas wählt, kommt durch eine Region, in der man 1884 erstmals Gold fand, das dann im großen Stil abgebaut wurde. Ein Denkmal im Ort **Las Juntas** (Infocenter am Ortseingang) erinnert an diese Zeit. Einige Kilometer in Richtung Monteverde befindet sich in Abangares ein **Bergbaumuseum** (Eco Museo Abangares).

■ **Pueblo Antiguo Lodge** (4 km östl. in La Sierra, Tel. 2662.1913, www.puebloantiguo.com): ruhige Lage, Rest., Quellwasser-Pool plus 2 Pools mit Thermalwasser, Dampfbad, Massagen etc.; 10 nette, rustikale Zi.: 52/66/73 $.

4 km nördlich der Abzweigung nach Las Juntas führt an einer Shell-Tankstelle links eine Straße zur **Brücke über den Río Tempisque** auf die Halbinsel Nicoya (siehe dort).

Cañas

■ **Einwohner:** 23.000, Provinz: Guanacaste, Bezirk: Cañas
■ **Lage:** 86 m ü.M.; von San José 170 km, Liberia 46 km
■ **Klima:** Durchschnittstemp. 27 °C; Niederschlag 1200 mm/Jahr

Cañas ist eine ruhige **Kleinstadt** und Hauptstadt eines kleinen Bezirks, der

Cañas

überwiegend vom Anbau von Reis, Zuckerrohr, ein wenig Baumwolle und natürlich von Viehzucht lebt. Der Name dürfte sich wohl auf das verwilderte Zuckerrohr (*caña* = Zuckerrohr) beziehen, das am Ufer des nahe gelegenen Flusses Río Cañas wächst; vielleicht steht er aber auch im Zusammenhang mit dem General *José María Cañas*, der die Truppen bei der Entscheidungsschlacht gegen *William Walker* im Jahre 1856 anführte. Erstmals erwähnt wurde der Ort im Jahre 1620, aber es dauerte noch bis zum 12. Juli 1878, bis Cañas die Stadtrechte erhielt.

Das sympathische Städtchen verfügt über akzeptable Unterkünfte und Restaurants und ist ein guter Ausgangspunkt für Ausflüge in die umliegenden Berge und zum Nationalpark Palo Verde. Auch eine Bootstour auf dem Río Bebedero und eine Tour mit dem Schlauchboot auf dem Río Corobici sind möglich.

Unterkunft

Achtung: Viele Hotels der unteren Preisklasse werden als Stundenhotels genutzt.

■ **Cabinas Corobicí** (Tel. 2669.0241): ruhig, nahe San-José-Bus; 11 sehr einf. Zi., bp, TV: 18/24/29 $.
■ **Hotel Cañas** (Tel. 2669.0039, www.hotelcanas cr.com): 48 Zi., Zi. mit AC, TV: ca. 23/31/37 $; KK.
■ **Hotel El Corral** (Tel. 2669.1467): 27 ordentl. Zi., bp, TV, AC: ca. 20 $ p.P.; KK.
■ **Nuevo Hotel Cañas** (Tel. 2669.1294): Pool; 31 ordentl. Zi., TV, AC: 44/68/90 $; KK.

Außerhalb

■ **Iguanas & Congos Inn** (Tel. 2680.5353, www.iguanasycongos.com): neues Hotel, 1,2 km nördl. +800 m östl. im Barrio Limón; 5 einf. Zi. mit DV sowie 6 Komfortzi. mit KS, TV, AC: ca. 34/64/84 $ (ÜF).
■ **Hacienda La Pacífica** (5 km nördl., Zufahrt rechts, Tel. 2669.9393, www.pacificacr.com): großzügige Hotelanlage in 9 ha großen Reservat, Rest., gr. Pool; 25 schön dekorierte Zi. und Suiten mit AC: ca. 81/103/124 (ÜF); Studio: ca. 136/154/175 $.

Die Interamericana bis Liberia

Übernachtung
2 Iguanas & Congos Inn, Hacienda La Pacífica
3 Hotel El Corral
4 Nuevo Hotel Cañas
5 Hotel Cañas
11 Cab. Corobicí

Essen und Trinken
1 Rest. Rincón Corobici
7 Restaurant Amán
8 Restaurant Lei Tu
9 Restaurant La Central

Sonstiges
6 Western Union
10 Wäscherei

Busse
12 Bus n. San José
13 Bus n. San José
14 Bus n. Liberia

Restaurants

■ **Restaurant Hotel Cañas** (Tel. 2669.0039), ordentl. Lokal, Frühstück. Hauptgerichte um 12 $, Mo–Sa 6–22 Uhr, So 7–15 Uhr.
■ Aus der großen Auswahl **chin. Lokale** scheinen erwähnenswert: *Amán, La Central* und *Lei Tu.*
■ Das **Restaurant Rincón Corobicí** (Tel. 2669.6262) liegt ca. 5 km nördlich am Río Corobicí; nettes Lokal am Fluss, aber leider sehr teuer, viele Reisegruppen, schweiz. Ltg.; KK.

Infos von A bis Z

■ **Erste Hilfe:** Rotes Kreuz (Tel. 2669.0184); Krankenhaus (Av. 1/Interamericana, Tel. 2668.4300).
■ **Geldwechsel:** *Banco Nacional* und *Banco de Costa Rica*, beide Mo–Fr 8.30–15.45 Uhr.
■ **Polizei:** *Guardia Rural* (an der Straße nach Liberia, Tel. 2669.0057).
■ **Post:** Mo–Fr 7.30–18 Uhr, Sa. 7.30–12 Uhr.
■ **Supermarkt:** *Super L* (C.C./Av.7), *Palí* (C.2/Av. 5).
■ **Taxi:** Tel. 2669.0898, Standplatz Av. Central.

■ **Tourveranstalter:** *Safaris Corobicí* (Tel. 2669.6191, www.nicoya.com), Büro ca. 4 km Ri. Liberia, 300 m vor Rest. Corobicí rechts): Schlauchboot-Tour: 2 Std.: 37 $, 3 Std.: 45 $; halber Tag inkl. Mittagessen: 60 $. Bootstouren auf dem Río Bebedero bieten: *Aventuras Arenal* (Büro in Fortuna, Tel. 2479.9133, in D: 0861/165906, www.aventurasarenal.com): Preis inkl. Mittagessen und Getränke: 39 $.
■ **Wäscherei:** siehe Plan.

Busverbindungen

Der **Busbahnhof** befindet sich etwa 500 m nördlich des Zentrums. Busse nach San José findet man 300 m westl. des Parque Central. Ansonsten kann man auch an den beiden Bushaltestellen an der Interamericana auf einen der durchfahrenden Busse warten, die allerdings meist voll sind.

■ **San José:** *La Cañera* (Tel. 2669.5255), Mo–Sa 4–4.50 Uhr, Fahrzeit: 3½ Std.; sonst ab Bushaltestelle an der Interamericana.
■ **Liberia:** *Empr. Reina del Campo* (Tel. 2663.1752), 4.50, 5.30, 5.55, 6.30, 7.15 Uhr und 8.30 – 15 Uhr alle 30 Min., 15.50, 16.20, 16.35, 17, 17.30, 18.40, 19.20, 19.45, 20.30, 21.30 Uhr, Fahrzeit: 2 Std.
■ **Tilarán:** 5, 6, 7, 9, 10, 11.30, 13, 15.30 und 17 Uhr, Fahrzeit: 30 Min.
■ **Puntarenas:** 6, 6.40, 9.45, 11.30, 12.30, 13.45, 15.30 und 16.30 Uhr; Fahrzeit: ca. 2 Std.

Von Cañas nach Liberia (46 km)

Entlang dieser inzwischen zweispurig ausgebauten Strecke hat man die Möglichkeit, diverse private Einrichtungen und Nationalparks zu besuchen. 4 km nördlich von Cañas führt rechts die Zufahrt zur **Tierauffangstation Las Pumas** (s.u.). Direkt vor dem Río Corobicí befindet sich rechts das **Rest. Rincón Corobicí** (s.o. bei Cañas); von hier starten Schlauchboottouren auf dem Fluss.

7 km nördlich von Cañas zweigt rechter Hand eine Teerstraße ab, die zwischen den Vulkanen Tenorio (1916 m) und Miravalles (2028 m) hindurchführt über Bijagua **nach Upala** im nördlichen Tiefland.

22 km nördlich von Cañas liegt rechts der Interamericana das Provinzstädtchen **Bagaces** (einf. Unterkunft im Hotel Bagaces) an der Abzweigung nach **Miravalles** (Bus nach Aguas Claras um 14.15 und 17 Uhr) und zum **Nationalpark Rincón de la Vieja** (Sektor Sta. María).

Von Bagaces nach Liberia sind es noch rund 24 km gut ausgebaute Strecke auf der Interamericana. 14 km vor Liberia befindet sich im Ort Pijije die Abzweigung zum **Biologischen Reservat Lomas Barbudal** (s. dort). Im selben Ort hat die Polizei üblicherweise eine mobile Kontrollstelle eingerichtet, an der die Papiere aller Durchreisenden kontrolliert werden.

Tierauffangstation Las Pumas

Etwa 4,5 km nördlich von Cañas (ca. 300 m vor der Hacienda La Pacifica) liegt rechts etwas versteckt hinter dem Büro von Safaris Corobicí das *Centro de Rescate Las Pumas* von *Lily Hagnauer* (verstorben 2001) und ihrem Ehemann, in dem zahlreiche **Raubkatzen** leben, die entweder verletzt oder als Jungtiere ohne Eltern hierhergebracht wurden.

Pumas, Ozelote und andere Raubkatzen finden hier in geräumigen Käfigen ein Zuhause, denn in der freien Natur hätten sie wenig Überlebenschancen. Ferner haben auch andere Tiere hier ein Zuhause gefunden wie Affen, Papageien, Tukane u.v.m.

■ Besucher sind tägl. von 8–15 Uhr willkommen, Eintritt 10 $ Erwachsene, 5 $ Kinder. **Infos** unter Tel. 2669.6044.

Von Cañas nach Upala (56 km)

Etwa 17 km nach der Abzweigung von der Interamericana in Richtung Bijagua (2,3 km vor der Brücke über den Río Tenorio) zweigt rechts eine unbeschilderte Zufahrt ab, die über Tierras Morenas zum **Arenal-See** führt.

300 m nach der Brücke über den Río Tenorio (rund 12 km vor Bijagua) zweigt links am Restaurant La Choza de mi Tata eine Piste ab, die über Río Chiquito nach **Fortuna de Miravalles** führt (Allrad erforderlich, nur in der Trockenzeit). Etwa 3 km vor Bijagua liegen rechts die Tenorio Lodge und das Sueño Celeste B&B Hotel.

Nach ca. 32 km erreicht man den Ort **Bijagua**. Am Ortseingang links kommt man zur Albergue Catarata Bijagua, wo ein Wanderweg zu einem Wasserfall beginnt (ca. 2 Std., Eintritt 6 $). In der Ortsmitte zweigt rechts eine Piste ab zur Heliconia Lodge (Reservat mit Hängebrücken, Eintritt stolze 17 $) und etwas weiter zur Celeste Mountain Lodge.

Vorbei an dieser Lodge kommt man zum **nördlichen Eingang des National-**

parks Tenorio. 5 km nach Bijagua führt rechts eine weitere Zufahrt zum Parkeingang: Es geht an einer *Pulpería* links zur Carolina Lodge und rechts zum Nationalpark (ca. 7 km, Allrad empfohlen).

Rund 24 km nördlich von Bijagua liegt die Stadt **Upala** (siehe dort).

Bijagua

Der kleine Ort, dank seiner Lage zwischen den Vulkanen Miravalles und Tenorio ein guter **Ausgangspunkt für Exkursionen** in den attraktiven Nationalpark Tenorio, ist dennoch bislang vom Massentourismus verschont geblieben. Auch die Nationalparks Palo Verde und Rincón de la Vieja sind im Rahmen einer Tagestour erreichbar. Unterkünfte, einfache Lokale, Einkaufsmöglichkeiten und eine Bankfiliale sind vorhanden.

Unterkunft

■ **La Casita Azul** (Tel. 8658.2737, www.casita azul.at): rustikales Holzhaus (bis 3 Pers.), dt.spr.; kein Festpreis, jeder gibt, was es ihm wert ist oder so viel man geben kann – Lesertipp!

■ **Hotel Cacao B&B** (Tel. 2466.6142, www.hotel cacaocr.com): einf./ordentl. Unterkunft, 9 Zi., DV: 26/45/56 $, mit AC/ÜF: 60/75/95 $.

■ **Posada Río Celeste** (Tel. 8356.0285, www.po sadarioceleste.com): rustikale Lodge in Pilón de Bijagua, nur 1 km vom Eingang zum Park Tenorio entfernt: DZ 60 $ (ÜF), 110 $ inkl. VP.

■ **Cataratas Bijagua Lodge** (am Ortseingang links, Tel. 8937.4687, www.cataratasbijagua.com): familiäre Lodge mit eigenem Wasserfall; 5 rustikale Bungalows: 70/85/100 $ (ÜF).

Wohin des Weges, Fremder?
Schilderwald an der Interamericana

■ **Heliconia Ecotourist Lodge** (Tel. 2466.8483, www.heliconiaslodge.com): einf. Lodge am Hang des Tenorio-Vulkans, geleitet von örtlichen Familien, Privatreservat (110 ha) mit Wanderwegen und 3 Hängebrücken (Eintritt 17 $, Stud. 10 $), Rest.; 6 rustikale Zi., bp (WW): ca. 70/85/110 $ (ÜF).
Mein Tipp: **Sueño Celeste B&B** (3 km südl. von Bijagua links, Tel. 8370.5469, www.sueno-celeste.com): nette Lodge, belg. Ltg., 6 nett eingerichtete Zimmer: 95/95/120 $ (ÜF).
■ **Carolina Lodge** (Tel. 8703.5003, www.lacarolinalodge.com): altes Gebäude mit Garten, US-Ltg.; einf., rustikale Zi., bc: ab 80 $ p.P. im DZ inkl. VP u. Reittour, Kinder: 5–11 Jahre 35 $, 12–15 Jahre 50 $ – nicht billig, aber schön!
Mein Tipp: **Tenorio Lodge** (3 km südl. von Bijagua Zufahrt links; Tel. 2466.8282, www.tenoriolodge.com): Lodge unter frz. Ltg. in schöner Lage mit Restaurant, Wanderwege, Jacuzzis; 8 große, nett eingerichtete Bungalows mit verglaster Front und Vulkanblick: 145/155/185 $ (ÜF).
■ **Celeste Mountain Lodge** (3 km östl. von Bijagua; Tel. Büro: 2278.6628, Lodge: 8377.1947, www.celestemountainlodge.com): ökologisch geführte Lodge in schöner Lage, modernes Design, Rest., „hot bath"; 18 Zi. mit Bad auf 2 Etagen: 150/190/225 $ inkl. VP.

Weitere Unterkünfte auf der Nordseite des Nationalparks Tenorio siehe im Kapitel „Der Norden/Von San Rafael nach Upala".

Nationalpark Vulkan Tenorio

■ **Fläche:** 12.872 ha
■ **Geöffnet:** tgl. 8–16 Uhr, letzter Einlass: 14 Uhr
■ **Eintritt:** 12 $
■ **Info:** Tel. 2695.5982, www.acarenaltempisque.org/paloverde.htm
■ **Besucher:** 79 pro Tag

Dieser bislang nur selten besuchte Nationalpark um den 1916 m hohen Vulkangipfel Tenorio bietet schöne Wandermöglichkeiten. Der (anstrengende) Aufstieg zum Kratersee lässt sich am besten von der Heliconia Lodge aus machen. Ein weiterer sehr lohnenswerter Ausflug führt zum **Río Celeste**, einem türkisblau gefärbten Fluss im Nordsektor des Nationalparks mit einem herrlichen Wasserfall (Anfahrt über San Rafael de Guatuso oder Bijagua, s.o.). Baden ist dort aus Sicherheitsgründen verboten.

Abstecher zum Vulkan Miravalles

Wer sich vom Touristenstrom entfernen will, sollte sich einmal zu Füßen des wenig besuchten Vulkans Miravalles umschauen. In Bagaces zweigt nach rechts eine löchrige Teerstraße ab, die nach 10 km zu den **Termales Salital** (Tel. 2671.2007, Do–So 7–21 Uhr) führt und sich dann im Ort **Torno** gabelt. Geradeaus kommt man durch den Ort **Guayabo** zu den einfachen **Cabinas Las Brisas**, die bessere Straße biegt rechts ab und führt zunächst ins Dorf Fortuna und weiter an dem geothermischen Kraftwerk von Miravalles vorbei zu den Thermalquellen. In Guayabo zweigt links die Straße ab zum Dorf **Pueblo Nuevo** am Nationalpark Rincón de la Vieja (Sektor Sta. Ana). Unterkunft: Rinconcito Lodge (s.u. unter „Unterkünfte im Umfeld des Parks" bei der Beschreibung „Nationalpark Rincón de la Vieja"). Kurz darauf führen ca. 27 km nach Bagaces die beiden Straßen wieder zusammen. Wer über Guayabo fährt, zweigt hier rechts ab in Richtung Thermalkraftwerk zum Centro Turístico Termomania, Hotel El Guayacán und zum Centro Turístico Yökö. Geradeaus kommt man wenige Kilometer weiter in Richtung **Aguas Claras** zum Dorf Guayabal und kann über Pisten weiterfahren bis Upala. In Aguas Claras zweigt links die beschilderte Zufahrt ab zur empfehlenswerten La Anita Rainforest Ranch (ca. 18,5 km/45 Min., s.u.).

Unterkunft

■ **Hotel El Guayacán** (Tel. 2673.0349, www.termaleselguayacan.com): Pool plus 4 Thermalbecken (Eintritt 8 $, Kinder 6 $, Hausgäste frei), Rest. (gute Casados: 6 $, sehr gutes Frühst.: ca. 5 $); 10 gr., saubere Zi., gute Betten, Vert., bp: 28 $ p.P. inkl. Tour „Las Hornillas" (= Areal mit Fumarolen und blubbernden Schlammpools, Nicht-Gäste zahlen 2 $).
■ **Centro Turístico Yökö** (2 km nördl. des geothermischen Projektes, Tel. 2673.0410, www.yokotermales.com): Thermalbecken (Eintritt: 10 $), Rest., Pferdetouren; 6 ordentl. Häuser mit je 2 Zi., bp (WW), zu teuer: 40/75/100 $ (ÜF); KK.
■ **Centro Turístico Termomania** (Tel. 2673.0233, www.thermomania.net): Thermalbecken mit Rutsche, Rest., 8–22 Uhr, 12 $, Kinder (3–12 J.) 10 $; rustikale Holz-Cabanas: ab 41 $ p.P.
❀ **La Anita Rainforest Ranch** (Tel. 2466.0228, in D: 0861/165906, www.laanitarainforestranch.com): nette Lodge auf der Nordseite des Vulkans Rincón de la Vieja, großes Gelände, freundl. Besitzer, zahlreiche Wander- und Reitmöglichkeiten in der Umgebung sowie Führungen auf der Finca; 10 große Bungalows mit Veranda: 89/108/137 $ (ÜF), Kinder 5–10 J. 50 % – ideal für Entdeckernaturen!

Infos von A bis Z

■ **Las Hornillas Volcanic Activity Center** (Tel. 2673.0918, www.hornillas.com): Pool, Rest., Thermalquellen (Tour 35 $), Reittouren, Hängebrücken, Schlammbaden und viel mehr.
■ **Miravalles Canopy** (ca. 7 km nach Guayabo am Ortseingang von Guayabal rechts, Tel. 2673.0469): Pool, Rest. (bis 22 Uhr), Wanderwege, Canopy-Tour (14 Plattformen, 11 Kabel): 40 $, Tour zum Miravalles: 30 $ p.P.

Nationalpark Palo Verde

■ **Fläche:** 16.804 ha
■ **Lage:** Ostufer des Río Tempisque
■ **Durchschnittstemperatur:** 27 °C
■ **Niederschlag:** 2700 mm/Jahr
■ **Gegründet:** 20.12.1982
■ **Geöffnet:** tgl. 8–16 Uhr
■ **Eintritt:** 12 $
■ **Übernachtung:** Camping sowie Cabinas der OTS und Albergue (s.u.)
■ **Info:** Tel. 2671.1290
■ **Anfahrt:** ab Bagaces (Abzw. Interamericana) 20 km steinige Piste bis zum Park, 32 km bis zum Bootsanleger Puerto Chamorro

Der Nationalpark Palo Verde – der Name kommt vom Palo-Verde-Baum, einer Parkinsonienart (*palo* = „Stamm", *verde* = „grün") – ist ein Vogelparadies mit der **größten Konzentration an Wasservögeln** in ganz Zentralamerika. Zwischen September und März überwintern hier Tausende von Zugvögeln aus Nordamerika. Seine große ökologische Vielfalt verdankt das Gebiet in erster Linie den Überschwemmungen des Río Tempisque, der weiter südlich in den Golfo de Nicoya mündet. Das frühere Nationale Tierschutzgebiet *Dr. Rafael Lucas Rod-*

ríguez Caballero im Nordwesten wurde in den Nationalpark integriert, ein Zusammenschluss mit dem Reservat *Lomas Barbudal* ist geplant.

Flora und Fauna

Der Park ist ein Mosaik verschiedener Lebensräume, Biologen unterscheiden zwölf **Vegetationszonen,** u.a. Salz- und Süßwasserlagunen, Mangrovensümpfe, Buschwälder, baumbestandene Savannen, Grasland, Laub-Mischwald, Hügel-Mischwald, Galeriewald (Uferwälder) und immergrüne Wälder.

Zu den 207 **Baumarten** zählt u.a. der *palo verde (Parkinsonia aculeata),* ein stachliger Strauch mit kräftig grünen Blättern, Ästen und Stamm und gelben Blüten. An den Hügeln wachsen *cardones,* eine in Costa Rica endemische Kakteenart, und der Guajakbaum, ein vom Aussterben bedrohter Edelholzbaum.

Bevölkert wird der Park u.a. durch Brüll- und Kapuzineraffen, Nasenbären, Koyoten, Weißwedelhirsche, rote Eichhörnchen und Stachelschweine; außerdem zählte man 173 Schmetterlingsarten. Unter den ebenfalls artenreich vertretenen Reptilien und Amphibien sind die Krokodile sicherlich die eindrucksvollsten.

Rund 280 **Vogelarten** wurden im Park bisher beobachtet. In der Zeit von September bis März brüten Tausende von Wasservögeln, die in den Lagunen Nahrung im Überfluss finden.

Orientierung

- **Anfahrt:** Die Straße zum Nationalpark ist nicht asphaltiert und in schlechtem Zustand (Steine!), kann aber in der Trockenzeit ohne Allrad befahren werden: 17 km nach Bagaces zweigt rechts ein Weg zum Reservat Lomas Barbudal ab. Links kommt man nach weiteren 3,5 km zum Eingang des NP.
- 5,6 km nach dem Eingang zweigt links ein Weg ab zur **Sektion Catalina** (9 km, Campingmöglichkeit, Wasser jedoch nicht immer vorhanden).
- Vier **Wanderwege** zweigen von der Straße ab.
- Nach knapp 8 km erreicht man die *Estación Biológica,* einen **Forschungsposten der OTS**, Übernachtung in einf. Zi., z.T. bp: 89/84/62 $ p.P./VP inkl. geführter Tour. Infos und Anmeldung: Tel. Büro: 2524.0628, in D: 0861/165906, www.ots.ac.cr/en/paloverde.
- 9,5 km vom Parkeingang gibt es an der **Rangerstation** eine weitere Unterkunftsmöglichkeit: 6 Schlafräume mit je 6 Betten, Moskitonetz, Vent.: ca. 10 $ p.P., Reservierung unter Tel. 2671.1062 oder 2695.0181. Campingplatz (ca. 2 $ p.P.). Ferner werden Mahlzeiten angeboten (ca. 4/6/6 $) und Pferde vermietet (ca. 5 $/Std.).
- Nach 11,5 km endet die Straße am Río Tempisque. Hier, am Bootsanleger Puerto Chamorro, fahren **Ausflugsboote** zu den Brutstätten der zahlreichen Wasservögel (Buchung auch über OTS). Wer keinen Ausflug gebucht hat, sollte früh am Bootsanleger sein (8–9 Uhr) und versuchen, vor Ort auf ein Boot „aufzuspringen".

Biologisches Reservat Lomas Barbudal

- **Fläche:** 2279 ha
- **Höhe:** ca. 100 m bis max. 185 m
- **Niederschlag:** 1800 mm/Jahr
- **Gegründet:** 23.1.1986
- **Geöffnet:** tgl. 9–16 Uhr
- **Übernachtung:** Campingmöglichkeit am Besucherzentrum (300 C.)
- **Info:** Tel. 2206.5649
- **Anfahrt:** 14 km vor Liberia Abzw. links, 7 km steinige Piste; oder ab Bagaces Rtg. Palo Verde, nach 17 km Abzw. rechts

Das biologische Reservat Lomas Barbudal (*lomas* = „Hügel", *barbudal* = „bärtig") besteht vorwiegend aus tropischem Trockenwald und verzeichnet deutlich weniger Niederschlag als der nahe gelegene Nationalpark Palo Verde. Im Gegensatz zu diesem hat es auch keinen direkten Einfluss vom Meer, entsprechend gibt es **keine Feuchtgebiete.** In der Zeit von November bis März fällt praktisch kein Tropfen Regen und das Reservat macht einen trostlosen Eindruck. Dennoch gibt es zahlreiche Quellen und Flüsse (z.B. Río Cabuyo) in dem Gebiet, das besonders spektakulär im März wirkt, wenn der Goldbaum blüht, eine gelbblühende Ipé-Baumart (Familie der Trompetenbaumgewächse). Das Reservat ist ungewöhnlich reich an Insekten, besonders Bienen, Wespen, Schmetterlinge und Nachtfalter.

Flora und Fauna

Wissenschaftler unterscheiden sieben Vegetationszonen im Reservat: **Laubwald:** bedeckt 70 % des Reservats, die meisten Bäume sind laubabwerfend, häufig u.a. Mahagoni, Pochote, Weißgummibaum, Gelbe Balsampflaume, Sternenbaum und Rosenholz. **Flusswälder:** entlang von Flüssen und Bächen, überwiegend immergrün, sehr dicht und vielfältig, Heimat zahlreicher Bienenarten. **Grassavanne:** offenes Grasland mit vereinzelten Bäumen u.a. die größten *nances (Byrsonima crassifolia),* die in Costa Rica vorkommen. **Galeriewald:** niedriger Grundwasserstand, Mischung aus immergrünen und laubabwerfenden Bäumen wie Breiapfelbaum und *tempisque (Mastichodendron capiri).* **Xerophytenwald:** extrem trocken, reich an Kakteen und Erdbromelien. **Eichenwald** und **Sekundärwald.**

Säugetiere sind selten, am ehesten bekommt man Nasenbären, Eichhörnchen, Brüll- oder Kapuzineraffen zu Gesicht, mit etwas Glück auch Gürteltiere. Ferner leben hier Waschbären, Koyoten, Halsbandpekaris, Wieselkatzen und einige Weißwedelhirsche.

Rund 130 **Vogelarten,** z.B. Truthahngeier, Tuberkelhokko, Roter Ara, Regenbogentukan, Braunflügelguan, Amazonen, Baumwachtel, Königsreiher, können beobachtet werden; im Süden auch Wasservögel wie der Amerika-Nimmersatt, die Pfeifgans und Reiher. Unter den **Insekten** sind die 250 Arten Bienen und Wespen besonders zahlreich.

Wanderwege

Sendero de Monos: vom Eingang etwa 1 km entlang des Río Cabuyo bis zum Wasserfall, unterwegs *pozas* („natürliche Schwimmbecken"). Der **Camino Central** führt vom Eingang über Río Cabuyo ins Innere des Reservates. Der **Camino Palo Verde** schließt sich an Camino Central an und durchschneidet das Reservat in der Mitte. Der **Camino Linda Vista** befindet sich im Süden des Reservats, in der Nähe des Parkpostens Mal Punto.

cr14-019 wdp

Liberia

Rund 4 km hinter Bagaces zweigt links eine beschilderte Zufahrt ab zum Wasserfall **Catarata Llanos de Cortes** (1,9 km, Allrad empfehlenswert): Unterhalb des Parkplatzes (kein Gepäck im Wagen lassen!) überrascht ein schöner breiter Wasserfall mit herrlicher Badegelegenheit. Tipp für Busreisende: In der „Pulpería" an der Abzweigung können Fahrräder gemietet werden. 12 km vor Liberia liegt die *Rancho Sta. Alicia*.

- **Einwohner:** ca. 55.000 (Stadt), ca. 62.000 (Bezirk)
- **Lage:** 144 m ü.M., 215 km nach San José, 75 km nach Nicaragua
- **Durchschnittl. Tagestemp.:** 26–28 °C
- **Niederschlag:** 1650 mm/Jahr

Liberia ist die Hauptstadt der dünn besiedelten Provinz Guanacaste und größte Stadt im Nordwesten des Landes. Die „Weiße Stadt" wird sie genannt, doch

Berghänge an den Ausläufern des Vulkans Rincón de la Vieja nördlich von Liberia

Liberia

längst sind die Straßen, die einst mit weißem, quarzhaltigem Gestein gepflastert waren, schwarz geteert, und auch von den weiß getünchten Adobehäusern sind nur noch wenige erhalten. Doch immer noch ist Liberia die Stadt der *Sabaneros*, der Cowboys von Costa Rica (*sabana* = Savanne), die sich hier mit Lebensmitteln und Viehzucht-Bedarf versorgen. Hier werden die **Viehmärkte** abgehalten, hier finden Rodeos und Stierkämpfe statt, und zweimal im Jahr steht die ganze Stadt Kopf: am ersten März-Wochenende bei einem großen **Festival** mit Stierrennen, Pferdeparaden, Feuerwerk, Festen, Konzerten und anderen kulturellen Aktivitäten, und am 25. Juli, dem **Jahrestag** der Lösung Guanacastes von Nicaragua.

Für Reisende ist Liberia ein wichtiger **Verkehrsknotenpunkt** und eventuell Umsteigestation auf dem Weg von/zur Halbinsel Nicoya. Die angenehme Stadt, von einem trocken-heißen Klima geprägt, ist auch ein guter **Ausgangspunkt für Exkursionen zu zahlreichen Naturparks** (Lomas Barbudal, Palo Verde, Rincón de la Vieja, Sta. Rosa, Guanacaste), aber auch **zu den Stränden Nicoyas,** von denen Playa del Coco der nächstgelegene ist.

Übernachtung
1 Hospedaje Dodero
2 Hotel del Aserradero
3 Hotel El Bramadero
5 Hotel Best Western El Sitio
6 Hotel Santa Ana
7 La Plazuela
8 Hilton Garden Inn
10 Hotel Best Western Las Espuelas
12 Hospedaje Anita
14 Hospedaje La Casona
15 Hostal Ciudad Blanca
17 La Posada del Tope
19 Hotel Liberia
21 Cabinas El Tucán Blanco
27 Cabinas Michelle
28 Cabinas Paraiso
30 Hotel Daysita

Nach dem Anschluss Nicoyas an das von Spanien unabhängige Costa Rica forderte auch der Priester die Einwohner des Ortes auf, sich **von Nicaragua zu lösen,** was im Jahre 1828 geschah. Als Liberia im Jahre 1836 die **Stadtrechte** erhielt, zählte man bereits 1866 Einwohner; nur 28 Jahre später lebten bereits 4000 Menschen in der Stadt und den umliegenden Dörfern.

Nach dem **Krieg gegen die Filibuster** 1856, in dem die Stadt eine entscheidende Rolle spielte, hieß die Stadt, die bisher allgemein als *Ciudad Blanca* („weiße Stadt") bekannt war, offiziell *Moracia,* zu Ehren des damaligen Präsidenten *Juan Rafael Mora.* Als dieser dann einige Jahre später in Ungnade fiel, wurde der Name abermals geändert in *Liberia,* abgeleitet vom Río Liberia.

Stadtrundgang

Cuatro Bombas („Vier Tankstellen") nennen die Einheimischen die **Hauptkreuzung** an der Interamericana, und tatsächlich gab es bis vor Kurzem an allen vier Ecken eine Tankstelle *(bomba).* Hier beginnt die zweispurige Hauptstraße Avenida Central oder auch Av. 25 de Julio, die geradewegs ins Zentrum führt. Nach 200 m steht in der Mitte der Straße zwischen dem Justizpalast und dem Gebäude der staatlichen Versicherungsgesellschaft INS, das **Denkmal des Sabanero,** ein Reiterstandbild zu Ehren der Viehtreiber Guanacastes.

Wenn man nach rechts in die C.6 einbiegt, kommt man nach 200 m zu einem riesigen **Guanacaste-Baum** mitten in der Straße. Nach weiteren 500 m durch ein ruhiges Wohnviertel erreicht man

Stadtgeschichte

Mitte des 18. Jh. gab es an der Stelle, wo heute das Hotel/Restaurant El Bramadero liegt, einen Rastplatz unter einem Guanacaste-Baum, schon damals an einer wichtigen **Wegkreuzung.** Nach und nach entstand hier, in der Nähe zum Río Liberia, eine kleine **Siedlung** mit Namen *Anexo de Guanacaste*, wohin die katholische Kirche dann 1769 einen Priester schickte, der abseits in einer Einsiedelei lebte. Im Jahre 1801 zählte der Ort immerhin schon 912 Einwohner, darunter nur 45 Spanier und 147 Indios, der Rest Mischlinge.

ein **altes Adobe-Haus** (erbaut 1879) mit der für die Stadt typischen *Puerta del Sol* („Sonnentür"): Das Eckhaus hat zu beiden Seiten je ein hölzernes Portal, um die gewünschte Luft- und Lichtzufuhr zu regeln. Im Inneren des Hauses, das 1989 zur *Casa de la Cultura* erklärt wurde, ist das **Museo del Sabanero** untergebracht (wechselnde Öffnungszeiten).

Wieder stadteinwärts kommt man durch ein **altes Stadtviertel,** in dem noch weitere Adobe-Häuser mit einer „Sonnentür" zu sehen sind. Eines der schönsten alten Holzhäuser der Stadt ist der **Palacio Municipal** („Stadtverwaltung") an der Ecke C. Central/Av. Central. Gegenüber liegt der **Parque Central** mit einem Kiosk in seiner Mitte, auf dem sonntags Platzkonzerte stattfinden. An seiner Nordostseite steht eine moderne Kirche mit drei Spitzgiebeln, die vielleicht nicht besonders hübsch ist, dafür aber weit mehr Platz bietet als die **alte Kirche** Eremita de la Agonía aus dem Jahre 1790. Diese liegt am Ende der Av. Central und beherbergt heute ein kleines religiöses Museum.

Schräg hinter dem Park füllt die ehemalige **Kaserne** einen kompletten Häuserblock aus. Errichtet wurde das Gebäude, in dem seit Abschaffung der Armee die Polizei untergebracht ist, während der Regierungszeit von Präsident *León Cortez* (1936–1940). Im Gebäude befindet sich das kleine **Museo Regional** mit einigen interessanten präkolumbischen Keramiken (tgl. ca. 8–16 Uhr). Nördlich des Parque Central liegt das hektische **Geschäftsviertel,** früher mit Markthalle. Heute gibt es einen Markt am Bus-Terminal.

Unterkunft

■ **Hospedaje La Casona** (C.C./Av.6, Tel. 2666.2971, casona@racsa.co.cr): Privathaus mit 10 Zi., bp, TV und WiFi: 16/18/20 $, mit AC: 24/24/30 $.
■ **Hotel Liberia** (C.C./Av.C.-2, Tel. 2666.0161): 12 teilw. dunkle Zi. mit Vent., einf., aber akzeptabel, bc/bp: 13–40 $.
■ **Hospedaje Dodero** (Av.11/C.12–14, Tel. 2671.2513, www.hospedajedodero.yolasite.com): nette Unterkunft in der Nähe des Busbhf., Gem.küche; 3 individuell eingerichtete Zi., bc: ca. 16/25/34 $; 1 Zi. bp, AC: ca. 34/34 $ – Lesertipp!
■ **Hospedaje Anita** (Av.8/C.4, Tel. 2666.1285): 7 Zi., bc (KW), Vent.: 26/30/36 $.
■ **Cabinas Paraíso** (C.2/Av.11, Tel. 2666.3434): schweizer. Ltg.; 7 einf. Zi, Vent., bc (KW): 16/23/12 $; 1 Zi. mit Vent., bp (KW), TV: 26/29 $.
■ **La Posada del Tope** (C.C./Av.2–4, Tel. 2666.3876): sauber und freundlich; 21 einf., aber recht ordentl. Zi.; 17 Zi. bc: DZ 30 $; 4 Zi. bp mit TV: DZ 46 $ – Backpackertipp!
■ **Cabinas Michelle** (C.2/Av.5–7, Tel. 2666.3951): 10 einf. Zi., TV, bp (KW): 24/30/40 $.
■ **Hotel Daysita** (Av.5/C.11–13, Tel. 2666.0197): Rest., 2 Pools, etwas abseits; 23 saubere Zi., TV, AC, teilw. Küche, teuer: 29/39/55 $; KK.
■ **Cabinas El Tucán Blanco** (Av.4/C.2–4, Tel. 2666.7740): 8 Zi., bp, TV, KS, Küche, AC: 30/40 $.
■ **Hostal Ciudad Blanca** (Av.4/C.1–3, Tel. 2666.3962): kl. Hostal in nettem alten Haus, 22 ordentl. Zi., bp, AC, DV, TV: 30/45/55 $ (ÜF).
■ **Hotel Best Western Las Espuelas** (ca. 2 km südl., Tel. 2666.0144): Bar, Rest., Pool, Internetzugang; 47 Zi., AC, Kabel-TV, Safe: 50/50/65 $ (ÜF), 2 Jr. Suites: DZ 110 $ (ÜF); KK.
■ **Hotel El Bramadero** (Interamericana/Av.C.-1, Tel. 2666.0371, www.hotelbramadero.com): Rest. (Fleischgerichte ab ca. 11 $), Pool; 23 ordentl. Zi., Kabel-TV, AC: 55/73/83 $; KK.
■ **Hotel del Aserradero** (Interamericana/Av.3, Tel. 2666.0106, www.hotelaserradero.blogspot.de): 33 ordentl. Zi., AC, bp: ca. 63/81/93 $; KK.

Übersichtskarte S. 263, Stadtplan Liberia S. 304 **Liberia**

■ **Hotel Best Western El Sitio** (Straße Ri. Nicoya, Tel. 2666.1211): Rest., Bar, Casino, schöner Poolbereich; 52 gr. Zi., AC, Kabel-TV, ca. 62/78/101 $ (ÜF), günstiger über: www.bestwestern.com.

Außerhalb

Zahlreiche Unterkünfte im Bereich Rincón de la Vieja (siehe dort) sowie am Flughafen von Liberia (z.B. **Hotel Santa Ana,** Tel. 2665.7573, www.hotelsantaanacr.com, DZ 66 $; **Hotel La Plazuela,** Tel. 2667.8556, DZ ab 96 $; **Hilton Garden Inn,** Tel. 2690.8888, www.hiltongardeninn.hilton.com, DZ ab ca. 129 $).

Restaurants

Die nachfolgenden Restaurants sind nach ihrer Lage von West nach Ost gelistet.

■ **Rest. El Bramadero** (Interamericana/ Av.C.-1): beliebtes Lokal, mittlere Preisklasse, Frühstück ab 6.30 Uhr.
■ **El Café** (C.8/Av.C.-2, Tel. 2665.1660): nettes Café, Kuchen, Sandwiches, Wein etc.; Mo–Sa 9–22 Uhr.
■ **Rest. La Siesta** (C.4/Av.4–6, Tel. 2666.0678): im Hotel La Siesta, gepfl. Mittelklasse; Pasta ab 7 $, Fisch, Meeresfrüchte und Fleischgerichte ab 10 $; tgl. 6.30–9 und 18–22 Uhr.
■ **Copa de Oro** (C.C./Av.2): einheimische Küche, gut und günstig.
■ **Rest. Pizza Pronto** (C.1/Av.2–4, Tel. 2666.2098): gemütliches ital. Rest. mit Holzofen-Pizza und Pasta, beliebter Treff; tgl. 18–23 Uhr.
■ **Rest. La Ermita** (Av.C./C.5–7): nettes Tico-Restaurant, Casado vom Bufett; tgl. 11–23 Uhr.
■ Günstiges Frühstück ab 2 $ und Casado um 3 $ bieten u.a.: **Rest. Mi Tierra** (gegenüber, tgl. 7.30–22 Uhr) und **Soda Los Comales** (C.8/Av.C.-1, tgl. 6–22 Uhr). Außerdem zahlreiche Sodas und mehrere chinesische Lokale am Parque Central.
■ **Café Europa** (ca. 12 km außerhalb, nach dem Flughafen links): in der Deutschen Bäckerei, internationale Küche, Biergarten im Freien mit Kinderspielplatz.

Infos von A bis Z

■ **Autovermietung:** *Adobe* (4 km nach dem Flughafen in Richtung Nicoya, Tel. 2667.0608); *Alamo* (1 km vom Flughafen, Tel. 2242.7733); *Budget* (100 m westl. des Flughafens, Tel. 2668.1118); *Dollar* (1 km östl. des Flughafens, Tel. 2668.1061); *Europcar* (5 km westl. des Flughafens, Tel. 2668.1023); *Hola RC* (Tel. 2667.4040); *Poás Rent a Car* (Tel. 2668.1600); *SOL Rent a Car* (gegenüber Hotel Bramadero, Tel. 2666.2222); *Thrifty* (Tel. 2665.0787).
■ **Disco:** *Discoteca Kurú* (an der Str. nach Nicoya).
■ **Einkaufen:** neues Einkaufszentrum an der Panamericana, südl. der Hauptkreuzung, mit Geschäften, Supermarkt, Bank etc.; weitere Supermärkte: *Supercompro* (Av.C./C.2–4), *Murillo* (C.C./Av.1–3), *Autoservicio* (C.C./Av.3–5), *Palí* (Av.3/C.C.-2).
■ **Erste Hilfe:** Rotes Kreuz (Tel. 2666.0994); Hospital (Tel. 2666.0011); Allgemeinarzt: *Dr. Seidy Herrara* (C.C./Av.1–3, Tel. 2666.2016).
■ **Geldwechsel:** *Banco Nacional* (Av.C./C.8), Mo–Fr 8.30–15.45 Uhr, Sa 8–13 Uhr (Bancomat: VISA, MC); *Banco de Costa Rica* (Av.1/C.C.), Di–Sa 9–16 Uhr; *Citi* (Av.C./C.6), Mo–Fr 9–17 Uhr, Sa 9–12 Uhr (Bancomat: VISA, MC); *HSBC* (Av.C./C.4): Mo–Fr 9–17, Sa 9–12.30 Uhr (Bancomat: Maestro, VISA, MC); *Banco Popular* (Av.C., C.10–12), Mo–Fr 8.45–16.30 Uhr, Sa 8.15–11.30 Uhr.
■ **Polizei:** Av.1/C.2–4, Tel. 2665.0609.
■ **Post:** C.8/Av.3, Mo–Fr 8–17.30 u. Sa 8–12 Uhr.
■ **Reisebüro:** *3 Monkies Tours* (C.10/Av.3–5, Tel. 2667.4085, www.3monkiescr.com): Canopy & Adventure, Tagestouren und mehr.
■ **Taxi:** Tel. 2666.7071, Standplatz Parque Central/Nordseite sowie am Busbahnhof, Fahrpreis zum NP Rincón de la Vieja: ca. 25 $ (Lesertipp: Die Taxifahrer verlangen zunächst 40.000 C. – *Carlos* macht die Tour für ca. 25 $, Tel. 2665.2429, nur span.), nach Peñas Blancas (Grenze Nicaragua): ca. 20 $.

- **Wäscherei:** südl. der Post, Mo–Fr 8–20 Uhr, Sa 8–18 Uhr.

Busverbindungen

Meist fahren die Busse ab dem Terminal (Av.7/C.12) sowie an der Kreuzung Interamericana/Av.C.

- **San José:** *Pulmitan* (Av.5/C.10–12, Tel. 2666. 3818); 6–20 Uhr stdl., Preis ca. 4 $, Fahrzeit ca. 4½ Std.; außerdem Bus aus Peñas Blancas ab Busbahnhof (5x tgl.); sonst Busse aus Nicoya ab *cuatro bombas* (Hauptkreuzung) und mit *Interbus* (s.u.).
- **Puntarenas:** tgl. 5, 5.30, 7, 8.30, 9.40, 11, 12.20, 15 und 17 Uhr; Fahrzeit: ca. 3 Std.; sowie mit *Interbus* (s.u.).
- **Cañas:** 4.30, 5.30, 6.10, 6.30, 6.45, 8.10, 8.30, 9.40, 10.15, 11.15, 12.20, 13.25, 14.10, 15, 15.30, 16, 16.20, 17, 17.30, 17.50, 18.30 und 20.30 Uhr (Mo–Sa), Fahrzeit: 2 Std., oder mit dem Bus nach San José oder Puntarenas.
- **La Cruz/Peñas Blancas:** 5, 5.30, 5–18.30 Uhr (jede Std.), alle 45 Min., Fahrzeit: ca. 2 Std.
- **Sta. Cruz/Nicoya** (*Transp. La Pampa,* Tel. 2686. 7245): tgl. 4–21 Uhr ca. jede 30 Min, So 4.21 Uhr stdl.
- **Playas del Coco:** *(Pulmitan)*: 5–19 Uhr alle Std., Fahrzeit: 1 Std.; sowie mit *Interbus* (s.u.).
- **Playa Flamingo** (*Transp. La Pampa*): tgl. 5, 12.30 und 16 Uhr, Fahrzeit: 2 ½ Std.
- **Playa Hermosa/Playa Panamá** (*Transp. La Pampa)*: 4.50, 7.30, 8.30, 9.30, 11.30, 13, 15.30 und 17.30 Uhr, Fahrzeit: ca. 1 Std.
- **Playa Tamarindo:** über Sta. Cruz (umsteigen); sowie mit *Interbus* (s.u.).
- **Curubandé** (NP Rincón de la Vieja): tägl. 14 Uhr; Abfahrt hinter dem neuen Markt. Das *Hotel Posada del Tope* und das *Hotel Liberia* bieten einen Transfer zum NP für ca. 20 $ p.P. (+Maut).
- **Managua/Guatemala City:** 3x tgl. mit Tica Bus aus San José (Tel. 2221.0006).
- Die private Busfirma **Interbus** fährt mit Kleinbussen (Abholung am Hotel) über Cañas nach San José, Fortuna, Monteverde, Playas del Coco, Playa Hermosa und Playa Tamarindo sowie über Jacó nach Manuel Antonio. Weitere Infos: www.interbusonline.com.

Flugverbindungen

- **Flughafen-Info:** Tel. 2668.1017, 2668.1178 u. 2668.1014.
- Der **internationale Flughafen** Guanacaste/Daniel Oduber liegt 10 km außerhalb in Richtung Playa del Coco.
- **Nature Air:** tgl. 7 Uhr, Fr–So 12 Uhr, Flugzeit 45 Min.
- **SANSA** (Tel. 2668.1017: 5x tgl. über Tamarindo nach San José, Flugzeit 2x 40 Min., Preis: 108 $ (einf.).

Nördlich von Liberia

Die **Interamericana** führt von Liberia aus in Richtung Norden zu mehreren sehenswerten Nationalparks und Schutzgebieten, die als **Area de Conservación Guanacaste** zusammengefasst wurden. Auch wer nicht beabsichtigt, nach Nicaragua weiterzureisen, sollte unbedingt einen Abstecher zu einem der lohnenswerten Naturparks einplanen. Außerdem lohnen die meist menschenleeren Strände einen Besuch.

Für die Fahrt zum **Nationalpark Rincón de La Vieja** ist besonders bei Regenfällen ein Allradfahrzeug empfehlenswert, öffentliche Busse fahren nur bis Curubandé, ca. 10 km vor dem Eingang zum Sektor Las Pailas. Bis dorthin ist die Straße inzwischen geteert.

◁ Typische Landschaft in Guanacaste (Trockenwald)

Die **Nationalparks Sta. Rosa und Guanacaste** werden von der Panamericana getrennt, der Bus nach La Cruz fährt an der Abzweigung zum Sektor La Casona vorbei (7 km bis La Casona). Über die nächste Abzweigung, die zum Sektor Murciélago des Nationalparks Sta. Rosa führt, kann man auch das **Naturschutzgebiet Bahía Junquillal** erreichen. Die genannten Nationalparks und das Naturschutzgebiet, allesamt inzwischen UNESCO-Weltnaturerbe, haben eine gemeinsame Website: www.acguanacaste.ac.cr.

Über **La Cruz** erreicht man die **Bahía Salinas** und **Peñas Blancas,** den Grenzort nach Nicaragua.

Nationalpark Rincón de la Vieja

- **Fläche:** 14.084 ha
- **Lage:** Cordillera Volcánica de Guanacaste
- **Höhe:** ca. 700 m bis max. 1916 m
- **Gegründet:** 23.10.1973
- **Geöffnet:** tgl. außer Mo 7–15 Uhr, letzter Einlass: 15 Uhr, Mo geschlossen!
- **Eintritt:** 15 $
- **Info:** Tel. 2661.8139, www.acguanacaste.ac.cr
- **Übernachtung:** Campingmöglichkeit im Sektor Sta. Maria, mehrere Lodges in der näheren Umgebung
- **Anfahrt:** 1. **Sektor Las Pailas:** 4,6 km nördl. von Liberia Abzw. rechts über Curubandé (ca. 22 km Piste, im letzten Abschnitt Allrad empfehlenswert). Auf dem Weg durchquert man den Besitz der Hacienda Guachipelin (Straßenmaut 700 C./p.P.); Taxi 25 $. 2. **Sektor Santa María:** von Bagaces Richtung Aguas Claras, nach La Ese, Abzw. links über Limonal; oder von Liberia direkt über über Pta. de la Victoria (24 km Piste, Allrad empfehlenswert).

Dieser Nationalpark um den **aktiven Vulkan** Rincón de la Vieja ist einer der vielseitigsten Naturparks des Landes. Nicht nur die unterschiedlichen Vegetationszonen vom feuchten Regenwald im Nordosten bis hin zum Trockenwald im Süden, sondern vor allem die zahlreichen vulkanischen Erscheinungen wie Fumarolen oder blubbernde Schlammvulkane machen einen Besuch der Region zu einem unvergesslichen Erlebnis.

Geologie

Der Stratovulkan Rincón ist 1806 m hoch und breitet sich über eine Fläche von 400 km² aus. Bisher hat man neun **Krater** festgestellt, von denen jedoch mehrere stark erodiert und kaum zu erkennen sind. Der Hauptkrater hat einen Durchmesser von fast 1 km und enthält einen kleinen Kratersee, ebenso der rund 500 m große Krater des benachbarten Vulkans Santa María (1916 m), der seit langer Zeit nicht mehr aktiv und vollkommen überwachsen ist.

Südlich des Hauptkraters befindet sich eine 400 m lange **Lagune** mit klarem Wasser, an der sich auch häufig Tapire aufhalten. Zahlreiche **Flüsse** entspringen in diesem Massiv, darunter der Río Liberia, Río Caño Negro, Río Colorado und Río Tizate, die auch viele Wasserfälle bilden.

Die **aktivste Phase** hatte der Vulkan in der Zeit von 1966 bis 1970, als es zum Auswurf großer Aschewolken und zu Beben kam. Weitere Eruptionen folgten in den Jahren 1983 und 1984, die bislang letzte Eruption war 1991.

Auf der Südseite zu Füßen des Vulkans liegt auf rund 800 m Höhe ein **vulkanisch sehr aktives Gebiet** mit einer Fläche von 50 ha, das man als *Las Pailas* und *Las Hornillas* bezeichnet. Hier gibt es Solfatare und brodelnde Schlammtümpel, die kleine „Vulkane" bilden, daneben treten aus Erdöffnungen heiße, nach Schwefel stinkende Dampfwolken an die Oberfläche (vor allem während der Regenzeit gut sichtbar) und verhindern jeglichen Pflanzenwuchs. Thermalquellen mit nahezu kochendem Wasser speisen heiße Bäche.

An der neuen Verbindungsstraße zwischen dem Sektor Las Pailas und Sta. Maria liegen die naturbelassenen **Río Negro Hot Springs** (tgl. 8.30–18 Uhr, Eintritt 10 $).

Flora und Fauna

Die **Vegetation** ist je nach Höhenlage, Niederschlagsmenge und Vulkan-Beeinflussung verschieden. Die Nordostseite steht unter Atlantikeinfluss mit viel Niederschlag und dementsprechend dichtem Bewuchs. Der Wald ist hier wegen seines dichten Unterholzes nur schwer zu durchdringen, und die Bäume erreichen Höhen bis zu 40 m. Im Südwesten hingegen herrscht pazifisches Klima mit ausgeprägter Trockenzeit von Dezember bis April und entsprechender Vegetation. Im Park registriert man auch das landesweit größte Vorkommen der Nationalblume *guaria morada (lat. Cattleya skinerii),* einer Catteleya-Orchideenart.

In den tiefsten Regionen gedeihen Lorbeerbaum, Guanacaste-Baum, Weißgummibaum, Bitterzeder. In den mittleren Höhenlagen (etwa 1200–1400 m) wachsen Klusie, Mönchspfeffer, *jícaro danto, papayillo, burío ratón, yos, mata-*

gente, Eichen und weiße Zypressen. Die Wälder der oberen Höhenlagen (1400 bis ca. 1800 m) sind von niedrigem Wuchs, die sehr verästelten Bäume sind von Moosen und anderen Epiphyten bedeckt. Die häufigsten Arten sind hier Klusie und *crespón (Urera caracasana)*. Die Gipfelregion ist von lockerer Vulkanasche bedeckt, es existiert nur wenig Vegetation, u.a. Klusie und Gunnera.

Neben Raubkatzen und den in der Gipfelregion häufigen Tapiren leben Spießhirsch, Halsbandpekari, Aguti, Tayra, mexikanischer Ameisenbär, Zweizehen-Faultier, Gürteltiere sowie Brüll-, Kapuziner- und Klammeraffen im Parkbereich. 257 Vogelarten wurden beobachtet, darunter Glockenvogel, Tuberkelhokko, *jilguero*, Montezuma-Stirnvögel, Laucharassari, Uferschwalbe, Kupferschwanztrogon, Brillenkauz, Goldschwanzkolibri, Weißstirnamazone und Lachhabicht.

Auch die Insekten sind zahlreich vertreten, vor allem Tag- und Nachtfalter. Besonders auffällig sind die vielen Morphofalter, die in vier Arten vorkommen.

Wanderwege (Sektor Las Pailas)

Las Pailas

Rundweg über 2,8 km (ohne Abstecher) durch die vulkanisch aktive Zone mit Fumarolen, kochenden Schlammtümpeln etc., Gehzeit mit Abstechern etwa 2 Std.: Nach etwa 300 m überquert man am schön gelegenen Picknick- und Campingplatz den Río Colorado über eine Hängebrücke. Kurz darauf zweigt der Rundweg an einer Info-Tafel links ab und führt durch einen eindrucksvollen Wald mit z.T. riesigen Bäumen, die oft von der Würgefeige in Beschlag genommen wurden. Etwas weiter kommt man zu einem kleinen Wasserfall, der allerdings nur in der Regenzeit ausreichend Wasser hat. Ein Abstecher führt zu einem Aussichtspunkt, von dem man einen guten Überblick über das Gebiet hat, ein weiterer zu Fumarolen, deren Schwefelgeruch schon von Weitem wahrnehmbar ist. Etwa auf der Hälfte des Rundweges zweigt ein Weg ab zum Sektor Santa María (7 km, Flüsse in der Regenzeit u.U. unpassierbar!). Im Süden erwartet den Besucher ein weiterer Höhepunkt: die *pailas de barro*, zahlreiche blubbernde und spritzende Schlammtümpel, die mit heißem Dampf aus dem

◁ Wasserfall auf dem Gelände der Hacienda Guachipelín

Erdinnern gespeist werden und „Minivulkane" bilden, die langsam erhärten und schließlich austrocknen.

Tipp: Da der erste Teil durch den Wald führt und der zweite Teil durch offenes Gelände, ist es vormittags ratsam, den Weg umgekehrt zu gehen, um so der stärker werdenden Hitze auszuweichen.

Wanderweg zu den Wasserfällen

Der Hauptweg Richtung Vulkan führt kurz nach Beginn des Waldes links zur **Poza Río Blanco,** wo man sich in einem Naturbecken im Fluss herrlich erfrischen kann (600 m ab Eingang). Kurz darauf führt eine weitere beschilderte Abzweigung links zu den Wasserfällen: durch dichten tropischen Regenwald geht es zunächst auf einer Hängebrücke über den Río Blanco und mit leichtem Auf und Ab durch den Wald. Nach etwa einer Stunde Gehzeit kommt man zu einer weiteren Abzweigung: rechts geht es auf einem teilweise recht steilen (und daher nur selten begangenen) Weg ohne Schatten hinauf zu den „versteckten Wasserfällen", den **Cataratas Escondidas** (4,3 km ab Eingang). Geradeaus führt der Weg über offene Grasflächen (Sonnenschutz!) mit riesigen Agaven und kleinen Waldabschnitten, bis man nach etwa 2 Std. den Abstieg zum Wasserfall **Catarata La Cangreja** erreicht (5,1 km ab Eingang). Der kleine See zu Füßen der Fälle namens **Laguna Azul** ist eine herrliche Badegelegenheit und belohnt für die Mühen der Wanderung.

Aufstieg zum Vulkan

Anstrengender Weg (7,7 km einfach) von etwa 700 m auf fast 1900 m Höhe, Gehzeit ab Parkverwaltung ca. 5–6 Std. (hin und zurück); ein Führer ist nicht nötig, aber die entsprechende Ausrüstung: gute Bergschuhe, warme Kleidung, Regenschutz, Wasser und Verpflegung; möglichst früh starten (6 Uhr).

Hinweis: Seit einiger Zeit ist dieser Weg wegen vulkanischer Aktivitäten gesperrt!

Neben der Ranger-Station führt der Weg zunächst etwa 1½ bis 2 Std. durch einen Wald bergauf (Schild: *copelares volcán*), mit zunehmender Höhe erkennt man den Übergang von Trockenwald in einen feuchteren Waldtyp mit Farnen, Kletterpflanzen, Pacaya-Palmen etc. Am Ende des Waldweges führt links ein schmaler Fußweg zu einem erhöhten Aussichtspunkt. Vor sich erkennt man klar den weiteren Verlauf des Weges, der sich relativ steil bergauf windet. Später richtet man sich nach den kleinen Steinpyramiden, die überall als Markierung aufgestellt wurden (im Zweifelsfall bergauf). Die Vegetation wird immer karger, nur noch wenige Gräser finden neben den Gesteinsbrocken Lebensraum. Das letzte Stück zum Gipfel ist zugleich das anstrengendste: Über lockeres Geröll geht es immer steiler bergauf, bis man schließlich den höchsten Punkt erreicht hat. Bei wolkenfreiem Wetter hat man von hier einen fantastischen Blick in den Krater und die umliegende Landschaft.

Unterkunft im Umfeld des Parks

An den Hängen der Cordillera de Guanacaste gibt es eine ganze Reihe meist einfacher Unterkünfte, die aber durch ihre schöne Lage und die Möglichkeiten zu Wanderungen und Ausflügen mit dem Pferd jedes Luxushotel vergessen machen. Die Anreise ist schwierig und mit öffentlichen Verkehrsmitteln meist nicht möglich.

Nördlich von Liberia

Direkt von Liberia kommt man über eine Brücke in Richtung Sektor Santa María nach ca. 24 km zur:
Mein Tipp: Rinconcito Lodge (am Ortsrand von San Jorge, Tel. 2666.2764, www.rinconcitolodge.com): rustikale Unterkunft, freundl., Rest. (8/12/12 $), Pferdetouren (1–2 Std./25 $), Canopy (24 $), Transfer Liberia – Lodge: 30 $/Strecke (bis 4 Pers.); 11 einf., aber ordentl. Zi., bp (WW): 52/74/94 $ (ÜF); KK (nur VISA).

Etwa 4,6 km nördlich von Liberia zweigt rechts eine Piste über Curubandé zum Sektor Las Pailas (ca. 22 km) ab. An dieser Straße liegen folgende Unterkünfte:
■ **Rancho Curubandé Lodge** (500 m rechts, Tel. 2665.0375, www.rancho-curubande.com): Hacienda-Lodge, freundl., Rest.service, Pferdetouren; 16 Zi., AC: 62/74/85 $ (ÜF), „Villas" mit Küche, AC: 124 $ (bis 4 Pers./ÜF).
■ **Cañón de la Vieja Lodge** (4 km rechts; Tel. 2665.3161, www.thecanyonlodge.com): Hotelanlage für Gruppen am Río Colorado, Rest. (10/18 $), kl. Canopy-Tour (10 Kabel/12 Plattformen): 25 $, Rafting: 35 $, Reittour (25 $); 15 Holzhäuser mit je 2 guten Zi.: 80/100/125 $ (ÜF).
■ **El Sol Verde Lodge** (in Curubandé, Tel. 2665.5357, www.elsolverde.com): kl. Lodge unter holländ. Ltg., Internet, Wäsche-Service; 3 nette Zi., 51/51/69 $ sowie Zelte: DZ 27,50 $ p.P., Frühstück: 7,50 $ p.P., Camping möglich: 9 $ p.P.; keine KK.
■ **Casa Rural Aroma de Campo B&B** (ca. 20 km links am Ortsende von Curubandé, Tel. 2665.0008, www.aromadecampo.com): nettes Privathaus im Kolonialstil unter belg. Ltg., Rest.service (Menü 19 $); 6 recht einf. Zi. in Knallfarben, z.T. offenes Bad: 55/76/104 $ (ÜF).
■ **Hacienda Guachipelín Lodge** (ca. 18 km rechts; Tel. 2690.2900, www. guachipelin.com): gr. Gruppenhotel (50 Zi.) auf einer Vieh-Hacienda (1600 ha), Pool, Rest. (ME/AE: 15 $, Buffet 18 $), Pferde-Touren (6 Std. / 52 $), gute Canopy-Tour im Kazm-Canyon (10 Plattformen, 2½ Std. $: 50 $); Std.-DZ: 84/102/131 $ (ÜF), Superior-DZ: 102/120/152 $ (ÜF); Suite: 188/188 $ (ÜF); Kinder (4–10 Jahre): 17–19 $ (ÜF).
■ **Rincón de la Vieja Mountain Lodge** (ca. 2 km vor dem NP Abzw. rechts; Tel. 2200.0238): Rest. (12/15/18 $), Pool, Pferdetour (halber Tag: 35 $), Canopy-Tour (18 Plattformen, 4 Std.: 45 $ p.P.); 20 rustikale Zi., bp (WW): 53/66/85 $ (ÜF); 10 Bungalows: 59/71/98 $ (ÜF); KK.

12 km nördlich von Liberia in Richtung La Cruz zweigt bei Km 247 die Zufahrt ab nach **Cañas Dulces** (6 km Teerstraße) und weiter über eine schlechte Piste zu folgenden Unterkünften und Restaurants (Hinweis: Eine Zufahrt zum Nationalpark ist über diese Strecke nicht möglich!):
■ **Restaurant El Mirador** (2 km nach Cañas Dulces): schöne Aussicht, ein toller Platz für den Sonnenuntergang!
■ **Buena Vista Lodge** (13 km nach Cañas Dulces; Tel. 2690.1414, www.buenavistalodgecr.com): unpersönliches Gruppenhotel, schöne Lage zu Füßen des Vulkans Rincón mit tollem Blick, Privatreservat mit Wanderwegen (600 ha, grenzt an den NP), Rest., Bar, Internet, Pferdetouren (z.B. Tour zum Wasserfall 40 $), Canopy-Tour (40 $), 100 (!) rustikale Zi., ab 74/79 $ (ÜF); KK.
■ **Hotel Borinquén** (vor Buena Vista Lodge beschilderte Abzw. links; Tel. 2690.1900, www.borinquenresort.com): überteuertes Luxushotel, großzügige Anlage mit Pool, Thermalbecken, Wanderwegen, Touren mit Pferden und Quads, Rest.; sehr komfortable Bungalows mit AC, Veranda: ab 197/219 $ (ÜF).

Etwa 23 km nördlich von Liberia zweigt in Potrerillos rechts die Zufahrt ab nach **Quebrada Grande.** 13 km (Piste) weiter in nordöstlicher Richtung liegt zwischen den Vulkanen Rincón de la Vieja und Cerro Cacao das:
■ **Zelandia Mountain Hotel:** (Tel. 2691.8177, www.hotelzelandia.com): renoviertes Farm-Hotel (vormals Curubanda Lodge), Rest.service (8/8 $); 4 rustikale Zi., DV: 50/63/75 $ (ÜF).

Blue River Resort (Te . 2206.5000, www.blueriverresort.com): gepflegte Anlage mit Rest., Pools, Thermalbäder, Spa, botan. Garten, Schmetterlingsfarm, Touren; 12 geräumige Zi. mit DV +AC: DZ 150 $ (ÜF), NS: 130 $ (ÜF); Tageseintritt: 20 $.

5 km weiter kommt man zum privaten **Naturreservat Sensorio,** einem schönen, 30 ha großen Reservat auf der Rückseite des Vulkans Rincón de la Vieja, mit Wanderwegen und Wasserfällen. Leider kann man nicht auf eigene Faust wandern, und der Preis für eine Tour (100 $ inkl. ME, jeweils 9.30 und 14.30 Uhr) ist jenseits von Gut und Böse. Info: Tel. 8705.1522 *(Fernando).*

Nationalpark Santa Rosa

- **Fläche:** 115.000 ha, davon zwei Drittel Wassergebiete
- **Lage:** Pazifikküste, Halbinsel Sta. Elena
- **Höhe:** Meeresniveau bis max. 498 m
- **Niederschlag:** 2000 mm/Jahr
- **Geöffnet:** tgl. 7–15 Uhr
- **Eintritt:** 15 $ (zahlbar im Museum La Casona)
- **Info:** Tel. 2666.5051
- **Übernachtung:** es gibt eine Lodge (Anmeldung) und mehrere Campingmöglichkeiten (300 C. p.P.), nähere Infos (s.u.)
- **Anfahrt:** von Liberia Richtung Nicaragua, genaue Infos bei den einzelnen Sektoren
- **Anmerkung:** Für einen Besuch des Playa Nancite bei Nacht ist eine Genehmigung erforderlich, max. 20 Pers.

Der Nationalpark nimmt die gesamte Halbinsel Sta. Elena ein und besteht aus zwei zusammenhängenden Sektoren, die über verschiedene Eingänge zu erreichen sind. Flora und Fauna prägt ein ausgedehnter **Trockenwald;** da die meisten Bäume in der Trockenzeit (Dez.–April) ihre Blätter abwerfen, macht der Park dann einen etwas desolaten Eindruck. Ganz anders in den Monaten Oktober und November, wenn zudem Tausende von (Bastard-)Meeresschildkröten ihre Eier an den Stränden des Sektors Sta. Rosa ablegen und damit unfreiwillig für eine Touristenattraktion sorgen.

Doch der Grund, dass auch viele Einheimische hierher kommen, ist weniger die Natur oder die schönen Strände, sondern vor allem die **historische Stätte,** an der im Jahr 1856 eine Schlacht gegen die Aggressoren aus dem Norden erfolgreich geschlagen wurde. Das historische Gebäude *La Casona* ist 2001 abgebrannt, wurde jedoch wieder aufgebaut. Denn dieser Ort verkörpert wie kein anderer den Unabhängigkeitsgedanken der Costaricaner und ist daher eine Art nationale Weihestätte, an der den Helden ein Denkmal errichtet wurde.

Flora und Fauna

Im Gebiet des Nationalparks existieren etwa **zehn Vegetationszonen,** unter anderem die Grassavanne mit Jaragua-Gräsern und vereinzelten Bäumen (u.a. Steineiche, Akazie, Kalebassenbaum. Die Laubwälder enthalten 240 Arten von Bäumen und Sträuchern, z.B. den Guanacaste (der Nationalbaum Costa Ricas), den Weißgummibaum, die Savanneneiche, Gelbe Balsampflaume und Pochote. Die wichtigsten Arten der immergrünen Wälder sind der *guapinol (Hymenaea courbario),* der Breiapfelbaum, die Eiche, der *tempisque* und der Olivenbaum. An den Flussmündungen findet man die Weiße, die Schwarze, die Rote und die Knopfmangrove.

155 Arten **Säugetiere** wurden gezählt (davon über die Hälfte Fledermäuse): u.a. Brüll- und Kapuzineraffen, Tapire, Pumas, Jaguare, Gürteltiere, Weißwedelhirsche, Nasenbären und Waschbären. Das am häufigsten vorkommende Säugetier ist die Stachltaschenmaus.

Es gibt 253 Arten von **Vögeln,** u.a. Elsterhäher, Keilschwanzsittiche, Kupferschwanztrogone, den *soterrey matraquero* (Zaunkönigart), Tuberkelhockos, Krabbenbussarde und den *saltarín colilargo* (Schnurrvogel-Art).

Reptilien und Amphibien sind mit rund 100 Arten vertreten. Die **Bastardschildkröte** hat hier ihr wichtigstes Eiablagegebiet im tropischen Amerika, außerdem kommen grüne Meeres- und Lederschildkröte zur Eiablage.

Sektor Santa Rosa

■ **Anfahrt:** 31 km nördlich von Liberia Abzweigung links (Bus nach Peñas Blancas bis Abzweigung), danach 7 km Teerstraße bis Casona.

■ **La Casona:** Auf dem Gelände der Hacienda Sta. Rosa tobte am 20. März 1856 die Entscheidungsschlacht zwischen dem Aggressor *William Walker* und sei-

nen Filibustern und den Truppen des Präsidenten *Juan Rafael Mora* (vgl. Geschichte*)*. In den Räumen des schönen Kolonialgebäudes ist ein **historisches Museum** mit Fotos und Dokumenten, Original-Waffen, Möbeln etc. untergebracht (geöffnet tgl. 8–16.30 Uhr).

■ **Playa Naranjo** (13 km): Allrad erforderlich, nach etwa 9 km erreicht man eine Abzweigung: links zur Playa Naranjo (ca. 4 km), rechts zur Playa Nancite (ca. 6 km). Die Playa Naranjo, ein schöner, gräulicher **Sandstrand** mit recht starken Wellen, ist bei **Surfern** sehr beliebt. In der Nähe des Strandes sind manchmal Affen und andere Tiere zu sehen.

■ **Playa Nancite:** ca. 15–16 km, das letzte Stück zu Fuß (ca. 1 Std.). Dieser Strand ist nicht nur schön zum Baden, sondern einer der wichtigsten Eiablageorte für Meeresschildkröten: **Bastardschildkröten** (span. *tortuga lora*) kommen zu Tausenden hierher, manchmal kann man bis zu 10.000 Tiere gleichzeitig beobachten, wie sie um den besten Platz kämpfen. Solche Massenanlandungen, wie sie hier in den Monaten Oktober und November stattfinden, nennt man *arribadas*. Vereinzelte Tiere sieht man auch in den Monaten Aug./Sept. und Dezember, außerdem kommen gelegentlich auch Leder- und grüne Meeresschildkröten hierher. Die Tiere – über 100.000 sind es jedes Jahr – kommen mit der ersten Flut bei Nacht, und zwar in der Phase zwischen Halb- und Vollmond (zunehmender Mond). Manchmal sieht man Geier, Pekaris, Nasenbären oder Koyoten, die sich an den Eiern zu schaffen machen.

Wer dieses Schauspiel erleben möchte, sollte sich frühzeitig bei der Nationalparkverwaltung anmelden, denn ein Besuch ist nur in Begleitung eines sachkundigen Führers erlaubt, und die Zahl ist auf 20 Pers./Nacht beschränkt. Besser ist es jedoch, die Tiere in Ruhe zu lassen!

■ **Buchtipp:** *Stephen E. Cornelius:* The sea turtles of Santa Rosa National Park, National Park Foundation, Costa Rica, 1986.

Unterkunft

■ **Camping** bei Casona, Playa Naranjo und Playa Nancite.

■ Neben dem Verwaltungsgebäude gibt es eine **Lodge,** die offiziell nur für Wissenschaftler bestimmt ist. Wenn Platz ist, kann man aber auch als

„normaler" Tourist übernachten: 4 Zi. à 8 Betten, bc: ca. 13 $ p.P., Anmeldung erforderlich.

Wanderwege

■ **Sendero Natural Indio Desnudo:** Kleiner Rundweg (500 m/1,5 km), beginnt neben La Casona.

■ **Sendero Laguna Escondida:** Bei der Parkverwaltung zweigt rechts dieser schmale Weg ab, der nach etwa 2 bis 3 km zu einem kleinen „See" kommt, wo man in der Trockenzeit mit etwas Geduld Tiere beobachten kann.

■ **Zur Playa Naranjo:** Wer kein (Allrad-) Fahrzeug hat, muss zu Fuß zur Playa Naranjo/Playa Nancite wandern (bei Flut geht es die letzten 2 km durch das Wasser). Gehzeit etwa 3 Std. (einfach), Sonnenschutz und ausreichenden Wasservorrat mitnehmen!

■ **Sendero Los Patos:** Etwa 3 km hinter der Parkverwaltung zweigt links dieser Weg ab, der nach 2 km zu einem Aussichtspunkt führt; evtl. kann man hier Tiere sehen.

■ **Sendero Naranjo:** ca. 5 km hinter der Parkverwaltung rechts (1 km).

■ **Sendero Carbonal:** Vom Playa Naranjo etwa 6 km um die Laguna El Limbo herum (Mangroven), dort leben u.a. Reiher u. Krokodile.

■ **Sendero Playa Nancite:** ca. 1 Std. ab Ende der Piste.

Sektor Murciélago

■ **Anfahrt:** 41 km nördlich von Liberia (10 km nach Einfahrt zum Sektor Sta. Rosa) Abzweigung links, nach 8 km die Teerstraße nach links verlassen, durch den Ort Cuajiniquil der Piste folgen, vorbei an einem Polizei-Trainingslager. Mit Bus ab Liberia und La Cruz nach Guajiniquil, der Rest zu Fuß ...

3,5 km nach Cuajiniquil folgt rechts ein **Abzweig** zur Bahía El Hachal (3 km) und weiter zur Bahía Dante (ca. 6 km, hierher Allrad erforderlich). Der Hauptweg führt an einer Landebahn vorbei zum **Parkeingang** (9 km ab Abzweig, in der Trockenzeit ohne Allrad möglich). Da die Parkwächter hier wohnen, ist der Park praktisch immer geöffnet.

■ Vom Eingang führt eine Piste vorbei an der tief eingeschnittenen Bahía Santa Elena (8 km) zur **Bahía Playa Blanca**

▷ Trockenwald im Nationalpark Santa Rosa (Sektor Murciélago)

mit einem schönen, wenig frequentierten **Sandstrand** (17 km, Allrad empfehlenswert).

Unterkunft
- **Camping** am Parkeingang (Du/WC) und an der Playa Blanca (keine Einrichtungen).

Nationalpark Guanacaste

- **Fläche:** 32.512 ha
- **Lage:** Cordillera Volcánica de Guanacaste
- **Höhe:** ca. 100 m bis max. 1659 m ü.M.
- **Niederschlag:** ca. 2000 mm/Jahr
- **Gegründet:** 5.6.1991
- **Geöffnet:** tgl. 7–15 Uhr, Eintritt zu bezahlen beim Nationalpark Sta. Rosa
- **Info:** Tel. 2666.5051
- **Eintritt:** 15 $
- **Übernachtung:** Neben der Verwaltung gibt es ein neueres Gebäude mit 6 Zi. (offiziell nur für Wissenschaftler), außerdem mehrere einf. Unterkünfte ohne Strom (13 $ p.P.) sowie **Campingmöglichkeit** in den verschiedenen Stationen (300 C. p.P.).
- **Anfahrt:** 27 km nördl. Liberia Abzweig rechts

Der Nationalpark Guanacaste ist das gebirgige Pendant zum Nationalpark Sta. Rosa, von dem er nur durch die Interamericana getrennt ist. Zusammen ergeben sie einen Mega-Nationalpark, der in seiner Fläche nur vom Internationalen Park La Amistad übertroffen wird. Beherrscht wird der Park von den beiden **Vulkanen Orosí** (1487 m) und **Cacao**

(1659 m), den nördlichsten Ausläufern der Cordillera de Guanacaste.

Durch die unterschiedlichen Höhenlagen ergibt sich eine **große ökologische Vielfalt** mit Trocken-, Feucht- und sogar Nebelwaldgebieten. Im Umfeld der Vulkane liegt auch das Quellgebiet des Río Tempisque und zahlreicher weiterer Flüsse, die z.T. in den nur rund 20 km nördlich gelegenen Nicaragua-See münden. Touristisch ist das Gebiet bisher **kaum erschlossen,** es gibt jedoch einige schöne Wege für mehrtägige Wanderungen.

Flora und Fauna

Je nach Höhenlage und Niederschlagsmenge findet man hier sowohl Trockenwald, Feuchtwald, Nebelwald und tropischen Regenwald. Durch die verschiedenen Vegetationszonen ergibt sich eine große ökologische Vielfalt mit etwa 3000 Pflanzenarten. In der Gipfelregion der Vulkane findet man Primärwald mit rund 3000 Arten von Epiphyten, u.a. Bromelien, Orchideen, Farne, Kletterpflanzen und Moose. Die Nordwest-Seite steht unter atlantischem Einfluss mit entsprechend hohen Niederschlägen und dichtem Bewuchs.

Von den **Säugetieren** sind u.a. Paka, Rotwild, Jaguar, Puma, Tapir, Weißbart- und Halsbandpekari, Nasenbär, Gürteltier, Tayra und Zweifinger-Faultier vertreten.

Unter den 300 **Vogelarten** sind Schwarzbauchguan, *jilguero*, Montezuma-Stirnvogel, Laucharassari, Königsgeier, Glockenvogel und Schirmvogel zu finden.

Wanderungen

■ **Cerro Cacao:** Anfahrt mit Allrad über Quebrada Grande (= Garcia Flamenco) bis ca. 1 km vor Vulkan (Genehmigung erforderlich) zur Nationalparkstation Cacao (ca. 1100 m), einf. Holzunterkünfte ohne Strom, von hier Aufstieg zum Vulkan. Alternative: mit Pferd ab Quebrada Grande.
■ **Maritza:** ca. 15 km ab Eingang Guajiniquil (250 m) zur Station Maritza (500 m), einf. Unterkunft mit Strom, von hier Aufstieg zum Vulkan Cacao möglich, auch Wanderung zur Nationalparkstation Cacao.
■ **Pitilla:** Anfahrt nach Sta. Cecilia (geteert, Busverbindung ab Liberia und La Cruz, einf. Unterkunft im Hotel Chuli), von dort ca. 9 km bis zur NP-Station Pitilla an der Nordostgrenze des Parks (700 m), einf. Unterkunft ohne Strom.

Naturschutzgebiet Bahía Junquillal

(Refugio Nacional de Vida Silvestre)

■ **Fläche:** 15.478 ha (inkl. Meeresanteil)
■ **Anfahrt:** Etwa 42 km nördlich von Liberia zweigt links eine Teerstraße ab, die nach etwa 8 km links zum Ort Cuajiniquil abzweigt und weiterführt zum Eingang Sektor Murciélago des Nationalparks Sta. Rosa (s.o.). Geradeaus führt die geteerte Straße an einen kleinen Hafen, vorher (10,5 km ab Interamericana) zweigt rechts eine gute Piste ab: nach 4 km links, 600 m zum Erholungsgebiet. Die Piste führt weiter nach Norden bis zur Bahía Salinas und nach Sta. Cruz.
■ **Geöffnet:** tgl. 7.30–17.30 Uhr
■ **Eintritt:** 13 $

Die schöne Bucht gehört zum Schutzgebiet Guanacaste, und der weite **Sandstrand** ist ebenfalls ein Eiablageplatz für verschiedene Arten von Meeresschildkröten. Zum etwa 500 ha großen Erholungsgebiet gehören auch mehrere Wanderwege durch Trockenwald und zu Mangrovensümpfen. Es gibt hier einen herrlichen Campingplatz mit Tischen, WC und Duschen.

Im nahe gelegenen Ort **Cuajiniquil** gibt es einige gute Fischlokale sowie eine Lodge und ein Tauchzentrum:

■ **Diving Center Cuajiniquil** (Tel. 2679.1093, minorlara@hotmail.com): Tauch- und Schnorcheltouren, Touren in die Mangroven.

■ **Santa Elena Lodge** (Tel. 2679.1038, mobil: 8382.3020, www.santaeleralodge.com): schönes Holzhaus mit Rest.; 8 einfache, aber ordentliche Zimmer mit AC: ca. 40/70/90 $ (ÜF).

La Cruz

14 km nördlich des Eingangs zum Sektor Murciélago des Nationalparks Santa Rosa (56 km ab Liberia) liegt diese kleine Stadt, die für Reisende eine **wichtige Durchgangsstation** auf dem Weg nach oder von Nicaragua darstellt. Es gibt eine Tankstelle, drei Banken, eine Post sowie eine Reihe von Unterkünften. Einige Häuser haben eine schöne Lage am Hang mit Blick auf die tieferliegende Bahía Salinas, so z.B. das Amalia's Inn und das Restaurant Bella Vista westlich des Hauptplatzes. Tourist-Info am Park: Tel. 8381.4030.

Der Tourveranstalter **Hacienda El Cenizaro Tours** bietet Ausflüge in die Umgebung an (Reiten, Canopy, Quads etc): Tel. 8630.5050, www.haciendaelcenizaro.com.

Unterkunft

■ **Cabinas Sta. Rita** (200 m südl. des Parque Central, Tel. 2679.9062): Gem.küche, Parkplatz; 35 einf., brauchbare Zi., z.T. TV, bc (z.T. WW): 17/30/34 $; bp (z.T. WW), z.T. AC: 29/39/50 $.

■ **Hotel Bella Vista** (an der Straße zur Bahía Salinas, Tel. 2679.8060): Hotel auf 3 Etagen mit Pool, Internet, TV-Zi., Mountainbike-Touren (ab 6 Pers.), Pferde-, Bootstouren, dt.sprachige Ltg.; 14 kl. einf. Zi., bc: 10 $ p.P., sowie 26 Zi. bp (nur 17 Zi. WW), DV: 20/30/40 $, Frühstück 3–6 $; KK (+6 %).

MEIN TIPP: **Amalia's Inn** (100 m südl. des Parque Central, Tel. 2679.9618): ehem. Privathaus einer Künstlerin, schöne Terrasse mit herrlichem Blick, Pool; 6 ordentl., gr. Zi., bp (WW, TV, DV, WiFi): 25/35/48 $.

■ **Hotel Mirador Punta Descartes** (50 m südl. des Parque Central, Tel. 2679.9025): umgebautes Holzhaus mit Sicht auf die Bahia; 4 Zi., Rest., bp, AC, TV: DZ ab 40 $.

■ **Hotel La Mirada** (400 m östl. des Parque Central Ri. Interamericana, Tel. 2679.9702, www.hotellamirada.com): gepflegtes Haus mit Parkplatz; 8 renovierte Zi., bp: 29/44/56 $; 4 Zi. mit AC, KS, TV: 48/66/70 $; KK.

Busverbindungen

■ Der **Busbahnhof** liegt nördlich des Hauptplatzes.

■ **San José:** 3.20–19 Uhr (stündlich), Fahrzeit ca. 6 Std., oder über Liberia.

■ **Liberia:** von 5–18.30 Uhr alle 45 Min. sowie Bus nach San José.

■ **El Jobo (Bahia Salinas):** 5, 8.15, 11.15, 14, 16.45 Uhr.

- **Upala/Ciudad Quesada:** 6 und 14 Uhr (6 und 14 Uhr ab Peñas Blancas).
- **Cuajiniquil:** 9.50 Uhr.

Abstecher nach Nicaragua

Ein Kurztrip nach Nicaragua ist unbedingt empfehlenswert und ohne Probleme möglich (ein Visum ist nicht erforderlich!). Der großartige Nicaraguasee mit seinen Inseln, der aktive Vulkan Pacaya und die bezaubernde Kolonialstadt Granada sind nur einige Argumente.

Nach Abwicklung der costaricanischen Grenzformalitäten kann man zu Fuß zum Grenzposten von Nicaragua gehen. Die Ausreisegebühr in Höhe von 7 $ muss man an einem Automaten mit Kreditkarte oder vorab in einer Filiale der *Bancredito* (www.bancredito.cr.com) zahlen. Bei der **Einreise** nach Nicaragua wird ebenfalls eine Gebühr in Höhe von ca. 7 $ erhoben. Der Umtauschkurs lag im Oktober 2015 bei ca. 30 Córdoba für 1 €. Die Mindestaufenthaltsdauer in Nicaragua beträgt 72 Std. (wird aber nach Aussage eines Lesers nicht wirklich kontrolliert).

Danach geht es mit einem Sammeltaxi zur nächsten Ortschaft und von dort per Bus oder Taxi weiter nach **Rivas.** Nur wenige Kilometer entfernt liegt der Hafenort **San Jorge,** von wo eine Schiffsverbindung zur sehenswerten **Isla de Ometepe** besteht. Man kann auch weiter nördlich in die schöne **Kolonialstadt Granada** weiterreisen (Unterkunftstipp: Hotel Kekoldi, Tel. 2248.0804, www.kekoldi.com: ab 50/60/70 $ (ÜF)). Von dort aus ist es möglich, per Schiff über den **Nicaragua-See** nach San Carlos und von dort weiter nach Los Chiles in Costa Rica zu reisen (mühsam und anstrengend!). Zahlreiche gute Infos unter www.nicaraguamiamor.com.

Bahía Salinas

Wegen ihrer beständigen Winde (vor allem Nov.–April) gilt die weite Bucht im äußersten Nordwesten des Landes neben dem Arenal-See als der beste Platz für **Wind- und Kitesurfer,** doch finden bisher nur wenige Sportsfreunde den Weg hierher. In der Bucht liegt auch die Vogelinsel Isla Bolaños. Zum Baden ist die Bucht wegen der starken Winde nicht geeignet, es gibt aber in der Nähe schöne geschützte Badestrände.

Vom Parque Central in La Cruz geht in westlicher Richtung eine nur auf den ersten Kilometern geteerte Straße hinunter zum Meer. Nach 6 km zweigt nach rechts die Zufahrt ab zum Hafen **Puerto Soley,** wo man bei den Fischern Boote zur Isla Bolaños mieten kann.

Die Straße führt zu weiteren Stränden und in den Fischerort **El Jobo** sowie weiter nach Süden über Brasilito zur **Bahía Junquillal** (Allrad erforderlich). An der Playa El Jobo wird in Kürze das neue Hotel/Resort Dreams de las Mareas mit 447 Zimmern eröffnet.

Unterkunft

- **Ecoplaya Beach Resort** (Tel. 2676.1010, www.ecoplaya.com): gepfl. Anlage am Meer (Badestrand ca. 3 km entf.) mit Rest. (9/16/19 $) und nettem Poolbereich; 36 gute Zi. mit AC, TV: 92 $ p.P./VP; Villas (2–4 Pers.) mit Küche: DZ 103–257 $.
- **Hotel Sol y Mar** (Tel. 26761049 oder 8333.2528): außerhalb El Jobo an der Straße zur Playa La Rajada; 13 Zi. (bis 3 Pers): 25 $ p.P.
- **Hotel Blue Dream Resort** (Tel. 2676.1042 oder 8826.5221, www.bluedreamhotel.com): 12 km westl. von La Cruz Ri. Bahia Salinas, erste Kitesurfschule in Zentralamerika; Rest.; Schlafraum: 16 $

p.P., 16 Zi. mit DV: ab 32/42/54 $; Suite mit AC ab 65/67/77 $; KK.

Ausflüge

■ Der Deutsche *Frank Schulz* ist Tauchlehrer und organisiert **Bootstouren,** u.a. zur Isla Bolaños sowie zur Delfin- und Walbeobachtung und natürlich zum Tauchen. Kontakt: *Frank's Dive Center,* Tel. 8518.9165, franksdiving@yahoo.de.
■ Ein Leser empfiehlt den Kitesurf-Lehrer *Bob Selfridge*, Kontakt: lguardbl@gmail.com.

Tierschutzgebiet Isla Bolaños

■ **Fläche:** 25 ha
■ **Lage:** in der Bahía Salinas, 4 km östlich von Puerto Soley
■ **Höhe:** max. 81 m
■ **Niederschlag:** unter 1500 mm/Jahr
■ **Eintritt:** Nur mit **Sondergenehmigung.** Eine **Bootstour** in die Nähe der Inseln ist aber jederzeit erlaubt, und man kann aus Distanz Brutstätten mehrerer Vogelarten beobachten.

Besondere Bedeutung hat die Insel als einer der wenigen Brutplätze der Braunen Pelikane, der Prachtfregattvögel und der Amerikanischen Austernfischer in Costa Rica. Außerdem findet man Elsterhäher, Rabengeier, einige Fledermäuse und viele Schwarzleguane.

Nach Peñas Blancas

Von La Cruz sind es noch etwa 19 km nach Peñas Blancas, dem Grenzort zu Nicaragua.

Unterkunft

MEIN TIPP: Finca Cañas Castilla (5 km nördl. von La Cruz Abzw. rechts in die Ortschaft Sonzapote 1,6 km östl. der Panamericana und 2 km Piste, Tel. 8381.4030, www.canas-castilla.com): nette Unterkunft in schöner Lage an kl. Fluss, Naturlehrpfad, Rest.-Service (7/6/14 $), Pferdetour 20 $ (1½ Std.), Touren (auch nach Nicaragua!), schweiz. Ltg.; 6 nette Bungalows mit Terrasse: 45/56/68 $ (Ü), mit Küche: +12 $, mit AC: +15 $, Kinder (6–12 J.): 5 $, Camping 5 $ p.P.
■ **Hotel Colinas del Norte** (Interamericana, 5 km nördl. von La Cruz links, Tel. 2679.9768): Bar, Rest. (ital. Küche), Pool, Holzhaus mit gemütlicher Terrasse, 16 Zi. mit bp, WW, TV, DV (2 mit AC): 15 $ p.P. (ÜF); KK.

Peñas Blancas

Es gibt wirklich nur einen Grund, diesen gesichtslosen **Grenzort** 19 km nördlich von La Cruz zu besuchen: die Weiterreise nach Nicaragua. Im Busbahnhof gibt es eine Bank und ein Restaurant. Im gleichen Gebäude ist die Ein- bzw. Ausreisebehörde untergebracht (6–24 Uhr).

Unterkunft

■ Es gibt keine nennenswerten **Unterkünfte.**

Busverbindungen

■ **San José:** tgl. 4–19 Uhr (stündlich), Fahrzeit 6 Std. (*Transp. Deldú,* Tel. 2677.0091).
■ Außerdem fahren Lokalbusse nach **La Cruz/Liberia** von 5–18.30 Uhr alle 45 Min.
■ **Ciudad Quesada** über Santa Cecilia und Upala: 6 und 14 Uhr (Tel. 2669.1111).

Nicoya und seine Strände | 358
Nicoya, östlich von | 374
Nicoya-Halbinsel, der Südosten | 379
Playa Tamarindo und Umgebung | 340
Playas del Coco und Umgebung | 330
Santa Cruz und Umgebung | 353

7 Halbinsel Nicoya

Die Halbinsel begeistert mit ihren schönen Stränden, allerdings wurden v.a. im nördlichen Bereich in den letzten Jahren viele hässliche Hotelbunker aus dem Boden gestampft, die bevorzugt von nordamerikanischen Pauschaltouristen besucht werden. Lohnenswerter sind die Strände weiter südlich, wo man auch einige schöne Naturreservate findet.

◁ Traumhafte Bucht bei Punta Islita

NICHT VERPASSEN!

- **Meeres-Nationalpark Las Baulas:** die Strände sind ein wichtiger Eiablageplatz für Meeresschildkröten | 344
- **Nationalpark Barra Honda:** der Nationalpark im Zentrum der Halbinsel lohnt vor allem wegen dem verzweigten Höhlensystem | 375
- **Tierschutzgebiet Curú:** das private Reservat hat eine hohe Tierdichte | 380
- **Naturreservat Cabo Blanco:** eine Wanderung führt zur Südspitze der Halbinsel | 386

Diese Tipps sind gelb hinterlegt.

Eisverkäufer an der Playa Panamá

ÜBERBLICK

Die Halbinsel Nicoya, ca. 50 km breit und mit einer maximalen Länge von rund 120 km, wird durch den Río Tempisque und den Golf von Nicoya vom Festland getrennt. Eine Straßenverbindung gibt es nur bei Liberia im Norden und über die Brücke nahe der Mündung des Tempisque. Die Halbinsel gehört verwaltungstechnisch bis auf den Südteil zur Provinz Guanacaste. Diesen erreicht man am besten mit einer Fähre von Puntarenas aus.

Die **Landschaft** der Halbinsel wird bestimmt von einem bis 1000 m hohen Hügelland und ist ansonsten vorwiegend mit Savannen bedeckt. Es gibt heute kaum noch Reste von tropischen Waldgebieten (Curú, Cabo Blanco), die einst die gesamte Halbinsel bedeckten.

Zahlreiche **Flüsse** durchziehen das Gebiet, die entweder zum Río Tempisque, in den Golf von Nicoya oder in den Pazifik entwässern. An den Flüssen und an den Meeresküsten findet man eine Vielzahl von **Wasservögeln,** aber auch im Landesinneren leben zahlreiche Vogelarten. Häufig sind auch Leguane zu sehen, die im meist trockenen Klima ideale Lebensbedingungen vorfinden. An den **Stränden** befinden sich auch wichtige Eiablagegebiete verschiedener Meeresschildkröten-Arten, die wichtigsten stehen unter Naturschutz (Meeres-Nationalpark Las Baulas und Schutzgebiet Ostional).

Das **Klima** ist geprägt von einer ganzjährig gleichbleibenden Temperatur, die Tagestemperaturen schwanken regional zwischen 21 und 32 °C. Von Dezember bis April fällt kaum ein Tropfen Regen, die meisten Niederschläge registriert man in den Monaten September und Oktober. Vor allem in der Trockenzeit von Januar bis März bläst ein starker

Nordwind, mit Schwerpunkt über dem Golf von Papagayo.

Die **Wirtschaft** der Region basiert vorwiegend auf Viehzucht, für den Export sind zudem Zuckerrohr und Melonen von Bedeutung. Es gibt nur kleinere Städte wie Nicoya und Sta. Cruz, die nächste „Großstadt" ist Liberia.

Die Halbinsel war der ursprüngliche Siedlungsraum der **Chorotegas** (siehe „Geschichte"), heute leben nur noch wenige Nachkommen dieses Volkes, u.a. im Reservat Matambú, zwischen Nicoya und Hojancha gelegen. Nur wenige indianische Traditionen haben die Jahrhunderte spanischer Herrschaft überlebt, doch die Kunst der **Töpferei** hat sich bis heute erhalten: Überall wird an den Straßen und in Läden Keramik mit indianischen Motiven angeboten, die aber nur selten von Indianern gefertigt wurden. Ein Zentrum für Töpferarbeiten ist Guaitil in der Nähe von Sta. Cruz.

Nicoya zählt vor allem wegen seiner **schönen Strände** zu einer der touristisch bedeutendsten Regionen des Landes. Wellenreiter finden vor allem während der Regenzeit (Mai bis Nov.) gute Bedingungen vor. Einsam sind die meisten Strände längst nicht mehr, an der ganzen Küste gibt es **zahlreiche Hotels und Unterkünfte.** Die meisten Hotels am Meer werden von Ausländern geleitet (vor allem Deutsche, Schweizer, Italiener, aber auch US-Amerikaner sowie Niederländer). Als wichtigste Zentren gelten der Fischerhafen Playas del Coco, Playa Flamingo mit seinen Hotelburgen und die Strandorte Playa Tamarindo und Playa Sámara. Daneben gibt es viele weitere Strände mit einer bescheideneren touristischen Infrastruktur. Südlich von Sámara lässt der Tourismus nach, erst an den südöstlichen Stränden wird es wieder belebter. Die Versorgung mit Banken und Tankstellen ist allgemein mäßig und beschränkt sich auf die größeren Orte im Landesinneren.

■ Eine gut gemachte Website mit vielen Infos und Plänen ist **www.nicoyapeninsula.com**.

Playas del Coco und Umgebung

Die Strände bei Coco sind vielleicht nicht die schönsten des Landes, dafür aber über Liberia schnell zu erreichen und ideal für alle, die „Action" suchen.

Von Liberia nach Playas del Coco (35 km)

Knapp 13 km hinter Liberia liegt rechts der **Internationale Flughafen Daniel Oduber,** auf dem seit 1996 auch Charterflieger aus den USA und Kanada landen. Kurz hinter dem Flughafen liegt links die **Deutsche Bäckerei/Café Europa** (Tel. 2668.1081).

Nach dem Ort Guardia überquert man den **Río Tempisque,** den mit 159 km zweitlängsten Fluss des Landes, der die Grenze der Nicoya-Halbinsel zum „Festland" bildet. Direkt hinter der Brücke zweigt rechts eine Asphaltstraße ab zu den Hotelanlagen, die im Rahmen des **Papagayo-Projektes** entstehen (siehe „Das Projekt Golfo Papagayo").

Etwa 20 km ab Liberia zweigt hinter dem Ortsende von **Comunidad** rechts die Zufahrtsstraße nach Playas del Coco und Umgebung ab. Nach 7 km liegt linker Hand die Ortschaft **Sardinal,** kurz danach erreicht man die **einzige Tankstelle der Gegend** (volltanken!).

Kurz nach dem Ortsende von Sardinal zweigt links die Zufahrt ab zur **Mono Congo Trail Canopy Tour** (Tel. 2697.1801, Büro: Tel. 2666.4422): Mit Hilfe von Gurten bewegt man sich an Stahlseilen „aufgehängt" durch die Baumkronen – von Plattform zu Plattform. Die Tour wird von zahlreichen Agenturen angeboten und kostet ca. 45 $.

> Herrliche Abendstimmung am Strand

10,8 km nach der Hauptstraße zweigt rechts die Straße nach Playa Hermosa und Playa Panamá ab (Beschreibungen weiter unten). Links führt die Straße nach Playas del Coco (4 km).

Die Straße führt nach etwa 20 km zum Ort Puerto Culebra am „Eingang" zur Papagayo-Halbinsel, welche die Bahía Culebra nach Nordwesten hin begrenzt. Die Fahrt endet abrupt an einem pompösen Eingangsportal, wo nur Gästen des dahinter liegenden Luxus-Hotelkomplexes Four Seasons Einlass gewährt wird. Das **Four Seasons Resort** – derzeit wohl die exklusivste und **teuerste Hotelanlage Mittelamerikas** – ist die bisher größte Anlage im Rahmen des Projektes Golfo de Papagayo und nimmt fast die gesamte Papagayo-Halbinsel ein. Einzige Möglichkeit, zumindest einen Blick über die landschaftlich sehr reizvolle Halbinsel zu erhaschen, ist der rechts vor dem Haupteingang abbiegende Besucher- und Lieferantenzugang. Folgen Sie dem Schild „Visitors".

Man befährt nach einer kurzen Einlasskontrolle eine **Privatstraße,** durchquert einen 18-Loch-Golfplatz, passiert mehrere Aussichtspunkte und Zugänge zu verträumt gelegenen Strandbuchten, um schließlich 7,8 km weiter vor dem eigentlichen Hotelzugang zu stehen, der allerdings ausschließlich den Gästen des Resorts Durchlass bietet. Links vor dem Haupteingansportal befindet sich ein öffentlicher Parkplatz, von dem aus ein sehr schöner, kaum belebter Strand zu Fuß erreicht werden kann.

Playas del Coco

Playas del Coco

Coco ist vielleicht der einzige Strand Nicoyas, an dem man mehr Einheimische als Touristen trifft. Besonders wegen seiner Nähe zu Liberia ist er **bei Ticos beliebt,** die sich hier vor allem am Wochenende entspannen und vergnügen. Der Ort bietet eine intakte Infrastruktur

■ Wer glaubt, sich diesen Luxus leisten zu können/müssen, erreicht das **Four Seasons** unter Tel. 2696.0000, www.fourseasons.com. Die Preise bewegen sich quer durch sieben verschiedene Raumklassen von 731 $ im einfachen DZ bis ca. 4300 $ für eine 3-Schlafraum-Suite. Die Preise verstehen sich pro Nacht (nicht pro Woche), Frühstück ist nicht inklusive, doch wen stört das schon bei solchen Zimmerpreisen?

Playas del Coco und Umgebung

mit zahlreichen Unterkünften, Restaurants, Internetcafés Ärzten, Post, etc. Der Strand zählt zwar nicht zu den schönsten des Landes, aber per Boot gelangt man in kürzester Zeit zu herrlichen und einsamen Stränden (ein echter Geheimtipp!). Es gibt **jede Menge Unterhaltung:** Schwimmen, Tauchen (zwei Tauchschulen), Beachvolleyball, Bars und beste Bedingungen für Surfer.

Ursprünglich war Coco ein Fischerort, doch die Nähe zu Liberia und seine halbrunde, 3 km lange Bucht, an der nur noch wenige Kokospalmen stehen, lockte immer mehr Besucher an und änderte das Leben seiner Bewohner grundlegend. Doch die **Fischer** fahren weiterhin aufs Meer hinaus, und es ist interessant, ihnen zuzusehen, wenn sie zurückkommen und ihren Fang entladen.

Unterkunft

Die Unterkünfte und der Strand sind am Wochenende und während der Ferienzeit (vor allem Weihnachten/Neujahr und Ostern) meist überfüllt. Wer Ruhe sucht, sollte diese Zeit meiden.

■ **Hostel Villa Flores** (Tel. 2670.0273): gr. Pool, Schlafraum ab 12 $ p.P., Privatzi. ab 35 $.
■ **Cabinas Coco Alegre** (Tel. 2670.0393): ruhige Lage, nette Ticos (engl.sprachig); 6 ordentl. Zi. m. Küche, bp (KW), DV: DZ 20–30 $ – Billig-Tipp!
■ **Cabinas Coco Azul** (Tel. 2670.0431): 3 ordentl. Zi., bp (KW/WW, AC/Vent., KS: DZ 30 $; 5 Apt. für 6 Pers., bp, DV: ab 70 $; KK.
■ **Villa Casa Talamanca** (Tel. 2670.0717): kl. Pool, dt. Amateurfunker Boots- und Angeltouren, Autovermietung; 2 gr. Zi., bp (WW): DZ 35 $, mit AC: 40 $; 2 geräumige ältere Apt. mit Küche und TV, 1x mit AC: 50 $ (bis 4 Pers.); 1 gr. Apt. für 7 Pers., TV: 120 $; Frühstück: 5 $.

■ **Cabinas Chale** (650 m ab Hauptstraße, Tel. 2670.0036): Pool; 25 einf. Zi., bp (KW), DV, KS, z.T. TV: ab 29/39/59 $; App. 350 $/Monat; Kinder unter 2 J. frei; KK.
■ **Cabinas Milanés** (Ortseingang links, Tel. 2670.0364): neuere Anlage, 10 angenehme Zi. mit AC, TV: DZ 39 $.
■ **Hotel M&M** (Tel. 2670.1212): am Strand in der Nähe des Fußballplatzes, 10 schöne, renovierte Zi.: 30/50 $ (ÜF).
■ **Hotel Casa de las Palmas** (Tel. 2670.0273): gr. Pool, Privatzi. ab 50 $.
■ **Apartamentos Casa Lora** (Tel. 2670.0642, www.casalora.com): Ortseingang links, Pool, Parkplatz, dt. Ltg.; 2 Apt., bp (WW), TV: DZ ab ca. 40 $, 3 Ferienhäuser ab 60 $.
Mein Tipp: **Hotel Laura's House** (Tel. 2670.0751, www.laurashousecr.com): nette kl. Anlage mit Pool; 8 Zi., TV, bp (KW), mit AC: 50/60/70 $ (ÜF); KK (+7 %).

Halbinsel Nicoya

Wilder Ingwer

- **Hotel La Flor de Itabo** (Ortseingang rechts, Tel. 2670.0003, www.flordeitabo.com): gepflegte Anlage mit Rest. (s.u.), Bar, Casino, Pool, Garten; 1,5 km zum Strand; 10 ordentl. Zi.,TV, Safe; 8 angenehme, gr. Zi. mit AC, kl. TV: 20/29/33 $; 8 Zi. Deluxe: 32/40/50 $ (DZ) (max. 4. P.); 8 Apt. mit Küche: 60 $ (1–4 Pers.); KK.
- **Cabinas Sol y Mar** (Ortseingang links, Tel. 2670.1111): Pool; 6 ordentl. Apt. mit AC, bp (KW), DV: DZ ca. 60 $; 1 Apt. mit Küche: ca. 80 $ (bis 4 Pers.), ca. 120 $ (8 Pers.); KK.
- **Villa del Sol B&B** (Tel. 8301.8848, www.villadelsol.com): gepflegtes Privathaus mit Garten, Pool, 125 m zum Strand, kanad. Ltg.; 7 Zi., bp, AC: ab 55/65/100 $ (ÜF), NS: ab 45/55/80 $; KK.
- **Mein Tipp: Pato Loco Inn** (Tel. 2670.0145, www.costa-rica-beach-hotel-patoloco.com): gutes ital. Rest., US-Ltg.; 4 sehr gepflegte Zi. mit AC, Bad (WW): 58/58/68 $; 2 Apt. mit Küche: ca. 550 $/Monat (1–2 Pers.); KK.
- **Toro Blanco Resort** (Tel. 2670.1707, www.toroblancoresort.com): neues Hotel mit Pool, Zi. mit Kochgelegenheit, DZ ab 80 $, Zi. zur Disco meiden – Lesertipp.
- **Hotel Chantel** (Tel. 2670.0389, www.hotelchantel.com): außerhalb in den Bergen mit tollem Blick auf die Bucht von Coco. DZ: 89 $, Apartment: 99–200 $.
- **Hotel Coco Beach** (Tel. 2670.0494, www.cocobeachhotel.igihotels.com): Hotel im Zentrum, im amerikanischen Stil mit Pool, Casino und Rest.: DZ ab 80/95/110 $ (ÜF), superior room ab 120 $ (ÜF).
- **Hotel Colono Beach** (Tel. 2670.1020, www.hotelcolonobeach.com): neues Hotel im Zentrum, DZ: 102–160 $, Suiten: 192–255 $.
- **Mein Tipp: Hotel La Puerta del Sol** (Tel. 2670.0195, www.lapuertadelsolcostarica.com): nette Anlage mit Rest., Pool, Fitnessraum, ruhige Lage, ca. 150 m zum Meer, ital. Ltg.; 8 freundl. Zi. mit Tel., Safe, KS, AC, DV, Bad (WW): 102/124/164 $ (ÜF); 2 Suiten: 158 $ (ÜF); KK.

Restaurants & Bars

Reihenfolge der nachstehenden Restaurants vom Ortseingang Richtung Zentrum:

- **The Lookout:** sensationelle Aussicht und gute Küche, im *Hotel Chantel*.
- **Rest. La Flor de Itabo:** ital. Steakhouse und Pizzeria, gehobene Preise, 18–22 Uhr; KK.
- **Marisquería Milanés** (Tel. 2670.0364): nettes Lokal, Fisch, tgl. 7–22 Uhr.
- **Spaghetheria L'Angoletta di Roma** (im Pato Loco Inn, Tel. 2670.0145): Frühstück: 7–10 Uhr, Rest. tgl. außer Do, KK.
- **Garden 248 Gastropub** (200 m südl. des Luperon): gutes Essen.
- **Pizzeria La Caveja** (an der Straße nach Ocotal, hinter der zweiten Brücke links, Tel. 2670.1311): echte ital. Pizza, leckere Bruschetta, selbst gemachtes Eis, gut und günstig.
- **Hard Rock Café:** im Pacifico Village, sehr teuer, aber Kult.
- **Rest. Papagayo – Seafood** (Tel. 2670. 0298): gute Meeresfrüchte, tgl. 12–23 Uhr, gehobenes Preisniveau.
- **Papagayo Steakhouse** (rechts daneben): gut, aber nicht ganz billig.
- **Le Coq** (im *Hotel Coco Beach*): Libanesisches Essen, sehr gut.
- **Louisiana Bar & Grill:** tgl. 10–22 Uhr.
- **Lizard Lounge Bar & Restaurant:** beliebter Treffpunkt, 16–2.30 Uhr.
- **Z-Lounge:** Sportsbar (ggü. *Lizard*), 12–2 Uhr.
- **Andres Bar & Pizza** (am Fußballplatz): gute Pizza und Bier, tägl. geöffnet.
- **Soda Flor de Lys Viquez** (ca. 400 m östl.): günstige Soda, Casado mit Getränk ca. 5 $.
- **Rest. La Dolce Vita** (700 m östl., Tel. 2670.2142, www.ladolcevitacostarica.com): gepflegtes

> Der Schwarzleguan ist an der Pazifikküste häufig zu sehen

Ambiente, guter Service, ital. Ltg.; gute hausgemachte Pasta & Pizza, Seafood; tgl. 8–22 Uhr.
- **Rest. Jardín Tropical** (Tel. 2670.0428): landestypische Küche, Frühstück ab 6.30 Uhr, Casado, Meeresfrüchte, sehr zu empfehlen, dt. Ltg.
- **Soda Teresita** (Tel. 2670.0665): 6–20 Uhr, Casado, Sandwiches, Frühstück 5 $.
- **Bar/Rest. La Vida Loca** (Tel. 2670.0181): tägl. 11–2 Uhr, nicht teuer.
- **Soda los Pelones** (Tel. 2670.0946): neben *Banco Nacional*, günstiges typ. Essen ab 5 $ mit Getränk.
- **Bar El Ancla** (Tel. 8337.1549): am Park/Strand, Bocas und Bier mit Meerblick.
- **Donde Johann** (an der Straße von Sardinal nach Coco neben dem Resort Nacazcol, Tel. 2697.1533): gute Pizza mit Holzkohleofen, Sushi und internationaler Küche.

Infos von A bis Z

- **Autoverleih:** ADOBE (in der Mall Pacífico, Tel. 8811.4242).
- **Erste Hilfe:** Krankenhaus in Liberia (Tel. 2666.0011); Rotes Kreuz in Sardinal (Tel. 2697.1141); Cima am Do It (Tel. 2208.1000); Clinica in Coco (Tel. 2670.1235), *Dr. Hanzel Lios*.
- **Geldwechsel:** *Banco Nacional*, Mo–Fr 8.30–15.45 Uhr: Bancomat (MC, VISA); *Banco de Costa Rica:* im Plaza Colonial, ATM, Mo–Fr 8.30–16 Uhr; *BAC San Jose:* am Automercado, ATM, Mo–Sa 8–16 Uhr; *Banco Popular* im Plaza Colonial, ATM.
- **Internet:** *Internet Leslie* (gegenüber Andres Bar & Pizza): 8–20 Uhr; *Internet Pillis* (über der Boutique Sussy, Tel. 2670.1772), Internet (gegenüber Pizza Coco), 8–20 Uhr; *Mapache Coconet* (bei Villas del Sol, Tel. 2670.0563) sowie neben Farmacia Aloe.
- **Polizei:** an der Hauptstraße direkt am Strand, Tel. 2670.0258.
- **Post:** neben *Flor de Itabo*, Mo–Fr 8–17.30 Uhr.
- **Supermarkt:** *Luperon* (Hauptstr. links neben Banco Nacional), Mo–Sa 7.30–20 Uhr, So 8–13 Uhr; *Automercado* (ggü. Luperon): tgl. 7–20 Uhr; *Super Compro* (Kreuzung nach Ocotal): tgl. 7–21 Uhr, ATM; *Mega Super* (Plaza Colonial) tgl. 7–20 Uhr.
- **Surfkurse & Touren:** *Deep Blue Diving* (Tel. 2670.1004), *North Pacific Tours* (Tel. 8893.1571).

- **Segeln:** *Kuna Vela* (Tel. 2670.1293), Schnorcheln und Sunset-Segeln im Papagayo-Golf.
- **Tankstelle:** 7 km in Richtung Sardinal.
- **Tauchschulen:** *Deep Blue Diving* (Tel. 2670.1004, in D: 0861/165906, www.deepblue-diving.com): dt.spr., empf.-wert; Schnorcheltour: 45 $, 2 Tauchgänge vom Boot: ab 79 $, Isla Catalina: 110 $, Islas Murciélago: 150 $, Nachttauchgang: 65 $, 5*-Padi-Tauchschule mit Kursen (dt.), Tauchgeräte-Verleih; *Rich Coast Diving* (Hauptstr. links, Tel. 2670. 0176, www.richcoastdiving.com), Halbtagestour (1 Flasche): 65 $, (2 Fl.): 80 $, Bootstour Catalina Islands: 110 $ (2 Flaschen), Tauchgeräte-Verleih.
- **Taxi:** Tel. 2670.0303, Flughafen Liberia: 40 $; *Taxi Gaby* (Tel. 2670.0817, *Jürgen Fleischmann*): etwas günstiger.
- **Tourveranstalter:** *R&R Tours* (unter Lousiana Bar & Grill), *Charly Adventures* (Tel. 2672.0317).
- **Wassersport:** *Vida Fresca:* neben Bar Vida Loca, Kayak-Touren, Schnorcheln.

Busverbindungen

- **Infos** am Bus-Terminal *Pulmitan*, Hauptstr. links, 100 m vor Luperon.

- **San José** (direkt): 4, 8 und 14 Uhr, Fahrzeit: ca. 5 Std., Preis: ca. 8 $; sonst über Liberia oder mit modernem Nicoya-Bus ab Hauptstraße (15 km); *Interbus:* tgl. 14.30 Uhr.
- **Liberia:** 5–19 Uhr alle Std. Fahrzeit: 1 Std.
- **Filadelfia:** 11.30 und 16.30 Uhr.

Playa El Ocotal

Nur etwa 3,5 km südwestlich von Coco liegt diese kleine Bucht, die aus Fels- und Sandstrand besteht. Das gesamte Areal wird eingenommen von einigen **Luxus-Hotels** und Privatvillen, für Budget-Traveller also nicht gerade die richtige Adresse.

Anfahrt

In Coco Abzweigung links. Am Ortsanfang von Ocotal rechts zu den Villas Los Almendros, alle anderen erreicht man durchs „Stadttor".

Unterkunft & Restaurants

- **Father Rooster** (Tel. 2670.1246, www.fatherrooster.com): nettes Lokal direkt am Strand, nette Atmosphäre in renoviertem Guanacaste-Holzhaus, gutes Essen, nicht ganz billig. Tgl. 11.30–22 Uhr.
- **Villa Vista Mar** (Tel. 2670.0375, www.villavistamar.com): Villa im spanischen Stil in Hanglage mit MB und Pool; gepflegte Apartments mit Küche, Balkon, AC: DZ 75–110 $.
- **El Sueño de Ocotal** (Tel. 2670.0945, www.elsuenodeocotal.com): neues Haus am Hang mit Pool, Gem.küche; 4 Zi. m t AC: DZ 65 $, Apt. ab 110 $.
- **Villas Los Almendros de Ocotal** (Tel. 2670.1744, www.losalmendrosrentals.com): Luxusapt. in Meernähe; Studios: DZ 82 $ (NS: 70 $), Apt. für 4 Pers.: 181 $ (NS: 134 $; 4 Villas (120 m²) mit 3 Schlafzi., Wohnzi., Küche etc.: 237 $ (NS: 168 $).
- **Hotel Villa Casa Blanca** (Tel. 2670.0448, www.villacasablancahotel.com): schöne Anlage mit Pool, 600 m zum Strand, Gratis-Internet, kanad. Ltg.; 10 Zi. (bis 4 Pers.) bp, DV, AC, geschmackvoll eingerichtet, aber zu teuer: DZ ca. 105–155 $ (ÜF), NS: ca. 85–125 $ (ÜF); Zusatzbett 30 $.
- **Ocotal Beach Resort** (Tel. 2670.0321, www.ocotalresort.com): Luxushotel über dem Meer; Rest., Disco, Pool, Tennisplatz, Tauchbasis; angenehme Zi., mit MB, AC, DV, TV, z.T. am Meer: 181/209/249 $ (ÜF); komfortabler Junior-Suite-Bungalow: DZ 260 $ (ÜF); Suite: DZ 260 $ (ÜF); KK.

Playa Hermosa

Der „wunderschöne Strand" nordöstlich von Coco gilt als einer der besten der Umgebung und erfreut sich zunehmender Beliebtheit. Die Folge ist eine Diskrepanz zwischen Qualität und Preis. Es gibt wenig Billigunterkünfte.

Anfahrt

10,8 km nach Comunidad in Richtung Playas del Coco Abzweigung rechts, nach 5 km führt links eine Zufahrt zu den Hotels Villa del Sueño, La Finisterra und Playa Hermosa, die Hauptzufahrt zweigt etwa 1 km später nach links ab.

Unterkunft

Über die 1. Zufahrt erreicht man
- **Hotel Villa del Sueño** (Tel. 2672.0026, www.villadelsueno.com): nettes Haus in ruhiger Lage, 200 m zum Meer, Pool, gutes Rest., kanad. Ltg.; 14 schöne Zi., AC im DZ: 95 $ (NS: 79 $); Superior-

Zi. mit AC: 155 $; Jr. Suite mit Balkon, AC: 169 $; Suite mit Küche, AC: 299 $ (1–3 Pers.); KK.
- **Hotel La Finisterra** (Tel. 2672.0227, www.lafinisterrahotel.com): Hotel in erhöhter Lage, Pool, Rest.
- **Hotel Bosque del Mar** (Tel. 2672.0046, www.bosquedelmar.com): luxuriöse Anlage direkt am Meer mit Rest.; 32 Suites, z.T. mit Küche: ab 226/226/260 $ (NS: ab 170/170/204 $).

Die 2. Zufahrt führt zu folgenden Unterkünften
- **Villa Huetares** (Tel. 2672.0052): Rest., Pool, Jacuzzi, Gratis-Internet, ca. 300 m z. Strand; 15 Apt. mit AC, TV, Küche, (1–4 Pers).: ca. 90 $ (NS: 65 $); 6 Pers.: ca. 140 $ (NS: 90 $); KK.
- **Hotel Mangaby** (Tel. 2672.0048, www.hotelmangaby.com): Pool, 300 m zum Meer; 13 Zi. mit Kabel-TV, AC: DZ 133 $; 2 Minisuites mit kl. Küche: DZ 153 $; 2 Apt.-Suites mit Küche, Wohnzi., 2 Schlafzi., 2 Bäder: ca. 245 $.
- **Villa Acacia** (Tel. 2672.1000, www.villacacia.com): schöner Garten, Jacuzzi, Pool, Konferenzraum, Café, Rest.; 8 komfortable Apartments mit Küche, TV, Terrasse: 240–330 $ (NS: 175–250 $), Superior-Zi.: 110–170 $ (ÜF), NS: 85–110 $ (ÜF), Junior Suite: 180 $ (NS: 165 $); KK – Lesertipp.
- **Hotel Atardecer Playa Hermosa Inn** (Tel. 2672.0063, www.bandbonbeach.com): direkt am Meer, Pool, Parkplatz, US-Ltg.; 8 Zi., AC, DV, Safe, ok: ca. 30 $ p.P. (ÜF); 1 Apt. (bis 7 Pers.) mit kl. Küche, AC, Balkon, MB: 35 $ (ÜF) p.P.; Kinder (bis 5 J. frei); KK.
- **Hotel El Velero** (Tel. 2672.1017, www.costaricahotel.net): älteres kl. Hotel direkt am Meer mit Rest., kl. Pool, Terrasse, kanad. Ltg.; 22 Zi. (nur 2 mit MB), AC, DV, Safe, TV: 101/101/112 $; 21.12.–2.1.: 158 $! (NS: 89 $); KK – nach Ansicht eines Lesers nicht empfehlenswert!
- **Hotel Villa Belmar** (Tel. 2672.0276): direkt am Meer, Pool, Rest.; 7 einf. Zi. mit AC, Kabel-TV: 102/102/113 $ (ÜF), Kinder bis 7 J. frei.

Am Ortsende links
- **Hotel Condovac La Costa** (Tel. 2527.4000, Büro 2690.3300, www.condovac.com): Luxus-Anlage am Hang mit Rest., Bar, Pool, Tennisplatz etc.: 107 Villas mit AC, Küche, Kabel-TV: 127/127/155 $ (ÜF); KK.

Restaurants & Bars

- **Restaurant Villa del Sueño:** ausgewählte Gerichte (nicht billig, aber gut).
- **Restaurant La Finisterra:** schöne Lage, gute internat. Küche, gehobene Preisklasse
- **Restaurant Aqua Sport:** nettes Lokal in Meernähe, große Auswahl, v.a. Fisch, Hummer; KK.
- **Restaurant/Bar El Velero:** angenehmes Rest. in Garten am Meer, Preise akzeptabel.
- **Restaurant Pescado Loco** (gegenüber Hotel El Velero, Tel. 2672.0017): sehr freundlich, lecker, preiswert.
- **Restaurant Ginger** (an der Hauptstraße, 2. Einfahrt, Tel. 2672.0041): Rest./Bar, kanadische Leitung, gute internationale Küche.
- **Außerdem:** *No Problemas* (Tel. 2672.1275), *Upperdeck Sports Bar* (Tel. 2672.1276), *Papillon in Monarch Resort* (Tel. 2672.1362), *Sukia* (Tel. 2672.1045), *Dragon Fly Café*.

Infos von A bis Z

- **Einkaufen:** *Licorería* neben Aqua Sport, tgl. 6–22 Uhr.
- **Internet:** c/o Villa Acacia (s. Hotels).
- **Tauchschule:** *Diving Safaris* (Tel. 2672.1260, www.costaricadiving.com).
- **Telefon:** öffentl. Fernsprecher (2. Zufahrt)
- **Wassersport:** *Aqua Sport* (Tel. 2672.0050, am Strand): Sea-Kajaks (10 $/Std.), Segel (5 $/Std.), Banana (5 Min. inkl. Motorboot ca. 5 $ p.P.), Wasserski (210 $/Std.).

Busverbindungen

- Die Busse kommen aus Playa Panamá.
- **San José:** *Tralapa* (Tel. 2680.0392): ca. 5 und 15.30 Uhr, Fahrzeit 6 Std.
- **Liberia:** *Transp. La Pampa* (Tel. 2665.7530): 4.50, 5 (Bus nach San José), 7.30, 8.30, 9.30, 11.30, 13, 15.30 und 17.30 Uhr.

Playa Panamá

Folgt man der Straße an Playa Hermosa vorbei weiter nach Nordwesten, erreicht man diese Bucht. Der Strand ist inzwischen recht gepflegt und für den Autoverkehr gesperrt. Zelten und offenes Feuer sind verboten. Der Strand ist flach abfallend, und es gibt keine hohen Wellen (ideal mit Kindern!).

Die Straße führt weiter zu den Luxushotelanlagen im Bereich des Golfo Papagayo, wie z.B. die überteuerten All-Inclusive-Resort-Hotels Fiesta Premier Resort oder Occidental Grand Papagayo und Allegro Papagayo Resort. Für den „Normalreisenden" erübrigt sich also die Weiterfahrt.

Unterkunft

- **Casa Conde del Mar** (Tel. 2227.4232, Büro: 2226.0808, www.grupocasaconde.com): neues Hotel am Meer, gr. Pool, 2 Rest., Kajakverleih etc., Tauchausrüstung; 20 schöne Std.-Zi. mit AC: ca. 209/209/232 $ (ÜF), 2 Mini-Suiten und 4 Jr. Suiten: DZ ab ca. 220 $ (ÜF).

Playa Hermosa

Playa Tamarindo und Umgebung

Südlich von Playas del Coco liegen einige recht schöne Strände und zwei besuchenswerte Naturschutzgebiete. Playa Tamarindo selbst gilt als eines der wichtigsten und am besten ausgestatteten Touristenzentren an der nördlichen Pazifikküste.

Von Liberia nach Brasilito (65 km)

Etwa 13 km nach Comunidad in Richtung Süden (30 km ab Liberia) liegt links etwas abseits der Hauptstraße das Städtchen **Filadelfia** (Tankstelle). Nach weiteren 5 km zweigt nach der Ortschaft **Belén** rechts die Zufahrtsstraße zu den Stränden Tamarindo, Brasilito und Flamingo ab. Die asphaltierte Straße gabelt sich nach 25 km im Ort **Huacas** erneut: Links geht es nach Tamarindo (12 km), geradeaus zur Playa Grande und etwas weiter zweigt rechts die Teerstraße zur Playa Brasilito (5 km) ab, vorbei am Luxushotel-Komplex Westin Playa Conchal.

Playa Brasilito

Auch wenn der Ort selbst nicht allzuviel zu bieten hat, lohnt sein schöner Sandstrand durchaus einen Besuch. In dem kleinen **Fischerdorf** gibt es keine Luxushotels, dafür aber einige ordentliche Unterkünfte der gemäßigten Preisklasse – ein netter Platz also für Reisende ohne allzuhohe Komfortansprüche. Die Ortsmitte besteht aus einem vertrockneten Fußballplatz, doch gibt es am Meer einige Schatten spendende Meermandelbäume, unter denen man gut entspannen kann. Lohnenswert ist ein Strandspaziergang zur nahe gelegenen **Playa Conchal** (1,5 km südlich mit Allradfahrzeug erreichbar), die mit feinem Muschelsand und intensiv türkisblauem Wasser zum Baden einlädt. Leider ist die Ruhe inzwischen vor allem am Wochenende getrübt, nicht nur durch die Kunden des Luxushotels Westin Playa Conchal. So werden u.a. Jetski und Schnorchelausrüstung vermietet und Pferdetouren angeboten.

Unterkunft

Aufgelistet nach Lage; die ersten vier Unterkünfte nach dem Hotel Paradisus Playa Conchal befinden sich am Ortseingang rechts.

■ **The Westin Resort & Spa Playa Conchal** (Tel. 2654.3500, www.westin.com/playaconchal): gr. Luxus-Hotelanlage am Meer mit 18-Loch-Golfplatz, riesige Pool-Landschaft, mehrere Rest. etc.: DZ ab ca. 450 $ (all inclusive), günstigere Preise über Reiseveranstalter in Europa; KK.

■ **Cabinas Diversión Tropcial** (Tel. 2654.5519, www.diversiontropical.com): neu, Rad-, Kajak- und Schnorchelverleih; Schlafraum: 15 $ p.P., Zi. mit AC, Kabel-TV, z.T. MB: ab 41/47/53 $, mit kl. Küche: +13 $.

MEIN TIPP: **Hotel Conchal** (Tel. 2654.9125, in D: 0861/165906, www.conchalhotel.com): nettes kl. Hotel mit Pool, neu renoviert, DZ Std. ab 55 $.

■ **Cabinas La Gloria** (Tel. 2654.4878, www.cabinaslagloria.com): 10 Zi., bp (WW), Vent., AC: 50 $ (Ü).

- **Hotel Nany** (Tel. 2654.4320, www.hotelnany. net): 11 Apt. mit AC, Küche: 100/100/115 $; Supermarkt und Apotheke anbei.
- **Cabinas Ojos Azules** (Tel. 2654.4346, www.cabinasojosazules.com): 50 m zum Strand, schweizer. Ltg; 21 ordentl. Zi., bp, Vent.: DZ ca. 40 $; mit AC, TV: ca. 45 $.
- **Cabinas Flory** (vor der Brücke rechts + ca. 100 m, Tel. 2654.4829): saubere, hübsch eingerichtete Zi., KS, TV, DV: DZ ca. 24 $, mit Küche: ca 45 $ (bis 56 Pers.) – Lesertipp.
- **Hotel Brasilito** (nach Brücke links, Tel. 2654.4237, www.brasilito.com): einf. Hotel am Meer, Rest., dt. Ltg.; 15 einf. Zi., bp, DV, MB: 57/57 $, mit AC: 72/72/84 $; KK (+5 %).
- **Hostel Coral Reef** (Tel. 2653.0291): zentral gelegenes Hostel; Gem.küche, Schlafraum, DV: 7 $ p.P., mit AC: 10 $ p.P.

Restaurants & Bars

- **Ristorante El Forno** (Ortseingang rechts): nettes Lokal im Freien, ital. Küche, gute Holzofenpizza.
- **Outback Jack's** (im Hotel Brasilito): beliebtes Lokal am Meer, gute Fischgerichte, gute Bar, gelegentlich Live-Musik.
- **Restaurant La Casita del Pescado** (neben Hotel Brasilito): gute, frische Meeresfrüchte.
- **Restaurant Happy Snapper** (am Strand): frischer Fisch, guter Service, Preise okay, öfters Live-Musik.
- **Restaurant/Bar Camaron Dorado** (Richtung Flamingo links): schöne Lage direkt am Meer, Tische unter Palmen, spezialisiert auf Meerestiere, nicht billig, Frühstück ab 8 Uhr.
- **Soda Coca** (nebenan): gutes & günstiges Essen.
- **Restaurant/Bar Don Brasilito** (am Ortsende geradeaus): gutes & relativ günstiges Essen.

Infos von A bis Z

- **Autoverleih:** *ADOBE* (in der Mall, 400 m südl. des Hotels Paradisus Conchal, Tel. 8811.4242).
- **Einkaufen:** *Supermercado Lopez*, großer Supermarkt an der Hauptstraße (tgl. 6–20 Uhr); *Super Brasilito*, kl. Laden am Fußballplatz, oder Supermarkt in Playa Flamingo.
- **Internet:** gegenüber Rest. El Forno: 2 $/ Std., 9–20 Uhr.
- **Pferdeverleih:** c/o Hotel Brasilito: 2½ Std. mit Guide/30 $.
- **Post:** Villareal (13 km) oder Sta. Cruz (34 km).
- **Reisebüro:** *TourPro* (Ortseingang rechts, Tel. 2654.4585), SANSA-Agentur, Ausflüge, Mietwagen.

Busverbindungen

- **San José:** Mo–Sa 2.45, 9 und 14 Uhr, So 9 und 14 Uhr (Tralapa über Liberia), 9 Uhr (über Sta. Cruz) und 14 Uhr (über Liberia), Fahrzeit 6 Std., ca. 6 $.
- **Liberia:** *Transp. La Pampa* (Tel. 2665.5891): tgl. ca. 6, 9.30, 12, 13.30, 15.30, 17.30 Uhr.
- **Sta. Cruz:** *Empr. El Folclórico* (Tel. 2680.3161): tgl. 6, 8, 11, 14, 16, 17, 19 und 22 Uhr.

Playa Flamingo

Rund 4 km hinter Brasilito erreicht man den **Luxusbadeort.** Auf beiden Seiten einer spitzen Halbinsel befindet sich je ein schöner Sandstrand, dazwischen mehrere weithin sichtbare Luxushotels, teure Restaurants und eine Yacht-Marina. Der Ort ist fest in den Händen der High Society und nordamerikanischer Luxustouristen. Im costaricanischen Mini-Marbella ist unter 100 $ kein Zimmer zu haben.

Unterkunft & Restaurants

■ **Flamingo Marina Resort** (Tel. 2654.4141, Büro: 2290.1858, www.flamingomarina.com): unpersönliches Luxushotel: DZ 134–280 $ (ÜF); KK.
■ **Flamingo Beach Resort** (Tel. 2654.4444, www.resortflamingobeach.com): 120 Zi. mit AC etc.: DZ ab 108 $ (ÜF).
■ **Coco Loco Restaurant & Bar** (Tel. 2654.6242): das einzige Lokal direkt am Strand in Flamingo, leckeres frisches Essen, gute Coktails, freundliche Bedienung, tgl. 11–21 Uhr.

Infos von A bis Z

■ **Post:** im Ort Potrero, ca. 5 km nördlich.
■ **Bootstouren:** Lazy Lizzard Catamaran Sailing (Tel. 2654.5900): Halbtages-Sunsettouren inkl. Schnorcheln 85 $; siehe auch „Potrero" und „Playa Tamarindo".
■ **Supermarkt:** tgl. 7–19 Uhr.
■ **Tauchschule:** Costa Rica Diving (Tel. 2654.4148, in D: 0861/165906, www.costaricadiving.com): empfehlenswerte Tauchschule am Ortseingang, dt. Ltg., eigene Boote: Exkursion (2 Tauchgänge): ca. 115 $ inkl. Equipment, Schnorcheltour: ca. 80 $.

Busverbindung

■ **San José:** tgl. 9 und 14 Uhr über **Sta. Cruz.** (Wer fährt hier schon mit dem Bus? Nehmen Sie einen Helikopter oder chartern Sie eine Yacht!)

Playa Potrero

Die Bahía Potrero ist eine lang gezogene Bucht nördlich der Flamingo-Halbinsel, an deren Ende sich eine kleine Ortschaft befindet. Wer sich nicht am Anlick der Betonklötze von Playa Flamingo stört, findet hier eine Alternative zum benachbarten Luxusstrand.

Unterkunft

Die Entfernungsangaben beziehen sich auf den Abzweig nach Playa Flamingo, nach 2,3 km knickt die Hauptstraße am Rest. La Perla nach links ab.

■ **Cabinas Mayra** (1 km links, Tel. 2654.4213): Privathaus direkt am Meer, freundl. und hilfsbereit; schöne Campingmöglichkeit im Garten, Du/WC ok: ca. 8 $ p.P.; 6 einf. Zi. mit Küche, bp: ca. 50 $.
■ **Hotel Bahía del Sol** (2 km, Tel. 2654.4671, in D: 0861/165906, www.bahiadelsolhotel.com): 6 m ab Brasilito: gepflegte Anlage am Meer mit Rest., Bar, schöner Pool- und Gartenbereich; 10 Zi., bp (WW), AC: ab 203/203/238 $; 10 komfortable Suiten m. Küche: DZ ab 311 $; KK.
■ **Cabinas Cristina** (2,3 km geradeaus, Tel. 2654.4006, www.cabinascristina.com): kl. Pool, 700 m zum Strand; 7 Zi., mit AC: 57/57/90 $; Mini-Apt. mit kl. Küche, AC, Kabel-TV: 69/69/102 $; KK (VISA).
■ **Cabinas Isolina** (2,7 km li., Tel. 2654.4333, www.isolinabeach.com): schöner Garten, 250 m zum Strand, ital. Ltg.; 11 sehr ordentl. Zi., bp, DV, AC, TV: 85/85/96 $ (ÜF); mit Küche, AC: 102/102/113 $; Villa mit 2 Schlafz., Küche: 153 $; KK.
■ **Hotel Bahía Esmeralda** (3,8 km, Tel. 2654.4480, www.hotelbahiaesmeralda.com): gepflegter Garten, ital. Rest., Pool; ordentl. Zi., AC, DV, sehr sauber: 76/89/106 $ (ÜF); Apt.: DZ ab 132 $ (ÜF); KK (nur VISA, +6 %).

Restaurants & Bars

■ **Restaurant Plea Mar** (Richtung Flamingo am Meer): landestyp. Gerichte, Burger, Fisch, gut & günstig.
■ **Restaurant La Conchita** (nach La Perla): einf. Lokal, mit Bar, mexikan. Küche.

■ **Restaurant/Bar Las Brisas** (am Strand, Tel. 2654.4047): einf. Küche, relaxte Atmosphäre, nette Besitzer, gutes, preiswertes Essen.

Infos von A bis Z

■ **Costa Rica Sailing Center** (Tel. 8473.7761, http://costaricasailing.com): Segelschule & Verleih.

Busverbindung

■ 3.40, 5.20, 6, 9, 9.50, 11, 12, 14.30, 16, 18.40 und 19.30 Uhr über **Sta. Cruz** nach **San José.**

Playa La Penca

Hinter dem Zentrum von Potrero zweigt links eine Straße ab zu dem kleinen Sandstrand, der nur ca. 300 m breit ist.

■ **Rest./Cabinas Penca** (Tel. 2654.4535): Rest. (gute landestyp. Küche); 6 recht ordentl. Zi., bp, DV, TV, KS: 57 $ (1–4 Pers.).

Playa Pan de Azúcar

Weiter nördlich erreicht man diese kleine Bucht, die teils aus Sand-, teils aus Felsstrand besteht. Die Weiterfahrt nach Playas del Coco ist nur mit Allrad möglich.

■ **Hotel Sugar Beach** (Tel. 2654.4242, www.sugar-beach.com): Rest. mit MB; 26 Zi., bp (WW), AC: ab 158 $; 4 Zi. mit MB und 6 Deluxe-Zi.: EZ/DZ 198 $; 6 Suiten: DZ ab 277 $; 2 „Beach Houses" mit Küche, 3 Schlafz.: 637 $, NS-Preise: -20 %; KK.

Playa Conchal/Playa Real

Die Straße zur Playa Grande führt von Huacas geradeaus nach Matapalo. Dort rechts ab zur Playa Conchal. Nach 4 km zweigt links die Zufahrt ab zur Playa Real (plus 3 km).

■ **Hotel Bahía de los Piratas** (Tel. 2653.8954, www.bahiadelospiratas.com): Bungalowanlage am Meer mit ital. Rest., Pool etc.; 14 luxuriöse Villas am Hang (bis 6 Pers.) mit je 2 Schlafz., 2 Bädern, Küche, Wohnz., Veranda: DZ ab 203 $; KK.

Playa Grande

In Huacas führt die (geteerte) Straße geradeaus zum Ort Matapalo, dort biegt links eine Straße ab, die nach 5,4 km zur Playa Grande führt. Der Strand ist vor allem in der Zeit von Oktober bis Mitte März ein wichtiger Eiablageplatz für **Meeresschildkröten** und wurde daher zum Meeresnationalpark erklärt (s.u.). Schwimmen gilt in diesem Abschnitt wegen der starken Strömung bei Ebbe als gefährlich, dafür schätzen die Surfer den beständigen Surfbreak des Meeres, vor allem bei Flut, und zählen Playa Grande zu den besten Plätzen des Landes. Ansonsten bietet sich der weite Sandstrand durchaus zum Baden und natürlich für Strandspaziergänge an.

Unterkunft & Restaurants

Etwa 700 m vor der Playa Grande liegen im „Ort" Playa Grande folgende Unterkünfte und Restaurants:

■ **Rest./Cabinas El Huerto** (Tel. 2653.1259): nettes Gartenlokal, gute Holzofenpizza, aber teuer: um

16 $ (tgl. 15–22 Uhr), kl. Pool; 3 Zi. mit Küche: DZ 80 $!
Mein Tipp: Sol y Luna Lodge (Tel. 8893.0198, 2653.2706, www.solylunalodge.net): nette Unterkunft, ital. Ltg. (deutschsprachig), schöner Garten, Pool; 8 Bungalows mit Küche, Kabel-TV, z.T. AC: kl. Bungalow (2 Pers.): 102 $, gr. Bungalow (4 Pers.): 170 $.
- **Cabinas/Restaurant Kike's Place** (Tel. 2653.0834): kl. Pool; 8 Zi., bp und Kochgel.: 75 $ (bis 6 Pers.); sowie 5 neue Zi. mit AC: 64 $ (bis 4 Pers.); KK.
- **Pipe House Playa Grande** (Tel. 8926.5881, www.pipehouseplayagrande.weebly.com): neues Hostel mit 6 „Zimmern" oder besser gesagt: Betten in Fässern, aber immerhin mit AC, bc. Frühstück, Verleih von Surfboards und Surfunterricht; DZ 50 $.

300 m **hinter dem Ort** führt eine Abzweigung links zu folgenden Hotels:
- **Seven** (Tel. 2653.0236): Rest. (Pizza etc. ab 8 $, Fr BBQ), Supermarkt; 5 einf. Zi. m. Bad: DZ 24 $ (ÜF).
- **Mein Tipp: Hotel Cantarana** (ca. 2,8 km, Tel. 2653.0486, www.hotel-cantarana.com): Hotel in Strandnähe mit Pool, gepflegter tropischer Garten, ruhiges Ambiente, Rest.; 5 komfort. Zi. mit Terrasse zum Pool, AC, TV, Safe: 107/130/181 $ (ÜF); KK.
- **Hotel Manglar** (ca. 2,9 km, Tel. 2653.0952, www.hotel-manglar.com): unter dt. Ltg., schöner Garten mit Pool; 6 einf. Zi., bp, Vent., kl. KS: ab 40 $, 4 Zi. mit AC, TV: ab 95 $, sowie 1 Apt. (bis 6 Pers.) m. Küche, AC, TV, Balkon: 120 $.
- **Apartments Playa Grande** (Tel. 2653.0838, www.playagrandedreams.com): ruhige Lage, Pool; neue Apartments mit Küche: 70–140 $.
- **Hotel Bula Bula** (Tel. 2653.0975, www.hotelbulabula.com): US-Ltg., Rest., Bar, netter Pool- und Gartenbereich, Bootstaxi nach Tamarindo; 10 bunte, nette Zi. mit AC: DZ ca. 142 $ (zu teuer!).
- **Hotel Villa Baula** (3,5 km, Tel. 2653.0644): schöne Lage zwischen Mangroven und Meer, Pool, Rest.; 2 palmengedeckte Holzhäuser: 20 einf. Zi., mit Vent.: 68/68/85 $; Bungalow m. Vent.: 113 $, mit AC: 125 $; KK – zu teuer!

Kurz vor der Playa Grande kommt man links zu folgenden Unterkünften:
- **Hotel Ripjack Inn** (Tel. 2653.0480, www.ripjackinn.com): Rest., Fußweg zum Meer; 7 ordentl. Zi., bp: ab ca. 102/102/117 $.
- **Playa Grande Inn** (Tel. 2653.0719, www.playagrandeinn.com): Rest., Bar, Pool, US-Ltg.; Holzhaus mit 8 einf. Zi. für Surfer, bp, AC, DV: DZ 51 $; 5 Zi. in neuerem Haus, z.T. mit AC: DZ 102 $; KK – zu teuer.

Direkt an der Playa Grande befindet sich:
- **Hotel Las Tortugas** (Tel. 2653.0423, www.tamarindo.com/tortugas): Rest. mit Terrasse, Bar, Pool, Kanuverleih (30 $/Tag, 2 Pers.), Pferde; 11 schöne Zi. mit AC, Bad (WW): DZ 78 $ (NS: -30 $); KK (nur VISA, +5 %).

Meeresnationalpark Las Baulas und Naturschutzgebiet Tamarindo

- **Fläche:** 620 ha (Land), 22.000 ha (Meer)
- **Lage:** Bahía de Tamarindo, Westküste Nicoya-Halbinsel
- **Gegründet:** Refugio seit 1977, Nationalpark seit 5.6.1991
- **Info-Posten** im Ort bei Playa Grande: tgl. 8–17 Uhr, Tel. 2653.0470
- **Geöffnet:** nur 20. Okt. bis 15. Februar, Zutritt tagsüber jederzeit (kostenlos), nachts nur mit Führer (7 $) plus Eintritt 12 $. Für den Besuch der Schildkröten muss man sich (am besten 14 Tage zuvor) mit Reisepassnummer anmelden, da nur etwa 15 Personen pro Gruppe und max. zwei Gruppen pro ankommender Schildkröte am Strand geführt werden. Ggf. hilft der Hotelier vor Ort bei der Anmeldung.
- **Eiablagezeit:** Okt. bis Mitte März, die Schildkröten kommen mit der ersten Nachtflut

■ **Anfahrt:** zur Playa Grande über Huacas und Matapalo oder per Boot ab Tamarindo, in das Mangrovengebiet mit Ausflugsbooten ab Tamarindo
■ **Kosten:** inkl. Transfer ab Tamarindo: 35 $ (Tel. 2653.0471)

Das Mündungsgebiet des Río Matapalo mit seinem schützenswerten **Mangrovenbestand** wurde bereits 1977 zum Naturschutzgebiet erklärt. 1991 kam ein etwa 50 m breiter Küstenstreifen dazu, der zum Meeresnationalpark erklärt wurde, denn die Playa Grande ist einer der wichtigsten Eiablageorte der **Lederschildkröte** am gesamten Pazifik. Bis zu 180 Lederschildkröten wurden gleichzeitig bei der Eiablage am Playa Grande beobachtet. Diese größte Meeresschildkrötenart kann über 2 m lang werden und bis 700 kg wiegen. Außerdem trifft man von Oktober bis März auf Bastard-, Karett- und Grüne Meeresschildkröten. Die Beobachtung der Meeresschildkröten bei der Eiablage hat sich zu einer wichtigen touristischen Einnahmequelle entwickelt – nicht zum Vorteil der Tiere, wie man sich denken kann. Boote kommen aus dem nahe gelegenen Touristenort Tamarindo und bringen eine Vielzahl Besucher.

Nach der Erklärung zum Nationalpark gelten inzwischen **strikte Vorschriften:** Der nächtliche Zutritt zum Strand ist nur mit Nationalpark-Führer erlaubt, Fotografieren mit Blitzlicht verboten (die Schildkröten kehren sonst ins Meer zurück, ohne ihre Eier abzulegen), Taschenlampen sind ebenfalls nicht erlaubt, der Führer hat eine Lampe mit Rotfilter. Vielleicht wäre es sogar besser, die Tiere überhaupt nicht zu stören und gar nicht hinzugehen?

Die bisher **ungelösten Probleme** des Parks: Landbesitzer fordern Entschädigungszahlungen, ein ausreichender Schutz für die Schildkröten kann aus Personalmangel nicht gewährleistet werden, die Strände sind von Müll verunreinigt. Auch der Drogenhandel macht sich in dieser Region breit. Der Sultan von Brunei, der reichste Mann der Welt, hat Gelder für den Park zugesagt: ein Hoffnungsschimmer?

Flora und Fauna

In den Mangrovensümpfen (440 ha) findet man **alle Arten Mangroven,** die an der Pazifikküste des Landes vorkommen, vor allem Rote Mangroven, die größte Art, die in gleichmäßigen „Wäldchen" wachsen und Höhen bis über 30 m erreichen können. Am Rande der Mangroven gibt es noch einige Flecken mit intaktem Trockenwald, in denen u.a. folgende Bäume wachsen: Guanacaste-Baum, Pochote, Tamarinde, Akazie, Regenbaum, Mahagoni und Kaschubaum.

Häufig vorkommende Säugetiere sind Waschbären, Nasenbären, Brüllaffen und Ameisenbären. Der schön gefärbte Rosa Löffler, der weiße Ibis, Cayenne-Nachtreiher und verschiedene weitere Reiher- und Eisvogelarten gehören zu den auffälligsten der 57 hier gesichteten Vogelarten. Am Strand trifft man häufig auf Möwen, Strandläufer und andere Wasservögel. Raubvögel wie den Seeadler oder den Mangroven-Habicht sieht man häufig gegen Mittag.

An Reptilien treten neben den Meeresschildkröten auch Krokodile, Kaimane und Schlangen (giftig!) auf.

Playa Tamarindo

Tamarindo zählt zu den beliebtesten Strandorten des Landes (vor allem bei nordamerikanischen Besuchern) und verfügt über zahlreiche Hotels und Restaurants verschiedener Preisklassen. Dennoch gibt es nur wenig Möglichkeiten, günstig zu schlafen und zu essen. Speziell in der Hochsaison ist das Angebot in der unteren Preisklasse beschränkt, und die Cabinas sind meist ausgebucht. Neben dem langen **Sandstrand**, der auch bei Surfern beliebt ist (auch für Anfänger geeignet), lohnt sich ein Bootsausflug ins Mangrovengebiet des Naturschutzgebietes Tamarindo und während der Schildkröten-Saison in den nahe gelegenen Nationalpark Las Baulas (ebenfalls nur per Boot erreichbar). Leider hat sich der Ort in letzter Zeit in eine Großbaustelle verwandelt und ist für Individualreisende nicht mehr zu empfehlen!

Informationen zu Tamarindo im Internet: www.tamarindo.net oder www.tamarindo.com.

Anfahrt von Norden

Ca. 12 km hinter Huacas bis Villareal, dort rechts nach Tamarindo (4 km). Die Straße ist inzwischen geteert, weist allerdings viele Schlaglöcher auf.

An der Playa Tamarindo

Anfahrt von Sta. Cruz

400 m nördlich der Haupteinfahrt nach Sta. Cruz (Richtung Liberia) zweigt hinter der Brücke links eine Asphaltstraße ab. Kurz vor dem Ort 27 de Abril geht rechts die ca. 12 km lange Teerstraße bis Villareal ab.

Unterkunft

Ein Hinweis vorweg: Die meisten Unterkünfte im Ort sind übertreuert.

■ **Botella de Leche Hostel** (Tel. 2653.0189, www.labotelladeleche.com): Gem.küche, TV-Raum, Gratis-Internet; Schlafraum: 20 $ p.P., Privatzi., bp (WW): 26/40 $ – Billig-Tipp!
■ **Pura Vida Hostel** (Tel. 8747.8780, www.puravidahostel.com): Gem.küche; 7 einf. Zi., Hängem. (bis 5 Pers.): ab 40 $, gute Anlage zu fairem Preis.
■ **Cabinas Frutas Tropicales** (Tel. 2653.0041): 6 ordentl. Zi., bp (WW), AC, TV: 40–55 $; KK.
■ **Villa Amarilla** (Tel. 2653.0038, carpen@racsa.co.cr): am Strand, kl. Gem.küche; 2 einf. Zi., DV, bc: DZ ca. 45 $; 6 gr., ordentl. Zi., bp (WW), AC, TV, MB: DZ ca. 70–120 $; Frühstück 5 $; KK (+7 %).
■ **Cabinas Marielos** (Tel. 2653.0141, www.cabinasmarieloscr.com): schöner Garten, saubere Anlage, Gem.küche; 20 Zi., bp (KW), Vent., Safe; z.T. ältere, einf., z.T. neuere, gr. Zi.: ab 40/50/70 $; mit AC 50/60/80 $; KK (+7 %).
■ **Hotel Nahua** (Tel. 2653.0010, www.hotelnahuatamarindo.com): Pool, schweizer. Ltg.; 5 Zi., AC, TV: 65/85/105 $, 5 Apt., AC: 85 $ (bis 4 Pers.).
MEIN TIPP: **Villas Macondo** (Tel. 2653.0812, www.villasmacondo.com): persönlich geführte Anlage in Strandnähe (ca. 200 m), Pool, Gem.küche, Gratis-Internet, dt. Ltg.; 6 freundl. Zi., bp (WW), Safe, DV, Terrasse mit Hängematte: 40/50/60 $ (NS: -12 $); 8 gr. Zi. mit AC, TV, KS: 60/70/80 $ (NS: -12 $); 2 Apt. (bis 2 Pers.) auf 2 Etagen mit Küche, AC: 110 $ (600 $/Woche); 2 Apt. mit 2 Schlafzi. (bis 4 Pers.): 130 $ (780 $/Woche); KK.
■ **Hotel Mamiri** (Tel. 2653.0079, www.hotelmamiricr.com): Rest., Gem.küche; 8 einf. Zi., bp, Safe, nett dekoriert: DZ 75 $, 2 Apt.: 2 Pers. 95 $, 4 Pers. 120 $; für den Preis ganz ok.
■ **Hotel Chocolate** (Tel. 2653.1311): Pool, US-Ltg.; 5 Apt. mit Küche, AC, TV: 57 $, Suite: +15 $.
■ **Hotel Portofino** (Tel. 2653.0578, www.portofino.itgo.com): Restaurant, Pool, Garten, italienische Ltg.; 7 nette Apt., bp (WW), Küche, DV: 68/68/86 $; mit AC: 80/80/97 $.
■ **Mar Rey Hotel** (Tel. 2653.0140, www.hotelmarrey.com): Pool; 23 funktionelle Zi., bp (KW), DV: ca. 63/69/82 $; bessere Zi. mit AC, WW: ca. 69/78/93 $; KK.
■ **Laguna del Cocodrilo** (Tel. 2653.0255, www.lalagunadelcocodrilo.com): Rest., 10 nette Zi. (bis 4 Pers.), AC, TV, MB: ab 88/88/99 $; 2 Jr. Suites: 141/141/153 $; KK.
■ **Hotel Flores** (Tel. 2653.1236, www.hotelflorestamarindo.com): neues Hotel mit Pool; 3 Zi. mit AC, Safe: DZ 101 $; 2 Studios, AC, kl. Küche: DZ 123 $; 3 Apt., AC, Küche: 123 $.
■ **Cabinas Palapa** (Tel. 2653.0362, www.lapalapatamarindo.com): direkt am Meer, priv. Atmosphäre, frz. Ltg.; 6 nette Zi., mit AC, DV, kl. Küche, Safe, TV: 113/113/136 $ (ÜF); KK.
■ **Hotel Luna Llena** (Tel. 2653.0082, www.hotellunallena.com): Pool, ital. Ltg.; 6 gr., schöne Zi. mit AC; 7 nette Bungalows mit Küche, AC: 123/123/146 $ (ÜF); KK (Barzahlungs-Rabatt).
■ **Hotel Arco Iris** (Tel. 2653.0330, www.hotelarcoiris.com): gepflegte Anlage, Rest.; 5 nette Zi. mit Vent., Bad (WW): 146/146 $ (ÜF), Deluxe Rooms mit AC, Fans, Kabel TV, WLAN: 181/181 $ (ÜF).
■ **Hotel Jardín del Eden** (Tel. 2653.0137, www.jardindeleden.com): schöne Lage mit Garten, Rest., Pool, ca. 200 m zum Strand; 20 angenehme Zi. mit Balkon od. Terrasse, MB, AC: ca. 170/170/198 $ (ÜF) – zu teuer!
■ **Hotel Tamarindo Diriá** (Tel. 2653.0031, www.tamarindodiria.com): Luxus-Strandhotel mit Rest.,

Playa Tamarindo

0 — 300 m © REISE KNOW-HOW 2016

Landepiste, Villareal, Santa Cruz

Playa Grande
Río Matapalo
Polizei
Playa
PAZIFIK
Playa Langosta

■ Übernachtung
- 4 Laguna del Cocodrilo
- 8 Cabinas Frutas Tropicales
- 10 Cabinas Marielos
- 13 Villa Amarilla
- 14 Hotel Jardin del Eden
- 15 Hotel Tamarindo Diriá
- 22 Villas Macondo
- 25 Cabinas Palapa
- 26 Mar Rey Hotel
- 36 Hotel Flores
- 37 Hotel Nahua
- 38 Hotel Mamiri
- 39 Pura Vida Hostel
- 40 Hotel Chocolate
- 41 Botella de Leche Hostel
- 42 Hotel Arco Iris
- 43 Hotel Portofino
- 44 Hotel Luna Llena
- 46 Tito's Camping
- 47 Hotel Capitán Suizo

■ Geschäfte/Sonstiges
- 2 Papagayo Excursions
- 11 Iguana Surf
- 12 Supermarkt
- 18 Supermarkt
- 20 Plaza Conchal (Einkaufszentrum)
- 23 Supermarkt
- 30 Alfaro (Bustickets)

■ Essen und Trinken
- 1 Cafe Santa Rita
- 3 Pangas Beach Club
- 5 Bakery de Paris
- 6 Nuestra Casita
- 7 El Buen Comer Soda
- 8 Restaurant Frutas Tropicales
- 9 Restaurant Coconut
- 15 Restaurant und Café Tamarindo Diriá
- 16 Rest. Latitude Blue
- 17 Restaurant Patagonia
- 19 Bambu Sushi Club
- 21 Patagonia del Mar
- 24 Bar Sharky's
- 27 Restaurant Portofino
- 28 Bar Noguia
- 29 Wok'n'Roll
- 31 Enjoy
- 32 Cafe Tico
- 33 Lazy Wave
- 34 Pizzería Las Baulas
- 35 Restaurant Pasatiempo/ Yucca Bar
- 38 Restaurant Pachanga
- 42 Season's
- 45 El Pescador

2 Bars, 2 Pools, gepflegter Garten; 158 Zi. mit AC, Kabel-TV, Safe, Mini-Bar bessere Zi. mit MB: ca. 180/180/204 $ (ÜF); KK.
- **Hotel Capitán Suizo** (Tel. 2653.0075, www.hotelcapitansuizo.com): nette Hotelanlage am Meer mit Pool, Bar, Rest.; 22 Zi. mit DV, MB: 283/283/328 $ (ÜF); mit AC: 316/316/362 $ (ÜF); Bungalow: 407/407/441 $ (ÜF), mit AC: 452/452/497 $ (ÜF); Apt. (bis 6 Pers.): 768 $ (ÜF); KK – schön, aber zu teuer!

Restaurants & Bars

Die Restaurants liegen meist in der mittleren bis gehobenen Preisklasse, wobei der Meerblick extra bezahlt wird! Reihenfolge ab Ortseingang nach Süden.

- Frische Backwaren und Pizza gibt es in der **Bakery de Paris** am Ortseingang (ab 6 Uhr); Filiale im Zentrum (ab 7 Uhr).
- **Nuestra Casita:** kl. rustikale Soda mit günst. Preisen; Casado, Reisgerichte, Pasta, Fisch.
- **El Buen Comer Soda:** kl. Soda mit günst. Preisen; Casados, Tacos, auch Frühstück.
- **Cafe Tico:** organischer Kaffee & mehr, gutes Frühstück und Mittagessen
- **Cafe Santa Rita:** exzellenter Kaffee, Backereien, gutes Frühstück.
- **Rest. Frutas Tropicales** (in den gleichnamigen Cabinas): Snacks; Frühstück ab 7 Uhr, Casado u.a., gut und günstig.
- **Restaurant Coconut** (Tel. 2653.0086): nettes Rest., gehobene Küche, teuer: Fleisch- und Fischgerichte ab 22–25 $, tgl. außer Mo 17–22 Uhr; auch Cocktails.
- **Enjoy:** gute Burger, vegetarische Optionen.
- **Patagonia:** schönes Ambiente, argentinische Küche, große Fleischportionen.
- **Patagonia del Mar:** Pasta & Seafood

Playa Tamarindo

Playa Tamarindo und Umgebung

■ **Bambu Sushi Club:** im Hinterhof, schön gestaltet, leckeres Sushi und asiatische Gerichte.

■ **Rest./Café Tamarindo Diriá:** nettes Strandcafé, Essen nicht besonders und nicht billig, aber ein toller Platz zum Sitzen.

■ **Restaurant Latitude Blue** (Nibbana) (Tel. 2653.2222, www.latblue.com): direkt am Meer; Pizza & Pasta, Meeresfrüchte, Fleischgerichte ab 17 $; tgl. 11–22 Uhr.

■ **Restaurant Portofino** (Tel. 2653.0020): Pizza, Pasta ab 11 $, Fisch ab 13 $, Fleisch ab 20 $; tgl. 11–22 Uhr.

■ **Bar Noguia** (Tel. 2653.0029): Frühstück ab 6 Uhr, mittags Salate und Sandwiches, abends Fisch- und Fleischger. ab 20 $, tgl. 6–22 Uhr, Okt. geschl.

■ **Bar Sharky's** (neben Pedros): populäre Bar im New-York-Style mit Discobetrieb.

■ **Lazy Wave** (Tel. 2653.0737): nettes Ambiente, gut und teuer, Cocktails, gelegentl. Live-Musik 18–22 Uhr, tgl. 18–23 Uhr, So (NS: auch Mo) Ruhetag (Lounge Bar geöffnet).

■ **Pizzería Las Baulas** (Tel. 2653.1450): schöner Platz etwas abseits vom Rummel, gute Pizza ab 11 $, empf.wert, tgl. 17.30–22 Uhr.

■ **Restaurant Pasatiempo/Yucca Bar:** angenehme Atmosphäre, internationale und mexikanische Küche, Frühstück, Sandwich, Pizza.

■ **Pangas Beach Club** (Tel. 2653.0024): Frühst., raffinierte Zubereitung von Fisch, Meeresfrüchten und Fleischgerichten mit einheimischen Zutaten, tgl. 8–22 Uhr.

■ **Wok'n'Roll** (Tel. 2653.0156): Frühst., asiatische Küche (u.a. Sushi), tgl. außer So. 7.30–22 Uhr.

■ **Season's** (im Hotel Arco Iris): klein, aber sehr feines Menü (v.a. Fisch und Fleisch), Specials (Schokoladenmousse!); So Ruhetag. Eine gute Wahl, wenn man nicht aufs Geld schauen muss!

■ **Pachanga** (im Hotel Mamiri): gute italienische Küche, Pasta, Pizza etc..

■ **El Pescador Bar Restaurant** (Tel. 2653.2523): einf. Fischlokal am Strand nach dem Big Bazaar, gute Küche, Casados und Meeresfrüchte, Fleisch, Reisgerichte, ganzer grillter Fisch ab 20 $ (sehr gut!).

Infos von A bis Z

■ **Autovermietung:** zahlreiche Anbieter entlang der Hauptstraße, z.B. *Alamo* (gegenüber Hotel Diriá, Tel. 2653.0727), *Budget* (Tel. 2653.0756, neben Mar Rey Hotel), *Economy* (neben Cabinas Frutas Tropicales, Tel. 2653.0752), *Hertz* (Tel. 2653.1358, neben Banco National), *Thrifty* (im *Plaza Esmeralda*).

■ **Erste Hilfe:** *Emergencia 2000,* 24 Std. (Tel. 2653. 0611, 8380.4125); *Pacific Emergencias* Tamarindo und Huacas (Tel. 2653.8785, 2653.8423 und 8824. 5252), Apotheke (Tel. 2653.0210), *Pacific Emergency Line* (Tel. 8378.8265), *Tamarindo* (Tel. 2653. 1226), *Dr. Piloto* (Tel. 8835.8074,2653.1974; 24-Stunden-Service).

■ **Einkaufen:** *Centro Comercial,* gegenüber Hotel Tamarindo Diriá, sowie weiter südlich (s. Plan), meist 9–19 Uhr.

■ **Fahrradverleih:** Bikeshop neben Frutas Tropicales.

■ **Geldwechsel:** *Banco Nacional* (neben Hotel Pasatiempo), Mo–Fr 8.30–15.45 Uhr, Bancomat (VISA, MC); *HSBC* (Plaza Esmeralda), Mo–Fr 9–17, Sa 9–12.30 Uhr, Bancomat (Maestro, VISA, MC); *Banco de Costa Rica* (im Plaza Conchal), Mo–Fr 9–16 Uhr, Bancomat (VISA); *Banco San José* (Plaza Conchal), Mo–Fr 9–18 Uhr, Sa 9–13 Uhr Bancomat (Maestro, VISA, Amex, Diners).

■ **Golf:** in der *Hacienda Pinilla,* ca. 10 km südlich (www.haciendapinilla.com).

■ **Internet:** *Interlink* (gegenüber Rest. Zullymar): tgl. 8–23 Uhr sowie bei *Iguana Surf,* schneller und teurer im Plaza Conchal und neben La Palapa.

■ **Pferdeverleih:** *Finca Casagua,* Portegolpe (Tel. 2653.8041), sowie über die meisten Hotels. Hände weg von Führern, die mit ihren Pferden am Strand stehen!

■ **Post:** Plaza Conchal (2. Stock), Mo–Fr 8–17.30 Uhr.

■ **Bootstouren:** *Antares Sunset Cruise* (Tel. 8587. 3095) ca. 85 $, Gourmet food, Schnorcheln etc., *Dolphin Catamaran Sailing* (Tel. 8842.3204), *Marlin del*

Rey (Tel. 2653.1212), *Mandingo Sailing* (Tel. 8831.8875): deutschsprachige Touren ab Playa Tamarindo (bis 4 Passagiere), Sunset-Cruise 400 $ (3 Stunden); *Lazy Lizzard Catamaran Sailing* (in Flamingo, Tel. 2654.5900): Halbtages-Sunsettouren inkl. Schnorcheln: ca. 85 $ (inkl. Transfer); *Blue Dophin Catamaran Sailing* (Tel. 8842.3204): Halbtages-Sunsettour mit Schnorcheln: 75 $.

- **Sprachschule:** *Instituto de Español Wayra* (Tel. 2653.0359, in D: 0861/165906, www.spanish-wayra.co.cr).
- **Tankstelle:** 2 km nach Villa Real Ri. Huacas.
- **Tauchbasis:** *Agua Rica Diving Center* (Tel. 2653.0094, www.aguarica.net): Tauchgang (2 Flaschen) inkl. Bootsanreise nach Isla Catalinas: 85 $ p.P. (Equipment 20 $), Night-Dive (1 Flasche) inkl. Bootsfahrt: 65 $ p.P., Tauchkurse, Schnorcheltour: 55 $ inkl. Bootsfahrt. *Costa Rica Diving* und *Pacific Coast Diving* (siehe Playa Flamingo). *Tamarindo Diving:* Tauchen 100 $ inkl. Equipment, Schnorcheln Catalina Island: 50 $.
- **Taxi:** am Mar Rey Hotel (früher Zullymar), Taxiecke gegenüber Foodcourt und gegenüber Hotel Tamarindo Diriá.
- **Tourveranstalter:** *Iguana Surf* (Tel. 2653.0148): Tour ins Reservat: 45 $ inkl. Eintritt; *Papagayo Excursions* (Ortseingang rechts, Tel. 2653.0254): neben Hochseefischerei u.a. Bootstour in Mangrovensümpfe, Schildkröten-Beobachtung (Nov.–März). Weitere entlang der Hauptstraße und im Zentrum.
- **Wassersport:** *Iguana Surf-Schule* (Tel. 2653.0613, www.iguanasurf.net): Surfkurs, begleitete Touren in Ocean-Kayaks, Paddelboote, Surfbretter, Schnorchelausrüstung etc.; *Matos Surf Shop* (Tel. 2653.0845), günstige Mietpreise für Surfbretter, Surflektionen in kleinen Gruppen ca. 35 $, *Tamarindo Adventures* (Tel. 2653.0108): Surfunterricht, Privatunterricht; *Tamarindo Surfschool* (an der Hauptstraße, gegenüber Mar Rey Hotel); *Banana Surfclub* (Tel. 2653.0130), 170 Boards zu guten Preisen. Viele Surfshops habe sich entlang der Hauptstraße angesiedelt.
- **Wäscherei:** *Backwash* (vor Tamarindo Adventures an der Ecke, Tel. 2653.0870), Mo–Sa 8–18 Uhr.
- **Wellness:** Yoga im Hotel Casa Azul (Tel. 2563.0294, www.tamarindoyoga.com); Yoga Studio *Ser Ohm Shanti*, Yoga und Pilates (an der Plaza Tamarindo, Tel. 8346.8005), *Tamarindo Fitness Center* (400 m östl. der Tamarindo Plaza, Tel. 2653.1423).

Busverbindungen

- **Tickets:** im Büro von *Alfaro* (7.30–17 Uhr). Tipp: Rechtzeitig an der Bushaltestelle sein, da es vorkommt, dass Busse früher abfahren!
- **San José:** tgl. 3.30, 5.30, mit Alfaro sowie 7 und 14 Uhr mit Tralapa, Fahrzeit 5½ bzw. 6 Std.; *Interbus/Grayline* (Abholung am Hotel): tgl. 8 und 14 Uhr, Fahrzeit 5 Std., 50 $.
- **Sta. Cruz:** 5.45, 6.45, 8.20, 9, 12, 14, 15.30, 16, 17, 18 und 22 Uhr sowie Bus nach San José, Fahrzeit ca. 1½ Std.
- **Liberia:** *Transp. La Pampa* (Tel. 2665.5891): tgl. 4.30, 5.45, 7.30, 9, 10, 11.20, 12,13,14 15, 16 und 17 Uhr, Fahrzeit 2 Std., Shuttlebusse zum Flughafen 25 $/Person.
- **Montezuma:** Die private Buslinie *Tropical Tours* (Abholung vom Hotel) fährt täglich um 8 Uhr nach Sámara, Montezuma, Mal País und Sta. Teresa, Fahrzeit: 4/5 Std; Reservierung: Tel. 2642.0919, www.montezumaexpeditions.com.

Flugverbindungen

- Die **Landepiste** liegt an der Strecke in Richtung Villareal. 2,4 km nach *Papagayo Excursions* zweigt links ein beschilderter Weg ab (500 m).
- **SANSA** (Tel. 2653.0012): 3x tgl. 6.59, 14.24 und 17.15 Uhr nach San José/Int. Flughafen, Flugzeit: 50 Min., Preis: 111 $ + Gebühren (ca. 20 $).
- **Nature Air:** tgl. 7.25 Uhr, Fr–So 12.25 Uhr nach San José/Pavas Airport.

Playa Langosta

Südlich von Playa Tamarindo schließt sich die Playa Langosta an, wo sich viele reiche Nordamerikaner niedergelassen haben. Der Strand ist **schön, aber felsig** und daher nur bei Flut zum Baden geeignet. Es gibt einen Supermarkt, Restaurants, (teure) Unterkünfte etc.

Unterkunft

■ **Hotel Cala Luna** (Tel. 2653.0214, in D: 0861/165906, www.calaluna.com): Luxushotel mit Rest., Pool; 20 geschmackvoll eingerichtete Zi. mit AC, Sat-TV, Safe: ca. 295/295 $ (ÜF); 20 luxuriöse Villas mit Privat-Pool (!), 2 Schlafzi. mit AC, Küche etc: ca. 477 $ (bis 4 Pers.); 5 Master-Villas mit 3 Schlafzi.: ca. 605 $ (bis 6 Pers.); KK.
■ **Villa Alegre B&B** (Tel. 2653.0270, www.villaalegrecostarica.com): nette Villa in Meernähe (Felsen), Pool, US-Ltg.; gute Zi. im Haupthaus, bp oder bc, DV, Safe, AC, leider viel zu teuer: DZ ab 147 $ (ÜF), NS: 124 $; 2 geschmackvoll eingerichtete Villas mit Wohnzi., kl. Küche: DZ 260 $ (ÜF), NS: 202 $; Zus.pers. 25 $; KK.

Playa Avellana

Dieser **weite Sandstrand** – mit einigen felsigen Abschnitten im südlichen Teil – verfügt nur über eine bescheidene touristische Infrastruktur, doch erfreut er sich vor allem bei (nordamerikanischen) Surfern dank seines konstanten „Breaks" steigender Beliebtheit.

Anfahrt

■ Wer **von Tamarindo aus** südlich fährt, kann 3,6 km nach **Villareal** in **Hernández** rechts abzweigen, nach insgesamt 10,3 km kommt man zur Playa Avellana.
■ Von Santa Cruz sind es etwa 34 km: 400 m nördlich der Haupteinfahrt nach **Sta. Cruz** (Richtung Liberia) zweigt nach der Brücke links eine zunächst ungeteerte Straße ab, die bald darauf zu einer löchrigen Asphaltstraße wird. Nach 14 km geht es rechts über Villareal nach Tamarindo, in Hernández links abbiegen zur Playa Avellana.

Unterkunft

■ **Casa Surf Guesthouse** (Tel. 2653.9075, www.casa-surf.com): kl., gemütl. Gästehaus, CR-schweiz. Ltg., ca. 3 Min. zum Strand, eigene Bäckerei, Surfshop und -verleih, Gem. küche; einf. Zi.: ca. 10 $ p.P. – Lesertipp!
■ **Cabinas Las Olas** (kurz vor Erreichen des Meeres rechts, Tel. 2652.9315, www.cabinaslasolas.co.cr): ruhige Lage, ca. 300 m zum Meer, beliebt bei Surfern, großzügige Anlage mit Rest.; 5 Bungalows mit je 2 ordentl. Zi., bp (WW) und Terrasse, Hängematte: 90/100/110 $ (NS: -10 $); KK.
■ **Cabinas El León** (Tel. 2652.9318, www.cabinaselleon.com): 500 m zum Strand. Rest., ital. Ltg.; einf. Zi. bp (WW): 12 $, mit AC: 15 $, Frühstück: um 5 $.
■ Am Meer führt eine Piste nach links zu den **Cabinas/Restaurant Gregorio:** ca. 100 m zum Strand; einf. Cab., bc.
■ In der Gegend gibt es noch **weitere einfache Unterkünfte** für Surfer ab 5 $ p.P.

Die **Weiterfahrt** zur Playa Negra ist nur mit Allrad möglich, bis Pargos sind es etwa 4 km. Zur **Playa Junquillal** siehe im nächsten Abschnitt. Bus nach Sta. Cruz tgl. 5.45 und 12.45 Uhr.

Santa Cruz und Umgebung

Die nachfolgend beschriebenen Strände erreicht man am leichtesten über Sta. Cruz, man kann aber auch von Playa Tamarindo aus an der Küste nach Süden fahren.

Sta. Cruz

- **Einwohner:** 16.500
- **Höhe:** 49 m ü.M.
- **Klima:** Tagestemp.: 24–30 °C

Santa Cruz ist Hauptstadt des gleichnamigen Kantons und ein wichtiges **Versorgungszentrum** für die Region. Für Touristen dient die Stadt als Umsteigestation auf dem Weg zu den Stränden der Umgebung, ferner gibt es hier Banken, eine Post und zahlreiche Einkaufsmöglichkeiten; und wem die Hotels am Strand zu teuer sind, kann hier billiger wohnen und zum Strand pendeln.

Der Ort selbst, der sich stolz *ciudad folclórica* nennt, wirkt auf den Besucher **nicht sonderlich attraktiv.** Der Platz am Busbahnhof ist ziemlich verwahrlost. Sehenswert ist der **alte Kirchturm,** an dessen Seite eine neue Kirche errichtet wurde. Im Januar gibt es eine Fiesta, die eine Woche dauert: Am 14.1. findet eine **Wallfahrt** zu Ehren des Schwarzen Christus von Esquipulas statt.

Unterkunft

- **Hotel La Pampa** (Tel. 2680.0586): im Zentrum; 27 ordentl. Zi., bp, TV, Vent.: 39/49/59 $; mit AC: ca. 35/53/66 $; KK.

Übernachtung
- 4 Hotel La Pampa
- 5 Cabinas La Estancia
- 7 Hotel La Calle de Alcalá
- 9 Hotel Diriá

Essen und Trinken
- 1 Rest. Jardín de Luna
- 2 Restaurant Cantonés
- 3 Restaurant Bárbara
- 6 Rest. El Campeón
- 8 Restaurant El Jardín

Santa Cruz und Umgebung

■ **Cabinas La Estancia** (Tel. 2680.0476): Typ Motel; 4 einf. Zi., bp, AC, TV: 30/45/45 $; KK.
■ **Hotel Diriá** (Tel. 2680.0080, www.hoteldiria.co.cr): ältere Anlage mit Rest., schöner Palmengarten, Pool; 50 ordentl. Zi., bp, Vent., TV, AC: ca. 32/55/65 $; KK.
■ **Hotel La Calle de Alcalá** (Tel. 2680.1515, www.hotellacalledealcala.com): nette Anlage, Rest., Pool; 29 Zi., bp (WW), AC, TV: 95/130/150 $, Jr. Suite 190 $; KK.

Restaurants

■ Neben einigen Sodas an der Hauptstraße gibt es zahlreiche günstige chinesische Lokale: Ordentlich sind die **Restaurants Jardín de Luna** und **Cantonés** in der Nähe des Parque Central, außerdem gibt es die Restaurants **El Campeón**, **Bárbara** und **El Jardín.**

Infos von A bis Z

■ **Erste Hilfe:** Rotes Kreuz (am Parque Central/Nordseite, Tel. 2680.0165); Krankenhaus (100 m westl. Parque Central).
■ **Geldwechsel:** *Banco Nacional:* Mo–Fr 8.30–15.45 Uhr sowie *Banco de Costa Rica* Mo–Fr 9–16; außerhalb der Banköffnungszeiten wechselt die *Joyería Mundial* Dollars oder im *Super KION*.
■ **Internet:** Mo–Sa 8–21 Uhr, So 15–21 Uhr, 2 $/Std.
■ **Polizei:** am neuen Busbahnhof.
■ **Post:** Mo–Fr 8–17.30 Uhr, Sa 8–12 Uhr.
■ **Supermarkt:** *Super KION*, *Super Caman* und *Super Sta. Cruz*, liegen alle an der Hauptstraße.
■ **Tankstelle:** an der Hauptstraße und Av. C.
■ **Taxi:** Tel. 2685.4949, Standplatz Av. C.
■ **Telefon:** ICE, Mo–Fr 7.30–17 Uhr.

> Landschaft im Nationalpark Diriá

Busverbindungen

Busse nach Liberia und Nicoya sowie die Tralapa-Busse nach San José fahren vom **alten Busbahnhof** neben dem Restaurant El Campeón ab. Die Alfaro-Busse fahren an der Tankstelle *La Central* ab, 10.30, 14.30 und 17 Uhr, Tickets gibt es neben der Post. Alle anderen Busse fahren ab dem **neuen Terminal**, 300 m südl. der Post. Die Busse nach San José nehmen die schnellere Verbindung via Brücke über den Río Tempisque.

■ **San José:** *Tracopa-Alfaro* (Tel. 2222.2666): tgl. 3, 5, 8, 10, 13 u. 16.30 Uhr, Fahrzeit 5 Std.; *Tralapa* (Tel. 2680.0392): 4.30, 6.15, 8.50, 10.30, 11.30, 15.10 und 16.50 Uhr über Liberia (5 Std.), Fahrzeit 4–5 Std.
■ **Liberia:** *Transp. La Pampa* (Tel. 2665.5891), 4.15–20.45 Uhr, etwa alle 30 Min., So 4.15–20.45 Uhr alle Stunde, Fahrzeit 1.15 Std.
■ **Guaitil:** 7, 11, 14 und 17 Uhr.
■ **Nicoya:** ca. 6–21.30 Uhr etwa alle 30 Min.
■ **Playa Avellana:** 9, 11 und 18.30 Uhr.
■ **Playa Brasilito/Flamingo/Potrero:** 15.30 Uhr.
■ **Playa Tamarindo/Puntarenas:** 6, 15.20 Uhr.

Guaitil

Etwa 10 km östlich von Sta. Cruz liegt das kleine Dorf Guaitil, das ebenso wie sein **Nachbarort San Vicente** berühmt ist für seine Keramiken. Bis heute werden die Töpferwaren in der Tradition der **Chorotega-Indianer** gefertigt. Die hierzu benötigten Materialien wie Tonerde, Sand und Farbpigmente stammen aus der Umgebung, gebrannt wird in einem einfachen Holzofen bei Temperaturen bis 800 °C. Um ihre Produkte besser vermarkten zu können, gründeten die Künstler vor 20 Jahren eine Kooperative. Fast vor jedem Haus werden getöpferte

Krüge, Vasen und andere Keramikgegenstände verkauft, und wer möchte, kann den Töpfern jederzeit bei der Arbeit zusehen. Die Preise sind allgemein günstig, sodass Handeln kaum nötig ist.

Unterkunft & Restaurants

■ In beiden Orten gibt es **keine offizielle Übernachtungsmöglichkeit.**
■ Am Ortseingang von Guaitil ist rechts eine kleine **Soda.**

Anfahrt

Von Sta. Cruz Richtung Nicoya, nach etwa 2 km Abzweigung links (ausgeschildert), ca. 8 km bis Guaitil, nach San Vicente noch rund 2 km weiter.

Nationalpark Diriá

Der 1991 gegründete Park erstreckt sich auf 5428 ha und ist somit das Wildgebiet mit der größten Ausdehnung im Schutzgebiet Tempisque. Die Hauptattraktionen sind die **schöne Landschaft,** der **Panoramablick** vom hoch gelegenen Teil des Parks und das **kristallklare Wasser** der Flüsse Enmedio, Diriá und Tigre.

Flora und Fauna

Brüllaffen begrüßen die Besucher am Parkeingang. Rehe, Nasenbären, Pakas, Pekaris und Waschbären werden jedoch erst nach Einbruch der Dämmerung aktiv. Kapuzineraffen halten sich an den Ufern der Bäche auf, kleine Nagetiere

wühlen sich durch den Unterwald, und einige der mehr als 17 Fledermausarten sind nachts auf Futtersuche unterwegs. Einige der bekanntesten Pflanzenarten sind die Cardón *(cautus endémico)*, die *Piñuela* (endemische Bromelie), die *Guaria Morada* (eine Orchideenart und die Nationalblume) sowie Bäume wie Ron Ron, Zeder, Mahagoni, Cocobolo, Guapinol und natürlich der Guanacaste, der Nationalbaum Costa Ricas.

Anfahrt

Der Eingang zum Nationalpark Diriá befindet sich in **Arado de Santa Cruz** (Straße nach Vistamar), 12 km südlich von Santa Cruz. Nähere Informationen und Anfahrtbeschreibung unter: www.costaricaweb.cr/en/diria-national-park-costa-rica, Eintritt: 5 $.

Playa Negra

Für **Surfer** ist dieser Strandabschnitt längst kein Geheimtipp mehr, aber auch für Nicht-Surfer gibt es trotz überwiegend felsiger Küste Badestrände und gute Schnorchelmöglichkeiten.

Anfahrt

400 m nördlich der Haupteinfahrt nach Sta. Cruz (Richtung Liberia) zweigt nach der Brücke links eine geteerte Straße ab. Nach 14 km geht es links zum Ort **27 de Abril**, kurz darauf rechts nach **Paraíso** (13 km). 4 km nach dem Ort führt in Pargos ein Abzweig rechts zur **Playa Avellana** (schlechte Straße, in der Regenzeit unpassierbar, besser über Tamarindo), links geht es zur Playa Negra.

Unterkunft

■ **Mono Congo Lodge** (Tel. 2652.9261, www.monocongolodge.com): 1 km nach Pargos in Ri. Playa Avellana, gr. Holzhaus (3 Stockwerke), 500 m zum Meer (Fels); 4 angenehme Zi. mit Vent., AC, Moskitonetz, Balkon mit Hängematte, bc: 73/73/85 $; Jr.-Suite, bp: 96/96/119 $; Junior Suite: 107/107/119 $; Master Suite: 130/130/141 $; KK.
■ **Hotel Playa Negra** (Tel. 2652.9134, www.playanegra.com): am Meer gelegen mit Pool und Restaurant, schweizer. Ltg.; 10 runde Bungalows, bp (WW), DV: 102/113/124 $; KK.
■ In der Gegend gibt es **weitere einfache Unterkünfte** für Surfer ab 6 $ p.P. (z.B. *Eureka Surf Camp* oder *Cabinas Gregorio's* an der Playa Avellanas).
■ Weiter im Landesinneren bei Caña Fistula liegt die **El Sabanero Eco-Lodge** (Tel. 2653.2793, www.elsabanero.com): schöne Hügellage, Rest., Pool, Reittouren etc.; 10 komfortable Holz-Bungalows mit AC: DZ 158 $ (ÜF), NS: 119 $ (ÜF).

Playa Junquillal

Südlich von Playa Avellana liegt dieser etwa 4 km lange naturbelassene Sandstrand. Das Meer ist wegen der z.T. heftigen Wellen zum Schwimmen nur bedingt geeignet (Baden okay). Es gibt einige kleine **versteckte Lagunen** mit Mangroven, die zahlreichen Wasservögeln Lebensraum bieten.

Anfahrt

In Paraíso links, von dort 5 km bis zum Meer (vgl. Playa Negra, s.o.).

Unterkunft & Restaurants

Mein Tipp: **Hotelito S Si Si** (Tel. 2658.7118, www.hotelitosisisi.com): 1 km vor Ortseingang links; schöner Pool-Bereich, Fitnessraum, Yoga-Studio, Tennisplatz; 3 neue Zi. mit DV, AC, Safe, TV, KS, Terrasse: DZ 112 $ (ÜF), Villa mit Küche: DZ 135 $ (ÜF); KK.

■ **Hotel Iguanazul** (Tel. 2658.8123, 2658.8124, www.hoteliguanazul.com): 2,5 km nach Paraíso rechts, schöne Lage direkt am Meer (felsig), ca. 500 m zum Badestrand; Pool, Rest., Bar; 24 ordentl. Zi., bp (WW), TV: ab 80 $ (ÜF); Poolside, mit AC: ab 120 $ (ÜF); KK.

Mein Tipp: **Casas Pelícano** (Tel. 2658.9010, www.casaspelicano.cr): 100 m nach Iguanazul Zufahrt rechts + 500 m, Strandnähe, Pool, Kochkurse, dt. Ltg.; 2 gepflegte Ferienhäuser (bis 3 Pers.) mit Küche: 62/85/102 $, Minimum 2 Nächte – Lesertipp!

■ **Villa Roberta/Casa Bob** (Tel. 2658.8127): Pool, dt. Ltg.; 1 nettes Zi., bp, DV: 57 $; 1 Apt. mit Küche, AC: 85 $; Casa Bob: Haus mit 2 Schlafzi., Küche, AC: 96 $ (bis 4 Erw. plus 2 Ki.).

■ **El Castillo Divertido** (Tel. 2658.8428, www.castillodivertido.com): auffälliges Gebäude, dt. Ltg.; 7 ordentl. Zi., bp, Vent : DZ mit MB: 40 $.

Mein Tipp: **Guacamaya Lodge** (Tel. 2658.8431, www.guacamayalodge.com): gepflegte Anlage in erhöhter Lage mit Pool, Rest. mit MB, schweizer. Küche und Ltg., Volleyball- u. Tennisplatz, Internet (ca. 3 $/Std.); 6 ordertl. Zi., bp (WW), AC: 79/85 $; 4 neuere Zi. mit Küche, AC: 102/102/107 $; schönes Haus mit Küche, AC: ab 158 $ (1–4 Pers.).

■ **Hotel Tatanka** (Tel. 2658.8426, www.hoteltatanka.com): Pizzeria, Pool, Internet; 10 nette Zi., DV, AC: ca. 57/73/85 $ (ÜF); KK.

■ **Hotel Hibiscus** (Tel. 2658.8437, www.hibiscus-info.com): Speiseraum, Garten, 50 m zum Strand, dt. Ltg.; 5 ordentl. Zi., bp (WW), DV: 50/50/60 $ (ÜF).

■ **Hotel Land Ho Villa Serena** (Tel. 2658.8430, www.land-ho.com): schönes Terrassen-Rest. mit MB, Garten, Pool, Massagen etc., US-Ltg.; 12 schöne, gr. Zi. mit AC, Hängematte, viel zu teuer: 113/113 $, NS: DZ nur 73 $ (ÜF)!; KK (+6 %).

■ **Hotel Mundo Milo** (Tel. 2658.7010, www.mundomilo.com): neues Hotel, ca. 300 m zum Strand, holländ. Ltg., Rest., Pool, Bungalow in afrikan. Stil, 77 $ (ÜF) – Lesertipp!

Aktivitäten

■ **Reittouren:** *Paradise Riding* (Tel. 2658.8162): Anfänger und Fortgeschrittene, Kurz-, Tages-, Mehrtagestouren, deutsche Leitung. Das *Hotel Castillo Divertido* (siehe oben) bietet Touren durch die Mangroven an.

Weiter in Richtung Süden

Es besteht keine direkte Straßenverbindung von Playa Junquillal nach Süden. Die Straße endet in einer Sackgasse. Wer beabsichtigt, weiter die Küste entlang nach Süden zu fahren, muss zunächst zurück nach **Paraíso**. Hinter dem Ortsende führt die Abzweigung rechts über **Venado** und **Lagarto** (Fischerdorf, schwarzer Sandstrand mit Fels) in Richtung Ostional. Die Strecke bis Ostional kann während der Trockenzeit auch ohne Allrad befahren werden, zwischen Ostional und Nosara muss man zwei Flüsse durchqueren.

Playa Ostional

Ostional ist eine kleine, unbedeutende Ortschaft am Meer, etwa 6 km nordwestlich von Nosara. Die einzige Attraktion ist der Schildkrötenstrand, der zum Tierschutzgebiet erklärt wurde. Weiter nördlich gibt es einige schöne und recht einsame Strände. Die Straße nach Süden (Nosara) führt durch einen Fluss und ist in der Regenzeit oft nicht passierbar!

Unterkunft

- **Cabinas Guacamayas** (Tel. 2682.0430): 7 Cab., bp, sehr einf., aber akzeptabel, 10 $ p.P.
- **Cabinas Ostional** (Tel. 2682.0428): 8 einf. Zi., bp, DV: ca. 14 $ p.P.
- **Ostional Turtle Lodge** (Ortsende Ri. Nosara rechts, Tel. 2682.0131, www.ostionalturtlelodge.com): 5 Zi. mit WiFi, WW, Kaffeemaschine, Kühlschrank, AC: 54/72/90 $.
- **MEIN TIPP: Hotel Luna Azul** (Tel. 2682.1400, in D: 0861/165906, www.hotellunaazul.com): ruhige Lage mit MB, privates Naturschutzgebiet, gepflegter Garten, Pool, Jacuzzi, Gourmet-Rest., Bar, schweizer. Ltg., freundlich: 7 geschmackvoll eingerichtete Bungalows mit offenem Bad und gr. Terrasse, AC, DV, KS, Safe: 192/192/226 $ (ÜF); AC: +10 $; KK.

Tierschutzgebiet Ostional

- **Fläche:** 162 ha (Land), 587 ha (Meer)
- **Lage:** Westküste Nicoya-Halbinsel, ca. 200 m Strandabschnitt zw. Punta India und der Mündung des Río Nosara
- **Eintritt:** 12 $

Der Strand von Ostional gilt neben der Playa Nancite im Nationalpark Sta. Rosa als wichtigstes Eiablagegebiet der olivfarbenen **Bastard-Meeresschildkröte.** An einem Strandabschnitt von etwa 900 m Länge kommen ganzjährig, vor allem in der Zeit von Juli bis November, während des letzten Mondviertels mit der ersten Flut der Nacht oft Tausende von Tieren gleichzeitig an den Strand, um ihre Eier im Sand zu vergraben. Sie graben dabei die frischen Nester von anderen Schildkröten auf und zerstören dabei deren Gelege. Daher ist es den Anwohnern während der ersten 36 Stunden einer *arribada* – so nennt man die 3–5 Tage dauernde Massenlandung von Schildkröten – gestattet, deren **Eier zu sammeln.** Dabei werden etwa 2–3 % der Eier kontrolliert eingesammelt, die dann bei der örtlichen Genossenschaft verkauft werden. Dennoch gibt es viele Eiräuber, denn Schildkröteneier sind gefragt als Ergänzung des Speiseplans, und viele Menschen glauben immer noch an deren potenzsteigernde Wirkung. Die Anwohner von Ostional jedoch wachen über „ihre" Schützlinge und patrouillieren während der Eiablagezeit nächtelang am Strand, um illegalem Eierraub vorzubeugen.

Das Hinterland wird von **Mischwald** bedeckt, eine häufige Baumart ist der Pagodenbaum (Frangipani).

Nicoya und seine Strände

Über die Stadt Nicoya erreicht man die Strände von Nosara und den aufstrebenden Touristenort Sámara.

Nicoya

- **Einwohner:** 25.000, Bezirk ca. 48.000
- **Lage:** im Zentrum der Nicoya-Halbinsel
- **Klima:** trocken, Niederschlag 2200 mm/Jahr

Wie Sta. Cruz ist auch Nicoya ein wichtiges **Regionalzentrum** und für Touristen Umsteigeort zu den Stränden. Das Angebot an Unterkünften und Restaurants ist dürftig, und auch die Stadt selbst hat nicht viel zu bieten.

Einzige Sehenswürdigkeit ist die **Kirche San Blas** im Norden des Parque Central aus der 1. Hälfte des 19. Jh., die zurückgeht auf eine Pfarrkirche, die hier 1522 gegründet wurde – womit Nicoya die älteste noch bestehende von Spaniern gegründete Stadt in Costa Rica ist. In der Kirche, deren heutiges Gebäude auf einen Bau aus dem Jahr 1644 zurückgeht (der allerdings bei einem Erdbeben 1822 stark beschädigt wurde), befindet sich ein **Museum religiöser Kunst** *(Museo de Arte Religioso)*, geöffnet Mo–Fr 8–16 Uhr, Sa 8–11 Uhr. Ein Teil der Exponate wurde in die Schalterhalle der Banco Nacional verlagert.

Der **Name der Stadt** geht zurück auf das Indianerwort *Necocyauh*, was so viel bedeutet wie „Wasser zu beiden Seiten". Nach der Unabhängigkeit von Spanien entschieden sich die Bewohner der Stadt am 25. Juli 1824 zum Anschluss an den neuen Staat Costa Rica, und im Jahre 1848 wurde Nicoya Hauptstadt eines Bezirks. Die wichtigsten **Feiertage** der Stadt sind der 25. Juli (Jahrestag der Annektion von Guanacaste) und der 12. Dezember mit einem Fest zu Ehren der Jungfrau von Guadelupe.

Unterkunft

Anders als in den Strandorten gibt es fast nur einfache Unterkünfte:

■ Sehr einfache Zimmer für den kleinen Geldbeutel (DZ um 20 $) bieten das **Hotel Chorotega** (Tel. 2685.5245) und das **Hotel Las Tinajas** (Tel. 2685.5081).

Außerhalb

■ **Hotel Curime** (ca. 2 km nach Ortsausgang in Ri. Sámara links; Tel. 2685.5238): Rest., gr. Pool; 6 gr. Zi., bp, AC: ca. 28/32/36 $; 11 Zi. mit AC, KS, TV, WW: ca. 36/44/50 $; KK (VISA).

■ **Hotel Río Tempisque** (Tel. 2686.6650, www.hotelriotempisque.com): an der Hauptstraße, etwa 1 km nach der Kreuzung in Ri. Sta. Cruz, Pool, Rest.; 58 gute, gr. Zi. mit AC, Bad (WW), KS, TV: 34/50/80 $ – Lesertipp!

■ **Hotel El Regalo** (Tel. 2686.4994): 500 m nach Tempisque Ri. Sta. Cruz, Rest./Bar, Pool; 62 Zi. mit AC, Kabel-TV: ca. 40/50/60 $ bis 50/60/80 $; KK.

Restaurants

Außer einigen einfachen Sodas, z.B. **Soda Colonial** und **Video Soda,** beide Parque Central, ist die Auswahl beschränkt:

■ **Restaurant Cam Mun** und **Restaurant Nicoya:** chinesische Küche.

■ **Café Daniela:** Frühstück ab 8 Uhr, kleine Gerichte.

Infos von A bis Z

■ **Erste Hilfe:** Rotes Kreuz (Tel. 2685.5458), Krankenhaus *(Hospital de la Anexión)* Ortsanfang.

■ **Fahrradzubehör:** *Ciclo Mireya* (Parque Central/Südwestseite).

■ **Geldwechsel:** *Banco Nacional* (Mo–Fr 8.30–15.45 Uhr) und *Banco de Costa Rica* (Mo–Fr 9–16 Uhr). Tipp: bei der *Banco Popular* (direkt am Park) ist die Schlange/Wartezeit kürzer als bei der *Banco Nacional;* es gibt drei Geldautomaten, wo man mit Maestro-/EC-Karte Geld abheben kann: am Park, an der Hauptstraße sowie an der *Banco Nacional.*

■ **Post:** Mo–Fr 8–17.30 Uhr, Sa 8–12 Uhr.

■ **Supermarkt:** *Supercompro,* Mo–Fr 8–19 Uhr, Sa bis 18 Uhr, So bis 11 Uhr (gut sortiert, aber teuer), sowie *Pali* (günstig, wie ALDI).

■ **Taxi:** Tel. 2685.5656 und 2686.6857, Standplatz Parque Central/Südostseite, nach Sámara ca. 36 $, Paquera ca. 144 $.

Busverbindungen

Busse nach Sta. Cruz und Liberia fahren gegenüber dem Hotel Las Tinajas ab, alle anderen vom Terminal im Süden. Busse nach San José fahren meist über die Tempisque-Brücke.

■ **San José:** *ALFARO* (Tel. 2222.2666): tgl. 3, 4.30, 8, 12 und 17 Uhr (direkt über die Tempisque-Brücke, 5 Std.), sowie 7 und 15 Uhr (über Liberia, 6 Std.).
■ **Sta. Cruz/Liberia:** 4–21 Uhr etwa alle 30 Min., So 4–12 Uhr alle Stunde.
■ **Nosara:** *Empresa Traroj* (Tel. 2685.5352), Mo–Sa 4.45, 10, 12.30, 15 und 17.30 Uhr, So 10, 12.30, 15 und 17.30 Uhr, Fahrzeit 2 Std.

■ **Playa Sámara/Carrillo:** *Empresa Traroj* (s.o.), Mo–Sa 5, 5.45, 8, 10, 11, 12, 13, 14, 15, 16.30, 18.30, 20 und 21.30 Uhr, So 6, 8, 10, 12, 13, 14, 15, 18.30 und 20 Uhr.
■ **Puerto Humo:** 10.30, 14.45 Uhr.
■ **Sta. Ana** (Nationalpark Barra Honda): 12 Uhr.
■ **Quebrada Honda:** 10.30 und 15.30 Uhr.
■ **Playa Naranjo:** 5.15 und 13 Uhr.

Von Nicoya nach Nosara (58 km)

Im Süden der Stadt Nicoya führt eine Straße an die Küste, die bis Sámara geteert ist (35 km). Etwa 30 km hinter Nicoya liegt linker Hand eine **Texaco-Tankstelle,** an der man unbedingt tan-

Nicoya und seine Strände

Essen und Trinken
5 Restaurant Cam Mun
6 Soda Colonial
7 Video Soda
8 Restaurant Nicoya
9 Café Daniela

Bahía Garza

Die weite Bucht hat vorwiegend feinen **Sandstrand,** nur an den Flanken gibt es einige felsige Abschnitte. Im gleichnamigen Ort leben bisher wenige Ausländer. Garza ist Ausgangspunkt für Sportfischer.

Playa Guiones (Nosara)

Dieser lange Strand ist im Südabschnitt felsig mit kleinen Sandbuchten, im Norden weiter Sandstrand mit guten Surfmöglichkeiten, aber ohne Schatten.

Unterkunft
Etwa 6,5 km nach Garza zweigt **links** ein Weg ab zu folgenden Unterkünften:
■ **Harmony Hotel** (Tel. 2682.4114, www.harmonynosara.com): gr. Anlage, schöner Garten mit Pool, Spa, Rest., 200 m zum Strand; 10 Zi., DV, AC, Minibar, Safe, private Veranda: DZ ca. 215 $ (ÜF) sowie 13 geräumige Bungalows: ca. 283 $ (ÜF), zu teuer!
■ **Harbor Reef** (Tel. 2682.1000, www.harborreef.com): Rest., Bar, Pool, 200 m z. Meer, US-Ltg.: 16 Zi., bp (WW), KS, DV, AC: DZ ab 124 $; KK.

Nur **300 m weiter** führt links eine weitere Zufahrt zu folgenden Unterkünften:
■ **Hotel Casa Romántica** (Tel. 2682.0272, www.casa-romantica.net): schöne Anlage mit Garten, Pool, gutes Rest., ca. 200 m zum Meer, guter Service, familienfreundlich, schweizer. Ltg.; 10 renov.-bedürftige Zi., DV, Safe: 96/96 $ (ÜF), neue Zi. m. KS 124/124 $ (ÜF), Jr. Suite, 2 Schlafzi.: 132/132 $; KK.
■ **Gilded Iguana Hotel** (Tel. 2682.0259, www.thegildediguana.com): Rest./Bar, Pool, Kayak-Touren, US-Ltg.; 6 Zi., bp, KS: DZ ab 55 $; 6 neue schöne Zi. mit AC: DZ ab 65–75 $; KK.
■ **Kaya Sol** (Tel. 2682.1459, www.kayasol.com): Surfertreff, Bar/Rest., kl. Pool, US-Ltg.; 10 ordentl. Zi.: DZ ab 77 $; keine KK.

ken sollte – es ist die einzige Tankstelle weit und breit.

Etwa 50 m nach der Tankstelle zweigt rechts die Piste nach Nosara ab (28 km, sie kann auch ohne Allrad befahren werden). Es besteht **keine direkte Straßenverbindung** von Nicoya nach Nosara, wie dies auf einigen Karten fälschlicherweise eingezeichnet ist – die einzige Verbindung ist die hier beschriebene Strecke! Es geht zunächst über **Barco Quebrado** zur **Bahía Garza** (16 km ab Tankstelle). In Barco Quebrado führt links eine Piste nach Sámara (ohne Allrad nur in der Trockenzeit befahrbar!), bald darauf (ca. 3 km) weist ein Schild nach rechts zur **Bahía Montereyna** – die kleine einsame Sandbucht liegt an der Mündung des Río Buenavista (Unterkunft siehe „Sámara").

■ **Living Hotel** (Tel. 2682.5201, www.livinghotel nosara.com): Rest., Spa, Pool, Surf-Kurse, Canopy-Touren, Reiten; Zi. mit AC: bc DZ 85 $ (ÜF); bp DZ 120 $ (ÜF).
■ **4you Hostal** (Tel. 2682.1316, www.4youhostal.com): zu Fuß 10 Min. vom Strand, neues Hostal mit Kochgelegenheit; Schlafraum mit 8 Betten, bc: ca. 18 $ p.P.; 3 Zi.: ca. 25/40 $; 2 Bungalows mit bp und Terrasse: ca. 45/55 $.

An der Hauptstraße Richtung Nosara liegt linker Hand:
■ **Hotel Giardino Tropicale** (Tel. 2682.4000, www.giardinotropicale.com): 400 m zum Strand, schöne Gartenanlage, gr. Pool, Internet gratis, Pizzeria (s.u.), schweizer. Ltg.; 4 Zi., bp (WW), DV, AC, KS: 85/96/107 $ (NS: 73/85/96 $); 4 Deluxe-Zi. mit AC, KS: 113/124/136 $ (NS: 96/107/119 $) Suite 164/164/175 $; KK (+3,5 %).

Die **übernächste Zufahrt rechts** führt zur:
■ **Lodge Vista del Mar** (Tel. 2682.0633, www.lodgevistadelmar.com): Haus in schöner Lage, Pool: 6 Zi., bp (WW), DV, z.T. mit MB, AC: ab 54/63/72 $ ÜF; AC +7 $.

Restaurants & Bars
Viele Restaurants sind im Oktober geschlossen!
■ Etwa 4,5 km nach Garza liegt links das empf.werte ital. **Restaurant La Dolce Vita** (tgl. ab 18 Uhr).
■ Etwa 1 km nach La Dolce Vita: **Restaurant Villa dos Lorenas**, tgl. 11–23 Uhr; lokale und internat. Spezialitäten.
■ **Pizzeria Giardino Tropicale** (im Hotel Giardino Tropicale): nettes Lokal mit Holzofen, Pizza & Pasta, tgl. geöffnet.
■ **Pizzeria Il Basilico** (Tel. 2682.1472).
■ **Rosi's Soda Tica**: lokale Küche, tgl. 8–15 Uhr.
■ **Robin's Ice Cream** (in der *Mini-Mall*): gutes hausgemachtes Eis.
■ **Bagelmen's** (in der Mini-Mall): Frühstück, Sandwiches & Wraps.
■ **Beach Dog's Café** (beim Eingang zum Strand): ideal fürs Surfer-Frühstück.

An der Playa Pelada

☐ Übersichtskarte S. 328 & Plan Playas de Nosara S. 364 **Nicoya und seine Strände** 363

- **Marlin Bill's:** Fisch- und Fleischgerichte, US-Ltg.
- **Casa Romántica:** empf.werte Küche.
- **Gilded Iguana Hotel:** s.o.

Infos von A bis Z
- **Autovermietung:** *Toyota Rent a Car, Economy, National, Alamo.*
- **Arzt und Zahnarzt:** *Paradise Medical Service* (gegenüber Banco Popular, Tel. 2682.1212), Mo–Sa 9–15 Uhr.
- **Einkaufen:** *Super Guiones* und *Organic Market*, zwei neue Supermärkte; *Mini Super Delicias del Mundo* (100 m vom Hotel Kaya Sol), u.a. ital. Spezialitäten, Mo–Sa; *Mini-Mall* mit Yoga-Institut und vielen Souvenir-Geschäften.
- **Geldwechsel:** *Banco Popular*, Mo–Fr 9.30–16 Uhr, Sa 8.30–10.30 Uhr, Bancomat (VISA).
- **Golf-Carts-Vermietung:** *Nosara Paradise Rentals* (Tel. 2682.0606, www.nosaraparadiserentals.com).
- **Internet:** *Frog Pad* (zwischen Gilded Iguana und Casa Romántica): Tel. 2682.4039, www.thefrogpad.com): internat. Tel., gebrauchte Bücher, Filmverleih, Bikes etc., tgl. 9–21 Uhr.
- **Massage & Spaservice** (gegenüber *Harmony Hotel*, Tel. 2682.0096, www.ticamassage.com).
- **Minigolf:** im *Café de Paris* (Tel. 2682.0576), Mo–Sa 9–21 Uhr, So 9–17 Uhr.
- **Sprachschule** (Tel. 2682.1460, www.nosaraspanishinstitute.com).
- **Surferbedarf:** *Coconut Harrys Surf Shop* und *Nosara Surf 'n Sport*: Surfausrüstungsverkauf u. -vermietung.
- **Touristenpolizei:** nach dem Harmony Hotel Ri. trand (Tel. 2682.0075 und 2682.5332).

Playa Pelada (Nosara)

8,5 km nach Garza kommt man zu einer **Kreuzung** mit vielen Schildern: Geradeaus führt ein Weg nach Nosara (3,3 km) und Ostional (10 km), halblinks zur Lagarta Lodge (1,8 km) und links zur Playa Pelada (1,4 km).

Die idyllische Playa Pelada ist neben der Playa Guiones der eigentliche „Hausstrand" von Nosara. Die weiter nördlich gelegene **Playa Nosara** ist nur schwer zugänglich, es gibt dort keine Unterkünfte. Der weite, flache Strand mit hellem Sand wird im Norden durch die Mündung des Río Nosara begrenzt und im Süden durch ein kleines Felskap vom Playa Guiones getrennt.

Das kleine **Privatreservat Nosara,** das zur Lagarta Lodge gehört, ist auch für Nicht-Hotelgäste zugänglich: Das etwa 35 ha große Waldgebiet umfasst mehrere Wanderwege, einen Waldlehrpfad und ein Mangrovengebiet. Eintritt: 6 $, deutschsprachige Führung: 6 $ p.P., Info & Reservierung: Tel. 2682.0035.

Unterkunft & Restaurants
Die meisten Unterkünfte liegen nicht direkt am Meer.

- **Panchos Beach Resort** (Tel. 2682.0591): 300 m vom Meer, Garten mit Pool, mex. Rest., kl. Supermarkt, Surfshop; 8 nette Bungalows, KS, Mikrowelle, DV, AC: ab ca. 55 $ (4 Pers.), mit AC: ca. 65–75 $ (4 Pers.), Deluxe-Bungalow mit Küche: ca. 125 $ (6 Pers.); KK +5 %.
- **Rancho Suizo Lodge** (Tel. 2682.0057, www.nosara.ch): ältere Lodge, ca. 400 m zum Strand, schweiz. Ltg., Bar, Rest., Pool, Vogelvolieren, Pferde- und Kajaktouren; 11 z.T. kl. Zi., Vent., Veranda: 51/70/106 $ (ÜF); KK (+6 %).
- **Nosara B&B** (Tel. 2682.0209): erhöhte Lage, schöner Garten, 7 nette Zimmer mit bp, DV, Gem.balkon: ab 55/70/85 $.
- **MEIN TIPP: Villa Mango** (Tel. 2682.1168, www.villamangocr.com): gepflegtes Gästehaus, schöne Lage, Pool, Aussichtsterrasse, deutschspr.; 7 nette Zi., bp, DV, MB: 74/85/100 $ (ÜF), AC: +10 $; KK.

Nicoya und seine Strände

Lagarta Lodge (Tel 2682.0035, in D: 0861/165906, www.lagarta.com): kl. Hotel in einmaliger Lage, grandioser Blick über die ganze Küste, ca. 10 Min. Fußweg zum Strand, Pool, gutes Aussichts-Restaurant (Di Ruhetag), Sunset-Bar, Internet, Privatreservat mit Wanderwegen (Eintritt für Nicht-Hotelgäste 6 $), vermittet Touren auf dem Río Nosara (Vogelparadies), Pferdetouren, schweiz. Ltg.; 6 gr., schöne Zi., bp (WW¯, DV, Balkon oder Terrasse, MB: 85/90/96 $; 6 neue Komfort-Zi. mt AC: 119/125/130 $, Frühstück: 12 $; KK.

Restaurants
- **Olga's Bar:** direkt am Pelada-Strand, typische lokale Gerichte.
- **Restaurant La Luna** (oberhalb Olga's Bar): gute mediterrane Küche.
- **Restaurant Il Peperoni** (Tel. 2682.0545, vor Olga's Bar): die besten Holzofenpizzas weit und breit, aber auch lokale Küche
- In den **Hotels** Lagarta Lodge und Panchos Beach Resort.

Infos von A bis Z
- **Arzt:** 1,5 km rechts ab Kreuzung, Tel. 2682.0404.
- **Bank:** *Banco de Costa Rica* (bei der Tankstelle), mit Bancomat (MasterCard).
- **Canopy:** *Miss Sky Canopy Tour* (Tel. 2682.0969, www.misskycanopytour.com): 100 m nach der Tankstelle/Bank.
- **Einkaufen:** *Supermarkt Panchos.*
- **Souvenirs** (500 m nach der Tankstelle Ri. Nosara): „Viveros Tropicales", v.a. landestyp. Keramik.
- **Surfshop:** in Panchos Beach Resort (s.o.).
- **Tankstelle:** 500 m nach der Kreuzung auf der Hauptstraße Ri. Nosara.
- **Touren:** *Nosara River Safari* (Tel. 2682.0610, www.nosarariversafari.com): Mit einem geräuscharmen Elektroboot können die Tiere auf dem Río Nosara und Río Montana aus nächster Nähe beobachtet werden. Reittouren mit *Beate & HW* (Tel. 2682. 0280, www.bocanosaratours.com): für Reitanfänger oder Könner, dt.sprachig; *Playa Ponies* (Tel. 2682.5096, www.playaponies.com): Reittouren und -unterricht; *Experience Nosara* (Tel. 8705.2010, www.experience-nosara.com): geführte Stand-up-paddle- und Kajaktouren.
- **Yoga und Pilates:** *Nosara Wellness* (Tel. 2682. 0360, www.nosarawellness.com): dt.sprachig, Yoga, Pilates und therapeutische Massagen.

Nosara

Der kleine Ort liegt ca. 5 km vom Meer entfernt und ist das **Versorgungszentrum** für die vorgenannten Strände. Es gibt Bars, Restaurants, ein Postamt und mitten im Ort einen kleinen Flughafen. Die Weiterfahrt nach Norden (Ostional) ist mühsam und in der Regenzeit oft nicht möglich, da trotz einer neuen Brücke ein Fluss zu durchqueren ist.

Unterkunft

Im Ort selbst gibt es **nur einfache Unterkünfte**, schönere Zimmer bekommt man an den Playas Pelada und Guiones (s.o.).

- **Cabinas Agnel** (Tel. 2682.0142): 16 einf., kl. Zi., bp, DV: 8 $ p.P.

Restaurants & Bars

- Landestypische Küche zu günstigen Preisen bieten: **Restaurant Paloma** (im Super Paloma), **Típico Casona** (Ortseingang links), das **Restaurant Rancho Tico** (nach 500 m links an der Hauptstraße) und **Soda Vanessa** (100 m vorm Fußballplatz).
- **Bar/Rest. La Buena Nota:** nette Bar
- **Bar/Rest. Bambú:** einfaches Lokal.
- **Tropicana Bar:** Diskothek am Dorfplatz (nur Fr und Sa).

Nicoya und seine Strände

Infos von A bis Z

■ **Apotheke:** vom Flughafen 1 km Ri. Los Arenales (Tel. 2682.0282), Mo–Fr 8–12 und 13–17.30 Uhr.
■ **Einkaufen:** *Super Paloma* (200 m nach Abzw. Ostional links) und *Super Nosara* (vor Rancho Tico).
■ **Geldwechsel:** *Banco de Costa Rica* (bei der Tankstelle) und *Banco Popular*, außerdem in Hotels und im Supermarkt.
■ **Internet:** in der Sprachschule *Escuela Rey de Nosara; Nosara Office Center* in Los Arenales.
■ **Polizei:** am Fußballplatz (Tel. 2682.5126).
■ **Post:** Mo–Fr 8–12 Uhr, 13–17.30 Uhr.
■ **Rotes Kreuz:** Tel. 911 oder 2682.0175.
■ **Sprachschule:** *Escuela Rey de Nosara* (im Ortszentrum, Tel. 2682.0215, 8888.9090).
■ **Tankstelle:** an der Hauptstraße Ri. Playa Pelada, Mo–Fr 6.30–17 Uhr, Sa bis 16 Uhr.

■ Übernachtung
1 Cabinas Entre Dos Aguas
3 Belvedere B&B
4 Aparthotel Mirador de Sámara
5 Tico Adventure Lodge
6 Cabinas Bahía
7 Hotel Las Brisas del Pacífico
9 Posada Matilori
12 Hotel Giada
13 Flying Crocodile Lodge
14 Sámara Palm Lodge
16 Cabinas Magaly
17 Hotel Sámara Beach
18 El Cactus Hostel
21 Camping Aloha
27 Hotel Casa del Mar
28 Sámara Treehouse Inn
30 Villas Kalimba
33 Camping Cocos

■ Essen und Trinken
2 Rest. El Samareño
6 Bar/Rest. Bahía
8 Casa Esmeralda
19 Soda El Jardín Marino
20 Rest. Makizu
22 El Lagarto
23 Restaurant Sheriff Rustic
25 El Gusto Lounge & Bar
31 Restaurant El Ancla
32 Beach Bar La Vela Latina

■ Geschäfte/Sonstiges
10 Tours Tio Tigre
11 Supermarkt
15 Supermarkt
24 Supermarkt
26 Bäckerei
29 Supermarkt

- **Taxi:** *Abel,* Tel. 8812.8470; *Miguel,* Tel. 8896.7051, 8398.2798.
- **Telefon:** bei der Polizei station.
- **Wäscheservice:** im Kleidergeschäft *Cinderela* (Dorfzentrum), Tel. 2682.0468.

Busverbindungen

- **Fahrkarten** vorher kaufen (*Agencia Alfaro* in der Soda Mapis, Tel. 2682.0064, Mo–Sa 8.30–15 Uhr, So bis 13 Uhr). Der Bus hält überall an der Strecke nach Nicoya.
- **San José:** *Alfaro* (Tel. 2222.2666): 14.45 Uhr, direkt, ca. 9 $; sonst über Nicoya.
- **Nicoya:** *Empr. Traroc* (Tel. 2685.5352): Mo–Sa 5, 6.30, 8, 12 und 16 Uhr, So 6.30, 8, 12 und 15 Uhr sowie Bus nach San José.

Flugverbindungen

- **Nature Air** (www.natureair.com): mehrmals tgl. nach San José/Pavas oder Juan Santamaria International Airport.

Playa Sámara

Sámara ist neben Tamarindo **einer der beliebtesten Badeorte** an der Nicoya-Küste und speziell an den Wochenenden und in der Hauptreisezeit stark frequentiert, aber ansonsten noch immer vergleichsweise beschaulich. Die schöne, weit geschwungene Bucht mit ihrem Sandstrand ist teilweise mit Palmen bestanden und durch ein vorgelagertes Riff geschützt und daher gut zum Baden geeignet (auch für Kinder). Weitere Informationen zu **Sámara im Internet** unter www.samarabeach.com und www.infosamarabeach.com.

Anfahrt

Von Nicoya die im Kapitel „Von Nicoya nach Nosara" beschriebene Strecke bis zur Tankstelle fahren, von dort nochmals gut 5 km. **Von Nosara** gibt es eine direkte Strecke ab Barco Quebrado, die allerdings ohne Allrad nur während der Trockenzeit befahrbar ist.

Unterkunft

- Eine Reihe einfacher und preisgünstiger Unterkünfte findet man im **Ortsteil Cangrejal,** ca. 1,5 km westlich in Richtung Nosara, u.a. *Hostal Diego Marenco* (ca. 10 $ p.P.).
- **Camping Cocos:** direkt am Meer unter Palmen, schlechte Sanitäreinrichtung: ca. 5 $ p.P.
- **Camping Aloha** (westl. Rest. El Lagarto): sehr einfach, am Meer, ca. 5 $ p.P.
- **Cabinas Magaly** (Tel. 2656.0052): etwa 200 m zum Strand; 8 Zi., einfach und sauber; DV, bp (KW): 15 $ p.P.
- **Tico Adventure Lodge** (Tel. 2656.0628, www.ticoadventurelodge.com): mit Pool, US-Ltg.; Schlafraum 12 $ p.P.; 9 ordentl. Zi., bp: 34/57/68 $, 1 Apt.: 73 $, 1 Haus: 147 $; AC +5 $. KK (+7 %).
- **Cabinas Bahía** (Tel. 2656.0106): am Meer, Rest.; 9 einf. Zi., bp, Vent.: DZ 40 $, 3 Apt. 60 $ (bis 3 Pers.), 100 $ (bis 5 Pers.).
- **El Cactus Hostel** (hinter Hotel Casa del Mar, Tel. 2656.3224, www.samarabackpacker.com): 4 Min. vom Meer, neues, schönes Hostel, Garten, Wohnraum und Küche; Schlafraum ab 16 $ p.P., bp DZ ab 38 $, Bungalow (2 Pers.) ab 60 $.
- **Hotel Casa del Mar** (Tel. 2656.0264, www.casadelmarsamara.net): kl. Pool; 17 ordentl. Zi.; 6 Zi., bc (3 Bäder/WC für 6 Zi.): 40/50/65 $ (ÜF); 11 Zi., bp (WW), AC, KS: 90/100/115 $ (ÜF).
- **Posada Matilori** (Tel. 2656.0291, www.isamara.co/matilori.htm): Gem.küche, Waschmaschine; 7 ordentl. Zi., AC, bc: 35/42 $.

Mein Tipp: Belvedere B&B (Tel. 2656.0213, in D: 0861/165906, www.costarica-samara.com): erhöhte Lage am Hang, 2 Pools, Terrasse mit Frühst.-Rest., Jacuzzi, dt. Ltg.; 20 ordentl. Zi., bp (WW), Kabel-TV, Safe, KS: 85/85/100 $ (ÜF); 2 voll ausgestattete Apt. (bis 5 Pers.) mit Vent.: DZ 110 $; KK (+4 %).

■ **Cabinas Entre Dos Aguas** (Ortseingang rechts, Tel. 2656.0998, www.hoteldosaguas.com): Haus aus Natursteinen und Holz, US-Ltg., Pool; 7 nette Zi., DV, bp (WW): 52/52 $ (ÜF); keine KK. Von November 2015 bis April 2016 geschlossen.

■ **Hotel Las Brisas del Pacífico** (Tel. 2656.0250, www.lasbrisashotelsamara.com): gepfl. Anlage am Meer, Rest., Bar, Pool, schöner Garten, dt. Ltg.; 34 ordentl. Zi., DV, meist MB: DZ 70 $; mit AC ab 70/70/90 $; KK.

Mein Tipp: Sámara Palm Lodge (Tel. 2656.1169, www. samarapalmlodge.com): sympathische Unterkunft am Ortsrand mit Pool, dt./schweizer. Ltg., Rad- und Schnorchelverleih; 8 nette Zimmer mit Vent.: DZ 90 $ (ÜF), mit AC: +10 $.

■ **Hotel Giada** (Tel. 2656.0132, www.hotelgiada. net): 2 Pools, Rest. (Pizzeria), 250 m zum Strand, ital. Ltg.; 24 Zi., AC, Kabel-TV, Rattanmöbel: ca. 70/90/100 $ (ÜF), Kinder bis 12 J. frei; KK.

▽ Playa Sámara

Nicoya und seine Strände

- **Hotel Sámara Beach** (Tel. 2656.0218, www.hotelsamarabeach.com): ital./intern. Rest., Bar, Pool, 150 m zum Strand; 20 Zi., Safe, Terrasse, AC, Kabel-TV: 95/105/115 $ (ÜF); KK.
- **Aparthotel Mirador de Sámara** (Tel. 2656.0044, www.miradordesamara.com): erhöhte Lage, schöner Blick über die Bucht, dt. Ltg., Pool, Rest., 4 neue Zi.: ca. 102/102/113 $ (ÜF); 8 gr. Apt. mit Küche, Veranda: DZ ca. 119 $, Zusatzperson: 17,50 $, Kinder bis 11 J.: 11 $; KK.
- **Casa Coba** (Tel. 2656.0652, www.casacoba.com): wenige Gehmin. vom Meer, schweizer. Ltg, „Dynamic-Yoga" jeweils Mo, Mi, Fr 9 Uhr; 2 Apartments (bis 6 Pers.) mit Küche und Garten: ab 120 $.
- **Sámara Treehouse Inn** (Tel. 2656.0733, http://samarabeach.com/samaratreehouseinn): schöne Anlage direkt am Meer; Pool; 5 Apt. mit Küche, Grill, Vent., TV, Safe: DZ ca. 147 $, Zusatzperson 30 $ (ÜF).
- **Villas Kalimba** (Tel. 2656.0929, www.villaskalimba.com): neues Hotel in Meernähe mit Pool, Wäscheservice, Ausflüge; 5 schöne Villas mit Küche, 2 Schlafzi., 2 Bäder, AC, Kabel-TV, Safe, Terrasse mit Hängematte: 175/175/209 $, Frühstück 10 $; KK (Rabatt bei Barzahlung).

Außerhalb

MEIN TIPP: Flying Crocodile Lodge (Bahía Monterreyna/Esterones, 6 km nördl. von Sámara an der Piste nach Nosara, Tel. 2656.8048, www.flying-crocodile.com): gepflegte Anlage ca. 400 m vom Meer, trop. Garten mit Pool, Rest., gratis Safe- und Internetnutzung, Mountainbikes (ab 5 $/ Tag), Rundflüge und Schulungen mit UL-Flugzeugen, dt. Ltg.; 1 Budget-Zi. mit AC: 49/55/72 $ (ÜF); 3 Std.-Zi. AC, KS: 68/79 $ (ÜF); 3 gr., geschmackvolle Zi. mit AC, KS (bis 4 Pers.) und 2 Apt. mit AC, Küche (bis 6 Pers.): 102/113/130 $ (ÜF), NS: 85/96/113 $ (ÜF); Kinder bis 11 J. frei.

- Weitere Hotels Ri. Playa Carrillo (s.u.).

Restaurants & Bars

- **Restaurant & Chill Out Bar La Dolce Vita:** am Strand, Pasta, Meeresfrüchte, Fisch etc.
- **Boutique Café Bohemia:** guter Kaffee und Frühstück, auch vegetarisch; Mo–Sa 7–17 Uhr.
- **Rest./Bar El Lagarto** (Tel. 2656.0750): gute Steaks vom Holzofen, BBQ, Seafood, Candlelight Dinner, nicht billig, aber hochwertig; tgl. 15–23 Uhr, Okt. geschl.
- **Rest. Sheriff Rustic** (Tel. 8376.6565): einf. Lokal am Strand; Frühstück, Casado ab 7 $, Fisch- und Fleischgerichte ab 8 $; tgl. 7–16 Uhr, HS bis 21 Uhr.
- **Soda El Jardín Marino** (Tel. 2656.0934): gute, einf. Küche, Casado, Pasta, Reisgerichte etc. ab 7 $; tgl. 9–22 Uhr, HS ab 7 Uhr.

- **Bar/Rest. Bahía** (bei Cabinas Bahia, Tel. 2656.0282): am Meer im Freien; tgl. wechselnde Karte, ordentl. Küche, Gerichte ab 7 $, tgl. 10–22, HS ab 8 Uhr.
- **Rest. El Ancla** (Tel. 2656.0254): Fisch- und Fleischgerichte sowie mexikan. Küche ab 9 $, Meeresfrüchte, Steaks, tgl. außer Mo 10–22 Uhr.
- **Rest. El Samareño:** Pasta, Fisch und Fleisch; tgl. außer Di 11–21 Uhr.
- **El Gusto Lounge & Bar:** Cocktails, Snacks, Frühstück und Abendessen.
- **Zen Den Bar & Lounge:** Drinks, Cocktails und Snacks sowie Live-Musik.
- **Beach Bar La Vela Latina** (Tel. 2656.2286): gute Cocktails, leckeres Sushi, Burger, Pasta; tgl. 10.30–23 Uhr, HS 10–24 Uhr.
- **Luv Burger** (beim Patio Colonial): vegetarisches & glutenfreies Essen, 11–19 Uhr.
- **Casa Esmeralda:** gutes Essen, Fisch & Meeresfrüchte, einheimische Besitzer.
- **Ma Ma Gui:** die beste Pizzeria von Sámara, freundlicher und guter Service, tgl. ein anderes Tagesgericht, ab 18 Uhr warme Küche.
- **Restaurant Makizu** (im Hotel Playa Sámara, http://isamara.co/makizu): spezalisiert auf Sushi aber auch Japanisch, Filipino, Koreaisch und Thai, Mo–Sa 12–22 Uhr.
- **Flying Taco** (Tel. 8409.5376): im alten Meli Rest., auch Karaoke und Musik, Di–So 12–2 Uhr
- **Restaurant Ohlala:** Italienische und landestypische Küche ab 7 $, tgl. außer Di 18–23 Uhr.

Infos von A bis Z

- **Apotheke** (im Patio Colonial): Mo–Sa, teilweise auch So vormittag.
- **Autovermietung:** Buchung über Hotels; *Alamo* (im Hotel Sámara Beach), *National* (im Mini Plaza, www.natcar.com).
- **Einkaufen:** *Super Sámara,* Mo–Sa 7.30–20 Uhr, So bis 14 Uhr; neuer Supermarkt *Pali* ggü. Banco Nacional. Jeden Freitag gibt es ab 15 Uhr einen Organic Market beim SPA Center am Strand.
- **Erste Hilfe:** Arzt *Dr. Fredy Soto* an der Hauptstraße beim *Century 21*.
- **Fahrradverleih:** neben Hotel Giada oder beim *Skynet* an der Hauptstraße.
- **Geldwechsel:** *Banco National,* Mo–Fr 8.30–15.45 Uhr, Bancomat (VISA, MC); sonst in den Hotels oder im Supermarkt versuchen.
- **Info:** *Samara Info Center* (www.samarainfocenter.com), an der Einfahrt von Sámara auf der rechten Seite, sehr freundlich & hilfsbereit, gute Infos, Hotelbuchungen, Touren, Transport.
- **Internet:** *Skynet* (südl. Hotel Giada): 9–21 Uhr, 1200 C./Std.; *Se@net* (am Fußballplatz).
- **Post:** Mo–Fr 8–12 und 13.15–17.30 Uhr.
- **Spa & Fitness Center** (an der Parallelstraße zum Strand): Massagen, Kosmetik, Fitness Center, Yoga, Zumba; tgl. ab 8.30 Uhr (außer So).
- **Sprachschule:** *Sámara Language School* (Tel. 2260.8480, www.samaralanguageschool.com).
- **Tankstelle:** 5 km Ri. Nicoya, tgl. 24 Std.
- **Taxi:** neben Pulpería Mileth; nach Nicoya ca. 15 $.
- **Tour-Veranstalter:** *Carrillo Adventures,* im Mini Plaza, Tel. 2656.0380, www.carrilloadventures.com: diverse Touren (Barra Honda, Palo Verde, Monte Alto, Wassersport etc.), Transfers, Interbus und Flugtickets.
- **Wassersport:** *Tours Tio Tigre* (Tel. 2656.0098): am Strand bei *Shakes Joe:* Kajakverleih, Boogieboards, Schnorcheln.
- **Yoga:** *Yoga Center Samara & Spa Samadhi* im Patio Colonial am Ortseingang.

Busverbindungen

- **Abfahrt** an Kreuzung Nähe Fußballplatz (San José) bzw. *Soda Auanas* (Nicoya).
- **San José** (Alfaro): Mo–Sa 4.30 und 9 Uhr, So 13 Uhr, Fahrzeit ca. 5 Std., Tickets vorab kaufen!; *Interbus:* tgl. 9 Uhr (ca. 5 Std.); weitere Verbindungen (Fortuna, Quepos, Monteverde etc.): www.interbusonline.com.

- **Nicoya** (*Empresa Traroi*, Tel. 2685.5352): Mo–Sa 4, 5, 6.30, 7.30, 9.30, 11.30, 12.30, 13.30, 14.30, 15.30, 16.30 und 18 Uhr, So 5.30, 6.30, 7.30, 9.30, 11.30, 13.30, 14.30, 15.30, 16.30 und 18 Uhr.
- **Nosara:** Bus aus Nicoya hält an der Tankstelle (ca. 5 km Richtung Nicoya).
- Die private Buslinie *Montezuma Expeditions* (Minibusse, Abholung vom Hotel) fährt nach Montezuma, Mal País und Sta. Teresa sowie nach Tamarindo; Reservierung: Tel. 2642.0919, www.montezumaexpeditions.com.

Flugverbindungen

- **Landepiste** an der Playa Carrillo, ca. 8 km südöstlich des Ortes. Derzeit gibt es jedoch keine regelmäßigen Flüge.

Playa Sámara Sur

Unterkunft

- **Hotel Fénix** (Tel. 2656.0158, www.fenixhotel.com): kleines Hotel, ca. 1 km nach Sámara rechts, am Meer, kleiner Pool, kanad. Leitung; 6 nette Apt. mit Küche: 130/130/164 $, Kinder unter 18 J. frei; keine KK.
- **Villas Playa Sámara** (Tel. 2656.1111, Büro San José: Tel. 2296.0010, www.villasplayasamara.com): 3,4 km nach Sámara rechts am Meer, gr. Anlage mit 57 Bungalows, Pool etc.: ab ca. 225/191 $ p.P., extra Person 23 $; KK.
- **The Hideaway Hotel** (Tel. 2656.1145, www.thehideawaycostarica.com): neues Hotel am Ende der Bucht, in Strandnähe, Pool, Rest., Bar; 12 schön eingerichtete Zi. mit AC, TV: DZ 89–202 $, KK.
- **Montelaguna Boutique Hotel** (Tel. 2656.1150, www.montelagunaboutiquehotel.com): neues, kl. Komforthotel in Strandnähe, Pool; 16 schöne Zi. mit AC: DZ 149 $ (ÜF).

Playa Carrillo

Die schöne **halbrunde Sandbucht** Playa Carrillo ist mit Kokospalmen bestanden und stellt zum Baden und Schnorcheln eine gute Alternative zum oft überfüllten Playa Sámara dar. Hinter der Landepiste liegen am Ende der Bucht eine kleine Siedlung und eine Luxushotelanlage. Eine Karte mit Lage der Unterkünfte gibt es unter http://samarabeach.com/map. In Carrillo gibt es auch einen Bromeliengarten und das Tierheim La Selva (www.nicoyapeninsula.com/carrillo).

Unterkunft & Restaurants

- **La Posada B&B** (Tel. 2656.3131, www.laposada.co.cr): oberhalb der Playa, tolle Aussicht, 10 Min. ins Dorf; 5 nette, saubere Zi. mit Bad, AC, z.T. MB: DZ ca. 50–75 $ (ÜF) – Lesertipp!
- **Hotel Guanamar** (Tel. 2656.0054, www.hotelguanamar.com): älteres Luxushotel am Ende der Bucht mit Bar, Rest., Pool; 41 Zi. mit AC: DZ 110 $ (ÜF); Deluxe-Zi. mit MB: DZ 160 $ (ÜF); Suite: 160 $ (bis 4 Pers., ÜF); KK.
- **Cabinas Popo's** (100 m nach Guanamar, Tel. 2656.0086): Kajaktouren (4–5 Std, 45 $ inkl. ME); Cabañas: ca. 65 $ (ÜF).
- **Hotel Esperanza** (200 m hinter Hotel Guanamar, Zufahrt links, Tel. 2656.0564, www.hotelesperanza.com): mit Garten, Rest., Massagen, kanad. Ltg.; 7 renovierte Zi., DV, AC: 124/124/147 $ (ÜF); KK (+7 %).
- **Hotel Puerto Carrillo** (gegenüber, Tel. 2656.1103): neueres Hotel mit Rest. und Pool, ital. Ltg.: große, komf. Zi. mit TV, AC, KS: ca. 60/75/85 $ – Lesertipp.
- **Cabinas El Colibrí** (nach Hotel Esperanza, Tel. 2656.0656, www.cabinaselcolibri.com): argentin. Grillrest.; 3 einf., ordentl. Zi. mit DV, Bad (WW), AC: DZ 60/70/80 $ (ÜF), 3 Apt. mit kl. Küche: DZ 65/75/85 $.

An der Straße nach Hojancha liegen nach ca. 2 km links

■ **Hotel Leyenda** (Tel. 2656.0381, www.hotelleyenda.com): ital. Ltg., Rest., Bar, 2 km zur Playa Carrillo, Servicestation am Strand mit Dusche + WC; 8 geräumige, geschmackvoll einger. Zi. mit AC, TV: DZ ca. 168–338 $, sowie Haus mit Küche, eigener Pool, 4 Schlafzi. (bis 16 Pers.): ca. 420–560 $; KK.

■ **Hotel El Sueño Tropical** (Tel. 2656.0151, www.elsuenotropical.com): großzügige Anlage im Urwald mit 2 Pools, Rest. (ital./japan.); 12 schöne Zi., bp, Vent., AC: ab 90 $ (ÜF); 4 Apt. mit Küche (bis 5 Pers.): 136 $; KK.

Busverbindung

■ 5 Uhr über Sámara nach **Nosara,** Fahrzeit: etwa 1½ Std.

Von Carrillo nach Hojancha

Die Straße von Playa Carrillo ist bis 10 km vor Hojancha eine gute Teerstraße und führt durch ein fast unverbautes Gebiet auf der Halbinsel Nicoya mit schöner Landschaft und tollen Ausblicken. Nach ca. 39 km erreicht man Hojancha, nach weiteren 10 km die Hauptstraße, die links nach Nicoya und rechts zur Brücke führt. 500 m nach Hojancha zweigt links eine Straße ab nach **Monte Alto** (6 km).

Forstreservat Monte Alto

Etwa 6 km hinter Hojancha liegt im Ort Pilangosta dieses Schutzgebiet, das seit 1992 als „Non-Profit"-Projekt existiert. Ein 5 km langes Wanderwegenetz führt zum Río Nosara und zu einem Wasserfall, ein Aussichtspunkt auf 833 m Höhe bietet einen herrlichen Ausblick hinunter an die Küste. Ein leichter, etwa 1 km langer Rundweg führt vorbei an zahlreichen Orchideen.

■ **Im Reservat:** 5 einf. Zi., bp: ca. 22/44/66 $, Rest., Info: Tel. 2659.9347. Buchbar in D über AvenTOURa: www.aventoura.de.

■ **Dorati Lodge** (in Hojancha, 300 m westl. des Parks, Tel. 2659.9142, www.doratilodge.com): nette Anlage im Grünen, Rest.; 3 rustikale Zimmer sowie 2 rustikale Holz-Bungalows mit Bad (WW): 30/49/62 $ (ÜF), Kinder bis 9 J. frei.

Nach Pueblo Nuevo

Abgesehen von der nahen Playa Carrillo sind die **Strände** südlich von Sámara **nur schwer zugänglich,** einige von ihnen selbst in der Trockenzeit nur mit Allrad, und in den Regenmonaten oft überhaupt nicht. Dennoch kann man über San Pedro und Bejuco an die weiter südlich gelegenen Strände gelangen.

Etwa 1 km nach dem Hotel El Sueño Tropical in Richtung Süden zweigt rechts ein Weg ab, der an der Küste nach Islita und weiter nach Pueblo Nuevo führt. Diese Strecke ist während der Trockenzeit auch ohne Allrad befahrbar. Wer in der Regenzeit ohne Allrad unterwegs ist, biegt kurz darauf im Ort Estrada rechts ab in Richtung Carmona (die Straße links führt nach Hojancha) und muss schon bald einen Fluss durchqueren. In **Carman,** dem nächsten Dorf, links abbiegen, im Ort **La Soledad (Cangrejal)** die Abzweigung rechts nehmen. Nach 17,5 km erreicht man dann ebenfalls Pueblo Nuevo. Diese Strecke ist ohne Allrad nur mit Einschränkung zu empfehlen, vor allem nach längeren Regenfällen. Besser ist es, über Nicoya nach Jicaral zu fahren, von dort beschilderte Zufahrt zur Playa Coyote.

In der Nähe von Pueblo Nuevo befinden sich die **Playa Bejuco** (Korallenfelsen, nicht zum Schwimmen geeignet) und die schöne **Playa Corazal**. Weiter südlich gelangt man zu den Stränden San Miguel und Coyote (s.u.).

Eine **Karte der Region** findet man unter: www.nicoyapeninsula.com/coyote/map.

Unterkunft

■ **Hotel Punta Islita** (Tel. 2231.6122, Büro: Tel. 2290.4259, www.hotelpuntaislita.com): Luxusanlage in toller Lage über dem Meer, Pool, Tennisplätze, Privatreservat; stilvoll eingerichtete Bungalows, MB: EZ/DZ ab 373 $ (ÜF); Jr. Suites 522 $ (ÜF); Casitas und Villas mit Privat-Pool: ab 597 $ (ÜF).
Mein Tipp: **Casitas Azul Plata** (ca. 7 km südlich, Tel. 8879.4915, www.casitas-azulplata.com): ruhige Lage, Nähe Playa Bejuco und Playa San Miguel (7 km), überdachter Pool, Grillplatz, kinderfreundlich, dt. Ltg.; 2 Gästehäuser mit 2 Schlafzi., Bad, Küche, Wohnraum mit AC, Terrasse, Sat-TV, Waschmaschine: 60/60/70 $ (bis 4 Pers., mind. 1 Woche).

Busverbindung

■ Tgl. ca. 5 Uhr über **Sta. Cruz** nach **San José**, Fahrzeit 5 Std.

Flugverbindungen

■ **SANSA:** 8.01 und 13.51 Uhr über Nosara nach **San José**, Flugzeit 45 Min., Preis: 108 $ + Gebühren (einf.).

■ **Nature Air:** tgl. 10.45 und 13.40 Uhr nach **San José**/Pavas Airport, Flugzeit: 50 Min.

Playa San Miguel

Dieser **weite Sandstrand** nimmt den Nordwestteil einer riesigen Bucht ein, zu der auch die Playa Coyote gehört. Die meisten Strandgrundstücke sind in Privatbesitz, es gibt inzwischen einige einfache Unterkünfte.

Unterkunft & Restaurants

■ **Rancho Los Maderos** (direkt am Meer): gute Tico-Küche.
■ **Chez Bruno** (Tel. 2655.8157, brunokobelt@yahoo.com): erhöhte Lage, tolle Aussicht, schweizer. Ltg., 3 Apt. mit Küche: 35/50/60 $.
■ **Arca de Noe** (an der Straße von S.F. de Coyote nach Pta. Islita, Tel. 2655.8065): rd. 1 km zum Strand, Restaurant, Pool, freier Internetzugang, ital. Ltg.; 10 Zi. mit AC: 70/70/80 $ (ÜF); KK.

Playa Coyote

Der südöstliche Teil der etwa 10 km langen Bucht mit flachem Sandstrand wird als Playa Coyote bezeichnet. Vom Playa San Miguel kommend, gelangt man zunächst an den mittleren Teil, der erst spärlich bebaut ist. Noch gibt es keine Restaurants oder Unterkünfte.

5 km weiter erreicht man den Ort **San Francisco de Coyote.** Hier gibt es einfache Unterkunft in den *Cabinas Rey* und *Cabinas Muco* sowie einge Restaurants, ein Internet-Café und eine Tankstelle. Von hier führt eine akzeptable Piste über 36 km nach Jicaral (nächste Tankstelle in

Playa Naranjo, s.u.). Es besteht sogar **Busverbindung** nach San José (*Empr. Arsa,* Tel. 2650.0179): tgl. 4.45 und 14.30 Uhr, Fahrzeit ca. 5 Std, sowie 12 und 17 Uhr nach Jicaral.

Südlich des Ortes gibt es eine weitere Zufahrt zur Playa Coyote (5 km); das südöstliche Ende der Bucht ist leider verdreckt.

Unterkunft

Mein Tipp: Pacific Guesthouse (2,8 km von San Francisco Ri. Meer, Tel. 2655.1310, mobil 8891.3535): Gästehaus unter schweizer.-dt. Ltg. mit schönem MB, gr. Pool; 1 DZ mit Bad, Kochgel.: 60 $, sowie ein größeres Zi. (bis 3 Pers.) mit Küche: DZ 80 $, DBZ 95 $.

■ **Hotel Casa Caletas** (Tel. 8384.4159 oder 2655.1273, www.casacaletas.com): nette Anlage auf einer Hacienda, erhöht über der Mündung des Río San Francisco, Pool, Rest., Pferde- und Kajaktouren; 7 Zi. mit AC, Terrasse mit MB: 125/125/147 $, sowie 2 Suiten ab 159$.

Von Playa Coyote nach Mal País (39 km)

Die **Weiterfahrt nach Süden** entlang der Küste führt durch eine der einsamsten Gegenden an der Pazifikküste und ist grundsätzlich nur mit einem Allradfahrzeug möglich, in der Regenzeit auch mit **Allrad** meist unpassierbar, da mehrere Flüsse durchquert werden müssen. Unbedingt vorher vor Ort erkundigen und in Coyote auftanken! Eine **Karte der Region** findet man unter: www.nicoyapeninsula.com/manzanillo/north.html.

Die einzige Alternative ist die Fahrt über Jicaral/Playa Naranjo/Paquera.

Von San Francisco de Coyote folgt man den Schildern zum Hotel Casa Caletas. Kurz vor dem Hotel zweigt links die Schotterstraße ab in Richtung Cóbano, die schon bald durch den **Río Bongo** führt. Kurz danach geht es am „Salon Perla" links durch einen weiteren Fluss zum **Río Ario,** der schwierigsten Flussdurchfahrt. In jedem Fall muss immer eine Person zu Fuß vorausgehen, um die Tiefe zu prüfen. Nicht schnell fahren und nicht über sandigen Untergrund, sonst graben sich die Räder ein. Bei Mietwagen besteht kein Versicherungsschutz bei Flussdurchquerungen!

Danach geht es bergauf zur Abzweigung nach Manzanillo (rechts). Links geht es nach Cóbano (9 km). In **Manzanillo** gibt es Unterkünfte und Restaurants. Die Straße führt nun an der Küste entlang über Sta. Teresa nach Mal País (18 km, siehe „Montezuma").

Östlich von Nicoya

Im Nordosten der Stadt Nicoya liegt der kleine Ort Puerto Humo, der sich als guter Ausgangspunkt für Bootsausflüge auf dem vogelreichen Río Tempisque und in den Nationalpark Palo Verde anbietet. Ein weiterer Nationalpark liegt östlich von Nicoya. Hauptattraktion von Barra Honda sind die zahlreichen Kalksteinhöhlen, von denen einige auch zu besichtigen sind. Im Südosten schließlich gelangt man über Jicaral und Playa Naranjo in den Süden der Halbinsel.

Puerto Humo

Das kleine, verschlafene Dorf am Río Tempisque war früher ein wichtiger Hafen zur Ausfuhr landwirtschaftlicher Produkte von der Nicoya-Halbinsel nach Puntarenas. Heute ist es ein noch relativ unbekannter Ausgangspunkt für **Bootsausflüge auf dem Río Tempisque,** an dessen gegenüberliegendem Ufer sich der Nationalpark Palo Verde befindet. Allerdings ist es nicht ganz einfach, vor Ort ein gutes Boot zu organisieren. Am besten frühzeitig über *Aventuras Arenal* buchen (Tel. 2479.9133, www.aventurasarenal.com).

■ **Rancho Humo Estancia** (Tel. 2698.1197, www.ranchohumo.com): neu eröffnetes Luxushotel mit herrlichem Blick über den Río Tempisque und zum Palo Verde Nat.park. Bootstouren, Wanderwege, Pool, Rest.; komfortable, schön dekorierte Zi. mit AC: DZ ab 250 $ p.P. inkl. VP + Bootstransfer.

Anfahrt & Busverbindung

■ **Von Nicoya** geradeaus über die Hauptstraße, 26 km ordentliche Piste.
■ 2x tgl. **Busse** nach Nicoya.

Nationalpark Barra Honda

■ **Fläche:** 2295 ha
■ **Lage:** westl. der Tempisque-Mündung
■ **Geöffnet:** 8–16 Uhr (letzte Tour 13 Uhr)
■ **Eintritt:** 12 $, Guide (bis 4 Pers. 36/52/72/92 $); Besichtigung der Höhlen nur mit Guide möglich
■ **Info:** Tel. 2685.5667 und 2685.5667
■ **Anfahrt:** Von Nicoya Richtung Pto. Humo, nach 3,5 km Abzweigung rechts nach Sta. Ana; von Osten ausgeschilderte Abzweigung

- **Unterkunft:** Albergue Las Cavernas (ca. 400 m vor dem Eingang, Tel. 2659.1574), 5 Zimmer
- **Bus:** 12.30 Uhr ab Nicoya bis Sta. Ana

Das Gebiet um den Cerro Barra Honda (423 m) besteht aus Kalkstein, der vor etwa 60 Mio. Jahren aus Korallenriffs gebildet wurde. Die Hauptattraktion des Parks sind seine Höhlen. Von den über 40 Höhlen, die nicht miteinander verbunden sind, wurden erst 19 erforscht. Ihre Tiefe ist unterschiedlich, die größte ist die **Santa-Ana-Höhle** mit 240 m. Als schönste Höhle mit der größten Vielfalt an Tropfsteinen gilt **La Terciopelo** (Tiefe 62 m), die größten Säle findet man in der Höhle **La Trampa** (Tiefe 110 m), deren vertikaler Höhenunterschied 52 m beträgt. In der **Nicoa-Höhle** hat man 1970 menschliche Knochen und präkolumbische Keramik gefunden.

Derzeit ist nur die Terciopelo-Höhle für Besucher zugänglich.

Flora und Fauna

Die Vegetation wird von blattabwerfendem Trockenwald gebildet. Häufige Baumarten sind Gelbe Balsampflaume, Sternenbaum, Tempisque, Schneckensame und Weißgummibaum.

Die Tierwelt im Park ist nicht sehr artenreich. Auf **Fledermäuse,** deren Exkremente einen furchtbaren Gestank verursachen, trifft man vor allem in der **Pozo-Hedondo-Höhle.**

Wanderwege

- Wer nicht an Höhlenbesichtigungen teilnehmen möchte, kann jederzeit alleine im Park wandern. Ein **Rundweg** zum *mirador* (insgesamt etwa 6,8 km) bietet sich hierfür an. Der östliche Teil (Las Cascadas) ist allerdings derzeit nicht zugänglich.
- **Sendero Matapalo** (1,7 km): teilweise bergauf, führt zu allen anderen Wegen.
- **Sendero Mirador** (1,7 km): Am Ende des Sendero Matapalo rechts, nach knapp 1 km Abzweigung links zur Höhle La Cuevita, nach 450 m Abzweig rechts zum *mirador* (300 m): aus ca. 400 m Höhe Blick über den Golf von Nicoya.
- **Senderos Terciopelo und Ceiba** (1,4 km): 200 m nach der Abzweigung zum Mirador führt links ein Weg zur meistbesuchten Höhle Terciopelo; nach gut 500 m zweigt rechts ein derzeit gesperrter Weg zu weiteren Höhlen ab. Knapp 300 m weiter beginnt an einem Ceiba-Baum der gleichnamige Weg (der rechts abzweigende Sendero Sabana ist ebenfalls gesperrt), der nach knapp 400 m wieder in den Sendero Matapalo mündet.

Von Nicoya nach Playa Naranjo

Etwa 10 km südöstlich von Nicoya zweigt rechts die Zufahrt ab nach **Hojancha,** und ca. 2 km weiter geht es links zur Brücke über den Río Tempisque; an der Abzweigung gibt es eine Tankstelle. An dieser Straße liegt nach 1,5 km links eine Zufahrt zum Nationalpark Barra Honda. Die **Brücke über den Río Tempisque** an der Mündung des Río Bebedero ist mit 764 m Länge nach der Brücke über den Panama-Kanal die zweitgrößte Brücke Mittelamerikas. Die Baukosten lagen bei rund 22 Mio. $. Am Parkplatz vor der Brücke werden Bootstouren angeboten. Nach der Brücke in Richtung San José häufig Radarkontrolle (40 km/h)!

Geradeaus verzweigt sich die Straße nach ca. 17 km und führt rechts nach **Carmona** und links über **Jicaral** nach Playa Naranjo (durchgehend geteert).

■ **Royal Heights** (Tel. mobil: 8374.3955, www.royalheights.de): in Jicaral, an der Straße ins Landesinnere Abzw. re., schöner Ausblick, Pool, dt. Ltg.; 4 Zimmer mit AC: DZ 50 $, VBZ 70 $, Haus mit 2 Schlafzi. 100 $, 6 Personen 120 $.
■ **Finca La Pura Vida** (mobil: 8375.0585, in D: 089/12715990, www.costa-rica-info.de): am Cerro Azul inmitten einer Finca (50 ha) mit biol. Obstbaumplantage, gr. Pool, 4 ha Garten, Rest. (8–12 $), Reiten, dt. Ltg.; 4 Apt. (35 m²) mit Terrasse, Balkon: DZ 55 $ (ÜF); Anfahrt: vom Sportplatz in Carmona rechts, 4 km aufwärts Richtung Zapotal, dann links 3 km Richtung Cerro Azul.
🦋 **Albergue Cerro Escondido** (Tel. 2650.0607, www.asepaleco.com), ca. 30 Min. landeinwärts von Jicaral nach San Ramón de Río Blanco im Reservat Karen Mogensen (900 ha), vom Parkplatz ca. 1 Std. zu Fuß bergauf zur Lodge, unterwegs Abzw. zu Wasserfall, Wanderwege; 4 Mehrbett-Zi., bp: ca. 85/140/195 $ inkl. VP und geführte Wanderung; Büro in Jicaral: Straße gegenüber dem Colegio 25 m rechts – ideal für Naturfreunde, abseits vom Tourismus.

Isla Chira

Diese bewohnte Insel im Golf von Nicoya (ca. 3000 Ew.) gilt mit rund 10 km Breite als **zweitgrößte Insel Costa Ricas** (nach Isla del Coco) und ist touristisch bisher noch kaum erschlossen. Einige Reiseveranstalter in Puntarenas bieten Touren zu dieser Insel an, die vor allem wegen ihrer tief eingeschnittenen Bucht mit Mangrovenwäldern und einer entsprechend interessanten Vogelwelt einen Besuch lohnt. Wer es auf eigene Faust versuchen möchte, kann sich am westlichen Fähranleger Pto. Moreno oder im Hafenort Pto. Jesus, ca. 20 km östlich von Nicoya oder in Pto. San Pablo noch weiter südlich ein Boot mieten (ca. 20 $). Ein öffentliches Boot fährt von **Costa de Pájaros** (nördlich von Puntarenas) um 7.50 und 14.50 Uhr nach Palito.

■ **La Amistad** (Tel. 2290.7514, www.actuarcostarica.com): Rest. (ME/AE 10 $), Wanderwege, Touren; Schlafraum (Matratzen): ca. 12 $ p.P.; sowie 2 Zi., bp: ca. 35/50/60 $ inkl. HP; Komplettpaket ab/bis Costa de Pájaros inkl. Transfers, Bootstour und VP für ca. 69 $ p.P.
■ **Hotel Las Vegas** (Tel. 2661.1821): im Ort Palito; sehr einf. Zi., bc: 15 $ p.P., mit bp, AC: DZ 38 $ (ÜF).

Playa Naranjo

Der Ort ist wichtig wegen der **Fährverbindung nach Puntarenas**, sein Kiesstrand ist nicht besonders attraktiv. Es gibt eine Tankstelle, einen Supermarkt und einige ordentliche Unterkünfte.

Anfahrt

Von Nicoya Richtung Carmona, nach 29 km Abzweigung links, nach Pavones nur teilweise geteert. In **Jicaral** (22 km ab Hauptstraße) gibt es Läden, eine Tankstelle und einfache Unterkünfte. Im Ort führt die Abzweigung rechts nach Playa Coyote (s.o.), geradeaus nach Playa Naranjo (20 km): ab Jicaral bis Le-

Östlich von Nicoya

panto 11 km gut befahrbare Piste, danach bis Playa Naranjo Teerstraße.

Unterkunft & Restaurants

■ **Hotel El Paso** (400 m ab Tankst. Ri. Jicaral, Tel. 2641.8133): Rest., Bar, kl. Pool; 14 Zi., bp, TV, Vent., AC: DZ 33 $; KK.
■ Zudem gibt es einige **Sodas** am Anleger.

Fährverbindungen

■ Nach **Puntarenas** (Tel. 2661.1069): 8, 12.30, 17.30 und 21 Uhr; ca. 1,50 $ p.P., PKW ca. 15 $.

Busverbindungen

■ Nach **Jicaral/Nicoya** entsprechend der Ankunftszeiten der Fähre aus Puntarenas.

Nach Paquera

Die Straße nach Paquera ist zwar nicht geteert aber in der Trockenzeit auch ohne Allrad befahrbar, eine Busverbindung existiert derzeit nicht. Von **Bahía Gigante,** etwa 9 km vom Fähranleger in Playa Naranjo entfernt, kann man mit einfachen Fischerbooten überfahren zur vorgelagerten **Isla Gitana.** Von hier sind es noch etwa 18 km ordentliche Piste bis Paquera.

Traumstrand auf der Isla Tolinga

Der Südosten der Halbinsel

Die südöstliche Spitze der Nicoya-Halbinsel ist mit öffentlichen Verkehrsmitteln von Puntarenas aus zu erreichen. Von dort verkehrt eine Fähre nach Paquera. Wer mit dem Pkw unterwegs ist, kann von Playa Naranjo nach Paquera oder sogar von Playa Coyote aus an der Küste entlangfahren (nur mit Allrad empfehlenswert, da Flussüberquerung). Neben einigen schönen Stränden sind es vor allem die Naturschutzgebiete und natürlich Montezuma und die Strände bei Mal País/Sta. Teresa, die zahlreiche Besucher in diese Region locken.

Paquera

In der Nähe dieses kleinen Ortes (5 km) liegt die Anlegestelle der beiden **Fähren aus Puntarenas**, wo die meisten Besucher dieser Region ankommen. Im Ort stehen zahlreiche Unterkunftsmöglichkeiten zur Verfügung.

Unterkunft & Restaurants

- **Mapi's Cabinas** (Tel. 2641.1113): Zimmer mit TV, AC: DZ 30 $ – Budget-Tipp.
- **Cabinas/Rest. Ginana** (im Ort, Hauptstr. rechts, Tel. 2641.0119): 28 einf. Zi., bp, AC: 27/40/ 51 $, Frühstück ab 5 $.
- **Cabinas Margerita de Oro** (am Sportplatz, Tel. 2641.0003): 2 Zi., bc: ca. 24/30/36 $; 8 einf. Zi., bp, Vent., ordentl.: ca. 20/20/20 $, mit AC: ca. 24/30/ 36 $.

- **Mein Tipp: Hotel Vista Las Islas** (Tel. 2641.0807, in D: 0861/165906, www.vistalasislas.com): neue Hotelanlage unter schweizer. Ltg. mit herrlichem Blick über das Meer und die vorgelagerten Inseln. Rest., alle 18 Zimmer mit MB: 192/192/226 $, Superior-Zimmer: +28 $.
- **Rest. Las Vegas** (ca. 1 km außerhalb): nettes uriges Lokal, gutes Essen (Fisch etc.), preiswert.

Busverbindungen

- Nach **Playa Tambor, Cóbano und Montezuma** (*Trans-Rodriguez*, Tel. 2642.0219): nach Ankunft der Fähre aus Puntarenas; keine Busverbindung nach Playa Naranjo.
- **Tipp**: Nach Ankunft der Fähre aus Puntarenas sollte man sich möglichst schnell zum Bus begeben, da sich dieser v.a. in der HS schnell füllt und man dann 2 Std. auf den nächsten Bus warten muss!

Fährverbindungen Paquera – Puntarenas

- **Aktuelle Fahrpläne** unter: www.navieratambor.com.
- **Autofähre** (Naviera Tambor, Tel. 2641.0515): tgl. 6, 9, 11, 14, 17 und 20 Uhr, Fahrzeit: 1 Std. 25 Min., Preis: 1,65 $, Motorrad ca. 6,70 $, Pkw ca. 24,80 $ (inkl. Fahrer).

Biologische Reservate Guayabo, Negritos, Pájaros

- **Fläche:** 147 ha (zusammen)
- **Lage:** 4 Inseln, im Golf von Nicoya verstreut
- **Zutritt** zu den Inseln nur **mit Genehmigung** der Nationalparkverwaltung (SPN) möglich, die aber nur Wissenschaftlern erteilt wird. Auf den **Bootsausflügen** von Puntarenas zur Tortuga-Insel

(siehe bei Puntarenas) kommt man aber an die Insel Guayabo so nahe heran, dass man mit einem Fernglas die Seevögel beobachten kann

Die **vier Inseln** (Negritos besteht aus zwei Inseln) sind wichtige Brutgebiete vor allem des Braunen Pelikans, aber auch des Prachtfregattvogels, der Aztekenmöwe und des Brauntölpels. Außerdem leben hier Weißschwanztauben, Schwarzleguane und viele Meerestiere.

Isla Guayabo

Südwestlich von Puntarenas liegt dieser etwa 50 m hohe Felsblock aus Sedimentgestein. Die Insel ist einer der vier Nistplätze des Braunen Pelikans in Costa Rica, mit einer Population von 200–300 Tieren. Hier überwintert auch der Wanderfalke.

Islas Negritos

Die beiden länglichen Inseln bestehen aus Basalt und Durchbrüchen, die zum Nicoya-Komplex gehören. Sie sind bedeckt von Laubwald, vorherrschende Bäume sind der Pagodenbaum, Pochote-Baum und Weißgummibaum.

Isla de los Pájaros

Die kleine, nur 4 ha große Insel liegt etwa 500 m von der Küste entfernt nordwestlich von Puntarenas. Sie ist nahezu rund. Vorherrschend ist die wilde Guave *(güísara),* zusammen mit Guanacaste-Baum und Feigenarten. Zahlreiche Seevögel brüten auf der Insel.

Tierschutzgebiet Curú

- **Fläche:** 84 ha
- **Lage:** Ostküste Nicoya-Halbinsel
- **Geöffnet:** tgl. 6–16 Uhr
- Eine vorherige **telefonische Anmeldung** ist nach Auskunft vor Ort nicht mehr notwendig
- **Anfahrt:** etwa 5 km nach Paquera links (Portal), ca. 10 km vor Tambor
- **Eintritt:** 10 $, Kind 5 $
- **Unterkunft:** 30 $ p.P. (inkl. Eintritt), Essen: 10 $
- **Info:** Tel. 2641.0100
- **Touren:** c/o *Luis Schütt,* Tel. 2834.7343
- **Tauchen:** *Dive Center Luis Schutt,* Tel. 2641.0014, www.curutourism.com

Dieses Tierschutzgebiet stellt eine Besonderheit dar, da es zwar unter staatlichem Schutz steht, sich aber **auf Privatgrund** befindet. Neben dem Waldgebiet gehören drei schöne Strände mit sehr feinem Sand zum Schutzgebiet, die wegen dem geringen Wellengang und klaren Wasser sehr gut zum Schwimmen und Schnorcheln geeignet sind. Vorgelagert sind die unbewohnten **Inseln Alcatraz und Tolinga,** die auch als **Islas Tortugas** bekannt sind. Tolinga wird regelmäßig von Ausflugsbooten angesteuert.

Flora und Fauna

Die Pflanzen- und Tierwelt zeichnet sich trotz der kleinen Fläche durch eine große Vielfalt aus, sowohl an Land als auch im Meer. Man findet Mischwald, der sich aus immergrünen und laubabwerfenden Bäumen zusammensetzt, Hangwald (in Strandnähe), Laubwald (vorherrschend ist Rote Mangrove) und Strandvegetation. Häufig und biologisch sehr interessant ist der cornizuelo (Acacia costaricensis), ein akazienartiger Strauch, der eine Symbiose mit Ameisen der Gattung Pseudomyrmex eingeht, welche in seinen hohlen Stacheln leben.

In den Wäldern des Reservates und seiner Umgebung leben u.a. Weißwedelhirsche, Waschbären und Pakas. In den strandnahen Abschnitten trifft man auf Kapuzineraffen. Außerdem hat man 115 Arten Land- und Meeresvögel identifiziert. Häufig sind die riesigen Abgottschlangen (Boas). In der Zeit zwischen Juli und Oktober werden immer wieder Wale bei den vorgelagerten Inseln gesichtet, die sich dorthin zurückziehen, um ihre Jungtiere aufzuziehen.

Playa Tambor

Dieser Strand ist Teil der **Bahía Ballena,** einer fast vollständig runden Bucht, und ist zum Schwimmen gut geeignet, da es keine starken Wellen gibt. Der Strand ist auch bei Ticos beliebt (vor allem an den Wochenenden!). Obwohl kein „Traumstrand", kann man sich hier wohlfühlen, am Strand Volleyball spielen oder eine Bootsfahrt auf dem Río Panica machen. Es gibt ein begrenztes Angebot an Unterkünften und Restaurants.

Anfahrt

Etwa 16 km Teerstraße ab Paquera.

Unterkunft

■ **Cabinas H&B** (Hauptstraße links, Tel. 8830. 5952): Rest., Bootstouren (z.B. Isla Tortuga: 50 $), Pferde; 5 Zi. mit AC, bp (WW): DZ ab 60 $ (ÜF).

■ **Hotel Costa Coral** (Hauptstraße links, Tel. 2683. 0105, www.hotelcostacoral.com): nette Anlage mit Rest., Pool, Pferde-, Motorrad- und Fahrradverleih; 8 schön dekorierte Zi., AC, DV, TV und Küche: ca. 225/225/240 $ (ÜF); KK.

■ **Hotel Tambor Tropical** (Tel. 2683.0011, www. tambortropical.com): Pool, Garten, Rest., Bar, US-Ltg.; 5 luxuriöse Holzhäuser am Meer, je 2 Zi. mit Küche, DV: DZ ca. 181 $ (ÜF); im OG: ca. 247 $ (ÜF); keine Kinder unter 16 J.; KK.

Außerhalb

■ **Fidelito Ranch & Lodge** (4 km von Tambor, Tel. 2683.1107, www.costaricaranchurlaub.de): Finca (60 ha) unter dt. Ltg., großer Garten, Rest.service, Pferdetouren, kostenlose Führungen auf dem Farmgelände; 2 komf. Apartmartments mit Küche, KS, AC (10 $), Vent., TV, WiFi, WW: 70/70/80 $; Frühstück 8 $.

■ **Hotel Barceló Playa Tambor** (Tel. 2683.0303, www.barcelo.com): riesige Hotelanlage mit gr. Pool, Disco etc., all inclusive, schöner Strand, teuer, für Individualtouristen nicht empfehlenswert.

■ **Tango Mar Golf & Beach Resort** (ca. 1 km Ri. Montezuma Abzw. links, Tel. 2683.0001, www.tan gomar.com): Golfplatz, Reitstall, Tennisplätze, Wanderwege, Pool, Rest., gr. Hotelgebäude direkt am Meer; 18 Zi. mit Balkon und MB sowie luxuriöse Suiten: ÜF ab 249/249/288 $.

Restaurants

■ **Einfache Sodas** am Strand und in den o.g. Hotels.

Infos von A bis Z

■ **Bootstouren:** *Turismo Curu* (Tel. 2641.0004, www.turismocuru.com) bietet Touren an zur Isla Tortuga ab Curu, Preis: 25 $ p.P. + Eintritt Reservat (10 $), Schnorchelverleih (5 $), Kajaks (15 $).

- **Tauchschule:** *Dive Academy Ballena Blanca* (Hotel Barcelo Tambor), Tel. 8707.0787, www.diving-costa-rica.com (deutschsprachig).
- **Einkaufen:** *Super Lapa,* an der Straße z. Meer.
- **Geldwechsel:** bei *Super Lapa* und *Abastacedor Los Gitanos.*
- **Telefon:** internationale Gespräche bei *Abastacedor Los Gitanos,* Fernsprecher neben Scruffys.

Busverbindungen

- **Paquera** (Fähre nach Puntarenas): siehe Bus aus Cóbano, plus ca. 15 Min.
- **Cóbano/Montezuma:** ca. 1 Std. nach Abfahrt der Fähre in Puntarenas.

Flugverbindungen

- Einige Kilometer in Richtung Paquera befindet sich rechts eine **Landepiste.**
- **SANSA** (Tel. 2683.0137): tgl. 8.25, 11.20, 13.29, 14.45 und 16.45 Uhr nach **San José**/Int. Flughafen, Flugzeit: 35 Min.; Preis: ca. 111 $ einf. + Gebühren.
- **Nature Air:** tgl. 8.30, 9.50, 14.30 und 17.10 Uhr nach **San José**/Pavas Airport.

Cóbano

Die kleine Stadt 13 km nach Tambor ist ein Regionalzentrum für die umliegenden Dörfer und ein wichtiger Verkehrs-Kreuzungspunkt: Geradeaus führt eine Straße nach **Mal País** (16 km) und an die Strände der Westküste (s.o.), links nach **Montezuma** (7 km). Im Ort finden sich Bank, Post, Tankstelle und Geschäfte.

Unterkunft

- **Cabinas Villa Grace** (an der Straße Richtung Montezuma rechts, Tel. 2642.0225): 38 einfache, kl. Zi.: bp, TV: ca. 18 $ p.P., mit AC, TV, 25 $ p.P.

Infos von A bis Z

- **Apotheke:** neben *Emergencia 2000.*
- **Erste Hilfe:** *Clínica* (Tel. 2642.0208), *Emergencia 2000* (für Notfälle, gegenüber Megasuper, Tel. 2642.0950).
- **Geldwechsel:** *Banco Nacional* mit Bancomat (VISA, MC), geöffnet Mo–Fr 8.30–15.45 Uhr.
- **Internet:** vor der Kreuzung am Schuhgeschäft links in einer Seitenstraße.
- **Polizei:** am Ortseingang auf der linken Seite, Tel. 2642.0770.
- **Post:** ca. 200 m Richtung Tambor rechts, Mo–Fr 8–17.30 Uhr.
- **Tankstelle:** Ortseingang links und rechts, Mo–Fr 6–19 Uhr, So 7–19 Uhr.
- **Taxi:** an der Hauptkreuzung, nach Montezuma ca. 5 $.

Busverbindungen

- **Montezuma:** Bus aus Paquera.
- **Paquera** (Fähre nach Puntarenas): Bus aus Montezuma.
- **Mal País/Sta. Teresa:** tgl. 10.30, 14.30 Uhr.

Montezuma

Nein, ein Geheimtipp ist Montezuma längst nicht mehr, immer mehr Besucher kommen in den Ort nahe der Südspitze der Nicoya-Halbinsel. Waren es früher Aussteiger und Freaks, die kamen, so ist das Publikum inzwischen gemischt, auch wenn immer noch ein bisschen „alternatives" Flair zu verspüren ist.

Der Ort selbst verfügt nur über einen kleinen **Strand,** doch nordöstlich liegt in nächster Nähe die herrliche Playa Grande (Gehzeit ca. 30 Min.). Eine **Wanderung** führt den Strand entlang nach Nordosten zu einem Wasserfall (Gehzeit ca. 2 Std.). Ein weiterer Wasserfall liegt südlich des Ortes: Gegenüber des Hotel Amor de Mar führt ein Pfad einen Bach entlang nach etwa 30 Minuten dorthin – eine schöne Badegelegenheit. Unterwegs muss ein Fluss durchquert werden, zum Schluss ein steiler Abstieg, also nur mit guten Schuhen und bei Trockenheit zu empfehlen. Bei Regen ist der Weg rutschig und die Flussüberquerung schwierig. Der schönste Ausflug führt von Montezuma zur Südspitze der Halbinsel zum **Naturreservat Cabo Blanco,** mehrere Veranstalter im Ort bieten Tagesausflüge an.

Weitere Infos zu **Montezuma im Internet** bieten die Websites www.playamontezuma.net, www.nicoyapeninsula.com/montezuma und www.montezumabeach.com/montezuma-map.

Unterkunft

Zahlreiche Europäer (u.a. Deutsche und viele Italiener) haben sich hier niedergelassen und bieten Unterkünfte der mittleren und gehobenen Preisklasse.

■ **Camping:** Wild campen ist nicht ungefährlich (Diebstahlgefahr); nördlich an der Playa Grande gibt es zwei Campingplätze.

■ **Einfache Zimmer** mit Vent. und bc zu Preisen ab 10 $ p.P. bieten: **Cabinas El Tucán** (Tel. 2642.0284, auch bp: DZ 25 $), **Pensión Arenas** (Tel. 2642.0649), **Cabinas El Pargo Feliz** (Tel. 2642.0065) und das **Hotel Lucy** (Tel. 2642.0956).

■ **Luz en el Cielo** (200 m Ri. Cóbano links, Tel. 2642.0030, www.luzenelcielo.com): schöne Lage am Hang im Wald, US-Ltg.; Schlafraum: 17 $ p.P. (ÜF), 2 Zi., bp: 88/110/127 $ (bis 4 Pers.).

■ **Luna Llena Hostel** (150 m Ri. Cóbano links, Tel. 2642.0390, www.lunallenahotel.com): dt. Ltg., nette Anlage; einf. Zi. mit bc, Vent.: 31/43/49 $; Schlafraum: 15 $ p.P.

■ **Cabinas Mar y Cielo** (Tel. 2642.0261): 6 Zi. am Meer, bp (WW), KS, einf., ordentl.: DZ 25–45 $; KK.

■ **Hotel Moctezuma** (Tel. 2642.0058, www.hotelmoctezuma.com): altes Haus direkt am Meer, 6 einf. Zi., Vent.: ab 15 $ (EZ), sowie 6 neuere Zi. mit AC: ab 35 $ (EZ).

■ **Hotel Los Mangos** (Tel. 2642.0076, www.hotellosmangos.com): gr. Anlage mit schönem Pool, Yaccuzi, Yoga; 10 Zi. im alten Gebäude mit Vent., einf. und ordentl.: bc ca. 35 $; bp, WW: ca. 75 $ (1–4 Pers.); sowie 9 angenehme Holz- Bungalows, verstreut in kl. Mangohain, bp, DV: ca. 90 $ (1–3 Pers.).

■ **Hotel La Cascada** (Tel. 2642.0057): 18 Zi., z.T. AC: DZ 40 $ (ÜF); KK (+7 %).

■ **Hotel La Aurora** (Tel. 2642.0051): Hängem. auf Gemeinschaftsterr; 20 Zi., Vent., KS, bp 26/26/36 $.

■ **Hotel Montezuma Pacifico** (Tel. 2642.0204, www.montezumapacifico.com): einf. Zi., Safe, KS, bp: ca. 45/55/65 $; KK.

MEIN TIPP: Hotel Amor de Mar (Tel. 2642.0262, www.amordemar.com): gepfl. Anlage am Meer mit Garten, Tagesrest., kinderfreundl., dt.-amerik. Ltg.; 11 renovierte, nett dekorierte Zi.; DZ, bp (WW): 102–170 $, mit MB, AC, Zusatzpers.: 15 $; 2 Häuser (bis 6 Pers.): DZ 283–305 $, Zusatzpers.: 20 $; KK.

■ **Hotel Luz de Mono** (hinter der Kirche, Tel. 2642.0090, www.luzdemono.com): schöner gr. Garten, Rest., Bar, Pool; 12 Zi. und 6 Häuser: ab ca. 75/75/85 $ (ÜF), Haus ca. 120 $ (NS: 80 $).

■ **Hotel El Jardín** (Tel. 2642.0074, www.hoteleljardin.com): 15 ordentl. Zi., bp, AC, KS, schöner Pool, Jaccuzi: DZ 75–95 $; Haus mit 2 Schlafzimmern, Küche, Terrasse: ab 100/100/115 $; KK (+10 %).

■ **Ylang Ylang Beach Resort** (Tel. 2642.0636, www.ylangylangresort.com): gepflegter Garten direkt am Strand (ca. 10 Min. nördl.), Pool; 7 Bungalows mit MB, bp: DZ ab 294/305/362 $ inkl. HP; 3 Zi. mit KS, Balkon: DZ 215/226/283 $ inkl. HP; 3 „Beach Suites" mit kl. Küche: DZ 283/305 $ inkl. HP; 7 nette Bungalows am Strand, Vent., KS: DZ 328/339/396 $ inkl. HP; Zusatzperson: je 50 $; KK.

Außerhalb (an der Zufahrtsstraße von Cóbano nach Montezuma, Kilometerangaben ab Cóbano):
MEIN TIPP: **Nature Lodge** (4,3 km links +600 m, Tel. 2642.0124, www.naturelodge.net): empf.werte Lodge in schöner Lage mit MB, Bistro, gutes Rest., Pool, Wellness-Bereich, dt. Ltg.; 12 sehr geschmackvoll eingerichtete Zi.: 97/97/120 $ bis 165/165 $ (ÜF).
MEIN TIPP: **Horizontes de Montezuma B&B** (4,5 km links, Tel. 2642.0534, www.horizontesmontezuma.com): nettes Hotel in schöner Lage, Garten, Pool, span. Ltg.: 7 angenehme Zi., bp (WW), Vent.,75/75/120 $ (ÜF); keine KK.
■ **Casa Colores** (4,9 km rechts, Tel. 2642.0283, www.casacolores.com): 6 bunte Häuser mit Küche, Pool: ab 85 $.

Restaurants & Bars

■ **Gutes Frühstück** gibt es im Hotel Amor de Mar, in der Soda Monte Sol und in der Bäckerei.
■ **Café Organico** (im Ort Richtung Playa Grande): empfehlenswert (Lesertipp!)
■ **Rest. El Sano Banano:** Frühstück ab 7 Uhr, Früchte, Sandwiches, vegetarische Gerichte, Vollwertkost; Casado, Fisch.
■ **Rest. Cocolores**: gute Speisen, nicht zu teuer: Pasta, Fisch, Filet; tgl. außer Mo 12–23 Uhr.
■ **Bar/Rest. Moctezuma** (im gleichnamigen Hotel, s.o.): im 1. Stock mit MB, zivile Preise: Crèpes, Casado, Pasta, Fisch; 11–2.30 Uhr.
■ **Bar El Chico:** direkt im Zentrum, abends beliebter Treffpunkt.
■ **Soda Monte Sol:** gute einheimische Küche, Frühstück, Casado, Meeresfrüchte.
■ **Rest. Playa de los Artistas:** romantisch, sehr gute mediterrane Küche, empfehlenswert!
■ **Pizza Net:** Pizza, Focaccia.
■ **Rest. La Cascada** (im Hotel Cascada, s.o.): span. Rest. mit MB, zu teuer, Frühstück ab 7 Uhr.

Infos von A bis Z

■ **Einkaufen:** *Minimarkt* (8–20 Uhr), Supermarkt 7–20 Uhr.
■ **Geldwechsel:** in den Supermärkten, *Banco Nacional* in Cóbano, Bankautomat gegenüber von *Chico's Bar*.
■ **Internet:** *Aventuras Montezuma* (rd. 1200 C./Std., langsam), *Sano Banano Net* (ca. 1500 C./Std.), schnelleres Surfen bei *Chico's Tour*.
■ **Radverleih:** *Chico's Tour* (MTB ab 15 $/Tag) und *Ecotours:* ab 20 $/Tag (MTB).
■ **Taxi:** Tel. 8826.9055 (*Sr. Gilberto*), Tambor: ca. 30 $, Cabo Blanco: ca. 15 $, Cóbano: ca. 10 $, Sta. Teresa: ca. 35 $.
■ **Telefon/Fax:** bei *Chico's Tour*, *Aventuras Montezuma* und *Cabinas Mar y Cielo*.
■ **Tourveranstalter/Info:** Mehrere Infobüros buhlen um Kunden: *Aventuras Montezuma* (Tel. 2642.0050, avenzuma@racsa.co.cr); *Montezuma Expeditions* (Tel. 2642.0919); *Cocozuma* (Tel. 2642.0911, www.cocozumacr.com); *Ecotours* (Tel. 2642.0467); *Montezuma Travel Adventure* (Tel. 2642.0808); *Turismo Curú* (Tel. 2641.0004, www.curutourism.com) und *Tropical Montezuma Tours* (Tel. 2642.0164).
■ **Wäscherei:** Hotel Lucy, Pension Jenny, Soda El Caracol, Pension Arenas (überall ca. 600 C./kg).

Busverbindungen

■ **San José** (*Terminal San Carlos,* Tel. 2221.7479): tgl. 6 und 14 Uhr oder über Paquera/Fähre/Punta-

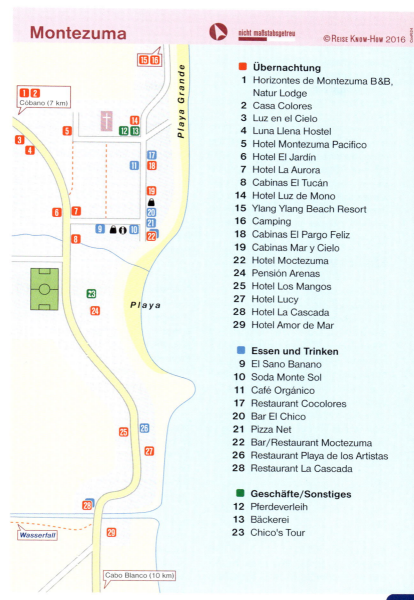

renas. Mit *Interbus* (Privattransfer ab/bis Hotel): tgl. 9 Uhr, 6½ Std, 40 $; weitere Verbindungen unter: www.interbusonline.com.
- **Cóbano/Paquera** (Anschluss an die Puntarenas-Fähre): tgl. 5.30, 8.10, 10.10, 12.10, 14.10 und 16 Uhr; Fahrzeit 2 Std.
- **Cabo Blanco:** tgl. 8, 10, 14, 16 und 18 Uhr, Fahrpreis ca. 6 $.
- **Cabuya:** 8.15, 10.15, 14.15, 16.15, 18.15 Uhr.
- Die private Buslinie **Montezuma Expeditions** (neuwertige Minibusse, Abholung vom Hotel) fährt täglich um 6.30 und 14 Uhr nach San José, Fahrpreis: 45 $ sowie um 8.30 und 9 Uhr nach Sámara und Tamarindo (40 $) und um 8.30 und 9 Uhr nach Fortuna und Monteverde (50 $); Reservierung: Tel. 2642.0919, www.montezumaexpeditions.com.

Südlich von Montezuma

Die Küste südlich von Montezuma ist meist felsig, gelegentlich von kleinen Sandbuchten unterbrochen. Die ungeteerte Straße – die Hauptzufahrt nach Cabo Blanco – ist während der Trockenzeit ohne Allrad befahrbar. Im Ort **Cabuya** gibt es einige einfache Restaurants bzw. Sodas. Wer möchte, kann von Cabuya nach Mal País fahren (ca. 7 km), vorausgesetzt es hat nicht geregnet und man verfügt über ein Allradfahrzeug (es muss ein Fluss durchquert werden).

Unterkunft & Restaurants

Entfernungsangaben ab Hotel Amor de Mar in Montezuma.

- **Cabo Blanco Hotel** (5,1 km links, Tel. 2642.0332, www.caboblancohotelresort.com): am Meer, Pool, Rest.; 9 ältere, renovierte Zi., bp (WW), DV: 60/75/85 $.
- **Hotel Celaje** (5,6 km links, Tel. 2642.0374, www.celaje.com): schöne Anlage unter Palmen am Meer mit Rest. und Pool, belg. Ltg.; 7 angenehme Holzhäuser (bis 4 Pers.), Terrasse, Hängematte: 75/90/105 $ (ÜF); KK (VISA +5 %).
- **Howler Monkey Hotel** (Ortsmitte Cabuya links, Tel. 2642.0303, www.howlermonkeyhotel.com): 5 Häuser am Meer: DZ 50/70/80 $.
- **Soda El Castanho:** super leckere Casados, große Portionen und günstige Preise.
- **Bakery:** gute Casados, Healthfood, Smoothies, Kuchen, aber nicht gerade billig.

Busverbindungen

- Nach **Montezuma:** 7, 9, 13, 15.10, 17 Uhr. Buszeiten können sich kurzfristig ändern.

Naturreservat Cabo Blanco

- **Fläche:** 1172 ha (Land), 1790 ha (Meer).
- **Lage:** Südspitze der Nicoya-Halbinsel.
- **Geöffnet:** Mi–So 8–16 Uhr (Mo/Di geschl.!).
- **Eintritt:** 12 $.
- **Info:** Tel. 2642.0093.
- **Anfahrt:** 8,5 km ab Montezuma, 1,8 km nach Cabuya.

Das Reservat umfasst das letzte geschüzte **Trockenwaldgebiet** im Süden der Nicoya-Halbinsel und ist ein wichtiges Brut- und Rückzugsgebiet für **Seevögel**. Die **Insel Cabo Blanco,** eine völlig vegetationslose Felskuppe mit Steilwänden, liegt 1,6 km vor der Küste am südlichsten Punkt der Halbinsel. Sie ist völlig von weißem **Guano** (Vogelkot) überzogen und gibt dem Reservat seinen Namen (*Cabo Blanco*: „weißes Kap"). Beidseitig des Kaps liegen die Sandstrände Balsitas und Cabo Blanco.

Flora und Fauna

Die Vegetation ist überwiegend immergrün, z.T. vermischt mit laubabwerfenden Bäumen wie dem Pochote. Einige Exemplare dieses am häufigsten vorkommenden Baumes erreichen bis zu 50 m und einen Durchmesser bis 3 m. Insgesamt zählt man 119 Baum-Arten im Reservat (u.a. Gelbe Balsampflaume, Weißgummibaum, Cecropie und Pagodenbaum). Im Primärwald herrschen Pochote, Breiapfel und Espavel vor.

Die **Tierwelt** ist artenreich, aber nicht sehr zahlreich. Grauhörnchen *(chizas)* gibt es in großen Mengen, auch Ozelots, Stachelschweine, Gürteltiere, Brüll-, Kapuziner- und Klammeraffen, Weißwedelhirsche, Agutis und Pakas, Wickelbären und Koyoten leben im Gebiet.

Zahlreiche **Seevögel** bevölkern das Reservat, vor allem Braune Pelikane, Fregattvögel, Aztekenmöwen, Uferschwalben und die größte Brauntölpel-Kolonie des Landes (über 500 Paare). Es gibt 3 Schlafplätze der Pelikane entlang der Küste und im Inneren des Reservates, an denen sich abends nicht weniger als 150 Tiere versammeln. Außerdem leben im Park Kuh- und Grünreiher, Eisvögel, Keilschwanzsittiche, Elsterhäher, Kupferschwanztrogone, Braunflügelguane, und Truthahngeier. Arten- und zahlreich sind auch die Meerestiere.

Wanderwege

Derzeit sind **zwei Wege** geöffnet: Der Hauptweg führt von der Verwaltung zum Strand Cabo Blanco, zudem wurde ein etwas kürzerer Rundweg (ca. 1,5 km) angelegt. Für diese sehr lohnenswerten Wanderungen durch tropischen Wald (fast immer schattig) sollten Sie Trinkwasser, einen Imbiss, ein Handtuch und Badekleidung sowie Sonnenschutz mitführen. Am Eingang gibt es neben Toiletten auch Duschen und Campingtische.

Sendero Sueco

Ca. 4 km, Gehzeit einfach 1½ bis 2 Std., zahlreiche Steigungen, Weg in gutem Zustand. Man hört viele Tiere, sieht aber außer zahlreichen Vögeln und Schmetterlingen (u.a. der blau schillernde Morpho) kaum ein Tier. Ein Knacken in den Zweigen deutet oft auf die Anwesenheit von Affen hin, mit Glück begegnet man einem neugierigen Nasenbären. Waschbären sind im Reservat ebenfalls häufig, allerdings vorwiegend nachtaktiv.

Der Südosten der Halbinsel

Von Cóbano
an die Westküste

So gut es auch den meisten in Montezuma und Umgebung gefällt, es gibt einen großen Nachteil: Man kann von dort nicht die **Sonne über dem Meer untergehen** sehen. Also nichts wie los an die Strände der Westküste, die zwar inzwischen nicht mehr das Prädikat „einsam" verdienen, aber vielleicht zu den schönsten des Landes zählen, allerdings zum Baden nur bedingt geeignet sind. Die Folge: Seit einigen Jahren hat ein regelrechter Bauboom eingesetzt, und bald

Der Südosten der Halbinsel

wird man wohl in Mal País und Sta. Teresa Liegestühle und Sonnenschirme mieten können …

Von Cóbano führt eine Straße nach Westen, die in der Trockenzeit auch ohne Allrad befahrbar ist (einige steile Abschnitte). Nach 1,8 km links abbiegen, nach 11,5 km kommt man an eine Weggabelung: Rechts geht es zur **Playa Sta. Teresa** und den Stränden weiter nördlich, geradeaus nach 200 m zur **Playa Carmen** und links nach Mal País (3 km). Von dort führt eine schwierige Piste nach Cabuya (7 km).

Mal País

Mal País ist ein **guter Ort zum Entspannen**. Überall dösen Leguane in der Sonne, das Leben ist ruhig und beschaulich, doch es wird auch hier immer mehr gebaut. Ein Standort für Massentourismus wird es dennoch nicht werden, denn der Kiesstrand mit vorgelagerten Felsen ist kein ausgesprochener Badestrand. Einige Abschnitte sind felsig, bei Flut bilden sich kleine natürliche Meerwasserbecken. Es gibt viele schöne, geschmackvoll eingerichtete Unterkünfte, aber die haben ihren Preis …

Weitere Infos zu **Mal País im Internet** unter: www.malpais.net, www.nicoyapeninsula.com/malpais und www.malpaisbeach.com.

◁ In der Nähe des Cabo-Blanco-Reservats

Unterkunft

Entfernungsangaben ab Abzweigung:

■ **Frank's Place** (an der o.g. Abzw. rechts, Tel. 2640.0096, www.franksplacecr.com): Pool, 37 Zi., TV, AC: 55/75 $ (ÜF); mit AC, Safe, KS: 76/95 $ (ÜF).

■ **Bungalows The Place** (200 m links, Tel. 2640.0001, www.theplacemalpais.com): gepflegt, mit Garten, Rest. (Mo–Sa 8–20 Uhr), Bar, geschmackvoll eingerichtete Zi. und Bungalows, Safe, Pool, bp (WW), DV, MB, etwas ungepflegt: DZ 90 $ (für 4 Pers.); Bungalows, Vent., bp WW, DZ 158 $, 1 Villa 249 $ (1–5 Pers.) mit 2 Schlafzi., AC; KK (+6 %).

■ **Hotel Oasis** (300 m links, Tel. 2640.0259, www.oasismalpais.com): Pool; 5 Zi. mit Küche, 3 Zi. mit Vent.: 120/120/140 $; Studios mit AC: DZ 120/120/140 $.

■ **Mal Pais Surf Camp** (400 m links, Tel. 2640.0031, www.malpaissurfcamp.com): gepflegt, schöner Pool, Rest. (Frühstück ab 3 $, Hauptgericht ab 5 $), Surfschule, Boardverleih, US-Ltg.; Camping: 11 $ p.P.; bc (WW), Vent.: ab 17 $/Pers; 5 offene Hütten mit Hängematte, bc, MB: DZ 107 $.

■ **Blue Jay Lodge** (1 km links, Tel. 2640.0089, www.bluejaylodgecostarica.com): gr. Anlage am Hang, Rest.; 10 Bungalows, Safe, bp (WW), MB, Balkon, DV: 85/85/108 $ (ÜF).

■ **Hotel Vista de Olas** (1,4 km Zufahrt links, Tel. 2640.0183, www.vistadeolas.com): gepflegte Anlage in erhöhter Lage, Rest./Bar, schöner Pool mit MB, schweizer. Ltg.; 6 gr., geschmackvoll eingerichtete Bungalows mit Außenduschen, MB: mit AC: ca. 175 $; KK +7 % – Lesertipp!

■ **Pachamama** (1,5 km links, Tel. 2640.0195, www.pacha-malpais.com): schöne Anlage in Strandnähe, öster. Ltg., Surf- und Kite-Kurse; 3 Bungalows m. Küche: DZ 65–75 $, sowie ein Haus m. Küche, AC: 160 $.

■ **La Hacienda B&B** (1,6 km links, Tel. 2640.0067, http://lahaciendalodge.com): gepflegte Anlage in mexikan. Stil mit Pool; 5 geschmackvoll dekorierte Zi.: DZ ab ca. 69–136 $ (ÜF), 2 schöne Häuser mit Küche, 2 Schlafzi., AC, Küche: 113 $ (ÜF).

■ **Moana Lodge** (1,8 km links, Tel. 2640.0230, www.moanacostarica.com): sehr schöne gepflegte Anlage in Strandnähe mit Pool, Jacuzzi, Massage, kl. Bar, Gem.küche, geschmackvoll im afrikanischen Stil eingerichtete Zimmer: 3 Std.-Zi. mit AC: 95/95/125 $ (ÜF), 4 Deluxe-Zi.: 130/130/165 $ (ÜF); KK.

■ **Star Mountain Jungle Resort** (3,2 km links + 2 km Richtung Cabuya, Tel. 2640.0101, www.starmountaineco.com): gr. Anlage im Grünen mit Pool, Rest., privates Naturreservat mit Wanderwegen, Reittouren; 4 Gästezimmer mit DV: 69/85/95 $, sowie zwei Häuser mit AC: 159 $ (4–5 Pers.), 169 $ (bis 6 Pers.).

Restaurants

■ **Ritmo Tropical:** ital. Familienbetrieb, große Auswahl, gutes Essen.
■ **Caracolas:** Snacks, Casados und international, schönes Ambiente und direkt am Strand.
■ **Pizzeria Carmen** (direkt am Strand Playa Carmen): sehr gute Pizza und Teigwaren.
■ **Chez Moi** (in Bungalows The Place): sehr gut.
■ **Rest. Mary's** (3,1 km): gute Tica-Küche und Salate, günstiger Fisch.

Infos von A bis Z

■ **Einkaufen:** *Centro Comercial Playa Carmen* (an der Gabelung) mit Apotheke, Restaurants, Banken: *Banco de Costa Rica* und *Banco Nacional.*
■ **Tanken:** Tankstelle ca. 1,5 km Ri. Cóbano.
■ **Taxi:** Tel. 2640.0261 und 2640.1900.

Playa Sta. Teresa

An diesem schönen, weißen Sandstrand sind die **Surfbedingungen sehr gut.** Nördlich von Sta. Teresa befinden sich u.a. Playa Hermosa und Playa Manzanillo, danach muss der Río Bongo überquert werden, was nur während der Regenzeit selbst mit Allrad oft nicht möglich ist. Der frühere „Geheimtipp" hat sich längst zu einem touristischen Zentrum entwickelt, es herrscht **rege Bautätigkeit.** Da die Hauptstraße vor allem in der Trockenzeit sehr staubig ist, sollte man die Zimmer zur Straße meiden!

Unterkunft

Es gibt eine ganze Reihe von Unterkünften für jeden Geldbeutel (Entfernungsangaben ab Abzweigung). Eine Auswahl:

■ **Hotel Casa Azul** (100 m links, Tel. 2640.0379, www.hotelcasaazul.com): Haus (3 Etagen), schöner Pool, direkter Meerzugang, Gem.küche; 3 Zi. mit AC, DV: DZ 70–150 $ (bis 3 P.); Suite mit 2 Schlafzi.: 400 $ (mind. 3 Nächte).
■ **Ronny's Hotel** (300 m rechts, Tel. 2640.0301 oder 2640.0309): Pool, Rest.service; 10 Zi., AC, KS, Safe: ca. 90 $.
■ **Hotel Casa Marbella** (300 m rechts, Tel. 2640.0749, in D: 01577/3126122, www.casamarbel.la/de): neues Hotel in Hanglage unter dt. Ltg., Zi. mit MB, AC, Minibar: DZ 90 $, m. Küche: 105 $, Apt. 2 DZ: 150 $, Luxus-Suite, 3 DZ: 250 $.
■ **Tranquilo Backpackers** (400 m rechts, Tel. 2640.0589, www.tranquilobackpackers.com): Gem. Küche, Internet, Billard, Tischtennis; Schlafraum: 11–13 $ p.P. (bis 6 Pers.); Camping: ca. 7 $ p.P.; DZ, bc: 25 $, DZ, bp: 30 $.
■ **Hotel & Yogacenter Horizon** (500 m rechts, Tel. 2640.0524, www.horizon-yogahotel.com): Hotel in Hanglage mit MB, 3 Pools, Teahouse, vegetar. Rest., Yoga (10 $/1½ Std.); Zi., AC, Küche, Safe, KS: 125-220 $ (1–3 Pers.), Haus mit 2 Zi.: 150–220 $ (bis 4 Pers.).
■ **Tropico Latino Lodge** (750 m links, Tel. 2640.0062, www.hoteltropicolatino.com): schöne Anlage

am Meer mit Rest., Pool, Palmengarten, gepflegt; 3 Zi. in Straßennähe, AC, DV, Veranda, Hängematte: 205 $; 8 Bungalows mit AC: 215 $; 1 Suite mit 2 Zi. (bis 5 Pers.), AC: 730 $.

■ **Ranchos Itaúna** (1,4 km links, Tel. 2640.0095, www.ranchos-itauna.com): Rest./Bar; 4 schöne Zi., bp (WW), KS: 100/100/115 $, mit Küche: +10 $.

■ **Cabinas/Camping Zeneida's** (2,6 km links, Tel. 2640.0118): schöner Campingplatz unter Palmen direkt am Meer, Rest.service; Camping: 8 $ p.P., 11 einf. Zi., bc: 35 $ p.P., 5 Zi. mit Bad: 55 $.

MEIN TIPP: **Hotel & Villas Esencia** (2,7 km rechts, Tel. 2640.0420, in D: 08€1/165906, www.esencia hotel.com): neues Wellness-Hotel mit Pool, Snack-Bar, Fitness-Bereich, Yoga-Kurse, Massagen etc., 150 m zum Strand; 10 freundlich eingerichtete Villas mit AC, Wohnzi., Küche, Safe, Terrasse: 102–119 $, 2 Zi.-Villa 170 $ (4 Pers.).

■ **Cabinas Playa Santa Teresa** (2,8 km rechts, Tel. 2640.0137, www.santateresasurfhostels.com): Surfhotel, 150 m vom Strand, israelische Ltg.; Schlafraum: 10–12 $, 6 Zi., bp (WW), DV: DZ 10 $; 2 Apartments. mit Küche 25 $ (bis 4 Pers.).

■ **Manalá Hotel** (2,8 km rechts, Tel. 2640.1132, www.manalahotel.com): neues Strandhotel mit Pool, 8 schöne Bungalows mit DV, Safe, KS, AC: DZ 133 $.

■ **Hotel Casa Cecilia** (3,9 km links, Tel. 2640.0115, www.casacecilia.com): Privathaus am Meer; 4 ordentl. Zi., bp (WW), DV, teuer: 134/134/157 $ (ÜF).

Restaurants

Eine Liste aller Restaurants findest man unter: www.mal-pais.com/restaurants-and-bars.

■ An der Gabelung Mal País/Sta. Teresa gibt es das Einkaufszentrum Centro Comercial Playa Carmen. Dort befinden sich u.a.:

■ **Product C und Chop it:** leckere Snacks, Salate, Sandwiches …

■ **Pure:** neues Lokal, excellente internationale, kreative Küche.

■ **Soda Amistad:** super günstiges Ticofood.
■ **Al Chile Viola:** nettes Ambiente, italienisch
■ **Tapas:** Besitzer aus Barcelona, gute Tapas.
■ **Koji:** japanische Küche, Sushi, hochgelobt, aber auch ziemlich teuer.
■ **Rest. Las Piedras** (Tel. 2640.0453): argentin. Restaurant, Salate, Grill, Meeresfrüchte; Mo–Sa 8–22 Uhr, So 18–22 Uhr.

Infos von A bis Z

■ **Autovermietung:** *Alamo* und *Toyota* (an Cruze), *Budget* (im Einkaufszentrum).
■ **Einkaufen:** *Centro Comercial Playa Carmen* (an der Gabelung) mit Apotheke, Bank geplant; *Super Ronny* (bei Ronny's Place).
■ **Fahrradverleih:** *Ciclo Segura* (nach 2. Brücke), auch Reparaturen.
■ **Geldwechsel:** an der Kreuzung Banco Nacional und Banco de Costa Rica.
■ **Touren:** *Canopy Montezuma* und *Mal País* ca. 35–40 $.

Busverbindungen

■ **Cóbano:** Um 7 und 16 Uhr fährt der Bus aus Sta. Teresa kommend (an der Abzw. Mal País) Richtung Cóbano.
■ **San José** (*Hnos. Rodriguez,* Tel. 2642.0219): tgl. 6.20 und 14 Uhr.
■ Die private Buslinie **Montezuma Expeditions** (Minibusse, Abholung vom Hotel) fährt täglich um 8.15 und 14.30 Uhr nach San José sowie um 8.30 Uhr nach Sámara, Nosara, Tamarindo, Liberia, Fortuna, Monteverde, Jacó und Manuel Antonio; Reservierung: Tel. 2640.0898, www.montezumaexpeditions.com.

Puntarenas | 395

Quepos und Manuel Antonio | 414

Quepos, südlich von | 427

Von Jacó nach Quepos | 412

Von Puntarenas nach Jacó | 401

8 Zentrale Pazifikküste

Der nördliche Teil der zentralen Pazifikküste zwischen Puntarenas und Quepos ist überlaufen und abschnittsweise stark verbaut. Südlich davon findet man aber noch einsame Strände, Naturparks und schön gelegene Hotels mit Meerblick.

◁ Einsame Bucht an der Costa Ballena südlich von Uvita

NICHT VERPASSEN!

- **Nationalpark Carara:** der Park bildet den Übergang von Trockenwald zu tropischem Regenwald | 403
- **Nationalpark Manuel Antonio:** eigentlich wunderschön, doch leider ist der tierreiche Nationalpark immer überlaufen, und die Tiere werden angefüttert | 423
- **Costa Ballena:** die Costa Ballena zwischen Dominical und Ojochal ist ein schöner Küstenabschnitt mit einsamen Naturstränden und Wasserfällen im Hinterland | 433

Diese Tipps sind gelb hinterlegt.

Am Hafen von Puntarenas

ÜBERBLICK

Die zentrale Pazifikküste, das Kernstück der Provinz Puntarenas, erstreckt sich von der Provinzhauptstadt Puntarenas über 200 km bis zur Halbinsel Osa. Die Strände im nördlichen Teil sind wegen ihrer Nähe zum Valle Central an den Wochenenden meist überfüllt. Von San José bis Tárcoles sind es rund 90 km Strecke, bis Jacó fährt man mit dem Bus nur 3 Stunden. Die Strände in der Umgebung von Puntarenas und an der Mündung des Río Tárcoles sind für Touristen jedoch wenig attraktiv, Jacó und Manuel Antonio sind schöner, aber sehr beliebt – wer seine Ruhe haben möchte, sollte es weiter südlich versuchen.

Gewarnt sei vor den **gefährlichen Strömungen,** die mehrere Schwimmer das Leben gekostet haben. Wegen der starken Wellen ist die Region jedoch beliebt bei **Surfern,** die hier gute Bedingungen vorfinden.

Das **Klima** ist allgemein heißer und trockener als im Hochland: Die Temperaturen liegen durchschnittlich um 8–10 °C höher (Höchsttemperaturen 32–25 °C), die Niederschlagswerte ungefähr 10–20 % niedriger.

Puntarenas

- **Einwohner:** 40.000, Bezirk 115.000
- **Lage:** Halbinsel am Golf von Nicoya, 120 km westl. von San José
- **Durchschnittstemperatur:** um 28 °C
- **Niederschlag:** 1600 mm/Jahr (vor allem Mai–Okt.)

Puntarenas, die Hauptstadt der größten Provinz des Landes, die bis zur Grenze nach Panama reicht, liegt auf einer lang gestreckten **Halbinsel** am Eingang des Golf von Nicoya. Seit ca. 20 km weiter südlich der neue Frachthafen Puerto

Zentrale Pazifikküste

☐ Übersichtskarte S. 328, Stadtplan S. 398 **Puntarenas**

Caldera eröffnet wurde, sind die großen Zeiten als wichtige Hafenstadt vorbei. An der Nordseite der Halbinsel gibt es zwar noch einen geschäftigen **Fischerhafen,** die großen Fracht- und Containerschiffe legen jedoch nicht mehr an – mit ein Grund, weshalb die Eisenbahnverbindung nach San José eingestellt wurde.

Puntarenas ist eine Stadt der Kontraste: Während im Zentrum geschäftige Hektik dominiert, läuft das Leben im westlichen Teil der Stadt deutlich geruhsamer ab. Die einzige Abwechslung sind hier die **Touristen** aus dem In- und Ausland, die vor allem zwischen Dezember und Februar kommen. Das Hauptargument für Tourismus ist die Nähe zum Valle Central, außerdem ist die Stadt ein wichtiger Ausgangspunkt zur Halbinsel Nicoya (12 Fährverbindungen täglich) und für Tagesausflüge zur Isla Tortuga. In letzter Zeit legen am langen Pier auf der Südseite regelmäßig Kreuzfahrtschiffe an, was zu einem regelrechten Bauboom geführt hat.

Die **Strände** der Stadt sind zwar nicht besonders schön, aber durchaus zum Baden geeignet, und man ist bemüht, sie im Bereich der Hotels sauber zu halten. Von hier hat man einen schönen Blick über die Bucht von Nicoya, und oft gibt es einen eindrucksvollen Sonnenuntergang zu sehen.

Sehenswert ist die von einem kleinen Park eingerahmte **Kirche;** daneben wurde in einem historischen Gebäude das *Casa de la Cultura* eröffnet, mit einer Bibliothek, Veranstaltungs- und Ausstellungsräumen. Auf der Südseite liegt der Eingang zum **Seefahrtsmuseum** *(Museo Histórico Marino);* geöffnet Di–So 9.45–12 und 13–17.15 Uhr, Eintritt: ca. 2 $, www.museosdecostarica.com/museos13.

Eine der neueren Attraktionen ist der **Parque Marino Pacifico:** 28 Aquarien mit Fischen und anderen Bewohnern der costaricanischen Gewässer, auch Krokodile und Meeresschildkröten; geöffnet Di–So 9–17 Uhr, Eintritt: 10 $, Kinder bis 11 Jahre 5 $, Info: Tel. 2661.5272, www.parquemarino.org.

Unterkunft

Im Zentrum gibt es einige Billighotels, allerdings ist die Gegend abends nicht sehr angenehm (Betrunkene, Kriminalität, Prostitution etc.). Die besseren Hotels findet man entlang der Südküste am Paseo de los Turistas (= Av.4).

■ **Hotel Chorotega** (Av.3/C.1, Tel. 2661.0998, www.hotelchorotega.com): Rest.; 34 Zi., einf., aber sauber; bc, Vent., TV, KW: 28/34/46 $; bp, AC, TV, Vent.: 35/49/59 $ – die beste Billigunterkunft, freundlicher Service.

■ **Hotel El Oasis del Pacifico** (Av.4/C.3–5, Tel. 2661.0209): Pool; 18 Zi., bp: 29/49/78 $, 3 Zi. mit AC: 40/54/70 $; keine KK.

■ **Hotel Don Robert** (A.1/C.5–7, Tel. 2661.4610, gegenüber Kirche): angenehme Atmosphäre in guter Umgebung; 15 Zi. mit Internet, bp, TV: 24/30/50 $, mit AC: 36/48/58 $; KK.

■ **Cabinas Central** (C.7/Av.2–4, Tel. 2661.1484): 6 Zi., einf. und sauber; bp: 24/48/70 $.

■ **Hotel La Punta** (C.35/Av.1, Tel. 2661.0696, www.hotellapunta.net): nahe zu Autofähren, Pool, Bar, Rest.; 11 Zi., Vent., Balkon, ohne Luxus, aber ruhig, bp, AC: 72/72/83 $; KK.

■ **Hotel Tioga** (Av.4/C.17–19, Tel. 2661.0271 www.hoteltioga.com): Rest., Pool; 52 ordentl. Zi., TV, AC, bp (KW): Std.zi. mit AC, TV, bp: 74/74 $ (ÜF), Deluxe-Zi. mit WW: 141/141 $ (ÜF), mit Balkon, MB: 168/168 $ (ÜF); KK.

■ **Hotel Las Brisas** (Av.4/C.31–33, Tel. 2661.4040, www.lasbrisashotelcr.com): Pool, Rest., Internet, Parkplatz; 27 gr. Zi. mit AC, renoviert, im 2./3. Stock MB: 139/139/159 $ (ÜF); KK (+7 %).

■ **Hotel Alamar** (Av.4/C.31–33, Tel. 2661.4343, www.alamarcr.com): Rest., Pool; 11 Zi. mit AC, Kabel-TV: 116/116/138 $ (ÜF), 8 Superior-Zi.: 128/128/148 $, 8 Apt.: 145/145/165 $ (bis 4 Pers.) (ÜF), 4 Suites: 166/166/188 $ (ÜF).

■ **Hotel Puntarenas Beach** (Av.4/C.7, Tel. 2661.6800, www.hotelpuntarenasbeach.com): neues Hotel, 61 zweckmäßige Zimmer mit AC.

Außerhalb des Zentrums

■ **Hotel Portobello** (Tel. 2661.1322): ca. 3,5 km östl. des Zentrums, mit Rest., Garten, Pool, Bootstouren; 28 Zi., AC, TV: 49/67/81 $ (ÜF); KK.

■ **Hotel Puerto Azul** (Tel. 2661.5552, www.hotelclubpuertoazul.com): neues Hochhaus-Hotel auf der Landzunge mit Yachthafen, Pool, gute Zimmer mit AC.

■ **Weitere Hotels** s.u., „Von Puntarenas nach Jacó/Strände südlich von Puntarenas".

Puntarenas

● **Übernachtung**
 1 Hotel La Punta
 2 Hotel Las Brisas
 3 Hotel Alamar
 6 Hotel Tioga
 8 Hotel Puntarenas Beach
 9 Cabinas Central
10 Hotel El Oasis del Pacifico
12 Hotel Don Robert
14 Hotel Chorotega
15 Hotel Portobello

Puntarenas — **Zentrale Pazifikküste**

Restaurants

Im Zentrum finden sich zahlreiche einfache **Sodas** und **chinesische Lokale.** Die besseren Restaurants reihen sich am Paseo de las Turistas am Südufer der Halbinsel aneinander. Die Aufzählung der Restaurants erfolgt von Ost nach West:

■ **Restaurant Casa Almendro** (Av. 4/C.21): nettes Lokal im OG mit Meerblick.
■ **Bar/Rest. El Oasis del Pacifico** (Av.4/C.3–5, Tel. 2661.6368): Ceviche ab 4 $, Fisch ab 6 $; Fr/Sa 21–1 Uhr Tanz, Eintritt frei.
■ **Pizzería Terazza de Emanuele** (Av.1/C.5, Tel. 2661.5556): nettes gepflegtes Restaurant in angenehmer Gegend, Pizza ab 5 $, Pasta ab 7 $, Salate ab 6 $; Mo–So 12–21 Uhr.
■ **Bar/Rest. La Casona** (Av.1/C.9, Tel. 2661.1626): rustikales Rest. in altem Holzhaus mit Charakter, Casado, gute Meeresfrüchte ab 5 $, Pasta und Ceviche ab 6 $; Mo–Fr 7–17.30, Sa 7–18, So 7–14 Uhr.
■ **La Casa de los Mariscos** (A.4/C.7): gehobener Standard, sehr gute Fisch- und Meeresfrüchte ab 7 $; 11–22 Uhr.
■ **Kimbos Restaurant** (A.4/C.9): 8–3 Uhr morgens, in der Hochsaison Sa/So 24 Std. geöffnet.
■ **Restaurant Los Almendros** (im 2. Stock des Hotel Tioga): schöne Aussicht über die Bucht von Nicoya.
■ **Restaurant Las Brisas** (im Hotel Las Brisas): mit MB; div. Fleisch- und Fischgerichte.
■ Im nördlichen Teil der Stadt, in der Nähe des Fischerhafens liegen die beiden einf. und recht günstigen Fischlokale **Marisquería Kahite Negro** und **Kahite Blanco** (Tel. 2661.5566): Meeresfrüchte ab 6 $, Reisgerichte ab 5 $; 10–22 Uhr.

■ **Essen und Trinken**
2 Restaurant Las Brisas
4 Restaurant Casa Almendro
5 Marisquerias Kahite Negro Kahite Blanco
6 Restaurant Los Almendros (im Hotel Tioga)
7 Kimbos Restaurant
8 La Casa de los Mariscos
10 Restaurant/Bar El Oasis del Pacifico
11 Bar/Rest. La Casona
13 Pizzeria Terazza de Emanuele

Infos von A bis Z

- **Disco:** im Hotel Yadran.
- **Erste Hilfe:** Rotes Kreuz (Tel. 2661.0184), Krankenhaus (C.9/Av.4, Tel. 2663.0033), Apotheke (A.1/C.1–3 und Av.C/C.2–4).
- **Fahrradbedarf:** *Ciclo Gabi* (Av.1/C.1–3, Tel. 2661.0348): Reparaturen, gr. Auswahl an Zubehör; Mo–Sa 8–17 Uhr.
- **Filmentwicklung** (A.1/C.1): Fuji und Konica.
- **Geldwechsel:** *Banco de Costa Rica* (C.3/Av.2, Mo–Fr 9–16 Uhr), *Banco Nacional* (Av.3/C.C.-1, Mo–Fr 8.30–15.45 Uhr): Bancomat (VISA, MC, Maestro); *Banco Cathay* (Av.1/C.3–1, westl. neben Ciclo Gaby): Bancomat (VISA, MC, Maestro); *Banco de San José* (Av.3/C.3, Mo–Fr 9–18 Uhr, Sa 9–13 Uhr); *Banco Popular* (Av.2–4, Mo–Fr 8.45–16.30 Uhr, Sa 8.15–11.30 Uhr): Bancomat (nur VISA).
- **Information:** kein Infobüro; im Internet: www.puntarenas-cr.com.
- **Polizei:** hinter *Banco Nacional*, Tel. (Notruf) 117.
- **Post:** Av.3/C.C.-1., Mo–Fr 8–17.30 Uhr, Sa 7.30–12 Uhr.
- **Taxi:** Tel. 2663.2020, 2663.3030, Standplatz C.C./Av.C.-1.
- **Tourveranstalter:** Ganztägige Jachtausflüge zur Isla Tortuga mit Badeaufenthalt und Mittagessen (ca. 75–119 $ p.P.) bieten u.a *Bay Island Cruises* (Tel. 2239.4951, www.bayislandcruises.com) und *Calypso Tours* (Tel. 2256.2727, www.calypsotours.com).

Busverbindungen

- Der **Terminal** nach San José befindet sich südlich des Zentrums (Av.4/C.2), 5–10 Min. Gehzeit vom Hafen (Personenfähre), alle anderen Busse fahren von der Haltestelle gegenüber am Meer ab.
- **San José** (Tel. 2661.3138): tgl. 4–19 Uhr jede Stunde (Fahrzeit ca. 2½ Std.); *Interbus:* tgl. 12.15 Uhr (3 Std., 30 $).
- **Miramar:** 7–15 Uhr jede Stunde, 16.30 und 17.30 Uhr (über Costanera), 5.45, 6.45, 7.30–15.30 (jede Std.), 16.45, 17.45, 18.30, 19.30, 20.30 und 21.45 Uhr (über Barranca), Fahrzeit 1 Std.
- **Montezuma:** *Interbus:* tgl. 11 Uhr (3½ Std., 40 $).
- **Costa de Pájaros** (Fähre Isla Chira): 7, 12.30 und 14.30 Uhr.
- **Cañas/Tilarán:** 6 und 13 Uhr.
- **Sta. Elena** (Monteverde): Tel. 2645.5159, tgl. 7.50, 13.50 und 14.15 Uhr, Fahrzeit 3 Std.
- **Liberia:** 5, 5.30, 7, 8.30, 9.30, 11, 12.30, 15 Uhr, Fahrzeit 3 Std.
- **Jacó/Quepos** (*Transp. Quepos,* Tel. 2777.0743 und 2661.1345): tgl. 4.30, 5.30, 7.30, 9.30, 13, 15 und 17 Uhr, Fahrzeit 1½/3 Std (Fahrkarten: C.4/Av.C.-2, 7–12 Uhr und 13–17 Uhr).

Fährverbindungen

- Aktueller **Fahrplan im internet:** www.navieratambor.com.
- Die beiden Autofähren zur Nicoya-Halbinsel legen am Nordwestende der Halbinsel ab (Av.3/C.33–35), die Personenfähre *(lancha)* nördlich des Zentrums hinter dem Markt.
- **Playa Naranjo** (Autofähre): COONATRAMAR (Büro gegenüber Anleger, Tel. 2661.1069) tgl. 6.30, 10, 14.30 und 19.30 Uhr; Fahrzeit: 1 Std., Preis: 2 $ p.P., Pkw: 15 $.
- **Paquera** (Autofähre, *Naviera Tambor,* Tel. 2661.3034): tgl. 5–21 Uhr, Preis: 1,65 $ p.P., Motorrad 7 $, Pkw 25 $.

Von Puntarenas nach Jacó (70 km)

Die Strände südlich von Puntarenas

Die **Straße nach Jacó** ist durchgehend geteert und in gutem Zustand. Autofahrer aufgepasst: Die breite Straße verleitet zum schnellen Fahren, aber nur 80 km/h sind erlaubt und Radarkontrollen häufig (Strafe: ca. 15 $).

Durch ihre Nähe zum Valle Central sind die Strände bei Puntarenas vor allem **bei Ticos beliebt** und daher an den Wochenenden meist voll. Leider ist das Meer hier nicht immer sehr sauber, was nicht zuletzt an dem Unrat liegt, den der Río Tárcoles aus dem Hochland mitbringt. Besonders im Bereich der Mündung verschandelt der **Müll** die ansonsten schönen Strände, denn die Hauptströmungsrichtung des Meeres geht nach Nordwesten. Außerdem gibt es Gerüchte, dass vom Hospital bei Chacarita Spritzen und andere Krankenhausabfälle ins Meer gelangen (eine Kläranlage ist im Bau).

Zur Playa Doña Ana

Wenn man von Puntarenas aus am Meer nach Osten fährt, kommt man zunächst am Krankenhaus bei Chacarita vorbei, in dessen Umgebung einige Hotels und Clubs liegen. 11 km östlich von Puntarenas erreicht man am **Hotel Doubletree Resort** (ehemals Fiesta) eine Straßenkreuzung. Die Route führt von dort in südlicher Richtung am Meer entlang.

Kurz hinter der Brücke über den Río Barranca liegt rechts:
■ **Paradero Turístico Playa Ana** (http://sitios ticos.cr/playa-dona-ana): kl. Bucht mit flachem Sandstrand, Rest., Picknicktische etc.; geöffnet tgl. 8–16 Uhr, Eintritt 3 $.

Puerto Caldera

Die **moderne Hafenanlage,** 1978–1982 von den Regierungen von Costa Rica und Japan mit zusätzlichen Geldern aus Venezuela erbaut, ist eine der wenigen Anlaufstellen für riesige **Kreuzfahrtschiffe,** die vor allem aus den USA hierher kommen, ansonsten ist Puerto Caldera unattraktiv.

Mata de Limón

Dieser kleine Ort in unmittelbarer Nähe zu den Hafenanlagen von Puerto Caldera liegt links der Straße hinter einer **kleinen Lagune**. In den Mangroven kann man viele Wasservögel und gelegentlich auch Krokodile beobachten. Ansonsten ist der Ort touristisch weitgehend uninteressant: Wer möchte schon im Umfeld einer Hafenanlage baden? Wer dennoch bleiben möchte, hat die Wahl zwischen einfachen Cabinas und Restaurants.

Restaurants

■ **Restaurant Costa del Sol** (Tel. 2634.4008): nettes Lokal am *estero* (Lagune), frischer Fisch & Meeresfrüchte ab 14 $; tgl. 10–22 Uhr.
■ **Restaurant Tabaris** (an der Hauptstraße, Tel. 2634.4196): frischer Fisch und Meeresfrüchte, nicht teuer; tgl. 6–22 Uhr.

Playa Tivives

Den nächsten **Strand** erreicht man über 6 km Piste (ausgeschildert), Unterkünfte sucht man dort allerdings vergeblich. Am Meer gibt es ausschließlich Privathäuser, deren Besitzer meist aus dem Valle Central kommen, um hier am weiten flachen Sandstrand das Wochenende zu verbringen. Am Ortseingang besteht ein Kontrollposten der Polizei, von dort nach rechts kommt man zum **Restaurant Las Olas**: günstige Fischgerichte.

Playa Guacalillos

Dieser schwarze Sandstrand, auch **Playa Tárcoles** genannt, ist leider über weite Strecken mit Wohlstandsmüll überfüllt, der vom Río Tárcoles angeschwemmt wurde. Man erreicht ihn über die gleiche Zufahrt wie zur **Playa Bajamar**: Nach 5,5 km links, nach weiteren 5 km ist man an einem Strand mit wenig Müll.

Etwa 1 km weiter endet die Straße am Río Tárcoles. Eine Weiterfahrt nach Süden ist nicht möglich.

Zum Río Tárcoles

Etwa 25 km südlich des Hotels Hilton Dobletree zweigt am Straßenkilometer 61,5 eine zunächst gut ausgebaute Straße ab, die über Orotina nach Atenas führt (siehe im Kapitel „Valle Central") und von dort weiter nach San José. Über diese Straße erreicht man auch den **Vergnügungspark Turu Ba-Ri** (s.u.).

Die Küstenstraße quert nach 11,5 km den **Río Grande de Tárcoles**, einen der größten Flüsse des Landes. Hier lohnt sich ein Stopp, da am Fluss recht häufig Krokodile und Wasservögel zu beobachten sind. Vor allem wenn der Wasserstand des Flusses durch Ebbe des nahe gelegenen Meeres niedrig ist, lauern die Krokodile an Sandbänken und im Fluss bewegungslos auf Beute, oft nur mit den Nasenlöchern über Wasser. Von der Brücke sind es noch ca. 25 km Teerstraße nach Jacó. **Achtung:** Immer wieder werden am Parkplatz hinter der Brücke Autos aufgebrochen, während die Fahrzeughalter abgelenkt sind. Lassen Sie das Fahrzeug nicht unbeaufsichtigt! Der Polizeiposten ist nicht immer besetzt!

Unterkunft und Restaurant

MEIN TIPP: 7,8 km nach dem Abzweig Orotina (nördl. des Río Tárcoles) führt rechts eine Zufahrt Ri. Meer nach ca. 3 km zur **Cerro Lodge** (Tel. 2427.9910, mobil: 8871.3523, in D: 0861/165906, www.hotelcerrolodge.com): nette Lodge, schöne Lage mit MB, gute Vogelbeobachtung (Aras), Pool, Rest.: 10 gute Std.-Zi. mit AC: 70/90 $ (ÜF), sowie 10 geräumige Bungalows: 90/115/135 $ (ÜF).

Vergnügungspark Turu Ba-Ri

- **Anfahrt:** von Orotina Ri. Puriscal, nach ca. 7 km Abzw. nach Turrubares
- **Info:** Tel. 2250.0705, www.turubari.com
- **Geöffnet:** tgl. 8.30–17 Uhr
- **Eintritt:** 49 $ (inkl. 1 Tour mit Guide), Kinder (bis 11 J.): 34 $

Dieser Vergnügungspark setzt v.a. auf betuchte amerikanische Kundschaft, die mit Kreuzfahrtschiffen im nahe gelegenen Pto. Caldera oder Puntarenas anlegen und ein paar Stunden Landgang haben. Der „Eco-adventure oriented theme park" (Themenpark Öko-Abenteuer) hat einen Schmetterlings- und Orchideengarten, eine Seilbahn *(Sky Ride)*, Canopy, Pferdetouren und mehr – zu gesalzenen Preisen! Ende 2013 war der Betrieb vorübergehend eingestellt.

Nationalpark Carara

- **Fläche:** 4700 ha
- **Lage:** am Südufer des Río Tárcoles
- **Geöffnet:** 8–15 Uhr (Nov.–April 7–17 Uhr)
- **Eintritt:** 10 $
- **Info:** Tel. 2416.7068
- **Übernachtung:** Cabinas/Restaurant Los Cocodrilos (s.o.) oder in Playa Tárcoles
- **Anfahrt:** Hauptverwaltung 3 km südlich des Río Tárcoles links, Zugang zum Sendero Laguna Meandrica 500 m nach der Brücke links (vorher Eintritt bezahlen); Busse kommen zwar regelmäßig vorbei, halten jedoch nicht immer an.
- **Tipp:** Die Hauptbesuchszeit meiden (ca. 9–12 Uhr). Die beste Zeit ist der frühe Morgen (Vogelbeobachtung!) oder nach 14 Uhr, wenn der Hauptandrang vorbei ist.

Verkehrsgünstig an der Hauptzufahrt nach Jacó und Quepos/Manuel Antonio gelegen, wurde das ehemalige Biologische Reservat zum Carara-Nationalpark erklärt. Nach den Besucherzahlen liegt er an fünfter Stelle aller staatlichen Schutzgebiete. In einer **Übergangsregion** zwischen Trockenwald im Norden und niederschlagsreicheren Gebieten im Süden bildet er das einzige Schutzgebiet in dieser bioklimatischen Region. Trotz der isolierten Lage inmitten landwirtschaftlich genutzter Flächen gibt es zahlreiche Tiere und eine überraschend artenreiche Vegetation. Auf engstem Raum trifft man auf verschiedene Ökosysteme: Galeriewald, Sekundär- und Primärwald, Sumpfgebiete und ein Altwasser. Zahlreiche Wasserläufe durchfließen das Reservat, die meisten ganzjährig.

Im Gebiet des Reservates hat man auch zahlreiche Spuren **präkolumbischer Siedlungen** gefunden: Insgesamt gibt es 15 archäologische Stätten aus der Zeit von 300 v. Chr. bis zur spanischen Eroberung. Man geht davon aus, dass die frühen Siedler vorwiegend von Landwirtschaft lebten (Subsistenzwirtschaft).

Finanzielle wie personelle Probleme beeinträchtigen die Arbeit der Verwaltung. Dazu kommen Waldbrände, Wilderei und vor allem der wachsende Besucherdruck.

Flora und Fauna

Die Vegetation im Park ist mit über 750 Arten sehr vielfältig. Man unterscheidet fünf Ökosysteme. Die **Sumpfgebiete** im Nordosten sind durch jahreszeitlich wiederkehrende Überschwemmungen entstanden. In ihnen leben Wasservögel, insektenfressende Vögel, Amphibien und Reptilien. In einem ausgedehnten Mäander des Río Tárcoles liegt ein u-förmiges **Altwasser,** das vollkommen von Wasserhyazinthen *(choreja)* und anderen Wasserpflanzen bedeckt ist. Häufig sind hier Amphibien und Reptilien (Krokodile bis 3 m Länge) und Wasservögel. Der größte Teil des Reservates mit seinen teilweise sehr steilen Abhängen ist von **Primärwald** bedeckt. Durch die hohe Niederschlagsmenge findet man hier eine große Pflanzenvielfalt auf verschiedenen Vegetationsschichten mit zahlreichen Kletterpflanzen und Epiphyten. Einige der größten Bäume sind Kapok-, Guanacaste-, Feigen- und Sandbüchsenbaum. Am Rand der Flüsse findet man hohen **Galeriewald,** der sehr dicht und artenarm ist. Eine charakteristische Baumart ist der Kaschubaum. Vor allem im Nordosten des Reservates *(Lomas Entierro)* findet man **Sekundärwald,** der frühere landwirtschaftliche Nutzgebiete bedeckt und in dem die dornige Viscoyol-Palme ganze Wälder bildet.

Das Reservat ist Heimat vieler **Säugetiere:** Große Ameisenbären, Vieraugenbeutelratten, die seltenen Zweifinger-Faultiere, Agutis, Wickelbären, Tayras, Ozelots, Halsbandpekaris, Weißwedelhirsche, Nasenbären, Waschbären, Kapuziner- und Brüllaffen.

In der **Vogelwelt** ist das Vorkommen des Roten Aras besonders wichtig. Im pazifischen Trockenraum ist er sonst praktisch völlig verschwunden, und trotz Schutzbemühungen wird er immer seltener. Neben den Krokodilen leben auch Basilisken und Leguane im Gebiet.

Wanderwege

Je Weg sind maximal 60 Personen pro Stunde zugelassen.

Sendero Natural Las Araceas

1,2 km, Gehzeit 20 Min., überwiegend flach, nach Regen matschig. Dieser kurze Rundweg führt durch dichten Regenwald, das Klima ist entsprechend feuchtheiß. Eingeschränkt wird das Naturerlebnis ein wenig durch den Lärm der nahe gelegenen Straße.

Sendero Quebrada Bonita

Weiterführung des o.g. Sendero Las Araceas, Gehzeit weitere 30 Min., 1,5 km. Mit etwas Glück begegnet man einem Nasenbären und kann in den Bäumen Kapuzineraffen beobachten (es gibt auch eine kleine Population an Brüllaffen). Neben dem Fensterblatt, einer Kletterpflanze, die dem Weg seinen Namen gegeben hat (*Arazeen* sind eine Familie der Aronstabgewächse), ist vor allem eine Pflanze für diesen Vegetationstyp charakteristisch, die in Costa Rica endemisch ist und außer bei San Carlos nur hier vorkommt: der *cafecillo*, ein kleiner Baum (max. 3 m) mit länglichen Blättern, verwandt mit dem Zitronenbaum.

Sendero Laguna Meandrica

Ca. 4 km einfach, Gehzeit je etwa 1–1½ Std., überwiegend flach (rollstuhlgeeignet, nach Regenfällen allerdings oft nur schwer passierbar), meist schattig: Der breite und gut befestigte Weg führt etwas versetzt am Río Tárcoles entlang durch Primärwald und erreicht nach ca. 2,5 km einen Aussichtspunkt am Fluss, der Weg ist im letzten Stück leicht ansteigend. **Achtung:** Der Parkplatz am Weganfang ist nicht bewacht. Diebstahlgefahr!

Mit etwas Zeit (und vor allem einem Fernglas) kann man auf diesem Weg zahlreiche Vögel beobachten, die in den Ästen der Bäume sitzen. Mit zusätzlich etwas Glück sieht man auch einige Tukane oder sogar die wunderschönen Roten Aras, die vor allem im Flug ihre Farbenpracht entfalten. Neben den ebenfalls in den Bäumen sitzenden Leguanen sieht man im dichten Unterholz gelegentlich auch einen Nasenbären oder ein Aguti.

Playa Tárcoles

5 km hinter der Brücke über den Río Tárcoles führt eine Abzweigung rechts nach 1 km (ungeteert) zu dem kleinen Dorf am Meer. Der Strand besteht aus dunklem Sand und Kies. Nach weiteren 2,5 km kommt man zur Mündung des Río Tárcoles, wo mehrere Anbieter mehr oder weniger spektakuläre Bootstouren zur Krokodilbeobachtung anbieten, bei denen diese aber meist angefüttert werden, was wenig artgerecht ist (Dauer 1½–2 Std., ca. 30 $ p.P., Anbieter u.a.: *Jungle Crocodile Safari*, Tel. 2637.0338, Büro: Tel. 2241.1853, www.junglecrocodilesafari.com). Empfehlenswerter sind die Touren zur **Vogelbeobachtung** mit *Luis Campo*, die in der HS tgl. 6, 9 und 15 Uhr starten: Tel. 2433.8278 oder 8888.2004. Die Weiterfahrt zur ebenfalls mit reichlich Müll „verzierten" **Playa Azul** (2 km) lohnt sich nicht.

Unterkunft

■ **Hotel Carara** (Tel. 2637.0178, www.hotelcarara.com): direkt am Meer, renoviert, 2 Pools, Rest.; 26 Zi. mit Vent.: 56/69/91 $ (ÜF), mit AC: 66/99/100 $ (ÜF), mit MB:71/84/110 $ (ÜF); KK.

1 km vor der Abzw. nach Tárcoles führt links ein beschilderter Weg nach 600 m zum ruhig gelegenen:

Catarata Bijagual

Die gleiche Zufahrt führt zum angeblich „größten Wasserfall des Landes". Um diesen zu sehen, muss man 10 $ Eintritt zahlen und ca. 45–60 Min. auf einem anstrengenden Weg zu Fuß gehen – die Mühen und Kosten lohnen sich nicht!

Pura Vida Gardens & Waterfalls

Vorbei am Hotel Villa Lapas kommt man nach 5,5 km zu diesem neuen botanischen Garten. Auf einfachen und gut befestigten Wegen kann man die vielfältige tropische Pflanzenwelt erleben, Vögel beobachten und hat dazu einen herrlichen Blick über die Pazifikküste und zu einigen Wasserfällen, die man aber nur aus der Ferne sieht. Restaurant und Souvenirshop anbei.

■ **Geöffnet:** tgl. 8–17 Uhr, **Eintritt:** 20 $, Kinder unter 12 J. 10 $; Tel. 2645.1001, www.puravidagarden.com.

■ **Hotel Villa Lapas** (Tel. 2637.0232, www.villalapas.com): Rest., Bar, Pool, Minigolf, Schmetterlingsgarten, Canopy-Tour, Rain Forest Safari; 55 ordentl. Zi., AC, Safe, teuer: 159 $ p.P./VP, Kinder: 57 $.
■ **Macaw Lodge** (Tel. 4000.1273, www.macawlodge.com): Lodge mit 8 Zi., bp, DV: 153/215 $ inkl. HP, sowie 4 rustikale Holz-Cabanas mit Küche, Balkon: 170/192/266 $ (nur Ü).

Sky Way

Im **Privatreservat** des Hotels Villa Lapas kann man über fünf Hängebrücken in unmittelbarer Nachbarschaft des Reservates Carara den tropischen Wald erkunden, ein Führer erklärt Pflanzen und Tiere, mit etwas Glück sieht man auch Rote Aras (v.a. morgens und am späten Nachmittag).

■ **Kosten:** 28 $ inkl. Guide, Info c/o Hotel Villa Lapas, www.villalapas.com.

Playa Lapita

Etwa 7 km nach der Brücke erreicht man den kleinen Ort Lapita mit einigen Restaurants und einer Tankstelle am Ortsende. Der Ort liegt direkt an einer schönen Bucht mit einem **vorgelagerten Felsenriff mit Weichkorallen.** Das Meer ist zum Baden gut geeignet.

◁ Krokodil im Río Tárcoles

Unterkunft & Restaurants

Die aufgeführten Restaurants und Unterkünfte liegen alle an der Hauptstraße:
■ **Rest. La Fiesta del Marisco** (rechts, Tel. 2637.0172): beliebtes Fischlokal direkt am Strand, einfach, aber gute Qualität, nicht teuer; tgl. 10–21 Uhr.
■ **Cabinas Paradise** (links, Tel. 2637.0168, Infos über Rest. Steve & Lisa's): kl. Pool, 400 m zum Meer; 14 nette Apt. in spitzgiebligen Holzhäusern am Hang, bp, Vent., z.T. mit MB, z.T. Küche, AC.
■ **Rest. Steve & Lisa's** (links, Tel. 2637.0665): schöne Lage am Hang mit Meerblick, Casados ab 8 $, Pizza, Fleischgerichte, Fisch und Meeresfrüchte, tgl. 6–22 Uhr.

Punta Leona

Dieser gepflegte **feine Sandstrand** zählt mit Sicherheit zu den schönsten des Landes. Das wussten auch die Produzenten des Kinofilmes „1492", für den hier am Playa Blanca 1992 die Ankunft von *Kolumbus* auf dem amerikanischen Kontinent gedreht wurde. Wer ein paar Stunden an diesem Strand entspannen möchte, muss allerdings Eintritt bezahlen (20 $!). Anfahrt: 3,5 km nach der Tankstelle in Lapita rechts (Kontrollposten), danach 4 km durch Primärwald. Etwa 300 m weiter führt rechts eine kostenlose Zufahrt zum Strand! Wer sich vom benachbarten Playa Herradura mit dem Boot übersetzen lässt, kann den Strand ebenfalls kostenlos genießen (bis auf die Kosten für das Boot …).

Unterkunft

■ **Hotel Punta Leona** (Tel. 2231.3131, www.hotelpuntaleona.com): schöner Strand, Rest., Pool, Minigolf, Tennisplätze; 108 übertreuerte Zi. mit AC: 137/165/ 189 $ (ÜF); Suiten: DZ 244–339 $.

3 km weiter führt rechts ein geteerter Weg (2 km) zum traumhaft hoch über dem Meer gelegenen
■ **Hotel Villa Caletas** (Tel. 2630.3000, Büro 2257.3653, www.hotelvillacaletas.com): Pool mit MB (!), Aussichts-Rest.; 10 Std.-Zi.: ab 220/220/267 $; 25 Villen und Suiten: ab 303/303/350 $. Auch wer keine Nacht in diesem Luxushotel verbringt, sollte einen Abstecher auf eine Tasse Kaffee machen, schon allein der Aussicht wegen.

Playa Herradura

Diese schöne halbrunde Bucht mit flachem **Sandstrand** liegt nur wenige Kilometer nördlich von Jacó, doch gibt es hier keine Strömung und der Wellengang ist nicht so stark wie in Jacó – der Strand ist also zum Baden weit besser geeignet, Surfer werden enttäuscht sein. Neben der übertreuerten Marriott-Luxushotelanlage, die wie ein Geschwür in die Landschaft wuchert, gibt es einen **Shopping-Komplex** mit Supermarkt, Restaurants, Apotheke und Banken. Lohnenswert ist hier ein Besuch der Dantica Gallery!

Zwischen Playa Herradura und der ersten Einfahrt nach Jacó zweigt an einer Bushaltestelle links die Zufahrt ab zum:
MEIN TIPP: Hotel Pumilio, Tel. 2643.5678, in D: 0861/165906, www.hotelpumilio.com. Ruhig gelegenes Boutique-Hotel mit Pool, Rest.Service; 10 sehr geschmackvoll eingerichtete Suiten mit Küche und Balkon: DZ ab 170 $ (ÜF).

Teleférico del Pacífico

(Pacific Aerial Tram)

- **Öffnungszeiten:** Di–So 6.30–16, Mo 9–16 Uhr
- **Eintritt:** 60 $, Kinder 30 $
- **Anfahrt:** Vor der ersten Zufahrt nach Jacó (aus San José kommend) etwa 200 m südlich des Restaurants El Faro links, 4 km in Richtung Berge. Allrad nicht erforderlich.
- **Info:** Tel. (Büro in San José): 2257.5961, www.rfat.com, www.rainforestadventure.com

2003 wurde hier eine zweite **Seilbahn durch den Regenwald** eröffnet, genannt „Teleférico del Bosque Lluvioso Pacífico" oder „Pacific Aerial Tram". Die Anlage umfasst 18 Gondeln für neun Personen plus Guide. Die Fahrt auf der 1,6 km langen Strecke dauert 1–1½ Std. und überwindet dabei einen Höhenunterschied von rund 700 m. Anschließend wird ein geführter Rundgang von ca. 30–45 Min. auf einem Dschungelpfad angeboten. Fazit: Ganz nett, aber viel zu teuer!

Playa Jacó

Wegen seiner Nähe zum Valle Central ist der Strand von Jacó nicht nur bei ausländischen Besuchern beliebt. Das Meer mit seinen recht starken Wellen ist zum Baden nur bedingt geeignet, dafür aber bei Surfern beliebt. Allerdings wird vor zeitweise starken Verunreinigungen des Wassers gewarnt. Jacó lebt ausschließlich vom Tourismus, doch **der Ort ist nicht gewachsen und hat keinen Charme,** auch das Hinterland ist wenig attraktiv. Und: Viele Bauprojekte (Hochhäuser!) vor Ort wurden wegen der Immobilienkrise nicht zu Ende gebracht. Angesagt ist hier nur *beach life* – als Kontrastprogramm zu „Natur pur" durchaus geeignet, wenn man über die negativen Begleiterscheinungen wie Kriminalität, Prostitution und Alkoholmissbrauch hinwegsieht. Bei Touristen aus Nordamerika jedenfalls ist „Jacko beach" als „party town" angesagt.

Jacó ist „Hauptstadt" des Bezirks Garabito und zählt rund 4000 Einwohner.

Warnung: Die Strömung in der Bucht kann auch für geübte Schwimmer lebensgefährlich sein!

Unterkunft

Am **Wochenende** sind die Hotels oft schnell ausgebucht und noch dazu teurer, es empfiehlt sich daher **vorherige Reservierung.** Es wird viel gebaut, achten Sie auf mögliche Lärmbelästigung!

Um die **riesige Auswahl** an Hotels und Cabinas übersichtlicher zu ordnen, werden sie nachfolgend nach ihrer Lage in 3 Abschnitte unterteilt: zunächst die Unterkünfte im Umfeld der Bushaltestelle am nordwestlichen Ende des Strandes (meist untere Preisklasse), anschließend im Zentrum und dann im südöstlichen Teil, geordnet jeweils nach Übernachtungspreis im DZ.

Im Nordwesten

- **Hotel El Jardín** (Tel. 2643.3050): Pool; 11 Zi., bp, Vent.: 40/50/70 $; mit AC: 50/70/90 $.
- **Cabinas Las Aldeas** (Tel. 2643.3325): Pool; bp, Vent., TV: ca. 25 $ p.P.
- **Hotel Pochote Grande** (Tel. 2643.3236, www.hotelpochotegrande.net): gepflegte Anlage mit Garten am Meer, Bar, Rest., Pool, dt. Ltg.; 24 Zi., DV, KS (5 $), Balkon (z.T. MB), Safe: AC: 113/123/146 $ (ÜF); KK (+16 %).

Im Zentrum

- **Camping El Hiaco** (Tel. 2643.3004): ordentl. Anlage, Kleideraufbewahrung; 6 $ p.P.

Von Puntarenas nach Jacó

- **Cabinas Mar del Plata** (Tel. 2643.2756): 7 saubere Zi., Vent., TV: DZ 30 $, mit AC: 50 $.
- **Hotel/Cabinas La Cometa** (Tel. 2643.3615): nette Unterkunft, Gem.küche, kanad. Ltg.; 3 ordentl. Zi. mit Vent., bc (WW), DV, sehr sauber: 35/40/50 $; 7 Zi., AC, bp (WW): 65/75/90 $.
- **Cabinas Alice** (Tel. 2643.3061, www.cabinas alicejaco.com): Pool; 30 Zi., bp, Vent., TV, einf., ordentl.: DZ ab 56 $; mit AC: DZ ab 71 $; KK.
- **Hotel Los Ranchos** (Tel. 2643.3070, www.los ranchosjaco.com): Pool, US-Ltg.; 12 Zi., Vent., bp: 90 $ (1–4 Pers.); mit Kochgelegenheit, KS: 124 $ (1–4 Pers.), Bungalows: 249 $ (bis 9 Pers.).
- **Hotel Mango Mar** (Tel. 2643.3670, www.hotel mangomar.com): kl. Pool, Meeresnähe; 14 nette Zi., AC, Küche, bp (WW): 130/130/140 $, Apt.: 170 $ (4 Pers.), 200 $ (6 Pers.).
- **Apartotel Flamboyant** (Tel. 2643.3146, www. apartotelflamboyant.com): Pool; Zi. mit AC, teilw. TV, Balkon oder Terrasse: DZ ab 98 $.
- **Mein Tipp:** **Hotel Mar de Luz** (Tel. 2643.3000, www.mardeluz.com): angenehmes Hotel, 2 Pools, ruhige Lage, ca. 200 m z. Strand, holl. Ltg.; 29 freundl. Zi. mit TV, Safe, Küche, AC: 98/109/125 $ (ÜF).
- **Hotel Poseidon** (Tel. 2643.1642, www.hotel-poseidon.com): nettes Hotel mit kl. Pool, Rest.: DZ mit AC: ab 107 $ (ÜF).
- **Hotel & Villas Tangeri** (Tel. 2643.3001, www. hoteltangeri.com): großzügige Anlage am Meer, Bar, Rest., 2 Pools; 14 Zi., AC, TV, Safe, KS, Balkon (MB), bp: DZ ab 205 $ (ÜF); 11 Villas mit Küche 300 $ (bis 5 Pers.); KK.
- **Apartotel Girasol** (Calle Los Almendros, Tel. 2643.1591, www.girasol.com): gepflegte Anlage direkt am Strand, gr. Pool; 16 sehr komfortable Apartments mit AC, DV, Küche, Safe, Balkon od. Terrasse: 162/162/174 $.

Im Südosten

- **Hotel Perico Azul** (Tel. 2643.4170, www.hotel pericoazuljaco.com): kl. Surfer-Hotel mit Surf-Schule, kl. Pool; nette Zi. mit AC.
- **Mein Tipp:** **Hotel Paraíso Escondido** (Tel. 2643. 2883, www.hoteljaco.com): gepfl. Anlage mit Pool, trop. Garten, 350 m zum Strand, schweiz. Ltg.; 13 Zi., Vent., AC: 70/70/80 $; mit Küche: je +10 $; gutes Preis-Leistungsverhältnis.
- **Hotel Casa Mafalda** (Calle Hidalgo, Tel. 2643. 1687): Pool direkt am Meer, Rest., 5 Zi., AC: DZ ab 90 $ (ÜF).
- **Hotel Catalina** (Tel. 2643.1237, www.hotelcatalinacr.com): Pool, direkt am Meer; 15 nette Zi., KS, DV, Küche, 90 $ (1–3 Pers.); mit MB, AC: 120 $; keine KK.

Außerhalb

- **Apartotel Vista Pacífico** (Tel. 2643.3261, www.vistapacifico.com): schöne Lage auf einem Hügel mit herrlichem Ausblick, Pool, kanad. Ltg.; Apt. mit kl. Küche, Kabel-TV, DV, Terrasse, z.T. MB: 89/89/103 $ (ÜF); Suiten mit Küche: ab 124/124/ 138 $.

Am Südende von Jacó zweigt von der Costanera nach der 4. Einfahrt nach Jacó links eine „Quebrada Seca" genannte Zufahrt ab zu folgenden empfehlenswerten Unterkünften:

- **Mein Tipp:** **Hotel Green** (75 m, Tel. 2643.3949, www.hotelgreencr.com): am Ortsrand, gutes Rest. (span. Küche u.a.), Pool, Solarium, nette Gastgeber (span. Ltg.), kein MB; 6 geschmackvoll eingerichtete Zi. (bis 4 Pers.) mit AC, TV: 80/80/90 $ (ÜF) – Lesertipp!
- **Hotel Doce Lunas** (600 m, Tel. 2643.2211, www.docelunas.com): Hotel in schöner Lage am Fuß eines Berges, Blick auf den Urwald (kein MB), gr. Garten, Pool, gutes Rest., Massagen und Yoga-Kurse; 20 elegante Zi. mit AC: 170/170/187 $ (ÜF); Jr. Suite: DZ 186 $ (ÜF).

Restaurants

Die Restaurants sind nach ihrer Lage von Norden nach Süden gelistet:

- **Clarita's Beach Bar** (Tel. 2643.2615): direkt am Meer, gut, gr. Portionen, Hauptgericht ab 8 $; So–Mi 7–6.30 Uhr, Do–Sa bis 21.30 Uhr.
- **Plaza Jacó:** moderner Komplex mit Geschäften, Restaurants und Bars.
- **Sunrise Grill:** gutes Frühstück ab 7 Uhr, Mi. geschl.
- **Rest. Tangeri** (Tel. 2643.3669, neben Hotel Tangeri): angenehme Atmosphäre, aber nicht billig: Reisgerichte, Meeresfrüchte, Fleisch vom Grill; tgl. 7–22.30 Uhr.
- **Rest. Rioasis:** die beste Holzofen-Pizza in Jacó! Auch leckere mexikanische Küche.
- **Rest./Bar/Pizzeria El Barco de los Mariscos** (Tel. 2643.2831): Pizza und Meeresfrüchte, Pasta, Reisgerichte, Fleisch; tgl. 11–23 Uhr.
- **Side Street Bistro** (Tel. 2643.2724): Pub mit guten Sandwiches, Burger & mehr; tgl 11–18 Uhr, Fr/Sa bis 21 Uhr.
- **Cafe Namaste** (Tel. 8539.4924): indisch-mediterrane Küche, vegetarische Gerichte.
- **Kaya Grill & Bar** (Calle Bohio, Tel. 2643.3153): gutes Essen, nette Atmosphäre; Di–So 18–22 Uhr.

Infos von A bis Z

- **Autoverleih:** *Adobe* (in der Plaza Herradura), *Budget* (im Plaza Jacó, Tel. 2643.2665); *Economy R.C.* (Tel. 2643.1719); *Payless* (Tel. 2643.3224); *ZUMA* (Tel. 2643.1528); *Nacional* (Tel. 2242.7878).
- **Discos:** *La Central* und *Club Olé*.

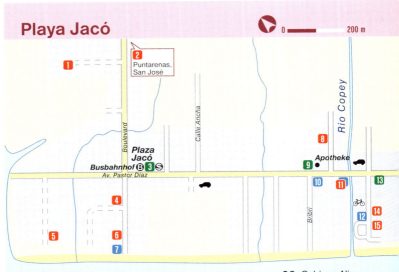

Übernachtung
1 Apartotel Vista Pacífico
2 Hotel El Paso de las Lapas
4 Cabinas Las Aldeas
5 Hotel Pochote Grande
6 Hotel El Jardín
8 Hotel Mar de Luz
11 Hotel & Villas Tangeri
14 Cabinas Mar del Plata
15 Hotel Los Ranchos
17 Hotel Poseidon
18 Hotel/Cabinas La Cometa
19 Apartotel Flamboyant
20 Hotel Mango Mar
24 Camping El Hiaco
26 Cabinas Alice
27 Apartotel Girasol
29 Hotel Doce Lunas
30 Hotel Green
31 Hotel Paraíso Escondido
32 Hotel Perico Azul
33 Casa Mafalda
34 Hotel Catalina

Von Puntarenas nach Jacó

Erste Hilfe: *Clínica Santa Catalina* (Tel. 2643.5059, Calle Lapa Verde, fast an der Hauptstraße): 24-Std.-Service; *Clínica Jacó* (neben Polizei, gegenüber Post); Rotes Kreuz (Tel. 2661.0184), Arzt im Haus sowie in Apotheke bei Banco Nacional und in *Emergencias 2000* (24 Std., im „F y M"-Komplex an der Straße nach San José); Apotheke gegenüber Cab. Bohío, in der Einkaufspassage *Il Galeone* kann man sich günstig eine Brille anpassen lassen.

Fahrradreparatur: *Ciclo el Pacífico* (neben Hotel Paradise).

Geldwechsel: *Banco Nacional* (Av. Pastor Diaz): Bancomat (MC), Mo–Fr 8.30–15.45 Uhr; *Banco de Costa Rica* (im Plaza Jacó): Mo–Fr 9–16 Uhr, Bancomat (VISA plus); *Banco Popular:* Bancomat (VISA plus), Mo–Fr 9–16 Uhr; *Western Union* (Geldanweisungen) beim Laden *Jacó Sarchí*, sowie im Supermarkt Mas x Menos (auch Maestro).

Pferdeverleih: *Jacó Equestrian Center* (Tel. 2643.1569), *Happy Trails* (s. Ortsplan).

Post: Mo–Fr 8–16.30 Uhr, Sa 8–12 Uhr.

Supermarkt: *Mas x Menos* bei Banco Nacional, Mo–Sa 8–21 Uhr, So bis 20 Uhr.

Taxi: bei Banco Nacional, Tel. 2643.3030, 2643.2121, 2643.2020.

Telefon: *ICE*, neben Sportplatz, Mo–Fr 8–15.30 Uhr sowie Telefonzellen, Telefonkarten bei der Post und in den Läden.

Tourveranstalter: *Waterfalls Canopy Tour* (Tel. 2639.8303, www.adventureparkcostarica.com): Canopy über 11 Wasserfälle mit 13 Plattformen, 7 Kabeln und 2 Hängebrücken: Tour ca. 3 Std. ab 86 $.

■ **Essen und Trinken**	22 Restaurant/Bar/Pizzeria El Barco de los Mariscos
7 Clarita's Beach Bar	
10 Sunrise Grill	
11 Restaurant Tangeri	■ **Geschäfte/Sonstiges**
12 Cafe Namaste	3 Plaza Jacó
16 Kaya Grill & Bar	9 Supermarkt
21 Restaurant Rioasis	13 Supermarkt
	23 Supermarkt und Geldautomat für EC-Karte
	25 Waschsalon
	28 Pferdeverleih „Happy Trails"

- **Pacific Bungee** (Tel. 2643.6682, www.pacificbungee.com): wer den Nervenkitzel sucht …
- **Wäscherei:** u.a. neben *Cruz Roja*.

Busverbindungen

- Die **Abfahrtsstelle** nach San José liegt vor dem Plaza Jacó-Komplex. **Ticketverkauf** und Info am Schalter neben BCR-Bank (Tel. 2643.3135). Weitere Haltestellen im Ort (nach San José, Puntarenas, Quepos und Orotina).
- **San José:** tgl. 5, 7, 9, 11, 13, 15 und 17 Uhr, Fahrzeit ca. 2½ Std., ca. 2,50 $; sowie mit *Interbus* (s.u.).
- **Puntarenas** (*Transp. Quepos,* Tel. 2661.1345): tgl. 6.30, 8.30, 10.30, 12.30, 14.30, 16, 18 und 19 Uhr (Bus kommt aus Quepos), Fahrzeit 1½ Std.
- **Quepos** (*Transp. Quepos,* s.o.): 6.30, 9.30, 12.30, 14, 16 und 18 Uhr (Bus kommt aus Puntarenas).
- Die private Busfirma **Interbus** fährt nach San José (3 Std., 30 $) sowie nach Manuel Antonio, Monteverde, Fortuna, über Liberia nach Playas del Coco, Playa Hermosa und Playa Tamarindo sowie über Puntarenas nach Montezuma und Samara; weitere Infos: www.interbusonline.com.

Von Jacó nach Quepos (65 km)

Die Strände südlich von Jacó

Zwischen Jacó und Quepos liegen einige schöne Strände, die jedoch meist ungeschützt den Gewalten des Meeres ausgeliefert sind und somit wegen **hoher Wellen und gefährlicher Strömungen** teilweise zum Baden nicht geeignet sind – aber zum Surfen. Die Fahrt geht meist nicht an der Küste entlang, hinter Esterillos beginnen ausgedehnte Ölpalmen-Plantagen und dazwischen die gleichförmigen Dörfer der Plantagenarbeiter – ein Bild, das sich noch bis weit in den Süden fortsetzen wird. Die Straße ist bis Quepos durchgehend geteert.

Playa Hermosa

2,5 km hinter Jacó liegt rechts ein **Mirador** mit schönem Blick auf die Bucht von Jacó. 1 km weiter folgt ein weiterer Aussichtspunkt, diesmal nach Süden auf den langen dunklen Sandstrand der Playa Hermosa, die fast schnurgerade nach Süden verläuft. Aufgrund der hohen Wellen und gefährlichen Strömungen ist das Baden hier bedenklich, **Surfer** kommen dagegen voll auf ihre Kosten. Von Dezember bis Februar ist das Meer relativ ruhig, ab März werden die Wellen heftiger; die beste Zeit zum Wellenreiten sind die (Regen-)Monate Juli und August sowie Oktober und November.

Unterkunft

Reihenfolge ab Jacó:
■ **Hotel Terraza del Pacífico** (Tel. 2440.6862, www.terrazadelpacifico.com): älteres Strandhotel mit Bar, Rest., Pool etc. 43 Zi., AC, Kabel-TV: ab 121/121/ 131 $ (ÜF); KK.
■ **Hotel Fuego del Sol** (Tel. 2643.7171, Büro: 2289.6060, www.fuegoelsolhotel.com): direkt am Meer, Rest., Bar, Pool, Fitnessraum; 17 Zi. mit AC, DV: 96/110/128 $ (ÜF), Suite mit TV und Küche: ab 112 $ (ÜF); KK.
■ **Cabinas Brisas del Mar** (Tel. 2643.7023, www.cabinasbrisadelmar.com): großes Holzhaus mit Gem.küche, beliebt bei Surfern; 11 rustikale Zi. mit AV, TV: 30/40/60 $.
■ **Restaurant Vista Hermosa** (direkt am Strand): frisches, innovatives, leckeres Essen und Smoothies – Lesertipp.

Wassersport

■ **Outback Hermosa** (Tel. 2643.7096, www.surfoutback.com): Surfbrett-Verleih (15 $/Tag).

Playa Esterillos Oeste

19 km nach Jacó zweigt rechts eine geteerte Straße (1,5 km) zum **westlichen Abschnitt** der Playa Esterillos ab. Warnschilder weisen auf die gefährliche Strömung hin, die das Badevergnügen einschränkt. Dennoch kommen nicht nur Surfer, sondern auch viele Ticos hierher, vor allem an den Wochenenden. Der Standard der Unterkünfte (z.B. Cabinas Las Brisas, auch Camping) und Sodas ist allgemein einfach.

Playa Esterillos Este

7 km nach der Zufahrt zur Playa Esterillos Oeste geht es zum **östlichen Abschnitt** des Esterillos-Strandes, einem flachen, fast einsamen Sandstrand.

Unterkunft

An der Landepiste geht es nach links zu folgenden Unterkünften:
■ **Hotel Pelícano** (Tel. 2778.8105, www.pelicanbeachfronthotel.com): ältere Anlage am Meer, mit Rest.; 13 nette Zi. mit AC, Safe, bp (WW), z.T. dunkel: 80/95/110 $ (ÜF); 2 rollstuhlger. Zi.; keine KK.
■ **Cabinas Flor de Esterillos** (Tel. 2778.8045, http://pages.infinit.net/taus/page1an.html): ältere Anlage am Meer, Rest., Pool; 8 Apt. (bis 6 Pers.), DV, Küche: DZ ab 75 $, 6 Pers.: 110 $.
■ **Xandari by the Pacific** (Tel. 2778.7070, www.xandari.com): Luxusanlage am Meer mit Rest. und Pool; komfortable Privatvillas ab 300/300/325 $.

Zurück an der Hauptstraße, zweigt 2,5 km weiter die Zufahrt ab zur **Playa Bejuco.** Der Strand ist schön, aber zum Schwimmen nicht ungefährlich!
■ **Hotel Bejuco** (Tel. 2779.2000, www.hotelplayabejuco.com, Infos c/o Hotel Mar de Luz in Playa Jacó): neues Hotel in Meeresnähe mit Pool, Rest., Bar (nur für Hausgäste); DZ mit AC, TV, KS: ca. 89 $ (ÜF).
■ **Delfín Beachfront Resort** (Tel. 2779.4245, www.delfinbeachresort.com): schön am Meer gelegen, Rest., Pool; 15 schöne Zi., AC, Vent., TV, Safe, Balkon (MB): 130/130/155 $ (ÜF).

Playa Palma (Playa Bandera)

Dieser schöne Sandstrand in der Nähe der Ortschaft Bandera ist auf den Karten meist als Playa Palma eingezeichnet, bei den Einheimischen jedoch als Playa Bandera bekannt.

Zur **Anfahrt** gibt es zwei Möglichkeiten: 6 km nach Abzweig zum Hotel Delfín rechts Schild, nach ca. 1,5 km durch Palmenhain rechts, den Schildern folgen (gesamt 5 km); oder 4 km weiter an der Hauptstraße nach dem Ort La Palma rechts (9 km).

Unterkunft

■ Einfache Zimmer mit Bad bieten **Cabinas Las Brisas** (am Meer rechts), **Cabinas Maldonado** (am Meer rechts, Tel. 2227.0400), **Cabinas/Restaurant Alex** (2,6 km südlich am Meer, Camping möglich) und **Rancho Florida** (Tel. 8390.9404).

Parrita

Das kleine **Provinznest** Parrita, der größte Ort zwischen Jacó und Quepos, ist Hauptstadt des gleichnamigen, 12.000 Einwohner zählenden Bezirks. Es gibt hier eine Tankstelle, eine Bank, Läden, Restaurants und einfache Cabinas an der Hauptstraße. Touristen bleiben hier allerdings selten hängen, zu sehr locken die Strände der Umgebung.

Von Parrita sind es noch ca. **25 km bis Quepos,** die Straße ist geteert und in gutem Zustand. Kurz vor Quepos führt eine Abzweigung links zum Flughafen und den südlich liegenden Stränden.

Playa Palo Seco

Den „Hausstrand" von Parrita erreicht man, wenn man hinter der Brücke am Ortsende die zweite Straße rechts abbiegt: 4 km Teerstraße bis zum Strand, danach Piste.

Unterkunft

Mein Tipp: Auberge Beso del Viento B&B (ca. 5 km ab Hauptstraße, Tel. 2779.9674, www.besodelviento.com): nettes Privathaus mit Pool, ruhige Lage zwischen Meer und Mangroven, Rest.service, franz. Ltg.; 4 nett dekorierte Zi., DV, bp (WW): DZ ab 89 $ (ÜF); 2 Zi. mit AC: DZ ab 112 $ (ÜF).
■ **Hotel La Isla** (3 km weiter, Tel. 2779.9016, www.laislahotel.com): Rest., Bar, Pool; Pferde-, Kanu- und Bootstouren; 16 Zi., AC, TV, bp (WW) sowie Apt. mit kl. Küche, DV: 70/80/105 $ (ÜF).

Quepos und Manuel Antonio

Quepos

■ **Einwohner:** 11.000, Bezirk ca. 17.000 Ew.
■ **Lage:** zentr. Pazifikküste, San José 150 km
■ **Klima:** Tagestemp. um 26 °C., Niederschlag 3840 mm/Jahr

Eingebettet zwischen Hügeln und durch einen Damm vom Meer getrennt, hat man in Quepos zunächst nicht den Eindruck, in **einem der bedeutendsten Touristenorte** des Landes am Meer zu sein. Genau genommen ist der Fischerort, der selbst keine schönen Strände hat, auch nur Ausgangspunkt für Manuel Antonio und seine berühmten Strände.

Quepos – der Name stammt vom Indianerstamm der Quepoa – ist Hauptstadt des Bezirks Aguirre mit etwa 20.000 Einwohnern. 1939 entstand hier ein **Hafen** zum Abtransport von Bananen, die damals in dieser Gegend angebaut wurden. Später, in den 50er Jahren, stellte man die Produktion zunehmend auf Ölpalmen um, die auch heute noch – neben Reis, Viehzucht, Fischfang und Tourismus – das Hauptwirtschaftsprodukt der Region darstellen.

Quepos ist ein angenehmer Ort, die Unterkünfte und Restaurants sind hier weit günstiger als an der Straße nach Manuel Antonio. Die alten, zum großen Teil restaurierten Holzhäuser in der **Fischersiedlung Boca Vieja** lohnen einen Besuch.

Unterkunft

Die Unterkünfte im Ort bewegen sich vorwiegend in der **unteren und mittleren Preisklasse,** und da die Busverbindung nach Manuel Antonio gut ist, sollte man durchaus erwägen, sich hier niederzulassen und zu pendeln, zumal in Quepos abends mehr los ist als in den Hotels an der Straße nach Manuel Antonio. Außer den genannten Unterkünften gibt es weitere Cabinas und Hospedajes im Ort.

■ **Wide Mouth Frog Hostel** (Tel. 2777.2798, www.widemouthfrog.org): ruhige Lage, 200 m zum Busbhf., Pool; Schlafsaal (5, 8 od. 11 Pers.): 12 $ p.P., Zi. bc: 35/35/45 $, bp: 50/50/60, mit AC: +10 $.
■ **Cabinas Mary** (Tel. 2777.0128): 8 Zi. (bis 4 Pers.), DV, einf., sauber, nette günstige Unterkunft, bp (KW): ca. 14 $ p.P.
■ **Hotel Sirena** (Tel. 2777.0572, www.lasirenahotel.com): Pool; 14 ordentl. Zi., AC, TV, Safe, KS: 89/101/112 $.
■ **Hotel Le Priss** (Tel. 2777.0719, www.lepriss.com): einf. Zi., DV, Kabel-TV, KS, nachts oft laut: 76/87/99 $, mit AC: +10 $, kein Frühstück.

■ **Cabinas Doña Alicia** (Tel. 2777.3279): 6 Zi. (bis 4 Pers.), bp (KW), KS, Vent., AC: DZ 30 $.
■ **Hotel Best Western Kamuk** (Tel. 2777.0811, www.kamuk.co.cr): gepflegtes Stadthotel mit Bar, Rest., Casino, Pool; 44 ordentl. Zi., AC, Kabel-TV: EZ/DZ 90 $ (ÜF), Superior-Room: DZ 119 $, Premium DZ 158 $; KK.
■ **Hotel Villa Romántica** (Tel. 2777.0037, www.villaromantica.com): ruhige Lage am Wald, Pool, dt. Ltg.; 16 Zi., DV, teuer: 77/111/164 $ (ÜF); mit AC: +5 $; KK.

Restaurants

■ Zahlreiche Restaurants haben sich auf die Zubereitung von Fisch spezialisiert. Empfehlenswert sind das **Restaurant/Marisquería KuKuLa,** ein gemütliches Fischlokal ca. 1 km Ri. Jacó, sowie das **Restaurant Jiuberth** (hinter Hotel Colinas del Este, Tel. 2777.1292).
■ Auffällig ist die große Zahl italienischer Restaurants: Gute Holzofenpizzas und das beste Eis am Platz bietet die **Pizzería Escalofrio** (Tel. 2777.0833), tgl. ab 14.30 Uhr, Mo. geschl.
■ **Restaurant Dos Locos** (Tel. 2777.1526): große Portionen, gute mexikanische Küche ab 7,50 $, Casado 9 $, Pasta und Meeresfrüchte ab 14 $, Mo–Sa 7–23 Uhr, So 11–19 Uhr.
■ **Restaurant Mira Olas** (im Hotel Best Western Kamuk): angenehmes Lokal mit MB, Fleisch- und Fischgerichte; sterile Pub-Bar an der Straße.
■ **Soda Sanchez** (gegenüber vom Big Mouth Frog Hostel).
■ **Restaurant El Pueblo:** 24 Std. geöffnet, einf. Essen (Reis mit Huhn/Meeresfrüchten, Pommes, Hamburger etc.), aber nicht schlecht und günstig, Casado, Pasta, Fisch.
■ **Marisquería La Cubanita:** recht günstig, gutes Casado.
■ **Kamuel's Travel Chicken** (gegenüber Supermarkt Pali, Tel. 2777.3035): günstig und lecker, Hühnchen in allen Variationen, Hamburger.

Quepos und Manuel Antonio

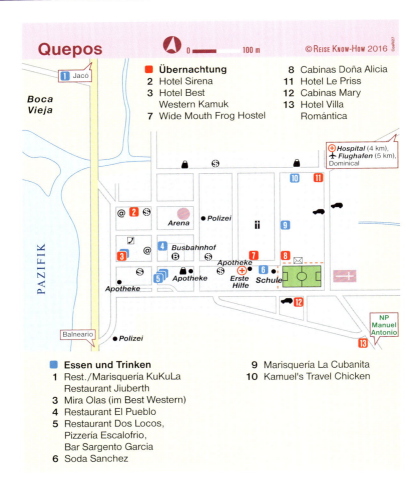

Quepos

■ Übernachtung
2 Hotel Sirena
3 Hotel Best Western Kamuk
7 Wide Mouth Frog Hostel
8 Cabinas Doña Alicia
11 Hotel Le Priss
12 Cabinas Mary
13 Hotel Villa Romántica

■ Essen und Trinken
1 Rest./Marisquería KuKuLa
  Restaurant Jiuberth
3 Mira Olas (im Best Western)
4 Restaurant El Pueblo
5 Restaurant Dos Locos,
  Pizzería Escalofrio,
  Bar Sargento Garcia
6 Soda Sanchez
9 Marisquería La Cubanita
10 Kamuel's Travel Chicken

Bars

■ Bar Wacky Wandas: einzige Bar mit AC, klein, aber fein, beliebteste Anlaufstelle der Amerikaner.

■ Bar Sargento Garcia: nette Kneipe, auch mit Essen fast rund um die Uhr, Sandwich ca. 5 $, Bocas ab 2 $.

■ Republik Club: AC, Ladies Nights, Do, Fr und Sa.

■ Disco Arco Iris: AC, nette Leute, gute Musik von Salsa bis modern; Fr und Sa ab 1 Uhr!

Infos von A bis Z

■ Autovermietung: *ADOBE* (südl. Fußballplatz, Tel. 2777.4242, tgl. 8–17 Uhr); *Alamo* (gegenüber

Quepos und Manuel Antonio

Pali, Tel. 2777.3344); *Elegante/Payless* (Straße Ri. M. Antonio, 50 m nach Fußballfeld, Tel. 2777.0115, So geschl.); *Economy* (ca. 3,5 km Ri. Manuel Antonio, Tel. 2777.5260); *Hertz* (schräg gegenüber der Kirche, Tel. 2777.3365); *Thrifty* (nördl. der Kirche, Tel. 2777.3334).

■ **Einkaufen:** Supermarkt *Super 2000* (Nebenstraße Ri. Jacó): auch So bis mittags offen; *Pali* (tgl. geöffnet); *Super Joseth:* großer Supermarkt (gute Preise, tgl. 7–21 Uhr); jeden Samstagvormittag Obst- und Gemüsemarkt an der Strandpromenade.

■ **Erste Hilfe:** Rotes Kreuz (Tel. 2528.0000), Krankenhaus (5,5 km Ri. Flughafen), Notruf 911.

■ **Geldwechsel:** *Banco Nacional,* Mo–Fr 8.30–15.45 Uhr; *Banco de Costa Rica,* Mo–Fr 9–16 Uhr; *Banco de San José* (Mo–Fr 9–18 Uhr, Sa 9–13 Uhr); Reisebüro *Lynch Travel.* Geldautomat (MAESTRO) bei *Coopealianzia,* VISA in allen Banken, MasterCard und EC-Karte in der *Banco de San José. Banco Promerica* (ca. 4 km Ri. M. Antonio, im Centro Comercial Plaza Vista).

■ **Internet:** Zahlreiche Cafés, z.B. *ArteNet* (zwischen Banco Popular und Farmacia Quepos, tgl. 8.30–20 Uhr) und gegenüber Rest. El Pueblo: jeweils ca. 1,50 $/Std.; *Compunet Internet* (westl. Busbahnhof, 9–20 Uhr, 800 C./Std.).

■ **Pferdeverleih:** am Strand bei Manuel Antonio (ca. 35 $/Std.).

■ **Post** (Tel. 2777.1471): Mo–Fr 8–16.30 Uhr, Sa 8–12 Uhr.

■ **Schneiderei & Gift-Shop El Eslabón** (Tel. 2777.4875, Rückseite Busbahnhof), nach *Roy Vásquez* fragen – er spricht sehr gut deutsch und englisch und schneidert günstig alles zum Maßanzug.

■ **Sprachschulen:** alle an der Straße nach Manuel Antonio: *COSI* (3 km rechts, Tel. 2234.1001), *Escuela de Idiomas d'Amore* (3,4 km rechts, Tel. 2777.1143).

■ **Tauchschule:** *Oceans Unlimited* (1,1 km Ri. Manuel Antonio links, Tel. 2777.3171, www.oceansunlimitedcr.com): zuverlässig u. professionell; Schnorchelausflüge (70 $), Schnuppertauchen (2 Tage/145 $), Tauchausflüge und -kurse.

■ **Taxi:** Tel. 2777.0425, 2777.1837, 2777.3080, 2777.1207, Busbahnhof Südseite vor Importadora Monge.

■ **Tourveranstalter:** *Estrella Tour* (200 m vor dem Fußballfeld, Tel. 2777.1286, estrellatour@hotmail.com): Mountainbike-Touren (ab 37 $), Reiten (halber Tag: ca. 40 $), Rafting (ab 69 $), Mangroventour (ab 55 $), Canopy (ab 65 $); *Iguana Tours* (am Fußballplatz, Tel. 2777.2052, www.iguanatours.com): Rafting-Trips (ab 70 $), Bootstour Damas Island (65 $), Kajaktour (65 $), Pferde (75 $), Kajaktour (65 $), Pferde (65 $), etc.; *Cambute Tours* (Tel. 2777.3229): Bootsausflüge; *Ave Natura* (Tel. 2777.3229): Bootstouren Damas Island, Nationalpark; *Sailing Manuel Antonio* (Tel. 2777.1647, www.manuelantoniosailing.com): Segeltouren mit Katamaran.

■ **Wäscherei:** beim Busbahnhof im Marktgebäude und östl. davon neben Banco Nacional (8–17.30 Uhr), neben Hotel Ceciliano: 5 kg ca. 5000 C., Bügeln 350 C./St., 7–15 und 17–20 Uhr, an der Straße nach Manuel Antonio und in vielen Hotels/Cabinas.

Busverbindungen

Alle Busse fahren ab dem **Busbahnhof** im Stadtzentrum. Es ist ratsam, 10–15 Min. vor Abfahrt an der Haltestelle zu sein!

■ **San José** (*Transp. Tracopa,* Tel. 2221.4214, 2777.0263): direkt Mo–Sa 6, 9.30, 12, 14.30 und 17 Uhr (Bus kommt aus M. Antonio), So 6, 9.30, 12, 13, 14.30, 15 und 17 Uhr; Fahrzeit 3½ Std.; indirekt 5, 7.30, 10, 14 und 16.45 Uhr (+1 Std.); sowie *Interbus* (s.u.).

■ **Jacó/Puntarenas** (*Transp. Quepos,* Tel. 2777.0318): 4.30, 5.30, 7.30, 9.30, 13, 15 und 17.30 Uhr; Fahrzeit ca. 3 Std.

■ **Dominical/San Isidro** (*Transp. Blanco,* Tel. 2771.4744): tgl. 5.30, 11.30 und 15.30 Uhr; Fahrzeit ca. 1½ Std. (San Isidro).

■ **Dominical/Uvita:** 6.30, 9.30, 17.30 Uhr, Fahrzeit bis Uvita ca. 3 Std.

- **Manuel Antonio:** Von 5–20 Uhr regelmäßig alle 30 Min. (HS alle 15 Min.), 20 und 21.30 Uhr.
- Die private Busgesellschaft **Interbus** fährt **über Jacó nach San José,** Fahrzeit: etwa 4 Std. Weitere Verbindungen nach Monteverde, Fortuna, Liberia, Rincón de la Vieja sowie zu mehreren Zielen auf der Halbinsel Nicoya. Weitere Infos unter: www.interbusonline.com.

Flugverbindungen

- **Flughafen:** ca. 5 km Richtung Dominical.
- **SANSA** (Tel. 2221.9414): tgl. 8.45, 10.05, 11.59, 15.28 und 15.56 Uhr (in der NS weniger Flüge) nach **San José**/Int. Flughafen; Flugzeit ca. 30 Min., Preis: 72 $ +Gebühren (ca. 10 $).
- **Nature Air** (Büro über Iguana Tours, Tel. 2777.2548): tgl. 8.30, 12.25 und 14.10 Uhr nach **San José**/ Pavas Airport, Flugzeit ca. 30 Min., sowie 9.35 Uhr nach Palmar Sur (30 Min.).

Von Quepos zum Nationalpark Manuel Antonio

Eine **kurvige Straße** führt von Quepos rund 6 km bergauf und bergab zum Nationalpark Manuel Antonio. Entlang der Straße liegen zahlreiche Hotels, die meist zur gehobenen (Preis-)klasse zählen und fast alle ausländischen Besitzern gehören. Nach ca. 5 km erreicht man wieder das Meer. Die **Playa Espadilla** ist meist voller Menschen, nur morgens sind wenig Leute am Strand, der auf den ersten Blick recht schön ist. Doch das Wasser ist durch die Abwässer der umliegenden Hotels teilweise belastet, und Berichte von Diebstählen häufen sich. Wen wundert es da, dass es immer mehr Badefreunde an die bewachten Strände des Nationalparks zieht?

cr14-031 wdp

Unterkunft

Die Hotels im Bereich Manuel Antonio liegen meist am Hang und haben Meerblick, die wenigsten befinden sich unmittelbar am Strand. **Das Preisniveau ist überhöht,** einige fordern schlichtweg unverschämte Preise. Dennoch ist in den Spitzenzeiten (Weihnachten/Neujahr, Ostern) ohne Reservierung kaum ein Zimmer zu bekommen. Die folgenden Unterkünfte werden ihrer Lage entsprechend aufgelistet (Entfernung ab Quepos/Sportplatz).

An der Straße Quepos – Manuel Antonio
■ **Tabulia Tree Hotel** (1,2 km links, Tel. 2777.0119, www.tabuliatree.com): schöne Hanglage mit Rest., Pool; DZ mit AC ab 135 $ (ÜF).
■ **Hotel Mimos** (1,4 km links, Tel. 2777.0054, www.mimoshotel.com): Rest., Pool, ital. Ltg., TV, Balkon, Safe; 4 Std.-Zi.: ab 85/85/107 $ (ÜF); 7 Apt. ab 198 $ (ÜF); KK (+5 %).
■ **Hotel El Mono Azul** (1,5 km rechts, Tel. 2777.1548, www.hotelmonoazul.com): 3 Pools, 4 Rest.; 9 kl. Zi., DV: DZ ab 45 $; 9 bessere Zi. mit TV, AC: DZ ab 60 $; KK.
■ **Hotel Mare Nostrvm** (1,5 km Abzw. links, Tel. 2777.0726, www.marenostrvm.com): nettes Hotel im Kolonialstil auf 2 Etagen, gr. Pool, Rest.; indiv. eingerichtete Zi. mit AC, Kabel-TV, KS (max. 2 Pers.: DZ 80 $ (ÜF).
■ **Hotel California** (1,5 km Abzw. links, Tel. 2777.1234, www.hotel-california.com): schöne Lage am Hang mit Pool, 2 Rest., Sonnenterrasse, Privatreservat (27 ha) mit Wanderwegen; 22 komfortable Zi., TV, Safe, DV, Minibar, AC: ab 168 $ (ÜF).
MEIN TIPP: Apartments Villa Kristina (1,5 km rechts Ri. Villa Teca, 400 m links, 300 m, Tel. 2777.2134, www. villakristina.com): schöne Lage im Grünen, 400 m zum Meer (Playa La Macha), ca. 2 km nach Quepos, dt.-sprachig; 1 kl. Apt. (38 m²): DZ

◁ ▽ Die Bucht von Quepos; Lausende Kapuzineraffen

Quepos und Manuel Antonio

85 $; 2 Komfort-Apt. (80/114 m²) mit MB, TV, AC, Küche: DZ ab 120 $; 4 Pers. ab 155 $; günstige Wochen-Tarife; KK (+6 %).

■ **Hotel La Colina** (2,5 km rechts, Tel. 2777.0231, www.lacolina.com): kl. Pool, Bar (MB); Holzhaus in Straßennähe mit 18 kl. Zi., DV, AC: z.T. Balkon (MB): DZ ab 88 $; KK (+5 %).

■ **Villas Lirio** (ca. 3 km links, Tel. 2777.1182, www.villaslirio.com): schöne Lage am höchsten Punkt von M. Antonio, trop. Garten, Rest., 2 Pools; 21 luxuriöse, schön dekorierte Zi., AC, DV, Kabel-TV, Balkon: 170/209 $; 2 „Garden Suites" mit Wohnzi., Küche: 266 $.

■ **Tulemar Bungalows** (3,4 km rechts, Tel. 2777.0580, www.buenavistaluxuryvillas.com): großzügige Anlage am Hang mit Privatstrand, Pool, Shuttlebus etc.; 14 Luxus-Bungalows mit AC, Küche, TV, MB: DZ ab 304 $ (ÜF); KK.

Nach 3,7 km führt rechts die Zufahrt zu folgenden **Luxushotels:**

■ **Hotel Mariposa** (Tel. 2777.0355, www.hotelmariposa.com): etabliertes Luxushotel in toller Lage am höchsten Punkt von M. Antonio, Restaurant und Pool mit MB: DZ ab 215 $; KK.

■ **Villas Makanda by the Sea** (Tel. 2777.0442, www.makanda.com): Pool, Rest. (teuer!); schön eingerichtete Bungalows mit TV, AC, Küche, Balkon/Terrasse, MB; Studios: 250 $; 5 Villas: ab 300 $; KK.

■ **La Mansion Inn** (Tel. 2777.3489, www.lamansioninn.com): Luxushotel mit MB, sehr luxuriöse Zi. mit MB ab 316 $ (ÜF); Suiten ab 452 $ (ÜF).

■ **Hotel Parador** (Tel. 2777.1414, www.hotelparador.com): Luxushotel in schöner Lage, viele Reisegruppen; 78 Zi.: DZ ab 350 $ (ÜF); Suite: ab 424 $ (ÜF); KK.

■ **Hotel Arenas del Mar** (Tel. 2777.2777, www.arenasdelmar.com): Luxushotel, hoteleig. Strandabschnitt, Restaurant und Pool mit MB; 38 luxuriöse Zimmer: DZ ab 396 $.

Zurück an der **Hauptstraße,** liegen folgende Unterkünfte:

■ **Villas El Parque** (3,8 km rechts, Tel. 2777.0096, www.hotelvillaselparque.com): Rest. (MB), schöner Poolbereich; Junior Suite: 141 $.

■ **Villas Nicolás** (3,9 km rechts, Tel. 2777.0481, www.villasnicolas.com): nette Hotelanlage am Hang mit Pool; 18 schön eingerichtete Zi. ohne AC mit Balkon (MB): DZ ab 153 $; mit Küche: ab 209 $.

■ **Hotel Si Como No** (4 km rechts, Tel. 2777.0777, www.sicomono.com): schön gelegene Anlage mit Rest., Bar, Pool, Kino (!); 58 luxuriöse Zi. und Suiten mit AC, DV, Mini-Bar: DZ ab 283 $ (ÜF); KK.

■ **Hotel Villa Roca** (4,2 km rechts, Tel. 2777.1349, www.villaroca.com): schöne Lage am Hang, Gay-Hotel, dt. Ltg.; 5 nette Zi., DV, KS, Terrasse (MB), z.T. Kabel-TV: DZ 130–198 $ (ÜF); 3 Apt. ab 203 $.

■ **Hotel Casitas Eclipse** (4,3 km links, Tel. 2777.0408, www.casitaseclipsehotel.com): schöne Anlage (kein MB) mit 3 Pools; 22 Zi. mit AC, DV, KS, Balkon: EZ/DZ 159 $ (ÜF); 8 Suiten mit Kochgelegenheit: 215/215/245 $ (ÜF); KK.

■ **Hotel Costa Verde** (4,7 km links, Tel. 2777.0584, www.costaverde.co.cr): großzügige Anlage am Hang, Rest. mit MB, 2 Pools; 14 nette Zi. mit viel Holz, DV, AC, kl. Küche, Balkon: EZ/DZ 153 $; 28 gr. Zi. im Haupthaus mit AC, Balkon (meist MB): EZ/DZ ab 191 $; KK.

■ **Villas de la Selva** (ca. 4,8 km rechts, Tel. 2777.1137, www.villasdelaselva.com): ältere Anlage in Strandnähe, Pool, dt. Ltg.; 6 Apt. mit AC, kl. Küche: DZ ab 96 $, gr. Apt. 192 $ (bis 6 Pers.); Haus mit Küche: 237 $ (bis 6 Pers.).

An der Playa Espadilla

■ **Hotel Karahé** (5,3 km links, Tel. 2777.0170, www.karahe.com): gr. Garten, Rest. (MB), Pool; 33 Zi., mit AC in 3 Wohnbereichen: an der Straße (laut), ältere „Villas" am Hang mit AC, MB: 113/113/136 $ (ÜF), und in Meernähe: ab 203/203/226 $ (ÜF); KK.

■ **Hotel Verde Mar** (5,5 km rechts, Tel. 2777.1805, www.verdemar.com): Pool, direkter Strandzugang (ca. 150 m), kanad. Ltg.; 20 freundlich dekorierte Zi., AC, DV, kein MB: DZ 95 $, mit kl. Küche: 105 $, Suite ab 115 $; KK.

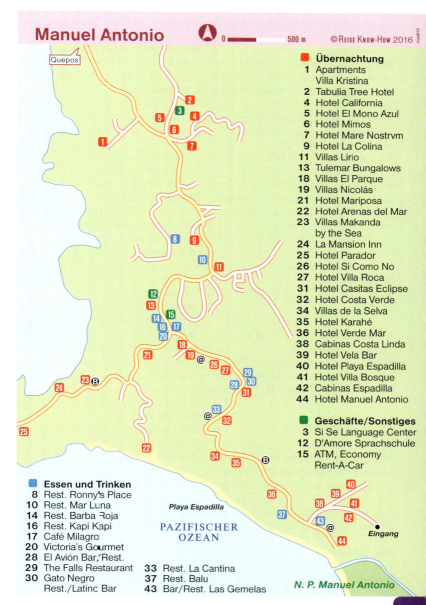

Die **Abzweigung zum Rest. Marlin** (6,2 km links) führt zu folgenden Unterkünften (alle Nähe Strand und Nationalpark):

■ **Cabinas Costa Linda** (Tel. 2777.0304): Traveller-Hotel, Rest., (Frühst. 4 $), dt. Ltg.; 20 einf., aber akzeptable Zi., bc: 10 $ p.P.; 1 Zi. mit TV, bp: 40/40/50 $.

■ **Cabinas Espadilla** (Tel. 2777.2113, www.espadilla.com): Pool, Zugang zum Privatreservat; 16 Zi., AC, TV und kl. Küche, teuer: 120/120/158 $; KK.

■ **Hotel Vela Bar** (Tel. 2777.0413, www.velabar.com): Rest., Pool; 16 Zi., AC, KS: ab 124 $; KK.

■ **Hotel Playa Espadilla** (Tel. 2777.0903, www.espadilla.com): Privatreservat (15 ha) mit Wanderwegen, Pool, Tennispl., Rest., Bar, ruhige Lage; 16 ordentl. Zi., AC (kein DV), Kabel-TV, Safe: DZ 197 $ (ÜF), mit kl. Küche: DZ 212 $ (ÜF), Jr. Suite: DZ 241 $ (ÜF); KK.

■ **Hotel Villa Bosque** (Tel. 2777.0463, www.hotelvillabosque.com) Rest., Pool; 17 akzeptable, ordentl. Zi., AC, Vent., Safe, teuer: 161/203/239 $ (ÜF); KK.

Am Ende der Hauptstraße, kurz vor dem Nationalpark-Eingang, liegt links:

■ **Hotel Manuel Antonio** (6,4 km, Tel. 2777.1237, www.hotelmanuelantonio.com): Rest.; 26 renovierte Zi., AC, TV: 85/98/109 $; KK.

Restaurants & Bars

Neben den zahlreichen einfachen Sodas am Strand und den Restaurants in den Hotels, die entsprechend ihrer Umgebung meist nicht ganz billig sind, gibt es eine Reihe von Restaurants, die ebenfalls meist zur gehobenen Preisklasse zählen (günstiger isst man in Quepos). Eine Auswahl:

■ **Restaurant Mar Luna** (2,7 km rechts): schöner Ausblick, gute, günstige Küche.

■ **Victoria's Gourmet** (ca. 3,5 km links, Tel. 2777.5143): sehr gute Musik in angenehmem Ambiente.

■ **Restaurant Kapi Kapi** (neben Victoria's Gourmet): sehr schönes Restaurant, aber teuer.

■ **Restaurant/Cantina Barba Roja** (ca. 3,5 km rechts, Tel. 2777.5159): schöner Blick, mexikanische Gerichte, Meeresfrüchte & Steaks; gute Stimmung & Musik, immer voll.

■ **Café Milagro** (3,7 km links, Tel. 2777.0794, www.cafemilagro.com): empf.wertes Café/Restaurant: Frühstück, Wraps, Sandwiches, Salate etc.

■ **El Avión** (4,3 km rechts, Tel. 2777.3378): Restaurant & Bar in und um ein altes Militärflugzeug, schöner Ausblick, sehr guter Fisch und internat. Küche; tgl. 13–22 Uhr, am Wochenende Live-Musik.

■ **Restaurant Gato Negro** (4,3 km links, am Hotel Eclipse, Tel. 2777.0408): renommiertes Feinschmeckerlokal, franz.-mediterrane Küche. Über dem Rest.: **Latino Bar,** Open-Air Disco.

■ **Restaurant La Cantina** (4,7 km rechts, Eisenbahnwaggon): Treffpunkt im Freien, frisch am Grill zubereitetes Essen, nicht billig, aber gut; tgl. ab 16 Uhr, Live-Musik ab 19 Uhr.

■ **Rest. Balu** (5,8 km rechts): einfache, schön gelegene Soda direkt am Strand, Casado, Pizza.

■ **Café del Mar** (Tel. 2777.1035): nettes Rest. mit MB, servieren auch am Strand, Fisch und internat. Küche, Preise ok, Chillout-Musik.

■ **Vela Bar** (6,2 km Abzw. links): vegetarische Gerichte, Fisch und dinner specials.

■ **Puerto Escondido** (Tel. 2777.0903).

■ **Restaurante El Mono Loco** (Tel. 2777.1974).

■ **Bar/Restaurant Las Gemelas** (unterhalb Iguana Jack).

■ **Restaurant Ronny's Place** (Tel. 2777.5120, www.ronnysplace.com): etwas außerhalb, schöner Meerblick, tgl. 12–22 Uhr.

Busverbindung

■ **Quepos:** von 6–22 Uhr regelmäßig, in der Hochsaison etwa alle 30 Min.

Nationalpark Manuel Antonio

- **Fläche:** 683 ha (Land), 55.000 ha (Meer)
- **Lage:** Pazifikküste, 7 km südl. von Quepos
- **Klima:** hohe Temperaturen; Jahresniederschlag 3875 mm
- **Geöffnet:** Di–So 8–16 Uhr (Hochsaison 7–16 Uhr), in der Nebensaison Mo geschl., max. 600 Besucher gleichzeitig (Sa/So 800)
- **Eintritt:** 16 $
- **Info:** Tel. 2777.0644
- **Übernachtung:** keine Campingmöglichkeit (Unterkunft und Camping s.o.), im Park Tische, Duschen und Toiletten
- **Anfahrt:** 7 km ab Quepos (Teerstr.)
- **Hinweis:** Füttern Sie keine Tiere, bewahren Sie Lebensmittel sicher auf, wenn Sie schwimmen gehen. Nacktbaden ist nicht erlaubt. Verzichten Sie beim Duschen auf Seife oder Shampoo: Sie befinden sich in einem Nationalpark!

Wegen seiner **traumhaften Strände** zählt Manuel Antonio zu den beliebtesten Nationalparks des Landes. Leider werden die Tiere regelmäßig von den Parkbesuchern gefüttert und sind daher (unnatürlich) zutraulich und auch aggressiv. (Wer beim Füttern erwischt wird, muss den Park sofort verlassen!) In der Hochsaison sind die Strände Espadilla Sur und Manuel Antonio derart überfüllt, dass man sich wie am Strand von Bibione oder Torremolinos vorkommt, vom Schutz der Tier- und Pflanzenwelt ist keine Rede mehr. **Folgen des zunehmenden Tourismus** sind u.a. die Verschmutzung des Meeres und eine massive Störung der Tierwelt im Park durch Müll, Lärm, Füttern etc. Inzwischen entschloss sich die Parkverwaltung zu Konsequenzen: Die Besucherzahl wird auf 600 bzw. 800 Besucher beschränkt (früher zählte man bis zu 2000 Besucher gleichzeitig), und der Park bleibt montags geschlossen – wegen der Aufräumarbeiten vom vergangenen Wochenende …

Zum Park gehören auch zwölf meist vegetationslose **Inseln** in der Nähe, die ausgezeichnete Rückzugsgebiete für Seevögel bilden. Der Brauntölpel hat hier ein wichtiges Brutgebiet.

Flora und Fauna

Insgesamt wurden bisher 350 **Pflanzenarten** innerhalb des Nationalparks identifiziert. Zu den wichtigsten Bäumen im Primärwald zählen der *guapinol negro*, Gummiapfel, Kuh-, Regen- und Kapokbaum. Im Sekundärwald findet man den Balsabaum, Affenkamm und Cecropie. Rund 18 ha sind mit Mangrovensümpfen bedeckt, in denen Rote, Weiße und Knopfmangroven vorkommen. Die Strandvegetation wird geprägt vom **Manzanillobaum,** dem Meermandelbaum und Kokospalmen.

Warnung: Die Blätter und Früchte des Manzanillobaumes sind **giftig,** schon eine Berührung kann zu einem unangenehmen Hautausschlag führen! Daher sollte man sich auch nicht unter diese Bäume legen.

109 Arten **Säugetiere** kommen im Park vor, u.a. Totenkopf-, Kapuziner- und Brüllaffen, Zwei- und Dreifinger-Faultiere, Nasenbären, Waschbären, Gürteltiere und Agutis. Das hübsche Totenkopfäffchen, dessen Unterart *citrinellus* in Costa Rica endemisch ist, ist durch die Zerstörung seines Lebensraumes und die Haltung als Maskottchen vom Aussterben bedroht. Es kommt nur noch an wenigen

Orten der südlichen Pazifikküste vor und ist nur in diesem Park geschützt.

184 **Vogelarten** wurden im Park beobachtet, u.a. Laucharassari, Brauner Pelikan, Lachhabicht, Schwarzhalsbussard, Grüner Eisvogel und Gelbstirnjassana.

An **Meeresflora und -fauna** wurden bislang 10 Arten Meeresschwämme, 19 Korallenarten, 24 Arten Krustentiere, 17 Algenarten und 78 Fischarten gezählt. Delfine sind häufig, manchmal beobachtet man vorbeiziehende Wale.

Wanderwege

Um in den Park zu gelangen, muss man zum früheren Ausgang gehen (am Anfang vom Sendero El Perezoso).

Sendero El Perezoso

1,5 km einfach, meist eben, geringe Steigungen, ca. 30 Min. Der breite Weg ist bequem zu gehen, allerdings gibt es kaum Schatten. Unterwegs sieht man mit etwas Glück Tukane und Faultiere (span.

perezoso). Der Weg endet an einem Nebeneingang des Parks, den man hier verlassen kann (kein Eingang).

Sendero Puerto Escondido
Anfangs einfach, geringe Höhenunterschiede, Halbschatten, der größte Teil des Weges ist betoniert. Nach etwa 10 Min. führt eine Abzweigung links zum Aussichtspunkt, rechts nach wenigen Minuten über Treppen steil bergab zum Meer in eine schöne kleine Bucht (kein Badestrand). Achten Sie auf Bewegungen in den Bäumen: Hier leben Totenkopfäffchen.

Sendero El Mirador
Schmaler Waldpfad, leicht ansteigend. Nach ca. 10 Min. erreicht man einen Aussichtspunkt mit Blick auf eine tiefer liegende Bucht und das Meer.

Sendero Punta Catedral
Ca. 30 Min., schattig, z.T. etwas matschig, ca. 1 km (Rundweg). Zunächst führt der Weg ansteigend bis zum *mirador* (schöner Blick auf vorgelagerte Inseln), dann über Treppen wieder bergab, vorbei an weiteren Aussichtspunkten an der Steilküste. Der Weg steigt nochmals kurz an und führt dann bergab zu einem kleinen Strand, kurz danach führt er zurück zum Ausgangspunkt.

Weitere Attraktionen in der Umgebung

Butterfly Botanical Gardens

An der Straße von Quepos nach Manuel Antonio liegt nach etwa 4 km links ein kleines Naturreservat mit Schmetterlings- und Botanischem Garten. Es gibt zahlreiche Schmetterlingsarten zu bewundern, zudem kann eine Aufzuchtstation besichtigt werden.

- **Geöffnet:** tgl. 8–16 Uhr
- **Eintritt:** 15 $
- **Infos:** Tel. 2777.0777 oder im Hotel Si Como No

Privatreservat Rainmaker

- **Fläche:** 600 ha
- **Geöffnet:** nur geführte Touren ab Manuel Antonio/Quepos: Abf. Mo–Sa 7.35 und 14 Uhr ab Hotel Si Como No, Dauer: ca. 3½ Std., So geschl.
- **Eintritt:** 20 $ p.P.
- **Info:** Tel. 2777.3565, www.rainmakercostarica.org

Dieses Privatreservat befindet sich nordöstlich von Quepos und umfasst verschiedene Naturräume (es reicht bis in 1700 m Höhe). Neben Wanderwegen, die überwiegend durch Primärwald führen, gibt es auch zahlreiche Wasserfälle mit schönen Badegelegenheiten. Die Hauptattraktion des Reservates ist allerdings das System von etwa 10 **Hängebrücken,** die bis zu 84 m lang sind und in einem Fall sogar 145 m über dem Boden schweben.

Canopy Safari

Mit Gurten gesichert gleitet man an Stahlseilen **von Baum zu Baum** oder seilt sich vertikal ab, mit insgesamt 19 Plattformen ein schönes, aber nicht ganz billiges Vergnügen. Die ganztägige Tour inkl. Anfahrt, Frühstück oder Mittagessen kostet zwischen 65 und 75 $.

■ **Infos & Buchung:** *Canopy Safari,* Tel. 2777.0100, www.canopysafari.com, und *Titi Canopy,* Tel. 2777.3130, www.titicanopytour.com.

Damas Island

Eine interessante **Boots- oder Kajaktour** durch die Mangrovenwelt nördlich von Quepos, bei der man zahlreiche Wasservögel und mit etwas Glück auch Kapuzineraffen und andere Tiere zu sehen bekommt. Preis: 60–65 $ inkl. Mittagessen, Nachttour: 65 $.

■ **Infos & Buchung:** *Iguana Tours, Cambute Tours* (Tel. 2777.3229) oder *Amigos del Río* (nur Kajak).

Delfin-Tour

Mehrere Veranstalter bieten halbtägige **Bootsausflüge entlang der Küste,** bei denen man regelmäßig Delfine zu sehen bekommt. Hierbei hat man außerdem Gelegenheit, näher an die vorgelagerten Inseln heranzufahren und die dort brütenden Wasservögel zu beobachten. Auch Schnorcheln und Schwimmen ist möglich. Preis: 80 $ p.P.

■ **Anbieter:** *Sunset Sails* (Tel. 2777.1304, Segelboote), *Planet Dolphin* (Tel. 2777.1647, dolphncr@racsa.co.cr, Katamaran).

☐ Übersichtskarte S. 396   **Südlich von Quepos**

River-Rafting

Zwei Flüsse in der Umgebung versprechen Wildwasser-Abenteuer: der **Río Naranjo** (schwieriger, Klasse 3–5, Halbtagestouren: 79 $ inkl. Snack) und der **Río Savegre** (Klasse 2–3, Ganztagestour 89 $ inkl. Mittagessen). Letzterer ist landschaftlich am schönsten.

■ **Anbieter:** *Iguana Tours* (siehe Stichpunkt unter „Infos von A bis Z"), *Amigos del Río* (Büro an der Straße Ri. M. Antonio, ca. 2 km li., Tel. 2777.0082), *Rios Tropicales* (Ri. M. Antonio, Nähe Fußballfeld, Tel. 2777.4092).

Reittouren

Ein Muss für Pferde-, Tier- und Naturfreunde: gepflegte Pferde, ursprüngliche Bergwelten, atemberaubende Ausblicke und Natur pur – das Ganze gekrönt von einem Bad unter einem Wasserfall, bevor es zurück zur Ranch und einem wohlverdienten Mittagessen geht. Im Preis von ca. 70 $ sind Transport und Mittagessen enthalten.

■ **Anbieter:** *Finca Valmy* (Villa Nueva, ca. 30 Min von Quepos, Tel. 2779.1118): Touren für Anfänger und Fortgeschrittene, gute Pferde, kompetente Guides, gutes Mittagessen; *Brisas del Nara* (in Londres, ca. 30 Min. von Quepos, Tel. 2779.1235): gute Pferde, nette Guides, größerer Wasserfall. Mittlerweile werden auch Touren am Strand angeboten (nicht Manuel Antonio, sondern Playa Palo Seco bzw. Damas): *Rancho Savegre* (Tel. 8834.8687, www.costaricahorsevacation.com) oder *Iguana Tours*.

Weitere Aktivitäten: Sea Kajaking, Jet-Ski, Segeln, Surfen, Fischen, Wandern, Mountainbike und, und, und …

Südlich von Quepos

Die Strände zwischen Quepos und Dominical (45 km)

Südlich von Quepos sind die **Strände überwiegend einsam,** nur in Matapalo, Dominical und Uvita hat sich bisher eine touristische Infrastruktur entwickelt.

Rund 5 km südlich von Quepos erreicht man bei einer **Tankstelle** die Hauptstraße nach Süden. Alle nachgenannten Entfernungsangaben beziehen sich auf diese Tankstelle. Seit 2010 ist die neue Teerstraße nach Süden durchgehend fertiggestellt und in einem sehr guten Zustand.

Unterkunft

Gegenüber der oben genannten Tankstelle führt eine ungeteerte Straße nach Naranjito und danach rechts zum Ort **Londres.** Hier liegen folgende Unterkünfte:

■ **Finca Amanecer B&B** (am Río Naranjo, Tel. 2779.1123, www.fincaamanecer.com): für Naturfreunde, Garten, US-Ltg.; 2 Schlafräume: 12 $ p.P., 3 Zi.:DZ/bc: 35 $ (ÜF), bp: 45 $ (ÜF) inkl. Farmtour, Camping (4 $ pP).

◁ Rote Aras

Zentrale Pazifikküste

Mein Tipp: Finca Paraíso Verde (an der Polizeistation links +300 m rechts, Tel. 2779.1256, www.fincaparaisoverde.jimdo.com): dt. Ltg., ruhige Lage, Garten, Pool, Finca mit Obstbäumen, Rest.service, Naturheilkur mit Noni-Früchten, Yoga, Urwald-Touren; 3 schöne Zi. mit Kochecke, DV, Terrasse: 50/65/75 $ (ÜF); Landhaus mit Küche, 3 DZ: 18 $ p.P. $ (ÜF, max. 6 Pers.).

Playa El Rey und Playa Savegre

Der einsame, schöne weite Sandstrand mit **großen Wellen** bietet Blick auf Manuel Antonio und die vorgelagerten Inseln. Es gibt nur einige Privathäuser, aber keine Unterkunft oder Restaurants.

Anfahrt

13,5 km nach der Tankstelle im Ort Marítima weist ein Schild „Playa El Rey" nach rechts. Nach 900 m wieder rechts, nach weiteren 1,4 km an einem Holzhaus links an einem Bach entlang, dann noch 2,5 km. Anreise per Bus ab Quepos Richtung Dominical. Ab Marítima sind es zu Fuß 4,8 km durch Palmenhaine, am Strand ist wenig Schatten.

Unterkunft

Nach 15,7 km führt nach der **Brücke über den Río Savegre** links eine Abzweigung zu folgenden Unterkünften:

■ **Albergue El Silencio** (6 km, nach der Ortschaft El Silencio rechts, Tel. 2787.5265, Büro: 2290.8646, www.coopesilencio.com): einfache, nette Lodge abseits des Massentourismus, von einer Kooperative betrieben, mit Rest. (landestyp. Küche), Pferde, Wanderwege, Touren zu landwirtschaftlichen Projekten; 10 einfache Zi.: DZ 60 $ (ÜF).

■ **Rafiki Safari Lodge** (9 km über Sto. Domingo, Tel. 2777.2250, www.rafikisafari.com): schöne, im afrikanischen Stil gehaltene Anlage am Río Savegre mit Rest., Pool, Privatreservat mit Wanderwegen, Pferde- und Raftingtouren; 10 luxuriöse Safarizelte (bis 4 Pers.) mit Strom, gemauertem Bad (WW), Vent., leider sehr teuer: 189/164/132 $ p.P. inkl. VP.

Playa Matapalo

Matapalo ist ein **kleiner Strandort,** der mit seinem schönen, weiten Strand mit seinem feinkörnigen Sand eine gute Alternative zu den überfüllten Stränden von Jacó oder Manuel Antonio bildet. Das Meer ist hier zwar manchmal etwas rau, aber mit der entsprechenden Vorsicht durchaus zum Schwimmen geeignet. Zahlreiche Meermandelbäume am Strand bilden eine natürliche Grenze zu den Unterkünften, die derzeit weniger zahlreich sind. Im Norden schließt sich der selten besuchte und tierreiche Naturpark Matapalo an. Leider wird auch hier immer mehr Land von US-Amerikanern aufgekauft, die den Bau großer Ferienapartment-Anlagen planen.

Anfahrt

26,5 km nach der Tankstelle zweigt am Ortsende der Ortschaft Matapalo nach einer Brücke die Zufahrt zur Playa Matapalo ab (1,3 km). Öffentliche Busse fahren nur in den Ort, jedoch nicht zum Strand.

Südlich von Quepos   429

Unterkunft & Restaurants

Die Unterkünfte und Restaurants liegen alle **nahe zum Meer,** ein Moskitonetz ist empfehlenswert. Reihenfolge ab Ortseingang:

■ **Cabinas Alroma** (Ortseingang rechts, Tel. c/o Albergue Suiza): 2 einf., geräumige Zi., Vent., bp (WW): ca. 41/41/48 $, 4 Zi. mit AC: +8 $.

■ **Albergue Suiza** (rechts, Tel. 2787.5068, www.matapaloplaya.com): Rest.; 3 ältere, große Zi., bp (WW); DV: 40/40/45 $.

■ **Mein Tipp: Dos Palmas B&B** (links, Tel. 2787.5037, dospalmascabinas@gmail.com): Privathaus am Meer, kanadische Ltg.; 2 schöne Gästezimmer mit KS, Terrasse mit Hängematte: DZ ca. 75 $ (ÜF).

■ **Rafiki Beach Camp** (links, Tel. 2787.5014, www.rafikibeach.com): gepflegte Anlage direkt am Meer, kein Rest., Pool, Reiten, Rafting, südafr. Ltg.; 4 komfort. Safari-Zelte (bis 4 Pers.) mit gemauertem Bad: ab 100/130/155 $.

■ **Dreamy Contentment** (links, Tel. 2787.5223, www.dreamycontentment.com): voll ausgestattete Bungalows mit AC in Strandnähe: Backpacker room: 40 $, DZ 107 $, Haus 339 $.

Unterkunft außerhalb

Mein Tipp: Tipi Jungla Ecolodge (4 km südl. von Matapalo, Zufahrt links plus 1,3 km Piste, Tel. 8729.4426, www.tipijungla.com): einfaches Camp mitten im Urwald, Rest.service (ME/AE 9 $), holl. Ltg.; 3 gemütlich-rustikale Zeltbungalows m. Bad/KW: DZ 70 $ (ÜF), 2. Nacht 65 $ – ein schönes Plätzchen abseits vom Rummel!

Aktivitäten

Mein Tipp: Pferdetouren und vogelkundliche Exkursionen mit *Claudia* (Tel. 2787.5133, 8760.2272).

Naturschutzgebiet Hacienda Barú

(Refugio Nacional de Vida Silvestre)

■ **Fläche:** 325 ha
■ **Geöffnet:** im Prinzip jederzeit
■ **Eintritt:** 7 $
■ **Unterkunft:** Rest., Pool; 6 ordentl. Zi. (bis 5 Pers.), KS und Safe, DZ 90/90/107 $ (ÜF) sowie 6 Bungalows mit Küche: 102/102/119 $ (ÜF).
■ **Info:** Tel. 2787.0003, www.haciendabaru.com
■ **Anfahrt:** 11,6 km nach Matapalo (4,6 km nach Hatillo) vor einer Tankstelle beschilderte Abzw. rechts

Dieses **Privatreservat** wurde zum *Refugio de Vida Silvestre* erklärt und damit in das staatliche Naturschutzprogramm einbezogen. Zum Besitz gehören rund 80 ha geschützter Primärwald und 75 ha Sekundärwald, in denen seit 1976 nicht mehr gejagt werden darf. Das Haupthaus dieser über 320 ha großen Hacienda liegt direkt an der Tankstelle bei Guapil bzw. 1,7 km vor dem Ort. Auf vielen Wanderwegen am Strand und durch den Regenwald kann man das Gebiet bestens erkunden. Für Wanderungen im Primärwald ist ein Guide obligatorisch (2 Std.: 20 $, halbtägige Tour: 45 $). Angeboten werden außerdem Tree Climbing (40 $), Canopy-Beobachtungsplattform (35 $) und eine Dschungel-Übernachtung (98 $). Alle Preise verstehen sich p.P. bei mindestens zwei Teilnehmern.

Playa Guapil

Ein noch unbekannter, weiter Strand mit Kies und Sand, auch bekannt als **Playa Barú.**

Playa Dominical

Auf der Südseite des **Río Barú** liegt dieser kleine Ort mit langem Sandstrand, der vor allem bei Rucksackreisenden und Surfern beliebt ist – der Ort ist fest in nordamerikanischer Hand. Das Meer ist hier etwas rau, was gut zum Surfen ist, das Schwimmen jedoch nicht ungefährlich macht. Außerdem bringt der Río Barú nicht immer sauberes Wasser aus den Bergen. Die schöneren Strände liegen weiter südlich, wo das Angebot an Unterkünften wächst.

Unterkunft

Auflistung nach der Lage von der Hauptstraße Richtung Meer:
■ **Hotel Río Lindo Resort** (rechts am Fluss, Tel. 8857.4937, www.riolindoresortcostarica.com): ältere Anlage mit Poolbar; 6 Zi., AC: ca. 73/73/85 $; KK.
■ **Cabinas Posada del Sol** (rechts, Tel. 2787.0085): kl. Privatpension, freundlich; 4 saubere Zi., bp (WW), Vent.: 20/25/30 $; 1 EZ (KW): 15 $.
■ **Cabinas Sundancer** (links, Tel. 2787.0189): Poolbar; 11 kl. Zi., Vent., bc: 15/20 $, mit bp (WW), AC: ca. 35/35/60 $.
■ **Cabinas El Coco** (Tel. 2787.0235): 10 einf. Zi., eng, aber sauber, Vent., bc: 10/14 $; 4 Zi., bp (WW), AC: 20/26 $, Apartm. m. Küche am Strand: 120 $, Camping: 3 $ p.P.; KK.
■ **Hotel DiuWak** (rechts, Tel. 2787.0087, Büro 2280.8907, www.diuwak.com): Rest., Bar, Pool; 8 zu teure Zi., DV, TV: 75 $ (3 Pers.), mit AC: 90 $; Deluxe-Zi. (bis 5 Pers.) mit AC, TV: 125 $ (ÜF); Bungalows (bis 5 Pers.) mit Wohnzi., Küche, AC: DZ 150 $ (ÜF); ; KK.

■ **Hotel Domilocos** (Ortsende links, Tel. 2787.0244, in D: 0861/165906, www.domilocos.com): Hotel in Strandnähe, ruhige Lage, gutes Rest., holl. Ltg.; 21 gute Zi., AC: DZ ab 96 $ (1–4 Pers.).

Etwas **außerhalb am Río Barú** (unter der Brücke nach 800 m) liegt:
■ **Hotel Villas Río Mar** (Tel. 2787.0052, www.villasriomar.com): gr. Anlage mit gepflegtem Garten und Rest. (HP: 32 $ p.P.), Pool, Tennisplatz; etwas abseits, dafür ruhig; 10 Häuser mit je 4 Zi., Vent., KS, Terrasse: DZ 101 $ (ÜF), mit AC: DZ 124 $ (ÜF); 8 Junior Suites mit AC, Sat-TV, Terrasse: DZ 158 $ (ÜF); 4 Suiten mit Jacuzzi: 158 $; KK.

> Herrlicher Sandstrand südlich von Dominical

Südlich von Quepos

Restaurants

Auflistung nach der Lage von der Hauptstraße Richtung Meer:
- **Café Delizias** (am Ortseingang rechts): nettes Café.
- **Restaurant Coconut Spice** (Abzw. rechts, Tel. 2787.0073): schöne Terrasse am Fluss, Thai-Küche ab 11 $; tgl. 13–21 Uhr.
- **Maracatú Bar** (rechts, Tel. 2787.0091): vegetar. Küche und Fisch, Salate und Sandwiches; tgl. 11–21.30 Uhr, Bar bis 24 Uhr.
- **Restaurant Su Raza** (rechts, Tel. 2787.0105): einf. Terrassenlokal, ordentl. Essen, günstig: Pasta, Reisgerichte, Fisch, Garnelen; 7–22 Uhr.
- **Rest./Bar San Clemente** (nach Fußballplatz links): Frühst. ab 7 Uhr; tgl. bis 22 Uhr.
- **Soda Nauyoa** (links, Tel. 2787.0164): einf. Rest., günstig: Frühst., Casado, Reisgerichte, Fisch ab 10 $; 6–20 Uhr.
- **Restaurant Tu-Lu** (neben Hotel DiuWak): Fisch, Pizza, gr. Weinkarte.
- **Geisha Sushi-Bar** (links): angenehme kleine Sushi-Bar, nette Atmosphäre, gutes Sushi.
- **Restaurant/Bar El Coco** (rechts): einf. und angenehm, Frühst., Reis- und Fleischgerichte, Meeresfrüchte; 8–22 Uhr.
- **Restaurant & Bar ConFusione** (im Hotel Domilocos): beliebtes und gutes ital. Lokal, Pasta, Tapas; tgl. 13–23.30 Uhr.

Zentrale Pazifikküste

- **Café El Sueño** (hinter ConFusione): Frühst., ital. Kaffee, frische Säfte; 6.30–17 Uhr.
- **Rest. Tortilla Flats** (am Meer): Frühst. und Sandwiches, Fisch und Meeresfrüchte.

Außerhalb
- **Rest. La Fiesta del Chicharrón:** 4 km Ri. Quepos rechts an der Einfahrt nach Hatillo, gute und preiswerte regionale Küche ab 5,50 $, TexMex ab 7 $, tgl. 7–22 Uhr, empfohlen!
- **Rest. Charter** (Tel. 2787.0172): 1,5 km Richtung San Isidro, direkt neben einem Flugzeug (!), gute Küche.

Infos von A bis Z

- **Autovermietung:** *Alamo* (im Hotel Villas Río Mar), *Solid Car Rental* (Tel. 2787.0111).
- **Bank:** *BCR* in der Plaza Pacifica (Hauptstraße).
- **Einkaufen:** Supermarkt neben Hotel DiuWak und an der Plaza Pacifica.
- **Info:** Der Besitzer des Hotel DiuWak ist der Präsident der Tourismusregion Costa Ballena und gibt Infos über die Region. Siehe im Internet auch www.dominical.biz.
- **Internet:** in vielen Hotels sowie *Internet Pueblo del Río* am Ortseingang (ca. 1700 C./Std., 9.30–18 Uhr).
- **Poststelle:** neben Rest. San Clemente, mit DHL-Express; tgl. 7–22 Uhr.
- **Sprachschule:** *Adventure Education Center* (Tel. 2787.0023, www.adventurespanishschool.com).
- **Surfschule:** *Dominical Surf Adventures* (Tel. 2787.0431, www.dominicalsurfadventures.com): Privatunterricht: 50 $/2 Std., Gruppe: 40 $, Boardverleih; am Strand: *Surf School El Tubo*: Boardverleih, Einzelunterricht: ca. 40 $, Gruppenunterricht: ca. 35 $/2 Std. oder ca. 50 $ mit Board für 24 Std.
- **Taxi:** *Erik* (Tel. 8323.5997, 8602.3394 und 8317.3215).
- **Tankstelle:** ca. 2 km nördlich (vor Barú) sowie südl. (Dominicalito).

- **Touren:** *Southern Expeditions* (Ortseingang re., Tel. 2787.0100, www.southernexpeditionscr.com): empfehlenswerte Touren zur Isla del Caño, Corcovado, Schnorcheln, Tauchen, Kajak etc.; *Dominical Surf & Adventures* (Tel. 2787.0431): Rafting 80–100 $.
- **Wäscherei:** c/o Restaurant Su Raza.

Busverbindungen

- Linie **Quepos/San Isidro,** Abfahrt in der Ortsmitte.
- **San José:** tgl. 5.30 und 13 Uhr oder über San Isidro; tgl. 6, 10.30 und 15 Uhr mit *Easy Ride* (Tel. 2258.5373, www.easyridecr.com): komfortable Minibusse ab/bis Hotel, Preis: 45 $ p.P.
- **Quepos:** ca. 7, 13 und 15 Uhr sowie San-José-Bus.
- **Uvita:** ca. 10, 11.30, 17.15 und 21 Uhr.
- **San Isidro:** 7, 13, 14 und 16.30 Uhr, Fahrzeit 2 Std.
- **Palmar Norte/Ciudad Neily:** tgl. 4.45, 10.30 und 15 Uhr, Fahrzeit 5 Std., 139 km.

Von Dominical nach San Isidro (ca. 30 km)

Eine **überaus reizvolle Strecke** führt von Dominical **ins Landesinnere.** Die Asphaltstraße windet sich über ungezählte Kurven vom Meer bergauf bis auf über 1000 m Höhe. In den höher gelegenen Regionen wird die Sicht oft durch Nebel eingeschränkt, und nach heftigen Regenfällen kommt es immer wieder vor, dass ein Hang auf die Straße abrutscht. Bevor man nach etwa 30 km sein Ziel erreicht, hat man von einer Anhöhe einen schönen Blick auf San Isidro und die dahinterliegenden Berge der Sierra Talamanca.

Wer weiterreisen will in Richtung Cerro de la Muerte/San José, kann nach 30,8 km am Hotel Angelus links abbiegen und muss so nicht durch San Isidro fahren.

Reptilienpark Reptilandia

Etwa 8 km Richtung San Isidro liegt **vor dem Dorf Platanillo** dieser Tierpark mit über 50 Arten, darunter Anakondas, Boas und Giftschlangen, Leguane, Komodo-Warane, Pfeilgiftfrösche und Schildkröten.

- **Geöffnet:** tgl. 9–16.30 Uhr.
- **Eintritt:** 12 $, Kinder bis 14 J. 6 $.
- **Info:** Tel. 2787.8007 und 2787.0343, www.crreptiles.com.

Nauyaca-Wasserfälle

(Cataratas Nauyaca)

9,1 km nach Dominical zweigt vor dem Ort Platanillo rechts eine Straße nach Líbano ab (Informationsbüro an der Hauptstraße; Tel. 2771.0541 oder 2787.0542, www.cataratasnauyaca.com). Von dort sind es noch etwa 4 km (zu Fuß oder mit Pferden) zu den beiden Wasserfällen, die eindrucksvoll aus 20 bzw. 45 m Höhe in ein 6 m tiefes Becken stürzen (Eintritt: ca. 5 $), Pferdetour ca. 50 $.

Unterkunft

- **Hotel Villas Paraíso Tropical** (7,5 km nach Dominical links, Tel. 2787.0549, www.villasparaisotropical.com): schöne Lage auf Anhöhe, gutes Restaurant, Pool; 4 Bungalows (bis 4 Pers.), Wohnzi., Kochgelegenheit: KS, AC: ab 81/104/127 $ (ÜF); KK (+4 %).
- **Natuga Eco-Lodge** (10 km nach Dominical, Tel. 2787.0549, www.natuga.cr): neues Berghotel mit Pool, Rest., Naturreservat (40 ha) mit Wanderwegen; 3 Villen (bis 5 Pers.) mit AC, KS: DZ ab 103 $ (ÜF).

Costa Ballena

Der Küstenabschnitt zwischen Dominical und der Mündung des Río Terraba gehört zu den **landschaftlich schönsten Regionen des Landes.** Da im Spätsommer und Winter hier **Wale** zu sichten sind und der größte Teil der Küste als **Meeresnationalpark Ballena** (span.: „Wal") unter Schutz steht, wird die Region als „Costa Ballena" vermarktet.

Es gibt inzwischen eine große Auswahl an Unterkünften und Restaurants unterschiedlicher Preisklassen, aber zum Glück bislang noch keine großen Hotelkomplexe wie auf der Halbinsel Nicoya. Viele nützliche Infos hierzu bietet die Website www.ballenatales.com.

Die Straße wurde vor einigen Jahren geteert. Die Folge: Der gesamte Schwerlast-Transitverkehr aus dem nördlichen Zentralamerika (Guatemala, Nicaragua etc.) auf dem Weg nach Panama nutzt diese Küstenstraße. Daher sollte man bei der Wahl der Unterkunft darauf achten, dass diese nicht direkt an der Straße liegt, um den Lärm der Motorbremsen zu vermeiden. Ansonsten ist die Region sehr lohnenswert: Es gibt private Naturreservate, Wasserfälle und v.a. viele **einsame Buchten** mit Naturstränden, an die sich nur wenige Besucher verirren. Sollen doch die Touristenmassen weiterhin nach Manuel Antonio rennen …

Unterkunft & Restaurants

Entfernungsangaben ab Dominical:
- **Hotel/Restaurant Roca Verde** (1,3 km rechts, Tel. 2787.0036, www.rocaverde.net): nettes Lokal (MB), Pool, US-Ltg.; 10 ordentl. Zi. mit AC (bis 4 Pers.): DZ 89 $ (ÜF).
- **Costa Paraíso Lodge** (2,4 km rechts, Tel. 2787.0025, www.costa-paraiso.com): gepflegte Anlage am Meer; 5 schöne, eingerichtete Apt. mit Küche, DV, AC: DZ 141 $; KK.
- **Coconut Grove** (ca. 3 km rechts, Tel. 2787.0130, www.coconutgrovecr.com): am Meer, Strandzugang (Playa Dominicalito), US-Ltg., Hunde; 3 gut ausgestattete „Cottages" mit AC, Kochnische: DZ 85–95 $, sowie 2 Häuser mit Wohnzi., Küche, AC: 130–150 $, keine Kinder unter 10 J.
- **Pacific Edge Cabinas** (4,2 km/Straßen-km 148 Abzw. links, ca. 1 km, Tel. 8935.7905, www.pacificedge.info): Anfahrt nur mit Allrad, Gäste werden abgeholt; herrl. Panoramalage mit weitem Blick, Pool mit MB, Rest., US-Ltg.; 3 rustik. Zi., bp (WW), DV: ab 70/70/80 $, Deluxe: 80/80/90 $; 1 gemütl. Bungalow mit Küche, Wohnzi., 2 Schlafzi., Balkon: 100/100/120 $; KK (+3 %), keine Kinder!

Playa Dominicalito

Der kleine Strand ist besser zum Baden geeignet als Playa Dominical und ruhiger, da nur wenige Leute hierher finden. Anfahrt: 3,8 km nach Dominical erste Zufahrt (kl. Soda), nach 1 km weitere Zufahrt (sie führt zum Rest. La Parcela).

Unterkunft & Restaurants

- **Rest. La Parcela** (Tel. 2787.0016): schöne Lage mit MB, Reisgerichte ab 11 $, gute Fischgerichte ab 15 $; tgl. 11–21 Uhr; KK.
- **MEIN TIPP: Cabinas Punta Dominical** (c/o Rest. La Parcela): tolle Lage auf Felsenkap, 4 ältere, aber nett dekorierte Häuser (bis 4 Pers.), Hanglage, bp (WW), Vent., Terrasse: DZ 85 $ – nicht billig, aber schön.

Südlich von Dominicalito

- **Hotel Villas Alturas** (km 150,5 links bergauf, Tel. 2787.8465, in D: 0861.165906, www.villasalturas.com): schön gelegene Hotelanlage am Hang mit Pool, Rest.; 7 geschmackvoll eingerichtete Villas mit Küche: DZ ab 164 $ (ÜF).

Hinter dem *Hotel Villas Alturas* kommt man zu einer empfehlenswerten Tierauffangstation:

Alturas Wildlife Sanctuary: hier werden illegal in Gefangenschaft gehaltene und verletzte Tiere aufgepäppelt und – wenn möglich – auf ihre Wiedereingliederung in die Natur vorbereitet (Touren tgl. 9,11,13 und 15 Uhr, 25 $ p.P./non profit, Tel. 2200.5440, Reservierung c/o Hotel).

- **Hotel Cuna del Angel** (km 152,5, rechts, Tel. 2787.4343, www.cunadelangel.com): Luxushotel mit gutem Rest., Pool und Spa-Bereich, dt. Ltg.; sehr geschmackvoll eingerichtete Zi. mit AC und Terrasse od. Balkon, z.T. MB: DZ 233 $ (ÜF), einfachere „jungle rooms" ohne MB: DZ 127 $ (ÜF).
- **Rest./Cabinas Ranchos Remo** (km 157,5 links bergauf, Tel. 2100.1825, ranchosremo@gmail.com): schöne Lage am Hang, gutes Restaurant mit MB (tgl. 7–18 Uhr, Pasta ab 8 $, Hauptgericht ab 12 $), Camping, 4 kl. Hütten, bc, teuer: DZ 56 $ (ÜF) sowie 3 neue Zimmer, zum Meer hin komplett offen: DZ 90 $ (ÜF).

Etwa 6,5 km weiter (Straßen-km 159) kommt man zu zwei **Privatreservaten:**

- **Biologisches Privatreservat Rancho La Merced** (15,7 km rechts/Km 159, Tel. 8921.7381, www.rancholamerced.com): 368 ha mit Wanderwegen, Eintritt 6 $, geführte Tour 35 $, Reittour 45 $, Vogelbeobachtungstour 45 $, Rest. (6/9/9 $), rustikale Cabina: 85 $ (bis 3 Pers.).

☐ Übersichtskarte S. 396, Plan Uvita S. 436   **Südlich von Quepos**   435

■ **Biologisches Reservat Oro Verde** (15,8 km links, 3,5 km in San Josecito de Uvita, Tel. 2743. 8072, mobil 8843.8833): tgl. 7–15 Uhr; Touren zur Vogelbeobachtung (30 $ inkl. Frühstück), im Regenwald (3 Std.: 35 $, inkl. Frühstück), Reiten (3 Std., 30 $ inkl. Snack) etc.
■ **Vista Ballena Boutique Hotel** (Km 160,5 links bergauf, Tel. 2743.8150): Anlage in herrlicher Hanglage mit Rest., Pool; 20 Zi. mit AC, MB: 155 $ (ÜF).

Uvita

Etwa 18 km nach Dominical führt am Straßen-Km 161,5 ein Abzweig rechts in das Dorf Uvita und links zu einigen Unterkünften. Geradeaus kommt man über eine Brücke, kurz danach führt nach rechts eine Zufahrt in Richtung Meer. Nach 2 km erreicht man den Ortsteil Bahía. An der Mündung des **Río Uvita** öffnet sich eine weite, schattenlose Bucht mit Sandstrand und einem vorgelagerten Korallenriff, wo man gefahrlos baden und schnorcheln kann. Nach Süden gelangt man zum Nationalpark Ballena, wo zwischen Juli und Januar Meeresschildkröten zur Eiablage anlanden.

Uvita hat in den letzten Jahren sein **Gesicht verändert:** An der Hauptstraße sind zahlreiche neue Gebäude entstanden mit Läden und Banken. Der Ort erstreckt sich von der Hauptstraße bis hin zum Meer (Ortsteil „Bahía"). Eine Tankstelle findet man an der Hauptstraße, 300 m in Richtung Dominical.

An der Banco de Costa Rica links (am Tucan Hotel vorbei) kommt man zum kleinen Wasserfall **Cascada Verde** mit Badegelegenheit. An der Soda bezahlt man den Eintritt von 2 $ (tgl. 8–17 Uhr, Tel. 8682.3950). Infos zu Uvita: www.uvita.info und www.ballenatales.com.

Unterkunft

Links der an der Banco de Costa Rica (also ca. 3 km vom Meer entfernt) kommt man zu folgenden Unterkünften:
■ **Tucán Hotel** (100 m rechts, Tel. 2743.8140, www.tucanhotel.com): gepflegte Anlage, Bar, Billardtisch, Gem.küche, Internet (für Gäste 30 Min. gratis), Wäscheservice, Zeltmöglichkeit (6 $ p.P., US-Ltg.; Schlafraum, bc: 12 $ p.P.; Tree House: DZ 25 $, 7 einf., saubere Zi., bc: ab 29/29 $, 3 Zi. mit bp (WW), DV, AC: 39/39/44 $; KK.
■ **Cabinas Sulakaska** (150 m rechts, Tel. 2743. 8998): 3 Apt., TV, Küche: 57 $ (5 Pers.), 102 $ (bis 9 Pers.); keine KK.
■ **Cabinas Los Laureles** (200 m Abzw. links, Tel. 2743.8235, www.cabinasloslaureles.com): schöne Lage in kl. Wald, gute Vogelbeobachtung, freundlich; 8 einf. Zi., teilw. AC, KS, bp: 34/45/75 $; KK.
■ **Hospedaje El Bosquecito** (100 m links, Tel. 2743.8027): neue Unterkunft, 8 Zi., KS: 25/35/40 $.
■ **Cascada Verde Hostel** (Tel. 2743.8191, www.cascadaverde-costarica.com): nettes Hostal unter dt. Ltg., Gem.küche, kein Rest., Soda anbei, Frühstück 5 $, Yogakurse; Schlafraum: 16 $ p.P., DZ/bp: ab 20/32 $ bis 45/52/57 $, Camping: 7 $ p.P.

Über die **1. Zufahrt** (direkt nach der Brücke rechts) erreicht man:
■ **Hotel Luz de Luna** (neben Pizzeria La Fogata, Tel. 2743.8271, www.hotelluzdelunauvita.com): 12 saubere, neue Zimmer mit AC, kl. Pool; 85/95/110 $ (ÜF), KK – Lesertipp.
■ **Hotel Canto de Ballenas** (links, Tel. 2743.8085, www.hotelcantoballenas.com): Pool; 3 ordentl. Holzhäuser mit je 4 rustik. Zi., bp, DV, KW: 39/68/95 $ (ÜF) – ruhig gelegen.

Über die **2. Einfahrt** (650 m nach der Brücke Abzw. rechts, Km 162) erreicht man über eine Teerstraße:
■ **Cabinas Gato** (an der Abzweigung, Tel. 2743. 8587, www.cabinasgatouvita.com): ordentl. Zi. mit AC, aber nahe zur Straße: DZ 40 $.

Südlich von Quepos

■ **La Fiore de Bahía** (700 m rechts, Tel. 2743.8171, www.bahiauvitahotel.com): neues Hotel mit Pool, Bootstouren *(Kefersi Tours);* 4 ordentl. Zi. mit AC: 35/70/90 $, sowie 2 Apartments mit AC: 150 $ (bis 6 Pers.).

■ **Flutterby House** (700 m Abzw. links + ca. 500 m, Tel. 8341.1730, www.flutterbyhouse.com): Hostal in Strandnähe, Schlafraum: 14 $ p.P., DZ: 40 $, Camping möglich.

■ **Cabinas Esmo** (700 m Abzw. Links, www.cabinasesmo.com, Tel. 2743.8322): in Strandnähe (200 m zum Meer), ruhig und familiär, Camping, einf. Zi. mit DV: 60/60/75 $ (ÜF), mit Küche: 70/70/83 $, mit AC: 75/75/90 $ (ÜF), mit AC + Küche: 85/95/100 $.

■ **Hotel Bahía Azul** (800 m rechts, Tel. 2743.8294, www.hotelbahiaazul.com): 9 Zi. auf 2 Etagen mit AC, TV: DZ 65/85/105 $ (ÜF).

■ **Cabinas La Rana Roja** (1,1 km rechts, Tel. 2743.8047): 5 Zi., bp (KW), TV, Vent.: 28/47/85 $.

Im Ortsteil Bahía (in Meeresnähe), Angaben ab Kreuzung gegenüber *Dolfin Tours* (1,5 km ab Hauptstr.):

■ **Bungalows Ballena** (1. Str. rechts, Tel. 2743.8543, www.bungalowsballena.com): neue Anlage mit kl. Pool; 4 schöne Bungalows aus Holz mit AC, gr. Küche, 2 Schlafzi., 125 $ (2–4 Pers.): 250 $ (max. 8 Pers.).

■ **Cabinas Bahia Uvita** (2. Str. rechts, Tel. 2743.8016): Privathaus mit Garten; Rest.service, freundlich; 8 gepflegte Zi., bp: 60 $ (bis 4 Pers.); schöne Campingmöglichkeit: ca. 6 $ p.P.; 3 Zi. mit bp: 47/47/57 $.

■ **Cabinas Dagmar** (3. Str. rechts, Tel. 2743.8181): 12 gr. Zi., AC, TV, bp (WW): 25 $ p.P.; KK.

An der Hauptstraße in Richtung Süden:

La Cacatua Lodge (600 m nach der Brücke links +2,4 km Piste, Tel. 8919.0657, www.cacatulodge. com): nette Lodge in sehr ruhiger Lage mit Pool, Rest.service (thai./indones. Küche, Frühstück: 8 $), holl. Ltg.; 3 Häuser mit je 2 netten Zi., DZ 75 $, mit Küche: 85/85/95 $.

■ **Hacienda CoopeAgri** (ca. 2 km nach der Brücke rechts, Tel. 2743.8081, www.haciendacoopeagri.cr): Hotel mit Pool; 10 Zi.: 46/80/104 $.

Etwa 1,7 km nach der Brücke (1 km nach der Tankstelle) führt rechts eine Zufahrt zur Playa La Colonia (= Playa Chamán) und den folgenden Unterkünften:

■ **Hotel Nido del Halcón** (Tel. 2743.8373, www.hotelnidodelhalcon.com): etwas unpersönl. Hotel mit Pool und Rest.; Zi. mit AC: 85/85/108 $ (ÜF).

© REISE KNOW-HOW 2016

Übernachtung
1. Cabinas Los Laureles
2. Cabinas Sulakaska
3. Tucan Hotel
5. Hotel Luz de Luna
7. Hotel Canto de Ballenas
8. Cabinas Dagmar
9. Cabinas Bahía Uvita
10. Cabinas La Rana Roja
11. Bungalows Ballena
16. Hotel Bahia Azul
17. La Fiore de Bahía
18. Cabinas Gato
21. Flutterby House
22. Cabinas Esmo
24. Hotel Nido del Halcón
25. Hacienda CoopeAgri
26. Camping El chamán, Hotel Nido del Halcón
27. La Cacatua Lodge
28. Cascada Verde Hostel

Essen und Trinken
4. Baker Bean
6. La Fogata
12. Cafe del Mar
13. Restaurant Los Delfines
14. Restaurant Los Almendros
15. Restaurant Las Delicias
19. Kem Vari
20. Ultralight
23. Sabor Español

■ **Camping/Pizzería El Chamán** (Tel. 2743.8161, chamanran@hotmail.com): Campingplatz mit Zeltverleih, Bäder, gute Pizzería.

■ **Camping & Cabinas El Tecal** (Tel. 2743.8012, www.cabinasandcampsiteseltecal.com): neues Hotel mit Pool und Restaurant, Camping (überdacht); 13 zweckmäßige Zimmer mit KS, AC: DZ ab 70 $ (ÜF).

Restaurants

■ **Kem Vari** (an der Costanera, ca. 1,5 km südl. der Brücke): landestypische Soda, Arroz con Pollo etc., auch Burritos und Quesadillas; kein Ruhetag.

■ **Pizzeria La Fogata** (nach der Brücke rechts +200 m, Tel. 2743.8224): Lasagne ab 10 $, gute Pizza ab 12 $, Salat und Hühnchen vom Grill, Heimservice; keine Alkohol-Lizenz (kann mitgebracht werden!); tgl. außer Di 12–21 Uhr.

■ **Baker Bean** (am Ortsende Richtung Dominical, nach der Tankstelle links, Tel. 2743.8700): Bäckerei, gute Empanadas, Frühstück, Pasta ab 7 $, Pizza ab 12 $, tgl. 5.30–22 Uhr.

Alle weiteren Restaurants liegen in der Nähe zum Eingang des Nationalparks:

■ **Sabor Espanol** (neben Cabinas Esmo, Tel. 2743.8312): frischer Fisch, gutes Fleisch ab 8 $, Paella ab 13 $, Steaks ab 19 $, tgl. außer Mo 12–16 und 18.30–22 Uhr.

■ **Café del Mar** (Tel. 7074.2574): nettes Café in Strandnähe, auch für Abendessen; tgl. außer Mo, in der Nebensaison geschl.

■ **Restaurant Los Delfines:** die beste Adresse am Ort; gutes Essen: Pasta, Fleischgerichte, Meeresfrüchte; tgl. außer Mo 10.30–22 Uhr.

■ **Restaurant Los Almendros** (Tel. 2743.8022): Meeresfrüchte, Pasta; tgl. außer Di 11–23 Uhr, Sa bis 1 Uhr.

■ **Günstiges Essen** (Frühstück ab 2 $, Casado u.a. ab 4 $) bieten u.a.: *Restaurant Las Delicias* (tgl. außer Di 11–22 Uhr).

Infos von A bis Z

■ **Apotheke:** an der Hauptstraße links neben dem Info-Center.
■ **Autovermietung:** *Alamo* (Tel. 2743.8889), *Hertz* (Tel. 2743.8044), *National Car Rental* (Tel. 2743.8528).
■ **Einkaufen:** Supermarkt (1. Abzw. links sowie die Hauptstraße weiter südl. links).
■ **Erste Hilfe:** Arzt *(The Dome commercial center)*.
■ **Geldwechsel:** *Coopealianza* (1. Abzw. re.), Mo–Fr 8–12 und 13–17 Uhr, Sa 8–12 Uhr, Bancomat (Maestro, MC, VISA), *Banco de Costa Rica* (BCR): an der Hauptstraße links, *Banco Nacional:* 200 m nach der Brücke rechts.
■ **Informations-Center** (an der Hauptstraße, gegenüber der BCR), Tel. 2743.8072, www.uvita.info): hilfsbereit, alle Art von Infos, beispielsweise: Touren, Veranstaltungen, auch Poststelle. Busverbindungen, Autovermietung u.v.m.; Mo–Sa 9–13 und 14–18.30 Uhr.
■ **Surfschule:** *Uvita 360 °* (Tel. 2743.8022, www.uvitasurfcamp.com).
■ **Tauchen:** *MAD About Diving,* Tel. 2743.8019, www.madaboutdivingcr.com, Büro nahe dem NP-Eingang.
■ **Touren:** *Dolphin Tours* (Tel. 2743.8013, www.dolphintourcostarica.com): Wal- & Delfin-Tour (4 Std./65 $, Tagestour inkl. ME 95 $), Ballena NP (2½ Std./50 $ inkl. Schnorcheln), Isla del Caño (Tagestour/100 $ inkl. ME), Corcovado NP (Tagestour/100 $); Mangroven Terraba (Tagestour/65 $); Kajaktour; *Ballena Tour* (Tel. 2743.8548 oder 8336.0266, www. ballenatourcostarica.com), gleiches Angebot und Preise; *Pelican Tours* (Tel. 2743.8047, www.pelicantourcr.es.tl), etwas günstiger, *Bahía Aventuras* (Tel. 2743.8362, www.bahiaaventuras.com).

Busverbindungen

■ **Quepos/San José:** *Tracopa* (Tel. 2743.8557): 6,7,9,11.15 und 19 Uhr (direkt, ca. 4 Std.); *Transp. Morales* (Tel. 2779.1593): tgl. 5.30, 13 und 16 Uhr, Fahrtzeit ca. 7 Std., 240 km, sowie mit *Interbus* ab/bis Hotel.
■ **Dominical:** tgl. ca. 5.30, 6, 9.30, 13.30, 14, 16 und 17.30 Uhr.
■ **San Isidro** *(Transp. Blanco):* 7, 13, 14 und 16.30 Uhr, Fahrzeit ca. 2 Std.
■ **Cortez/Palmar Norte/Ciudad Neily** *(Transp. Terraba):* tgl. 5, 11 und 15.30 Uhr.

Meeresnationalpark Ballena

■ **Fläche:** 110 ha (Land), 5375 ha (Meer)
■ **Lage:** zentrale Pazifikküste zwischen Uvita und Punta Piñuela
■ **Geöffnet:** zurzeit keine Öffnungszeiten
■ **Eintritt:** 6 $
■ **Parkeingänge:** Playa Uvita (im Ort), Playa Colonia (km 164), Playa de Arco (kein Eintritt), Playa Ballena (km 169), Playa Piñuela (km 172)
■ **Info:** Tel. 2743.8214, 2743.8236, www.marinoballena.org (Karte!)
■ **Übernachtung:** Campingmöglichkeit
■ Etwa 300 m nach dem Ortsende von Uvita/Bahía liegt rechts das Büro der **Nationalparkverwaltung,** daneben **Bootsverleiher.** Bei Ebbe Möglichkeit zum **Strandspaziergang** zum Riff, sonst **Bootsausflüge** (2 Std., bis 4 Pers. ca. 30 $)

Der Küstenstreifen zwischen Uvita und Punta Piñuela wurde samt der vorgelagerten Inseln 1989 zum Meeresnationalpark erklärt. Der Grund hierfür war neben den Inseln, die wichtige Brutgebiete für viele Meervogelarten bilden, ein **Korallenriff,** in dessen Hohlräumen viele Tier- und Pflanzenarten Lebensraum finden. Der Name des Parks (span.: *ballena* = „Wal") deutet auf **Wale** hin, die hier zeitweise zu beobachten sind (beste Zeit: Juli bis Okt. und Jan./Feb.).

Flora und Fauna

Der verbreitetste Vegetationstyp sind **Mangroven,** insgesamt kommen fünf Arten vor. Auf der Insel Ballena und den Inselchen Tres Hermanas leben Grüne Leguane und Basilisken. Fregattvögel, Brauntölpel, Pelikane und weiße Ibisse benutzen die Inseln nur als Ruhestätte, nicht zum Brüten. Im Meer leben Gemeiner Delfin und Großer Tümmler; Buckelwale werden manchmal mit Jungen in Gruppen beobachtet.

Von Uvita nach Palmar Norte (43 km)

Die Region südlich von Uvita wurde vom Massentourismus noch nicht erfasst und bietet herrliche Landschaften, schöne, kaum besuchte Strände, einen Meeresnationalpark und einige kleine private Naturreservate. Die Straße von Uvita weiter gen Süden ist durchgehend geteert. Unterwegs wird man von dem Komplex „5 Ventanas" überrascht, einer Tankstelle, einem Restaurant und einem Supermarkt mitten im Nirgendwo.

Etwa 15 km nach Uvita liegt links die Ortschaft **Ojochal,** nach ca. 33 km erreicht man die Abzweigung zur Ortschaft **Cortés,** etwa 1 km weiter zweigt die Straße links nach **Palmar Norte** (s. „Abstecher nach San Vito") ab (9 km) und trifft dort auf die Interamericana.

Unterkunft & Restaurants

Die Entfernungsangaben beziehen sich auf die Km-Angaben am Straßenrand (Dominical: Straßen-Km 144, Uvita/Brücke: km 162, Ojochal: km 177, Palmar Norte: km 205).

MEIN TIPP: Villa Pacific Dream (km 165 rechts, Tel. 2743.8408, http://villapacificdream.jimdo.com): nette kleine Pension mit Pool, toller MB, deutschsprachig; 2 Zimmer: DZ 90/100 $ (ÜF).

■ **La Cusinga Rainforest Lodge** (km 166,5 rechts, Tel. 2770.2549, www.lacusingalodge.com): komfortable Urwald-Lodge am Meer, schöner Blick auf Playa Arco, Rest., Privatreservat mit Wanderwegen (Tour: 25 $); 8 große Zi., DV, MB: DZ 136–204 $ (ÜF).

MEIN TIPP: Finca Bavaria (km 167 links, steile Auffahrt, mobil: 8355.4465, www.finca-bavaria.de): erhöhte Lage mit MB, Garten, Rest.Service (Frühstück 9 $, AE), Pool mit MB, Wanderwege, dt. Ltg.; 3 freundl. Zi. (24 m^2), DV, Bambusmöbel, gute Bäder: 75/87 $; 3 gr. Zi. (30 m^2): 102/102/119 $, Kinder unter 12 J. 14 $.

■ **Hotel Cristal Ballena** (km 169 links, Tel. 2786.5354, www.cristal-ballena.com): in erhöhter Lage mit 180°-Meerblick auf vorgelagerte Felsinseln, Gartenanlage, Pool (400 m^2), 2 Rest., Bar, Privatreservat (12 ha) mit Wanderwegen, öster. Ltg.; 4 Holzbungalows, bp: 113/113/156 $ (ÜF); 18 großzügige Luxus-Suiten mit Balkon, MB, AC, DV, Sat.-TV, WLAN, Minibar, Safe: ab 243/243/293 $ (ÜF); Kinder (4–12 Jahre): 43 $ (ÜF); KK.

■ **Villa Leonor/Ballena Beach Club** (km 170,3 rechts, Tel. 2786.5380): Rest. in Strandnähe mit Pool, Kajakverleih, nur 10–20 Uhr. Kunden des Restaurants können kostenlos Umkleiden und Parkplatz nutzen.

■ **Cabinas Tortuga** (Tel. 2786.5143, cabinastortuga@hotmail.com): gegenüber Ventana de Osalinks, + 500 m: 4 einf, saubere Zi.: DZ 60 $, 2 Aptm. für 4 Pers. mit Küche, AC, TV: 90 $.

Südlich von Quepos

■ **Lookout Hotel** (km 175,6 links +200 m, Tel. 2786.5074, www.hotelcostarica.com): schöne Lage über dem Meer, Pool, Rest./Bar, US-Ltg; 12 renovierte Zimmer DZ ab107 $, mit AC: 130 $, Superior room 141 $ (ÜF).

■ **Hotel Villas Gaia** (km 176 rechts, Tel. 2786. 5044, Büro: 2244.0316, www.villasgaia.com): schöne Anlage am Hang, aber leider mit Straßenlärm, ca. 1 km zum Strand (Playa Tortuga), Pool mit MB, Rest., Pferde-, Kajak-, Rad- und Bootsausflüge etc., niederl. Ltg.; 12 freundliche Bungalows (bis 4 Pers.) in Naturbauweise im Wald, DV, AC und Terrasse: 85/85/90 $, Haus: 152 $ (bis 4 Pers.); KK.

Ojochal

Kurz vor dem Straßen-Km 177 zweigt links die Zufahrt ab nach Ojochal, wo sich **zahlreiche Franco-Kanadier und Europäer** niedergelassen haben. Inzwischen gibt es einige sehr gute Unterkünfte und Restaurants, eine Polizei-Station, ein Internet-Café und sogar eine Touristen-Information (!).

■ **Im Internet:** www.ojochal.com. Vor der Hauptzufahrt ist links eine Tankstelle und ein Einkaufszentrum mit einer Bäckerei (Pancito Café).

Unterkunft & Restaurants

Am Ortseingang von Ojochal gibt es ausgezeichnete Küche im:

■ **Citrus Restaurant** (erste Straße links, dann rechts, Tel. 2786.5175): gehobenes Fischrestaurant, nicht ganz billig; tgl. außer So (Nebensaison: abends) 11–22 Uhr.

■ **Villas Diquis del Sur** (Ortsmitte rechts, Tel. 2786.5012, www.diquiscostarica.com): Pool, Internet-Café, kanad. Ltg.; 10 Villen, z.T. MB: DZ ab 62 $ (ÜF), mit AC: ab 112 $ (ÜF).

■ **Restaurant Mamma e Papà** (Calle Perezozo, Tel. 2786.5336): gute ital. Küche und Pizza.

Quer durch den Ort kommt man nach etwa 2 km an der Schule/Sportplatz links über eine kleine Brücke. Die nächste Straße rechts führt zu folgenden Unterkünften und Restaurants **am Ortsrand:**

■ **El Jardín de Tortuga** (Tel. 2786.5059, www. theturtlesgarden.com): Rest. (u.a. Holzofen-Pizza), franz. Bäckerei nebenan, Touren, dt. Ltg.; 3 Holzhäuschen im Grünen (bis 5 Pers.), davon 2 mit Küche: 25/50/60 $; Camping: 4 $ p.P.

■ **Restaurant Exotica** (Tel. 2786.5050): franz. Küche, nicht billig, aber gut, So Ruhetag; Sept./Okt. geschl.

■ **Phidjie Lodge** (Tel. 2786.5424, www.phidjie lodge.com): Anlage mit Pool, frz. Ltg., 2 nette Bungalows mit Küche: DZ 95 $, Frühstück 10 $.

MEIN TIPP: **Hotel El Mono Feliz** (Tel. 2786.5146, www.elmonofeliz.com): Pool, holl. Ltg. (dt.-sprachig); DZ bp: 50–75 $; nette Holzhäuser mit Wohnzi., kl. Küche: DZ 85 $, 4 Pers.: 100 $.

■ **Ylang Ylang** (Tel. 2786.5054): gute indonesische Küche, aber teuer! Nur Do–Sa 17–22 Uhr, So Brunch 10.30–15 Uhr.

300 m nach Ojochal führt links bergauf eine Zufahrt zu den folgenden Hotels:

■ **El Castillo** (Tel. 2786.5543, www.elcastillocr. com): tolle Lage mit Blick auf die Mündung des Río Terraba, gutes Restaurant (teuer), schöner Pool, geschmackvoll dekorierte, komfortable Zi.; DZ „garden room": 124 $, DZ „ocean view": 181 $ (ÜF), Suite: 237 $ (ÜF).

■ **Hotel Alma de Ojochal** (Tel. 2786.5295, www. almacr.com): kleines Boutique-Hotel mit Pool, Restaurant; 5 schöne Zi. und Suiten mit MB: DZ ab 112 $.

■ **Restaurant Boca Coronado** (ca. 1 km südl. von Ojochal, Tel. 2786.5082): das Speiseangebot reicht von typischen costaricanischen Reisgerichten bis zu Fisch und Steaks, Preise zwischen 7 und 22 $, Di Ruhetag.

Südlich von Quepos

3 km nach der Zufahrt nach Ojochal (Straßen-Km 179,5) zweigt in Punta Mala links die Zufahrt ab zu **2 Fischlokalen** und nach 4 km zur empfehlenswerten:
Mein Tipp: Rio Tico Safari Lodge (Tel. 8996.7935, in D: 0861/165906, www.riotico.com): schöne Lage am Fluss, Wanderwege, Reitausflüge, kinderfreundlich, holl. Ltg.; 9 tolle Zelt-Bungalows mit bp (WW): 62/62/73 $, 3 Zimmer: 68/68 $, (Frühstück 7 $).

Weiter südl., an der Mündung des Río Grande de Térraba, werden **Bootstouren zu den Mangroven** (z.B. *Yohan Murillo,* Tel. 2786.5096 oder 8858.3590) angeboten. An der Straße nach Cortéz links der Golfplatz *San Buena* und nach 31 km rechts das Krankenhaus **Hospital de Osa.**

Busverbindungen

■ Tgl. 6 und 14 Uhr mit *Easy Ride* (Tel. 2258.5373, www.easyridecr.com) nach **San José:** komfortable Minibusse ab/bis Hotel, Preis: 39 $ p.P.
■ Öffentliche Busse nach **Dominical** und **Palmar Norte.**

Pfeilgiftfrosch

- Golfito und seine Strände | 484
- Isla del Coco | 497
- Osa-Halbinsel | 468
- Palmar Norte | 467
- San Isidro, die Umgebung von | 454
- San Vito, Abstecher | 461
- Von San Isidro nach Palmar Norte | 459
- Von San José nach San Isidro | 448
- Zur Grenze mit Panama | 495

9 Der Süden

Der Süden des Landes ist ein Eldorado für Naturfreunde: die Bergregion am Cerro de la Muerte und am Cerro Chirripó ebenso wie das Mündungsgebiet des Río Sierpe, die artenreiche Halbinsel Osa und der Golfo Dulce. Wer die teilweise mühevolle Anreise in Kauf nimmt, wird belohnt mit „pura natura"!

◁ Einsamer Strand am Golfo Dulce

NICHT VERPASSEN!

- **Cerro de la Muerte:** die Nebelwald-Region ist viel weniger überlaufen als Monteverde und mindestens genauso lohnenswert | 448
- **Cerro Chirripó:** die Region lohnt einen Besuch, auch wenn man nicht zum höchsten Gipfel des Landes aufsteigen will | 456
- **Río Sierpe:** der Fluss bildet das größte Mangrovengebiet Zentralamerikas und führt zur vorgelagerten Insel Isla del Cano und zu den Lodges an der Westseite der Halbinsel Osa | 468
- **Nationalpark Corcovado:** der Nationalpark gilt als der artenreichste Naturpark Mittelamerikas | 480

Diese Tipps sind gelb hinterlegt.

Der höchste Punkt der Panamericana am Cerro de la Muerte

ÜBERBLICK

Über einen rund 3300 m hohen Pass erreicht man von San José aus den Süden Costa Ricas, eingebettet zwischen den höchsten Bergen des Landes (Cordillera de Talamanca) und dem Pazifischen Ozean.

Das Gebiet, das schon lange vor Ankunft der Spanier von Indianern bewohnt war (auch heute noch gibt es hier zahlreiche Indianerreservate), erschien den spanischen Eroberern wenig attraktiv. Die Besiedlung durch die Weißen begann erst Ende des 19. Jh., die meisten Orte wurden gar erst im 20. Jh. gegründet.

Vor allem, als sich die *United Fruit Company* in den 1930er Jahren aus der Karibikregion zurückzog und auf der pazifischen Seite Bananenplantagen anlegte, kamen viele neue Siedler in den Süden des Landes, und Städte wie Palmar, Golfito und Cd. Neily entstanden. Doch auch heute noch ist diese Region **dünn besiedelt:** In den fünf Bezirken südlich von San Isidro (Buenos Aires, Coto Brus, Osa, Golfito und Corredores), die zwischen 1940 und 1973 gegründet wurden, leben nur knapp 200.000 Menschen – das entspricht nur etwa 6 % der Gesamtbevölkerung – auf 8348 km² Fläche, also über 16 % des Staatsgebietes. Bis auf den Raum San Isidro gehört das Gebiet zur Provinz Puntarenas und wird von dort aus verwaltet.

Die **Wirtschaft** der Region wird auch nach dem Rückzug der US-Multis von **Bananen** bestimmt – ausgedehnte Plantagen finden sich vor allem in der Gegend von Palmar und Golfito. Im Tal des Río General bei Buenos Aires liegen die größten Ananas-Plantagen des Landes, im Valle Coto Brus bei San Vito gedeiht Kaffee. Ferner wird vielerorts Viehzucht betrieben, in beschränktem Maße auch Fischfang. Auf der Osa-Halbinsel ist Holzwirtschaft von Bedeutung und die (oft illegale) Suche nach Gold.

Für Reisende, die auch bereit sind, auf Komfort zu verzichten, bietet diese Region **viele lohnende Ziele:** Nebelwald mit guten Möglichkeiten zur Quetzal-Beobachtung in der Nähe des Cerro de la Muerte, fast unberührte Wildnis und „Natur pur" im Gebiet der Cordillera de Talamanca, im Nationalpark Corcovado und im Schutzgebiet Golfito, eine außergewöhnliche Pflanzensammlung im Jardín Wilson und noch immer ziemlich einsame Strände auf der Halbinsel Osa und südlich von Golfito – um nur einige Beispiele zu nennen. Wer möchte, kann von hier auch einen Abstecher ins Nachbarland Panama unternehmen.

Das Klima ist im Umfeld der Berge gemäßigt-kühl, in Küstennähe feuchtheiß und sehr niederschlagsreich.

Von San José nach San Isidro (137 km)

Über den Cerro de la Muerte

Die Strecke von San José nach Süden führt zunächst über die Autobahn nach Cartago und beginnt dann langsam anzusteigen. Die Fahrzeit von San José zum Cerro de la Muerte liegt je nach Verkehr etwa bei 1½ bis 2 Std., von dort bis San Isidro noch eine weitere Stunde; die Entfernung beträgt ab San José 133 km. Eine landschaftlich schöne, aber zeitaufwendigere Alternative ist die Strecke über Asserí, Tabarca (s. Kapitel „San José/Ausflüge von San José") und Frailes, evtl. sogar über Sta. María.

Bei Kilometer 58 zweigt rechts die Zufahrt nach Copey de Dota ab, wo man nach 8 km zur **Toucanet Lodge** kommt. Etwa 4 km weiter auf der Interamericana liegt links auf etwa 2400 m Höhe das **Hotel/Albergue Tapantí.**

Hier beginnt nun der mühsame **Aufstieg zum höchsten Punkt der Panamericana** zwischen Alaska und Feuerland. Lkws und Busse quälen sich über zahllose Kurven bergauf, und häufig behindert dichter Nebel die Sicht. Bei klarem Wetter hat man jedoch stellenweise eine Sicht wie aus einem Flugzeug, wenn die Bergspitzen der Cordillera de Talamanca aus einem Nebelsee herausragen.

Bei Kilometer 70 geht es rechts zum **Mirador de Quetzales** und zum **Paraíso del Quetzal** (1 km). Am Km 76,5 liegt rechts der Eingang zum **Nationalpark Los Quetzales** (gegenüber dem Restaurant *Los Chesperitos*). Der 2008 eröffnete Park hat eine Fläche von 5021 ha, einige Wanderwege sind bereits angelegt. Geöffnet: 7–16 Uhr, Info: Tel. 2220.5354, Eintritt (theoretisch): 10 $.

Bei Km 80 zweigt rechts die Zufahrt nach **San Gerardo de Dota** ab, einem guten Ausgangspunkt für die Erkundung der Region mit einer guten Auswahl an Unterkünften (s.u.).

Etwa bei Kilometer 89 der Interamericana ist es dann geschafft, der **höchste Punkt der Straße (und der Panamericana in Zentralamerika!)** ist erreicht: Die dichte Vegetation täuscht darüber hinweg, dass man sich auf einer Höhe von über 3000 m ü.M. befindet.

Neben der Straße ragt der **Cerro de la Muerte,** der „Gipfel des Todes", 3300 m

☐ Übersichtskarte S. 446   **Von San José nach San Isidro**

in die Höhe. Der Name stammt noch aus der Zeit, als man den Weg vom Süden ins Hochland mit Ochsenkarren zurücklegte. Nicht wenige ließen ihr Leben bei der mühsamen Überquerung dieses Bergpasses, denn die Nächte sind kalt hier oben. Auch heute kommt es auf dieser Strecke immer wieder zu tödlichen Unfällen, sodass der Name immer noch seine Berechtigung hat …

Bei Kilometer 89,5 führt rechts ein **Weg zum Cerro División,** der für eine Wanderung geeignet ist (nicht mit Mietwagen versuchen!): ca. 45 Min. zum Gipfel (3494 m – höher als der Vulkan Irazú). Bei entsprechendem Wetter hat man einen atemberaubenden Blick auf die beiden Ozeane! Warme Kleidung und Regenschutz sollte man auf alle Fälle dabeihaben, da sich hier das Wetter unvermittelt ändern kann.

Einige Kilometer weiter (Km 95) findet man einfache Unterkunft im **Hotel Georgina,** dem wohl höchstgelegenen Hotel des Landes. Schöner (und weniger kalt) wohnt man bei Bosque del Tolomuco am Km 118. Das nette kleine **Restaurante Vista del Valle** bei Km 119 auf 2400 m Höhe bietet neben einem schönen Ausblick landestypische Küche und Unterkunft. Vom **Restaurant Mirador El Torre** bei Km 130 blickt man auf San Isidro und die umliegende Bergwelt (Hauptgerichte um 5 $, montags geschlossen; KK).

Unterkunft am Cerro de la Muerte

Die Entfernungsangaben beziehen sich auf die Km-Marker am Straßenrand (= Entfernung ab San José). Hinweis: Da sich die meisten Unterkünfte in großer Höhe befinden, kann es nachts recht kalt werden!

MEIN TIPP: El Toucanet Lodge (km 58 rechts + 8 km bei Copey de Dota, Tel. 2541.3045, www.eltoucanet.com): US-Ltg., ruhige Lage in der Nähe des Forstreservates Los Santos auf 1900 m, Rest. (7/9/18 $), Pferdetouren (2 Std., 25 $), Wandertouren (z.B. im Biolog. Reservat Las Vueltas); 6 gemütliche Zi., bp (WW), Balkon: 69/84/98 $ (ÜF), Jr. Suite: 116/126/142 $ (ÜF); KK (ohne Zuschlag). Anfahrt: Von der Interamericana bei Km 58 rechts über Cima nach Copey (8 km, Allrad empfehlenswert) oder in Empalme (Km 51,5) rechts nach Sta. Maria de Dota (14 km, Teerstraße) und weiter nach Copey (8,5 km, kein Allrad).

■**Mirador de Quetzales/Finca Eddy Serrano** (Km 70 rechts, Tel. 2200.4185, mobil: 8870.6027, www.elmiradordequetzales.com): Rest. (landestyp. Küche, Forellen frisch aus eigener Zucht), Privatreservat (43 ha, auf 2650 m), vorwiegend Primärwald, hohe Quetzal-„Trefferquote" (Tour: 16 $/1½–2 Std.); 4 rustikale Zi. (bis 4 Pers.) im Haupthaus, Stockbetten, bc (WW); sowie 15 rustikale Holzhäuschen (bis 5 Pers.) mit bp (WW): ca. 50 $ p.P. inkl. HP und Quetzal-Tour. Hinweis: Nachts kann es hier oben sehr kalt werden, aber die Tour sollte man unbedingt machen!

■**Paraíso Quetzal Lodge** (Tel. 2771.4582 od. 8810.0241, www.quetzalsparadise.com): 10 rustikale Holzhäuschen mit bp (WW): Dz ab 80 $ (ÜF) bzw. 63 $ inkl. HP und Quetzal-Tour; tolle Superior-Bungalows ab 150 $ (ÜF); Camping 10 $; KK.

In San Gerardo de Dota
(Entfernungsangaben ab Interamericana)

■**Rest./Cabinas Las Cataratas** (ca. 3 km rechts, Tel. 2740.1065): Reservat mit Wanderwegen, Rest. (Forelle); 4 rustik. Cabañas (bis 4 Pers.), bp (WW): ca. 50 $ p.P./VP im DZ.

MEIN TIPP: Miriam's Quetzals (ca. 3,5 km links, Tel. 2740.1049, www.miriamquetzals.com): mit Rest. (Frühst. ca. 6 $, leckeres ME/AE ca. 8 $); 3 neue, nette Häuser m. Heizung, WW, schöner Blick: ca. 30/40/40 $, sowie 3 gr. Häuser: DZ ca. 60 $, 5 Pers. 90 $.

Von San José nach San Isidro

■ **Dantica Cloud Forest Lodge** (ca. 4 km rechts, Tel. 2740.1067, in D: 0861/165906, www.dantica.com): holl. Ltg., Privatreservat (20 ha) mit Wanderwegen, gutes Restaurant, Museum/gute Kunstgalerie; 8 stilvolle Häuser (bis 4 Pers.) mit verglaster Fassade (Blick in den Nebelwald), KS, Federbetten (!), davon 2 mit Wohn-/Esszi. und 2 Schlafzi.: ab 198/198/254 $ (ÜF), sowie 1 Suite mit Kamin: DZ 285 $ (ÜF).

■ **El Manantial Mountain Lodge** (ca. 5 km rechts, Tel. 2740.1045, www.elmanantiallodge.com): rustikale Lodge, nettes Rest. (landestyp. Küche, 8/12/12 $): Pferdetouren (15 $), Dampfbad (15 $): einf. Zi., bp: 65/87/109 $ (ÜF), 88/134/182 $ (VP).

■ **Trogon Lodge** (ca. 6 km links, Tel. Büro: 2293.8181, www.trogonlodge.com): gepflegte Lodge auf 2300 m, schön in einem Taleinschnitt gelegen, Rest. (AE Menü 20 $), Privatreservat mit 6 km Wanderwegen (Eintritt für Nicht-Gäste: 5 $), Wasserfalltour (40 $), Canopy (35 $), öfters Reisegruppen; 11 gepflegte Holzhäuser mit je 2 angenehmen, komfortabel-rustikalen Zi. mit Heizung, bp (WW): 97/119/142 (ÜF), Sup. Room: 160/183 $ (ÜF); KK.

■ **Cabinas El Quetzal** (ca. 7 km links, Tel. 2740.1036, www.cabinaselquetzal.com): 3 ordentl. Cab. neben Privathaus, modern oder rustikal mit Kamin, bp (WW): 69 $ p.P. im DZ inkl. VP.

■ **Restaurant/Cabinas Los Lagos** (ca. 7 km rechts, Tel. 2740.1009): einf. Lokal, landestyp. Küche: Forelle, Casado, pollo frito; 5 einf. Zi., bp: DZ ca. 52 $ (ÜF); 50 $ p.P. mit VP; Camping (8 $ p.P.).

■ **Savegre Mountain Hotel** (ca. 9 km links, Tel. 2740.1028, www.savegre.com): große, etwas unpersönl. Anlage auf ca. 2200 m mit 200 ha Nebelwald-Reservat (Eintritt: ca. 20 $), ca. 12 km Wanderwege, Rest. (nicht sehr gemütlich), Reiten (ca. 12 $/Std.); 24 Zi. mit Heizung, bp (WW), wenig Ambiente: 118/126/180 $ (ÜF), mit VP und Eintritt: 135/190/245 $; 9 bessere Junior Suites mit Kamin: ca. 129/135/184 $ (ÜF), mit VP und Eintritt: ca. 182/252/346 $; KK. Günstiger ist es, nur die Übernachtung zu buchen und das Essen vor Ort zu bezahlen.

■ **Suenos del Bosque Lodge** (100 m nach dem Savegre Mountain Hotel links, Tel. 2740.1023, www.bosquesangerardo.com): nette Anlage am Río Savegre auf 2200 m Höhe, Wanderwege, Wasserfälle, Pferdetouren, Rest. (ca. -/14/14 $); nette Bungalows (bis 4 Pers.), 6 Cabinas m. Küche (bis 8 Pers.): ca. 50 $ p.P. (ÜF).

■ **Suría Mountain Lodge** (10 km links, Tel. 2740.1004, www.hotelsuria.com): familiär geführte Lodge auf ca. 2200 m, gepflegter Garten, Pferdetouren, Touren zum Wasserfall und Vogelbeobachtung; 22 einf./rustikale Zi. (bis 4 Pers.), bp (WW), Heizung: 76/108/139 $ (ÜF).

Südlich des Cerro de la Muerte

■ **Hotel Georgina** (Km 96 links, Tel. 2770.8043): altes Holzhaus mit Rest.; 7 einf. Zi., bc (WW): 16 $ p.P.; bp (WW): DZ 40 $; 1 Haus mit Kamin, Küche: 50 $ (bis 6 P.).

MEIN TIPP: **Bosque del Tolomuco** (Km 118 rechts, Tel. 8847.7207, www.bosquedeltolomuco.com): nette kl. Lodge auf 1650 m mit Rest., Pool, Reservat (40 ha) mit Wanderwegen, kanad.-dt. Ltg.; 2 rustikal-gemütl. Zi. und 2 freistehende Bungalows (bis 4 Pers.): 65/65/90 $, Frühstück 7,50 $.

■ **Mirador Valle del General** (Km 119 links, Tel. 8384.4685, www.valledelgeneral.com): schön gelegene Lodge auf 2400 m mit Rest., Wanderwege, Touren zur Vogelbeobachtung, Canopy; 8 rustikale Zi. mit Bad (WW): 55/55/70 $ (ÜF), 75/75/85 $ (HP).

■ **Rest. El Trapiche de Nayo** (6 km vor San Isidro links, Tel. 2771.7267): uriges Lokal mit preiswerten landestyp. Gerichten; tgl. 7–21 Uhr.

> Die Kathedrale von San Isidro

San Isidro

- **Einwohner:** 31.000, Bezirk ca. 110.000
- **Lage:** Valle de El General, 136 km südl. von San José
- **Höhe:** 700 m ü.M.
- **Klima:** Durchschnittstemp. 24 °C

San Isidro de El General, die größte Stadt des Südens, gehört zur Provinz San José und ist Hauptstadt des **Bezirkes Perez Zeledón** (für viele steht dieser Name auch gleichbedeutend für die Stadt selbst). Der Bezirk lebt zu über 60 % von der Landwirtschaft, 24 % entfallen auf den Handel und gut 9 % auf Industrie. Die Stadt liegt am Río Quebrada am Anfang des Valle de El General. Der Río General, der ca. 5 km westlich der Stadt fließt, mündet rund 85 Straßenkilometer südöstlich in den Río Grande de Térraba, den größten Fluss des Landes.

General *Bernardo Soto Alfaro* (1836–1889) war der erste Präsident Costa Ricas, der im Jahre 1887 das später nach ihm benannte *Valle de el General* besuchte und daraufhin den Bau der Straße von Orosi nach General veranlasste. Hauptverantwortlich für die Entwicklung des Valle de El General war *Pedro Perez Zeledón* (1854–1930), der u.a. 1910/11 Schutzhütten am Cerro de la Muerte bauen ließ.

Für den Reisenden ist San Isidro ein Ausgangspunkt für Ausflüge zum Nationalpark Chirripó und zu den Stränden südlich von Quepos (siehe Kapitel „Zentrale Pazifikküste"). Die Stadt hat wenig Sehenswertes zu bieten, Zentrum ist der Parque Central, an dessen Ostseite eine Kathedrale den Blick auf sich zieht.

Wer etwas Zeit hat, sollte den **Complejo Cultural** besuchen (C.2/Av. C.1). In diesem Kulturzentrum befindet sich neben einem Theater und einer Bibliothek auch Werkstätten für Musik, Malerei und Tanz.

Unterkunft

- **Hotel El Valle** (Tel. 2771.0246): 5 Zi. mit bc, okay: 12/18 $; 25 ordentl., saubere Zi., bp, TV: 17/22/38 $.
- **Hotel Astoria** (Tel. 2771.0914): 58 einf. Zi, meist nach innen, teils eng und dunkel; bc: 8 $ p.P.; bessere Zi. zum Innenhof, ruhig, Parkplatz, bp (WW): 13/26 $.
- **Hotel Iguazú** (über Super-Lido, Tel. 2771.2571): 21 ordentl. Zi., bp (WW), Vent., TV, sauber: bc EZ 14 $, bp: 23/25/35 $.
- **Hotel Chirripó** (Tel. 2771.0529): beliebtes Hotel im Zentrum; 41 einfache, annehmbare Zi., sauber; bc: 18/26 $; TV, bp (WW): ab 33/48/60 $.

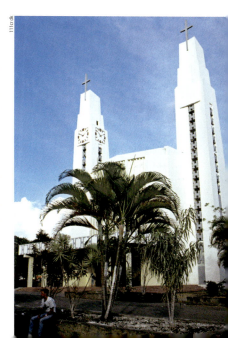

Von San José nach San Isidro

- **Hotel Amaneli** (Tel. 2771.0352): Nähe San-José-Bus; 41 einf. Zi., bp (WW), Vent., z.T. zur Straße hin (laut): ca. 16 $ p.P., mit TV: ca. 17 $ p.P.
- **Hotel Diamante Real** (Tel. 2770.6230): Business-Hotel mit Rest.; komfortable Zi. mit AC, Kabel-TV: DZ 40–60 $.

Außerhalb

- **Cabinas El Prado** (auf der anderen Seite der Interamericana, Straße gegenüber Schule 12 de Marzo, Tel. 2771.0309, elprado@hotmail.com): ruhige Lage, etwas abseits, Typ Motel, Parkplatz, Pool; 32 ordentl. Cab., bp, TV, Vent.: 18/32/45 $ (ÜF); Fr/Sa nicht empf.wert (Disco-Lärm).
- **Hotel Los Crestones** (am südl. Ortsende an der Straße nach Dominical rechts, Tel. 2770.1200, www.hotelloscrestones.com): Pool, Rest.; 27 ordentl. Zi. mit AC, Kabel-TV: 50/60/70 $.
- **Hotel del Sur** (5,5 km südlich; Tel. 2771.3033, www.hoteldelsur.net): gr. Anlage mit Rest., Bar, gr. Pool, Tennisplatz; 27 ordentl. Zi., DV: 51/59/84 $ (ÜF), 20 renovierte Junior- und Superior-Zi. mit AC: 62/69/95 $ bis 72/79/105 $ (ÜF); KK.
- **Puerta del Sol** (Richtung Dominical, 1 km nach Ortsende links, Tel. 2772.2029): Anlage am Ortsrand Ri. Dominical, mit Pool; 8 Apartments (bis 4 Pers.) mit Küche, TV, 2 Schlafzi.: 40/57/75 $.
- **Hotel Angelus** (außerhalb Richtung Dominical, Tel. 2772.3630, www.hotelesangelus.com): 31 Zi. mit AC, bp, WW: DZ ab ca. 30 $.
- **Weitere Unterkünfte** (in ruhigerer Lage) finden sich an der Straße nach San Gerardo de Rivas (s.u. „Die Umgebung von San Isidro").

Restaurants

- **Restaurant La Reina del Valle** (Tel. 2771.4860): an der Plaza, Casados 4,50 $, Hauptgerichte ab 8 $; offen bis 21 Uhr, Bar im OG bis 23/24 Uhr.
- **Restaurant La Terraza** (im Hotel Chirripó, Tel. 2771.5225): Frühstück, günstige Fleisch- und Fischgerichte ab 8 $, gr. Auswahl; tgl. 6–22 Uhr.
- **Restaurant El Tenedor** (Av.3, C.C./Av.C.-1 OG, Tel. 2771.0881): diverse Gerichte, Pizza und Pasta etc. ab 8 $; tgl. 10–22 Uhr.
- **Marisquería Marea Baja** (C.1/Av.4–6, Tel. 2771.0681): gutes Fischrest., Speisen ab 8 $; auch Bar mit (lauter) Musik; 10–22 Uhr; KK.
- **Restaurant Hongkong** (Av.2, Interamericana/Av.C., Tel. 2771.3562): chines. Lokal, Meeresfrüchte und Fleischgerichte, KK.
- **Sodas** gibt es u.a. nahe der Busabfahrtsstellen nach San José (Av.3/C.2–4).

Infos von A bis Z

- **Disco:** *El Prado,* im nördl. Stadtteil (bei Cabinas El Prado), nur am Wochenende.
- **Erste Hilfe:** Rotes Kreuz (C.3/Av.4, Tel. 2468.0143), Krankenhaus (C.1/Av.14).
- **Foto:** Film/Entwickl. bei *Fuji* (Av.1/C.2–4); Fotoschnellservice (Av. 2–4/C.C.).
- **Geldwechsel:** Bancomat mit VISA, MC und MasterCard: *Scotia Bank* (Av. 4/C.C.) und *Coopealianza* (neben Hotel Chirripó); nur VISA, MC: *Banco Nacional:* Mo–Fr 8.30–15.45 Uhr; *Banco de Costa Rica* (Av.4/C.C.): Mo–Fr 9–16 Uhr; *Banco de San José* (Av./C.C.-C.1).
- **Info:** *CIPROTOUR* (Tel. 2771.5911, www.ecotourism.co.cr): Der Tourismusverband der Region gibt Infos zu Stadt und Umgebung: Mo–Fr 7.30–17 Uhr.
- **Internet:** *Brunc@netCafé* (am Park neben der Kirche, Tel. 2876.4597, www.bruncanet.com): Mo–Sa 8–20 Uhr, So 9–17 Uhr; *BTC Internet Café* (in einer kl. Einkaufspassage westl. Hotel Chirripó): schnell, angenehme Arbeitsplätze, ca. 500 C./Std., Mo–Fr 8.30–21 Uhr, Sa 8.30–20 Uhr, So 10–16 Uhr, außerdem: C.2/Av.1, günstiger für Studenten.
- **Nationalparkbüro:** C.2b/Av.2–4, gegenüber Camera de Cañeros, Tel. 2771.3155, 2742.5083, Mo–Fr 8–16 Uhr, Reservierung nur bis 12.30 Uhr möglich.
- **Polizei:** Av.2/C.3–5, Tel. 2771.3447.
- **Post:** C.1/Av.6, Mo–Fr 8–17 Uhr, Sa. 8–12 Uhr.

Von San José nach San Isidro

Der Süden

- **Reiseveranstalter:** *Brunca Tours* (Tel. 2771.3100): Rafting, NP Corcovado Tour, Isla del Caño, Reittouren; *Selva Mar* (50 m südl. Hotel Chirripó, Tel. 2771.4582, www.exploringcostarica.com): Hotelbuchungen, Canopy, Rafting, Wandertouren etc.
- **Sprachschule:** *SEPA Language School* (Tel. 2770.1457, www.spanish-school-costarica.com).
- **Taxi:** Standplatz Parque Central/Nordseite *(Coopetaxsur), Taxis Unidos del Sur:* Tel. 2770.1066.

Verkehrsverbindungen

Busse, die aus San José kommen, sind mit Stern (*) gekennzeichnet. Der Terminal in der C.C./Av.6 dient nur für Lokalbusse.

- **San José:** *MUSOC* (Av.3/C.2–4, Tel. 2771.0414): 5.30–17.30 Uhr stündl.; *TRACOPA* (C.3/Av.C.-2, Tel. 2771.0468): tgl. 5–20.30 Uhr; Fahrzeit: 3 Std.
- **Dominical/Quepos** (C.5/Av.4): *Transp. Blanco* (Tel. 2771.2550 und 2771.4744): tgl. 7, 11.30 und 15.30 Uhr.
- **Dominical/Uvita** (C.5/Av.4): *Transp. Blanco,* tgl. 9 und 16 Uhr.
- **San Gerardo/Nationalpark Chirripó** (Terminal C.C./Av.6/150 m südlich des Parks): 5.30 Uhr (ab Park) und 14 Uhr (ab Terminal).
- **Buenos Aires** (C.1/Av.6): tgl. Busse aus San José (bis Abzweig).
- **Palmar/Cd. Neily** (*TRACOPA,* s.o., C.5/Av. 18–20): 4.45, 6.30, 12.30 und 15 Uhr sowie Bus nach Paso Canoas.

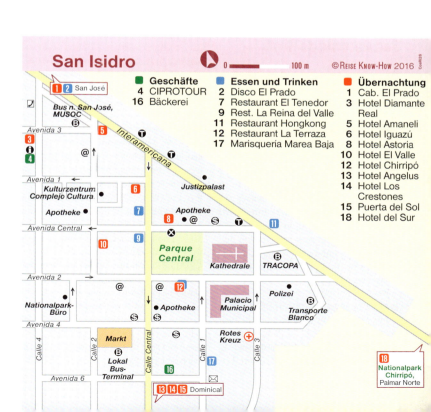

- **Pto. Jiménez** (C.14/Av.9–11): *Transp. Blanco,* 11 und 15 Uhr.
- **San Vito** (*TRACOPA*, s.o.): tgl. 5.30 und 14 Uhr, Fahrzeit 5 Std; (Tel. 2771.0468).
- **Paso Canoas*** (*TRACOPA*, s.o.): 3, 8, 8.30 und 16.30 Uhr *(directo)*; (Tel. 2221.4214, 2771.0468 *(San Isidro)* Tel. 2732.2119 *(Paso Canoas).*
- **David/Panamá*** (*TRACOPA*, s.o.): 10.30 Uhr *(directo).*
- **Golfito*** (*TRACOPA*, s.o.): C.5/AV.18–20: 5–20 Uhr *(directo)*; (Tel. 2221.4214, 2258.8939).

Die Umgebung von San Isidro

San Gerardo de Rivas

Dieses lang gestreckte, ruhige **Bergdorf** (800 Einwohner) liegt rund 18 km von Rivas entfernt auf etwa 1350 m Höhe im Tal des Río Chirripó und ist **Ausgangspunkt für Wanderungen** im Nationalpark Chirripó und in den Reservaten Talamanca und Cloudbridge. Um frühmorgens und ausgeruht die Wanderung zum Cerro Chirripó zu beginnen, muss man in San Gerardo übernachten, es gibt eine Reihe einfacher Unterkünfte sowie einige Läden und Restaurants. Nach der Wanderung kann man sich in den heißen Quellen entspannen. San Gerardo de Rivas im Internet: www.sangerardo-costarica.com.

- **Aguas Termales Gevi** (200 m nach der NP-Verwaltung Zufahrt links, www.aguastermales.com, tgl. 7–17.30 Uhr).
- **Aguas Termales Herradura** (600 m nach der NP-Verwaltung links, Tel. 2742.5010, Eintritt: 3 $).

Anfahrt

Etwa 1 km südlich von San Isidro am Schild *Univ. Nacional* Abzweigung links, weitere 11 km bis Rivas geteert, dann 9 km steinige Piste (ohne Allrad möglich) bis San Gerardo. Die Nationalparkverwaltung befindet sich am Ortseingang links. Von dort sind es noch etwa 3 km bis zum Parkeingang.

Unterkunft & Restaurants

An der **Straße** von San Isidro **nach San Gerardo** (Entfernungsangaben ab Abzw. Interamericana):
- **Talari Mountain Lodge** (5,6 km rechts, Tel. 2771.0341, www.talari.co.cr): nette Lodge in ruhiger Lage, Bergblick, Rest. (ME 18 $, AE 21 $), Pool, ca. 2 km Wanderwege, gute Vogelbeobachtung (über 170 Arten), guter Ausgangspunkt für Wanderungen zum Chirripó (Besitzer organisiert Touren, z.B. 4 Tage/3 Nächte: ab 435 $ p.P. inkl. Transfers, VP, Träger etc.); 8 ordentl. Zi., bp (WW), z.T. KS: 59/84/105 $ (ÜF).
- **Hotel Rancho La Botija** (6,1 km links, Tel. 2770.2146, www.rancholabotija.com): gemütl. Rest. (u.a. mexikan. Küche, Fleisch- und Fischgerichte ca. 10 $, Mo Ruhetag), schöner Poolbereich (Eintritt für Nicht-Gäste ca. 5 $), Wanderwege; recht nette Zi., bp (WW): ca. 57/81/107 $ (ÜF); KK (+4,5 %).
- **Hotel Monte Azul** (ca. 13 km links nach Bar Las Palmas, Tel. 2742.5222, www.monteazulcr.com): neues Luxus-Resort, tolle Zimmer, aber auch sehr teuer: 249 $ VP p.P.
- **Mein Tipp:** **Río Chirripó Retreat** (16,7 km Abzw. rechts, Tel. 2742.5109, www.riochirripo.com): gepflegte Anlage, Rest.service (v.a. vegetar.), Rancho mit Kamin, Pool (WW) und Naturpool am Fluss, Yoga-Kurse, Massagen, US/CR-Ltg.; 8 rustikale, gemütl. Zi., bp (WW), Terrasse/Balkon: 100/100/115 $ (ÜF), 145/190/245 $ (VP), Casita: DZ 170 $ (ÜF); KK. Reservierung erforderlich!

☐ Übersichtskarte S. 446

Die Umgebung von San Isidro

■ **Hotel de Montaña El Pelicano** (16,9 km Abzw. li., Tel. 2742.5050, www.hotelpelicano.net): gr. Holzhaus, Bar/Rest. (Casado 8 $, Forelle 8 $), Pool, Wanderwege auf Finca, Museum; 11 z.T. kleine Zi., bc (WW): ab 60/60/85 $, 2 neue Zi. (bis 4 Pers.), bp, TV: DZ 70 $ + 4 neue Cabañas ab 98 $.

■ **Talamanca Reserve & Lodge** (19 km links, Tel. 2742.5080, www.talamancareserve.com): riesiges Privatreservat mit Wanderwegen, Wasserfällen etc.; gutes Rest.; 6 Zi. bp (WW), Blick zum Garten: 100 $ (2–3 Pers.), Blick zum Fluss: 112 $ (2 Pers.) – das Reservat ist wirklich toll und sehr empfehlenswert (siehe Foto S. 457)!

Im Ort San Gerardo (Reihenfolge ab Ortseingang, die Entfernungsangaben beziehen sich auf das Nationalpark-Büro).

■ **Cabinas Marin** (Ortsanfang links, neben NP-Büro, Tel. 2742.5099): Soda, kl. Laden; 8 einf. Zi., eng, aber sauber, bc (KW): 14 $ p.P. (ÜF); bp: DZ 20 $ p.P., inkl. Transfer zum NP.

■ **Cabinas El Bosque** (100 m rechts, Tel. 2742.5021): 7 einf. Zi., bc: ca. 14 $ p.P. (ÜF); bp: ca. 16 $ p.P.

■ **Cabinas/Rest. El Descanso** (300 m rechts, Tel. 2742.5061, www.hoteleldescansocr.com): einf. Rest., Pferdeverleih, Besitzer organisiert Touren; 8 einf., enge, aber akzeptable Zi., bc (WW): 20 $ p.P.; 2 ordentl., gr. Zi., bp (WW): 50 $ p.P.

■ **Hotel Roca Dura** (700 m rechts, am Dorfplatz, Tel. 2742.5071, hotelrocadura@hotmail.com): kl. Rest., Camping-Möglichkeit am Fluss; 4 einf. Zi., bc (WW): DZ ca. 20 $; 2 schöne, neuere Zi., bp (WW): DZ ca. 30–40 $.

In unmittelbarer Nähe zum Eingang des NP Chirripó liegen folgende Unterkünfte:

■ **Hotel Urán** (Tel. 2742.5003, www.hoteluran.com): einf., direkt am Eingang zum NP Chirripó, landestyp. Rest. (gute Küche), kl. Laden mit frischem Brot; 9 einf., enge Zi., sauber, hellhörig, bc: 20 $ p.P. (ÜF); 11 bessere Zi., bp (WW): DZ 53 $ + 6 Cabañas: DZ 69 $.

■ **Hotel Casa Mariposa** (Tel. 2742.5037, www.hotelcasamariposa.net): Küchenbenutzung, Wäscheservice; Schlafraum für 7 Pers.: 15 $ p.P.; 4 einf. Zi., bc (WW): DZ 38 $, 1 gr., schönes Zi., bc (WW), DZ 46 $.

Busverbindung

■ **San Isidro:** tgl. 7 und 16 Uhr ab Dorfplatz, Dauer: 1½ Std.

Privatreservat Cloudbridge

■ **Fläche:** 174 ha (davon 60 % Primärnebelwald und 20 % Sekundärwald)
■ **Höhe:** 1675 m (Eingang) bis 2200 m
■ **Lage:** 2,6 km oberh. d. Dorfzentrums (s.u.)
■ **Eintritt:** frei (Spenden sind willkommen)
■ **Info:** kein Tel., aber gute Website (auch deutsch): www.cloudbridge.org
■ **Anfahrt:** vom Dorfzentrum (Fußballplatz) sind es 2,6 km (Allrad erforderlich). Nach dem Hotel Vista al Cerro an der Abzweigung rechts (steil bergab), über 2 Brücken (Río Chispa und Río Chirripó), vorbei am Hotel Urán und am Eingang zum NP Chirripó geradeaus zur Casa Amanzimtoti. Der Eingang zu Cloudbridge ist noch 600 m Fußweg entfernt.

Dieses private Naturreservat wurde von dem kanad.-amerikan. Paar *Genevieve* und *Ian Giddy* gegründet, um ein Nebelwaldgebiet nahe dem Fluss Chirripó Pacífico **an den Hängen des Cerro Chirripó** zu schützen und wieder aufzuforsten. Mit Hilfe von Freiwilligen (meist Studenten) wurden bereits 9000 einheimische Bäume gepflanzt. 2002 wurde das Reservat erweitert (Cloudbridge North).

Obwohl hier Pumas und Tapire leben, bekommt man größere Tiere nur selten zu Gesicht. Aber Vogelfreunde kommen hier auf ihre Kosten: Über 140 Arten wurden bereits gelistet, mit etwas Glück kann man sogar einen Quetzal sehen. Die Pflanzenwelt ist beeindruckend, v.a. die wild wachsenden **Orchideen.** Ein Netz von Wanderwegen führt durch das Reservat und zu zwei **Wasserfällen** mit Badegelegenheit (Rundweg ca. 2 Std.), es gibt auch einen Meditationsgarten mit einem Steinlabyrinth. Freiwillige Helfer sind jederzeit willkommen!

Nationalpark Chirripó

- **Lage:** Cordillera de Talamanca, Höhe: ca. 1500 m; max. 3820 m
- **Klima:** Mai–Dez. sehr feucht, Jan.–April trocken; Temperatur je nach Höhe, es wurden -9 °C gemessen, die niedrigste je in Costa Rica gemessene Temperatur
- **Geöffnet:** tgl. 8–12 und 13–16.30 Uhr, im Okt. geschlossen, Änderungen jederzeit möglich
- Eine **Anmeldung** ist nur wenige Tage im Jahr möglich, wenn ein Großteil der Plätze vergeben wird, und das nur per Telefon, sodass es für ausländische Besucher so gut wie unmöglich ist, Plätze zu reservieren! Hinzu kommen die mittlerweile unverschämt überhöhten Preise der Pferdetreiber, sodass immer weniger Besucher auf den Chirripó aufsteigen und die Hotels kaum noch überleben können. Einzelreisende können am Vortag noch einen der zehn Restplätze bekommen, die dann vergeben werden. Diese Methode ist aber höchst unsicher.
- **Eintritt:** 18 $/Tag plus Übernachtung 10 $ p.P.
- **Übernachtung:** nur im *Refugio Base Crestones* (10 Zimmer à 4 Stockbetten), keine Heizung, Licht nur von 18–20 Uhr, KW, kein Rest., kein Verleih von Schlafsäcken o.Ä., kein Laden – es muss definitiv alles mitgebracht weden!
- **Anfahrt:** einziger Zugang über San Gerardo (s. dort), Bus ab San Isidro (oder bis Rivas und weiter zu Fuß/trampen)

Der **drittgrößte Nationalpark des Landes** grenzt im Osten an den Internationalen Park Amistad und ist somit Teil des Biosphären-Reservates Amistad-Talamanca, dem größten zusammenhängenden Schutzgebiet des Landes (fast 250.000 ha). In seiner Mitte liegt der **Cerro Chirripó,** der **höchste Berg des Landes** (3818 m) und die höchste Erhebung zwischen den Vulkanen Guatemalas und den Anden. Innerhalb der Parkgrenzen entspringen viele wichtige Flüsse, u.a. der Río Chirripó Pacífico, der Hauptquellfluss des Río Térraba, sowie der Río Chirripó Atlántico, der in den Río Matina mündet.

Die Umgebung von San Isidro

Nach Bestätigung eines Indianers war Pater *Augustín Blessing* der erste Weiße, der den Chirripó 1904 bestieg. Weitere erfolgreiche Expeditionen folgten in den Jahren 1905, 1913, 1915, 1920, 1932 und 1942, heute ist der Aufstieg zu einer Art „Breitensport" geworden. Wer ihn selbst unternehmen möchte, sollte bedenken, dass der Anstieg teilweise sehr anstrengend ist und in einen Bereich führt, in dem die Höhenkrankheit auftreten kann. Jedes Jahr findet Ende Februar ein **Berglauf** von San Gerardo zum Refugio Base Crestones mit rund 200 Teilnehmern statt. Die Rekordzeit liegt bei 3 Stunden 9 Minuten – hin und zurück!

Flora und Fauna

Entsprechend der Höhe unterscheidet man im Park zwei Haupt-Vegetationstypen: In den unteren Regionen herrscht immergrüner **Nebelwald** vor, in dem es meist feucht und kalt ist. Eichen und Steineichen werden bis 50 m hoch, sie haben verkümmerte Kronen und ledrige Blätter. Charakteristisch sind die sehr zahlreichen Baumfarne, Moose, Bromelien und Orchideen. Über 3400 m be-

In vielen Naturschutzgebieten (hier Talamanca Reserve) plätschern idyllische Wasserfälle

ginnt der **Páramo,** eine Lebenszone mit verkümmerter Vegetation. Bäume werden nicht größer als 4 m und sind manchmal stark verästelt, was das Durchkommen erheblich erschwert.

An **Säugetieren** sind Puma, Ozelot, Jaguar, Tapir, Halsbandpekari, Eichhörnchen, Kaninchen, Koyote, Tayra und Ameisenbär im Park heimisch. Es gibt eine große Vielfalt an **Vögeln,** u.a. den Schwarzgesichtclarino, Kolibris und den Quetzal.

Der Aufstieg zum Gipfel

■ **Dauer:** am 1. Tag bis zur Schutzhütte (6–8 Std.), 2. Tag zum Gipfel (1½–2 Std.) und zurück nach San Gerardo (5–6½ Std.). Es besteht auch die Möglichkeit, mehrere Nächte im *Refugio* zu verbringen.
■ **Vorbereitung:** rechtzeitige Reservierung, Einschreiben beim Nationalparkbüro in San Gerardo (tgl. 6–18 Uhr).
■ **Ausrüstung:** warme Kleidung, Regenschutz, Wanderschuhe, warmer (!) Schlafsack, Wasser, Verpflegung, Gaskocher, Sonnencreme, Kompass, Taschenlampe, Verbandszeug, evtl. Detailkarte und Tabletten gegen Höhenkrankheit.
■ **Hinweis:** Das größte Problem der Parkverwaltung ist die **hohe Brandgefahr.** Daher bitte nicht rauchen oder kochen, kein Feuer machen.

Route

Von San Gerardo zu den Schutzhütten rechnet man 6–8 Std. Gehzeit, der Höhenunterschied beträgt etwa 2100 m: Möglichst früh geht es von **San Gerardo** zunächst entlang der Straße, am Dorfplatz vorbei, bis man ein **Hinweisschild** zum Nationalpark erreicht (1530 m Höhe). Der Weg führt rechts über eine **Viehkoppel** (kein Schatten) und später durch einen **Wald.** Bereits dieser erste Abschnitt, auf dem man die Grenze zum Nationalpark überquert, ist recht anstrengend, da es permanent bergauf geht. Nach knapp 8 km und 3–4 Std. (je nach Kondition) erreicht man das *Refugio Llano Bonito*, eine kleine **Schutzhütte** auf etwa 2500 m Höhe, in der man aber weder Feuer machen noch übernachten darf (soll ausgebaut werden). Von hier führt der Weg weiter recht steil bergauf durch einen **Wald** (teilweise schlammig), bis man nach der Baumgrenze einen **Bergrücken** erreicht. Der Weg ist nun **leicht ansteigend,** bis man nach insgesamt 14,5 km und weiteren 3–4 Std. die beiden *Refugios Base Crestones* auf 3400 m erreicht, zwei einfache Steinhäuser (12 Zimmer mit je 4 Stockbetten) mit Matratzen, WC und Duschen. Die Nächte sind kalt und windig.

Den **Aufstieg zum Gipfel** (Höhenunterschied: etwa 420 m) macht man im Normalfall am nächsten Morgen, wer früh dran und in guter Verfassung ist, kann aber auch am gleichen Tag noch aufsteigen (nicht nach 15 Uhr!). Zunächst geht es meist nur leicht bergauf, mit **schöner Sicht** auf einige kleine Seen, im letzten Abschnitt geht es dann steil über Geröll, es ist meist windig und oft bewölkt. Nach 5,1 km und etwa 2½ bis 3 Std. hat man es endlich geschafft: Man ist auf dem höchsten Punkt Costa Ricas angekommen!

Für den **Rückweg** zum *Refugio* rechnet man etwa 1½–2 Std., für den Abstieg zum Refugio Llano Bonito und von dort bis nach San Gerardo etwa je 2½–3 Std.

Vom Refugio aus kann man auch gut den zweithöchsten Berg Costa Ricas, den **Cerro Ventisqueros** (3812 m), besteigen. Die Tour ist etwas länger und anstrengender als auf den Chirripó, aber es gibt ebenfalls einen Weg bis zum Gipfel (Lesertipp). Eine weitere Option ist der Aufstieg zu den „Crestones", die man von der Hütte aus sieht (1–1½ Std.). Besonders reizvoll ist die Tour zum Sonnenaufgang.

Von San Isidro nach Palmar Norte (124 km)

Die Zeiten, als das Tal des Río General noch von dichtem Regenwald überwachsen war, sind Vergangenheit. Heute führt die Strecke von San Isidro nach Süden durch abgeholzte Nutzlandschaft mit ausgedehnten Kaffee-, Zuckerrohr- und Ananasplantagen.

Schätzungsweise eine Busstunde südlich von San Isidro zweigt am Straßenkilometer 164 bei Río Sonador die Zufahrt ab (ca. 15 Min. zu Fuß) zur **Finca Soñador** (Tel. 2771.4239, *Edith*): Die 1979 gegründete Finca (800 ha) mit Kaffeeplantagen, Zuckerrohr und Regenwald wird von Mittelamerikanern und Europäern gemeinsam bewirtschaftet *(Cooperativa Longo Mai)*. Einfache Unterkunftsmöglichkeiten sind vorhanden (16 $ p.P. inkl. VP), die meisten Gäste bleiben mehrere Wochen. Mitarbeit in der Landwirtschaft ist möglich und gern gesehen. Info: Tel. 2771.4239, www.sonador.info.

Buenos Aires

■ **Lage:** 361 m ü.M., zu Füßen der Cordillera de Talamanca
■ **Klima:** Tagestemp. um 23 °C, Niederschlag: 2800 mm/Jahr
■ **Niederschlag:** 2800 mm/Jahr

Nach 63 km Fahrt ab San Isidro auf der Carretera Interamericana zweigt links die Zufahrt nach Buenos Aires ab (3 km). In der Umgebung des wichtigen Agrarzentrums (vor allem Ananas) findet man zahlreiche **Indianerreservate.** Die Stadt ist ein möglicher Ausgangspunkt für Wanderungen im Nationalpark Amistad. Im Ort gibt es einige einfache Restaurants und zwei Banken am Parque Central. Bisher ist man auf Tourismus noch nicht eingestellt.

Unterkunft

■ **Cabinas Mary** (2 km nach Abzw. Zufahrt rechts, Tel. 2730.0187): 8 einf. Zi., bp: ab ca. 12/14 $.

Busverbindung

■ Busse nach **San Isidro** fahren um 6, 7.30, 10, 12.15 und 17 Uhr (direkt), sowie 5.30, 6.30, 8, 11, 14 und 14.45 Uhr (indirekt).

Durika Biological Reserve

Nordöstlich von Buenos Aires liegt das 1995 gegründete **Privatreservat** Durika, das eine Fläche von rund 8500 ha einnimmt. Das Areal liegt in der Talamanca-Gebirgskette und erstreckt sich von

1400 m bis in die Páramo-Region auf 2800 m Höhe; im Norden grenzt das Reservat an den International-Park Amistad (s.u.). Besucher sind willkommen und können mit einem Führer den noch weitgehend unberührten und wenig erforschten Bergregenwald erkunden – übrigens das größte zusammengehörende Regenwaldgebiet des Landes!

■ **Anfahrt:** von Buenos Aires 17 km Schotterpiste (Allrad empf.wert, ca. 1 Std.).
■ **Unterkunft:** 10 rustikal-gemütl. Zi. mit Bad: ca. 60 $ p.P. inkl. VP + Guide.
■ **Kontakt:** *Fundación Dúrika*, Büro in Buenos Aires, Tel. 2730.0657, http://durika.org.

Zum Nationalpark Amistad

Von Buenos Aires führt nach Norden eine Piste nach **Ujarrás** (9 km), wo ein Nationalpark-Posten errichtet werden soll. Von dort sind es noch etwa 9 km zu Fuß bis zur Parkgrenze. In dieser Gegend soll es auch Thermalquellen *(aguas termales)* geben.

Weiter südlich führt die Interamericana durch die von Menschen noch wenig zerstörte Natur im Tal des Río General. 24,5 km nach der Abzweigung bei Buenos Aires geht es bei **Paso Real** links in Richtung San Vito (s. „Ein Abstecher nach San Vito").

Indianerreservat Boruca

Mal ehrlich: Was stellt man sich unter einem „Indianerdorf" vor? Malerisch gekleidete Frauen mit langem schwarzem Haar, die auf dem Kopf Wasserkrüge balancieren und über dem Lagerfeuer Essen zubereiten? Wer mit dieser Vorstellung nach Boruca kommt, wird sicherlich enttäuscht sein. Boruca nämlich ist ein ganz normales Dorf mit Häusern aus Stein und Beton, einer Kirche, einer Schule und ganz „normal" gekleideten Bewohnern.

Bis vor nicht allzu langer Zeit lebten an den wenigen **Feiertagen** die alten Bräuche auf, und die typische Tracht kam zum Einsatz. Am 8. Dezember z.B., dem *día de los negritos*, oder zur Jahreswende (30. Dez. bis 2. Jan.), als man hier verkleidet den Teufelstanz, den *baile del diablo*, tanzte. (Nach Aussage eines Lesers finden die Tänze seit einigen Jahren nicht mehr statt.) Die alte Tradition stirbt auch hier aus und macht dem „Gott Zivilisation" Platz, der heute fast die ganze Welt beherrscht. Nur die Älteren sprechen noch die Sprache ihrer Vorfahren, viele nur spanisch sprechende Ticos leben schon im Dorf und beschleunigen diesen Prozess zusätzlich.

In jüngster Zeit hat man begonnen, die alten Bräuche und Traditionen wieder aufleben zu lassen und zu bewahren. Ein Komitee *(La Flor de Boruca)* aus 19 Frauen und sechs Männern wurde gebildet. Erstes sichtbares Ergebnis ihrer Arbeit ist das **Museo Comunitario Indígena de Boruca** (am Ortseingang geradeaus), das im traditionellen Stil erbaut wurde und mit Fotos, Infotafeln und einigen Ausstellungsstücken einen Einblick gibt in das Leben und die Kultur dieses Volkes. Im Dorf werden Masken hergestellt und verkauft, die das Leben der Indianer in der Natur darstellen. Der Erlös kommt den Familien zugute.

■ **Anfahrt:** 11 km hinter Paso Real (36 km nach der Abzweigung nach Buenos Aires, 25 km vor

Palmar Norte) führt eine Abzweigung rechts nach Boruca. Die Strecke (8 km) ist steinig, staubig, manchmal steil, dafür aber landschaftlich sehr reizvoll mit tollen Ausblicken auf die umliegende Berglandschaft; ein Allradfahrzeug ist empfehlenswert. Eine Wanderung (Gehzeit 2½–3 Std.) ist anstrengend, da es z.T. steil bergauf geht und kein Schatten vor der Sonne schützt.

■ **Tipp:** Wer mit öffentlichen Verkehrsmitteln unterwegs ist, sollte sein Gepäck in Palmar Norte oder Buenos Aires lassen und mit dem Bus bis zur Abzweigung nach Boruca fahren.

■ **Unterkunft:** Es gibt keine Hotels, aber man kann im Dorf privat bei einer **Familie** übernachten.

Ausflüge in die Umgebung

■ Im Museo Comunitario kann man einen **Führer** bekommen und **Pferde** leihen.

■ **Aussichtspunkt:** Die Zufahrtsstraße führt am Ortseingang rechts weiter bergauf und erreicht nach etwa 1 km ihren höchsten Punkt, von dem man einen herrlichen Blick auf die Berge der Umgebung und das tiefer liegende Dorf Boruca hat.

■ **Wasserfälle:** Am Ortseingang links, immer geradeaus, führt ein ca. 1 km langer leichter Weg bis zum Río Boruca. Auf der anderen Seite zweigt links ein schmaler Pfad ab (der Hauptweg führt zur Interamericana). Auf ihm gelangt man zu einem kleinen Wasserfall, etwas weiter unterhalb kommt man zu einem etwa 30 m hohen Wasserfall. Ein schmaler Pfad führt weiter bergab zu einem noch größeren Wasserfall.

Abstecher nach San Vito

International-Park La Amistad

■ **Fläche:** 193.929 ha (Anteil Costa Rica)
■ **Lage:** Cordillera de Talamanca
■ **Höhe:** 100 m bis max. 3549 m (Cerro Kámuk)
■ **Klima:** Tagestemperatur um 18 °C, je nach Höhe variabel, Niederschlag: durchschnittl. 4000 mm/Jahr (3200–7000 mm)
■ **Gegründet:** 4.2.1982
■ **Keine Öffnungszeiten**
■ **Eintritt:** 5 $
■ **Nationalpark-Posten:** Ujarrás (nicht besetzt), Tres Colinas, Potrero Grande, Altamira (Hauptverwaltung), Pitier
■ **Info:** Tel. 2795.4855, 2200.5355, Büro San Isidro 2771.3155
■ **Unterkunft:** Campingmöglichkeit bei den Stationen Cafrosa, Las Alturas, und Altamira; einfache Unterkunft im Dorf El Carmen bei Altamira sowie die Monte Amou Lodge (Zufahrt über Potrero Grande, s.u.)
■ **Anfahrt:** Von der Interamericana zwischen San Isidro und Palmar bei Paso Real Richtung San Vito abbiegen, nach 4 km führt die Abzweigung links nach Portrero Grande (5 km), einige Kilometer weiter in Richtung San Vito zweigt bei der Soda Guácimo links die Zufahrt ab über Alto Sábalo in Richtung Berge nach Altamira, wo sich inzwischen die Hauptverwaltung befindet (Campingmöglichkeit).

Der mit Abstand **größte Nationalpark des Landes** bildet zusammen mit einem 207.000 ha großen Stück auf panamaischer Seite den „International-Park der Freundschaft Costa Rica – Panama", und

mit dem **angrenzenden Nationalpark Chirripó** das größte zusammenhängende Naturschutzgebiet Mittelamerikas (über 4500 km²). An das Gebiet des Nationalparks grenzen vier Indianerreservate auf der Atlantikseite sowie drei Reservate auf der Pazifikseite. Die gesamte Schutzregion, die aus den Nationalparks Amistad, Chirripó und Tapantí, dem Biologischen Reservat Hitoy Cerere, der Biologischen Station Las Cruces sowie einigen Forst- und den Indianerreservaten besteht, wurde wegen ihres außergewöhnlichen Wertes für die Wissenschaft als auch zur Erhaltung der Naturschönheiten 1982 von der UNESCO zum Biosphärenreservat *(Reserva da la Biósfera)* und im Jahr darauf zum **Weltkulturerbe** erklärt.

Im Park findet sich reichhaltige tropische Vegetation und Tierwelt, ungestört vom Menschen, da der **Park nahezu unzugänglich** ist. Bisher gibt es kaum so etwas wie eine Infrastruktur.

Abstecher nach San Vito

Flora und Fauna

Der größte Teil des Territoriums wird bedeckt von hohen und sehr feuchten **Nebelwäldern,** die teilweise von ausgedehnten Eichenwäldern gebildet werden, deren Äste mit Epiphyten schwer behängt sind. Einige der größten Baumarten sind Eiche, Mexikanische Ulme, Magnolie, Wilder Avocado, Steineibe und Schweinsgummibaum.

Die **Tierwelt** ist ebenfalls vielfältig. Man schätzt, dass in diesem Megapark 60 % aller Wirbeltiere und Wirbellosen des Landes vorkommen, u.a. alle sechs Arten Raubkatzen. Quetzal, Würgadler, Tuberkelhokko, Eichelspecht und Harpyie gehören zu den rund 400 beobachteten Vogelarten. Auch Reptilien und Amphibien sind mit 263 Arten vertreten.

Wandermöglichkeiten

■ Ab Portrero Grande mit dem Jeep bis **Helechales** und weiter zum Nationalpark-Posten **Tres Colinas.** Von dort z.B. drei- bis viertägige Wanderung zum Cerro Kámuk.
■ Ab San Vito über Brisas, Colonia Gutiérrez Braun, Agua Caliente und Sta. María de Pitier zum Nationalpark-Posten **Pitier.** Von hier sind z.B. grenzüberschreitende Wanderung zum Cerro Fábrega (3336 m) in Panamá möglich.
■ Ab San Vito über Sabalito, Río Negro, La Lucha nach 3 km zum Nationalpark-Posten **La Lucha.**

> Türkisbrauner Motmot im Botanischen Garten Wilson nicht weit von San Vito

San Vito

■ **Einwohner:** 12.500, Bezirk ca. 55.000
■ **Lage:** 1010 m ü.M., am Südende des Valle Coto Brus
■ **Klima:** Durchschnittstemp. 24 °C

San Vito ist die Hauptstadt des erst 1965 gegründeten Bezirks Coto Brus, benannt nach dem gleichnamigen Fluss. Mitte des 20. Jahrhunderts gab es hier nur einige verstreute Kaffee-Fincas, ohne Straßenanschluss an den Rest des Landes. Erst als 1951 die italienische Gemeinschaft *Sociedad Italiana de Colonización Agrícola* einen Vertrag mit der Regierung über die Gründung einer Siedlung schloss, entstand die Stadt San Vito de Jaba, benannt nach dem italienischen Schutzheiligen für Stadtgründungen. Ein wirtschaftlicher Aufschwung setzte ein, der vor allem auf Landwirtschaft ba-

sierte – besonders Kaffee gedeiht ausgezeichnet im ausgeglichenen Klima dieser Region.

Die meisten Touristen kommen hierher, um den 6 km südlich liegenden *Jardín Wilson* zu besuchen, doch die Stadt kann auch als Basis für Ausflüge in die Sierra de Talamanca genutzt werden.

Unterkunft

■ Es gibt eine Reihe Billigunterkünfte, u.a.: **Hotel Pittier** (Tel. 2773.3027): freundl., alte, aber sauberer Zi., TV, Vent., bp/WW: 16/24/36 $.

■ **Cabinas Las Huacas** (Tel. 2773.3115): etwas abseits, Typ Motel mit Bar; 21 akzeptable Zi., bp (WW), TV: 17/25/33 $, bessere Zi.: 21/32/41 $.

■ **Cabinas Las Mirlas** (Tel. 2773.3714): Nähe Busbhf. San José, rel. ruhig; 5 einf. Häuschen, bp (WW), ok, mit TV: DZ 20 $, ohne TV: DZ 16 $.

■ **Cabinas/Hotel Rino** (Tel. 2773.3071, www.hotelrino.com): an der Hauptstraße, ca. 50 m nördl. des Parks linke Straßenseite; große Zi. mit Bad, TV, (WW): 25 $ (ÜF), mit AC: 30 $ – Lesertipp.

■ **Hotel El Ceibo** (Tel. 2773.3025, www.hotelelceibo.com): Rest., Bar, Parkplatz; 40 ordentl. Zi., bp (WW), z.T. TV: 37/53/64 $; KK (nur VISA).

Mein Tipp: **Casa Botania B&B** (Tel. 2773.4217, www.casabotania.com): nette Privatpension in schöner Lage unter CR-belg. Ltg.; nett dekorierte Zimmer mit TV, Vent. od. kl. Bungalow: 62/74 $ (ÜF); gr. Bungalow: 74/74/96 $ (ÜF).

Außerhalb

■ **Jardín Wilson:** siehe weiter unten „Botanischer Garten Wilson".

■ **Hotel Riviera** (Tel. 2773.3295, rivierasanvito@hotmail.com): in Sabalito (8 km), Ortsanfang links gegenüber Supermarkt Coope-Sabalito.

Restaurants

■ Zahlreiche einfache **Sodas** finden sich an der Hauptstraße, u.a. **Restaurant S'Lugar,** geöffnet 14–2 Uhr.

■ Empfehlenswert sind das **Restaurant im Hotel El Ceibo** und die **Pizzería Lilliana:** große Auswahl an Pasta, Pizza und Fleisch, gemäßigte Preise.

Infos von A bis Z

■ **Einkaufen:** Supermärkte in der Ortsmitte.
■ **Erste Hilfe:** Rotes Kreuz (Tel. 2773.3191), Krankenhaus (1 km Richtung Süd).

San Vito

■ **Übernachtung**
2 Cabinas Las Huacas
4 Hotel El Ceibo
5 Cabinas/ Hotel Rino
6 Cabinas Las Mirlas
7 Hotel Pittier
8 Casa Botania B&B

■ **Essen und Trinken**
1 S'Lugar
3 Pizzería Lilliana
4 Rest. El Ceibo

Abstecher nach San Vito

■ **Geldwechsel:** *Banco Nacional:* Mo–Fr 8.30–15.45 Uhr und *Banco de Costa Rica:* Mo–Fr 9–16 Uhr, keine Reisechecks.
■ **Internet:** beim Park (in der Ecke an der Str. zur Pizzeria Lilliana), sowie auf der anderen Straßenseite in der Ecke des Hotel S'Lugar, je ca. 500 C./Std.
■ **Post:** Mo–Fr 8–17 Uhr
■ **Taxi:** Standplatz an kl. Park; Jardín Wilson (ca. 2,50 $).

Busverbindungen

■ Der lokale **Busbahnhof** liegt nördlich des Zentrums, die **Haltestelle von CEPUL** neben dem Roten Kreuz.
■ **San José:** *Alfaro* (Tel. 2773.3410), direkt 5, 7.30, 10 und 15 Uhr; Fahrzeit ca. 7½ Std.
■ **San Isidro:** 6 und 12.15 Uhr, Fahrzeit ca. 5 Std., sonst mit Bus nach San José.
■ **Mellizas (Las Tablas):** 9.30, 14 und 17 Uhr; Abfahrt neben Cruz Roja.
■ **Cd. Neily:** 5 und 11 Uhr über Sablito ab CEPUL: Fahrzeit: 1¾ Std., sowie um 14 Uhr ab Haltestelle gegenüber Banco de Costa Rica an der Hauptstr. nach Cd. Neily (nördl. der Kirche).

Private Schutzzone Las Tablas

■ **Fläche:** ca. 19.000 ha
■ **Lage:** im Südosten des Nationalparks Amistad, Grenzgebiet zu Panamá
■ **Höhe:** ca. 1300–2200 m
■ **Eintritt:** für Hausgäste der Lodge frei, sonst auf Anfrage
■ **Übernachtung:** La Amistad Lodge
■ **Anfahrt:** 35 km ab San Vito. Ohne Allrad ist die Fahrt bis Mellizas gut möglich: ab San Vito 8 km Teerstraße bis Sabalito, an der Tankstelle links, 17 km bis La Lucha, dann 6,2 km bis Mellizas (ausgeschildert). Für die letzten 3,5 km bis zur Lodge ist Allrad empfehlenswert. Mit Bus ab San Vito 3x tgl. nach Mellizas, von dort 3,5 km (Abholung gratis).

Das **größte private Schutzgebiet Costa Ricas** grenzt an den Nationalpark La Amistad und gehört einer Gruppe von Fincabesitzern, die sich auf weitreichende Schutzmaßnahmen einigten und jegliche Nutzung untersagten. Neben dem Tourismus werden Methoden organischen Gemüse- und Kaffeeanbaus erprobt *(Ecosystemas Tropicales)*.

Flora und Fauna

Es gibt zahlreiche Eichenwälder und niederen Bergwald, einen Vegetationstypus, den man fast nirgends mehr findet. Die Tier- und Pflanzenwelt stimmt im Wesentlichen mit dem Nationalpark La Amistad überein. Innerhalb der Grenzen der Schutzzone leben 215 Säugetierarten und etwa 400 Vogelarten.

Wanderwege

37 km angelegte Wanderwege verschiedener Schwierigkeitsstufen: vom einfachen, flachen Weg (auch für ältere Besucher geeignet) bis zu anstrengenden und abenteuerlichen Ganztagstrips; außerdem stehen Pferde zur Verfügung.

Unterkunft

MEIN TIPP: La Amistad Lodge (Tel. 2200.5037, Büro 2289.7667): Lodge auf 1280 m Höhe, Reittouren; 8 nette Zi. mit Bad: 113 $ p.P. in DZ inkl. VP; Anmeldung erforderlich!

Botanischer Garten Wilson

- **Fläche:** 235 ha (Garten 10 ha)
- **Lage:** Küstengebirge zwischen San Vito und Cd. Neily auf 1250 m Höhe
- **Klima:** Temperatur 21–26 °C (durchschnittl. Tagestemp.); Niederschlag ca. 4000 mm/Jahr
- **Geöffnet:** tgl. 7–17 Uhr (Anmeldung am Tag zuvor unter Tel. 2773.4108 oder 2773.4004)
- **Info:** Tel. 2773.4004, in San José: 2524.0607, www.ots.ac.cr
- **Eintritt:** 8 $/Tag (nur für Tagesbesucher), geführte Tour: 28 $ (2½ Std.), 65 $ (ganztags)
- **Übernachtung:** 12 Zi., bp (WW): 90 $ p.P. (inkl. VP und halbtägige geführte Tour)
- **Weitere Einrichtungen:** Bibliothek, Terrasse zur Vogelbeobachtung, kein Rest.- oder Getränkeservice (nur nach **Anmeldung**)
- **Anfahrt:** 6 km südlich von San Vito oder ab Cd. Neily (27 km)

Die **Biologische Station Las Cruces** besteht aus dem Botanischen Garten Wilson (**Jardín Wilson**) und einem 145 ha großen Forstreservat. Sie wird von der *Organización para Estudios Tropicales* (OET) verwaltet, einem Konsortium von 50 Universitäten und Forschungseinrichtungen aus den USA, Puerto Rico und Costa Rica. Neben der öffentlichen Nutzung dient sie v.a. als **Zentrum für Forschung und wissenschaftliche Fortbildung.** 1983 wurde die Station Las Cruces in Anerkennung ihres außergewöhnlichen Artenreichtums zu einem Teil des Biosphären-Reservates Amistad erklärt.

Der Botanische Garten Wilson ist eine der wichtigsten Sammlungen **tropischer und subtropischer Pflanzen** in Mittelamerika, mit über 2000 heimischen Arten sowie Pflanzen aus Mittel- und Südamerika, den pazifischen Inseln, Afrika und Asien.

Der heute rund 10 ha große Garten wurde 1960 von den beiden Gartenkünstlern *Robert* und *Catherine Wilson* aus Florida gegründet, die zunächst einen kleinen botanischen Garten anlegten. 4 Jahre später ermöglichten sie der OET, ihre **Pflanzensammlung** für Ausbildungszwecke zu nutzen. In den frühen 1970er Jahren ging der Besitz an die OET über, um den Fortbestand im Sinne der Gründer zu garantieren.

Über 1000 Pflanzengattungen aus 212 Familien findet man hier; u.a. Palmen (mit 680 Arten die zweitgrößte Sammlung der Welt), Farne, Bromelien und Heliconien. Gut beschilderte **Wege** führen durch den Garten (Gehzeit 1–5 Std.). Viele Beschilderungen sind nicht mehr lesbar, aber der Garten befindet sich in einem gepflegtem Zustand.

Das Forstreservat

Der größte Teil (rund 145 ha) von Las Cruces wird von **Primär- und Sekundärwald** eingenommen. Der Schutz der Artenvielfalt und des Ökosystems Nebelwald ist eine der Hauptaufgaben der Station. In einer Studie von 1979 wurden hier u.a. 125 Farnarten, 226 Orchideenarten und über 200 Pilzarten registriert.

Die **Fauna** des Waldes besteht u.a. aus vielen Arten kleiner Säugetiere wie Kaninchen, Pakas, Opossums, Stachelschweinen und Gürteltieren, aber auch Faultieren, Tayras, Eichhörnchen, Affen, Weißwedelhirschen und kleinen Raubkatzen. Forscher haben über 35 Arten **Fledermäuse** registriert, und man geht davon aus, dass sich noch viele weitere insektenfressende Arten im Reservat befinden. Man hat über 300 Schmetterlings- und fast ebenso viele Vogelarten registriert.

Von San Vito nach Cd. Neily

Auf der asphaltierten Straße nach Cd. Neily (33 km) besteht eine regelmäßige Busverbindung.

13 km nach San Vito erreicht man den Ort **Agua Buena.** Es folgt eine schöne, kurvenreiche Strecke mit tollen Blicken auf die tiefer liegende Stadt Ciudad Neily, eine Art „Schwarzwaldhochstraße der Tropen" (siehe „Zur Grenze mit Panama" weiter hinten).

Palmar Norte

- **Einwohner:** 1850
- **Lage:** 124 km südlich von San Isidro, Höhe 26 m
- **Klima:** Durchschnittstemperatur um 25 °C, Niederschlag 3670 mm/Jahr)

Eine mächtige Stahlbrücke überspannt den **Río Grande de Térraba,** den mit 196 km längsten Fluss des Landes, und trennt den nördlichen Ortsteil Palmar Norte von Palmar Sur. Vor der Brücke führt rechts eine Abzweigung nach Ciudad Cortés und ans Meer. Eine Weiterfahrt nach Uvita und an die Strände der zentralen Pazifikküste ist möglich.

Palmar Norte gehört zu dem über 2200 km² großen Bezirk Osa, dessen Hauptort ist jedoch Ciudad Cortés. Nachdem weite Teile der **Bananenplantagen** an der Atlantikküste von der Panama-Krankheit befallen waren, entschied sich die *United Fruit Company,* auf der Pazifikseite des Landes neue Plantagen zu gründen. 1936 begannen rund 600 Männer, im Gebiet des heutigen Palmar Sur Bananen zu kultivieren, die bis heute die wirtschaftliche Grundlage der Region bilden.

Für Reisende ist Palmar ein Zwischenstopp auf dem Weg gen Süden und nach Sierpe (s. „Die Halbinsel Osa").

Unterkunft

- **Hotel y Cabañas Osa** (Tel. 2786.7272): einf. Unterkunft im Zentr. (Hauptstr.); 20 Zi. bc, Vent.: 28/28 $; 10 Zi. bp (WW), AC, TV: DZ bis 4 Pers.: ca. 66 $.
- **Cabinas Tico-Alemán** (Interamericana links, Tel. 2786.6232): 25 zweckmäßige Zi., bp: ca. 16/16 $; 8 bessere Zi., bp (WW), kl. TV, AC: ca. 24/29/35 $.
- **Brunka Lodge** (an der Hauptstraße, nördl. Ortsanfang 75 m südl. Banco Nacional, Tel. 2786.7489): Rest., kl. Pool; 5 kl. Holzhäuschen, bp, AC, TV: 40/50/80 $, Suite: DZ 75 $.

Infos von A bis Z

- **Einkaufen:** Supermarkt *CONSUCOOP,* Interamericana links (100 m nach TRACOPA-Busbahnhof).
- **Info:** *Cámara de Turismo* (im Centro Comercial del Norte, nördl. Orteingang links, Tel. 2786.7825): Büro der Tourismuskammer des Kantons Osa, Infos u. Touren *(Osa Costa Rica Travel),* Mo–Sa 8–17 Uhr.
- **Internet:** *Internet-Café B&F* (im Hotel Osa): Mo–Sa 8–19 Uhr.
- **Taxi:** Standplatz Hauptstraße, Fahrpreis nach Sierpe 15 $ (bis 4 Pers.).

Busverbindungen

Abfahrtsstelle: TRACOPA-Terminal (Nähe Interamericana, vor der Brücke links), Tel. 2786.6511.

- **San José:** tgl. 4.45, 6.15, 7.45, 10, 13, 15 und 18.15 Uhr; Fahrzeit ca. 6 Std. (via Uvita 5 Std.).
- **San Isidro:** tgl. 5, 6, 7, 7.30, 8.15, 8.30, 10, 11, 12, 13, 14.30, 15.30, 16.30 und 18.30 Uhr, Fahrzeit ca. 2½ Std.
- **Sierpe** (*Transp. Terraba*, Tel. 2786.7627, Abfahrt vor Super Terraba): tgl. 4.30, 7, 9.30, 11, 13.30, 14.30 und 17 Uhr.
- **Cd. Neily:** 7.30, 8.30, 14.45, 15.15, 17 und 18.15 Uhr; Fahrzeit ca. 2 Std.
- **Paso Canoas:** 5, 7.30, 11 und 18.30 Uhr (direkt) und Bus aus San José; Tel. 2221.4214, 2771.0468 *(San Isidro)*; Tel. 2732.2119 *(Paso Caboas)*.
- **Uvita/Quepos:** tgl. 6.10 und 9.50 Uhr.
- **David/Panamá:** ca. 13 Uhr (Bus aus San José), hält nicht immer!
- **Golfito:** (C.5/Av.18–20); 12.30 Uhr (Bus aus San José).

Flugverbindungen

- Eine **Landepiste** ist im Ortsteil Palmar Sur.
- **SANSA** (Tel. 2786.6353): tgl. 7.06 und 10.22 Uhr (HS: 10.59 Uhr) nach San José/Int. Flughafen; Flugzeit: 50 Min., Preis: 113 $ inkl. Gebühren.
- **Nature Air** tgl. 10.10 Uhr über Quepos nach San José/Pavas Airport, Flugzeit 1 Std.

Die Halbinsel Osa

Sierpe

Dieser unscheinbare Ort südlich von Palmar ist Ausgangspunkt für **Bootstouren auf dem Río Sierpe** und weiter in die Bahía Drake und auf die Isla del Caño. Die **Anfahrt** über Palmar Sur (16 km ab Palmar Norte führt auf einer Teerstraße

Plackerei auf einer Bananenplantage

durch Bananen- und Ölpalmplantagen. Alternativ führt eine nur 11,5 km lange, teilweise etwas steinige Piste nach Sierpe, die 8,5 km südlich von Palmar von der Interamericana abzweigt und an der Eco Manglares Sierpe Lodge vorbeiführt (Allrad empfehlenswert). 9 km nach Palmar (6,5 km vor Sierpe) zweigt links die Zufahrt ab zum **Parque Finca 6**: Dutzende mysteriöse Steinkugeln (siehe „Land und Leute/Das Geheimnis der Steinkugeln") können hier bewundert werden. Es gibt auch ein neues Museum.

Unterkunft

■ **Hotel Margarita** (100 m hinter der Plaza, Tel. 2788.1474): freundlich; 18 einf. Zi., bc (KW): ca. 10 $ p.P.; bp (WW): DZ 12 $, mit AC 15 $.
■ **Cabinas Las Gaviotas** (600 m vor Ortseingang, Tel. 2786.7591): 7 einf. aber recht ordentl. Zi., bp/bc, ruhigere Zi. mit Blick zum Fluss: ca. 20 $ p.P.; KK.
■ **Hotel Oleaje Serreno** (am Bootsanleger, Tel. 2788.1082): Rest., Bootstouren; 12 einf. Zi., bp (WW), AC, sauber: 34/57/85 $ (ÜF); KK.
Mein Tipp: **Veragua River House** (1,1 km vor Ortseingang links auf der gegenüberliegenden Flussseite, PKW-Zufahrt an Eco Manglares Sierpe Lodge vorbei, Tel. 2788.1460): schöne Lage am Fluss, Holzhaus in Gartenanlage, Rest.-Service (-/17/23 $), Billard, ital. Ltg.; 3 gemütl. Zi. (Haupthaus), geschmackvoll eingerichtet, bc; 4 einf., nette Häuser: 62/68/79 $ (ÜF), Kinder bis 12 Jahre frei.
■ **Eco Manglares Sierpe Lodge** (2,4 km vor Sierpe Abzw. links, Tel. 2788.1314, in San José: Tel. 2225.6505, www.ecomanglares.com): am Río Estero Azul, Garten, Bootsausflüge; 5 ältere Holzcab. mit TV (bis 4 Pers.), bp (WW): 45/57/73 $ (ÜF).

Außerhalb am Río Sierpe
■ **Sierpe del Pacifico Lodge** (ca. 10 Min. Bootsfahrt am Río Sierpe, Tel. 8824.5028, www.sierpedelpacifico.com): 3 Häuser mit je 2 Zimmern ab 115–250 $.
■ **Isla Violin Eco-Lodge** (Tel. 8703.1862, www.islaviolinecolodge.com): im Mündungsgebiet des Río Sierpe, 4 Zelte: 50 $ p.P. inkl. VP, sowie 4 einf. Cabanas mit Freiluftbadezi.: ab 63 $ p.P. inkl. VP; 3 Tage/2 Nächte inkl. Bootstransfer und Corcovado-Tour: ab 314 $ p.P.; ideal für Leute, die gerne einsam wohnen und Natur pur erleben möchten – Lesertipp.

Restaurants

■ **Restaurant Las Vegas** (am Bootsanleger, Tel. 2788.1082): der Treffpunkt in Sierpe.
■ **Kokomana Bar & Restaurant** (nebenan, Tel. 2788.1259): am Fluss, Souvenirshop, dt. Ltg.

Bootsausflüge

Wer mit dem Auto unterwegs ist, findet gegenüber dem Hotel Oleaje Serreno einen eingezäunten Parkplatz.

■ **Kokopelli Tours** (im Rest. Kokomana, Tel. 2788.1259, www.kokopelli-sierpe.com): die Deutsche Claudia Langguth bietet eine empfehlenswerte Mangroventour auf dem Río Sierpe an. Gegen 11.30 Uhr legt hier das öffentliche Boot zur Drake Bay ab (25 $ p.P./one way).
■ **La Perla del Sur Adventures** (im Rest. Oleaje Serreno, Tel. 2788.1082, www.perladelsur.net): Flusstouren, Isla del Cano, Corcovado.
■ **Sierpe Azul Tours** (Tel. 2786.6614, sierpeazul@gmail.com): gute Mangroventour – Lesertipp!
■ **Eco Manglares Sierpe Lodge**: u.a. Sierpe-Kanäle, NP Corcovado, Isla del Caño. Preise ähnlich wie Oleaje Serreno.
■ Die **Hotels an der Bahía Drake** holen Gäste für ca. 20–25 $ p.P. ab (s.u.).
■ Bootsausflüge organisiert auch **Tours Gaviotas** (Tel. 2788.1212).

Busverbindung

■ **Palmar Norte** (*Transp. Terraba,* Tel. 2786.7627): tgl. 5.30, 8.30, 10.30, 12.30, 15.30 und 18 Uhr; Infos und Tickets im Laden „El Fenix", Fahrzeit 40 Min.

Bahía Drake

Südlich der Mündung des Río Sierpe liegt diese Bucht, benannt nach dem englischen Seehelden *Sir Francis Drake,* der hier anno 1579 bei seiner Weltumsegelung ankerte. Zur *Drake Bay,* wie sie auch genannt wird, gelangt man im Normalfall per Boot ab Sierpe. Schon die Anfahrt ist ein **großartiges Erlebnis,** denn der Río Sierpe gilt mit seinen zahlreichen Seitenarmen und Nebenflüssen

Am Río Sierpe

als **größtes Mangrovengebiet Mittelamerikas**. Die Anfahrt ist auch von Norden her über eine recht ordentliche Piste von Rincón aus möglich (bei Trockenheit auch ohne Allrad befahrbar). An der Nordküste der Halbinsel Osa, zwischen dem Ort Agujitas und dem Nationalpark Corcovado, gibt es eine ganze Reihe Lodges, alle gute Ausgangspunkte für Ausflüge (zu Fuß, per Boot und auch per Pferd) in die fast unberührte Natur. Natürlich kann man auch einfach nur am Sandstrand relaxen. Nördlich von Agujitas gibt es eine Landepiste für kleine Propellermaschinen.

Unterkunft

Viele Unterkünfte an der **Nordküste der Osa-Halbinsel** werden fast ausschließlich von Nordamerikanern frequentiert und sind daher total überteuert! Günstiger ist es, in Sierpe zu übernachten und von dort Bootsausflüge zu unternehmen.

Auch die Unterkünfte in der autofreien Ortschaft **Agujitas,** deren verdreckter Strand wenig einladend wirkt, bieten keine echte Alternative. Es gibt aber einige kleine Lodges, bei denen das Preis-Leistungsverhältnis deutlich besser ist.

Hinweis: in Agujitas/Drake Bay gibt es keinen Bankomat, also Bargeld mitbringen!

In der Ortschaft Agujitas bzw. in der Nähe

■ **Martina's Place Hostel** (Tel. 8720.0801, www.martinasplace.com): einfache Unterkunft im Ort, Gem.küche; 2 Schafräume: 10 $ p.P., 3 Zi., bc: 15 $ p.P., 3 Zi., bp: 25 $ p.P.

❀ **Hotel Finca Maresia** (Tel. 2775.0279, www.fincamaresia.com): Unterkunft 2 km außerhalb von Agujitas, Rest.service; Budgetzi., DZ: 30/40 $ (ÜF); Std. Zi, DZ: 50/60 $ (ÜF); größere Zi., DZ: 75/90/105 $ (ÜF).

■ **Río Drake Farm** (Tel. 8830.9911, www.riodrakefarm.com): 2 km westl. des Dorfes El Progreso in Flughafennähe, 100 zum Strand, Rest., Gem.küche; einf. Zi. mit Bad: Schlafraum ab 15 $ p.P., mit VP: 54 $ p.P.; Zimmer ab 22 $ p.P., mit VP: 61 $ p.P.

■ **Tesoro Verde Lodge & Hostel** (im Dorf Los Planes, Tel. 8849.9848, www.tesoroverdeecolodge.com): von den Frauen des Dorfes ökologisch geführte Lodge, schöne Lage, Primärwald-Reservat (Eintritt frei für Hausgäste), Gem.küche (5 $ für 3 Tage), Rest. (6/12/12 $, Reservierung erforderl.); Hostel: Schlafraum 10 $ p.P., DZ: 15 $ p.P; Lodge: 45 $ p.P. inkl. VP; Camping: 5 $ p.P. – Lesertipp!

■ **Cabinas Jade Mar** (in Agujitas am Hang, Tel. 8384.6681, www.jademarcr.com): Rest., nette, einf. Zi. mit MB: DZ ca. 60 $, Zi. mit bc: ca. 40 $., diverse Touren.
■ **Rancho Corcovado Lodge** (in Agujitas, am Nordende der Bucht, Tel. 2297.5854, www.ranchocorcovadocr.com): schöne Meereslage, familiengeführt, Bootstouren, Rest.; 8 einf. Zi., bp: ca. 88 $ p.P. (VP), 4 bessere Zimmer mit AC: DZ ca. 176 $ (VP).
■ **Hotel Jinetes de Osa** (Tel. Büro: 2231.5806, www.jinetesdeosa.com): Rest., Tauchexkursionen (2 Flaschen ohne Ausrüstung: 115 $, Schnorcheln und Wandern: 55 $), Reiten (65 $), Canopy (35 $); 5 recht einf. Zi., z.T. Stockbetten, bc: DZ 90/96/ 111 $ p.P./ VP; 4 Zi. bp: 130/140/155 $ p.P./VP; Suite, bp: 150/160/175 $; KK.
■ **Aguila de Osa Inn** (Tel. 2296.2190, www.aguiladeosa.com): an der Mündung des Río Agujitas, gepflegte Gartenanlage, Rest., spezialisiert auf Sportfishing (ab 750 $/Tag) und Tauchen (2 Tanks: 130 $ inkl. Ausrüstung), Pferde (65 $), Bootsausflüge (NP Corcovado oder Isla del Caño: 95 $ p.P., Abholung Sierpe: 40 $ p.P.); 11 luxuriöse, gr. Zi., bp (WW), DV, MB, viel Holz: 679/571 $ inkl. VP, Transfers und 2 Touren; Junior Suite: 654 $ p.P. im DZ inkl. VP, „Mastersuite": 751 $.
■ **Drake Bay Wilderness Resort** (Tel. 2775.1715, 2775.1716): an der Mündung des Río Agujitas direkt am Meer gelegen, Boots- u. Tauchtouren, Kanus; 25 ordentl. Zi. (2–4 Pers.), bp (WW), Vent.: Paket 4 Tage/3 Nächte: ca. 830 $ p.P. inkl. VP und 2 Touren; Zusatznacht 130 $ p.P.; sowie 7 Zelte mit Betten u. Strom, bc: 75/75 $ p.P.; KK.
■ **La Paloma Lodge** (Tel. 2293.7502, 2293.5400, www.lapalomalodge.com): auf einem Hügel oberhalb vom Drake Bay Resort, Blick zur Isla del Caño, nettes Rest. (MB), Pool, 4 sehr gepflegte, schöne Zi. mit Balkon (MB), bp, DV; 7 gr., zweistöckige Holzhäuser (bis 8 Pers.) mit Terrasse: Paket 4 Tage/ 3 Nächte ab/bis San José 1158 $ p.P. inkl. Flüge, Bootstransfers, VP; 2 Ausflüge: Deluxe 1300 $; Sunset 1458 $.

■ **Cabinas El Mirador Lodge** (Tel. 2223.4060, www.mirador.co.cr): am Hang mit Blick über die Bucht: 49 $ p.P./VP. – einfach und die günstigste Unterkunft weit und breit!

An der Nordküste der Osa-Halbinsel in Richtung NP Corcovado

Mein Tipp: **Las Caletas Lodge** (Tel. 8381.4052, mobil: 8826.1460, www.caletas.co.cr): persönlich geführte Lodge am Hang, deutschsprachig, Badestrand anbei, Bootstouren (Isla de Caño, NP Corcovado etc.), Schnorcheln (85 $), Reiten (45 $), Tauchen (135 $); 2 Zelte: 75 $ p.P. im DZ inkl. VP; 5 Zi. und 2 kl. Häuser, bp (WW), Balkon (MB): ab 90 $ p.P. im DZ inkl. VP; Bootstransfer ab Sierpe: 25 $ p.P. (einfach); KK (+3,5 %).
■ **Copa de Arbol** (Tel. 8935.1212, www.copadearbol.com): neue Lodge am Strand; 10 sehr komfortable Bungalows: 283 $ p.P (DZ/VP), Kinder: 198 $; Luxus-Bungalow: 305 $ p.P (DZ/VP), Kinder: 209 $.
■ **Corcovado Adventures Tent Camp** (Tel. 8384.1679, www.corcovado.com): schöne Lage direkt am Meer, Bootstouren (z. B. Isla de Caño, NP Corcovado: 95 $ p.P.), Tauchen (135 $/2 Flaschen), Kajaktour (65 $), Kajakverleih, Schnorchelausrüstung gratis, Bootstransfer ab Sierpe: 20 $ p.P. (einfach); 8 Zelte auf Plattformen mit Betten: 90/80/80 $ p.P./VP; Paket 4 Tage/3 Nächte inkl. VP und Ausflug: 459 $ p.P.
Mein Tipp: **Punta Marenco Lodge** (Tel. 2294.2775 und 8877.3535, in D: 0861/165906, www.lodgepuntamarenco.com): nette Lodge in herrlicher Lage über dem Meer, persönl. geführt, Privatreservat Río Claro (526 ha); 19 rustikale Bungalows, bp (KW), Terrasse mit MB: 105/65 $ p.P./VP; Bootstransfer ab Sierpe: 25 $ p.P. (einf.); Paket 3 Tage/ 2 Nächte ab/bis Sierpe: 239 $ p.P./VP, Transfers und 2 Touren.
■ **Bahía Paraíso Lodge** (Playa San Josécito, Tel. 2293.2121, www.paradisebaylodge.com): schöne Lage am Badestrand, Rest., Privatreservat; 15 Zelte auf Holzplattform, bc: ca. 52 $ p.P./VP; 6 Zi., bp: ca. 70–81 $ p.P. im DZ; Paket 2 Nächte: 264–287 $ p.P. inkl. Boot ab/bis Sierpe, VP, Tour.

Die Halbinsel Osa

■ **Poor Man's Paradise** (Tel. 2771.9686, www.poormansparadiseresort.com): an der Bucht von San Josécito, Bootsausflüge (NP Corcovado 75 $ p.P., Isla del Caño 80 $); Bootstransfer ab/bis Sierpe 55 $ p.P., Camping: 8 $ p.P.; 4 Häuser (2 Etagen) mit je 2 Zi., bp: ab 82 $ p.P./VP; 3 Zelte: 58 $ p.P./VP.
■ **Jungle Jaguar Hostel** (www.jungladeljaguar.com): einf. Unterkunft in herrlicher Lage am Meer; Schlafraum: 15 $ p.P., Privatzimmer: 20 $ p.P., Verpflegung: 6–8 $.
■ **Casa Corcovado Jungle Lodge** (Tel. 2256.3181, www.casacorcovado.com): grenzt unmittelbar an den NP Corcovado, Rest., nette Bar, Pool mit Quellwasser, gepfl. Gartenanlage; 12 einzeln stehende Häuser mit Ziegeldach, DV, gekachelter Fußboden, harte Betten, teilw. WW: Paket 3 Tage/ 2 Nächte, 1 Ausflug inkl. Fluganreise ab San José: 925/725 $ p.P./VP.

Infos von A bis Z

■ **Internet und Ausflüge** in die Umgebung bietet *Corcovado Expeditions* an (in Agujitas am Bootsanleger, Tel. 8846.4734, www.corcovadoexpeditions.net): Corcovado, Isla del Caño u.a., *Sabine* spricht deutsch!

Flugverbindungen

Der „airstrip" befindet sich einige Kilometer im Hinterland von Agujitas, Drake Bay.

■ **SANSA:** tgl. 13.24 Uhr (NS: Mi, Fr, Sa, So 9.02 Uhr) nach San José, Flugzeit: 75 Min., Preis: 113 $ plus Gebühren (ca. 20 $).
■ **Nature Air:** tgl.10.25 Uhr über Pto. Jiménez nach San José/Pavas, Flugzeit: ca. 1 Std.

Reservat Isla del Caño

■ **Fläche:** 200 ha (Land), 2700 ha (Meer)
■ **Lage:** 15 km östlich der Osa-Halbinsel
■ **Klima:** 26 °C Tagestemp., Niederschlag: 4000–5000 mm
■ **Geöffnet:** 8–16 Uhr
■ **Eintritt:** 8 $
■ **Info:** Tel. 2775.1210
■ **Übernachtung:** Zelten ist offiziell verboten, vor Ort jedoch eventuell möglich
■ **Anfahrt:** Ausflugsboote ab Sierpe, den Lodges an der Bahía Drake sowie ab Uvita

Die gesamte Insel wurde bereits 1978 zum Schutz des tropischen Regenwaldes und wichtiger Lebensräume im Meer unter Schutz gestellt. Die Insel ist von bis zu 70 m hohen Felsklippen umgeben, dazwischen liegen einige schmale Sandstrände, die nicht breiter als 100 m sind und bei Flut meist völlig verschwinden. Das Inselinnere liegt auf einer Hochfläche (rund 90 m) mit immergrünem Regenwald. Neben der schützenswerten Natur hat die Insel auch große archäologische Bedeutung als **präkolumbischer Friedhof**. Noch heute kann man einige der mysteriösen Steinkugeln sehen, die vom Volk der Bruncas gefertigt wurden (siehe Kapitel „Land und Leute", Stichpunkt „Geschichte"). Interessant ist in diesem Zusammenhang die Tatsache, dass das Gestein, aus dem die Kugeln gefertigt wurden, auf der Insel nicht vorkommt. Die tonnenschweren Kugeln müssen also per Floß oder Schiff auf die Inseln geschafft worden sein – die Frage nach dem Warum bleibt nach wie vor unbeantwortet.

Flora und Fauna

Auf der Hochfläche mit tropischem Regenwald kommen rund 158 **Pflanzenarten** vor, die meist immergrün sind. Eine der häufigsten Baumarten ist der *arbol vaco* („Kuh-" oder „Milchbaum"), der bis 50 m Höhe erreichen kann. Den Namen *Milchbaum* trägt er wegen des weißen, trinkbaren Latex, das er abgibt. Man nimmt an, dass diese riesigen Bäume von einem Garten stammen, der von den Indianern angelegt wurde. Weitere häufig vorkommende Bäume, an denen epiphytische Pflanzen wie Bromelien und Orchideen wachsen, sind der *guapinol* und Feigenarten, wilder Kakao, der Kautschukbaum und die Cecropie. Außerdem findet man Farne, Arazeen, Heliconien, Kletterpflanzen, grasartige Pflanzen und einige eingeführte Arten wie Mango, Orange, Guave und Banane.

Die **Tierwelt** ist artenarm: Vieraugenbeutelratte, Paka (wiedereingeführt), und andere Nagetiere (Ratten) sowie verschiedene Fledermaus-Arten zählen zu den wenigen Säugetieren; lediglich 10 Vogelarten sind zu finden, u.a. Kuhreiher, Brauntölpel, Krabbenbussard und Fischadler. Es gibt diverse Reptilien und Amphibien, so die *Boa constrictor* (Abgottschlange), kleine Schlangen, Eidechsen und den Glasfrosch. Auch Insekten sind nur mit wenigen Arten vertreten.

Die Fauna im Gezeitenbereich hingegen ist sehr vielfältig: Neben der schier unendlichen Zahl an Fischen sind Seesterne und Seeigel häufig. Zwei vom Aussterben bedrohte Arten sind Langusten und Riesenseemuscheln. Im Umfeld der Insel liegen fünf Korallenbänke, in denen 15 Korallenarten vorkommen. Wale und Delfine sind ebenfalls zu beobachten.

Von Palmar nach Puerto Jiménez (110 km)

32 km nach Palmar Norte zweigt in **Chacarita** an einer Tankstelle rechts die Zufahrt nach Puerto Jiménez ab (75 km). 4,7 km weiter in Richtung Panama geht links an der Schule „La Florida" eine unbeschilderte (!) Zufahrt (3,2 km Piste, Allrad!) ab zur:

■ **Finca Bellavista** (www.fincabellavista.com): „Baumhaus-Lodge", die reiche US-Amerikaner in Scharen anzieht. Tatsächlich gibt es aber nur zwei echte Baumhäuser, die anderen Häuser stehen auf Metallstelzen. Die Häuser sind schön und liegen mitten im Urwald, sind aber auch recht teuer: ab 200 $ pro Nacht für das kleine Baumhaus „Mis Ojos".

Ab Chacarita führt die bis auf wenige Ausnahmen inzwischen durchgehend geteerte Straße nach Puerto Jiménez. Zunächst geht es durch tropischen Regenwald, sofern dieser noch nicht von Menschenhand gerodet wurde. Oft begegnet man vollbeladenen Lkw, die die tropischen Baumriesen abtransportieren …

Etwa 28 km nach der Abzweigung kommt man zur:

MEIN TIPP: Suital Lodge (Tel. 8826.0342, www.suital.com): schöne Lodge am Golfo Dulce, kl. Regenwald-Reservat mit Wanderwegen (28 ha), Kajaks, Ausflüge (NP Corcovado), Rest.service (8/8/15 $); 3 rustikale Bungalows, bp (WW), DV, Veranda: 51/71/79 $; KK.

Nach etwa 39 km zweigt rechts eine Piste ab nach Sierpe, die aber nur in der Trockenzeit befahrbar ist (ca. 45 Min. plus Fähre über den Río Sierpe).

□ Übersichtskarte S. 446 **Die Halbinsel Osa** 475

Kurz vor Rincón hat man einen schönen Blick auf die **Bahía Rincón,** die zum Golfo Dulce gehört:

■ **Restaurant/Cabinas Ventana al Golfo** (Tel. 8837.2169): gutes lokales Essen, schöne Aussicht, 2 einfache Holzcab., bp (KW), DV und Veranda: DZ ca. 34 $.
■ **Marisquería Vista al Mar:** Fischfilet 7,50 $, Cabinas.

Etwa 2 km nach Rincón (44,5 km ab Chacarita) zweigt vor der Brücke über den Río Rincón rechts die Piste ab, die über den Ort **Rancho Quemado** zur Bahía Drake führt (s.o. unter Bahía Drake). Allrad wird für diese Piste das ganze Jahr über empfohlen.

8 km nach Rincón erreicht man den Ort **La Palma,** wo häufig Rote Aras zu sehen sind. Der Bus nach San José passiert hier um 6 Uhr, nach Pto. Jiménez um 10 und 19 Uhr. Nach Drake Bay fahren Busse gegen 11.20 und 17.30 Uhr (manchmal auch etwas früher).

■ Übernachten kann man in den **Cabinas Tucán** (Tel. 2735.0522): 8 einf. Cab., bp, DV, TV: DZ ca. 30 $, bis 5 Pers.: 45 $.
■ An der Abzw. zur Playa Blanca liegt eine gute und preiswerte **Soda.**

In La Palma zweigt rechts die Zufahrt zum Río Rincón, Nationalparkeingang Los Patos sowie zum Dorf Guadelupe ab (s.u. „Nationalpark Corcovado", „Wanderung durch den Park").

■ **Lapa Rojas Lodge** (2 km nach der Abzweigung links, Tel. 2735.1146: neues Holzhaus, 3 nette Zimmer im OG, bc: DZ 23 $, 1 Zi. bp: 28 $, sowie 2 Apartments mit Küche: 38 $ – gutes Preis-Leistungs-Verhältnis!

In **Guadalupe de La Palma,** ca. 8 km vom NP-Eingang Los Patos entfernt, liegt die:

🦋 **Danta Corcovado Lodge** (Tel. 2735.1111, www.dantalodge.com): schöne Lage am Fluss, Rest. (17/22 $), Wanderwege, Touren (u.a. Indianerreservat Guaymi); Camping: ca. 6 $ p.P.; 2 rustik. schön dekorierte Zi., bp: 108/108/145 $ (ÜF), sowie 6 tolle Bungalows in offener Bauweise (bis 4 Pers.): 137/137/179 $ (ÜF). Die Lodge ist im Okt. geschl.

1,5 km nach Guadalupe zweigt links die Zufahrt ab (7,5 km, 4x4 erforderlich) zur:

■ **Finca La Tarde** (Tel. 2200.9617): Privatreservat ca. 80 ha, 5 Wanderwege, viele US-Kunden, Eintritt: 5 $, Tour inkl. hike und ME: 40 $ p.P., Unterkunft inkl. VP: 70 $ p.P.: 2 Zelte mit Bad (KW) + 1 Haus m. Bad sowie Haus mit Gem.schlafraum (20 Betten).

Indianerreservat Roga Ngöbere

■ **Unterkunft:** *Aguas Ricas Lodge* (Tel. mobil 8633.1824, aguasricaslodge@gmail.com): einf., saubere Unterkunft mit Vollverpflegung im Haus einer Ngöbe-(Guaymí-)Familie: 5 einf. Zi., bc: 87 $ p.P./VP inkl. Tour.
■ **Info:** via *CEDOE* (Tel. 2214.0769, cedeocr@racsa.co.cr, *Klaus Beisswenger*)
■ **Zufahrt:** von La Palma nach Guadalupe, weiter geradeaus auf geschotterter Straße, über zwei Brücken, dann links abbiegen (Schild). Die Lodge liegt direkt am Zusammenfluss von Río Rincón und Río Pavón.

Die Organisation CEDOE hat sich die Verbesserung der Lebensbedingungen der **Ngöbe-Indígenas** im Süden des Landes zum Ziel gesetzt. Gemeinsam

wird ein Konzept zur Verbesserung in den *Comunidades* entwickelt. Inzwischen besteht auch für Touristen die Möglichkeit für einen Aufenthalt im Dorf. Eine einfache Herberge liegt direkt am Zusammenfluss von Río Rincón und Río Pavon. Touren werden um 13 und 15 Uhr angeboten, die Kosten liegen bei 29 $ p.P. bzw. 40 $ inkl. Mittagessen.

■ **Tamandu Lodge** (Tel. 8821.4525, www.tamandu-lodge.com): im Indianerreservat „Alto Laguna". Von La Palma aus mit Taxi ins Reservat (wird organisiert), der Rest der Strecke zu Fuß oder per Pferd (ca. 1½ Std.), schweizer. Ltg.; einf. Holzcab.: 65 $ p.P. inkl. VP und 1 Tour.

Etwa 3,5 km hinter La Palma zweigt rechts eine beschilderte Zufahrt ab zur:

■ **Köbö Farm and Lodge** (Tel. 8398.7604, www.fincakobo.com): ökologisch geführte Farm (v.a. Kakao), Familienbetrieb, schöne Gartenanlage, Touren auch für Nicht-Gäste; nettes 2-stöckiges Holzhaus mit 3 rustikalen Zi., DV: 35/66/84 $.

Ca. 5 km nach La Palma zweigt nach der Brücke über den Río Conte rechts die Zufahrt ab (Holzschild) in das Dorf **Palo Seco** (ca. 1,5 km).

Nach gut 30 km (4,5 km vor Pto. Jiménez) zweigt rechts die Zufahrt ab in den Ort **Dos Brazos** (9 km) an der Westgrenze des Nationalparks Corcovado. Am Ortsende gibt es einen Nationalpark-Posten (Camping).

■ **Bosque del Río Tigre Lodge** (Tel. Büro: 2735.5062, www.osaadventures.com): gepflegtes Holzhaus in ruhiger Lage, kl. Reservat (12 ha) mit Wanderwegen, Rest.service, Kajaks, Ausflüge (35 $/Tag); 4 einf., offene Zi. mit Moskitonetz, bc und 1 Zi., bp: 190/162 $ p.P./VP, Paket 4 Tage/3 Nächte: 538 $ p.P. im DZ inkl. VP und 4 Touren; KK (+6 %, +10 $).

Puerto Jiménez

Pto. Jiménez, **Hauptort der Osa-Halbinsel,** ist ein Städtchen mit etwa 7000 Einwohnern, das hauptsächlich aus einer geteerten Hauptstraße besteht. Durch die zunehmende Bekanntheit des nahe gelegenen Nationalparks Corcovado kommen immer mehr Touristen in den Ort, viele mit dem Fährschiff aus Golfito. Vor einem Besuch des Parks muss man sich bei der Nationalparkverwaltung im Ort anmelden.

Unterkunft

Die meisten Hotels sind mit Fotos im Internet zu finden unter www.jimenezhotels.com.

■ **Cabinas Thompson** (Tel. 2735.5148): 5 einf. Zi. (bis 4 Pers.) bp, Vent.: 8 $ p.P.
■ **Cabinas La Esquina** (Tel. 2735. 5328): 2-stöckiges Haus; Schlafraum: 10 $ p.P.; 4 einf. Zi. im OG, bc (WW), DV, sauber: 12 $ p.P.
■ **Cabinas Iguana Iguana** (Tel. 2735.5158): am Ortseingang, 10 $ p.P.
■ **Cabinas Oro Verde** (Tel. 2735.5241): 10 ordentl. Zi. mit TV, KS, bp: 10 $ p.P.
■ **Cabinas The Corner** (Tel. 2735.5757, http://cabinasthecorner.com): einf. Zi. mit Vent., DZ 25 12 $ p.P., mit Bad: 32/32/36 $.
■ **Cabinas La Choza del Manglar** (Tel. 2735. 5002, www.manglares.com): schöne Anlage mit Garten und Mangroven (Vögel, Waschbären etc.), Rest.; 18 ordentl. Zi., AC: ab 25/44 $; Deluxe: DZ ab 79 $; KK.
■ **Cabinas Marcelina** (Tel. 2735.5007, www.jimenezhotels.com/cabinasmarcelina): mit Garten und Parkplatz; 8 saubere Zi., bp (WW), DV: 25/45/50 $; 2 neuere Zi. mit AC: 36/50/55 $; Frühst.: 6 $.
■ **Cabinas Eilyn** (Tel. 2735.5465): 3 Zi., TV, AC, DV: ca. 40/50/65 $.
■ **Cabinas Tropicales** (Tel. 2735.5298, www.cabinas-tropicales.com): neuere Lodge mit 6 Zi.: Std.-Zi. 45/50/60 $, Deluxe-Zi. (bis 5 Pers.): 50/55/60 $.
■ **Cabinas Jiménez** (Ortseingang links, Tel. 2735. 5090, www.cabinasjimenez.com): 10 gute Zi. (bis 4 Pers.), KS, Safe, AC, DV: Std.zi. 40/55 $, bessere Zi. ab 50/65 $; Waterfront-Cabinas: 75/90 $.

Außerhalb an der Playa Platanares (Zufahrt an der Landepiste vorbei)
■ **Iguana Lodge** (4,7 km, Tel. 8848.0752, www.iguanalodge.com): Rest., Pool, Touren, US-Ltg.; 1 komfort. Zi. mit DV, Safe, bp: DZ 186 $ p.P./VP; KK.
■ **Iguana's Pearl of the Osa** (4,8 km, Tel. etc. s.o.): gr. Haus mit Rest. (Di BBQ, Fr Pasta), Bar; Gem.terrasse (MB); 8 nette Zi. im OG, Safe, bp (WW), DV: 135/135 $.
■ **Agua Dulce Beach Resort** (5 km links, Tel. 8310.6304, www.aguadulceresort.com): Badehotel mit Pool, Rest. (Gerichte um 25 $, gute Spareribs), Touren; 3 Beach front units mit je 2 Zi., Wohnzi., sowie 9 Häuser mit je 4 Zi., die separat oder als „family unit" mit 2 Schlafzi. gebucht werden können. DZ ab 99 $, Beachfront ab 157 $.
■ Zahlreiche **weitere Unterkünfte** finden sich in Dos Brazos (s.o.) und in Richtung Carate (s.u.).

Restaurants & Bars

■ **Restaurant/Soda Carolina:** beliebter Treffpunkt im Ortszentrum, preiswerte landestypische Küche, gutes Ceviche.
■ **Restaurant Agua Luna:** im Freien, schöne Lage am Hafen, gutes Essen: chinesische Küche, auch

Fisch und Meeresfrüchte, v.a. zur Mittagszeit empfehlenswert.
- **Restaurant Il Giardino:** am Hafen, ital. Spezialitäten: gute Pizza, gute Weine, Preise ok.
- **Restaurant Las Palmas** (in den Cabinas Las Palmas): Fleisch/Steak ab 15 $, Salate ab 5 $, Mexikanisch ab 6 $.

Infos von A bis Z

- **Autovermietung:** *Solid Car Rental,* Tel. 2735.5777.
- **Erste Hilfe:** Krankenhaus (Tel. 2735.5063) und Rotes Kreuz: gegenüber bzw. hinter der Post.
- **Fahrradverleih:** östl. der Kirche, Mountainbike ca. 2 $/Std., ca. 5 $/Tag.
- **Geldwechsel:** *Banco Nacional,* Mo–Fr 8.30–15.45 Uhr, Bancomat (VISA, MC); *Coopealianza,* Mo–Fr 8–12 und 13–17 Uhr, Sa 8–12 Uhr.
- **Internet:** *Café Net el Sol* (im Ortszentrum): auch Tourist-Information, Reservierungen, Touren, Transporte, Telefon und Fax. Ebenso über der Bäckerei gegenüber der Tankstelle.
- **Nationalparkbüro:** an der Landebahn, Mo–Fr 8–16 Uhr, Tel. 2735.5036 und 2735.5580. Reservierung für Sirena unter pncorcovado@gmail.com. Der Zutritt zum NP Corcovado ist offiziell nur mit Guide erlaubt!
- **Post:** Park, Mo–Fr 8–12 und 13–17.30 Uhr.
- **Tankstelle:** am Ortsende rechts, gegenüber der Bäckerei.
- **Taxi:** vor Soda Carolina, Fahrpreis nach Carate oder Río Rincon: ca. 70 $.
- **Tourist-Info:** *Osa Coordination Office* (Tel. 2735.5531, marioangelo@racsa.co.cr): Vermittlung von Touren, Taxis, Hotels.
- **Tourveranstalter:** *Osa Aventura* (Tel. 2735.5758, www.osaaventura.com): Touren mit „Krokodiljäger" *Mike Boston; Aventuras Tropicales* (Tel. 2735.5195, www.aventurastropicales.com): Kajak, Mountainbike und mehr; weitere Anbieter: *Osa Tropical* (Tel. 2735.5062), *Río Nuevo Tours* (Tel. 2735.5411) und *Osa Travel Expeditions* (Tel. 2735.5649, www.osatravel.com), *Osa Green Travel* (www.osagreentravel.com).

Busverbindungen

- Die **Abfahrtsstelle** liegt hinter dem Roten Kreuz.
- **San José:** *Transportes Blanco* (Büro unterhalb Krankenhaus, Tel. 2735.5189), tgl. 5 und 9 Uhr, Fahrzeit ca. 8 Std.
- **San Isidro/Palmar:** tgl. 5, 9 und 13 Uhr, 5 Std.; sowie mit Bus nach San José.
- **Carate** (NP Corcovado): Sammeltaxi, tgl. 6 und 13.30 Uhr, Fahrzeit 2 Std, Fahrpreis: ca. 9 $.
- **Golfito:** Bus n. Cd. Neily, in Río Claro umsteigen.
- **Cd. Neily** (Tel. 2783.4293): tgl. 5.30 und 14 Uhr, Fahrzeit etwa 4 Std.

Schiffsverbindungen

- Personenfähre nach **Golfito** tgl. 7.30, 10, 11.30, 13, 14.30 und 15 Uhr, Fahrzeit 1½ Std., ca. 5 $; Schnellboot 12 und 16 Uhr (Fahrzeit 30 Min., ca. 4 $; rechtzeitig an der Anlegestelle sein, da die Boote abfahren, wenn sie voll sind!); Bootstaxi nach Golfito ca. 80 $.

Flugverbindungen

- **Landepiste** am Meer.
- **SANSA** (Tel. 2735.5017, Mo–Sa 7–17 Uhr): tgl. 9.07, 9.27, 11.48, 13.36 und 17.21 Uhr nach **San José**/Int. Flughafen, Flugzeit: 60 Min., Preis: 113 $ + Gebühren (ca. 20 $).
- **Nature Air:** tgl. 6.55 Uhr, 9.45 und 12.45 Uhr (HS: tgl. 8.35 und 13.40 Uhr) nach **San José**/Pavas Airport, Flugzeit 50 Min.
- Kleinflugzeuge nach **Sirena:** *Alfa Romeo Aero Taxi* (Tel. 2735.5353, aerocorcovado@racsa.co.cr): ca. 390 $ (bis 5 Pers.), colectivo 80 $ p.P.

Von Jiménez nach Carate (43 km)

Die wichtigste Zufahrt zum Corcovado-Nationalpark führt von Pto. Jiménez nach Süden an der Tankstelle vorbei; ohne Allrad kommt man in der Regenzeit meist nicht sehr weit, es sind nach wie vor mehrere Flüsse zu durchqueren. 16 km nach dem Ortsende von Pto. Jiménez (Tankstelle) liegt links die Lodge Ojo del Mar. Etwa 2 km weiter geht es rechts zum Hotel Lapa Ríos. Rund 20 km nach Pto. Jiménez zweigt links die Zufahrt ab zu den Bungalows Bosque del Cabo und gleich darauf zur El Remanso Lodge. Danach verläuft die Fahrt durch dichten Regenwald, der als **Refugio Nacional de Vida Silvestre Osa** unter Naturschutz steht.

Unterkunft & Restaurants

■ **Bello Horizonte Jungle Hostel** (1,5 km rechts +1,5 km, Tel. 8602.3070, www.bhjunglehostel.com): Gem.küche, 5 einf. Cabanas im Wald: Schlafraum oder Privatzi.

■ **Ojo del Mar** (6 km links, Tel. 2735.5531/*Mario*, 2306.8556, www.ojodelmar.com): direkt am Meer (Playa Carbonera), top. Garten, Yogaklassen und Massagen, Touren; 3 rustikale, allein stehende Cab. (offene Bauweise) bp, Moskitonetz, Hängematte: 90/110/140 $ (ÜF), 2 Zelte: 45/70 $ (ÜF).

■ **Encanta La Vida Lodge** (Tel. 2735.5678, mobil: 8376.3209, www.encantalavida.com): div. Touren; 9 Zi., bp, DV: ab 130 $ inkl. VP; Honeymoon-Haus: 150 $ p.P. inkl. VP und Tour.

■ **Hotel Lapa Ríos** (18 km rechts, Tel. 2735.5130, www.laparios.com: in schöner Lage hoch über dem Meer mit Rest., Bar, Pool, Privatreservat (über 400 ha); 14 schöne. palmgedeckte Bungalows, bp, Balkon, MB, aber teuer: 644/531/347 $ p.P. inkl. VP und Tour; KK.

■ **Bosque del Cabo Lodge** (Tel. 2735.5206, www.bosquedelcabo.com): gr., parkähnliche Anlage hoch über dem Meer, Rest., Pool, ca. 15 Min. Fußweg zum Strand; 9 sehr schöne Holz-Bungalows mit Terrasse (MB): ab 360/265/225 $ p.P./VP; KK (VISA).

■ **El Remanso Lodge** (Tel. 2735.5569, www.elremanso.com): Treeclimbing, Waterfall-Rapelling, Reiten etc.; 4 Zi., bp (WW), Balkon, umgeben von Regenwald, MB: ab 275/180/155 $ p.P. (VP); „Deluxe Cabin": 390/270/235 $ p.P. (VP); „Casa Osa": 180 $ p.P./VP (ab 4 Pers.); KK (Aufschlag).

■ **Hacienda Río Oro** (32 km rechts, www.haciendariooro.com): 500 ha große Hacienda, die Touren anbietet: Reittour (2 Std.) 45 $, Kajaktour (2 Std.) 45 $.

Carate

Die „Ortschaft" am Ende der Straße besteht im Wesentlichen aus einer *Pulpería* und einer Landepiste für Kleinflugzeuge. Hier beginnt die Wanderung in den Nationalpark Corcovado (s.u.). Campingmöglichkeit. Ein Sammeltaxi fährt tgl. außer So gegen 8.30 Uhr nach Pto. Jiménez (in der Hochsaison auch am Nachmittag gegen 16 Uhr), Fahrpreis: 9 $.

Unterkunft

■ **Lookout Inn** (Tel. 2735.5431, www.lookout-inn.com): oberhalb von Carate, schönes Haus in Hanglage, MB; 3 sehr geschmackvolle Zi. im Haupthaus, bp (WW), teuer: 165/135 $ p.P./VP; „Master-Suite" und 2 Cab.: 200/150 $ p.P./VP, „Tiki Huts": 155/125 $ p.P/VP; KK (+4 %). Weiteres Zimmer: 175 $ p.P./VP.

■ **Carate Hostel** (kein Tel., Infos in der Pulpería, nach *Daysi* fragen, daysive@yahoo.com): einf. Unterkunft, Schlafraum ca. 25 $ p.P. (ÜF).

■ **Luna Lodge** (Tel. 8380.5036, in D: 0861/165 906, www.lunalodge.com): schöne Lodge in erhöhter Lage am Hang, US-Ltg.; 8 Bungalows, bp: 280/430/585 $/VP; „Hacienda rooms": 195/330/450 $/VP; im Zelt mit Bad: 140/250 $/VP (NS: 125/230 $), inkl. Tour; KK.

MEIN TIPP: Finca Exotica (mobil: 8828.0817, www.fincaexotica.com): schöne Lage in Strandnähe, gutes Essen (z.T. aus eigenem Anbau), rustik., offene Holz-Bungalows, bp: ab 170/138/127 $ p.P./VP; „Tiki Tents", bc: 80 $ p.P./VP; KK.

MEIN TIPP: La Leona Eco Lodge Tent Camp (Tel. 2735.5704, www.laleonaecolodge.com): schöne Lage direkt am Meer und am Eingang zum NP, freundliche Tico-Familie, Rest.Service (auch für Nicht-Gäste), Touren mit Guide; 16 nette Zelte mit Betten, bc: 89 $ p.P./DZ (HP); mit VP: 99 $ p.P./DZ, mit eigenem Bad: ab 115 $ p.P./DZ (HP), ab 125 $ p.P. inkl. VP.

Nationalpark Corcovado

■ **Fläche:** 54.539 (Land), 2400 ha (Meer)
■ **Lage:** Südosten der Osa-Halbinsel
■ **Klima:** regenreich (bis 5500 mm)
■ **Gegründet:** 24.10.1975
■ **Geöffnet:** 8–16 Uhr, während der Regenzeit nicht zu empfehlen.
■ **Eintritt:** 15 $/Tag; Achtung: Tickets müssen in Puerto Jiménez gekauft werden, kein Verkauf in Carate! Die Finca Exotica besorgt Tickets für Gäste. Der Zutritt zum N.P. Corcovado ist offiziell nur mit Guide erlaubt! Nach Auskunft einer Leserin können die Tickets bei der Rangerstation am Parkeingang gekauft werden, aber das kann sich täglich ändern.
■ **Info:** Büro in Pto. Jiménez, Tel. 2735.5036, Station Sirena: Tel. 2770.8222
■ **Übernachtung:** 20 $ p.P., Frühst., ME, AE: je 25 $! Reservierung ist vorgeschrieben (Tel. s.o.). Un-

bedingt rechtzeitig über die aktuelle Lage informieren, die Stationen sind nicht immer geöffnet!
■ **Anfahrt:** Mit Allrad über Carate nach La Leona oder über La Palma zum Río Rincon, mit Booten zur Station San Pedrillo, Sirena und La Leona, mit Kleinflugzeug zur Station Sirena oder nach Carate.

Der **zweitgrößte Nationalpark des Landes** liegt in einem der regenreichsten Gebiete Costa Ricas. Daraus resultiert eine Vielfalt an Vegetationstypen und Tieren. Wegen diesem außergewöhnlichen biologischen Reichtum wurde der Park zu einem internationalen Forschungszentrum, um den tropischen Regenwald zu studieren – Corcovado ist das letzte Ökosystem seiner Art in Mittelamerika. Eine ernsthafte Bedrohung stellen die illegalen Goldsucher dar, die in abgelegenen Gebieten nahezu ungehindert operieren können. Zum überwiegenden Teil sind es arbeitslose Bananenarbeiter, die nach dem begehrten Edelmetall graben, Bäume fällen und Tiere jagen.

Flora und Fauna

Allein rund 500 Baumarten gibt es innerhalb der Parkgrenzen – das sind über ein Viertel aller in Costa Rica vorkommenden Arten. Einige der größten sind *nazareno* und der seltene endemische *poponjoche* – sie erreichen bis 50 m Höhe. Im Flachland findet man einen über 70 m hohen Kapokbaum, der als größter Baum des Landes gilt.
Über die Hälfte des Parks ist bedeckt von **Bergwald,** in dem man die größte Vegetationsvielfalt vorfindet. In den höchsten Regionen des Parks gibt es **Nebelwald,** der sehr reich an Eichen und Baumfarnen ist. Im **Palmenwald** dominiert die Bastpalme (Raphiapalme). An den Flussmündungen des Río Llorona, Corcovado und Sierra liegen **Mangrovensümpfe,** im Umfeld der Flüsse sind es bewaldete **Schwemmlandebenen** und **Sumpfwald,** der fast das ganze Jahr überschwemmt ist. Einen ausgezeichneten Rückzugsort für Wildtiere bildet der krautartige **Grassumpf,** der sich in der Laguna de Corcovado gebildet hat. Die über 1000 ha große Oberfläche des Süßwassersees ist dicht mit Büschen und Gräsern überwachsen.

160 Arten von Säugetieren sind vertreten. Gruppen von Kapuzineraffen, aber auch die anderen drei Affenarten Costa Ricas leben im Park. Auch alle sechs Arten Raubkatzen Costa Ricas und bedrohte Arten wie Tapir und Riesen-Ameisenbär kommen vor.

Bislang wurden 367 **Vogelarten** beobachtet. So findet man hier die größte Population der Roten Aras im Land, außerdem Königsgeier, Weißbussard, Keilschwanzsittich, Kolibris, Gelbstirnjassana, Rotbauch-Schakuhuhn, Regenbogentukan und Salomonreiher. Artenreich vertreten – mit 117 Arten – sind auch Reptilien und Amphibien. Am weiten **Playa Llorona** legen mit relativer Häufigkeit vier Arten Meeresschildkröten ihre Eier ab. In den Seen, Bächen und Flüssen des Parkgebiets hat man 40 Arten Süßwasserfische gezählt. Die Vertreter der Insekten können nur geschätzt werden: Man vermutet rund 6000 Arten.

Wanderung durch den Park

Diese viertägige Wanderung von Carate nach La Palma (oder umgekehrt) ist ein einmaliges Naturerlebnis. Ein Führer ist vorgeschrieben, die Wege sind gut ausgeschildert. In der Hochsaison sind viele Wanderer unterwegs, sodass man eventuell keinen Schlafplatz bekommt. Deshalb Zelt mitnehmen!

Eine **empfehlenswerte Variante** für die Wanderung ist die Tour entgegen dem Uhrzeigersinn: am 1. Tag früh morgens per Taxi zum Eingang Los Patos und Wanderung nach Sirena (Übernachtung), am 2. Tag Wanderung zum Eingang La Leona und Übernachtung in Carate. Vorteil: Die Übernachtung im Sektor Los Patos und die Suche nach einem Taxi nach Pto. Jiménez entfallen.

1. Tag: Von Pto. Jiménez nach Madrigal (43 + 3,5 km)

Von Pto. Jiménez mit Allrad-Pkw (Taxi oder Sammeltaxi) nach Carate. Von dort am Strand entlang zum Parkeingang La Leona (3,5 km, ca. 45 Min., leicht). Übernachtung im La Leona Eco Lodge Tent Camp (s.o. unter „Carate") oder in Madrigal an der **Parkstation La Leona** (nur Zelt, keine Verpflegung verfügbar!). Wer wenig Zeit hat, kann auch an einem Tag von Jiménez bis zur Station Sirena gelangen, sinnvoller ist aber eine Zwischenübernachtung.

2. Tag: Von Madrigal nach Sirena (16 km)

Möglichst vor Ebbe loslaufen (Fluttabelle bei Parkstation), damit man nicht von der Flut überrascht wird. Zunächst geht es wieder am Strand entlang bis Punta La Chancha (Gehzeit ca. 1½ Std.). Mit etwas Glück kann man die farbenprächtigen Roten Aras sehen, manchmal sogar Meeresschildkröten. Überall bieten sich wunderschöne Badegelegenheiten im Meer (Vorsicht: Haie!) und an den Flüssen. Der Weg ist eindeutig erkennbar, die Sonne ist jedoch nicht zu unterschätzen (Kopfbedeckung und Sonnencreme!). 10 Min. nach der Durchquerung des Río Claro (bei Ebbe max. knietief, bei Flut oft unmöglich) weist ein Schild zur Station Sirena.

Die gesamte Wanderung dauert etwa 5–6 Std., Badepausen nicht eingerech-

> Unterwegs im Nationalpark Corcovado

Die Halbinsel Osa

net, und ist (bis auf die Sonne) nicht sehr anstrengend. Die **Station Sirena** verfügt über etwa 40 einf. Betten (Mücken!); **Essenspreise:** Frühstück für 10 $, Mittag- und Abendessen je stolze 15 $. In der Nähe gibt es einen kleinen Lehrpfad, wo man vor allem abends Affen beobachten kann.

3. Tag: Von Sirena nach Los Patos (20 km)
Der anstrengendste, aber vielleicht schönste Tag. Auf einem breiten Pfad durch den Wald (Schatten) geht es auf und ab, insgesamt muss ein Höhenunterschied von etwa 300 m überwunden werden. Gute Schuhe sind Bedingung, der Weg ist oft matschig und teilweise anstrengend (Steigung). Unterwegs zweigt ein Weg zur Station San Pedrillo ab. Nach rund 6–8 Std. Gehzeit erreicht man erschöpft die **Station Los Patos,** wo jedoch weder Essen noch Zimmer zur Verfügung stehen.

4. Tag: Von Los Patos nach La Palma (13 km)
Ein guter Weg führt etwa 2,5 km durch den Wald aus dem Park hinaus in eine von Goldgräbern geprägte Region. Nach

45–60 Min. erreicht man den Río Rincon. Von dort führt eine (außerhalb der Regenzeit) mit Allrad befahrbare Straße am Fluss entlang. Überall sind die Verwüstungen durch die Goldsucher sichtbar. Manchmal hat man das Glück, von ebendiesen mitgenommen zu werden (oder man hat sich vorausschauend ein Taxi hierher bestellt), sonst muss man den ganzen Weg bis La Palma zu Fuß gehen (der Fluss ist mehrmals zu durchqueren, kein Schatten, Gehzeit 3–4 Std.). In La Palma gibt es einen Bus zurück nach Jiménez oder sogar nach San José. Auch Übernachtungsmöglichkeit (s.o. unter „Von Palmar nach Pto. Jiménez").

Die Wanderung von Sirena zur **Station San Pedrillo** (25 km!) ist sehr anstrengend und nur trainierten und motivierten Wanderern zu empfehlen.

Vorbereitung: Anmeldung bei Büro der Nationalverwaltung in Jiménez; evtl. ein Taxi für den 1. bzw. 4. Tag bestellen. Für die Wanderung von Los Patos nach Carate (oder umgekehrt) ist zwingend ein Guide vorgeschrieben (in Pto. Jimenez bei diversen Agenturen zu buchen). Zudem vorher bei der Parkverwaltung anfragen, ob der/die Trail/s evtl. gesperrt sind.

Ausrüstung: Wanderschuhe (evtl. Gummistiefel), Regenschutz, Sonnencreme, Hut, Badekleidung, Handtuch, Kleidung für vier Tage, Socken zum Wechseln, Bettzeug oder leichter Schlafsack, Moskitonetz, Verbandszeug, kleines Zelt oft hilfreich, Taschenlampe, evtl. Kompass; Getränke (an den Stationen gibt es nur Wasser) und Verpflegung.

Golfito und seine Strände

Golfito

- **Einwohner:** 14.000, Bezirk ca. 40.000
- **Lage:** am Golfo Dulce, ca. 350 km südl. von San José
- **Klima:** tagsüber WW (bis 32 °C.), abends kühl, Niederschlag 4800 mm/J.

Das Besondere an Golfito ist seine schöne Lage an einer kleinen, lang gestreckten Bucht, die durch einen schmalen Ausgang mit dem Golfo Dulce verbunden ist, umgeben von Bergen, die vielfach noch von Urwald bedeckt sind.

Zu Beginn des 20. Jahrhunderts gab es hier nur drei Indianer-Dörfer. In den Jahren 1935/36 wurde dann auch auf der pazifischen Seite mit der Anpflanzung von **Bananen** begonnen. Die geschützte Lage des kleinen Golfes (= *golfito*) bot sich als natürlicher Hafen an, und so baute die Bananengesellschaft hier den Haupthafen zum Abtransport der gelben Früchte. Die Bevölkerung des Ortes setzte sich aus Amerikanern und Ticos zusammen, die entsprechend ihrer Stellung in getrennten Wohnvierteln lebten: die amerikanischen Verwalter in luxuriösen Holzvillen im Nordwesten, die einfachen Arbeiter aus Costa Rica in armseligen Holzhütten weiter südlich.

Als sich in jüngerer Zeit die Bananenmultis aus der Region zurückzogen, begann für Golfito, Hauptstadt des gleichnamigen Bezirkes, eine Zeit des **Niedergangs und Verfalls.** Die Regierung erklärte daraufhin 1990 eine **Freihandels-**

Golfito und seine Strände

zone in der Stadt und erlaubte den Bürgern, in einer steuerfreien Zone *(depósito libre)* alle sechs Monate ausländische Waren bis zu einem Wert von 600 US-$ steuerfrei einzukaufen, was die Lage verbesserte. Für ausländische Besucher ist das steuerfreie Warenangebot aber wenig attraktiv – wer dennoch Interesse hat, muss 24 Std. vorher einen Berechtigungsschein beantragen, Mo. sind die Geschäfte geschlossen.

Heute wirbt man auch um **Gäste,** die sich mehr für die attraktive Umgebung des Ortes interessieren, der selbst nur wenig zu bieten hat. Die Möglichkeiten sind vielfältig: Baden an den Stränden der Umgebung, Wanderungen im Tierschutzgebiet, Bootsausflüge (z.B. auf dem Río Coto und im Golfo Dulce).

Anfahrt

Zwischen Palmar und Ciudad Neily zweigt in **Río Claro** (Restaurants, Tankstelle, Calathea Lodge) die Zufahrt ab nach Golfito, oder per Fähre ab Pto. Jiménez (nur Personentransport).

Golfito und seine Strände

Unterkunft

Das Angebot an **Unterkünften** ist vielfältig, doch kann es vor allem an **Wochenenden zu Engpässen** kommen, da dann viele Ticos zum Einkaufen hierherkommen – eine Reservierung ist auf alle Fälle empfehlenswert. Fast alle Unterkünfte befinden sich an der Hauptstraße, die unten genannten Entfernungsangaben beziehen sich auf den Ortsanfang (Hotel El Gran Ceibo). Ein gutes Wohnviertel ist das **Barrio Las Alamedas** mit zahlreichen schönen Holzhäusern.

■ Außer den u.g. Unterkünften findet man ab Km 4,4 beidseits der Straße **Privatunterkünfte** (DZ um 10 $), ebenso in der Nähe des Busbahnhofs (6,5 km, Abzw. links). Weitere Unterkünfte an den nahe liegenden Stränden (s.u. „Ausflüge in die Umgebung").

■ **Hotel El Gran Ceibo** (Ortseingang links, Tel. 2775.0403): Rest., Pool, Parkplatz; 27 ordentl. Zi. (bis 5 Pers.), bp (WW), z.T. DV: ab 40–52 $ (1–3 Pers.), Frühst. ab 6 $, Casado ab 8 $; KK.

■ **Hotel Las Gaviotas** (100 m links, Tel. 2775.0062): schöne Lage am Meer, kleiner Garten, Restaurant, Bar, Pool; 18 ältere Std.-Zi., bp (WW), AC, DV, TV, Safe, teilweise laut (Straße): 89/89 $; 4 Junior-Suiten mit 2 Schlafzi., KS: ca. 96/96 $; 3 Bungalows mit 2 Schlafzi., Küche, AC: ca. 150 $ (bis 6 Pers.); KK.

■ **Cabinas Mar y Luna** (200 m links, Tel. 2775.0192, www.marylunagolfito.com): gutes Fischrest., 8 einf. Zi., bp (WW), DV, kl. TV, AC, ok: 55/55/68 $ (ÜF); KK.

■ **Hotel Golfito** (2,6 km links nach Tankstelle, Tel. 2775.0047): 15 einf. Zi., bp, etwas laut, aber sauber, mit AC: 26/26/40 $.

■ **Hotel Samoa del Sur** (2,9 km links, Tel. 2775.0233, www.samoadelsur.com): schöne Lage direkt am Meer, 2 Pools, Volleyballplatz, Muschel-Museum, Rest. (Hauptgerichte ab 9 $), Bootstouren, frz. Ltg.; 14 renovierte Zi., bp (WW), AC, TV: ca. 79/85/90/95 $ (1–4 Pers.) (ÜF), KK – das Hotel ist nicht geeignet für Ruhesuchende!

■ **Cabinas Casa Blanca** (ca. 5,5 km rechts im Barrio Las Alamedas, Tel. 2775.0124): 12 Zi., teilw. TV, bp, ok: DZ 20/26 $.

■ **Hotel Golfo Azul** (5,5 km nach Rest. Corcovado Abzw. rechts im Barrio Las Alamedas, Tel. 2775.0871): Frühst.-Rest., Parkplatz, in Flugh.-Nähe; 20 ordentl. Zi. bp, AC, DV, sauber: 64 $ (für 4 Pers.).

■ **Hotel Sierra** (6,7 km Abzw. rechts, Tel. 2775.0666, www.hotelsierra.com): an der Landepiste, Rest., Pool; 72 ordentl. Zi., bp, AC, Vent., TV: 77/90/104 $; KK.

Außerhalb

■ **Hotel Palmeral Dorima** (1,5 km landeinwärts von Río Claro, Tel. 2789.5050): neueres Hotel in schöner Lage, dt. Ltg., Pool mit Ausblick, Rest.; 18 Bungalows mit je 2 Zi. mit AC, KS, Terrasse: ca. 94/101/121 $ (ÜF).

■ **Calathea Lodge & Rest.** (3 km nach der Abzw. bei Río Claro in Ri. Golfito am Km 24 rechts, Tel. 2789.7869): gepflegtes, offenes Rest. (gute einheim. Küche, nicht teuer), schöner Blick, Ausflüge und Pferdetouren, Wanderwege, Massagen; nette Holz-Cabañas mit Bad (WW).

■ **Buena Vista Lodge** (ca. 1 km vor dem Ortseingang Zufahrt rechts, Tel. 2775.2065, www.buenavistalodgecr.com): MB, Pool (Quellwasser ohne Chlor), kl. Privatreservat (22 ha), Touren (z.B. Bootstour zur Delfinbeobachtung im Golfo Dulce), Wäscheservice, dt. Ltg.; 4 einf. Zi. (bis 5 Pers.) mit Kabel-TV, bp (WW), DV: 70 $; Frühst. 5 $ p.P.

■ **La Purruja Lodge** (Tel. 2775.5054, www.purruja.com): 3,8 km vor Ortseingang links; schöne Lage, gepflegter Garten (gute Vogelbeobachtung!), Pool, Frühst.rest., Billard, Darts, schweiz. Ltg.; 5 ältere Zi., bp (KW), DV: 25/34/41 $ (ÜF); Camping (Bad): 2 $/Zelt. Der Besitzer bietet Touren an, u.a. Tagestour Golfito-Naturreservat (30 $), Höhlentour (35 $), Bootsfahrt auf dem Río Coto zur Krokodilbeobachtung (35 $) und mehrtägige Trekking-Touren (Goldwaschen auf der Osa-Halbinsel).

■ **Golfo Dulce Lodge** (Tel. 8821.5398, www.golfodulcelodge.com): schöne Lage in Meeresnähe im

Urwald, Anreise nur per Boot ab Golfito (30 $ p.p. hin u. zurück), Pool, Bar, Privatreservat (300 ha) mit Wanderwegen, gute Tierbeobachtung, CH.Ltg.; 8 große Bungalows mit Terrasse; Paket 4 Tage/ 3 Nächte inkl. VP und Touren: Standard: 405/315 $ p.p., Deluxe: 465/390/300 $ p.p.; Mindestaufenthalt 3 Nächte – nicht billig, aber sehr schön!

■ **Playa Nicuesa Rainforest Lodge** (Tel. 2258. 8250 oder 2222.0704, in D: 0861/165906, www. nicuesalodge.com): luxuröse Lodge am Meer, Anreise nur per Boot, Touren, Yoga & Wellness; Zi. im Gästehaus: 295/225/215 $ p.p., komfortable Luxus-„Cabins": 390/260 $ p.p., Kinder (6–12 J.): 130 $; alle Preise inkl. Bootstransf. ab Golfito, Min.2 Nächte.

🦋 **Esquinas Rainforest Lodge** (Tel. 2741.8001, in D: 0861/165906, www.esquinaslodge.com): ökolog. geführte Lodge direkt am NP Piedras Blancas („Regenwald der Österreicher"), Zufahrt über La Gamba oder Piste ab Golfito (6 km), Rest., Bibliothek, Frischwasser-Pool, geführte Wanderungen, Pferde-, Mountainbike- und Kajaktouren, Bootstouren Golfo Dulce/Río Esquinas; 7 Holzhäuser mit jeweils 2 netten Zimmern, Veranda: 181/147/119 $ p.p./VP; Paket 3 Tage/2 Nächte ab/bis Golfito: 295/ 220/175 $ inkl. Touren; Paket 4 Tage/3 Nächte: 460/ 350/285 $ p.p.; KK.

■ **Tropenstation La Gamba** (Tel. 2741.8034, in Österreich: 04277/54083, www.lagamba.at): biol. Forschungsstation neben Esquinas Lodge, Unterkunft auch für Touristen; 3 einf. Zi. (20 Betten), bc, Kochgel.: ca. 73 $ p.p./VF; Sonderpreis für Stud.: ca. 55 $ p.P. inkl. VP.

Restaurants

■ **Restaurant Rancho Grande** (1,5 km vor Ortseingang links): gute Küche, Fisch- und Fleischgerichte ab 5 $.
■ **Cabinas Mar y Luna** (am Ortseingang, 200 m links): nettes Lokal am Meer, gemütliche Atmosphäre, gute lokale Küche, Fischgerichte und Meeresfrüchte, kleine Bar, Mo Ruhetag, Do Disco-Night.
■ **Restaurant La Cubana** (im Zentrum): einf., aber ordentl. Lokale mit Ausblick auf die Bucht.
■ **Restaurant Pura Vida** (gegenüber Park im Zentrum): Sandwich, Casado, Meeresfrüchte.
■ **Restaurant Buenos Dias** (im Zentrum gegenüber Tankstelle): einh. Küche und Fastfood.
■ **Chicken Bros.** (gegenüber Taxiboot-Anleger): leckere Brat- und Backhähnchen.
■ **Restaurant/Bar Samoa del Sur** (2,9 km links): nett, unter Palmendach am Meer, gutes Essen, aber übertreuert: Pizza, Fisch- und Fleischgerichte.

Abends

■ **Bar Laditud** (zentral gegenüber Park, über Apotheke im OG): nette Atmosphäre, v.a. US-Publikum.
■ **Bar Samoa del Sur** (2,9 km links): Dart, Billard, Kicker; abends reger Barbetrieb mit Bocas, aber Achtung: übertreuerte Cocktails!
■ **Karaoke-Bar Comales** (4,5 km links): sehr beliebt, jeden Tag Tanz und Karaoke.

Infos von A bis Z

■ **Autovermietung:** *Solid* im Hotel Marina Samoa del Sur (Tel. 2775.3333).
■ **Einkaufen:** *Supermercado Pearson* (2,7 km rechts) sowie *Mega Super* (4,5 km links) und *Comercio Costaricense* (unterhalb der Post).
■ **Erste Hilfe:** Rotes Kreuz (1,2 km rechts, Tel. 2528.0000), Krankenhaus (5,1 km rechts).
■ **Geldwechsel:** *Banco Nacional* (4,8 km rechts, Mo–Fr 8.30–15.45 Uhr), Bancomat (VISA, MC); *Coopealianzia* (beim Justizpalast), Mo–Fr 8–17 Uhr, Sa 8–12 Uhr, Bancomat (VISA, MC, Maestro); Banken im Deposito auch Sa geöffnet: *Banco Nacional* (auch Maestro und AmEx); *Banco de Costa Rica*, Di– Sa 9–16 Uhr und So 8–14 Uhr (VISA, MC).
■ **Internet:** nach Megasuper: 8.30–20 Uhr, ca. 600 C./Std.

Golfito und seine Strände

- **Post:** beim Hotel Delfin, Mo–Fr 7.30–16.30 und 13–16.30 Uhr.
- **Reisebüro:** SANSA-Büro (nach Tankstelle rechts).
- **Tankstelle:** 2,6 km links, tgl. 24 Std.
- **Tourist-Info:** ICT-Büro neben Bootsanlegestelle, neben Hotel Golfito (nur selten besetzt).
- **Tourveranstalter:** s. Purruja Lodge und c/o Buena Vista Lodge (Tagestouren mit Jeep und Boot).

Busverbindungen

- Der **Terminal** liegt 6,3 km, das TRACOPA-Büro 4,3 km links vom Ortseingang nahe Megasuper.
- **San José** (*TRACOPA*, Tel. 2221.4214): direkt 5 und 13.30 Uhr, Fahrzeit ca. 8 Std. (direkt); Alternative: mit Lokalbus bis Río Claro (Interamericana) und umsteigen.
- **Cd. Neily/Paso Canoas** (ab Deposito über Río Claro): tgl. 16x von 5.45 bis 19.30 Uhr.
- **El Banco (Playa Pavones):** tgl. 5 und 12.30 Uhr.

Schiffsverbindungen

- **Fähre** nach **Pto. Jiménez:** tgl. 6, 8.30, 11.30, 14 und 16 Uhr, Fahrzeit 1½ Std., Preis: ca. 3 $, Kapazität: 25 Pers., Abfahrtstelle hinter Tankstelle (Ortsmitte); sowie Schnellboot: 10, 13.30 und 16 Uhr, Fahrzeit. 30 Min.
- **Bootstaxi:** 4,2 km links und neben Hotel Golfito, ca. 25 $/Std. (1–4 Pers.).
- **Playa Cacao:** einf. ca. 2 $ *(Colectivo)*.
- **Playa Puntarenitas:** ca. 2,50 $ einf.

Flugverbindungen

- **Landepiste:** 6,7 km, Abzw. rechts.
- **SANSA** (Tel. 2775.0303): tgl. 6.43, 11.23 und 16.52 Uhr nach **San José**/Internat. Flughafen; Flugzeit 1 Std., Preis: 111 $ plus Gebühren (ca. 20 $).

Ausflüge in die Umgebung

- **Aussichtspunkt:** 800 m Abzweigung rechts (am Sportplatz), dann 4,1 km bergauf (zu Fuß oder mit Allrad): **Rancho Relámpago** – herrlicher Blick über Golfito und die vorgelagerte Landzunge, an klaren Tagen bis zur Osa-Halbinsel. Der Ort ist in Privatbesitz, statt Eintritt zu zahlen darf sich jeder Besucher ins Gästebuch eintragen. 4 km weiter kommt man zu einem Verstärkerturm, dort kein Ausblick. Da die Wanderung bergauf anstrengend ist, macht es Sinn,

mit einem Taxi hinzufahren und zu Fuß wieder zurückzugehen.

■ **Playa Cacao:** Dieser Strand mit Palmen in der Nähe von Golfito ist zwar beliebt, aber um ehrlich zu sein: Es gibt schönere Strände in der Gegend! **Anreise** am besten mit dem Bootstaxi ab *Mercado* (1 $), sonst nur mit Pkw: 6,5 km links, am städtischen Müllplatz vorbei.

■ **Playa Puntarenitas:** Kleiner Sandstrand auf einer Landzunge gegenüber von Golfito. Es gibt keine Unterkünfte oder WC.

■ **Playa Encanto:** Kleiner Sandstrand, Unterkunft: **Cabinas Enchanted Point:** Zi., bp, Vent.

■ **Playa San Josécito:** Etwas weiter nördlich liegt diese einsame Bucht, in der sich 1979 ein nordamerikanisches Ehepaar niederließ, um Orchideen und andere tropische Pflanzen anzubauen. Seit 1990 ist ihr 1,6 ha großer **Botanischer Garten Casa Orquídeas** der Öffentlichkeit zugänglich; Touren durch den Garten: So–Do 7 und 10 Uhr, 5 $

Golfo Dulce

p.P. (ab 4 Pers.). **Anfahrt** nur per Boot, Fahrzeit ab Golfito ca. 90 Min.; Unterkunft: Golfo Dulce Lodge (s.o.).

■ **Playa Cativo:** An dieser nördlich des Playa San Josécito gelegenen Bucht, die nur per Boot erreichbar ist, liegt die Rainbow Adventures Lodge (s.o.).

■ **Río Coto Colorado:** Südlich von Golfito mündet dieser Fluss in den Pazifik, im letzten Abschnitt von ausgedehnten Mangrovensümpfen flankiert. Bei einem Bootsausflug auf dem Fluss kann man neben zahlreichen Reihern und anderen Vogelarten mit etwas Glück auch Affen, Krokodile und Seeotter beobachten. Bootstouren werden ab Golfito oder ab Playa Zancudo über Cabinas/Restaurant Sol y Mar angeboten.

■ **The Paradise Tropical Garden:** Botanischer Garten in Río Claro mit wunderschönem Helikonien-Garten (ca. 25 verschiedene Sorten), Naturheilpflanzen.

Tierschutzgebiet Golfito

(Refugio Nacional de Fauna Silvestre Golfito)

■ **Fläche:** 1309 ha
■ **Lage:** im Hinterland von Golfito
■ **Niederschlag:** 4800 mm/Jahr
■ **Gegründet:** 12.6.1985
■ Keine **Öffnungszeiten,** kein Eintritt (offiziell 10 $)
■ **Anfahrt:** mehrere Möglichkeiten, u.a.: am Ortsende von Golfito über Brücke bis Residencial Ureña (mit PKW oder Bus, 1,2 km ab Bus-Terminal), weiter geradeaus zu Fuß (Wanderweg)

Hinter der Stadt Golfito liegt dieses staatliche Schutzgebiet, das zu 70 % mit Primärwald bedeckt ist. Im Norden grenzt es an das Forstreservat **Reserva Forestal Golfo Dulce** (76.803 ha). Das niederschlagsreiche Gebiet ist stark zerklüftet und daher nur schwer zugänglich. Die Existenz einer wichtigen tektonischen Falte könnte das Vorhandensein eines sehr steilen, fast 400 m hohen und 13 km langen Steilhanges erklären. Aus biologischer Sicht ist bisher noch recht wenig bekannt über das Schutzgebiet, das besonders wichtig ist für die Wasserversorgung der nahen Stadt Golfito.

Flora und Fauna

Das Schutzgebiet besteht überwiegend aus dichtem und sehr hohem immergrünen **Wald** mit über 200 Baum- und Straucharten. Der Kronenbereich wird von riesigen Bäumen gebildet wie Butternuss-, Regen- und Milchbaum. Eine recht häufige Palmenart ist die *chonta* (Schwarze Palme) Im Unterwald sieht man häufig Heliconien mit gelben, roten oder orangeroten Blüten.

An **Säugetieren** hat man u.a. Jaguar, Tigerkatze, Nasen-, Riesen-Ameisen- und Waschbär, Aguti, Tayra, Baumwollratte, Halsbandpekari, Kapuziner, Klammer- und Brüllaffen, Gürteltier, Rothörnchen und Bergziege gesichtet.

Brauner Pelikan, Königsgeier, Schlangenhalsvogel, Braunrückentukan, Nimmersatt, Cayenne-Milan, Großtao, Graureiher, Rotkopf-Amazone, Scharlachbürzel-Tangare, Schleiereule, Gelbbauch-Höhlentyrann, Aztekenmöwe, Zahnhuhn, Blautangare, Scharlachtangare gehören zu den bisher gesichteten **Vogelarten**.

Playa Zancudo

Südlich der Mündung des Río Coto liegt dieser weite, flache und dunkle Sandstrand mit Blick auf die gegenüberliegende Halbinsel Osa. Das Meer ist hier relativ ruhig und daher sicher zum Schwimmen, das Wasser in der Trockenzeit angenehm warm. Er ist bei Ticos wie bei Touristen beliebt. Außerdem gilt die Region als eines der besten Reviere für **Sportfischer** (17 Weltrekorde bzgl. Fischgröße) und erfreut sich auch bei Surfern zunehmender Beliebtheit (bester Monat ist der Dezember).

Einst war Zancudo ein verschlafenes Fischerdorf, bis es der Tourismus aus seinem Dornröschenschlaf erweckte: Nun wird gebaut und gebaut ...

Anfahrt

Am schönsten und einfachsten ist die Anreise **per Boot ab Golfito.** Wer mit dem PKW unterwegs ist, muss einen kleinen Umweg in Kauf nehmen: 8,3 km von Golfito (ca. 10 km ab Río Claro) führt ein Abzweig nach Süden. Nach 18 km endet die Teerstraße, und 11,5 km nach der Abzweigung (gut 15 km nach der Fähre) zweigt in Conte die Zufahrtsstraße zu den südlichen Stränden nach rechts ab. 1,5 km weiter geht es links zur Playa Pavones (18 km) und rechts zur Playa Zancudo (20 km). Der Strand ist viele Kilometer lang, am Ende liegt ein kleines Dorf.

◁ Blüte der Pfeifenblume (Aristolochia gigantea)

Golfito und seine Strände

Unterkunft & Restaurants

Aufgelistet nach Lage, Entfernungsangabe ab Ortseingang (Cabinas Pura Vida).

■ **Cabinas Pura Vida** (Ortseingang rechts, Tel. 2776.0029, www.cabinaspuravida.com): Rest.; Bett im Schlafraum: 7 $ p.P.; 6 Zi., Vent., bp: 10 $ p.P; keine KK.
■ **Cabinas & Rest. Tranquilo** (300 m rechts, Tel. 2776.0131): nettes Lokal, einf. Küche, vernünftige Preise; 6 einf. Zi. mit Vent., bc: ca. 10 $, bp: ca. 20/20/24 $ (1–3 Pers.).
■ **Cabinas Coloso del Mar** (500 m links, Tel. 2776.0050, www.colosodelmar.com): am Meer, WiFi; 6 Zi. bp „beach front": 51/51/57 $; „garden cabina": 45/45/51 $; KK +6%.
■ **Cabinas/Rest. Sol y Mar** (2,4 km links, Tel. 2776.0014, www.zancudo.com): Resaurant. (mexikanische Gerichte ab 5 $, Meeresfrüchte ab 9 $, 7–21 Uhr), Bootstour, Kajak- und Radverleih, Pferde; Camping: 3 $ p.P.; 5 Cab. (5 Pers.), bp (WW), Vent.: 38/38/45 $ bis 57/57/63 $; Haus mit Küche ca. 65 $.
■ **Cabinas Los Cocos** (2,9 km links, Tel. 2776.0012, www.loscocos.com): Kajakverleih, Bootstouren (Transfer Golfito: 20 $ p.P.), brit. Ltg.; 4 gepflegte, kl. Häuser am Meer, bp (WW), Moskitonetz, Vent., Kochgelegenheit, KS, Veranda: DZ ab 85 $.
■ **Cabinas B.M.** (links, Tel. 2776.0045, elevox@yahoo.com): 4 Zi. mit Küche, KS, Vent., TV, bp: 30/30/40 $, Camping: 10 $.
■ **Cabinas/Rest. Iguana Verde** (links, Tel. 2776.0902): Rest. (Frühst. ab 3 $, Meeresfrüchte und Spaghetti ab 5 $), Reittouren (3 Std./ca. 60 $); Surftour; 3 Zi., AC, WW, TV, KS: ca. 60 $ (ÜF), 1 Haus (bis 10 Pers.); KK.
■ **Cabinas/Ristorante Macondo** (3,9 km rechts, Tel. 2776.0157, www.macondo-hotel.com): nettes ital. Rest., schöner Garten mit kl. Pool; 6 freundl. Zi., AC, KS, Vent.: ca. 34–51 $.
■ **Cabinas Oceano** (ca. 4,1 km links, Tel. 2776.0921, www.oceanocabinas.com): Fahrradverleih (ca. 9 $/Tag), Internet (800 C./½ Std.), freundl. Besitzer; 2 nette Zi. DV, TV: DZ 60 $ (ÜF).
■ **Cabinas Yafeth** (ca. 4,3 km rechts, Tel. 2776.0078): 15 einf. Zi., Vent., bp (KW): 14 $ p.P. (bis 3 Pers.), 80 (bis 5 Pers.).
■ **Rest./Bar Estero Mar** (ca. 4,4 km rechts): Meeresfrüchte, Reis, Fisch und Huhn.
■ **Cabinas La Palmera de Oro** (4,5 km rechts, Tel. 2776.0121, nicom20@gmail.com): kl. Pool; 9 Zi. bp (WW), AC, TV, KS: 73/85/102$.
■ Treffpunkt am Abend sind die **Sussy Bar** („bei Manolo") und **El Coquito Bar & Disco** im Zentrum: Fr und Sa Musik für junge Leute.

Verkehrsverbindungen

■ **Busverbindung:** 5.30 Uhr nach **Paso Canoas**, Bus trifft in Comte den Bus aus Pavones nach Golfito (umsteigen); Haltestelle neben Supermarkt.
■ **Taxiboot:** Mo–Sa 7.30 Uhr nach **Golfito** (Anleger hinter der Tankstelle), Fahrzeit 35–40 Min, Preis: 4 $; private Überfahrt nach Golfito: ca. 50 $; auch private Bootstouren (halber Tag: ca. 100 $/Boot).

Bahía de Pavón

Südlich von Zancudo liegt diese weit gestreckte Bucht, die in mehrere kleine Buchten unterteilt ist. Die Strände sind zwar recht einsam, aber zum Baden nicht immer geeignet: erstens gibt es nur wenig Sand (viel Steine, teilweise Felsen), zweitens ist die Brandung hier stärker und Schwimmen deshalb nicht ungefährlich. Wegen der hohen Wellen ist die Bucht dafür **beliebt bei Surfern,** sie gilt sogar als einer der besten Surfplätze in Costa Rica.

Der Ort **Río Claro de Pavones** an der Mündung des gleichnamigen Flusses ist der Standort der Surfer, aber auch Ausgangspunkt für Reittouren und Exkursionen ins Hinterland. Da Pavones noch über kein Festnetz verfügt, sind alle angegebenen Telefonnummern Mobiltelefone, die Verbindung ist oft sehr schlecht. In der Ferreteria Supermares (an der Abzw. zum Supermarkt am Ortseingang) kann man Dollars wechseln, man erhält auch Bargeld mit MasterCard und VISA.

Anfahrt

Bis Conte: s.o. unter „Playa Zancudo". Nach der Abzweigung in Conte kommt man nach 11 km zum Meer, Straße nach links, nach 16 km führt eine Abzweigung links weiter nach Süden. Geradeaus kommt man in die Ortschaft Río Claro de Pavones (Alternative: per Boot ab Golfito, ca. 40 $).

Unterkunft

■ An der Dorfstr. vom Fußballplatz zur Hauptstr. in Ri. Süden liegen zahlreiche einfache Cabinas.
■ An der Hauptstr. zweigt links die Zufahrt zum Supermarkt ab. Diese führt zu weiteren preiswerten Unterkünften, u.a. **Cabinas Mira Olas** (Tel. 2776.2006, www.miraolas.com): Zi. mit Küche, Safe, bp (WW): DZ 38/38/48 $.

Restaurants

■ Um den Fußballplatz gruppieren sich mehrere einfache Restaurants.

Weiter Richtung Süden

Nach knapp 7 km erreicht man das Dorf **Banco** *(pulpería)*, 800 m weiter endet die Straße. Es gibt von dort sogar eine Busverbindung nach Golfito (tgl. 5 Uhr, Fahrzeit ca. 3 Std.). An der Straße in Richtung Süden (ohne Allrad nicht immer möglich) liegen folgende **Unterkünfte** (Entfernungsangaben ab der o.g. Abzweigung):

■ **Casa Siempre Domingo B&B** (2,4 km links, Tel. 2776.2185, www.casa-domingo.com): schöne Lage über dem Meer (Zufahrt 800 m bergauf), gr. Wohnhaus, Terrasse mit herrlichem Blick, US-Leitung; 4 simple Zi., bp (WW), AC geplant: ca. 100/100/150 $ (ÜF); keine KK.
■ **Cabinas La Ponderosa** (3,2 km links, Tel. 2776.2076, www.cabinaslaponderosa.com): 5 ordentl. Zi., bp (WW), DV: 60/60/70 $.
■ **Tiskita Jungle Lodge** (6,1 km Abzw. links bergauf, Reservierung über C. R. Sun Tours, Escazú, Büro: Tel. 2296.8125, www.tiskita.com): erhöhte Lage über dem Meer, Privatreservat (ca. 165 ha, z.T. Primärwald), Obst-Experimentierfarm, Pool, einf. Rest., Landepiste; 16 nicht übermäßig komfortable Zi. (bis 4 Pers.), bp: (4 Tage/3 Nächte) 627 $ p.P. (inkl. VP); Kinder (bis 12 J.) 407 $.
■ **Rancho Burica** (7,7 km, Tel. 2776.2223, www.ranchoburica.com): schöne Lage zwischen Regenwald und Meer, Rest.service (Frühst. 7 $, AE 10 $), Pferde- und Wandertouren (z.B. Indianerreservat), holl. Ltg.; 5 sehr einf. Zi., bc (KW): ca. 15–35 $ p.P., ein Haus, bp, Moskitonetz, Camping, keine KK – guter Tipp für Low-Budget-Traveller.
■ **Casa Sueño Tropical** (am Ende der Straße links bergauf + 700 m, Tel. in D: 0861/165906, www.casasuenotropical.com): schön gelegenes Ferienhaus für Selbstversorger mit Blick auf den Pazifik, trop. Garten u. Primärwald, dt. Ltg.; 2 Schlafzimmer (2–4 Pers.), Terrasse; DZ: 120 $, 720 $/Woche (NS: 600 $).

Ein Abstecher nach Panama

Wer ein wenig Zeit hat, kann von Costa Rica ohne viele Formalitäten ins Nachbarland Panama reisen, das nicht nur landschaftlich einiges zu bieten hat. Mit einer Fläche von 77.082 km² ist es zwar gut 50 % größer als Costa Rica, aber mit nur 3,1 Mio. Einwohnern noch dünner besiedelt. Das Land lebt vom Handel (Panama-Kanal) und vom Bananenexport. Ein **Panama-Reiseführer** ist im Reise Know-How Verlag erschienen.

Praktische Infos

Einreiseformalitäten
Eine **Einreisekarte** gibt es bei den Transportgesellschaften oder an der Grenze. Ein Weiterreise- bzw. Rückflugticket und genügend Geldmittel für den Aufenthalt werden offiziell verlangt. Wer nur einen Abstecher nach Panama plant (und nicht von Panama-City weiterfliegt), muss ein Busticket nach Panama-City und zurück vorweisen (ca. 2x 15 $) und 500 US-$ in bar! Deutsche, Österreicher und Schweizer benötigen einen **Reisepass,** der ab der Einreise mindestens noch sechs Monate gültig ist. Die Aufenthaltsdauer ist auf max. 90 Tage begrenzt und kann vor Ort bei Bedarf verlängert werden. Die Grenze ist täglich von 9 Uhr bis Mitternacht geöffnet (Pausen: 11.30–12.30 und 17–18 Uhr).

Sprache
Landessprache ist **Spanisch,** weit verbreitete Verkehrssprache ist Englisch.

Geld
Währung ist der **Balboa** (1 US-$ = 1 B), von dem es nur Münzen gibt, als Scheine werden US-$ benutzt.

Zeitunterschied
+1 Std. (Costa Rica 12 Uhr = Panamá 13 Uhr).

Sicherheitslage

In einigen ärmeren Vierteln der Hauptstadt und in Colón ist Vorsicht geboten, insbesondere nachts.

Reisetipps

Nationalpark Vulkan Barú
■ **Anfahrt:** Bus Paso Canoas – David: ca. 1 Std.; David – Boquete ca. 1 Std.
■ **Wanderung zum Vulkan Barú** (ca. 21 km): Das erste Stück ist geteert (mit Taxi oder trampen) und ab dem Eingangsposten führt ein ungeteerter Fahrweg ohne schattenspendende Bäume bis zum Gipfel. Die Gehzeit ab dem Eingang beträgt ca. 6–8 Std., zurück 3–4 Std. Übernehmen Sie sich nicht! Weniger trainierte sollten unbedingt eine Mitfahrgelegenheit suchen (z.B. fahren 3x die Woche Arbeiter für Wartungsarbeiten hinauf). Auch Selberfahren mit Allradantrieb ist riskant: Die Strecke ist z.T. extrem steil! Einmal oben gibt es keine Übernachtungsmöglichkeit.

Von Küste zu Küste
Für unternehmungslustige Traveller besteht die Möglichkeit, an die Pazifikküste zu fahren und dort wieder nach Costa Rica einzureisen: Mit dem Bus von David nach Chiriquí Grande, mit einem Boot nach Almirante und weiter mit dem Bus zur Grenze Guabito/Sixaola.

Panamá-City
■ **Anfahrt:** Bus David – Ciudad Panamá: ca. 7 Std., Preis: ca. 15 $.
■ **Unterkünfte:** Es gibt eine Vielzahl von Hotels aller Arten und Preisklassen.
Von Unterkünften in der Altstadt Casco Viejo wird aus Sicherheitsgründen abgeraten.

Zur Grenze mit Panama

Ciudad Neily

Wer vom kühlen San Vito über die Berge nach Cd. Neily kommt, wird gleich das **feucht-heiße Klima** bemerken. Auf einer Höhe von 32 m klettern die Temperaturen nicht selten über 30 °C.

In den 1950er Jahren ließ sich der Geschäftsmann *Ricardo Neily* hier nieder, um mit seinem Laden den täglichen Bedarf der Arbeiter von den Bananenplantagen zu decken. *Villa Neily*, wie sich die langsam entstehende Ortschaft nannte, entwickelte sich schon bald zum Versorgungszentrum der Region. Seit 1973 ist die heute fast 20.000 Einwohner zählende Stadt am Rande der Interamericana Hauptstadt des Bezirks Corredores.

Für Touristen hat der Ort wenig zu bieten, höchstens als **Durchgangsstation** auf dem Weg nach Panamá oder an die Küste. Wer aber gleich weiterreist, hat nicht viel verpasst …

Unterkunft

Obwohl es eine recht große Auswahl an Billighotels gibt, kann es an Markttagen schwierig sein, eine Unterkunft zu finden.

■ **Cabinas Heileen** (Tel. 2783.3080): 12 schöne, aber kl. Zi., bp (KW), TV, Vent.: ca. 20/25 $, mit AC: ca. 25/30/35 $.
■ **Cabinas Helga** (Tel. 2783.3146): 13 gr. Zi. um Innenhof, bp (KW), TV, Vent.: ca. 26/26/28 $, mit AC: DZ ca. 20/36/39 $.

■ **Hotel/Rest. Andrea** (Nähe Busbhf., gegenüber ICE, Tel. 2783.3784, www.hotelandreacr.com/Andrea): schönes Hotel mit Rest.; 47 Zi. mit TV, Internet, bp (WW), Vent., sauber: ca. 33/41 $; mit AC: ca. 41/49/58 $.

■ Ca. 500 m oberhalb von Ciudad Neily in Richtung San Vito liegt mit herrlichem Blick auf die Stadt: **Mirador La Torre** (Tel. 8841.2935): gutes Essen (normale Preise), 5 nette und saubere Zi. mit Bad und Balkon, schöner Blick: 20/34/50$; Frühstück ab 5$.

Infos von A bis Z

■ **Erste Hilfe:** Rotes Kreuz (Straße nach San Vito links), Krankenhaus (knapp 2 km Richtung Paso Canoas rechts).
■ **Geldwechsel:** *Banco Nacional* (Mo–Fr 8.30–15.45 Uhr), *Banco de Costa Rica* (9–14 Uhr).
■ **Internet:** nach Hotel Andrea li. (gegenüber Supermarkt), ca. 500 C./Std.
■ **Post:** Mo–Fr 8–12 und 13–17.30 Uhr (Straße nach San Vito rechts).
■ **Taxi:** Standplatz südöstlich Parque Central, Tel. 2783.3374.

Busverbindungen

■ Der **Busbahnhof** liegt im Nordosten der Stadt.
■ **San José:** tgl. 4, 5, 8.30, 11.30 und 17 Uhr (direkt), Fahrzeit: 8 Std., sonst Busse aus Paso Canoas ab der Interamericana.
■ **San Vito:** 6, 11 und 15 Uhr über Sabalito, Fahrzeit: 2 Std.
■ **Paso Canoas:** 6–18 Uhr alle 30 Min.
■ **Golfito:** 5.45, 6.15, 6.45, 8.15, 9, 10, 11, 12.30, 13.30, 15, 16 und 17 Uhr.
■ **Playa Zancudo:** 14.15 Uhr.
■ **Ciudad Cortés:** 4.45, 9.15, 12, 12.30, 14.30, 16.30 und 17.45 Uhr.
■ **Dominical:** 6, 11 und 14.30 Uhr.
■ **Pto. Jiménez:** 7 und 14 Uhr.

Paso Canoas

Paso Canoas ist keine eigentliche Stadt, sondern nur ein hässlicher **Grenzort,** 350 km von San José und rund 550 km von Panama-City entfernt. Für Touristen, die nicht auf der Durchreise von oder nach Panama sind, gibt es deshalb auch keinen ersichtlichen Grund, hierherzukommen.

Die **Interamericana** mündet 18 km südöstlich von Cd. Neily direkt in die Grenzstation. In den Straßen links und rechts, die parallel zur Grenze verlaufen, haben fliegende Händler ihre Waren aufgebaut. Die dahinter liegenden Geschäfte werden von Kunden aus beiden Staaten besucht: Es gibt jeweils einen Eingang von Panama und Costa Rica. Dennoch ist Paso Canoas keine offizielle Freihandelszone wie etwa Golfito.

Tipp: Man kann mit öffentlichen Bussen über David nach Almirantes und weiter zu den Bocas-del-Toro-Inseln reisen (vgl. „Ein Abstecher zu den Koralleninseln von Bocas del Toro" im Kapitel „Die Südliche Karibikküste") und dort über Sixada wieder nach Costa Rica einreisen (Flugticket mitnehmen!).

Unterkunft

Wegen der Lage an der Grenze gibt es zahlreiche **einfache Unterkünfte,** die auch meist **schnell belegt** sind. Da sich alle mehr oder weniger in der gleichen Preiskategorie befinden, werden sie hier nach ihrer Lage aufgeführt.

An der Straße vor der Grenze rechts gibt es drei **nicht empfehlenswerte Unterkünfte** mit muffigen und verwahrlosten Zimmern. Aber an der Parallelstraße (am Comando Sur, also 2. Straße vor der Grenze rechts) liegen **Cabinas Interamericano,**

Cabinas Hilda und **Pensión El Paso,** Zimmerpreise ab 5 $ p.P. Die **„besseren Unterkünfte"** liegen ein Stück weiter, am Restaurant Cuates rechts:
- **Cabinas Jiménez** (Tel. 2732.2258): 18 Zi., bp (KW), Vent.: ca. 8 $ p.P., z.T. mit AC: ca. 12 $ p.P.
- **Hospedaje El Descanso** (Tel. 2732.2261): 85 einf. Zi. bp, Vent.: DZ 30/40/50 $; KK.
- In der Gegend gibt es noch zahlreiche weitere einfache Unterkünfte.

Restaurants

Entsprechend dem Niveau der ganzen Stadt ist die Zahl an empfehlenswerten Restaurants beschränkt.

- **Gegenüber des Zollgebäudes** gibt es einige einfache Restaurants.
- Chin. Küche bietet das **Restaurant Nueva China,** am Comando Sur 100 m rechts.

Infos von A bis Z

- **Autovermietung:** *Solid Car Rental,* Tel. 2775.3333.
- **Fahrradbedarf:** *Ciclo Frick* (vor der Grenze rechts 250 m).
- **Geldwechsel:** *Banco de Costa Rica* (200 m vor der Grenze links, Mo–Sa 9–16 und So 9–13 Uhr.
- **Polizei:** 200 m vor Grenze rechts, Tel. 2732.2402.
- **Post:** ggü. der Grenze rechts, Mo–Fr 8–17 Uhr.
- **Tourist-Info:** Das *ICT* hat im Zollgebäude eine Info-Stelle (Mo–Sa 7–22 Uhr); im Grenzgebäude gibt es ein Büro der panamaischen Tourismusbehörde *IPAT* (tgl. 7–23 Uhr).

Busverbindungen

- **Abfahrtsstelle** hinter der Zollstation.
- **San José** (*Tracopa*, Tel. 2732.2119): tgl. 4, 8 und 16.30 Uhr, Fahrzeit ca. 6 Std.; sowie über Cd. Neily.
- **Cd. Neily:** 6–18 Uhr alle 30 Min.
- **David/Panama:** regelmäßige Verbindung ab panamaischer Seite.
- **Panama-City:** Bus aus San José ca. 18 Uhr, sonst über David, ca. 8 Std. inkl. Pause.
- **Golfito:** 6x tgl., ca. 1½ Std.

Isla del Coco

Die verhältnismäßig **kleine Insel** (24 km², nur geringfügig größer als die Nordseeinsel Amrum) wurde im Jahr 1526 vom spanischen Steuermann *Joan Cabezas* entdeckt und bereits 1556 in der Weltkarte von *Nicólas Deliens* stolz als *Isla de Cocos* verzeichnet. Während des 17. und 18. Jh. diente die Insel als Versteck für Piraten und Korsaren, die entlang der Pazifikküste des spanischen Amerika auf Beute gingen. Nach Erzählungen haben sie hier wertvolle Schätze versteckt – wie etwa den von Lima *(William Tompson)*, den wertvollsten von allen, der aus Tonnen von Gold- und Silberbarren bestehen soll, sowie aus goldenen Metallplatten, die die Kuppeln der Kirchen bedeckten und einer Statue der Muttergottes aus reinem Gold.

Bekannt sind auch die Schätze von *William Davies,* der 1684 versteckt wurde und von *Benito „Blutiges Schwert" Bonito* von 1819. Dieser vermutete Reichtum war Anlass für über 500 Expeditionen, u.a. auch von der Regierung von Costa Rica, die am 15. September 1869 von der Insel Besitz ergriff.

Nationalpark Isla del Coco

Wie die rund 700 km südwestlich liegenden Galápagos-Inseln ist auch die „Kokosinsel" vulkanischen Ursprungs. Sie erhebt sich rund 3000 m vom Meeresboden und ist damit die höchste Erhebung der Kokosschwelle, einem untermeerischen Bergrücken. Die gesamte Insel ist zum Nationalpark erklärt und **unbewohnt.** Ihre Oberfläche ist stark zerfurcht, mit vielen Wasserfällen, die sich nicht selten aus großer Höhe spektakulär ins Meer ergießen.

Die Steilküste fällt bis 183 m ins Meer ab, es gibt eine Unzahl untermeerischer Höhlen. Das Meer ist hier türkisblau und außerordentlich transparent mit äußerst reicher Meeresfauna. Das Revier gilt daher als Traum für Schnorchler und Taucher.

Flora und Fauna

Die Insel ist bedeckt von einem dichten, immergrünem Wald, der eine verblüffende Verwandschaft mit Südamerika aufzeigt. Im Bereich des Cerro Iglesias ist sie oft in Wolken gehüllt, die Niederschlagswerte sind extrem hoch.

Ähnlich wie auf den Galapagos-Inseln kam es auch hier durch die isolierte Lage zu einer getrennten Entwicklung der Tier- und Pflanzenarten. Von den 235 bisher identifizierten **Pflanzenarten** sind 70 endemisch, d.h. sie kommen weltweit nur hier vor.

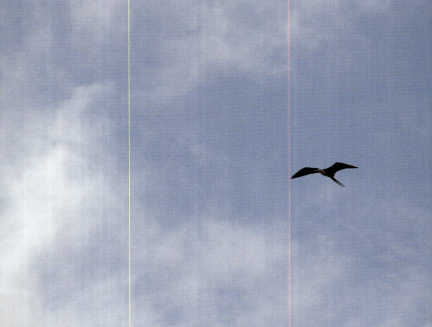

Es gibt keine heimischen **Land-Säugetiere**, im Meer leben Delfine und Wale. Im 18. Jh. wurden von vorbeifahrenden Seeleuten Schweine ausgesetzt, die verwilderten und schweren Schaden an der Vegetation anrichten. Man schätzt ihre Zahl auf etwa 5000 Tiere.

Von den 97 **Vogelarten** sind drei endemisch: der Isla-del-Coco-Kuckuck *(Coccyzus ferrugineus)*, der *Mosquitero de la Isla del Coco (Nesotriccus ridgwayi)* und der Cocofink *(Pinaroloxias inornata)*, eine Art der berühmten Darwinfinken, deren andere Vertreter auf den Galapagosinseln leben. In den Wäldern trifft man häufig auf den *Espíritu Santo*, einen weißen Vogel, der die Insel zum Brüten besucht und der dadurch auffällt, dass er über den Köpfen der Besucher umherflattert. Vor allem auf den nahe liegenden Inselchen brüten zahlreiche Seevögel, z.B. Fregattvögel.

Unter den **Reptilien und Amphibien** gibt es je eine endemische Art: die Eidechse *Norops townsendi* und die Salamanderart *Spaerodactylus pacificus*.

In der Umgebung der Insel wurden über 200 **Fischarten** gezählt. Häufig sind u.a. der Riesen-Hammerhai *(Sphyrna lewini)*, der bis zu 4 m Länge erreicht, außerdem Papageienfische, Thunfische und Rochen. Im Meer leben auch 18 Korallenarten, 57 Arten Krustentiere und 510 Arten Meeres-Weichtiere.

Unter den Insekten (362 Arten) wurden 70 endemische Arten gezählt, u.a. eine Schmetterlingsart.

Jachtausflüge zur „Kokosinsel"

■ **Escenarios Tropicales** (Tel. 2228.6613, www.underseahunter.com): 2x monatlich starten die Jachten „Undersea-Hunter" (Länge 30,50 m, vier Doppelkab., drei 3-Bett-Kab.) und „Sea Hunter" (Länge 35 m, 6 Doppelkab., drei 3-Bett-Kabinen) zu einer 10-tägigen Tauchtour. Kabinen mit AC, gute Beiboote, gute Ausstattung: 10 Tage: ca. 5400 $ p.P. inkl. VP etc., 12 Tage: 7295 $ p.P.

■ Außer den genannten Jachten gibt es **keine regelmäßigen Verbindungen** zur Isla del Coco. Gelegentlich fahren weitere Schiffe ab Puntarenas oder Golfito. Wer als Gruppe eine eigene Jacht chartern möchte, kann bei *Costa Sol Cruises* (Tel. 2239.4544) ein Angebot einholen.

◁ Die Isla del Coco hat eine reiche Vogelwelt (im Bild ein Fregattvogel)

- Ankunft | 502
- Auskunftsstellen | 502
- Botschaften und Konsulate | 503
- Camping | 503
- Drogen | 504
- Einkaufen | 504
- Elektrizität | 506
- Essen und Trinken | 506
- Feste und Feiertage | 510
- Fotografieren | 510
- Geld und Währung | 511
- Medizinische Versorgung | 515
- Maße und Gewichte | 516
- Öffnungszeiten | 516
- Ökologisch reisen | 516
- Orientierung | 518
- Post | 518
- Reiseveranstalter | 519
- Sicherheit | 520
- Sport und Erholung | 523
- Sprache | 528
- Telefon, Fax, E-Mail | 530
- Trinkgelder | 533
- Unterhaltung | 534
- Unterkunft | 535
- Verkehrsmittel | 538
- Zeitungen | 545
- Zeitunterschied | 545

10
Praktische Infos A–Z

◁ Telefonieren im Regenwald

Ankunft

Derzeit erreichen fast alle europäischen Touristen Costa Rica über den internationalen **Flughafen Juan Santamaría**, etwa 3 km südlich von Alajuela und rund 17 km nordwestlich der Hauptstadt San José. Normalerweise wird bereits im Flugzeug eine **Touristenkarte** zusammen mit einer **Zollerklärung** ausgeteilt.

Nach der Passkontrolle (in der Regel problemlos) kommt man in die Halle mit den Gepäckbändern. Hier gibt es einen Geldwechselschalter (Achtung: extrem schlechter Kurs!!!), einen Geldautomaten mit Maestro-Logo, ein Duty-Free und eine nicht immer besetzte Tourist-Info. Die öffentlichen Telefone funktionieren auch mit Kreditkarte.

Nach der Gepäckkontrolle bieten **Autoverleiher** ihre Dienste an. Auf alle Fälle gilt es, die Preise zu vergleichen, denn immer wieder gibt es interessante Angebote. Die Verleiher in San José sind dabei nicht unbedingt billiger (siehe hierzu auch „Verkehrsmittel/Mietwagen" in diesem Kapitel). In der Hochsaison ist es jedoch ratsam, den Wagen schon in Deutschland zu buchen.

Gelegentlich werden beim Verlassen der Ankunftshalle die Gepäckscheine am Flugticket kontrolliert, um so die Rechtmäßigkeit des Kofferbesitzes sicherzustellen.

Fahrt nach San José oder Alajuela

■ **Flughafen-Taxi** („Taxis Unidos", Wagenfarbe: orange, direkt am Ausgang): ca. 24 $/Minibus ca. 28 $ (kein Festpreis, sondern nur noch mit Taxameter!), Alajuela ca. 5 $.

■ **„Normale" Taxis:** Beim Verlassen des Flughafens stehen an der Straße oft weitere (rote!) Taxis, die etwas günstigere Tarife bieten: nach San José etwa 20 $, nach Alajuela ca. 4 $. Von Fahrten mit Taxis ohne bzw. mit manipuliertem Taxameter („piratas") ist dringend abzuraten!

■ **Bus:** Tagsüber und abends (5.30–24 Uhr, danach alle Std.) verkehren regelmäßig Busse zwischen Alajuela und San José, die auch am Flughafen halten: Haltestelle an der Straße auf der Nordseite des Parkhauses, Fahrpreis ca. 1,10 $; Hinweis: Unbedingt darauf achten, ob der Bus nach San José oder Alajuela fährt!

Achtung: Viele **Taxifahrer** versuchen, die Fahrgäste unter einem Vorwand in ein anderes Hotel zu bringen, um dort eine Provision zu kassieren. Angeblich sei das vom Fahrgast gewünschte Hotel geschlossen oder aus irgendwelchen Gründen nicht zu empfehlen. Ein fingierter Telefonanruf liefert den scheinbaren Beweis. Lassen Sie sich auf keinen Fall darauf ein, notieren Sie den Namen des Fahrers oder die Autonummer und informieren Sie die Taxigesellschaft!

Auskunftsstellen

Instituto Costarricense de Turismo (I.C.T.)

■ Die **staatliche Tourismusbehörde** unterhält eine Auskunftsstelle **in San José** (östlich der Brücke Papa Juan Pablo II in La Uruca, Tel. 2299.5800, Postfachadresse: Apdo. 777.1000), die Mo–Fr 8–16 Uhr geöffnet ist. Hier bekommt man neben einer kostenlosen Landkarte und zahlreichen Informationen über Busverbindungen, Museums-Öffnungszeiten etc. auch den (ebenfalls kostenlosen) **„Costa Rica Tourist Orientation Guide"**, der neben viel Werbung auch einige nützliche Infos und Adressen bereithält.

Botschaften und Konsulate, Camping

- Weitere Informationsstellen des I.C.T. gibt es am Flughafen Juan Santamaría **in Peñas Blancas** (Grenze zu Nicaragua) und **in Paso Canoas** (Grenze zu Panama).
- **Flughafen-Information:** Tel. 2437.2626, im Internet: http://190.10.79.155/fiws/Inicio.aspx.

Nationalparks

- **Telefonische Informationen** unter Tel. 192.
- Ein Informationsbüro, das für Nationalparks und Naturreservate zuständig ist, gibt es derzeit nicht; die **Nationalparkverwaltung** wurde dezentralisiert.
- **Regionalbüros** gibt es in San José, Cartago, Limón, Guápiles, Cd. Quesada, Santa Rosa, Nicoya, Puriscal, San Isidro, Pto. Jiménez.
- **Fundación de Parques Nacionales,** San José, Barrio Aranjuéz (von der Kirche Santa Teresita 300 m nördl. und 125 m östl., gegenüber der chinesischen Botschaft), Tel. 2257.2239, www.fpn-cr.org; Mo–Fr 8–16.30 Uhr.
- **Infos im internet** unter: www.costarica-nationalparks.com.

Botschaften und Konsulate

Europäische Vertretungen

- **Deutsche Botschaft** *(Embajada de Alemania),* San José, Sabana Norte, Torre Sabana, 8. Stock, 300 m westlich des ICE-Hochhauses, Tel. 2290.9091, Notfall-Tel. 8381.7968.
- **Österreichisches Honorarkonsulat** *(Consulado General de Austria),* San José, Boulevard Rohrmoser, 100 Meter südlich von der Libreria Internacional, Centro corporativo „La Nunciatura", 1. Stock, Tel. 2291.6142.
- **Schweizer Botschaft** *(Embajada de Suiza),* San José, Paseo Colón, Edificio Centro Colón (10. Stock), Tel. 2221.1052, 2221.4829, 2222.3229.

Vertretungen der Nachbarländer

- **Botschaft der Republik Nicaragua** *(Embajada de la República de Nicaragua),* San José, Barrio La California, Avenida Central (gegenüber Pizza Hut), Calle 25 bis, Tel. 2233.8747.
- **Botschaft der Republik Panama** *(Embajada de la República de Panamá),* San Pedro, Barrio La Granja, 600 m südl. des Antiguo Higueron, Tel. 2280.1570, 2281.2442, 2281.2451 od. 2283.4089.

Für weitere diplomatische Vertretungen in Costa Rica siehe www.rree.go.cr unter „Embajadas acreditadas en Costa Rica".

Camping

Möglichkeiten zum Zelten gibt es in zahlreichen Nationalparks sowie an vielen Strandorten, und ständig kommen neue Campingplätze hinzu. Die hygienischen Verhältnisse lassen oft zu wünschen übrig. Die **Preise** liegen normalerweise zwischen 2,50 $ und 5 $ pro Person, manchmal wird für das Zelt noch eine Extragebühr fällig. In Orten ohne Zeltplatz kann man bei kleinen Hotels und Cabinas oder auch Privathäusern fragen, ob man sein Zelt für eine Nacht aufschlagen darf, ansonsten gibt es meist eine günstige Unterkunft am Ort. Wildcampen ist nicht zu empfehlen.

Campingplätze in Costa Rica

- **Valle Central:** Nationalpark Braulio Carrillo (im Sektor Barva), Guayabo
- **Karibik:** Cahuita, Pto. Viejo, Tortuguero
- **Norden:** Fortuna
- **Nordwesten:** Sta. Elena, Nationalpark Palo Verde, Res. Lomas Barbudal, Nationalpark Santa Rosa, Bahía Salinas
- **Halbinsel Nicoya:** Playa del Coco, Playa Panamá, Playa Brasilito, Playa Grande, Playa Tamarindo, Playa Junquillal, Sámara, Nationalpark Barra Honda, Playa Tambor, Montezuma
- **Zentrale Pazifikküste:** Playa Herradura, Jacó, Playa Esterillos Oeste, Playa Palma, Manuel Antonio, Uvita
- **Süden:** Pto. Jiménez, Nationalpark Corcovado, Golfito, Nationalpark La Amistad

Drogen

Längst ist auch Costa Rica in den Strudel des internationalen Drogenhandels geraten. Das Land ist eine **wichtige Durchgangsstation** auf dem Weg von Südamerika in die USA. In der östlichen Talamanca-Region (im schwer zugänglichen Hinterland von Cahuita und Bribri sowie in der Provinz Guanacaste) wird in erster Linie Marihuana angebaut. Zwar wird der Konsum unter Einheimischen bisher nicht bestraft, gegenüber Touristen, denen Drogenbesitz nachgewiesen werden kann, versteht die Polizei allerdings keinen Spaß, es drohen **harte Strafen** (5–20 Jahre Haft sind keine Seltenheit) für den Besitz und Handel von Drogen!

Einkaufen

In allen größeren Städten des Landes gibt es **Supermärkte,** deren Angebot von US-amerikanischen Produkten beherrscht wird. Die Kette Palí führt eine beschränkte Produktauswahl zu günstigen Preisen. Ein breiteres Angebot bieten die modernen Supermärkte der Rayo-Azul-Kette, die oft auch sonntags geöffnet sind, fast überall findet man auch Märkte der Periféricos-Kette.

Auf dem Land decken unzählige **pulperías** (auch: **abastacedor**) den Bedarf an Lebensmitteln und anderen Produkten, meist kleine Läden, in denen man auch nach Feierabend noch etwas bekommen kann. **Mini-Mercados** sind kleine SB-Märkte.

Ebenfalls in allen größeren Städten gibt es überdachte **Märkte** *(mercados)* mit einem meist reichhaltigen Angebot. Obst und Gemüse kann man hier gut einkaufen, speziell Bananen, Papaya, Melonen und Ananas werden ganzjährig angeboten. Äpfel sind meist importiert und entsprechend teuer. In San José wird allerlei Obst auch im Straßenverkauf lautstark angeboten. Vorsicht: Nicht alle „Bananen" sind ungekocht essbar! Koch- bzw. Bratbananen *(plátanos)* sind größer als normale Bananen.

Kein Mangel herrscht in der Brotversorgung. An fast jeder Ecke gibt es eine **Bäckerei** *(panadería),* die neben allerlei Brotwaren (kein Schwarzbrot, liebe Deutsche!) auch Kuchen und bunt verzierte Torten anbietet. In San José bieten die zahlreichen *Musmanni-Läden* ein recht appetitliches Angebot.

Fleisch- und Wurstprodukte findet man nur gelegentlich in einer eigenen **Metzgerei** *(carnicería),* ansonsten in allen Supermärkten und auf den Märkten.

Die **Preise** für Grundnahrungsmittel, Obst und Zigaretten sind relativ günstig, ansonsten entsprechen die Preise im Wesentlichen mitteleuropäischem Standard. Bekleidung wird oft recht billig angeboten, die Qualität ist jedoch nicht immer befriedigend. Bei Büchern gibt es keine Preisbindung – Preisvergleiche lohnen.

Souvenirs

Souvenirs werden vor allem in der **Hauptstadt** angeboten: In zahlreichen *Artesanía*-Läden werden Holzschnitzereien (oft aus tropischen Edelhölzern!), Lederwaren, Nachbildungen antiker Kunstgegenstände und allerlei Kitsch verkauft. Vier Straßen östlich der Plaza de la Cultura ist die ganze Woche **Kunsthandwerksmarkt,** wobei die angebotenen Textilien meist aus Guatemala stammen. Handeln ist hier ebenso üblich wie beim Kauf von **Hängematten.** Im Mercado Central und Borbon werden ebenfalls Mitbringsel angeboten.

Ein weiteres Zentrum für Kunsthandwerk, vor allem **Holzschnitzereien,** ist Sarchí, wobei sich die Preise dort nicht wesentlich von denen in San José unterscheiden. Ursprünglich vor allem wegen seiner **Lederarbeiten** bekannt, wird heute im Nachbarort Moravia (9 km von San José) so gut wie alles angeboten, was das Touristenherz begehrt.

Ebenfalls in San José gibt es eine ganze Reihe von **Kunstgalerien,** die aber auch nicht gerade durch ihre günstigen Preise auffallen.

Ein beliebtes Mitbringsel, und dabei nicht nur nützlich, sondern sicher auch landestypisch, ist **Kaffee,** der schön verpackt in Jute-Säckchen angeboten wird.

Alkoholische Getränke (z.B. Rum oder Guaro) kauft man am besten in einem Supermarkt oder bei der Ausreise an einem der Duty-Free-Läden am Flughafen, was aber nicht unbedingt billiger ist! Zahlreiche Läden in San José bieten inzwischen auch Zigarren an, meist aus Cuba importiert, aber es gibt auch *puros* aus heimischer Produktion.

Wer auf die Nicoya-Halbinsel kommt, hat dort die Gelegenheit, schöne **Töpferwaren** zu günstigen Preisen zu erstehen.

Zollbestimmungen

Bei der Rückeinreise gibt es auch **auf europäischer Seite** Freigrenzen, Verbote und Einschränkungen. Folgende Freimengen darf man zollfrei einführen in die EU und die Schweiz:

■ **Tabakwaren** (für Personen ab 17 Jahren): 200 Zigaretten oder 100 Zigarillos oder 50 Zigarren oder 250 g Tabak oder eine anteilige Zusammenstellung dieser Waren

■ **Alkohol** (für Personen ab 17 Jahren) **in die EU:** 1 l Spirituosen (über 22 Vol.-%) oder 2 l Spirituosen (unter 22 Vol.-%) oder eine anteilige Zusammenstellung dieser Waren, und 4 l nicht-schäumende Weine, und 16 l Bier; **in die Schweiz:** 2 l bis 15 Vol.-% und 1 l über 15 Vol.-%

■ **Andere Waren** (in die EU): für See- und Flugreisende bis zu einem Warenwert von insgesamt 430 €, über Land Reisende 300 €, alle Reisende unter 15 Jahren 175 € (bzw. 150 € in Österreich); (in die Schweiz): neuangeschaffte Waren für den Privatgebrauch bis zu einem Gesamtwert von 300 SFr. Bei Nahrungsmitteln gibt es innerhalb dieser Wertfreigrenze auch Mengenbeschränkungen.

Wird die Wertfreigrenze überschritten, sind **Einfuhrabgaben** auf den Gesamtwert der Ware zu zahlen und nicht nur auf den die Freigrenze übersteigenden Anteil. Die Berechnung erfolgt entweder pauschal oder nach dem Tarif jeder einzelnen Ware zzgl. sonstiger Steuern.

Einfuhrbeschränkungen bestehen u.a. für Tiere, Pflanzen, Arzneimittel, Betäubungsmittel, Feuerwerkskörper, Lebensmittel, Raubkopien, verfassungswidrige Schriften, Pornografie, Waffen und Munition; in Österreich auch für Rohgold und in der Schweiz auch für CB-Funkgeräte.

Nähere Informationen

- **Deutschland:** www.zoll.de oder unter Tel. 0351 44834510
- **Österreich:** www.bmf.gv.at oder unter Tel. 01 51433564053
- **Schweiz:** www.ezv.admin.ch oder unter Tel. 061 2871111

Elektrizität

Die Netzspannung beträgt 120 Volt/60 Hertz, einen **Adapter** *(adaptador de corriente)* für europäische Stecker mit abgeflachten Kontakten (wie USA) gibt es in besseren Hotels und für wenig Geld in Elektrogeschäften und *ferreterías*.

Essen und Trinken

Restaurants

Die **Auswahl** an Restaurants aller Preisklassen ist in der Hauptstadt enorm, in den touristischen Zentren gut, in den größeren Städten akzeptabel und ansonsten beschränkt. Überall im Land gibt es einfache Restaurants mit einheimischer Küche, sogenannte **Sodas:** Das Essen ist hier fast immer gut und günstig. Außerdem findet man häufig chine-

Essen und Trinken

sische Lokale, die ebenfalls meist einfache und günstige Gerichte anbieten. Ab und zu gibt es auch italienische Restaurants – eine willkommene Abwechslung. Die besten Steaks kommen aus der Provinz Guanacaste, dem „Klein-Argentinien" des Landes.

Vegetarier finden nur wenige spezielle Restaurants, können aber überall ein vegetarisches Gericht *(plato vegetariano)* bestellen.

Zettelkasten: Restaurant Linda Vista an der Straße zum Vulkan Irazú

Preise

Da es meist keine **Speisekarte** draußen vor den Restaurants gibt, sollte man sich im Zweifelsfall drinnen die *lista* zeigen lassen. Achtung: Auf den Preis, der in der Speisekarte genannt wird, kommen meist noch 10 % **Service** *(servicio)* und weitere 13 % **Steuer** *(impuestos)* hinzu. Alle in diesem Buch genannten Preise (für Frühstück, Mittag- und Abendessen) enthalten diese Zuschläge. Wer für gute Bedienung zusätzlich ein **Trinkgeld** *(propina)* geben möchte, sollte dies einfach auf dem Tisch liegen lassen.

Die einheimische Küche

Die einheimische Küche basiert im wesentlichen auf der Kombination **Reis mit Bohnen**; gegessen wird im allgemeinen nicht so scharf wie z.B. in Mexico.

Zum **Frühstück** gibt es *Gallo Pinto*, gekochten Reis mit dicken schwarzen Bohnen und Zwiebeln vermischt, dazu ein Spiegelei *(huevo frito)* oder Rührei *(huevo revuelto)*, je nach Hunger auch ein Steak. Der Kaffee (schwarz: *café negro*, mit Milch: *café con leche*) ist nicht unbedingt jedermanns Geschmack, die besten Bohnen werden schließlich exportiert …

Das **Mittagsmenü** *(casado)* besteht ebenfalls aus Reis und Bohnen, außerdem Kochbanane *(plátano)*, Gemüse, manchmal auch Maniok *(yuca)*, und dazu entweder Schmorfleisch *(carne)*, Hähnchen *(pollo)* oder Fisch *(pescado)*. Wer gegrilltes Fleisch möchte, fragt nach *bistek* oder *lomito* (Steak), auf Wunsch auch mit Pommes Frites *(papas fritas* oder *papas a la francesa)*.

Oft gibt es vorher eine **Suppe**, z.B. mit Bohnen *(sopa de frijoles)* oder als Eintopf mit Fleisch und Gemüse *(olla de carne)*. Wer nur eine klare Brühe möchte, fragt nach einer *consomé*.

Salate *(ensalada)* sollte man nur dann bestellen, wenn man den hygienischen Verhältnissen des Lokales vertraut, und auch dann nur ohne Mayonnaise. Besonders schmackhaft sind Salate mit frischen Palmherzen *(palmito)*.

Wie in ganz Lateinamerika üblich, wird auch in Costa Rica viel **Huhn** gegessen, entweder mit dem schon erwähnten *casado*, gegrillt *(pollo a la brasa, pollo campesina)* oder mit Reis *(arroz con pollo)*.

Günstig und sättigend sind übrigens auch die anderen Variationen von **Reisgerichten:** mit Fleisch *(arroz con carne)*, Garnelen *(con camarones)* oder nur mit Gemüse *(con verdura)*.

Fast überall im Land bekommt man frischen **Fisch,** das Meer ist ja meist nicht weit: Am häufigsten wird Seebarsch *(corvina)* angeboten, meist kurz gebraten *(frito)*, manchmal auch in Knoblauchsoße *(al ajillo)* oder roh als kalte Vorspeise, gewürfelt und in Limonen eingelegt *(ceviche)*. Weitere Fischarten sind Rotbarsch *(pargo)* und Goldmakrele *(dorado)*.

In zahlreichen Restaurants werden auch **Meeresfrüchte** *(mariscos)* angeboten: Neben Garnelen/Shrimps *(camarones)* und Muscheln *(ostiones)* kann besonders eine frische Languste *(langosta)* ein echter Leckerbissen sein – allerdings ein nicht gerade billiger.

Zum **Nachtisch** bekommt man überall *arroz con leche* angeboten, einen süßen Milchreis. Außerdem natürlich den obligatorischen *flan,* einen Vanillepudding mit Karamelsoße.

Weitere **Spezialitäten** der lokalen Küche sind *tamales,* Fleisch mit Maismehl in Bananenblätter eingerollt (die allerdings nur als Verpackung dienen), sowie *empanadas,* mit Hackfleisch, Käse oder Gemüse gefüllte Teigtaschen. Mais isst man entweder als gerösteten bzw. gekochten Kolben *(elote)*, als Eintopf *(guiso de maíz)*, als Maispfannkuchen *(chorreado)* als Maisbrot *(pan de maíz)* oder als Maisfladen *(tortillas)*.

Eine **karibisch geprägte Küche** findet man an der Atlantikküste: Grundlage der *cocina criolla* sind ebenfalls Reis und Bohnen *(rice and beans)*, die in Kokosöl ausgebacken werden.

In einigen Bars werden in guter alter spanischer Tradition zum Bier **Tapas** gereicht, die man hier als *bocas* bezeichnet, also kleine Beilagen, die aber manchmal durchaus ein Essen ersparen können.

Getränke

Alkoholfreie **Erfrischungsgetränke** *(refrescos)* sind meist amerikanische Produkte, die im Land abgefüllt werden. Sie werden normalerweise mit reichlich Eiswürfeln serviert; da dies wegen der Infektionsgefahr nicht empfehlenswert ist, sagt man bei der Bestellung *sin hielo*. Mineralwasser *(agua mineral)* wird im Land produziert und enthält meist Kohlensäure *(con gas)*. Oft wird zum Essen kostenlos Wasser gereicht, das allerdings gefiltert *(purificada)* sein sollte.

Am besten trinkt man in Costa Rica jedoch einen frischen **Fruchtsaft** *(fresco),* der entweder mit Wasser *(en agua)* oder Milch *(en leche)* angeboten wird. Neben den gängigen Sorten Banane *(banano)*, Ananas *(piña)*, Papaya, Honigmelone *(melón)*, Wassermelone *(sandía)* und Brombeere *(mora)*, die ganzjährig angeboten werden, sollte man – sofern erhältlich – unbedingt einen wohlschmeckenden und erfrischenden *Guanábana*-Saft probieren (zu deutsch: „Stachelannone"). Außerdem gibt es manchmal Mango, Maracuja und Sternfrucht *(carambola)*. Nicht jedermanns Sache sind *Tamarindo*-Säfte, doch probieren geht bekanntlich über studieren.

An den Stränden werden oft **Kokosnüsse** angeboten, deren Flüssigkeit *(agua de pipa)* erfrischend schmeckt. Mit einem Schuss Rum nennt sich das Ganze *Coco Loco* – aber Vorsicht: Die Sonne verzeiht keinen Alkohol!

Da in Costa Rica kein erwähnenswerter **Wein** hergestellt wird – meist bekommt man chilenischen oder kalifornischen Wein angeboten, manchmal auch französischen, allerdings reichlich teuer – heißt das beliebteste alkoholische Getränk auch hier **Bier.** In den beiden staatlichen Brauereien werden mehrere durchaus schmackhafte Biersorten gebraut: *Imperial* (die Standardsorte, 4,2/ 4,6 %), *Bavaria* (hochwertiger, 4 %), *Pilsen* (etwas herber, 4,5 %) und *Tropical*.

> Pejibaye-Früchte

Außerdem gibt es *Bavaria-Light* (2,7 %), *Rock-Ice* (Geschmackssache!), *Bavaria Dark* (Dunkelbier, 4,3 %) und das ebenfalls im Land gebraute *Heineken* (4 %).

Bei allen Ticos beliebt (weil billig) ist *Guaro,* ein einfacher **Zuckerrohrschnaps** – um ehrlich zu sein: ein rechter Fusel. Besser ist da schon der einheimische **Rum** (z.B. *Ron Tico*), der ebenfalls relativ billig ist und sich gut für einen Cuba Libre eignet, sowie **Kaffeelikör** *(Café Rica).* Sonstige Alkoholika sind importiert und entsprechend teuer. Beliebte **Cocktails** sind Cuba Libre, Margerita, Ron Punch und Piña Colada.

Feste und Feiertage

Da Costa Rica ein vom katholischen Glauben geprägtes Land ist, werden die **religiösen Feiertage** mit großer Anteilnahme gefeiert. Außerdem begeht jeder Ort den **Jahrestag** „seines" Schutzheiligen, und auch sonst gibt es genügend Anlässe für ausgelassene Feierlichkeiten.

Zu den größten nicht-religiösen Festen gehören der **Karneval** in Limón und das Stadtfest in Liberia. Die *fiestas* werden oft begleitet von Stierkämpfen *(corrida de toros),* die aber in Costa Rica glücklicherweise unblutig enden.

Ämter, Banken, Post usw. sowie die meisten Läden sind an offiziellen Feiertagen (in der umseitigen Liste mit * gekennzeichnet) geschlossen. Viele Geschäfte und die meisten Firmen und Behörden schließen während der ganzen **Woche vor Ostern** *(semana santa)* sowie zwischen **Weihnachten** und **Neujahr.** Am **Gründonnerstag** und **Karfreitag** ist praktisch alles geschlossen, der Busverkehr ruht an diesen Tagen weitgehend. **Bustickets** sollte man vor den Weihnachts- und Osterfeiertagen rechtzeitig besorgen, da es an diesen Tagen oft zu Engpässen kommt. Nähere **Informationen** zu den jeweiligen Veranstaltungsorten bekommt man im Büro der ICT (siehe Stichpunkt „Auskunftsstellen").

Festtagskalender: s. S. 512.

Fotografieren

Wer seinen Fotoapparat nicht mitbringt, ist selbst schuld! Man sollte daran denken, dass in tropischen Breiten andere Lichtverhältnisse herrschen als bei uns: gleißendes Sonnenlicht am Strand, diffuses Halbdunkel im Regenwald.

Tipps zum Fotografieren unterwegs

■ Zur **Ausrüstung** gehören unbedingt ein Blitzlicht sowie für Tierfotografie ein Teleobjektiv und ein Stativ.

■ Gute Fotos im tropischen **Regenwald** sind nicht einfach. Nur wenig Licht gelangt durch den dichten Bewuchs. Also: lange belichten und/oder Blitz verwenden.

■ Unter freiem Himmel knallt die Sonne erbarmungslos, das Ergebnis sind knallharte Schlagschatten. Bei **Porträts** hilft ein Blitz zur Aufhellung der Schattenpartien. Gleiches gilt für Gegenlicht.

■ Ein **Polfilter** reduziert die einfallende Lichtmenge, vermindert Dunst und verstärkt das Himmelsblau, ein **UV-** oder **Skylightfilter** filtert die UV-Strahlung.

Geld und Währung

- Bei Fotos von **fremden Menschen** versteht es sich von selbst, diese vorher um Erlaubnis zu bitten. *(Me permite sacar una foto de Usted, por favor?)*
- Die beste **Zeit** zum Fotografieren (nicht nur in den Tropen) ist der frühe Morgen und der Spätnachmittag. Aber Achtung: Etwa um 18 Uhr wird es schlagartig dunkel, es gibt keine lange Dämmerung.
- **Tiere** gut abzulichten erfordert Glück, Geduld und die richtige Ausrüstung. Viele Tiere halten sich in den Baumkronen auf, der Fotograf hingegen meist am Boden. Dadurch ergeben sich unangenehme Gegenlichtsituationen, die man nur selten mit einem Blitzlicht ausgleichen kann. Blende öffnen (ca. + 1,5 bis 3 Blenden) oder Belichtungsreihe.
- Für **Pflanzenfotografie** ist ein Makroobjektiv und Blitzlicht unerlässlich.
- Grundsätzlich gilt: Wenn Sie über die **Lichtverhältnisse** unsicher sind, machen Sie besser eine kleine Belichtungsreihe: Zusätzlich zur gemessenen Belichtungs-/Blendenkombination je eine weitere Aufnahme mit +1,5 und -1,5 Blendenstufen (bessere Kompaktkameras verfügen über diese Sonderfunktion).

Vor Ort

- **Speicherkarten** sind relativ leicht zu bekommen, Zubehör hingegen nur schwer, am ehesten in San José. In den meisten Internet-Cafés kann man die Bilddaten auch abspeichern (auf CD-ROM oder webspace).
- Wer mit einer **Digitalkamera** unterwegs ist, sollte genügend Akkus mitführen, denn nicht alle Unterkünfte haben Strom. Adapter besorgen! Zahlreiche Geschäfte bieten das Brennen digitaler Fotos auf CD-ROM an (ca. 5 $).
- Bei einem **technischen Defekt** an Ihrer Kamera wenden Sie sich an die im Kapitel San José angegebene Reparaturstelle.

Geld und Währung

Die Landeswährung ist der **Colón** (span. für *Kolumbus*). Es gibt Geldscheine zu 1000, 2000, 5000, 10.000, 20.000 und 50.000 Colónes (C.) sowie Münzen zu 5, 10, 20, 25, 50, 100 und 500 C. Mehr für Sammler oder als Souvenir dient der 5-Colón-Schein, der zu den schönsten Banknoten der Welt gerechnet wird.

Der **Wechselkurs** lag im Oktober 2015 bei **521 C. für 1 US-$,** 1 Euro entsprach 575 C., 1 SFr 532 C. Aktuelle Kurse z.B. unter www.bncr.fi.cr oder www.visitcostarica.com *(exchange rate)*.

Auch wenn der **US-Dollar** fast überall akzeptiert wird, sollte man diese „heimliche" Währung nicht unnötig stützen und in Colónes bezahlen. Die **Inflationsrate** lag 2015 gerade mal bei 1 %. Viele größere Hotels, Tourveranstalter und Autovermieter bieten ihre Leistungen in Dollar an und akzeptieren auch meist Kreditkarten. Reiseschecks werden in der Regel nicht angenommen.

Bar-Dollars, -Euros und Dollar-Reiseschecks kann man in fast allen Banken **wechseln,** die meist von montags bis freitags zwischen 9 und 15 Uhr geöffnet sind (günstiger bei der Banco Nacional); in San José gibt es auch einige Wechselstuben. Eine Gebühr von etwa 1 % des zu wechselnden Geldbetrages wird erhoben. Ein Tipp: schneller geht es bei Privatbanken! Die Gebühren variieren von Bank zu Bank, auch innerhalb der gleichen Bankgruppe – Vergleichen lohnt sich! Manche Banken tauschen nur Reiseschecks im Wert von max. 100 $

Festtagskalender

Mit (*) gekennzeichnete Daten sind offizielle Feiertage.

- ***1. Jan.:** Neujahrstag *(Año Nuevo);* letzter Tag der Feierlichkeiten in San José und im Indianerort Boruca.
- **6. Jan.:** Heilige drei Könige.
- **12. Jan.:** Festlichkeiten in Boruca.
- **14. Jan.:** *Santo Cristo de Esquipulas;* Messe und Pilgerzug in Alajuelita (südlich von San José); Fest in Dulce Nombre de Cartago.
- **ca. 14.–18. Jan.:** Volksfest in Santa Cruz mit Stierkämpfen.
- **25. Jan.:** Tag des Hl. Paulus *(San Pablo),* Festlichkeiten in San Pablo (Heredia) und San Pablo de Turrubares (San José).
- **Ende Jan.:** Viehausstellung, Landwirtschaftsmesse und Stierkämpfe in San Isidro de El General.
- **2. Febr.:** Mariä Lichtmess *(Día de la Candelaria);* zahlreiche Veranstaltungen zu Ehren der Jungfrau, u.a. in Paraíso u. Esparza (Puntarenas).
- **10. Febr.:** San Caralampio; Festlichkeiten in Bagaces (Guanacaste) und San Mateo de Orotina (Alajuela).
- **11. Febr.:** *Nuestra Sra. de Lourdes;* religiöse Feiern in Lourdes de Montes de Oca (San Pedro), Naranjo (Alajuela), Barva (Heredia) und Coto Brus (San Vito).
- **ca. Mitte März** (Sa/So): *Festival de los Boyeros,* Escazú; Umzug festlich geschmückter Ochsenkarren durch das Städtchen Escazú.
- ***19. März:** St.-Josephs-Tag *(Día de San José),* Schutzheiliger von San José; Veranstaltungen in San José und San Josecito de Alajuelita (südlich von San José), traditioneller Besuch des Vulkans Poás.
- ***Ostern** (Gründonnerstag bis Ostersonntag): Karwoche *(Semana Santa);* vor allem Karfreitag zahlreiche Prozessionen im ganzen Land, u.a. in Cartago und San Joaquín de Flores.
- **5. April:** *Día de San Vicente;* religiöse Feierlichkeiten in San Vicente de Moravia.
- ***11. April:** *Día de Juan Santamaría* (Jahrestag der Schlacht von Rivas); offizielles Programm in Alajuela.
- **19. April:** Tag des Costaricanischen Indianers *(Día del Indígena Costaricense);* Wallfahrt von Paraíso nach Ujarrás; in Boruca feiert man den Día de muchos diablos.
- **23. April:** *Día de San Jorge;* dreitägige Feierlichkeiten in Abangares (Provinz Guanacaste), z.B. in Las Juntas, Prozession am 24. April.
- **Ende April:** Woche der Universität von Costa Rica (UCR) in San Pedro mit Fiestas, Tänzen und kulturellen Veranstaltungen; Landwirtschaftsmesse in San Carlos (Cd. Quesada).
- ***1. Mai:** Tag der Arbeit *(Día del Trabajo);* Tanzfeste in Limón.

- **15. Mai:** Tag der costaricanischen Bauern *(Día de San Isidro Labrador)*; Veranstaltungen u.a. in Sta. Barbara de Heredia, San Isidro de Coronado, San Isidro de El General, Pacayas de Cartago, San Isidro de Grecia; San Isidro de Sta. Ana.
- **3. Maiwoche:** Feiern mit Tanz und Musik in Turrialba.
- **13. Juni:** San Antonio de Padua; Volksfest in Curridabat (bei San José) und Tilarán (4–5 Tage mit Stierkampf etc.); Vatertag.
- ***Mitte Juni:** Fronleichnam *(Corpus Cristi)*; religiöse Feiern u.a. in Pacayas (Cartago) und Cartago.
- **24. Juni:** Johannes der Täufer *(San Juan Bautista)*; religiöse Feiern in San Juan de Tibás (bei San José) und San Juan de Abangares (Guanacaste).
- ***29. Juni:** Hl. Peter und Paul *(Día de San Pedro y San Pablo)*; zahlreiche religiöse Veranstaltungen vor allem im Valle Central.
- **16. Juli:** *Día de la Virgen del Mar* in Puntarenas und Playa del Coco, Prozessionen mit Fischerbooten; *Virgen del Carmen*: Prozession in Alajuela/Barrio El Carmen.
- ***25. Juli:** Jahrestag der Annexion von Guanacaste (Nationalfeiertag): zahlreiche Festlichkeiten im ganzen Land, vor allem in der Provinz Guanacaste: Fiesta in Nicoya, Cañas, Bagaces und Abangares, einwöchiges Stadtfest in Liberia *(Feria Ganadera)*; religiöse Feierlichkeiten in Puriscal (San José) und Sarchí zum Tag des Apostels Johannes *(Santiago Apostol)*.
- **31. Juli:** Stadtfest in San Ignacio de Acosta (bei San José).
- ***2. Aug.:** Tag der Jungfrau von Los Angeles *(Virgen de los Angeles,* Nationalheilige); Prozessionen nach Cartago; Prozession in Naranjo *(Virgen de Piedades)*.
- **8. Aug.:** religiöse Feiern in Santo Domingo de Heredia.
- ***15. Aug.:** Maria Himmelfahrt *(Asunción)*, auch Muttertag.
- **19. Aug.:** Festwoche in Asserí (bei San José).
- **3. Augustwoche:** *Fiestas* in Turrialba mit Stierkämpfen etc.
- **24.–26. Aug.:** *Fiestas* in Barba de Heredia.
- **31. Aug.:** Feierlichkeiten und Prozessionen in San Ramón (Alajuela).
- **1. Sept.:** *Pasada de la Virgen;* religiöses Fest in Cartago.
- **9. Sept.:** Tag des Kindes *(Día del Niño)*.
- ***15. Sept.:** Tag der Unabhängigkeit *(Día de la Independencia)*; Straßenparaden im ganzen Land, Fackelumzüge am Vorabend.
- **21. Sept.:** *Fiestas* in San Mateo de Orotina (Alajuela).
- **24. Sept.:** *Día de las Mercedes;* mehrtägige Feierlichkeiten in Grecia.
- **5. Okt.:** *Nstra. Sra. del Rosario;* religiöse Feiern in Sto. Domingo de Heredia.
- ***12. Okt.:** Kolumbus-Tag, Tag der Entdeckung Amerikas *(Día de la Raza)*; Karneval in Limón (4–5 Tage): Umzüge, Paraden, Straßenfeste; mehrtägiges Maisfest in Upala, Wahl der „Maiskönigin".
- **24. Okt.:** *Día de San Rafael;* Volksfeste u.a. in Atenas, Zarcero, San Rafael de Escazú und San Rafael de Heredia.
- **2. Nov.:** Allerseelen; Totenmessen und Friedhofsbesuche.
- **4. Nov:** *Fiestas* in San Carlos (Cd. Quesada).
- **7.–9. Dez.:** *Fiestas* in Quepos.
- ***8. Dez.:** Mariä Empfängnis *(Inmaculada Concepción);* religiöse Feste im ganzen Land; Boruca feiert den *Día de los Negritos*.
- **12. Dez.:** Tag der Jungfrau von Guadelupe *(Día de la Virgen de Guadelupe);* religiöse Feierlichkeiten in Nicoya (seit 8.12.).
- ***24./25. Dez.: Weihnachten** *(Navidad);* am 25. Beginn eines einwöchigen Volksfestes in San José (bis 1. Jan.), Stierkämpfe in Zapote.
- **27. Dez.:** *El Tope;* Reiterumzüge in San José.
- **29. Dez.:** Karnevalsfeiern am Jahresende, Umzug in San José.
- **30./31. Dez.:** *Día de los Diablitos* im Indianerort Boruca, am Sylvesterabend spielen Musikgruppen in den Stadtparks.

pro Tag. Besser reist man daher mit **Maestro-/EC-Karte,** mit der man allerdings nicht an allen Bankomaten Bargeld abheben kann. Diese sind meist (aber nicht immer – ausprobieren!) mit dem Maestro-Logo gekennzeichnet. In der Regel verfügen die Filialen folgender Banken über Maestro-fähige Bankomaten: Banex, Coopealianza, Interfin und Scotiabank, viele Bankomaten sind auch mit „ATH" (= *a todo hora*) gekennzeichnet. Außerhalb der großen Städte kann es schwierig sein, einen EC-kompatiblen Bankomaten zu finden. Eine aktuelle Übersicht über alle Automaten findet sich unter www.maestrokarte.de. Achtung: EC-Karten mit dem **„V-Pay"-Symbol** können außerhalb Europas nicht verwendet werden! Wer keinen Bankomaten findet, an dem man mit der EC-Karte Geld abheben kann, kann auch mit der Kreditkarte Geld bekommen, allerdings in der Regel mit höheren Gebühren. Eine weitere Möglichkeit ist die Traveler Cheque Card von American Express. Noch ein Tipp: Mit der deutschen Postsparbuch-Card kann man an Automaten mit dem VISA-Plus-Zeichen kostenlos abheben, auch im Ausland (Anzahl der Abhebungen ist begrenzt)!

Der **Umtausch von Euro** ist bei immer mehr Banken möglich. Der Kurs ist zwar schlechter als beim Dollar, aber da man beim Einkauf von Dollar ebenfalls einen Kursverlust hat, ist der Unterschied letztlich gering.

Am Wochenende wechselt man am besten in **größeren Hotels** (schlechterer Kurs). Die meisten Supermärkte wechseln Dollar, allerdings zu einem schlechteren Kurs als bei der Bank. **Geldwechseln auf der Straße** ist nicht empfehlenswert; es ist offiziell verboten. Da der Schwarzmarkt-Kurs kaum besser ist als der Bankkurs, lohnt sich das Risiko auch nicht.

Geldwechseln in einer **Bank** ist nicht selten ein mühsames Unterfangen, mit 30 bis 60 Minuten muss man auf alle Fälle rechnen. Zunächst geht man zu einem Schalter, wo man die Schecks bzw. Banknoten und seinen Reisepass (!) vorweist. Danach heißt es Geduld üben und an der Kasse Schlange stehen. Falls am Eingang ein orangeroter Kasten mit dem Hinweis *tome ficha* steht, muss man eine Nummer ziehen und warten, bis diese aufgerufen wird. Vermeiden sollte man nach Möglichkeit Montage und das Monatsende, da dann die Banken erfahrungsgemäß stark frequentiert werden.

Für **Geldüberweisungen** aus Europa brauchen Sie zunächst eine Bankverbindung in Costa Rica. Wenn Sie keine Bekannte haben, auf deren Konto Sie überweisen lassen können, suchen Sie sich eine Bank, die Ihnen weiterhilft. Die Gebühren für den Geldtransfer, der drei bis vier Tage dauert, betragen rund 10 € (bis 2500 € Überweisungssumme) bei der Absenderbank und noch einmal etwa so viel bei der Empfängerbank.

Bei **Verlust der Reiseschecks bzw. Geldkarten und zur Beschaffung von größeren Summen Bargeld im Notfall** s. Stichpunkt „Sicherheit".

Achtung: Keine Colónes zurück nach Europa nehmen, die heimischen Banken wechseln nicht!

Vgl. Stichpunkt „Zahlungsmittel und Reisekosten" im Kapitel „Vor der Reise".

Medizinische Versorgung

Die Gesundheitsversorgung in Costa Rica ist im Vergleich zu anderen lateinamerikanischen Ländern vorbildlich. Vor allem im Valle Central gibt es eine ganze Reihe **guter Kliniken und Hospitäler**. Auf dem Land existiert ein dichtes Netz von Krankenstationen *(puesto de salud)* und ähnlichen Einrichtungen.

In fast allen Städten hat das **Rote Kreuz** *(Cruz Roja)* eine Notfallstation. Die Versorgung mit **Apotheken** *(farmácia)* ist ebenfalls gut. Informationen zu Apotheken, Krankenstationen und Rotem Kreuz findet man bei den jeweiligen Orten.

Zu **Notrufnummern** siehe Stichpunkt „Sicherheit".

Staatliche Krankenhäuser in oder bei San José

- **Hospital Calderón Guardia**
San José/Nordost, Tel. 2212.1000
- **Hospital México**
Autobahn Richtung Flughafen, Tel. 2242.6700
- **Hospital San Juan de Dios**
San José/Zentrum, Tel. 2257.6282
- **Hospital de Niños** („Kinderkrankenhaus")
im Komplex San Juán de Dios, Tel. 2222.0122
- **Centro Médico Homeopático**
(„Homöopathisches Zentrum")
Cartago, Tel. 2591.5281

Privatkliniken in San José

- **Hospital CIMA**
Autobahn nach Santa Ana, kurz vor der Mall Multiplaza, Tel. 2208.1000
- **Clínica Americana**
San José/Süd, C. C./Av. 14, Tel. 2258.8124
- **Clínica Bíblica**
San José/Süd, C. 1/Av. 14, Tel. 2522.1000
- **Clínica Católica**
Barrio Guadalupe, Tel. 2246.3000
- **Clínica Santa Rita** (Frauenklinik)
San José/Südost, C. 15–17/Av. 8, Tel. 2221.6433

Deutschsprachige Ärzte in San José

- **Allgemeinmediziner:** *Dr. Gerald Schmitz,* Handy: 8390.0418, Hospital San Juan de Dios, gschmitz@ccss.sa.cr
- **Augenarzt:** *Dr. med. Isabel Niehaus,* Clinica Visualase Rohrmoser, (300 m von Botschaft entfernt, gegenüber des Platzes Rohrmoser) Tel. 2296.5381, Handy/Notruf: 6004.4904, info@visualaser.com
- **Gynäkologen:** *Dr. Kenneth Loáiciga Vega,* Tel. 2257.4215, Notruf 8383.4962 (Centro Médico M. D.); *Dr. Andreas Rauff C.,* Tel. 2208.1214 (Hospital CIMA), Tel. 2208.1214, Notruf 2225.2500
- **Hals-Nasen-Ohrenarzt:** *Lic. Adrian Cordero Iannarella,* Apartado 738/Limon, Tel. 3869.3019, negritalinda@ice.co.cr
- **Hautarzt:** *Dr. Tania Soria,* Tel. 2208.1302, Handy: 8384.6319 (Hospital CIMA)
- **Internist:** *Dr. Jorge Quesada Vargas,* Centro Médico Internacional, Av.14/C.3–5 (125 m östl. der Clínica Bíblica), Tel. 2257.2890, Handy/Notruf: 8384.0756, joqueva@ice.co.cr
- **Kardiologen:** *Dr. Jorge Arauz Chavarría,* Tel. 2258.7547, Handy: 8868.6243, jarachcr@gmail.com; *Dr. Jonathan Poveda Fernandez,* Tel. 2522.1000, Handy: 8846.3634, Clinica Biblica, San José, jpoveda@clinicabiblica.com

- **Kinderarzt:** *Dr. Mario Sancho,* Tel. 2255.4655, Notruf: 2283.2626, Clinica San Augustin, Av. 4-6/ C. 22, msanchot@hnn.sa.cr
- **Kinderhautarzt:** *Dr. Liana Castro Poll,* Tel. 2208.1412, Notruf: 2224.9090 (Hospital CIMA), lcastro@hospitalcima.com
- **Zahnärzte:** *Dr. Ricardo Kriebel,* Tel. 2222.5522; *Dr. Lucas Gil,* Tel. 2288.6060, Escazú neben dem Jazz Café

Gesundheitstipps

Empfehlungen zu **Impfungen** und **Malariaprophylaxe** sind im Kapitel „Vor der Reise" unter dem Stichpunkt „Gesundheitsvorsorge" aufgeführt. **Allgemeine Reise-Gesundheitsinformationen** zu Costa Rica, zusammengestellt vom Centrum für Reisemedizin, finden sich im Anhang. Zu den Gefahren durch **Schlangen- und Spinnenbisse** gibt es einen Exkurs im Kapitel „Valle Central".

Maße und Gewichte

In Costa Rica gilt wie in Mitteleuropa das **metrische System.** Lediglich beim Reifendruck *(pound/square inch)* und beim Holzmaß *(board inch)* werden noch die alten britischen Maße verwendet. Das altspanische Gewichtsmaß *quintal* wird ebenfalls noch gelegentlich benutzt, ebenso das Flächenmaß *manzana,* das in etwa einen Häuserblock (100 x 100 m) umfasst.

Öffnungszeiten

Es gibt **keine gesetzlichen Ladenschlusszeiten,** meist sind die Geschäfte Mo bis Fr von ca. 8 bis 18 Uhr geöffnet, wobei manche über Mittag (12–13 Uhr) schließen. Samstags bleiben viele Läden ganztags geöffnet, und auch sonntags findet man vormittags meist einen offenen Laden. Supermärkte sind manchmal bis 21 Uhr geöffnet.

- **Banken:** meist Mo–Fr von 8.30 od. 9 bis 15.30 Uhr, Sa teilweise vormittags (BCR, BN)
- **Behörden:** Mo–Fr von 8 bis 15.30 od. 16.30 Uhr
- **Reisebüros:** meist von 9 bis 17 od. 18 Uhr
- **Post:** Mo–Fr meist von 7.30 bis 17.30 Uhr, Sa teilweise vormittags
- **Museen:** unterschiedliche Öffnungszeiten, oft Mo geschlossen
- **Restaurants:** manche Lokale öffnen nur am Abend, viele haben einen Ruhetag (oft So)

Ökologisch reisen

Müll

Dass Müll nicht einfach in die Landschaft geworfen wird, sollte für jeden selbstverständlich sein. Aber zunächst gilt es, Abfall zu **vermeiden,** und das ist nicht immer ganz einfach. Damit sich unterwegs nicht dauernd leere Geträn-

> Reisen mit dem Flugzeug – schnell, aber ökologisch bedenklich

kedosen bzw. Plastikflaschen anhäufen, kann man beispielsweise eine Plastik- oder Glasflasche mehrmals benutzen. Außerdem gibt es fast überall Getränke in Pfandflaschen. Mit dem Kauf von frischem Obst, Gemüse, Brot usw. vermeidet man unnötige Verpackungen. Batterien sollte man zu Hause entsorgen – oder gleich Akkus verwenden.

Tiere und Pflanzen

Am besten, man lässt der Natur ihre Ruhe. In den Parks sollte man auf den Wegen bleiben und keine Blätter oder Blüten abreißen. Tiere nicht füttern oder berühren. Die **Ausfuhr** von Pflanzen und Tieren sowie Teile davon (z.B. Ara-Federn) ist **verboten.**

Camping

Verlassen Sie den Zeltplatz so, wie Sie ihn vorgefunden haben. **Offenes Feuer** sollte man wegen der Waldbrandgefahr (vor allem im trockenen Nordwesten) vermeiden.

Mietwagen

Am umweltfreundlichsten ist es natürlich, mit **öffentlichen Verkehrsmitteln** zu reisen. Wer sich dennoch entschließt, mit einem Mietwagen zu reisen, sollte bei der Wahl des Modells auch auf den **Benzinverbrauch** achten. Nicht nur ökologischer, sondern auch ökonomischer ist es, sich mit anderen zusammenzutun und eine **Fahrgemeinschaft** zu bilden. Mit allradgetriebenen Fahrzeugen sollte man auf den **öffentlichen Straßen** und Wegen bleiben.

Hotelauswahl

Auch wenn sich viele Hotels als „ökologisch" bezeichnen, ist es mit dem Umweltschutz hinter den Kulissen oft nicht weit her. Abwässer gelangen häufig ungeklärt in Flüsse und ins Meer, Müll wird nur selten korrekt „entsorgt". **Reklamieren** Sie vor Ort und **berichten** Sie dem Autor über positive wie negative Beispiele, damit zu-künftig vor Umweltsündern gewarnt werden kann. **Klimaanlagen** und **Swimmingpool** sind zwar angenehm, gleichzeitig aber Energie- und Wasserfresser.

Kunsthandwerk

Nicht alles was glänzt, ist Gold. Schnitzarbeiten sind oft aus **tropischen Edelhölzern,** und **Muscheln, Korallen** usw. bleiben besser dort, wo sie hingehören.

Sport

Hochseeangeln, Motorbootfahren, „Quads" oder **Golfspielen** mag zwar Freude bereiten, der Umwelt tut man aber keinen Gefallen damit.

Orientierung

Straßennetz

Das verkehrstechnische Herz des Landes ist die Hauptstadt San José, von wo aus wichtige Verbindungsstraßen in alle Richtungen gehen. Die berühmte **Panamericana**, die in Costa Rica und in diesem Buch als **Carretera Interamericana** bezeichnet wird, ist sicherlich die wichtigste Straße des Landes. Sie führt von hier nach Süden an die Grenze Panamas und nach Norden über Liberia nach Nicaragua. Die zweite wichtige Verbindung ist die „neue" Straße nach Pto. Limón an der Pazifikküste. Noch im Ausbau befindet sich die Küstenstraße von Puntarenas nach Palmar Norte, die aber bis auf das Teilstück Quepos – Dominical bereits geteert ist.

Orientierung in Städten

Da die Städte in Costa Rica von den Spaniern nach dem **Schachbrettprinzip** angelegt wurden, ist die Orientierung hier einfach: Straßen von Ost nach West (horizontal) heißen **Avenidas** (Av.), von Nord nach Süd (vertikal) **Calles** (C.), sprich: „kahje", nicht „kalle". Im Zentrum der Stadt schneiden sich die **Avenida Central** (Av.C.) und die **Calle Central** (C.C.), in der Nähe befindet sich meist der *Parque Central* mit der obligatorischen Kirche an der Ostseite.

Südlich der Av.C. haben die Avenidas gerade **Nummern** (2, 4, 6 usw.), nördlich ungerade (1, 3, 5 usw.). Gleiches gilt für die Calles: westlich gerade Ziffern, östlich ungerade. Lautet die Adresse z.B. Av.C./C.3–5, so wissen Sie, dass der gesuchte Punkt sich auf der Avenida Central zwischen den Calles 3 und 5 (also östlich des Zentrums) befindet. Wer dieses Prinzip einmal verinnerlicht hat, wird sich in jeder Stadt schnell zurechtfinden.

Ein **Häuserblock**, d.h. die Entfernung von einer Straße zur nächsten, wird als *cuadra* bezeichnet und misst (theoretisch) 100 Meter. Die Richtungsangabe *300 metros al norte* bedeutet in Costa Rica: drei Straßen weiter nördlich.

Post

Postämter der staatlichen Postgesellschaft Cortel (Abk. für *Correos y telégrafos*) sind durch ein rot-blaues Schild gekennzeichnet. Geöffnet sind sie meist Mo–Fr 7.30–17.30 Uhr, in einigen Städten auch Samstagvormittag. Telefonieren kann man von hier nur in Ausnahmefällen (siehe „Telefon, Fax, E-Mail").

Der Preis für eine **Postkarte** nach Europa beträgt 375 C., für einen Brief (bis 20 g) 435 C. Briefkästen gibt es so gut wie keine, am besten wirft man die Post direkt am Postamt ein oder vertraut sie seinem Hotel an. Post nach Europa ist ein bis zwei Wochen unterwegs.

Postlagernde Sendungen nach Costa Rica müssen folgendermaßen adressiert sein: *Name des Empfängers, General Post Office, Lista de Correos (oder Poste Restante), San José, Costa Rica, Centroamérica.* Der Name des Empfängers sollte deutlich in Druckbuchstaben zu lesen sein. Fragen Sie bei der Abholung sowohl nach dem Vor- als auch nach dem Nachnamen, da die Briefe oft falsch einsortiert sind.

Briefe nach Costa Rica gehen meist an eine Postfachadresse (*Apartado*, Abk.: *Apdo.*), das ist schneller und sicherer.

Päckchen und Pakete nach Costa Rica zu verschicken ist teuer und darüber hinaus zeitaufwendig, da hohe Zollgebühren fällig werden. Wer eine Sendung aus dem Zoll holen möchte, kann sich dabei von einer *agencia de aduana* helfen lassen (siehe im Telefonbuch vor Ort und im Kapitel zu San José unter „Infos von A–Z/Post").

Reiseveranstalter

Eine unüberschaubare Zahl von Veranstaltern bietet **Touren in alle Regionen des Landes** an. Begleitet werden die Ausflüge und Exkursionen von Reiseleitern, die meist neben Spanisch auch Englisch sprechen. Deutschsprachige Reisebegleiter sind die Ausnahme, da über drei Viertel aller Touristen aus Nord- und Mittelamerika kommen, aus Deutschland nicht einmal 5 %.

Veranstalter (Auswahl)

■ **ARA Tours** (Tel. 2232.0400, www.aratours.com): empfehlenswerter Veranstalter (deutschsprachig), Vermittlung von Hotels und Touren, Tages- und mehrtägige Touren mit deutscher Reiseleitung.

■ **Armo-Tours** (C.9/Av.6, Tel. 2257.0202, www.armotours.com): deutschsprachige Agentur.

■ **Auto Gyro America** (Tel. 2656.8048, www.autogyroamerica.com): Ultralight-Flüge.

■ **Aventuras Tierra Verde** (Ciudad Colón, Tel. 2249.2354, www.in-costa-rica.de): gute deutschsprachige Agentur, Rundreisen, Hotels etc.

■ **Camino-Travel** (San Pedro, Tel. 2234.2530, www.caminotravel.com): Hotels, Touren und mehr.

■ **Costa Rica Moto** (Orosi, Tel. 2533.1442, www.costarica-moto.com): deutschsprachige Motorradreisen (1–14 Tage) mit Yamaha XTZ 660 Ténéré/Yamaha XT 600.

■ **Costa Rica Moto Cycle Tours** (San José, Tel. 2225.6000, www.costaricamotorcycletours.com): Motorradtouren (6–12 Tage) mit KTM 640, KTM 950 und BMW 650.

■ **Costa Rica Sun Tours** (La Uruca, Tel. 2296.7757, www.crsuntours.com): Tages- und mehrtägige Touren mit englischsprachiger Reiseleitung.

■ **Cultourica** (in La Trinidad bei Santa Ana, Tel. 2249.1271, www.cultourica.com, in D: 0861/165 906): günstige Rundreisen mit Besuch sozialer Projekte, deutschsprachig.

■ **Ecole Travel** (Av. C./C.5–7, Tel. 2253.8884, www.ecoletravel.com): Touren nach Tortuguero, Halbinsel Osa, Monteverde usw.

■ **Expediciones Tropicales** (C.3 bis/Av.11–13, Tel. 2257.4171, www.expedicionestropicales.com): breites Angebot, u.a. Rafting-Touren.

■ **Horizontes Nature Tours** (C.28/Av.1–3, Tel. 2222.2022, www.horizontes.com): Schwerpunkt Naturreisen.

■ **Ocarina Expeditions** (San Pedro, Tel. 2269.6074, www.ocarinaexpeditions.com): u.a. Reit- und Trekkingtouren (Chirripó, Corcovado), deutschsprachiger Veranstalter.

■ **Simbiosis Tours** (Tel. 2290.8646, www.turismo ruralcr.com): Reiseveranstalter.
■ **Swiss Travel Service** (Hotel Corobicí, Tel. 2282. 4898, www.swisstravelcr.com): einer der größten Reiseveranstalter des Landes.
■ **Tropical Pass** (C.5/Av.7–9, Tel. 2228.6959, www. tropicalpass.com): deutschsprachiger Veranstalter für Individual- und Gruppenreisen.

Wildwasser-Touren

■ **Aventuras Naturales:** Barrio Escalantes, Av.5/C.33–35, Tel. 2225.3939, www.adventurecostari ca.com.
■ **Ríos Tropicales:** C.32/Av.2, Tel. 2233.6455, www.riostropicales.com.
■ **Exploradores Outdoors:** Tel. 2479.7500, www.exploradoresoutdoors.com.
■ **Costa Sol Rafting:** Tel. 2296.1183, www.costa-solrafting.com.
■ **Weitere Veranstalter** findet man in Turrialba, La Virgen, Fortuna, Cañas und Quepos.

Sicherheit

Im Vergleich beispielsweise zu einigen Regionen Südamerikas lässt es sich in Costa Rica **relativ gefahrlos reisen** – ein wichtiger Grund für die Beliebtheit des Landes. Es gibt kein Militär, keine Guerillas, Terroristen usw. Dennoch sollte man einige **allgemeine Vorsichtsmaßnahmen** ergreifen, um unliebsame Überraschungen zu vermeiden, denn auch hier spezialisieren sich immer mehr Kriminelle auf das „schnelle" Geld der Touristen. Überfälle und Raub werden in zunehmender Zahl registriert, sind aber dennoch selten. Es gibt gut organisierte Banden, die es auf das Reisegepäck abgesehen haben, vor allem in Bussen und Mietwagen, aber auch in Hotelzimmern. **Aktuelle Reisehinweise** neben Hinweisen zur allgemeinen Sicherheitslage erteilen:

■ **Deutschland:** www.auswaertiges-amt.de und www.diplo.de/sicherreisen (Länder- und Reiseinformationen), Tel. 030/1817-0
■ **Österreich:** www.bmaa.gv.at (Bürgerservice), Tel. 05/01150-4411
■ **Schweiz:** www.eda.admin.ch (Reisehinweise), Tel. 031/3238484

Vorbeugemaßnahmen

Tragen Sie nur so viel **Bargeld** bei sich, wie sie auch brauchen.

Lassen Sie niemals **Wertsachen** im Hotelzimmer, es ist kein Problem, eine Zimmertür zu öffnen oder durchs Fenster einzudringen.

Nutzen Sie **Safes** in den Hotels, (Quittung nicht vergessen).

Zeigen Sie Ihren **Besitz** nicht nach außen (Kamera, Bargeld etc.).

Meiden Sie **unsichere Viertel in San José** bei Nacht: das Stadtviertel Coca Cola (Busbahnhöfe) und Umgebung sowie die Gegend um Av.6/C.6. Tagsüber sind **Taschendiebe** aktiv, vor allem an den Busbahnhöfen und auf der Plaza de la Cultura. Besondere Wachsamkeit ist an roten Ampeln geboten, da in letzter Zeit von **Überfällen** auf wartende Autofahrer berichtet wird.

Weitere Diebstahl- und **Überfallschwerpunkte** sind Cahuita, Playa Jacó und Manuel Antonio, was nicht heißt, dass man nicht hinreisen sollte. Einfach vorsichtiger sein.

Auch in Costa Rica wird der **Trick mit dem „Anspritzen"** immer beliebter: Eine adrett gekleidete Person bespritzt Sie „versehentlich" mit Senf oder Ketchup und ist Ihnen dann beim Reinigen behilflich, während ein Komplize ihre mangelnde Aufmerksamkeit nutzt und sie „erleichtert".

Immer häufiger wird auch von **Diebstählen in Bussen** berichtet, besonders aus Gepäckräumen heraus. Am besten, man nimmt sein Gepäck ins Innere des Busses und lässt es während der gesamten Fahrt nicht aus den Augen. Leser berichten, dass ihr Rucksack auf der einen Seite des Busses auf das Dach aufgeladen und im nächsten Moment auf der anderen Seite wieder abgeladen wurde! Auf alle Fälle gilt: immer aufmerksam!

Keine Wertsachen an den **Strand** mitnehmen!

Lassen Sie einen Mietwagen nicht unbeaufsichtigt stehen, immer häufiger werden Fahrzeuge aufgebrochen oder gestohlen, und die Selbstbeteiligung bei einem Verlust ist hoch! Meist findet sich zwar ein Parkwächter, der das Fahrzeug für wenig Geld beaufsichtigt, aber es ist schon vorgekommen, dass dieser mit den Autodieben kooperiert! Also: **Kein Gepäck im Auto lassen!** Ein weiterer Trick besteht darin, den Reifen eines Mietwagens so anzustechen, dass es der Fahrer erst unterwegs bemerkt. Wenn dieser sich dann an den Reifenwechsel macht, kommen meist gut gekleidete und überaus freundliche „Helfer", die den Touristen ablenken und gleichzeitig den Wagen leer räumen. Bei einer Reifenpanne also vorsichtig weiterfahren bis zur nächsten menschlichen Behausung und sich auf keinen Fall helfen lassen!

Im Krankheitsfall

Man muss man sich vom Arzt eine ausführliche **Bescheinigung über Diagnose und Behandlungsmaßnahmen** einschließlich verordneter Medikamente sowie eine Quittung über die bezahlte Behandlung ausstellen lassen, damit man hinterher die Kosten erstattet bekommt. Auch von Apotheken sollte man sich Quittungen geben lassen.

Bei **schweren Fällen** sollte außer dem Notfallservice der Versicherung auch die Botschaft bzw. das Konsulat informiert werden.

Notrufnummern

Die nationale Notrufzentrale **„Sistema de emergencias 911"** leitet alle Anrufe an die unten angegebenen Stellen weiter.

- **Notruf** (landesweit): 911
- **Polizei in Städten** *(Radiopatrullas):* 117
- **Polizei in ländlichen Gebieten** *(Guardia Rural):* 127
- **Verkehrspolizei** *(Policía de Tránsito):* 2222.9330
- **Kriminalpolizei** *(Organismo de Investigación Judicial):* 2295.3272 (San José)
- **Feuerwehr** *(Bomberos):* 118
- **Rotes Kreuz** *(Cruz Roja):* 128, in San José: 2542.5000
- **Vergiftungen** *(intoxicación):* 2223.1028 (San José)
- **Drogen und Alkoholhilfe:** 2224.5052 (San José)

Gefahren durch die Natur

Während der **Hurrikansaison** kann es zu starken **Überschwemmungen, Erdrutschen** oder **Flutwellen** in Flüssen und Bächen kommen (Vorsicht beim Rafting!). Man sollte sich daher im Voraus über den aktuellen Straßenzustand die Wettervorhersage informieren.

Vor allem der **Vulkan Turrialba** war in letzter Zeit immer wieder aktiv und hat im März 2015 sogar zu einer Schließung des Flughafens in San José geführt.

Verlust/Diebstahl

Von der **Polizei** sollte ein ausführliches **Protokoll** ausgestellt werden.

Den betroffenen Stellen sollte der **Verlust zügig gemeldet** werden, möglichst zusammen mit Nummern bzw. Kopien der verlorenen Dokumente (Pass: Botschaft bzw. Konsulat, Tickets: Fluggesellschaft).

Botschaften bzw. Konsulate stellen bei Passverlust einen **Ersatzpass** aus, nachdem die Identität geklärt ist. Beste Voraussetzung dafür ist eine Fotokopie des Originals. Sonst wird beim Einwohnermeldeamt der Heimatstadt angefragt, was natürlich einige Zeit kostet.

Verlust von Reiseschecks oder Geldkarten

Bei Verlust oder Diebstahl der Geldkarte sollte man diese umgehend sperren lassen. Tipp: Nummer der Kreditkarte und Kartensperrnummer vorher notieren! Sie stehen auf der Kreditkarte. Für deutsche Geldkarten gibt es die einheitliche **Sperrnummer 0049 116 116** und im Ausland zusätzlich 0049 30 4050 4050. Für österreichische und schweizerische Karten gelten:

- **Maestro-Karte,** (A-)Tel. 0043/1-2048800; (CH-)Tel. 0041-44-2712230, UBS: 0041/848 888601, Credit Suisse: 0041/800-800488
- **MasterCard,** internationale Tel. 001/636-722 7111 (R-Gespräch)
- **VISA,** internationale Tel. 001/410-581 9994
- **American Express,** (A-)Tel. 0049/69-97972000; (CH-)Tel. 0041/44-6596333
- **Diners Club,** (A-)Tel. 0043/1-501350; (CH-)Tel. 0041/58-7508080

River Rafting auf dem Rio Savegre

Der Verlust oder Diebstahl der **Travellers Cheques** muss umgehend bei der örtlichen Polizei und auch bei American Express bzw. Travelex/Thomas Cook gemeldet werden. Nur wenn man den Kaufbeleg mit den Seriennummern der Reiseschecks sowie den Polizeibericht vorlegen kann, wird der Geldbetrag von einer größeren Bank vor Ort binnen 24 Stunden zurückerstattet.

Beschaffung von Geld

Blitzüberweisung von der Hausbank. Dazu sollte man schon vor der Reise die Bedingungen (Korrespondenzbank im Reiseland!) klären.

Blitzüberweisung durch eine **Vertrauensperson.** Spezialisiert auf schnelle Verbindungen ist u.a. die Postbank in Deutschland. Die nächstgelegene Repräsentanz der Western Union kann man im Telefonbuch oder unter **www.westernunion.com** nachschlagen.

Reise-Notfall-Versicherungen zahlen je nach Vertragsklauseln bis zu 1500 € Notfalldarlehen, direkt über Vertreter im Reiseland, falls vorhanden.

Deutschsprachige Anwälte in San José

- **Bufete André Tinoco & Asociados,** Zivil-, Handels-, Einreiserecht, Tel. 2283.3070, www.andretinoco.com
- **Niehaus Abogados**. Zivil-, Handels-, Einreiserecht, Tel. 2224.8282, www.ninclaw.com
- **KPMG Abogados,** Int. Wirtschafts-, Steuer-, Investitionsrecht, Projektfinanz., Schiedsgericht, Tel. 2201.4100, www.kpmg.com
- **Thomas A. Burke,** Immobilien-, Korporations-, Umweltrecht, Rentista Status, Tel. 2267.6645, www.burkecr.com (Büro in San Rafael de Heredia)
- **Dr. Carlos Tiffer,** Strafrecht, Tel. 2233.5359, www.doctortiffer.com
- **Dr. Daniel Muñoz-Jiménez,** Notar und Steuerberater, Steuer-, Handels-, Einreiserecht, Int. öffentl. Ausschreibungen, Tel. 8340.9868, danielmunoz@racsa.co.cr

Sport und Erholung

Für einen reinen Erholungsurlaub am Strand ist Costa Rica viel zu schade. Wer jedoch im Urlaub aktiv sein möchte, hat die Auswahl zwischen **vielen attraktiven Sportarten.** Kaum irgendwo sonst in den Tropen kann man so problemlos wandern wie in den Naturparks des Landes, und mit unzähligen Stränden an zwei Meeren ist Costa Rica ein „El Dorado" für Wassersportler. Siehe Stichpunkt „Reiseveranstalter" für konkrete Veranstalter-Empfehlungen.

Schwimmen

Die **Wassertemperaturen** der beiden Meere sind eigentlich immer angenehm, am Arenal-See kann es kühl werden. In Flüssen sollte man aus hygienischen Gründen nicht schwimmen, öffentliche Bäder sind nicht immer unbedenklich. Nacktbaden (auch „oben ohne") ist nicht erwünscht.

Achten Sie beim Schwimmen im Meer auf **gefährliche Strömungen** (pro

Jahr ertrinken rund 200 Menschen). Die Gefährlichkeit der Meeresströmungen, vor allem an der Pazifikküste, wird leider von vielen unterschätzt, was immer wieder zu Todesopfern führt. Warnhinweise an den Stränden sollten unbedingt beachtet werden, Kinder sollten nie allein im Meer schwimmen.

Surfen (Wellenreiten)

Die **besten Surfplätze** finden sich an der **Pazifikküste,** beliebt sind neben einigen Stränden an der Westküste der Nicoya-Halbinsel (z.B. Umgebung von Nosara) u.a. Playa Jacó (auch für Anfänger geeignet), Playa Hermosa (südlich von Jacó, anspruchsvoller), Playa Esterillos Oeste (zwischen Jacó und Quepos, starke Wellen), Playa Dominical (auch für Anfänger) und Playa Pavones (im äußersten Süden, gute Wellen). Auf dieser Seite ist das Meer von Dezember bis Februar meist relativ ruhig, ab März werden die Wellen heftiger, und Surf-Profis kommen am besten in den Monaten Juli/August und Oktober/November auf ihre Kosten.

Auch auf der **Karibikseite** gibt es gute Plätze, z.B. südlich von Pto. Viejo (Salsa Brava). Hier ist die beste Zeit in der Hochsaison von Dezember bis März. Manche Hotels bieten in der Nebensaison spezielle Surfer-Tarife an, die man aber meist auch als Nicht-Surfer aushandeln kann.

Tauchen

Auch wenn Schnorcheln wegen der selten ganz ruhigen See nicht immer ein großes Erlebnis ist, gibt es in Costa Rica neben der Isla del Coco, die leider nur schwer zu erreichen ist, eine Reihe weiterer guter Plätze zum Gerätetauchen. **Tauchschulen** gibt es u.a. in Playa del Coco und seinen Nachbarstränden, Playa Flamingo, Playa Junquillal (bei Sta. Cruz), Nosara und Playa Lapita (zw. Carara und Jacó) sowie in Pto. Viejo an der Karibikküste. **Gute Tauchgründe** sind außerdem der Meeresnationalpark Ballena, die Region Drake Bay und natürlich der Cahuita-Nationalpark an der Karibikküste und Pta. Uva südlich von Pto. Viejo (Manzanillo).

Windsurfen

Der **Arenal-See,** speziell sein Westufer, zählt unter Windsurfern zu den weltbesten Plätzen. Es ist ein Starkwindrevier und daher für Anfänger nicht geeignet. Board, Segel und Surfanzug können vor Ort gemietet werden. Ein weiteres, bislang recht unbekanntes Revier ist die **Bahía Salinas** (bei La Cruz) an der nordwestlichen Pazifikküste, wo ebenfalls ganzjährig ein guter Surfwind bläst. Wer sein eigenes Brett mitbringen will, beachte die Hinweise zum Transport im Kapitel „Vor der Reise/Hin- und Rückreise".

Segeln

Bisher ist dieser Sport noch recht wenig verbreitet. An der **Pazifikküste** (z.B. Playa Hermosa und Tamarindo) werden Ausflüge mit Segeljachten angeboten. Ein wichtiger Anlegeort für Segler aus aller Welt ist **Puntarenas.**

Hochseeangeln

Eine „Sportart", die ich bis heute nicht verstanden habe: Man gibt höllisch viel Geld aus für eine Motorjacht und die entsprechende Ausrüstung, fängt mit etwas Glück einen Marlin oder anderen Fisch, nur um ihn als Trophäe präsentieren zu können? Es sei an dieser Stelle dennoch erwähnt, weil Costa Rica speziell von betuchten Amerikanern regelmäßig aus diesem Grund heimgesucht wird.

Gleitschirmfliegen

Eine noch relativ neue Sportart in Costa Rica ist das Gleitschirmfliegen. Es gibt sowohl die Möglichkeit von Tandemflügen als auch „Pilot Tours" für bereits erfahrene Gleitschirmflieger unter der Leitung ortskundiger Führer (mehr unter www.parapentecr.com oder www.parapentepuravida.com).

Ein besonders schöner Startplatz liegt oberhalb von **Puntarenas;** von ihm kann man mit Blick aufs Meer starten und am Strand landen. Die Zufahrt zu diesem Startplatz, von Süden kommend, führt am Hafen vorbei. Kurz vor der Kuppe rechts dem Schild „Vuelos Biplazas" folgen. Kontakt vor Ort: *Nicolai Bührmann,* www.skyhigh-costarica.com.

Kajakfahren

Auf den **zahlreichen Flüssen** des Landes ist Kajakfahren eine besonders schöne Möglichkeit, die üppige Natur zu erleben. In Costa Rica gibt es auch einige Flüsse für anspruchsvolle Kajakfahrer, im Jahre 1991 wurden hier sogar die Kajak-Weltmeisterschaften ausgetragen.

Das **Zentrum für Kajakfahrer** aus aller Welt ist Turrialba, in dessen Nähe sich zwei der besten Flüsse befinden: der Río Reventazón, der am Cachi-Stausee beginnt und sich über zahlreiche Stromschnellen in wildem Lauf seinen Weg durch die Berge bahnt, und sein Parallelfluss Río Pacuare mit ebenfalls gehobenem Schwierigkeitsgrad.

Etwas weniger anspruchsvoll ist der Río Sarapiquí nördlich des Valle Central, außerdem werden auch Touren auf dem Río General im Süden von San Isidro angeboten, einem Quellfluss des Río Grande de Terraba.

Kajak-Verleih gibt es außer in San José u.a. auch in La Virgen am Río Sarapiquí; in den größeren Strandorten gibt es auch meerestaugliche Kajaks zu mieten. Einige Veranstalter haben auch mehrtägige Touren im Programm.

River-Rafting

Ein tolles Vergnügen ist es schon, mit einem Schlauchboot den **Río Pacuaré, Sarapiquí, Savegre** oder einen anderen Wildwasserfluss des Landes zu befahren. Leider erreichen die Flüsse ausgerechnet in der Hochsaison, zwischen Februar und April, ihren Tiefststand, wenn die meisten Touristen im Land sind! Wildwassertouren sind **auch für Anfänger** geeignet und werden angeboten u.a. in San José, Fortuna und Quepos. Adressen der Anbieter siehe in diesem Kapitel unter „Reiseveranstalter".

Bergwandern

Der beliebteste und auch meistbestiegene Berg des Landes ist mit 3820 m zugleich der höchste: der **Cerro Chirripó**. Wer körperlich fit ist, kann den Aufstieg ohne größere Ausrüstung wagen (siehe im Kapitel „Der Süden/Nationalpark Chirripó"), vorausgesetzt, er meldet sich rechtzeitig bei der Nationalparkverwaltung in San José oder San Isidro an; in der Hochsaison kann die Wartezeit bis zu drei Wochen betragen.

Auch der **Rincón** (1806 m) und der **Cacao** (1659 m) im Nordwesten des Landes können problemlos bestiegen werden. Etwas aufwendiger gestaltet sich eine (mehrtägige) Bergwanderung zu einem der Gipfel der Talamanca-Kordillere, z.B. zum **Cerro Chirripó** (3820 m) oder zum **Cerro Kamuk** (3549 m). Weitere Informationen erteilt der **Club de Montanismo** (Tel. 2235.3147).

Wandern

Wie schon erwähnt, kann man in Costa Rica wunderbar wandern, und zwar **in unterschiedlichsten Klima- und Vegetationszonen.** Ob an der feuchtheißen Karibikküste, im Nebelwald von Monteverde, im trockenen Nordwesten oder auf der regenreichen Osa-Halbinsel, das Angebot ist vielfältig. Alles, **was man braucht,** sind ein Paar vernünftige Wanderschuhe, Regen- und Sonnenschutz sowie ein wirkungsvolles Mückenschutzmittel. Spezielle Wandertipps finden sich jeweils in den Kapiteln zu den einzelnen Nationalparks und Schutzgebieten.

Radfahren

Wer nicht sein eigenes Fahrrad mitgebracht hat, kann entweder an einer **organisierten Fahrradtour** teilnehmen oder sich an einem der Strandorte ein Fahrrad mieten. **Fahrradverleiher** gibt es u.a. in Cahuita, Pto. Viejo de Talamanca, Fortuna, Playa Tamarindo, Nosara, Sámara, Playa Jacó, Manuel Antonio und Pto. Jiménez.

Ein aufregendes Erlebnis – Canopy

Reiten

Überall im Land kann man sich für etwa 7 bis 15 $ pro Stunde ein Pferd **mieten** und so die Natur erleben. In vielen Fällen ist in diesem Preis auch ein Begleiter (oft obligatorisch!) eingeschlossen, sofern dies gewünscht wird. Schöne Plätze zum Reiten sind u.a. die Region Arenal, Monteverde, die Umgebung des Rincón de la Vieja und natürlich die vielen Strände des Landes. Viele Veranstalter haben **Tagestouren** mit Pferden im Programm.

Canopy

Ein aufregendes Erlebnis ist es schon, wenn man zum ersten Mal an einem Stahlseil hängend **von Plattform zu Plattform durch die Baumkronen** schwebt. Inzwischen bieten zahlreiche Veranstalter überall im Land dieses Vergnügen an, das für (fast) jeden problemlos machbar ist. Allerdings sollte man auf gute Qualität achten, denn es gibt auch weniger zuverlässige Anbieter, die nur aufs schnelle Geld aus sind (es ist schon zu Unfällen gekommen!).

Seriöse Anbieter sind u.a.:
- **The Original Canopy Tour**
www.canopytour.com
- **Sky Trek,** www.skytrek.com, Monteverde
- **Selvatura**
www.selvatura.com, Monteverde/Arenal
- **Aventura Canopy**
www.monteverdecostarica.info/monteverde_tours/Aventura-canopy.htm, Monteverde
- **Abenteuerpark Vista Golfo**
www.finca-daniel.de, Miramar

Tennis und Golf

Diese Sportarten sind in Costa Rica einer kleinen Schicht vorbehalten. **Tennisplätze** gibt es praktisch nur bei größeren Hotels, sie können aber meist nur von Hausgästen genutzt werden. Versuchen kann man es im Costa Rica Tennis Club in Sabana Sur (Tel. 2232.1266) und im Los Reyes Country Club in La Guácima bei Alajuela sowie in der Anlage *Valle del Sol* in Pozos/Sta. Ana und in Garita.

Golfplätze gibt es u.a. im Cariari Country Club, am Hotel Herradura und im Costa Rica Country Club in Escazú sowie auf der Halbinsel Nicoya.

Sprache

Spanisch

Das in Costa Rica gesprochene Spanisch ist relativ **gut zu verstehen,** da es klar gesprochen und betont wird. Dennoch weist es landesspezifische **Eigenheiten** auf, die selbst für einen waschechten Spanier zum Problem werden können (vgl. auch „Sprachhilfe" im „Anhang").

Englisch

Englisch wird vor allem **von den Jüngeren gesprochen,** aber auch bei fast allen Einrichtungen, die sich auf **Tourismus** spezialisiert haben (Hotels, Autoverleiher, Reiseveranstalter etc.).

Patois

An der Karibikküste hört man oft einen eigenartigen Dialekt, der an schlecht gesprochenes Englisch erinnert: Die Nachfahren der aus Jamaica stammenden Einwanderer sprechen noch heute Patois, eine **Kreolsprache,** die in der Tat vom Englischen herrührt, aber viele andere Einflüsse aufweist, sodass viele Wörter ihre Bedeutung änderten und völlig neue Satzkonstruktionen entstanden. Beispiele: *Me no know* („ich weiß nicht") oder *Go good* („mach's gut").

Buchtipps
- **Spanisch für Costa Rica – Wort für Wort** und **Patois für Jamaica – Wort für Wort,** Kauderwelsch-Reihe, REISE KNOW-HOW Verlag. Begleitendes Tonmaterial ist ebenfalls erhältlich.

Sprachschulen

Wer genügend Zeit und den Willen mitbringt, hat in Costa Rica **zahlreiche Möglichkeiten,** Spanisch zu lernen. Das im Land gesprochene Spanisch ist zweifelsohne besser zum Lernen geeignet als z.B. das Spanisch in Andalusien. Wie alles in Costa Rica konzentrieren sich auch die Sprachschulen auf die Hauptstadt San José und ihre direkte Umgebung. Empfehlenswert ist jedoch eine Schule außerhalb der lärmenden Großstadt. Eine Reservierung ab Deutschland ist nicht unbedingt nötig, besser man schaut sich die Schule erst einmal vor Ort an, bevor man sich entscheidet.

Preisbeispiele (max. 6 Pers./Gruppe)
- **5-Tages-Kurs** (4 Std./Tag): 200–300 $
- **2-Wochen-Kurs** (4 Std./Tag): ca. 400 $
- **Einzelunterricht** (mind. 20 Std.): 15–20 $/Std.
- Teilweise werden noch **Einschreibgebühr** und Kosten für **Lehrmaterial** erhoben.
- **Privatunterkunft** inkl. Essen u. Wäscheservice: ca. 120–170 $/Woche

Sprachschulen in San José

■ Adventure Education Center
San José, Tel. 2258.5111. Filialen in Turrialba (Tel. 2556.4609) und Dominical (Tel. 2787.0023), www.adventurespanishschool.com
■ Costa Rican Language Academy (CRLA)
Barrio Dent, Tel. 2280.1685 und 2280.5834, www.spanishandmore.com – Lesertipp!
■ Centro Lingüístico Conversa
C.38/Av.3–5, Tel. 2203.2071 und 2203.2072, www.conversa.com
■ Instituto Universal de Idiomas
Av.2/C.9, Tel. 2223.9662, www.universal-edu.com
■ INTENSA
C.33/Av.1–3, Tel. 2281.1818, www.intensa.com

Sprachschulen in der Umgebung von San José

■ Academia Tica de Español
San Rafael de Coronado, Tel. 2229.0013, www.academiatica.com; deutschsprachig

---

Bezeichnungen und Redewendungen in Costa Rica

- **abarrotes** – Lebensmittel
- **abastecedor/pulpería** – (kleiner) Laden, (Lebensmittel-)Geschäft
- **adiós** – wird oft im Sinne von „Grüß Gott" als Gruß verwendet
- **bomba** – Tankstelle
- **chiste** – Witz
- **¿cómo amaneció?** – Wie geht's? (wörtlich: wie sind Sie aufgewacht?)
- **¡con mucho gusto!** – Sehr gern!
- **¿con permiso?** – Erlauben/gestatten Sie?
- **¿hay campo?** – Gibt es Platz? (z.B. im Bus)
- **paño** – Handtuch (nicht *toalla,* das heißt Damenbinde)
- **pipa** – Kokosnuss
- **¡pura vida!** – alles klar! (wörtlich: das pure Leben)
- **regálame** – geben Sie mir (wörtlich: schenk' mir)
- **soda** – einfaches Restaurant
- **vos** – du

Ein kurzer Sprachführer Spanisch findet sich im Anhang.

- **Centro Panamericano de Idiomas (C.P.I.)**
Heredia, Tel. 2265.6866, 2263.6213, auch in Monteverde und Flamingo, deutschsprachig, www.spanischschulecostarica.com
- **COMUNICARE**
San Pedro, Tel. 2281.0432, www.comunicare-cr.com
- **COSI (Costa Rica Spanish Institute)**
San Pedro, Tel. 2234.1001, www.cosi.co.cr
- **Cultourica**
La Trinidad bei Santa Ana, Tel. 2249.1271, www.cultourica.com, in D: Tel. 0861/165906, deutschsprachig, auch „reisende Sprachkurse"
- **Culture and Language Institute**
Alajuela, Tel. 2458.8485, www.iclc.ws
- **Forester Instituto Internacional**
Los Yoses, Tel. 22253155, www.fores.com
- **ILERI**
Escazú, Tel. 2228.1687, www.ilerispanishschool.com
- **Instituto Latinoamericano de Idiomas (ILISA)**
San Pedro, Tel. 2280.0700, www.ilisa.com
- **Intercultura**
Heredia, Tel. 2260.8480, auch in Sámara, www.interculturacostarica.com
- **IPEE**
Curridabat, Tel. 4030.7855, www.ipee.com
- **Kalexma**
San José, Tel. 2290.2624, www.kalexma.com
- **Learn Spanish**
Alajuela/Heredia/San José, Tel. 2441.9202, 2256.8981, www.spanish-in-action.com
- **Mesoamerica Language Institute**
San Pedro, Tel. 2253.3195, www.mesoamerica.org
- **El Rancho Spanish School and Lodge**
Heredia, Tel. 2438.0071, www.ranchodeespanol.com

Sprachschulen in anderen Gebieten

- **Centro Panamericano de Idiomas (C.P.I.)**
Monteverde, Tel. 2645.5448, Playa Flamingo, Tel. 2645.5002, www.cpi-edu.com
- **Instituto de Wayra**
Playa Tamarindo, Tel. 2653.0359, in D: Tel. 0861/165906, www.spanish-wayra.co.cr; deutschsprachig
- **Escuela Rey de Nosara**
Nosara, Tel. 2682.0215 oder 8888.9090, www.reydenosara.itgo.com
- **Intercultura Language School**
Sámara, Tel. 2656.0127, www.samaralanguageschool.com
- **Hotel Horizontes**
Montezuma, Tel. 2642.0534, deutschsprachig, www.horizontes-montezuma.com
- **Ipai Jacó**
Playa Jacó, Tel. 2643.2244, www.spanish-ipai.com
- **City Playa Language Institute**
Playa Jacó, Tel. 2750.0029, www.spanishschool-costa-rica.com
- **SEPA**
San Isidro, Tel. 2770.1457, www.spanish-school-costarica.com

Telefon, Fax, E-Mail

Das Telefonsystem in Costa Rica ist relativ effizient, auch wenn nicht von jeder Stadt aus Ferngespräche vermittelt werden und viele der öffentlichen Fernsprecher oft außer Betrieb sind.

Inlandsgespräche

Es gibt innerhalb des Landes **keine Vorwahlnummern,** man kann jedoch an den ersten Ziffern den Ort ablesen (z.B. 22 = San José, 244 = Alajuela). Alle **Telefonnummern** sind achtstellig. Telefonnummern, die mit einer 8, 7, 6 oder 5 beginnen, sind Mobiltelefone und daher manchmal nur schwer erreichbar.

Gespräche kann man entweder von einer (meist offenen und lauten) Telefonzelle oder überall dort führen, wo ein gelbes Schild *Teléfono público* („öffentliches Telefon") vor der Tür hängt. Man benötigt **Münzen** zu 5, 10 oder 20 C., **Telefonkarten** gibt es zu 500, 1000, 2000 und 3000 C. sowie zu 10 und 20 $, erhältlich in vielen Läden. Bei manchen Karten (mit höherem Wert) kann man auch von Münztelefonen aus sprechen: Man wählt die Nummer 199 bzw. 197, drückt nach der Ansage die Taste „2" für eine englische Ansage und tippt anschließend die Kartennummer ein. Danach wählt man die Nummer, die verbleibende Gesprächszeit wird angesagt.

In manchen Telefonzellen kann man sich **anrufen lassen,** die Nummer ist dort angeschlagen.

Ferngespräche

Die nationale Elektrizitätsbehörde **ICE** *(Instituto Nacional Costarricense de Electricidad)* betreut auch die Installation von Fernsprecheinrichtungen in Costa Rica (Info-Nummer: 124). Bei den meisten (nicht bei allen!) Stadtbüros sind Ferngespräche möglich, in San José kann man auch bei **Radiográfica Costarricense** telefonieren (Av.5/C.1, tgl. 7.30–21 Uhr; etwas günstiger).

Meistens muss man zunächst eine Nummer ziehen *(tome ficha)* und warten. Viel einfacher, schneller und billiger ist der Gebrauch von **Telefonkarten** (s.o.). Achtung: Telefonieren mit Kreditkarte kann sehr teuer werden!

Mobiltelefone

Inzwischen haben die meisten Mobilfunkunternehmen von Deutschland, Österreich und der Schweiz **Roamingverträge** mit Costa Ricas Mobilfunkunternehmen ICE (GSM 1800 MHz). Wenn man ein Dualband-Handy hat, das auf 1800 MHz funktioniert, kann man sein Handy also auch vor Ort nutzen. Wegen hoher Gebühren sollte man bei seinem Anbieter nachfragen oder auf dessen Website nachschauen, welcher der Roa-

---

Vorwahlnummern

Aus Europa nach Costa Rica
- 00506

Aus Costa Rica nach
- Deutschland: 0049, weiter ohne 0
- Österreich: 0043, weiter ohne 0
- Schweiz: 0041, weiter ohne 0

Auskunft

- National: 1113
- International: 1124
- Vermittlung: 1116

Das Hauptpostamt in San José

mingpartner günstig ist und diesen per manueller Netzauswahl voreinstellen. Nicht zu vergessen sind die passiven Kosten, wenn man von zu Hause angerufen wird (Mailbox abstellen!). Der Anrufer zahlt nur die Gebühr ins heimische Mobilnetz, die teure Rufweiterleitung ins Ausland zahlt der Empfänger.

Preiswerter ist es, sich auf **SMS** zu beschränken, der Empfang ist in der Regel kostenfrei. Der Versand und Empfang von Bildern per MMS ist hingegen nicht nur relativ teuer, sondern je nach Roamingpartner auch gar nicht möglich.

Die **Einwahl ins Internet** über das Mobiltelefon, um Daten auf das Note-

R-Gespräche

R-Gespräche nach Deutschland, Österreich und in die Schweiz sind derzeit von Costa Rica aus **nicht möglich.**

Fax und E-Mail

Ein **Fax** kann man von vielen ICE-Büros (nationale Elektrizitäts- und Telefongesellschaft) und manchmal auch von der Post verschicken. Beim RASCA in San José bezahlt man nach Deutschland ca. 1 $ pro Blatt. Von dort kann man auch sehr günstig **E-Mails** verschicken. Weitere **Internet**-Cafés siehe unter dem Stichpunkt „Infos von A–Z" in den Ortsbeschreibungen (z.B. San José, Heredia, Fortuna, Manuel Antonio).

book zu laden, ist noch kostspieliger – da ist der Gang in das nächste Internetcafé weitaus günstiger.

Eine andere, billige und gute Möglichkeit, nach Europa zu telefonieren, ist **Skype.** In fast allen Internet-Cafés mit DSL ist dies möglich.

Wer viel innerhalb Costa Ricas telefonieren muss, kann sich auch ein *cellular,* sprich Mobiltelefon, **mieten,** z.B. über einen Autoverleiher.

Trinkgelder

■ **Restaurant:** Normalerweise kommen zu dem Rechnungsbetrag neben der Steuer auch 10 % *servicio* hinzu. Wenn man mit der Bedienung zufrieden war, gibt man ein zusätzliches Trinkgeld, das man beim Verlassen des Restaurants einfach auf dem Tisch liegen lässt.

■ **Taxi:** Einheimische geben hier kein Trinkgeld, dennoch erwarten viele Fahrer von Touristen ein kleines *propina*.

■ **Reiseleiter:** Abhängig von der Reisedauer und Gruppengröße können als Richtlinie 1 bis 2 $ pro Person und Tag gelten.

■ **Zimmermädchen:** Sie werden leider meist vergessen, können aber ein kleine Anerkennung gut gebrauchen, da die Löhne in der Regel sehr niedrig sind.

Unterhaltung

Auch in diesem Bereich ist das **Angebot höchst ungleich verteilt:** Kann man sich in San José kaum entscheiden, wie man die Zeit verbringt, sind auf dem Land ein Billardsalon, das Internet-Café und der Stadtpark nicht selten die einzige Möglichkeit zur Unterhaltung. So etwas wie Nightlife gibt es außerhalb der Hauptstadt fast nur in den größeren Strandorten wie Playa Tamarindo, Jacó oder Manuel Antonio.

Kino

Die meisten Kinos in den kleineren Städten mussten wegen fehlender Besucher schließen. In San José gibt es eine Reihe von Kinos (siehe dort), die meist **amerikanische Produktionen in Originalfassung** mit spanischen Untertiteln zeigen. Anspruchsvollere Filme zeigen die Kinos *Sala Garbo* und *Laurence Olivier* im Westen der Stadt. Der Eintritt ist verhältnismäßig billig, er liegt normalerweise bei 4–5 $. Das **Filmprogramm** ersehen Sie aus den Zeitungen (*La República* und *La Nación*).

Konzerte

In **San José** gibt es gelegentlich klassische Konzerte sowie Auftritte von Rock- und Popgruppen (siehe Tagespresse).

Theater

Ebenfalls auf **San José** beschränkt. Neben den beiden großen Theatern, Teatro Melico Salazar und Teatro Nacional, gibt es zahlreiche kleine Theater, die meist in der Nähe des Nationalmuseums liegen (siehe Kapitel „San José").

Casino

In **San José** bieten viele der größeren Hotels Spielcasinos auch für Nicht-Hotelgäste an. In der Regel gibt es keine besonderen Kleidungsvorschriften.

Nachtleben

In **San José** gibt es eine ganze Reihe Bars unterschiedlichster Qualität (siehe dort). Oft bieten Sie zur Happy Hour (meist 18 bis 19 Uhr) günstigere Drinks bzw. zwei zum Preis von einem an. In den **Strandorten** befinden sich die Bars meist in den größeren Hotels.

◁ Stolz grüßt der Leguan

Diskotheken findet man ebenfalls ausschließlich in San José und den größeren Touristenorten der Pazifikküste. Für Touristen gibt es praktisch keine Einlassbeschränkungen, ein halbwegs ordentliches Erscheinungsbild genügt. Der Eintrittspreis ist meist niedrig oder frei, die Getränkepreise sind (natürlich) höher, bewegen sich aber meist in einem erträglichen Rahmen.

Unterkunft

Das **Angebot** an Unterkünften in Costa Rica **ist gut** und erweitert sich ständig. Während in den Küstenorten laufend neue Hotels, *Cabinas* und Privatunterkünfte entstehen, bleibt das Angebot in den etwas abseits der Touristenpfade gelegenen Orten bescheiden.

Hotel-Kooperationen

Viele Hotels haben sich einer Kooperation angeschlossen, um so eine bessere Vermarktung zu sichern; nachstehend eine Auswahl.

■ **ACTUAR:** Verband von über 20 einfachen Hotels und Anbietern in ländlichen Regionen unter costaricanischer Leitung – eine gute Möglichkeit, mit Einheimischen in Kontakt zu kommen! Tel. 2290.7514, www.actuarcostarica.com.

■ **COOPRENA:** Netzwerk von ökologisch geführten Unterkünften, die von den jeweiligen Gemeinden geleitet werden. Die Interessen werden von Simbiosis Tours vertreten: Tel. 2290.8646, Büro in San José: Paseo Colón (von Torre Mercedes Benz 110 m nach Norden, 50 m nach Osten), Mo–Fr 8–17 Uhr, Sa 9–12 Uhr; www.turismoruralcr.com.

■ **Tucan Hotels:** Zusammenschluss von elf preisgünstigen und meist guten Hotels, alle deutschsprachig geführt; www.tucan-hotels.com.

■ **Charming & Nature Hotels of Costa Rica:** elf kleine, meist deutschsprachig geführte Hotels der mittleren Kategorie – sehr empfehlenswert! Kontakt: *Andreas,* Orosi, Tel. 2533. 3578, www.charmingnaturehotels.com.

■ **Holland Hotels Costa Rica:** Zusammenschluss von acht kleinen Hotels unter holländischer oder belgischer Leitung, empfehlenswert; www.hollandhotelscr.com.

■ **Best Western Hotels:** zahlreiche Hotels in Costa Rica haben sich diesem internationalen Hotelverbund angeschlossen, es gibt jedoch in Costa Rica kein gemeinsames Buchungsbüro; www.webgotravel.com.

■ **Enchanting Hotels:** Hotels der gehobenen Kategorie am Meer. Kontakt: *Daniel Chavarría,* San José, Tel. 2222.0704, www.enchanting-hotels.com.

■ **Small Distinctive Hotels of Costa Rica:** neun Hotels der gehobenen Kategorie, Büro in San José, Tel. 2258.0150, www.distinctivehotels.com.

Unterkunftstypen

Um in dem Wirrwarr der Bezeichnungen ein wenig Ordnung zu schaffen, hier ein Überblick über die einzelnen Typen von Übernachtungsmöglichkeiten.

Hotel

Da es in Costa Rica keine Sterne-Klassifikation gibt, ist die Bezeichnung „Hotel" **kein Qualitätsmerkmal.** Hinter klangvollen Namen wie Gran Hotel Plaza oder Hotel Royal können sich recht heruntergekommene Etablissements verbergen, die nicht nur zum Schlafen dienen und oft auch stundenweise vermietet werden.

In den Billig-Hotels der Städte hat man die Wahl, ob man lieber ein helles Zimmer nimmt, das aber zur Straße zeigt und laut ist, oder ob man ein ruhigeres Zimmer wählt, das dann meist auf einen dunklen Innenhof zeigt. Man sollte sich auf alle Fälle das **Zimmer vorher anschauen** und sich auch noch andere Zimmer zeigen lassen.

Apartotel

Vermietet werden kleine **Apartments** mit Küche, Bad und Aufenthalts- bzw. Essraum, gleichzeitig gibt es aber auch **Hotelservice** (nur im Raum San José).

Pensión

Diese meist **einfachen, familiär** geführten Häuser variieren sehr in der Qualität, von nett und ordentlich bis heruntergekommen.

Bed and Breakfast (B&B)

B&Bs sind meist **Privatunterkünfte,** bei denen ein **Frühstück** im Zimmerpreis eingeschlossen ist *(con desayuno)*. Oft sind sie sehr empfehlenswert.

Hospedaje

Dieses Wort bezeichnet eine einfache Unterkunft **ohne Komfort,** meist für einheimische Reisende gedacht.

Hostal

Diese einfache Herberge bietet meist auch **Gemeinschaftsschlafräume.** Es gibt zwar in ganz Costa Rica nur eine echte Jugendherberge (Hostal Toruma im Osten von San José), aber dem Verband sind mehrere private Herbergen angeschlossen, die sich allerdings preislich meist nicht sonderlich von anderen Unterkünften unterscheiden.

Cabinas

Cabinas sind Zimmer in einstöckigen Betongebäuden, die nicht über einen Gang, sondern direkt von außen zu betreten sind. Diese einfachen Unterkünfte findet man oft **an der Küste.**

Albergue/Lodge

Viele dieser **rustikalen** Unterkünfte **außerhalb der Städte** haben sogar ein eigenes kleines Naturreservat. Leider sind sie vielfach übertreuert.

Preise und Ausstattung

Preise sind für Einzelzimmer/Doppelzimmer/Dreibettzimmer aufgeführt. Besonders **empfehlenswerte Unterkünfte** mit einem guten Preis-Leistungsverhältnis sind in diesem Reiseführer als MEIN TIPP gekennzeichnet.

Die angegebenen Preise verstehen sich für die Hochsaison, über Weihnachten/Neujahr und Ostern kommt oft noch ein **Zuschlag** hinzu (meist 10–30 $), dafür gibt es in der Nebensaison oft deutlich niedrigere Preise – in den meisten kleineren Hotels sind die Zimmer um etwa 10 $ billiger. Besondere Nebensaisonpreise sind bei den Hotelbeschreibungen mit „NS" gekennzeichnet.

Außerdem lohnt es sich, nach **Barzahlungs-Rabatten** zu fragen: Bei den besseren Hotels sind meist 10 % drin (übrigens auch beim Einkaufen!). Das gilt jedoch nicht in der Spitzensaison und bei Bezahlung mit **Kreditkarte** (= KK; die meisten Hotels akzeptieren VISA und verlangen oft einen Zuschlag von 6 % oder mehr). Entsprechende Vermerke sind in den Hotelbeschreibungen gemacht.

Der Übernachtungspreis richtet sich zunächst einmal danach, ob sich das Bad im Zimmer befindet *(baño privado = bp)* oder ob man sich ein Gemeinschaftsbad *(baño compartido = bc)* teilen muss. Ein privates Badezimmer verfügt meist nur über Dusche/WC, eine Badewanne *(tina)* wird man nur in Ausnahmefällen vorfinden, was sich dann ebenfalls im Preis niederschlägt. Ein Gemeinschaftsbad sollte man aus hygienischen Gründen nur mit Badeschlappen betreten. In kühleren Regionen (z.B. Monteverde) haben eigentlich alle Zimmer Warmwasser *(agua caliente)*, jedoch kommt dies in billigeren Unterkünften oft aus elektrischen Durchlauferhitzern, die eine Prüfung durch den TÜV wohl kaum bestehen würden und meist nur lauwarmes Wasser ausspucken. Je weniger man das Wasser aufdreht, um so wärmer wird es.

Zimmer mit **Klimaanlage** sind meist unverhältnismäßig teurer als vergleichbare Zimmer mit einem Ventilator, da *Air Condition* neben Wasser auch ungeheure Mengen an Strom frisst – nicht gerade umweltfreundlich. Ist im Zimmer ein **Ventilator** – und das sollte in wärmeren Regionen unbedingt der Fall sein – so empfiehlt es sich, zu prüfen, ob das Gerät tatsächlich funktioniert und einen überhaupt schlafen lässt. Angenehm sind Deckenventilatoren, am besten ist natürlich ein gut durchlüftetes Zimmer. Grundsätzlich empfehlenswert ist ein **Moskitonetz**, das man meist mit einigen längeren Schnüren irgendwie im Zimmer befestigen kann.

Ein **Frühstück** ist im Zimmerpreis normalerweise nicht eingeschlossen. Falls doch, ist dies durch ein B&B-Zeichen oder den Hinweis *desayuno incluido* ausgewiesen. Manche Hotels bieten ihre Zimmer nur mit **Vollpension** an, allerdings liegen diese auch meist abseits, und es gibt sowieso keine Alternativen. Entsprechende Vermerke sind in den Hotelbeschreibungen gemacht: VP = Vollpension, HP = Halbpension, ÜF = Übernachtung mit Frühstück.

Kinder unter 12 Jahren sind im Zimmer der Eltern meist frei oder bezahlen nur eine geringe Gebühr, manchmal werden jedoch bis zu 50 % des regulären Tarifs fällig.

Bei den Hotels der mittleren und gehobenen Preisklasse kommen zu den offiziellen Hotelpreisen noch 13 % **Steuern** hinzu. Alle in diesem Buch angegebenen Preise sind Inklusivpreise und enthalten sämtliche Zuschläge.

Die Zimmer müssen meist zwischen 11 und 14 Uhr verlassen werden, 14 Uhr als **check-out time** *(hora de salida)* wird zwar von der staatlichen Tourismusbehörde ICT empfohlen, ist aber nicht verbindlich.

Verkehrsmittel

Zu Fuß

Vor allem in San José leben Fußgänger gefährlich. Grundsätzlich gilt: **Der Autofahrer hat Vorfahrt** und rechnet damit, dass der Fußgänger sich rechtzeitig außer Gefahr bringt. Fußgängerampeln sind selten, am besten richtet man sich nach den Ampeln für den motorisierten Verkehr.

Fahrrad

(Siehe zum Thema auch „Vor der Reise/Urlaub mit dem Fahrrad".) Radfahren in Costa Rica ist zwar manchmal anstrengend, und Radwege oder ähnliche Einrichtungen gibt es auch nicht, aber es bleibt dennoch eine **erwägenswerte Alternative.** Wer sein Fahrrad nicht bereits von zu Hause mitgebracht hat (siehe „Vor der Reise/Hin- und Rückreise mit dem Flugzeug"), kann sich vor Ort ein **Fahrrad leihen** oder an einer **organisierten Fahrradtour** teilnehmen (siehe „Reiseveranstalter").

Taxi

Taxifahren ist in Costa Rica **verhältnismäßig günstig,** vorausgesetzt, man lässt sich nicht übers Ohr hauen. Die meist roten Fahrzeuge sind normalerweise mit einem Taxameter („maría") ausgestattet, der aber oft nicht eingeschaltet und angeblich kaputt ist. Vereinbaren Sie dann auf alle Fälle vor Antritt der Fahrt einen Preis, sonst wird es teuer. Der Grundpreis beträgt im Stadtverkehr 605 C., für eine Stadtfahrt rechnet man mit 1200 bis 2000 C. Im Reiseteil finden Sie im jeweiligen Ort eine Telefonnummer, unter der Sie ein Taxi bestellen können.

Bus

Es gibt landesweit gute Verbindungen, teils mit modernen Reisebussen, manchmal auch mit alten, klapprigen Gefährten. Fast alle Busgesellschaften haben ihren Sitz in San José, wo auch die meisten Verbindungen beginnen oder enden. Leider gibt es keinen zentralen **Omnibusbahnhof,** die einzelnen Anbieter sind über die ganze Stadt verstreut, mit einer gewissen Konzentration im Stadtviertel Coca Cola. Im Kapitel „San José/Verkehrsverbindungen" finden Sie eine Aufstellung aller **Busverbindungen** ab San José und der entsprechenden Abfahrtsstellen. Außerdem hält auch das Informationsbüro der ICT in San José eine solche Liste bereit, die man auch im Internet unter www.visitcostarica.com abrufen kann. Die **Busfahrpreise** im

▷ Coca-Cola-Busbahnhof in San José

Land sind sehr günstig, und die **Fahrtdauer** überschreitet nur selten ein Maximum von 8 Stunden (z.B. San José – Paso Canoas).

Bei Strecken, die nicht sehr häufig befahren werden (z.B. von San José nach Cahuita, Monteverde, Playa del Coco etc.) sollte man sich rechtzeitig vorher **Tickets** besorgen, was aber meist frühestens zwei Tage vor Abfahrt möglich ist. Hauptverbindungen werden regelmäßig angefahren (z.B. von San José nach Alajuela, Pto. Limón, Puntarenas etc.), eine Reservierung ist daher nicht notwendig. Bei manchen Verbindungen werden die Fahrkarten erst im Bus verkauft, am besten erkundigt man sich vor Ort. Noch etwas: Wenn der Kontrolleur während oder am Ende der Reise die Fahrscheine wieder einsammelt, ist dies ist für die Firma eine Kontrolle und für ihn möglicherweise die Grundlage seiner (Gehalts-)Abrechnung.

Die Frage nach dem besten **Sitzplatz** stellt sich meist erst gar nicht, da man mit dem Platz vorlieb nimmt, der frei ist. Grundsätzlich spricht einiges für einen Gangplatz, auch wenn man von dort nicht so viel von der Landschaft zu sehen bekommt: Reisende mit längeren Beinen können hier eher dieselben ausstrecken, denn der Sitzabstand ist manchmal unglaublich eng. Weiterhin ist man in der Mitte besser vor der oft erbarmungslosen Sonne geschützt als an einem Fensterplatz. Denken Sie bei einer Platzreservierung auch an die Fahrtstrecke: Auf welcher Seite ist die schönere Landschaft zu erwarten, wo steht die Sonne?

Unterwegs steigen bei längeren Fahrten Verkäufer zu, die den durstigen Fahrgästen (teure) Getränke anbieten, meist Coca Cola und Fanta. Manchmal werden auch *tamales* oder andere Speisen angeboten, aber bei Fahrten über die Mittags-

zeit wird sowieso an einem Straßenrestaurant Halt gemacht, wo man einen Happen essen und die *servicios* benutzen kann.

Möchten Sie vor dem nächsten regulären Halt **aussteigen**, so kündigen Sie dies an, indem Sie entweder den entsprechenden Knopf drücken bzw. an einer Schnur ziehen, *Parada, por favor* rufen oder laut pfeifen. Bei längeren Strecken informieren Sie besser den Fahrer rechtzeitig über Ihre Absicht.

Achtung: Strafzettel

Überall im Land, vor allem an den Hauptverbindungsstraßen, sind **Polizisten mit Radarpistolen** postiert, um zu schnell fahrende Fahrzeuge zu erfassen. Natürlich sind diese Kontrollen immer dort, wo man sie nicht erwartet, also unter schattigen Bäumen oder an Abschnitten, wo man bequem schneller fahren könnte, gerne auch nach Ende einer Geschwindigkeitsbegrenzung.

Falls Sie angehalten werden, zeigen Sie Ihre Fahrzeugpapiere und den Führerschein. Obwohl die Polizisten in der Regel freundlich sind, versuchen sie immer mal wieder von den ausländischen Touristen Bargeld zu kassieren, um so vermeintlich hohe Strafen zu „mildern". Dies ist illegal! **Zahlen Sie niemals Geld an einen Polizisten!** Dieser ist nicht berechtigt, von Ihnen Geld zu kassieren. Lassen Sie sich einen Strafzettel ausstellen und übergeben Sie diesen an Ihren Autovermieter. Falls der Polizist sich weigert, Sie weiterfahren zu lassen, notieren Sie dessen Namen und die Nummer seines Fahrzeugs und melden diesen Vorfall an Ihren Autovermieter.

Trampen

Wo keine oder nur selten Busse verkehren, kommt man mit Trampen **meist gut** voran, (auch wenn bisweilen gegenteilige Erfahrungen gemacht werden). Die besseren Chancen hat man bei Einheimischen, Touristen im Mietwagen fahren meist vorbei – warum eigentlich? Manchmal wird ein geringer **Beitrag zum Benzingeld** erwartet, auf alle Fälle sollte man vor Verlassen des Wagens fragen *(Quánto debo?).*

Eisenbahn

Die Bahnlinie von San José nach Pto. Limón (Jungle-Train) an der Karibikküste wurde 1992 nach einem Erdrutsch endgültig eingestellt. Die alte Zuglinie von San José nach Pto. Caldera an der Pazifikküste (südlich von Puntarenas) wurde nach mehrjähriger Reaktivierung erneut aufgegeben, da eine große Eisenbahnbrücke massive technische Mängel aufwies.

Schiff

Fährverbindungen gibt es von Puntarenas zur Nicoya-Halbinsel (auch Autotransport) sowie zwischen Golfito und Pto. Jiménez (nur Passagiere). Außerdem lässt sich mit einer kleinen Fähre der Río Coto Colorado (nach Playa Zancudo im Süden) überqueren. Zu den Zeiten, Fahrpreisen sowie Schiffsverbindungen nach Tortuguero und auf dem Río Sarapiquí siehe in der jeweiligen Ortsbeschreibung.

Mietwagen

Wer wenig Zeit mitbringt und ungebunden reisen will, für den kann ein Mietwagen die richtige Alternative sein. Zahlreiche **Verleihfirmen,** vor allem in San José und am internationalen Flughafen bei Alajuela (siehe im Kapitel „San José/Infos A–Z") bieten hauptsächlich japanische Mittelklassemodelle und Allradfahrzeuge an; die Auswahl an kleinen und billigeren Mietwagen ist beschränkt. Außerdem gibt es Verleiher in Pto. Limón, Cd. Quesada, Liberia, Puntarenas, Playa Jacó und San Isidro.

Voraussetzungen zum Mieten eines Fahrzeugs

■ Nationaler oder besser internationaler **Führerschein.**
■ **Mindestalter** je nach Anbieter zwischen 18 und 25 Jahren, meist jedoch 21 Jahre.
■ **Kreditkarte,** sonst Kaution (750 bis 1000 $), die meisten Anbieter arbeiten nur über Kreditkarte.

Kosten

■ Je nach Saison muss man für einen **Mittelklassewagen** mit Kosten zwischen 300 und 350 $ pro Woche rechnen (inkl. freier Kilometerzahl und Teilkasko-Versicherung), Allradfahrzeuge liegen etwa 100–250 $ (je nach Modell) darüber.
■ Einige Verleihfirmen bieten **Vollkasko** (*copertura total*) für 15–20 $/Tag an. Ansonsten beträgt die **Selbstbeteiligung** bei einem selbst verursachten Schaden 750 bis 1200 $, bei Diebstahl 1000 bis 2000 $. Die Selbstbeteiligung bei Diebstahl bleibt bei den meisten Anbietern auch bei Abschluss einer Vollkaskoversicherung bestehen! Außerdem liegt bei einem selbst verschuldeten Unfall die Selbstbeteiligung am Schaden des Unfallgegners bei 20 % (gesetzlich eingeschränkte Haftpflichtversicherung)! Da die Versicherung staatlich ist, gibt es keinen Wettbewerb und somit starre Regeln. Eine Freigabe des Monopols ist geplant.
■ **Verkehrsstrafen** gehen (logischerweise) zu Kosten des Verursachers.
■ **Mautgebühren** sind nur auf den Autobahnen im Hochland zu entrichten und sehr billig: PKW zahlen 60–120 C.
■ Preise für **Treibstoff:** Normalbenzin bleifrei (*Gasolina Plus, regular* oder *corriente*) ca. 1,20 $, Diesel 0,94 $.

Hinweise zum Automieten

■ **Vergleichen** Sie Angebote! Vor allem in der Nebensaison kann man bei längerer Leihdauer mit etwas Geschick günstige Konditionen aushandeln. Misstrauen Sie Lockangeboten in den Zeitschriften. Angebotene Fahrzeuge gibt es entweder gar nicht, oder sie sind gerade ausgeliehen …
■ Es gibt in Costa Rica zwei Typen von Autovermietern: **billig oder gut!** Man muss sich also entscheiden, ob man für einen vermeintlich günstigen Preis schlechtere Qualität und Service in Kauf nimmt. Die besseren Vermieter erneuern ihre Flotte regelmäßig – und verkaufen die ausgemusterten Fahrzeuge an andere Vermieter!
■ Besser fahren Sie fast immer mit **All-Inclusive-Angeboten,** die im Tages- bzw. Wochenpreis Versicherung und unbegrenzte Kilometerleistung enthalten. Ausnahme: Sie wissen sicher, dass Sie nur wenige Kilometer fahren werden und der Wagen längere Zeit steht – aber ist es dann überhaupt sinnvoll, einen kostspieligen Wagen zu mieten?
■ In der Trockenzeit (Dez. bis April) kommt man auch ohne teures **Allradfahrzeug** fast überallhin, in der Regenzeit sieht die Sache hingegen etwas anders aus, da viele Flüsse anschwellen und ohne Allrad ein unüberwindliches Hindernis darstellen. In jedem Fall sollte man darauf achten, dass der Wa-

Autofahren in Costa Rica

Mit eigenem Wagen in Costa Rica – das ist zwar etwas gewöhnungsbedürftig, denn die sonst so freundlichen Ticos sind oft rücksichtslose Autofahrer, aber auch nicht schlimmer als im Feierabendverkehr in einer deutschen Großstadt. Also: Immer Ruhe bewahren! Und vor allem: So schnell wie möglich raus aus San José!

■ **Verkehrsregeln und -schilder** entsprechen den uns bekannten. Es herrscht Rechtsverkehr.
■ **Rechtsabbiegen bei roter Ampel** ist normalerweise erlaubt.
■ Das **Tragen eines Sicherheitsgurtes** *(cinturón)* ist vorgeschrieben (Geldstrafe bei Nichteinhaltung).
■ Die **Höchstgeschwindigkeit** *(velocidad máxima)* wird meist angegeben und beträgt normalerweise innerorts 50 km/h, außerhalb geschlossener Ortschaften 80 km/h und auf den wenigen Autobahnabschnitten 90 km/h. Wer sich nicht daran hält, riskiert eine empfindliche Geldbuße; die Verkehrspolizei ist vor allem auf der Interamericana mit Radargeräten präsent.
■ Überall können unvermittelt metergroße (!) **Schlaglöcher** auftauchen. Wer da mit voller Geschwindigkeit durchfährt, riskiert einen Achsbruch. Auch auf ungeteerten Straßen sollte man langsam fahren und auf spitze Steine achten.
■ **Reifenschaden?** Kein Problem! Auch wer seit der Fahrschule keinen Reifen mehr gewechselt hat, wird nach einem Urlaub mit einem Mietwagen in Costa Rica Übung haben. Den defekten Reifen bei der nächsten Tankstelle reparieren zu lassen, geht schnell und ist nicht teuer.
■ Achtung: Viele **LKWs**, die eine freie Straße zum Überholen anzeigen wollen, blinken links (nicht rechts).
■ Die Versorgung mit **Tankstellen** ist in den Städten und wichtigen Durchfahrtsstraßen gut. Ansonsten gilt, immer vollzutanken, wenn sich die Gelegenheit dazu ergibt.
■ Auf der Straße liegendes Ast- oder Buschwerk hat oft die Funktion eines Warndreiecks und markiert eine Gefahrenstelle bzw. ein liegengebliebenes Fahrzeug. Geschwindigkeit drosseln!
■ Vor allem in der Regenzeit kommt es häufig zu *derrumbes*, vom heftigen Regen ausgelösten **Erdrutschen**. Besonders gefährdete Strecken: San José – Guápiles, San José – Puntarenas, Cartago – San Isidro, Buenos Aires – Palmar.
■ **Nachts** unbedingt auf Fußgänger und unbeleuchtete Fahrzeuge achten, nach Möglichkeit ganz auf Nachtfahrten verzichten.

Verkehrsschilder

■ **Alto:** Das Stoppschild hat bei den Einheimischen oft nur die Funktion von „Vorfahrt achten".
■ **No virar a la derecha (izquierda):** Rechts (links) abbiegen verboten (gelbes Schild).
■ **Ceda el Paso:** Vorfahrt achten.
■ **Intersección adelante:** Kreuzung voraus.
■ **Deténganse antes de virar con rojo:** vor dem Rechtsabbiegen an roter Ampel stehenbleiben.
■ **No adelantar:** Überholverbot.
■ **No estacionar:** Parkverbot.
■ **Reduzca la Velocidad:** Fuß vom Gas.
■ **Curva peligrosa** weist auf eine gefährliche Kurve hin, *despacio* bedeutet langsam – man tut besser daran, beide Schilder ernst zu nehmen.
■ **No hay paso:** Einbahnstraße. Immer wieder enden vermeintliche Hauptstraßen mit diesem Hinweis, und man muss abbiegen.

Warnhinweis

■ Niemals den **Mietwagen mit Gepäck** unbeaufsichtigt stehen lassen – akute Diebstahlgefahr! Auch Parkwächter sind keine Garantie.

gen nicht zu tief liegt und genügend Freiraum unter dem Fahrzeugboden vorhanden ist.

■ Vor der Entscheidung für einen bestimmten Wagen sollte man sich unbedingt Zeit dafür nehmen, das **Fahrzeug genau zu inspizieren:** Sind die Reifen (Ersatzreifen auch) in Ordnung, funktionieren Licht, Bremsen etc. sind Warndreieck (Vorschrift) und Werkzeug zum Reifenwechsel vorhanden und die Papiere o.k.?

■ Der **Tank** ist normalerweise bei Übernahme gefüllt und sollte auch bei der Rückgabe voll sein.

■ Mietwagen haben oft kein Nummernschild, sondern nur einen **Versicherungsnachweis** an der Frontscheibe.

■ Im Vertrag muss ein **zweiter Fahrer** namentlich genannt werden. Wenn nicht, ist er zum Führen des Fahrzeugs nicht berechtigt! (Oft wird eine Extra-Gebühr fällig von ca. 2 $/Tag.)

■ Zum Vertrag gehört auch eine Skizze des Fahrzeugs, auf der alle **Schäden markiert** sind (Kratzer, Beulen usw).

■ Stellen Sie kurz nach Verlassen der Mietwagenfirma einen **Defekt** fest, zögern sie nicht, diesen umgehend zu reklamieren.

■ Ausflüge in die **Nachbarländer** sind ebenso wenig gestattet wie das **Durchqueren von Flüssen** und Fahrten auf dem **Strand.** Für so manchen hatte eine Flussdurchfahrt teure Folgen! Lassen Sie sich jedoch auf keinen Fall vertraglich festlegen, dass Sie keine **ungeteerten Straßen** befahren dürfen, das wäre praktisch kaum durchführbar.

■ **Parken** Sie Ihr Fahrzeug nach Möglichkeit auf einem bewachten Parkplatz (sonst kann der Versicherungsschutz entfallen). In San José den Wagen auf keinen Fall am Straßenrand abstellen – er wird abgeschleppt!

■ Im **Schadensfall** unbedingt die Verkehrspolizei (*Emergencias,* Tel. 911, oder *Policía de Tránsito,* Tel. 222.7150) verständigen und sofort den Autoverleiher und das *Instituto Nacional de Seguros* INS (Tel. 800-800-8000) informieren (gilt nicht für kleine Schäden). Machen Sie Fotos am Unfallort. Sollte es zu rechtlichen Streitfragen kommen, wenden Sie sich an einen der deutschsprachigen Anwälte, die unter „Sicherheit" aufgelistet sind.

In diesem Zusammenhang ein Hinweis: Da in Costa Rica in der jüngsten Vergangenheit die tödlichen Verkehrsunfälle erneut um rund 15 % zugenommen haben, muss vor den **oft überladenen LKWs** gewarnt werden. Häufig sind junge, unerfahrene Fahrer mit ihrem aggressiven Fahrstil die Verursacher. Deshalb folgende Empfehlung: Fährt ein großer Brummi von hinten dicht auf, lassen Sie ihn bei der nächsten Gelegenheit vorbeiziehen. Gefährlich sind in erster Linie die Strecken durch die bergigen Regionen Costa Ricas, z.B. von San José nach Puerto Limón oder Puntarenas sowie die Route über den Cerro de la Muerte. Auch im Großraum San José nimmt die Aggressivität auf den Straßen zu.

■ **Reparaturen** mit dem Verleiher absprechen.

■ Bei **Rückgabe** sollte der Wagen vollgetankt sein. Nachdem er auf Beschädigungen überprüft wurde, ist der Mietpreis (in bar, mit Reiseschecks oder Kreditkarte) zu entrichten. Geben Sie das Fahrzeug rechtzeitig wieder zurück, d.h. zur gleichen Uhrzeit, wie Sie es angemietet haben, sonst werden ca. 10 $ pro Stunde fällig.

■ Man kann zwar auch **Motorräder** mieten, was wegen des hohen Versicherungsanteils aber nicht billiger ist.

■ Eine **Liste** mit ausgewählten Anbietern findet man im Kapitel zu San José, „Infos von A–Z".

Dieses Kapitel entstand mit freundlicher Unterstützung von **Adobe RC** in San José.

Flugzeug

Eine staatliche (SANSA) und eine private Fluggesellschaft (Nature Air) verbinden San José mit 15 Inlandszielen sowie Destinationen in den Nachbarländern Panama und Nicaragua. Außerdem gibt es mehrere Gesellschaften, bei denen man Kleinflugzeuge chartern kann.

Die Zeiten, als die **Preise** für Inlandsflüge recht niedrig waren, sind jedoch längst vorbei. Je nach Entfernung kostet der einfache Flug mit SANSA zwischen 49 und 84 $, mit Nature Air zwischen ca. 60 und 100 $. Hinzu kommen noch Treibstoffzuschläge und Flughafensteuern in Höhe von ca. 25 $.

Die **Flugzeiten** und genauen Preise ab San José ersehen Sie unter „Verkehrsverbindungen" im Kapitel „San José", ansonsten bei dem jeweiligen Ort im Reiseteil oder auf der Website der Airlines.

■ **Flughafeninformation:** Tel. 2437.2626

Das **Gepäcklimit** für Inlandsflüge beträgt 12 bis 14 kg plus ein Handgepäck (max. 4,5 kg). Für Mehrgepäck wird eine geringe Gebühr verlangt (ca. 2 $/kg – kann aber bei voller Maschine verweigert werden!).

Auch wenn man per Flugzeug schnell und bequem in abgelegene Landesteile kommt, sollte man bedenken, dass man mit öffentlichen Bussen innerhalb von maximal acht Stunden von San José die meisten Landesteile erreicht (Ausnahme: Tortuguero), sodass die Fliegerei **nicht unbedingt notwendig** erscheint – erst recht nicht aus ökologischen Gesichtspunkten!

Inlandsflüge/Fluggesellschaften

■ **SANSA** (Tel. 2290.4100, www.tacaregional.com, Stadtbüro im Stadtteil La Uruca): Die staatliche Inlandslinie unterhält regelmäßige Flugverbindung zwischen San José/Flughafen Juan Santamaría und Tortuguero, Liberia, Tamarindo, Nosara, Carillo (Sámara), Pta. Islita, Tambor, Quepos, Palmar Sur, Golfito, Bahía Drake und Pto. Jiménez.

■ **Nature Air** (Tel. 2299.6000, www.natureair.com, Büro am Flughafen Pavas): Der private Inlands-Carrier (vormals Travelair) bedient ab San José bzw. dem nahe gelegenen Flughafen Tobias Bolaños bei Pavas täglich die Flugziele Fortuna, Granada (Nicaragua) und Bocas del Toro (Panama).

Charterflüge mit Kleinmaschinen

■ **Aero Bell** (Tel. 2290.0000, www.aerobell.com): ab Flughafen Tobias Bolaños
■ **Air Taxi Central America TACSA** (Tel. 2232.1248 und 2232.0660, tacsa@centralamerica.com): ab Airport Tobias Bolaños
■ **Pitts Aviation** (Tel. 2296.3600): ab Airport Tobias Bolaños

Internationale Flüge/Fluggesellschaften

Unter den angegebenen Telefonnummern kann die Rückbestätigung *(reconfirmation)* von Flügen vorgenommen werden.

■ **Aeroméxico** (Tel. 2440.1353/1354/1381, Reservierungen 2231.6429/6834)
■ **Aero República** (Tel. 8352.2121 , 2290.1852)
■ **Air Canada** (Tel. 2441.8025 und 2442.6997)
■ **Air Caraibes** (Tel. 2222.2244)
■ **Air Comet** (Tel. 2430.3458)
■ **Air France/KLM** (Tel. 2220.4111, 2220.4119)
■ **Air Panama** (Tel. 2430.4787, Reservierungen 2222.0433)
■ **Air Transat** (Tel. 2430.9696)
■ **American Airlines** (Tel. 2442.8800, Reservierungen 2248.9010)
■ **Avianca** (Tel. 2441.2827, 2441.2776, Reservierungen 08000.571015)
■ **British Airways** (Tel. 2223.5648)
■ **Continental** (Tel. 2442.1904, 2440.05, 2296.5589/4913, Reservierungen 08000.440005)

- **Copa** (Tel. 2441.4742/8243, 2295.7400, Reservierungen 2223.2672)
- **Condor** (Tel. 2430.4737, 2443.1860/1862, Reservierungen 2243.1818)
- **Cubana** (Tel. 2221.7625)
- **Delta** (Tel. 2440.4805/4802, 2257.3909/9564, 08000.562002)
- **Frontier** (Tel. 2440.4307/6668/4347, Reservierungen 00800.4432.1359)
- **Grupo Avianca** (Tel. 2299.8222): Zusammenschluss der TACA (Airlines Aviateca/Guatemala, NICA/Nicaragua, LACSA/Costa Rica und Taca Perú/Perú) sowie der Regionalcarrier Inter (Guatemala), Isleña (Honduras), La Costeña (Nicaragua), Aeroperlas (Panamá) und Avianca
- **Iberia** (Tel. 2441.2591, Reservierungen 2431.5633/5634)
- **KLM/Air France** (Tel. 2220.4111, 2220.4119)
- **Mexicana** (Tel. 2441.5377, Reservierungen 2295.6969, Gepäck 2442.0422)
- **Spirit Airlines** (Tel. 2441.2052, 2430.9652, Reservierungen 8000.111103)
- **United Airlines** (Tel. 2220.4844)
- **US Airways** (Tel. 2430.6690, Reservierungen 0800.011.0793)

Zeitungen

Tageszeitungen

Spanischsprachige Tageszeitungen gibt es praktisch an jeder Straßenecke zu kaufen. Die beiden etwas anspruchsvolleren Blätter heißen **La República** (www.larepublica.net) und **La Nación** (www.nacion.com). Außerdem gibt es noch eine Reihe weiterer Publikationen, zum Beispiel **La Prensa Libre** (www.prensalibre.co.cr), **El Diario, El Día** etc.

Englischsprachige Wochenzeitungen

Speziell für Touristen ist die englisch- und spanischsprachige Wochenzeitung **Costa Rica Today** gedacht, die neben viel Werbung auch eine Fülle von nützlichen Informationen enthält. Sie liegt meist kostenlos in vielen Hotels, Reisebüros etc. aus (eine deutschsprachige Version ist geplant). Ebenfalls wöchentlich erscheint die englischsprachige **Tico Times** (www.ticotimes.net), die sich an in Costa Rica lebende Amerikaner richtet. Neben viel Werbung enthält sie des Öfteren interessante Artikel und Veranstaltungshinweise.

Deutsche Zeitungen

Wer auch im außereuropäischen Ausland nicht auf deutsche Zeitschriften verzichten will, kann in der **Librería Francesa** (Calle 1, neben *Lehmann*) *Stern* und *Spiegel* kaufen – für läppische 10 $.

Zeitunterschied

Im europäischen **Winterhalbjahr** beträgt der Zeitunterschied zwischen Mitteleuropa (MEZ) und Costa Rica (Central Standard Time) **7 Stunden,** d.h. um 12 Uhr in Costa Rica ist es in Deutschland bereits 19 Uhr. Während der deutschen **Sommerzeit** (Ende März bis Ende Oktober) beträgt der Zeitunterschied **8 Stunden.**

Bevölkerung | 634

Costa Rica im Überblick | 548

Geografie | 548

Geschichte | 608

Klima | 552

Kultur | 638

Nationalparks
   und Naturschutzgebiete | 600

Pflanzenwelt | 586

Politik und Staat | 629

Tierwelt | 556

Wirtschaft | 631

11 Land und Leute

Costa Rica hat herrliche Naturräume zu bieten

Costa Rica im Überblick

- Offizieller Name: **República de Costa Rica**
- **Fläche:** 51.100 km² (Niedersachsen: 47.635 km², Schweiz: 41.285 km²)
- **Maximale Ausdehnung:**
Nord–Süd 464 km, Ost–West 259 km
- **Küstenlänge:**
Pazifik 1020 km, Atlantik 210 km
- **Höchster Berg:**
Cerro Chirripó Grande (3820 m)
- **Längster Fluss:**
Río Grande de Térraba (196 km)
- **Einwohner:** 4,8 Mio.
(davon über 50 % im Valle Central)
- **Bevölkerungsdichte:** 94 Ew./km² (Deutschland: 231 Ew./km²)
- **Städtische Bevölkerung:** ca. 60 %
- **Sprachen:** Spanisch, Patois, lokale Indianersprachen
- **Religion:** ca. 77 % katholisch, 14 % protestantisch
- **Analphabetenrate:** ca. 4 %
- **Staatsform:** Präsidialrepublik
- **Staatsoberhaupt:** Präsident *Luis Guillermo Solís;* seit Mai 2014
- **Verwaltungsgliederung:**
7 Provinzen, in 81 Cantone unterteilt
- **Städte: San José (Hauptstadt),** Alajuela, Heredia, Cartago, Puerto Limón, Puntarenas, Liberia, San Isidro
- **Wirtschaft:** Tourismus, Textilindustrie, Bananen, Kaffee, Zierpflanzen, tropische Früchte, Fisch
- **Währung:** Colón (1 € = 587 C.)
- **Nationalblume:** Guaria Morada
- **Nationalbaum:** Guanacaste
- **Nationalvogel:** Gilb- bzw. Schlichtdrossel
- **Zeitzone:**
Central Standard Time (MEZ minus 7 Std.)

Geografie

Naturräume

Costa Rica wird häufig als das **abwechslungsreichste Land Mittelamerikas** bezeichnet, und tatsächlich kann die Vielfalt naturgeografischer Erscheinungsformen wohl von keinem der Nachbarländer übertroffen werden. Das kleine Land, kaum größer als das deutsche Bundesland Niedersachsen, ist Teil der mittelamerikanischen Landbrücke und erstreckt sich auf einer Länge von etwa 450 km zwischen Karibischem Meer und Pazifik. Eine Gebirgskette mit Höhen über 3000 m trennt das atlantisch-karibische vom pazifischen Küstentiefland.

Bergland

Das Bergland ist **größtenteils vulkanischen Ursprungs,** verantwortlich ist das Abtauchen der pazifischen unter die karibische Kontinentalplatte.

Der von Nordwest nach Südost verlaufende Hauptgebirgszug Costa Ricas besteht aus vier unterschiedlich aufgebauten Gebirgseinheiten:

Cordillera de Guanacaste

Diese **Bergkette im Nordwesten,** eine Aneinanderreihung erdgeschichtlich relativ junger Vulkankegel (Orosí, Rincón

> Die Kanäle von Tortuguero sind eines der Naturwunder des Landes

de la Vieja, Miravalles, Arenal), erhebt sich auf quartärzeitlichen vulkanischen Ablagerungen bis zu 2000 m hoch.

Cordillera de Tilarán

Dieser kleine Gebirgszug ist der Cordillera de Guanacaste südöstlich vorgelagert und bildet ein **Bindeglied zur Cordillera Central**. Die Berge sind meist bewaldet und erreichen Höhen bis etwa 1500 m. Die Cordillera de Tilarán wird von vielen Geologen als niedriger Ausläufer der südöstlich gelegenen Cordillera de Talamanca betrachtet.

Cordillera Central

Die Arenalsenke trennt die Cordillera de Guanacaste von der sich im Südosten anschließenden Cordillera de Tilarán, die wiederum in die Cordillera Central übergeht, in der sich die bekanntesten und am besten erschlossenen **Vulkane** des Landes aneinander reihen (Poás, Barva, Irazú, Turrialba). Sie erreichen Höhen von über 2500 m. Die südwestlichen Gebirgshangzonen gehen sanft in das auf ca. 1000 m Höhe gelegene Valle Central (Zentraltal) über; nach Osten hingegen fallen sie steil zum karibischen Küstentiefland ab.

Cordillera de Talamanca

Südöstlich der Cordillera Central folgt dieses bisher am wenigsten erschlossene Gebirgsmassiv, das im 3820 m hohen **Vulkan Chirripó** gipfelt. Während die vorgenannten Gebirgseinheiten rein vulkanischen Ursprungs sind, ist die Cordillera de Talamanca aus klastischen (d.h. zertrümmerten und wieder zusammengebackenen) Gesteinen und Kalken mit vulkanischen Einschlüssen aufgebaut. Im Südosten reicht die Gebirgszone der Cordillera de Talamanca bis auf wenige Kilometer an das Karibische Meer heran.

Karibisches Tiefland

Östlich der Cordilleras erstreckt sich das karibische Tiefland. Geologisch ist es aus **erdgeschichtlich jungen Sedimenten** aufgebaut, die mit den Flüssen aus dem Bergland in das Küstentiefland transportiert wurden. Im Südosten, im Grenzbereich zu Pamana, schrumpft das Tiefland auf wenige hundert Meter zwischen Küste und dem Anstieg zur Cordillera de Talamanca zusammen. Weiter nach Norden verbreitert sich die karibische Tieflandzone auf bis zu 200 km im Grenzbereich zu Nicaragua. Dort befinden sich die ausgedehntesten Überschwemmungs- und Sumpfgebiete des Landes. Im Übergangsbereich zu den Bergländern sind angehobene, meist stark durch Flussläufe zerfurchte Platten mit wenige hundert Meter aufragenden Bergkuppen vulkanischen Ursprungs anzutreffen.

Die **karibische Küste** erstreckt sich von der nicaraguanischen Grenze im Norden auf über 200 km Länge bis nach Panama. Mangrovensümpfe, Lagunen, Sandstrände mit vorgelagerten Riffen und angehobene Korallenriffe wechseln sich ab. Trotz der vielfältigen Küstenformen ist der Küstenverlauf großräumig wenig gegliedert.

Pazifikküste

Die Pazifikküste weist dagegen zahlreiche **Buchten** (Golfo de Nicoya, Golfo Dulce), **Halbinseln** (Nicoya, Osa, Burica) und **Inseln** auf. Die Halbinseln bestehen aus stark zerklüfteten Berg- und Hügelländern, die größtenteils aus kreidezeitlichen Ablagerungen aufgebaut sind. Das pazifische Tiefland ist im Gegensatz zum karibischen Tiefland ein schmaler Streifen zwischen der Küste und den Ausläufern der Gebirgsketten.

Der Arenal – ein klassischer Schichtvulkan

Vulkanismus

Zentralamerika ist eine der vulkanisch aktiven Zonen der Erde. Überall dort, wo die **Kontinentalplatten** aneinander stoßen oder sich voneinander entfernen, treten vulkanische Erscheinungen auf. Im Falle Costa Ricas schiebt sich die pazifische unter die karibische Platte. **Erdbeben und Vulkanausbrüche** sind die wohl gefürchtetsten Folgen. Doch auch **heiße Quellen, Fumarolen und Solfataren** sind Zeugen vulkanischer Tätigkeit im Erdinnern. Hierbei suchen sich heiße Gase ihren Weg an die Erdoberfläche. Durch chemische Umsetzungsvorgänge wird das Gestein stark angegriffen. An den Gasaustrittsstellen entstehen häufig mineralische Ausblühungen, z.B. gelbe Schwefelkristalle. Treffen heiße Gase aus dem Erdinnern hingegen auf Grundwasser, dann entstehen heiße Quellen oder brodelnde Schlammtöpfe (Solfataren). Am Vulkan Rincón de la Vieja ist dies deutlich zu sehen.

Tritt **Magma** an die Erdoberfläche, so kann dies auf unterschiedlichste Weise erfolgen. Vulkanologen unterscheiden lineare und punktförmige Eruptionen. **Lineare Eruptionen** treten an Dehnungsspalten auf, an denen entweder dünnflüssiges Magma an die Erdoberfläche tritt und sich ausbreitet oder die Magmenfördertätigkeit sich auf bestimmte Bereiche der Spalte konzentriert. Im zweiten Fall entstehen Lavafontänen aus heißen Schlacken, die um die Förderkanäle herum abgelagert werden, woraus sogenannte Schlackenkegel wachsen.

Häufiger sind jedoch **punktuelle Eruptionen** an mehr oder weniger kreisförmigen Förderschloten. Kommt es über längere Zeit zur Förderung von heißen Schlacken, können Schlackenkegel von über einem Kilometer Durchmesser entstehen, die als **Ringwallvulkane** oder Tephraringe bezeichnet werden. Natürlich gibt es auch Vulkane, die durch eine einzige Explosion entstehen, wenn die Füllung eines Förderschlotes unter hohem Druck explosionsartig in die Höhe geschleudert wird. Zurück bleibt ein tiefer Explosionskrater. Mit Wasser gefüllte Explosionskrater werden in der wissenschaftlichen Literatur als Maare bezeichnet. Häufig ist jedoch die Zuordnung vulkanischer Oberflächenformen zu bestimmten Fördermechanismen nicht eindeutig zu klären, da es auch Kombinationen gibt.

Der Prototyp des Vulkans schlechthin – der **Strato- oder Schichtvulkan** – basiert auf einer Abfolge unterschiedlicher Magmenförderung. Durch Auswurf ungeheurer Mengen an Schlacken, die zum Teil mehrere Kilometer in die Höhe geschleudert werden, kommt es zunächst um den Förderkanal herum zur Bildung eines Schlackenkegels. Dieser Kegel aus Lockermaterial und miteinander verschweißten Schlacken (Tuff) würde jedoch durch Erosionsvorgänge in erdgeschichtlich kürzester Zeit abgetragen werden. Durch anschließende Förderung von dünnflüssigem Magma aus der Tiefe kommt es zu einer Verfestigung der Lockermaterialien, wenn sich die Magmenmassen über den Kraterrand ergießen. Erneute Förderung von Lockermaterial führt zu einer Erhöhung, der darauf folgende Erguss von glutflüssigem Material zur weiteren Verfestigung des Vulkankegels.

Der **Vulkan Arenal** ist in Costa Rica wohl das beste Beispiel für diesen Vulkantypus. Die Mehrzahl der Vulkane Costa Ricas weisen jedoch nicht die klassische Kegelform auf. Dies liegt daran, dass sich bei den genannten Vulkanen der Hauptförderschlot in mehrere Förderkanäle verzweigt, die zur Bildung mehrerer Krater geführt haben. So weist beispielsweise der Vulkan Rincón de la Vieja im Gipfelbereich neun Krater auf. Häufig kommt es in den jüngeren Kratern zu vulkanischen Begleiterscheinungen. So können im Krater des Vulkans Poás Dampfaustritte (Fumarolen) und Solfataren bewundert werden.

Vor allem der **Vulkan Turrialba** war in letzter Zeit immer wieder aktiv und hat im März 2015 sogar zu einer Schließung des Flughafens in San José geführt.

Klima

Costa Rica liegt in der **tropischen Klimazone,** gekennzeichnet durch geringe jahreszeitliche Temperaturschwankungen. Das Klima ist geprägt von der jeweiligen Höhenlage und der Niederschlagsmenge. Von Oktober bis März liegt Costa Rica im Einzugsbereich der **Nordost-Passate,** die der karibischen Abdachung monatliche Niederschläge von über 400 mm bescheren. Auf der pazifischen Seite herrscht von Dezember bis April **Trockenzeit.** Ab Mai überwiegen **Winde aus südwestlichen Richtungen,** die auf der pazifischen Seite Costa Ricas zu

Niederschlägen führen. Tropische Tiefdruckgebiete sorgen aber gleichzeitig im karibischen Tiefland für Regen. Somit herrscht im pazifischen Bereich Costa Ricas wechselfeuchtes Klima mit einer mehrere Monate andauernden Trockenzeit vor. Im karibischen Tiefland fallen ganzjährig Niederschläge bis zu 6000 mm im Jahr.

Klimazonen

Vereinfachend kann man das Land in drei Klimazonen aufteilen:

Valle Central
Dieses ins Gebirge eingesenkte Becken liegt auf einer Höhe von ca. 950–1450 m und erhält rund 2000 mm Niederschlag im Jahr. Die mittleren Jahrestemperaturen liegen um 20 °C

Atlantischer Bereich
Charakteristisch sind fast konstante Jahrestemperaturen (um 26 °C) und ganzjährige Niederschläge; die mittlere Niederschlagsmenge liegt zwischen 3000 und 4500 mm.

Pazifischer Bereich
Wechselfeucht mit 2000–2500 mm Niederschlag und einer ausgeprägten Trockenzeit von Dezember bis April im Nordwesten, an der Südküste (Halbinsel Osa, Golfo Dulce) immerfeucht mit höheren Niederschlagswerten. Mittlere Jahrestemperaturen um 26 °C.

Höhenstufung

Aufgrund der ausgeprägten thermischen Höhenstufung weist Costa Rica unterschiedliche Vegetationszonen auf.

Bis in Höhen von 500–600 m, in der **Tierra Caliente** (Heiße Zone), herrscht eine mittlere Jahrestemperatur von etwa 24 °C vor. Immergrüner tropischer Regenwald beherrscht die karibischen Tiefländer, an der Pazifikküste – insbesondere im Nordwesten – dominieren hingegen Trocken- und Feuchtwälder.

Die sich anschließende **Tierra Cálida** (Warm-gemäßigte Zone), die sich bis auf Höhen von ca. 1600 m erstreckt, markiert den Übergangsbereich zu prämontanen Feucht- und Regenwäldern.

In der gemäßigten Klimazone, der **Tierra Templada,** beträgt das jährliche Temperaturmittel 14–18 °C. Diese Stufe reicht bis ca. 2300 m. Hier dominieren montane Feucht- und Regenwälder.

> Scheinblüte der Heliconie

Klimatabelle

Klima

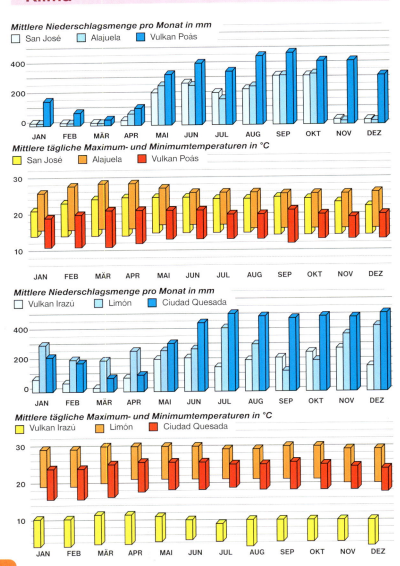

Klimatabelle

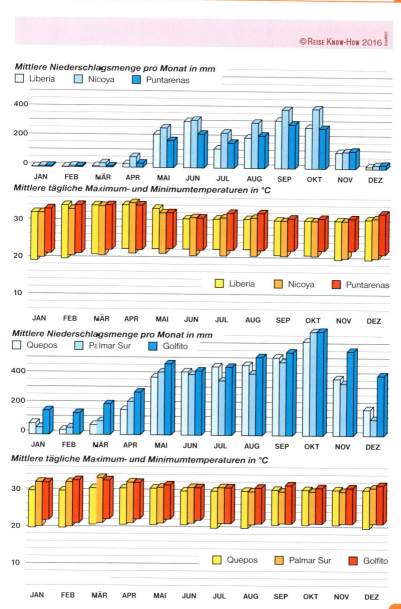

Die **Tierra Fría** (Kühle Zone) mit Durchschnittstemperaturen von 10–14 °C geht bei ca. 3000 m in die **Páramozone** über, die die Gipfelregionen der höchsten Vulkane umfasst.

Die Tierwelt Costa Ricas

Das folgende Kapitel entstand mit freundlicher Unterstützung der deutschen Biologen **Barbara Hartung** und **Rolf Blancke.**

Die Fauna Costa Ricas ist sehr artenreich, und dennoch sollte man nicht erwarten, überall wilde Tiere zu sehen. Die meisten Tierarten leben im tropischen Regenwald, dem komplexesten Ökosystem der Erde. Aufgrund der dichten Vegetation und ihrer ausgezeichneten Tarnung sind sie dort jedoch nur schwer auszumachen. Hinzu kommt, dass viele Tiere vorwiegend nachts aktiv sind und die Nähe des Menschen scheuen. Doch wer Geduld hat und die Augen aufhält, wird mit Sicherheit zahlreiche Tiere zu Gesicht bekommen, vor allem natürlich wunderschöne Vögel, aber auch Affen und andere Säugetiere sowie verschiedene Reptilien und Amphibien. Nachfolgend sind die wichtigsten Säugetiere und eine Auswahl der Vögel und anderer Tierarten aufgeführt und beschrieben. Nach dem deutschen Namen steht in Klammern der in Costa Rica gebräuchliche spanische Name. Eine Liste mit deutschen, spanischen und wissenschaftlichen **Tier- und Pflanzennamen** ist **im Anhang** zu finden.

Säugetiere

Über 220 Säugetierarten (plus 25 Meeressäuger) kommen in Costa Rica vor, davon sind allerdings etwa die Hälfte Fledermaus-Arten (107). Am häufigsten bekommt man Affen zu Gesicht.

Affen (Simiae)

In Costa Rica kommen vier Arten vor. Wegen ihrer breiten Nase mit weit auseinanderstehenden Nasenlöchern werden sie als Überfamilie der **Breitnasen** *(Platyrrhina)* zusammengefasst. Alle vier Arten gehören zur **Familie der Kapuzinerartigen** *(Cebidae).* Sie leben als tagaktive Baumbewohner in Paaren oder Gruppenverbänden (10–40 Tiere).

Mantelbrüllaffe (mono congo)
Die häufigste Art in Costa Rica. Ihre Fellfärbung ist meist schwarz, manchmal auch bräunlich. Auffällig sind ihre langsamen Bewegungen, denn sie ernähren sich ausschließlich von Blättern und Früchten und müssen daher mit ihren Energiereserven haushalten. Dies ist auch der Grund dafür, dass die Männchen ihr Revier nicht mit Kämpfen verteidigen, sondern durch ein ohrenbetäubendes Gebrüll, das eher an eine wildgewordene Elefantenherde erinnert als an mittelgroße Affen.

Geoffroy-Klammeraffe (mono colorado oder mono araña)
Die beiden spanischen Namen nehmen Bezug auf die rotbraune Färbung des Felles und ihre starken Klammerschwänze (*araña* = Spinne), mit denen sie sich geschickt in den Bäumen fortbe-

wegen und sich gelegentlich sogar daran aufhängen, um alle vier „Hände" frei zu haben. Diese sehr aktiven Tiere bevorzugen dichte Waldgebiete und fressen vor allem Früchte (mind. 80 %), aber auch Blätter und Blüten.

Weißschulterkapuziner (mono carablanca)
Diese drolligen Tiere kommen in Waldgebieten des ganzen Landes vor. Den Namen tragen sie wegen ihrer „Kapuzinerkutte": schwarzes Fell, im Gesichtsumfeld und oberen Brustbereich weiß. Kapuzineraffen leben in großen Sozialverbänden und ernähren sich von Insekten und Früchten, aber auch von Vögeln, Leguanen und kleinen Säugetieren.

Rotrücken-Totenkopfaffe (mono tití oder mono ardilla)
Die **kleinste Affenart des Landes** gilt inzwischen in ihrem Bestand als stark bedroht und kommt in Costa Rica nur noch im südpazifischen Raum vor (Manuel Antonio, Corcovado). Auffällig ist die orange-goldene Fellfärbung und die weiße Gesichtsmaske. Sie ernähren sich von Insekten, kleinen Früchten, Blättern, Blüten, Nektar und auch von kleinen Wirbeltieren.

Raubkatzen (Felidae)

Sechs verschiedene Arten von Raubkatzen leben meist sehr zurückgezogen in verschiedenen Regionen des Landes. Da die Tiere scheu und oft nachtaktiv sind, sind die Chancen gering, ihnen in freier Wildbahn zu begegnen.

Arbeitet vierhändig – Klammeraffe

Die Tierwelt Costa Ricas

Ozelotkatze (caucel/oncilla)
Die kleinste, auch **Tigerkatze** genannte Fleckkatze erreicht in etwa die Größe einer großen Hauskatze (40 bis 55 cm). Sie lebt in Höhenlagen bis 3200 m und ernährt sich von kleinen Säugetieren und Vögeln.

Wieselkatze (jaguarundi/león breñero)
Die Raubkatze besitzt ein einfarbig braunes oder schwarzes Fell ohne Flecken. Die dunklen Varianten können leicht mit Tayras verwechselt werden. Ohne ihren langen, schlanken Schwanz erreicht die Katze eine Länge von 50 bis knapp 80 cm. Das Tier lebt in Höhen bis zu 2200 m und erbeutet Vögel und kleine Säugetiere.

Baumozelot (margay)
Wegen seines auffällig langen Schwanzes wird das Tier auch als **Langschwanzkatze** bezeichnet. Es hat ein geflecktes Fell und erreicht eine Länge von 53 bis 79 cm. Das nachtaktive Tier lebt als scheuer Einzelgänger in Höhen bis 900 m vorwiegend auf Bäumen und frisst kleine Säuger, Vögel, Arthropoden, Früchte und gelegentlich sogar Blätter. Da die Katze mehr in den Bäumen lebt, jagt sie im Gegensatz zu den anderen Katzen verstärkt die baumlebende Fauna.

Ozelot (manigordo)
Die mittelgroße Fleckkatze wird etwa 70 bis 100 cm lang, bei einer Schulterhöhe von etwa 45 cm. Das Fell weist längliche Flecken auf, und der Schwanz ist kürzer als beim Baumozelot. Wie dieser lebt es als Einzelgänger und ist vorwiegend nachtaktiv. Der Ozelot ist jedoch nur selten auf Bäumen anzutreffen, meist lebt er am Boden in Höhenlagen bis 1500 m und darüber. Gelegentlich kommt er auch in die Nähe menschlicher Siedlungen, wo er sich auch schon mal Geflügel fängt. Wegen seines schönen Felles werden diese in den Wäldern Mittel- und Südamerikas lebenden Tiere nach wie vor stark bejagt.

Puma oder Berglöwe (puma)
Der einfarbig braune Bergbewohner erreicht eine Länge von 105 bis 180 cm, eine Schulterhöhe von etwa 60 bis 90 cm und ein Gewicht von bis zu 100 kg. Auffällig ist das dunkle Schwanzende. Der scheue Einzelgänger ist für Menschen relativ ungefährlich und kommt in ganz Amerika bis auf 4500 m Höhe vor (in Costa Rica bis 3300 m), sowohl in Wüstenregionen wie auch im Regenwald. Er ist tag- als auch nachtaktiv. Seine Beute sind Hirsche, Agutis, Pakas, Ratten und Schlangen.

Jaguar (tigre)
Das **größte Raubtier des Landes** wird bis 1,80 m lang und bis zu 150 kg schwer, bei einer Schulterhöhe von 55 bis 80 cm. Die Fellzeichnung besteht aus Ringen, die einen oder mehrere Flecken aufweisen. Der tag- und nachtaktive Einzelgänger lebt häufig in Feuchtgebieten bis 2000 m Höhe und erbeutet dort größere Säugetiere, Kaimane, Schildkröten, Vögel und Fische. Man hat beobachtet, dass Jaguare in Costa Rica vermehrt Meeresschildkröten fressen, vermutlich, da es leichte Beute ist und andere Beutetiere wie Pekaris und Hirsche durch Wilderei immer mehr verschwinden. Jaguare sind weltweit in ihrem Bestand bedroht und auch in Costa Rica selten.

Die Tierwelt Costa Ricas

Hundeartige (Canidae)

Kojote (coyote)

Die Vertreter dieser kleinen Wolfsart sind auch als **Heulwolf** oder **Präriewolf** bekannt. Einst waren sie vor allem in den Prärien Nordamerikas weit verbreitet. Die Beute der vorwiegend nachtaktiven Tiere besteht aus Vögeln und kleinen Wirbeltieren, sie ernähren sich aber auch von Aas und kleinen Früchten. Sie sind in ihrer Nahrungswahl sehr flexibel, was zu einer sehr weiten Verbreitung geführt hat.

Graufuchs (zorro gris)

Das kleine, fuchsartige Tier hat ein silbergraues und rötlichbraunes Fell. Das sehr scheue Tier ist in der Dämmerung und nachts aktiv, manchmal jedoch auch am Tag. Als einziger Vertreter seiner Ordnung ist er ein guter Kletterer und verbringt einen Teil seines Lebens in Bäumen. Er ernährt sich von Früchten, kleinen Säugern und Arthropoden. Graufüchse findet man in ganz Nord- und Mittelamerika, vom südlichen Kanada bis Nordkolumbien.

Kleinbären (Procyonidae)

Alle 16 Arten dieser Raubtierfamilie, gelegentlich auch als **Waschbärenartige** bezeichnet, sind in Amerika heimisch. In Costa Rica leben sechs Vertreter dieser Bären-Familie, die meist abends oder nachts auf Futtersuche gehen.

Nordamerikanischer Waschbär (mapache)

Mit seiner schwarzen Gesichtsmaske und dem gestreiften, buschigen Schwanz wirkt dieses Tier, das von Kanada über die USA bis in den Süden Mittelamerikas anzutreffen ist, recht drollig. Waschbären, die in Costa Rica eine Körperlänge von bis zu 50 cm erreichen, sind vorwiegend nachtaktiv und leben meist in Wassernähe, denn sie sind gute Schwimmer. Ihren Namen haben sie von ihrer Angewohnheit, ihre Nahrung vor dem Verzehr zu „waschen". Die Allesfresser ernähren sich u.a. von Fröschen, Fischen, kleinen Tieren, und Früchten.

Krabbenwaschbär (mapache cangrejero)

Diese besondere Waschbärenart lebt in Costa Rica nur an der Südwestküste. Der Bär hat ein raueres Fell als sein oben genannter Verwandter und einen weniger buschigen, aber längeren Schwanz. Der Krabbenwaschbär lebt vorwiegend am Boden und ist spezialisiert auf Krabben- und Fischfang, er ernährt sich aber auch von Insekten und anderen Tieren. Mit seinen massiven Backenzähnen ist er in der Lage, die Panzer von Krabben und anderen Schalentieren aufzubeißen.

Nasenbär (pizote)

Die Chancen, in Costa Rica einen Nasen- oder Weißrüsselnasenbären, wie er wegen seiner rüsselartigen Nase genannt wird, anzutreffen, sind relativ groß. Die Tiere sind etwa 60 cm groß und haben ein braunes Fell und einen gestreiften Schwanz. Sie leben im Tiefland am Boden und auf Bäumen, sind gute Kletterer und Schwimmer. Weibchen und Jungtiere leben in großen Gruppen von bis zu 100 Tieren zusammen, wohingegen Männchen als Einzelgänger umherstreifen. Ihre Nahrung besteht aus Früchten, Insekten und kleinen Tieren.

Wickelbär (martilla)

Eher selten bekommt man diesen nachtaktiven Baumbewohner zu Gesicht, der auch als **Kinkajou** bezeichnet wird. Er hat ein braunes Fell, eine spitze Nase und erreicht eine Körperlänge von etwa 50 cm, den rund 45 cm langen und kräftigen Klammerschwanz nicht eingerechnet. Er lebt als Einzelgänger oder in Paaren in Höhen bis 2000 m; seine Nahrung besteht zu etwa 80 % aus Früchten, außerdem frisst er Insekten und in der Trockenzeit auch Blütennektar und Honig.

Makibär (olingo)

Wegen seines im Vergleich zum Wickelbären schlanken Körpers wird der *olingo* auch **Schlankbär** genannt. Er ist etwas kleiner als der Wickelbär (Körperlänge 40 cm), sein Fell ist grau bis braun gefärbt, und der gestreifte Schwanz ist buschiger, aber kein Greifschwanz. Makibären leben in den Bäumen feuchter Waldgebiete.

Mittelamerikanisches Katzenfrett (cacomistle)

Das Katzenfrett ist dem Makibären ähnlich, es trägt jedoch eine dunkle Gesichtsmaske mit weißen Augenringen, und die Streifen im Schwanz sind besser zu erkennen. Der Baumbewohner erreicht eine Körperlänge von maximal 49 cm plus einer Schwanzlänge von 35 bis 50 cm. Diese scheuen Nachttiere leben vorwiegend von Früchten, in geringerem Maße auch von Insekten und Kleintieren. Zwischen Mai und Juni bringen sie ein bis drei Junge zur Welt, die bis zu 23 Jahre alt werden können. In manchen Gegenden Mittel- und Südamerikas werden sie als Haustiere zur Mäuse- und Rattenvertilgung gehalten.

Marderartige (Mustelidae)

Langschwanzwiesel (comadreja)

Dieses tag- und nachtaktive Raubtier (Körperlänge bis 26 cm) hat ein braunes Fell mit einer schwarzen Schwanzquaste und lebt als Einzelgänger. Es kommt von Kanada bis Bolivien in Höhen bis zu 4000 m vor. Seine Beute sind kleine Nagetiere, Vögel und Reptilien.

Tayra (tolomuco)

Diese auch **Hyrare** genannten Tiere sind in Costa Rica völlig schwarz und erreichen eine Körperlänge bis 71 cm ohne Schwanz. Obwohl sie Waldgebiete bevorzugen und gute Kletterer sind, sind sie überwiegend am Boden anzutreffen. Sie ernähren sich von kleinen Säugetieren, gelegentlich auch von Insekten und Früchten.

Skunk (zorro hediondo)

Das berühmt-berüchtigte **Stinktier** mit dem weißen Streifen auf dem Rücken lebt meist in trockenen Gebieten, ist aber auch im Regenwald anzutreffen. Es ernährt sich von Insekten, kleinen Tieren und Früchten. Bei Gefahr verspritzt das ansonsten recht wehrlose Tier eine übelriechende Flüssigkeit, die seine Feinde wirkungsvoll abschreckt. In Costa Rica unterscheidet man drei Arten, der Amazonasskunk *(Conepatus semistriatus)* ist die häufigste.

Neotropischer Fischotter (nutria)

Mit ihrem dichten, braunen Fell, den kurzen Beinen mit Schwimmhäuten zwischen den Zehen und dem kräftigen Schwimmschwanz sind die rund 60 cm großen Tiere ideal an das Leben im Wasser angepasst. Die ausgezeichneten

Die Tierwelt Costa Ricas

Schwimmer und Taucher leben bevorzugt in schnell fließenden Flüssen, wo sie Fische, Krustentiere und andere Wassertiere erbeuten.

Nagetiere (Rodentia)

Es gibt zahlreiche Arten von Boden- und Baumratten, Land- und Wassermäuse, u.a. die **Stacheltaschenmaus** *(ratón semiespinoso/ratón de bolsas)* und die **Baumwollratte** *(rata algodonera)*.

Hörnchen

In Costa Rica leben das Rothörnchen *(ardilla coliroja)*, das Bunthörnchen *(chisa variada)*, das Berghörnchen *(ardilla de Poás)*, das zentralamerikanische Zwerghörnchen sowie diverse weitere Hörnchenarten.

Paka (tepezcuintle)

Das mit den Meerschweinchen verwandte Paka erreicht eine Körperlänge von rund 70 cm. Der nachtaktive Waldbewohner lebt in Erdhöhlen, die er in Wassernähe anlegt. Wie auch das kleinere Aguti wurden Pakas über Jahrhunderte wegen ihres Fleisches gejagt, aber auch für viele tierische Waldbewohner sind sie ein Leckerbissen.

Mittelamerikanisches Aguti (guatusa)

Das Aguti, auch **Goldhase** genannt, ist kleiner als das Paka und erreicht etwa Kaninchengröße (max. 50 cm). Das mit seinem braunen Fell gut getarnte tagaktive Nagetier, dessen Hinterfüße in nur drei langen Zehen enden (vorn vier Zehen), ist mit dem Meerschweinchen verwandt. Durch seine Angewohnheit, Früchte und Samen in Löchern zu vergraben, spielt es eine wichtige Rolle für die Verbreitung von Pflanzen.

Baumstachler (puercoespín)

Zu dieser Nagetierfamilie zählen in Mittelamerika zwei Arten: der Greiftachler und der **Wollgreifstachler,** in Costa Rica kommt nur Letzterer vor. Die geschickten Kletterer bewohnen Waldgebiete, wo sie sich von Blättern, Früchten und anderer pflanzlicher Kost ernähren. Die einzellebenden Tiere haben ein aufrichtbares Stachelkleid, dessen Stacheln sich bei Berührung leicht lösen und sich in der Haut des Angreifers verhaken. Baumstachler sind nachtaktiv, tagsüber schlafen sie.

Hasentiere (Lagomorpha)

Brasilien-Waldkaninchen (conejo de monte)

Das auch **Tapeti** genannte nachtaktive Tier erreicht eine Körperlänge bis 42 cm, hat ein dunkles Fell und einen sehr kurzen Schwanz. Es kommt im tropischen und gemäßigten Mittel- und Südamerika vor und lebt in Höhen bis zu 2500 m (sein spanischer Name bedeutet „Bergkaninchen"), in Costa Rica bis 1500 m.

Fledertiere (Chiroptera)

In Costa Rica leben über 100 Arten **Fledermäuse** *(murciélagos)*, die meisten von ihnen sind recht klein, die größte Art erreicht allerdings gut einen Meter Spannweite. Einige nachtaktive Tiere sind schon am späten Nachmittag unterwegs. Die meisten Fledermäuse Costa Ricas sind Insekten- oder Früchtefresser, es gibt aber auch einige Nektar- und sogar eine fischfressende Art; nur drei Arten, sogenannte „Vampire", beißen Wirbeltiere und lecken deren Blut auf.

Große Hasenmaul-Fledermaus (murciélago pescador)
Sie ist eine Besonderheit: Das Tier ernährt sich von Fischen, die es im Flug aus dem Wasser greift.

Beutelratten (Didelphidae)

Beuteltiere gibt es nicht nur in Australien. Diese nachtaktiven Baumbewohner haben einen zugespitzten Kopf und verfügen über einen nackten Klammerschwanz, mit dessen Hilfe sie sich geschickt in den Bäumen bewegen.

Vieraugenbeutelratte (zorro gris de cuatro ojos)
Das etwa rattengroße Tier verdankt seinen Namen zwei auffallenden weißen Flecken, die wie Augen aussehen. Wenn die Jungen den Beutel verlassen, klettern sie auf den Rücken der Mutter, wo sie sich festhalten, indem sie ihren Schwanz um den der Mutter klammern. Neben der grauen Vieraugenbeutelratte gibt es noch die ähnliche, aber seltenere braune Vieraugenbeutelratte.

Wollbeutelratte (zorro de balsa)
Dieses kleine, schlanke Beuteltier mit einem auffällig langen Greifschwanz lebt auf Bäumen, wo es sich von Früchten und Insekten ernährt.

Zentralamerikanisches Opossum (zorro pelón)
Dieser nahe Verwandte der nordamerikanischen Beutelratte lebt ebenfalls in Waldgebieten und ernährt sich dort von Früchten, Eiern und Insekten; gelegentlich erbeutet er auch kleine Vögel oder Säuger.

Faultiere (Bradypodidae)

In Costa Rica gibt es zwei sehr ähnliche Arten dieser rein amerikanischen Säugetierfamilie, die man an der Fellfärbung und der Fingerzahl der Vorderfüße unterscheidet (an den Hinterfüßen haben beide Arten je drei Zehen!). Beide leben in Baumkronen, die sie nur alle ein bis zwei Wochen verlassen, um ihr Geschäft zu verrichten. Ihre sprichwörtliche Langsamkeit lässt sie ihre Futterquellen optimal nutzen: Die Nahrung wächst ihnen sozusagen entgegen. Die langsamen Bewegungen dienen jedoch nicht nur der Energieeinsparung, sondern stellen auch einen guten Schutz vor Feinden dar, von denen sie meist gar nicht wahrgenommen werden.

Zweifingerfaultier (perezoso de dos dedos)
Die größere Faultierart, **Unau,** wird bis zu 85 cm groß und hat ein bräunliches Fell.

Dreifingerfaultier (perezoso de tres dedos)
Das Fell des **Ai** ist gräulich mit einer Gesichtsmaske, das Tier wird bis 60 cm groß.

▷ Ein Zweifingerfaultier im Aviarios del Caribe

Gürteltiere (Dasypodidae)

Neunbindengürteltier
(amardillo oder cusuco)

Der schützende Panzer des Tieres, das eine Länge von 36–57 cm und ein Gewicht von nur 3–5 kg erreicht, ist in sieben bis zehn Gürtel unterteilt. Das als Einzelgänger vorkommende Tier ist vorwiegend nachtaktiv und lebt in Höhen bis 1500 m. Wie die Ameisenbären ernährt es sich vorwiegend von Ameisen, und anderen Insekten. Wegen seines wohlschmeckenden Fleisches wurde und wird es vom Menschen gejagt.

Ameisenbären (Myrmecophagidae)

Zwerg-Ameisenbär (serafín de platanar)

Das nur 16–22 cm kleine Tier wird auch Pygmäen-Ameisenfresser genannt. Der nachtaktive Baumbewohner hat ein helles, goldgelbes Fell und einen langen Wickelschwanz. Tagsüber schläft der Einzelgänger eingerollt wie ein Tennisball in Bäumen, wo er nur sehr schwer zu entdecken ist.

Nördlicher Tamandua
(oso hormiguero oder oso colmenero)

Die **häufigste Ameisenbärenart** erreicht eine Länge bis 67 cm und hat ein gelblich-hellbraunes Fell mit einer schwarzen „Weste". Auffällig sind die spitze Maul-Nasenpartie und der lange Schwanz mit nacktem Ende. In Höhenlagen bis 2000 m lebt das Tier am Boden und auf Bäumen. Es ernährt sich von Ameisen und Termiten, deren Bau es mit seinen langen, starken Vorderkrallen zerstört, sowie von Früchten. Bei einem Angriff richtet sich das Tier auf und kann mit seinen Krallen dem Gegner tiefe Wunden zufügen.

Riesen-Ameisenbär (oso caballo)
Pferdebär nennen die Einheimischen dieses bis 1,30 m lange Tier mit dem langen „Schnabel". Sein Fell ist graubraun mit einem großen schwarzen Streifen an Hals und Schulter. Das Tier bevorzugt offene Flächen. In Costa Rica wurde es schon länger nicht mehr gesichtet, aber auf der Halbinsel Osa wurden Spuren gefunden.

Huftiere (Ungulata) – Paarhufer (Artiodactyla)

Großer Roter Spießhirsch (cabro de monte)
Diese kleine Hirschart (Schulterhöhe 70 cm) hat als Geweih zwei einfache Spieße (10–13 cm), die ihm den Namen geben. Das Tier lebt einzeln oder paarweise und bevorzugt Waldgebiete in Wassernähe, wo es sich vorwiegend von Blättern, aber auch Früchten und Gras ernährt. Seine natürlichen Feinde sind Raubkatzen, Adler und Riesenschlangen.

Weißwedelhirsch (venado)
Diese Hirschart ist identisch mit dem nordamerikanischen Virginiahirsch, auch wenn die hiesigen Vertreter nicht so groß werden: Die Weibchen erreichen bis 90 cm, die Männchen bis 100 cm Schulterhöhe. In Costa Rica leben sie vorwiegend in den wenigen Rückzugsgebieten der Trockenregion von Guanacaste, wo sie früher zu Tausenden abgeschlachtet wurden. Beobachten kann man die costaricanischen Nationaltiere am besten während der Trockenzeit in den Nationalparks des Nordwestens.

Halsbandpekari (saíno)
Einer von zwei costaricanischen Vertretern der Familie Pekaris *(Tayassuidae)*, einer amerikanischen Unterfamilie der Schweine. Das kleinere Halsbandpekari,

Das Pekari lebt im tropischen Regenwald

auch *Nabelschwein* genannt, erreicht eine Länge von 80 bis 105 cm, eine Schulterhöhe von 30 bis 50 cm und ein Gewicht bis 31 kg. Markant ist das weiße „Halsband", das dem Tier seinen Namen gibt. Die tagaktiven Paarhufer leben in Gruppenverbänden von 2 bis 22 Tieren (meist etwa 8). Sie sind Allesfresser, denn sie verschmähen auch kleine Säugetiere, Reptilien, Frösche und Insekten nicht.

Weißbartpekari (cariblanco)

Die größere Pekar.-Art erreicht eine Länge bis 1,20 m, eine Schulterhöhe von 40–60 cm und ein Gewicht von 25–40 kg. Unterkiefer und Kehle des auch **Bisamschwein** genannten Tieres sind weiß. Weißbartpekaris leben in tropischen Regenwäldern, wo sie große gemischte Herden von 40–300 Tieren bilden. Die Allesfresser ernähren sich von Wurzeln, Früchten, Nüssen, Samen, Gräsern und Blättern, aber auch von Kleintieren und Aas.

Huftiere (Ungulata) – Unpaarhufer (Perissodactyla)

Mittelamerikanischer Tapir (danta)

Auch wenn seine Schnauze zu einem kurzen Rüssel verlängert ist, ist das Tapir nicht mit den Elefanten verwandt, sondern vielmehr mit Pferden und Nashörnern. Der Unpaarhufer hat an den Vorderfüßen vier, an den Hinterfüßen drei Zehen und wird bis 2,40 m lang. Das massige Tier erreicht eine Schulterhöhe von etwa 1,20 m und ein Gewicht von bis zu 300 kg. In Costa Rica ist der Urwaldbewohner auch im Bergland bis 3350 m anzutreffen, in jedem Fall jedoch in Wassernähe. Der Baird-Tapir, wie er in Anlehnung an seinen lateinischen Namen auch genannt wird, ernährt sich rein pflanzlich, zu seinen Feinden zählen große Raubkatzen wie Puma und Jaguar.

Meeressäuger

Von der Vielzahl der wasserbewohnenden Säugetiere sei hier nur eine Auswahl aufgeführt.

Buckelwal (ballena jorobada)

Der zur Unterordnung der Bartenwale *(Mysticeti)* gehörige Buckelwal erreicht eine Körperlänge bis 15 m und ein für Wale „mittleres" Gewicht von 30 bis 45 t. Die mit fast 5 m riesige Brustflosse dient zur Stabilisierung beim Schwimmen. Die Nahrung des Meeressäugers besteht aus Krill, Tintenfischen und Fischen. Die Tiere sind in permanenter Wanderschaft zwischen dem Äquator und den polaren Gebieten. Der Buckelwal gilt mit weltweit etwa 12.000 Tieren als bedrohte Tierart.

Gewöhnlicher Delfin (delfín común)

Diese Zahnwale leben in großen Gruppen (Schulen). Delfine sind sehr gute Schwimmer, sie erreichen Geschwindigkeiten bis 60 km/h. Eine Nasenöffnung an der Kopfoberseite, die sich unter Wasser verschließt, ermöglicht ihnen zu atmen. Die Fischfresser werden bis 2 m lang und ziehen ein Junges pro Jahr groß.

Großer Tümmler (delfín de nariz de botella)

Bis etwa 4 m Körperlänge erreicht der Große Tümmler, der wegen seiner spitzen Schnauze in Lateinamerika **Flaschennasendelfin** genannt wird. Wie alle Delfine gehört er zur Unterordnung der Zahnwale und ernährt sich vorwiegend von Fischen.

Karibischer Manati oder Seekuh (manatí oder vaca marina)

Die Seekuh ist kein reiner Meeresbewohner, da sie nicht nur in küstennahen Gewässern, sondern auch im Mündungsbereich größerer Flüsse lebt. Trotz des plumpen Körperbaus ist das mit dem Elefanten verwandte Tier ein hervorragender Schwimmer. Seekühe sind die einzigen wasserlebenden Säugetiere, die sich rein pflanzlich ernähren.

Vögel

Die Vogelwelt Costa Ricas ist mit **rund 850 Arten** – mehr als doppelt so viel wie in Mitteleuropa – außergewöhnlich vielfältig. In allen Regionen und Lebensbereichen des Landes findet man eine Vielzahl von Vögeln aller Größen und Farben – nachfolgend eine Auswahl.

Habichtartige (Accipitridae)

Harpyie (aguila arpía)

Einer der stärksten Greifvögel der Erde. Er erreicht eine Körpergröße von 80–100 cm, hat ein dunkles Gefieder mit einer aufrichtbaren Kopfhaube (Federohren) und sehr große Krallen. In Costa Rica ist er nur noch im Bereich La Amistad und Corcovado anzutreffen.

Würgadler (águila crestada)

Der Raubvogel wird 68–80 cm groß, hat eine Spannweite von etwa 1,50 m, graues Gefieder, eine helle Unterseite und eine Federhaube (span. Name).

Elsteradler/Schwarzweiß-Haubenadler (águilillo blanco y negro)

Der kleine Adler lebt im Tiefland, wo er Kleinsäuger, Vögel und Kriechtiere jagt.

Cayenne-Weihe/Cayenne-Milan (gavilán cabecigris)

Gehört zur Unterfamilie der Wespenbussarde. Gefieder und Kopf sind grau, die Unterseite hell. Charakteristisch ist die grau-weiß gestreifte Schwanzinnenseite.

Weiß-/Schneebussard (gavilán blanco)

Der kurzflüglige und langschwänzige Waldvogel hat eine Länge von etwa 50 cm, sein Gefieder ist bis auf seine schwarzen Schwingen und den Schwanz weiß.

◁ Rabengeier sieht man im ganzen Land

Fisch-/Schwarzhalsbussard (gavilán pescador)

Der 45 bis 50 cm große Greifvogel hat lange Flügel, einen kurzen Schwanz und ein rotbraunes Gefieder mit einer helleren Kopfpartie und schwarzen Flecken am Hinterhals und der Kehle. Sein Verbreitungsgebiet reicht von Nordmexiko bis Argentinien, wo er in Wassernähe und an der Küste lebt und sich vorwiegend von Krabben und Fischen ernährt.

Krabbenbussard (gavilán cangrejero)

Die zur Gattung der Schwarzbussarde zählende Vogelart kommt in ganz Mittelamerika und an der Nordküste Südamerikas vor.

Fischadler (Pandionidae)

Fischadler (águila pescadora)

Diese weltweit einzige Art einer eigenen Greifvogelfamilie erreicht eine Größe bis 61 cm und eine Flügelspannweite von mehr als 1,50 m. Der Vogel ernährt sich fast ausschließlich von Fischen, die er aus großer Höhe erspäht und im Sturzflug aus dem Wasser holt.

Falken (Falconidae)

Diese Greifvögel gehören zu einer Familie mit ca. 60 Arten. Auffällig ist ein sehr schneller Flug.

Wanderfalke (falcón peregrino)

Bei der **stärksten Falkenart** sind die Weibchen größer als die Männchen. Der Wanderfalke erreicht Fluggeschwindigkeiten bis 314 km/h und ist damit eines der schnellsten Tiere überhaupt. Er nistet in fremden Horsten, wo er bis zu vier Eier ausbrütet.

Lachfalke/Lachhabicht (guaco)

Sein Gefieder ist dunkel mit einer helleren Unterseite und Kopf, einer schwarzen Gesichtsmaske, gelbem Schnabelansatz und einem langen, gestreiften Schwanz. Seine kurzen, runden Schwingen machen den Vogel zu einem wendigen Flieger. Die eng mit dem Wanderfalken verwandten Lachfalken bewohnen die Waldgebiete des tropischen Amerika.

Schopfkarakara (caracara cargahuesos)

Ein **Geierfalke** mit gestreiftem Gefieder, einem kleinen, aufrichtbaren Federschopf am Hinterkopf, mit nacktem, rotem Gesicht und gelben Läufen. Wie die Geier fressen sie gerne Aas und suchen häufig die Straßen nach frisch überfahrenen Tieren ab. Sie bevorzugen Trockengebiete, wie sie im Nordwesten Costa Ricas zu finden sind.

Neuweltgeier (Cathartidae)

Zu dieser sechs Arten umfassenden Familie zählt auch der Kondor. Alle Neuweltgeier haben nackte Köpfe und sind vorwiegend **Aasfresser,** manche erbeuten aber auch lebende Säugetiere und Vögel. In Costa Rica gibt es drei Arten.

Rabengeier (zopilote negro)

Der hässlich wirkende Aasfresser hat ein schwarzes Gefieder und einen nackten, grauen Kopf. Die meist in Gruppenverbänden lebenden Tiere verfügen über eine gute Sehfähigkeit. Häufig halten sie sich in der Nähe menschlicher Siedlungen auf, wo sie den Müll durchsuchen.

Truthahngeier (zopilote cabecirrojo)
Auffällig ist der rote Kopf, der an einen Truthahn erinnert. Das häufig vorkommende Tier (Größe ca. 74 cm) stöbert Aas besonders durch seinen empfindlichen Geruchssinn auf.

Königsgeier (rey de zopilote)
Die **größte Geierart Costa Ricas** wird bis 80 cm groß und erreicht das doppelte Körpergewicht des Rabengeiers. Das inzwischen seltene Tier hat einen auffällig bunten Kopf und eine schwarze Halskrause. In der Mythologie der Indianer spielte es eine wichtige Rolle als Mittler zwischen den Welten.

Eulenvögel (Strigiformes)

Brillenkauz (búho de anteojos/oropopo)
Das Gefieder ist braun mit einer hellen Unterseite. Seinen Namen verdankt der Vogel den weißen Querstreifen ober- und unterhalb der Augen.

Schleiereule (lechuza ratonera)
Diese auch bei uns vorkommende Eulenart wird etwa 35 cm groß und hat eine Spannweite von 95 cm. Das Gefieder ist gelbbraun mit dunklen Feldern und Punkten, charakteristisch sind der herzförmige, weiße Gesichtsschleier und die schwarzen, knopfförmigen Augen. Ihre Beute sind kleine Säugetiere und Vögel.

Singvögel (Oscines)

Größte Unterordnung der Ordnung **Sperlingsvögel** *(Passeriformes)*, die rund 5000 Arten weltweit besitzt, das sind mehr als die Hälfte aller Vogelarten. Weltweit gibt es ca. 4000 Singvogel-Arten in 35 Familien.

Nicaragua-Bootsschwanz oder Nicaraguagrackel (clarinero nicaraguensis/zanate nicaraguensis)
Diese nur in der Umgebung des Nicaraguasees lebende Vogelart aus der Familie der Stärlinge *(Icteridae)* hat einen gestuften, halbschräg abwärts gerichteten Schwanz. Das Gefieder ist beim Männchen metallisch glänzend.

Dohlengrackel (zanate grande/clarinero grande)
Wesentlich häufiger als der Nicaraguagrackel anzutreffen, breitet sich diese Art im offenen Gelände sehr stark aus. Die Männchen sind blauschillernd, die Weibchen etwas kleiner und bräunlich, auffällig ist der lange Schwanz.

Scharlachbürzel-Cazique (cazique lomiescarlata, plío)
Der auffälligste Vertreter der Stärlinge. Das Männchen hat ein schwarzes Gefieder mit leuchtend rotem Rückengefieder. Man kann sie von der ähnlichen, kleineren Passerinitangare durch den hellgelben Schnabel unterscheiden.

Passerini-Tangare (sargento)
Die schwarz-gefiederten Männchen gehören wegen ihrer leuchtend roten Rückenpartie zu den auffälligsten Singvögeln des Landes.

Blautangare (viuda azul)
Die „Blaue Witwe", wie der Vogel auf Spanisch genannt wird, hat ein graublaues Gefieder. Blautangaren stehlen gelegentlich Nester kleinerer Tangaren und brüten die Eier vom Nestbauer mit ihren

eigenen aus. Sie leben in Paaren oder kleinen Gruppen, fressen Früchte, Insekten und Spinnen, aber auch Nektar von Blüten, z.B. vom Balsabaum.

Sommertangare
(cardenal/tangara veranero)
Häufiger Migrant und Wintergast zwischen September und April, v.a. im pazifischen und karibischen Tiefland bis 2500 m. Die Männchen sind rot mit dunklen Rändern an den Flügelfedern, die Weibchen gelboliv.

Montezuma-Stirnvogel
(oropéndola de montezuma)
Ein recht häufiger Vertreter der Familie Stirnvögel, mit schwarzem Schnabel und roter Spitze und gelben Schwanzfedern, das Gefieder ist rötlichbraun. Im ganzen Land sieht man seine hängenden Nester.

Gilbdrossel/Schlichtdrossel (yigüirro)
Der unscheinbare **Nationalvogel Costa Ricas** gehört zur Familie der Drosseln *(Turdinae)*. Zur Nahrungsaufnahme begibt er sich meist an den Boden. Die Drossel ist der erste Vogel, der frühmorgens im offenen Gelände singt. Da dieser Gesang die Plantagenarbeiter auf ihrem Weg zur Arbeit begleitete, wurde die Gilbdrossel zum Nationalvogel.

Langschwanzhäher/Elsterhäher
(urraca copetona)
Dieser Vertreter der Familie Rabenvögel *(Corvidae)* hat ein blau-weiß-gefärbtes Gefieder und ist vor allem in Guanacaste und auf der Nicoya-Halbinsel zu sehen.

Schreivögel (Tyranni)

Die Schreivögel bilden eine weitere Unterordnung der **Sperlingsvögel.** Zu ihnen zählen u.a. Ameisenvögel, Töpfervögel, Pittas, Tyrannen, Schmuckvögel und Cotingas. Die Tyrannen *(Tyrannidae)* sind die artenreichste Vogelfamilie der Westhalbkugel und kommen in ganz Amerika vor, von Nordkanada bis Feuerland.

Nacktkehl-Schirmvogel
(pájaro sombrilla cuellinudo/pájaro danta)
Der etwa 40 cm große Vertreter der Familie Cotingas *(Cotingidae)* trägt einen bläulich schimmernden Federnbusch am Kopf und ein seltsames, aufblasbares Hautgehänge vor der Brust, das mit Federn bedeckt ist und zur Balz hin und her bewegt wird. Er kann brüllende Töne hervorbringen, die kilometerweit zu hören sind.

Hämmerling (pájaro campana)
Der ebenfalls zur Familie der Cotingas gehörige Vogel hat eine kräftige, glockenähnliche und metallische Stimme, die auf weite Distanz hörbar ist (span./engl. „Glockenvogel"). Er wird bis zu 28 cm groß, der Kopf und die obere Brusthälfte sind weiß, das übrige Gefieder braun. Hämmerlinge sind von Nicaragua bis Panama verbreitet. Sie nisten in Baumhöhlen und fressen verschiedene Pflanzen und Früchte.

Trogone (Trogoniformes)

Die Trogone bilden eine eigene Ordnung mit einer Familie *(Trogonidae)* und 39 Arten, die in den Tropen der alten und neuen Welt vorkommen. Sie zählen zu den buntesten und schönsten Vögeln der Welt. Sie sind meist mittelgroß, langschwänzig, haben einen kurzen, kräftigen Schnabel und ernähren sich von Insekten oder Früchten. Zum Nisten höhlen sie mit dem Schnabel morsche Baumstämme aus, daher bezeichnet man sie als Nageschnäbler.

Quetzal (quetzal)

Dieser sagenumwobene Vogel bewegt wie kein anderer die Gemüter der Menschen. Mit seinem grünen Gefieder, das an der Unterseite rot und am Rücken bläulich ist, vor allem aber mit seinen langen Schwanzfedern gilt er als **einer der schönsten Vögel überhaupt.** Er kommt ausschließlich in den Nebelwäldern Mittelamerikas vor (s. Exkurs im Kap. „Nordwesten/Monteverde").

Halsbandtrogon (trogón collarejo/viuda roja)

Die „Rote Witwe", wie der Vogel auf Spanisch heißt, hat eine ähnliche Gefiederfärbung wie der Quetzal, ist jedoch kleiner und hat kürzere Schwanzfedern. Der Vogel lebt in den mittleren Höhenlagen der Gebirge (600–2000 m) in Feuchtwäldern und ernährt sich vor allem von Insekten und Früchten.

Veilchentrogon (trogón violaceo)

Der bis zu 23 cm große Vogel zeichnet sich durch einen dunklen Kopf, eine gelbe Bauchpartie und einen auffällig schwarz-weiß gestreiften Schwanz aus. Er verharrt wie der Quetzal lange Zeit bewegungslos auf einem Ast, frisst Papierwespen und deren Larven, um dann deren Nest auszuhöhlen und als Bruthöhle zu benutzen.

Massena-Trogon/Schieferschwanztrogon (trogón coliplomizo)

Wie alle Trogone baut er sein Nest in vermodertem Holz, benutzt aber auch bewohnte Nester von Baumtermiten, in die er drei Eier ablegt. Bereits nach 16 bis 17 Tagen verlassen die Jungen ihr Nest.

Kolibris (Trochilidae)

Diese **nur in Amerika** vorkommende Vogelfamilie zählt zur Ordnung der Seglervögel *(Apodiformes),* Kolibris sind al-

◁ 57 Kolibri-Arten gibt es in Costa Rica

so direkt verwandt mit unserem Mauersegler. Zu den rund 330 Arten, die von Kanada bis Feuerland vorkommen, zählt auch der kleinste Vogel der Welt, der nur etwa 2 Gramm Körpergewicht erreicht. Selbst die größte Art, der Riesenkolibri, erreicht nur etwa 20 Gramm und damit kaum das Gewicht eines Sperlings. In Costa Rica kommen 54 Arten vor.

Wegen der **Schmuckfedern,** die besonders beim Männchen sehr farbenprächtig sind, wurden Kolibris im 20. Jahrhundert erbarmungslos gejagt. Auffällig ist ihr schwirrender, hummelähnlicher Flug, bei dem sie ihre Flügel bis zu 80 Mal in der Sekunde auf und ab bewegen (während der Balz kann die Frequenz auf **bis zu 200 Flügelschläge pro Sekunde** gesteigert werden!). Dabei können sie wie ein Hubschrauber in der Luft stehen bleiben und als einzigste Vögel rückwärts fliegen. Ihre Nahrung besteht aus Insekten, die sie im Flug fangen oder Nektar, den sie wie Insekten aus Blüten saugen. Der Schnabel der verschiedenen Arten ist der jeweiligen Blütenform angepasst und kann sehr lang sein. Weibchen legen zwei weiße Eier, die sie 14 bis 19 Tage lang ausbrüten. Die Männchen sind vor allem während der Brutzeit sehr aggressiv und kämpferisch und attackieren dabei auch furchtlos größere Angreifer wie Raubvögel.

Spechte (Picidae)

Spechte bilden eine Familie der Spechtvögel *(Piciformes)* mit weltweit sechs Familien. Meist haben die Tiere Füße mit je zwei nach vorne und hinten gebogenen Zehen und einen kräftigen, spitzen Schnabel.

Königsspecht (carpintero picoplata/dos golpes)
Weit verbreitet im Tiefland beider Küsten, groß, mit roter Haube, im Gegensatz zum ähnlichen Linienspecht ist der Schnabel gelb. Ein weißer Strich verläuft vom Nacken über den Rücken, beim Linienspecht setzen sich die Streifen bis an den Schnabel fort.

Rotkappenspecht (carpintero nuquirrojo)
Eine von 22 Melanerpes-Arten, die von Kanada bis Argentinien vertreten sind. In Costa Rica ist der Vogel nur am Süd-Pazifik zu finden. Das Männchen trägt einen auffälligen roten Scheitel, der Rücken und die Flügel sind schwarz-weiß gestreift, Kopf und Unterseite graubeige.

Eichelspecht (carpintero careto)
Die etwa 21 cm große Spechtart ist von Kalifornien bis Kolumbien verbreitet. Sein Gefieder ist schwarz-weiß mit einem roten Scheitel.

Tukane (Ramphastidae)

Diese Familie der Ordnung Spechtvögel, die auch **Pfefferfresser** genannt wird, hat 42 Arten, die ausschließlich in den Wäldern Mittel- und Südamerikas vorkommen. Sie leben in lockeren Familienverbänden oder paarweise zusammen und ernähren sich vorwiegend von Früchten, die sie mit ihrem großen Schnabel von den Zweigen pflücken, sowie von Insekten und Spinnen und gelegentlich von Amphibien, Reptilien und Vogeleiern sowie von Jungvögeln. Tukane nisten in Baumhöhlen, die Jungen bleiben bei den großen Arten bis zu 50 Tage im Nest.

Regenbogentukan
(tucán pico iris, curré negro)
Dieser **farbenprächtigste Tukan** hat einen fünffarbigen Schnabel (Unterseite meist blau), eine gelbe Halspartie; das restliche Gefieder ist schwarz. Der auch als **Fischertukan** bekannte Vogel wird 45–50 cm groß.

Braunrückentukan
(tucán de swainson, gran curré negro)
Der Schnabel des 50 bis 55 cm großen Tukans ist oben gelb und unten braun, die Farben bilden eine diagonale Trennlinie, die Halspartie ist etwas dunkler gelb als beim Fischertukan, das Gefieder ist schwarz und am Kopf bräunlich.

Lauch-Arassari (tucancillo verde)
Diese kleine, auch **Grüner Tukan** genannte Tukanart (35 cm) hat grünes Gefieder, eine blaue Gesichtspartie und weiße Trennlinien am Schnabelansatz. Lauch-Arassaris leben in Wäldern über 900 m.

Papageien (Psittacidae)

Diese einzige Familie der Vogelordnung **Papageienartige** (*Psittaciformes*) hat weltweit rund 350 Arten, die vor allem in den wärmeren Zonen vorkommen. Äußere Merkmale sind ein kräftiger, stark gebogener Schnabel und kräftige Greiffüße mit krallenbewehrten Zehen. Papageien leben in größeren oder kleinen Verbänden zusammen. Obwohl zahlreiche Arten bereits vom Aussterben bedroht sind, werden sie weiter eingefangen und zur Käfighaltung verkauft.

Rotstirnamazone (loro frentirojo)
Eine von 31 Amazonenarten. Die nur in Mittel- und Südamerika vorkommenden Amazonen haben meist grünes Gefieder und werden bis 47 cm groß. Die Vögel sind Waldbewohner und gute Kletterer.

Hellroter Ara oder Arakanga (lapa roja)
Einer der farbenprächtigsten Vögel des Landes mit 78–90 cm Größe. Kopf und Schwanzfedern sind rot, das Rückengefieder blau und gelb. Der natürliche Bestand des beliebten Haustieres ist stark bedroht, in Costa Rica kommt es nur noch an der zentralen und südlichen Pazifikküste (Carara, Corcovado) und vereinzelt in Guanacaste und dem Nordwesten der Karibik vor. Die Aras fressen Samen und brüten in Baumhöhlen.

Grüner Ara/Bechsteinara (lapa verde)
Ursprünglich weit verbreitet, wird die Population heute noch auf etwa 25 Brutpaare geschätzt. Der Bechsteinara ernährt sich hauptsächlich von den Samen des Dipteryx-Baumes (Waldmandel-/Zweiflügelbaum) und brütet in dessen natürlichen Baumhöhlen. Er zieht zwischen Nicaragua und dem Nordwesten der Karibik, je nachdem, wo die Früchte reif sind. Die Vogelart ist durch die Abholzung der Dipteryx-Bäume stark bedroht.

Tovisittich (catano/zapoyol)
Eine von 21 Arten der Gattungsgruppe Aratinga oder Keilschwanzsittiche, die nur in Süd- und Mittelamerika vorkommen. Der Tovisittich ist grün mit langem

> Fünffarbiger Schnabel -- Regenbogentukan

Schwanz, ca. 23 cm groß, am Vorderkopf orange, Krone und Schwingfedern sind blau gefärbt.

Kuckucksvögel (Cuculiformes)

Diese Vogelordnung mit drei Familien und über 140 Arten weist Ähnlichkeiten zu den Papageien auf. Die Neuwelt-Kuckucke sind in der Regel keine Brutparasiten, sondern bauen eigene Nester. In Costa Rica gibt es auf der **Isla del Coco** auch eine endemische Kuckucksart.

Cayennekuckuck (cuco ardilla/bobo chiso)
Diese etwa 45 cm große Kuckucksart hat ein braunes Gefieder mit einer hellen Unterseite und einen langen, dunklen Schwanz mit hellen Flecken. Die Tiere rufen ihren lateinischen Namen *Piaya* und bauen ein Nest, in dem sie zwei Eier ablegen.

Rackenvögel (Coraciiformes)

Ordnung mit zehn Familien, vor allem in tropischen und subtropischen Zonen beheimatet. Weltweit gibt es 53 Gattungen mit ca. 200 Arten, die alle teilweise zusammengewachsene Zehen haben.

Grüner Eisvogel (martín pescador verde)
Er ist eine von weltweit 90 Arten der Familie Eisvögel *(Alcedinidae),* die meist in den Tropen vorkommen (in Deutschland gibt es nur eine Art). Eisvögel sind hervorragende Fischer und sind vor allem an den Flussufern anzutreffen. Alle sechs amerikanischen Eisvogelarten kann man in Costa Rica beobachten.

Blauscheitelmotmot (momoto cejiceleste, pájaro bobo)
Er ist ein auffälliger Vertreter der Familie Sägeracken *(Momotidae),* deren neun Arten nur im tropischen Amerika vorkommen. Das Gefieder ist grünlich mit langen blauen Schwanzfedern, die sich am Ende verbreitern. Der etwa 32 cm große Vogel bewohnt vorzugsweise Waldgebiete, wo er Insekten, kleine Eidechsen und Schnecken erbeutet.

Reiher (Ardeidae)

Silberreiher (garza real)
Der „Königsreiher", wie er auf spanisch heißt, wird 100 cm groß und erreicht eine Spannweite von 1,40 m. Wegen seiner schönen weißen Schmuckfedern, die er

⌃ Der Tovi-Sittich ist ein guter Kletterer

auch aufstellen kann, wurde er um die Wende vom 19. zum 20. Jahrhundert stark gejagt. Der auch in Europa vorkommende Stelzvogel bevorzugt ruhige Lagunen und Flussufer.

Amerikanischer Graureiher (garzón azulado)

Dieser Vogel wird auch **Kanadareiher** genannt und ist nan verwandt mit unserem Graureiher. Er ist mit ca. 135 cm etwas größer als der Silberreiher, hat einen weißen Kopf mit schwarzen Streifen unterhalb der Krone, Körper und Flügel sind grau, die Schenkel rotbraun.

Kuhreiher (garcilla bueyera)

Auch die kleine weiße Reiherart mit den roten Füßen (nur während der Brutzeit) ist weltweit verbreitet. Häufig leben die Tiere in der Nähe von Rinderherden, wo sie Insekten erbeuten, die durch die Hufe der Rinder freigelegt werden.

Schmuckreiher

Sie sind leicht mit Kuhreiher zu verwechseln, haben aber einen dunklen Schnabel und schwarze Beine mit gelben Füssen, sie sind größer und tragen während der Brutzeit Schmuckfedern.

Cayenne-Nachtreiher (garza nocturna/martinete cabecipinto)

Er ist tag- und nachtaktiv und lebt im Küstengebiet, wo er gerne Krabben verzehrt. Daher wird er auch **Krabbenreiher** genannt.

Grünreiher (garcilla verde)

Sie brüten einzeln oder in einer kleinen Kolonie auf Bäumen und Büschen (Mangroven) in der Nähe von Flüssen und Seen.

Der Silberreiher lebt an Flussufern

Kahnschnabel (chocuaco)

Der einzige Vertreter der Unterfamilie Kahnschnäbel *(Cochlearinae)* wird bis zu 54 cm groß, hat graues Gefieder mit einer hellen Brustpartie und trägt eine schwarze Federmütze. Er lebt in Sumpfgebieten und Mangroven, wo er meist nachts auf Nahrungssuche geht und sonst eine eher träge Lebensweise hat.

Ibisse und Löffler (Threskiornithidae)

Ibisse haben einen sichelförmig gebogenen Schnabel, mit dem sie Insekten, Würmer und Schnecken aus dem Boden picken, der Schnabel der Löffler ist gerade mit einem verbreiterten Ende.

Schneesichler (ibis blanco)

Diese von Südost-USA bis Nordwest-Peru vorkommende Ibisart legt ihre Nester meist in Mangroven an. Das Weibchen legt im April oder Mai für gewöhnlich zwei Eier, die etwa 22 Tage bebrütet werden. Die Jungen werden von beiden Eltern betreut, bis sie nach etwa drei Wochen das Nest verlassen können. Die größte Kolonie dieser Tierart in Costa Rica befindet sich auf der Isla de Pájaros im Río Tempisque, die zum Nationalpark Palo Verde gehört.

Brauner Sichler (ibis morito)

Dieser auch **Sichelreiher** genannte Ibis kommt weltweit vor. Er erreicht eine Körperlänge von 55 cm und eine Spannweite von fast 1 m. Sumpfgebiete, Süß- und Salzwasserlagunen sind sein bevorzugter Lebensraum, wo er sich vorwiegend von kleinen Muscheln, aber auch von Reptilien, Fischen und Insekten ernährt.

Rosa Löffler (espátula rosada)

Der rosarot gefärbte Wasservogel hat einen großen, am Ende löffelartig verbreiterten Schnabel. Seine schöne Färbung erhält er wie die Flamingos durch karotinreiche Nahrung. Das scheue Tier bewohnt offene Sumpfgebiete und die Uferzonen meeresnaher Gewässer. Seine Nahrung besteht vor allem aus Amphibien, Schalentieren, Wasserinsekten und Pflanzentrieben. Die gefährdete Tierart nistet in Kolonien und baut ihr Nest in Mangroven oder anderen Bäumen. Brutzeit ist die frühe Trockenzeit.

Störche (Ciconiidae)

Amerika-Nimmersatt (cigüeñón)

Die große Storchart wird in den USA *wood-stork* („Waldstorch") genannt. Das Gefieder ist bis auf schwarze Schwingen und Schwanz weiß, Kopf und Hals sind nackt, die Füße bläulich-schwarz. Auf der Stirn trägt er eine Hornplatte. Er lebt in Baumkolonien und geht bis zu 40 km von seinem Nest entfernt auf Fischfang – seine Segelflugtechnik hilft ihm dabei, Energie zu sparen. Wichtige Brutplätze sind in Caño Negro und Palo Verde.

Jabiru (galán sin ventura)

Der „Glücklose Liebhaber", wie er auf Spanisch heißt, ist eine bedrohte Großstorchart mit einer Flügellänge von 60 cm – er gilt als größter Vogel Mittelamerikas. Der Jabiru, der sich vorwiegend von großen Fischen ernährt, hat einen schwarzen Kopf und Schnabel und ein rotes „Halsband". Sein Verbreitungsgebiet reicht von Florida und Südmexiko bis nach Argentinien. In Costa Rica hat man in Caño Negro und Palo Verde die

Die Tierwelt Costa Ricas

größten Chancen, dieses außergewöhnliche Tier zu beobachten.

Ruderfüßler (Pelecaniformes)

Zu dieser **Wasservogel-Ordnung** gehören Tropikvögel, Fregattvögel, Kormorane, Schlangenhalsvögel, Tölpel und Pelikane. Bei allen Ruderfüßlern sind die vier Zehen durch Schwimmhäute verbunden, die Nahrung besteht vorwiegend aus Fischen.

Amerikanischer Schlangenhalsvogel (pato aguja)

Seinen Namen verdankt der bis 82 cm große Wasservogel seinem langen, äußerst beweglichen Hals. Er macht tauchend Jagd auf Fische und ernährt sich außerdem von Amphibien, Wasserinsekten und Garnelen. Er ist nicht nur ein guter Schwimmer und Taucher, sondern fliegt auch ausgezeichnet.

Brauner Pelikan (pelícano pardo)

Die kleinste der weltweit acht Pelikanarten und der einzige **Stoßtaucher** dieser Familie. Hat er aus der Luft einen Fisch entdeckt, legt er die Flügel an und stürzt sich auf seine Beute. Braune Pelikane nisten in Mangroven und Gebüsch, wichtige Brutplätze in Costa Rica sind die Isla Bolaños und die Guayabo-Insel im Golf von Nicoya.

Biguascharbe (cormorán neotropical)

Mit bis zu 66 cm Körperlänge und einer Flügelspannweite von über 1 m ist dieser ausgezeichnete Taucher einer der größten Vertreter der Familie der Kormorane (Phalacrocoracidae), von der es weltweit rund 30 Arten gibt. Der langschnäblige Ruderfüßler hat ein glänzend schwarzes Gefieder mit einer nackten Gesichtspartie und gelber Kehle. Sein Schwanz ist bemerkenswert lang, die Füße sind schwarz. Sein Verbreitungsgebiet reicht vom karibischen Raum und entlang der gesamten amerikanischen Westküste von Mexiko bis Südchile und -argentinien. Das wichtigste Brutgebiet in Costa Rica ist in Caño Negro.

Prachtfregattvogel (tijereta de mar)

In der Luft erkennt man den schwarzen Vogel an seinem gespaltenen Schwanz, an seinem starken, am Ende gekrümmten Schnabel und seinem grünlich schimmernden Gefieder. Mit nur 1 bis 1,6 kg Gewicht bei einer Flügelspannweite von 2,50 m sind Fregattvögel **hervorragende Flieger,** die unter besonders guten Bedingungen hohe Fluggeschwindigkeiten erreichen können – sie gelten als die schnellsten Tiere überhaupt. Ihre Hauptnahrung besteht aus Fisch, den sie aber meist nicht selbst fangen, sondern anderen Seevögeln im Flug abjagen (Kleptoparasitismus heißt das Fachwort). Der wichtigste Brutplatz der „Luftpiraten" befindet sich auf der Isla Bolaños. Zur Brautwerbung blasen die Männchen ihren roten Kehlsack ballonartig auf und sind so auch aus weiter Distanz zu erkennen.

Brauntölpel/Weißbauchtölpel (piquero moreno)

Er ist einer der häufigsten Seevögel der Tropen. Tölpel sind ausgezeichnete Flieger, an Land jedoch wirkt ihr watschelnder Gang etwas unbeholfen, „tölpelhaft" sozusagen. Das Gefieder der Brauntölpel, die in Küstennähe fischen, ist braun mit einer weißen Unterseite. Sie legen ein bis zwei Eier in ein sehr einfaches Nest, die sie abwechselnd bebrüten.

Wat- und Möwenvögel (Charadriiformes)

Zu dieser Ordnung mit (je nach Autor) 19 bis 20 Familien gehören Möwen, Raubmöwen, Seeschwalben, Alken, Blatthühnchen, Austernfischer und Regenpfeifer.

Amerikanischer oder Braunmantel-Austernfischer (ostrero americano)
Austernfischer bilden eine eigene Familie *(Haematopodidae)* mit weltweit zwölf Arten. Auffällig sind der lange, rote Schnabel und die roten Füße der Küstenbewohner. Im Watt suchen sie vor allem nach Muscheln, erbeuten dabei aber auch Würmer, Krebse, Schnecken und kleine Fische. Ein wichtiges Brutgebiet befindet sich auf der Isla Bolaños.

Gelbstirnjassana (gallito de agua)
Der nur etwa 25 cm große Wasservogel zählt zur Familie der Blatthühnchen *(Jacanidae)*. Er hat ein rötliches Gefieder und einen markanten gelben Stirnfleck; seine äußerst langen Zehen erlauben ein leichtes Laufen auf der Schwimmblattvegetation. In Costa Rica sieht man ihn häufig im Bereich der Kanäle von Tortuguero und Barra del Colorado.

Königseeschwalbe (pagaza real)
Die größte Art der Gattung Seeschwalben *(Sternidae)* wird bis 48 cm groß, die Flügelspannweite beträgt 109 cm. Das Gefieder ist hellgrau mir einem Federschopf, der meist schwarz ist. Der kräftige Schnabel ist rot gefärbt, die Füße sind schwarz. In Westindien ist sie die häufigste Seeschwalbe, aber auch an der Pazifikküste Mittelamerikas ist die Art verbreitet.

Aztekenmöwe (gaviota reidora)
Der etwa 42 cm große Küstenbewohner bevorzugt warme Meeresströmungen. In den USA heißt sie *laughing-gull,* unterscheidet sich aber von der Lachmöwe durch den grauschwarzen Kopf und Hals während der Brutzeit. Aztekenmöwen sind Beuteschmarotzer der Pelikane.

Hühnervögel (Galliformes)

Zu dieser Vogelordnung mit weltweit 240 Arten und sieben Familien gehören unter anderem Großfußhühner, Hokkohühner, Fasanenvögel und Truthühner. Die Scharrvögel verfügen über ein geringes Flugvermögen, die Männchen sind oft prächtiger gefärbt als die Weibchen.

Tuberkelhokko (pavón grande)
Das bis zu 70 cm große Baumhuhn ist schwarz gefiedert mit einem Kopfkranz und einer gelben Schnabelhaube. Ansonsten eher ein Baumbewohner, geht der Hokko zur Nahrungssuche auf den Erdboden, wo er Früchte, Beeren, Insekten und Würmer aufpickt. Die Jungen verlassen sofort nach dem Schlüpfen das Nest, das der Hokko auf Bäumen in dichtem Wald anlegt.

Rostbauch-Schakuhuhn, Rostbauchguan (pava crestada)
Das bis zu 88 cm große Baumhuhn ist schwarz, mit weißen Flecken auf der Brust und am Nacken; rote Iris, blaugraue nackte Haut um das Auge, rote

Die Tierwelt Costa Ricas

Hautfalte unter dem Kopf und eine kleine Krone. Die meiste Zeit verbringt es in Baumkronen, wo es sich vorwiegend von Früchten ernährt. Nach der Brutperiode schließt sich das gesellige Tier in großen Gruppen zusammen.

Mohren-/Schwarzbauchguan (pava negra)
Der Vogel ist ein mittelgroßer Vertreter der Hokkohühner *(Cracidae),* einer Baumhuhn-Familie mit 39 Arten.

Reptilien

Krokodile (Crocodylia)

Spitzkrokodil (cocodrilo)
Vom südlichen Florida über ganz Mittelamerika bis in den Nordwesten Südamerikas findet man diese zu den echten Krokodilen zählende Reptilienart. Mit einer Länge von **bis zu 7 m** zählt sie zu den größten Krokodilarten überhaupt – das größte in Costa Rica gemessene Exemplar war stattliche 5,50 m lang. Das Spitzkrokodil, das man an seiner gelben Iris erkennt, kann sogar ins offene Meer schwimmen.

Krokodil-/Brillenkaiman (caimán)
Dieser südamerikanische Brillenkaiman erreicht eine Länge **bis 2,70 m.** Das Tier ist dunkeloliv gefärbt, die Regenbogenhaut ist grünlich. Die Tiere bevorzugen langsam fließende Gewässer und tote Flussarme.

Schlangen (Serpientes)

In Costa Rica gibt es 135 Schlangenarten, das sind etwas mehr als 5 % aller weltweit vorkommenden Arten. Nur 18 Arten sind giftig.

Stattlicher Brillenkaiman

Abgottschlange (boa)

Für viele ist die **Boa constrictor** die klassische Riesenschlange schlechthin. Mit einer Länge von 3 bis 4 m (max. 5,50 m) und einem Gewicht bis 60 kg ist sie zwar nicht gerade klein, aber immer noch kleiner als die Anakonda und einige Pythonarten. Die auch als „Königsschlange" oder „Götterschlange" bezeichnete Schlangenart ist von Mexiko bis Nordargentinien verbreitet, wo sie besonders Tieflandregenwälder (bis max. 1000 m Meereshöhe). In den religiösen Kulten der Indianer und schwarzen Sklaven spielte das schön gezeichnete Tier eine herausragende Rolle. Im Gegensatz zur Anakonda lebt die Boa auch in Bäumen und ernährt sich von kleinen Säugetieren, Vögeln und Leguanen. Trotz ihres starken Gebisses wird sie dem Menschen nicht wirklich gefährlich; in manchen Gegenden Brasiliens wird sie sogar als „Haustier" gehalten: zur Vertilgung von Mäusen und Ratten.

Buschmeister (matabuey)

Die **größte und gefährlichste Viper** (der spanische Name bedeutet „Ochsentöter") wird bis 3,75 m lang und ist damit die größte Giftschlange Amerikas und nach der Königskobra die zweitgrößte Giftschlange überhaupt. Sie ist nahe verwandt mit der Klapperschlange, was man auch an einem verhornten Stachel am Schwanzende erkennen kann. Die Haut ist bräunlich und mit dreieckigen Feldern gezeichnet. Über den Schläfen verläuft ein dunkles Band, das gelb gesäumt ist. Das seltene Reptil lebt in ursprünglichen Urwaldgebieten (bis max. 1000 m) mit hoher Luftfeuchtigkeit und konstanter Temperatur. Der zu den Grubenottern zählende Buschmeister ernährt sich als am Boden lebender Ansitzjäger überwiegend von Säugetieren wie dem Aguti. Mit ihren bis 35 mm langen Giftzähnen und durch kräftiges Zubeißen kann sie das Gift tief in das Gewebe des Opfers hineinspritzen.

Tropische Klapperschlange (cascabel)

Die auch *cascaval* genannte Grubenotter, die überwiegend in Trockenwaldgebieten des tropischen Amerika lebt, ist die einzige Art der Gattung *Crotalus* (echte Klapperschlangen), die auch in Südamerika vorkommt. Ihren Namen erhält sie von den Hornrasseln am Schwanzende, mit denen sie ein klapperndes Geräusch verursacht. Bei jeder Häutung bildet sich ein neues Rasselglied. Das **Gift** der bis 1,80 m langen Schlange, die in sechs Unterarten vom südlichen Mexiko bis nach Brasilien verbreitet ist, enthält erhebliche Mengen an Nervengift. Ein Biss dieser Schlange wirkt wie der einer Puffotter und einer Kobra gleichzeitig. Die Todesrate liegt bei gebissenen Menschen bei 75 %; bei Anwendung des Serums jedoch unter 10 %.

Lanzenotter (terciopelo)

Die auch als *fer-de-lance* bekannte Grubenotter erreicht eine Länge bis 1,90 m und ist **sehr giftig.** Für den Menschen ist ein Biss ohne sofortige Behandlung lebensgefährlich. Die Fortpflanzungsrate ist mit bis zu 71 Jungtieren sehr hoch, und vor allem in Costa Rica ist die Schlange in feuchten Waldgebieten häufig. Nicht zu verwechseln ist diese Art

> Vorsicht –
> die Korallenschlange ist äußerst giftig

mit der wesentlich kleineren Schlegel'schen Lanzenotter, die in mehreren Farbschattierungen vorkommt.

Korallenschlangen (corál)

Die bis 1,50 m lange **Giftnatter** der Gattung *Micrurus* ist in Mittelamerika mit 26 Arten vertreten. Ihre Beute besteht aus Eidechsen und kleinen Schlangen, selten aus Jungvögeln, Fröschen und Insekten. Da ihre Kieferknochen nur wenig dehnbar sind, verschlingt die Giftschlange ihre Beute langsam. Bissverletzungen bei Menschen sind selten, gehen dann aber häufig tödlich aus. Zahlreiche ungiftige Schlangen der Familie Nattern *(Colubridae)* kopieren das rot-gelb-schwarze „Korallenkleid" der Korallenschlange. Eine Faustregel besagt, dass bei den Giftnattern wie bei einer Verkehrsampel gelbe (manchmal auch weiße) Ringe direkt an rote Ringe grenzen, während bei den ungiftigen Arten zwischen rot und gelb ein schwarzer Zwischenring liegt. Aber es gibt auch ungiftige Schlangen, deren Färbung mit den Giftnattern identisch ist.

Meeresschildkröten (Chelonioidea)

Neben den Sumpfschildkröten *(Emydidae)* und Landschildkröten *(Testudinidae)* ist diese Gruppe der Schildkröten schon allein wegen ihrer **enormen Größe** auffällig. Die Tiere gehen nur zur Eiablage an den Strand, kehren dabei an den Ort ihrer Geburt zurück, Nahrung: Krebse und Weichtiere.

Lederschildkröte (tortuga baula)

Die größte Meeresschildkrötenart wird **über 2 m lang** und erreicht ein Gewicht bis 600 kg. Ihr Panzer besteht aus kleinen Knochenblättchen, die mit einer dicken, lederartigen Haut bedeckt sind. Das Weibchen legt an der Karibikküste von Februar bis Juli seine Eier ab (vor allem im April und Mai), an der Pazifikküste von Oktober bis Mitte März.

Grüne Meeresschildkröte (tortuga verde)

Diese lange als Speisetier verwendete und daher auch als **Suppenschildkröte** bezeichnete Art wird bis 1,50 m lang und bis 150 kg schwer. Zur Eiablage (Juli

bis Sept.) geht sie in großen Mengen an die Strände der karibischen wie pazifischen Seite Costa Ricas. Weitere Informationen hierzu im Kapitel zur Karibik bei Tortuguero.

Karettschildkröte (tortuga carey)
Die **kleinste Art der Meeresschildkröten** wird bis 1 m lang. Ihr Rückenpanzer besteht aus echtem Schildpatt, weshalb sie intensiv bejagt wurde (und wird).

Olive Bastardschildkröte (tortuga lora)
Auch diese Meeresschildkröte, die im Indischen Ozean, an der Westküste Afrikas und der Pazifikküste Mittel- und Südamerikas vorkommt, hat einen schönen Panzer. Das wichtigste Eiablagegebiet in Costa Rica ist der Nationalpark Sta. Rosa, wo in den Monaten September und Oktober Tausende von Tieren in sog. *arribadas* an Land gehen.

Unechte Karettschildkröte (tortuga jicotea negra)
Diese Schildkröten haben einen glatten Rückenschild und ernähren sich von Krabben, Muscheln und anderen Meerestieren.

Echsen (Sauria)

Neben zahlreichen **Eidechsen** (span. *lagartijas*) sind es vor allem die **Leguane (Iguanidae)**, die besonders im Tiefland beider Küsten vorkommen. Leguane sind Insekten- und Pflanzenfresser.

Grüner Leguan (iguana verde)
Die größte Art der Leguan-Familie erreicht eine Gesamtlänge bis 2,20 m, wovon allerdings nur etwa 55 cm auf die Kopf-Rumpf-Partie entfallen. Der Rückenkamm des Männchens wird bis 8 cm hoch, beide Geschlechter haben einen großen Kehlsack. Die Tiere leben bevorzugt an Flussrändern und können bis in 20 m Höhe klettern. Zu ihrer Verteidigung können sie mit ihrem muskulösen Schwanz kräftige Peitschenhiebe austeilen, was ihnen allerdings beim Menschen wenig hilft, der sie wegen ihres Fleisches bejagt. Das Weibchen vergräbt etwa 30 Eier im Boden; die Jungen schlüpfen erst nach über zwei Monaten.

Schwarzleguan (garrobo)
Nur die Alttiere der bis über 1 m langen Echsen sind dunkel gefärbt, junge Schwarzleguane sind intensiv grün. Der Körper der Tiere ist seitlich abgeflacht, der Kamm ist kurz und der Schwanz mit Stachelschuppen besetzt, was eine wirkungsvolle Waffe darstellt. Da er einen geringeren Wasserbedarf hat als der Grüne Leguan, ist er auch in trockeneren Gebieten anzutreffen (z.B. Nicoya). Alttiere verbergen sich häufig in Baumhöhlen oder Felsspalten.

Helmbasilisk (basilisco/cherepo)
Erwachsene Männchen dieser Leguanart haben einen aufstellbaren, knorpligen Kopfhelm und hohe Schwanz- und Rückenkämme. Auf olivbraunem Grund verlaufen zwei helle Seitenstreifen mit dunklen Querflecken. Die bis 80 cm langen Tiere sind hervorragende Schwimmer und ernähren sich vorwiegend von Kleintieren und Früchten. Eine Besonderheit sind ihre langen Beine, mit denen sie **auf der Wasseroberfläche laufen** können (daher der englische Name *Jesus Christ Lizard*). Ermöglicht wird diese Fähigkeit durch die Zehen der

Hinterbeine, die durch einen Hautsaum verbreitert sind. Außerdem wird die Wasseroberfläche durch die schnelle Bewegung nur sehr kurz berührt. Da diese Fortbewegungsart wesentlich schneller als Schwimmen ist – es wurden Geschwindigkeiten bis zu 12 km/h gemessen – ist sie eine überaus wirksame Möglichkeit der Flucht vor Feinden. Eng verwandt sind auch der grüne **Stirnlappenbasilisk** und der **Streifenbasilisk.**

Amphibien

Mit **160 Arten** beherbergt Costa Rica gut 8 % aller weltweit vorkommenden Amphibienarten.

Zu Fuß auf Seen und Tümpeln unterwegs – Stirnlappenbasilisk

Frösche (Ranidae)

Die meisten Frösche Costa Ricas leben im Blattwerk von Bäumen oder Bromelien, wo man sie nur selten zu Gesicht bekommt. Viele sind auffällig bunt gefärbt, was als Warnung zu verstehen ist: Sie sind nämlich giftig. Zahlreiche Arten wie der Grüne Baumfrosch oder der Rotaugen-Laubfrosch haben eine gesunde Population, andere dagegen gelten als gefährdet.

Zentralamerikanischer Glasfrosch (rana transparente)

Diese Froschart hat eine fast durchsichtige Haut. Die Eier werden in einer gelatineartigen Masse an einer Blattspitze aufgehängt und vom Männchen behütet. Nach dem Schlüpfen fallen die Kaulquappen ins Wasser, wo sie sich zu Fröschen entwickeln können.

Südamerikanischer Ochsenfrosch (rana ternero)

Nach der Aga-Kröte (s.u.) ist dies die zweitgrößte Amphibie Costa Ricas (bis 20 cm). Der Ochsenfrosch sieht zwar aus wie eine Kröte, gehört aber zu den echten Fröschen und wird daher auch von Menschen gegessen. Einen auffälligen Kontrast zu seiner unscheinbar braunen Haut bilden die orangen Gliedmaßen im Paarungskleid. Bei einem Angriff verfällt er in eine Scheinstarre (Katalepsie), bei Berührung der Brust schnappt dann die Falle zu: Die dornenbesetzten Daumen klappen plötzlich gegen die ebenfalls mit Dornen bewehrte Brust.

Pfeilgiftfrosch (rana venenosa)

Diese nur etwa 2 cm kleinen Baumsteigerfrösche produzieren ein Hautgift, das als **Nervengift** wirkt und von den Indianern in Südamerika zum Vergiften ihrer Pfeilspitzen benutzt wurde. Vor der Eiablage kämpfen die Tiere miteinander – nicht nur Männchen.

Giftlaubfrosch (rana venenosa)

Der ca. 8 cm große Frosch verbringt sein ganzes Leben in den Bäumen, höchstens zur Fortpflanzung begibt er sich ins freie Wasser. Es reicht ihm aber auch eine Regenpfütze in einer Astgabel, um seinen Laich darin abzulegen. Er hat im Gegensatz zu unserem Laubfrosch seitlich ausstülpbare Schallblasen und Giftdrüsen in der Nackenhaut.

Kröten (Bufonidae)

Von diesen auf dem Land lebenden **Nachttieren** gibt es in Costa Rica einige sehr große Exemplare, darunter die Aga-Kröte.

Goldkröte (sapo dorado)

Diese seltene Krötenart trägt ihren Namen wegen der goldgelben Färbung der Haut. Sie ist endemisch für die Cordillera de Tilarán (Monteverde etc.), wo sie 1989 letztmalig gesehen wurde. Man ist

Die Tierwelt Costa Ricas

sich nicht sicher, ob es überhaupt noch lebende Exemplare gibt oder ob diese Art bereits ausgestorben ist.

Aga-Kröte (sapo)
Mit einer Körpergröße bis über 20 cm ist diese in ganz Süd- und Mittelamerika bis Texas vorkommende Kröte die **größte Amphibie Costa Ricas.** Man kann sie oft in der Nähe menschlicher Siedlungen antreffen, wo sie im Lichtstrahl von Häusern oder Straßenlaternen Insekten fängt. Die Eier der Aga-Kröte sind sehr **giftig,** doch auch das Tier selbst kann über eine Ohrdrüse Gift bis über 30 cm weit spritzen.

Insekten und Spinnentiere

Rund 750.000 Arten von Insekten gibt es weltweit, das entspricht etwa einem Drittel aller Tierarten. Spinnen gibt es weltweit etwa 20.000 Arten.

Schmetterlinge (Lepidoptera)

Rund **1400 Schmetterlingsarten** zählt man in Costa Rica, was mindestens 10 % aller weltweit vorkommenden Arten entspricht.

Morphofalter (Fam. Morphoidae, span. mariposa monarca)
Mit rund 50 Arten sind die Morphofalter ausschließlich im tropischen Amerika heimisch. Sie erreichen eine Flügelspannweite von immerhin 20 cm, und

◁ Aga-Kröte – bitte Abstand halten!

während das Weibchen unscheinbar bräunlich ist, fällt das Männchen durch seine schillernd blauen Flügel ins Auge.

Monarchfalter (Danaus plexippus, span. mariposa monarca)
Diese orangen Tagfalter begeben sich jedes Jahr im Frühjahr auf Wanderung nach Nordamerika und kehren im Herbst nach Süden zurück. Sie folgen bestimmten Wanderstraßen und können auch den Ozean überqueren.

Zebrafalter (Heliconius charitonius, span. mariposa cebra)
Der kleine, gelb-schwarz gestreifte Tagfalter ist für die meisten Insektenfresser ungenießbar und daher auch oft in größeren Verbänden anzutreffen. Viele andere Arten versuchen, dessen Zeichnung als Mimikry zu imitieren, um sich so vor Feinden zu schützen.

Hautflügler (Hymenoptera)

Zu dieser außerordentlich artenreichen Insektenordnung (ca. 280.000 Arten) zählen u.a. Wespen und Ameisen (fast 100.000 Arten).

Blattschneiderameisen (Fam. Atta)
Diese Ameisen fallen bei einem Spaziergang durch den Regenwald besonders auf. Auf langen, regelrecht ausgetretenen **Ameisenstraßen,** die durch Geruchsstoffe markiert sind, tragen sie Blattteile in ihren Bau. Doch nicht diese Blätter stellen ihre Nahrung dar, sondern ein Pilz, der sich auf diesen bildet. In einer Kolonie leben mehrere Millionen Arbeiterinnen und die vielfach größeren Männchen. Ihr größter Feind ist die

Scharfrichterfliege, die ihre Eier in einen Ameisenbau ablegt. Die Larven ernähren sich von den Ameisen, die sie regelrecht köpfen.

Netzflügler (Neuropteria)

Baumtermiten (termita de bosque seco)
Diese auf den ersten Blick den Ameisen ähnlichen Insekten bauen in Astgabelungen und an Stämmen größerer Bäume ihr Nest aus zerkautem Holz. Trogone nutzen verlassene Bauten, um darin ihr Nest anzulegen. Termiten sind die bevorzugte Nahrung von Ameisenbären.

Käfer (Coleoptera)

Herkuleskäfer (Dynastes hercules, span. escarabajo hercules)
Die Männchen dieser mit bis 20 cm Körperlänge größten Käferart Costa Ricas tragen während der Paarungszeit Kämpfe mit ihrem schwarzen Horn aus.

Spinnen (Araneae)

Vogelspinne (Fam. Avicullariidae)
Die mit bis zu 9 cm Körperlänge größte und bekannteste der zahlreichen Spinnenarten in Costa Rica sind wohl die Vogelspinnen, in Amerika auch **Tarantel** genannt. Sie sind dicht behaart und ernähren sich vorwiegend von Insekten, gelegentlich erbeuten sie auch kranke oder nestjunge Vögel. Ihr Gift verursacht bei Menschen ein brennendes Jucken, manchmal auch eine lokale Lähmung. Wirklich gefährlich kann sie uns also nicht werden.

Die Pflanzenwelt Costa Ricas

In Costa Rica wurden bisher **rund 12.000 Pflanzenarten** festgestellt, das entspricht fast 4 % aller weltweit vorkommenden Arten – und das auf der Fläche Niedersachsens. Allein über 1400 Baumarten sind hier heimisch, rund zehnmal so viel wie in ganz Nordamerika. Aus dieser Vielzahl können hier nur stellvertretend einige Pflanzenarten vorgestellt werden. Die wissenschaftlichen, spanischen und deutschen **Pflanzennamen** sind in einer **Liste im Anhang** aufgeführt.

258 Pflanzenarten gelten in Costa Rica als bedroht, 53 als gefährdet, und vier Arten sind bereits ausgestorben.

Pflanzen des Regenwaldes

Mahagoni (caoba)
Der echte Mahagonibaum ist in den Regenwäldern Mittel- und Südamerikas heimisch. Der mächtige Baum stützt sich mit Brettwurzeln, sein Holz hat eine rotbraune Färbung und eine große Festigkeit, es ist daher ein beliebtes Furnierholz. Die **natürlichen Vorkommen** dieses Tropenbaumes sind heute **praktisch erschöpft.** Inzwischen versucht man, mit Plantagen den Bedarf an Mahagoniholz zu decken.

Kapokbaum (ceiba)
Die Heimat des Kapokbaumes sind die Regenwälder und Savannengebiete Mittel- und Südamerikas, wo der Baum bis

Die Pflanzenwelt Costa Ricas

in 2000 m Höhe vorkommt. Charakteristisch für den bis 60 m großen Urwaldriesen sind seine rechtwinklig abstehenden Äste und die schirmförmige Krone. Auch der Kapokbaum hat mächtige Brettwurzeln, der Stamm ist bei jungen Pflanzen mit Stacheln besetzt, später glatt. Die wolligen Samenhaare (Kapokfasern) werden als Isoliermaterial und als Füllmaterial für Matratzen und wegen ihrer hohen Tragkraft für Schwimmwesten verwendet. Der ölhaltige Samen liefert Speiseöl und dient zur Herstellung von Seife. Der Baum hatte eine **große mythologische Bedeutung** bei den Indianerkulturen Mittelamerikas. Noch heute findet er sich im Staatswappen von Nicaragua und ist Nationalbaum von Guatemala.

Balsabaum (balsa)

Die Heimat des auch **Hasenpfotenbaum** genannten Baumes sind die Bergwälder der Küste und die Regenwälder Südamerikas. Obwohl er sich mit nährstoffarmen Böden begnügt, wächst der Balsabaum schnell und wird bis 30 m hoch. Er hat eine helle Rinde, große weiße Blüten und ein weiches, leichtes Holz (leichter als Kork), das noch heute für Boote und besonders im Modellbau und Kunsthandwerk Verwendung findet.

Cecropia oder Kanonenbaum (guarumo)

Das Holz dieser schnell wachsenden Bäume, die mit 75 Arten ausschließlich im tropischen Amerika vorkommen, ist sehr leicht, und die Stämme sind innen hohl. Die gefiederten Blätter erinnern ein wenig an die der Kastanie. Die Früchte bilden die Nahrung für Fledermäuse und Vögel, außerdem ernähren sich zahlreiche Pflanzenfresser vom Blattwerk. Eine bemerkenswerte Symbiose besteht mit der Azteken-Ameise (der Baum ist daher auch als **Ameisenbaum** bekannt): Die Ameisen leben in den hohlen Ästen des Baumes, der an den Blättern eine Art Nektar und an den Blattstielen eine eiweiß- und stärkehaltige Substanz absondert, die den Ameisen als Nahrung dient. Als Gegenleistung halten diese ihre Wirtspflanze von Kletterpflanzen und Epiphyten frei.

Kautschukbaum (hule)

Ursprünglich in den Regenwäldern der Amazonas-Region beheimatet, wird der 20 bis 30 m hohe laubabwerfende Baum heute in den Tropen der ganzen Welt angebaut. Hinter der dünnen, hellgrauen Rinde führen die Zellen einen **weißlichen Milchsaft (Latex)**, der schon vor Kolumbus von den Indianern zur Herstellung von Hartgummibällen genutzt wurde. Ein wahrer Kautschukboom entbrannte im 18. und 19. Jahrhundert. Die Entwicklung von synthetischem Gummi führte vorübergehend zu einem Einbruch, inzwischen ist die Nachfrage nach Naturgummi wieder steigend. Obwohl man erst Ende des 19. Jahrhunderts mit dem Anbau in Asien begann, entfällt heute über 90 % der Weltproduktion auf Sri Lanka und Südostasien.

Kakaobaum (cacao)

Der Lieferant des Kakaopulvers ist im Unterholz der tropischen Regenwälder Mittel- und Südamerikas zu Hause. Der immergrüne Baum, der wildwachsend bis zu 15 m erreicht, bevorzugt schattige Standorte und ein immerfeuchtes Klima. Er hat bis 30 cm lange, lanzettförmige Blätter, die Früchte werden bis 25 cm groß, sie sind zunächst grün und in rei-

Was sind „die Tropen"?

Unter „Tropen" versteht man allgemein das Gebiet zwischen den Wendekreisen, in dem die Sonne mindestens einmal im Jahr im Zenit steht. Geringe jährliche Unterschiede der Tages- und Nachtlänge sind prägend für diesen Bereich. Jahreszeitliche Temperaturschwankungen sind geringer als die während eines Tages. Schon *Alexander von Humboldt* erkannte bei seiner mehrjährigen Forschungsreise durch Lateinamerika zu Beginn des 19. Jahrhunderts, dass die Vegetation der Tropen primär von der jeweiligen Höhenlage geprägt ist.

Der tropische Regenwald

Kein Ökosystem der Erde ist so **komplex** wie der tropische Regenwald. Tausende zum Teil noch unerforschte Pflanzenarten bieten Lebensraum für eine ebenso vielfältige Tierwelt. Über 300 verschiedene Baumarten pro Quadratkilometer sind die Regel, und jeder dieser Urwaldriesen beherbergt unzählige weitere Kletter- und Aufsitzerpflanzen (etwa 8 % der Pflanzen im Tieflandregenwald sind Kletterer). Denn der Kampf ums Überleben bedeutet für die Pflanzen den Kampf um den besten Standort, also um Sonnenlicht.

Da nur ein verschwindend geringer Prozentsatz der tropischen Sonne bis zum Urwaldboden durchdringt, leben hier nur genügsame Pflanzen wie Farne und Kräuter. Diesen Lebensraum bezeichnet man als **Bodenschicht.** Die nächste Etage, der sogenannte Unterwuchs, wird von niederen und jungen Bäumen bewohnt. In der **Mittelschicht** – einer Art „Zwischengeschoss" – findet man mittelhohe Bäume mit 5 bis 20 m Höhe. Eine geschlossene

Die Pflanzenwelt Costa Ricas

Laubschicht bilden die 20 bis 40 m hohen Bäume im obersten Stockwerk. Aus diesem Laubdach ragen vereinzelt die Kronen von riesigen Urwaldbäumen (sogenannte „Überständer") hervor, die Höhen von 60 m und mehr erreichen können.

Angesichts dieser Artenvielfalt sollte man annehmen, dass tropische Böden besonders fruchtbar sind. Doch de facto sind **Urwaldböden recht nährstoffarm,** denn sie sind erdgeschichtlich sehr alt. Zudem wird durch das Klima ein rascher Stoffumsatz bewirkt, sodass die Humusschicht nur sehr dünn ist. Größere Bäume können sich daher nicht mit tiefen Wurzeln im Erdinnern verankern. Die Natur hilft sich hier mit massiven Brettwurzeln und einem weit verzweigten Wurzelsystem. In diesem Zusammenhang lässt sich auch erklären, dass gerodete Regenwaldflächen nur begrenzt für den menschlichen Feldbau geeignet und bereits nach wenigen Ernteperioden ausgelaugt und ausgewaschen sind.

Voraussetzung für das Entstehen eines solchen Lebensraumes sind **gleichbleibend hohe Temperaturen und ein ganzjähriger Niederschlag,** der im Jahresmittel etwa zwischen 2000 und 6000 mm liegt. Neben dem „klassischen" Tieflandregenwald gibt es in den Tropen noch eine ganze Reihe weiterer spezifischer Lebensräume, wie die Ufervegetation der Flüsse und Seen, Mangrovensümpfe, Küstenvegetation und Nebelwälder etc. Zum tropischen Trockenwald siehe weiter unten.

◁ Ein ökologisch höchst komplexes System – der tropische Regenwald

fem Zustand rotbraun oder gelb. Innerhalb der harten Schale befinden sich, von weißem Fruchtmus umschlossen, etwa 30 bis 50 Samen (Kakaobohnen), die fermentiert, geröstet und gemahlen das **Kakaopulver** ergeben. Ein wichtiges Nebenprodukt ist hierbei die **Kakaobutter,** die zur Schokoladenherstellung, aber auch für pharmazeutische Produkte und Kosmetika dient. Die Verwendung von Kakao war schon lange vor Kolumbus bekannt; Maya, Azteken und Inka brauten damit ihren Göttertrank, bei den Azteken dienten die Kakaobohnen auch als Zahlungsmittel.

Weißgummibaum (indio desnudo)

Der nackte, rötliche Stamm gibt dem Tropenbaum seinen spanischen Namen „nackter Indianer". Die oberste Rindenschicht schält sich wie menschliche Haut nach einem Sonnenbrand.

Würgfeige (matapalo)

Die Früchte dieser Feigen – insgesamt gibt es über 800 Arten der Gattung Ficus – sind die **bevorzugte Nahrung zahlreicher Vögel und Affen,** die über ihren Kot für die Verbreitung der Samen sorgen. Gelangt so ein Keimling auf den Ast eines fremden Baumes, treibt dieser lange Luftwurzeln und lebt zunächst als Epiphyt. Mit der Zeit wächst er am Wirtsbaum entlang, bis seine verdickenden Wurzeln schließlich den Stützbaum regelrecht erwürgen, bzw. ihm die Photosynthese verhindern und so seinen lukrativen Standort übernehmen. Der spanische Name *matapalo* („Baumtöter") weist unmissverständlich auf diese Eigenart hin.

Schwarze Palme (palmera chonta)
Auch wenn man Palmen eher an der Meeresküste vermutet, sind sie doch typische Bewohner des tropischen Regenwaldes. Die Schwarze Palme schützt ihre unreifen Früchte durch nadelspitze Dornen am Stamm und an den Blättern, die reifen Früchte fallen herunter und bilden die Nahrung für Nasenbären, Pakas und Beutelratten. Für sie sind die darin enthaltenen harten Samenschalen nicht zu knacken, lediglich Pekaris, Taschenmäuse und Eichhörnchen brechen bzw. nagen die Schalen auf. Ausgerechnet mit einem Samenfresser betreibt die Pflanze eine lebenswichtige Symbiose: Der Aguti frisst zwar die Samen, vergräbt jedoch einen Teil als Futtervorrat.

Breiapfelbaum, Zapotill (nispero, zapota)
Der in Mittelamerika beheimatete immergrüne Baum wird etwa 30 bis 40 m hoch. Sein sehr hartes Holz führt einen Milchsaft, das zur Gewinnung von **chicle** abgezapft wird. Dieses *chicle* ist Grundlage für die Herstellung von Kaugummi, das aber inzwischen auch vollsynthetisch produziert wird. Die meist runden, 3 bis 8 cm großen Früchte haben eine raue, braune Haut. Beim verwandten Sternapfelbaum *(Chrysophyllum cainito)* bildet das aufgeschnittene Kerngehäuse der Früchte einen Stern. Das süßliche Fruchtfleisch wird meist frisch verzehrt oder zu Saft gepresst und ergibt eine schmackhafte Marmelade.

Baumfarne
(Fam. Dicksoniaceae und Cyathaceae)
In Costa Rica unterscheidet man rund 800 Arten Farne. Wegen ihrer Größe besonders auffällige Vertreter sind die Baumfarne, die mit rund 300 Arten im tropischen Amerika beheimatet sind. In den feuchten Berg- und Nebelwäldern z.B. der Cordillera de Tilarán erreichen sie eine Höhe bis 12 m. Bei den *Dicksoniaceae* ist der Stamm behaart, bei den *Cyathaceae* manchmal stachelig.

Fensterblatt (mano de tigre)
Bei uns als Topfpflanze beliebt, ist der Wurzelkletterer mit den durchlöcherten Blättern in den tropischen Regenwäldern Mittel- und Südamerikas zu Hause. Er bildet Luftwurzeln, seine Blütenkolben sind von einem weißen Hochblatt umschlossen, was charakteristisch für die Familie der Aaronstabgewächse ist.

Orchideen (Fam. Orchidaceae)
Mit weltweit über 30.000 Arten bilden die Orchideen die größte Blütenpflanzen-Familie. **In Costa Rica kommen über 1400 Arten vor,** unter anderem die *Cattleya skinerii,* die zur Nationalblume erklärt wurde. Orchideen wachsen meist epiphytisch und bevorzugen sonnige Standorte, wie Bäume auf Lichtungen und am Waldrand. Orchideen sind in ihrer natürlichen Umgebung nur schwer auszumachen, es empfiehlt sich daher ein Besuch eines der Botanischen Gärten: Jardín Botánico Else Kientzler bei Sarchí, Jardín Lankester bei Cartago, C.A.T.I.E. Botanical Gardens bei Turrialba und Jardín Wilson bei San Vito im Süden. Die besten Monate sind Februar bis Mai, wenn die meisten Arten blühen.

Bromelien (Fam. Bromeliaceae)
Die **Ananasgewächse** sind eine amerikanische Pflanzenfamilie, die an unterschiedliche klimatische Verhältnisse angepasst sind und in Höhen bis 4000 m meist epiphytisch leben. Es handelt sich

um stammlose Rosettenpflanzen, in deren Blatttrichter sich Wasser ansammelt und eine Art Mikrokosmos bildet. Zahlreiche Tierarten profitieren von diesem Wasserreservoir, für manche Frösche und Salamander bietet es sogar einen ausreichenden Lebensraum. Aus den pflanzlichen und tierischen Resten (Blätter, tote Insekten etc.), die sich in diesem Trichter ansammeln, bezieht die Pflanze ihre Nährstoffe. In den amerikanischen Tropen gibt es über 4000 Bromelien-Arten, in Costa Rica immerhin rund 200 heimische Arten, die verschiedenen Gattungen angehören (u.a. *Guzmania, Tillandsia, Vriesea*). Der bekannteste Vertreter dieser Familie ist die Ananas, deren Wildform *Ananas comosus* aus Amerika stammt.

Gunnera-Arten (sombrilla de pobre)

Der „Sonnenschirm der Armen" ähnelt dem Rhabarber und gedeiht in feuchten Bergwäldern (Braulio Carrillo, Poás etc.). Mit seinen großen Blättern, deren Durchmesser bis 2 m erreicht, kann man sich tatsächlich gegen Sonne und Regen schützen, wenn man die Stacheln am Blattstiel vorher entfernt.

Heliconien (Fam. Heliconiaceae)

Die bis 3 m hohen Stauden zählten früher wegen ihrer bananenähnlichen Blätter zur Familie der Bananengewächse, bilden aber inzwischen eine eigene Pflanzenfamilie mit einer einzigen Gattung. Ihre Heimat ist das tropische und subtropische Amerika, wo man etwa 100 bis 150 Arten unterscheidet. In Costa Rica gibt es etwa 30 Arten, von denen einige sogar endemisch sind. Der Blütenspross, je nach Art hängend oder stehend, trägt auffällig gefärbte Deckblätter, um damit die Kolibris anzulocken. Die Blüten selbst sind unscheinbar, die Samen oft leuchtend blau.

Passionsblumen (Fam. Passifloraceae)

Die Gattung *Passiflora* zählt rund 500 Arten, die meist im tropischen Amerika beheimatet sind. Die raschwüchsigen Kletterpflanzen haben auffällige, oft bunt gefärbte Blüten mit einem Strahlenkranz und Beerenfrüchte, die oft recht groß werden können und für die menschliche Ernährung dienen, wie z.B. die *Passiflora maracuya* (Maracuja) oder *Passiflora edulis* (Granadille). Der Name Passionsblume bezieht sich auf die Lei-

▷ Bromelie

den Christi, die verschiedene Blütenteile symbolisieren sollen. So vergleicht man die drei Narben mit den Nägeln am Kreuz, den Strahlenkranz mit der Dornenkrone usw.

Der tropische Trockenwald

Ein weitgehend unbekannter und dennoch **einmaliger Lebensraum** ist der tropische Trockenwald, der in Costa Rica nur noch in einigen Restbeständen im Nordwesten vorkommt. Einst waren weite Teile der Pazifikküste Mittelamerikas von Mexiko bis nach Südecuador von diesen blattwechselnden Wäldern bedeckt. Voraussetzung für diesen recht artenarmen Waldtypus ist eine klar definierte Regen- und Trockenzeit. Die Bäume erreichen selten Höhen über 15 m und sind in der Trockenzeit nackt und grau, die Blätter oft zu Dornen umgewandelt, um unnötigen Flüssigkeitsverlust zu vermeiden. Kurz vor der Regenzeit verwandelt sich der scheinbar leblose Wald in ein wahres Blütenmeer.

Pflanzen des Trockenwaldes

Kaschubaum (marañón)
Die Heimat der bis 12 m hohen, immergrünen Bäume ist das tropische Amerika. Die Pflanze bevorzugt relativ trockene Gegenden (z.B. Nicoya-Halbinsel) mit guten Böden. Die nierenförmigen Früchte (**Cashew-Nüsse**) werden geröstet, sie sitzen auf gelb oder rot gefärbten, birnenförmigen Fruchtstielen (Kaschu-Äpfel), die roh essbar sind, aber auch zu Marmelade und Säften verarbeitet werden. Die Schalen der Früchte sind ölhaltig und werden zu Kunstharz verarbeitet, die Indianer brauten aus den Fruchtstielen ein Bier.

Goldregenbaum (carao)
Es gibt sowohl in Asien als auch in Amerika beheimatete Vertreter der Gattung *Cassia,* bis 20 m hohe, laubabwerfende Bäume. Sie bevorzugen trockene Waldregionen, wie sie im Nordwesten Costa Ricas vorkommen. Ihre hängenden, gelben Blütentrauben, die im Februar/März blühen, sind weithin sichtbar. Andere Kassien-Arten haben rosa- oder orangefarbene Blüten und sind daher als Zierbäume beliebt.

Goldtrompetenbaum (corteza amarilla)
Etwa 120 Tabebuia-Arten gibt es in Mittel- und Südamerika. Die laubabwerfenden Zier- und Schattenbäume liefern ein wertvolles hartes und schweres Nutzholz, das resistent ist gegenüber Pilzbefall und daher bevorzugt für Eisenbahnschwellen und Wagenräder verwendet wird. Der Goldtrompetenbaum hat leuchtend gelbe Blüten, die ebenfalls während der Trockenzeit blühen.

Kalebassenbaum (jícaro)
Die Heimat des nur 8 bis 10 m hohen Baumes sind die Savannen des tropischen Amerika. Seine kugelförmigen, hartschaligen Kapselfrüchte erreichen einen Durchmesser bis 40 cm und ein Gewicht von 7 bis 10 kg. Die getrockneten Fruchtschalen wurden von den Einheimischen als Gefäße und Musikinstrumente verwendet, das Fruchtfleisch dient als Abführmittel. Das Wachstum kann durch Einschnüren verändert werden, so entstand auch die typische Form der Rumba-Rasseln.

Die Pflanzenwelt Costa Ricas

Stachelrindenbaum (pochote)
Ein typischer Baum der Trockenwälder Mittelamerikas, dessen grauer Stamm mit Stacheln besetzt ist. Sein schnellwachsendes, weiches Holz ist resistent gegen Ungeziefer und wegen des hohen Gerbstoffanteils sehr haltbar. Es wird für den Bau von Fischerbooten und Häusern benutzt.

Guanacaste-Baum (guanacaste)
Der **Nationalbaum Costa Ricas** bevorzugt ebenfalls den trockenen Nordwesten des Landes, wo er auch einer Provinz ihren Namen gab. Der oft riesige Guanacaste-Baum mit seiner typischen schirmförmigen Krone ist verwandt mit den Akazien und hat wie diese fein gefiederte Blätter. *Guanacaste* bedeutet in der Indianersprache „Ohren", was sich auf die ohrenähnlichen Früchte bezieht.

Mimosen (Fam. Mimosaceae)
Die Holzpflanzen erreichen Strauch- bis Baumgröße (Akazien), die Zweige sind häufig mit Dornen besetzt. Charakteristisch sind die doppelt gefiederten Blätter, die Samen sind in Hülsenfrüchten eingelegt. Mehrere Arten leben in Symbiose mit Ameisen, die ihre Dornen besiedeln. Die echte Mimose *(Mimosa pudica)*, auch Sinnpflanze genannt, eine bodenbewohnende Rankpflanze, schützt sich, indem sie ihre Blätter bei Berührung einklappt und dann verwelkt aussieht (lat. mimus = „Schauspieler").

Küstenvegetation

Entlang der Meeresküste bilden sich besondere Vegetationsformen, die **an salzreiche Böden angepasst** sind.

Kokospalme (coco)
Der wohl bekannteste Küstenbewohner – die ursprüngliche Heimat der bis zu 30 m hohen Fiederpalme ist Melanesien, doch war sie schon vor Kolumbus im gesamten Tropengebiet verbreitet. Der gekrümmte Stamm wächst meist in Richtung Meer, damit die schwimmfähigen Früchte (Kokosnüsse) ins Wasser fallen, wo sie lange Zeit lebensfähig sind. So erklärt sich das weite Verbreitungsgebiet der Palme, von der praktisch **alle Pflanzenteile genutzt** werden: Kokosöl und Kokoswasser aus der Frucht, Palmwein aus dem Saft der Blütenstände, die Schalen dienen als Brennmaterial, die Blätter zum Dachdecken, die Stämme als Bauholz etc.

Meertraube (papaturro)
Die Heimat des nur 6–8 m hohen Baumes ist Mittelamerika, die Karibik und das nördliche Südamerika. Inzwischen ist der wind- und salzresistente Baum in den gesamten Tropen ein beliebter Zier- und Schattenbaum. Er hat große, runde, derb ledrige Blätter und beerenartige Früchte, die an Trauben erinnern. Aus ihnen stellt man Gelee und Likör her, aus der Rinde gewinnt man einen roten Farbstoff, und das Holz dient als Brennholz.

Indischer Mandelbaum (almendro)
Ursprünglich in Südostasien und Nordaustralien beheimatet, findet man den salzverträglichen Baum heute weltweit in den Tropen als Schattenbaum. Auffällig sind die außergewöhnlich großen Blätter und die etwa 5 cm großen, schwimmfähigen Früchte. Diese enthalten bis zu 50 % Öl und können roh gegessen werden.

Manzanillobaum (manzanillo)

Die auch Strandapfelbaum genannte Pflanze ist eigentlich ein Strauch mit großen, birnenförmigen Früchten, die von Fledermäusen gefressen werden. Für den Menschen sind alle Teile der Pflanze giftig, da ihr Milchsaft toxische Tannine enthält, die sehr starke Hautentzündungen hervorrufen; bei Verzehr der Früchte kann es zu inneren Verätzungen und Entzündungen kommen. Selbst das Berühren der Früchte kann schon zu einem sehr unangenehmen Hautausschlag führen.

Wasserpflanzen

Wasserhyazinthe (lirio de agua, choreja)

Die Heimat dieser frei schwimmenden Wasserpflanze ist das tropische und subtropische Amerika, in Costa Rica ist sie besonders an der nördlichen Karibikküste (Tortuguero) häufig. Sie ist leicht an den blauvioletten Blüten zu erkennen, das mittlere Blütenblatt trägt einen gelben Fleck. Die sich rasch vermehrende Pflanze ist inzwischen auch auf anderen Kontinenten heimisch geworden. Da sie dort keine Feinde hat, verstopft sie vielfach Flüsse und Kanäle und behindert dadurch die Schifffahrt. Der Gattungsname *Eichornia* bezieht sich auf den preußischen Kultusminister *Johann Eichhorn* (1840–48).

Mangroven (mangle)

Mangroven sind **Halophyten,** d.h. an Salzwasser angepasste Pflanzen, mit Stelzwurzeln zur Befestigung und Atemwurzeln zur Anpassung an den sauerstoffarmen Boden. Die immergrünen Holzgewächse zeichnen sich durch eine hohe Salztoleranz aus und leben im Brackwasserbereich an Flussmündungen und Meeresbuchten. Mangroven sind wichtiger Lebensraum und Brutgebiet zahlreicher Tierarten und daher ein äußerst schützenswerter Vegetationsraum. In Costa Rica findet man Weiße, Rote und Schwarze Mangrove und Knopfmangrove.

Zierpflanzen

Korallenbaum (poró)

Die meisten Arten haben ihre Heimat in Brasilien, einige auch in Zentral- und Ostafrika, heute findet man sie in allen tropischen Gebieten als Zierbäume. Die bis zu 25 m hohen, laubabwerfenden Bäume haben kräftige Stämme, weiches Holz und leuchtend orange Blüten, die durch Kolibris bestäubt werden. Wegen diesen wird der Baum auch Feuerbaum genannt (engl. *red hot poker tree*). Weltweit gibt es etwa 100 Arten der Gattung Erythrina.

Bougainvillea (Fam. Nyctaginaceae)

Die auch **Drillingsblume** genannte Pflanze ist in Brasilien beheimatet, wo sie bis in 3500 m Höhe vorkommt – heute ist sie eine der beliebtesten tropischen Zierpflanzen der Welt. Der französische Botaniker und Seefahrer *Louis de Bougainville* entdeckte sie bei einer Expedition 1766. Die echten Blüten, die zu dritt stehen, sind unscheinbar, die Hochblätter intensiv gefärbt.

Weihnachtsstern (Fam. Euphorbiaceae)

In Mittelamerika beheimatet, ist der Weihnachtsstern heute als Zierstrauch weltweit verbreitet und als Topfpflanze auch bei uns beliebt. Der Strauch erreicht in Wildform etwa 3 bis 4 m Höhe. Auffällig sind die roten Scheinblüten – wie bei der Bougainvillea sind die eigentlichen Blüten unscheinbar. Die Pflanze blüht bei einer Tageslänge unter 12 Stunden, also vorwiegend um die Weihnachtszeit, daher auch der spanische Name *flor de noche buena* (Blume der heiligen Nacht). Für die Azteken galten die Blüten als Symbol der Reinheit und lieferten Farbstoff und Medizin.

Stechapfel (Fam. Solanaceae)
Mittel- und Südamerika ist die Heimat der hohen Sträucher, die sonnige Standorte bis 3500 m bevorzugen und ganzjährig blühen. Die länglichen, trichterförmigen Blüten sind meist weiß, manchmal auch gelb oder rot. Alle Pflanzenteile sind **giftig,** die Indianer bereiteten aus den Früchten eine stark wirkende Droge.

Pfauenstrauch (Fam. Leguminosae)
Ursprünglich im tropischen Südamerika beheimatet, ist der Pfauenstrauch heute weltweit ein beliebter Zierstrauch. Der immergrüne, stachelige Strauch wird bis 5 m hoch und hat orange-rote Blütenstände. Die Früchte sind reich an Gerbsäuren und werden zur Herstellung von Farben verwendet.

Roseneibisch/Hibiscus (Fam. Malvaceae)
Die Heimat der heute weltweit verbreiteten Pflanze liegt wahrscheinlich im tropischen Asien. Als Strauch oder kleiner Baum bringt sie einzelstehende, gestielte Blüten mit einer weit hervorragenden Staubblattsäule hervor, die 10–15 cm breit und meist rot sind, manchmal auch orange, gelb oder weiß. Der Hibiscus ist die Nationalblume von Malaysia und Hawaii.

Baum der Reisenden (Fam. Musaceae)
Die Heimat des beliebten tropischen Zierbaumes ist Madagaskar. Eigentlich weder Baum noch Palme, sondern eine bananenähnliche Staude mit Stamm und fächerartig angeordneten Blättern, die denen der Bananen gleichen. Der Name bezieht sich auf eine Wasseransammlung am Blattgrund, die im Notfall getrunken werden kann.

Gummibaum (gomero)
Von seiner Heimat im tropischen Asien hat sich der Gummibaum weltweit in Tropen und Subtropen als Schattenbaum etabliert. Der hohe, schnell wachsende Baum ist meist vielstämmig, oft mit Luftwurzeln und hat große, fleischige Blätter. Früher wurde er zur Gewinnung von Latex angebaut.

Nutzpflanzen

Neben den bereits aufgeführten heimischen Baumarten, die als Holzlieferant, zur Ernährung sowie für medizinische, kosmetische und industrielle Zwecke dienen, gibt es eine Reihe Nutzpflanzen, die zum Teil eingeführt wurden:

Orleansbaum (Fam. Bixaceae)
Die Wildform der im tropischen Amerika bis auf etwa 1000 m Höhe beheimateten Pflanze wird bis 10 m groß, angebaut wird sie jedoch zur leichteren Ernte als Strauch. Die Samenkapseln enthalten die roten Farbstoffe Bixin und Norbixin (*bixa* bedeutet in einer karibischen Sprache „rot"), die als Speisefärber, als Farbstoff

für Textilien und für kosmetische Produkte (Lippenstifte, Rouge etc.) Verwendung finden. Die Indianer färben damit auch ihre Haut; zahlreiche weitere Pflanzenteile finden Verwendung in der Medizin. Das Samenpulver ist bis heute ein wichtiger Exportartikel.

Rizinus oder Wunderbaum (Fam. Euphorbiaceae)

Die Heimat des *Ricinus communis* liegt in Afrika. Die 10 bis 12 m Höhe erreichende Pflanze wird als Kulturpflanze einjährig als Strauch gezogen. Die lang gestielten Blätter sind fächerförmig eingeschnitten, die Blüten in bis 50 cm langen Rispen. Die stacheligen Fruchtkapseln enthalten bis über 50 % Öl und werden zu dessen Gewinnung geschält und ausgepresst. **Rizinusöl** dient hauptsächlich zur Herstellung von Synthesefasern und Kunstharzen, als Schmiermittel sowie für pharmazeutische Produkte und auch für Kosmetika.

Teakholzbaum (teca)

Die ostasiatischen Monsungebiete sind die Heimat des 25–35 m hohen, laubabwerfenden Baumes. Der schnell wachsende Baum hat einen hohen Stamm, sehr große Blätter und hellbraunes, im Kern dunkles Holz, das termitenfest und resistent gegenüber Pilz- und Insektenbefall ist. Teakholz gilt als gutes Schiffsholz und ist für die Möbelherstellung beliebt. In Costa Rica findet man Teakholz-Plantagen auf der Halbinsel Nicoya.

Zuckerrohr (caña)

Die Herkunft des *Saccharum officinarum* ist ungewiss, wahrscheinlich handelt es sich um eine Kreuzung verschiedener Grasarten. In Europa begann man im 7. Jahrhundert in Spanien und später dann auf den Kanarischen Inseln mit

Der Orleansbaum liefert rote Farbe, …

Die Pflanzenwelt Costa Ricas

dem Anbau; heute wird Zuckerrohr vor allem im karibischen Raum, in Mittelamerika und im nördlichen Südamerika angebaut. Das mehrjährige, schilfähnliche Gras wird bis 9 m hoch, der Spross ist wie beim Bambus in Knoten unterteilt. Der Zuckergehalt im Rohr erreicht bis über 15 %. In den Herkunftsländern wird das Rohr auch zum Kauen angeboten und zu Saft gepresst. Ein Nebenprodukt der Zuckergewinnung ist die Melasse, aus der, nach dem Vergären, **Rum** destilliert wird.

Brotfruchtbaum (fruta de pan)

Der 15 bis 20 m hohe, immergrüne Baum, dessen Heimat in Südostasien und Polynesien liegt, hat große, gelappte Blätter und kugelige Früchte mit 20 bis 30 cm Durchmesser. Das **wohlschmeckende Fruchtfleisch** wird meist gekocht oder gebacken. Das Holz dient zum Bootsbau, auch der Rindenbast findet als Flechtmaterial Verwendung.

Maniok (yuca)

In seiner Heimat Südamerika (vermutlich Amazonas-Region) wird der Maniok *(Manihot esculenta)* als **yuca** bezeichnet (nicht zu verwechseln mit der gleichnamigen Zierpflanze!). Die mehrjährige, krautige Pflanze wird bis 3 m groß und trägt langgestielte, gefingerte Blätter. Die stärkehaltigen Wurzelknollen enthalten zehnmal mehr Stärke als Mais. Sie haben eine braune Schale und sind innen weiß. Stärke gewinnt man durch Ausschlämmen. Maniok wird meist fritiert (wie Pommes frites) oder als Brei zubereitet. Obwohl bei uns nahezu unbekannt, ist Maniok, der seit 4000 Jahren angebaut wird, heute ein wichtiges Grundnahrungsmittel auch in Afrika und Asien.

... der Brotfruchtbaum Holz und Früchte

Reis (arroz)

Oryza sativa bildet die **Nahrungsgrundlage** für mehr als die Hälfte der Weltbevölkerung und ist auch in Costa Rica Bestandteil der täglichen Ernährung. Weltweit gibt es mehrere tausend Sorten von Reis, einer der ältesten Kulturpflanzen der Menschheit (in China schon 2800 v. Chr.). Die Hauptanbaugebiete in Costa Rica befinden sich in Guanacaste und an der zentralen Pazifikküste.

Obst

Ananas (piña)

Die Wildform ist im tropischen Südamerika beheimatet, die Kulturform *Ananas sativus* wird heute v.a. in Mittelamerika und auf Hawaii angebaut. Die Bromelienpflanze bevorzugt trockene Standorte, sie kann monatelang ohne Regen auskommen. Sie hat bis 1 m lange, dornenbesetzte Blätter, die in dichter Rosette zusammenstehen. Im Zentrum sitzt eine Sammelfrucht mit **säure- und vitaminreichem Fruchtfleisch.** Die Pflanze trägt zweimal Früchte: im 3. und 5. Jahr. Die Spanier nannten sie wegen ihrer Ähnlichkeit zu Pinienzapfen *piña*.

Avocado (aguacate)

Die Bergwälder Mittelamerikas und des nördlichen Südamerikas sind die Heimat von *Persea americana*, einem immergrünen, bis 20 m hohen Baum. Seine birnenförmigen Früchte werden bis zu 20 cm groß und bis 1 kg schwer. Sie sind meist grün, gelegentlich auch schwarz, haben eine glatte Außenhaut, schmackhaftes, butterweiches Fruchtfleisch und einen großen Samenkern. Die proteinreichste Frucht der Tropen war schon den Azteken als *ahuacatl* bekannt. Sie wird roh mit Zucker und Zitrone verzehrt oder als Salat zubereitet. Die Schalen und Samen enthalten bis 32 % Öl, das schon vor 2000 Jahren als **Kosmetikum und Arzneimittel** genutzt wurde. Bis heute dient es hauptsächlich zur Herstellung von Kosmetika und Seifen und als Speiseöl.

Bananen (Fam. Musaceae)

Eine große Familie mit zahlreichen verschiedenen Arten, wie z.B. der Essbanane *(Musa paradisiaca),* der Apfelbanane mit einer rötlichen Schale oder den Gemüse- und Kochbananen.

Baumtomate (Fam. Solanaceae)

Der 4 bis 5 m große Halbstrauch ist im Andenraum bis 2500 m beheimatet. Er hat große, längliche Blätter und rote, vitaminreiche Früchte, die wie längliche Tomaten aussehen. Die Schale ist ungenießbar, das **Fruchtfleisch süßsauer** und etwas bitter. Es ist roh essbar, wird jedoch meist gekocht oder zu Marmelade oder Saft verarbeitet.

Stachelannone (guanábana)

Ebenfalls im tropischen Amerika zu Hause ist die *Annona muricata,* die eng mit der südamerikanischen *Chirimoya* verwandt ist. Die grünen Früchte wiegen bis 4 kg und haben ein **weißes, aromatisches Fruchtfleisch,** das roh verzehrt oder zu einem wohlschmeckenden Saft verarbeitet wird. Da die Früchte leicht verderblich sind, kann man sie nicht exportieren.

Guave (guayaba)

Der kleine, anspruchslose Baum, ein Myrtengewächs aus dem tropischen

Amerika, wird bis 10 m groß, ist als Kulturpflanze jedoch meist strauchförmig. Die runden oder birnenförmigen Früchte sind bis 10 cm groß und haben eine glatte, gelb-grüne Außenhaut. Guaven sind wohlschmeckend und **reich an Vitamin C.** Meist verarbeitet man sie zu Säften oder Marmelade, manchmal auch zu Likör und Wein. Die Blätter helfen gegen Verdauungsstörungen.

Mango (mango)

Indien ist die Heimat des immergrünen, bis 30 m hohen Baumes, wo er seit über 4000 Jahren kultiviert wird. Auch in Costa Rica ist er oft in Städten als Schattenbaum anzutreffen. Die Steinfrucht, normalerweise etwa 10 cm groß und grün, gelb oder rot gefärbt, hat eine dünne, ledrige Haut (nicht essbar) und aromatisches Fruchtfleisch, das **reich an Vitamin A und C** ist und roh oder als Saft verzehrt wird. In Costa Rica werden je nach Saison an der Straße auch grüne Mangos angeboten, die mit Salz und Limettensaft gegessen werden.

Papaya (papaya)

Die Heimat der auch Melonenbaum genannten Papaya *(Carica papaya)* liegt wahrscheinlich in Mittel- und Südamerika, heute wird sie weltweit angebaut, als Berg-Papaya bis in Höhen von 1500 m. Die Wuchsform ist ähnlich wie die der Palme: ein schlanker, bis 6 m langer Stamm und große, tief eingeschnittene Blätter. Die länglichen Früchte sind grün, in reifem Zustand gelb, und wiegen normalerweise um 1 kg. Gelegentlich werden sie aber bis 50 cm groß und 10 kg schwer. In das gelbe, butterartige Fruchtfleisch sind zahlreiche schwarzgrüne Samen eingelegt, die normaler-

Bild li.: Guanábana verdirbt sehr schnell; re.: Papayas halten sich länger

weise nicht verzehrt werden, aber zur Anregung der Darmaktivität eingesetzt werden. Der Geschmack der Früchte ist je nach Sorte variabel, das **vitaminreiche Fruchtfleisch** wird roh verzehrt oder zu Saft gepresst. Die druckempfindlichen Früchte sind nicht lange haltbar, vollreife Früchte haben einen etwas unangehnen Geruch. Der Milchsaft der Pflanze ist enzymhaltig und findet im Brauwesen, in der Medizin und bei der Herstellung von Wolle und Seide Verwendung.

Sternfrucht (carambola)

Bei uns eher unbekannt, ist die ursprünglich in Südostasien beheimatete Sternfrucht *(Averrhoa carambola)* eine beliebte Tropenfrucht. Der baumartige Strauch hat gefiederte Blätter und fünfkantige, gelbe Früchte, die bis 12 cm lang werden und im Querschnitt sternförmig sind. Das Fruchtfleisch ist **saftig, mild säuerlich** und wird zu Fruchtsalat oder Saft, seltener zu Marmelade verarbeitet.

Tamarinde (tamarindo)

Die Heimat des bis 25 m hohen, Baumes ist Afrika; als Zier-, Schatten- und Fruchtbaum ist er heute weltweit verbreitet. Er hat gefiederte Blätter, die Früchte sind dicke braune Hülsen, die ein breiiges Fruchtmark mit **erfrischendem Geschmack** umschließen. Es wird zu Säften gepresst und ist Bestandteil von Würzsoßen (z.B. Worcestersauce) und Bonbons. Die darin eingelegten Samen sind ebenfalls essbar und dienen als Gummilieferant.

▷ Hauptkrater des Vulkans Irazú

Nationalparks und Naturschutzgebiete

Das erste staatliche Naturschutzgebiet Costa Ricas war der Vulkan Irazú, der schon 1955 zum Nationalpark erklärt wurde. Aber erst nachdem Anfang der 70er Jahren eine Nationalparkverwaltung **(Servicio de Parques Nacionales, SPN)** geschaffen wurde, begann ein Netz von staatlichen Schutzgebieten zu wachsen. Heute besitzt das kleine Land bereits **25 Nationalparks, fünf Biologische Reservate** und zahlreiche weitere Naturschutzgebiete mit einer Fläche von insgesamt rund 740.000 ha. Dazu kommen noch geschützte Forstreservate und zahlreiche kleinere private Schutzgebiete, sodass insgesamt rund ein Viertel der gesamten Landesfläche geschützt ist – ein Wert, den wohl kaum ein Land der Erde überbieten kann.

Die Schutzgebiete befinden sich in allen Landesteilen, sodass **alle wichtigen Naturräume geschützt** sind: vom tropischen Regenwald und Mangrovengebieten über Feucht- und Trockenwald bis hin zu Nebelwäldern und Páramovegetation in Höhen über 3000 m. Unter besonderem Schutz stehen auch wichtige Rückzugsgebiete bedrohter Tierarten, darunter die Eiablageplätze von Meeresschildkröten an beiden Küsten oder die Brutplätze von See- und Wasservögeln.

Ein **Schutzbedarf** ist offensichtlich: Waren 1950 noch über 50 % der Landesfläche von tropischem Regen-, Feucht- und Trockenwald bedeckt, so sind es

Nationalparks und Naturschutzgebiete

heute weniger als 20 %. (Zum Vergleich: Deutschland hat 29 % Waldanteil.) Auch heute noch werden natürliche Lebensräume von Menschen zerstört, aber nicht zuletzt der Devisenbringer Tourismus sorgt dafür, dass weiterhin neue Flächen zu Schutzgebieten erklärt werden. Fraglich ist, ob es die Parkverwaltung auch in Zukunft verstehen wird, die Interessen der Parkbesucher mit denen der geschützten Flora und Fauna zu vereinbaren.

Klassifizierung der Schutzgebiete

Je nach Bedeutung und Aufgabe unterscheidet man folgende Kategorien:

Nationalpark (Parque Nacional)

Ein Nationalpark umfasst eine relativ **große Fläche** (sowohl zu Land als auch im Meer) zum Schutz und der Erhaltung von Tier- und Pflanzenarten, die von „nationalem und internationalem Interesse" sind. Die Gebiete dienen auch zur begrenzten Nutzung durch den Menschen, zur Erholung oder zu touristischen oder wissenschaftlichen Zwecken.

Biologisches Reservat (Reserva Biológica)

Sie sind meist **kleinere Gebiete** zum Schutz von Ökosystemen mit einer besonders verwundbaren Flora und Fauna. Um die biologische Entwicklung möglichst nicht zu stören, soll eine Nutzung durch den Menschen nur wissenschaftlichen oder Bildungszwecken dienen.

Naturreservat (Reserva Natural Absoluta)

Derzeit gibt es in dieser Kategorie nur das 1963 gegründete Reservat **Cabo Blanco** an der Spitze der Nicoya-Halbinsel. Auch hier soll in erster Linie der Lebensraum von Pflanzen und Tieren geschützt werden.

Nationales Monument (Monumento Nacional)

Sie sind historisch oder archäologisch bedeutende Stätten, die ebenfalls von der SPN verwaltet werden. Zurzeit gehören nur die Ausgrabungen von **Guayabo** zu dieser Klassifizierung.

Nationales Naturschutzgebiet (Refugio Nacional de Vida Silvestre)

Diese geschützten Gebiete, z.T. auch als *Refugio Nacional de Fauna Silvestre* ausgewiesen, dienen dem Schutz bestimmter Tierarten und stellen so eine Art Vorstufe zu den Biologischen Reservaten und Nationalparks dar. Manchmal umfassen sie auch menschliche Siedlungen (z.B. Gandoca und Manzanillo). Sie un-

Nationalparks und Naturschutzgebiete

terstehen nicht der SPN, sondern der *Dirección General de Vida Silvestre*.

Kurzprofile der einzelnen Schutzzonen

Um auch großflächigere Ökosysteme besser schützen und verwalten zu können, wurden Schutzzonen (**Áreas de Conservación**) geschaffen, die geografisch zusammengehörige Parks und Reservate mit Forstgebieten und „Pufferzonen" verbinden.

Schutzzone Zentralkordillere

Nördlich des Valle Central erstreckt sich die Zentralkordillere mit den Nationalparks Juan Castro Blanco, Vulkan Poás,

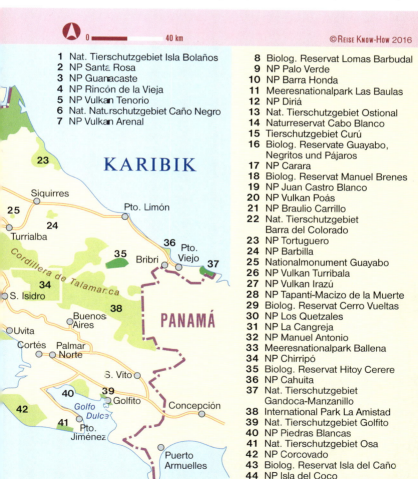

1 Nat. Tierschutzgebiet Isla Bolaños
2 NP Santa Rosa
3 NP Guanacaste
4 NP Rincón de la Vieja
5 NP Vulkan Tenorio
6 Nat. Naturschutzgebiet Caño Negro
7 NP Vulkan Arenal
8 Biolog. Reservat Lomas Barbudal
9 NP Palo Verde
10 NP Barra Honda
11 Meeresnationalpark Las Baulas
12 NP Diriá
13 Nat. Tierschutzgebiet Ostional
14 Naturreservat Cabo Blanco
15 Tierschutzgebiet Curú
16 Biolog. Reservate Guayabo, Negritos und Pájaros
17 NP Carara
18 Biolog. Reservat Manuel Brenes
19 NP Juan Castro Blanco
20 NP Vulkan Poás
21 NP Braulio Carrillo
22 Nat. Tierschutzgebiet Barra del Colorado
23 NP Tortuguero
24 NP Barbilla
25 Nationalmonument Guayabo
26 NP Vulkan Turribala
27 NP Vulkan Irazú
28 NP Tapantí-Macizo de la Muerte
29 Biolog. Reservat Cerro Vueltas
30 NP Los Quetzales
31 NP La Cangreja
32 NP Manuel Antonio
33 Meeresnationalpark Ballena
34 NP Chirripó
35 Biolog. Reservat Hitoy Cerere
36 NP Cahuita
37 Nat. Tierschutzgebiet Gandoca-Manzanillo
38 International Park La Amistad
39 Nat. Tierschutzgebiet Golfito
40 NP Piedras Blancas
41 Nat. Tierschutzgebiet Osa
42 NP Corcovado
43 Biolog. Reservat Isla del Caño
44 NP Isla del Coco

Staatliche Nationalparks und Naturreservate

- Biolog. Reservat Cerro Vueltas: 2500 ha
- Biolog. Reservat Hitoy Cerere: 9154 ha
- Biolog. Reservat Isla de Caño: 200 ha*
- Biolog. Reservat Lomas Barbudal: 2279 ha
- Biolog. Reservat Manuel Brenes: 7800 ha
- Guayabo, Negritos und Pájaros: 147 ha
- Humedal Térraba-Sierpe: 30.654 ha
- Internationalpark La Amistad: 193.929 ha
- Las Baulas und Tamarindo: 500 ha*
- Meeresnationalpark Ballena: 110 ha*
- Nat. Naturschutzgebiet Caño Negro: 9969 ha
- Nat. Tierschutzgebiet Golfito: 1309 ha
- Nat. Tierschutzgebiet Isla Bolaños: 25 ha
- Nat. Tierschutzgebiet Ostional: 162 ha*
- Nationalmonument Guayabo: 217 ha
- Naturreservat Cabo Blanco: 1172 ha
- NP (Nationalpark) Barbilla: 12.830 ha
- NP Barra Honda: 2295 ha
- NP Braulio Carillo: 45.899 ha
- NP Cahuita: 1068 ha*
- NP Carara: 4700 ha
- NP Chirripó: 50.150 ha
- NP Corcovado: 54.539 ha*
- NP Guanacaste: 32.512 ha
- NP Isla del Coco: 2400 ha*
- NP Juan Castro Blanco: 14.258 ha
- NP Los Quetzales: 5021 ha
- NP Macizo de la Muerte: 58.500 ha
- NP Manuel Antonio: 683 ha*
- NP Palo Verde: 16.804 ha
- NP Piedras Blancas: 14.750 ha
- NP Rincón de la Vieja: 14.084 ha
- NP Santa Rosa: 37.117 ha*
- NP Tapantí: 6080 ha
- NP Tortugero: 18.947 ha*
- NP Vulkan Arenal: 5208 ha
- NP Vulkan Irazú: 2309 ha
- NP Vulkan Poás: 5600 ha
- NP Vulkan Tenorio: 12.872 ha
- NP Vulkan Turrialba: 1577 ha
- Schutzgebiet Barra del Colorado: 98.000 ha
- Schutzgebiet Gandoca-Manzanillo: 9449 ha
- Tierschutzgebiet Curú: 84 ha

*= sowie Meeresgebiete

Reservat/ nächster Ort/Fläche

- Aerial Tram/Guápiles/454 ha
- Cloudbridge/San Gerardo de Rivas/174 ha
- Hacienda Barú/Dominical/155 ha

Nationalparks

- La Marta Rainforest/Turrialba/1500 ha
- La Selva/Pto. Viejo Sar./1538 ha
- Lago Cote/Nuevo Arenal/520 ha
- Laguna de Lagarto/Boca Tapada/500 ha
- Lapa Ríos/Pto. Jiménez/400 ha
- Las Cruces/San Vito/150 ha
- Las Tablas/San Vito/19.000 ha
- Los Alpes/San Ramón/200 ha
- Los Angeles Cloud Forest/San Ramón/810 ha
- Los Lagos/Fortuna/500 ha
- Magil Forest/San Rafael de Guatuso/419 ha
- Monteverde/Sta. Elena/4500 ha
- Morpho/Guápiles/250 ha
- Rara Avis/Horquetas/1280 ha
- Río Claro/Sierpe/500 ha
- Selva Bananito/Pto. Limón/850 ha
- Selva Verde/Pto. Viejo Sar./200 ha
- Sta. Elena/Sta. Elena/319 ha
- Talamanca Reserve/San Gerardo de Rivas/1620 ha
- Tiskita/Bahía de Pavón/165 ha
- Valle Escondido/San Lorenzo/400 ha

Eintrittspreise für Nationalparks und Reservate

- **Eintritt für Ausländer:**
je nach Park zwischen 5 $ und 16 $ pro Tag
- **Eintritt für Einheimische und im Lande lebende Ausländer:** 800–1600 C. (ca. 2–3 $)
- Derzeit keine Ermäßigung für einzelreisende Studenten (ist geplant)
- Kinder bis 12 Jahre frei

Alle Preise verstehen sich pro Tag und Park und gelten für alle Nationalparks und Biologischen Reservate sowie für das Naturreservat Cabo Blanco.

- Aktuelle Preise unter fpncr@ice.co.cr

Braulio Carrillo, Vulkan Irazú und Vulkan Turrialba sowie dem Nationalmonument Guayabo. Die **Vulkane** erreichen eine Höhe bis 3442 m (Irazú), und an einigen Stellen kann man noch vulkanische Aktivität beobachten. Im Umfeld des großen Nationalparks Braulio Carrillo, der sich bis in die Niederungen des karibischen Tieflandes erstreckt, liegen außerdem einige wichtige Privatreservate (La Selva, Rara Avis etc.).

Schutzzone Amistad

Die **größte Schutzzone des Landes** umfasst beinahe die gesamte Talamanca-Kordillere (Nationalpark Tapantí, Nationalpark Chirripó, Internationalpark La Amistad, Biologisches Reservat Hitoy Cerere) und einige Abschnitte der südlichen Karibikküste (Nationalpark Cahuita, Schutzgebiet Gandoca-Manzanillo). Hier findet man praktisch alle Vegetations- und Höhenstufen des Landes vereint. Bisher ist diese Region noch weitgehend unerschlossen und vom Tourismus beinahe ungestört.

Schutzzone Tortuguero

Verbunden durch einen biologischen Korridor, umfassen der Nationalpark Tortuguero und das Tierschutzgebiet Barra del Colorado die gesamte nördliche Karibikküste und einen großen Teil des Hinterlandes. **Von zahlreichen Flüssen und natürlichen Kanälen durchzogen,** ist es eines der wichtigsten Rückzugsgebiete für Wasservögel; die Strände sind außerdem wichtige Eiablageplätze von Meeresschildkröten.

Schutzzone Arenal

Neben den Nationalparks Vulkan Arenal und Vulkan Tenorio und dem Biologi-

Umweltschutz in Costa Rica

Fragen Sie einen beliebigen Costaricaner: Er wird sich für einen vorbildlichen Umweltschützer halten. Schließlich sind in seinem Land fast ein Viertel der Fläche geschützt – das soll mal einer nachmachen! Dass aber die verbleibenden drei Viertel mehr und mehr von Menschenhand zerstört werden, das Tropenholz aus dem Regenwald verschwindet, die Küsten von Hotelanlagen in Besitz genommen werden, täglich neue Flächen für Bananenplantagen und Weideland gerodet werden – darüber kein Wort.

Auch **im Alltag** ist von Umweltschutz nicht viel zu beobachten. Müll ist kein Problem – er wird einfach weggeschmissen. Immer wieder fliegen Getränkedosen und sonstiger Abfall aus den Fenstern der Busse, Autos und LKW und säumen den Straßenrand; immer wieder trifft man auf mehr oder weniger wilde Müllkippen, und die Flüsse transportieren den Abfall an die Strände. Auf den Kaffee- und Bananenplantagen werden Pestizide und Düngemittel nach dem Motto „besser zu viel als zu wenig" ausgebracht.

Wegen des guten Natur-Images wird in Costa Rica fast alles mit dem **Markenzeichen „Öko"** verkauft: „Öko-Tourismus", „Öko-Hotel", es gab sogar mal eine „Öko-Autovermietung"! Mit echt ökologisch orientiertem Verhalten hat dies in den meisten Fällen nur sehr wenig zu tun. Was kann schon „ökologisch" sein an strom- und wasserfressenden Klimaanlagen, an Swimmingpools und Hotels, deren Abwässer auf höchst ungeklärten Wegen in Richtung Meer streben?

Fazit: Es ist immer noch ein weiter Weg, bis Costa Rica zum „Öko-Paradies" wird, auch wenn sich verschiedene Umweltschutzgruppen für die Erhaltung der Natur einsetzen.

schen Reservat Manuel Brenes zählt auch das etwas abseits liegende Schutzgebiet Caño Negro zu dieser Schutzzone. Südlich des Arenal liegen in den Höhenlagen der Cordillera de Tilarán auch mehrere private Nebelwaldreservate (z.B. Monteverde, Sta. Elena).

Schutzzone Tempisque

Der **Mündungsbereich des Río Tempisque** gehört zu den interessantesten Regionen des Landes mit einigen der letzten Bestände tropischen Trockenwaldes in Mittelamerika. Außerdem finden hier unzählige Wasservögel ideale Brutbedingungen. Es bleibt zu hoffen, dass die Nationalparks Barra Honda und Palo Verde sowie das Biologische Reservat Lomas Barbudal bald zu einem einzigen großen Nationalpark zusammengeschlossen werden. Rund um die Halbinsel Nicoya reihen sich mehrere kleine Naturparks, die alle am oder im Meer liegen: der Meeresnationalpark Las Baulas mit dem Tierschutzgebiet Ostional, das Naturreservat Cabo Blanco, das Schutzgebiet Curú und die Reservate Islas Pájaros, Guayabo und Negritos im Golf von Nicoya. Neben Meeresschildkröten sind es vor allem die Brutgebiete von Seevögeln, die hier geschützt sind.

Schutzzone Guanacaste

Die Fläche der geschützten Gebiete **im äußersten Nordwesten** des Landes ist in den letzten Jahren durch die Vergrößerung des Nationalparks Sta. Rosa und die Gründung des Nationalparks Guanacaste mehr als verdoppelt worden. Zusammen mit dem Nationalpark Rincón de la Vieja und dem Schutzgebiet Isla Bolaños umfasst die Schutzzone weite Teile der Cordillera de Guanacaste und der nördlichen Pazifikküste, wo sich ebenfalls wichtige Brutgebiete für Meeresschildkröten befinden.

Schutzzone Zentrale Pazifikküste
Relativ weit auseinander liegen der Nationalpark Carara und der viel besuchte Nationalpark Manuel Antonio. Beide liegen an einer Übergangszone von trockenen Waldgebieten im Norden und tropischem Feuchtwald weiter südlich.

Schutzzone Osa
Diese Schutzzone umfasst die gesamte **südliche Pazifikküste** und reicht vom Meeresnationalpark Ballena bei Uvita über das Biologische Reservat Isla del Caño und die Halbinsel Osa mit dem Nationalpark Corcovado bis zum Schutzgebiet Golfito. Eine außergewöhnliche Vielfalt an Flora und Fauna und hohe Niederschlagswerte prägen diese Region.

Schutzzone Isla del Coco
Weit außerhalb **im pazifischen Ozean** liegt ein besonderes Juwel unter den Nationalparks des Landes: die Isla del Coco. Auf der höchsten Erhebung des ansonsten untermeerisch verlaufenden Cocos-Rückens bildeten sich aufgrund der isolierten Lage zahlreiche endemische Tier- und Pflanzenarten aus. Außergewöhnlich artenreich ist auch die Meeresflora und -fauna um die Insel.

Privatreservate

Im ganzen Land verteilt findet man private Naturschutzgebiete, die für wissenschaftliche Forschungen, für den Tourismus oder einfach zum Erhalt der Natur gegründet wurden. Ein Schwerpunkt liegt im Umfeld des NPs Braulio Carrillo und in der Cordillera de Tilarán. In dem Kasten auf S. 604 findet sich eine (unvollständige) Auflistung wichtiger Reservate mit über 100 ha Fläche.

Tiergärten und Aufzuchtstationen

Viele Besucher von Costa Rica kommen mit der Erwartung, überall massenhaft wilde Tiere zu sehen und sind schnell enttäuscht, denn es erfordert schon einen geübten Blick, ein gutes Fernglas und etwas Geduld, um im grünen Dickicht der tropischen Regenwälder Tiere zu erspähen. Wem das zu mühsam ist, dem bleibt immer noch die Möglichkeit, einige der zahlreichen Tiergärten und Aufzuchtstationen zu besuchen, die in den jeweiligen Ortskapiteln näher beschrieben werden – mit Tier-Garantie!

■ **Zoologischer Garten**, San José: der einzige richtige „Zoo" in Costa Rica, etwas heruntergekommen, aber dennoch geeignet für einen ersten Überblick zur Fauna des Landes.

■ Der **Zoo Ave** bei Alajuela beherbergt Vogelarten, die man in freier Natur nicht unbedingt zu Gesicht bekommt.

■ Im **Zoo La Marina** bei Cd. Quesada landen ausschließlich verletzte und illegal gefangene Tiere, die hier gesundgepflegt werden.

■ Auch in der **Tierauffangstation Las Pumas** bei Cañas finden verletzte Wildtiere ein Heim, in diesem Fall in erster Linie Raubkatzen.

■ **Serpentarien** (= Schlangenzoos) gibt es in San José, bei Sarchí („World of Snakes"), außerhalb von Turrialba, bei La

Virgen und in Sta. Elena/Monteverde. Ebenfalls in Monteverde sowie in Cahuita gibt es ein **Ranarium** (Frösche).

■ **Schmetterlingsgärten** findet man u.a. in San José, südlich von Alajuela (Butterfly Farm), in Cahuita, in Fortuna und in Monteverde.

■ **Botanische Gärten** gibt es u.a. bei Sarchí, Cartago, Turrialba und bei San Vito im Süden, eine **Heliconienfarm** auf dem Weg nach Limón.

Geschichte

Die frühen Kulturen

Der **Ursprung menschlicher Besiedlung** in Amerika liegt, darüber sind sich die Wissenschaftler inzwischen weitgehend einig, in Asien: Sibirische Jägerstämme folgten vor etwa 40.000 Jahren über die zugefrorene oder verlandete Beringstraße ihrem Wild nach Alaska. Von dort breiteten sie sich schrittweise nach Süden bis nach Südamerika aus, wobei sie vor rund 25.000 Jahren die zentralamerikanische Landbrücke überquerten. Der erste Nachweis menschlicher Besiedlung ist ein archäologischer Fund auf der Halbinsel Nicoya, der etwa auf 9000 v. Chr. datiert wird.

Die **Urbewohner der Region** lebten zunächst lange Zeit als Jäger und Sammler, bis sie ab ca. 2500 v. Chr. mit der Kultivierung von Maniok und Mais begannen. Bis zur Eroberung durch die Spanier, die aus Europa erstmals andere Getreidearten mitbrachten, diente Mais als wichtigste Nahrungsgrundlage. Insgesamt war die Besiedlungsdichte spärlich, bei Ankunft der Spanier lebten wahrscheinlich kaum mehr als 100.000 Menschen auf der Fläche des heutigen Staates Costa Rica. Das Gebiet zwischen Ostnicaragua, Costa Rica, Panama und der Karibikküste Kolumbiens und Venezuelas bezeichnet man als **zirkumkaribischen Kulturraum.** Im Gegensatz zu den benachbarten Hochkulturen (Mesoamerika im Norden und andiner Kulturraum im Süden) entstanden hier keine Pyramiden, Tempel oder Paläste, und auch sonst ist wenig erhalten – nicht zuletzt durch die blinde Zerstörungswut der spanischen Eroberer.

Archäologische Zonen

Costa Rica teilt sich in drei große archäologische Zonen. Die Region **Gran Nicoya** im Nordwesten reicht von der Halbinsel Nicoya über den Norden Guanacastes bis zum Nicaragua-See. Die ersten exakten Zeugnisse über Töpferei und Steinbearbeitung reichen zurück bis etwa 300 v. Chr. Im 4./5. Jh. n. Chr. entstanden die kunstvollsten Jadearbeiten (siehe Exkurs „Jade"). Etwa ab dem 8. Jh. brachten die aus Mexiko zugewanderten Chorotegas neue Techniken der Keramikverarbeitung mit, und so entstanden bis zur spanischen Besiedlung im 16. Jh. fein gearbeitete polychrome Keramiken und Tongefäße, deren mexikanischer Einfluss deutlich zu sehen ist.

In der **Zentralregion,** dem Siedlungsraum der Huetares, fand man u.a. Steinkistengräber und Rundplastiken mit Menschendarstellungen sowie fein gearbeitete Kult-Metates, Grabplatten und Skulpturen aus vulkanischem Gestein.

Über die Bedeutung der Metates ist man sich noch uneinig, möglicherweise dienten sie als Häuptlingsthron oder als Opferaltar, ihre ursprüngliche Funktion als Mais-Reibsteine jedenfalls dürften sie verloren haben, zu aufwendig ist die Gestaltung. In Línea Vieja wurden kunstvoll gearbeitete Kultgegenstände und kostbare Schmuckstücke aus Gold und Jade ausgegraben. Die wichtigste archäologische Stätte des Landes ist jedoch Guayabo an den Hängen des Vulkanes Turrialba, eine Stadt, die etwa von 1000 v. Chr. bis 1400 n. Chr. existierte. Neben Petroglyphen, Gräbern und Keramik fand man hier auch Reste von Rundhütten und sogar Bewässerungskanäle und gepflasterte Straßen.

Im Südwesten des Landes liegt die **Diquís-Region,** die bis in den Norden Panamas hineinreicht. Hier lebte das Volk der Bruncas, das sich vor allem durch seine hervorragenden Goldarbeiten auszeichnete (siehe Goldmuseum in San José im Reiseteil). Die Bedeutung der wahrscheinlich von ihnen gefertigten, teilweise riesigen Steinkugeln liegt nach wie vor im Dunkeln.

Präkolumbische Volksgruppen

Man unterscheidet im wesentlichen **drei große Kulturkreise,** die sich in viele kleine Stämme und Volksgruppen aufsplittern (nach *Prof. Jorge A. Lines,* costaricanischer Archäologe): die Chorotegas im Nordwesten, die Huetares im Zentrum und an der Atlantikküste, und die Bruncas im Südwesten. Alle drei Völker lebten als einfache Bauern im Schatten der großen präkolumbischen Kulturen. **Die Spanier zerstörten alle Kulturen,** sowohl durch die Unterdrückung althergebrachter Lebensformen und die zwangsweise „Bekehrung" zum christlichen Glauben als auch durch kriegerische Auseinandersetzungen und eingeschleppte Krankheiten wie Grippe, Masern und Pocken, denen die Menschen schutzlos ausgeliefert waren. Die wenigen heute noch in Costa Rica lebenden Indianer sind Nachkommen einer dieser drei Volksgruppen.

Die Chorotegas

Der Name dieses Volkes bedeutet **„fliehendes Volk",** denn seine Vorfahren waren im 8. Jh. aus dem südlichen Mexiko geflohen, woraus sich auch der deutliche mesoamerikanische Einfluss in ihren Lebensformen und ihrer Kultur erklären lässt. Ihr Lebensraum erstreckte sich über die gesamte Gran-Nicoya-Region im Nordwesten von Costa Rica. Aus den Berichten des spanischen Forschers *Gonzalo Fernández de Oviedo,* der 1529 für einige Zeit bei diesem Volk lebte, weiß man, dass sie die am weitesten entwickelte Gruppe innerhalb des heutigen Costa Rica waren. Dies äußerte sich sowohl in ihrem ausgereiften sozialen Gefüge als auch in ihrer fortgeschrittenen Kultur mit eigenständigem Kunsthandwerk, Architektur und einem hohen Stand der Landwirtschaft mit aufwendigen Bewässerungssystemen. Auch besaßen sie eine Schrift, die mit pflanzlichen und tierischen Farben auf Hirschleder geschrieben wurde, und hatten einen Kalender.

Sie lebten in großen Gemeinschaften und in Siedlungen und Städten mit einem zentralen Platz. Ihre Hauptstadt war Nicoya, das damals über 20.000 Einwohner zählte. Die Chorotegas hatten ei-

Das Geheimnis der Steinkugeln

Immer wieder sieht man in den Vorgärten reicher Villen im Valle Central seltsame, **gleichförmig runde Steinkugeln,** denen man ihr stattliches Alter nicht ansieht. Sie stammen aus dem Süden des Landes aus einer Region, die vor Ankunft der Spanier vom Volk der Bruncas bewohnt wurde. Die spanischen Eroberer vermuteten, dass sie Gold enthielten, doch als sie einige der Kugeln aufbrachen und feststellten, dass sie aus massivem Granit bestehen, verloren sie schnell ihr Interesse. Eine solche halbierte und eine ganze Reihe noch intakter Steinkugeln kann man auch im Nationalmuseum sehen.

1940 fand die US-Archäologin *Doris Stone* im Tal des Río Grande de Térraba und auf der Isla del Caño einige dieser runden, glatten Granitkugeln, deren Durchmesser von 5,5 cm bis 2,40 m variiert. Ernsthafte Forschungen begannen jedoch erst seit den 1960er Jahren, und so bleiben bis heute noch viele Fragen offen. Man schätzt, dass die Kugeln in einem Zeitraum **von etwa 200 bis 1200 n. Chr.** gefertigt wurden.

Wissenschaftler versuchten, einen Lageplan zu erstellen, um von der Position der Kugeln Rückschlüsse auf deren Bedeutung zu ziehen. Doch zu viele waren von ihrer ursprünglichen Position weggeschafft worden, um die Eingangsportale und Vorgärten der Reichen zu zieren. Als man in den 1930er Jahren mit der Pflanzung von Bananen in der Region begann, beseitigten die Plantagenarbeiter Hunderte der „störenden" Steinkugeln.

Das **vulkanische Gestein,** aus dem die Kugeln geschaffen wurden, stammt vermutlich aus den Bergen nördlich von Palmar, doch ein Steinbruch, der Aufschluss über die Herstellungsweise geben könnte, oder gar halbfertige Kugeln in verschiedenen Bearbeitungsstufen wurden bis-

lang nicht gefunden. Besonders irritierend ist die Tatsache, dass man zahlreiche Kugeln auf der Isla del Caño gefunden hat, wo dieses Gestein aber gar nicht vorkommt. Die gewaltigen Steinbrocken, bis zu 25 t schwer, mussten demnach mit Booten oder Flößen dorthin geschafft werden. Doch wozu?

Die **Bedeutung der Kugeln** ist bislang unbekannt. Man vermutet, dass sie eine wichtige Stellung innerhalb der Mythologie hatten, vielleicht sollten sie aber auch das soziale Ansehen der Menschen dokumentieren, vor deren Haus sie aufgestellt wurden. Eine Art astronomischer Garten, ähnlich den mysteriösen Scharrbildern von Nazca in Peru, vermutet der US-Archäologe *Samuel Lothrop*, der in den 1960er Jahren hier Forschungen betrieb. Der Schweizer Schriftsteller *Erich von Däniken* sieht in den Kugeln wieder einmal den Beweis für einen Besuch außerirdischer Wesen, die mit runden Raumkapseln landeten, welche die Einheimischen in Stein nachbildeten und verehrten.

ne straffe gesellschaftliche Hierarchie und betrieben regen Handel bis nach Mexiko und Ecuador, wobei sie wie die Azteken und andere mesoamerikanische Völker Kakaobohnen als Zahlungsmittel benutzten. Mit ihren Nachbarn lebten sie in kriegerischen Auseinandersetzungen, um Land und Sklaven zu erbeuten. Ihr Kunsthandwerk bestand vorwiegend aus Keramik, die zwei- oder dreifarbig bemalt wurde, aber auch Jade und Granit wurden bearbeitet.

Die Huetares

Das **älteste und zahlenmäßig größte Volk** lebte an der Karibikküste, im nördlichen Tiefland am Río San Juan, im Valle Central sowie an einem kleinen Abschnitt der zentralen Pazifikküste. Ihre Vorfahren wanderten vermutlich aus dem Amazonas-Gebiet in den karibischen Raum, bevor sie an die Ostküste Mittelamerikas kamen. Daher erklärt sich auch der Einfluss der Antillana-Kultur (Caribe-Arawak). Ihr Lebensraum teilte sich in zwei Königreiche, die durch den Río Virilla getrennt waren: das östliche Reich mit der Hauptstadt Ujarrás (bei Cartago) erstreckte sich bis zum Chirripó, das westliche bis zu den Tilarán-Bergen, die Hauptstadt lag in der Nähe des heutigen San Ramón.

Die Huetares lebten als **Halbnomaden** vom Wanderfeldbau, ihr Leben bestimmten mythische Zeremonien und Regeln. Auch wenn ihre Keramik und andere kunsthandwerkliche Produkte eher einfach waren, erreichten sie ein erstaunlich hohes Niveau der Steinbearbeitung: Ihre kunstvoll gearbeiteten Statuen und Zeremonialaltäre aus Granit gehören zu den bedeutendsten Steinmetzarbeiten Amerikas.

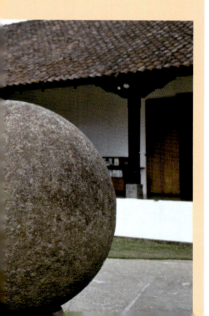

Die Bruncas

Das Volk der Bruncas lebte in der Nähe der südlichen Pazifikküste im Grenzgebiet zum heutigen Panama. Sie sind die nördlichsten Vertreter der Chibchas, einer Sprach- und Stammesgruppe aus den nördlichen Anden (heute Kolumbien), von wo sie zugewandert sind. Im Gegensatz zu den Huetares waren sie **sesshaft** und pflanzten Mais, Baumwolle, Maniok und Gemüse an. Ihre Siedlungen waren geschützt und gut bewacht, denn sie waren ein kriegerisches Volk, das auch häufig von seinen Nachbarn angegriffen wurde. Ein Grund hierfür mag ihr „Reichtum" an Gold gewesen sein, das sie in den Bergen und Flüssen der Region fanden und zu Schmuck und Kultobjekten verarbeiteten. Um die Härte des Goldes zu erhöhen und den Schmelzpunkt zu senken, arbeiteten sie mit Kupfer-Gold-Legierungen. Die ohne Zweifel besten Goldschmiede des Landes stellten auch Keramik her und webten Baumwollstoffe, die sie zu Hemden und auch Totentüchern verarbeiteten.

Nahuas

Außer den vorgenannten Völkern gab es kleine Kolonien von Nahuas, die u.a. an der Mündung des Río San Juan und an der südlichen Talamamca-Küste (Bribri) siedelten. Sie brachten Kakaosamen aus Mexiko mit und verehrten u.a. den mexikanischen Kriegsgott Huitzilopochtli, dem sie Blutopfer darbrachten.

Die Lebensweise der Indianer

Jede Volksgruppe hatte ihre eigene Sprache: Die Bruncas sprachen Boruka (im gleichnamigen Dorf wird von Nachfahren der Bruncas bis heute eine abgeleitete Sprache gesprochen), die Huetares Huetar, die Nahuas Nahua und die Sprache der Chorotegas hieß Mangue. Bribri, Cabécar und Chirripó sind von Nahua abgeleitete Dialekte.

Da Anbau und Verarbeitung von **Baumwolle** den Völkern bekannt war, trugen viele Baumwollhemden, die sie mit Gürteln befestigten, andere waren nur mit einem einfachen Schurz bekleidet oder völlig nackt; alle waren aber geschmückt mit Goldobjekten, Federn und Halsketten aus Schmucksteinen oder Muscheln. Körperbemalung und Tätowierungen waren ebenfalls verbreitet.

Die frühen Bewohner Costa Ricas lebten in runden oder rechteckigen **Hütten**, sogenannten *palenques*, die mit Holz- oder Bambuspfosten gestützt waren und Dächer aus getrockneten Palmblättern hatten, manche waren auf Steinfundamenten gebaut. Die Größe der Hütten variierte von Volk zu Volk: Während bei den Chorotegas nur jeweils eine Familie darin lebte, fanden bei den Huetares mehrere Familien Platz; bei den Bruncas waren sie so groß, dass bis zu 20 Familien gemeinsam unter einem Dach lebten. Die Menschen schliefen in Hängematten und benutzten Steinsitze.

Die **Äcker** wurden mit einfachsten Methoden bearbeitet, da die Eisenverarbeitung unbekannt war: Man benutzte Pflanzstöcke aus Holz und Steinäxte sowie Werkzeuge aus Kupfer und Gold, sogar Schaufeln aus Muscheln. Fast ausschließlich für den Eigenbedarf kultivierte man Mais, Maniok, Bohnen und anderes Gemüse, Kakao, Tabak und Baumwolle. Ferner gab es Pflanzungen von Obstbäumen, und man zähmte Tapire, Bergschweine und andere Tiere, die als Jungtiere gefangen wurden. Neben der Landwirtschaft gingen die Männer gelegentlich auf die Jagd, am Meer und in der Nähe von Flüssen erweiterte der Fischfang den Speisezettel.

Die Region profitierte von der zentralen Lage zwischen Nord- und Südamerika, es wurde **Handel** betrieben bis nach Mexiko und Ecuador. Als Handelsobjekte dienten Sklaven, Goldschmuck, gewebte Decken und Kakao; bei den Chorotega und Nahua dienten Kakaobohnen als Zahlungsmittel. Mexikanische Händler kamen mit Kanus an die atlantische Küste und brachten Decken, Baumwollhemden, Schmelztiegel, Holzschwerte und andere Gegenstände, die sie gegen Gold tauschten.

Die **Gesellschaft** war streng hierarchisch gegliedert, wobei man zwei Klassen unterscheiden konnte: die Adligen und das einfache Volk, das der Oberschicht Dienstleistungen erbringen und für deren Ernährung sorgen musste. Die Familie und der absolute Gehorsam gegenüber den Adligen waren die Basis der sozialen Ordnung. Jede Familie bildete eine eigene Agrargemeinschaft, mehrere Familien einen Stamm und die Stämme zusammen ein Volk. Die Kaziken regierten mit absoluter Autorität, das Amt des Häuptlings vererbte sich auf den Sohn oder den Erstgeborenen der Tochter, bei einigen Stämmen wurde es sogar von einer Frau bekleidet.

Auch gab es eine **klar definierte Aufgabenteilung:** Während die **Männer** Krieg führten, jagten, fischten, Ackerbau betrieben und Werkzeuge und Waffen fertigten, erledigten die **Frauen** die Hausarbeit, sponnen und webten Baumwolle und halfen bei der Feldarbeit mit. Monogamie war die Regel, nur die Kaziken und hohe Adlige hatten mehrere Frauen. Die Menschen waren sehr reinlich und badeten mehrmals täglich. Ihre Lieblingsbeschäftigung unterschied sich kaum von der der heutigen Bewohner: tanzen und Chicha (Maisbier) trinken. Als Musikinstrumente dienten Flöten aus Knochen und Ton, Kürbisrasseln und Tontrommeln.

Die einzelnen Stämme lebten in permanentem **Kriegszustand** miteinander. Krieg wurde in erster Linie geführt, um Gefangene zu machen, die dann versklavt wurden oder für Opferzeremonien dienten.

Auch wenn die **Religionen** der einzelnen Völker unterschiedlich waren, hatten sie einiges gemeinsam. Alle Völker

◨ Exponat aus dem Jademuseum in San José

glaubten an eine überirdische Kraft und die Unsterblichkeit der Seele, sie verehrten die Sonne, den Mond und die Naturelemente, welche durch die Götter des Feuers, des Wassers und des Windes verkörpert wurden. Alle Völker opferten ihren Göttern Tiere und auch Menschenblut, aber nur Nahuas und Chorotegas aßen vom Fleisch der Geopferten, wie dies z.B. bei den Azteken üblich war. Die Priester genossen ein hohes Ansehen und waren gleichzeitig Medizinmänner, Ratgeber und Zauberer.

Keramik mit Phallusdarstellungen und weibliche Tonfiguren mit überdimensionalen Geschlechtsmerkmalen deuten auf einen ausgeprägten **Fruchtbarkeitskult** hin. Auch die **Toten** wurden sehr verehrt: Beim Tod einer adligen Persönlichkeit mussten ihm seine Sklaven in den Tod folgen, um ihm im Jenseits zu dienen. Außerdem versorgte man den Toten mit Grabbeigaben wie Schmuck, Waffen, häuslichen Gegenständen und Behältern mit Wasser und Nahrung, um ihm die lange Reise ins Jenseits so angenehm wie möglich zu gestalten.

Die spanische Kolonialepoche

Entdeckung und Eroberung (16. Jh.)

Am 18. September 1502 landete **Christoph Kolumbus** auf der kleinen Insel Uvita vor dem späteren Puerto Limón und war damit der erste Europäer in Costa Rica. Von hier unternahm er mehrere Erkundungsfahrten entlang der Küste. Er benannte die Region *Costa Rica y Castillo de Oro* („Reiche Küste und Goldene Burg"), und obwohl sich seine Hoffnung auf Gold und Reichtum nicht erfüllte, blieb der Name Costa Rica bestehen. Das Land wirkte nicht gerade einladend für Kolumbus, denn es war vollständig mit Urwald bedeckt und somit nahezu unzugänglich.

1519 starteten *Hernán Ponce de León* und *Juan de Castañeda* von Panama zu einer **Expedition,** bei der sie den Golfo Dulce und den Golf von Nicoya erreichten, ohne jedoch an Land zu gehen. Drei Jahre später kam Kapitän *Gil González Dávila* von Panama über Land mit 100 Mann bis zur Bucht von Caldera und an den Golf von Nicoya, wo er einige Tage in der Chorotega-Hauptstadt verweilte. Über Land zog er weiter nach Nicaragua bis zum Lago Cocibolca; es kam zu Kämpfen mit Einheimischen, woraufhin er sich Richtung Süden zurückzog. Während dieser Expedition wurden angeblich 32.000 Indianer getauft.

Die **erste spanische Siedlung** Bruselas an der Ostseite des Golfes von Nicoya wurde im Jahre 1524 auf Befehl von *Francisco Fernández de Córdoba* gegründet. Das zunächst freundschaftliche Verhältnis zu den Ureinwohnern, den Chorotega, schlug durch die Besatzermentalität der Spanier schon bald ins Gegenteil um, was mit der Zerstörung der Siedlungen durch die Indios endete.

1540 wurde Costa Rica, das bisher Panama unterstand, der *Audiencia de Guatemala* angeschlossen und damit **von Guatemala aus verwaltet.** Das Land besaß zunächst lediglich als Durchgangsgebiet im Handel zwischen Panama und Guatemala eine untergeordnete Bedeutung. Das Landesinnere, die fruchtbare und klimatisch angenehme, eher europäische Hochebene des Valle Central, wurde erst in den 1560er Jahren verstärkt kolonialisiert. 1560 wurde der junge Rechtsanwalt *Juan de Cavallón,* bis dahin Verwalter von Nicaragua, beauftragt, diesen Teil des Landes für die spanische Krone zu erobern. Anfang 1561 gründete er mehrere Siedlungen zwischen der Pazifikküste und dem Hochland, das er aber wegen der aufständischen Indianer nicht unter Kontrolle bringen konnte.

Sein Nachfolger als Verwalter Nicaraguas, *Juan Vásquez de Coronado,* erreichte im folgenden Jahr mit 80 Mann das Valle Central und konnte durch geschickte Verhandlungen mit den Indianern Fuß fassen. So gründete er, der zwei Jahre später zum ersten Gouverneur Costa Ricas bestimmt wurde, im Juni 1563 die **Stadt Cartago,** die bis 1823 Costa Ricas Hauptstadt sein sollte.

Im Jahre 1575 legte der spanische *König Felipe II.* die **Grenzen der Provinz Costa Rica** fest. Sie reichte im Süden bis zur Laguna de Chiriquí ins heutige Panama hinein, schloss aber den Norden der heutigen Provinz Guanacaste und die Halbinsel Nicoya noch nicht ein.

Die Herrschaft der Spanier (17./18. Jh.)

Vom zentralen Hochland aus erfolgte im 17. Jahrhundert nach und nach die **Besiedlung der gesamten Hochebene.** Die Spanier hatten Getreide, Rinder, Schweine, Pferde, Esel und Hühner aus Europa mitgebracht. Die Küstengebiete hingegen wurden immer wieder von Freibeutern angegriffen, was eine Besiedlung verhinderte.

Wie in allen Provinzen des spanischen Kolonialreiches etablierte sich auch in Costa Rica das **System der Encomienda,** welches den Konquistadores und Siedlern aus Spanien Ländereien zur Verwaltung übergab und sie berechtigte, die dort lebende indianische Bevölkerung zu Arbeitsdiensten und Tributzahlungen zu verpflichten. Dafür sollten diese von den spanischen Herren im katholischen Glauben unterrichtet werden, was aber vor allem als Vorwand diente, um die Ausbeutung zu rechtfertigen. Die bereits zu Beginn der spanischen Eroberung zahlenmäßig schwache indianische Bevölkerung wurde von den Eroberern für den Getreideanbau und die Viehwirtschaft versklavt.

In vielen blutigen Aufständen leisteten die Indios im 16., 17. und 18. Jahrhundert erbitterten **Widerstand** gegen die grausame Kolonisation der Spanier, wodurch sich ihre Zahl noch mehr verringerte. Bereits während der ersten 100 Jahre spanischer Herrschaft schrumpfte ihre Zahl bis auf die Hälfte zusammen.

Die **Entwicklung der Provinz Costa Rica** ging sehr schleppend voran, da im Gegensatz zu Mexiko und Bolivien keine nennenswerten Bodenschätze ausgebeutet werden konnten und die Verwaltungshauptstadt Santiago de los Caballeros (das heutige Antigua Guatemala) zu weit entfernt war. So waren die Städte, die im 18. Jh. gegründet wurden (Heredia 1706, San José 1737, Alajuela 1782), zunächst nur kleine Dörfer mit einer Kirche im Zentrum.

Zum Ende des 18. Jahrhunderts war erst ein sehr kleiner Teil des Landes landwirtschaftlich nutzbar gemacht worden, die Fläche warf wenig Früchte ab, die Anbaumethoden waren primitiv und die Bevölkerung entsprechend arm. Für Spanien war Costa Rica daher uninteressant und entwickelte sich zu einer **Randprovinz** der Audiencia Guatemala.

Das einzige **Exportprodukt** (neben dem Handel mit Sklaven) wurde in der Karibikregion angebaut: Das Klima dort ist ideal für Kakao, und mit den Sklaven standen kostenlose Arbeitskräfte zur Verfügung. Nachdem der Handel mit Kakao aber Mitte des 18. Jh. in eine Krise geriet, begann man, **Tabak** anzubauen, und da die Nachfrage hierfür stieg, konnte man einen bescheidenen wirtschaftlichen Aufschwung verbuchen. In dem 1737 mit dem Bau einer Pfarrkirche gegründeten Villa Nueva de la Boca del Monte, dem späteren San José, wurde durch eine eigene Ausfuhrkonzession ein neuer und gut organisierter Tabakhandel ermöglicht. Doch der Tabak war von minderer Qualität, und die Verwaltungshauptstadt Guatemala zog diese Konzession 1810 zur Verbesserung der eigenen Einnahmen zurück.

Anfang des 19. Jahrhunderts brachte ein costaricanischer Tabakhändler eine **Kaffeepflanze** aus Kuba mit. Zum ersten Mal wurde auf dem lateinamerikanischen Festland Kaffee angebaut, der Grundstein für einen immensen wirtschaftlichen Aufschwung Costa Ricas.

Der unabhängige Staat

Die Unabhängigkeit und ihre Folgen (1821–1835)

Am 15. September 1821 erklärte das Generalkapitanat Guatemala, zu dem auch Costa Rica gehörte, seine **Unabhängigkeit von Spanien.** Dadurch wurde auch Costa Rica automatisch unabhängig und erlangte seine Freiheit – im Gegensatz zu vielen anderen spanischen Kolonien – gänzlich kampflos. Durch die schlechten Verkehrsverbindungen kam die Nachricht von der Loslösung von Spanien erst etwa einen Monat später in Cartago an.

Zunächst wurde vom Stadtrat von Cartago eine Übergangsregierung gebildet. Doch schon bald kam es zu **Auseinandersetzungen** um die weitere politische Zugehörigkeit oder Selbstständigkeit des Landes: Die Monarchisten in Cartago und Heredia wollten den Anschluss an das konservativ regierte Königreich Mexiko unter *Iturbide,* der sich später zum Kaiser ernennen ließ. Die Republikaner in Alajuela und San José sprachen sich hingegen für einen unabhängigen und liberalen Staat aus, welcher der geplanten Zentralamerikanischen Föderation beitreten sollte. Es kam zum **Bürgerkrieg,** der im April 1823 in einer Schlacht an den Hängen des Irazú-Massivs bei Cartago zugunsten der Republikaner ausging. Kurze Zeit später kam, mit der üblichen einmonatigen Verspätung, die Nachricht vom Zerfall des Iturbide-Reiches, die die Kämpfe überflüssig machte.

Costa Rica gründete am 1. Juli 1823 mit Guatemala, Honduras, El Salvador und Nicaragua die **Zentralamerikanische Föderation.** Der erste Präsident Costa Ricas, **Juan Mora Fernández,** wurde 1824 gewählt und regierte bis 1833. Bereits 1825 wurde eine neue Verfassung geschaffen; das Land nannte sich nunmehr offiziell *El Estado Libre de Costa Rica.* Die bislang unabhängige Provinz Nicoya im Nordwesten – heute Guanacaste – schloss sich 1828 freiwillig an Costa Rica an. Die Zentralamerikanische Föderation ging im Jahre 1838 am Separatismus der einzelnen Länder und an den Rivalitäten und Machtkämpfen zwischen den verschiedenen Gruppen der Landbesitzer zugrunde. Costa Rica, das kurz zuvor ausgeschieden war, musste einen Teil der Schuldenlast der Föderation auf sich nehmen, was die wirtschaftliche Situation belastete.

Die Regierungszeit Braulio Carrillos (1835–1842)

Nach dem Rücktritt des wenig erfolgreichen Präsidenten *José Rafael de Gallegos* wurde 1835 *Braulio Carrillo Colina* zu dessen Nachfolger bestimmt. Dieser machte sich durch **liberale Reformen** wie die Einführung eines Zivil- und Strafrechtes sowie durch antiklerikale Maßnahmen, z.B. Abschaffung mehrerer religiöser Feiertage, bei den konservativen Kräften unbeliebt. Vor allem aber seine **Steuerreformen** führten zu heftigen Auseinandersetzungen: Er schaffte die kirchliche Zehntsteuer ab und erhob stattdessen eine direkte Steuer auf landwirtschaftlichen Besitz. Wirtschaftlich stärkte er die internationale Kreditwürdigkeit des Landes durch die Rückzahlung von Staatsschulden und setzte verstärkt auf den Export von Kaffee nach Europa, wobei er San José zum Zentrum der Kaffeewirtschaft machte.

Dies und die Unzufriedenheit über seine Reformen führten im September 1835 zu einem **bewaffneten Aufstand der Städte Cartago, Heredia und Alajuela,** der unter dem Begriff *Guerra de la Liga* (Krieg des Städtebundes) in die Geschichte einging. Nachdem mehrere Schlachten zugunsten der staatlichen Truppen geschlagen waren, wurde San José nominell zur Hauptstadt erklärt. Nach dem Ende seiner Präsidentschaft 1837 gab *Braulio Carrillo* schließlich sein Amt an seinen Nachfolger *Manuel Aguilar Chacón* ab, putschte sich aber im folgenden Jahr erneut an die Macht, erklärte sich zum Präsidenten auf Lebenszeit und regierte mit diktatorischen Mitteln.

Nach dem Scheitern der Zentralamerikanischen Föderation verkündete die Regierung unter *Braulio Carrillo* am 14. November 1838 die **staatliche Souveränität** Costa Ricas.

Im April 1842 landete der frühere Präsident der Föderation, der aus Honduras stammende **Francisco Morazán Quesada,** mit 500 Männern aus El Salvador an der Atlantikküste Costa Ricas und zog in Richtung Hauptstadt. *Braulio Carrillo* schickte ihm 2000 Mann entgegen, die er teilweise unter den Befehl von General *Vicente Villaseñor* stellte, einem früheren Untergebenen von *Morazán*. Dieser war jedoch des Despoten *Carrillo* überdrüssig und schloss daher einen Pakt mit *Morazán*. *Braulio Carrillo* musste daraufhin außer Landes fliehen; er wurde 1845 in El Salvador von einem persönlichen Feind erschossen. Doch auch *Morazán* erging es nicht viel besser: Nachdem er zunächst wie ein Befreier empfangen und im Juli von der wiederhergestellten gesetzgebenden Versammlung zum Übergangspräsidenten gewählt wurde, wollte er von Costa Rica aus seine Föderation wiederaufleben lassen und begann, hierfür Soldaten zu rekrutieren und Steuern zu erheben. Zunächst waren es die Anhänger *Carillos* in San José, später auch andere Kräfte aus Cartago, Heredia und Alajuela, die sich gegen ihn richteten, bis er schließlich gefangengenommen und am 15. Sept. 1842 im Zentralpark von San José hingerichtet wurde.

Interessant ist in diesem Zusammenhang, dass sowohl *Braulio Carrillo* als auch *Morazán,* obwohl beide sehr zweifelhafte und widersprüchliche Persönlichkeiten waren, bis heute in Costa Rica als große Staatsmänner verehrt werden.

Ausrufung der Republik (1843–1849)

1843 wurde unter Staatschef *Alfaro Zamora* eine neue **konservative Verfassung** proklamiert. Erneute Kämpfe und Regierungswechsel endeten 1847 mit dem Triumph der Liberalen, die *José Castro Madriz* zum Präsidenten wählten.

Am 30. August 1848 wurde das Land zur **selbstständigen Republik** und nennt sich seither *República de Costa Rica.* Die Verfassung von 1848 verkündete wichtige demokratische Rechte und ersetzte die Armee durch eine Miliz. 1850 erkannte auch die ehemalige Kolonialmacht Spanien die Unabhängigkeit Costa Ricas formell an.

Die Wirtschaft konzentrierte sich in der ersten Hälfte des 19. Jahrhunderts überwiegend auf den **Kaffeeanbau** im Valle Central, was auch durch die Regierung gefördert wurde. Unter Präsident *Braulio Carrillo* gab es den sogenannten Kaffeeanbauplan, der die Besteuerung des Kaffees aufhob und darüber hinaus die Möglichkeit schaffte, dass brachliegende Grundstücke nach fünf Jahren Anbau an die Pächter übereignet wurden. Mitte des 19. Jahrhunderts wanderten zahlreiche nordamerikanische Bauern nach Costa Rica ein, um ebenfalls Kaffee anzupflanzen. Die Produktion wurde gesteigert, sodass wieder ein Export von Kaffee möglich war, der von Jahr zu Jahr anwuchs.

Die Kaffeeplantagen Costa Ricas waren zunächst im Gegensatz zu z.B. Brasilien relativ klein, umfassten meist nur bis zu 500 Hektar, weil nur wenige Arbeitskräfte für längere Zeiträume zu finden waren. Während der Erntemonate mussten sehr hohe Löhne an jene Bauern gezahlt werden, die ihre eigenen Höfe in dieser Zeit im Stich ließen. So festigten sich die kleinen und mittleren Bauern. Durch die **zersplitterte Produktion** gab

es auch gute Möglichkeiten für die Entwicklung eines Transport- und Verarbeitungsgewerbes. Bereits in dieser Zeit wurden einige nationale Handelshäuser gegründet, von denen Kaffee exportiert und ausländische Waren importiert wurden, die im Lande gut verkauft werden konnten.

Später änderten sich die **Eigentumsverhältnisse.** Eine kleine Gruppe von Bauern entwickelte sich zu Großgrundbesitzern, indem sie an Kleinbauern ungünstige Kredite vergaben, worauf diese ihr Land an die Großgrundbesitzer verloren. So mussten sie sich als Saisonarbeiter auf den Plantagen verdingen, um den Lebensunterhalt für ihre Familien recht und schlecht zu sichern.

Das relative wirtschaftliche Wohlergehen und das Entstehen einer staatlichen Verwaltung ließ Costa Rica auch im Ausland diplomatische Anerkennung finden.

Die Regierung Rafael Mora (1849–1859)

Nach dem Rücktritt des 1847 gewählten Präsidenten *Dr. José María Castro Madriz* im Jahre 1849 wurde der beim Volk beliebte Geschäftsmann *Juan Rafael Mora Porras* zum ersten Mal zum Präsidenten der neuen Republik gewählt. Trotz vieler politischer Gegner wurde *Mora*, Miteigentümer des größten und einflussreichsten Export-Import-Unternehmens Costa Ricas, nach Ende seiner Amtszeit 1853 erneut und 1859 ein drittes Mal für sechs Jahre zum Präsidenten gewählt.

Der US-amerikanische Abenteurer **William Walker** war von der Idee besessen, ganz Mittelamerika unter seine Herrschaft zu bringen und die Sklaverei dort wieder einzuführen. 1856 nutzte er die nationale und politische Zerrissenheit Nicaraguas aus und ernannte sich zum Präsidenten der Republik Nicaragua. Als solcher erklärte er dann Costa Rica den **Krieg.**

Costa Ricas Präsident *Juan Rafael Mora* stellte daraufhin in kürzester Zeit eine rund 9000 Mann starke Freiwilligen-Armee auf, die *Walker* und seinen einige hundert Mann zählenden Filibuster-Truppen entgegenzog. Am 20. März 1856 kam es zur legendären **Schlacht von Santa Rosa,** bei der die überraschten Eindringlinge innerhalb einer Viertelstunde aufgerieben wurden.

Zu einer weiteren militärischen Konfrontation kam es am 11. April 1856 in der **Schlacht von Rivas** in Süd-Nicaragua, bei der auf Seiten der Costaricaner 800 Soldaten fielen. Das costaricanische Heer hatte die Truppen *Walkers* in einen Holzbautrakt in Rivas nahe dem Nicaraguasee zurückgedrängt. Um das Gebäude in Brand zu setzen, meldete sich freiwillig der 25-jährige Soldat **Juan Santamaría,** der mit einer brennenden Fackel in der Hand auf den Feind zustürmte und dessen Lager in Brand setzte. Dadurch war die Schlacht zugunsten der costaricanischen Truppen entschieden, und der bis dahin unbekannte Soldat *Santamaría,* der seinen mutigen Einsatz mit dem Leben bezahlte, wird bis heute als **Nationalheld** verehrt, auch wenn einige Stimmen behaupten, er sei zum Zeitpunkt seiner Tat betrunken gewesen.

Leben in Costa Rica – geschönte Allegorie auf einem Geldschein

Doch *Walker* erhielt weiter Unterstützung aus den USA, vor allem von den Sklavenhändlern der Südstaaten, und so kam es erneut zu **Kampfhandlungen** auf nicaraguanischem Territorium, bis *Walker* am 1. Mai 1857 endgültig kapitulierte. Bei einem erneuten Versuch der Machtergreifung wurde er im September 1860 in Honduras gefangengenommen und hingerichtet.

Schon bald, nachdem diese Aggression abgewendet werden konnte, bahnte sich ein neuer **internationaler Konflikt** an: Nicaragua drohte mit Krieg, falls es seinen Anspruch auf Guanacaste nicht durchsetzen könnte. Nur dem vermittelnden Einsatz von El Salvador ist es zu verdanken, dass die Krise friedlich beigelegt wurde.

Präsident Mora wurde 1859 durch die mächtige Kaffeearistokratie **gestürzt**, weil er eine Nationalbank gründen wollte, die an Kleinbauern günstige Kredite vergeben sollte. Mit Hilfe El Salvadors versuchte er, sich 1860 wieder den Präsidentenplatz zu sichern, wurde aber gefangengenommen und zusammen mit seinem General *Cañas* am 28. September 1860 hingerichtet.

Das folgende Jahrzehnt war geprägt von **politischer Instabilität** und vom Einfluss der reichen Kaffee-Oligarchie. Präsident *Jesús Jiménez Zamora* (1863–66 und 1868–70) führte die Schulpflicht ein und trieb die Arbeiten der Straßenverbindung Cartago – Pto. Limón voran.

Bedingt durch den Erfolg der Kaffeepflanzungen kamen auch europäische Einwanderer nach Costa Rica, die sich in San José niederließen. Dank erfolgreicher Handelsgeschäfte stiegen sie alsbald in die Kaffeearistokratie auf. Durch den **wirtschaftlichen Aufschwung** des Landes entstand eine gut ausgebaute Infrastruktur mit gepflasterten Straßen, dem Ausbau der Häfen Puntarenas und Puerto Limón sowie dem Bau von Krankenhäusern und Schulen.

Der Weg zur „Bananenrepublik" (1870–1900)

Nach mehreren Staatsstreichen kam im Oktober 1870 durch einen Umsturz General **Tomás Guardia Gutiérrez** an die Macht, Sohn einer der reichsten Plantagenbesitzerfamilien. Im Jahr 1876 übergab er die Regierungsgewalt an Vertrauensmänner und agierte kurzzeitig aus dem Hintergrund, bis er 1877 wieder die Macht übernahm. Obwohl er bis zu seinem Tod im Juli 1882 mit diktatorischen Mitteln regierte, gilt er als liberaler und gerechter Politiker, dessen neue Verfassung den Ausbau des Bildungswesens und die Abschaffung der Todesstrafe vorsah. Nach einer Zeit der politischen Instabilität zerschlug er die Kaffeearistokratie, öffnete Märkte und ebnete so den **Weg in die Demokratie.**

Die starke Nachfrage in Europa steigerte die Kaffeeproduktion im Lande und führte zu einer ungünstigen Monokultur. Der **Bau einer Eisenbahn** zum Atlantikhafen Puerto Limón war für die Kaffeehändler die optimale Möglichkeit, ihre Ware auf direktem Wege nach London, dem europäischen Handelszentrum für das Modegetränk, zu verschiffen, denn immerhin konnte man so den Seeweg nach Europa, der bisher von der Pazifikküste um Kap Hoorn herum führte, um rund drei Monate verkürzen.

1871 kam der US-Amerikaner **Minor Kooper Keith** nach Costa Rica, um als

Projektleiter die 160 km lange **Eisenbahnlinie von San José nach Puerto Limón** zu bauen. Dazu wurden Tausende von Arbeitern aus dem karibischen Raum, vorwiegend Schwarze aus Jamaika, sowie Chinesen ins Land geholt. Dadurch entstand das noch heute an der atlantischen Küste vorherrschende Bevölkerungsgemisch.

Mit dem Bau begann man gleichzeitig in Puerto Limón und in Alajuela, um die dortige Bevölkerung für das Projekt zu gewinnen. Doch musste man hierfür die Baumaterialien über Puntarenas mühsam ins Hochland schaffen, und so war der Kreditrahmen bald ausgeschöpft, zumal aus einem 1871 geschlossenen Kredit-Vertrag mit einem Konsortium Londoner Banken über 3,4 Mio. Pfund Sterling nicht viel mehr als 1 Mio. Pfund ins Land gelangten. Costa Rica geriet damals erstmalig in **finanzielle Auslandsabhängigkeit.** *Keith* bot weiteres Kapital an, verlangte aber als Gegenleistung die Nutzung der fertiggestellten Schienen für den Transport seiner Bananenernte. Mit der Rodung des Urwaldes für die Eisenbahntrasse entstanden weitere fruchtbare Flächen, die zum lukrativen Bananenanbau genutzt wurden.

Unter Präsident *Próspero Fernández Oreamuno* (1882–35) entwickelte sich *Minor Kooper Keith* zum **ungekrönten König Zentralamerikas.** 1884 bekam er vertraglich über 300.000 Hektar ungenutztes Land entlang der Bahnstrecke sowie ein 99-jähriges Nutzungsrecht für die noch nicht fertiggestellte Bahntrasse zugesprochen. Als Gegenleistung verpflichtete er sich zum Bau des noch fehlenden Teilstücks zwischen Siquirres und Cartago, das zwar nur 84 km lang, aber durch den enormen Höhenunterschied von über 1000 m der schwierigste Abschnitt der insgesamt 241 km langen Bahnstrecke war. Die Eisenbahnstrecke in den steilen Hängen der Cordillera Central, die mit dichten Nebelwäldern überwuchert waren, wurde 1890 fertiggestellt. Fast genau ein Jahrhundert später, im Jahr 1991, wurde die inzwischen marode und reparaturbedürftige Strecke durch Erdrutsche zerstört und ist seither unbenutzbar.

Keith kaufte weitere Bananenplantagen und verband sich 1894 mit der Boston Fruit Company. Die aus diesem Zusammenschluss 1899 gegründete **United Fruit Company** besaß riesige Ländereien, pachtete und kaufte weitere hinzu und monopolisierte ebenso wie in den übrigen Ländern Mittelamerikas – mit Ausnahme El Salvadors – die gesamte Produktion von Bananen sowie deren Absatz. Damit begann die wirtschaftliche Abhängigkeit Costa Ricas von den USA. Der United Fruit Company wurde vorgeworfen, sich nicht nur in Costa Rica zur Sicherung ihrer wirtschaftlichen Interessen vehement in die politischen Verhältnisse des jeweiligen Staates eingemischt zu haben.

Der **wirtschaftliche Aufschwung** veränderte die soziale Struktur des Landes. Durch die Entstehung von Großplantagen und der daraus folgenden Konkurrenz mussten landlos gewordene Bauern auf den Plantagen arbeiten. Die einheimischen Indios wurden mehr und mehr in unwegsame Gebiete zurückgedrängt.

Durch die zunächst stabile Wirtschaftssituation des Landes, bedingt durch einen starken Preisanstieg von Kaffee, herrschte eine **liberale Innenpolitik** vor. Unter Präsident *Bernardo Soto Alfaro* (1885–89) wurde die Trennung von Kirche und Staat durch Gesetze besiegelt. Die standesamtliche Trauung, die staatliche Verwaltung des Bildungswesens und der Friedhöfe wurden eingeführt, die katholische Universität Santo Tomás geschlossen. Um auch im kulturellen Bereich die kirchliche Bevormundung einzuschränken, wurden eine Nationalbibliothek und ein Nationalmuseum gegründet.

Auch im **wirtschaftlichen Bereich** gab es fortschrittliche Maßnahmen wie die Errichtung eines Strom-, Post- und Telefonnetzes. Zudem wurde mit dem Bau einer Eisenbahnlinie auch an die Pazifikküste begonnen. Das allgemeine Wahlrecht – das zunächst nur für Männer galt – wurde eingeführt, durch das Präsident *José Rodríguez Zeledón* an die Macht (1890–94) gelangte. Mit dem wirtschaftlichen Aufschwung stieg auch die **Bevölkerungszahl** rapide an; in den letzten drei Jahrzehnten des 19. Jahrhunderts verdoppelte sie sich auf rund 300.000 Einwohner.

Costa Rica zu Beginn des 20. Jahrhunderts (1901–1928)

Die Exportwirtschaft festigte sich durch steigende Ausfuhren von Kaffee und Bananen. Die USA investierten zunehmend in Costa Rica, insbesondere die Bananenpflanzungsgesellschaften. Unter den Präsidenten *Esquivel* (1902–1906), *Gonzalez Víquez* (1906–1910), *R. Jiménez Oreamuno* (1910–1914) und *Alfredo González Flores* (1914–17) wurde Costa Rica mehr und mehr zu einer **Bananenrepublik**.

Alfredo González Flores wurde als erster Präsident Mittelamerikas auf der Grundlage einer freien, geheimen, direkten und allgemeinen Wahl gewählt. Er führte 1916 eine Einkommens- und Grundsteuer ein, damit der Staat die sozialen Folgen der **Wirtschaftskrise** besser auffangen konnte, die durch die mangelnde Nachfrage während des 1. Weltkrieges entstand. Die aufgrund dieser Maßnahmen wachsende Opposition gegen *González Flores* und Konflikte innerhalb der Mächtigen erlaubten 1917 dem Kriegsminister *Frederico Tinoco Granados* durch einen **Militärputsch** und mit Unterstützung der US-Gesellschaften an die Macht zu gelangen. Er führte ein diktatorisches Regime ein, wurde allerdings von den USA nicht anerkannt, weil er nicht bereit war, ihnen Zugeständnisse zu machen. Nach der Landung nordamerikanischer Marineinfanterie 1919 wurde er durch einen militärischen Staatsstreich abgesetzt.

Die Weltwirtschaftskrise und ihre Folgen (1929–1947)

Durch einen rasanten Anstieg des Bananen- und Kaffee-Exportes erfolgte nach dem Ende des 1. Weltkrieges ein wirtschaftlicher Aufschwung. Mit Beginn der Weltwirtschaftskrise von 1929–33 sanken jedoch die Weltmarktpreise für Kaffee und auch die Nachfrage nach Bananen weltweit. Dadurch verschärften sich die **sozialen und wirtschaftlichen Spannungen** auch in Costa Rica. Parteien und Gewerkschaften entstanden, so auch im Jahre 1931 die Kommunistische Partei; die **demokratische Bewegung** nahm einen bedeutenden Aufschwung. Es entwickelte sich eine zunehmende Unzufriedenheit mit den Ausbeutungsmethoden der United Fruit Company, die in Streiks gipfelten. Ein Aufstand revolutionärer Kräfte 1932 wurde niedergeschlagen, 1933/34 brachen **Massenstreiks** der Plantagenarbeiter in der Bananenregion aus. Präsident *Rafael Angel Calderón Guardia* (1940–44) von der *Partido Republicano Nacional* (PRN) musste daraufhin der Bevölkerung unter anderem das Streik- und Organisationsrecht zubilligen und einen gesetzlichen Mindestlohn sowie das Sozialversicherungssystem einführen.

Im Dezember 1941 erklärte Costa Rica Japan und Deutschland formell den **Krieg** und stand wie schon im 1. Weltkrieg auf Seiten der Alliierten, ohne aktiv in den Krieg einbezogen zu sein.

Bei den Parlamentswahlen 1944 siegte erneut die PRN um *Calderón Guardia*, Präsident wurde *Teodoro Picado Michalski*. Die Opposition sprach von Wahlbetrug und begann sich für einen Machtwechsel zu organisieren.

Die Ära Figueres (1948–58)

Im Februar 1948 gewann der gemeinsame Kandidat der 1945 gegründeten Sozialdemokratischen Partei (PSD) und der Nationalen Union, *Otilio Ulate Blanco,* die Präsidentschaftswahlen. Die national-republikanische Parlamentsmehrheit annullierte jedoch das Wahlergebnis wegen angeblicher Wahlfälschung, was zu einem **Bürgerkrieg** führte. *José María Figueres Ferrer,* der Führer dieser Bewegung, bezeichnete den Aufstand euphorisch als „Krieg der nationalen Befreiung". Ihm schlossen sich Bauern und Arbeiter an. Die amtierende Regierung holte Verstärkung aus Nicaragua ins Land, die jedoch geschlagen wurde. Innerhalb von nur sechs Wochen waren 2000 Männer umgekommen.

Nach Beendigung des Bürgerkrieges erklärte *Picado* seinen Rücktritt, und *Don Pepe,* wie seine Anhänger *Figueres* nannten, wurde am 19. April 1948 provisorischer Präsident (1952–58 und 1970–74 amtierte er dann auch als gewählter Präsident). Er erließ eine Generalamnestie und setzte **grundlegende Reformen** durch, die später Eingang in die neue Verfassung fanden. Vor allem wurden die Gleichberechtigung der Schwarzen sowie das allgemeine Wahlrecht – auch für Frauen und Schwarze – eingeführt. Allerdings verbot *Figueres* im Jahre 1948 die Kommunistische Partei *(Partido Vanguardia Popular);* das Verbot wurde erst 1975 wieder aufgehoben.

Am 8. Mai 1948 rief er die **„Zweite Republik"** aus, am 7. November 1949 verabschiedete die verfassunggebende Versammlung die **neue Verfassung,** die noch heute in Kraft ist. Das stehende Heer wurde unwiderruflich abgeschafft, eine Polizeitruppe zum Schutz der Grenzen nahm dessen Stelle ein. Gleichzeitig wurde mit der Nationalisierung des Banken- und Transportwesens begonnen.

Figueres übergab wie vorgesehen im November 1949 die Macht an den Wahlsieger von 1948, **Otilio Ulate Blanco.** Dieser investierte das frei gewordene Verteidigungsbudget in ein neues Bildungssystem. Außerdem führte er die Mehrwertsteuer sowie eine Steuer für Importwaren ein. Er modernisierte das Gesundheitswesen, die Landbestellung und holte ausländische Investoren ins Land. Seine Hauptaufgabe sah er im Ausbau einer neuen Industrie, um die Abhängigkeit vom unsicheren Bananen-

und Kaffee-Export zu verringern. Vor allem aber die forcierte Rinderzucht und Holzindustrie verursachten zum Teil besorgniserregende Rodungen. Am 14. Oktober 1951 war Costa Rica Mitbegründer der Organisation Zentralamerikanischer Staaten (ODECA).

1953 gewann *Figueres Ferrer* die **Präsidentschaftswahlen** mit einem Wahl- und Reformprogramm unter dem Motto eines „Dritten Weges". Seine Partei, die *Partido de Liberación Nacional* (PLN), war eine an sozialdemokratischen Zielen orientierte Partei, in der sich, entsprechend der Sozialstruktur des Landes, mittlere und kleine Kaffeebauern, städtische Intellektuelle und staatliche Angestellte verbanden. Die versprochene Enteignung der United Fruit Company wurde von *Figueres* nicht verwirklicht, allerdings wurde deren Besteuerung in einem Vertrag von 1954 auf 30 % des Gewinns erhöht. Gleichzeitig wurden die Krankenhäuser und die Schulen verstaatlicht, sodass Costa Rica mit einer Analphabetenrate von 7 % die Spitzenposition in Mittelamerika einnimmt.

Der Sohn des früheren Präsidenten *Picado*, einst Sekretär des nicaraguanischen Diktators *Somoza*, versuchte 1955 gemeinsam mit Anhängern *Calderóns*, den Präsidenten von Nicaragua aus zu stürzen. Die Luftwaffe von *Somoza* bombardierte zu ihrer Unterstützung San José und weitere Städte Costa Ricas – der Putsch wurde jedoch niedergeschlagen.

Costa Rica nach 1958

Am 8. Mai 1958 wurde *Mario Echandi Jiménez*, Führer der rechtsliberalen Koalition, Präsident. Im Jahr 1960 begann man auf Drängen der USA auch mit dem **Anbau von Zuckerrohr**, da diese mit Kuba ihren Hauptlieferanten verloren hatten. Im Mai 1962 kam mit *Francisco Orlich* wieder ein Kandidat der PLN an die Macht. Die Wirtschaft Costa Ricas wurde 1964 durch **Ausbrüche des Vulkans Irazú** schwer in Mitleidenschaft gezogen, da dabei ein Großteil der Kaffeeplantagen zerstört wurde.

Am 8. Mai 1966 gewann *José Joaquín Trejos Fernández* von der konservativen Nationalen Union (PUN) die Präsidentschaftswahlen. Costa Rica trat am 7. September 1967 unter dem Druck der demokratischen Kräfte aus dem Mittelamerikanischen Verteidigungsrat aus.

1970 wurde *José Figueres Ferrer* (PLN) nochmals für vier Jahre zum Präsidenten gewählt. 1971 nahm Costa Rica als erstes Land Zentralamerikas **diplomatische Beziehungen zur Sowjetunion** auf. Der im Mai 1974 gewählte Präsident *Daniel Oduber Quirós* (PLN) setzte die von *Figueres* begonnenen freundschaftlichen Beziehungen zu den sozialistischen Staaten fort.

Bei den Präsidentschaftswahlen 1978 erlitt die PLN eine schwere Niederlage. Der Kandidat der Partei der Nationalen Einheit (PUN), *Rodrigo Carazo Odio*, wurde vom Volk zum neuen Präsidenten gewählt. In den Jahren 1978/79 unterstützte der **konservative Präsident** die sandinistische Befreiungsbewegung im benachbarten Nicaragua beim Sturz des Diktators *Somoza*.

Die 1980er Jahre bis heute

Zu Beginn der 1980er Jahre ging das Wachstum der Wirtschaft durch **fallende Weltmarktpreise für Kaffee, Bananen und Zucker sowie steigende Kosten für Öl und soziale Ausgaben zurück, wodurch das bis dahin stabile soziale System des Landes gefährdet wurde. Inflation, sinkender Wohlstand und zunehmende internationale Verschuldung waren die Folge. Costa Rica musste sich Auflagen des Internationalen Währungsfonds (IWF) beugen und seine Staatsausgaben drastisch kürzen, um die inzwischen auf über 3 Mrd. US-$ angewachsenen **Auslandsschulden** zu tilgen.

In der **Landwirtschaft** verdrängten große ausländische Unternehmen mit riesigen Plantagen die Kleinbauern, die dann wiederum in die Gebiete der Indios eindrangen. In der Rinderzucht sollen sich nach Schätzungen 70 % des Bewirtschaftungsgebietes in der Hand weniger großer ausländischer Konzerne befinden – zum Zwecke der Steak- und Fastfood-Produktion.

Unter dem Druck der sich zuspitzenden Konfrontation mit Nicaragua gab sich Costa Rica am 17. September 1983 unter Präsident *Luís Alberto Monge* (PLN, 1982–86) den politischen Status der permanenten, aktiven und unbewaffneten Neutralität, der auch in der Verfassung verankert wurde. Costa Rica befand sich in einer Zwangslage: Es gab Grenzverletzungen durch die kriegführenden Parteien in den nördlichen Nachbarstaaten, viele politische Flüchtlinge, denen geholfen werden sollte, sowie Unruhe im eigenen Land. Mit der **Neutralitätserklärung** sollte den anderen Staaten gezeigt werden, dass Costa Rica mit Nicaragua nichts zu tun haben wollte und sich stattdessen wieder auf seinen eigenen wirtschaftlichen Aufbau konzentrierte. Die Erklärung Costa Ricas erhielt starken nationalen und internationalen Zuspruch.

Allerdings errichteten die USA im Norden des Landes bereits Mitte der 1980er Jahre einen Militärstützpunkt. Auch erhielten die **paramilitärische Einheit** und der Geheimdienst unter dem Vorwand des Kampfes gegen den Drogenhandel eine amerikanische Militärausbildung. Die politischen Verhältnisse Costa Ricas zählen dennoch seit mittlerweile über 40 Jahren zu den stabilsten in Lateinamerika.

Am 2. Februar 1986 wurde der Rechtsanwalt **Oscar Arias Sánchez** (PLN) zum Staatspräsidenten gewählt, nachdem er zuvor Parlamentsmitglied und Generalsekretär seiner Partei war. Bei seinem Amtsantritt verkündete er nicht nur solche innerstaatlichen Ziele wie Bekämpfung von Korruption, wirtschaftliche Strukturreformen, Dezentralisierung, Gleichstellung der Frau und Förderung der Jugend, sondern sprach sich vor allem für Verhandlungen zwischen den am Bürgerkrieg in Nicaragua beteiligten Kräften aus.

Zunächst sorgte er für die Vertreibung der Contras im Norden des Landes mit Hinweis auf die Neutralitätserklärung von 1983. Nach dem Scheitern der Vermittlungsversuche durch die sogenannten Contadora-Staaten (Mexiko, Panama, Kolumbien und Venezuela), die vom Sicherheitsrat der UN zur Vermittlung im Nicaragua-Konflikt eingesetzt wurden, erarbeitete der promovierte Staatswissenschaftler einen eigenen **Friedensplan**, der eine Neutralisierung und Entmilitarisierung der gesamten **Krisenregion Mittelamerika** vorsieht, eine Amnestie der politischen Häftlinge verlangt und die Regierungen zu gezielten Ge-

sprächen mit Guerilleros auffordert. Nach der Unterzeichnung dieses Abkommens in Esquipulas (Guatemala) im Jahre 1987 wurde er für seine Bemühungen um die Beilegung des Nicaragua-Konflikts und um den Frieden in Mittelamerika mit dem **Friedensnobelpreis** ausgezeichnet. Dennoch blieben bislang die meisten Forderungen des Arias-Planes unerfüllt.

Unter der Regierung von *Oscar Arias* wuchs aber auch das **Handels- und Haushaltsdefizit** Costa Ricas, das Land erreichte eine der größten Pro-Kopf-Verschuldungen der Erde.

Bei den Präsidentschaftswahlen im Februar 1990 gewann knapp der konservative Rechtsanwalt *Rafael Angel Calderón Fournier,* Sohn des früheren Präsidenten *Calderón Guardia,* von der *Partido Unidad Social Cristiana* (PUSC). Auch bei den Parlamentswahlen erlangten die **Konservativen wieder die Mehrheit.** Der neue Präsident setzte im wesentlichen die neoliberale Politik seiner beiden Vorgänger fort, versuchte aber die wirtschaftliche Situation des Landes zu verbessern und die **Staatsschulden** von fast 5 Mrd. US-$ zu **senken.** Obwohl viele seiner Maßnahmen nur halbherzig durchgeführt wurden und sich weite Teile der Bevölkerung enttäuscht zeigten, gelang es ihm doch, die Inflationsrate von rund 25 % bei Amtsbeginn auf knapp 10 % zu senken. Kurz vor Ende seiner Regierungszeit unterzeichnete er zusammen mit dem Staatspräsidenten von Mexiko einen Freihandelsvertrag zwischen den beiden Staaten, der am 1.1.1995 in Kraft trat.

Am 1.2.1993 gründeten die mittelamerikanischen Länder Guatemala, El Salvador, Honduras, Nicaragua, Costa Rica und Panama das Zentralamerikanische Integrationssystem (SICA) als Nachfolge-Organisation des Zentral-

Landesflagge und -wappen von Costa Rica

amerikanischen Gemeinsamen Marktes (MCCA), der 1960 geschaffen worden war. Das gemeinsame Ziel ist die **Einheit Mittelamerikas** durch die Schaffung einer Region des Friedens, der Demokratie und des Fortschritts.

Die **Wahlen 1994** gewann der erst 39-jährige *José María Figueres Olsen* (PLN), der Sohn des früheren Präsidenten *„Don Pepe" Figueres*, obwohl ihn sein Konkurrent *Miguel Angel Rodríguez* (PUSC) mit einer schmutzigen Wahlkampagne, wie man sie in Costa Rica bisher nicht gekannt hatte, bekämpft hatte. Damit stellte die „Partei der nationalen Befreiung" zum achten Mal (bei elf Wahlen) seit 1948 den Staatspräsidenten. Doch sein Wahlversprechen, Korruption und Armut wirkungsvoll zu bekämpfen, konnte auch er nicht einlösen.

Daher triumphierte bei den nächsten **Wahlen** im Jahre **1998** schließlich doch sein früherer Kontrahent **Miguel Angel Rodríguez,** der sich knapp gegen den Kandidaten der PLN durchsetzen konnte. Damit wechselte die Regierungspartei. Auch bei der **Wahl 2002** gewann der Kandidat der konservativen PUSC, der Partei der christlich-sozialen Einheit. *Abel Pacheco de la Espriella* erhielt 58 % der Stimmen.

Im November 2004 mussten mit Rafael Calderón und Miguel Rodríguez zwei ehemalige Präsidenten wegen **Bestechungsskandalen** in Untersuchungshaft. Auch José María Figueres und der letzte Präsident Abel Pacheco stehen unter Korruptionsverdacht.

Bei den **Präsidentschaftswahlen** im Februar **2006** siegte der frühere Präsident Oscar Arías Sánchez (65) von der sozialdemokratisch geprägten *Partido de Liberación Nacional* (PLN) nur knapp gegen den Linkspopulisten *Oton Solís* und wurde so als erster Präsident in der Geschichte für eine zweite Amtszeit wiedergewählt. Politische Schwerpunkte der neuen Regierung waren das Freihandelsabkommen mit den USA, dem die Bevölkerung nach heftigen Kontroversen im Oktober 2007 in einem Referendum knapp zugestimmt hatte, die Armutsbekämpfung und die Bildungspolitik.

Am 7. Februar 2010 wurde **Laura Chinchilla Miranda,** ebenfalls von der PLN, mit großem Vorsprung zu ihren Mitbewerbern (47 % der Stimmen) zur ersten Präsidentin Costa Ricas gewählt.

Bei den **Präsidentschaftswahlen 2014** wurde in einer Stichwahl *Luis Guillermo Solís* von der *PAC* (siehe unten) zum neuen Präsidenten gewählt, nachdem sein aussichtsreicher Gegenkandidat *Johnny Araya* überraschend die Kandidatur zurückgezogen hatte.

Außenpolitisch unterhält Costa Rica nach wie vor sehr enge Kontakte zu den USA, von denen das Land durch Auslandsbeteiligungen in einer Höhe von etwa 75 % wirtschaftlich faktisch abhängig ist. Während des Irak-Krieges hat Costa Rica die Politik der Bush-Administration unterstützt und so gegen die eigene Verfassung verstoßen (Neutralitätsgebot), was zu zahlreichen Protesten und Streiks im Land führte. Auch zu Israel unterhält Costa Rica enge Kontakte. Nach dem überraschenden Abbruch der diplomatischen Beziehungen zur Republik Taiwan hat sich das Land an die VR China angenähert. Mit dem nördlichen Nachbarn Nicaragua gibt es immer wieder Auseinandersetzungen über die Nutzung des Grenzflusses Río San Juán, wo es regelmäßig zu illegalen Grenzübertritten kommt.

Geschichte im Überblick

1502 *Christoph Kolumbus* landet auf seiner vierten Reise auf der Isla Uvita vor der heutigen Stadt Pto. Limón
1524 Erste spanische Siedlung Bruselas, 1526 vernichtet
1540 Trennung von Panama, Costa Rica gehört zur *Audiencia de Guatemala*
1563 *Juan Vázquez de Coronado* gründet Cartago
1575 Grenzfestlegung der Provinz Costa Rica durch den spanischen König *Felipe II.*
1821 Unabhängigkeit Guatemalas von Spanien, damit auch für Costa Rica
1823 Schlacht bei Cartago, Costa Rica tritt der Zentralamerikanischen Föderation bei
1835 *Guerra de la Liga*, San José gewinnt und wird Hauptstadt
1835 *Braulio Carrillo Colina* wird Präsident
1838 Austritt aus der Zentralamerikanischen Föderation
1841 Präsident *Braulio Carrillo* entlässt die Regierung und ernennt sich zum Präsidenten auf Lebenszeit
1848 Ausrufung der Republik unter Präsident *Juan Rafael Mora Porras*
1850 Anerkennung durch Spanien, nominelle Unabhängigkeit
1856 Schlacht bei Sta. Rosa und Rivas: Sieg gegen Aggressor *William Walker* und seine Truppen, *Juán Santamaría* wird Volksheld
1869 Einführung der allgemeinen Schulpflicht
1871 *Minor Cooper Keith* beginnt mit dem Anbau von Bananen
1890 Fertigstellung der Eisenbahnlinie nach Pto. Limón
1899 Gründung der United Fruit Company (UFC), Ansiedlung von 1000 Arbeitern aus Jamaica
1914 Präsident *Gonzáles Flores* will die Steuergesetze zugunsten der Armen ändern
1917 Nach dem Militärputsch unter *Frederico Tinoca* beginnt eine zweijährige Diktatur
1920 Bei demokratischen Wahlen kommt *Julio Acosta Garcia* an die Macht
1929 Infolge der Weltwirtschaftskrise stürzen die Weltmarktpreise für Kaffee und Bananen, was zu Arbeitslosigkeit und sozialen Spannungen führt
1934 Streik von rund 10.000 Arbeitern gegen die United Fruit Company
1940 Die Koalitionsregierung unter Präsident *Angel Calderón Guardia* beginnt soziale Reformen
1941 Costa Rica erklärt Deutschland und Japan formell den Krieg, ist aber nicht aktiv beteiligt
1944 Koalitionsregierung unter Präsident *Teodoro Picado*, Gründung der Sozialdemokratischen Partei (PSD) unter *José Figueres Ferrer*
1948 Die Regierung annulliert Wahlen, bei denen der Oppositionskandidat *Ulate* gewonnen hatte, Präsident wird erneut *Calderón*. Nach einem Bürgerkrieg kommt es zur Kapitulation der Regierungstruppen und einer Junta unter *Figueres*. Er beginnt soziale Reformen, eine neue Verfassung beinhaltet die Abschaffung des Militärs
1949 Unter Präsident *Ulate* beginnt ein Bildungsprogramm; Einführung der Mehrwertsteuer und Verbesserungen im Gesundheitswesen
1983 Erklärung der unbewaffneten Neutralität
1986 Präsident *Oscar Arias Sánchez*
1987 Für seinen Friedensplan für Mittelamerika erhält Präsident *Sánchez* den Friedensnobelpreis
1990 Präsident *Rafael Angel Calderón Fournier*
1994 Präsident *José Maria Figueres*
1998 Präsident *Miguel Angel Rodriguez*
2002 Präsident *Abel Pacheco*
2006 Präsident *Oscar Arias Sánchez*
2010 Präsidentin *Laura Chinchilla*
2012 Schweres Erdbeben auf der Halbinsel Nicoya
2013 Costa Rica wird Mitglied der Pazifik-Allianz (Chile, Peru, Kolumbien, Mexiko)
2014 Neuer Präsident wird *Luis Guillermo Solís*

Politik und Staat

Staatliche Verfassung

Costa Rica ist eine demokratische Präsidialrepublik. Die **Verfassung von 1949** sieht u.a. die politische Gewaltenteilung und das allgemeine Wahlrecht ab 18 Jahren vor.

Der **Staatspräsident** ist Staats- und Regierungschef, er (bzw. sie) wird alle vier Jahre direkt vom Volk gewählt, eine Wiederwahl ist für die folgenden zwei Amtsperioden ausgeschlossen.

Die **Regierung** besteht aus dem Staatspräsidenten, zwei Vizepräsidenten und dem 17-köpfigen Regierungsrat (*Consejo de Gobierno*).

Die **Gesetzgebende Versammlung** (*Asamblea Legislativa* und *Congreso Nacional*) zählt 57 Mitglieder (*diputados*) und wird alle vier Jahre entsprechend dem Verhältnis der Kantonal-Verwaltungen gewählt; eine einmalige Wiederwahl der Abgeordneten ist erst nach vierjähriger Unterbrechung möglich. Der Kongress kann Entscheidungen der Regierung mit Zweidrittelmehrheit widerrufen, den Staatshaushalt ergänzen und ernennt die Richter des Obersten Gerichtshofes.

Verwaltung

Die **sieben Provinzen** (*provincias*) San José, Alajuela, Heredia, Cartago, Pto. Limón, Puntarenas und Guanacaste werden durch Gouverneure verwaltet, die

* Einwohner je km²

durch den Präsidenten ernannt werden. Mit Ausnahme von Guanacaste, dessen Hauptstadt Liberia ist, sind alle Provinzen nach ihrer Hauptstadt benannt. Im Valle Central liegen vier der sieben Hauptstädte auf engstem Raum zusammen, und bis auf Liberia und Pto. Limón befinden sie sich nicht im Zentrum, sondern eher am Rande der jeweiligen Provinz, sodass zahlreiche Orte im Hinterland weitab der Hauptstadt liegen. Paso Canoas beispielsweise liegt über 200 km Luftlinie von Puntarenas entfernt, was mit dem Bus über San José einer Fahrzeit von etwa 10 Stunden entspricht.

Die Provinzen sind unterteilt in 81 **Bezirke** *(cantón),* die z.T. erst in den 1970er Jahren gegründet wurden (Garabito sogar erst 1980, Puntarenas 1984). Die Bezirke unterscheiden sich stark in ihrer Größe (z.B. Flores 7,6 km²; San Carlos 3373 km²) und Einwohnerzahl (Garabito ca. 9500 Ew.; San José ca. 340.000 Einw.) und sind ihrerseits unterteilt in 421 **Distrikte** *(districtos).*

Parteien

● **PLN** *(Partido de Liberación Nacional;* „Partei der nationalen Befreiung", www.plncr.org): Gegründet 1948 von *José María Figueres,* sozialdemokratisch, stellt 18 von 57 Parlamentsabgeordneten.
● **PAC** *(Partido Acción Ciudana,* www.pac.cr): Diese erst Anfang 2001 gegründete Partei gewann bei den letzten Wahlen 13 Sitze im Parlament und ist damit die zweitstärkste Kraft im Lande und stellt den Präsidenten.
● **PFA** *(Partido Frente Amplio):* gegründet 2004, stellt die linksgerichtete Partei neun Abgeordnete im Parlament.
● **PUSC** *(Partido Unidad Socialcristiana;* „Partei der sozialchristlichen Einheit"): Gegründet 1983 als Koalition von vier konservativen Parteien, stellt die frühere Regierungspartei heute lediglich noch acht Parlamentsabgeordnete.
● **PML** *(Partido Movimiento Libertario,* www.movimientolibertario.com): 1994 gegründet, stellt die liberale Partei nur noch vier Abgeordnete.
● **Weitere Parteien** sind höchstens als „Zünglein an der Waage" von Bedeutung. Die *Partido Accesibildad Sin Exclusión* (PASE), die sich für die Rechte Behinderter einsetzt, stellt nur noch einen Abgeordneten, zwei weitere Parteien stellen jeweils einen Abgeordneten. Die in den 1970er Jahren bedeutende marxistische Linke ist aus dem Parlament verschwunden.

Wahlen

Die Wahlen sind allgemein und geheim, alle Staatsbürger **ab 18 Jahren** haben das Wahlrecht, und das nehmen sie auch überwiegend wahr: Die Wahlbeteiligung bei Präsidentschaftswahlen liegt meist über 80 %. Schon Monate vor einer Wahl geben die *Ticos* (Costaricaner) ihre Sympathien kund: Riesige Fahnen mit den Farben der bevorzugten Partei werden am Haus oder im Garten aufgesteckt, auch die Autos schmücken Fähnchen und Fotos des Wunschkandidaten.

Die Wahl selbst wird von einer eigens einberufenen Kommission, dem **Tribunal Supremo Electoral (TSE)** vorbereitet, und am Wahltag sorgen rund 50.000 Freiwillige für einen reibungslosen Ablauf. Da eine Wahl nur in dem Ort möglich ist, in dem man amtlich registriert ist, viele Bürger jedoch in einem anderen Landesteil wohnen, bringen rund 30.000 Fahrzeuge die Wähler kostenlos zum Wahlort. Die Wahlen kommen so einer kleinen Völkerwanderung gleich, und die *Ticos* verwandeln die nüchterne Stimmabgabe in ein ausgelassenes Volksfest. Nach Auszählung der Stimmen wird wie nach einem Fußballspiel der Wahlsieg gefeiert – hat der Wunschkandidat nicht gewonnen, fährt man eben wieder nach Hause, vielleicht klappt's ja das nächste Mal.

Staatssymbole

Staatsflagge

Die heutige Flagge geht zurück auf das Jahr **1848**, als Costa Rica selbstständige Republik wurde. Als Vorbild dienten die Farben der französischen Tricolore, ergänzt durch die blau-weiß-blaue Flagge der Zentralamerikanischen Föderation, die bis heute von El Salvador, Honduras und Nicaragua verwendet wird. Ins Zentrum legte man einen breiten roten Streifen und darüber das Nationalwappen, das seit 1906 nur noch ein kleines weißes Feld links der Mitte ausfüllt.

Staatswappen

Das Nationalwappen, in der heutigen Form **seit 1964,** zeigt im Vordergrund den pazifischen Ozean und eine dreimastige spanische Fregatte, im Mittelgrund drei überhöht dargestellte Vulkankegel und im Hintergrund den atlantischen Ozean mit einer weiteren Fregatte und der aufgehenden Sonne. Die Blickrichtung von West nach Ost hat zwei Gründe: Erstens wurde Costa Rica durch die Spanier von der pazifischen Seite her erobert, und zweitens würde die Darstellung einer untergehenden Sonne (bei Blickrichtung aus dem Osten) als schlechtes Omen gewertet. Über diesem Bild sind sieben weiße Sterne zu sehen, die die sieben Provinzen des Landes darstellen, und der Schriftzug *República de Costa Rica.* Darüber steht auf einem blauen Band *América Central,* ein Ausdruck der Verbundenheit mit den anderen Staaten Zentralamerikas.

Nationalhymne

Mitte des 19. Jh. hatte das souverän gewordene Costa Rica immer noch keine Nationalhymne. Der damalige Präsident *Juan Rafael Mora* erklärte daraufhin eine Komposition von *Manuel María Gutiérrez* zur Hymne, die am 11. Juni 1853 erstmals erklang. Den heutigen Text **„Noble patria, tu hermosa bandera"** (Edles Vaterland, deine schöne Fahne) verfasste *José María Zeledon* 1900.

Wirtschaft

Zur Zeit der spanischen Kolonialherrschaft war Costa Rica ein armes Land, das traditionell von Landwirtschaft lebte. Im 18. Jahrhundert begann man mit dem Export von Kakao und Tabak, doch der wirtschaftliche Durchbruch bahnte sich erst im 19. Jahrhundert mit dem Anbau von **Kaffee** an, der für lange Zeit der entscheidende Wirtschaftsfaktor des Landes sein sollte. Ende des 19. Jahrhunderts begann man, zunächst im karibischen Küstentiefland, mit dem Anbau von **Bananen,** was zu einer Verlagerung der wirtschaftlichen Aktivitäten führte.

Seit einigen Jahren befindet sich das Land abermals in einem ökonomischen **Strukturwandel:** Costa Rica hat sich **vom Agrar- zum Dienstleistungs- und Industriestaat** gewandelt. Während die Landwirtschaft 1965 noch 23,5 % zum Bruttoinlandsprodukt beitrug, waren es 2011 nur noch 6,4 %. Die Industrie hat inzwischen einen Anteil von über 25 %, und rund 68 % entfallen auf Dienstleistungen. Da sich die traditionellen Exportgüter wie Bananen, Kaffee, Rindfleisch und Zucker immer schwerer auf dem Weltmarkt absetzen lassen, wurde der Bereich der nicht-traditionellen Exportgüter massiv ausgebaut: Neben „neuen" Agrarprodukten wie Zierpflanzen, Schnittblumen, Ananas, Melonen und anderen Früchten wurden auch im Bereich der Lohnveredelung und verarbeitenden Industrie wichtige Fortschritte erzielt. Der Anteil dieser nicht-traditionellen Exportgüter am Gesamtexport hat sich seit den 1980er Jahren fast verdoppelt. Besonders expandiert hat der Bereich Tourismus, der inzwischen zur wichtigsten Einnahmequelle des Landes avancierte (s.u.). Seit Anfang der 1990er Jahre liegen sie über denen aus dem Bananenexport, und der Trend ist weiter steigend.

Das **Bruttoinlandsprodukt** (BIP) hat sich in den letzten Jahren gut entwickelt: Lag es 1998 noch bei 10,5 Mrd. $, waren es 2015 schon über 53 Mrd. $. Das entspricht einer Wirtschaftsleistung von über 10.900 $ pro Einwohner.

Das **Wirtschaftswachstum** war in den letzten Jahren rückläufig bzw. nur schwach ausgeprägt. Das Haushaltsdefizit belief sich 2013 auf 3,5 % des BIP. Die Staatsverschuldung lag im selben Jahr bei über 42 % des BIP.

Die **Auslandsverschuldung** lag 2014 bei rund 21 % des erwirtschafteten Bruttosozialproduktes, die Inflationsrate bei 3,5 %. Die tatsächlichen Lebenshaltungskosten sind verhältnismäßig hoch und steigen schnell.

Der **Arbeitsmarkt** verzeichnete 2015 etwa 2,3 Mio. Beschäftigte und eine Arbeitslosigkeit von (offiziell) 8,2 %. Etwa ein Fünftel der Bevölkerung lebt unter der Armutsgrenze.

Außenhandel

Die **Außenhandelsbilanz** Costa Ricas ist traditionell **negativ:** Das Defizit betrug 2014 **5,7 Mrd. $,** im Jahr 2000 waren es lediglich 211 Mio. $. Das erklärt sich in erster Linie durch den seit Jahren sinkenden Anteil der Hauptexportprodukte Kaffee und Bananen. Nicht berücksichtigt sind hierbei jedoch die kontinuierlich steigenden Deviseneinnahmen im touristischen Sektor. Ebenfalls nicht berücksichtigt sind Schuldendienste, also Zinsaufwendungen für Auslandsschulden. Costa Rica hat Freihandelsabkommen mit Panama, Mexiko, Kanada und Chile, seit 2009 auch mit den Ländern Zentralamerikas sowie mit den USA (CAFTA) und seit 2010 mit der Volksrepublik China und Singapur.

Import

Die Steigerung der Gesamtsumme des Imports ist augenfällig: Lag diese 1995 bei 3274 Mio. $, so verfünffachte sie sich bis 2014 auf **17,1 Mrd. $.** Importiert werden vorwiegend Elektronik, Maschinen und Elektrotechnik, Erdöl, Arzneimittel und Papier. Wichtigste Lieferanten waren 2013 die USA (46,2 %), China (5,8 %) Mexiko (6,4 %) sowie die Staaten Südamerikas, Zentralamerikas und Europas (ca. 17,5 %). Deutschland lieferte 2014 Waren im Wert von 361 Mio. €, v.a. Maschinen, chemische und elektrotechnische Erzeugnisse.

Export

2014 lag das Exportvolumen bei etwa **11,4 Mrd. $.** Hauptabnehmer waren 2014 die USA (30,7 %), die Länder Zentralamerikas (9 %), die VR China (13,2 %), Mexiko und die Europäische Union (10 %). Deutschland importierte im Jahr 2014 Waren im Wert von 120 Mio. €, v.a. Südfrüchte und Kaffee, aber auch Elektronik, Elektrotechnik und EDV; wichtigste Handelspartner sind die USA und die Niederlande.

Textilindustrie, Computer und medizinische Erzeugnisse

In den letzten Jahren hat sich in der Wirtschaft des Landes ein deutlicher Wandel vollzogen: Der Bereich der Computerzubehör-Fertigung – noch vor wenigen Jahren eher unbedeutend – hat sich unbemerkt auf Platz 1 emporgearbeitet: Computerchips – die v.a. im Auftrag der US-Firma Intel gefertigt werden – und andere Elektronik- und Elektrotechnikprodukte sind zwischenzeitlich mit einem Anteil von fast 35 % am Gesamtexport das Hauptexportprodukt des Landes. Auch dem Export von medizinischem Zubehör und Medikamenten und Textilien kommt große Bedeutung zu.

Bananen

Die Zeiten der „Bananenrepublik" Costa Rica scheinen vorbei zu sein. 1990 war die gelbe Frucht noch das wichtigste Exportprodukt, danach gingen die Erlöse kontinuierlich zurück. Heute liegen sie an zweiter Stelle der Exportprodukte (zusammen mit anderen Früchten über 18 % der Exporte), Tendenz: steigend. Damit sind Bananen nach wie vor das **wichtigste Agarprodukt des Landes.**

Die EU-Verordnung über eine Festlegung von Höchstquoten hat zunächst die costaricanischen Bananenproduzenten beunruhigt, aber Bananen werden auch weiterhin nach Europa exportiert. Der wichtigste Kunde heißt jedoch USA. Die wichtigsten Anbaugebiete liegen im karibischen Küstentiefland, aber auch an der südlichen Pazifikküste werden Bananen angebaut. Weitere Informationen siehe Exkurs „Der Fluch der Bananen".

Kaffee

Bis Ende der 1980er Jahre waren die Bohnen des Kaffeestrauchs das wichtigste Exportprodukt, doch seither ist der Trend **stark rückläufig.** Das klassische Exportprodukt Costa Ricas bringt es nur noch auf rund 3,5 % der Exporterlöse.

Die traditionellen **Anbaugebiete** Costa Ricas liegen im Valle Central, vor allem in der Umgebung der Städte Heredia, Alajuela Atenas und San Ramón. Außerdem wird im Valle Coto Brus im Süden des Landes, im Bereich der Stadt San Vito, und auch bei Cd. Quesada, Tilarán und Nicoya Kaffee angepflanzt. Weiteres zum Thema Kaffee siehe Exkurs „Kaffee – ein sensibles Pflänzchen".

Rinderzucht und Zuckerrohr

Einst die Hoffnung des Landes, der einseitigen Abhängigkeit von Kaffee und Bananen zu entkommen, nimmt die Bedeutung der **Rinderzucht** seit Jahren ab. Dennoch ist die Rinderzucht, die vorwiegend in der Trockenregion Guanacaste betrieben wird, für den Inlandsmarkt von großer Bedeutung.

Bei fallenden Weltmarktpreisen verzeichnet das Exportvolumen von **Zucker** seit 1995 einen Rückgang. Der Anteil am Gesamtexport ist gering. Größere Anbaugebiete findet man im Valle Central, nördlich von Cd. Quesada und in Guanacaste.

Ananas, Zierpflanzen etc.

Neue Agrarprodukte wie Zierpflanzen, Schnittblumen und Pflanzenteile sowie Ananas, Melonen, Papaya, Macadamia-Nüsse und andere Früchte verzeichnen **steigende Exportzahlen.** Angebaut werden die Früchte im ganzen Land, Zierpflanzen z.B. in den Höhenlagen des Valle Central und im karibischen Küstentiefland, Melonen vorwiegend auf der Halbinsel Guanacaste.

Tourismus

Der Tourismus gilt inzwischen als der **wichtigste Wirtschaftsfaktor des Landes.** Bereits 1992 beliefen sich die Einnahmen aus dem Tourismus auf über das Doppelte der Kaffee-Exporte.

2014 zählte man wieder über **2,5 Mio. Besucher** pro Jahr, nachdem die Zahl im Krisenjahr 2009 auf 1,75 Mio. gesunken war. Die Tourismusbranche beschäftigt heute direkt oder indirekt rund 600.000 Menschen – weit über 10 % der gesamten Bevölkerung! – und produziert ca. 5 % des BIP. Knapp 50 % der ausländischen Touristen in Costa Rica kommen aus den USA und Kanada. Aus Zentralamerika und Mexiko sind es etwa 33 % (inkl. der „Touristen" aus Nicaragua), aus Europa kommen ca. 13 %, die meisten Deutsche, Schweizer und Österreicher (zusammen genommen), gefolgt von Spaniern, Engländern, Franzosen, Niederländern und Italienern. Im Durchschnitt bleiben die Besucher nur zehn Tage im Land und geben in dieser Zeit rund 950 $ aus.

Die meisten Ankünfte registriert man in den Monaten Dezember bis Februar, die „schwächsten" Monate sind Mai/Juni und September/Oktober.

Hinweis: Aktuelle Infos zur Wirtschaftslage in Costa Rica sind erhältlich bei der Bundesagentur für Außenwirtschaft in Köln, Tel. 0221/20570, www.gtai.de sowie unter www.auswaertiges-amt.de.

Bevölkerung

Die Einwohner Costa Ricas, die sich selbst als **Ticos** bezeichnen, sind zum größten Teil Nachfahren der spanischen Eroberer, sog. **Kreolen** (über 75 %). Heute ist diese Gruppe kaum mehr zu trennen von den **Mestizos,** die sowohl spanische als auch indianische Vorfahren haben. Zusammen machen die beiden Gruppen über 90 % der Gesamtbevölkerung aus. Der Anteil der **Schwarzen** und **Mulatten,** die vorwiegend an der Karibikküste leben, liegt bei etwa 3 %. Im ganzen Land trifft man auch eine Minderheit von **Chinesen,** die meist Ende des 19. Jahrhunderts zum Eisenbahnbau ins Land kamen und heute als Händler oder Restaurantbesitzer ihr Leben bestreiten. Von der **indianischen Urbevölkerung** des Landes leben nur noch etwa 25.000 in Costa Rica, das entspricht einem Anteil von etwa 0,7 %. In 22 Reservaten mit einer Gesamtfläche von über 320.000 ha leben Angehörige von neun ethnisch verschiedenen Gruppen – direkte Nachkommen der präkolumbischen Kulturen des Landes. Die rund 250.000 in Costa Rica lebenden **Ausländer** stellen etwa 6,3 % der Bevölkerung.

Bevölkerungszahlen

Rund 4,8 Mio. Menschen leben in Costa Rica (2015). Somit hat sich die **Gesamtbevölkerung** des kleinen Landes in den letzten 40 Jahren fast verdreifacht: 1970 waren es 1,73 Mio., 1980 schon 2,28 Mio. und 1990 zählte man knapp über 3 Mio. Costaricaner. Die jährliche **Wachstumsrate** liegt derzeit bei etwa 1,5 %, was im Vergleich zu früheren Jahren zwar deutlich weniger ist (1950 z.B. 3,5 %), aber dennoch ein Bevölkerungswachstum von mehr als 90.000 Menschen pro Jahr bedeutet.

Im Vergleich zu Mitteleuropa ist aber Costa Rica immer noch **dünn besiedelt:** 94 Einwohner/km² gegenüber 231 Einwohner/km² in Deutschland oder gar 402 Einwohner/km² in den Niederlanden. Doch die Bevölkerung des Landes ist höchst **ungleich verteilt:** Über 50 % leben im Valle Central, dem zentralen Hochtal, das nur etwa 10 % der Fläche bedeckt. Im weiten Nordwesten, in der Provinz Guanacaste, die rund 20 % der Landesfläche einnimmt, leben hingegen nur etwa 7 % der Bevölkerung. Der Anteil der städtischen Bevölkerung steigt und liegt derzeit bei über 60 %.

Bildung

Rund 96 % aller erwachsenen Ticos haben Lesen und Schreiben gelernt, eine im Vergleich zu anderen lateinamerikanischen Ländern erstaunlich hohe Rate. Ein Viertel aller Einwohner sind Schüler und Studenten, denn es herrscht **Schulpflicht.** Knapp 73 % besuchen eine staatliche (kostenlose), nur etwa 27 % eine private oder halbprivate Bildungseinrichtung.

Nach der Vorschule beginnt für die jungen Ticos und Ticas im Alter von sechs Jahren der Ernst des Lebens: die neun Jahre dauernde **Grundschule** *(primaria)* ist Pflicht, danach kann eine **weiterführende Schule** *(secundaria)* besucht werden, die nach weiteren drei Jahren zum Besuch einer Universität oder anderen Hochschule berechtigt.

An den vier staatlichen und zahlreichen privaten **Universitäten** des Landes – insgesamt sind es über 20 Hochschulen – sind rund 175.000 Studenten eingeschrieben. Die größte Universität des Landes ist die seit 1940 bestehende *Universidad de Costa Rica* (UCR, www.ucr.ac.cr) in San Pedro, östlich der Hauptstadt. Eine weitere große staatliche Universität ist die 1973 gegründete *Universidad Nacional Autónoma* (UNA, www.una.ac.cr) in Heredia. Das 1971 gegründete *Instituto Tecnológico de Costa Rica*

Die Ticos – ein Volk für sich

Als Tourist kommt man zunächst mit einer bestimmten „Schicht" von Ticos zusammen, nämlich denen, die vom Tourismus leben, sei es in Hotels, Restaurants, bei Autovermietern oder Reiseveranstaltern. Diese sind gegenüber Touristen meist freundlich und hilfsbereit, doch in manchen Fällen drängt sich der Eindruck auf, dass einige vor allem das Geld sehen, das der Tourist bringt – kann man's ihnen verdenken?

Tatsache ist, dass die Einwohner von Costa Rica und ihre meist **sympathische Wesensart** für viele Ausländer ein Argument sind, das Land zu besuchen: Bei einer Umfrage des staatlichen Tourismus-Institutes I.C.T. antworteten auf die Frage, was ihnen bei ihrem Aufenthalt in Costa Rica am meisten gefallen habe, 36 % der befragten Touristen mit „die Costaricaner" – die Naturschönheiten folgten mit 33 % erst an zweiter Stelle!

Doch wer die „normalen" Ticos kennen lernen möchte, sollte schon ein paar Spanischkenntnisse mitbringen, denn **kommunikativ** sind sie auf alle Fälle: Ob im Bus oder auf der Plaza – nach den üblichen Begrüßungsfloskeln und einigen allgemeinen Bemerkungen über das Wetter und die letzten Fußballergebnisse kommt man schnell zu Themen wie Familie, Wirtschaft oder Politik, und alle Ticos wollen natürlich wissen, wie es dem Besucher in ihrem Land gefällt, auf das sie mit Recht so stolz sind.

Überhaupt sind die Ticos in guter alter spanischer Tradition ein stolzes Völkchen, ohne dabei überheblich zu wirken. Auch wenn es vielen wirtschaftlich nicht gerade rosig geht – man lässt es sich nicht anmerken. Auffällig ist die **gepflegte Erscheinung** nicht nur der Damen, man kleidet sich modisch (auch wenn die Mode nicht die gleiche ist wie bei uns), und die Friseure machen gute Geschäfte – so mancher Tourist könnte sich ein Beispiel nehmen.

Ticos sind normalerweise **friedliche** Menschen und tragen Auseinandersetzungen meist mündlich aus (es gibt schließlich auch keine Armee), und sie sind sehr religiös – Kirchen und kirchliche Feste sind immer gut besucht. Die Familie spielt eine zentrale Rolle in ihrem Leben.

Das **Familienleben** verläuft noch recht „traditionell", d.h. der Vater geht arbeiten, und die Mutter versorgt Kinder und Haushalt, doch auch hier brechen langsam alte Strukturen auf.

Kinderlieb sind die Ticos, und Kinder genießen weitgehende Freiheit – ein Schild „Spielen verboten" sucht man vergeblich. Rund 80.000 Babys erblicken jedes Jahr in Costa Rica das Licht der Welt. Sie werden wie kleine Prinzen und Prinzessinen verehrt und in für unsere Augen kitschige Kleidung mit Schleifchen und Rüschen gesteckt.

Zwei Leidenschaften bestimmen das Leben fast aller Ticos: der **Sport** und das (Lotterie-) Spiel. Im Gegensatz zu den Nachbarländern Panama und Nicaragua, wo nordamerikanische Sportarten wie Baseball und Basketball dominieren, ist es in Costa Rica vor allem der Fußball, um den sich alles dreht, und man sollte sich die Gelegenheit nicht entgehen lassen, ein Fußballspiel mitzuerleben. Aber viele sind nicht nur als Zuschauer, sondern auch selbst sportlich aktiv: Mit Fahrradfahren, Joggen und Wassersport halten sich viele fit – wer's nicht glaubt, der soll am Wochenende einen Blick in den Sabana-Park im Westen von San José werfen.

Ist es die Hoffnung auf den großen Treffer oder die Lust am Spielen, die nicht nur der staatlichen **Lotterie** riesige Umsätze einbringt? Vor allem in der Hauptstadt sieht man überall Losverkäufer, die das Glück beschwören – und damit erfolgreich sind.

Schließlich bleibt noch zu erwähnen, dass die Ticos – wie alle Latinos – **gerne und ausgelassen feiern,** und dazu findet sich immer ein Anlass: Ob Geburtstage und Familienfeiern, religiöse Feiertage oder der Erfolg der bevorzugten Fußballmannschaft – Hauptsache, man trifft sich, redet, trinkt und ist fröhlich!

(ITCR) mit Niederlassungen in Cartago und Cd. Quesada/San Carlos ist eine technische Universität, die Ausbildung ist sehr praxisorientiert und berufsbezogen. Im Gegensatz zu den vorgenannten Unis ist die *Universidad Estatal a Distancia* (UNED) eine Fernuniversität. Die 1977 gegründete und damit jüngste staatliche Universität des Landes betreibt auch Umweltschutzforschung und richtet sich mit speziellen Projekten und Seminaren auch an die Öffentlichkeit.

Die beiden bedeutendsten der rund 50 **Privatuniversitäten** des Landes sind die *Universidad Internacional de las Américas* (UIA, www.uia.ac.cr) im Westen von San José und die *Universidad Latinoamericano de Ciencia y Tecnología* (ULACIT, www.ulacit.ac.cr) im Norden der Hauptstadt.

Religion

Seit die ersten Spanier sich vor nahezu 500 Jahren in Amerika niederließen, ist die **katholische Religion** prägend für ganz Lateinamerika. In Costa Rica ist sie zwar nicht mehr Staatsreligion, aber immer noch sind rund 77 % der Bevölkerung katholisch; auch die meisten Indios bekennen sich heute zur katholischen Lehre. Die Ticos sind überwiegend sehr religiös, und so sind kirchliche Feste und Prozessionen immer gut besucht, wie übrigens auch die Kirchen selbst.

Neben der Katholischen Kirche, die einen großen gesellschaftlichen und politischen Einfluss besitzt, gibt es eine **steigende Zahl protestantischer Glaubensgruppen,** die meist aus den USA kommen und immer mehr Anhänger finden (ca. 14 %). Eine Minderheit stellen die rund 1500 **Juden** und die **Rastafaris** an der Karibikküste dar, eine Glaubensgemeinschaft, die vor allem in Jamaica stark ist und mit einer eigenen Bibelauslegung für das Selbstbestimmungsrecht der Schwarzen eintritt.

Sprache

Offizielle Landessprache ist **Spanisch,** daneben wird an der Karibikküste die jamaikanische Form des **Patois** gesprochen, einer Kreolsprache aus der Karibik, die sich zwar vom Englischen ableitet, aber dennoch schwer verständlich ist. Nur wenige **Indianersprachen** haben sich bis heute erhalten und werden auch meist nur noch von den Älteren gesprochen.

Das in Costa Rica gesprochene Spanisch hat sich wie überall in Lateinamerika im Laufe der Zeit vom Kastilischen hin zu einem eigenen Dialekt entwickelt. Die **Aussprache** ist härter, der spanische, dem englischen *th* ähnliche Lispellaut für das *s* entfällt, stattdessen wird das *s* stimmhaft gesprochen. Außerdem kommt einer ganzen Reihe von Wörtern eine andere Bedeutung zu, es gibt sogar einige eigene Wortschöpfungen, die für jeden Spanier unverständlich sind.

(Vgl. auch Kapitel „Praktische Infos „A–Z/Sprache" sowie die „Sprachhilfe" im „Anhang").

Kultur

Malerei

Obwohl bereits im 19. Jahrhundert in Costa Rica verschiedene einheimische und ausländische Maler tätig waren, begann die eigentliche künstlerische Tradition dieses Landes erst im 20. Jahrhundert. Wie allgemein üblich, begann die Malerei mit jungen Künstlern, die durch Europa gereist und dabei in Kontakt mit

> Alltagskunst – buntes Detail eines Ochsenkarrens

den großen Meisterwerken europäischer Kunst gekommen waren. Unter ihnen war auch **Enrique Echandi** (1866–1959), der nach Deutschland gegangen war, um dort Musik und Malerei zu studieren. Als er nach Costa Rica zurückkam, gab er Klavierstunden und widmete sich der Portrait- und Landschaftsmalerei sowie den einfachen, familiären Themen. Er führte jedoch seine Malkunst mit einer derartig großen Sorgfalt, Hingabe und Meisterhaftigkeit aus, dass dieser hohe technische und ästhetische Standard für alle nachfolgenden Maler zur Richtschnur wurde. Die Werke *Enchandis* befinden sich im Museum für costaricanische Kunst und in Privatsammlungen. Zahlreiche Costaricaner bezeichnen ihn als den Gründer der nationalen Maltradition, und jeder gebildete Staatsbürger ist stolz auf die Werke dieses Meisters.

Esequiel Jiménez ist ein typischer Sonntagsmaler. Ihm ist es zu verdanken, dass sich der impressionistische Brauch, im Freien zu malen, in Costa Rica noch vor dem Impressionismus selbst einbürgerte. Regelmäßig malte er Landschaf-

ten, wobei sein Malstil eher naiv und erfrischend wie ein sonntäglicher Morgenspaziergang war.

Oft wurde *Jiménez* auf seinen Malausflügen von **Teodorico Quirós** (1897–1977) begleitet, der 1914 in die USA reiste, um dort Architektur zu studieren. Nach seiner Rückkehr malte er die costaricanische Landschaft, wobei der Einfluss europäischer Kunsttechniken unverkennbar war. Sein Stil war fortschrittlicher und sicherer als bei seinen Vorgängern, und im Laufe der Zeit entstand unter seinem Pinsel die großartigste Ölgemäldesammlung von Costa Rica. Immer in landestypischen Themen und Geist verwurzelt, war seine Kunst dennoch richtungsweisend und modern.

Quirós war nicht nur ein außergewöhnlicher Maler, sondern auch ein begeisterter Kunstförderer. Von 1929 bis 1936 organisierte er eine Reihe von Ausstellungen im Nationaltheater. Viele der späteren Persönlichkeiten costaricanischer Kunst zeigten hier zum ersten Mal ihre Arbeiten, unter ihnen auch **Fausto Pacheco** (1899–1966). Er arbeitete mit *Quirós* zusammen und spezialisierte sich auf Darstellungen von kleinen Landschaften und Adobehäusern. Seine bevorzugte Ausdrucksform war das Aquarell, worin er eine bewundernswerte Technik entwickelte. Dass *Pacheco* wahrscheinlich der populärste costaricanische Maler ist, hat zwei Gründe: erstens, weil er meistens Adobehäuser malte, die wie kaum etwas anderes die traditionelle Lebensweise in Costa Rica symbolisieren, und zweitens erlaubte ihm seine Geschicklichkeit in der Aquarellmalerei, Tausende von Bildern anzufertigen, die auch Familien des Mittelstandes ohne Weiteres erwerben konnten.

Zur Gruppe der hervorragenden Maler, die ihre Laufbahn mit den Ausstellungen im Nationaltheater begannen, gehörte auch **Luisa González de Sáenz** (1899–1982). Mit einer starken romantischen Veranlagung entwickelte sie einen persönlichen Stil, der oft dem Surrealismus nahe kam.

Ein weiterer berühmter Künstler des 20. Jh. ist **Francisco Amighetti** (geb. 1907). Seine farbigen Holzschnitte, weitgehend von landesüblichen Themen geprägt, sind weltweit in den besten Sammlungen dieser Kunstart zu sehen.

Max Jiménez (1900–1947) war ein eng mit dem europäischen Surrealismus in Verbindung stehender Maler, Bildhauer und Poet, der ebenfalls eindeutig von Heimatthemen inspiriert war.

Margarita Bertheau ist nicht nur eine ausgezeichnete Aquarellmalerin, sondern auch eine vorbildliche Lehrerin in dieser feinen Maltechnik für mehrere costaricanische Malergenerationen. Die auffallende Tatsache, dass in Costa Rica das Aquarellgemälde in der Kunst einen erstrangigen Platz einnimmt und nicht etwa als Nebensache dasteht, ist hauptsächlich *Margarita Bertheau* und *Fausto Pacheco* zu verdanken.

Manuel de la Cruz González (1909–1986) ist das jüngste Mitglied dieser Gruppe, die im Allgemeinen als die nationalistische Generation costaricanischer Künstler bekannt ist. Er begann seine Laufbahn mit heimatlichen Themen und ging dann später auf kosmopolitischere und abstrakte Szenen über. In den vergangenen Jahren ist er jedoch wieder auf seine ursprüngliche Ausdrucksform zurückgekommen.

Im Verlauf der letzten Jahrzehnte tauchten noch weitere Talente in Costa

Rica auf. Heutzutage kennt man viele andere Malarten, Techniken und Stile in diesem Land, von der christlichen religiösen Kunst eines **Jorge Gallardo** bis zum experimentalen Konkretismus eines **Juan Luis Rodríguez** (geb. 1934). Die grundlegende Tendenz ist und war immer die einfache, wirklichkeitsnahe Malerei, die in der Umwelt, der Landschaft und dem bäuerlichen Leben von Costa Rica ihre Anregung suchte.

Literatur

Costa Rica brachte im Gegensatz zu beispielsweise Mexiko oder Kolumbien keine großen und international bekannten Schriftsteller hervor. Deutschsprachige Übersetzungen wichtiger Werke costaricanischer Literatur sucht man daher auch vergeblich. Auch heute leben nur wenige Autoren von ihrer Schreibkunst.

Zwei wichtige Stilepochen prägen die Literatur Costa Ricas: Der *Costumbrismo* (*costumbre* = „Brauch") und später der *Modernismo*.

Costumbrismo

Mitte des 19. bis Anfang des 20. Jahrhunderts beschrieben die *Costumbristas* in romantisierender Weise Leben und Bräuche des einfachen Volkes. Zwei der wichtigsten Vertreter dieser literarischen Stilrichtung sind **Manuel González Zeledón** (1864–1936) der unter dem Pseudonym *Magón* arbeitete, und **Joaquín García Monge** (1881–1958), der ebenfalls zahlreiche Romane und Erzählungen verfasste. Weitere bekannte Vertreter des *Costumbrismo* sind *Claudio González Rucavado* (1865–1925), *Jenaro Cardona* (1863–1930) und *Luís Dobles Segreda* (1890–1956). Einer der bedeutendsten Poeten dieser Zeit war **Aquileo Echeverría** (1866–1909), der in seinen Gedichten das einfache Leben der Bauern aufgriff.

Modernismo

Die Vertreter des Modernismo setzten sich unter dem Eindruck der sozialen Unruhen der 1930er Jahre kritisch mit der Situation des Landes und seiner Bewohner auseinander. Der Prosaschriftsteller **Carlos Luis Fallas** (1909–1966) gilt als bekanntester Vertreter dieser Richtung. In seinem Roman *Mamita Yunai* (gemeint ist die dominierende United Fruit Company) aus dem Jahre 1941 beschreibt er das Leben und die Nöte der Arbeiter auf den Bananenplantagen an der Karibikküste. Als Begründer dieser neuen Stilrichtung gilt jedoch **Roberto Brenes Mesén** (1874–1947). Den Höhepunkt erreichte die Bewegung in den 1940er Jahren mit Autoren wie *Fabián Doblas* (geb. 1918), *Joaquín Gutierrez* (geb. 1918) und *Carlos Salazar Herrera* (geb. 1906).

Zwei der wichtigsten Schriftstellerinnen des Landes sind **Carmen Lyra** (1888–1949), die auch erstmals Literatur für Kinder verfasste, und **Yolanda Oreamuno** (1916–1956), die sich vor allem mit sozialen Themen auseinandersetzte und international Anerkennung fand. Der zeitgenössische Autor **Rafael Angel Herra** (*1943) war zeitweise als costaricanischer Botschafter in Berlin tätig.

Autor | 684
Entfernungstabelle | 670
Glossar | 651
Literaturempfehlungen | 647
Pflanzennamen | 653
Register | 670
Reise-Gesundheitsinformation | 644
Sprachhilfe Spanisch | 648
Tiernamen | 656

12 Anhang

Faultierbaby an der Karibikküste

...se-Gesund-...eitsinformation

Stand: Ende 2015
© Centrum für Reisemedizin 2015

Die nachstehenden Angaben dienen der Orientierung, was für eine geplante Reise in das Land an Gesundheitsvorsorgemaßnahmen zu berücksichtigen ist. Die Informationen wurden uns freundlicherweise vom Centrum für Reisemedizin zur Verfügung gestellt. Auf der Homepage www.crm.de werden diese Informationen stetig aktualisiert. Es lohnt sich, dort noch einmal nachzuschauen. Dort finden sich auch Adressen von Apotheken mit qualifizierter Reise-Gesundheitsberatung sowie Impfstellen und Ärzte mit Spezialsprechstunde Reisemedizin (nach PLZ). Auch ein persönlicher Gesundheitsvorsorge-Brief für die geplante Reise kann abgerufen werden.

Einreise-Impfvorschriften

Bei Direktflug aus Europa sind keine Impfungen vorgeschrieben.

Bei einem vorherigen Zwischenaufenthalt (innerhalb der letzten sechs Tage vor Einreise) in einem Gelbfieber-Endemiegebiet (siehe dazu die Liste auf www.crm.de) wird bei Einreise eine gültige Gelbfieber-Impfbescheinigung verlangt (ausgenommen Kinder unter neun Monaten). Dies gilt nicht bei Einreise aus Argentinien, Panama sowie aus Trinidad & Tobago.

Empfohlener Impfschutz

Generell: Standardimpfungen nach dem deutschen Impfkalender, spez. Tetanus, Diphtherie, außerdem Hepatitis A

Bei Reisen durch das Landesinnere unter einfachen Bedingungen (Rucksack-, Trekking-, Individualreise) mit einfachen Quartieren/Hotels, bei Campingreisen, Langzeitaufenthalten, einer praktischen Tätigkeit im Gesundheits- oder Sozialwesen ist außerdem ein Impfschutz gegen **Typhus, Hepatitis B** (vor allem bei Langzeitaufenthalten und engerem Kontakt zur einheimischen Bevölkerung) und **Tollwut** (bei vorhersehbarem Umgang mit Tieren) zu erwägen.

Wichtiger Hinweis

Welche Impfungen letztendlich vorzunehmen sind, ist abhängig vom aktuellen Infektionsrisiko vor Ort, von der Art und Dauer der geplanten Reise, vom Gesundheitszustand, sowie dem eventuell noch vorhandenen Impfschutz des Reisenden. Informationen zur Kostenübernahme von Impfungen für private Auslandsaufenthalte durch Ihre Krankenversicherung finden Sie auf der Website www.crm.de/krankenkassen unter der Rubrik „Kostenerstattung".

Da im Einzelfall unterschiedlichste Aspekte zu berücksichtigen sind, empfiehlt es sich immer, rechtzeitig (etwa vier bis sechs Wochen) vor der Reise eine **persönliche Reise-Gesundheitsberatung** bei einem reisemedizinisch erfahrenen Arzt oder Apotheker in Anspruch zu nehmen.

Malaria

- **Malaria-Risiko: ganzjährig;**
- **Mittleres Risiko:** in den Kantonen Guacimo, Limón, Matina und Talamanca (Provinz Limón, Atlantik-Region);
- **Geringes Risiko** in tiefer gelegenen ländlichen Gebieten der übrigen Landesteile, als **malariafrei** gelten Höhenlagen und Städte.

Vorbeugung

Ein konsequenter Mückenschutz in den Abend- und Nachtstunden verringert das Malariarisiko erheblich (**Expositionsprophylaxe**).

Die wichtigsten Maßnahmen sind: In der Dämmerung und nachts Aufenthalt in mückengeschützten Räumen (Räume mit Air Condition – Mücken fliegen nicht vom Warmen ins Kalte).

Beim Aufenthalt im Freien in Malariagebieten abends und nachts weitgehend körperbedeckende Kleidung (lange Ärmel, lange Hosen).

Anwendung von insektenabwehrenden Mitteln an unbedeckten Hautstellen (Wade, Handgelenke, Nacken). Wirkungsdauer ca. 2–4 Std.

Im Wohnbereich Anwendung von insektenabtötenden Mitteln in Form von Aerosolen, Verdampfern, Kerzen, Räucherspiralen.

Schlafen unter dem Moskitonetz (vor allem in Hochrisikogebieten).

Ergänzend ist die Mitnahme von Anti-Malaria-Medikamenten (**Chemoprophylaxe**) zu empfehlen. Zu Art und Dauer der Chemoprophylaxe fragen Sie Ihren Arzt oder Apotheker, bzw. informieren Sie sich in einer qualifizierten reisemedizinischen Beratungsstelle. Malariamittel sind verschreibungspflichtig.

Ratschläge zur Reiseapotheke

Vergessen Sie nicht, eine kleinere oder größere Reiseapotheke mitzunehmen, damit Sie für leichtere Erkrankungen und kleinere Notfälle gerüstet sind.

Folgendes sollten Sie auf Reisen immer dabeihaben: Medikamente gegen Durchfall, Reisekrankheit, Fieber und Schmerzen sowie Wunddesinfektionsmittel, Insekten- und Sonnenschutzmittel, Salbe bei Insektenstichen oder anderen Hautreizungen, Fieberthermometer und Verbandmaterial. Je nach Reiseland und Reiseziel können weitere Medikamente (z.B. zur Malariavorsorge) oder Hilfsmittel (z.B. Spritzen) sinnvoll sein.

Nicht vergessen: Medikamente, die der Reisende ständig einnehmen muss!

Wenn Sie spezielle Fragen zur Reiseapotheke haben, wenden Sie sich am besten an eine Apotheke mit reisemedizinisch qualifizierten Mitarbeitern.

Aktuelle Meldungen

Siehe dazu auf www.crm.de.

Kurzbeschreibung der erwähnten Erkrankungen

Hepatitis B

Diese Viruskrankung der Leber ist weltweit verbreitet, besonders in tropischen Ländern. Infektiös sind Blut und andere Körperflüssigkeiten von Erkrankten und Virusträgern (in Mitteleuropa 0,1–0,5 %, in einzelnen tropischen Ländern über 20 % der Bevölkerung). Die Übertragung erfolgt über entsprechende Kontakte; Bluttransfusionen, unsterile Spritzen, Nadeln und Instrumente (z.B. bei unqualifizierten medizinischen Eingriffen, Tätowierungen, Spritzentausch von Drogenabhängigen) sowie beim Geschlechtsverkehr.

Die Inkubationszeit liegt zwischen 2 Wochen und 6 Monaten. Oft beginnt die Krankheit mit einem allgemeinen Krankheitsgefühl, Fieber, Appetitlosigkeit, Übelkeit und Erbrechen. Nach einigen Tagen wird der Urin dunkel, der Stuhl hell, es kommt zur Gelbfärbung der Haut. Das akute Stadium kann aber auch fehlen. In ca. 10 % der Fälle geht die Krankheit in einen chronischen Verlauf über, es entwickelt sich eine Leberzirrhose und in vielen Fällen ein Leberkrebs. Die Diagnose wird über den Antikörpernachweis im Blut gestellt, das Virus kann auch direkt nachgewiesen werden.

Malaria
Die Malaria wird durch einzellige Parasiten (Plasmodien) verursacht und durch bestimmte Stechmücken (Anophelen) übertragen. Leitsymptom ist Fieber, begleitet von Kopf- und Gliederschmerzen mit starkem Krankheitsgefühl, Schüttelfrost und Schweißausbrüchen. Die gefährlichste Form der Malaria, die Malaria tropica hat eine Inkubationszeit von mindestens 7 Tagen, sie kann aber auch deutlich länger sein. Diese Form kann rasch zu lebensbedrohlichen Zuständen mit Koma, Nierenversagen und Schock führen. Behandelt heilt sie in der Regel aus. Die beiden anderen Formen der Malaria (tertiana, quartana) haben längere Inkubationszeiten. Spätere Rückfälle kommen bei diesen beiden Formen vor, wenn sie nicht entsprechend behandelt wurden. Die Diagnose wird während der akuten Erkrankung durch den mikroskopischen Parasitennachweis im Blut gesichert, nachträglich kann sie noch durch spezielle Antikörperuntersuchungen geführt werden.

Typhus
Typhusbakterien werden mit verunreinigter Nahrung und Trinkwasser aufgenommen. Nach einer Inkubationszeit von 1 bis 2 (3) Wochen entwickelt sich hohes Fieber mit schwerem Krankheitsgefühl, Kopfschmerzen und Verstopfung, im zweiten Stadium treten Hautveränderungen (Roseolen) auf, Leber und Milz vergrößern sich stark, es kann zu erbsbreiartigen Durchfällen kommen. Komplikationen wie Darmdurchbruch und Bauchfellentzündung können tödlich verlaufen. Weitere Komplikationen sind Hirnhaut-Lungen- Herz- und Knochen-Entzündungen. Beim „Paratyphus" handelt es sich um verwandte Erreger, die ein ähnliches, etwas milderes Krankheitsbild hervorrufen. Die Diagnose ist aus dem Blut, später aus dem Stuhl zu sichern.

Tollwut
Der Mensch infiziert sich mit diesen Viren durch Bissverletzungen von infizierten Tieren, meist von Hunden, Katzen oder Fledermäusen, aber auch andere Säugetiere können diese Viren übertragen. Infektiös ist der Speichel eines tollwütigen Tieres, und zwar bereits schon 3–5 Tage vor Ausbruch der Symptome bis zu seinem Verenden nach 7–10 Tagen. Fledermäuse erkranken nicht. Auch durch Kontakt mit infiziertem Speichel auf verletzte Hautstellen oder unverletzte Schleimhäute (Augen) wird die Krankheit gelegentlich übertragen. Sie ist immer tödlich. Die Inkubationszeit liegt in der Regel zwischen 1–3 Monaten, sie variiert jedoch stark. Kommt es zur Infektion beginnt diese beim Menschen mit Schmerzen und Kribbeln im Bereich der meist bereits verheilten Bissstelle und führt über Krämpfe, Erregungszustände und Lähmungen innerhalb von wenigen Tagen zum Tod.

Literaturempfehlungen

Natur

■ Alvarado, Guillermo: **Costa Rica, Land of Volcanoes,** Gallo Pinto Press, San José 1993. Vulkanismus allgemein und in Costa Rica, erhältlich im Buchhandel in San José.

■ Bärtels, Andreas: **Tropenpflanzen,** Verlag Eugen Ulmer, Stuttgart 2003. Gutes Standardwerk tropischer Zier- und Nutzpflanzen mit Farbfotos auf jeder Seite.

■ Blancke, Rolf: **Farbatlas Pflanzen der Karibik und Mittelamerikas,** Verlag Eugen Ulmer, Stuttgart 1999. Ausgezeichnetes Nachschlagewerk für heimische Pflanzen, 288 Seiten, Farbfotos auf jeder Seite.

■ Blancke, Rolf: **Farbatlas Exotische Früchte,** Verlag Eugen Ulmer, Stuttgart 2000. Nachschlagewerk für Obst & Gemüse der Tropen und Subtropen, 315 Farbfotos.

■ Boza, Mario A.: **Parques Nacionales Costa Rica,** Incafo. Schöner Bildband über die Natur Costa Ricas, erhältlich im Buchhandel in San José (oder gebraucht bei Internetbuchhandlungen).

■ Boza, Mario A.: **Parques Nacionales/National Parks Costa Rica,** Guías Periplo, Sto. Domingo de Heredia 2004. Handlicher Kurzführer fast aller Naturparks mit zahlreichen Fotos, erhältlich im Buchhandel in San José (oder gebraucht bei Internetbuchhandlungen).

■ Carrillo, E. und Wang, G. und Sáenz, J.: **Mamíferos de Costa Rica,** In Bio 1999. Gut gemachtes Bestimmungsbuch für die Säugetiere Costa Ricas, (span./engl) mit 99 Detailbeschreibungen, erhältlich in San José.

■ Fuchs, Jochen: **Costa Rica, Natur in Zentralamerika,** Schiler, H., 1997.

■ Garrigues, Richard und Dean, Robert: **The Birds of Costa Rica: A Field Guide.** Umfassender Vogelführer.

■ Grandjot, Werner: **Reiseführer durch das Pflanzenreich der Tropen,** Kurt Schröder Verlag, Köln (nur Antiquariat). Einführung in die Botanik der Tropen mit Fotos und Zeichnungen.

■ **Grzimeks Enzyklopädie – Säugetiere,** Brockhaus 1997. Standardwerk über Säugetiere.

■ Henderson, Carrol L., Skutch, Alexander F. und Adams, Steve: **Field Guide to the Wildlife of Costa Rica.** Corrie Herring Hooks. Gutes Bestimmungsbuch.

■ Leenders, Twan: **A Guide to Amphibians and Reptiles of Costa Rica.** Nachschlagewerk zu Reptilien und Amphibien.

■ Madian, Asisa und Matthießen, Kai: **Mexiko/Costa Rica/Mittelamerika.** Kosmos Naturreiseführer, Franckh-Kosmos Verlag, Stuttgart. Reiseführer mit Fotos und Beschreibungen zu Tieren und Pflanzen.

■ Stiles, F. Gary und Skutch, Alexander F.: **A Guide to the Birds of Costa Rica,** Cornell University Press 1990. Genaue Beschreibungen aller Vogelarten des Landes, mit Farbtafeln, in Costa Rica im Buchhandel oder bei Internetbuchhandlungen erhältlich.

■ Tuck, Gerhard und Heinzel, Hermann: **Die Meeresvögel der Welt,** Verlag Paul Parey, Hamburg, Berlin 1998 (nur noch Antiquariat). Nützliches Taschenbuch mit Karten der Brutgebiete von Meeresvögeln.

■ Wainwright, Mark: **The Natural History of Costa Rica Mammals.** Sehr gutes Nachschlagewerk zu Säugetieren.

Wirtschaft, Geschichte und Politik

■ Bundesagentur für Außenwirtschaft: **Aktuelle und ausführliche Marktanalysen, Wirtschaftsdaten und Länderberichte,** www.bfai.com.

- Heintz, Annette: **Costa Rica: Interne Aspekte der Entwicklung einer Demokratie in Lateinamerika,** Vervuert 1998.

Sprachführer

- Rauin, Regine: **Spanisch für Costa Rica – Wort für Wort,** Kauderwelsch Band 113, Reise Know-How Verlag, Bielefeld. Praktische Sprachhilfe für unterwegs mit Tipps zu Alltagssituationen; mit dem Pachuco-Slang der Landbevölkerung. Aussprache-Trainer auf Audio-CD oder mp3-Download ebenfalls erhältlich.
- **Patois für Jamaika – Wort für Wort,** Kauderwelsch Band 59, Reise Know-How Verlag, Bielefeld.

Belletristik

- Contreras Castro, Fernando: **Der Mönch, das Kind und die Stadt,** Maro Verlag 2002. Roman über ein einäugiges Kind in San José.
- Zimmermann, Jens: **Cacho Negro, Der Atem der Hölle,** Eigenverlag. Spannend geschriebener Abenteuerroman mit fiktiver Handlung.

Sprachhilfe Spanisch

aus: **„Spanisch für Costa Rica – Wort für Wort",** Kauderwelsch Bd. 113, Reise Know-How Verlag, Bielefeld, von Regine Rauin

Aussprache und Betonung

Buchstaben(kombinationen), deren Aussprache vom Deutschen abweicht:

ie, eu, ei: jeden Selbstlaut einzeln sprechen
b, v: Laut zwischen deutschem „b" und „w"
c: vor e und i wie „ss" in „Muss"; sonst wie „k"
cc: wie „kß"
ch: wie „tsch" in „Matsch"
g: vor e, i wie „ch" in „ich"; sonst wie dt. „g"
gue, gui: wie „ge" bzw. „gi"
güe, güi: wie „gue" bzw. „gui"
gua: wie „gua"
h: wird nicht gesprochen
j: vor a, o, u wie „ch" in „Bach"; vor e und i wie in „ich"
ll: wie „j" in „Junge"
ñ: wie „nj" in „Anja"
qu: wie „k" (nie „kw"!), das u ist „stumm"
r: Zungenspitzen-r mit einmaligem „Schlag", nur am Wortanfang gerollt
rr: rr wird stark „gerollt"
s: wie „ss" wie in „Muss"
y: vor Selbstlauten wie „j" in „Junge"; alleinstehend oder am Wortende wie „i"
z: wie „ss" in „Muss"

Betonung: Wörter, die auf einen Selbstlaut, auf -n oder -s enden, werden auf der vorletzten, alle anderen auf der letzten Silbe betont. Ausnahmen werden durch einen Akzent angezeigt (á, é, í, ó, ú).

Sprachhilfe Spanisch

Zahlen

0	cero
1	uno/un/-a
2	dos
3	tres
4	cuatro
5	cinco
6	seis
7	siete
8	ocho
9	nueve
10	diez
11	once
12	doce
13	trece
14	catorce
15	quince
16	dieciséis
17	diecisiete
18	dieciocho
19	diecinueve
20	veinte
21	veintiuno/-un/-una
22	veintidós
23	veintitrés usw.
30	treinta
31	treinta y uno/…
32	treinta y dos
33	treinta y tres usw.
40	cuarenta
50	cincuenta
60	sesenta
70	setenta
80	ochenta
90	noventa
100	cien(to)
200	doscientos/-as
300	trescientos/-as
400	cuatrocientos/-as
500	quinientos/-as
600	seiscientos/-as
700	setecientos/-as
800	ochocientos/-as
900	novecientos/-as
1000	mil
2000	dos mil

Die wichtigsten Floskeln und Redewendungen

ja/nein – sí/no
bitte (um etwas bitten) – por favor
(Vielen) Dank! – ¡(Muchas) gracias!
Keine Ursache! – ¡De nada! ¡con muchogusto!
Guten Tag! – ¡Buenos días! (Vormittag),
    ¡Buenas tardes! (Nachmittag)
Guten Abend! – ¡Buenas noches!
Herzlich willkommen! – ¡Bienvenidos! (Mehrzahl)
Wie geht es dir/Ihnen? – ¿Cómo estás/está usted?
Wie geht's? – ¿Qué tal?
(Sehr) gut – (muy) bien, schlecht – mal.
Auf Wiedersehen! – Adiós.
Hallo!/Tschüss! – ¡Hola!/¡Chau!
Bis dann!/Bis gleich! – ¡Hasta luego/ahora!
In Ordnung! – ¡Muy bien!
Ich weiß nicht. – No sé.
Guten Appetit! – ¡Buen provecho!
Zum Wohl!/Prost! – ¡Salud!
Die Rechnung, bitte! – ¡La cuenta, por favor!
Entschuldigung! – ¡Perdón!
Es tut mir sehr leid! – ¡Lo siento mucho!
Schon gut! – Está bien.
Gestatten Sie! – ¡Con permiso!
Helfen Sie mir bitte! – ¡Ayúdeme, por favor!
Könnten Sie bitte etwas langsamer sprechen? –
    Por favor, ¿podría hablar más despacio?

Die wichtigsten Zeitangaben

ayer – gestern
hoy – heute
mañana – morgen
pasado mañana – übermorgen

por la mañana – morgens
al mediodía – mittags
por la tarde – nachmittags
por la noche – abends, nachts
diariamente – täglich
(más) tarde – spät(er)
(más) temprano – früh(er)
pronto – bald
luego, entonces – dann
en seguida – sofort
ahora – jetzt
después – nachher
antes – vorher
siempre – immer
nunca – nie

Die wichtigsten Fragen

Haben Sie…? – ¿Tiene usted…?
Gibt es…? – ¿Hay…?
Ich suche… – stoy buscando…
Ich brauche… – Necesito…
Ich will…/Ich möchte… – Quiero…/Quisiera…
Geben Sie mir bitte… – Por favor, déme…
Wo kann man … kaufen? –
　¿Dónde se puede comprar…?
Wie viel kostet das da? – ¿Cuánto cuesta esto?
Was ist das? – ¿Qué es esto?
Wo ist/befindet sich…? – ¿Dónde está…?
Ich möchte nach… fahren. – Quiero ir a…
Wie komme ich nach…? –
　¿Cómo hago para ir a…?
Ist das der Zug nach…? – ¿Es éste el tren para…?
Wo hält der Bus nach…? –
　¿Dónde para el autobús para…?
Wann fährt der Bus nach … ab? –
　¿A qué hora sale el autobús para…?
Bringen Sie mich bitte zu/nach… –
　Por favor, lléveme a…

Die wichtigsten Fragewörter

¿dónde? – wo?
¿de dónde? – woher?
¿adónde? – wohin?
¿por qué? – warum?
¿cómo? – wie?
¿cuál? – welcher?
¿quién? – wer?
¿cuánto? – wie viel?
¿(desde) cuándo? – (seit) wann?
¿qué? – was

Die wichtigsten Richtungsangaben

a la izquierda – (nach) links
a la derecha – (nach) rechts
derecho, recto – geradeaus
atrás – zurück
enfrente – gegenüber
al lado de – neben
delante de – vor
detrás de – hinter
lejos – weit
cerca, cercana – nah
acá, aquí – hier
allá, allí – dort
por acá – hierher
por allá – dorthin
fuera de la ciudad – außerhalb der Stadt
en el centro – im Zentrum
calle (w) – Straße
cruce (m) – Kreuzung
semáforo – Ampel
plaza – Platz
esquina – Ecke
barrio – Stadtviertel
cuadra – Häuserblock
en dirección – in Richtung

Glossar

Abarrotes	Lebensmittel
Abastacedor	kleiner Lebensmittelladen
Aeropuerto	Flughafen
Agencia de Viajes	Reisebüro
Albergue	Herberge, Lodge
Alojamiento	Privatunterkunft
alquilar	vermieten
Apartotel	Hotel, Zimmer mit Kochgelegenheit
Artesanía	Kunsthandwerk
Avenida	Straße von Ost nach West
Bahía	Bucht
Balneario	Freibadeanstalt
Baño Compartido	Gemeinschaftsbad
Baño Privado	Bad (im Zimmer)
Barrio	Stadtviertel
Boca	Flussmündung
Bomba	Tankstelle
Bomberos	Feuerwehr
Cabañas	einzelne Holzhäuser
Cabinas (Cab.)	einfache Zimmer mit Du./WC
Cafetal	Kaffeeplantage
Calle	Straße von Nord nach Süd
Canton	Verwaltungseinheit, Bezirk
Carnicería	Metzgerei
Carreta	Ochsenkarren
Carretera	Landstraße
Carretera Interamericana, Panamericana	„Traumstraße" von Alaska bis Feuerland
Casa	Haus
Casa de Cambio	Wechselstube
Casado	Mittagsmahl
Cerro (Co.)	Berg, Berggipfel
Cine	Kino
Ciudad (Cd.)	Stadt
Colectivo	Sammeltaxi, Stadtbus
Cordillera (Cord.)	Bergkette
Correos	Postamt
Cortel	Staatliche Postgesellschaft
Cruz Roja	Rotes Kreuz
Desayuno	Frühstück
Districto	Distrikt
Edificio	großes Gebäude, Hochhaus
endemisch	Vorkommen einer Tier- oder Pflanzenart beschränkt sich auf ein kleines, bestimmtes Gebiet
Epiphyten	Aufsitzerpflanzen, die vom Standort der Wirtspflanze profitieren, ohne von dieser Nährstoffe zu beziehen
Esquina	Ecke
Extensión	Durchwahl (Telefonzentrale in kleineren Orten, von der Gespräche vermittelt werden)
Farmacia	Apotheke
Finca	Bauernhof, kleineres Landgut
Fumarolen	Gas- u. Wasserdampfausströmungen aus Spalten erstarrender Lava
Gasolina	Benzin
Hacienda (Hda.)	größeres Landgut
Hospedaje	einf. Unterkunft
Hostal	(Jugend-) Herberge

Glossar

I.C.E.	Elektrizitäts- u. Telefongesellschaft
Iglesia	Kirche
Isla	Insel
Josefinos, Josefinas	Bewohner(innen) von San José
Laguna	See
Lavandería	Wäscherei
Librería	Buchhandlung
Llanura	Ebene, Flachland
Mariposario	Schmetterlingsgarten
Marisquería	Fischrestaurant
Mercado	Markt
Meseta	Hochebene
Metate	Mais-Reibestein, später kultischer Steintisch
Mirador	Aussichtspunkt
Mochilero	Rucksackreisender
Monumento Nacional	Nationalmonument
Panadería	Bäckerei
Parada/Paradero	Haltestelle
Parque Nacional	Nationalpark
Pastelería	Konditorei
Playa	Strand
Pollo	Hähnchen
Primärwald	natürlich gewachsener „Urwald"
Provincia	Provinz
Puerto (Pto.)	Hafen
Puesto de Salud	Krankenstation
Pulpería	Lebensmittelladen
Punta (Pta.)	Landzunge
Quebrada (Queb.)	Bach
Refresco	Erfrischungsgetr.
Refugio	Schutzhütte, Schutzgebiet
Refugion Nacional de Vida/Fauna Silvestre	Nationales Naturschutzgebiet/ Wildtierreservat
Reserva Biológica	Biologisches Reservat
Río	Fluss
Sabanero	Kuhhirte in Guanacaste
Saumriff	Korallenriff, nur durch Wasserstreifen vom Festland getrennt
Sekundärwald	nach Rodung nachgewachsener, nicht forstwirtschaftlich genutzter Wald
Sendero	Pfad, Wanderweg
Serpentario	Schlangenzoo
Servicio	Service, Toilette
Soda	einf. Restaurant
Solfatare	vulkanisches Ausströmen von Schwefelgas und Wasserdampf
Stratovulkan	kegelförmiger Vulkan aus wechsellagernden Lava- und Tuffschichten, auch: Schichtvulkan
Teléfono Público	Öffentliches Telefon
Terminal	Busbahnhof
Tico/Tica	Costaricaner/-in
Urbanisación (Urb.)	städtische Wohnsiedlung
Valle	Tal

Pflanzennamen

Spanisch, Deutsch (wissenschaftlicher Name)

aceituno, Olivenbaum *(Simarouba glauca)*
aguacatillo, Wilder Avocado *(Nectandra sanguinea)*
ajo, Butternussbaum *(Caryocar costaricense)*
alcornoque *(Mora oleifera)*
almendro, Indischer Mandelbaum *(Terminalia catappa)*
amarillón *(Terminalia amazonia)*
arbol de flor blanca, Pagodenbaum/Frangipani *(Plumeria rubra)*
arbol vaco, Milchbaum, Kuhbaum *(Brosimum utile)*
ardillo *(Pithecellobium arboreum)*
azahar de monte, Balsamfeige/Klusie *(Clusia odorata)*
balsa, Balsabaum *(Ochroma lagopus)*
botarrama *(Vochysia ferruginea)*
burío blanco *(Heliocarpus appendiculatus)*
cacao, Kakaobaum *(Theobroma cacao)*
candelillo, Magnolienbaum *(Magnolia poasana)*
canilla de mula *(Licania arborea)*
cantarillo *(Conostegia oerstediana)*
canuela batamba *(Swallecochloa ubtessellata)*
caoba, Mahagoni-Baum *(Swietenia macrophylla)*
caobilla *(Guarea rhopalocarpa)*
capulín blanco *(Trema micrantha)*
carao, Goldregenbaum *(Cassia grandis)*
cativo *(Prioria copaifera)*
cedro amargo, Bitterzeder *(Cedrela mexicana)*
cedro dulce, Süßzeder *(Cedrela tonduzii)*
cedro macho, Andiroba (Crabbaum) *(Carapa guianensis)*
ceiba, Kapokbaum *(Ceiba pentandra)*
cerillo, Schweinsgummibaum *(Symphonia globulifera)*
chaperno *(Lonchocarpus costaricensis)*
choreja, Wasserhyazinthe *(Eichhornia crassipes)*
chumico de palo *(Curatella americana)*
ciprés blanco, Weiße Zypresse *(Podocarpus oleifolius)*
ciprés lorito, Steineibe *(Podocarpus montanus)*
cipresillo, Eskallonie *(Escallonia poasana)*
cocobolo, Rosenholz *(Lecythis costaricensis)*
cocotero, Kokospalme *(Cocos nucifera)*
copey, Balsamfeige/Klusie *(Clusia major)*
cornizuelo, Akazie *(Acacia costaricensis)*
corteza amarillo, Goldbaum *(Tabebuia ochracea)*
crespón *(Urera caracasana)*
cristóbal, Trebol (macawood) *(Platymiscium pinnatum)*
cuajada, Mönchspfeffer *(Vitex cooperi)*
espavel, Kaschubaum *(Anacardium excelsum)*
fruta de pan, Brotfruchtbaum *(Artocarpus altilis)*
fruta dorada *(Virola sebifera)*
gallinazo *(Schizolobium parahybum)*
gaviján *(Pentaclethra macroloba)*
gomero, Gummibaum *(Ficus elastica)*
guabo, Regenbaum *(Pithecellobium macradenium)*
guácimo *(Guazuma tomentosa)*
guácimo colorado, Lühea (whiptree) *(Luehea seemannii)*
guanacaste, Guanacaste-Baum *(Enterolobium cyclocarpum)*
guapinol *(Hymenaea courbaril)*
guapinol negro *(Cynometra hemitomophylla)*
guaria morada, Cattleya-Orchidee *(Cattleya skinneri)*
guarumo, Cecropie *(Cecropia obtusifolia)*
guava maría, Inga *(Inga montaniana)*
guayabillo, Eugenie (Kirschmyrte) *(Eugenia cartagensis)*
guayabo de monte, Bergguavebaum *(Psidium guajava)*
guayabón *(Terminalia chiriquensis)*
guayacán real, Guajakbaum *(Guaiacum sanctum)*
güísero, Guavenbaum *(Psidium guineense)*
helecho lengua, Zungenfarn *(Elaphoglossum lingua)*
higuerón, Würgfeige *(Ficus sp.)*

higerón colorado, Feigenbaum *(Ficus costaricana)*
higerón de corona, Feigenart *(Ficus ovalis)*
hule, Kautschukbaum *(Hevea brasiliensis)*
indio desnudo, Weißgummibaum *(Bursera simaruba)*
ira (rosa), Wilder Avocado *(Nectandra sanquinea)*
jaul, Erle *(Alnus acuminata)*
javillo negro, Sandbüchsenbaum *(Hura crepitans)*
jícaro, Kalebassenbaum *(Crescentia alata)*
jícaro danto *(Permentiera valerji)*
jobo, Gelbe Balsampflaume *(Spondias mombin)*
laurel, Brustbeerbaum *(Cordia alliodora)*
lechozo, Milchbaum/Kuhbaum *(Brosimum utile)*
lengua de vaca *(Miconia sp)*
lirio de agua, Wasserhyazinthe *(Eichhornia crassipes)*
llana de bosque, Afrikanischer Tulpenbaum *(Spathodaea Campanulata)*
lorito *(Weinmannia pinnata)*
madroño *(Calycophyllum candidissimun)*
magnolia, Magnolienbaum *(Magnolia poasana)*
mangle botoncillo, Knopfmangrove *(Conoparpus erectus)*
mangle colorado, Rote Mangrove *(Rhizophora mangle)*
mangle mariquita, Weiße Mangrove *(Laguncularia racemosa)*
mangle piñuela, Mangrovenart *(Pelliciera rhizophorae)*
mangle salado, Schwarze Mangrove *(Avicennia germinans)*
mango, Mangobaum *(Mangifera indica)*
mano de tigre, Fensterblatt *(Monstera deliciosa)*
manú, Butternussbaum *(Caryocar costaricense)*
manzanillo, Manzanillobaum *(Hippomanea mancinella)*
maría, Gummiapfel/Kalababaum *(Calophyllum brasiliense)*
matapalo, Würgfeige *(Ficus sp.)*
mora, Brotnussbaum *(Brosimum alicastrum)*
nance *(Byrsonima crassifolia)*
nazareno *(Peltogyne purpurea)*

níspero, Breiapfelbaum *(Manilkara zapota)*
paira *(Melanthera nivea)*
palma yolillo, Bastpalme *(Raphia taedigera)*
palmera viscoyol, Viscoyol-Palme *(Bactris minor)*
palo de hierro *(Sacoglottis holdridgei)*
palo verde, Parkinsonie *(Parkinsonia aculeata)*
papaturro, Meertraube/Seetraube *(Coccoloba uvifera)*
papayillo *(Didymopanax pittieri)*
pasto jaragua, Jaragua-Gras *(Hyparrhenia rufa)*
peine de mico, Tibourbou (Affenkamm) *(Apeiba tiburbu)*
pilón *(Hieronyma alchornoides)*
pochote, Pochote-Baum *(Bombacopsis quinatum)*
poró, Korallenbaum *(Erythrina abyssinica)*
poroporo, Schneckensame *(Cochlospermum vitifolium)*
quira *(Caryodaphnopsis burgeri)*
quizarrá *(Phoebe valeriana)*
roble, Schwarzeiche *(Quercus costaricensis)*
roble de sabana, Savanneneiche *(Tabebuia rosea)*
roble encino, Steineiche *(Quercus oleoides)*
rojo, Rote Mangrove *(Rhizophora mangle)*
ron-ron, Sternenbaum *(Astronium graveolens)*
sangregao, Flügelfruchtbaum *(Pterocarpus officinalis)*
sombrilla de pobre, Gunnera *(Gunnera insignis)*
soncoya, Flaschenbaum *(Annona purpurea)*
surá *(Terminalia lucida)*
súrtuba, Erdpalme *(Geonoma binervia)*
tamarindo, Tamarinde *(Tamarindus indica)*
teka, Teakholzbaum *(Tectona grandis)*
tempisque *(Masticodendron capiri)*
tirrá, Mexikanische Ulme *(Ulmus mexicana)*
yos *(Sapium oligoneurum)*
zapote, Breiapfelbaum *(Manilkara zapota)*

Deutsch, Spanisch

Affenkamm, peine de mico
Afrikanischer Tulpenbaum, llana de bosque
Akazie, cornizuelo

Pflanzennamen

Andiroba, cedro macho
Balsabaum, balsa
Balsamfeige, azahar de monte, copey
Bastpalme, palma yolillo
Bergguavebaum, guayabo de monte
Bitterzeder, cedro amargo
Breiapfelbaum, níspero, zapote
Brotfruchtbaum, fruta de pan
Brotnussbaum, mora
Brustbeerbaum, laurel
Cattleya-Orchidee, guaria morada
Cecropie, guarumo
Crabbaum, cedro macho
Erdpalme, súrtuba
Erle, jaul
Eskallonie, cipresillo
Eugenie, guayabillo
Feigenbaum, higuerón colorado
Fensterblatt, mano de tigre
Flaschenbaum, soncoya
Flügelfruchtbaum, sangregao
Frangipani, arbol de flor blanca
Gelbe Balsampflaume, jobo
Genisarobaum, cenízaro
Goldbaum, corteza amarillo
Goldregenbaum, carao
Guajakbaum, guayacán real
Guanacaste-Baum, guanacaste
Guavenbaum, güísero
Gummiapfel, (cedro) maría
Gummibaum, gomero
Gunnera, sombrilla de pobre
Indischer Mandelbaum, almendro
Inga, guava maría
Jaragua-Gras, pasto jaragua
Kakaobaum, cacao
Kalababaum, (cedro) maría
Kalebassenbaum, jícaro
Kapokbaum, ceiba
Kaschubaum, espavel
Kautschukbaum, hule
Kirschmyrte, guayabillo
Klusie, azahar de monte, copey

Knopfmangrove, mangle botoncillo
Kokospalme, cocotero
Korallenbaum, poró
Kuhbaum, arbol vaco, lechozo
Lühea, guácimo colorado
Magnolienbaum, candelillo, magnolia
Mahagonibaum, caoba
Mangobaum, mango
Mangrove, mangle
Manzanillobaum, manzanillo
Meertraube, papaturro
Mexikanische Ulme, tirrá
Milchbaum, arbol vaco, lechozo
Mönchspfeffer, cuajada
Olivenbaum, aceituno
Pagodenbaum, arbol de flor blanca
Parkinsonie, palo verde
Pochote-Baum, pochote
Regenbaum, guabo
Rosenholz, cocobolo
Rote Mangrove, mangle colorado, rojo
Sandbüchsenbaum, javillo negro
Schneckensame, poroporo
Schwarze Mangrove, mangle salado
Schwarze Palme, palmera chonta
Schwarzeiche, roble
Schweinsgummibaum, cerillo
Steineibe, ciprés lorito
Steineiche, roble encino
Sternenbaum, ron-ron
Süßzeder, cedro dulce
Tamarinde, tamarindo
Teakholzbaum, teka
Tibourbou, peine de mico
Trebol, cristóbal
Viscoyol-Palme, palmera viscoyol
Wasserhyazinthe, lirio de agua, choreja
Weiße Mangrove, mangle mariquita
Weiße Zypresse, ciprés blanco
Weißgummibaum, indio desnudo
Wilder Avocado, aguacatillo, ira (rosa)
Würgfeige, higuerón, matapalo
Zungenfarn, helecho lengua

Tiernamen

Säugetiere

Spanisch, Deutsch (wissenschaftlicher Name)

ardilla, Zwerghörnchen *(Microcirus alfiri)*
ardilla roja, Rothörnchen *(Sciurus granatensis)*
armadillo, Gürteltier *(Dasypus novemcintus)*
ballena azul, Blauwal *(Balaenoptera musculus)*
ballena jorobada, Buckelwal *(Megaptera novaeangliae)*
breñero, Wieselkatze *(Herpailurus yagouaroundi)*
cabro de monte, Roter Spießhirsch *(Mazama americana)*
cacomistle, Katzenfrett *(Bassariscus sumichrasti)*
cariblanco, Weißbartpekari *(Tayassu pecari)*
caucel, Ozelotkatze *(Felis tigrina)*
chiza, Grauhörnchen *(Sciurini sp.)*
colmenero, Ameisenbär *(Tamandua mexicana)*
comadreja, Langschwanz-Wiesel *(Mustela frenata)*
conejo de monte, Waldkaninchen *(Silvilagus brasiliensis)*
coyote, Kojote *(Canis latrans)*
cusuco, Gürteltier *(Dasypus novemcintus)*
danta, Tapir *(Tapirus bairdii)*
delfín común, Delphin *(Delphinus delphis)*
delfín de nariz de botella, Großer Tümmler *(Tursiops truncatus)*
guatusa, Aguti *(Dasyprocta punctata)*
manatí, Seekuh *(Trichechus manatus)*
manigordo, Ozelot *(Felius pardalis)*
mapache, Waschbär *(Procyon lotor)*
mapache cangrejero, Krabbenwaschbär *(Procyon cancrivorus)*
mapachín, Waschbär *(Procyon lotor)*
margay, Baumozelot *(Leopardus wiedii)*
martilla, Wickelbär *(Potos flavus)*
mono carablanca, Kapuzineraffe *(Cebus capucinus)*
mono colorado, Klammeraffe *(Ateles geoffroyi)*
mono congo, Mantelbrüllaffe *(Alouatta palliata)*
mono tití, Totenkopfäffchen *(Saimiri oerstedii)*
murciélago pescador, Hasenmaul-Fledermaus *(Noctilio leporinus)*
nutria, Fischotter *(Lutra longicaudus)*
olingo, Makibär *(Bassaricyon gabbii)*
oso caballo, Großer Ameisenbär *(Myrmecophaga tridactyla)*
oso hormiguero, Ameisenbär *(Tamandua mexicana)*
perezoso de tres dedos, Dreifingerfaultier *(Bradypus variegatus)*
pizote, Nasenbär *(Nasua narica)*
puercoespín, Baumstachler *(Coendou mexicanus)*
puercoespín, Greifstachler *(Coendou prehensilis)*
puma, Puma/Berglöwe *(Felis concolor)*
rata algodonera, Baumwollratte *(Sigmodon hispidus)*
ratón semiespinoso, Stacheltaschenmaus *(Liomys salvini)*
saíno, Halsbandpekari *(Tayassu tajacu)*
serafín de platanar, Zwergameisenbär *(Cyclopes didactylus)*
tepezcuinte, Paka *(Agouti paca)*
tigre, Jaguar *(Panthera onca)*
tigrillo, Tigerkatze *(Felis tigrina)*
tolomuco, Tayra *(Eira barbara)*
vaca marina, Seekuh *(Trichechus manatus)*
venado, Weißwedelhirsch *(Odocoileus virginianus)*
zorra gris, Graufuchs *(Urocyon cinereoargenteus)*
zorro cuatro ojos, Vieraugenbeutelratte *(Philander opossum)*
zorro de balsa, Wollbeutelratte *(Caluromys derbianus)*
zorro hediondo, Stinktier *(Conepatus semistriatus)*
zorro pelón, Opossum *(Didelphis marsupialis)*

Deutsch, Spanisch

Aguti, guatusa
Ameisenbär, colmenero
Ameisenbär, oso hormiguero
Baumozelot, margay
Baumstachler, puercoespín

Baumwollratte, rata algodonera
Buckelwal, ballena jorobada
Delphin, delfín común
Dreifingerfaultier, perezoso de tres dedos
Fischotter, nutria
Graufuchs, zorra gris
Grauhörnchen, chiza
Greifstachler, puercoespín
Großer Ameisenbär, oso caballo
Großer Tümmler, delfín de nariz de botella
Gürteltier, armadillo, cusco
Halsbandpekari, saíno
Hasenmaul-Fledermaus, murciélago pescador
Jaguar, tigre
Kapuzineraffe, mono carablanca
Katzenfrett, cacomistle
Klammeraffe, mono colorado
Kojote, coyote
Krabbenwaschbär, mapache cangrejero
Langschwanz-Wiesel, comadreja
Makibär, olingo
Mantelbrüllaffe, mono congo
Nasenbär, pizote
Ozelot, manigordo
Ozelotkatze, caucel
Paka, tepezcuinte
Puma/Berglöwe, puma
Roter Spießhirsch, cabro de monte
Rothörnchen, ardilla roja
Seekuh, manatí
Seekuh, vaca marina
Stacheltaschenmaus, ratón semiespinoso
Stinktier, zorro hediondo
Tapir, danta
Tayra, tolomuco
Tigerkatze, tigrillo
Totenkopfäffchen, mono tití
Vieraugenbeutelratte, zorro cuatro ojos
Waldkaninchen, conejo de monte
Waschbär, mapache
Waschbär, mapachín
Weißbartpekari, cariblanco
Weißwedelhirsch, venado

Wieselkatze, breñero
Wollbeutelratte, zorro de balsa
Zwergameisenbär, serafín de platanar
Zwerghörnchen, ardilla

Vögel

Spanisch, Deutsch
(Wissenschaftlicher Name)
águila arpia, Harpyie, Haubenadler
(Harpia harpyia)
águila crestada, Würgadler
(Morphnus guianensis)
águila pescadora, Fischadler *(Pandion haliaetus)*
bobo chizo, Cayennekuckuck *(Piaya cayana)*
buchón, Brauner Pelikan *(Pelecanus occidentalis)*
búho de anteojos, Brillenkauz
(Pulsatrix perspicillata)
calandria, Hämmerling *(Procnias tricarunculata)*
capulinero colilargo, Langschwanzseidenschnäpper *(Ptilo gonys candatus)*
carancho, Karakara *(Polyborus plancus)*
cargahuesos, Karakara *(Polyborus plancus)*
carpintero careto, Eichelspecht
(Melanerpes formicivorus)
chachalaca, Braunflügelguan *(Ortalis vetula)*
chocuaco, Kahnschnabel *(Cochlearius cochlearius)*
cigüeñón, Amerika-Nimmersatt
(Mycteria americana)
codorníz, Baumwachtel *(Colinus leucopogon)*
codorníz corcovado, Zahnhuhn
(Odontophorus gujanensis)
colibrí colidorado, Goldschwanzsaphir
(Hylocharis eliciae)
colibrí pechiazul, Blaubrustamazilie
(Amazilla amabilis)
cormorán neotropical, Biguascharbe
(Phalacrocorax olivaceus)
curré negro, Regenbogentukan
(Ramphastos sulfuratus)
curré verde, Laucharassari
(Aulacorhynchus prasinus)

escarchero, Rußdrossel *(Turdus nigrescens)*
espátula rosada, Rosa Löffler *(Ajaia ajaja)*
falaropa picofino, Odinshühnchen
  (Phalaropus lobatus)
galán sin ventura, Jabiru (Großstorch)
  (Jabiru mycteria)
gallina de agua, Zwergsultanshühnchen
  (Porphyrula martinica)
gallina de monte, Weißkehlwachtel
  (Odantophorus leucolaemus)
gallito de agua, Gelbstirnjassana *(Jacana spinosa)*
garceta tricolor, Dreifarbenreiher
  (Hydranassa tricolor)
garcilla bueyera, Kuhreiher *(Bubulcus ibis)*
garcilla verde, Grünreiher *(Butorides virescens)*
garcilla verde, Mangrovenreiher
  (Butroides striatus)
garza nocturna, Cayenne-Nachtreiher
  (Nyctanassa violacea)
garza real, Silberreiher *(Casmerodius albus)*
garza rosada, Rosa Löffler *(Ajaia ajaja)*
garzón, Amerika-Nimmersatt
  (Mycteria americana)
garzón azul, Graureiher *(Ardea herodias)*
gavilán blanco, Weißbussard
  (Leucopternis albicollis)
gavilán cabecigris, Cayenne-Milan
  (Leptodon cayanensis)
gavilán cangrejero, Krabbenbussard
  (Buteogallus anthracinus)
gavilán pescador, Schwarzhalsbussard
  (Busarellus nigricollis)
gaviota reidora, Aztekenmöve *(Larus atricilla)*
golondrina de mar, Königseeschwalbe
  (Thalasseus maximus)
golondrina de ribereña, Uferschwalbe
  (Riparia riparia)
gran curré negro, Braunrückentukan
  (Ramphastos swainsonii)
guaco, Lachhabicht *(Herpetotheres cachinans)*
halcón peregrino, Wanderfalke *(Falco peregrinus)*
ibis blanco, Weißer Sichler *(Eudocimus albus)*
ibis morito, Brauner Sichler *(Plegadis falcinellus)*

ibis verde, Cayenne-Ibis
  (Mesembrinibis cayennensis)
jilguero, Schwarzgesichtsclarino
  (Myadestes melanops)
lapa roja, Hellroter Ara *(Ara macao)*
lapa verde, Grüner Ara *(Ara ambigua)*
lechucita porda, Ridgwaykauz *(Aegolius ridgwayi)*
lechuza ratonera, Schleiereule *(Tyto alba)*
lora frenitblanca, Weißstirnamazone
  (Amazona albifrons)
loro cabeciazul, Schwarzohrpapagei
  (Pionus menstruus)
loro frentirojo, Rotstirnamazone
  (Amazona autumnalis)
martín peña, Salomonreiher *(Tigrisoma fasciatum)*
martín pescador, Grünbrauner Eisvogel
  (Chloroceryle)
martín pescador collarejo, Rotbrustfischer
  (Ceryle torquata)
martinete coroninegro, Nachtreiher
  (Nycticorax nycticorax)
ostrero americano, Austernfischer
  (Haematopus palliatus)
pajaro bobo, Blauscheitelmotmot
  (Eumomota superciliosa)
pájaro campana, Hämmerling
  (Procnias tricarunculata)
pájaro sombrilla, Schirmvogel
  (Cephalopterus ornatus)
paloma coliblanca, Weißschwanztaube
  (Hirundo megaensis)
paloma morada, Schuppenbrusttaube
  (Columba speciosa)
pato aguja, Schlangenhalsvogel
  (Anhinga anhinga)
pava granadera, Rotbauch-Schakuhuhn
  (Penelope purpurascens)
pava negra, Schwarzbauchguan
  (Chamaepetes unicolor)
pavón grande, Tuberkelhokko (Baumhuhn)
  (Crax rubra)
pecho amarillo, Gelbbauch-Höhlentyrann
  (Myiodynastes luteientris)

pelícano pardo, Brauner Pelikan
 (Pelecanus occidentalis)
perico frentianaranjada, Elfenbeinsittich
 (Aratinga canicularis)
piche, Pfeifgans *(Dendrocygna autumnalis)*
piquero moreno, Brauntölpel *(Sula leucogaster)*
pitorreal, Langschwanzseidenschnäpper
 (Ptilogonys caudatus)
quetzal, Quetzal *(Pharomachrus pentadactylus)*
rey de zopilote, Königsgeier *(Sarcoramphus papa)*
ribereña, Uferschwalbe *(Riparia riparia)*
saltarín colilargo, Langschwanzpipra
 (Chiroxiphia linearis)
saltarín toledo, Langschwanzpipra
 (Chiroxiphia linearis)
sargento, Scharlachbürzeltangare *(Pipra mentalis)*
sotorrey matraquero, Rotnackenzaunkönig
 (Campylorhyuchus rufinucha)
tangara escarlata, Scharlachtangare
 (Piranga olivacea)
tijereta de mar, Prachtfregattvogel
 (Fregata magnificens)
tinamú grande, Großtao (Steißhuhn)
 (Tinamus major)
tortolita azulada, Schmucktäubchen
 (Claravis pretiosa)
trepador rojizo, Kappenbaumsteiger
 (Dendrocincla homochroa)
trogón coliplomizo, Massena-Trogon
 (Trogon massena)
trogón collarejo, Halsbandtrogon *(Trogon collaris)*
trogón violaceo, Veilchentrogon
 (Trogon violaceus)
tucán de swainson, Braunrückentukan
 (Ramphastos swainsonii)
tucán pico iris, Regenbogentukan
 (Ramphastos sulfuratus)
tucancillo, Laucharassari
 (Aulacorhynchus prasinus)
tucancillo collarejo, Halsbandarassari
 (Pteroglossus torquatus)
urraca copetona, Elsterhäher *(Calocitta formosa)*
verdirrojizo, Grünbrauner Eisvogel *(Chloroceryle)*

viuda azul, Blaugrau-Tangare *(Thraupis episcopus)*
viuda roja, Kupferschwanztrogon *(Trogon elegans)*
yiguirro, Schlichtdrossel *(Turdus plebejus)*
zambullidor piquipinto, Bindentaucher
 (Podilymbus podiceps)
zapoyol, Keilschwanzsittich *(Aratinga canicularis)*
zopilote cabecirrojo, Truthahngeier
 (Cathartes aura)
zopilote negro, Rabengeier *(Coragys atratus)*

Deutsch, Spanisch
Amerika-Nimmersatt, cigüeñón, garzón
Austernfischer, ostrero americano
Aztekenmöve, gaviota reidora
Baumwachtel, codorníz
Biguascharbe, cormorán neotropical
Bindentaucher, zambullidor piquipinto
Blaubrustamazilie, colibri pechiazul
Blaugrau-Tangare, viuda azul
Blauscheitelmotmot, momoto cejiceleste,
 pajaro bobo
Brauner Pelikan, buchón, pelícano pardo
Brauner Sichler, ibis morito
Braunflügelguan, chachalaca
Braunschnabeltukan, gran curré negro,
 tucán de swainson
Brauntölpel, piquero moreno
Brillenkauz, búho de anteojos
Cayenne-Ibis, ibis verde
Cayenne-Milan, gavilán cabecigris
Cayenne-Nachtreiher, garza nocturna
Cayennekuckuck, bobo chizo
Dreifarbenreiher, garceta tricolor
Eichelspecht, carpintero careto
Elfenbeinsittich, perico frentianaranjada
Elsterhäher, urraca copetona
Fischadler, águila pescadora
Gelbbauch-Höhlentyrann, pecho amarillo
Gelbkopfamazone, lora de copete amarillo
Gelbstirnjassana, gallito de agua
Goldschwanzsaphir, colibrí colidorado
Graureiher, garzón azul
Großtao, tinamú grande

Grünbrauner Eisvogel, martín pescador, verdirrojizo
Grüner Ara, lapa verde
Grüner Eisvogel, martín pescador verde
Grünreiher, garcilla verde
Halsbandarassari, tucancillo collarejo
Halsbandtrogon, trogón collarejo
Hämmerling, calandria, pájaro campana
Harpyie, águila arpia
Haubenadler, águila arpia
Hellroter Ara, lapa roja
Jabiru, galán sin ventura
Kahnschnabel, chocuaco
Kappenbaumsteiger, trepador rojizo
Karakara, carancho, cargahuesos
Keilschwanzsittich, zapoyol
Königsgeier, rey de zopilote
Krabbenbussard, gavilán cangrejero
Kuhreiher, garcilla bueyera
Kupferschwanztrogon, viuda roja
Lachhabicht, guaco
Langschwanzpipra, saltarín colilargo, saltarín toledo
Laucharassari, curré verde, tucancillo
Mangrovenreiher, garcilla verde
Massena-Trogon, trogón coliplomizo
Montezuma-Stirnvogel, oropéndola de montezuma
Nachtreiher, martinete coroninegro
Nicaragua-Bootsschwanz, clarinero nicaraguense
Odinshühnchen, falaropa picofino
Pfeifgans, piche
Prachtfregattvogel, tijereta de mar
Quetzal, quetzal
Rabengeier, zopilote negro
Regenbogentukan, curré negro, tucán pico iris
Ridgwaykauz, lechucita porda
Rosa Löffler, espátula rosada, garza rosada
Rotbauch-Schakuhuhn, pava granadera
Rotbrusttaucher, martín pescador collarejo
Rotnackenzaunkönig, sotorrey matraquero
Rotschopfspecht, carpintero cando
Rotstirnamazone, loro frentirojo
Rußdrossel, escarchero
Salomonreiher, martín peña
Scharlachbürzeltangare, sargento
Scharlachtangare, tangara escarlata
Schirmvogel, pájaro sombrilla
Schlangenhalsvogel, pato aguja
Schleiereule, lechuza ratonera
Schlichtdrossel, yiguirro
Schmucktäubchen, tortolita azulada
Schuppenbrusttaube, paloma morada
Schwarzbauchguan, pava negra
Schwarzgesichtsclarino, jilguero
Schwarzhalsbussard, gavilán pescador
Schwarzohrpapagei, loro cabeciazul
Schwarzweiß-Haubenadler, águila blanco y negro
Silberreiher, garza real
Waldsänger, reinita garganta de fuego
Streifenkehl-Helmspecht, carpintero lineado
Truthahngeier, zopilote cabecirrojo
Tuberkelhokko, pavón grande
Uferschwalbe, golondrina de ribereña
Veilchentrogon, trogón violaceo
Wanderfalke, halcón peregrino
Weißbussard, gavilán blanco
Weißer Sichler, ibis blanco
Weißkehlwachtel, gallina de monte
Weißschwanztaube, paloma coliblanca
Weißstirnamazone, lora frenitblanca
Würgadler, águila crestada
Zahnhuhn, codorníz corcovado
Zwergsultanshühnchen, gallina de agua

Reptilien und Amphibien

Spanisch, Deutsch
(wissenschaftlicher Name)
boa, Abgottschlange, Boa *(Boa constrictor)*
caimán, Krokodilkaiman *(Caiman crocodilus)*
cascabel, Klapperschlange *(Crotalus durissus)*
cherepo, Helmbasilisk *(Basiliscus basiliscus)*

cocodrilo, Spitzkrokodil *(Crocodylus acutus)*
corál, Korallenotter *(Micrurus spec.)*
garrobo, Schwarzleguan *(Ctenosaura similis)*
iguana verde, Grüner Leguan *(Iguana iguana)*
matabuey, Buschmeister *(Lachesis mutus)*
rana coronado, Grüner Baumfrosch *(Anotheca spinosa)*
rana ternero, Ochsenfrosch *(Leptodactylus pentadactylus)*
rana transparente, Glasfrosch *(Centrolenella valerioi)*
rana venenosa, Giftlaubfrosch *(Prynohyas venulosa)*
rana roja venenosa, Pfeilgiftfrosch *(Dendrobates pumilio)*
salamandra, Tropensalamander *(Oedipina sp.)*
sapo dorado, Goldkröte *(Bufo periglenes)*
sapo marino, Aga-Kröte *(Bufo marinus)*
terciopelo, Lanzenotter *(Bothrops asper/atrox)*
tortuga baula, Lederschildkröte *(Dermochelys coriacea,*
tortuga carey, Karettschildkröte *(Eretmochelys imbricata)*
tortuga jicotea negra, Unechte Karettschildkröte *(Caretta caretta)*
tortuga lora, Bastardschildkröte *(Lepidochelys olivacea,*
tortuga verde, Grüne Meeresschildkröte *(Chelonia mydas agassizi)*

Deutsch, Spanisch
Abgottschlange, boa
Agakröte, sapo marino
Bastardschildkröte, tortuga lora
Bergsalamander, salamandra montañera
Boa, boa
Buschmeister, matabuey
Giftlaubfrosch, rana venenosa
Glasfrosch, rana transparente
Goldkröte, sapo dorado
Grüne Meeresschildkröte, tortuga verde
Grüner Baumfrosch, rana coronada
Grüner Leguan, iguana verde
Helmbasilisk, cherepo
Karettschildkröte, tortuga carey
Klapperschlange, cascabel
Korallenotter, corál
Krokodilkaiman, caimán
Lanzenotter, terciopelo
Lederschildkröte, tortuga baula
Ochsenfrosch, rana ternero
Pfeilgiftfrosch, rana roja venenosa
Schwarzleguan, garrobo
Spitzkrokodil, cocodrilo
Tropensalamander, salamandra
Unechte Karettschildkröte, tortuga jicotea negra

Nicht nur Tortillas & Enchiladas ...

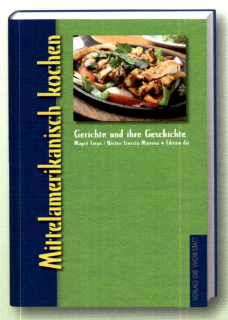

184 S., Hardcover, Fotoseiten
ISBN 978-3-89533-874-8, € 16,90

Dieses Kochbuch nimmt den Leser mit auf eine kulinarische Reise durch Mittelamerika. Unter den über 140 Rezepten findet man nicht nur Tortillas und Enchiladas in verschiedenen Variationen. Auch eine mit Kokosmilch verfeinerte Variante des nordamerikanischen Desserts *Johnny Cake* oder das traditionelle Maya-Rezept für *Cack-ik,* eine kräftige Hühnersuppe aus Guatemala, gibt es hier. Abgerundet wird das Buch durch Informationen zur kulinarischen Geschichte der verschiedenen Länder, ihrer Esskultur und ihren landesspezifischen Besonderheiten.

www.werkstatt-verlag.de

Ihr Erlebnisreisen Spezialist seit über 35 Jahren

- Planen Sie Ihre Costa Rica & Panama Erlebnisreisen mit uns
- Individuell, flexibel & preiswert
- Private Erlebnisreisen mit Ihrem persönlichen Guide oder in einer Kleingruppe à la carte zusammengestellt
- Mietwagen Erlebnisreisen - auch mit Hotelpass
- Wander-, Trekking-, Rad- & Raftingtouren
- flexible Kombinationen mit Nicaragua, Managua und Guatemala
- Professionelle Beratung vor Abreise & Betreuung

Thürmer Reisen KG - Ekkehartstr. 15 - D-85630 Grasbrunn
info@thuermer-tours.de - www.thuermer-tours.de
Tel.: +49 (0)89 43748290 - Fax: +49 (0)89 437482929

Erleben Sie Costa Rica

16 Tage Highlight Reise: schon ab 2.490 Euro inkl. Flug, Hotels, Transfer, deutschspr. Guide, u.v.m.

»Tropisches Paradies« – in der Gruppe oder individuell

Kleingruppenreisen:

- **Costa Rica real** – 23 Tage ab 2.590 € inkl. Flug
- **Costa Rica & Nicaragua** – 22 Tage ab 2.980 € inkl. Flug
- **Costa Rica cycling** – Tage ab 2.037 €
    - Wir gestalten Ihre **persönliche Individualreise**

Bestellen Sie kostenlos unseren 196 seitigen Katalog!

Mehrfacher Gewinner der Goldenen Palme von Geo Saison

Offiziell ausgezeichnet als nachhaltiger Reiseveranstalter

Ihr Reisespezialist für Cuba und Lateinamerika

Tel. 0761–21 16 99-
info@aventoura.de
www.aventoura.de

Reisen, die bewegen

Natur & Kultur
aktiv erleben

Ihr Spezialist für
Costa Rica

- Kleingruppenreisen bis 15 Teilnehmer
- Maßgeschneiderte Reisen ab 1 Person
- Persönliche und umfassende Beratung
- Nachhaltiges Reisen

www.papayatours.de   +49 (0) 221 35 55 770

Kleingruppenreisen & individuelle Touren in über 120 Länder weltweit

Natur- und Kulturreisen · Trekking · Safaris · Fotoreisen
Familienreisen · Expeditionen · Kreuzfahrten

Reisen Sie mit uns auch nach Costa Rica!

Katalogbestellung und Beratung
DIAMIR Erlebnisreisen GmbH
Berthold-Haupt-Str. 2 · 01257 Dresden
Fax: 0351 31 20 76 · info@diamir.de

☏ **0351 31 20 77**
www.diamir.de

WENDY - PAMPA - TOURS®

**Spezialist für individuelle Reisen
in Mittel- und Südamerika**

seit 1993

Wir organisieren Ihre Reise
ganz nach Ihrem Geschmack.
Selbsterkundete Vorschläge für
Reiseetappen finden Sie in unserem
Reise-Baustein-Katalog.

< Sie wissen nicht wohin?
< Wir schicken auch Sie gerne in die Pampa!

www.Wendy-Pampa-Tours.de

Oberer Haldenweg 4 - 88696 Billafingen/ Bodensee
Telefon: 07557-9293 74 + 75, Fax: 929376

Traveldesign
Lateinamerika & Afrika individuell
Costa Rica

TRAVELDESIGN
Lambergstr. 35
83278 Traunstein
Tel. 0861.165 906
info@traveldesign.de

Costa Rica individuell

Wir sind Deutschlands führende Spezialagentur
für Individualreisende nach Costa Rica

Lassen Sie sich beraten vom Costa Rica-Kenner
und Autor dieses Reiseführers Detlev Kirst

Zuverlässige Mietwagen oder Transfers mit Interbus,
kleine, persönlich geführte Hotels und Lodges

w w w . t r a v e l d e s i g n . d e

Los Campesinos bridge
Foto: KE Adventure Travel

Go Active in Costa Rica

Hauser Exkursionen

... und andere bewegende Reisen für Wanderer

Mehr als 700 Routen in über 90 Ländern – von der erholsamen Wanderreise bis zur sportlichen Gipfeltour

Unsere Reisen finden Sie im Web unter www.hauser-exkursionen.de oder fordern Sie unsere Kataloge an unter Telefon: 089 / 23 50 06 - 0 Hauser Exkursionen international GmbH, Spiegelstraße 9, 81241 München

hauser-exkursionen.de

HILFE!

Dieser Reiseführer ist gespickt mit unzähligen Adressen, Preisen, Tipps und Infos. Nur vor Ort kann überprüft werden, was noch stimmt, was sich verändert hat, ob Preise gestiegen oder gefallen sind, ob ein Hotel, ein Restaurant immer noch empfehlenswert ist oder nicht mehr, ob ein Ziel noch erreichbar ist oder nicht, ob es eine lohnende Alternative gibt usw.

Unsere Autoren sind zwar stetig unterwegs und versuchen, alle zwei Jahre eine komplette Aktualisierung zu erstellen, aber auf die Mithilfe von Reisenden können sie nicht verzichten.

Darum: Schreiben Sie uns, was sich geändert hat, was besser sein könnte, was gestrichen bzw. ergänzt werden soll. Nur so bleibt dieses Buch immer aktuell und zuverlässig. Wenn sich die Infos direkt auf das Buch beziehen, würde die Seitenangabe uns die Arbeit sehr erleichtern. Gut verwertbare Informationen belohnt der Verlag mit einem Sprachführer Ihrer Wahl aus der über 220 Bände umfassenden Reihe „Kauderwelsch". Bitte schreiben Sie an:

REISE KNOW-HOW Verlag
Peter Rump GmbH | Postfach 140666 | 33626 Bielefeld
oder per E-Mail an: info@reise-know-how.de

Danke!

Weiterer Titel für die Region von REISE KNOW-HOW

NEU: Jetzt mit **QR-Codes!** Benutzer eines Smartphones können sich ausgewählte Wörter, Sätze und Redewendungen aus dem Buch anhören.

Kauderwelsch Sprachführer
Spanisch für Costa Rica – Wort für Wort
Regine Rauin
978-3-8317-6430-3

160 Seiten | 9,90 Euro [D]

Im Kauderwelsch Sprachführer sind Grammatik und Aussprache einfach und schnell erklärt. Wort-für-Wort-Übersetzungen machen die Sprachstruktur verständlich und helfen, das Sprachsystem kennen zu lernen. Die Kapitel sind nach Themen geordnet, um sich in verschiedenen Situationen zurechtfinden und verständigen zu können – vom ersten Gespräch bis zum Arztbesuch. In einer Wörterliste sind die wichtigsten Vokabeln alphabetisch einsortiert und ermöglichen so ein rasches Nachschlagen. Einige landeskundliche Hinweise runden diesen handlichen Sprachführer ab.

Register

A
Abangaritos 270
Abgottschlange 580
Adapter 506
Affen 556
Aga-Kröte 585
Agua Buena 467

Aguas Claras 299
Aguas Zarcas 231
Agujitas 471
Alajuela 113
Albergue 536
Alberto Manuel Brenes (Reservat) 133
Almirante 215
Amerika-Nimmersatt 576
Amerikanischer Austernfischer 578
Amerikanischer Graureiher 575
Amerikanischer Schlangenhalsvogel 577
Amphibian Research Center 175
Ananas 598
Ankunft 502
Anreise 35
Anwälte 523

Entfernungstabelle (in Km)

San José
52 **Empalme**
134 82 **San Isidro del General**
 17 69 153 **Alajuela**
 41 93 177 24 **Atenas**
 73 125 209 56 60 **Ciudad Quesada**
 81 133 217 64 68   8 **Florencia**
 23 29 111 40 54 96 108 **Cartago**
 68 79 156 85 99 141 153 45 **Turrialba**
 12 64 146 12 36 68 76 35 80 **Heredia**
 67 119 201 79 103 57 65 119 164 67 **Puerto Viejo**
131 180 264 148 172 181 189 151 106 131 124 **Limón**
 47 96 180 64 88 97 105 70 70 47 57 84 **Guápiles**
115 167 212 98 79 108 116 138 183 103 170 246 162 **Puntarenas**
 99 151 195 82 58 95 103 113 158 94 161 225 141 21 **Caldera**
117 169 140 100 76 144 152 131 176 112 179 243 159 75 54 **Jacó**
192 244 71 175 151 119 227 182 227 187 254 333 239 150 129 75 **Quepos**
162 110 28 179 199 235 243 139 187 174 241 290 219 187 172 118 43 **D**
201 149 67 218 242 274 282 178 223 213 280 329 348 288 267 213 138   9
309 262 180 331 351 387 395 291 336 326 393 442 371 339 324 270 195 15
320 268 186 337 358 393 401 291 342 332 399 448 379 355 347 284 209 16
332 285 203 354 374 410 418 314 359 349 416 465 394 362 347 293 218 17
271 219 137 288 312 344 352 248 293 283 333 399 418 338 317 263 190 16
217 269 351 200 176 185 187 240 285 205 272 348 264 132 127 191 263 30
149 201 283 132 108 131 159 172 217 137 204 280 196 65 59 123 198 24
202 254 336 185 164 210 202 225 273 197 264 333 249 118 113 161 242 29
253 305 387 236 212 221 213 276 314 238 305 384 300 169 164 218 293 33
274 326 408 257 233 272 264 297 335 269 336 405 321 190 185 239 314 35
191 243 325 174 150 115 107 214 252 186 253 322 236 107 102 156 231 27
304 346 428 277 253 223 215 317 355 289 383 425 341 210 205 259 334 37

Apartotel 536
Apotheken 515
Arado de Santa Cruz 356
Arakanga 572
Aras 120
Arbeitsmarkt 632
Area de Conservación Guanacaste 309
Arenal (Region) 242
Arenal (Vulkan) 24, 243, 255, 256
Arenal 1968 (Reservat) 252
Arenal Ecozoo 257
Arenal-Stausee 256
Arias Sánchez, Oscar 625
Ärzte 515
Asserí 92
Atenas 133
Auskunftsstellen 502
Auslandskrankenversicherung 43
Ausrüstung 44
Außenhandel 632
Außenpolitik 627
Autofahren 542
Autoverleih 541
Autovermietung 81
Avocado 598
Aztekenmöwe 578

B

Bäckereien 504
Baden 523
Bagaces 296
Bahía Ballena 381
Bahía Culebra 331
Bahía Dante 318
Bahía de Pavón 492
Bahía Drake 470
Bahía El Hachal 318
Bahía Garza 361
Bahía Gigante 378
Bahía Junquillal 322
Bahía Junquillal (Naturschutzgebiet) 320
Bahía Montereyna 361
Bahía Playa Blanca 318
Bahía Rincón 475
Bahía Salinas 322
Bahía Santa Elena 318
Bahn 540
Bajos del Toro 231
Ballena (Meeres-NP) 438
Balsabaum 587
Banane 165
Bananen 192, 445, 484, 598, 621, 631, 633
Bananito Sur 193
Banco 493
Banken 511
Barbilla (NP) 177
Barco Quebrado 361
Barra del Colorado (Tierschutzgebiet) 190
Barra Honda (NP) 375

inical									
uenos Aires									
46	**Golfito**								
23	54	**Paso Canoas/südl. Grenze**							
69	127	159	**Puerto Jimenez**						
74	69	49	152	**San Vito**					
33	461	471	454	486	**Liberia**				
55	393	403	416	398	68	**Anlegestelle Ferry Tempisque**			
12	442	452	465	467	83	53	**Nicoya**		
53	483	493	506	500	36	104	75	**Playa del Coco**	
78	524	534	527	549	69	125	72	61	**Tamarindo**
91	421	431	444	446	70	42	95	106	139 **Tilarán**
94	524	534	547	549	77	171	160	113	146	173 **Penas Blancas/nördl. Grenze**

Barva (Vulkan) 110, 168
Barva de Heredia 109
Bastard-Meeresschildkröte 317, 358, 582
Baum der Reisenden 595
Baumozelot 558
Baumstachler 561
Baumtermiten 586
Baumtomate 598
Bechsteinara 572
Bed and Breakfast (B&B) 536
Belén 340
Berglöwe 558
Bergwandern 526
Bevölkerung 634
Bier 509
Biguascharbe 577
Bijagua 297
Bildung 635
Biologische Station La Selva 225
Biologisches Reservat 601
Birrí 110
Blanco, Otilio Ulate 623
Blauscheitelmotmot 574
Blautangare 568
Boa constrictor 580
Boca Tapada 231
Boca Vieja 415
Bocas del Toro 214
Boruca-Indianerreservat 460
Bosque de Fraijanes 121
Bosque Eterno de los Niños 288
Botanical Orchid Garden 121
Botanischer Garten Else Kientzler 129
Botanischer Garten Lankester 143
Botanischer Garten Wilson 466
Botschaften 40, 503
Bougainvillea 594
Brasilien-Waldkaninchen 561
Braulio Carrillo (NP) 111, 168, 223
Brauner Pelikan 577
Brauner Sichler 576
Braunmantel-Austernfischer 578
Braunrückentukan 572
Brauntölpel 577
Breiapfelbaum 590
Bribrí 213
Brillenkaiman 579
Brillenkauz 568
Bromelien 590
Brotfruchtbaum 597
Brunca-Indianer 612
Bruttoinlandsprodukt 632
Bücher 45
Buckelwal 565
Buenos Aires 459
Buschmeister 580
Busse 32, 85, 538
Butterfly Botanical Gardens 425
Butterfly Conservatory (Arenal) 257

C

Cabinas 536
Cabo Blanco (Reservat) 386
Cabuya 386
Cacao (Vulkan) 319
Cacao Trails 202
Cachí-Stausee 144, 150
Cahuita 194
Cahuita (NP) 200
Caldera 133
Camping 34, 503
Cañas 293
Cañas Dulces 314
Caño Bravo 190
Caño Negro 239
Caño Negro (Naturschutzgebiet) 238
Canopy 287, 527
Carara (NP) 403
Carate 479
Cariari 173
Cariblanco 223
Carman 372
Carmona 377
Carrillo 371
Carrillo Colina, Braulio 617
Carrillos de Poás 126

Cartago 136
Cascada La Fortuna 249
Cascada La Paz 222
Cascada Verde 435
Casino 534
Castillo 254
Catarata Bijagual 406
Catarata de Palmira 130
Catarata del Angel 223
Catarata del Toro 230
Catarata La Cangreja 313
Catarata Llanos de Cortes 303
Cataratas de los Chorros 126
Cataratas Escondidas 313
Cataratas Nauyaca 433
Cataratas Viento Fresco 262
Cayenne-Milan 566
Cayenne-Nachtreiher 575
Cayenne-Weihe 566
Cayennekuckuck 574
Cecropia 587
Celeste 240
Cerro Alto Grande 143
Cerro Cacho Negro 168
Cerro Chirripó 456
Cerro de la Muerte 448
Cerro División 449
Cerro Hondura 169
Cerro La Cangreja 136
Cerro Tortuguero 136
Cerro Ventisqueros 458
Chacarita 474
Charterflüge 544
Check-in 37
Chilamate 228
Chinchilla Miranda, Laura 627
Chinin 222
Chirripó (NP) 456
Chorotega-Indianer 329, 354, 609
Ciudad Neily 495
Ciudad Quesada 232
Cloudbridge (Reservat) 455
Cóbano 374, 382

Coliblanco 159
Colón 511
Colones 42
Colonia Puntarenas 241
Colonia Virgen del Socorro 223
Comunidad 330
Conte 491
Corcovado (NP) 480
Cordillera Central 157, 168, 549
Cordillera de Guanacaste 548
Cordillera de Talamanca
   177, 213, 448, 549
Cordillera de Tilarán 267, 549
Correa 234
Cortés 439
Costa Ballena 433
Costa de Pájaros 377
Costa Flores (Heliconienfarm) 174
Costumbrismo 641
Cuajiniquil 318, 321
Curi Cancha (Reservat) 292
Curú (Tierschutzgebiet) 380

D

Damas Island 426
Daytona 213
Delfine 426, 565
Dengue-Fieber 43
Diplomatische Vertretungen 40, 503
Diriá (NP) 355
Diskotheken 535
Dohlengrackel 568
Don Juan Coffee Tour 292
Dos Brazos 476
Dreifingerfaultier 562
Drogen 504
Durika Biological Reserve 459

E

Echsen 582
Ecocentro Danaus 250
Eichelspecht 571
Einkaufen 504

Einreisebestimmungen 40
Eisenbahn 540
El Jobo 322
El Silencio (Reservat) 252
Elektrizität 506
Elsteradler 566
Elsterhäher 569
Encomienda 615
Englisch 528
Entfernungstabelle 670
Escazú 100
Esparza 267
Essen 506
Estrada 372
Euro 41, 514
Export 633

F

Fahrrad 32, 538
Fauna 556
Feiertage 510
Fensterblatt 590
Fernández, Juan Mora 616
Feste 510, 512
Figueres Ferrer, José Maria 623
Filadelfia 340
Finca Soñador 459
Fischadler 567
Fischbussard 567
Fledermäuse 290, 561
Flora 586
Florencia 236
Fluggesellschaften 544
Flughafen Juan Santamaría 502
Flugzeug 35, 90, 543
Fortuna 132, 243
Fortuna de Miravalles 296
Fotobedarf 44, 510
Frachtschiff 38
Frauen (allein unterwegs) 30
Fremdenverkehrsbüro 30
Frösche 583
Frühgeschichte 608

G

Gandoca-Manzanillo
 (Tierschutzgebiet) 213
Gays 31
Gelbstirnjassana 578
Geld 41, 511, 523
Geldkarten 522
Geoffroy-Klammeraffe 556
Geografie 548
Gepäck 37, 544
Geschichte 608, 628
Gesundheit 42, 515, 644
Getränke 509
Gewichte 516
Giftlaubfrosch 584
Giftnatter 581
Giftschlangen 99
Gilbdrossel 569
Gleitschirmfliegen 525
Goethe-Institut 82
Gold 65
Goldkröte 283, 584
Goldmuseum (San José) 65
Goldregenbaum 592
Goldtrompetenbaum 592
Golf 528
Golf von Nicoya 395
Golfito 484
Golfito (Tierschutzgebiet) 490
Graufuchs 559
Grecia 126
Großer Roter Spießhirsch 564
Großer Tümmler 565
Grüne Meeresschildkröte 184, 581
Grüner Ara 572
Grüner Eisvogel 574
Grüner Leguan 582
Grünreiher 575
Guacimal 271
Guadalupe de La Palma 475
Guaitil 354
Guanacaste (NP) 319
Guanacaste-Baum 593

Guápiles 171
Guatuso-Indianer 240
Guave 598
Guayabal 299
Guayabo 298
Guayabo (Nationalmonument) 155
Gummibaum 595
Gunnera-Arten 591
Gutiérrez, Tomás Guardia 620

H

Hacienda Barú (Naturschutzgebiet) 429
Halsbandpekari 564
Halsbandtrogon 570
Hämmerling 569
Handy 531
Harpyie 566
Hartung, Barbara 185
Heliconien 174, 591
Helikopterflug 250
Hellroter Ara 572
Helmbasilisk 582
Hepatitis B 645
Heredia 102
Herkuleskäfer 586
Hibiscus 595
Hitoy Cerere (Reservat) 194
Hochseeangeln 525
Höhlen 376
Hojancha 376
Homosexualität 31
Hörnchen 561
Horquetas 223
Hospedaje 536
Hostal 536
Hotel 68, 536
Huacas 340
Huetare-Indianer 611

I

Iguana Farm 203
Impfungen 42, 644
Import 632

InBio Parque 108
Indianer 609, 612
Indischer Mandelbaum 593
Inflation 511
Informationsstellen 30
Insekten 585
Instituto Clodomiro Picado 99
Instituto Costarricense de Turismo (I.C.T.) 502
Interamericana 267, 293, 309, 518
Irazú (Vulkan) 23, 142
Isla 223
Isla Alcatraz 380
Isla Bastimentos 214
Isla Bolaños (Tierschutzgebiet) 323
Isla Chira 377
Isla Colón 214
Isla de los Pájaros 380
Isla del Caño (Reservat) 473
Isla del Coco 497
Isla del Coco (NP) 498
Isla Gitana 378
Isla Guayabo 380
Isla Tolinga 380
Isla Uvita 179
Islas Negritos 380
Islas Tortugas 380
Islita 372

J

Jabillos 239
Jabiru 576
Jade 66
Jademuseum (San José) 66
Jaguar 558
Jaguar Rescue Center 209
Jardín Wilson 466
Jewels of the Rainforest 291
Jicaral 377
Jicaral 377
Jicarito 239
Juan Castro Blanco (NP) 232

K

Kaffee 52, 97, 112, 292, 631, 633
Kahnschnabel 576
Kajakfahren 525
Kakaobaum 587
Kalebassenbaum 592
Kanonenbaum 587
Kapokbaum 586
Karettschildkröte 582
Karibikküste 16, 163, 550
Karibischer Manati 566
Karneval 178
Karten 45
Kaschubaum 592
Käsefabrik (Santa Elena) 291
Kautschukbaum 587
Keith, Minor Kooper 620
Kinder 31
Kino 534
Kleidung 44
Klima 552
Kojote 559
Kokosnüsse 509
Kokospalme 593
Kolibris 175, 290, 570
Kolonialepoche (spanische) 614
Kolumbus, Christoph 165, 614
Königsseeschwalbe 578
Königsgeier 568
Königsspecht 571
Konsulate 503
Konzerte 534
Korallenbaum 594
Koralleninseln 214
Korallenriff 200, 213, 214
Korallenschlangen 581
Krabbenbussard 567
Krabbenwaschbär 559
Krankenhäuser 515
Kreditkarte 514
Kreditkarten 41
Kreolen 634
Kriminalität 520
Krokodile 579
Küche (einheimische) 508
Kuhreiher 575
Kultur 638

L

La Amistad (International-Park) 461
La Cangreja (NP) 136
La Casa del Soñador 150
La Casona 316
La Cinchona 222
La Cruz 159, 321
La Danta Salvaje (Reservat) 208
La Garita 133
La Mancuerna (Reservat) 270
La Marina Wildlife Rescue Center 234
La Orquidia (Reservat) 270
La Palma 475
La Palmera 234
La Pavona 173
La Paz Waterfall Gardens 222
La Soledad (Cangrejal) 372
La Suerte (Reservat) 173
La Tigra 242
La Virgen 229
Lachfalke 567
Lachhabicht 567
Lagarto 357
Laguna 130
Laguna Azul 313
Laguna Barva 111, 113
Laguna Botos 125
Laguna Copey 113
Laguna Danta 111
Laguna Hule 223
Laguna Kooper 230
Lake Coter (Reservat) 260
Landkarten 45
Landweg (Anreise) 39
Langschwanzhäher 569
Langschwanzwiesel 560
Lanzenotter 580
Lapita 406

Las Baulas (Meeres-NP) 344
Las Cruces (Reservat) 466
Las Juntas 271, 293
Las Pailas 121
Las Pumas (Tierstation) 296
Las Tablas (Schutzzone) 465
Last Minute 37
Lauch-Arassari 572
Lederschildkröte 187, 345, 581
Lesbians 31
Liberia 303
Limón 181
Literatur 641
Literaturempfehlungen 647
Lodge 536
Lomas Barbudal (Reservat) 301
Los Alpes (Reservat) 132
Los Angeles Cloud Forest (Reservat) 132
Los Chiles 236
Los Juncos Cloud Forest Reserve 99
Los Lagos (Erlebnispark) 250
Los Patos 483
Los Quetzales (NP) 448

M

Madrigal 482
Maestro-/EC-Karte 42, 514
Mahagoni 586
Makibär 560
Mal País 389
Malaria 42, 645, 646
Malerei 638
Mango 599
Mangroven 345, 439, 471, 594
Maniok 597
Mantelbrüllaffe 556
Manuel A. Brenes (Reservat) 270
Manuel Antonio 25
Manuel Antonio (NP) 423
Manzanillo 212, 374
Manzanillobaum 594
Mariposario El Cocora 242
Mariposario Los Heliconios 170

Märkte 504
Maße 516
Massena-Trogon 570
Mata de Limón 402
Matapalo 343, 428
Medikamente 43
Medizinische Versorgung 515
Meeresschildkröten 183, 187, 213, 345, 581
Meertraube 593
Mestizos 634
Metzgereien 505
Mietwagen 32, 81, 521, 541
Mimosen 593
Mini-Mercados 504
Mirador Berlín 132
Mirador de Quetzales 448
Mirador Espíritu Santo 129
Mirador Orosi 145
Miramar 270
Miravalles (Vulkan) 296, 298
Mistico Arenal Hanging Bridges Park 258
Mittelamerikanischer Tapir 565
Mittelamerikanisches Aguti 561
Mittelamerikanisches Katzenfrett 560
Mobiltelefon 531
Modernismo 641
Mohrenguan 579
Moín 181
Monarchfalter 585
Monte Alto (Reservat) 372
Monte La Cruz 109
Monte Sky (Reservat) 147
Monteverde 24, 250, 272
Monteverde (Reservat) 279
Monteverde Cloud Forest Train 292
Montezuma 25, 382
Montezuma-Stirnvogel 569
Monumento Nacional 602
Mora Porras, Juan Rafael 619
Morazán Quesada, Francisco 617
Morphofalter 585

Muelle 236
Müll 516
Museo Costarricense de Café Arte 145
Museo de Cultura Popular 108
Museo de Jade (San José) 66
Museo de Oro (San José) 65
Museo Histórico Leone de Ujarras 152
Museo Nacional (San José) 63

N

Nachtleben 79, 534
Nacktkehl-Schirmvogel 569
Nahua-Indianer 612
Naranjo 129
Nasenbär 559
Nationales Monument 602
Nationales Naturschutzgebiet 602
Nationalhymne 631
Nationalmuseum (San José) 63
Nationalparks 600, 604
Nationaltheater (San José) 58
Nature Air 544
Naturreservate 601, 604
Naturschutzgebiete 600
Nectandra (Reservat) 242
Neotropischer Fischotter 560
Neunbindengürteltier 563
Nicaragua 39, 232, 236, 322, 323
Nicaragua-Bootsschwanz 568
Nicaraguagrackel 568
Nicoya 358
Nicoya-Halbinsel 18, 325
Nordamerikanischer Waschbär 559
Nördlicher Tamandua 563
Nosara (Reservat) 363
Notfall 522
Notrufnummern 521
Nuevo Arenal 259
Nutzpflanzen 595

O

Obst 598
Ochsenkarren 126, 128
Ochsenkarren von Sarchí 23
Öffnungszeiten 516
Ojochal 440
Ökologisch reisen 516
Orchideen 121, 129, 143, 289, 456, 590
Orientierung 518
Orleansbaum 595
Orosi 145
Orosí (Vulkan) 319
Orosi-Tal 144
Orotina 135
Osa-Halbinsel 468
Ostional (Tierschutzgebiet) 358
Ozelot 558
Ozelotkatze 558

P

Pacayas 157
Paka 561
Palmar Norte 467
Palmira 130
Palo Seco 476
Palo Verde (NP) 299
Panama 39, 213, 215, 494
Panamericana 448, 518
Papageien 572
Papaya 599
Paquera 379
Paraíso 144, 356, 357
Paraiso de Volcanes Adventure Park 159
Páramozone 556
Pargos 352
Parismina 183
Parque de Diversiones 93
Parque Finca 469
Parque Nacional 601
Parque Viborana 160
Parrita 414
Parteien 630
Paseo de Stella – Bat Jungle 290
Paso Canoas 215, 496
Paso Real 460
Passerini-Tangare 568

Passionsblumen 591
Patois 528, 638
Pauschalurlaub 34
Pazifikküste 21, 393, 550
Peñas Blancas 323
Penshurt 194
Pensión 536
Pfauenstrauch 595
Pfeilgiftfrosch 584
Pflanzennamen 653
Pflanzenwelt 586
Pital 231
Platanar (Vulkan) 232
Platanillo 159, 433
Playa Avellana 352
Playa Bajamar 402
Playa Bandera 413
Playa Barú 429
Playa Bejuco 373
Playa Bonita 181
Playa Brasilito 340
Playa Cacao 489
Playa Carmen 389
Playa Cativo 490
Playa Chiquita 205, 210
Playa Cocles 210
Playa Conchal 340, 343
Playa Corazal 373
Playa Coyote 373
Playa Dominical 430
Playa Dominicalito 434
Playa Doña Ana 401
Playa El Ocotal 337
Playa El Rey 428
Playa Encanto 489
Playa Espadilla 418
Playa Esterillos Este 413
Playa Esterillos Oeste 413
Playa Flamingo 341
Playa Grande 343
Playa Guacalillos 402
Playa Guapil 429
Playa Guiones 361
Playa Hermosa 337, 412
Playa Herradura 407
Playa Jacó 408
Playa Junquillal 356
Playa La Penca 343
Playa Langosta 352
Playa Lapita 406
Playa Llorona 481
Playa Matapalo 428
Playa Nancite 317
Playa Naranjo 317, 377
Playa Negra 356
Playa Nosara 363
Playa Ostional 357
Playa Palma 413
Playa Palo Seco 414
Playa Pan de Azúcar 343
Playa Panamá 339
Playa Pavones 491
Playa Pelada 363
Playa Potrero 342
Playa Puntarenitas 489
Playa Real 343
Playa Sámara 367
Playa Sámara Sur 371
Playa San Josécito 489
Playa San Miguel 373
Playa Santa Teresa 390
Playa Savegre 428
Playa Tamarindo 24, 346
Playa Tambor 381
Playa Tárcoles 402, 405
Playa Tivives 402
Playa Uva 210
Playa Zancudo 491
Playas del Coco 332
Poás (Vulkan) 22, 123
Poasito 122
Politik 629
Polizei 521
Portete 181
Post 518
Potrero Cerrado 141

Register

Prachtfregattvogel 577
Preisniveau 41
Privatkliniken 515
Privatreservate 607
Provinzen 629
Pueblo Nuevo 298, 372
Puerto Caldera 401
Puerto Culebra 331
Puerto Humo 374
Puerto Jesus 377
Puerto Jiménez 477
Puerto Limón 177
Puerto Soley 322
Puerto Vargas 201
Puerto Viejo de Sarapiquí 226
Puerto Viejo de Talamanca 205
Pulperías 504
Puma 558
Punta La Chancha 482
Punta Leona 407
Punta Morales 270
Puntarenas 395
Pura Vida Gardens & Waterfalls 406

Q/R

Quäker 272
Quepos 414
Quetzal 282, 570
Rabengeier 567
Radfahren 526
Rainforest Aerial Tram 172
Rainmaker (Reservat) 425
Rancho La Merced (Reservat) 434
Rancho Quemado 475
Rara Avis (Reservat) 223
Rastafaris 638
Raubkatzen 557
Refugio de Vida Silvestre La Marta 160
Refugio Nacional
   de Vida Silvestere Osa 479
Refugio Nacional de Vida Silvestre 602
Regenbogentukan 572
Regenwald 586, 588
Regenwald-Seilbahn 23
Regierung 629
Regionen (Überblick) 16
Reis 598
Reiseapotheke 645
Reisedauer 30
Reiseempfehlungen 16
Reisekosten 40
Reisepass 40
Reiseschecks 41, 522
Reiseveranstalter 34, 519
Reisezeit 29
Reiten 427, 527
Religion 637
Reptilandia (Reptilienpark) 433
Republik 618
Reserva Biológica 601
Reserva Forestal Golfo Dulce 490
Reserva Natural Absoluta 601
Restaurants 75, 506
Riesen-Ameisenbär 564
Rincón 475
Rincón de la Vieja (NP) 309
Rincón de la Vieja (Vulkan) 311
Río Ario 374
Río Bananito 193
Río Barú 430
Río Bebedero 376
Río Blanco 313
Río Bongo 374, 390
Río Boruca 461
Río Buenavista 361
Río Celeste 240, 298
Río Chiquito 296
Río Chirripó 454
Río Chirripó Atlántico 456
Río Chirripó Pacífico 455, 456
Río Claro 482, 485
Río Claro de Pavones 492
Río Colorado 190, 312
Río Corobicí 296
Río Coto 491
Río Coto Colorado 490

Río Cuarto 230
Río Danta 170
Río Estrella 193
Río Frío 240
Río General 451
Río Grande de Orosi 144
Río Grande de Térraba 441, 467
Río Hondura 170
Río La Paz 222
Río Lagarto 271
Río Macho 147
Río Macho (Reservat) 147
Río Matapalo 345
Río Naranjo 427
Río Navarro 145
Río Nosara 363
Río Pacuare 153, 161
Río Parismina 183
Río Peñas Blancas 250, 285
Río Quebrada 451
Río Reventazón 151, 159, 174
Río Rincón 475
Río San Carlos 231, 232
Río San Juan 190, 232
Río Sarapiquí 222, 227
Río Savegre 427
Río Sierpe 468
Río Sixaola 215
Río Sucio 170
Río Suerte 173
Río Tabacón 250
Río Tapezco 130
Río Tárcoles 401, 402, 405
Río Tempisque 293, 330, 375, 376
Río Uvita 435
Río Zapote 242
River-Rafting 154, 161, 249, 427, 525
Rizinus 596
Rosa Löffler 576
Roseneibisch 595
Rostbauch-Schakuhuhn 578
Rostbauchguan 578

Rotkappenspecht 571
Rotrücken-Totenkopfaffe 557
Rotstirnamazone 572
Rückflug 38
Rum 510

S

Sabalito 260
Sacramento 110
Saison 29
San Carlos 232
San Francisco de Coyote 373
San Gerardo de Dota 448
San Gerardo de Rivas 454
San Isidro 451
San Isidro de Coronado 99
San José 47
San José de la Montaña 110
San Juan de Chicuá 141
San Juanillo 129
San Lorenzo 132
San Mateo 135
San Miguel 223, 230
San Pedro 97
San Rafael 132
San Rafael de Guatuso 240
San Ramón 131
San Vicente 354
San Vincente de Moravia 99
San Vito 463
SANSA 544
Santa Ana 101
Santa Cruz 353
Santa Elena 272
Santa Elena (Reservat) 285
Santa María (Vulkan) 311
Santa Rosa 157
Santa Rosa (NP) 315
Santamaría, Juan 619
Santiago de Puriscal 136
Santo Domingo de Heredia 99
Santuario Ecológico Monteverde 290
Sarapiquí (Region) 219

Sarchí 23, 126
Sardinal 330
Säugetiere 556, 656
Scharlachbürzel-Cazique 568
Schieferschwanztrogon 570
Schiff 38, 540
Schlangen 158, 160, 222, 229, 289, 579
Schleiereule 568
Schlichtdrossel 569
Schmetterlinge 63, 127, 170, 222, 242, 257, 291, 585
Schmuckreiher 575
Schneebussard 566
Schneesichler 576
Schopfkarakara 567
Schutzzonen 603
Schwarzbauchguan 579
Schwarze Palme 590
Schwarzhalsbussard 567
Schwarzleguan 582
Schwarzweiß-Haubenadler 566
Schwimmen 523
Seekuh 566
Segeln 524
Selva Bananito (Reservat) 193
Selvatura Butterfly Garden 291
Sensorio (Reservat) 315
Sicherheit 520
Sierpe 468
Sierra de Tilarán 255
Silberreiher 574
Siquirres 159, 175
Sirena 482
Sixaola 213
Skorpione 158
Skunk 560
Sky Way (Reservat) 406
Snake Garden 229
Soda 506
Sommertangare 569
Souvenirs 505
Spanier 615
Spanisch 528, 638

Spanisch (Sprachhilfe) 648
Speisen 508
Sperrnummer 522
Spinnen 158, 586
Spitzkrokodil 579
Sport 523
Sportfischen 491
Sprache 528, 638
Sprachschulen 529
Staat 629
Staatsflagge 631
Staatspräsident 629
Staatswappen 631
Stachelannone 598
Stachelrindenbaum 593
Stechapfel 595
Steinkugeln 610
Sternfrucht 600
Störche 576
Strafzettel 540
Strände 329, 401, 412, 427, 484
Straßennetz 518
Südamerikanischer Ochsenfrosch 584
Supermärkte 504
Suppenschildkröte 581
Surfen 205, 257, 260, 317, 322, 356, 390, 412, 492, 524

T

Tabacón (Thermalbad) 251
Tabak 131
Tacares 126
Tamarinde 600
Tamarindo (Naturschutzgebiet) 344
Tapantí (NP) 147
Taschendiebe 520
Tauchen 524
Taxi 84, 538
Tayra 560
Teakholzbaum 596
Technik der „verlorenen Form" 64
Teleférico del Bosque Lluvioso 172
Teleférico del Pacífico 408

Telefonieren 530
Telekommunikation 530
Tennis 528
Tenorio (NP) 241
Tenorio (Vulkan) 296, 298
Termales de Bosque 234
Termales del Valle 242
Termales Salital 298
Theater 534
Thermalbäder 146, 234, 242, 251
Ticos 634, 636
Tiernamen 656
Tierra Blanca 141
Tierra Cálida 553
Tierra Caliente 553
Tierra Fría 556
Tierra Templada 553
Tierras Morenas 260
Tierwelt 556
Tigre 223
Tilarán 262
Tirimbina (Reservat) 229
Tollwut 646
Torno 298
Tortuguero 23, 182, 187
Tortuguero (NP) 183
Tourismus 634
Tovisittich 572
Trampen 540
Trinken 506
Trinkgeld 533
Trockenwald 592
Trockenzeit 29
Tronadora 260
Tropen 588
Tropische Klapperschlange 580
Truthahngeier 568
Tuberkelhokko 578
Tucurrique 151
Tuis 159
Turrialba 153
Turu Ba-Ri (Vergnügungspark) 403
Typhus 646

U

Überfälle 520
Ujarrás 151, 460
Umweltschutz 606
Unabhängigkeit 616
Unechte Karettschildkröte 582
United Fruit Company 621
Unterkunft 26, 68, 535
Upala 241
US-Dollar 41, 511
Uvita 435

V

Valle Central 16, 95
Vara Blanca 222
Varablanca 122
Veilchentrogon 570
Venado 357
Venado-Höhlen 240
Veragua Rainforest Park 177
Verfassung 629
Verkehrsmittel 538
Verkehrsregeln 542
Verkehrsschilder 542
Versicherungen 43
Vieraugenbeutelratte 562
Viper 580
Vögel 566, 657
Vogelspinne 586
Vorwahlnummern 531
Vulkan Arenal (NP) 255
Vulkan Irazú (NP) 141
Vulkan Poás (NP) 123
Vulkan Tenorio (NP) 298
Vulkan Turrialba (NP) 157
Vulkanismus 551

W

Wahlen 630
Währung 42, 511
Wale 433, 438
Walker, William 619
Wanderfalke 567

Wandern 526
Wasserhyazinthe 594
Wasservögel 299
Waterfall Gardens 93
Wechselkurs 511
Weihnachtsstern 594
Wein 509
Weißbartpekari 565
Weißbauchtölpel 577
Weißbussard 566
Weißgummibaum 589
Weißschulterkapuziner 557
Weißwedelhirsch 564
Weltwirtschaftskrise 622
Westfalia 193
Wetter 29, 552
Wickelbär 560
Wieselkatze 558
Wildwasser-Touren 520
Windsurfen 524
Wirtschaft 631
Wollbeutelratte 562

Wunderbaum 596
Würgadler 566
Würgfeige 589

Y/Z

Yuca 597
Zapotal 270
Zapote 130
Zapotill 590
Zarcero 130
Zebrafalter 585
Zeitungen 545
Zeitunterschied 545
Zelt 34
Zentralamerikanischer Glasfrosch 583
Zentralamerikanisches Opossum 562
Zierpflanzen 594
Zollbestimmungen 505
Zoo Ave 119
Zuckerrohr 236, 596, 624, 634
Zweifingerfaultier 562
Zwerg-Ameisenbär 563

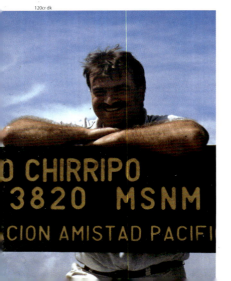

Der Autor

Detlev Kirst, Jahrgang 1962, lebt am Chiemsee. Er studierte Publizistik an der Universität Salzburg und arbeitet als Fotograf, Reisejournalist und Reiseleiter. Seit vielen Jahren ist er privat und beruflich in Mittelamerika unterwegs. Sein besonderes Interesse für Flora und Fauna führte ihn immer wieder nach Costa Rica. Seit einigen Jahren betreibt er eine Spezialagentur für Reisen nach Costa Rica (www.traveldesign.de).